Annales De L'academie D'archeologie De Belgique

by Academie D'archéologie De Belgique

ANNALES

DE L'ACADÉMIE D'ARCHÉOLOGIE DE BELGIQUE.

ANNALES

DE

L'ACADÉMIE D'ARCHÉOLOGIE

DE

BELGIQUE.

TOME DIX-NEUVIÈME.

ANVERS,

IMPRIMERIE J.-E. BUSCHMANN, RUE DES ISRAÉLITES

(Imprimeur de l'Académie d'Archéologie de Belgique).

1862.

LETTRE

A M. LE DOCTEUR P. J. VAN MEERBEECK

DE MALINES

SUR UNE PUBLICATION DE R. DODOENS

INCONNUE DES BIBLIOPHILES.

———

MONSIEUR ET HONORÉ CONFRÈRE,

Par vos *Recherches historiques et critiques sur la vie et les ouvrages de Rembert Dodoens* [1], vous vous êtes placé au premier rang parmi les historiens de la médecine en Belgique. Cet ouvrage, fruit de recherches laborieuses dans les bibliothèques publiques d'Anvers, de Bruxelles, de Gand, de Leyden, de Louvain, de Paris et dans quelques bibliothèques particulières de la Belgique, a l'immense avantage de faire connaître cet auteur sous toutes ses faces. — Aussi cette biographie est-elle la plus complète qui ait paru jusqu'à nos jours. Vous avez tracé, dans un style simple et élégant, ses mérites comme médecin et comme botaniste de premier ordre. Les biographes, vos prédécesseurs, n'avaient fait que déchirer, s'il m'est permis de m'exprimer ainsi, la grande figure de Dodoens du livre de l'histoire, et ils le représentaient comme isolé, sans relations avec ce qui l'entoure. Vous, Monsieur, vous avez fait éclater ses mérites en le comparant avec ses con-

[1] Malines, 1841 in-8°.

temporains, en traçant le tableau des sciences médicales et botaniques au seizième siècle et en montrant, les citations à l'appui, tout ce que ces deux branches des connaissances humaines doivent à son incomparable activité et à son grand génie. La liste bibliographique des productions de l'auteur est la plus complète que je connaisse. Si le hasard ne m'avait pas favorisé d'une manière toute particulière, je continuerais à la regarder comme complète. Aujourd'hui vous me permettrez de signaler une lacune. Et quel oubli, me direz-vous, ai-je pu commettre? Je sais fort bien, mon cher Confrère, que, dans vos excursions scientifiques de 1839 à 1841, vous avez examiné avec soin tous les trésors que renfermaient les bibliothèques de Belgique, de Hollande et de Paris. Je sais aussi que vous avez vu et consulté toutes les éditions de Dodoens que ces dépôts littéraires renfermaient, et que chaque fait avancé l'a été d'après des preuves authentiques. Et, malgré toutes ces qualités, il existe une lacune dans l'énumération des productions de Dodoens ! Mais quelle est donc cette lacune? C'est le hasard, mon cher, comme je vous le disais, qui m'a favorisé et qui me procure le plaisir de vous adresser ces lignes.

Vous savez, mon cher Confrère, que Dodoens était un savant encyclopédiste, qu'il aimait la cosmographie, et que, jeune encore, il a publié un traité sur cette matière [1]. Vous savez aussi que les médecins du seizième siècle ne dédaignaient pas d'écrire des almanachs pour l'instruction du public. Eh bien ! le grand

---

[1] *Cosmographica in astronomiam et geographiam isagoge.* Antv. ex officina J. Loëi, 1548, in-12° de 112 p. L'auteur revit cet ouvrage et le publia sous le titre : *De sphæra sive de astronomiæ et geographiæ principiis cosmographica isagoge : olim conscripta a Remberto Dodonæo, medico, nunc vero ejusdem recognitione completior facta.* Antv. et Lugd. Bat. ex officina Christ. Plantini, 1584, petit in-8° de 109 pp. sans la table des matières.

médecin, le grand botaniste a suivi le goût du temps, et il a publié plus d'un almanach, sans qu'il ait cru déroger par là à son caractère d'homme sérieux. J'entends déjà vous récrier et m'objecter : « cela n'est pas possible ! un homme de la trempe de Dodoens n'a pas pu perdre son temps à écrire de pareilles futilités ! »

Arrêtez, mon cher confrère ; pensez-vous que publier un almanach ou un annuaire soit une chose si indigne d'un homme supérieur ? Vous ne pouvez le croire. Ne voyons-nous pas, de nos jours, les hommes les plus considérables de notre pays écrire des almanachs et croire faire chose vraiment utile ? Ne voyons-nous pas MM. Quetelet, De Ram et d'autres savants publier annuellement des almanachs ou des annuaires des plus utiles et des plus recherchés ? Est-ce que vous-même, vous n'avez pas publié des annuaires du corps médical belge en 1846 et en 1848 ? D'ailleurs, j'ai devant moi la preuve de ce que j'avance. Oui, l'homme qui marchait à la tête des médecins et des botanistes de son temps, a composé plus d'un almanach et les a fait imprimer à Anvers, chez son ami Jean Van Loe.

Voici en peu de mots l'histoire de cette découverte, si l'on peut donner le nom à cette curiosité bibliographique.

Dans une visite que je fis, au mois de septembre dernier, à M. le conservateur des archives de la ville d'Anvers, M. Verachter eut la complaisance de me montrer toutes les curiosités manuscrites et imprimées qu'il a recueillies depuis quarante ans. Après une longue séance, il me demanda si je savais que Dodoens a fait imprimer un almanach en 1558 ? Comme vous le pensez bien, je me fis répéter deux fois cette question, à laquelle je dus répondre négativement. « J'en possède un exemplaire, » dit-il, « le voici. » Jugez de mon étonnement à la vue de cette rareté bibliographique et que vous n'avez pu voir nulle part. Avec son aménité-habituelle il le mit à ma disposition et m'engagea à faire une notice sur ce livre rarissime. Je viens ici remplir un engagement pris et vous faire la description d'un opuscule qui a échappé à toutes les recherches des auteurs de traités de cosmographie et des biographes de votre illustre compatriote.

L'almanach, dont M. Verachter possède peut-être le seul exemplaire connu, est imprimé en caractères gothiques noirs et rouges. Le format est un in-32º ou petit in-4º, comme le sont encore de nos jours, les publications de ce genre. Il contient 32 pages sans chiffres ni réclames, et porte pour titre :

Almanack ende

Prognosticatie vanden jare ons Heren Jesu Christi, M.D.LVIII. Gecalculeert doer D. Rembert Dodoens Doctoor inder Medecine der stadt van Mechelen

Gheprint Tantwerpen in die Cammerstrate by my Jan van Loe.

Le titre est illustré d'une gravure sur bois, que nous reproduisons ici, représentant les armoiries de Dodoens [1]. A la première page, où l'auteur commence ses explications sur son calendrier, on lit les mots du titre :

**Ghecalculeert doer D.
Rembert Dodoens Doctoor inde
Medicine der stadt van
Mechelen.**

Viennent ensuite l'explication du comput ecclésiastique, applicable aux évêchés de Cambray, de Liége, de Tournay et d'Utrecht ; les signes employés pour faire connaître les foires en Allemagne, en Flandre, en Frise, en Hollande, en Zélande, en Brabant, en Hainaut, à Liége ; ceux du lever et du coucher du soleil ; des marées ; des jours et temps opportuns pour l'emploi des saignées et des purgatifs, et enfin l'annonce et la figure d'une éclipse de lune, visible le 1r avril. A la page 6, on voit une gravure représentant un homme nu, entouré des signes du zodiaque, qui régissent les différentes parties du corps humain. Au bas de la page, on lit l'indication du privilége : *met gratie en de priviliege. Onderteekent* P. de Lens. La page 7 contient un avis de Rembert Dodoens au lecteur. Il est en latin, daté du 15 des Calendes de décembre (17 novembre 1557) et de la teneur suivante :

REMP. DODONAENS BENEVOLO
LECTORI S.

In electione dierum pro venæ sectione libertate, benigne Lectoro, maiori

___

[1] Ces armes sont : *Ecusson* « d'azur à deux étoiles d'or en chef et un croissant du même en pointe ? *Cimier* : Un lion naissant entre deux demi vols de sable. »

quam superioribus annis in hujus et superioris anni Diario usi sumus : sanguinis detractionem non solum in signis igneis, aëreis, et aqueis (Π et Ω
exceptis) notavimus, verum etiam in terreis admisimus, si quando Lunam in
his decurrentem Jup. aut Ven. aspectu aliquo intuerentur aut ei coniungeren-
tur : quicquid inest Lunæ terrenæ qualitatis ac sicci frigidique temperamenti
ex signinatura contractum, id omnebenignis, ac salutaribus Jovis, Venerisque
radiis corrigi, ac emendari existimantes : non neglectis interim Fortunarum, et
Infortunarum radiis, ac malignis aspectibus, quos exemplo veterum in sanguinis detractione, et purgationibus cavendos censuimus. Eandem quoque in
purgantium administratione libertatem amplectentes, omnes venæ sectioni
concessos dies, purgationibus per inferna faciendis elegimus, iis tantum
prætermissis, quum Luna sub igneis fertur : Jovis coniunctionem non
caventes, quæ forte quum Medici peplio, scammonio, veratro aliisque
similibus fortissimis medicamentis uterentur, obesse poterat : nunc autem
salutaris, ac benigna, medicamentorum, quibus hæc posterior ætas utitur,
vires, facultatesque adiuvat, ac promovet. Vale 15 Cal. Decembris.

La lecture de cet avis nous fait connaître que Dodoens a composé
plus d'un calendrier, puisqu'il avoue que dans le présent et celui de
l'année précédente, il a augmenté le nombre des jours propices pour
la saignée, d'une manière plus large que dans les almanachs antérieurs ;
il a admis la saignée non-seulement sous les signes du feu, de l'air
et de l'eau, mais même sous les signes terrestres. Il ajoute qu'il a
admis la même liberté dans l'emploi des purgatifs : aussi, tous
les jours propices pour la saignée, le seront également pour les
purgatifs, excepté ceux où la lune se trouve sous les signes
terrestres. Il préfère, dans ces cas, les laxatifs doux aux drastiques
que les anciens employaient.

Mais, direz-vous, est-ce qu'un praticien comme Dodoens se
laissait tellement aveugler par son amour pour la cosmographie,
qu'il s'abstenait de faire une saignée ou d'employer un purgatif,
quand l'indication en était formelle, parce que la conjonction
de deux astres avait lieu ce jour-là ? Vous savez, aussi bien

que moi, que les prescriptions de l'almanach n'ont pas cette
portée ; car vous avez démontré dans vos recherches sur cet
auteur, que notre compatriote employait les saignées et les
purgatifs dans tous les cas, où l'emploi en était justifié, sans
avoir égard à l'influence des astres. Du temps de Dodoens, on
avait la déplorable coutume de se faire saigner souvent et de prendre
des purgatifs pour se débarrasser des humeurs peccantes et prévenir
les maladies. Je crois que les indications du calendrier s'appli-
quaient à cette coutume, et que Dodoens, en homme sage et
prudent, a voulu combattre d'une manière indirecte les préjugés existants, plutôt que de les heurter de front ; ce qui est le
moyen sûr de ne pas réussir. Et qu'on ne s'étonne pas trop de
cette manie de se faire saigner et de se purger, qui existait
au milieu du seizième siècle. N'avons-nous pas vu de nos jours
le système de Broussais fasciner tellement les esprits, même les
médecins, que la grande majorité du public se faisait saigner
pour le moindre petit mal, parfois imaginaire, ou pour prévenir
une inflammation? N'avons-nous pas vu le système de Leroy tellement en vogue, que chaque famille se faisait régulièrement purger
plusieurs fois par semaine pour se débarrasser des glaires, ces
prétendues causes de toutes les maladies, ces véritables *irritamenta
malorum* d'Ovide?

Après l'avis au lecteur bienveillant suivent 24 pages imprimées
comprenant le calendrier complet de l'année. L'impression en
est disposée de manière à ce qu'elle commence au bas du verso
et que les lignes, au lieu d'être horizontales, sont verticales, de
sorte que les deux pages réunies donnent tous les jours de chaque
mois. En marge on lit les textes de l'Évangile concordant avec
les principales fêtes de. l'église. A la dernière page se voit la

marque de l'imprimeur anversois, gravure en bois entourée de la
divise de Van Loe : *habet et musca splenem et forma* (au lieu de
formicœ) sua bilis inest, répétée en grec.

Vous serez curieux maintenant de connaître les jours favorables
et les jours défavorables à l'usage de la saignée et des purgatifs.
Je vais vous satisfaire. Les jours favorables à la saignée sont
indiqués par une croix rouge. Ils sont pour le mois de janvier au
nombre de 14 et correspondent aux 3, 8, 9, 10, 12, 13, 14,
17, 18, 21, 22, 24, 25, 31. Pour février, au nombre de 12
et sont les 4, 6, 7, 9, 11, 12, 14, 16, 17, 19, 20, 22.
Pour le mois de mars, le nombre s'élève à 17, ce sont les 3, 5,
7, 8, 9, 10, 11, 13, 16, 17, 18, 19, 21, 23, 26, 30, 31.
En avril il y en a 18, ce sont les 1, 2, 4, 5, 6, 7, 8, 13,
14, 15, 16, 17, 22, 23, 27, 28, 29, 30. Le mois de mai en
compte 17, ce sont les 1, 4, 5, 6, 7, 8, 12, 13, 14, 15, 20,
21, 26, 27, 28, 29, 31. En juin il y en a 16, ce sont les 1,
2, 3, 4, 5, 7, 8, 10, 11, 12, 17, 23, 24, 25, 27, 28. En
juillet on en compte 14, ce sont les 2, 4, 5, 6, 7, 13, 18, 19,
20, 24, 25, 26, 27, 28. En août il y en a 16, ce sont les 1,
2, 3, 4, 10, 11, 16, 17, 18, 22, 23, 24, 25, 26, 30, 31.
En septembre on en remarque 14, ce sont les 1, 2, 6, 7, 13,
14, 15, 20, 21, 22, 25, 26, 29, 30. Le mois d'octobre en
compte 14, ce sont les 3, 9, 12, 13, 16, 17, 18, 21, 22,
24, 25, 26, 31. Au mois de novembre on en observe 13, ce
sont les 1, 7, 8, 9, 11, 12, 15, 19, 20, 21, 22, 23, 27.
Le mois de décembre est le moins propice, il n'en compte que
12, ce sont les 1, 3, 5, 6, 7, 8, 15, 16, 17, 20, 24, 30.
Ainsi sur les 365 jours, il y en a 177 favorables. Les jours
défavorables, marqués d'un astérique, sont peu nombreux. L'au-

teur les divise en très-dangereux et en dangereux le matin ou l'après-midi. En janvier, ce sont les 5, 19, les 20, 30, avant-midi. En février, les 13, 15, 18, 28 et le 27 après-midi. En mars, les 20, 14, 28 et le 29 avant-midi. En avril, les 12, 18, 26, et le 29 après-midi. En mai, les 9, 11, 15 et 22 après-midi et le 28 avant-midi. En juin, les 19, 22 et les 9, 16 avant-midi. En juillet, les 3, 15, 8, 17, 21, 31 avant-midi et les 16, 30 après-midi. En août, les 13, 27, les 14, 19 avant-midi et le 5 après-midi. Eu septembre, les 3, 12, 23, les 10, 17 avant-midi et les 9, 16 après-midi. En octobre les 9, 15, 29, les 2, 7, avant-midi et les 6, 20 après-midi. En novembre, les 3, 10, 13, les 17, 28 avant-midi et le 16 après-midi. En décembre, les 9, 26, le 12 avant-midi et le 11, 13 après-midi. Ainsi il y a dans toute l'année 64 jours où la saignée est dangereuse. Les jours indiqués comme défavorables pour la saignée, le sont aussi pour les purgatifs.

Quels sont les jours les plus propices pour se purger? L'auteur les devise en trois catégories, comme pour la saignée, en jours entièrement favorables, en jours favorables le matin et en jours favorables dans l'après-dîner. Les premiers sont marqués par une croix noire, les seconds par un ⊣ pour les matinées favorables et par un ⊢ pour les après-dîners favorables. Ce sont pour janvier les 3, 8, 9, 10, 12, 17, 18, 21, 31, les 13, 22, pour le matin et le 23 pour l'après-dîner; pour février les 4, 6, 7, 14, 16, 19, 22, les 9, 17, pour le matin. En Mars, les 3, 5, 8, 13, 16, 17, 18, 23, 30, 31, les 9, 7, 26, pour le matin. En avril, les 1, 5, 13, 14, les 2, 4, 15 le matin et le 8, l'après-midi. En mai, les 6, 7, 8, 12, 20, 21, 26, 27, les 1, 13, 29 le matin et le 19 l'après-dîner. En juin, les 2, 3, 4, 5, 7, 8, 12, 17, 22,

24, 26, les 25 le matin et le 26 l'après-dîner. En juillet, les 2, 4, 5, 9, 13, 18, 19, 27, les 6, 20, 28 le matin et le 26 l'après-dîner. En août, les 1, 2, 10, 11, 16, 17, 23, 24, les 18, 26 le matin et le 29 l'après-dîner. En septembre, les 2, 6, 7, 13, 14, 15, 20, 21, 22, 25, le 26 le matin. En octobre, le-3, 9, 10, 12, 17, 18, 21, 22, 26, 31 le 4, 13 et le 16 l'après-dîner. En novembre, les 1, 7, 8, 15, les 9, 23, 27 le matin et les 6, 22, l'après-dîner. En décembre, les 1, 3, 5, 15, 16, 20, 24, 30, les 6, 17, 21 le matin et le 14, l'après-dîner. Ainsi il y a, pour l'emploi des purgatifs, 64 jours nuisibles et 135 jours favorables.

Avant de terminer, qu'il me soit permis de dire un mot sur la coutume de faire écrire par des médecins des calendriers, conte-nant l'annonce du temps et l'interprétation de l'influence des astres sur la santé. Cette coutume date du seizième siècle, et contribua d'une manière puissante à propager l'astrologie et à en faire une partie intégrante de l'art de guérir. Vous savez que parmi les villes, celle d'Anvers se distingua surtout par le grand nombre des almanachs qui y furent imprimés, surtout de 1550 à 1562. J'en ai recueilli quelques-uns que je me permets de vous faire connaître par ordre alphabétique :

1° LOUIS DU BOGAERDE. *Pronostication de l'an de Nostre Seigneur MDLI, composee sur le meridian de la ville d'Anvers,* (in fine) : Anvers, par moy, Jan De Laet, in–4°.

2° GILLES DE BOUILLON. *Prognostication pour l'an de Nostre Seigneur MCCCCCLVIII, calculee sur le meridien de la cité de Liège,* (in fine) : Anvers, Jehan Withage, in–4°.

3°   »   *Prognostication pour l'an de Nostre Seigneur MCCCCCLIX, calculee sur le meridien de la florissante et renommee cité de Liège,* (in fine) : Anvers, Jehan Withage, in–4°.

4° PIERRE DE GOORLE OU VAN GOORTE. *Prognostication par l'an de grace MDLII, composee et calculée pour le meridien de Anvers*, (in fine) : Anvers, Jehan de Liesvelt, in–4°.

5° » *Prognostication de l'an de Nostre Seigneur MCCCCCLVI, practisee et calculee sur le meridien de la ville d'Anvers*, (in fine) : Anvers, vefve de Jacques de Liesveldt, in–4°.

6° » *Prognostication de l'an de Nostre Seigneur MCCCCCLVII, calculee sur le meridien d'Anvers*, (in fine) : Anvers, par la vefve de feu Jacques de Liesveldt, in–4°.

7° » *Prognostication de lan de Nostre Seigneur mille cincq centz soixante et deux, calculee sur le meridien de la tres renommee ville d'Anvers, et autres lieux circonvoisins, tres utile pour en user au moyen de ses influences, aussi a raison des elevations du pole en ce moment.* Anvers, J. de Liesveldt, 1562, in–4°.

8° » · *Prognostication de l'an de nostre Seigneur MDLXI, calculee sur le meridien de la ville d'Anvers*, (in fine) : Anvers vefve de J. de Liesveldt, in–4°.

9° PIERRE VAN HOVE. *Prognostication de l'an de Nostre Seigneur MCCCCC et XLIX, calculee sur le meridien de la ville de S. Winoxberge*, (in fine) : imprimé a Anvers, sur la Veste des Lombards, a l'opposite de *la main d'or*, par moy, Simon Cock, in–4°.

10° ALPHONSE DE LAET. *Prognostication de l'an MDLI descripte et practiquée*, (in fine) : imprimé en Anvers, par M. Nuyts, in–4°.

11° » *Prognostication de l'an de Nostre Seigneur MCCCCCLIII*, (in fine) : Anvers, M. Nuyts, in–4°.

12° » *Prognostication de l'an de Nostre Seigneur Jhesu Christ MCCCCCLIIII*, (in fine) : Anvers, Jan Wynryckx, in-4°.

13° » *Prognostication de l'an de Nostre Seigneur MCCCCCLVI calculée sur le méridien de la ville d'Anvers et lieux circonvoysins*, (in fine) : Anvers, Nutius, in–4°.

14° » *Prognostication de l'an de Nostre Seigneur mille cinq cens cinquante et sept, calculée sur le méridien de la ville d'Anvers*, (in fine) ; Anvers, M. Nutius, in–4°.

15° GASPARD DE LAET. *Prognostication de l'an de Nostre Seygneur MCCCCC et LXI, calculée sur le méridien de Louvain*, (in fine) : Anvers, Jan Van Ghelen, in–4°.

16° PIERRE DE OU VAN MOERBEKE OU MOERBEQUE. *Pronostication de l'an de Nostre Seigneur MCCCCC et L calculée sur le méridien de la ville d'Anvers et ses environs.* (in fine) : *Ceste pronostication est visitée et approbée par maistre Jehan Goessuini de Oorschoot, curé à la paroisse de Saint-Jacques et est admis par le conseil de Brabandt Henri Pierre filz, jure imprimeur et vendeur de livres de l'impériale majesté de la povoir imprimer et vendre, demeurant en Anvers dedens le pont de chambre au Taulpe,* in-4°.

17°   »   *Pronostication de l'an de Nostre Seigneur MCCCCCLIII calculée sur le méridien de la ville d'Anvers.* Anvers, vefue Henri Pierre, in-4°.

18° THOMAS MONTIS. *Prognostication practizée ou calculée sur le méridien de Liège pour l'an MCCCCCXLVI,* (in fine) : imprimé à Anvers en la licorne door, par M. Nuyts, in-4°.

19° FRANÇOIS RAPAERT. *Den grooten ende eeuwigen almanach, ydel van alle bueselingen : van laten, van bayen, van purgeren, seker leeringen inhoudende, waerby dat wel mocht heeten de geessele van almanacken, medecynigen, huysmedecyns, quacksalvers. Ghemaect by M. Fransois Rapaert, doctor in de medecyne te Brugge.* Antv. (1551)by Hans Delaet, in de Camerstrate in den Salm ; sans date et sans chiffre, in-12° de 32 feuilles.

Le docteur Demeyer en donna une nouvelle édition en 1844, in-8°.

20° JACQUES SAUVAGE. *Pronostication de l'an de Nostre Seigneur MDLI.* Anvers, Jehan de Liesveldt, in-4°.

21°   »   *Prognostication de l'an de Nostre Seigneur MCCCCC et LII,* (in fine) : Anvers, J. de Liesveldt. in-4°.

22° CORNEILLE SCHUUTE OU SCUTE. *Pronostication de l'an de Nostre Seigneur Jesu Christ MCCCCC cinquante par maistre Corneille Schuute, demeurant à Bruges, en la rue nommée de Walfaerstraete,* (in fine) : imprimé par Henri Pierre, jure imprimeur et libraire de l'impériale majesté, demourant à Anvers au Taulpe, in-4°.

23°   •   *Pronostication de l'an de Nostre Seigneur MCCCCC cinquante et ung,* (in fine) : Anvers, par la vefue de Henri Pierre de Middelbourg. in-4°.

24°   •   *Pronostication de l'an de Nostre Seigneur Jesu-Christ MCCCCC et LIII par la diligente calculation, composée de maistre C. Schuute, demourant pour cest heure en la renommée ville d'Anvers*, (in fine) : Anvers, veuve de Henri Pierre, in–4°.

25° » *Pronostication sur l'an de Notre Seigneur Jesu Christ MCCCCCLV.* Anvers, vefue de Henri Pierre, in–4°.

26° » *Pronostication de l'an de Notre Seigneur Jesu-Christ MCCCCC et LXI*, (in fine) : vefue de Henry Pierre. 1561, in–4°, avec portrait.

27° » *Pronostication de l'an de Nostre Seigneur Jesu-Christ MCCCCCLVI*, (in fine) : vefue Henri Pierre, in–4°.

28° Tarquinius Schnellenbergh. *Pronostication merveilleuse très certaine et perpétuelle pour savoir la disposition du temps à venir par raisons naturelles. Le tout prins des Sçavans et très experts docteurs en astrologie.* Anvers, vefue de feu Jacques de Liesveldt, in–4°, sans date.

29° Corneille de Thongerloo. *Prognostication de l'an Nostre Seigneur MCCCCCLIX calculée sur le méridien d'Anvers*, (in fine) : Anvers, vefue de J. de Liesveldt, in–4°.

Vous connaissez aussi, mon cher confrère, l'histoire de l'almanach de van Bruhesen, de Bruges, qui mit le comble aux excentricités de l'astrologie médicale de ce temps. Il le composa, vers 1550, à l'usage de la ville de Bruges, et il y détermina, avec la précision la plus scrupuleuse, le moment favorable à la purgation, à la saignée, aux bains ; il poussa même l'attention jusqu'à indiquer les jours les plus propres à se faire raser. Le magistrat de Bruges goûta extrêmement ce dernier article, et, en conséquence, il ordonna à tous ceux qu'il appartiendrait, de se conformer ponctuellement à l'almanach de maître Bruhesius, faisant très-expresses inhibitions et défenses à quiconque exerçait dans Bruges le métier de barbier, de rien entreprendre sur le menton de ses concitoyens pendant les jours que le nouvel almanach avait déclarés contraires à cette opération. Heureusement, peu de médecins partagèrent l'opinion superstitieuse de Bruhesius. Plusieurs d'entre eux écoutèrent la voix de la raison et combattirent ouvertement les préjugés astrologiques. De ce nombre fut François Rapaert. Il fut indigne de l'ordonnance du magistrat de sa ville natale, et publia un almanach, dans lequel il attaquait les préjugés de son temps avec toutes les armes de la raison. Les almanachs de Corneille Scute furent aussi de ce nombre.

Le calendrier de Dodoens possède-t-il le même mérite?

Les détails, dans lesquels je suis entré, prouvent à l'évidence que sa prédilection pour la cosmographie et l'astronomie l'a entraîné vers les préjugés astrologiques de son temps. On peut toutefois alléguer, comme circonstance atténuante, qu'il a considérablement réduit le nombre des jours contraires à la saignée et aux purgatifs, et qu'ainsi il a indirectement combattu les préjugés de l'astrologie médicale, si fortement enracinés chez ses contemporains.

La découverte de l'annuaire porte-t-elle atteinte à la réputation de votre compatriote? Nullement. Elle prouve tout simplement que les hommes supérieurs ne sont pas toujours exempts des préjugés de la foule. D'ailleurs, Dodoens a prouvé dans ses ouvrages de médecine pratique, et notamment dans 1o *Praxis medica*, 2o *Medicinelium observationum exempla rara*, qu'il savait s'élever au-dessus des préjugés de son temps. Quand il est convaincu que la saignée ou un purgatif est utile, il n'hésite pas le moins du monde et ne s'inquiète nullement de l'influence des astres sur les effets des remèdes.

Voilà, mon cher et estimable Confrère, les réflexions que l'almanach de Dodoens m'a suggérées. Maintenant je saisis cette occasion pour vous prier d'agréer la nouvelle assurance de mes sentiments les plus distingués.

Anvers, le 1r février 1862.   C. BROECKX.

DESCRIPTION

DES

CARTES DE LA PROVINCE D'ANVERS

ET DES

PLANS DE LA VILLE

PAR

A. DEJARDIN,

CAPITAINE DU GÉNIE.

————

Il sera peut-être bon de commencer par jeter un coup-d'œil sur
l'utilité de ce travail. Je crois donc qu'une énumération de tout
ce qui existe en fait de cartes d'un certain pays peut d'abord être
utile pour l'histoire de ce pays, puisque ces cartes en représentent
la configuration à l'époque où elles ont été dressées, ainsi que
les villes qui s'y trouvaient avec leurs noms tels qu'ils s'écri-
vaient alors. Il en est de même pour les plans d'une ville : ces
plans donnent les rues existantes à l'époque de la confection du
plan, les noms de ces rues avec leur orthographe, les édifices
construits à cette date, etc.

Outre que la connaissance de ces objets peut élucider des questions d'histoire, elle peut aussi décider des points litigieux. Il est
en effet arrivé plus d'une fois que les magistrats d'une commune,

les tribunaux même ont du recourir à ces anciens documents pour décider des questions de propriété, de limites, etc. Si on ne le fait pas plus fréquemment, c'est souvent parce qu'on ignore l'existence de tel ou tel plan.

Une telle énumération peut aussi, ce qui n'est pas son moindre mérite, sauver de l'oubli les anciennes productions qui souvent sont dédaignées et mises au rebut par cela même qu'elles sont anciennes Maintenant, il faut l'avouer, on ne professe plus le même dédain pour l'antiquité, et on recherche avidement les anciens livres, les anciens tableaux, les monnaies, les fossiles, etc. Peu de personnes, il est vrai, collectionnent de nos jours les cartes et les plans gravés, et ces collections sont encore bien incomplètes : la quantité des œuvres produites en ce genre est cependant considérable, et elle augmente dans une très forte progression : on verra en effet, par ce travail, combien elle est devenue importante depuis 30 ans, c'est-à-dire depuis l'invention de la gravure sur pierre ; car pendant ce laps de temps il a paru autant de cartes et de plans d'Anvers qu'il en avait paru avant l'époque de cette précieuse découverte.

Ceci est le troisième travail de ce genre que je livre au public : le premier qui concernait la ville de Tournai, a paru dans les *Mémoires de la Société historique et littéraire* de cette ville, tom. VI ; le second qui traitait de la province et de la ville de Liège, a paru dans le *Bulletin de l'Institut archéologique Liègeois* tom. IV. Celui-ci a été offert à l'*Académie d'Archéologie de Belgique* qui veut bien le recevoir dans ses Annales.

J'ai adopté dans cette liste comme dans les autres l'ordre chronologique, de sorte que l'on peut suivre l'histoire du pays ou de la ville par les cartes ou les plans. Mon travail a donc été divisé en trois parties, l'une pour les cartes, l'autre pour les plans de la ville d'Anvers, la troisième pour les plans des forts sur l'Escaut aux environs d'Anvers. J'ai cru devoir m'occuper aussi de ces derniers plans parce qu'ils se rattachent plus ou moins à la ville, tant par leur histoire que par le motif de leur construction; ils ont en effet toujours servi à la défense de la place et doivent encore y servir au besoin.

Je me suis efforcé de rendre ce travail le plus complet possible; j'ai tâché de ne rien omettre, si peu importante qu'une pièce puisse paraître; car si elle ne l'est pas pour une personne elle peut l'être pour une autre : si elle ne l'est pas maintenant elle peut le devenir plus tard, elle peut toujours l'être sous un certain point de vue, et la limite à assigner entre ce qui est important et ce qui ne l'est pas diffère d'après le point de vue auquel on se place, de sorte que j'ai préféré tout citer, afin que l'on ne puisse pas venir me taxer d'oubli. Je dois ajouter que tout ce qui est décrit ici a été vu par moi, je puis donc répondre de son existence.

Je me plais ici à reconnaître que toutes les personnes à qui je me suis adressé me sont venues en aide avec la plus grande complaisance, et que ma tâche a été, par là, rendue plus facile et plus agréable. En premier lieu je dois citer M. Mertens, bibliothécaire de la ville d'Anvers, ainsi que M. Génard, bibliothécaire adjoint, dont les nombreuses relations avec les hommes s'occupant d'art et d'histoire à Anvers, et les connaissances héraldiques m'ont été d'un grand secours. Je dois aussi des remercîments à M. J. B. Van den Bemden qui a bien voulu mettre sa nombreuse collection à à ma disposition, ainsi qu'à un grand nombre d'autres amateurs, tant d'Anvers que des autres villes de la Belgique que j'aurai d'ailleurs l'occasion de citer dans le cours de l'ouvrage.

Je terminerai en priant tous ceux qui trouveraient quelqu'omission ou quelqu'erreur dans ma nomenclature, de vouloir bien m'en faire part : je serai très-reconnaissant de tout ce que l'on voudra bien me communiquer à cet égard, et au besoin j'en ferai l'objet d'une supplément à paraître plus tard.

PREMIÈRE PARTIE.

—

Cartes gravées.

Il est indispensable d'adopter une règle à l'égard de ce que l'on doit entendre par cartes gravées et de déterminer quelles sont celles de ces cartes qui doivent entrer dans mon cadre. Je considère donc d'abord comme cartes tout ce qui est en général à une échelle plus petite que celle de 1 à 20,000. Dans ces cartes, je prends toutes celles qui ont rapport à la province d'Anvers, telle qu'elle est actuellement, ainsi que toutes celles des pays qui en ont fait partie ou dont elle a fait partie. Beaucoup de cartes n'embrassent qu'une partie de la province ; beaucoup d'autres s'étendent sur les provinces environnantes.

J'ai partagé les cartes en plusieurs chapitres, sous le rapport chronologique, de la manière suivante :

CHAPITRE I. — Depuis les temps les plus reculés jusqu'à la fin du règne de Philippe II, (1020 à 1598) comprenant 21 cartes.

CHAPITRE II. — Gouvernement d'Albert et Isabelle jusqu'à la fin de la domination espagnole, (1598 à 1713) comprenant 29 cartes, entr'autres celle du marquisat du Saint Empire romain.

CHAPITRE III. — Domination autrichienne, (1713 à 1792) comprenant 8 cartes.

CHAPITRE IV. — Domination française, (1792 à 1814) comprenant 7 cartes.

CHAPITRE V. — Domination hollandaise, (1814 à 1830) comprenant 6 cartes.

CHAPITRE VI. — Gouvernement belge, (1830 à 1862) comprenant 62 cartes.

On peut aussi considérer les cartes comprises dans ma liste sous un autre point de vue que celui des époques, c'est-à-dire sous le rapport du but dans lequel elles ont été faites, de la partie du pays qu'elles représentent, etc.

Ainsi d'abord on a les cartes donnant le pays en entier, soit comme marquisat du Saint-Empire romain, soit comme département des Deux-Nèthes ou comme province d'Anvers. On a aussi des cartes de l'évêché d'Anvers ou de l'archevêché de Malines.

D'autres cartes ne donnent qu'une partie de la province, des environs de villes.

Beaucoup de cartes représentent le cours de l'Escaut, soit avec les inondations et les polders sur ses bords, soit avec les sondages exécutés dans son lit, soit sous tout autre rapport.

Les guerres de 1585, 1635, 1703, 1747 et 1832 ont donné lieu à quelques cartes. Il y en a pour les canaux projetés, pour l'agrandissement d'Anvers, etc.

Passons en revue toutes ces cartes, d'après cette classification, avant d'en faire la description particulière.

I. — MARQUISAT DU SAINT-EMPIRE ROMAIN.

Le marquisat lui-même était peu étendu, de sorte que sur une grande partie des cartes il est représenté avec les pays environnants. La première de ces cartes a été faite en 1636, c'est le n° 29; d'autres l'ont été vers 1650, ce sont les n°s 33, 34 et 35; il y en a ensuite une de 1662 (n° 37); les autres sont de 1677 (n° 39), 1592 (n° 41), 1695 (n° 43), 1700 (n° 44 et 45) et 1711 (n° 50). Cette dernière ne représente absolument que le marquisat. En tout 11 cartes.

II. — DÉPARTEMENT DES DEUX-NÈTHES.

On a fait peu de cartes du pays sous la domination française; je n'ai trouvé que trois cartes de cette époque; elles sont de 1800, 1802 et 1812 et portent les numéros 61, 62, 65.

III. — Province d'Anvers.

Les cartes de la province faites sous le gouvernement hollandais et sous le gouvernement actuel sont plus nombreuses. J'en ai trouvé 21, dont 2 seulement de la première époque, le n° 66 de 1816, et le n° 68 de 1824. Celles de la seconde époque portent d'abord la date de 1830 (n°s 72 et 73), puis de 1831 (n°s 77, 81, 82 et 83), ensuite de 1834 (n°s 100 et 101), de 1840 (n° 107), de 1842 (n° 108), de 1852 (n° 119), de 1854 (n°s 120 et 121), de 1858 (n°s 128 et 129), de 1859 (n°s 130, 131 et 132) et la dernière de 1860 (n° 133). Dans ce contingent il y en a 7 qui sortent de l'établissement géographique de M. Philippe Van der Maelen.

IV. — Évêché d'Anvers.

Il n'y a que trois cartes de cet évêché qui, érigé en 1559, a été supprimé en 1794 ; elles sont des années 1610, 1678 et 1695 et portent les n°s 23, 40 et 42.

V. — Archevêché de Malines.

Il n'y a que deux cartes de cet archevêché, érigé depuis 1827, et qui comprend les provinces d'Anvers et de Brabant. Elles sont de 1836 et 1843 et portent les n°s 103 et 111.

VI. — Parties de la Province.

J'ai dû ranger dans cette catégorie des cartes anciennes et nouvelles qui ne comprennent qu'une partie de la province et qui ne peuvent entrer dans aucune des autres subdivisions adoptées. C'est d'abord une carte de 1600 (n° 22), où le pays est partagé en Ouderland ; puis trois de 1610, 1617 et 1636 (n°s 24, 25 et 30), de la seigneurie de Malines ; deux de 1627 et 1650 (n°s 26 et 36), des environs de Santvliet ; et enfin 13 des environs d'Anvers de 1748, 1750 (?) et 1781 (n°s 55, 56 et 57) ; de 1832 (n°s 84, 85, 87, 88, 89 et 94) ; de 1833 (n°s 96, 98 et 99) et de 1842 (n° 110). En tout 19 cartes.

VII. — Cours de l'Escaut. — Polders.

La présence de ce beau fleuve dans la province a donné lieu à la confection de beaucoup de cartes. Je prendrai d'abord celles qui ont été faites par rapport aux inondations qui ont eu lieu sur ses rives et aux endiguements qui y ont été opérés et qui ont constitué les polders. Dans les premières de ces cartes on a tâché de reconstituer le fleuve tel qu'il était à une époque assez reculée, c'est-à-dire en 1020, ce sont les cartes nᵒˢ 1 et 2 ; on l'a ensuite représenté tel qu'il était en 1585, à l'époque de l'investissement par le duc de Parme, ce sont les nᵒˢ 4 et 5. On a une carte de 1631 (nᵒ 27), qui donne l'état du fleuve en cette année. Les cartes de 1648 (nᵒˢ 31 et 32), donnent l'état des lieux à l'époque du traité de paix de Munster ; celles de 1715 (nᵒˢ 51 et 52), le représentent à l'époque du traité de la barrière. La rupture de la digue de Wintham, en 1825, fait l'objet des nᵒˢ 69, 70 et 71. Les inondations tendues par les troupes hollandaises, en 1831, sont représentées par les nᵒˢ 78 et 79. On a les inondations de 1831, 1833 et 1837, dans les polders de Melsele et de Borgerweert, sur la carte nᵒ 104. Enfin, la situation des lieux en 1844, est donnée par les nᵒˢ 112 et 113.

Il y a donc en tout 17 cartes, dont 13 sont dues à M. Kummer, ingénieur en chef des ponts et chaussées ; elles sont annexées à l'historique des polders que cet ingénieur a publié dans les *Annales des travaux publics de Belgique*, et à la *Description du réendiguement des polders du Bas-Escaut belge*, du même.

VIII. — COURS DE L'ESCAUT. — SONDAGES.

Après cela viennent les cartes qui donnent tous les sondages qui ont été exécutés dans le fleuve à différentes époques. Le premier de ces sondages qui a été publié a eu lieu sous le gouvernement français, en 1799, par l'ingénieur hydrographe Beautemps Beaupré : c'est le nᵒ 59 ; le nᵒ 60 en est une copie. Le second a été fait en 1817 par le même ; c'est le nᵒ 67. On a ensuite fait des sondages en 1830, sous le gouvernement hollandais, représentés sous les nᵒˢ 74, 75 et 76, le premier comprenant la partie du fleuve devant la ville d'Anvers, le second celle entre le fort Bath et le fort Lillo et le troisième celle entre le fort Lillo et la citadelle d'Anvers. La rupture de la digue près du fort Lillo, en 1831, est représentée sur la carte nᵒ 80, et celle près du fort de Burght en 1832, l'est sur celle nᵒ 86. Les sondages exécutés en 1850 sont représentés par les cartes nᵒˢ 117 et 118, allant l'une d'Anvers à Flessingue et l'autre de Flessingue à Ostende ; et ceux exécutés en 1855 le sont sur celle nᵒ 122 donnant le cours du fleuve entre la citadelle d'Anvers et le fort Lillo. Enfin les sondages exécutés en 1858 entre le fort Bath et le fort Lillo font l'objet de la carte n° 126. Cela fait en tout 12 cartes.

Huit de ces cartes sont publiées par la commission de l'Escaut et signées par M. Kummer. Les quatre autres sont de Beautemps Beaupré ou de Tirion.

IX. — Cours de l'Escaut. — Divers.

Il y a ensuite des cartes du cours de l'Escaut qui ne se rapportent ni aux inondations ni aux sondages ; ce sont : d'abord la carte qui donne l'emplacement des endroits où on payait les tonlieux vers l'an 1400, et qui porte le n° 3 ; ensuite celle parue à propos du différent entre l'empereur et les Hollandais pour les bouches de l'Escaut en 1784 (n° 58) ; puis celles de 1806 (n° 63 et 64) donnant le cours de l'Escaut depuis Anvers jusqu'à la mer ; après cela celle où l'on a indiqué la ligne de démarcation des terrains d'alluvion d'après la carte de Dumont de 1842 (n° 109) ; enfin trois cartes publiées en 1674, 1844 et 1846, donnant la position des forts sur l'Escaut et qui portent les n°ˢ 38, 114 et 115. Ces cartes sont donc au nombre de huit.

X. — Combats, etc.

Les combats, siéges, etc., qui ont eu lieu dans la province ont donné naissance à quelques cartes. D'abord l'investissement de la ville par Alexandre Farnèse, prince de Parme, en 1585, ainsi que la construction et la destruction du pont entre le fort Ste-Marie et le fort Philippe et la bataille sur la digue de Coewenstein sont représentés par 16 cartes portant les n° 6 à 21 [1]. Plus tard la bataille de Calloo en 1635 nous donne le n° 28 et la bataille d'Eckeren en 1703, les cartes n°ˢ 46, 47, 48 et 49. On a après cela l'attaque du fort Frédéric Henri en 1747 qui est représen-tée sur les n°ˢ 53 et 54. Enfin en dernier lieu le siége de la citadelle en 1852 a fait paraître 6 cartes portant les n°ˢ 90, 91, 92, 93, 95 et 97 [2]. En tout 29 cartes.

---

[1] Ces événements sont aussi représentés sur les quinze premiers plans de la troi-sième partie.

[2] Ce siège est aussi représenté sur un grand nombre de plans contenus dans la deuxième partie.

XI. — Projets.

Les projets de chemin de fer n'ont produit aucune carte pour la province qui nous occupe ; mais en revanche les projets de canaux en ont produit plusieurs. D'abord la canalisation de la Campine en a produit trois, l'une de 1835 (n° 102), due à M. Magis, une autre de 1839 (n° 105), due à M. Riche et une vers 1840 (n° 106), due à M. Van Schendel : la province de Limbourg est en partie représentée sur ces trois cartes.

Une autre carte représente le projet de canal vers la mer du Nord (Escaut belge) de M. Van Alstein, parut en 1857 et qui porte le n° 124. Sur celle-ci ce sont les deux Flandres qui figurent aussi en partie.

Je terminerai par les cartes parues à propos des projets d'agrandissement et de défense de la ville : il y en a quatre. La première de 1846 (n° 116) est due à M. le général Eenens ; les trois autres se rapportent au projet de M. Keller, elles sont des années 1856, 1857 et 1858 et portent les les n°s 125, 126 et 127 [1].

————

CHAPITRE 1er.

Depuis les temps les plus reculés jusqu'à la fin du règne de Philippe II (1020-1598).

1020?

N° 1. Carte intitulée : *Polders du Bas Escaut, en Belgique. Carte des rives du Bas-Escaut en Belgique, indiquant la situation des lieux au commencement du XIe siècle. Pl II.*

J.-B. Blasseau, sculp. imp. H. Borremans & Cie à Brux. Annales des travaux publics. Tome II, page 5.

Échelle de 1 à 120,000.

Le nord est à droite.

Cette carte représente les deux rives de l'Escaut depuis le confluent de la Durme jusqu'aux limites du royaume. Elle indique les limites extérieures

[1] Un grand nombre de plans de la deuxième partie ont aussi rapport à ces projets.

du terrain sablonneux dont l'élévation tenait lieu de digues et empêchait dans les circonstances ordinaires les marées de s'étendre à l'intérieur. Les villages suivants se trouvaient à la limite de ce terrain : Kieldrecht, St-Gilles, Beveren, Zwyndrecht, Hoboken, Anvers, Deurne, Merxem, Eeckeren, Santvliet, etc.

L'espace compris entre ces limites est traversé par l'Escaut, qui présente un grand nombre de branches et dont les bords sont coupés par des criques larges et profondes se divisant en nombreuses ramifications. Le fleuve au lieu de se diviser, comme aujourd'hui, en branche orientale et en branche occidentale pour déboucher directement à la mer, se perd dans la Meuse en longeant Berg-op-Zoom et Tolen par la seule branche orientale. La branche occidentale, le véritable Escaut d'aujourd'hui, n'était qu'une des criques ou ramifications de l'Escaut d'alors.

En amont, entre Thielrode et Tamise, l'Escaut suivait son ancien lit et la Durme se jetait dans l'Escaut près de cette dernière ville.

Larg. 0m345, haut. 0m235.

Se trouve dans l'ouvrage intitulé : *Polders du Bas-Escaut en Belgique ; par M. Kummer, ingénieur en chef des ponts et chaussées. Historique. Première partie.* Imprimé dans les *Annales des travaux publics de Belgique. Documents scientifiques, etc. Bruxelles, Vandooren, 1841*, tome II, page 5.

1020?

N° 2. Carte intitulée : *Polders du Bas-Escaut en Belgique. Rives du Bas-Escaut en Belgique, représentant, par induction, la situation des lieux au commencement du XIᵉ siècle. Pl. II.*

Dessiné par L. C. Vergauwen, conducteur des ponts et chaussées. Gravé par Annedouche, rue d'Enfer, 61. De l'imprimerie de P. Dieu, à Paris.

Échelle de 1 à 120,000.

Cette carte est une copie de la précédente.

Larg. 0m35, haut. 0m24.

Se trouve dans l'ouvrage intitulé : *Essai sur les travaux de fascinages et la construction des digues, ou description du réendiguement des polders du Bas-Escaut belge ; précédé d'une notice historique sur ces polders ; par U. N. Kummer. Bruxelles, Decq, 1849, 1 vol. in-4°, avec un atlas.*

1400.

Nᵒ 3. Carte, sans titre, du cours de l'Escaut depuis Anvers jusqu'à la mer.

Steend. door Joseph Ratinckx, IIᵉ deel, bladz. 63.

Avec une échelle et une rose des vents. Cette carte donne l'indication de tous les endroits, sur les bords de l'Escaut, où les navires devaient payer le droit de tonlieu.

Larg. 0ᵐ30, haut. 0ᵐ185.

Se trouve dane l'ouvrage intitulé : *Geschiedenis van Antwerpen, sedert de stichting der stad tot onze tyden; uitgegeven door de Rederykkamer de Olyftak, bewerkt door F. H. Mertens en K. L. Torfs. Antwerpen, ter drukkery van J. P. Van Dieren & Cⁱᵉ*. 1845, 8 vol. in–8ᵒ, tome II, page 63.

1583-1585.

Nᵒ 4. Carte intitulée : *Polders du Bas-Escaut, en Belgique. Carte des inondations tendues sur les polders bordant les deux rives du Bas-Escaut, en Belgique. dans l'intérêt de la défense et de l'attaqne de la ville d'Anvers, assiégée par le prince Alexandre Farnèse, duc de Parme. 1583–1585. Pl. III.*

J. B. Blasseau sculp. Imp. H. Borremans et Cⁱᵉ à Brux. Annales des travaux publics. Tome II, page 5.

Échelle de 1 à 120,000.

Avec une indication des signes employées : le nord est à droite.

Cette carte représente les mêmes lieux que les cartes nᵒ 1 et 2 ; seulement l'état de ces lieux n'est plus le même. L'espace compris entre la limite extérieure du terrain sablonneux et les digues qui ont été construites depuis sur les bords de l'Escaut, constitue les polders ; les noms de tous ces polders se trouvent consignés sur cette carte.

La branche occidentale de l'Escaut s'est formée, et le fleuve, par ses deux branches, se jette directement à la mer.

L'Escaut a changé son cours en usurpant le lit de la Durme, de sorte que celle-ci se jette maintenant dans l'Escaut à Thielrode, tandis qu'auparavant cela avait lieu un peu en amont de Tamise.

Les inondations tendues par les confédérés pour empêcher l'approche des Espagnols, couvrent presque tous les polders de la rive droite et de la rive gauche. On y voit aussi tous les forts construits tant par les confédérés que par les Espagnols, de 1583 à 1585, et enfin le pont jeté sur l'Escaut et appuyé par les forts Ste-Marie et Philippe. La forteresse de Saeftingen y figure aussi ; elle a maintenant disparu de la carte, le polder qui porte son nom étant resté submergé depuis lors.

Larg. 0m345 haut. 0m235.

Se trouve dans l'ouvrage intitulé : *Polders du Bas-Escaut en Belgique*, par M. Kummer, etc.

1583-1585.

N° 5. Carte intitulée : *Polders du Bas-Escaut en Belgique. Situation des lieux, à l'époque du siège d'Anvers, par le prince Alex. Farnèse, duc de Parme, 1583-1585. Pl. III.*

Dessiné par L. G. Vergnaeren, conducteur des ponts et chaussées. Gravé par Annedouche, rue d'Enfer, 61. De l'imprimerie de P. Dieu, à Paris.

Échelle de 1 à 120,000.

Cette carte est une copie de la précédente.

Larg. 0m35 haut. 0m24.

Se trouve dans l'ouvrage intitulé : *Essai sur les travaux de fascinages*, etc., par U. N. Kummer. Bruxelles, 1849. Un volume in-4° avec un atlas.

1584.

N° 6. Carte intitulée : *Aigentliche contrafactur und abriss, wie, und was gestalt die von Antorff das Landt beider seitz des Schelts in wasser gestallt, sich mit Schantzen und blochheuser auff vielen ortern versehen Do, was mit A. verzeihnet, die Statt, wass aber mit P. der Prins von Parma inhat. Anno Dni 1584, 22 Decemb.*

Cette carte s'étend depuis le village de Burght en amont jusqu'au fort de Liefkenshoek en aval d'Anvers, sur l'Escaut. On y voit une partie de la ville d'Anvers, et à la limite les villages d'Eeckeren, Capelle, Stabroeck et Berendrecht. Les forts de l'Escaut occupés par les Etats sont marqués A. et ceux occupés par les Espagnols sont marqués P. Le fort Lillo est déjà pris par ces derniers, les forts Ste-Marie et Philippe sont construits et le pont entre ces deux forts est commencé.

Gravure sur bois.

Larg. 0m27, haut. 0m185.

Se trouve dans l'ouvrage intitulé : *De Icone Belgica, ejusq. topographica atq. historica descriptione liber. Quinq. partibus gubernatorum Philippi regis Hispaniarum ordine distinctus, insuper elegantissimi illius artificis Francisci Hogenbergii* [1], *208 figuris ornatus ; rerumque in Belgio maxime gestarum inde ab anno Christi 1559 usque ad annum 1587 perpetua narratione continuatus. Michaele Aitsingero Austriaco auctore. Cum privilegio Cæsareo. Francisco Hogenberg : concesso, etc.* 1587, 1 vol. in-4°, page 355. Et dans l'édition allemande du même ouvrage qui a pour titre : *Historia nund ab contrafeytungh, fernemlich der Niderlendischer geschichten und kriegshendelen mit höchstem fleisz beschrieben durch Merten von Mennuel*, 1593, 1 vol. in-4°.

1584.

N° 7. Carte sans titre du cours de l'Escaut depuis le village de Burght jusqu'au fort de Liefkens-hoek, *N° 163*.

En dessous de cette carte sont inscrits quatre vers latins.

C'est une copie réduite de la carte précédente.

Larg. 0m17, haut. 0m125.

Se trouve dans l'ouvrage intitulé : *Nederlantsche oorlogen, beroerten, ende borgerlijke oneenicheyden, beginnende met te Oph ritste der selver Landen gedaen by keijser Karel de V aen zijnen soon Koninck Phil ppus van Spangien tot de droevige doot van zijn Excell. Willem prince van Orangien hoogl. memor. beschreven door Pieter Bor Christi nsz*, 1621-1631. *Tot Leyden, by Govert Basson, Amsterdm by Michiel Colijn*. 5 livres et 1 supplément. 7 vol. in-folio, tome III (19° partie), page 14.

1585.

N° 8. Carte intitulée : *Obsessio Antverpiæ Alexandro imperante*. 1585.

---

[1] **Hogenberg** (Franz), dessinateur et graveur au burin, né en Angleterre vers 1555, travailla à Cologne et mourut en 1590. Ch. Le Blanc cite de lui une suite de 62 gravures et dit qu'il a fait les cartes de France et de Belgique de l'atlas de Baxton, celles pour *Civitates orbis terrarum* de G. Braun, Cologne, 1572, et celles pour *Theatrum orbis terrarum* d'A. Ortelius, Anvers, 1570. Quant à ce dernier ouvrage il est dans l'erreur, les cartes n'en sont pas gravés par Hogenberg ; le *Icone Belgico* d'Aitsinger n'est pas cité par contre. *Manuel de l'amateur d'estampes*, tome Ier, page 309.

Avec quatre échelles et une rose des vents.

A la partie supérieure à gauche sont les armoiries d'Espagne et celles du prince de Parme, et à la partie inférieure à droite sont celles de l'Empire ; au milieu de la carte se trouvent celles de Flandre.

Il y a aussi une légende de A à Z, plus cinq numéros pour les endroits qui ont été occupés par l'armée catholique et une de 40 numéros pour les forts et défenses construites pendant le siège, tant par le prince de Parme que par les *rebelles.*

Cette carte comprend le cours de l'Escaut depuis Anvers jusqu'au fort Bath et de plus les villages de Hulst, de Stekene, de Beveren, de Hooren, de Stabroeck, etc.

Tout le pays est inondé.

On y voit le pont du prince de Parme et l'attaque de la digue de Couwenstein.

Sur cette carte, à la partie supérieure, il y en outre le plan du pont de Farnèse, et celui, plus en grand, de quelques travées de ce pont. A la partie inférieure, il y a les plans séparés des forts sur l'Escaut, avec le titre : *Propugnaculorum major forma ut melius cognosci possint,* et comprenant 25 forts [1].

Larg. 0^m515, haut. 0^m73.

Cette carte se trouve aux Archives générales du royaume à Bruxelles, ainsi qu'à la bibliothèque de Bourgogne (manuscrits) où elle est intercalée dans le recueil n° 7563 à 7567, intitulé : *Chronyck van Antwerpen. 1500 à 1600, par Caukercken.* Un volume in-folio.

1585.

N° 9. Carte intitulée : *Antwerpia.*

Avec l'inscription suivante : *Wie und wass gestalt die diecken vor Antorff durch gestochen, und mit vielen blochhusern so woll von dem Princen von Parma, als von der statt Antorff besatz seindt. Anno Dⁿⁱ 1585.*

Les armoiries du marquisat d'Anvers sont au centre de la partie supérieure ; il y a aussi une rose des vents. Cette carte s'étend au delà du fort Burght sur l'Escaut en amont et au-delà des forts de Lillo et Liefkens-

---

[1] La liste de ces plans se trouve au chapitre III.

hoek, en aval. Tout y est vu en perspective. Au haut, à l'horison, on a une vue de la ville d'Anvers. Sur la rive droite de l'Escaut on voit les villages de Dam, Eeckeren, etc., et le campement du prince de Parme : sur la rive gauche les villages de Beveren, de Zwyndrecht, de Calloo, den Doel, etc. Le pont jeté par le prince de Parme entre les forts Philippe et Ste-Marie s'y trouve aussi. Tout le pays est inondé. L'attaque de la digue de Couwestein qui eut lieu le 26 mai 1585, y est figurée.

Larg. 0m32, haut. 0m23.

Se trouve dans l'onvrage intitulée : *De leone Belgico*, etc., par Michel Aitsinger. Pag. 359, et dans l'édition allemande du même ouvrage qui a pour titre : *Historia, unnd ab contrafeytungh. etc.*

1585.

No 10. Carte sans titre du cours de l'Escaut, depuis Anvers jusqu'au Doel au-delà du fort Lillo, avec le pont du prince de Parme entre les forts Ste-Marie et Philippe. Les noms des villages s'y trouvent.

Larg. 0m065, haut. 0m05.

Se trouve dans l'ouvrage intitulé : *De leone Belgico*, etc., par Michel Aitsinger. Pag. 369, et dans l'édition allemande du même ouvrage qui a pour titre : *Histoira, unnd ab contrafeytungh, etc.*

Cette carte occupe un coin du plan no 1. (Troisième partie).

1585.

No 11. Carte sans titre (*No 165*) du cours de l'Escaut, réduction de la précédente. Les noms des villages ne s'y trouvent pas.

Larg. 0m035, haut. 0m03.

Se trouve dans l'ouvrage intitulé : *Nederlantsche oorloghen*, etc., par Pierre Bor, Tom. III (20e partie). Pag. 32.

Cette carte occupe un coin du plan no 4. (Troisième partie).

1585.

No 12. Carte intitulée : *Het belegh der stadt Antwerpen in den jaeren 1584 en 1585. J. Luiken, fecit* [1].

[1] LUYKEN (Johann van). Dessinateur et graveur à l'eau forte, né à Amsterdam, en 1649, élève de M. Zaagmoelen, mourut en 1712. On cite de lui une suite de 859 numéros, dans laquelle les planches de cet ouvrage ne sont pas comprises. CH. LE BLANC. *Manuel de l'amateur d'Estampes*, Tome II, page 581.

Avec les armoiries de Philippe II, roi d'Espagne, à la partie supérieure et au centre, à droite celles d'Alexandre Farnèse, prince de Parme, à gauche celles du marquisat d'Anvers.

C'est une vue à vol d'oiseau du pays, depuis Cruybeke, sur l'Escaut en amont, jusqu'au fort Bath en aval. Les villages d'Eeckeren, Wilmaersdonck et Oorderen y figurent sur la rive droite et celui de Beveren sur la rive gauche.

On y voit aussi tous les forts construits sur les deux rives de l'Escaut tant par les confédérés que par les Espagnols, ainsi que le pont jeté par le prince de Parme entre le fort Philippe et le fort Ste-Marie. Tout le pays est inondé. L'attaque de la digue de Couwenstein qui eut lieu le 26 mai 1585 y figure au premier plan.

Larg. 0^m345, haut. 0^m26.

Se trouve dans l'ouvrage intitulé : *Nederlantsche oorloghen*, etc. par Pierre Bor, 1621 à 1631. Sept volumes in-folio. Tom 7. (Supplément paru plus tard).

Se trouve aussi dans la seconde édition de cet ouvrage, intitulé : *Oorspronk, begin et vervolgh der nederlantsche oorloghen, beroerten en borgerlyke oneenigheden ; beginnende met d'opdracht der selve landen , gedaen by keyser Karel den vyfden, aen synen zoon koninck Philippus van Spanjen, en eindigende met het einde van 't jaer* 1600. *Waerachtelyk en onpartydelyk beschreven door Pieter Bor Christiaensz, etc. Amsterdam, by de veduwe van Joannes van Someren , Abraham Wolfgangh , Hendrick en Dirck Boom.* 1679–1684. Quatre livres en neuf volumes in-folio. Tome I, (2e partie), page 469.

1585.

N° 13. Carte intitulée : *Het belegh der stadt Antwerpen in den jaeren* 1584 *en* 1585. *Tome I, n° 24.*

C'est la même carte que la précédente.

Larg. 0^m345, haut. 0^m26.

Se trouve dans l'ouvrage intitulé : *Geschiedenissen der vereenigde Nederlanden, sedert den aanvang van die Republik tot op den vrede van Utrecht in 't jaer* 1713 *en het tractaat van Barrière in 't jaer* 1715, *gesloten ; etc.*

par Jean Leclerc. T'Amsterdam, by Zacharias Chatelain, boekverkooper op den Dam. 1730. Trois vol. in-folio. Tome I, page 168.

1585.

Nº 14. Carte intitulée : *De schipbrug van Farneze en de onderwater de polders*. Vᵉ *D. Bladz*. 213.

Cette carte donne le cours de l'Escaut depuis le fort Lillo en amont jusqu'au fort Bath en aval : les inondations s'étendent sur tout le pays. On y voit le pont jeté par le prince de Parme sur l'Escaut entre le fort Ste-Marie et le fort Philippe. Dans le lointain on voit la ville d'Anvers.

Il n'y a aucune inscription sur cette carte, ni pour les villages ni pour les forts.

Larg. 0ᵐ22, haut. 0ᵐ135.

Se trouve dans l'ouvrage intitulé : *Geschiedenis van Antwerpen*, etc., par MERTENS et TORFS, 1845-1851, 8 vol. in-8°, Tome V, page 213.

1585.

Nº 15. Carte intitulée : *La digue de Covestein*.
El cap. ingen. Ledesma disp. R. d. Hooge fecit [1].
Avec une légende, de A à P, en français, pour expliquer le combat sur la digue.

C'est une vue, à vol d'oiseau, du pays entre la digue de Couwestein qui est au premier plan, et la ville d'Anvers que l'on voit à l'horizon. Les troupes, les vaisseaux, la fumée, empêchent de rien distinguer d'autre que le combat. Le pont Farnèze s'aperçoit cependant dans le lointain.

Larg. 0ᵐ34, haut. 0ᵐ265.

Fait partie de la collection de M. J.-B. Van den Bemden, à Anvers ; se trouve aussi à la bibliothèque royale, à Bruxelles.

---

[1] HOOGE (Romyn de), Peintre et graveur à l'eau forte et au burin, né à La Haye vers 1630-1638, travailla en Hollande, en Angleterre et à Paris et mourut en Hollande vers 1718. On cite de lui 137 planches et entr'autres : *Les faits d'armes d'Alexandre Farnèse*. Arn. *Houbraken*. 5 planches nº 107 à 111 dont celle-ci fait partie. CHARLES LE BLANC, *Manuel de l'amateur d'estampes*, Tome II, page 383.

1585.

Nº 16. Carte intitulée : *Le pont Farnèse de la largeur de douze piez et 2400 de longeur. Tom. IIII, pag. 96.*
Ce pont est jeté entre le fort Ste–Marie et le fort Philippe : ce dernier est au premier plan. On voit dans le lointain la ville d'Anvers ainsi que les forts sur l'Escaut.

Larg. 0m16, haut. 0m115.

Se trouve dans l'ouvrage intitulé : *Histoire de la guerre des Pays-Bas du R. P. Famien Strada, romain, de la compagnie de Jésus, traduite par P. du Ryer. Nouvelle édition.* Bruxelles, G. Fricx, 1739. Six volumes in–12º. Tome 4, page 36.

,1585.

Nº 17. Carte intitulée : *Défaite de l'armée des hollandais sur la digue de Covenstein. Tome 4, page 92.*
C'est une copie réduite du nº 15.

Larg. 0m15, haut. 0m115.

Se trouve dans le même ouvrage que la précédente.

1585.

Nº 18. Vue intitulée : *Le pont de Farnèse.*
El capⁿ ingeniero Ledesma disp. R. d. Hooge fec. [1].
Le fort Ste–Marie est au premier plan à gauche : Alexandre Farnèse est dans l'intérieur et approuve le plan. Tout le pont y figure avec le fort Philippe à l'extrémité. La ville d'Anvers est dans le fond.

Larg. 0m34, haut. 0m265.

Se trouve à la bibliothèque royale à Bruxelles.

1585.

Nº 19 et 20. Vue intitulée : *Commencement du siége d'Anvers.*
Cette planche est partagée en deux parties sur la hauteur.
A la partie inférieure on a représenté le prince de Parme, lui–même,

[1] Voir la note à la page 35.

travaillant à la sape : dans le lointain on aperçoit les villages de Stabrouck, Santvliet, Buren et Melsen.

Avec une légende de A à E.

Larg. 0m335, haut. 0m16.

A la partie supérieure est représenté l'intérieur du fort Philippe, au moment où Alexandre Farnèse reçoit le collier de la Toison d'Or. Au dernier plan on voit la ville d'Anvers.

Avec une légende de F: à O.

Larg. 0m335, haut. 115.

Se trouve à la bibliothèque royale, à Bruxelles.

1585.

No 21. Vue intitulée : *Déroute du pont Farnèse.*
El cap. ing. Ledesma disp. R. d. Hooge fec. [1].
Avec une légende de A. à P.
Le fort Ste-Marie est représenté au premier plan : on voit le pont sauter et Alexandre Farnèse est renversé. Le fort Philippe est dans le lointain.

Larg. 0m335, haut. 0m265.

Se trouve à la bibliothèque royale, à Bruxelles.

CHAPITRE II.

GOUVERNEMENT D'ALBERT ET ISABELLE JUSQU'A LA FIN DE LA DOMINATION ESPAGNOLE (1598-1713).

1600?

No 22. Carte sans titre [2] des environs d'Anvers.
Avec deux échelles, une indication des signes employés, et une légende

---

[1] Voir la note à la page 35.
[2] Il n'existe que la moitié de cette carte aux archives ; il est possible que le titre se trouve sur l'autre moitié.

de *a* à *f* pour les *Ouderland de Ryen, Santhoven , Herenthals , Geel , Hoogstraten et Turnhout.*

Le nord est en haut : les degrés de latitude sont indiqués.

En deux feuilles.

Larg. 0^m56 , haut. 0^m475.

Se trouve aux Archives générales du royaume, à Bruxelles.

1610.

N° 23. Carte intitulée : *Dioecesis episcopatus Antverpiensis. Page* 85.
Avec une échelle. Le nord est à gauche. Cette carte s'étend jusqu'à Gertruidenberg, Herenthals, Aerschot, Malines, Anvers et Berg–op–Zoom.

Larg. 0^m32, haut. 0^m24.

Se trouve dans l'ouvrage intitulé : *Caroli Scribani* [1] *è societate Jesu, Antverpia. Antverpiæ ex officina Plantiniana, apud Joannem Moretum* [2]. 1610, 1 vol. in-4°, page 85.

1610?

N° 24. Carte intitulée : *Machliniæ urbis dominium.*
Cette carte donne la seigneurie de Malines.
Le nord est à droite.

Larg. 0^m105, haut. 0^m075.

Se trouve sur une autre carte.

1617.

N° 25. Carte intitulée : *Mechlinia.*
Avec les armoiries de la seigneurie de Malines. Le nord est à droite.

---

[1] SCRIBANUS (Charles). Historien, né à Bruxelles en 1561, mourut à Anvers en 1629. Il est l'auteur des ouvrages suivants : *Antverpia*, 1610, 1 vol. in-4° et *Origines Antverpiensium*, 1610, 1 vol. in-4°.

[2] MORETUS (Jean) a succédé à Christophe Plantyn, fondateur de l'imprimerie de ce nom, mort en 1589. Moretus avait épousé la fille unique de Plantyn. Il y a encore à Anvers plusieurs de ses descendants : l'aîné, M. Albert Moretus , habite l'ancienne maison de Plantyn, sur le Marché du Vendredi.

Sur cette carte se trouve une vue de Malines.

Larg. 0ᵐ47, haut. 0ᵐ355.

Se trouve dans l'ouvrage intitulé : *Petri Koerii* [1] *Germania inferior id est XVII provinciarum ejus novæ et exactæ tabulæ geographicæ, cum luculentis singularum descriptionibus additis à Petro Montano. Amstelodami impensis Pet. Koerii* 1617, 1 vol. in-folio.

1627.

N° 26. Carte intitulée : *Pas-caert van de ghelegetheyt van de schans te Santvliet ; vertoonede de verdronken overwaterde landen, nieuw aengewasse gorsingen, en de krieken ost killen in en door de selve tussche Bergen-op-Zoom en Antwerpen. Van nieus verbetert door Claes Janss. Visscher* [2].

C. J. Visscher excude.

Avec une rose des vents et une notice. Anvers est dans le coin supérieur à droite : on voit en outre sur cette carte Hulst, Berg-op-Zoom, etc.

Larg. 0ᵐ42, haut. 0ᵐ275.

Fait partie de la collection de M. le chanoine Henrotte, à Liége, et se trouve à la Bibliothèque royale, à Bruxelles.

1631.

N° 27. Carte intitulée : *Nieuwe caert van de gelegentheyt van de oost en wester Schelde, vertoonende ook de verdroncken over waterde Lande nieu aengewassen schoren en de kreeken ost killen in en door de selve tussche Bergen en Antwerpen soo het nu is.* 1631.

T' Antwerpen by Peter ver Bist op de Lombaerde vest in de nieu Werrelt. Peter ver Bist Antwerpiensi fecit et excud.

Avec deux échelles. Le nord est en haut. Cette carte donne le cours de l'Escaut depuis Anvers jusqu'à Berg-op-Zoom.

Larg. 0ᵐ395, haut. 0ᵐ535.

Se trouve aux archives générales du royaume, à Bruxelles.

---

[1] Keere (Pieter Van den). Graveur de topographie et éditeur, travailla à Amsterdam de 1608 à 1617. On ne cite de lui que les planches de l'ouvrage ci-dessus. Ch. Le Blanc. *Manuel de l'amateur d'estampes*, Tom. II, pag. 444.

[2] L'exemplaire de la bibliothèque royale porte : *Afgheteycket door Josua van den Ende.*

1635.

N° 28. Vue à vol d'oseau du pays entre Anvers et Verrebroeck.

Au-dessus de cette carte se trouve le portrait de Ferdinand d'Autriche, avec l'inscription : *Ferdinando Callinico S. P. Q. A.* Dans cette vue on voit d'abord Anvers à l'horison, sur la droite, puis sur les bords de l'Escaut, en se dirigeant vers la gauche, les forts Ste-Marie, St-Philippe, la Perle, la Croix, Liefkenshoek et Lillo. Dans l'intérieur des terres, en Flandre, on voit Calloo, Beveren, Steland et Verrebroeck.

Au premier plan on voit Ferdinand d'Autriche qui s'avance, suivi de son armée, contre le fort de Beveren. Ce fort, ainsi que la digue qui passe par Calloo et Ste-Marie, sont garnies de troupes.

Larg. 0m32, haut. 0m27.

Cette carte se trouve sur une planche plus grande, intitulée : *Laurea Calloana*, représentant le char de Rubens.

Se trouve dans l'ouvrage intitulé : *Pompa introïtus honori serenissimi principis Ferdinandi Austriaci Hispaniarum infantis S. R. E. card. Belgarum et Burgundionum gubernateris, etc. à S. P. Q. Antverp. decreta et adornata ; cum mox à nobilissima ad Nordlingam partâ victoriâ Antverpiam auspicatissimo adventu suo bearet. 15 kal. Maii, ann. 1635. Arcus, pegmata iconesq. à Pet. Paulo Rubenio, equite, inventas et delineatas inscriptionibus et elogiis ornabat, libroq. commentario illustrabat Casperius Gerartius J. C. et archigrammatæus Antverpianus. Accessit laurea Colloana, eodem auctore descripta. Antverpiæ veneant exemplaria apud Theod. a Tulden, qui iconum tabulas ex archetypis Rubenianis delineavit et scalpsit. Cum privilegio. Prostant apud Guilielmum Lesteenium et Henricum Aertssens.* Anvers, Jean Meursius, 1641. 1 vol. grand in-folio.

1636.

N° 29. Carte intitulée : *Marchionatus sacri imperi. Description du Marquisat du Saint Empire. 153.*

Avec une échelle.

Une vignette, représentant la fable du géant Antigon, se trouve à la partie supérieure à gauche.

Cette carte s'étend depuis Grimberghe sur l'Escaut, en amont, jusqu'aux orts Liefkenshoek et Lillo en aval. Il y a un pont sur l'Escaut devant la ville d'Anvers.

Larg. 0m23, haut. 0m15.

Se trouve dans l'ouvrage intitulé : *L'ardante et flamboyante colomne de tous les Pays–Bas, autrement dict le XVII provinces. Amsterdam, chez Jacob Colom. Anno 1636. 1 vol. in-4o oblong, page 153.*

1636.

No 30. Carte intitulée : *Mechilinia dominium. Description de la Seigneurie de Malines. 171.*

Avec une échelle.

Cette carte comprend Bruxelles, Malines, Vilvorde, Willebro eck, etc.

Larg. 0m225, haut. 0m15.

Se trouve dans le même ouvrage que la précédente, page 171.

1648.

No 31. Carte intitulée : *Polders du Bas-Escaut, en Belgique.*

Carte des polders des rives du Bas–Escaut, en Belgique, indiquant la situation des lieux, à l'époque du traité de paix de Munster. 1648. Pl. IV. J. B. Blasseau sculp. Imp. H. Borremans & Co à Bruxelles. Annales des trav. publ. Tom. II. Page 5.

Échelle de 1 à 120,000.

Le nord est à droite.

Avec une indication des signes employés.

Cette carte s'étend depuis Thielrode en amont jusqu'au de là du fort Bath, en aval, sur l'Escaut, et comprend outre Anvers les villes de Hulst, St-Nicolas; c'est la même partie de pays qui est représentée sur les cartes Nos 1, 2, 4 et 5.

Une partie des polders est encore submergée, celle sur la rive gauche à l'aval du fort Ste-Marie, et celle sur la rive droite à l'aval de la digue Ferdinand, qui venait d'être construite.

Larg. 0m345 haut. 0m235.

Se trouve dans l'ouvrage intitulé : *Polders du Bas Escaut en Belgique; par M. Kummer, ingénieur en chef des ponts et chaussées. Historique. Première partie.* Imprimée dans les : *Annales des travaux publics de Belgique. Documents scientifiques, etc.* Bruxelles, 1844. Tome II, page 5.

1648.

N° 32. Carte intitulée : *Polders du Bas-Escaut en Belgique. Situation des lieux à l'epoque du traité de paix de Munster*. 1648. *Pl. IV.*

Dessiné par L. C. Vergauwen, conducteur des ponts et chaussés. Gravé par Annedouche, rue d'Enfer, 61. De l'imprimerie de P. Dieu, à Paris.

Échelle de 1 à 120,000.

Cette carte est une copie de la précédente.

Larg. 0m35, haut. 0m24.

Se trouve dans l'ouvrage intitulé : *Essai sur les travaux de fascinages et la construction des digues ou description du réendiguement des polders du Bas-Escaut belge, précédé d'une notice historique sur ces polders, par U. N. Kummer*. Bruxelles, Decq, 1849, 1 vol. in-4°, avec un atlas.

1650.

N° 33. Carte intitulée : *Tertia pars Brabantiæ qua continetur Marchionat. S. R. I. horum urbs primaria Antverpia. Ex archetypo Michaelis Florentii a Langren reg. maj. mathematico.*

Amstelodami apud Joonnem Janssonium.

Avec quatre échelles et une rose des vents : le nord est à droite.

Les armoiries de la ville d'Anvers surmontent le titre qui a en outre à ses deux côtés celles de Bergen–op–Zoom, Liere, Breda et Herenthals : celles du marquisat et celles de l'empire se trouvent dans le coin supérieur à auche .

Les villes de Bergen–op–Zoom, de Breda et de Louvain se trouvent aux limites de cette carte.

Larg. 0m52, haut. 0m415.

Se trouve dans l'ouvrage intitulé : *Novus atlas das ist welt–beschreibung mit schonen newen aus fuhrlichen Land Taffeln. Amstelodami apud Joonnem Janssonium*. 6 vol. in-folio. 2° partie comprenant la Hollande et la France.

1650.

N° 34. Carte intitulée : *Tertia pars Brabantiæ , etc.*

Guilielmus Blaeu excudit.

C'est la même carte que la précédente.

Larg. 0m52, haut. 0m415.

Se trouve dans l'ouvrage intitulé : *Tonneel des aerdrycx oft nieuwe atlas, uytgegeven door Willelm en Joan Blaeu. Eerste deel. Tweede stuck. T Amsterdam, by Joan Blaeu*, 1650, 1 vol. in-folio, page 8.

1650.

Nᵒ 35. Carte intitulée : *Marchionatus sacri imperii. La Feuille excudit* 45. 3. P. 56.

Avec une échelle et une rose des vents. C'est une copie du Nᵒ 29.

Larg. 0ᵐ23, haut. 0ᵐ15.

Se trouve dans l'ouvrage intitulée : *Nieuwe methode om de geographie te leeren.* Un volume in-4° oblong.

1650.

Nᵉ 36. Carte intitulée : *Description de Santvliet, la rivière Schelde et pays de Hulst.*

Contient une dédicace à don Diégo Philippe de Gusman par Michel Florent van Langren, mathématicien de S. M.

Avec une échelle et la désignation des forts de S. M. et ceux des ennemis.

Cette carte comprend le pays jusqu'à Hulst, Berg-op-Zoom, etc., la ville d'Anvers est dans le coin inférieur à gauche.

Larg. 0ᵐ50, haut. 0ᵐ38.

Se trouve à la bibliothèque de la ville d'Anvers.

1662.

Nᵒ 37. Carte du quartier d'Anvers où l'on voit le : *Kwaertier van Antwerpen*, le *land van Rhyen*, entouré des : *baronni van Breda, de Meierei van den Bos*, du *Land van Luyck*, des *kwartier van Loven*, et *kwartier van Brussel, Vlaenderen* et *Bergen.*

Larg. 0ᵐ11, haut. 0ᵐ09.

Cette carte se trouve dans un coin du plan intitulé : *Ager Antverpiensis, sive pars Marchionatus sacri romani imperii vulgo het Marck-graefschap des H. Ryckx* de P. Verbiest (Nᵒ 136 des plans) qui se trouve à la bibliothèque de la ville d'Anvers.

Elle se trouve aussi sur la copie de ce plan jointe aux *Annales Antverpienses*, etc., de Papebrochius, et à la *Geschiedenis van Antwerpen etc.*, de Mertens et Torfs, qui est renseigné au N° 137 des plans.

1674.

N° 38. Carte intitulée : *Cruys schans.*

Joannes Peeters delineavit Gasper Bouttats [1] *fecit aqua forti et excudit. Antverpiæ. Cum privilegio,* 1674.

C'est une vue des forts sur les deux rives de l'Escaut où l'on voit le fort de la Croix, au premier plan sur la rive gauche, puis le fort Philippe, les villages de Wilmarsdonck et d'Oorderen et la ville d'Anvers au dernier plan, sur la même rive, et les forts La Perle et Ste-Marie sur la rive droite.

Larg. 0^m125, haut. 0^m065.

Se trouve dans l'ouvrage intitulée : *Théâtre des villes et fortresses des Provinces Unies et frontière tant en Brabant, Flandre, qu'au Rhin et autres parts, conquestées par les armes des Srs Estats Genereaux soubs le conduit des très nobles et très illustres princes d'Orange.* Anvers, 1674. un volume in-4° oblong.

1677.

N° 39. Carte intitulée : *Marchionatus sacri romani imperii sive agri Antverpiensis vicinarumq. regionvm tabula anno* 1677.

Avec une dédicace ainsi conçue :

Exc^{mo} domino D. Joanni Baptistæ Christyn, equiti aurato, regi in supremo senatu Belgico in Hispania, nec non status et privati in Belgio à consilys, ejusque ad universalem pacis ʃtractatum, Noviomagi plena cum potestate legato D.D.C.C.Q.

E. V. Ordonii sculpsit.

A la partie supérieure à droite sont les armoiries du marquisat entourées de celles de la ville d'Anvers, Lierre, Herenthals, Steenbergen, Breda et Berg-op-Zoom. A la partie inférieure à gauche sont celles de J. B. Christyn.

---

[1] BOUTTATS (Gaspard). Dessinateur, graveur à l'eau forte et au burin, né à Anvers en 1640, mort en 1703. Son œuvre monte à 130 numéros. Celle-ci n'y est pas comprise. Ch. LE BLANC. *Manuel de l'amateur d'estampes*, Tome 1er, page 499.

Il y a en outre quatre échelles et une rose des vents : le nord est à gauche. Dans cette carte se trouvent les villes d'Anvers, de Malines, de Bruxelles, de Breda, de Berg–op–Zoom, etc.

Larg. 0^m415, haut. 0^m335.

Se trouve dans l'ouvrage intitulé : *Notitia marchionatus sacri romani imperii, hoc est urbis et agri Antverpiensis, oppidorum, dominiorum, monasteriorum, castellorumque sub eo, etc.*, *par Jacques Le Roy*. Amsterdam, 1678, 1 vol. in-folio, page 92.

Et dans celui intitulé : *Castella et prætoria nobilium Brabantiæ et cœnabia celebriora ad vivum delineatio et in œs incisa quo temporum injuriis memoria eorum subtrahatur quibus accessit turris Antverpiensis, omnium quæ toto orbe visuntur pulcherrima, per Wenceslaum Hollar, bohemum ad : perelle gallum, Franciscum Ertinger germanum, Lucam Vosterman brabantum, Jacobum Harrewyn batavum, sculptores præcipuos. Antverpia ex typographica Henrici Thieullier, ad fossam Minorum. Anno 1694.* Par Jacques Le Roy, 1 vol. in–folio.

1678.

N° 40. Carte intitulée : *Diocesis episcopatus Antverpiensis.*

Avec une dédicace ainsi conçue :

Reverendiss. ac perill. Domino D. Joanni Maldero ep̄o (episcopato). *Antverpiensi prælato monry* (monastery) *S. Bernardi, dom. (domino) de Hocuis, Hemissem, etc. studioss. theologiæ et liberal. art. fautori Petrus Verbist Antverp. merito D. D.* (dedicat.)

Au–dessus de cette dédicace sont les armoiries de Jean Malderus, évêque d'Anvers, et au–dessous sont celles de l'abbaye de St–Bernard, dont il était abbé.

Au–dessus du titre on a placé les armoiries de l'évêché.

Avec deux échelles, une explication des signes employés et une rose des vents.

Sur cette carte se trouvent représentés les doyennés de Breda, de Berg-op–Zoom, d'Hoogstraeten, d'Anvers, d'Hérenthals et de Lierre, formant l'évêché d'Anvers.

Larg. 0^m40, haut. 0^m335.

Se trouve dans l'ouvrage intitulé : *Notitia marchionatus sacri romani imperii, etc.*, par Jacques Le Roy. Amsterdam, 1678, 1 vol. in–folio, page 54.

Et dans celui intitulé : *Le grand théâtre sacré du duché de Brabant, contenant la description générale et historique de l'église métropolitaine de Malines, etc.*, par J. Le Roy. Lahaye, Gérard Block, 1734, 2 vol. in-folio. Tome II, page 1.

Ainsi que dans celui intitulé : *Synopsis actorum ecclesiæ Antverpiensis et ejusdem diœceseos statu hierarchicus ab episcopatus erectione usque ad ipsius suppressionem, etc.*, par De Ram. Bruxelles, Hayez, 1856. (Ad cap. V, sect. IV).

1692.

N° 41. Carte intitulée : *Marchionatus S. I. et Dom. Mechelini l. P. J. Harrewyn, fecit.*

Avec les armoiries du marquisat et celles de Malines au-dessus du titre, deux échelles et une rose des vents.

Le nord est à droite.

Cette carte comprend Anvers, Malines, Louvain, Bruxelles, etc.

Larg. 0ᵐ18, haut. 0ᵐ145.

Se trouve dans l'ouvrage intitulé : *L'atlas en abrégé, ou nouvelle description du monde, tirée des meilleurs auteurs de ce siècle, par Jaques Peeters. A Anvers, chez l'auteur, aux quatre parties du monde*, 1692, 1 vol. in-12°, page 33.

1694.

N° 42. Carte de l'évêché d'Anvers et de Bos–le–Duc, par Nicolas Sanson. Paris, 1694 [1].

1695 ?

N° 43. Carte intitulée : *Tetrarchiæ Antverpiensis pars meridionalis una cum Mechliniensi dominio in ejusdem ditiones subjacentes accuratissime divisa per Nicolaum Visscher. Amst. Bat. cum privil. ordin. general Belgii fœderati.*

[1] Cette carte est citée dans l'ouvrage intitulé : *Bibliothèque historique de la France*, par LELONG, Tome 1, n° 1012. Je ne l'ai pas encore rencontrée.

Avec deux échelles et l'indication des signes employés. Le nord est en haut. Cette carte va jusqu'à Anvers, Malines, Diest, Hoogstraeten, etc.

Larg. 0m57, haut. 0m475.

Se trouve dans l'ouvrage intitulé : *Diverses cartes de géographie, où l'on peut voir le siège de la guerre dans tout le monde comme dans les pays de Flandres, de Brabant, de Liége, d'Allemagne, de France, d'Espagne, de Portugal, d'Italie, de Pologne, de Moscovie, en Amérique, etc., recueillies et publiées à Amsterdam.* Par Nicolas Visscher, avec privilége des États–Généraux.

1700 ?

N° 44. Carte intitulée : *Marchionatus sacri romani imperii.*
Sur la même feuille se trouve la carte suivante et trois vues de la ville d'Anvers (N°⁵ 161, 162 et 163 des plans).

Larg. 0m415, haut. 0m275.

Se trouve à la bibliothèque royale, à Bruxelles.

1700?

N° 45. Carte intitulée : *Tabella hæc in gratiam spectatorem, etc.*

Larg. 0m155, haut. 0m08.

Se trouve sur la carte précédente.

1703.

N° 46. Carte intitulée : *Plan de la bataille d'Eekeren.*
Sans aucune inscription.

Larg. 0m26, haut. 0m205.

Se trouve dans l'ouvrage intitulé : *La guerre d'Espagne, de Bavière et de Flandre, ou mémoires du marquis D...*, etc. Cologne, P. Marteau, 1707, 1 vol. in -12°, page 492.

1703.

N° 47. Carte intitulée : *Plan de la bataille de Ekeren.*
Sans aucune inscription.

Le fort Lillo est à la partie supérieure : on y voit aussi les villages d'Oorderen, de Wilmarsdonck, d'Eeckeren et de Capelle.

Larg. 0^m34, haut. 0^m205.

Fait partie de la collection de M. le capitaine Dejardin.

1803.

N° 48. Carte intitulée : *Plan de la bataille d'Eeckeren donnée entre l'armée des hauts-alliés et des deux Couronnes entre Muysebroeck, Wilmerdonck et Orderen le 30 juin 1703 sous le commandement du général Obdam.*

Dessiné sur le lieu, par Monsr Jvoy quartier-maistre général des troupes des Provinces-Unies. A Bruxelles, chez Eugène Henry Fricx, rue de la Madeleine. Harrewyn fecit.

En-dessous est une notice intitulée : *Plan de la bataille de Wilmerdonck près d'Eeckeren donnée le 30 de juin 1703 entre les armées des hauts-alliés et des deux Couronnes.* Cette notice donne l'explication de la bataille avec des lettres de renvoi au plan. En-dessous est la notation : *A Bruxelles, chez Eugène Henry Fricx, imprimeur de Sa Majesté 1712.*

Cette carte contient outre les forts de St Philippe, la Croix, Lillo et Liefkenshoeck sur l'Escaut, les villages de Merxem, Mishagen, Putte, Stabrouck, etc., à la limite.

Le nord est en haut.

Larg. 0^m45, haut. 0^m30.

Se trouve dans l'atlas intitulé : *Table des cartes des Pays Bas et des frontières de France, avec un recueil des plans des villes, siéges et batailles données entre les hauts alliés et la France. A Bruxelles chez Eugène Henry Fricx imprimeur du Roy rue de la Madeleine, 1712. En 26 feuilles.*

(La suite à la prochaine livraison).

HISTOIRE

DU

COLLEGIUM MEDICUM · BRUXELLENSE

PAR

C. BROECKX,

Bibliothécaire-Archiviste de l'Académie, etc.

(Suite, voir Tome XVIIIe, page 377.)

Dixième Préfecture. 1668-1670.

Louis XIV, qui réclamait, du chef de sa femme, fille de Philippe IV, quelques provinces belges et entre autres le Brabant, envahit brusquement notre pays, en 1667, à la tête d'une armée considérable. Les succès rapides des Français produisirent une consternation générale à Bruxelles. Dans le même temps, la peste vint fondre sur la Belgique, déjà si cruellement ravagée par les désastres de la guerre. Elle décima surtout la population de la capitale pendant le mois d'octobre 1668.

Voici les détails que MM. Henne et Wauters nous font connaître dans leur excellente *Histoire de la ville de Bruxelles.* [1].

« Depuis 1664 une épidémie désolait l'Angleterre et les Pro-

---

[1] Bruxelles, 1845, 3 vol. in-8°, à la page 88 et suivantes du tome II.

vinces-Unies, et, à mainte reprise, il avait été interdit d'admettre
dans les villes des Pays-Bas des navires, ou marchandises, ou
même des personnes venant de ces contrées. Mais la maladie
déjoua toutes les mesures, et, le 20 octobre, elle se déclara à
Bruxelles dans les deux maisons de la rue dite *Copstraetken*
(ruelle de la Tête). Les receveurs ordonnèrent aussitôt à Philippe
Virago, maître de peste *(Pestmeester)* [1], de faire évacuer ces
maisons par toutes les personnes saines et d'y envoyer deux récollets pour porter les secours spirituels aux pestiférés. [2].

. La terreur se répandit aussitôt dans la ville et de nouveaux cas
apparurent. Dans ces tristes circonstances, le magistrat déploya
un zèle vraiment admirable ; tandis que le marquis de Castel-
Rodrigo et la Cour se réfugiaient à Malines, il prenait toutes les
mesures propres à secourir les malheureux atteints de la peste et
à soutenir la confiance des citoyens. A l'exemple des municipa-
lités de St.Omer, Lille, Valenciennes, Douai, Anvers, Courtrai,
Audenaerde, Armentières, Cambrai etc., il se fit inscrire dans la
confrérie miraculeuse de saint Eloy, et décida qu'une lampe en
argent d'une valeur de 600 florins, serait offerte au sacrement
de miracle et resterait perpétuellement allumée ; il appela à l'aide
de la cité les médecins et les religieux des villes et des contrées
voisines [3], fit marquer et fermer les maisons où il y avait des

[1] VIRAGO fut le dernier maître de peste ; à sa mort, arrivée en 1696, cet emploi fut
supprimé. *Copye Boeck.*
[2] *Resolutie-Boeck der Tresorye raeckende de contagie, begonst den 20 octobris
1667 geeyndicht den 22 septembris 1668 ;* aux *Archives de la ville.*
[3] Le 26 août, les receveurs acceptèrent les services du père Francisco de la Cruz,
religieux de l'ordre de saint Jean de Dioz, qui s'était offert pour visiter et soigner les
pauvres ; ils lui payèrent immédiatement 200 patacons et s'engagèrent à le récompenser
suivant ses mérites, après la disparition du fléau. Le magistrat fit venir le licencié
médecin Laurent Arbillon de Besançon, à qui il paya 200 florins par mois, outre la

pestiférés, et traita avec un nommé Étienne Cornus de Saint-Omer pour les faire nettoyer, purifier et parfumer. Le fléau néanmoins continua à sévir avec fureur, surtout pendant le mois d'octobre 1668. [1].

- Sur la proposition des médecins, le magistrat demanda et obtint de l'archevêque un bref autorisant les habitants à manger de la viande les dimanches, lundis, mardis et jeudis des trois dernières semaines du Carême de 1669; [2] mais, disent les annalistes, telle était la dévotion générale que peu de personnes enfreignirent les ordonnances de l'église et que la boucherie fut très peu fréquentée. Enfin, après avoir fait de grands ravages surtout dans les ruelles qui aboutissent à la rue Haute et à la rue de Flandre; après avoir enlevé 4046 personnes, depuis le 20 octobre 1667 jusqu'au 28 novembre 1669, le fléau s'arrêta, et cette heureuse circonstance fut célébrée, le 29 décembre, par le son du beffroi et par un *Te Deum* chanté à sainte Gudule. L'entretien des malades pauvres avait coûté à la ville 68,829 florins. Les récollets, les alexiens, les prêtres de la peste *(pestpastooren)* religieux choisis qui séjournaient, en cas de contagion, dans une maison que la ville possédait dans la rue des Six-Jetons, rivalisèrent de zèle et de courage avec les médecins. Parmi ceux qui se

même somme qui lui fut *donnée sur la main* à son arrivée, et 200 florins à recevoir après la fin de la maladie ; le prix de ses visites pour les riches fut taxé à 30 sous pour la première, et 15 sous pour les autres. Il devait visiter gratuitement les pauvres. Ces dernières conditions furent également faites à Simon Broamé, chirurgien catalan ; mais il n'eut que 100 florins par mois, etc. *Contagie-ziekte Boeck* aux *Archives de la ville.*

[1] Le nombre des maisons infectées fut, pendant le mois d'août 1668, à partir du 6, de 253 ; pendant le mois de septembre, de 279 ; d'octobre, de 339 ; de novembre, de 196 ; de décembre, de 92, etc. *Register ofte wyckboeck van de gecontagieerde huyzen*, aux *Archives de la ville.*

[2] 30 mars 1669. *Contagie-ziekte Boeck*.

distinguèrent les rapports citent le maître de peste Virago, Michel Campenhout et Simon Braempt, qui lui avaient été adjoints. Les médecins André Cuyperboom et L. Arbillon, le chirurgien André Bruynant, l'apothicaire Jacques Demol. Les récollets perdirent seize de leurs pères, et, pour les récompenser de leur belle conduite, la ville rebâtit à ses frais le frontispice de leur église et le décora d'une statue en pierre de saint Michel. Cette épidémie désastreuse fut la dernière qui désola Bruxelles. ,

On pourrait se demander si l'épidémie de Bruxelles était bien réellement la peste? Il ne faut pas en douter, puisqu'elle était accompagnée de bubons, de parotides, d'anthrax, de pétéchies, de fièvre, de délire, en un mot, de tous les symptômes qui caractérisent ce fléau au plus haut degré. Un membre du Collége médical, après avoir, nuit et jour, donné ses soins aux malades, trouva encore le temps de mettre ses observations par écrit, afin que l'expérience, si tristement acquise, ne fût pas perdue dans le cas d'une nouvelle invasion du mal. Ce membre était le docteur Overdatz. Le Magistrat, ayant eu connaissance du projet de l'auteur et persuadé que personne mieux que lui n'était en état de produire un ouvrage utile sur cette matière, crut de son devoir de l'inviter à publier ses recherches le plus tôt possible. A cet effet, il lui adressa, le 6 septembre 1668, la lettre dont la teneur suit :

> Mynheere,
>
> Wy hebben verstaen dat UE. gheneghen zynde tot het gemeyn welvaren, voor hem heeft ghenomen, in 't licht te brenghen seker tractaet oft boecxken, dienstigh om een ieder te preserveeren van de contagieuse sieckte, ende de gheinfecteerde te cureren : ende op dat dese remedie promptelyck aen de gheaffligeerde magh worden gheappliceert, ende onder de ghesonde ghedistribueert tot hunne conservatie soo is ons versoeck, dat UE. ghelieve met den eersten het voorsz.

tractaet te laeten uytkomen, om eerstdaeghs gedruckt ende ghedebi-
teert te worden. Hetwelck verwachtende, blyven,

> Mynheere,

UE. gheaffectionerde
die Amptman, Borghemeesteren, Schepenen
Tresoriers, Rentmeesteren, ende raedt
der stadt Brussele.
(signé) : H. SCHRYNMAECKERS.

Brussel, 6 septemb. 1668.

Overdatz, flatté de cette honorable distinction, publia, le 10
septembre suivant, le résumé de ses observations, sous le titre de :
*Kort verhael van de peste, met hare geneesmiddelen, dienstigh
voor alle arme verlaten menschen.* Brussel, J. Mommaert, 1668
in-12o de 87 pages.

Ce n'est, à proprement parler, qu'une instruction populaire,
écrite sous l'inspiration des idées de notre célèbre réformateur
médical, Jean Baptiste van Helmont [1].

Si nous n'avons aucune découverte à signaler dans ce traité sur la
peste, on devra convenir qu'il atteignit le but que l'auteur s'était
proposé. C'est une instruction populaire propre à calmer l'inquiétude
qui s'était emparée des habitants de la capitale, en faisant connaitre
les moyens de se préserver du fléau. L'empressement que l'auteur a
mis à répondre à l'invitation du Magistrat, prouve son grand désir
de soulager les souffrances de ses semblables. Cet amour de l'humanité est héréditaire chez le médecin belge. Aussi, chaque fois que
l'autorité s'est adressée à la science du médecin pour prévenir les

---

[1] L'Académie royale des sciences, des lettres et des beaux-arts de Belgique vient de
mettre au concours, pour 1863, *un travail sur van Helmont comprenant, outre la
biographie de ce savant, un exposé critique de ses découvertes et de sa doctrine.* Elle
désire que les concurrents utilisent, à cet effet, les documents concernant van Helmont
qui existent dans les différents dépôts littéraires du pays.

maladies épidémiques, n'a-t-elle eu qu'à se louer de l'empressement du corps médical. C'est que le médecin belge a compris que sa profession est un sacerdoce, une vie de dévouement et d'abnégation, que sa mission sur cette terre est une mission de charité, et que c'est de lui qu'on doit dire : *transivit benefaciendo.*

Le fils du docteur Devleeshauwere, promu à Douay, le 3 décembre 1668, se présenta pour être admis à l'exercice de la médecine à Bruxelles. Conformément aux réglements existants, il se soumit à subir un examen devant les assesseurs, qui le reconnurent apte à exercer son art et l'immatriculèrent au registre de la corporation. Le docteur Vandenbroeck, promu à Padoue, et qui avait d'abord refusé, se présenta aussi à l'examen des membres du Collége et fut également inscrit parmi les praticiens de la capitale.

Le greffier Pierre Was étant décédé, le Collége procéda à son remplacement le 3 octobre 1669. Sébastien van der Maelen obtint la majorité des suffrages. Cette nomination fut confirmée par le Magistrat de la commune.

Après avoir mentionné l'examen et l'admission de plusieurs pharmaciens, chirurgiens et sages-femmes, le vicaire du Collége, J. de Papenbroeck, expose l'affaire de la béguine Anne Roelants. Cette âme charitable avait inventé un baume, qu'elle confectionnait elle-même. Au moyen de ce spécifique elle guérissait tous les maux, surtout ceux que les médecins et les chirurgiens avaient déclarés incurables. Elle le distribuait gratuitement aux pauvres. Malgré toutes les qualités de cet excellent baume, elle fut citée à comparaître devant le tribunal du Collége. Étonnée d'être poursuivie, elle adressa une supplique au Conseil de Brabant, dans laquelle elle demandait à être autorisée à vendre, à un prix modéré, son incomparable remède à tous les malades abandonnés par la faculté. Voici cette pièce curieuse.

Aen den Coninck in synen Rade geordonneert in Brabant. Verthoont met eerbiedinge Anna Roelants Begyne op het Begynhoft binnen dese stadt Brussele hoe dat sy is maeckende eenen sekeren Balsem ofte olie daer mede vele soorten van gebreken worden genesen indervuegen dat de verthoondere sedert eenige jaeren hierwaers daer van jaerelyckx eene notabele quantiteyt is vercoopende ende dat voor eenen seer civilen preyse, gevende deselve aen de arme lieden om Gods wille, hebbende daer mede oock menige persoonen geholpen die van de Doctoiren medecyne ende Chirurgyns waren verlaten, sonder dat sy daer toe is gebruyckende andere salven oft plaesters oft dat sy is doende eenige incisien oft daer toe besicht eenige andere instrumenten van Chirurgie en daer door is sy by de chirurgyns in sulck vueghen gehaedt dat sy haer diverse reysen hebben ontboden op hunne kamere ende seer gepatibuleert ende getravalleert gehadt, tot daren toe dat sy haer oyck als gewelt hebben doen geven de somme van viertien guldens voor amende de welcke sy in der eeuwicheyt niet en soude hebben betaeld ten waer dat de voors. chirurgyns haer hadden gemenasseert dat sy op het Begynhoft souden hebben gecomen ende haer publicelyck geaffronteert ende daer aen synde hebben haer daer wederomme nieuwe quellingen willen aendoen op hunne kamer ontboden als ook voor die van het Collegium medicum, en yder een verwondert synde van de deught ende cracht van haer olie comende de voors. chirurgyns eenichsints oproepen dat eene ongestudeerde vrouwpersoon by applicatie van eenen balsem oft olie die sy selfs is maeckende geholpen ende gecureert heeft qualen ende accidenten daer mede sy geenen wegh en weten ende de liden abandonerende verclaren incurabel te syn.

Biddende oytmoedelyck den selven gelieve gedint te syn te permitteren dat sy de voors. olie aen een ider voor eenen civilen prys sal mogen vercoopen ende daer mede te helpen de persoonen die by de Doctoors oft Chirurgyns syn geabandoneert oft verlaten. dwelk doende&c.

was onderteekent : WYNS.

Le Conseil de Brabant demanda au Collége assessoral son avis sur cette affaire par ordonnance du 28 novembre 1669 :

By den Coninck.

Lieve ende wel Beminde wy senden u hier inne besloten de requeste gepresenteert in onsen Rade geordonneert in Brabant by ende van wegens Anna Roelants Begyne op het Begynhoft binnen deser stadt Brussele ten eynde die by u oversien synde onsen voors. Rade schriftelyc adviseert over den inhouden der selver binnen acht daghen naer de receptie deser, bestellende uwen advise in handen van onsen secretaris dese onderteckend hebbende om t selve gesien by die van onsen voors. Rade voorts geordonneert te werden naer behooren ende van des te doene en blyft nyet in gebreke want onsen gelifte sulcx is. Lieve ende wel beminde onsen Heere God sy met u. geschreven tot Brussele den 28 9bris 1669. was onderteeckent. J. NAUTS.

Comme on devait s'y attendre, le Collége médical fit parvenir au Conseil de Brabant une réponse péremptoire en se basant sur les réglements promulgués par l'autorité souveraine. En effet, l'édit de Charles-Quint du 8 octobre 1540, ceux du 23 juillet 1646 et du 29 novembre 1650 défendaient l'exercice de l'une des branches de l'art de guérir à quiconque n'aurait pas donné de garanties par un examen subi devant un jury compétent. Permettre à une personne ignorante la vente d'un médicament applicable à tous les maux, c'était ouvrir la porte à tous les abus. En conséquence, les assesseurs supplièrent le Conseil de refuser l'autorisation demandée par la béguine Roelants. Voici cette pièce :

Seer Edele Eerw. Voorsiennighe Heeren.

Den Prefect ende andere van het Collegie der medecynen binnen dese stadt Brussele ontfangen hebbende de briven van UE hun toegesonden op den 28 novemb. lest leden om te dienen van hun advies over de requeste daer inne gesloten aen de hove gepresenteert by Anna Roelants Begyne op den Begynhove alhier seggen dienvolge u, met alle eerbiedinghe, dat het gene die suppte aldaer versuckt directelyk streydt tegens de Rechten, placaten, Reglementen ende Politique statuten oft statuet der medecynen gemaeckt van alle teyden ende onverbreckbarelyc ingebrocht, want gelyk in alle eeuwen zyn opgestaen valsche medecynen ende medecynessen quacsalvers, Empiristen, Imposteurs ende landtloopers bedrigende de menschen onder den scheyn van genesinge, soo en hebben niet alleen de Roomsche Keysers in L. si qui cod. de possess. et'medic. lib. 10. maer oock de Princen deser landen daer tegens sonderlinge sorge gedragen om de selve te verbieden ende te extermineren, hebbende hunne onderdanen ende by edickt geinterdiceert dat nimandt, sonder anterieure promotie in de selve tot exercitie der medecynen en soude worden toegelaten, waer naer by den keyser Carel den vyfden oock voor dese stadt op den 8 october 1540 gegeven is eene voordere prohibitive ordonantie dat nimandt hem aldaer en soude mogen vuytgeven voor medecyne oft medecynesse op pene van 20 gulden voor idere reyse.

Ende is alnoch by reglement der selve stadt in date den 23 july 1646 aen de Apotekers self verboden eenige visiten te doen over de sieckenen om aen hun iet te ordonneren, noch en worden sy geadmitteert om eenige medicamenten te vercoopen dan naer voorgaende proeve ende examen dwelk de Chirurgyns desgelyckx moeten onderstaen aleer eenige cure te mogen aenverden tot verdere observantie van allen dwelck ende absolute exclusie van de abuysen ende fallacien die evenwel wirden gecommitteert Syne Majt in den jaere 1650 heeft laten oprechten het Collegie der medecynen geconfirmeert by ordonantien van den selven hove op den 29 nober 1659 ende noch tegenwoordig met die voors. beslotene briven herkent, alles ten vergeefts als nue soo corten teyt daer naer een Begyne ofte dyergelycke onwetende persoonen sonder proeve oft examen by contrarie permissie soude worden geoctroyeert den Doctoor, Apoteker ende Chirurgyn conjunctim en divisim makende ook met eenen oliepot oft medicament alleen by hun sonder kennisse gecomponeert ende dit voor alle soorten van sieckten ende gebreken, gelyk de suppte haer ontfatsoenelyck vanteert met haren balsem oft olie alle soo inwendige als vuytwendige incurabele gebreken te plaesteren ende te cureren, noch en meriteert geene reflectie genomen dat sy den selve soo verre exalteert also dit is het iersten ende eenich lideken van alle de quacsalvers ende medecynerssen dat sy met eene algemeyne remedie alle verlaten siecken ende accidenten oock in corten teyt vanteren te genesen, soo als de

gedruckte billetten die somteyts van dusdanige persoonen hun te
platte lande ofte op geweyde plaetsen onthoudende worden gestrooyt
en die de suppte voor formulier van haer requeste scheynt genomen
te hebben sulx ten volle getuygen , doch terwylen geen medicament
nootwenelyck soo generael en is dat de selve soude applicabel wesen
tot alle siekten ende qualen midts de diversiteyt ende contrarieteit van
de naturen van dyer, jae dat de selve specien naer de verscheydentheit
der lichamen verscheydelycken wercken ende alsoo menichmael met
differente ende contrarie geneesmiddelen moeten worden geweerdt
volgens de diversiteyt der temperamenten , saisoenen , ouderdom,
plaetsen ende andere omstandicheden, voorts dat die suppte willende
aen haren olie attribueren (soo sy doet) eene universele cracht eo
ipso betoont d'onwardicheyt van haer geallegeerde, ende this soo verre
van daer dat in tegendeel den selven alleenelyck bestaet in eene vul-
gaire compositie waer van de ingredienten aen het Collegie bekent
syn ende den welcken van haer by gebreck van studie, experientie ende
wetenschap meer qualyck dan wel geappliceert wordt, gelyck des
noodt dyen aengaende veele exempelen soude connen aengewesen
worden, trachtende haer tot dyen eynde te prevaleren met eenige
attestatien van casuele genesingen de welcke als oock ter scerper
examinatie soude comen niet injurieus aen de meesters daer inne
geacersseert maer oock abusief ende capsieuse souden worden
bevonden, sulx dat naer advies der ondergescreven die versochte
permissie van publique vercoopinge soude tenderen tot naerdeel
ende deseptie van de gemynte die op diergelycke auctorisatie
noch meerder crediet aen den olie souden attribueren tot inlatinghe
van alle andere quacsalvers ende bedrigers die op den selven
voet hun terstont onder pretexten van meerdere apparentie om
gelycke octroeye souden presenteren tot infractie der voors. placaten
ende reglementen dewelcke daer tegens eensgelyck syn geconcipieert
ende vuytgegeven tot injurie van de Apothekers en de Chirursyns die
tot de proeve ende examen worden geastringeert inaengesien hunne
suffisante wetenschap ende onaengesien dat mischien imandt eenige
particuliere siekte oft accident secretelyck soude mogen hebben,
ende tot vercortinge der auctoriteyt van den souveraynen Hove den
welcken het Collegie heeft geestabilieert om van alles dien aengaende

kennisse te nemen ende soo te sien dat geene medicamenten sonder
hunne visitatie publiquelyck en souden worden vercocht nochte gemaeckt oft geappliceert by persoonen die hunne proeve, examen ende
admissie niet behoorelyck vertoonen en souden hebben onderstaen.

Synde dit waer van de ondergeschreven by advies den hove hebben
willen onderrichten ende sullen deselve daer mede den Almogenden
Heere bidden V. E. te sparen in goede en lanckdurige gesontheyt.
Seer Edele Eerw. Voorsinnighe H. Heeren V. E.

Oytmoedige Dinaren de Prefect ende andere van het Collegie der
medecynen binnen Brussele. et erat signatum   S. Vandermaelen.

Quelques accoucheuses ayant laissé mourir des enfants sans
baptême et sans avoir eu recours aux lumières des médecins, les
curés de la ville de Bruxelles adressèrent au Magistrat communal une lettre par laquelle ils demandaient que les assesseurs
examinassent les femmes qui exerçaient les accouchements et celles
qui se présenteraient à l'avenir, afin de s'assurer de leur degré de
capacité, et qu'on ne les admit pas à l'exercice avant qu'elles
n'eussent subi un examen devant le clergé sur tout ce qui était
nécessaire pour bien administrer le sacrement de baptême, conformément aux prescriptions des synodes de Malines. Cette lettre est
ainsi conçue :

Infrascripti Pastores Urbis Bruxellensis de certa notitia graviorum
defectuum commissorum per obstetrices tam in exercitio obstetricandi,
quam in administrando in casu necessitatis Sacramento Baptismi
aliaque praestando ad quae ex decretis Synodalibus et Principum
placatis obligantur quorum non tam malitia quam ignorantia, et
defectus debitae diligentiae causa videtur, judicarunt maxime expediens
et necessarium, ut omnes obstetrices tam admissae quam aliae sese
obstetricandi officio ultro ingerentes teneantur quam primum se sistere
Collegio medicorum hujus Urbis examinandae super earum capacitate
ad dictum officium quatenus concernit rem medicam et similiter
quaelibet suo respectivo Pastori examinanda super requisitis ad exer-

citium dicti officii quatenus concernit salutem animarum, nec admittantur vel officio continuentur nisi respective approbatæ a dicto Collegio et Pastoribus et præstito juramento per Synodum Mechliniensem requisito ac super quod in difficili partu advocabunt Doctorem medicum. Ita actum et resolutum in congregatione Pastorali die undecima februarii 1670 et signarunt Antonius Timmermans, Theodorus Rommelspach, G. V. Williqen, Maximilianus Walraneus, G. Roucouit, Mattheus Smets, P. S. Gaugerici.

Le Magistrat de la commune donna de grands d'éloges à la sollicitude des curés, mais ne prit aucun moyen efficace de faire droit à leur plainte.

Deux membres de la noblesse de Bruxelles, Melchior-Nicolas et Corneille-Théodore van Thulden, tous les deux d'une constitution délabrée, s'étaient rendus, au mois d'août 1670, à Aix-la-Chapelle pour récouvrer leur santé au moyen des bains. Contrairement à l'avis de leurs médecins ordinaires, le docteur Blondel, médecin des bains de cette ville, leur prescrivit un purgatif, à la suite duquel l'un mourut le dixième, l'autre le onzième jour après des douleurs et des évacuations nombreuses. Personne de leur hôtel ou de la ville ne présentait aucun indice de dyssenterie. Personne, pendant toute la saison des bains, n'avait souffert des symptômes semblables à ceux des seigneurs van Thulden. La famille s'adressa d'abord aux professeurs de Louvain pour savoir si la mort de leurs parents n'avait pas été causée par une dyssenterie contagieuse. Comme on devait s'y attendre, la réponse fut négative ; la voici :

Quandoquidem nobiles isti Domini ante memorati non fuerint in locis in quibus vel dissenteria vel alvi fluxus populariter grassabatur neque ulla signa hic adferantur quæ malignitatem arguant neque quisquam ex assistentibus simili malo correptus fuerit, existimamus illos alvi fluxus a quibus nob. illi D. D. exstincti sunt minime fuisse contagiosos. ita censemus Lovanii die 21 Decembris 1669. et erat signatum V. F. Plempius med Doctor et Professor Prim. Dorlix medic. Doctor et Professor Primar. et Adr. Wolfts licent. et Anatomiæ Professor Regius.

On demanda aussi l'opinion du professeur Henri Craen, qui avait été appelé en consultation par la famille van Thulden. Son avis fut conforme à celui des professeurs de Louvain :

Infrascriptus accercitus fui ad prædictos prænobiles Dominos circa diem morbi septimum a quo visitavi illos (ut medicus) trigesies circiter ex cognitione vero particulari quam hausi tempore visitationum mearum morbi, prompte ostendere possum, non fuisse contagiosum morbum illum nec in casu supradicto et proposito vel in annexis attestationibus ullum esse motivum sufficiens judicandi subfuisse contagium in morbo prænobilium Dominorum Van Thulden. ita testor, inferius erat Henricus Craen med. Licentiatus et professor Regius et erat subscriptum, concordat cum suo originali quod attestor Vandermaesen nots. public.

Le Collége des médecins de Bruxelles ayant été prié à émettre son opinion sur la maladie des van Thulden, le fit de la manière suivante :

Præsupposita casus narrati veritate, ex ante actis et sequela satis superque constat fluxum illum dissenteriæ speciem præ se ferentem non fuisse contagiosum cum contagii fluxus character abfuerit; ideoque idem nos censemus cum præcedentibus clarissimis viris et Doctoribus Lovaniensibus prædictos nobiles Dominos Thulden fratres, fluxu contagioso minime fuisse extinctos. datum Bruxellæ 26 Aprilis 1670 et erat scriptum inferius. de mandato D. D. assessorum collegii medici Bruxellensis. et erat signatum

S. Vandermaelen Scriba.

Le 20 octobre 1670 eut lieu la réunion du Collége pour le renouvellement de ses dignitaires. Le Magistrat continua, pour une année, les assesseurs en exercice, parce qu'ils étaient occupés à corriger la pharmacopée de Bruxelles et à la mettre au niveau des découvertes du temps.

Un certain Diego Rodriguez de Backer, employé à la cour de Leurs Altesses, avait été condamné à payer le prix des médicaments que le pharmacien de Papenbroeck lui avait livrés. Il présenta une supplique au Conseil intime, dans laquelle il alléguait qu'étant employé au service des armes, il ne pouvait pas être cité au tribunal des assesseurs du Collége. Le Conseil renvoya la supplique au Collége médical, pour avoir par écrit l'opinion et la résolution de ce Collége sur les allégations du suppliant. Les assesseurs répondirent par un long mémoire et le firent condamner aux dépens. Voici la teneur de ce document :

Nous avons veu et examine la Requeste presente au Conseil Prive de Sa Ma^{te} en date le 31 de Juillet dernier par ou de la part du contrerolleur Diego Rodrigues de Backer la quelle vous SS^{nes} ont este servies a nous envoyer par lettres closes en date susdit et signees : Routart, afin d'advertion a icelles et y donner advis.

Et pour y satisfaire dirons que m̄re marcy de Papenbroeck bourgois et Apothecaire ayant credite au ditte contrerolleur de Backer plusieurs drogues et medicaments selon qu'il a fait voir par sa specification, a requy d'estre paye de ce que lui competoit.

Le quel nayant sceu avoir payement en amiable l'at a la fin adjourne par devant nous superintendent et Assesseurs du College des medecins de cette ville de Bruxelles au cincqiesme de Mars dernier et conclue a la charge du dict contrerolleur suppliant en cette.

Mais icelluy n'estant comparu au jour servant, est contre le mesme accordé le deffaut et readjournement et come derechef at este adjourné et point comparu si est ce que contre le sudit supp̄t est decerné deffaut deuxiesme.

Et pour le proustir de la contumace est le dit de Papenbroeck admis au jurement sur la legalité de son livre in supplementum probationis et desuiete est le dit contrerolleur condemné en la somme de cent et vingte huict florins ensemble aux despens mentioneez en la sentence cy jointe,

Il est vray que led[t] supp͞t par le dispositieff de sa Requeste vient conclure a fin que la ditte sentence seroit declarée nulle et sans effect, soubz le pretexte de n'estre a droit en la judicature sudite.

Avis il est soubz correction a noter que le supp͞t n'at propose declinatoire au jour servant, le quel estoit le cincquiesme de Mars, mais au contraire at este accorde le deffaut, et de plus deffaut deuxiesme selon que appert par la d[te] sentence.

Sans que le dit supp͞t se peut prevaloir soubz le pretext que certain notaire auroit faict quelque advertence par forme de protest dont il at exhibé une copie.

Pour estre resolut et notoir que celluy qui veut decliner doit se faire au premier jour servant et point attendre jusques et après le deffaut ce qu'est conforme a l'ordonnance emanee de part de leur Al[se] Ser[mes] sur le faict et stile de Proceder au Conseil de sa Ma[te] ordonne en Brabant et melius est tempori occurrere quam post vulneratam causam remedium quærere.

Faisant pareillement a noter que semblables questions concernantes medicaments et drogues doivent (soubz tres humble correction) estre jugées par ceux, qui ont cognoissance, et a cest effect sont establys et authorises du consentement de sa Ma[te].

Esse peritiæ in arte credendum.

Il fait aussi contre le Supp͞t que le mesme par le narratif de sa requestre at confessé que la cause devroït a nous estre envoyee parlant en termes comme sensuit, et puis en cas de dispute sur la qualite, ou quantite des medicamens alors p. p. auroint peu estre renvoyees pardevant ceux du dit College pour taxation.

Et l'on veoit aussi par experiense que combien les suppos du Conseil de Brabant sont soubz la jurisdiction d'Icelluy que les mesmes au regard des debtes de louages de maison et ce que concerne boire et manger ensemble le salaire des serviteurs et servantes, sont convenibles pardevant le juge ordinaire de cette ville.

Et lors que la sentence est donnée l'on requiert lettres d'attache pour les mettre a deans execution selon qu'aussi a fait le d[t] de Papenbroeck en vertu des mesmes lettres at l'Huissier d'Armes nommé Jaques

Geerts fait la sommation au 22 Juin et depuis at le mesme se presenté en exécution au trenties ue de Juillet.

Par lesquelles lettres d attache le Conseil privé de Sa M^{ate} a authorise la dite sentence contumaciale rendue par nostre College de la medicine d'ou resulte (soubz correction) que le suppt n'at aucun subject pour demander cassation de la ditte sentence et sommation et selon le droit est du t'on notoir quod quando locus est remedio ordinario non licet recurrere ad remedium extraordinarium et odiosum.

Et parmy ce esperans d'avoir satisfait aux lettres de Vos SS^{ries} prieront Dieu de les conserver longues annees en toute prosperite et demeurerons Messeigneurs de Vos SS^{ries} les tres humbles serviteurs Les Bourgemetres Eshevins et Conseil de la ville de Bruxelles.

Le 23 avril 1671, parut la seconde édition de la pharmacopée de Bruxelles, sous le titre : *Pharmacopœa auctior et correctior jussu nobilissimi amplissimique senatus Bruxellensis edita, operâ et studio sex Collegii medici assessorum, cum privilegio catholicæ regiæ majestatis. Bruxellæ, apud Petrum Hacquebaut, bibliopolam, prope portam lapideam, sub signo trium circinorum,* 1671, in-folio de 237 pages.

Les six assesseurs, auteurs de ce codex, étaient : François Verbeelen, préfet, Jean van Papenbroeck, Jean Paperode, Jean-Jacques de Feria, Jean Notaire et Jean-Baptiste van den Broeck. Ils reçurent de la part du Magistrat des honoraires dignes d'un pareil travail.

A la fin du mois d'octobre suivant, tous les pharmaciens, excepté deux, versèrent au trésor du Collége la contribution annuelle d'un demi-impérial, qu'ils avaient consentie en présence des commissaires Jean van den Hecke et Henri van Elsbeke, dit van der Haegen.

Onzième Préfecture. 1671-1673.

Le Collége s'étant plaint de ce que plusieurs sages-femmes négligeaient de se faire inscrire, le magistrat ordonna, le 25 février 1673, aux commissaires de police de communiquer au Collége médical les noms, prénoms et demeures de toutes les sages-femmes de la capitale.

Louis XIV, que l'ambition aveuglait sur les principes de la loyauté, méditait l'annexion des provinces belges. Violant notre territoire, il le fit traverser par des corps d'armée destinés à l'invasion, et, en 1673, il se présenta en personne dans les environs de Bruxelles.

Pendant que le gouverneur général intérimaire, don Juan Domingo de Zuniga y Fonseca, comte de Monterey, se mettait à la tête des troupes, le magistrat municipal prit toutes les mesures commandées par la circonstance; il requit du Collége médical, par l'ordonnance suivante, quatre médecins et huit chirurgiens pour le service des blessés qu'on pourrait apporter dans les hospices dè St-Julien, de St-Jacques, de St-Corneille, et de St-Laurent.

Myne Heeren die wethouderen der stadt van Brussele hebben goet gevonden (volgens de Remonstrantie in Collegio gedaen) van den Heere schepenen Lalaing in collegio der medecynen te doen aendienen, dat de selve souden nomineren eenen Doctoor ende twee chirurgyns om in tyde van noode te visiteren ende cureren de siecke soldaten die in Ste Juliaens, Ste Jacobs, Ste Cornelis ende Ste Laureys gasthuysen souden worden gheleght, te weten voor ieder gasthuys eenen Doctoor ende twee Chirurgynen, die daer over van wegen syne Mat. souden worden geloont, actum VII junii 1673 et erat signatum inferius

A. F. van der Maelen.

A la réception de cette communication, les assesseurs s'empressèrent de convoquer, par le bedeau des chirurgiens, toutes les personnes faisant partie de la corporation des chirurgiens-barbiers :

Myne Heeren den Superintendent ende Doctooren Assesseurs van t Collegie der medecynen deser stadt Brussele hebben ingevolge van de resolutie van die Heeren wethouderen der selver Stadt in date VII juny 1673 onderteekent A. F. van der Maelen die dekens van de Barbiers ende Chirurgyns ambacht geordonneert by name ende toenamen over te brengen die in tyde van noode souden dienen de gequetste oft de siecke soldaten die in Ste Julianus, Ste Jacobs, Ste Cornelis ende Ste Laureys gasthuysen souden worden gheleght ende dat in t Collegie om daer vuyt by de Heeren gekosen te worden acht persoonen in conformiteyt van de voors. acte. actum desen 19 Juny 1673 et erat signatum   S. van der Malen.

Vingt-et-un chirurgiens, les doyens à leur tête, se présentèrent pour faire le service. Voici les noms de ces hommes courageux, que le vicaire du Collége nous a conservés dans les lignes suivantes :

Actum hunc in Collegio (ut dixi) subsignant manu propria ordine et stilo quo hic referuntur Henricus De Ruel, als deken, Judocus Depaige als deken, Pauwel Despuz audt deken, Nicolaus Deys audt deken, Ambrosius Loens auderman, Carel Vanden Broeck auderman, Jan de Cordivanier auderman, Henricus Van Zenne auderman, Marinus Ghimmeler, Gillis Leplat, Anthon Gareyn, Amand De Mallien, Gielis Huygens, Francois Demielder, Judocus Caseus, M. Cornelis de Weyser als aftgaende proefmeester, Petrus Renardt, meester Francois Leonard, Geeraedt de Ruel, Josephus Bique, Jan Van Dalen.

De leur côté, les assesseurs du Collége se firent un devoir de se présenter tous pour venir en aide au magistrat communal dans des circonstances aussi calamiteuses. Ils nommèrent chirurgiens pour l'hospice St-Laurent, Henri De Ruel et Josse De Paige, doyens; pour l'hospice St-Julien, Jacques Fabri et De Weyser; pour l'hospice St-Corneille, Joseph Bique et Gilles Leplat, et pour l'hospice St-Jacques, Nicolas Deys et Demielder. Ils consignèrent le résultat de leur conférence dans l'acte qui suit :

Den Prefectus ende Assessores van t Collegie der medecynen deser stadt Brussele gehoort het goet vinden van de Heeren Wethouderen volgens d'acte van den sevensten deser maendt Juny 1673 onderteekent A. F. Van der Maelen, inhoudende dat den Heere Schepenen Superintendent van t voors. Collegie aen het selve soude aendienen te nomineren eenen Doctoor ende twee Chirurgynen om in tyde van noode te visiteren ende cureren die siecke soldaten die in Ste Juliaen Ste Jacobs, Ste Cornelis ende Ste Laureys Gasthuysen souden worden geleght, te weten voor ieder gasthuys eenen Doctoor ende twee Chirurgyns, aen welck versoeck voldoende, soo presenteren hun die dienende Assessores der voors. Collegie gereet te wesen in alsulkenen voorvallenden noot den versoechten dienst te doen gelyck oock syn doende die naervolgende Chirurgyns, dewelcke hun tot den voors. dinst hebben gepresenteert die by hetzelve syn genomineert ende geapprobeert voor Ste Laureys gasthuys Mr Henrick De Ruel en Mr Judocus De Paige byde dienende dekens, voor Ste Julians gasthuys Mr Jacobus Fabri ende Mr Corneille de Weyser; voor Ste Jacobs gasthuys Mr Nicolaus Deys ende Mr Demielder ende voor Ste Cornelis gasthuys Mr Joseph Bique ende Mr Gillis Le Plat midts hun van nue voor alsdan sal worden geassigneert die wie sy sullen becomen de satisfactie van hunne debvoiren. Actum in t Collegie den 22 Juny 1673 ter ordonnantie van het voors. Collegie toirconden en was onderteekent   S. VAN DER MALEN.

L'absence de procès contre les pharmaciens et autres transgresseurs des lois sur l'exercice de l'art de guérir releva les finances du Collége. Aussi, le 20 octobre 1673, le trésorier fut-il en état de rendre au docteur Van Papenbroeck la somme de 200 florins sur les 600 qu'il avait avancés en septembre 1664.

Douzième Préfecture. 1674-1675.

L'affaire du charlatan François Van der Weerden, dont nous connaissons déjà les exploits durant la huitième préfecture, fut la seule chose mémorable de la présente. Le 20 avril 1674, il eut l'audace de présenter au Collége échevinal une supplique des plus singulières, dans laquelle il demandait à être nommé maître de peste à la place de Philippe Virago, qui remplissait cette fonction à la satisfaction générale. Il demandait, en outre, qu'il pût fixer, sans l'intervention du Collége des médecins, les honoraires de ses opérations chirurgicales et le prix des médicaments et des eaux distillées qu'il ordonnait aux malades. Nous faisons suivre ici cette pièce, qui ne le cède guère aux élucubrations des charlatans modernes :

Aen myne heeren die Wethouderen deser stadt Brussele

Verthoont reverentelyck Franchois Van der Weerden Churursyn ende borger deser stadt dat den selven van over twee jaeren aen UE heeft te kennen gegeven gehadt dat hy bereedt was d'inwoonderen deser stadt te dienen als pestmeester om dat hy hadde verstaen dat men den teghenwoordighen pestmeester als doen souden hebben affgedanckt, dan alsoo tot noch toe noch van het een noch van het ander niet met allen en is geschiedt, ende dat nochtans te bedachten is dat ter oorsaecke van de apparente troubelen dewelke de peste boven ons hooft hanght en voor sulcx te vreesen is dat desen aenstaenden somer sal seer geroepen woorden : pestmeester staet by, soo ist dat den verthoonder iterativelyck oytmoedelyck bidt ten eersten daer op gelieve te resolveren alsoo het saisoen present is van het planten en sayen der cruyden daertoe noodigh soo om te preserveren als cureren, aengesien het te laet is een huys te blusschen als het in vollen brandt is , waer tegens den verthoonder terstont de wapens sal in de handt nemen , soo saen hy sal versien wesen van het verh^t. ampt , soo door het bereyden van rare medica-

menten als door een boecxken dat den selven UE. sal deduceren
geintituleert *den lyder van de welsiende blindt*, waer door hy verthoonder niet en twyfelt oft hy en sal beletten datter soo menigen
mensch voor synen ouderdom in den doodtputh en sal geraecken,
t'gene nu dagelyx geschiet door de blinde geneesconste der medesynen
en chirurgie by den verthoonder genoeghsaem geexperimanteert en
met veele exempelen ondervonden en bekent gemaeckt en met als
sonneschyn en de claerhyedt door de rechte grondt, reden ende
natuerelycke philosophie tot oordeel van een ieder ten vollen sal
beweysen waer door den voorschreven verthoonder hopt dat niet alleen
geconserveert sullen woorden de stadts middelen, als de gene der
inwoonders maer oock veel menschen levens, midts de selve door
vele abusive misbruycken in grooten oncost commen te vallen, gelyck
aen alle de werelt en particulieryk aen UE. ten vollen bekent is, dat
den verthoonder soo wel is exercerende de geneesconste der medesynen
als de chirurgie en daeren boven de alderwaerste ende prysbaerste
conste der chemie ende distileerconste is berydende daer hy Godt loff
soo tegens die pest als meer andere sieckten en accidenten redelyk is
versien ende gewapent, tis nu soo dat veel van de doctoren ende
appotekers deser stadt syns verthoonders wetenschap ende aldernoot-
saeckelyckste conste omgunnen en misachten om dat presentelyck by
eenige arïen van hun gesoliciteert statuet soude syn verboden en waer
door syns suppts rechveerdigen aerebyedt ende vervolgens de levensmiddelen van hem ende syne familie worden ontnomen en de vruchte-
loos gemaeckt ende hem alsoo onmogelyck is oock te connen voldoen
aen alle borgelycke lasten, midst dat naer dyën den verthoonder
dickwils gedaen heeft grooten aerebyedt ende debvoiren, ende tot dien
gelevert veel meer als gemyne medicamenten, naementlyc aen persoonen die ongewillich syn van betaelen ende soo geene betalinge te
becommen en is als door den wegh van justitie, alswanneer den
verthoonder hem gehouden is t'adresseren aen het collegie der voors.
doctoren die des suppliants effective partye syn, als wesende noch
tegenwoordiglyck tegens de selve in lite, ende alsoo tegens hem ten
hooghsten gepassioneert, ende vervolgens syn medicamenten niet en
begeren te taxeren als presentelyck strydende tegens eenige articulen
van het statuet als compt te blycken by het medegaende taxaet en
vonnis daer hun nochtans te dege is gebleken soo door de menichvul-

dighe getuygenissen van de doctooren der universiteyt van Loven, als van meer andere des verthoonders wetenschaps capacityet tot daer toe dat aen hunne scheenen niet dan te wel en was bekent, gelyk sy selfs oock niet en souden derven ontkennen bouwende alleenlyck desen handel op het verst. statuet d'welck nochtans tot geene andere intentie en is gestatueert als tot voordeel van de inwoonders deser stadt ende alsoo het aen alle de werelt is bekent al dat den verthoonder door syn van Godt verleende wetenschap de inwoonders deser stadt ende meer afgesetene menschen door syn rare beryde geneesmiddelen seer groote beneficien syn ontfaende, gelyck aen UE. soo wel als aen de doctooren heeft gebleken, soo datter onder ootmoedige correctie geene redenen en sou te vinden om aen den supplt te wygeren de taxatie van synen verdinden aerbydts loon gelyck door het voors. collegie is geschiedende om waer inne te doen versien keert hem die supplt tot UE.

Oitmoedelyk biddende dat de selve gelieve gedient te wezen (aenschouwen nemende op hetgene vers is) hem supplt by pro° pestmr t'ontfangen en hem dienvolgende t'ontslaen van den eedt van de gulde ende het doen van eenige wachten die welcke hy nooyet en heeft gedaen noch connen doen als synde gedurigh dagh en nacht overvallen van patienten, mitsgaeders tot het taxere van syne medicamenten, curiën ende geneesmiddelen hem te verleenen onpartydighe Doctoren ende chirursynen hun de distilleerdtconste verstaende, ende de medicamenten kennende immers ten minsten ten overstaen van eenige van UE. daer toe te committeren d'welck doende etc.

Copye van den appoinctemente.

By dese gestelt in handen van de tresoriers ende rentmeesteren deser stadt voor advys. Actum xxxviii april 1674 ende was onderteeckent Ph. Van el.

Copye van de naerdere appoinctemente.

By dese gestelt in handen van den heeren schepenen Van den Hecke om die van het collegie der medecynen daer op voorts gehoort geresolveert te worden, actum xviij Juny 1674 ende was onderteekent A. F. Van Huvele.

Cette supplique, accompagnée d'une masse d'attestations, tant de médecins que de personnes qui devaient leur vie au talent de

Van der Weerden, fut renvoyée, le 20 juin suivant, à l'avis du Collége médical. Contrairement aux réglements sur l'exercice de l'art de guérir, les magistrats communaux avaient décidé que le suppliant avait le droit de fixer le prix de ses opérations chirurgicales, mais que, n'étant pas médecin, il ne pourrait pas le faire pour les médicaments. Quant à la place de maître de peste, le surintendant vanden Hecke, qui présentait cette supplique aux assesseurs, ajouta que Van der Weerden, à cause de sa témérité, de son audace et de son ignorance, y serait plus nuisible qu'utile.

Le 8 octobre 1674, le questeur du Collége Pilois soumit à l'assemblée des assesseurs et des censeurs des pharmaciens le compte annuel des recettes et des dépenses, qui fut approuvé à l'unanimité des membres présents.

Le docteur Joseph Gontius de l'Espiere, de Bruxelles, fils du docteur Jacques de l'Espiere, promu à l'université de Rheims en France, se présenta, conformément aux réglements, pour subir son examen devant le Collége des assesseurs; celui-ci lui accorda, le 8 août 1675, *post arduum et rigorosum examen*, le droit de pratiquer.

La fête de St-Luc fut célébrée solennellement comme de coutume. Toutefois nous voyons que le vicaire y ajoute une circonstance que nous n'avons pas remarquée les années antérieures : c'est qu'au dix-septième siècle, comme de nos jours, cette fête se terminait par un banquet fraternel, présidé par le surintendant Hymans et auquel les censeurs des pharmaciens assistèrent. Quâ (dit le vicaire), *absoluta D. D. assessores cum domino superintendente Hymans et pharmacorum censoribus laute et lœtanter simul epulati sunt, et sic pacifici biennii finis.*

Treisième Préfecture. 1675-1677.

Le 24 octobre 1675, Isaac Furnerius, de Rotterdam, présenta une supplique au Collége médical pour être admis à la pratique à Bruxelles. A cette fin, il produisit ses lettres de promotion dans l'université de Harderwyck au duché de Gueldre et un témoignage du professeur Dorlix de Louvain, croyant ainsi avoir satisfait à l'ordonnance royale du 4 avril 1628, que voici :

Par le Roy,

Sur la remonstrance faite au Roy de la part des Docteurs et Professeurs en la faculté de la médecine es Universitez de Louvain et Douay que pour obvier aux abus que le libre exercice de cet art avoit introduit en ces pays, le feu Serenissime Archiducq auroit ordonné que personne ny seroit plus admis sans estre gradué du degré de docteur, ou Licentie en l'une des dictes universitez ou den avoir sur examination prealable esté jugé capable et idoine par les Docteurs de l'une d icelles, ou par ceux de la Chambre de son Alteze, ensemble que ceux qui voudroint estre reçus aux gaiges et pensions des villes debront estre promeux comme dessus ; ne fut que par grande science, et experience apres examination en la forme susdite, ils en auroint obtenu la permission, laquelle ordonnance Sa Majesté auroit despuis commandé destre publiee en toutes les villes et autres lieux ou lon est accoustumé de faire publications afin qu'elle fust puontuelement observée et entretennue et sans aucune contravention soubs telles peines que de raison. et comme les Remonstrans auroient trouve par experience que a faute d'expression dicelles peines la ditte ordonnance ne seroit gardee ainsy que le requiert. Sa Majeste ce considéré a déclaré et statué, déclare et statue par ceste que la peine de la première contravention a la dicte ordonnance sera de cent florins pour la seconde de deux cents et de trois cents pour la troisième a partager entre elle l'officier et le delateur en chargeant tous ceux qu'il appartient de se regler en conformite de ce fait a Bruxelles le quatrième d'avril seixe cent vingt huit, et était signé Ma. Vt. plus bas J. Le Comte et scellé du seing de Sa Majesté.

Le certificat du professeur Dorlix, qui avait délivré aussi une attestation au charlatan Van der Weerden, n'exerça aucune influence sur la délibération du Collége. D'ailleurs le certificat lui-même ne donnait pas une haute opinion des talents médicaux de Furnerius. Le voici :

> Dominus Isaacus Furnerius in Academia Harderviciana Ducatus Gelriæ ab annis circiter novem Medicinæ Doctor renuntiatus est, et etiamnum paucis a mensibus ad veram Religionem conversus, examinatus est denuo a nobis in diversis medicinæ partibus, in quibus repertus est tenuiter satis, tolerabiliter tamen esse versatus, in chymicis vero excellenter admodum, ut non existimemus illum alteri cuipiam in hisce regionibus facile esse in ea parte postponendum, ea propter censeo illum dignum esse ut in ditionibus Regis Nostri (scientiæ potissimum chymicæ intuitu) ad exercitium artis admittatur eaque ratione vitam sustentare', et in fide catholica cum familia perseverare valeat. Lovanii quarto octobris 1675 erat signatum P. Dorlix Medic Doct. et Profess. Primarius.

Les assesseurs, après avoir pris connaissance de toutes ces pièces, refusèrent la demande de Furnerius, en apostillant sa supplique comme suit :

> Collegio haud quaquam licitum assentire supplicanti rogatum prout illud in præfato supplici libello et annexis proponitur ac postulatur, ut nimirum hac in urbe libere artem medicam et chirurgicam exerceat, eum in peregrina nec sub catholicæ Majestatis Ditionis universitate promotus, munitus non sit illo solemni testimonio et requisitis documentis, quæ per præfata Majestatis placata et decreta statutorum Collegii Medici requisita sunt. Datum Bruxellis in Collegio die 7 Novembris 1675 et erat signatum Vandermalen.

Ayant eu connaissance de cette décision, Furnerius s'éclipsa et on ne le revit plus.

Depuis deux mois, les pharmaciens avaient retardé de faire connaître les noms de leurs nouveaux maîtres des preuves, croyant s'assurer le privilége de ne plus les faire agréer par le Collége échevinal, mais par la Chambre des comptes. Ils présentèrent donc, vers la fin de janvier 1676, leurs élus confirmés par les trésoriers. Cette élection fut, de commun accord, déclarée nulle par les assesseurs et le surintendant. Il fut enjoint aux pharmaciens d'observer les formalités d'usage et ils se soumirent incontinent.

Les années de calme que le Collége venait de passer, lui permirent de payer, le 10 octobre de la même année, un à compte de 100 florins au docteur Van Papenbroeck.

Jacques de Andrada Vellosino, promu à Leyden le 21 avril 1676, avait adressé une supplique au Collége pour pouvoir pratiquer à Bruxelles. Cette supplique était de la teneur suivante :

Au tres Docte College.

Remontre tres humblement Jacques de Andrada Vellosino consul pour Sa Mate Catholique dans la ville de Rotterdam ce apresent resident fixement dans la ville d'Anvers que ayant pris dans l'Université de Leyden le degre de doctorat en medecine il la voudroit volontiers exercer soubs l'obeissance de Sa Mate aux pays de par de ca, mais comme par placarts de Son Altesse Archiducq Albert il est defendu de ce faire sans estre examine par le docte college d'ici il fut contraint de mettre la reqeste ici jointe au Roy en son Conseil souvrain ordonné en Brabant laquelle veue par Sa Majte a remis l'examen au tres docte College de Bruxelles comme le peut voir par la requete ici jointe, voyant a la suplie au College de faire la grace de m'examiuer si tost qu'on pourra car je suis hors de ma maison dispendant beaucoup d'argent et je reconostrois tous jours cette grace pour les servir tres humblement comme je dois ce faisant etc.

Il subit avec beaucoup de distinction l'examen prescrit par le réglement et reçut le certificat qui suit :

Nous surintendant, Prefect et Assesseurs du College des Medecins de Bruxelles , certifions par cette que aians eu communication de certaine Apostille mise sur la Requeste presente au Roy en son souverain Conseil de Brabant par Jacq. Andrada Vellosino par la quelle est dit, que la cour auparavant de respondre sur cette requeste le suppt sera examine par les Docteurs et Medecins du College de cette ville de Brusselles pour etc. actum 24 Novembris 1676 , signé Ysdoren. Veu aussi les lettres patentes du Doctorat par le suppt obtenu en l'université de Leyde en Hollande le 21 d'octobre 1675. Veu aussi la Requette par le suppl présenté a ceux du predit Collége priant tres humblement les dits Assesseurs en conformité de la predite Apostille de se vouloir examiner. Si est il que pour satisfaire a l'ordonnance de la cour et a la demande du suppt, avons rigoureusement examine le predit Jacq Andrada Vellesino en tous les parties de la medicine et avons observe en tous les demandes a lui proposees avoir doctement respondu et apres par tout les vois et suffrages avons jugé le suppt capable pour estre admis a l'exercice de la pratique de la medecine , et par ainssy avons approuvé ces lettres patentes du Doctorat , obtenu en l'université de Leyde apres nous avoir fait foy de sa vie et Religion catholique et presté le serment es mains du Seigneur superintendent du dit College selon la constitution du Pape Pie quatrieme en tesmonyaige de quoy nous avons ceste fait sceller du scel du dit College par nostre Greffier Jure. ainsy faict a Brusselle le 28 d'octobre 1676.

Quatorzième Préfecture. 1677-1679.

Plusieurs préfectures, comme nous l'avons vu , n'avaient été troublées par aucun événement de quelque gravité. Celle dans laquelle nous entrons , commença par une lutte acharnée *(bellum crudelissimum*, comme le dit le vicaire Chrétien Notaire) contre un charlatan d'une rare audace et soutenu , comme il arrive presque toujours, par un homme influent ou occupant une haute position sociale. Ce charlatan, nommé Barthélemi Alexandre Devaulx , avait été envoyé depuis quatre ans à Bruxelles par le baron de Gueldre, commandataire de Sorbourg, pour y soigner ses affaires, lorsqu'il se mit en tête de réformer toute la médecine. Muni d'un diplôme de docteur, il attaquait tous les anciens moyens de guérison, toutes les prescriptions d'Hippocrate et de Galien, pratiquait ostensiblement et déposa même ses hérésies médicales dans une brochure, intitulée : *La Vérité descouverte*, qu'il répandit avec profusion dans le public. Pour résister avec plus d'avantages aux entreprises de ce folliculaire, les assesseurs demandèrent les censures de la faculté de Louvain et du Collége médical d'Anvers, qui tous deux condamnèrent l'ouvrage du charlatan. Celui-ci, peu soucieux de cette condamnation, se borna à ébruiter que son livre n'avait été censuré que par quelques médecins, ennemis de la méthode, quoique toutes les universités du monde ne pussent pas y trouver une seule proposition repréhensible. Alors les assesseurs se tournèrent vers la faculté de médecine de Paris, qui déclara que le livre était contraire aux saines doctrines et rempli de mensonges et d'erreurs. Elle donna, en outre, la réfutation de ces erreurs, article par article. Le Collége médical jugea opportun d'ordonner la publication de cette censure.

On devrait s'attendre, après tant d'efforts, à voir le Collége médical obtenir gain de cause auprès de l'autorité communale. Le contraire eut lieu. Le magistrat, en dépit des lois existantes, condamna les assesseurs, dans la personne de leur syndic, à inscrire Devaulx au registre des médecins et à lui permettre l'exercice de la médecine à Bruxelles. Voici ce document :

Ghesien by myne heeren die Wethouderen der stadt van Brussele t'proces voor hun geport ende banghende ombesliest tusschen den Doctor Bartholomæus Delvaux revident ter eenre ende den Doctor

Syndicus van t'Collegie der medecyns geinthimeerde ter andere syden, mette acten, stucken ende minumenten daer mede overgegeven soo ende gelyck t'selve is geinstrueert tot dieplyke ende gefurneert by een inventaris buyten ghequotert numero 27 gesien tot dien d'acte oft notule voor heeren commissarissen gehouden, alwaer partyen geregulert waren om te aenhooren pointen van officie ende vergeleken te worden soo het doenelyck ware, gesien tot dyen de presentatien tot dyen eynde *hinc inde* in het geschrift voor de selve overgelegd, op al wel ende rypelyck ghelet myne voors. heeren, houdende de voorschreven presentatien voor deel van 't proces, verclaeren ex oefficio voor recht dat den revident sal worden geadmittert in 't collegie der medecyne, ende laeten hem liberlyck exerceren syne pratycke ende scientie der selve, mits voor heeren commissarissen daer toe te deputeren, verclaerende dat by sal punctuelyck observeren de placcarten, statuten, ende ordonantien by de souverynen princen op 't feyt der medecynen ghemaeckt, misgaedert desavoyerende voor de selve het gene vervath is in selver boecxken geintituleert *la vérité descouverte*, voor soo veele het selve soude mogen wesen contrarie aen de leeringhe van Galenus ende Hippocrates, ende achtervolgen de Phamacopea Bruxellensis, sonder te gebruycken andere onbekende namen de selve, daerinne condamnerende, kommende hier mede te cesseren de conclusien by partyen *hine inde* in materie van revisie genomen; de costen om redenen compenserende, aldus ghedaen ende gepronunciert op den thienden October 1600 seven en seventich ende was onderteekent : Van Omel.

Le syndic du Collége protesta, le 27 novembre suivant, contre cette décision inique et interjeta appel au nom de ses collègues. Pendant que l'affaire s'intruisait devant le Conseil de Brabant, le charlatan Devaulx mourut, et l'on décida que les poursuites ne seraient pas continuées contre sa veuve.

La ville de Bruxelles fut de temps en temps visitée par des lithotomistes. Le 11 janvier 1678, Antoine de Molder adressa au magistrat une requête, dans laquelle il présentait ses services moyennant certaines indemnités. Sur l'avis favorable du Collége médical, la régence lui accorda l'exemption des accises sur la bierre et le vin et un salaire de 150 florins. La même faveur fut accordée à Barthélemi Donck, oculiste et lithotomiste, après qu'on eut pris l'avis des médecins Bruxellois.

Nous trouvons dans le courant de la même année une personne suspecte de lèpre. C'est la nommée Barbe de Roeck. Le Collége ayant été appelé a donner son avis, la déclara atteinte du mal.

Depuis l'acte de vigueur que le Collége avait posé vis-à-vis du prêtre Collart, tous les médecins diplômés dans les universités étrangères se soumirent à l'examen des assesseurs. C'est ainsi qu'André Van der Cammen, de Bruxelles, promu à Pise le 26 avril 1676, se présenta pour subir son examen devant les assesseurs et fut déclaré apte à exercer la médecine dans la capitale.

Pendant l'année 1679, on ne s'occupa que de l'admission des pharmaciens, des chirurgiens et des sages-femmes. La fête de St-Luc fut célébrée avec l'apparat accoutumé et suivie d'un banquet où la plus franche cordialité ne cessa de régner [1].

Quinzième Préfecture. 1679-1681.

Le docteur Maximilien Camusel, vicaire du Collége, a négligé de faire connaître les événements de cette préfecture. Par suite de cette négligence, les noms des nouveaux médecins, chirurgiens et pharmaciens sont restés dans l'oubli. Pour s'excuser, le vicaire allègue qu'il ne s'est présenté aucun événement qui méritât d'être enregistré.

---

[1] *Et una omnes, absoluto officio, ut moris est, ad convivium iverunt, et lœtanter epulati sunt.*

Seizième Préfecture. 1681-1683.

Le 25 octobre 1681, les assesseurs furent autorisés à visiter les officines de la ville de Bruxelles. Ils y procédèrent en présence du surintendant et des maîtres des preuves des pharmaciens. Le magistrat, pour récompenser leur zèle, leur accorda, le 21 mars 1682, une aime de vin de Rhin, du prix de 72 florins du Rhin. Dans le courant de cette préfecture, le vicaire ne trouva à noter que l'admission de sept médecins, de sept chirurgiens, de trois pharmaciens et de trois sages-femmes. Le surintendant de 1681 fut Pipenpoy, celui de 1682, de Steenhaut.

Dix-septième Préfecture. 1683-1685.

Cette préfecture ne présenta rien de remarquable, en dehors du renouvellement des dignitaires du Collége et de l'admission de quatre médecins et de deux accoucheuses. Le 28 septembre 1684, Pierre Brunart, échevin de Spa, prêta le serment pour le débit des eaux de Spa et paya les droits requis.

Dix-huitième Préfecture. 1685-1687.

Si les trois précédentes préfectures offrent peu d'intérêt, celle dont nous allons traiter, est plus importante et prouvera que nos confrères d'autrefois étaient toujours animés du même zèle quand il s'agissait de défendre les droits de l'humanité et de la profession.

La première chose remarquable qui s'offre à nous dans cette

période biennale, c'est l'indication d'un don de 25 florins qu'un anonyme fit au Collége au mois d'avril de l'année 1686. Le vicaire l'appelle *rara avis*, et il a raison, car c'est la première et aussi la dernière fois qu'une pareille aubaine échut au Collége.

Le 16 mai suivant, la nommée Francoise Delhou, soupçonnée d'être atteinte de lèpre, fut soumise à l'examen des membres du Collége médical, qui formula son opinion comme suit :

> Les soussignez medecins et assesseurs du College de medecine avec le medecin et chyrurgien pensionairs de la ville de Bruxelles ayant exactement examine la constitution de francoise Delhou, jugent, par les accidents qui la travaillent, qu'elle est dans la disposition prochaine de la lepre. fait a Bruxelles le 16 Mai 1686.

Le 13 août 1686, Philippe Gilleyn avait passé ses examens de pharmacien ; comme il était le second fils d'un maître des preuves qui avaient été admis, on n'exigea de lui que le paiement de la moitié des droits ordinaires. Or Arnould Maes, reçu pharmacien dix ans auparavant, était précisément dans le même cas que ce Phlippe Gilleyn, et cependant il avait dû payer la totalité des droits. Trouvant l'occasion favorable, il résolut de s'en faire restituer la moitié. En conséquence, il assigna le Collége médical à comparaître devant les magistrats. Pour éviter un procès, les assesseurs décidèrent qu'il lui serait rendu la somme de neuf florins de la part du Collége. Peu satisfait de cette restitution, Maes cita devant le bourgmestre le docteur Pillois, qui était questeur lorsque le plaignant subit son examen, afin de se faire payer par lui la moitié des honoraires qu'il avait données à chacun des assesseurs. Le docteur Pillois consentit à lui rendre la moitié de ce qu'il avait reçu. Mais Maes attaqua aussitôt après le docteur Van der Becke, qui lui paya également trente sous. Il s'en prit finalement au docteur

Notaire, qui lui avait déjà fait compter les neuf florins dont nous avons parlé plus haut, mais il fut débouté de sa plainte.

Vers le même temps le Collége demanda aux magistrats de pouvoir faire, aux conditions ordinaires, la visite annuelle des officines des pharmaciens. Voici la supplique :

Aen myne Heeren de Wethauderen deser stadt Brussele.

Verthoonen reverentelyck den heere Vicarius, assesseurs, ende proefmeesters der appotekers van het Collegie der medicynen deser stadt, hoe dat door het Carolyn de anno xv^c viertigh ende den vii^n articule van de ordonnantie op het voors. Collegie gemaeckt, sy remonstranten by eede verplicht syn, jaerelyckx de winckels van alle de apotekers te visiteren, ende alle droguen, wateren, olie ende andere enckele ofte gemengde medicamenten, die niet goet, ende veraudert syn, uyt hunne winckels te nemen, ende mede in het Collegie te draeghen, t sedert het voorleden jaer niet en is gedaen geweest, uytwysens copye authentique van UE hier neffens gaende, ende om het selve te effectueren, noodigh is de kennisse, aucthorityt, ende aucthorisatie van UE. soo keeren de supplianten hun tot UE.

Oudtmoedelyck biddende gedient te wesen te aucthoriseren de voors. remonstranten tot het visiteren der voors. winckels, ter interventie van den heere Superintendent, soo ende gelyck de selve visitatie, de leste ryse is geschiet, aucthoriseerende de heeren tresoriers ende rentmeesteren, om aen de heeren Superintendent, ende die heeren van t Collegie der medecynen te betaelen de voors. visitatien, ter somme gelyck hun daer vooren de leste ryse is betaelt, d'welck doende enz.

Apostille.

By dese gestelt in handen van de heeren tresoriers ende rentmeesters deser stadt om hun advys actum vij September xvj^c sesentachentich onderteeckent B. F. de Robiano.

Naerdere Apostille.

Myne heeren de wethouderen der stadt Brussele andermael gesien hebbende, dese requeste, tot dyen het scriftelyck advys van de tresoriers en rentmeesters, permitteren aen de supplianten, de visitatie van de winckels, in dese vermeld, te doen, sonder cost ofte last van de stadt. Actum 31 january 1687 onderteeckent. B. F. de Robiano.

Comme on le voit par la seconde apostille, les magistrats permirent la visite, mais refusèrent de payer la légère rétribution qu'ils
avaient toujours accordée. Les assesseurs ne voulurent pas procéder
à la visite sans honoraires. En conséquence, ils présentèrent la
supplique suivante au Conseil de Brabant :

Aen den Coninck in synen souverynen raede geordonneert in Brabant.
Verthoonen reverentelyck den præfectus ende assessores van het Collegie
der medicynen binnen dese stadt Brussel, midtsgaders de proefmeesters
van de apotekers der selver stadt, hoe dat by het placcaert van syne
Keyserlyke Māt van hooghloffelyke memorie Carel den vyfden van den
jaer xvᶜ viertigh geemaneert op het stuck der medecynen, mitsgaeders
op de ordonnantien van het Collegium medicum, ingevolghe van den
voors. placcaerte by de heeren wethouderen deser stadt gemaeckt, en
gepubliceert, ende by den souverynen raede geconfirmeert uitdruc-
kelyck is bevoelen, dat die van het voors. Collegie, twee oft drymaels
t jaers souden visiteren alle de apothekers winckels der selver stadt
uytwyssens de extracten hier neffens, sub nmˢ 1 et 2ᵈᵒ, soo verre
dat in conformityt van t selve de verthoonders voorschreven niet
alleen by wete ende consent, maer oock door expresse order van de
heeren wethouderen, alhier van tyde tot tyde hebben gedaen de
voors. jaerlyksche visitatiën, ende daer over by de selve van hunne
debvoiren ende salaris, altyd syn geloont geweest, t is nu soo
dat de remonstranten, om insgelyck niet te manqueren aen de plicht
van hunne officie, waer toe sy by solemnelen eede verobligeert syn,
aen de tegenwoordighe heeren wethouderen over eenighen tyt hebben gepresenteert de requeste by copye authenticque hier neffens
gaende sub n° 3° op de welck in plaets van te becomen eene
favorable apostille conform aen de voors. Carolyne, ende het geene
dyen aengaende, altyt is geaccordeert geweest, de selve heeren wethouderen, op den 13 January lestleden, de versochte visitatie
quidem hebben toegestaen, nochtans met restrictie, dat het selve
soude geschieden sonder cost oft last van de stadt, relaes totten
apoinctemente op de voors. requeste gemargeert, desen aengemerckt,
ende dat van den eenen kant, de permissie om de voors. winckels
te visiteren (onder correctie) niet wel en can bestaen, by ontsegginghe

van den arbyt ende den loon by de verthoonders te verdienen in het doen der voors. visitatien ende besightinghe ende dat oock van den anderen kant de selve niet alleen profytigh, maer gansch noodtsaeckelyck is, tot het welvaeren van de gemynte, overmits het seer dickmals soude comen te gebeuren, dat by achterlaetinghe van de selve, de apotekers, in plaetse van aen de siecken crachtighe ende vigoureuse medicamenten te leveren, somwylen verleghen ende bedorven souden comen te debiteren, t welck soude strecken tot eene irreparabele schaede ende prejudicie van de behoeftighe in t particulier, en van het publieck in t generael, soo ist dat om daer inne te versien, de verthoonders hun keeren totten hove.

Oodmoedelyck biddende, t selve gelieve gedient te wesen, aen de voors. heeren wethouderen te ordonneren, ende de selve des noot synde te condemneeren, aen de supplianten te verleenen eene absolute permissie, tot het besichten ende visiteren van alle de apotekers winckels ingevolghe van den placcaerte van syne Keyserlycke Maͭ van den jaere xv^c viertigh ende ordonnantien van het Collegie der medecynen daer uyt gemaeckt, onder den gewoonelycken ende redelycken salaris, oft wel de selve absolutelyck te wygeren, om in cas, van wygeringhe hun alsdan daer over te versien, daer ende alsoo, dwelck doende etc. ondert. H. Uyttenhove.

Copye van den appoiͭᵉ.

Sy gecoiceert aen partye om hier tegens te segghen binnen acht daeghen naer de coicatie. actum 1 Martii 1687 ondert. Loyens.

Le conseil apostilla favorablement cette requète et ordonna aux magistrats communaux de répondre endéans les huit jours. Il leur envoya en mème temps la supplique des médecins avec la décision suivante :

By den Coninck

Lieve ende wel Beminde,

Wy senden u hier inne innegesloten de requeste gepresenteert in onsen raede geordonneert in Brabant, by ende van weghen den prefectus ende assessores van het Collegie der medicynen binnen onse stadt Brussele midtgaeders de proefmeesters der apotekers der selver stadt, om daer tegens te doen oft segghen u goetduncken binnen acht daeghen

naer de receptie deser , adresserende uwe rescriptie beneffens dese
ende voors. supplicatie , in handen van onsen secretaris onderteeckent ,
om alles gesien by die van onsen raede , geordonneert te worden naer
behooren , van des te doen en syt in geen gebreck want ons alsoo gelieft. Lieve ende wel beminde onse heer Godt syt met u geschreven
in onse stadt van Brussele den eersten meert xvi° seven en tachentigh
onderteeckent Loyens , de superscriptie luydt aldus onse lieve ende
wel beminde de wethouderen deser stadt Brussele.

De communicatie van de originele requeste gementioneert in de
bovengeschreven beslotene brieven, is gedaen by my onders. premier
huissier op den eersten Martii 1687 aen den clercq van den procureur
Daniels midts syne absentie toirconde ende is onderteeckent

P. De Backer.

Comme le Conseil échevinal ne répondait pas, les assesseurs
présentèrent une nouvelle requête au Conseil de Brabant :

By den Coninck in synen Raede van Brabant.
Verthoonen reverentelyck den heer prefect ende de assesseurs van
het Collegie der medecynen deser stadt, hoe dat de heeren wethouderen
in gebreck blyven van te voldoen aen de appnte gestelt op den
requeste der supplianten , aen de selve wethouderen by beslotene
brieven gecuiceert op den eersten deser.
Bidden oversulcx oodtmoedelyck , om eene iterative ende penale
ordonnantie in forma.

La cour suprême ordonna aux magistrats de satisfaire endéans
les huit jours à la juste demande des médecins; voici ce décret,
daté du 10 mars 1687 :

Thoff ordonneert partye iterativelyck te voldoen den voorgaenden
appnten albier geruert, binnen ander acht daegen, naer d'insinuatie,
op pene van versteken , ende recht op copyen actum den 10 meert
1687 ende is onderteeckent   Loyens.
De insinuatie van den bovenstaende appnte is gedaen by my onders.
premier huissier op den 10 meert 1687 aen den clercq van den procureur Daniels midts syne absentie toirconden   P. De Backer.

Les magistrats demandèrent un nouveau délai de douze jours, mais le Collége médical combattit cette demande par une troisième supplique :

Aen den Coninck in synen Raede van Brabant.

Verthoonen reverentelyk den prefect ende assessores van t collegie der medecynen deser stadt, dat de heeren wethouderen alhier in plaetse van te contesteren tegens de venue en cour der supplianten, tot hunnen laste hier ten hove gepresenteert, hebben weten te becomen eene prolongatie voor twelf daghen tot postpositie der saecke

Bidden oversulx ten eynde Thoft gedient sy de prolongatie van partye te verclaeren peremptoir in forma dit doende etc.

Apostilla

Thoff verclaert de verworven prolongatie by partye, ende alle voordere by de selve alnoch te obtineren van alsnu voor alsdan sub obrepticiis nul ende sonder effect, salva insinuatione. actum den 24 Meert 1687 onderteeckent. LOYENS.

De insinuatie van den bovenstaende appute is gedaen by my onders. premier huissier op den 24 Meert 1687 aen de clercq van den procureur Daniels midts syne absentie toirconden. P. BACKER.

Par le décret suivant, les magistrats communaux furent condamnés par contumace :

De heeren prefect ende assessores van 't Collegie der medecynen deser stadt supplianten.
teghen
De heeren wethouderen der selver stadt geinsinueerde.
Gesien in syne Mats Raede geordonneert in Brabant de requeste by de supplianten aldaer gepresenteert den eersten Meert 1687, ten eynde Thoff gedient soude wesen de geinsinueerde te ordonneren, ende des noot synde te condemneeren, aen de supplianten te verleenen eene absolute permissie tot het besightigen ende visiteren van alle apotekers winckels ingevolghe van de placcaerte van syne Keyserlycke Mat van den jaere 1540, ende de ordonnantien van 't Collegie der medecynen, daer uyt gemaeckt, onder den gewoonelycken ende redelycken

salaris ofte wel de selve absolutelyck te wygeren, om in cas van wy-geringhe hun alsdan daer over te versien daer ende alsoo; gesien oock de iterative ende penale ordonnantie, daer op gevolght den 10 Meert lestleden, met den relaes van de insinuatie daer van ten selven daghe gedaen door den premier huissier De Backer, ende midts de niet vol-doeninghe op al geleth. Thoff.

Decreterende de pene gecommineert by de voors. iterative ende penale ordonnantie, ende recht doende op de copyen, ordonneert de geinsinueerde, aen de supplianten te verleenen eene absolute permissie tot het besightigen ende visiteren van alle apotekers winckels inge-volghe van de placcaete van syne Keyserlycke Mat van den jaere 1540, ende ordonnantien van 't Collegie der medicynen daer uyt gemaeckt onder den gewoonelycken ende redelycken salaris ofte wel de selve absolutelyck te wygeren, om in cas van wygeringhe, hun alsdan daer overte versien daer ende alsoo; condemnerende de selve geinsinueerde in de costen hier omme geresen bedragende ter somme van vyff en twintigh g͞l twee stuyvers actum den derthienden may XVIᶜ seven en tachentigh. Ondt.   Loyens.

Munis de cette ordonnance, les assesseurs décidèrent de com-mencer immédiatement la visite. Alors le Collége échevinal s'exécuta, comme on peut le voir par la pièce qui suit :

Myne heeren die wethouderen der stadt van Brussele gesien hebbende d'executie den 9 deser gedreven door den premier huissier P. De Backer, van wegens den prefect ende assessores van t Collegie der medicynen, ordonneren aen den remter De Blick aen deselve te betaelen de somme van 72 guldens ter saecke geruert in den vonnisse contumaciael, by hun becomen den 13 may lestleden, actum 18 juny 1687 ende was ondt.   A. Vannuvele.

On ne saurait faire assez l'éloge de la conduite que tint le Collége médical dans tout le cours de cette affaire. Il est à regretter que les magistrats communaux aient fait une si vive opposition à l'exécution d'une mesure qui était entièrement dans l'intérèt de la santé publique, et qu'ils auraient dù provoquer. L'affaire qui va nous occuper, prouve encore une fois la vigilance des médecins et leur désir de préserver leurs concitoyens de la lèpre du charlatanisme. Elle prouvera aussi la faiblesse de l'autorité communale qui, dans ce cas, comme dans bien d'autres, poussa l'oubli de ses devoirs jusqu'à patronner des charlatans.

Un empirique, nommé Charles-Antoine Ruffino, avait dressé ses tréteaux d'abord au village de Coeckelberg, puis sur la place publique de Bruxelles. Aussitôt les assesseurs se rendirent avec les doyens des chirurgiens et les maîtres des preuves des pharmaciens chez le bourgmestre, qui leur promit d'expulser le charlatan avant quatre jours du territoire de la ville. Mais cette promesse étant restée sans effet, les assesseurs envoyèrent une supplique au Collége échevinal qui ne voulut pas l'apostiller. Alors ils en présentèrent une autre au Conseil de Brabant :

Aen den Coninck in synen Raede geordonneert in Brabant.

Verthoonen reverentelyck de assessores van het Collegie der medicynen deser stadt Brussel midtsgaeders de deckens van de chyrurgyns, ende de proeffmeesters der apotekers der selver stadt, dat nyet alleen by den 39 articule van de ordonnantie op het Collegie der medicynen, by de wethouderen gemaeckt, ende by desen souverynen raede geconfirmeert, er is verboden aen quacksalvers, lantloopers ende diergelycke eenige inwendige remedien aen siecken oft gesonden te raeden, ofte te vercoopen, relaes totten voors. articule der voors. ordonnantien hier annex, maer oock by het placcaert van Keyser Carel van hoogloffelycker gedachtenisse van den Jaere 1540 gemaeckt op het stuck der medicynen wel uytdruckelyck geordonneert dat nymant wie by sy hem sal moghen vervoorderen te geven oft doen geven ende ordonneeren, secretelyck ofte openbaerelyck eenighe medecynen, ten sy dat sulcken persoonen syn doctoren oft licentiaten in de medicynen gepromoveert in eenighe geapprobeerde universityt, oft dat sy eerst worden geexamineert by doctoren in de medicynen van de universityt van Loven, oft by de doctooren woonende ende practiserende binnen

onse stadt van Brussele (uytwysens hetselve placcaert in 't eynde van
de voors. ordonnantien uytgedruckt staende) ende al ist dat dese soo
loffelycke ordonantien punctuelyck dinden geobserveert ende onder—
houden te worden , als eenichlyck tenderende tot welvaeren ende
conservatie van de gemyne ingeseten deser stadt , de welcke door de
schaedelycke ende sorghelycke remedien , die dusdanighe onervaeren
ende onwetende persoonen hun prescriberen ende ingeven , dicwils
groote prejudicie aen hunne gesonthyt , jae selver aen hun leven
comen te lyden , soo is nochtans tot kennisse der verthoonderen gecomen , dat de heeren wethouderen (die als auctheurs van hunne voors.
ordonnantien de selve stricktelyck behoorden te doen achtervolghen
ende die tot het observeren ende het doen observeren dier selver de
assessores vant voors. Collegie , in het aencomen hunder officie by
solemnelen eedt verplichten) over eenige daghen aen sekeren quacksalver hebben permissie gegeven om binnen dese stadt, op de groote
merckt publikelyck syne janpotegerye uyt te wercken ende aldaer syne
nocive quacksalveryen ende medicamenten te debiteren , hoe wel men
niet en gelooft 't selve in hunne macht te wesen , overmits hun niet
vry en staet te derogeren, jae te niet te doen de placcaerten by souve-
ryne princen uytgesonden ende gemaeckt gelyck is 't geene van kyser
Carel hier voorens aengeroert , ende alsoo de voors. permissie aen de
remonstranten d'oorsaeck heeft gegeven, dat sy daer over aen de voors.
heeren wethouderen syn klagtigh gevallen, by requeste hun alsdan
gepresenteert , soo en hebben sy nochtans tot op den dagh van heden ,
daer op geene resolutie ofte apostille connen becomen, niet tegenstaende
sy daer toe verscheyde debvoiren gedaen hebben , desen aengemerckt,
ende dat van den eenen kant niet alleen door gedoogh van diergelycke
ongeoorloofde vercoopinghen de tweede en de derde remonstranten , die
alhier te schote ende te lote staen ende de borgerlycke lasten moeten
draeghen , in hunne neringhe ende debit merckelycke worden vercort,
maer oock d'ingesetenen door het innemen van diergelycke quacksalveryen in groote kranckheden ende gevaeren , tot prejudicie van
het publiek comen te geraecken , gelyck alreede gebeurt is aen verschyde persoonen, die hun aen de heeren van t voors. Collegie der
medicynen over d'innemen van degene der voors. quacksalvers
grootelycx hebben comen beclaeghen , tot dyen gevoeght , dat sulcx
geensints geoorlooft wesende aen de inwoonders , veele min moet

getollereert worden van de vremdelinghen ende lantloopers, ende dat van den anderen kant by den 41 articule van de voors. ordonnantien expresselyck geordonneert is, dat soo wanneer eenighe uytlansche operateurs ofte ervaeren meesters in eenighe selsaeme hantwercken der chyrurgie sullen in dese stadt comen, met voornemen van de selve hantwercken te oeffenen, hun eerst ende voor al sullen moeten addresseren aen het Collegie der medicynen, ende aen hetselve soo by beantwoordinghe op de examinatie by de assessores te doen, als andere proefstucken van hunne ervaerenthyt sullen moeten doen blycken, gelyck breeder te sien is by den voors. articule, sonder dat den voors. quacksalver, die hem voor diergelycken operateur is uit-gevende, sigh aen het voors. Collegie heeft gepresenteert, vele min laten examineren. Soo keeren de remonstrauten hun tot den hove, oodtmoedelyck biddende dat het selve gelieve gedient te wesen, aen den voors. pretensen operateur te ordonneeren ende des noodt synde den selven te condemneeren, dat willende den selven eenighe selsaeme hantwercken te oeffenen, hy hem eerst ende voor al sal hebben te presenteren aen het voors. Collegium Medicum om geexamineert te worden ende genoegsaeme getuigenisse te geven van syne uytmuntende ervaerenthyt, alles in conformityt van den voors. 41 articule interdi-cerende middelertyt aen den selven syne janpoterayen op de merckt uytterechten ende eenighe droghen ofte medicamenten te vercoopen cum expensis. ende in cas van coïcatie, interim de versochte inter-dictie, t welck doende etc. ende was ondt

H. F. Uyttenhove.

Apostilla

Rapport gedaen in den Raede, sy dese gecoiceert aen partye, om hier tegens te doen oft segghen binnen twee mael vier en twintigh uren, naer de coïcatie op pene van naerdere provisie actum 6 septemb 1686 ende ondt. Bodry.

Coïcatio facta per me huissier hac xi septembris 1686 ten vyff uren naer middagh. A. Quentois.

Comme on le voit, le Conseil de Brabant apostilla favorablement cette supplique et ordonna aux magistrats de répondre endéans les deux fois vingt-quatre heures. Chose étonnante, le Conseil échevinal prit fait et cause pour le charlatan. Voici sa réponse :

Rescripsie.

Voor

De heeren Wethouderen deser stadt intervenierende voor Gustinus operateur rescribenten.

De assessores van het Collegie der medicynen midtsgaders de dekens der Chyrurgyns ende proefmeesters der apotekers binnen dese stadt supplianten.

De rescribenten gesien hebbende de requeste der supplianten, segghen daer teghens het naervolgende onder alle behoorelycke presentatien etc.

1. Dat het den interest van t publieck, ofte het welvaeren deser stadt niet en is, t geene de supplianten aenport om dese procedure aen te stellen.

2. Maer wel ter contrarie, men weet niet wat afgunst gebouwt op eyghen presumptie.

Want om niet te segghen dat het met admitteren van den voors. operateur, soude veroursaeckt hebben eene onseggelycke schaede aen de gerechticheden deser stadt, gelyck naerder gededuceert is, by het advys der rescribenten.

3. Op eene andere requeste hier te hove van wegens den heere Amptman over de voors admissie gepresenteert nu gepasseert wynighe daghen innegegeven, t ghene alhier wordt gehouden voor gerepeteert.

4. Soo weet een groot deel der supplianten dat den voors. operateur soodaenighe cueren heeft gedaen, ende vervolgens can doen, dat syne uytmuntenthyt ende ervarenthyt, met beter ende meer recognoissante termynen hadde behooren bejegent te worden, dan sy en hebben gedaen. Virtus enim etiam in hoste laudanda.

5. Want sonder hem souden veele geincommoderde voor den tyt hebben hun leven moeten laeten ofte gebreckelyck blyven.

6. Consequentelyck d'eene ende d'ander reden by een voegende men sal moeten d'accoordt vallen dat de clachten der supplianten het voordeel deser stadt niet en hebben voor hun principael ooghwit maer wel haer tastelyck achterdeel.

7. Tgeene met eene goede pollycie niet en kan t saemen staen.

8. Ten is niet begrypelyck hoe dat sy om tot hun voornemen te comen, ende de rescribenten in t stuk van hunne collegiale resolutie over de voors. admissie genomen, aen hun om soo te seggen te onderworpen, ofte te doen swichten, derven beroepen de ordonnantie op het stuck van hun collegie gemaeckt.

9. Naerdemael hun bekent is dat de selve van de voorsaeten der rescribenten, als politique regeerders deser stadt is voorstgecommen.

10. Die niet alleenelyck in de gemelde qualityt (het gemyn welvaert sulcx vereysschende) gerechticht syn om de gemelde ordonnantie in totum weghtenemen ende inne te trekken, maer daer en boven oock specifieckelyck besproecken hebben, daer aen sulcken veranderinghe ende verminderinghe te moeghen doen als sy souden vinden te behooren.

11. Voordts geen placcaert van t jaer 1540 vindelyck zynde t geene iet anders van de medecynen roert, als t geene van de biennale prescriptie, met desen cas niets gemyns hebbende.

12. Ofte is, dat sy daer door verstaen hebben, t gene van den achthienden november 1623, sy behoorden te bemercken dat t selve dese provincie niet en concerneert, ende dat daer beneffens den cas in questie daer by niet en wordt gedecideert.

13. Daeromme hadden de supplianten met meerdere moderatie moeten handelen ende eer de hant geven aen het gemyn beste, dan futile pretexten te soecken om t selve te postponeren.

14. Te meer om dat hun van de ervaerenthyt van voors. operateur, soo by eyghen gesicht ende ondervindinghe, als by scabinale ende andere gesegelde attestatien, oock over syne onderstaende examinatien, van de stadt Antwerpen, ende over andere heeft geconsteert.

15. Den welcken hem daer boven, tot twee rysen toe aen het collegie der supplianten, om geexamineert te worden, heeft gepresenteert, ende noch bereet is te doen, als men maer niet uyt en is, om daer voor van hem rechten aff te voorderen.

16. Alhoewel de groodtste ende strenghste examinatie te vinden is, in syne geeffectueerde ende klaerblyckende operatien, de welcke syne capacityt genoech verantwoorden, ende alom een volcomen encomium hebben becomen van eenighe doctooren ende chyrurgyns naementlyck Sr Pantecras ende andere.

17. Waer mede afslaende alle voorderen innehouden der voors. requeste by impertinentie, denegative en frivolityt.

Soo wordt gecontendeert ten eynde op de selve requeste sal gestelt worden nihil, ende dat de supplianten om geconcludeert te hebben, soo ende gelyck sy t selve hebben gedaen verclaert sullen worden niet ontfanckbaer cum expensis. oft dat andersints etc.

Implorerende etc.

Dans cette pièce les magistrats communaux prétendaient que ce n'était pas l'amour du bien public qui avait fait agir les médecins mais leur propre intérêt; que les autorités communales avaient fait les réglements et qu'ils pouvaient les changer, quand bon leur semblerait; que le placard de Charles-Quint de 1540 n'était pas applicable, et que Ruffino était un opérateur plein d'expérience, et dont plusieurs certificats attestaient la capacité.

Le Collége échevinal s'était laissé induire en erreur, croyant que le charlatan était un homme probe et savant, et voyant que tous les jours un des principaux médecins et un des chirurgiens les plus experts de la ville avaient avec lui des conférences.

A la réception de cette réponse, les assesseurs réunirent les plus anciens membres du Collége, leur exposèrent le cas et demandèrent s'il serait opportun d'intenter un procès. On décida de n'en rien faire, et quelque temps après l'empirique décampa pour se rendre à Gand, où il fut également poursuivi par le Collége médical, qui obtint, le 12 juin 1687, le décret royal suivant :

Sur la Remonstrance fait au Roy de la part des assesseurs de la chambre de la medecine, establie en la ville de Gand, que par les statuts et ordonnances faites par le magistrat de la ditte ville et approuvez par sa Mat° sur ce exhibetz, seroit expressement pourvu articulis sept et huict aux inconveniants que causent les charlatans et autres estrangiers, voulans faire profession et se vanter expers en la medecine, en prejudice desquels certain nomme Charles Anthoine Ruffino, se vanteroit d avoir obtenu octroy ou permission tant de sa Mat^e que de son Lieutenant Gouverneur et capitaine gñal de pouvoir debiter ses pretendues medecines et faire des operations manueles ou de chyrurgie en touttes les villes de l'obeissance de Sa Mat^e et seroit meme venu si avant que d'avoir obtenu permission des eschevins de la keure de la ditte ville de Gand, pour y eriger un theatre, a l'effet susdit, et comme tout cela prennoit son origine, du dit octroy et qu'au regard des Remonstrants, il serait indubitablement sub et obreptif et contraire au susdit ordonnances et statuts, que l'on a inviolablement observe jusques ores, les Remonstrans ont tres humblement supplie Sa Mat^e de déclarer que le susdit octroy n'at point de lieu au regard de la ditte ville de Gand et que pertant les dittes ordonnances et statuts doivent sortir leur effect, aussi au regard du dit Ruffino. Sa Mat^e les choses susdites considerees et sur icelles eu advis des ditts echevins de la Keure et Conseil de la ville de Gand, inclinant favorablement a la requeste des dits suppliants et a la déliberation de son dit Lieutenant Gouverneur et Capitaine Gñal de ces pays, déclare ainsi qu'elle déclare par cette, que l'octroy susdit n'a pas lieu au regard de la ditte ville de Gand, et que les dits statuts doivent sortir leur effect aussi au regard du dit Ruffino. Ordonnant Sa M^e a tous ceux qu'il appartiendra de se regler et conformer selon ce, fait a Bruxelles le douzieme de Juin 1687 et estoit paraphe J. Ho. vt et signe C. Vanden Brugghen et signe avec le scel de sa Majeste en hostie rouge.

Accordeert met syn origineel Toorn als greffier van het Collegie van de medecynen binnen de stad van Gendt desen 26 Juny 1687.

ondert. Papejans.

Peu de temps après, le Collége médical de Bruxelles eut une nouvelle lutte à soutenir. Le docteur De la Rive pratiquait à Bruxelles sans s'être fait inscrire au registre médical; cité devant le tribunal du Collége, il refusa d'y comparaître et adressa aux assesseurs la lettre qui suit :

Miramur equidem, domini, dicemusne vestram in nos vigilantiam vel potius aliquorum fortasse vestrûm in nos invidiam hodiernam

medecinædississæ comitem , dum apud vos, nos iterum convocati, vestri
fatemur erat muneris de nostra ad ultimos medicinægradus promotione
dubitandi, provocati libenter prodivimus , ut hac super re vos certiores
faceremus. Jam vero cum nullus vobis dubii relinquatur locus, de data
nobis medicam ubique terrarum et exercendi et docendi potestate , ad
quid tot curæ? ad quid tot insomnia? anne ejusdem scientiæ filii dispa-
res fiemus , et quod omnibus iis concessum est, ab aliquibus eorum vel
abripi , vel supprimi jure possit? si hodie ante vos non paremus, ne
succenseatis, precamur, nihil in vos nobis conscii sumus, si quibus-
dam ægris præscripta dedimus, si quos invisimus hoc amicitiæ et
charitatis impulsi fervore fecimus. Nostra hic nos detinent adhuc
negotia, amicis opus est. Collegii vestri scimus et statuta et leges,
illa sicut vos veneramur et approbaremus si ipsis ut fas est uteremini,
non semper visi sunt illi medicorum cœtus, ignoravit illos antiquitas,
si tam in præcipuis provinciarum urbibus erecti videantur, hoc unice
factum est ut communi medicorum consensu, in circumforaneos,
barbitonsores, pharmacopæos et uniuscujusque sexus et religionis
homines publico evidentissimoque omnium damno medicinam facti-
tantes animadverteretur, in hos non in fratres sancitæ sunt leges,
quoties in hac urbe et in aliis, purgantia quibuslibet, et vehemen-
tiora absque ullo medici præscripto a pharmacopæis distribuuntur?
quoties et a barbitonsoribus similiter admininistrata phebotomia?
vellemus hic mortuos loqui et tot innocentes fœtus orco damnatos!
idcirco una et omnis medicina in ipso medico olim reperiebatur.
Propter innumeros executientium abusus imminuta vel mortua chari-
tas, medici onera et honores separavit ; ad hoc primum quæsumus
attendite, viri consultissimi ; DD medicis scribimus, et vestras quo
dicimus modo leges inviolatas servate, sic vos æternus honor et
æterna merces manebit illam vobis precatur.

Vester humillimus famulus
De la Rive.

superscriptum sic habet
Consultissimis Dominis Collegii bruxellensis medicis.

Par cette lettre il croyait donner le change au Collège médical,
mais il n'y réussit pas. Le syndic obtint contre lui la sentence
suivante, qui le condamnait à une amende de 50 florins :

Op den vyfden Juny 1687 comparerende voor myne heeren den
Superintendent ende doctooren assessores van 't Collegie der medecynen deser stadt Brussele, den heer Syndicus van 't voors. Collegie,
nomine officii aenlegger, tegen den doctoor De la Riva gedaeghde,
heeft doen blycken, op den achtentwintichsten may lestleden geobti-
neert te hebben deffault de eerste, heeft versocht deffault tweede, ende
midts de niet comparitie van den gedaeghde, daertoe behoorelyck aen
de winckel dochter daer den gedaeghden is woonende, gedaeght
ende voortsgeroepen synde door Pauwel Moonens geswooren knape
deser Collegie gelyck by dat relateerde, ende voor het profyt van dyen
condemnatie van vyftigh guldens, over eene amende volgens den
sesentwintichsten articule van de ordonnantie op de medicynen
gemaeckt, overmits den gedaeghden, hem vervoordert te exerceren
de medicynen, volgens syne recepte alhier overgelecht in originali
sonder alvooren geimmatriculeert te syn in 't voors. Collegie. cum
expensis, welcke deffault myne voors. den Superintendent gehoort
het advys van de doctooren assesseurs aen den voors. aenlegger heeft
geaccordeert ende dyen volgens den gedaeghden gedoemt en gecondemneert in de voors. amende van vyftigh guldens, om geapliceert
te worden conform de voors. ordonnantie en tot dyen in de costen,
bedraegende met dese acte ter somme van twee guldens derthien
stuyvers aldus gedaen ten daghe maende en jaere voors. ond.

S. Van der Maelen.

De sommatie is gedaen den 18 Juny aen de winckel dochter. ondt.

Pauwel Moonens.

D'eerste presentatie van officie is gedaen den 19 Junius 1687 aen
de winckel dochter met den officier van mynheer den Amptman ondt.

Pauwel Moonens.

De tweede presentatie is gedaen den 20 Juny aen de vrau van den
huys met den officier van mynheer den Amptman ondt.

Pauwel Moonens.

De derde presentatie is gedaen den 25 juny aen den man van den
huis met den officier van mynheer den Amptman.

D'après la teneur de cette pièce, on pouvait s'emparer de la
personne du délinquant, mais on ne le fît pas. C'est pourquoi

P. Moonens, bedeau du Collége, reçut une verte réprimande. De la Rive, ayant eu connaissance du danger qui le menaçait, prétendit qu'il était médecin de corps du comte de Salazar, dont il joignait le témoignage à la lettre suivante qu'il écrivit aux assesseurs :

J'avois toujours cru, Messieurs, que votre procede en mon endroit, quoy qu'il fut un peu etrange, n'estoit qu'une certaine grimace extérieure, qui devoit faire cognoitre a un chacun votre vigilance a faire observer les statuts, et les formalites de votre College, puisque vous en voulez si vivement a un medecin comme vous autres. Je croyois qu'à la fin vous rentreriez dans vous memes, et que vous vous lasseriez de faire promener si souvent le valet de votre chambre pour une niaiserie, je n'ose dire pour contenter vos envies jalouses, a qui touttes choses font ombrage, mais voyant que vous allez jusqu'à l'exces, et que non contens de me molester, vous êtes assez ridicules de citer mon hote par devant vous autres, qui etes juges et parties, afin qu'il declare en votre presence, si je n'ai pas de meubles chez lui, pour penser par une saisie trouver de quoy satisfaire aux frais que vous vous faites inutilement vous me permettrez bien que je vous represente que votre maniere d'agir n'est ny resonable, ny honneste, elle n'est point resonable, par ce que je ne vous oste aucune pratique, elle n'est point honneste par ce que elle marcque dans vous autres une envie enragée, et une avarice insatiable, caracteres les plus odieux et les plus noirs dont un medecin puisse être revetu, mais afin que vous desistiez une fois de votre procedé, que tout honneste homme de nostre profession, qui ont connoissance, ne peut pas souffrir sans confusion je vous envoye un double autentique de l'act que Monsieur le Comte de Salazar Lieutenant Gnal de la cavallerie du Roy, m'a fait depescher par lequel vous connoitrez que ce seigneur m'a chosy pour medecin de sa maison depuis deux mois passez, vous asseurant si cela ne suffit, il employera son credit contre vos poursuites, qui affrontent sa maison aussi bien que moi—même.

DE LA RIVE, D. Med.

Le comte de Salazar Sergent Gnal de bataille, des Armes de Sa Mate au Pays bas et son Lieutenant Gnal de la cavallerie.

Comme le Sr de la Rive docteur en medecine native de Nameur nous at fait offre de ses services pour nous servir et notre famille de

medecin, et nous etant informes de sa capacite et experiences, nous
avons bien voulu l'admettre et accepter, comme par la presente l'ad-
mettons et acceptons, pour medecin domestique, a quel effect luy avons
fait depescher l'act cy mentioné, a Bruxelles ce trentieme avril mil six
cent quattre vingt sept signe Le comte de Salazar, a cote etoit le cachet
de ses armes en cire vermeille.

Collata concordat cum suo originali quod attestor Ostenhof nots.

Inscriptio erat

pour messieurs les medecins du college de Bruxelles.

Cependant comme tout cela n'avançait pas son affaire, De la
Rive pria le Collége d'attendre un peu disant que le comte de Salazar
payerait les 50 florins. Dans l'intervalle il se pourvut d'un passe-
port et disparut.

L'archevêque de Malines n'avait pas approuvé les dispenses que
don Louis Fernandez Paramo, médecin de la cour, avait accordées
à quelques malades, parce que son nom ne se trouvait pas sur
la liste des personnes admises à exercer la médecine à Bruxelles.
Celui-ci présenta, à ce sujet, à son Excellence le marquis de
Castagnana la supplique suivante :

Exmo Sor.

El don Luis Fernandez Paramo medico de camera de su^a, Majd y de
S. Ex.ª dice que pudiendo por estos honorados titulos de que consta Asxa
curar en estos paisses, y todos los dominios de el Rey con la preferenzia
a todos los demas medicos, y sin otra permission que la de S. Ex.ª el Sr
Arcopispo de Malinas, le a negado el permisso de poder passar las
licenzias de comer carne a sus enfermos esta guaresma, disiendo que
el colesio de los medicos no le an puesto en la nomina ni ava de los
mas ordinarios, y haver esto contra su pauto y todo razon, y justicia,
hasiendo un exemplar que savior le aecho con los medicos de la corte,
Ademas denoter dicho Colesio facultad si ingunua pora podier lo *hafer*
supp^a con todo redimento S. Ex.ª sua serendo mandar a dicho Colesio
de medicos desta villa, no se metten en lo que no es de su juridicion

25   XIX   7

y le que le pongan en la lista couro a los demas guardando le sus privilegios a el supp.ᵉ que reciviva merced de la grandeza de S̄xᵃ.

La souscription était

Ex̄ᵐᵒ Sr

El don Luiz Fernandez Paramo suppᵃ Asxà.

Le Gouverneur-général, faisant droit à cette demande, intima au Collége médical l'ordre d'inscrire, endéans les 24 heures, le nom de son médecin sur le registre des médecins de la capitale :

Constando me que no solo es pratico aprovado el supplicante que sirvo del para my, y para my familia, sivo es que le es decamera de S. M. ordono y mando al Colesio de los medicos desta villa lo tengien my entendido y le pringan en la nomina de los medicos deschandole la preferenzia que le toca, par los titulos que me ha presentado y que le metien en possession dentre de 24 oras y me den qu'en de aver lo echo 6ᵘʳ 16 de feb del 1687 era onbricado.

de S. Exᵃ.

Le Collége médical, fort de son droit, répondit qu'il était prêt à recevoir le docteur Paramo conformément aux lois et réglements sur l'exercice de l'art de guérir. Voici cette réponse :

Monseigneur, le college de medecins de cette ville ayant veu la lettre du Sʳ docteur Fernandez Paramo et le recriet de Vʳᵉ Ex̄cᵉ disant en tout respect, qu'effectivement le nom du dᵗ Sʳ ne se trouve dans notre catalogue, puisque n'est pas membre, et que les medecins de la cour ne sont sujets a nos ordonnances, ne fut qu'ils practiquent hors icelles, au reste nous n'avons jamais dispute, ny ne disputons encore ses titres et prerogatives, et si Monseigneur l'Archeveque luy refuse les dispenses pour le caresme nous n'en sommes pas responsables, ou il n'en vat pas de notre faute, neanmoins, si le dit Sʳ docteur desire faire nombre de notre College nous receverons tres volontiers sa presentation qu'il nous en ferat ensuite des placcarts de l'empereur Charles quint, de glorieuse memoire et nos autres constitutions, priant Dieu qu'il perpetue la sante de votre Ex^e longues an-nees, nous demeurons

Monseigneur

de votre Ex^e

les tres humbles et tres obeissans serviteurs les assesseurs

du College des medecins. par ordonnance signe

VAN DER MAELEN.

Le marquis de Castagnana vit qu'il avait affaire à des hommes libres, fermement résolus de défendre leurs droits. Aussi craignant d'augmenter le mécontentement général qui existait dans le pays, il ne donna aucune suite à ses prétentions.

Dix-nenvième Préfecture. 1687-1689.

Le vicaire André Vander Cammen n'a pas inscrit les actes. Est-ce négligence? Ou est-ce à cause des dévastations que les Français exerçaient dans le pays? Nous l'ignorons.

Vingtième Préfecture. 1689-1691.

L'année 1689 fut fatale à plusieurs médecins. Le docteur Van Elsen mourut le 16 octobre, et, le 17 du même mois, le docteur Fervaques, archiatre de l'archiduc Léopold et du prince Jean d'Autriche. C'était un médecin d'une profonde science, qui, après avoir pratiqué pendant 57 ans, succomba aux suites de la dyssenterie. Une fièvre maligne enleva le docteur Stam le 2 novembre. Le docteur Notaire décéda le 25 décembre à la suite d'une fièvre continue, compliquée de catarrhe. Le 31 décembre, ce fut le tour du médecin de Leeu, octogénaire.

Le 25 janvier 1690, mourut le docteur Verbeelen, médecin pensionnaire de la ville. A sa place fut nommé, le 2 juin suivant, le docteur Du Roisin. Avant l'expiration de la vingtième préfecture, la mort enleva encore le docteur Camusel, vicaire du Collége. Alors on chargea le syndic De Bierthe d'écrire la continuation des actes de la corporation. Ce médecin comprit toute l'importance de ces actes. Qu'il nous soit permis de faire connaître son opinion à cet égard. « *Sed ecce e vestigio curiosus rerum indagator postulat quem in finem commentaria tam sollicite referantur ? Vis dicam sodes ? Ut erudiatur posteritas, actaque majorum admiretur, nec non vestigiis eorum insistat : ut sciat quam martiali et herculeo pectore pro aris et focis elatos quondam transgressorum animos non modo oppugnaverint, sed etiam devicerint, non obstante zelotypia etiam scabinorum cœtus in illorum tutelam subinde militantis. Hinc patet haud leviter nos peccaturos, si modo memoranda in Annalibus negligeremus recensere.* »

La première infraction aux lois sur l'exercice de la médecine fut celle d'un charlatan ou médecin bohémien, nommé Jean Hosper. Après avoir inondé la ville d'affiches, dans lesquelles il prétendait guérir radicalement les maladies les plus graves, telles que la phthisie, la goutte et autres affections sérieuses, il fut cité devant le tribunal des assesseurs. Condamné à une amende de 20 florins, il disparut de la ville, en laissant un grand nombre de dupes.

Un certain Gaspar Verhoft, de Breda, promu à Padoue, pratiquait, depuis quelque temps, sans s'être fait examiner par le Collége médical. De ce chef il fut condamné à l'amende de 50 florins, conformément à l'article vingt et unième des statuts. Chose extraordinaire, le surintendant refusa d'exécuter le jugement. Les assesseurs protestèrent contre cet acte arbitraire et résolurent de ne pas immatriculer le docteur Verhoft, tant qu'il n'aurait pas subi l'examen, soit devant les assesseurs, le médecin du Gouverneur-général ou devant la faculté de Louvain. Le délinquant cependant refusa de subir un examen devant les assesseurs et s'adressa au Conseil de Brabant, pour lui demander de désigner un médecin, devant lequel il se disait prêt à donner des preuves de ses connaissances médicales :

Aen den Koninck in syne Raede geordonneert in Brabant.

Vertoont reverentelyck Gaspar Verhoft Doctor in de Medecynen, hoe dat hy naer seven jaren studie, ende curieus ondersoeck in de voorsch. konste by hem gedaen, soo in de universiteyt van Loven, Leyden, Parys, Montpellier ende Roomen, ten langen lesten syne promotie tot den graet van Doctoor heeft gehadt in de vermaerde universiteyt van Padua in t jaer 1681 als by de patente hier nevens gaende is blyckende : sedert welcken teyt hy heeft ghepractiseert in de stadt Breda tot dat hy over jaer, door instigatie van verscheyde geleerde persoonen om meerdere occasie te hebben, van meerdere verscheyde en extra ordinarische cassen te sien en te cureren, hem sich heeft gedomicilieert in dese stadt van Brussel met intentie van aldaer te establisseren. ende alsoo hy den gewoonelycken eedt in t Collegy deser stadt moet doen, ende volgens d'ordinancie van Keyser Carel hooge memorie, eenen Doctor moet gepromoveert syn in eene geapprobeerde universiteyt, oft by gebreke van dien geexamineert worden by de Doctoren in de universiteyt Loven, oft by Doctoren alhier practiserende (als blyckt by de selve ordinantie ende statuten alhier gevueght) gemerkt daer en boven dat andere Licentiaten gepromoveert in andere universiteyten tot den voors. eedt syn geadmitteert geweest, emmers voor examinatie by eenen Doctor, als blyckt by de req^te van den heere Tel gepresenteert aen den secreten Raede, soo keert hem den vertoonder tot den Hove.

Seer oodtmoedelyck biddende den selve gelive gedindt te wesen te authoriseren eenige doctoren van de universiteyt Loven tot het exa-

mineren van den suppliant , ofte wel eenen van d'ouste doctoren practiserende binnen deser stadt , ende diensvolgens te verclaren , dat hy
tot den collegialen eedt moet g'admitteert worden , welck doende etc.

Apostilla marginalis.

T'hof authoriseert den doctor Tienpont tot het examineren des suppliants alhier versocht om etc. actum 13 Novembris 1690. Signatum
GALLIARD.

La Cour de Brabant admit la demande et désigna le docteur
Tienpont pour examiner le suppliant. Ce docteur lui délivra le
certificat que voici :

Ego infrascriptus Celsissimorum Principum Lotharingiæ et Vaude-
montii Medicus , fidem facio , me capacitatem Domini Gasparis Verhoft
ex decreto Regis 13 Novembris 1690 supplici ejus libello inscripto
indagasse, et sæpe ante hac super varios casus cum eo discurrendi et
consultandi occasionem habuisse , eumque dignissimum et capacissi-
mum reperisse , ut medicinam hic libere exercere possit , omnibusque
gaudere privilegiis aliis omnibus medicis concessis. in cujus rei fidem
hoc meum testimonium proprio meo chirographo munivi. actum
Bruxellis hac 16 novembris 1690.

(Signé) TIENPONT.

(La suite à la prochaine livraison).

NOTICE

SUR LA MISSION DIPLOMATIQUE

CONFIÉE A

PIERRE-PAUL RUBENS

AU MOIS DE JANVIER 1633,

POUR PRENDRE PART AUX NÉGOCIATIONS AVEC LES HOLLANDAIS ;

PAR

L. GALESLOOT,

chef de section aux Archives du royaume.

———

Les détails que l'on va lire sont de peu d'importance, mais je me suis décidé à en faire l'objet d'une notice, parce que je connais le puissant intérêt que les Anversois attachent à tout ce qui concerne le grand peintre dont leur cité se montre si justement fière.

Il y a quelques temps en parcourant des papiers du grand conseil de Malines, dont les archives sont réunies à celles du royaume, je tombai sur deux lettres adressées par Rubens au duc d'Arschot et sur la réponse de celui-ci à Rubens[1]. Ces trois lettres, qui sont du mois de janvier 1633, et qui nous révèlent certain différend entre le grand artiste et le grand seigneur, je les crus d'abord inédites,

[1] Ce ne sont, il est vrai, que des copies, mais des copies qui paraissent authentiques.

mais je m'aperçus après que deux d'entre elles [1] n'avaient pas échappé aux recherches de feu M. Émile Gachet. M. Gachet les publia dans l'introduction qu'il a mise en tête de la correspondance inédite de Rubens [2], sans cependant ajouter de date à aucune des deux. Ceci me fait naturellement supposer qu'il ne mit la main que sur des copies qui n'en portaient point. Heureusement, celles que j'ai trouvées sont datées, et ces dates jointes à la découverte de la lettre dont M. Gachet n'a pas eu connaissance, me permettent de compléter les renseignements fournis par ce savant et par M. Gachard, archiviste général du royaume [3] sur l'incident qui va nous occuper.

On sait que les états généraux de nos provinces ayant été convoqués en 1632, s'ouvrirent à Bruxelles le 9 septembre de cette année. Le but principal de cette grande assemblée était de tirer le pays de la situation désastreuse dans laquelle il était plongé, par suite surtout de la guerre contre les Provinces-Unies, que le roi Philippe IV s'obstinait à poursuivre, dans le vain espoir de vaincre enfin ces redoutables et belliqueux Hollandais.

Les Belges maudissaient cette guerre et avaient à cœur de la voir finir. On en vit bientôt la preuve, car le 3 octobre suivant, les députés des états généraux décidèrent que la paix avec la Hollande se traiterait directement par eux, sans le concours des Espagnols. Comme suite à cette résolution, que la cour de Madrid dut sanctionner, et les Hollandais n'ayant pas moins que nous le désir de voir cesser les hostilités, on fit choix, de notre côté, de divers députés qui se rendirent à

[1] Une lettre de Rubens et la réponse du duc d'Arschot.
[2] Bruxelles, 1840, in-8°.
[3] Voy. le *Trésor National*, t. I, pp. 177 et 178.

La Haye le 7 décembre. Un des principaux d'entre eux était Philippe d'Àrenberg, duc d'Arschot, chevalier de la Toison d'or, membre du conseil d'État, le même dont j'ai déjà parlé. « Après plusieurs conférences avec les États de Hollande, dit M. Gachet, relativement à la trève et à d'autres propositions importantes, qui regardaient surtout les comtes de Berghes et de Warfusée, il s'était élevé une grande difficulté au sujet de la procuration du roi d'Espagne, que les députés n'avaient point, s'imaginant que celle de 1629, passée naguère sur l'Infante, avec clause de substitution, était suffisante pour traiter. On résolut donc d'envoyer à Bruxelles prendre l'avis des états sur ces différents points, et l'archevêque Jacques Boonen, le duc d'Arschot, le pensionnaire Edelheer et Viglius de Marcke [1] furent chargés de demander la remise de tous les papiers concernant la trève.

» Sur ces entrefaites, l'Infante, apprenant les obstacles qui étaient survenus, avait fait donner à Rubens l'autorisation du roi d'Espagne pour aller négocier en Hollande. En janvier 1633, le prince d'Orange avait fait obtenir à notre peintre un passeport pour quatre mois, et il s'était aussitôt mis en route, à ce qu'il paraît, quand tout à coup les députés mécontents vinrent de nouveau imposer la loi à l'infante Isabelle. Dans quel but chargeait-on un tiers d'une négociation déjà commencée par eux, et pourquoi surtout donnait-on des pouvoirs plus étendus que ceux de tous les autres, à un homme d'une qualité si inférieure à celle des députés des États? Voilà ce que l'on vint dire hautement à l'Infante, et ce que cette pauvre princesse fut obligée d'écouter avec résignation. Rubens fut rappelé.

[1] C'étaient d'autres députés belges.

› Le duc d'Arschot le rejoignit probablement en route, et il lui demanda la remise des papiers relatifs à la négociation.... ›

De son côté, voici ce que M. Gachard, dans une intéressante notice sur Rubens, nous apprend sur l'incident dont il s'agit :

› L'intervention de Rubens, dans les négociations avec les
› Hollandais, ne fut pas, à ce qu'il paraît, goûtée par les états-
› généraux belges ; M. Gachet a publié deux lettres fort curieuses
› à ce sujet : l'une de Rubens au duc d'Arschot, et l'autre du duc
› d'Arschot à Rubens. La correspondance des envoyés français en
› Hollande, fournit de nouvelles lumières sur l'incident auquel ces
› lettres se rapportent. Le secrétaire Brasset ¹ écrit à sa cour, le
› 24 janvier 1633. › Les députez de Brabant tardent encore à
› revenir, et ces lenteurs déplaisent aux bien intentionnez, qui
› crient que ce ne sont qu'amusement. L'on dit que *Rubens veut*
› *être de la partie, pour agir en ceste occasion de la part du*
› *roy d'Espagne.* Ce n'est pas d'aujourd'hui qu'il s'en mesle
› couvertement. ›

› Il écrit encore le 7 février suivant : › Les députez de Brabant
› recommencèrent avant-hier de conférer avec ceux de messieurs les
› estatz : ils n'ont pas apporté de pouvoir du roy d'Espagne, et se
› font fortz simplement d'estre advouez de ce qu'ils conclurons....
› *Rubens n'est pas venu,* les estatz de l'autre party (des Pays-Bas
› catholiques) n'ayans voulu souffrir qu'il s'ingerast de leurs
› affaires : le duc d'Arschot et luy se sont piquez par lettres.

› Enfin, le 7 mars, le même diplomate envoie à sa cour copie
› des lettres › que le duc d'Arschot et le peintre Rubens se sont
› entre escrites en termes altiers et piquans. › et il ajoute :

---

¹ Il était l'envoyé de France.

‹ Vous remarquerez, par celle de Rubens, qu'en maudissant ceux
‹ qui retarderont une œuvre si nécessaire à la conservation de la
‹ patrie, comme est la trefve, que ceux de l'autre parti (les Belges)
‹ en ont grand besoin. Il est vray qu'il n'a que faire de le dire,
‹ car ont le veoyt bien. . . . . ›

 ‹ En rapprochant, poursuit M. Gachard, le texte des deux lettres
publiées par M. Gachet de la correspondance diplomatique que je
viens de citer, on est amené à conclure qu'elles furent écrites à
Bruxelles vers la fin de janvier 1633, et que Rubens ne retourna
point en Hollande. Je lis, en effet, dans une relation manuscrite des
négociations qui eurent lieu entre les députés des états généraux des
Pays-Bas catholiques et ceux des Provinces-Unies, que, à la suite
d'une conférence tenue à La Haye, le 25 décembre 1632, les premiers résolurent d'envoyer à Bruxelles quatre d'entre eux, savoir
Jacques Boonen, archevêque de Malines, le duc d'Arschot, prince
d'Arenberg, Guillaume de Blasere, premier échevin de Gand, et
Pierre Broide, conseiller pensionnaire de la ville de Douai, afin
d'obtenir de l'infante Isabelle, un pouvoir plus ample et des instructions plus étendues ; que ces députés, après avoir fait rapport, non-
seulement à l'infante, mais au marquis d'Aytona, à don Gonzalo
de Cordu et au chef et président Roose, tous trois récemment arrivés
d'Espagne, de ce qui s'était passé dans les négociations de La Haye,
reçurent, le 27 janvier, les instructions ainsi que la procuration
qu'ils étaient venus chercher, et qu'ils ne tardèrent pas à repartir
pour La Haye, où, le 5 février, les conférences furent reprises
avec les députés des Provinces-Unies. Cette explication paraîtra
d'autant plus utile, qu'elle fait mieux comprendre plusieurs passages
de la lettre du duc d'Arschot. ›

Ceci dit, je donnerai le texte de la première lettre de Rubens, que j'ai trouvée et que M. Gachet n'a pas connue. Elle prouve : 1o que le 13 janvier 1633, Rubens était à Bruxelles, 2o qu'il s'adressa au duc d'Arschot pour obtenir un passe-port des députés des états-généraux des Provinces-Unies. Mais il faut croire qu'il n'eut recours à ce seigneur que pour la forme, puisqu'il crut devoir demander directement son passe-port au prince d'Orange (Frédéric-Henri), en lui adressant une lettre conçue dans les mêmes termes que celle écrite au duc d'Arschot, sans même en changer la date. Voici la teneur de cette lettre :

Monseigneur,

La Sérénissime Infante me commande d'adviser à Vostre Excellence qu'elle trouve estre nécessaire que je me transporte au plustost à la Haye pour servir et assister Messieurs les députés de noz estats à esclaircir et maintenir quelques poincts desquelz j'ay particulière congnoissance, et, a cest effect, je vous prie, de sa part, me faire obtenir un passe-port de Messieurs les estats des Provinces-Unyes pour ma personne avecq, deux ou trois serviteurs. Il n'y faut insérer aultre qualité que de secrétaire du roy d'Espagne en son conseil privé [1]. J'espère que Vostre Excellence fera ce plaisir à Son Altesse, et à moy, l'honneur de croire que je suis vroyment,

Monseigneur,

De Vostre Excellence,
très-humble et très-obéissant serviteur,
PETRO PAUOLO RUBENS.

De Bruxelles, le 13 janvier 1633.

Dans sa lettre au prince d'Orange, Rubens ajoutait en post-scriptum : « J'espère de donner par ceste occasion à Vostre Excellence si bon compte et raison de notre silence, quelle mesme

---

[1] Cette qualité avait été accordée à Rubens par lettres patentes de Philippe IV, du 27 avril 1629. (Voyez la *Notice* de M. Gachard, déjà citée.)

jugera qu'on ne pouvoit user aultrement pour la conservation des affaires. » L'explication que Rubens se proposait de donner concernait évidemment la lenteur qu'on mettait, du côté du gouvernement des Pays-Bas espagnols, dans la marche des négociations.

Le prince d'Orange produisit cette lettre dans la séance des députés des états généraux du 19 janvier. Le passe-port fut accordé ; seuls, les députés de la Frise protestèrent, en se fondant sur la décision, que les états généraux avait prise antérieurement, de ne traiter avec nos ambassadeurs que sur le pied d'états à états, sans l'intervention d'un tiers [1].

Quant au duc d'Arschot, il laissa sans réponse la lettre qu'il avait reçue, doublement froissé qu'il était et des termes dans lesquels elle était conçue et de la démarche faite par Rubens auprès du prince d'Orange. Rubens, informé de l'effet produit par sa lettre sur le duc d'Arschot, lui en écrivit une seconde, où il n'est plus question de passe-port, mais d'excuses faites d'un ton assez persifleur, bien que le patriotisme le plus pur éclate dans le reste de sa missive.

Cette seconde lettre porte, à la vérité, une date, mais pas d'indication du lieu où elle a été écrite. Je suppose que ce fut à Anvers et que ce fut aussi dans cette ville que le duc d'Arschot rejoignit Rubens, qui se préparait à prendre la route de la Hollande. Voici le contenu de la deuxième lettre du peintre-diplomate :

Monseigneur,

Je suis bien marry d'entendre le ressentiment que vostre Excellence a monstré sur la demande de mon passe-port, car je marche de bon pied, et vous supplye de croire que je rendray toujours bon compte de mes actions. Aussi, je proteste devant Dieu, que je n'ay eu jamais autre charge de mes

[1] Reg. aux résolutions des députés des états généraux des Provinces-Unies de 1632 à 1634. (Arch. du royaume.)

supérieurs que de servir vostre Excellence par toutes les voyes, en l'entremise de ceste affaire, si nécessaire au service du Roy et pour la conservation de la patrie, parce que je m'estimerois indigne de vie, sy, pour mes intheretes particuliers, j'y aportasse le moindre retardement. Je ne voy partant quel inconvénient il en fust résulté sy je me fusse porté à La Haye et y mis entre les mains de vostre Excellence mes papiers, sans aucun autre employ ou qualité que de vous rendre très-humblement service, ne désirant chose en ce monde autant que des occasions pour monstrer par effect que je suis de tout mon cœur.

Monseigneur,

De vostre Excellence,
très-humble et très-obéissant serviteur,
Petro Pauolo Rubens.

Ce 28 de janvier 1633.
Vostre repos m'a empesché de baiser les mains a Vostre Excellence en France.

Le duc d'Arschot, que Rubens, à ce qu'il semble, avait encore froissé d'une autre façon, daigna enfin lui envoyer une réponse; mais on va voir dans quels termes hautains il le fit :

Monsieur Rubens,

J'ai veu par vostre billet le marryssement que vous avez de ce que j'aurois monstré du ressentiment sur la demande du passe-port, et que vous marchez de bon pied, et me priez de croire que vous rendrez toujours bon compte de vos actions. J'eusse bien peu obmettre de vous faire l'honneur de vous respondre pour avoir si notablement manqué à vostre devoir de venir me trouver en personne, sans faire le confident à m'escrire ce billet, qui est bon pour personnes égales, puisque j'ay esté depuis onze heures jusques à douze heures et demie à la taverne, et y suis retourné le soir à cinq heures et demie, et vous avez eu assez de loisir pour me parler. Neantmoins je vous diray que toute l'assemblée qui a esté à Bruxelles a trouvé tres-estrange, qu'après avoir supplié Son Altesse et requis le marquis d'Aytone [1] de vous mander, pour nous communiquer vos

_____
[1] Le marquis d'Aytona était membre du conseil d'État, à Madrid, et ministre plénipotentiaire de Philippe IV près de la personne de l'Infante, à Bruxelles.

papiers , lesquels vous m'escrivez avoir , ce qu'ils nous promirent , au lieu de ce, vous ayez demandé un passe-port ; m'important fort peu de quel pied vous marchez, et quel compte vous pouvez rendre de vos actions. Tout ce que je vous puis dire, c'est que je seray bien aise que vous appreniez dorénavant comme doivent escrire à des gens de ma sorte ceux de la vostre. Et lors vous pouvez estre asseuré que je seray, etc.

Anvers, le 29° de janvier 1633.

(Sans indication de signature).

Il paraît que cet échec, rendu plus amère par l'affront dont il était accompagné, dégoûta Rubens de la carrière diplomatique, quoiqu'il eût rempli diverses missions avec succès, notamment en Angleterre. Il se consacra désormais aux jouissances sans mélange de son art et de l'étude.

M. Gachet a tiré une conclusion très-plausible de cet échange de lettres entre le duc d'Arschot et notre peintre. L'historien Hallam et M. G.-G. Vreede, professeur à l'université d'Utrecht, accusent Rubens d'avoir trempé dans la fameuse conspiration de la noblesse belge contre le roi d'Espagne, conspiration qui se tramait vers ce temps et qui tendait à faire de la Belgique un État indépendant. Le duc d'Arschot était un des conspirateurs. Or, d'après M. Gachet, la manière dont il en usa envers Rubens, dans les circonstances que nous venons de voir, n'annonce guère qu'il y ait eu de la complicité entre lui et l'artiste. Quoi qu'il en soit, de ce point encore douteux de la vie du grand peintre anversois, M. Gachet s'est récrié avec beaucoup de force contre l'outrage que lui infligea le duc d'Arschot. Je ne puis que partager sa manière de voir, et il était peu séant, sans doute, de traiter avec mépris celui que les monarques comblaient, à l'envi, de faveurs et de distinctions. Je ferai néanmoins remarquer que l'orgueil dont notre ancienne noblesse était imbue ne tenait point à une mesquine vanité, mais à un sentiment de dignité personnelle poussé à l'excès. C'est cet orgueil, intraitable, j'en conviens, qui conduisait nos grandes familles sur le champ de bataille et leur faisait prodiguer généreusement leur sang quand la défense du pays l'exigeait. Les d'Arenberg, eux aussi, ont souvent arrosé le champ d'honneur du plus pur de leur sang. Quel revirement pourtant et quel éclatant hommage rendu au génie! Le nom de l'offenseur est peu connu dans l'histoire, tandis que celui de l'offensé brille d'un éclat qui ne s'effacera de la mémoire des hommes qu'avec le souvenir des Apelles et des Zeuxis, ces Grecs illustres, jeunes encore de gloire et d'immortalité, pour me servir des expressions d'un poète français en parlant du chantre de l'*Iliade* et de l'*Odyssée*.

MEDIÆVAL HOUSES

AND

CASTLES IN ENGLAND,

BY

CH. WYKEHAM MARTIN, esq^r.

Corresponding member of the Academy, Vice-President of the Kent Archæological Society, etc.

Having had the honour of being elected as a corresponding member of the Archæological Academy of Belgium, I think that the most appropriate contribution I can offer to the annual volume of that eminent society is a concise account of something in this country that is likely to interest its members. I have accordingly selected a subject which has lately been much investigated in England, namely the plan and construction of mediæval houses and castles. If, on examination, it should prove that the plans in this country were the same with those on the continent, the large number of examples still remaining here make all the details so clear, that they may serve to explain the use of those portions of buildings that may still be found in other countries. If such should not be the case, it will be equally interesting, though perhaps less useful, to indicate the points in which they differ.

Of the buildings of the Saxons we have no remains which can be distinctly authenticated; and it has been conjectured that, so far as they required residences of a superior class, they may have used those constructed by the Romans or Romanised-Britons, only constructing for their own use inferior houses of wood and thatch. But from the Norman conquest in 1066 we have a continuous series of buildings of all kinds, from the private residence to the feodal castle, the royal palace and the sumptuous abbey.

The ordinary construction of the Norman houses was this. They contained a hall which reached to the top of the building and was generally on the ground; but sometimes had a cellar under it, which was half sunk in the ground. At right angles to this was a dormitory, which was usually an upper room, constructed over another, which served as a place for stowing provisions of all kinds, for eating as well as for drinking. The staircase was occasionally internal, but more frequently external. This upper room was called the solar. For some centuries the houses were constructed on this simple plan, the dimensions of the rooms and the addition of a chapel being the only difference between noble and even royal residences and those of private persons. But it will be necessary to go a little into detail to shew the extent to which a certain degree of rude magnificence was made consistent with such simple habits of life —— so simple in fact were they, that the retainers slept in the hall, in which they had had their meals during the day; and the king himself and his family slept together in the solar, and received persons of the greatest distinction either there or in the chapel.

The hall was frequently of such large dimensions that it was divided into aisles, like those of a church, by rows of pillars. This is the case with that at Oakham in Rutlandshire, built about 1180 by Walkelin de Ferrars, the dimensions being 65 by 43 feet. Marble pillars are mentioned for the King's hall at Clarendon in 1176. The refectory of the Maison-Dieu at Dover is 100 feet long by 27 wide. It is 26 feet high to the springing of the roof, and lighted by two rows of handsome windows (one on each side). The best known example of a small residence of this period is what is termed the *Jew's house* at Lincoln. The door is very elaborately ornamented, the windows good, and a curious chimney is supported partly by the arch of the door. But the house consists of only two rooms, the principal one being up stairs, and never contained any more. It is possible that there may have been partitions, but no traces of them appear, nor does there seem to have been a fireplace below stairs. The staircase is internal. This house is a specimen of a place rather differing from the form described above. There are several similar remains, containing only two rooms, the habitable apartment being over the other, which last was probably used as a cellar or storeroom. The arrangement of the larder, buttery and kitchen is not so distinct in early Norman houses as it will be found in those of a subsequent date, but it seems that the kitchen was a separate building and was probably of less durable materials than the house. The same was still more probably the case with the other offices.

The apartments appear to have been frequently warmed by fireplaces having chimneys in the thickness of the wall. Hence it is evident that they must have been coeval with the erection of the house, and not subsequent additions. They are generally finished with semi circular arches in the Norman style, which is another indication of their date. If the system of warming by a fire in the centre of the hall was at all in use, it certainly seems to have been at this period less common than that by a fire-place and a chimney.

The roofs were in general of steep pitch and covered with tiles or shingles, but, in the handsomer buildings, often with lead. The style of the windows and doors was generally plain, but capable occasionally of considerable ornament.

In the next stage of progress, towards the close of the 13th century and through the whole of the 14th, we find the construction and plan essentially the same, but more fully developed. The hall now occupies the centre of the building, and at one end is the cellar with the solar over it; but at the other a space is parted off by a screen. This forms a passage through the mansion, a door into the servants' court being placed at the end opposite to the principal entrance; and in the passage between these doors three side doors are found. One of these leads to the pantry, or place for the distribution of bread, etc. Another communicates with the buttery or butlery, where the distribution of wine and beer took place. The central door led to the kitchen, by a passage between the buttery and pantry. At the upper end of the hall was the Dais; a raised platform on which the high table was placed, at which the lord and his principal guests dined. The retainers dined at tables placed upon trestles down the centre and along the sides of the lower part of the hall. Over the screens before named and at the opposite end to the Dais was a gallery for the musicians. All the tables were moveable and were actually removed after meals. The hall being the only living room, as well as the eating room, the space was required for the general accommodation, more especially in the event of dancing by night or of business during the day. The windows of the hall now assumed a handsome and highly decorated form. There was generally a bay window at the end of the Dais. The fire was usually in the centre of the apartment, and the smoke escaped through a contrivance termed a Louvre in the roof. The hall ceased to be divided by a row of pillars down the middle, but the progress of constructive art enabled the builders to cover over an equal space by roofs of a highly scientific form. The most celebrated of these, constructed at the latter end of the 14th century, is that of Westminster hall. The thrust of these wide roofs upon the side walls was very considerable and this was met by buttresses on the outside. The effect of these roofs in an architectural point of view is very imposing, and the mechanical skill displayed is of a very high order. The larger halls are frequently entered by a porch, and frequently a handsome flight of stairs leads to them. Behind the screens were lavatories, often very handsomely decorated, in which the hands were washed before and after meals. The floors of halls began to be paved with ornamental tiles about the middle of the 13th century. Hangings of tapestry were also introduced, and very large sums were lavished upon the fabrics of Arras. These were moveable, and accompanied the owner from one mansion to another. Glass both plain and painted, began to be used in residences about the same time. It had long been employed in ecclesiastical buildings. The same remark applies to this luxury also. It was set in wooden frames and removed from one mansion to another, and for a very long period continued to be considered a part of the furniture and not a portion of the house.

The solars now became rooms of very considerable size, and it is nearly certain that they were, by the middle of the 13th century, divided by wooden partitions. They had fireplaces and chimneys, two of these conveniences being found in the larger solars. The hearth was at first covered by a kind of hood which conducted the smoke into the chimney, and this was sometimes constructed of lath and plaster : more generally however,] it was executed in solid stone, and by degrees the hood disappeared, or rather the sides were closed and the mantel was inserted in the side wall.

In addition to these solars for the family, other rooms were built over the buttery and pantry. These might serve either for guests or for the servants. Sometimes the house consisted of a hall and a tower of several stages. This arrangement gave considerable accommodation, as, the tower being of several stories, there was less of the indiscriminate crowding into the same apartment than in the original mode.

In all houses of considerable dimensions there was a chapel. It was usually near the upper end of the hall, and approached by a stair from the Dais. The chapel was in general a handsome feature in the building : but occasionally, when there was a want of space, it was merely sufficient for the officiating priest, and the family assembled in the adjoining chamber. Narrow apertures were made through the walls in a slanting direction, to enable those who were so assembled to witness the service, and particularly the elevation of the Host. The half of the chapel farthest from the altar was frequently divided into two stories; the upper room being intended for the ladies or for the lord's family, and the lower portion for the establishment. There was frequently also in larger mansions a chamber for the priest. The sketch here given extends over a considerable period, during which the style of

architecture changed from the Norman which prevailed during that
of the previous sketch, first to the « early English » and after-
wards to the « decorated » and « perpendicular » , styles. The
features of these styles must be sought elsewhere , as they would
occupy more space than could be spared, where the main object is
to shew the plan of the house and the purpose and use of its
different parts.

The last period to be here noticed is that in which the breaking
up of this system occurred , and the Elizabethan mansion gradually
arose. This was about the time of king Henry 8th. The first
instance of a designed and systematic arrangement for leaving the
hall, and dining in a separate chamber, occurs at Wanswell court
in Gloucestershire, built about 1460. Here the space that would
have formed the Dais of the hall is separated by a wall which does not
reach more than half of its height, by which a private room is formed for the lord to dine apart. This fashion by degrees supplanted
the original custom, and, whilst banqueting rooms and withdrawing
rooms were added to what may becalled the « living part » of the
house, additional bedrooms were also constructed. The long solars
were subdivided , and, in every respect, privacy and convenience
were more studied. As the country became rapidly richer from
the impulse given to trade by the discovery of America and the
increase of the precious metals, and as the feodal system broke
up, habits and manners rapidly changed, and in nothing was the
change more apparent than in the arrangements of the dwelling
house. Late in the 15th and at the beginning of the 16th century
the houses of the preceding period were almost universally altered.
The hall was divided into two stories. Being no longer required
for the entertainment of a feodal retinue, a smaller height was

sufficient, and the altered customs of the time rendered additional bedroom accommodation necessary. Both purposes were answered by inserting a floor at the level of the bedrooms. From this to the so called Elizabethan house the transition was almost imperceptible. We have in this altered house a hall in the centre — a wing containing bedrooms for the family and another containing bedrooms for the guests and servants. In Elizabeth's reign the main outline, though still very similar, is more complete. From a porch you enter a long hall of one story. In the wings are sitting rooms on the ground floor adapted to various uses, as for instance a private dining room and a withdrawing room, (this was often upstairs,) with kitchens and servants offices. Over these are bedrooms in the centre and in the two wings, and besides, as the whole is of larger dimensions, garrets for the servants are introduced in the roof. Part of the roof is often so constructed as to form a long gallery for receptions, and there are instances in which it forms a library.

From this period the resemblance to a modern English house is so close that many new houses are now built in strict imitation of the Elizabethan model. The most important difference between a modern house in imitation of the Elizabethan model and a real house of that period, is the careful provision of a separate approach to each room, the original plan having been to approach each room through that which preceded it. Each wing in fact formed merely a subdivided solar.

But it is right to notice in this place the fact that, about this time, houses of a very different description were very commonly erected. These were constructed in the form of a quadrangle, and sometimes a double quadrangle, with the hall as the division between the two, more especially in the early portion of the period. In this case the apartments for the family occupied the principal court, including in this term the hall and the chapel. The offices occupied the inferior court. There was usually, in this style of building, a handsome gatehouse as an entrance. Many very noble specimens of these gatehouses still remain. In the colleges at our two universities are to be found very perfect specimens of residences constructed on such plans. Castellated buildings were constructed with gatehouses at a much earlier period, but these were calculated principally for defence. What may be termed domestic gatehouses were very little adapted to this purpose. They were designed and admirably adapted for decoration. Such buildings covered a vast space of ground and were occupied by a large number of persons. They contained stabling for many horses, shops for carpenters and other workmen, brewhouses, bakehouses, stowage for wood and farming premises. The rooms were so arranged that the one formed a passage to the other, the idea of a general passage not having yet developed itself. In many cases, however, groups of apartments were approached by a separate staircase from the quadrangles. Houses of this character were, however, rather the development of the castle than of the dwellinghouse. It is therefore proper that a short description should now be offered of the progress of the mediæval castle, in order that this point may be made more intelligible.

The castle, in very early times, and down to the 13th century, was frequently a collection of houses surrounded by a ditch and a bank, with a palisade of strong stakes. Behind these was a wall of enceinte as an inner defence. This mode of construction was first succeeded by rectangular buildings of stone, with very thick and lofty walls, divided into several stories and having a tower at each angle. These castles were surrounded by a wet or dry ditch according to the position in which they were built. They contained a variety of chambers, which served for apartments by day as well as sleeping rooms at night. The principal rooms for the use of the lord were in the higher stories, because the primary consideration of defence rendered it necessary to restrict the lower windows to the smallest possible size, whilst in the upper stories, at 50 or 60 feet from the ground, openings were admissible that supplied abundance of light and air, and were suited to the requirements of a wealthy family. A certain space was enclosed round these citadels or *keeps*, as they were usually termed, and within this circuit were many buildings for different uses, which in ordinary times contributed to the convenience of the garrison. It was only when these outer defences were forced that they retired into their last stronghold. This was well provisioned, carefully provided with water by wells or springs — often, as at Rochester and the tower of London, more than 100 feet high, and capable of a stout resistance. This was the prevailing form until nearly the close of the 13th century, and, to this time at least, many of the buildings in the enceinte were of wood, even in the royal castle of Windsor. During the reigns of the first three Edwards (1272-1377) a different system was commenced and perfected. The outer works of the enceinte were much strengthened. More use was made of water as a defence, by constructing moats, and in some instances, as at Leeds castle in Kent, and Kenilworth in Warwickshire, artificial lakes, round the whole fortress. The lofty and solid keeps were found inconvenient, and suffered to go to decay, at least so far as purposes of residence were concerned. They were probably for some time longer capable of being used defensively, in an extreme case, but the lords ceased to reside in them. For this purpose buildings were constructed within the circuit of the enceinte, almost exactly on the plan of the dwellings already described, though varied by the shape of the ground and other accidental circumstances. The residential part still consisted, as far as possible, of a large hall with a cellar under it or adjoining to it, with a solar over the cellar in the latter case, or near it in the former, namely at the back of the *dais*, or raised platform at the upper end of the hall. In close communication with the dais was also a chapel. For the garrison guard rooms were built, and other rooms for the many and various retainers. There were frequently three such groups of dwellings — one for the lords' family, one for the retainers in general and one for the more strictly military body; and each had its own kitchen and cellar. The cellar was used for stowing salt provisions as well as wine and beer, and was therefore roomy, and, for the most part, sunk into the ground for about half its height.

For the protection of this military town, as we may almost consider it, there was a barbican, or tête-de-pont, at the head of the bridge over the moat. This bridge was constructed so as to be raised or lowered at pleasure, and led into a gatehouse which was furnished with massive iron-studded gates and a strong portcullis. Behind these barriers was a moveable palisade, and over the gateway were usually machicoulis, the name given to a projection resting on corbel stones. Trough the intervals of these stones hot water and other missiles could be hurled on the assailants, or water thrown to extinguish the fires sometimes lighted to burn the gates, without the persons of the defenders being exposed to the missiles of the enemy. This formidable outwork led into the 'outer bailey which was the space between a low outer wall pierced with loopholes, flanked by bastions and surmounted by battlements, and the more massive and loftier wall of enceinte. This latter was sufficiently thick to allow of a rampart on its summit protected on its outer side by battlements, and along which the soldiers could move freely, whenever the purposes of the defence required them to shift their position. In the centre of each battlement there was frequently a loophole for the discharge of arrows. The inner bailey, or portion enclosed by the wall of enceinte, was, in the larger castles, subdivided into two or more courts. In this case the hall was usually, though not invariably, placed in the range of buildings which divided one court from the other. As, in the former description of castle, the residence of the lord was in the upper stories for the sake of the windows, so, in the Edwardian type, the windows were made to look into the courts, and the outer walls were seldom pierced with anything but loopholes.

The outer court, where there were several, and the space nearest the gateway, in the smaller specimens, was usually occupied by farming premises and stables. A good example of this arrangement may be seen at Esquelbec near Cassel, a curious castellated building, probably well known to many members of this Academy. The inner courts, as more remote from danger, were occupied by the bulk of the inhabitants, but the guardrooms were, as might be expected, near the gateway, as most convenient for repelling an attack. At Leeds castle, where the arrangement of the gatehouse buildings can still be distinctly made out, there was an officer's apartment between two guardrooms with a portcullis chamber, aproached by a narrow passage in front. Under the larger guard room there was a stowage or cellar and adjoining it a kitchen, from which there was an opening, or buttery-hatch, through which the meals were served. Under the other there was an apartment without a fireplace, which was probably a stable. A turret staircase led to a leaden roof, from which the archers could conduct the defence of the entrance.

As the invention of gunpowder gradually made such fortresses untenable, and as the decay of the feodal system, after the wars of the roses, undermined the military rights of the owners, these castles lost from time to time their warlike character, the more military portions not being renewed as they decayed, and being altered to suit altered habits of life. It was thus that the collegiate mansions of Henry 8th and Elizabeth, if I may use this expression to characterise the buildings I have previously referred to, arose out of the decline of the castles, whilst the domestic Elizabethan house, as was previously stated, arose out of the gradual expansion and completion of the residences first occupied by the smaller gentry and the more opulent traders.

Much of the views here detailed is based upon the able and elaborate work of my friend Mr. J. H. Parker of Oxford, entitled • Domestic architecture of the middle ages. • To that work I would confidently refer those who wish to pursue farther the subject, of which an outline only has been given in these pages.

Leeds Castle, Maidstone, Kent, January 20, 1862.

DESCRIPTION

CARTES DE LA PROVINCE D'ANVERS

ET DES

PLANS DE LA VILLE

PAR

A. DEJARDIN,

Capitaine du Génie, Membre correspondant de l'Académie.

(Suite, voir Tome XIX*, page 49.)

1703.

N° 49. Carte intitulée : *Plan de la bataille d'Eckeren, donné le 30 juin 1703 entre l'armée des hauts alliés et celle des deux couronnes.*

Dessiné par M. Jvoy, quatier-maître général.

Avec le même titre en flamand.

Cette carte est une copie de la précédente.

Il y a aussi des lettres de renvoi pour les différentes positions des troupes mais pas de légende.

Larg. 0m415, haut. 0m285.

Fait partie de la collection de M. le chevalier Gust. Van Havre.

1711.

N° 50. Carte intitulée : *Marquisat du St-Empire d'Anvers.*

Avec une échelle.

Les limites tracées ici partent du moulin à poudre, sur les bords de l'Escaut, au nord de la digue Ferdinand, suivent le Schyn, puis le Vuylbeck jusqu'au canal d'Herenthals, passent par le Galgeveld (Pépinière) et englobent le Kiel et Berschot.

Larg. 0^m115, haut. 0^m08.

Se trouve dans un coin du : *Plan de la ville et citadelle d'Anvers,* etc. (n° 177 des plans).

Se trouve aussi sur le : *Plan de la ville et citadelle d'Anvers,* etc. (n° 178 des plans), faisant partie de la : *Table des cartes des Pays-Bas,* etc., 1712.

La même carte se trouve aussi sur le plan intitulé : *La ville et citadelle d'Anvers,* etc. (n° 190 des plans), compris dans le : *Recueil contenant des cartes nouvelles,* etc., Le Rouge, 1742. Enfin elle se trouve sur le : *Plan de la ville et citadelle d'Anvers,* etc. (n° 181 des plans), dédié à M. de Konigsek, par Jean Lucas, 1714.

CHAPITRE III.

DOMINATION AUTRICHIENNE. (1713-1792).

1715.

N° 51. Carte intitulée : *Polders du Bas-Escaut en Belgique. Carte des polders des rives du Bas-Escaut, en Belgique, indiquant la situation des lieux, à l'époque du traité des barrières,* 1715. *Pl. V.*

J. B. Blasseau sculp. Imp. H. Borremans et Cie à Brux. Annales des trav. publ. Tom. 2, Page 5.

Échelle de 1 à 120,000.

Le nord est à droite.

Avec une indication des signes employés.

Cette carte s'étend depuis Thielrode en amont d'Anvers, jusqu'au-delà de Saeftingen, en aval, sur l'Escaut ; c'est d'ailleurs la même partie de pays que celle qui est représentée sur les cartes n°s 1, 2, 4, 5, 31, 32, 52, 112 et 113.

Il n'y a sur cette carte que le polder d'Oorderen qui soit inondé.

Larg. 0ᵐ345, haut. 0ᵐ235.

Se trouve dans l'ouvrage intitulé : *Polders du Bas-Escaut en Belgique ; par M. Kummer, ingénieur en chef des ponts et chaussées. Historique. Première partie.* Imprimé dans les : *Annales des travaux publics de Belgique. Documents scientifiques*, etc. Bruxelles, 1844, tome 2, page 5.

1715.

N° 52. Carte intitulée : *Polders du Bas-Escaut en Belgique. Situation des lieux à l'époque du traité de la barrière*, 1715. *Pl. V.*

Dessiné par L. C. Vergauwen, conducteur des ponts et chaussées. Gravé par Annedouche, rue d'Enfer, 61. De l'imprimerie de P. Dieu, à Paris.

Échelle de 1 à 120,000.

Cette carte est une copie de la précédente.

Larg. 0ᵐ35, haut. 0ᵐ24.

Se trouve dans l'ouvrage intitulé : *Essai sur les travaux de fascinage et la construction des digues ou description du réendiguement des polders du Bas Escaut belge, précédé d'une notice historique sur ces polders, par U. N. Kummer.* Bruxelles. Decq, 1849. 1 vol. in–4°, avec un atlas.

1747.

N° 53. Carte intitulée : *Attaques du fort Frédéric, Lillo, et du fort de la Croix, du 30 7ᵇʳᵉ 1747.*

Avec une échelle.

Cette carte donne les forts qui sont situés sur les deux rives de l'Escaut, les forts de la Croix, Lillo et Frédéric Henri sur la rive droite, et le fort Liefkenshoek sur la rive gauche. L'armée française est près de Berendrecht, et les digues sont couvertes des travaux d'approche contre les forts.

Larg. 0ᵐ30, haut. 0ᵐ205.

Se trouve dans l'atlas intitulé : *Recueil contenant des cartes nouvelles dressées sur des morceaux levés sur les lieux et les mémoires les plus nouveaux*, etc. Paris, Le Rouge, 1742.

1747.

No 54. Carte intitulée : *Plan des attaques de Lillo en* 1747. *Pl.* 23. *Weis sc.*

Avec une rose des vents.

C'est une copie de la carte précédente.

Larg. 0^m295, haut. 0^m205.

Se trouve dans l'ouvrage intitulé : *Plans et journaux des sièges de la dernière guerre de Flandres, rassemblés par deux capitaines étrangers au service de France.* (D'Illens et Funck.) Strasbourg, 1750, 1 volume in–4°.

1748.

N° 55. Carte intitulée : *Caerte figurative van de situatie der stadt Antwerpen met de forten, polders, bedyckte landen, schorren, ende slycken daer annex, gelegen aen de Oost ende West syde van de riviere de Schelde gemaeckt ende getrocken uyt de respective originele polder caerten, en vorts door eygene metingen ende oculeive inspectie ter plaetsen gedaen door den onderschreven gesworen landt meter actum Antverpiæ 23 Augusty* 1748.

P. Stynen, geometra.

P. B. Bouttats sculp. ¹ *Antwerpen*, 1749. En quatre feuilles.

Cette carte donne le cours de l'Escaut depuis Hoboken, jusqu'à Croon Vligt.

Tous les polders, etc., y sont indiqués.

Larg. 1^m02, haut. 1^m40.

Est encore dans le commerce.

1750 ?

N° 56. Carte intitulée : *Antwerpen en de wester Schelde met hunne omliggende forten, dycken, reviren ende landouwen.*

Dédié à son altesse Mgr le prince Charles de Ligne.

F. L. De Staerck. De la Rue, sc.

Avec une échelle et une rose des vents.

---

¹ BOUTTATS (Pierre Balthasar). Graveur au burin, né à Anvers vers 1681, mourut en 1756 dans la même ville et fut inhumé à St–Jacques. Élève de son père Gaspard. Ch. LE BLANC le fait naître en 1666 et mourir en 1731, ce qui est une erreur. (Extrait des notes de feu J. B. Van der Straelen).

Cette carte donne le cours de l'Escaut depuis Hoboken jusqu'à Santvliet.

Larg. 0ᵐ33, haut. 0ᵐ465.

Fait partie de la collection de M. Ph. Van der Maelen.

1781.

N° 57. Carte intitulée : *Carte topographique des forts, ville, citadelle d'Anvers et de ses environs, levée géométriquement, et mise au jour par le sieur Jaillot, géographe ordinaire du Roy. A Paris chez l'auteur quay et à côté les grands Augustins. Avec privilège.* 1781.

Échelle de 1 à 29,133.

Avec une rose des vents et un renvoi de 13 numéros pour les portes de la ville et les bastions de la citadelle.

Cette carte s'étend depuis Hoboken en amont jusqu'aux forts Lillo et Liefkenshoek en aval, sur l'Escaut. On voit à la limite Oorderen, Eeckeren, Schooten, Wyneghem, Wommelghem, Bouchout, Edeghem, Wilryck sur la rive droite et Calloo sur la rive gauche.

Il y a une ligne de fortifications, construite par les Français en 1703, partant de la digue Ferdinand, entourant Merxem et s'étendant derrière le Schyn. Une autre ligne suit la digue qui part du fort Philippe, en avant de Wilmarsdonck et d'Eeckeren et s'appelle Digue de la mer et puis Digue d'Eeckeren : elle a été construite en 1649.

Une seconde édition de cette carte a paru en 1832. (Voir n° 67).

Larg. 0ᵐ665, haut. 0ᵐ485.

Fait partie de la collection de M. le capitaine Dejardin.

1744.

N° 58. Carte intitulée : *A new map of Zealand ; with the rivers Schelde, and part of Holland, Flanders and Brabant ; shewing the situation of the present dispute between the Emperor and the Dutch.*

London published the Act directs Nov. 29. 1784, *by Jn°. Stockdale Piccadilly.*

Cette carte comprend toute la Zélande et s'étend jusqu'à Ostende, Gand, Malines, Anvers, Breda, Rotterdam, etc.

Avec une échelle et une rose des vents.

Larg. 0ᵐ525, haut. 0ᵐ41.

Se trouve dans l'ouvrage intitulé : *The emperor's claims. Being a description of the City of Antwerp and the River Schelde, with a concise History of the Austrian Netherlands*, etc. Londres, 1785, 1 vol. in-8°.

CHAPITRE IV.

DOMINATION FRANÇAISE. (1792–1814.)

1799.

N° 59. Carte intitulée : *Reconnaissance du cours du Hont ou Wester Schelde (Escaut occidental) depuis Antwerpen (Anvers) jusqu'à l'embouchure, faite par ordre du ministre de la marine et des colonies, en thermidor et fructidor an VII, vendemiaire et brumaire an VIII, par Beautemps Beaupré, ingenieur hydrographe du dépôt général de la marine, assisté des c^ns Doussy et Portien, ingénieurs du dit dépôt et de J. Raoul, lieutenant de vaisseau. Le Roy, sc.*

Échelle de 1 à 41,666.

Avec une échelle en mètres et une en toises, et l'orientation.

Une note indique la part que chacune des personnes citées dans le titre a prise à la confection de la carte. Un avertissement pour la nature du fond, l'explication des sondages, etc. y est joint.

Cette carte s'étend depuis Anvers jusqu'à Flessingue.

Gravée sur cuivre. En trois feuilles.

Larg. 1m68, haut. 0m88.

Est encore dans le commerce.

1799.

N° 60. Carte intitulée : *Situation du lit de l'Escaut entre la citadelle d'Anvers et le fort Lillo, constatée sous la direction de l'ingénieur hydrographe Beautemps Baupré, années VII et VIII de la république française. 1798 et 1799.*

Suit une légende pour expliquer la manière dont on a obtenu les côtes de sondage et la correspondance des teintes employées aux diverses profondeurs. Avec la souscription :

Extrait du plan de Beautemps Baupré, par le dessinateur Janssens, sous la direction de l'ingénieur en chef Kummer.

Anvers, le 16 Novembre 1858.

KUMMER.

Établissement géographique de Ph. Van der Maelen.

Échelle de 1 à 20,000.

Cette carte ne donne absolument que les rives du fleuve et le nom des polders qui y touchent.

Larg. 0^m50, haut. 0^m58.

Est encore dans le commerce.

1800.

N° 61. Carte intitulée : *Nouvelle carte du département des deux Nèthes divisée en trois arrondissemens et dressée d'après des renseignemens exacts. Dessinée et gravée par J. Ph. Maillart et sœur. An VIII de la République française. A Vilvorde, rue de Louvain.*

Avec deux échelles, un indicateur, la population, une liste des productions agricoles et une des productions industrielles.

Larg. 0^m395, haut. 0^m325.

Il y a une carte du département de l'Ourthe des mêmes éditeurs.

1802.

N° 62. Carte intitulée : *Département des deux Nèthes, partie de la Belgique.*

Avec la longitude de Paris sur le bord supérieur du cadre et la longitude de l'île de Fer sur le bord inférieur ; une échelle ; une explication des signes employés, et une remarque sur l'étendue et la population du département.

Cette carte se borne au département, et renferme peu de villes.

Larg. 0^m205, haut. 0^m15.

Se trouve dans l'ouvrage intitulé : *Voyage dans la ci-devant Belgique et sur la rive gauche du Rhin, orné de 13 cartes, de 38 estampes, et accompagné de notes instructives, par J. B. J. Breton pour la partie du texte ; Louis Brion pour la partie du dessin ; Louis Brion père, pour la partie géographique. Paris, 1802, 2 vol. in-8°. Tome I, page 75.*

1806.

N° 63. Carte intitulée : *I.ʳᵉ feuille du cours de l'Escaut occidental.* *(Pl. V).*

I. B. D. B. del.

Avec une échelle et une rose des vents.

Cette carte donne le cours de l'Escaut depuis Anvers jusqu'à Ossenisse et Capelle. La ville de Berg–op–Zoom s'y trouve aussi.

Larg. 0ᵐ10, haut. 0ᵐ155.

Se trouve dans l'ouvrage intitulé : *Guide des étrangers ou itinéraire de la ville d'Anvers ; avec un plan topographique. Publié par J. B. De Bouge.* Bruxelles, Weissenbruch, 1806. Suivi de la : *Description du cours de l'Escaut occidental, le Hont ou Wester–Schelde, depuis Anvers jusque dans l'Océan ; des îles de Walcheren et de Zuid Beveland ; accompagnée d'une carte en deux feuilles ; publiée par J. B. De Bouge.* Un volume in–8°.

1806.

N° 64. Carte intitulée :

II.ᵐᵉ feuille du cours de l'Escaut occidental, (Pl. VI).

I. B. D. B. del. Jⁿᵉ. Cⁿᵉ. Maillart scrip.

Avec une échelle et une rose des vents.

Cette carte donne la continuation du cours de l'Escaut jusqu'à la mer : Elle comprend les îles de Zuid Beveland et de Walcheren.

Larg. 0ᵐ10, haut. 0ᵐ155.

Se trouve dans le même ouvrage que la précédente.

1812?

N° 65. Carte intitulée : *Département des Deux Nèthes, divisé en trois arrondissement et en   cantons. (Atlas national de France). Gravé par P. A. F. Tardieu, Place de l'Estrapade, n° 2. A Paris, chez P. G. Chunlaire, rue Geoffroy-Langevin, n° 7 ; la veuve Dumez, rue de la Harpe, n° 45.*

Avec deux échelles et une liste des arrondissements communaux ou sous préfectures, et des justices de paix ou cantons.

Larg. 0ᵐ495, haut. 0ᵐ50.

Fait partie de l'*Atlas national de France*, n°

CHAPITRE V.

DOMINATION HOLLANDAISE. (1814-1830.)

1816.

N° 66. Carte intitulée : *Nouvelle carte de la province d'Anvers, divisée en trois arrondissemens et 21 cantons de justice de paix. Dessinée et gravée par J. Ph. Maillart. A Vilvorde, rue de Louvain.*

Avec deux échelles, un indicateur, la population, une liste des produits agricoles et une des productions industrielles.

C'est une reproduction de la carte du département des deux Nèthes, de 1800, du même. (N° 61).

Larg. 0ᵐ405, haut. 0ᵐ325.

Fait partie de la collection de M. Ph. Vandermaelen.

1817.

N° 67. Carte intitulée : *Carte réduite des côtes des Pays-Bas, (depuis Ostende jusqu'à Hellevoetsluis) levée et dressée par Beautemps Beaupré hydrographe de la marine, membre de l'institut de France. Publiée par ordre du roi, sous le ministère de son excellence M. le comte Molé, pair de France, officier de la légion d'honneur, ministre secrétaire d'état au département de la marine et des colonies. Au dépôt général de la marine en 1817.*

Gravé par E. Collin [1]. *Ecrit par Besançon. Prix. Vingt francs.*

Échelle de 1 à 88,888.

---

[1] COLLIN (E.), graveur de topographie, travailla de 1789 à 1815.

Ch. Le Blanc attribue à Collin (Charles Etienne) graveur de topographie, né à Paris en 1805, élève de Michel, les planches pour la *Géographie maritime de Beautemps Beaupré.* Cela n'est pas admissible, puisqu'il n'avait que 12 ans quand celle-ci a paru. CH. LE BLANC. *Manuel de l'amateur d'estampes*, Tom. II, Pag. 39.

Avec trois échelles en mètres, toises et milles marins.

Cette carte donne le cours de l'Escaut depuis l'amont d'Anvers jusqu'à la mer, toutes les branches de ce fleuve et de la Meuse et les côtes de la mer depuis Ostende jusqu'à Hellevoetsluys. Elle fourmille de côtes pour les profondeurs.

Avec deux coupes et un avertissement.

Gravure sur cuivre, en trois feuilles.

Larg. 1^m165, haut. 0^m87.

Est encore dans le commerce.

1824.

N° 68. Carte intitulée : *Provinces d'Anvers et de Brabant. Hocquart direxit. Chez Casterman à Tournay.*

Avec deux échelles.

Larg. 0^m155, haut. 0^m18.

Se trouve dans l'ouvrage intitulée : *Nouvelle géographie classique à l'usage des maisons d'éducation. Tournay, Casterman.* Un vol. in-12°.

La première édition est de 1824 ; la troisième de 1839.

1825.

N° 69. Carte intitulée : *Carte représentant la rupture de la digue de mer à Wintham, arrondissement de Malines, prov. d'Anvers, par laquelle le 5 Février 1825 les eaux du Rupel ont submergé les communes de Weert et de Natten-Haesdonck en totalité, Bornhem, Hingene, Wintham et Eycke-vliet en partie. Etc.*

Ce titre est ensuite reproduit en flamand.

Échelle de 1 à 40,000.

Avec une rose des vents.

Cette carte ne donne qu'une petite partie de la province d'Anvers, située sur la rive droite de l'Escaut, depuis le confluent de l'Eyke dans le Rupel jusqu'au-delà de Weert.

Larg. 0^m28, haut. 0^m205.

Fait partie de la collection de M. Ph. Vander Maelen et de celle de M. le capitaine Dejardin.

1825.

N° 70. Carte intitulée : *Polders du Bas-Escaut, en Belgique. Carte d'une partie des polders de la rive droite du ¦Bas-Escaut, en Belgique, inondée par la rupture de la digue de Wintham, à la suite de la forte marée du 5 février 1825. Pl. VI.*

J. B. Blasseau sculp. Imp. H. Borremans & C[io] à Brux. Annales des trav. publ. Tom. 2. Page 5.

Échelle de 1 à 40,000.

Le nord est en haut.

Avec les indications pour les différentes ruptures de la digue.

Cette carte est une copie de la précédente.

Larg. 0m345, haut. 0m235.

Se trouve dans l'ouvrage intitulé : *Polders du Bas-Escaut en Belgique; par M. Kummer, ingénieur en chef des ponts et chaussées. Historique. Première partie.* Imprimé dans les *Annales des travaux publics de Belgique. Documents scientifiques*, etc. Bruxelles 1844. Tom. 2. Pag. 5.

1825.

N° 71. Carte intitulée : *Polders du Bas-Escaut, en Belgique. Partie des polders de la rive droite, inondés par la rupture de la digue de Wintham, à la suite de la marée extraordinaire du 3 février 1825 Pl. VI. Dessiné par L. C. Vergauwen, conducteur des ponts et chaussées. Gravé par Annedouche, rue d'Enfer, 61. De l'imprimerie de P. Dieu, à Paris.*

Échelle de 1 à 40,000.

Cette carte est aussi une copie du n° 69.

Larg. 0m35, haut. 0m24.

Se trouve dans l'ouvrage intitulé : *Essai sur les travaux de fascinages et la construction des digues, ou description du réendiguement des polders du Bas-Escaut belge ; précédé d'une notice historique sur ces polders ; par C. N. Kummer.* Bruxelles. Decq. 1849. Un volume in-4° avec un atlas.

CHAPITRE VI.

Gouvernement Belge. (1830–1862).

1830?

N° 72. Carte intitulée : *Carte de la province d'Anvers. Bruxelles.* Avec une échelle et l'indication des signes conventionnels.

Larg. 0m63, haut. 0m48.

C'est une des premières cartes publiées par M. Ph. Vander Maelen, fondateur de l'établissement géographique de Bruxelles.

1830?

N° 73. Carte intitulée : *Nouvelle carte de la province d'Anvers divisée en 3 arrondissements, etc., par Valluet aîné, lithographe.*

Imp. lith. de Simonau à Bruxelles. Chez Fietta frères, rue de la Colline à Br.

Avec une échelle et un indicateur pour les signes employés.

Larg. 0m42, haut. 0m34.

Fait partie de la collection de M. Ph. Vander Maelen.

1830.

N° 74. Carte intitulée : *Situation des lieux (à marée basse) extraite des documens officiels communiqués par l'administration hollandaise.*

Échelle de 1 à 20,000.

Avec une légende pour la ville.

Cette carte donne le cours de l'Escaut devant la ville d'Anvers, depuis le fort Burcht sur la rive gauche jusqu'au fort du Nord sur la rive droite.

Larg. 0m17, haut. 0m215.

Cette carte se trouve sur celle de 1855, n° 122.

1830.

Nº 75. Carte intitulée : *Situation du lit de l'Escaut dans la partie de son cours, comprise entre le fort Lillo et le fort de Bath, ce dernier situé sur le territoire Néerlandais.* 1830 et 1858.

Suit un *Indicateur* de la manière dont les sondages ont été effectués, et des teintes employées pour les diverses profondeurs. Elle porte la souscription :

Anvers, le 2 Août 1858.

Par délégation de la commission de l'Escaut, présidée par Monsieur Teichmann, gouverneur de la province d'Anvers.

L'ingénieur en chef.

KUMMER,

membre de la dite commission.

Établissement géographique de Ph. Van der Maelen.

Échelle de 1 à 20,000.

Littᵃ B. 1830.

Cette carte ne donne absolument que les rives du fleuve et le nom des polders qui y touchent, ainsi que les côtes de sondage.

Larg. 0ᵐ70, haut. 0ᵐ55.

Est encore dans le commerce.

1830.

Nº 76. Carte intitulée : *Situation du lit de l'Escaut dans la partie de son cours, comprise entre la citadelle d'Anvers et le fort Lillo.*

Suit un *Indicateur* de la manière dont les sondages ont été effectués, et des teintes employées pour les diverses profondeurs portant la souscription :

Extrait des plans et sondages levés par les soins de l'administration hollandaise, par le dessinateur Janssens, sous la direction de l'ingénieur en chef Kummer.

Anvers, le 1ᵉʳ Mai 1859.

KUMMER.

Établissement géographique de Ph. Vander Maelen.

Échelle de 1 à 20,000.

Cette carte ne donne absolument que les rives du fleuve et le nom des polders qui y touchent.

Larg. 0^m47, haut. 0^m58.

Est encore dans le commerce.

1831.

N° 77. Carte intitulée : *Nouvelle carte de la province d'Anvers divisée en 3 arrondissemens et 21 cantons de justices de paix. Gravée par P. Chaineux, dressée par Ratinckx et Coenraets lith. A Anvers, 1831.*

Avec deux échelles, un indicateur des signes employés et une notice.

Larg. 0^m445, haut. 0^m37.

Fait partie de la collection de M. Ph. Vander Maelen.

1831.

N° 78. Carte intitulée : *Ponts et chaussées. Poldres. Plan général des poldres submergés sur les deux rives de l'Escaut en Juin et Septembre 1831. Établissement géographique de Bruxelles.*

Échelle de 1 à 40,000.

Avec une rose des vents.

Cette carte donne les rives de l'Escaut depuis Burgt jusqu'au fort Frédéric.

Larg. 0^m53, haut. 0^m41.

Est encore dans le commerce.

1831.

N° 79. Carte intitulée : *Polders du Bas-Escaut en Belgique. Réendiguemens. Carte des inondations, tendues par les troupes hollandaises en 1830 et 1831. Pl. 18.*

Dessiné par L. C. Vergauwen, conducteur des ponts et chaussées. Gravé par Annedouche, rue d'Enfer, 61. De l'imprimerie de P. Dieu, à Paris.

Échelle de 1 à 60,240.

Avec une légende des signes employés. Cette carte comprend la ville d'Anvers, avec l'indication d'une nouvelle ville à la tête de Flandres, et les villages de Beveren, Doel, Santvliet, Cappellen et Eeckeren, à la limite.

Larg. 0ᵐ35, haut. 0ᵐ24.

Se trouve dans l'ouvrage intitulé : *Essai sur les travaux de fascinages et la construction des digues, ou description du réendiguement des polders du Bas-Escaut belge ; précédé d'une notice historique sur ces polders ; par U. N. Kummer.* Bruxelles, Decq. 1849. Un volume in-4° avec un atlas.

1831.

N° 80. Carte intitulée : 1831 à 1838. *Situation des lieux par le reflux.*
Échelle de 1 à 20,000.

Avec une petite explication.

Cette carte représente la rupture de la digue près du fort Lillo : le fort Liefkenshoek est sur l'autre rive.

Larg. 0ᵐ155, haut. 0ᵐ13.

Se trouve sur la carte de 1855, n° 122.

1831.

N° 81. Carte intitulée : *Carte de la province d'Anvers.*
Établissement géographique de Bruxelles fondé par Ph. Vander Maelen en 1830.

Avec deux échelles et une légende des signes employés.

Cette carte est destinée aux écoles, et ne renferme que les localités les plus importantes.

Larg. 0ᵐ66, haut. 0ᵐ535.

Cette carte est encore dans le commerce : elle a eu plusieurs éditions.

1831.

N° 82. Carte intitulée : *Carte de la province d'Anvers.*
Établissement géographique de Bruxelles fondé par Ph. Vander Maelen.
Avec deux échelles et une liste de renvois.

Cette carte est une réduction de la précédente.
Il y a la même carte muette.

Larg. 0ᵐ38, haut. 0ᵐ315.

Elle est encore dans le commerce et a eu plusieurs éditions.

1831.

N° 83. Carte intitulée : *Carte de la province Anvers. Établissement géographique de Bruxelles.*
Avec une échelle et une liste de renvois.
Cette carte est aussi une réduction du N° 81 : elle existe aussi muette.

Larg. 0ᵐ255, haut. 0ᵐ19.

Elle est encore dans le commerce et a eu plusieurs éditions.

1832.

N° 84. Carte intitulée :
Carte topographique des forts, ville, citadelle d'Anvers et de ses environs par Jaillot, géographe. Corrigée en 1832 d'après le plan de Muller. A Paris, chez Mᵐᵉ Vᵉ Jean, rue St—Jean de Beauvais, n° 10.

Échelle de 1 à 29,133.

Avec un renvoi de 13 numéros pour les portes de la ville et les bastions de la citadelle.
C'est la même carte que celle de 1781, n° 57, avec quelques corrections.

Larg. 0ᵐ675, haut. 0ᵐ49.

Elle se trouve à la bibliothèque du dépôt de la guerre à Bruxelles.

1832.

N° 85. Carte intitulée :
Carte des environs d'Anvers. 1832. Bruxelles, chez Fietta frères.

Échelle de 1 à 200,000.

Cette carte comprend les villes d'Anvers, de Malines, de Lierre, etc. ; elle donne la partie sud—ouest de la province.

Larg. 0m21, haut. 0m21.

Fait partie de la collection de M. le capitaine Dejardin.

1832.

N° 86. Carte intitulée : 1832, 1833, 1837. *Situation des lieux par le reflux.*

Échelle de 1 à 20,000.

Avec une petite explication.

Cette carte représente la rupture de la digue près du fort de Burght : la citadelle est sur l'autre rive.

Larg. 0m12, haut. 0m12.

Cette carte se trouve sur celle de 1855, n° 122.

1832.

N° 87. Carte intitulée : *Carte du cours de l'Escaut et des environs d'Anvers.*

Lith. de Frs. Charles, rue du Grand Hospice, n° 21, à Bruxelles. Déposé.

Échelle de 1 à   .

Avec deux échelles et une rose des vents.

Cette carte comprend toute la partie sud-ouest de la province : on y voit le cours de la Grande-Nèthe, du Rupel, et de l'Escaut jusqu'au fort Frédéric-Henri.

Sur cette carte se trouve un petit plan de la ville d'Anvers, renseigné au n° 234 des plans.

Larg. 0m26, haut. 0m32.

Se trouve dans l'ouvrage intitulé : *Relation du siége de la citadelle d'Anvers par l'armée française en Décembre* 1832, etc. par J. W. T., ancien officier du génie. Bruxelles 1833. Un volume in-8°.

1832.

N° 88. Carte sans titre du cours de l'Escaut depuis le fort Lillo et le Doel en aval jusqu'à Tamise et Weert en amont.

Lith. van F. et E. Gyselynck, Gend.

Échelle de 1 à 100,000.

Cette carte donne les environs d'Anvers à une assez grande distance pour l'intelligence des opérations.

Larg. 0ᵐ215, haut. 0ᵐ28.

Fait partie de la collection de M. le capitaine Dejardin.

1832.

N° 89. Carte intitulée : *Carte des environs d'Anvers.*
Dordt, by Steuerwald et Cⁱᵉ , Breda , by Broese et Cⁱᵉ.

Échelle de 1 à 100,000.

C'est la même carte que la précédente ; mais toutes les dénominations y sont en français.

Larg. 0ᵐ215, haut. 0ᵐ28.

Fait partie de la collection de M. le capitaine Dejardin.

1832.

N° 90. Carte sans titre du cours de l'Escaut depuis le fort Lillo et le Doel en aval jusqu'au-delà de Burght en amont.

F. et E. Gyselynck, lithographen, in de Kamerstraet, n° 32, te Gend.

Avec un renvoi en français et un en flamand donnant la composition des batteries.

Cette carte montre les travaux d'attaque de la citadelle, et la position des frégates et canonnières hollandaises dans l'Escaut.

Larg. 0ᵐ23, haut. 0ᵐ315.

Fait partie de la collection de M. le capitaine Dejardin.

1832.

N° 91. Vue intitulée : *Platte grond der Schelde. Clermans lith. Bij gebroeders Buffa en Cⁱᵉ te Amsterdam. Gedeponeerd.*

Avec une légende de 18 numéros pour les forts et les bateaux hollandais sur l'Escaut.

C'est une vue à vol d'oiseau du cours de l'Escaut depuis le fort de Burcht en amont jusqu'au fort Bath en aval.

La position des forts sur les deux rives de l'Escaut ainsi que celle des frégates canonnières et bateaux à vapeur y est indiquée.
Lithographie.

Larg. 0ᵐ235, haut. 0ᵐ29.

Fait partie de la collection de M. Van den Bemden.

1832.

Nᵒ 92. Carte intitulée : *Aanwijzing der standplaatsen van de Fransche en Belgische legers in December 1832. Te Amsterdam bij G. J. A. Beijerinck.*
Avec l'indication de l'emplacement des troupes françaises et belges. Cette carte s'étend au nord jusqu'à Breda, à l'est jusqu'à Maestricht, au sud jusqu'à Louvain et à l'ouest jusqu'à Lokeren.

Larg. 0ᵐ28, haut. 0ᵐ18.

Se trouve dans l'ouvrage intitulé : *Belegering en verdediging des kasteels van Antwerpen door A. J. Lastdrager, etc.* Amsterdam. Beijerinck. 1846. Un vol in–8°.

1832.

Nᵒ 93. Carte intitulée :
Positions charte der Holländischen Französischen und Belgischen Armeen im December 1832. Tafel II. Gezeichnet v. Maierski.
Avec deux échelles et une rose des vents.
L'emplacement des troupes françaises et belges y est indiqué.
Cette carte s'étend au nord jusqu'à Breda, à l'est jusqu'à Maestricht, au sud jusqu'à Louvain et à l'ouest jusqu'à Lokeren.

Larg. 0ᵐ43, haut. 0ᵐ27.

Se trouve dans l'ouvrage intitulé : *Geschichte der militairischen ereignisse in Belgien in den jahren 1830 bis 1832, etc. von H. Freih von Reitzenstein II. Zweite abtheilung. Die expedition der Franzosen und Englander gegen die citadelle von Antwerpen, und die Schelde–mundungen, etc.* Berlin Ernst Siegfried Mittler, 1834. Un volume in–8° avec un atlas.

1832 ?

Nᵒ 94. Carte intitulée : *Lauf der Schelde zwischen Antwerpen und dem Doel. Tafel XI. Gezeichnet von Maierski.*

Échelle de 1 à 40,000.

Avec trois échelles, et l'orientation. Ce plan s'étend depuis Anvers jusqu'à Santvliet. Il donne l'indication des forts et des polders sur les deux rives de l'Escaut.

Larg. 0ᵐ28, haut. 0ᵐ43.

Se trouve dans le même ouvrage que le précédent.

1832.

Nᵒ 95. Carte intitulée :
Carte topographique des polders et des forts des deux rives de l'Escaut à l'époque du siège de la citadelle d'Anvers en 1832. Dédiée à M. Ch. Le Hon envoyé extraordinaire et ministre plénipotentiaire de S. M. le roi des Belges à Paris, par H. Le Hon officier d'inf. Établissement géographique de Bruxelles. Gravé par P. J. Doms, chef des ateliers de gravure sur pierres.

Échelle de 1 à 35,714.

Avec une rose des vents, une explication des signes conventionnels, de la position des bateaux hollandais après le siége, et des côtes de profondeur.

Cette carte donne le cours de l'Escaut depuis la ville d'Anvers jusqu'au fort Bath ; la ville d'Anvers est représentée en entier avec ses rues et ses fortifications ; on y voit aussi les villages d'Eeckeren, Capellen, Stabroeck, Santvliet, Ossendrecht, etc. sur la rive droite, et de Saeftingen, Verrebroeck, Vracene, Beveren, etc. sur la rive gauche.

Il y a des chiffres de sonde dans tout le parcours du fleuve.

La position des postes militaires françaises y est aussi indiquée.

Larg. 0ᵐ745, haut. 0ᵐ50.

Est encore dans le commerce.

1833.

Nᵒ 96. Carte intitulée : *Overzigt van het tegenwoordig oorlogstooneel byvoegsel tot de Nieuwe Amsterdamsche Courant en Algemeen Handelsblad. Te Amsterdam, by gebroeders Diederichs. 1833.*
Steend. van M. J. Dessaur.

Cette carte comprend Bergen-op-Zoom, Breda, Turnhout, Lierre, Rupelmonde, St-Nicolas, Hulst, Anvers, etc.

Dans la partie inférieure à droite est la carte qui fait l'objet du numéro suivant.

Larg. 0ᵐ395, haut. 0ᵐ27.

Fait partie de la collection de M. J. B. Van den Bemden, à Anvers.

1833?

N° 97. Carte intitulée : *Perspectief der Schelde van het fort Bath tot Antwerpen.*

Avec une légende de 12 numéros pour les forts situés le long de l'Escaut depuis Bath jusqu'à Anvers.

C'est une copie réduite du n° 94. Elle se trouve à la partie inférieure de la carte précédente.

Larg. 0ᵐ09, haut. 0ᵐ10.

Fait partie de la collection de M. J. B. Van den Bemden.

1833.

N° 98. Carte intitulée : *Plan van Antwerpen en de citadel. A. E. M. del. Steendr. van L. Springer, te Leyden.*

Avec une échelle. Le nord est en haut. Cette carte donne le cours de l'Escaut depuis le village de Burcht, au sud, jusqu'au village de Lillo au nord. Les routes et chemins y sont indiqués. On y voit les traces de l'avant fossé de la nouvelle ville projetée à la tête de Flandre.

Larg. 0ᵐ255, haut. 0ᵐ315.

Fait partie de la collection de M. Van den Bemden.

1833.

N° 99. Carte intitulée : *Carte des forts des deux rives de l'Escaut par H. Lehon. 1833. Lith. M. Ropoll, fils aîné, à Anvers. Publié par F. Tessaro, marchand d'estampes, à Anvers. Déposée.*

Avec une échelle.

Cette carte donne le cours de l'Escaut depuis le fort Ste-Marie jusqu'au fort Frédéric.

Larg. 0ᵐ33, haut. 0ᵐ24.

Est encore dans le commerce.

1834.

N° 100. Carte intitulée : *Anvers. Petit atlas national de la Belgique. Cartes publiées à 10 centimes par Blaisot Galerie Vivienne n° 49. Gravé sur acier par Alès rue des Mathurins S.t J.*, n° 1, à Paris.*

Avec une statistique, la liste des arrondissements communaux et une vue de la ville d'Anvers.

Larg. 0m225, haut. 0m17.

Fait partie du : *Petit atlas national de la Belgique.*

1834.

N° 101. Carte intitulée : *Anvers. Superficie 4788 milles carrés géogr. Population : 298191 habitans. Trois arrondissemens communaux, etc. La Belgique pittoresque. Lith. de V° Chéon, à Bruxelles.*

Avec une liste des productions de la province.

C'est une copie de la précédente.

Larg. 0m22 , haut. 0m17.

Se trouve dans l'ouvrage intitulé : *La Belgique pittoresque. Histoire. Géographie. Topographie*, etc. Bruxelles , 1834. Un volume in-quarto, pag. 52.

1835.

N° 102. Carte intitulée : *Ponts et chaussées. Provinces de Limbourg et d'Anvers. Projet des travaux à exécuter pour l'irrigation des bruyères et la canalisation des rivières et ruisseaux de la Campine.*

Plan général. Fait et dressé par l'ingénieur en service général soussigné. Anvers, le 11 Novembre 1835. (signé) Masui. Vu et présenté par l'inspecteur-général. (signé) T. Teichmann.

Établissement géographique de Bruxelles, fondé par Ph. Vander Maelen, en 1830.

Échelle de 1 à 175,000.

Avec un *Index* pour les dimensions des canaux , un indicateur pour les signes employés pour les canaux, routes, etc. et une rose des vents.

Cette carte donne presque toute la province d'Anvers et une partie de celle du Limbourg.

Larg 0^m68 , haut 0^m505.

Se trouve dans l'ouvrage intitulé : *Note à l'appui du projet des travaux à exécuter dans la Campine , pour l'établissement d'un système de petite navigation et d'irrigation dans l'intérêt de l'agriculture*, par Teichmann. Un volume in–4°.

1836.

N° 103. — Carte intitulée : *Les provinces d'Anvers et Brabant mérid. ou l'archevêché de Malines premièrement érigé en 1559 et maintenant selon le concordat de 1827 consistant dans les provinces d'Anvers et de Braband méridional ; cet archevêché est divisé en 21 doyennés a 51 églises paroissiales 379 succursales et 240 oratoires publics ou annexes et une population de 903,636 âmes.*

Il y a le même titre en flamand : ces deux titres sont en dehors du cadre, à la partie supérieur. Entr'eux deux se trouvent les armoiries de l'archevêché avec l'inscription suivante :

Dédiée à S. G. Monseigneur Engelbert Sterckx , XIV^{mo} archevêque de Malines, primat de la Belgique. 1836.

A Gand chez Van Ryckegem-Hovaere, imprimeur, Marché du Vendredi. Cette indication est aussi reproduite en flamand.

Établissement géographique de Bruxelles.

Dans l'intérieur du cadre, est le titre suivant :

Nouvelle carte de l'archevêché de Malines avec l'indication du nombre des curés ou desservans et de celui des âmes de chaque paroisse et succursale. Aussi de tous les canaux et chaussées, et en quelle année ils sont achevés et beaucoup d'autres indications utiles.

Ce titre est aussi reproduit en flamand.

En dessous est une vignette intitulée : *Chemin de fer* représentant une *locomotive*, une *diligence*, un *char-à-bancs couvert* et des *waggons*.

Sur les quatre côtés du cadre sont indiquées la concordance des méridiens de Gand, de Paris, de l'île de Fer et de Greenwich ; la latitude, etc.

Échelle de 1 à 130,000.

Avec deux échelles, une légende pour les doyennés, un indicateur des signes employés en français et en flamand, et la note suivante, aussi dans les deux langues :

Calculé sur le méridien de Malines par P. F. Geernaert amateur de géographie à Evergem district de Gand.

Des cercles espacés d'une lieue sont tracés avec Malines comme centre : ils sont partagés en 16 parties par des rayons ; les cercles ont des numéros et les rayons des lettres de A à Q auxquels renvoie la légende.

Larg. 0m48 , haut. 0m60.

Est encore dans le commerce. Il existe des cartes des évêchés de Gand et de Bruges du même auteur.

1837.

N° 104. Carte intitulée : *Plan général des poldres de Melsele et de Borgerweert. Le premier de ces poldres a été réendigué pendant l'hiver 1831. Le deuxième réendigué en 1833 a été inondé de nouveau le 24 février 1837. Établissement géographique de Bruxelles.*

Échelle de 1 à 20,000.

Cette carte s'étend du polder de Calloo à Burgt : on y a adapté trois papillotes indiquant la *Situation des lieux au 1r janvier* 1833, la *Situation des lieux à la suite de la rupture du 4 juillet* 1833 et la *Situation des lieux à la suite de la rupture du 24 février* 1837. La ville d'Anvers est représentée sur la rive droite de l'Escaut par son périmètre seulement.

Larg. 0m465, haut. 0m45.

Est encore dans le commerce.

1839.

N° 105. Carte intitulée : *Projet de canalisation du petit Schyn d'Anvers à Wyneghem et sa jonction à la petite Nèthe canalisée sous Viersel, formant la première section du canal de jonction de l'Escaut à la Meuse.*

Fait à Anvers le 20 juin 1839 par E. Riche fils.

Lh. Cöntgen, à Anvers.

Avec les armoiries de la ville d'Anvers et l'explication des signes employés pour les divers projets.

Cette carte comprend à peu près toute la province d'Anvers.

Larg. 0m655, haut. 0m49.

Se trouve dans l'ouvrage intitulé : *Projet de canalisation du petit Schyn d'Anvers à Wyneghem, et sa jonction à la petite Nèthe canalisée sous Viersel formant la première section du canal de jonction de l'Escaut à la Meuse.* Par E. Riche. Anvers, 1839. Un volume in-4°.

1840.

Nº 106. Carte intitulée : *Système de voies de communications projetées dans la Campine pour le défrichement des bruyères. Par P. Van Schendel. Établissement géographique de Bruxelles, fondé par Ph. Vander Maelen.*

Échelle de 1 à 200,000.

Avec une légende pour les canaux et routes projetées.

Cette carte comprend outre la province d'Anvers une partie de celles du Brabant et du Limbourg.

Le système de canaux et de routes constituent un ensemble de carrés et de diagonales : les canaux forment les côtés des carrés, les routes forment d'autres carrés de même dimension partageant les premiers en quatre ; d'autres routes suivent les diagonales de ces carrés. Des teintes rouges et bleues forment un damier dont chaque case comprend quatre carrés.

Larg 0m58, haut 0m385.

Est encore dans le commerce.

1840.

Nº 107. Carte intitulée : *Carte de la province d'Anvers, indiquant les routes construites, celles qui sont en construction, et celles qui ne sont qu'en projet. Établissement géographique de Bruxelles, fondé par Ph. Vander Maelen.*

Publiée en 1840, par le ministère des travaux publics. Faite par ordre de l'ingénieur en chef de la province, M. Roget.

Échelle de 1 à 100,000.

Avec une légende pour les chemins de fer, routes, etc.

Larg. 0m73, haut. 0m57.

Est encore dans le commerce.

1842.

Nº 108. Carte intitulée : *Nouvelle carte de la province d'Anvers, divisée en arrondissemens communaux et cantons de justice de paix, indiquant le tracé du chemin de fer. Publiée par D. Raes, lithographe, rue de la Fourche, n.º 36, Bruxelles.*

Échelle de 1 à   ,   .

Les armoiries du marquisat se trouvent à la partie supérieure du cadre. Avec une légende pour les différents signes employés.

Les chemins de fer vers Gand, vers Rotterdam, ou vers Lierre et Turnhout ne sont pas encore construits ni indiqués.

Larg. 0m52, haut. 0m42.

Est encore dans le commerce.

1842.

N° 109. Carte sans titre du cours de l'Escaut depuis Anvers jusqu'à la mer.

Joseph Ratinckx fecit et lith. Antwerpen. Bl. 9.

La ville d'Anvers est dans la partie inférieure, à gauche.

On a marqué sur cette carte la ligne de séparation du terrain moderne et du terrain tertiaire inférieur, dans le but de prouver que la ville d'Anvers a pu se trouver au bord de la mer.

Larg. 0m105, haut. 0m185.

Se trouve dans l'ouvrage intitulée : *Geschiedenis van Antwerpen, etc.,* par Mertens et Torfs. Anvers 1845. Huit volumes in-8°. Tom. 1, Pag. 9.

1842.

N° 110 Carte intitulée : *Carte des environs d'Anvers.*
Établissement géographique de Bruxelles.

Avec deux échelles.

Cette carte donne la partie ouest de la province, avec le cours de l'Escaut, depuis le Rupel jusqu'au fort Frédéric-Henri.

Larg. 0m22, haut. 0m29.

Est encore dans le commerce.

1843.

N° 111. Carte intitulée : *Carte de l'archevêché de Malines, dédiée à Son Em.^{ce} Monseigneur le cardinal Engelbert Sterckx, 14° archevêque de*

Malines, primat de la Belgique, par P. F. Geirnaert, bourgmestre de la commune d'Evergem.

Gravée par J. Ongers, la lettre par Ch. Swolfs.

Établissement géographique de Bruxelles, fondé par Ph. Vander Maelen.

Échelle de 1 à 180,000.

Avec trois échelles et l'indication des signes conventionnels.

Le nombre des prêtres et la population de chaque commune sont inscrits sur la carte.

Projection de Flaamsteed. Graduation sexagésimale.

C'est la seconde édition de la carte de 1836, n° 103.

Larg. 0m44, haut. 0m595.

Est encore dans le commerce.

1844.

N° 112. Carte intitulée : *Carte des polders du Bas-Escaut en Belgique. Pl. I.*

J. B. Blasseau sculp. Imp. H. Borremans et Cie à Brux. Annales des trav. publ. Tom. 2. Page 5.

Échelle de 1 à 120,000.

Le nord est à droite.

Avec une explication des signes employés.

Cette carte s'étend depuis Thielrode en amont jusqu'au-delà du fort Bath en aval, et comprend, outre Anvers, les villes de Hulst et de St-Nicolas : c'est d'ailleurs la même partie de pays que les cartes n° 1, 2, 4, 5, 31, 32, 51 et 52.

Elle représente l'état des polders à cette époque : il n'y a plus que le polder de Saeftingen qui soit encore submergé, ainsi qu'une partie du polder de Lillo.

Larg. 0m345, haut. 0m235.

Se trouve dans l'ouvrage intitulé : *Polders du Bas-Escaut en Belgique; par M. Kummer, ingénieur en chef des ponts et chaussées. Historique. Première partie.*

Imprimé dans les *Annales des travaux publics de Belgique. Documents scientifiques*, etc. Bruxelles, 1844. Tom. 2. Page 5.

1844.

N° 113. Carte intitulée : *Polders du Bas-Escaut en Belgique. Situation des lieux, année 1844. Pl. I. Dessiné par L. C. Vergauwen, conducteur des ponts et chaussées. Gravé par Annedouche, rue d'Enfer, 61. De l'imprimerie de P. Dieu, à Paris.*

Échelle de 1 à 120,000.

Cette carte est une copie de la précédente.

Larg. 0m35, haut. 0m24.

Se trouve dans l'ouvrage intitulé : *Essai sur les travaux de fascinage et la construction des digues, ou description du réendiguement des polders du Bas-Escaut belge; précédé d'une notice historique sur ces polders par U. N. Kummer.* Bruxelles. Decq, 1849. Un volume in-4°, avec un atlas.

1844.

N° 114. Carte sans titre donnant le cours de l'Escaut depuis le fort Lillo en aval d'Anvers jusqu'au fort de Burght en amont : le parc hors la porte de Malines y est aussi compris : il donne, en outre, l'indication des polders qui se trouvent sur les bords du fleuve.

Échelle de 1 à 125,000.

Larg. 0m45, haut. 0m165.

Se trouve sur le plan intitulé : *Plan de la ville d'Anvers publié par L. Granello, etc. 1844.* (N° 276 des plans.)

1846.

N° 115. Carte intitulée : *Plan de l'Escaut et des forts, depuis Anvers jusqu'à Lillo.*

Échelle de 1 à 125,000.

C'est une copie du précédent.

Larg. 0m045, haut. 0m165.

Se trouve sur le plan intitulé : *Plan de la ville d'Anvers, publié par Louis Granello, etc : 1846.* (N° 284 des plans.)

1846.

N° 116 Carte intitulée : *Projet de camp retranché.*

Établissement géographique de Bruxelles, Vander Maelen.
Échelle de 1 à 40,000.

Avec une notice intitulée : *Anvers et la nationalité belge*, signée : *A. Eenens, lieutenant-colonel d'artillerie.*

Cette carte ne donne les détails que pour la rive gauche de l'Escaut. Les inondations sont indiquées dans les polders de Borgerweert et de Melsele. Trois forts sont projetés entre Burgt et Melsele en avant de la partie inondable.

Larg. 0m34, haut. 0m295.

Se trouve dans l'ouvrage intitulé : *Anvers et la nationalité belge*. Liège, F. Oudart, 1846. Une brochure in-8°.

1850?

No 117. Carte intitulée : *Nouvelle carte de l'Escaut occidental, contenant le nombre et la position des bouées et balises ; avec indication des lieux d'ancrage, pour la navigation depuis Flessingue jusqu'à Anvers. Les bancs qui se montrent à découvert à la basse mer sont pointillés ; et leurs étendu indiqué par une ligne.* Par J. J. Tirion.

Avec des observations commençant ainsi : *Cette carte représente la rivière à la plus basse mer,* etc.

Avec une échelle et une rose des vents.

Cette carte s'étend depuis Anvers jusqu'à Flessingue.

Larg. 0m485, haut. 0m38.

Est encore dans le commerce.

1850.

No 118. Carte intitulée : *Entrée à Flessingue de l'Escaut occidental ou Westerschelde, d'après la nouvelle carte de M. John Bâtes.*

Avec une note commençant ainsi : *Les chiffres expriment en brasse les profondeurs de l'eau à la plus basse mer*, etc. Par J. J. Tirion.

Cette carte s'étend depuis Flessingue jusqu'à Ostende.

Larg. 0m41, haut. 0m44.

Est encore dans le commerce.

OBSERVATION. Ces deux cartes sont à la même échelle et peuvent être assemblées et donner ainsi le cours de l'Escaut, depuis Anvers jusqu'à la mer du Nord.

1852.

N° 119. — Carte intitulée : *Kaert der provintie Antwerpen. Aerdrykskundig gesticht van Brussel, aengelegd door Ph. Van der Maelen*, N° 956. Avec une légende pour les signes employés.

Le chemin de fer vers Lierre, ni celui vers la Hollande n'est pas encore indiqué.

Larg. 0ᵐ275, haut. 0ᵐ185.

Se trouve dans l'ouvrage intitulé : *Beschryving der provincie Antwerpen bevattende : de opgave van al de steden en dorpen*, etc., par Sleeckx. Anvers, Van Dieren, 1852.

1854.

N° 120. Carte intitulée : *Anvers.*
Lith. P. Coppens. Bruxelles. Déposée. Pl. 1.

Avec une échelle en lieues de Brabant, les armoiries de la province d'Anvers, une légende des signes employés, et une notice sur les produits et l'industrie de la province.

Larg. 0ᵐ15, haut. 0ᵐ115.

Fait partie de l'*Atlas de géographie de la Belgique*, *à l'usage de l'instruction, dédié à S. A. R. la princesse Charlotte.* Un vol. in–12°. Pl. 1.

1854.

N° 121. Carte intitulée : *Anvers.*
Établissement de D. Raes, rue de la Fourche, 36, Bruxelles.

Avec les armoiries de la province, une échelle et une légende pour l'explication des signes employés.

Larg. 0ᵐ275, haut. 0ᵐ20.

Se trouve dans l'atlas intitulé : *Atlas de la Belgique d'après les meilleurs géographes modernes, à l'usage des établissements d'instruction, des colléges et des athénées ; dédié à LL. AA. RR. le duc de Brabant et le comte de Flandre, par Désiré Raes.* Bruxelles, Renier, 1854. Un vol. in–4° oblong.

1855.

N⁰ 122. Carte intitulée : *Situation du lit de l'Escaut dans la partie de son cours, comprise entre la citadelle d'Anvers et le fort Lillo. 1855 et 1857.*

Suit une notice sur la manière dont sont indiquées les profondeurs et expliquant, en outre, que les sondages devant la ville ont été faits en 1855, et ceux au-delà jusqu'au fort Lillo, en 1857.

Elle porte la souscription :

Anvers, le 9 avril 1858.

Par délégation de la commission de l'Escaut, présidée par M. Teichmann gouverneur de la province d'Anvers.

L'ingénieur en chef.

KUMMER.

Membre de ladite commission.

Établissement géographique de Ph. Van der Maelen.

Èchelle de 1 à 20,000.

Avec une légende pour la ville.

Sur la même carte, il y en a trois autres plus petites intitulées : 1830, etc. (Voir n⁰ 74). 1832, 1833, 1837, etc. (Voir n⁰ 86). 1831 à 1838, etc. (Voir n⁰ 80.)

Cette carte ne donne absolument que les rives du fleuve et le nom des polders qui y touchent.

Larg. 0ᵐ53, haut. 0ᵐ58.

Est encore dans le commerce.

1856.

N⁰ 123. Carte sans titre du cours de l'Escaut depuis Anvers jusqu'au fort Frédéric-Henri.

Établ. lith. de Joseph Ratinckx, Rempart Ste-Catherine, à Anvers.

Avec une légende de A à M pour les édifices, etc., situés entre l'ancienne enceinte de la ville d'Anvers et la nouvelle enceinte projetée.

La ville d'Anvers est représentée sur cette carte par ses fortifications seules. On y voit l'*Agrandissement au nord, projet du gouvernement*, et le *Projet Keller*, d'agrandissement avec les forts B. C. D. E. F. et G.

Les autres forts existants sur les deux rives de l'Escaut y sont aussi indiqués, savoir : le fort de Burgt, la Tête de Flandre, les forts Isabelle, Marie, Perle, Liefkenshoek et Lillo.

Larg. 1m20, haut. 0m43.

Est encore dans le commerce.

1857.

N° 124. Carte intitulée : *Croquis pour l'intelligence de la défense maritime d'Anvers.*

Avec une échelle et l'orientation : le nord est à droite.

Ce croquis s'étend depuis les forts Lillo et Liefkenshoek en aval, jusqu'au polder de Borgerweert en amont. Les polders inondables y sont indiqués et on a tracé une digue partant de Merxem, traversant le polder d'Austruweel et contournant le fort de la tête de Flandre. La ville est agrandie d'après le projet Keller.

Larg. 0m125, haut. 0m195.

Se trouve dans l'ouvrage intitulé : *Marine militaire.* (Extrait du *Journal de l'armée Belge*; Bruxelles 1857. Tom. 12. Pag. 109.)

1857.

N° 125. Carte intitulée : *Escaut belge. Carte jointe au mémoire de M. van Alstein.*

Établissement géographique de Bruxelles fondé par Ph. Van der Maelen. 1005.

Échelle de 1 à

Cette carte s'étend depuis Anvers jusqu'à la mer du Nord, et donne le sud de la Zélande et le nord des deux Flandres. Dans le cours de l'Escaut depuis Anvers jusqu'à la mer du Nord, on a indiqué les profondeurs d'eau, les passes, les bancs de sable, etc. Le canal projeté est tracé d'Anvers à Heyst, sur la mer du Nord, et a des embranchements sur St-Nicolas, Lokeren, Gand et Bruges : un chemin de fer est projeté sur une des rives de ces canaux. Il y a en outre une dérivation de l'Escaut devant Anvers, destinée à redresser le cours du fleuve, à procurer des terrains à bâtir et à former un dock de la partie du fleuve devant la ville.

Larg. 0m54, haut. 0m235.

Se trouve dans l'ouvrage intitulé : *Indépendance commerciale de la Belgique. Mémoire sur la construction d'un canal maritime direct entre Anvers et la mer du Nord, avec embranchement sur Bruges et Gand, par van Alstein.* Bruxelles, Guyot. 1857. Un vol. petit in-folio.

1858.

N° 126. Carte intitulée : *Situation du lit de l'Escaut dans la partie de son cours, comprise entre le fort Lillo et le fort de Bath, ce dernier situé sur le territoire Néerlandais,* 1830 et 1858.

Etc. (voir à 1830, n° 75).

Litt.ᵃ A. 1858.

Cette carte ne donne absolument que les rives du fleuve et le nom des polders qui y touchent, ainsi que les côtes de sondages.

Larg. 0ᵐ70, haut. 0ᵐ55.

Est encore dans le commerce.

1858.

N° 127. Carte intitulée : *Croquis indiquant la position d'Anvers complètement fortifiée. Imp. et lith. de E. Guyot, à Bruxelles. Gravé par J. Claes. Pl. VII.*

Échelle de 1 à 80,000.

Le nord est à gauche.

Cette carte s'étend depuis les forts Lillo et Liefkenshoek en aval jusqu'à Hoboken en amont.

Tous les terrains inondables sont indiqués. La ville est agrandie d'après le projet Keller de 1858 (N° 324 des plans).

Les forts du camp retranché et ceux de la rive gauche de l'Escaut sont indiqués : on a ajouté en outre sur cette rive un fort en arrière de Zwyndrecht et un près de Burght. Le chemin de fer projeté sur la rive droite va jusqu'au fort Lillo.

On n'a indiqué sur cette carte que les routes principales, les chemins de fer, et les polders.

Larg. 0ᵐ22, haut. 0ᵐ22.

Se trouve dans l'ouvrage intitulé : *Agrandissement général d'Anvers. Lettre de MM. Keller et Comp.ⁱᵉ, à M. le ministre de la guerre ; conte-*

nant : Une réfutation des critiques dont leur projet de grande enceinte a été l'objet, quelques nouveaux développements sur ce projet, ainsi que des plans détaillés avec cotes de nivellement, coupes, etc. Bruxelles. Guyot, 1858. Un vol. in-8° avec atlas.

1858.

N° 128. Carte sans titre de la province d'Anvers.

Cette carte est entourée des diverses productions de la province, la liste de ses hommes célèbres se trouve à côté. Elle est assez petite : les chemins de fer n'y sont pas indiqués.

Larg. 0m11, haut. 0m05.

Se trouve dans l'ouvrage intitulé : *Analyse géographique des provinces de la Belgique*, 1858. Cet ouvrage est autographié : il a été composé et exécuté par le major du génie Demarteau.

1858.

N° 129. Carte intitulée : *Carte de la province d'Anvers, dédiée à Monsieur Jules Malou, gouverneur, à MM. J. G. Smolderen, L. De Vinck, Du Bois, L. Veydt, H. Pelgrims, H. Le Brasseur—Van den Bogaert, A. Della Faille de Leverghem, membres de la députation permanente, et à M. E. De Cuyper, greffier provincial, par L. C. Vergauwen, conducteur attaché au service spécial de la Campine. Revue et complétée en 1858.*
Longitude du méridien de Bruxelles. Lith. de J. B. Blasseau à Bruxelles. Déposé.

Échelle de 1 à 80.000.

Avec trois échelles et une *Explication* des signes conventionnels.

Cette carte donne un grand nombre de côtes pour le terrain et en outre les côtes d'étiage des canaux et rivières. En deux feuilles.

Les degrés de longitude et de latitude y sont tracés.

Larg. 1m00, haut. 0m78.

Est encore dans le commerce.

1859

N° 130. Carte intitulée : *Anvers.*

Etab¹. géographique de L. Mols Marchal, rue St–Jean, 48 Déposé.
Avec les armoiries de la province d'Anvers, une échelle et une explication des signes conventionnels.

Larg. 0ᵐ18, haut. 0ᵐ14.

Se trouve dans l'atlas intitulé : *Atlas de poche de la Belgique divisée en
provinces, arrondissements, etc., etc., dressé d'après les documents les plus
officiels par Louis Mols Marchal. Bruxelles.* Un volume in–12.
Et dans celui intitulé :
*Nouvel atlas géographique de la Belgique à l'usage de l'enseignement.
Etc. Dressé d'après les documents les plus récents par L. Mols Marchal,
géographe. Bruxelles.* Un volume in–12 oblong.

1859.

Nº 131. Carte intitulée : *Province d'Anvers.*
Etab¹. géographique. L. Mols Marchal, rue St–Jean, 48. Bruxelles.
Avec les armoiries de la province, une échelle et une explication des
signes conventionnels.

Larg 0ᵐ31, haut 0ᵐ225.

Se trouve dans un atlas sans titre renfermant la carte de la Belgique
et celle des neuf provinces. Un volume in–4°.

1859.

Nº 132. Carte intitulée : *Anvers, 4.*
Lith. de C. Callewaert frères. Bruxelles. Déposée.
Avec les armoiries de la province, une échelle, une explication des
signes conventionnels, et une note des produits de la province.

Larg. 0ᵐ15, haut. 0ᵐ115.

Se trouve dans l'atlas intitulé : *Guide des voyageurs sur tous les chemins
de fer de la Belgique.* Avec le même titre en anglais et en allemand.
Bruxelles. Callewaert. Un volume in–12.

1860.

Nº 133. *Carte hydrographique routière et administrative de la province d'Anvers à l'échelle de 1 à 100,000 , comprenant toutes les routes avec leurs longueurs, les chemins de grande communication , les chemins de fer, les canaux , les rivières et cours d'eau et un grand nombre de points de nivellement. Etablissement géographique de Bruxelles fondé par Ph. Vander Maelen. En vente à l'établissement géographique de Bruxelles fondé par Ph. Vander Maelen et chez Tessaro à Anvers. Déposée.*

Échelle de 1 à 100,000.

Avec une légende pour les différents signes employés, une indication pour le coloriage de la carte, une note pour l'explication des côtes de nivellement et une échelle.

Sur cette carte s'en trouvent quatre plus petites donnant les environs d'Anvers avec la nouvelle enceinte, de Malines, de Lierre et de Turnhout, à une échelle double.

Outre la province d'Anvers, cette carte comprend encore une grande partie du Brabant septentrional où sont comprises les villes de Bergen-op-Zoom, Breda et Bois-le-Duc, et une petite partie de la Hollande méridionale jusqu'à la ville de Dordrecht.

Cette carte donne la position des plus petites localités, des châteaux, etc. elle contient un grand nombre de points de nivellement pour le terrain et pour l'étiage et le plafond des canaux et rivières.

Larg. 0m73, haut. 0m91.

Est encore dans le commerce.

DEUXIÈME PARTIE.

—

Plans et Vues gravées.

J'ai compris dans cette partie, outre les plans entiers de la ville, les plans qui en donnent seulement un quartier, ainsi que ceux qui ne donnent que son périmètre : j'ai du y ajouter, pour être complet, les vues prises à vol d'oiseau ainsi que les vues rasantes.

Les plans sont tous à l'échelle de 1 à 20,000, ou au-dessus : il n'y a que quelques petits plans ou quelques vues qui sont à une échelle plus petite, et que, malgré cela, je n'ai pu comprendre dans les cartes, parce que les environs de la ville ne s'y trouvaient pas.

Parmi les vues il y en a encore dont je n'ai pas cru devoir faire mention : je veux parler ici de certaines vues plus ou moins exactes qui se trouvent comme étiquettes sur certaines marchandises, (paquets de bougies, rames de papier de poste, etc.) ainsi que de celles qui se trouvent sur les feuilles de papier de poste, sur les menus de banquets, sur les calendriers, etc.

Malgré cela je suis parvenu à recueillir un contingent assez considérable de plans et de vues d'Anvers. Cela est du à ce que cette ville a produit un grand nombre de graveurs et un grand nombre d'ouvrages à gravures, tant dans les siècles passés que dans notre siècle ; les historiens anciens et modernes ne se sont pas fait faute non plus d'enrichir leurs ouvrages d'un grand nombre de planches dont une bonne partie rentrait dans mon cadre.

Il faut reconnaître également qu'il est peu de villes qui possèdent des plans aussi anciens et en même temps aussi remarquables par leur grandeur : il est vrai que les premiers de ma liste ne sont que des copies d'anciens plans manuscrits; mais malgré cela la date des premiers plans originaux est assez reculée. Il y a d'abord une vue de la ville en 1515, d'une dimension qu'on n'a pas égalée depuis; une autre vue de 1543 est plus petite; celle de 1556 est plus grande. Enfin le plan à vol d'oiseau fait en 1565 est bien le plus grand plan qu'on ait fait de la ville entière.

Comme pour les cartes, je partagerai la liste des plans en plusieurs chapitres, en adoptant pour ligne de démarcation les époques où de grands changements se sont opérés dans la configuration de la ville, c'est-à-dire où elle a subi les agrandissements successifs dont l'histoire fait mention, et que nous retracent les plans de ces diverses époques.

Les premiers états de la ville ne sont représentés sur aucuns plans : ainsi il n'y a pas de plans de la ville lorsqu'elle n'était encore circonscrite que par les fossés qui sont aujourd'hui les rues *Canal aux Charbons*, *Canal des Récollets*, *Canal des Jésuites*, *Canal aux Fromages*, *Canal au Sucre* et *Canal au Beurre*, avec le vieux château sur les bords de l'Escaut. Il n'y en a pas non plus lorsqu'elle a subi son premier agrandissement en 1201, jusqu'aux rues *Rempart Ste-Catherine*, *du Berceau*, *Rempart du Lombard*, *Rempart des tailleurs de pierre* et le *Canal St-Jean*. Il n'y en a pas davantage lorsqu'elle eut subi son deuxième agrandissement en 1249, qui l'a reporté au nord jusqu'au *Canal St Pierre* et *des Teinturiers*. Il n'en existe pas même qui la représentent telle qu'elle fut après son troisième agrandissement de 1314 qui lui donna pour limite le *Canal Falcon*, le *Canal de l'Amidon*, la *Montagne aux Corneilles (grande et petite)*, le *Fossé aux Crapauds*, les rues *St-Jacques*, *des Claires*, *de la Bascule*, le *Canal sale*, le *Rempart St-Georges*, la rue *des Escrimeurs* et l'*Esplanade* (côté sud).

Il commence seulement à en avoir après son quatrième agrandissement de 1410 : les numéros 1 à 15 sont dans ce cas là. Ils datent de 1450, 1470, 1500, 1515 et 1543 : ils forment le Chapitre I. La ville s'étend alors jusqu'aux *Canaux des Brasseurs*, *des Vieux Lions* et de l'*Ancre* et jusqu'aux remparts actuels entre la porte Kipdorp et la porte de Malines. Elle est entourée de murailles flanquées d'un grand nombre de tours, tant vers la campagne que le long de l'Escaut.

Il y en a ensuite avec le cinquième agrandissement, opéré en 1543, qui réunit à la ville la partie qui fut appelée longtemps la *Nouvelle ville* et qui s'étend jusqu'aux remparts actuels du côté des bassins : ce sont les plans du nº 16 au nº 35, des années 1556, 1565, 1566 et 1567 ; ils forment le Chapitre II. La ville est alors fortifiée comme elle l'est encore actuellement : l'enceinte avec les tours est démolie et remplacée par une enceinte bastionnée.

Dans les plans suivants, nº 36 à 359 le sixième agrandissement a eu lieu, c'est-à-dire que la citadelle est construite, de sorte que la ville est agrandie de celle-ci et de l'espace existant entre elle et l'enceinte antérieure.

Ces plans sont de l'année 1568 à l'année présente ; ils forment le CHAPITRE III. Dans les derniers numéros il y a des projets d'agrandissement qui bientôt seront un fait accompli, de sorte que le septième agrandissement formera plus tard un quatrième chapitre.

On peut aussi partager les plans et vues d'après la manière dont ils sont exécutés. Remarquons que les vues ont du indubitablement précéder les plans ; on a d'abord représenté la ville entière ou une partie de la ville d'une manière plus ou moins exacte ; cela pouvait se faire sans longues opérations. On a ensuite fait une espèce de plan, c'est-à-dire une vue à vol d'oiseau dans laquelle on pouvait distinguer toutes les rues de la ville, et où tous les édifices étaient vus en élévation ; mais pour cela on devait naturellement s'écarter de la réalité, il y avait encore moins d'exactitude que dans les vues. Après cela on a commencé à faire des croquis, c'est-à-dire des plans plus ou moins parfaits, où les dimensions n'étaient pas exactes : ces croquis étaient seulement susceptibles de donner une idée de la partie de la ville que l'on voulait représenter. Enfin les plans géométriques sont venus : ceux-ci sont faits simplement au trait, ils assignent aux rues leur direction véritable, aux monuments leur emplacement, etc.

Passons maintenant les plans en revue d'après cette classification.

I. VUES GÉNÉRALES DES QUAIS, PRISES DE LA TÊTE DE FLANDRE.

Les vues de la ville d'Anvers ont presque toutes été prises de la Tête de Flandre : de là, en effet, on a un magnifique panorama de la ville, les quais sont vus dans toute leur longueur, et au-dessus des maisons on peut distinguer les clochers de presque toutes les églises. Aussi ne compte-on pas moins de 62 vues, anciennes et modernes, prises de cet endroit. Ce sont d'abord les nos 1 et 2 de 1450, et puis les nos 4 et 5 de 1500, les nos 7 et 8 de 1515, les nos 16, 17, 18 et 19 de 1556, le no 81 de 1584, les nos 82 et 83 de 1585, les nos 91, 92, 100, 101, 103, 106, 108, 110, 112, 116, 121, 128, 135 et 139 de 1600, 1602, 1613, 1617, 1617, 1622, 1624, 1627, 1630, 1633, 1644, 1650, 1662 et 1671 ; les nos 148 à 151 de 1694, les nos 157 à 161 et 164 à 168 de 1700, les nos 172 et 180 de 1703 et 1711, les nos 184 et 185 de 1730, les nos 195, 196, 206, 207, 265 et 266bis de 1786, 1802, 1829, 1830, 1834 et 1835, les nos 272 et 273 de 1840, les nos 274 et 275 de 1843, et les nos 277, 282, 300, 316, 318, 330 et 353 de 1844, 1846, 1854, 1856, 1857, 1859 et 1860.

(La suite à la prochaine livraison).

HISTOIRE

DU

COLLEGIUM MEDICUM BRUXELLENSE

PAR

C. BROECKX,

Bibliothécaire-Archiviste de l'Académie, etc.

(Suite, voir Tome XIXe, page 102.)

Verhoft fit passer cette pièce au Collége médical avec demande d'être immatriculé. Mais le Collége exigea qu'il payât d'abord l'amende de 50 florins. Alors, il présenta au Conseil de Brabant une nouvelle supplique que nous donnons ici avec l'apostille :

> Aen den Koninck in synen Raede geordineert in Brabant.
> Vertoont reverentelyck Gaspar Verhoft doctor in de medecynen hoe dat U Mat. gedindt is geweest op de medegaende regte te authoriseren den heere Doctor Tienpont tot het examineren des suppliants ten eynde aldaer versocht, welcken volgens hy oock het selve examen geerne heeft onderstaen, als blyckt by de certificatie hier mede gaende, by de welcke can gesien worden an capax, an vero capacissimus sit. ende alhoewel hy hem hier mede gepresenteert heeft aen die van het Collegy om tot den eedt geadmitteert te worden, ingevolgen

de voorschr. authorisatie, en certificatie, gelyck andere geadmitteert syn geweest, sou hebben evenwel die van het voorschr. Collegie, oft eenighe van hun sulcx geweygert onder pretext, dat hy te voren eenighe visiten saude gedaen hebben, waer mede sy hem excluderen, ofte houden draeyen, hoewel hy in eene g'approbeerde universiteyt is gedoctoreert, ende dat hy noch ter teyt geene visiten mercenairelyck en heeft gedaen : keert hem oversulcx tot den hove.

Oodmoedelyck biddende de selve gelive gedint te wesen te verclaren dat hy tot collegialen eedt geadmitteert moet worden, met ordinantie aen die van het voorsch. Collegie van sulcx te gedooghen. welck doende etc.

Apostilla marginalis.

Gesien het examen, ende certificatie van den Doctor Tienpont, t'Hoff verclaert dat den suppliant tot den collegialen eedt alhier geruert sal worden g'admitteert, ordonnerende aen die van het voorsch. Collegie der medecynen deser stadt van sulcx te gedoegen ende te effectueren. actum 28 Novembris 1690. et signavit GAILLARD.

Cette décision du Conseil de Brabant causa une sensation pénible parmi les médecins bruxellois, mais ne les découragea pas. Voici les réflexions qu'elle suggéra au syndic du Collége. « Res mira
» et inaudita simul! illud tribunal medicum, quod olim ex prudentis-
» simo Caroli V placito originem suam traxit, ab urbis Magistratu
» (applaudentibus civibus) tanquam e sinu materno in lucem editum,
» a Suprema denique Curiâ lactatum, confirmatum, et ab omni semper
» insultu vindicatum, illud tribunal, inquam, quod ante fuit medicæ
» Rex solus et arbiter artis, cujus est et heriles pharmacopœorum
» vicarios ad magisterium artis anhelantes, et chirurgiæ candidatos,
» et obstetrices admitti postulantes examinare, rejicere aut approbare,
» pseudomedicos invigilare, cunctosque enormes errores, seu medi-
» cantis Apollinis hostes a medicina arcêre, citatos audire, absolvere,
» aut condemnare, a Consilio Brabantico (nescio inductu cujus)
» non consultatur, vulgari medico postponitur, et (proh dolor) repu-

» diatur, quinimo imponitur ut ad juramentum solemne supplicans
» admittatur. Cernis ut antiqua medici tribunalis privilegia hoc
» decretum destruat et *trans paramentas fugat*? Cernis ut Caroli
» Quinti legislatoris severissimum diploma ictu unico in terram
» corruat ! »

Malgré cette décision favorable, les assesseurs se proposèrent
d'interjeter appel. Verhoft, ayant eu connaissance de cet acte de
vigueur, se détermina enfin à subir l'examen exigé par les statuts.
Cette conduite courageuse des assesseurs peut servir d'exemple à
ceux qui sont chargés de surveiller l'exécution des lois sur l'exercice de la médecine. Les assesseurs avaient contre eux l'autorité
locale et même deux décisions du Conseil de Brabant; et, malgré
tout cela, leur persévérance fut couronnée d'un plein succès : force
resta aux statuts du Collége.

Eugène Maniet, natif de Bruxelles, obtint le bonnet doctoral à
Rome le **19 juillet 1687**, et il fut immatriculé, sans examen préalable, parmi les praticiens bruxellois. A cette occasion, le syndic
se pose la question : si les médecins promus à Rome peuvent venir
pratiquer à Bruxelles sans subir d'examen. D'après lui les édits de
Charles V, d'Albert et d'Isabelle et de Léopold s'y opposent formellement et il croit que si ses prédécesseurs ont commis une
erreur en admettant des médecins gradués à Rome, il ne s'en suit
nullement qu'on doive les imiter. Cette question n'eut pas de suite.

Une nouvelle tempête menaça de nouveau le Collége. En **1691**
François De Rydder de Luxembourg, vint de l'Espagne à Bruxelles pour exercer la médecine. Il était prêtre, mais sans aucune
connaissance de la médecine. Il avait su gagner les bonnes grâces
de l'archevêque de Malines et des magistrats de la capitale. Le
public le consultait de toutes parts, lorsque le Collége médical

crut de son devoir de s'opposer à ses prétendues cures. Il cita , mais en vain, De Rydder à comparaître à son tribunal et finalement le condamna à l'amende de 50 florins. Comme le surintendant , celui-là même que son devoir obligeait d'appuyer la sentence des assesseurs, s'opposait à l'exécution, et comme il s'agissait d'un prêtre, à qui les lois canoniques interdisaient l'exercice de la médecine, le Collége jugea convenable de s'adresser au Gouverneur général pour le prier de vouloir interdire l'exercice de l'art de guérir au nommé De Rydder :

A Son Ex^{ce}

Remonstre tres humblement le College des Medecins de cette ville de Bruxelles, comme en cette ditte ville est resident un certain Prestre nomme Francois De Rydder inventeur du dernier feux d'artifice, lequel non obstant touttes les interdictions juridiques du dit College ne laisse pas de pratiquer comme un medecin, au tres grand prejudice de la communauté, sans estre gradué en aucune université, et oultre que par le dict exercice il tombe dans l'irregularité il est aussy directement contraire au placart de Charle le V accorde au dit College, lequel aussy avant de proceder à charge du dict Prestre de Rydder par des ulterieurs rigeurs at trouve convenir de s'adresser à V^{tre} E^{ce} La suppliant tres humblement estre servie en consideration des raisons cy dessus alleguees d'interdire au dict Prestre De Rydder de ne plus exercer doresnavant le dt. Art de medecin ce qu'il esperant de la grandeur de V^{tre} E^{ce}.

Le marquis de Castagnana répondit au syndic qui lui présentait la requète : *Monsieur, je feray voir aux Messieurs du College des medecins que la justice regne dans ma cour, et que je feray observer les placarts de vos ancetres.* Cette eau bénite de cour, comme l'appelle le syndic, ne les rassura pas trop. Toutefois, De Rydder, ayant eu connaissance de cette démarche, et en craignant l'issue, se rendit à Louvain, y étudia un mois ou deux la

médecine et y fut créé bachelier. Cette nouvelle se répandit à Bruxelles. Les assesseurs peu satisfaits de la facilité des professeurs de Louvain, résolurent de leur envoyer deux députés, et nommèrent, en conséquence, les docteurs Du Roisin et Garrido pour se rendre en cette ville. Les docteurs s'adressèrent aux professeurs de la faculté à peu près en ces termes : « Salutat vos pluri-
» mum, viri clarissimi, Collegium medicum Bruxellense atque
» florentissimæ æque ac famosissimæ Facultatis Vestræ fulgor ac
» gloria incrementem capiat, crescat, semperque perennet ex
» animo precatur. Hæc enim Vestra laus est, quod exemplis
» cæteris Europæ universitatibus in conferendis Academiarum
» honoribus (quos gradus vocant) semper præluxeritis : unde recte
» et prudenter Caroli Quinti, et Serenissimi Archiducis Alberti
» edicto fuit constitutum, ne ullus academiarum doctor in ditione
» regiâ artem medicam exerceat, antequam a societate Vestra novis
» examinibus approbetur. Et me Hercule in plurimis academiis,
» etsi medicina satis diligenter doceatur, in gradibus tamen istis
» conferendis (nescio quo pretio emptis) nimis sunt faciles et nemini
» ferme eos denegant. Idcirco sacræ Facultatis Vestræ repetiti exa-
» minis approbatio a majoribus instituta, elegans est quidem et
» necessaria, sed debere (bona pace dixero) a vobis diligentius nunc
» observari pristinæ famæ memores ; nam plurimis (ut fertur)
» quantumvis sciolis licentiæ gradus adhibetis; unde fit ut nunc
» Lovanio subinde redeant doctores parum docti (excipio tamen
» perplures peritos) Alpenis medicis similes, de quibus illud
» absurdum dicitur : accipiamus pecuniam et mittamus asinum
» ad patriam. Verum ut venena vinis admista perniciosissime
» nocent, sic illi titulis honestis (immeritis tamen) et specie recti
» decipiunt, imo plerumque interficiunt. Mihi credite (scitis enim)

non barba, non mula phalerata, non splendidior vestium cultus, non lingua volubilior medicum efficiunt, sed theoricum triennale studium, ejusque continua meditatio et exercitatio in Galeni et Hippocratis lectione (quæ morborum diagnosin, prognosin et therapiam docet); unde, qui hæc, aut omnino non novit, aut parce tantum, aut tenuiter, vix probus medicus haberi potest. Hinc factum est quod Collegium nostrum merito rejecerit, et medicorum albo adscribi recusaverit chirurgum quemdam alphabeticum et latinitatis expertem, quamvis à vobis non ita pridem examinatus ac denuo probatus fuerit, præcipue cum hic medicinæ nunquam studuerit, æque ac impostor ille Carolus Ruffinus, insignis ille agyrta, quem etiam nuper Apollinis laureâ condecorastis : quos vero aut similes cum medicorum turbâ eliminandos, nec in ulla civitate praxis gratiæ admittendos censeat Collegium Bruxellense ; hinc clarissimas Dominationes Vestras ex animo hortatur ac rogat ut in posterum majorem Almæ Vestræ Matris curam non modo suscipiatis, sed et Facultatis honores adaugêre annitamini, quosvis in arte medica inidoneos arcendo, nec ullos nisi promeritos post studiorum requisitum tempus, Apollinis lau eâ condecorando : quod si feceritis haud dubie cum plurimorum applausu, præ cæteris arcebitis notum vobis sacerdotem Franciscum De Rydder, qui promissis vestris ac patrocinio fretus, brevi licentiam, etiam sine studio, aut doctrinâ facturum se sperat. Quod si vero Dominationes Vestræ id renuerint, aliud remedii genus adinvenire cogemur, ut imminenti illi abusui cito obviam eatur. Hæc ego vestra, clarissimi viri, urbanitate ac benevolentia fretus, quod tribunali nostro utilissimum factu visum est sine odio, sine privato affectu, sed amica suasione et necessaria sollicitus de

, reipublicæ vestræ litterariæ detrimento, ac nominis vestri splen-
, dore, quam potui paucissimis dixi. ,

Les professeurs restèrent d'abord muets, puis ils promirent,
mais faiblement, de ne pas promouvoir De Rydder à la licence.
Les assesseurs, peu contents de ces promesses, prirent le parti
d'adresser une supplique au Gouverneur général. Ils la firent présenter par le docteur Louis Paramo, son premier médecin.

A Son Excellence

Remonstre tres humblement le Prefect et Assesseurs du college des
Medecins de cette ville, comme ils ont empeché par des interdictions
juridiques un certain Prestre seculier, nomme Francois de Rydder
de pratiquer comme un medecin en ceste ville, au tres grand prejudice de la communauté, quoy qu'il n'avoit aucune estude ou connaissance des maladies, comme les exemples assé funestes declarent : et
ayant apris que le dit Prestre ne voulant se contenter avecque son
brevier et prestrise, se ferat, sans satisfaire au terme de trois années
d'estude, en peu de jours licentie en Medicine ce que luy seroit assé
facile, puisque la faculte de Louvain oubliant leur premiere gloire, n'ont
jamais rejecté aucuns, quoy qu'ils estoient des ignorants barbiers sans
latin, et aultres idiots, le Prefect et Assesseurs prennent autre fois
recours vers vostre Excellence.

La Suppliant tres humblement d'estre servie en consideration
des raisons cy dessus alleguees, d'interdire a ceux de la faculté de
Louvain de n'admettre le dict Prestre a l'acte de sa licence, quoy
faisant receveront une mercede de la grandeur de Vostre Excellence.

Le marquis de Castagnana apostilla cette requête de la manière
suivante :

Ayant consulte l'illustrissime Archevecque de Malines, et les
Professeurs en Medecine de nostre université de Louvain, Son Exc•
disze que les suppliants ne sont pas admissibles dans leur demande.

Cette réponse produisit une impression profonde sur les membres
du Collége médical, et ils refusèrent d'inscrire De Rydder, malgré la

décision du Gouverneur général. Le syndic s'excuse en ces termes d'avoir fait connaître un peu longuement les détails de cette affaire :
« Deduxi hanc historiolam paullo fateor fusius limites commentatoris
» quasi trangrediens, non alio profecto fine, nisi ut cernat pos-
» teritas, quam pectore virili pro aris ac focis, clarissimi assesso-
» res (o veri Bellatores) statuta medica e Caroli quinti cæsaris
» diplomate nata (etiam ubi universum in nos conspirasse vide-
» batur) juramenti memores servare et vindicari valuerint.

Vingt-nuième Préfecture. 1691-1692.

Ce fut encore le même syndic qui en consigna les actes à la place du vicaire Lindekens décédé le 26 juin 1692, à la suite d'une fièvre pernicieuse. Le docteur de Bierthe n'a fait connaître que deux condamnations. La première est celle du docteur François Saert, conformément à l'article 34 des statuts pour avoir visité, en secret, un malade qui était en traitement d'un autre collègue. L'autre d'un charlatan allemand qui vendait à la Grande place des remèdes contre tous les maux. Le bedeau Moonens, accompagné de la police, s'empara de sa personne. Celui-ci, condamné par le Collége, fut conduit hors Bruxelles et promit de ne plus y reparaître.

De l'année 1693 à 1696 les actes manuscrits du collège des médecins de Bruxelles n'existent pas. Si nous consultons l'histoire locale nous en trouvons aisément l'explication dans les temps calamiteux que la capitale des Pays-Bas eut à passer. En 1695, Bruxelles fut victime d'un de ces actes qui souillent les lauriers de la guerre et attachent une honte ineffaçable aux noms de leurs auteurs. Le roi de France, Louis XIV, que ses nationaux appellent le *grand roi*, mais dont le nom sera toujours en horreur aux Belges pour la dévastation régulière de nos provinces qu'il avait ordonnée depuis plusieurs années, chargea le maréchal de Villeroi de bombarder Bruxelles, en représailles du traitement que les flottes anglaises et hollandaises avaient fait aux villes maritimes de France. Le 13 août 1695, les Français commencèrent leur œuvre de destruction. Le dommage, causé par ce bombardement fut évalué à 22 ou 23 millions de florins. Est-il alors étonnant que, dans une ville menacée depuis plusieurs années d'un bombardement, les médecins n'aient pu se réunir pour s'occuper des intérêts de la santé publique et de leur profession?

Vingt-deuxième Préfecture. 1696-1697.

Les réunions médicales durent encore se ressentir du grand désastre que Bruxelles venait de subir. Aussi le vicaire Garrido marque qu'il n'est rien arrivé de mémorable dans ces deux années. Toutefois le vicaire qui lui succéda, insinue que cette déclaration manquait de bonne foi, et il cite à l'appui les trois faits qui suivent : 1° le trésor du Collége possédait une somme d'environ 1000 florins. Il fut décidé qu'on mettrait cet argent à intérêt. Mais les assesseurs n'étaient pas d'accord sur le mode de placement. De là un procès entre eux, aux dépens bien entendu du trésor. Puis on arriva à un accommodement, et le reste de l'argent fut placé en rente sur la maison des boulangers. 2° on abrogea le versement annuel au trésor d'un impérial à charge des médecins et d'un demi-impérial pour chaque pharmacien. 3° un Espagnol, François Lopez s'était présenté pour être inscrit au registre médical. Les constitutions du Collége portaient que cette demande devait être faite dans une supplique adressée au Collége avec le diplôme de promotion ; qu'on ferait ensuite une enquête sur la vie, les mœurs, la religion etc. du suppliant, et que le vicaire en référerait pour procéder à l'admission si personne ne s'y opposait. Rien de tout cela ne fut fait. Le vicaire Garrido, de sa propre autorité, se rendit avec le greffier et le suppliant chez le surintendant Lefebure, alors alité par suite de la goutte. Il lui dit qu'il venait lui présenter le candidat au nom du Collége pour prêter serment entre ses mains. Cette formalité remplie, le greffier inscrivit Lopez au registre médical et lui délivra un certificat d'immatriculation. Jamais, depuis l'existence du Collége, un acte aussi irrégulier n'avait été commis ; le vicaire et Lopez encoururent le blâme de tout le Collége.

Vingt-troisième Préfecture. 1697-1699.

Par suite des troubles où la ville de Bruxelles se trouvait encore, les membres du bureau du Collége médical furent continués dans leurs fonctions.

Dans le courant de l'année 1698, le vicaire de Bierthe fut appelé à Halle par les magistrats pour y remplir les fonctions de médecin juré de cette commune. Le départ de ce zélé collègue causa de vifs regrets aux membres du Collége. Les actes furent imparfaitement notés par son successeur.

Vingt-quatrième Préfecture. 1700-1702.

Les assesseurs réunis, le 18 octobre 1700, au banquet qui, chaque année, suivait la solennité de St. Luc, profitèrent de l'occasion pour engager leurs invités, le bourgmestre Charles

Vander Noot, baron de Carloo et Dorvalle dit Lecomte, surintendant, à veiller à ce que les charlatans ne pussent plus propager leurs erreurs sur le territoire de Bruxelles. Comme nous le
voyons encore de nos jours, les deux magistrats firent les promesses les plus formelles et protestèrent de leur grande sympathie
pour le Collége médical et pour la santé publique. Malheureusement, comme nous l'observons encore bien souvent, l'avenir vint
donner le démenti le plus formel à ces engagements si solennellement pris.

Les exemplaires de la dernière édition de la pharmacopée,
étaient devenus rares. D'ailleurs, il s'y trouvait, d'une part, beaucoup
de préparations ou tout à fait hors d'usage 'ou prescrites très-rare-
ment, ce qui occasionnait des frais inutiles aux pharmaciens, d'autre
part beaucoup de compositions en vogue y manquaient. Les assesseurs demandèrent donc en 1700, au Collége échevinal de décréter
la révision de ce livre. On satisfit ce légitime désir. Le préfet
divisa la matière en chapitres traitant des compositions galéniques
et des compositions chimiques, et il en donna un certain nombre
à rédiger à chaque assesseur. Mais quand ils eurent achevé et
apporté leur travail, le préfet préféra arranger lui-même l'ouvrage
en y faisant entrer ce qui lui plaisait, et en rejetant ce qu'il croyait
inutile. Il signa aussi des initiales de son nom J.M. (*J. Meulenbeeck*)
l'avis au lecteur. On n'y mit pas autant de mois que les auteurs de
la *Pharmacopœa Belgica nova* ont mis d'années à produire leur
codex, et encore le premier ouvrage fut-il bien moins imparfait.
Au bout d'une année la nouvelle édition fut livrée à l'impression,
et, le 20 mars 1702, elle parut sous le titre de : *Pharmacopœa
Bruxellensis senatus authoritate munita, editio altera.* Bruxelles,
1702 in-4°. Le magistrat ne donna pas, comme en 1671, une

récompense pour ce travail. Nous possédons deux éditions hollandaises de ce codex : la première intitulée : *Brusselsche apotheek door het gezag van de Magistraat bevestigd en naar de tweede latynsche druk in het nederduitsch vertaald. Amsterdam, by Gerrit de Groot, boekverkoper op de Heilige weg.* 1742, in-8° de 277 pages ; la seconde, également publiée à Amsterdam, même format, est de 1775. Parmi les motifs, qui ont engagé les éditeurs à traduire le codex Bruxellois, ils citent la belle description des simples, qui termine le travail des médecins de Bruxelles, et la manière de connaître les falsifications qu'on employait dans ce temps.

Le 21 octobre 1700, on décida qu'outre la messe, célébrée le jour qui suit la fête de St-Luc, pour le repos des âmes de tous les médecins défunts, il en serait chanté une autre le lendemain du décès de chaque médecin inscrit au registre, ou un des jours suivants à désigner par le préfet. Le syndic était tenu de se charger de ces sortes d'affaires et d'y convoquer tous ses confrères par le bedeau. L'usage s'établit de faire célébrer cette messe dans l'église de l'hôpital St-Jean, et les frais en montaient à la somme de quatre florins dix sous.

Pendant que les assesseurs s'occupaient de la confection de la pharmacopée, ils se laissèrent prendre aux pièges d'un charlatan habile. C'était une grande faute de leur part que de confier la vie des citoyens aux mains d'un charlatan dont ils ne connaissaient pas le remède. Aussi l'événement prouva, comme nous l'avons vu plus d'une fois de nos jours, que les autorités médicales avaient eu tort de transgresser les lois sur l'exercice de l'art de guérir. Voici le fait : Jean Legrand, se disant possesseur d'un spécifique souverain contre la goutte, la surdité et autres maladies incurables, présenta au magistrat la supplique suivante :

A Messieurs du Magistrat de cette ville de Bruxelles.

Remonstre en deu respect Jean Baptiste Legrand natif du village d'Aubert valvie de Lille quil at le bonheur d avoir acquis un secret experimenté non seulement pour addoucir les violentes et excessives douleurs de la goutte, mais aussi pour en deraciner et guerir fondamentalement la maladie, un accident aussy funeste, comme aussy la surdité et autres maux incurables, dont en cas de besoin il en peut faire conster a vos Seigrs par certificats dignes de foy, et espere avec la suitte du tems d'en faire des preuves auth : a leur entière satisfaction, et celle du publicq, ne se voulant aucunement mesler, ny de la medecine, ny chyrurgie, mais comme il ne se peut appliquer a la guerison des maux sans prealable permission de vos Seigries partant il supplie tres humblement qu'icelles soient servies de luy accorder a la marge de cette la ditte permission de pouvoir publicquement exercer en cette ville les dits secrets pour la guérison de la goutte en quoy etc.

Copie de l'appnt marginal.

Soit mis en mains du College de la medecine pour avoir son advis. Actum le 18 fevrier 1701, Signé C. Zegers.

Sur un avis favorable du Collége médical du 26 février, l'amman lui permit d'appliquer son secret pour la goutte et pour la surdité aux habitants de Bruxelles jusqu'au premier du mois d'octobre 1701 ; nous faisons suivre ici cette singulière permission :

Mynen heeren die wethouderen deser stadt Brussel andermael ghesien hebbende dese rqte ende gehoort den heer superintendent van het Collegie der medecyne binnen deser stadt ; midts gaders het advis van 't selve Collegie de date 26 february lestleden ondert. Meulenbeek. permitteren den supplt voor den tydt van een half jaer in pratycque te stellen ende te gebruycken de remedie voor het fleręcyn, die hy geseyet te hebben op de restrictie nogtans dat den selven suppliant hem geensints en sal mogen bemoyen t'exerceren de medecyne, chyrurgie ofte pharmacie, maer enkelyck te houden in 't het cureren van het voorsc. flerecyn. Actum 1ᵃ Martii 1701 ende was onderteeckent G. JACOBS.

Non content de cette permission limitée, Legrand adressa une seconde supplique, mais l'amman ne fit que confirmer le premier permis par l'apostille :

Ayant veu et examiné le contenu de cette reqte avec les attestations jointes, le seigr amman permet au suppliant de pouvoir en cette ville et faubourg exercer le remede et cure au regard de la goutte et de surdite sans plus et cest jusques au premier d'octobre, fait à Brusselles le 15 de mars 1701 paraphe R. Bru vt en bas par ordonnance du Seigⁿʳ amman, Signé F. VANDERZYPE.

Le temps de la concession passé, Legrand continuait et étendait toujours ses cures. Le Collége médical, s'apercevant trop tard qu'il en abusait, le cita à comparaître et prononça contre lui la sentence suivante, qui lui fut notifiée par le bedeau :

Mynen heeren den prefect ende assesseurs van 't Collegie der medecynen gehoort den heer superintendent verbieden ende interdiceren aen Jan Baptista Legrand hem voorts aen te bemoyen ende int werck te stellen de remedien tot het fleresyn, ende andere exercitien der medecynen midts syne permissie daer toe verleent ende geaccordeert den eersten Meert seventhien hondert ende een is commen te expireren alias executorialis salva insinuatione. Actum int Collegie desen vij September 1702. Onder was P. Vandermaelen ende meeder. De insinuatie van deze ordonnantie is by den gesworen knape deser Collegie gedaen aen de vrauwe met copie gelaten desen 17 September 1702, geteekent Pauwel Moonens.

Après cette condamnation, Jean Legrand s'enfuit de Bruxelles en ne laissant que des dupes.

Au commencement du printemps de 1701 arriva à Bruxelles un autre charlatan. C'était un Danois d'une grande taille, portant l'habit et le capuchon polonais, avec une longue barbe et un regard farouche. Il était en voiture à deux chevaux et battait de la grosse caisse pour attirer la foule. A sa voiture pendaient toutes sortes de diplômes, vrais ou faux, qu'il avait obtenus dans tous les endroits qu'il avait parcourus. Il exposait en vente une panacée qu'il avait baptisée du nom d'*huile de terre*. Le charlatan, décrit avec tant de luxe par le bon vicaire du Collége, fut cité au tribunal des assesseurs. Mais peu confiant en sa cause il décampa. Il était à peine parti, qu'on eut affaire à un Gascon, nommé Carmen ; ce dernier avait suivi les troupes françaises qui, le 21 février 1701, avaient pris possession de la ville de Bruxelles, au nom du duc d'Anjou, le nouveau souverain. Son babil de commère attirait le peuple autant que sa dextérité à extraire les dents, au moyen d'un couteau, fascinait les magistrats. Il vendait en outre un baume pour les blessures. Afin d'en montrer l'efficacité, il se faisait une incision au côté, et il revenait le lendemain pour montrer que la plaie était guérie. Le préfet était d'autant moins porté à poursuivre cet empirique qu'il le croyait sous la protection du maréchal de Boufflers et de l'intendant-général de France, de Gué de Baignol. Cependant, comme il s'était fait donner de l'argent pour des cures non suivies de guérison, on le cita à comparaître. Après trois ou quatre citations inutiles, il comparut enfin, reçut une verte réprimande et s'éclipsa.

Depuis quelque temps, le pharmacien Zeghers exerçait les fonctions de médecin. Le trésor du Collége étant à sec, on ne pouvait songer à intenter un procès au délinquant, mais on eut recours à l'expédient que voici : Le docteur Middegaels, préfet du Collége, fit savoir au procureur général de la Cour suprême de Brabant que plusieurs individus, et notamment le pharmacien

Zeghers, exerçaient la médecine au mépris des édits du roi sur cette matière. Le procureur enjoignit au pharmacien Zeghers de payer l'amende à laquelle il avait été condamné par le tribunal médical. Le coupable trouva aussitôt un intercesseur dans la personne du chancelier, à qui il fit accroire que c'était la première fois qu'il avait violé les édits royaux. Le procureur général, homme très-indulgent, ordonna de faire des recherches sur la vérité de cette allégation. Le Collége, prévoyant, d'une part, que son autorité allait sortir amoindrie de cette affaire, et, d'autre part, que le trésor médical ne retirerait aucun bénéfice des amendes, résolut de ne pas pousser plus loin les poursuites.

Vers le même temps apparut aussi un charlatan qui s'intitulait baron de Almerigo. Il prétendait guérir les maladies incurables par la seule inspection des urines. Il était descendu à l'hôtel *Roosendael*. Le Collége crut d'abord que de pareilles prétentions ne feraient pas de dupes. Au bout de quelques mois, il s'aperçut que le baron avait extorqué des sommes assez rondes à plusieurs bourgeois qui attendaient en vain leur guérison. Dès lors il se disposa à poursuivre l'escroc, mais celui-ci, ayant eu vent de la chose, disparut tout à coup.

A la fin du mois de septembre 1702 eut lieu la visite annuelle des officines; on dressa procès-verbal contre quelques pharmaciens dont les drogues avaient été trouvées altérées. Les délinquants furent condamnés à l'amende, et le produit en fut versé au trésor du Collége. Les examinateurs reçurent de l'administration communale les honoraires habituels.

Le 8 octobre suivant, le docteur Mariage, trésorier, rendit ses comptes qui furent approuvés. A cette occasion, il engagea ses collègues à menager, autant que possible, les finances de la corporation. En conséquence on résolut de réduire de **40** à **28** florins la somme qu'on payait annuellement le banquet de la St-Luc, et l'on avertissait les assesseurs qui allaient suivre, d'user de la même modération.

Vingt-cinquième Préfecture. 1702-1704.

Le pharmacien Pierre De Vleeshoudere avait la coutume d'exercer la médecine. Un jour, il avait donné une forte dose d'opium à Jacques Gansacker, d'Anvers, qui était venu le consulter dans son officine. De l'usage immodéré de ce calmant serait résultée une léthargie mortelle, si le docteur Mariage n'en avait maîtrisé à temps les effets délétères. L'épouse du malade, inquiète et irritée du danger que son mari avait couru par suite de la maladresse du pharmacien, cita De Vleeshoudere à comparaître au tribunal des assesseurs. Conformément aux statuts, il fut condamné à l'amende de 20 florins. Il refusa de payer, en alléguant qu'il avait donné le médicament dans son officine à la demande du malade, et que cet usage était établi de temps immémorial à Bruxelles. Delà un procès devant le magistrat de la ville; il dura trois ans, et le pharmacien fut condamné à payer avec frais au moins 400 florins d'or au trésor médical. Cette condamnation fixa la jurisprudence dans une affaire que les pharmaciens regardaient jusqu'alors comme permise par les édits royaux et que tous pratiquaient pour ainsi dire indistinctement. On avait perdu de vue que les règlements défendaient sévèrement le débit de médicaments dangereux, et l'opium était certainement l'un des plus dangereux entre des mains ignorantes.

Dans le courant de l'année 1703 furent condamnés : 1º le

pharmacien Jean-Baptiste Van den Ameyde à l'amende de 16 florins, conformément à l'article 72 du règlement pour avoir vendu des médicaments sans la prescription du médecin ; 2º à l'amende de deux impériaux le chirurgien Depré, pour avoir vendu des médicaments ; 3º à l'amende d'un impérial, conformément à l'article 40 du règlement, le chirurgien Mariot. Dans la visite générale des officines de l'année 1704 les assesseurs condamnèrent le pharmacien François Dewit à l'amende de deux florins d'or pour avoir vendu des drogues gâtées.

Vingt-sixième Préfecture. 1704-1706.

Pour faire bien comprendre les faits exposés dans cette préfecture, il nous a semblé nécessaire de jeter un rapide coup d'œil sur les événements politiques dont les Pays-Bas catholiques furent le théâtre.

Le 21 février 1702, Philippe V, petit-fils de Louis XIV, fut inauguré solennellement à Bruxelles comme duc de Brabant. Le 10 août suivant la guerre fut déclarée à l'empereur d'Autriche, à l'Angleterre et aux Provinces-Unies. Imbu des principes despotiques de la cour de France, le nouveau gouvernement des Pays-Bas ne faisait que froisser les anciennes coutumes de nos provinces. Battus à Ramillies, le 23 mai 1706, les Français évacuèrent Bruxelles le 26 suivant. Le 28 du même mois, le duc de Marlborough y entra et nomma son frère, le lieutenant-général Churchill, gouverneur de la capitale de notre pays. Enfin, la conclusion du néfaste *traité de la barrière* (15 novembre 1715) fit cesser l'équivoque position dans laquelle la Belgique se trouvait depuis la mort de Charles II. Charles III, devenu empereur sous le nom de Charles VI, inaugura dans nos provinces le régime autrichien, qui dura jusqu'à l'invasion des Français vers la fin du dix-huitième siècle.

Après cette légère digression, reprenons le fil de l'histoire du Collége d'après les notes que le docteur Mathieu de Rahier nous a fournies. Ce médecin, convaincu de l'utilité d'écrire les actes du Collége, y a mis un soin particulier, et, il a même supplée aux négligences que son prédécesseur avait commises. Le vicaire de Bierthe, pendant la 23e préfecture, n'avait pas transcrit au registre les décisions intervenues dans le procès du pharmacien de Vleeshoudere. Le docteur de Rahier a réparé cette omission. Voici d'abord la sentence des assesseurs du 22 avril 1700 :

Op den 22 April 1700 comparerende voor myne heere den superintendent ende doctooren assesseurs van 't Collegie der mede-cynen deser stadt Brusselle den S^{re} sindicus van vs Collegie nomine officii aen^{re} op ende tegens m$\overline{r}$ pr de Vleeschouwer apotecker ged^e heeft den aen^{re} geconcludeert ten eynde den ged^e om in vilipendentie ende misactinghe der ordonnantie van desen Collegie geconfirmeert by den Souveraine raede van Brabant namentelyk tegens den 40 ar$\overline{l}$e der selver sigh vervoordeert te hebben buyten ordonnantie van eenen doctoor te ordonneren ende te gheven de medicamenten vervat in de medegaende syne specificatie aen mynheer Gansacker soude woorden gecondemneert tot betalinghe van d'amenden by den xl gestatueert cum expensis, ende in cas den ged^e daertegens sigh soude willen opponeeren oft tegens stellen, concluderende ten eynde hem ged^e ierst en vooral woorden gecondemneert te namptiseren de vervaelen brucke op den voet van het gestatueerde ar$\overline{l}$o lxxvij etiam cum expensis, gehoort en die ontkennende het voors geverbaliseerde by frivoliteyt ende impertinentie cum expensis, partye persisteringhe voor replicque en duplique en naerdyn mynheer den superintendent gehoort hadde de defensie des ged^e en tot dyn het advis van de doctooren assesseurs heeft den ged^e gedaempt ende gecondemneert soo hy hem daempt en condemneert midts desen in de betaelinge van de amende by den voors arle gestatueert mette costen hier omme geresen, bedraegende met dese acte op sessentwintich stuyvers eenen half. aldus gedaen ten daeghe, maende en jaere voor. onder was torconde.

VANDER MAELEN.

Malgré l'opposition de De Vleeshoudere et son appel devant le magistrat Bruxellois, celui-ci confirma la sentence des premiers juges de la manière suivante :

> Gesien by Myne heeren die wethouderen der stadt Brusselle t'proces voor hun geport ende hangende onbeslicht tusschen s^r Peeter de Vleeschoudere Mr Apothecaris van syne stiele binnen deser stadt Brusselle revident ten eene ende den sindicus van 't Collegie der medecynen geinthimeerde ter andere zyden met d'acten, stucken, ende munimenten daer mede overgegheven, thoonissen daer inne geleydt mette billetten in forme van thoon, van beyden zyde daer mede overleght, verbale reprochen soo des revidents als des geinthimeerde ende verbale salvatien des revidents met de schriftelycke reprochen desselfs revidents de schriftelyke salvatien des geinthimeerde daer teghens respective ter rolle afgeteeckent, ende gedient soo ende gelyck t selve proces is geinstrueert, ende met dry inventarissen gefurneert, den lesten buyten gequoteert numero 106, op al wel ende rypelyck gelet Myne heeren verclaeren voor recht dat wel ende te rechte byde rechters a quibus metten vonnisse van den 22 Aprilis 1700 is gewesen ; qualyck ende sonder grieff daer aff gerevideert, dat oversulck het selve moet stant grypen ende syne volcommen effect sorteren, den voorschreven revident condemnerende in de costen der saecke van dit proces geresen tot taxatie ende moderatie van myne voorschreven Heeren gepronuntieert op den 14 9^{ber} seventhien hondert dry. onderteeckent

H. JACOBS.

Dans le courant de la vingt-cinquième préfecture, on a oublié de faire mention du charlatan Neve, qui inonda la ville de Bruxelles de ses prospectus et qui fut condamné par le Collége, comme il conste par cette minute du greffier :

Jovis vii Augusti 1704.
    Den heer sindicus nomine officii
        Sr Neve.

Ad concludeert tot de amende van xx guldens ingevolghe van den 29 arᵗe van de ordonnantie op het Collegie van de medecyne geemaneert door dyen hy hem bemoyende de medecynen te exerceren volgens syn billet hier mede gaende cum expensis, gehoort den gedaegde ende syne confessie dat hy exerceert de medecynen in de presentie van de vyf assesseurs facta est condemnatio in de amende van xx guldens per dominum superintendentem.
    21 Augustti.

Après cette condamnation, Neve quitta Bruxelles pour quelque temps.

Vers la même époque, le chirurgien du château de Vilvorde, nommé Van Vive, vint aussi exercer la médecine à Bruxelles; il avait même reçu de la vicomtesse d'Immerseel, demeurant près la porte de Hal, en face des Religieuses de St-Pierre, un présent ou un legs de sept ou huit cents florins. On le cita à comparaître devant le Collège présidé par le surintendant, mais il déclina la compétence de ce tribunal, parce qu'étant soldat, il ne relevait que du juge ou auditeur général de l'armée. Il en appela donc au tribunal militaire. On envoya toutes les pièces du procès au Conseil royal, qui venait d'être établi. Celui-ci les fit passer à l'auditeur-général Chérin pour avoir son avis. Mais celui-ci négligeant de terminer cette besogne, les docteurs de Rahier et Mariage furent députés vers lui pour le presser d'en finir avec cette affaire. Il envoya enfin son avis au Conseil royal, mais, après la bataille de Ramillies, ce Conseil fut dissous, le 21 juillet 1707, par le gouverneur Churchill. Grâce à cette dissolution, la poursuite fut abandonnée.

Le 17 avril 1705, le vicaire Florent Pauli étant mort à la suite d'une pleuropneumonie, on élut immédiatement à sa place le docteur de Rahier.

On était à la fin de l'année, et l'électeur de Bavière, autant pour calmer les esprits surexcités par le bruit de la guerre, que pour voir son frère l'électeur de Cologne, s'était rendu à Lille en Flandre. Rien ne fut négligé pour donner à cette visite tout l'éclat possible. Il y eut des fêtes, des discours, des divertissements le jour et la nuit. Mais ce qui réjouit le plus, ce furent les spectacles donnés sur les places publiques et même au palais par l'histrion Lescot avec sa femme, ses deux filles et une troupe d'acteurs et d'actrices. L'histrion gagna par là la bienveillance de l'électeur de Cologne, qui obtint pour lui de son hôte la permission d'ériger un théâtre à Bruxelles et d'y vendre publiquement ses remèdes contre tous les maux. Arrivé à Bruxelles, Lescot envoya sa femme au tribunal des médecins pour y montrer les attestations des villes de Paris, de Lyon, de Metz, de Lille, de Luxembourg et de Liége sur l'efficacité de ses remèdes. Le vicaire lui fit répondre qu'aux termes de l'ordonnance du roi, toutes ces pièces ne pouvaient lui donner la faculté de débiter ses médicaments à Bruxelles. Surpris de la fermeté du vicaire, Lescot envoya aussitôt à l'électeur la supplique suivante :

A Son Alteze Electorale,

Remontre tres humblement Jacque Lescot, opérateur privilegié de Lyon, qu'il souhaiterait pouvoir exposer dans les villes, bourgs et autres lieux des Pays-Bas espagnols ses remèdes pour le bien public, y faire les operations et cures qui sont de sa pratique, tant en public, qu'en particulier, et même faire representer par sa troupe des jeux et ballets avec toutte la modestie possible les festes et dimanches apres le service divin et aux autres jours par le moyen desquels en occupant les soldats, ils en empechent la desertion, offrant de monstrer les

patentes, certificats et attestations des gouverneurs et magistrats des
villes, ou il at eu l'honneur de paretre, mesme de la ville de Liége,
ou il at esté avec la permission de S. A. S. El. de Cologne, mais
comme il ne le peut faire sans la permission de Vostre A. El., il a
l'honneur de se retirer vers elle pour cet effect.

Ce consideré Monseigneur il plaira à vre Alteze electorale accorder
au suppliant la permission et le privilege de pouvoir vendre et debiter
dans touttes les villes et autres lieux dependant du vicariat de V. A. E.
ses remedes, y faire les cures et operations, qui sont de son art, et
y representer les jeux et balets pour le divertissement du public et
des trouppes, y dresser theatre sans permettre estre inquieté ny
molesté ordonnant pour cet effect aux sieurs gouverneurs, magistrats
et mayeurs des lieux de recevoir sans obstacle et mesme proteger le
suppliant en toutte occasion et luy prester toutte aide et faveur, le tout
estant pour l'utilité du public, quoy faisant etc.

L'électeur renvoya la supplique aux magistrats avec la lettre
qui suit :

Maximilien Emanuel par la grace de Dieu duc de la haute et basse
Baviere et du haut Palatinat, comte palatin du Rhin, grand Eschancon
du St—Empire et Electeur, Lantgrave de Lichtenbergh, vicaire
general des Pays-Bas.

Chers et bien amez. Nous vous envoyons cy enclose
la reqte presentee de la part de Jacque Lescot, vous ordonnant au
nom du Roy de la veoir et visiter, et sur ce qui se requiert nous
reserver de vre avis, atant chers et biens amez Dieu vous ait en sa
sainte garde, de Bruxles le 30 xbre 1705. Cette lettre était signée
Emanuel. Un peu plus bas se trouvait: D. Joseph de Arce. L'adresse
portait : A nos chers et bien amez les Amman, bourgmres, eschevins
et conseil de la ville de Brusselles. Le secrétaire de la ville y mit
l'appostille suivante: advys van het Collegium Medicum. actum 12
Januarii 1706 et signé : B. F. de Robiano.

Les médecins, ayant eu connaissance de ces deux pièces, répondirent :

Messieurs
Pour satisfaire aux ordres de vos Seigneuries du 12 janvier courant,

reservant d'avis sur la reqte de Jacque Lescot se disant operateur privilegie de la ville de Lion presentée a son A. El. et vous renvoyée tendante a pouvoir vendre, et debiter ses remedes dans cette ville, et autres des Pays-Bas de la domination du Roy, et a y faire les operations et cures, qui sont de sa pratique tant en public, qu'en particulier nous dirons avec deu respect et soubs correction tres humble, que les placcarts du Roy concernants l'art de la medecine et son exercice comme aussy les ordonnances politicques de Messieurs vos devanciers, emanees sur ce sujet y sont obstatifs, defendans rigoureusement aux charlatans et empiriques et generalement a tous ceux qui no sont point graduez dans les universités du Roy de s'immiscer dans les cures des malades, et de leur donner aucun remede interne de quelle nature il puisse estre sans preallable aveu ou conseil d'un medecin approuvé et admis à cet effect; le placcart de l'empereur Charlequint en date du 8 d'8bre de l'an 1540 les interdit positivement, celuy de l'archiduc Albert et Isabelle du 18 d'avril de l'an 1617 au tems de l'Archiduc Albert contient les mesmes defenses, et se trouve corroboré par les placcarts du 4 d'Avril de l'an 1628, du 10 7bre de l'an 1641, du 2 Avril 1642 et du 24 Mars de l'an 1681 emane soubs le gouvernement du prince de Parme, elles ont esté de nouveau recemment confirmées par le placcart du 27 Avril de l'an 1696, les statuts de Messieurs vos predecesseurs publiez en l'an 1650 pour le dit exercice de la medicine y sont tout a fait conformes et directement contrairs a la demande du remontrant, si autrefois on at donne dispense pour l'exercer, ce nat pas esté a des personnes non etudies qui presument effrontement de donner a tous venans des remedes internes de toutte qualité pour toutte sorte des maladies sans connoissance de cause, ny distinction des circonstances, mais aux veritables operateurs purement en veue du benefice a en revenir au public par la science et experience particuliere qu'ils peuvent avoir pour les operations extraordinaires, qui sont couper la pierre, la hernie, le chancre, le bec de lievre, lever la cataracte, faire la paracentese, et autres pareilles, ce qui ne peut avoir lieu icy, attendu la cecité du remontrant confessée par sa propre femme, de plus les remedes par luy vantez nont rien au dela du commun que des noms incognus, barbares et exotiques pour leurer le peuple et lui en faire accroire, c'est l'elixir de vie, qui est un electuaire, c'est la manne celeste, qui n'est que le

gutta gamba, remede violent a vomir reduit en tablette, l'onguent
emplastique, l'huile de copahu, l'eau capitale des Ottomans, et sa
confection des Grecs, et la pierre medicamenteuse de Crollius, en
outre les remedes de question se debitent pour la plus grande partie
en public pendant leur entrejeux et sont donnez aux malades sans
considerer les circonstances (sans avoir aucun egard aux complexions
quoyque tout a fait differentes) aux faibles comme aux robustes, aux
filles et femmes enceintes ou menstruantes, dans des contretems, que
l'acheteur ne peut aucunement distinguer, ny les mettre en usage avec
autant de prudence et de reflexion qu'il convient, et ce qui est a
remarquer ces remedes qu'ils font passer pour secrets afin de les
autoriser puissamment et de les rendre plus recommandables, ne sont
point soubs ce vain et specieux pretext suffisamment decouverts pour
etre examinez a fond comme ceux que les apotiquaires preparent et
distribuent ; de tout quoy resulte que l'on a lieu d'en apprehender
des mauvaises suites, puisque ce sont autant des couteaux tranchants
confiez aux enfans ou mis en mains des furibonds, sous l'appuy desquelles et autres raisons nous avons lieu d'esperer (attendu que c'est
une affaire de grandissime importance, luditur enim de corio humano)
que vos Seigries seront servies de ne rien determiner en prejudice des
edits royaux et de vos ordonnances au detriment du public et de
nre College erige soubs leurs auspices, et qui reclame leur protection,
nous sommes avec tres profond respect

Plus bas était :

Messieurs
Vos tres humbles et tres obeissants serviteurs, le prefect et assesseurs du college de medecine de cette ville de Brusselles.

Et signé : VANDERMAELEN.

Cette réponse, basée sur les lois en vigueur et pleine de sages
considérations sur le danger que courrait la santé publique si l'on
permettait le débit des médicaments à l'histrion Lescot, ne produisit pas l'effet qu'on en attendait. La pièce ayant été remise au
surintendant Lefebure, on ne sut pas ce qu'il en avait fait, mais

quelques jours après, on vit se dresser sur la place publique un immense théâtre avec des siéges des deux côtés pour la commodité des spectateurs. Les assesseurs, voyant que l'intendant français de Baignol, le général en chef de Villeroy, le bourgmestre et les échevins et même l'électeur favorisaient le charlatan, résolurent de fermer les yeux. Dans l'entretemps Lescot continuait d'attirer la foule au moyen de danses, de concerts et de déclamations. Il parlait très-correctement le français et réussissait assez bien à exposer l'anatomie et les phénomènes qui se rapportent à la digestion, le mouvement du chyle et la circulation du sang. Il faisait même quelques petits cadeaux aux autorités constituées et vendait au public une quantité considérable d'élixir et de baume. Le préfet, accompagné du vicaire et du syndic, crurent de leur devoir de se rendre chez le bourgmestre pour lui exposer le tort qu'un pareil scandale causait à la santé publique, et le prièrent de vouloir mettre à exécution les lois sur l'art de guérir. Le croirait-on? Ce magistrat leur répondit qu'il préférait quitter la capitale que d'expulser un pareil charlatan. Voilà donc ceux qui devaient protéger la santé publique et appliquer les lois, encourageant les charlatans et paralysant l'action du Collége des médecins.

Après avoir causé la mort de plusieurs personnes, le charlatan Lescot eut peur, dès que la nouvelle de la bataille de Ramillies se répandit à Bruxelles. Dès lors ses protecteurs disparurent, et, craignant d'être abandonné entièrement, il se rendit chez Churchill, gouverneur général de la ville et des armées confédérées, et il obtint de lui un délai de deux mois pour la vente de ses remèdes. Aussitôt les médecins s'assemblèrent et présentèrent à Churchill une requête ainsi conçue :

A Son Ex^{ce}

Le General Churchil.

Remontre tres humblement le College en corps des medecins de Brusselles, que non obstant que l'empereur Charle quint et nos autres princes souverains predecesseurs de Charle 5° ont fait emaner successivement plusieurs placcarts, par ou ils ont defendu rigoureusement a tous ceux qui ne sont promeus dans les universitez du Roy ny admis de pratiquer la medecine en terres de leur domination, il est que le nommé Jacque Lescot (qui se dit operateur de la ville de Lyon, s'emancipe de l'exercer dans cette ville, s'ingerant dans les cures de toutte sorte de maladies en mepris des edits royaux et au grand prejudice des remst et de leurs privileges, ce qui est directement opposé aux magnanimes desseins de S. A. Le Prince et Duc de Marlborourg qui avant son entree en ceste ville lat asseuré de la remestre dans la possession des privileges, cause que les remst ont recours a Vre Exce.

La suppliant tres humblement d'estre servie en confirmant leur privileges et les edits sacres de nos princes souverains concernans l'exercice de la medecine d'ordonner au dit Jacques Lescot de sy conformer punctuellement, l'interdisant en suitte de la pratiquer dans le district de la ville de Brusselles, quoy faisant, etc.

Le vicaire présenta cette requête en personne et il l'accompagna l'un discours à peu près en ces termes :

Monseigneur

Soubs l'appuy de l'equité et de la justice, qui vous sont naturelles nous, les medecins de cette ville avons prins la liberté de venir asseurer Vre Exce de nostres humbles respects, et la prier tres instamment d'ordonner le redressement des abus, et exces qui continuellement se commettent en cette ville a l'égard de l'exercice de l'art de la medecine par des personnes non qualifiez, notamment par Jacques Lescot qui se presume de faire icy le medecin, visitant les malades au detriment du public, en prejudice des privileges nous accordez et aux universitez du Roy, contre ses arrests sacrez et sa volonté expresse, nous esperons que Vre Ex^{ce} y donnerat les mains avec dautant plus de facilité que c'est l'intention de son A. le prince et le duc de Marlboroug , qui at bien voulu nous asseurcr de la jouissance entiere de tous nos anciens droits et privileges par la lettre envoyee avant son entree a Messieurs les estats de Brabant , et au magistrat de cette ville , et que Lescot est etranger sorti du pays ennemy , qu'il n'est pas raisonnable qu'on enleve largent des sujets du Roy pour ly transporter, ce sont les instantes prieres, que font avec profond respect.

Monseigneur

de V͞r͞e Ex^{ce}

Les tres humbles et tres obeissans serviteurs
les medecins de Brusselles.

On tarda à apostiller la requête. Le syndic reçut ordre d'en presser l'expédition ; il demanda qu'on lui adjoignît le vicaire. Ils se rendirent au palais ; le secrétaire Samby leur dit que l'apostille était prête et on les introduisit dans la chambre la plus reculée de l'édifice. Là, ils trouvèrent les députés des différentes provinces confédérées avec plusieurs autres seigneurs. Le secrétaire leur proposa une conférence avec le charlatan, croyant qu'ils n'oseraient l'accepter. Mais, forts de leurs droits , les deux médecins y consentirent, et à peine Lescot fut-il introduit qu'ils commencèrent l'attaque. Il est intéressant de connaître le récit que le vicaire a fait de cette conférence, nous lui cèderons la parole : « Conquereris, inquiunt, Lescot,
» de nimio zelo , quem habent assessores, conservandorum Collegii
» jurium ac unanimi opera ac labore , ut tui et tuorum exitum
» procurent et urgeant ; at nobis æquiori ratione declamare licet
» in obstinatam tuam tamdiu hic debacchandi impuneque cru-
» menas emulgendi pertinaciam. Quousque tandem abuteris beni-
» gnâ, qua erga te usi sunt, conniventia? patere jam machina-
» tiones ac imposturas tuas non vides? non te movent tot promissæ
» sine effectu morborum sanationes, pro quibus tamen 6 , 8 , 12 ,
» 15 dublones, imo viginti, dolose, ut non dicam, furtive extorsisti?

, Non te angunt consanguineorum de elargiti spe salutis ac
, convalescentiæ auri jactura clamores ac querimoniæ? An non
, times refundendas quas anticipari ac fraudulenter erogari voluisti
, pecuniarum summas? Factæ sunt luce clariores malversationes
, tuæ; erubesce velle hic ulterius magnatibus, civibus, rusticis
, ac militibus imponere : sat superque nota magnifica achyperbo-
, lica tua plena fuco ac fraudibus præconia ac ostentamina. ,

Le charlatan, sans se troubler, répondit « Cognitam habeo analy-
, sim corporis humani, morborum causarum ac symptomatum ; ,
, idque probaturus insurgit in assessores effrons sycophanta ac
, provocat impudenter totam collegarum coronam sibi soli si-
, mul et semel opponendam ; , compareant junctim, inquit, quot
, quot sunt, et ineant mecum certamen, mille mihi sunt dublo-
, nes huc convertendi, parilis ipsi summæ periculum faciant,
, utramque nanciscitur, si commissos sibi viginti ægrotos ad
, sanitatem prius quam ego viginti meos perduxerit, sin
, secus faxit, utraque ego potiar. , Le vicaire, repoussant avec
dignité l'insulte faite au corps médical : , Tunc, inquit, audebis
, tot medicos, solidæ ac laudatæ praxeos et scientiæ viros, con-
, vocare in prælium, qui Latinæ Minervæ palatia ne a limine quidem
, salutasti, pudeat te trahonico fastu omnes aggredi, qui uni
, soli es impar : præsto ego sum tecum certare uterque exponat
, tantummodo 50 pro sua parte, tota summa faciente 100
, dublones, et hinc adeamus illico nosocomium, et videbitur quis
, consignatam utrimque summam reportabit? ,

Le charlatan Lescot, effrayé du défi du vicaire, avoua humblement son ignorance et demanda, les larmes aux yeux, qu'on lui
accorda un délai de quelques semaines pour recouvrer, par la vente
de ses drogues, les dépenses qu'il avait faites pour la construction

de son théâtre. A la demande du secrétaire, le Collége médical
lui accorda quinze jours. A l'expiration de ce temps, Lescot répandit
le bruit qu'il n'avait mis le secrétaire dans ses intérêts qu'en lui
donnant la somme de quatorze pistoles. Celui-ci, irrité de tant
d'impudence, ordonna au charlatan de quitter immédiatement la
capitale. Lescot essaya en vain de monter son théâtre à Gand et à
Anvers. Alors il répandit sa troupe dans la ville pour y débiter ses
remèdes. Mais le surintendant du Collége ayant menacé de la
prison tous ceux qui continueraient cet indigne trafic, Lescot
disparut. Ainsi, ajoute le syndic, on peut dire que le gouvernement des confédérés ne fut profitable aux charlatans que pendant
un temps fort court. Nous ajouterons que c'est grâce au zèle
déployé par les assesseurs du Collége que la santé publique ne
reçut pas d'atteintes plus graves par les nombreux charlatans qui
se traînaient à la suite des armées confédérées.

Le 1 août 1704, le charlatan François Neve avait été condamné
à l'amende pour exercice illégal de l'art de guérir, et il s'était enfui,
sans payer. Sachant que les assesseurs étaient renouvelés partiel-
lement tous les ans, il s'était, sans doute, imaginé que les nouveaux
titulaires ne se rappelleraient pas les événements de la vingt-cinquième préfecture. Il vint de nouveau à Bruxelles vers la fin du
mois de mars 1706, et, pour se mettre à couvert, il eut soin de
présenter aussitôt à Son Altesse électorale la supplique suivante :

A Son Altesse Electorale.

Remontre en tres profond respect Francois Neve, natif de Douay
en Flandre fils d'ancien operateur pour les maux veneriens, des rompures et descentes des boyaux, lequel demande tres humblement la
permission a V. A. E. de travailler dans les villes appartenantes a
S. M. C. sans aucune opposition de qui que ce soit pour y faire les
cures des dites maladies, dont partie des trouppes sont attaquez, et

ne peuvent estre soulagez et gueris faute de personnes experimentez,
et comme cet art est independant de la medecine estant des secrets
particuliers, il at recours à la bonté de V. A. E. pour qu'il aye
aggreable de luy vouloir accorder la dite permission, c'est la grace
qu'il attend, et priera Dieu pour la santé et prosperité de vostre
Altesse Electorale. au dos estait Francois Neve, pour les cures des
maladies secretes et des rompures.

et estoit appointé — advis de ceux du College des medecins en cette
ville, etc., le 13 d'Avril 1706.

Sensuit la lettre de renvoy en copie

Le Roy

Chers et ames

Nous vous envoyons cy enclose la reqte presentee de la part de
Francois Neve afin de la veoir et visiter, et sur ce qui se requiert
nous reservir ou ceux de nre conseil Royal de vre advis, a tant chers
et ames nre Seigr vous ait en sa ste garde, de Bruxelles le 13 d'Avril
1706. signé Dr Joseph de Arée et la superscription a nos chers et
ames ceux du College des medecins en nre ville de Brusselles.

Voici la réponse des assesseurs du Collége à la requête du
charlatan. Elle fait voir qu'ils n'étaient pas dupes de ses manéges,
et que le bien de l'humanité souffrante n'en était pas le but :

Sire

Reservant d'avis a celle, dont il vous at pleu nous honorer en date
du 13 du courant au regard de la reqte presentee a S. A. E. de la
part de Francois Neve, tendante a obtenir permission de travailler
dans les villes appartenantes a Vre Mte sans opposition que ce soit,
pour y faire les cures des rompures ou descentes des boyaux, des
maux veneriens, dont il dit partie des troupes etre attaquez, nous
dirons avec tout respect, que nous avons sujet de soupçonner que le
remontrant nagit pas en ce a la bonne foy, attendu que par la dite
rqte il se restreint a vouloir curer seulement deux differents maux
(dont le premier concerne la chyrurgie et le second aussi du moins
en partie) pendant qu'il fait distribuer par toutte la ville de jour en
jour des billets en grand nombre, l un desquels est icy joint, par ou
il publie qu'il est en cette ville pour guerir touttes sortes de maladies

y faisant un denombrement pompeux de 30 a 40 differentes, y mepri-
sant les medecins en des termes injurieux, les maladies abandonnées des medecins ne luy sont pas tout a fait incurables,
car ce sont celles que le dit Sr Neve traite tous les jours,
un bourgeois ne vient entre ses mains qu'apres ne scavoir que faire de
son medecin, et desuitte il dit, le Sr Neve at ete encor en cette ville,
dont il a traité grand nombre de malades et affligez dans leurs der-
nieres extremitez et plus outre le suivant, et comme messieurs les
medecins du college de ce tems la etaient envieux de voir des
lumieres briller dans leur propre demeure, ils ont fait leur possible
pour empescher les travaux du Sr Neve ; ce manege fait veoir qu'il y
at anguille soubs roche, et que le procede du dit Neve n'est pas sans
dole et sans malice ; il a preveu qua la veue de ces vilains billets nous ne
manquerions pas de porter a V̄re Māte nos justes plaintes de sa mauvaise
conduite (afin de le faire amender comme transgresseur des edits
royaux prohibitifs des exces, qu'il at icy commis impunement l'espace
de plusieurs annees, et desuitte de l'interdire de les continuer au
futur) comme ont fait avec justice nos devanciers, contre qui il sescrie
avec tant d'effronterie et de mepris dans ses dits billets, et pour parer
ce coup, et en prevenir les suites, il s est avise malitieusement de
presenter la reqte en question pour avoir lieu de se prevaloir de cette
permission a obtenir, quoy qu'elle seroit bornee, et s'en servir generalement pour curer touttes sortes de maladies conformement a ses
dits billets dispersez et par ainsi continuer a eluder les defenses royales
tant de fois reiterees, en faveur des universitez du Roy, et de ceux qui
y sont deuement promovez, et pour d'autant plus cacher son mauvais
dessein, il vient par le memorial cy-joint nous imposer que son
desir est de sortir de Brusselles pour aller du cote d'Espagne,
et que sa demande quant aux maux veneriens ne regarde que
les militaires, quoy que ces billets font preuve du contraire, de quoy
nous en sommes encor informez dailleurs, cause qu'il merite (soubs
correction tres humble) d'etre esconduit de sa demande dautant plus
qu'il nyat pas icy faute (comme il allegue frauduleusement) des personnes experimentez et deuement qualifiez pour la cure des deux
maux repris dans sa reqt que si V̄re Māte ce non obstant est servie
de le recevoir favorablement l'on espere quelle luy ordonnerat de

docer de sa capacité , et de faire veoir sa methode et ses remedes ou compositions, comme il offre, nous remettons cependant le tout au tres pourveu jugement de V̄re Mat̄ᵉ, ce serat tousjours pour nous un plaisir tres sensible de nous y conformer , et d'etre a jamais

    Sire

  de V̄re Majesté

  Les tres humbles et tres obeissans serviteurs et sujets,

  Le prefect et Assesseurs du College des medecins en cette ville de Brusselles. En bas estoit : Par ord^ᶜᵉ et signé VANDERMAELEN.

François Neve, ayant eu connaissance de la réponse du Collége, quitta furtivement Bruxelles et n'y reparut plus.

A peine cette affaire était-elle terminée, qu'une autre venait déjà de surgir. Le père Avertin et le frère Ambroise, deux carmes déchaussés du couvent de Bruxelles , s'étaient permis d'exercer la médecine. Prévenus qu'ils seraient poursuivis , s'ils continuaient à voir des malades, ils ne tinrent aucun compte de ces avertissements.

Les assesseurs , voyant que leurs démarches n'avaient pas abouti, résolurent de s'adresser directement à l'archevêque de Malines. Une députation, composée de trois médecins, les docteurs De Rahier, Cortens et Ghysbrechts, se rendit auprès du prélat pour lui exposer l'affaire. Celui-ci renvoya les députés au supérieur de l'ordre des carmes, en disant qu'il n'avait aucune autorité sur ces religieux. Les députés allèrent trouver aussitôt ce supérieur, qui promit qu'il donnerait immédiatement ses ordres pour que les carmes cessassent de s'immiscer dans l'exercice de la médecine. Mais promettre et tenir sont deux : la promesse du supérieur ne produisit pas le moindre résultat. Las d'attendre, les assesseurs résolurent de s'adresser au Conseil de Brabant, afin de provoquer une confirmation nouvelle et générale des lois éma-

nées contre tous les transgresseurs des lois sur l'art de guérir.
Comme les apostilles favorables du Conseil de Brabant se faisaient
un peu attendre, l'assesseur Ghysbrechts, de son propre chef, fit
rédiger une seconde supplique, qu'il envoya à la même adresse.
Les autres assesseurs du Collége n'approuvèrent pas cet acte,
parce qu'il avait coûté la somme de quarante florins, et que l'état
des finances de la corporation n'était rien moins que favorable.
Voici textuellement la supplique adressée à l'autorité supérieure,
accompagnée des apostilles :

Au Roy,

En son Conseil ordonné en brabant,

Remontrent tres humblement les prefect et autres assesseurs du
College des medecins de cette ville de Brusselles au nom du corps
entier, que nos princes souverains n'ayans rien plus a cœur que le
salut et la conservation du peuple ont eu de tout temps un soin tres
particulier, qu'il ne fut malheureusement exposé a la mauvaise et
pernicieuse pratique des idiots presumptueux, qui par des ostentations
trompeuses s'insinuent dans l'esprit de ceux qui n'ont pas assé de
penetration pour decouvrir leur malice, et s'ingerent effrontement a
les traiter et curer, mais qu'il fut quant a ce point commis à la prudente
conduite des gens scavans graduez et experimentez dans l'art et science
de la medecine, a quel effect ils ont erige des universitez, y accordez
des privileges, exemptions et autres avantages tres considerables, et
y etabli des ecoles les pourvoyants de tres bons maistres, d'ou sortent
sans cesse comme d'une pepiniere tres fertile des medecins tres
capables en grand nombre, qui animez par la munificence des dits
princes souverains, et par la douce esperance de recueillir un jour le
fruit de leur veiles, de leur labeur et depenses, ont employé une
partie de leur substance afin d'y acquerir par une application continuelle de plusieurs annees le pretieux tresor de la science a retablir la
santé et conserver la vie de l'homme, qui est le plus util ornement
du bien public, comme aussy afin dy prendre le degré de promotion
pour avoir la faculté de pratiquer librement la medecine dans toute

l'étendue des terres de Sa Ma^te. ce qui est rigoureusement defendu a tous ceux qui ny sont graduez par autant des placcarts, qu il y en at d'emanez concernants l'exercice de la medecine au temps de Charles Second et de ses augustes predecesseurs, rapport a celuy de l'empereur Charles Quint en daete du 8 d'8bre de l'an 1540 et autres suivans, comme a celui de l'archiduc Albert du 18 avril de l'an 1628 a ceux du 10 7bre de l'an 1641 et du 2 avril de l'an 1642 confirmatifs du precedent, et a celui du prince de Parme du 24 mars de l'an 1681 aussi a celui du 27 avril de l'an 1696, et quoy que l'on avoit lieu d'esperer que par la vigilance de ceux a qui il incombe privativement de veiller au redressement de tant d'abus enormes, qui se sont commis dans le dit exercice, l'on voit avec douleur que les dits placcarts ont autant de fois estez meprisez et foulez, qu'ils ont etez reiterez, sans que jusqu'a present les prevaricateurs ayent eu la correction y decernee ou que l'on y ait apporté le moindre remede, nonobstant les plaintes differentes que lon at fait a cet effet, tout au contraire, la presumption et le desordre vat de plus en plus croissant et est venu a ce point d'exces, qu'il se trouve aujourd'huy un nombre infini de personnes des deux sexes, de tout age et condition, qui sans etude et experience sans degré de promotion dans les universitez du Roy, a la destruction d'icelles, au grand detriment du publicq, et en mepris des enfans de l'art par une effronterie et temerité punissable osent s'immiscer indifferement dans les cures de toutte sorte de maladie, meme les plus difficiles et dangereuses donnant des remedes internes de toute qualité, et aucune fois opposée, d'ou procedent souvent des accidens tres facheux et la mort meme, les exemples en etant fort frequents, et comme il est de la dernière importance qu'il y soit incessament pourveu, les remonstrans en veue du bien publicq, et en acquis de leur conscience se trouvent obligez de prendre recours a V^re Ma^te.

La suppliant tres humblement d'etre servie de renouveler les defences royales touchant l'exercice de la medecine par edit nouveau, ou autrement interdire a toute personne de quelle condition il puisse estre de donner ou faire donner aucun remede interne, purgatif, vomitif, antimoniel, mercuriel ou autre de quelle qualité ou opération il puisse etre, ou s'eriger autrement en medecin dans le district de cette ville de Brusselles sans etre admis a cet effect et gradué dans les universitez susdites soubs les peines portees ez placcarts du 24 mars de l'an 1681 et du 27 avril de l'an 1696 ordonnant au conseillier et procureur general de Brabant de proceder sans delay contre les contraventeurs selon la rigueur des placcarts sans aucun port ny faveur quoy faisant &c. etoit signé MACLOT.

Copie des appûts margez sur la req̄te des prefect et autres assesseurs du college des medecins de cette ville de Brusselles au nom du corps entier.

Premier apput.

Advis de l'office fiscal pour &c. actum 28 septembris 1706. signé L. VERHAGEN..

Deuxième apput.

Veu l'advis de l'office fiscal la cour ordonne au conseillier et procureur gnal de proceder contre les contraventeurs des placcarts cy mentionnez selon leur forme et teneur, actum 13 d'8bre 1706. paraphe GRYSP. Vt. Signé L. VERHAGEN.

L'insinuation de la rq̄te cy dessus mentionnée est faite par copie par moy soubsigné premier huissier le 26 d'8bre 1706 au procureur Antoni pour le Seigr consr procureur gnal, tesmoin et signé P. DE BACKER.

Comme on le voit, l'acte du Conseil de Brabant n'est que la confirmation des lois antérieures, promulguées par les souverains des Pays-Bas.

Le 14 septembre 1706, Balthasar-Albert Van der Maelen fut élu greffier du Collége, en remplacement de son père.

Vingt-septième Préfecture. 1707-1709.

Si le vicaire a fait connaître avec quelque détail les événements arrivés dans la préfecture qui précède, le docteur de Mariage a été, au contraire, très-laconique dans son histoire de la présente préfecture.

Pendant l'hiver, un charlatan avait construit un théâtre et

vendait des remèdes. Cité par les assesseurs, il leur rit au nez en exhibant une permission de l'amman de Bruxelles. Irrités de cette conduite, les assesseurs s'adressèrent au Conseil de Brabant pour obtenir l'exécution des lois qu'il venait de renouveler. Le Conseil suprême fit condamner le délinquant, qui partit avec l'armée confédérée.

Le vicaire dit qu'un procès contre l'abbé de Coudenberg et celui contre le père Avertin n'ont pu être continués, à cause de la pénurie du trésor du Collége. L'histoire de cette préfecture se termine par l'énumération des nouveaux médecins, l'inscription des pharmaciens, des chirurgiens et des sages-femmes.

Vingt-huitième Préfecture. 1709-1711.

Le docteur François Huygens, historien de cette préfecture, nous fait connaître que, pendant son vicariat, aucune affaire remarquable ne s'est présentée. Le docteur Hessius, d'Amsterdam, promu dans une université étrangère, se présenta, conformément aux lois, à subir son examen devant les assesseurs. Après un rigoureux examen, le docteur hollandais fut admis et avoua qu'il avait été étonné du profond savoir des médecins bruxellois.

Vingt-neuvième Préfecture. 1711-1713.

Dans cette préfecture, le vicaire n'a donné que quelques lignes sur le procès du carme Avertin. Il paraît que les finances du Collége ont permis de poursuivre ce moine, puisque nous y trouvons que le Conseil de Brabant, sur la requête des médecins, a donné gain de cause au Collége, mais avec une restriction qui prouve que les jurisconsultes du Conseil suprème de Brabant ne savaient pas faire une application impartiale des lois contre l'exercice illégal de la médecine. Ces fausses applications sont regrettables ; malheureusement elles ont encore lieu de nos jours ; et elles ne cesseront que lorsque les associations médicales se déclareront partie civile, comme nous le voyons pratiquer dans un pays voisin par l'*Association générale des médecins de France*, sous la présidence de l'illustre docteur Rayer.

Le père Avertin fut condamné à une amende de cent écus et aux frais, comme il conste par la pièce qui suit :

> Veu au Conseil d'Estat commis au Gouvernement General des Pays-Bas le different y meu entre ceux du College de medecine en cette ville de Bruxelles suppliants par requeste du 30 d'aoust 1710 d'une part, le pere Avertin rescribent, d'autre, instruit jusques a duplicque inclusivement, Sa Majeste Imperiale et Royale declare que la permission du 30 d'avril 1695 vient a cesser interdit au rescribent de faire aucune practique de la medecine et pharmacie a peine de cent escus d'amende ou autre selon l'exigence du cas a chaque contravention ; pourront neanmoins les malades atteints d'une maladie, dont ils ou leurs parents croiroient que le rescribent auroit quelque connoissance et pour laquelle il auroit quelque remede particulier, le representer a ce Conseil et y demander permission pour l'appeller pres du malade, condemnent le rescribent aux despens ; fait au dit Conseil d'estat le 9 de l'an 1712.

Malheureusement le père Avertin disait qu'il n'était pas en état de payer, vu le vœu de pauvreté auquel il était astreint. Le vicaire ajoute : «ainsi les assesseurs, malgré le gain de leur cause, furent obligés de payer tous les frais du procès. »

Au commencement du troisième volume des archives manuscrites du Collége médical se trouve un article intitulé : *Prœmium*

reflectivum pro singulis vicariis commentarium inchoantibus.
Dans cette pièce le docteur Guillaume Vander Stricht, vicaire du
Collége, redresse quelques erreurs commises par ses prédécesseurs
dans l'énumération des préfectures. Ainsi, en 1659, la préfecture
n'a pas été renouvelée par l'élection, mais continuée à cause des
circonstances difficiles dans lesquelles on se trouvait, de sorte
que cette préfecture, qui est intitulée la cinquième, doit être considérée comme la sixième.

En 1670, la onzième préfecture, quoique renouvelée par l'élection,
fut continuée pour une année, parce que les assesseurs s'occupaient
de la composition d'une nouvelle pharmacopée. En 1698, tous les
assesseurs furent de nouveau continués dans leurs fonctions par
suite des circonstances malheureuses de la cité, de manière que la
vingtième préfecture ne commença que le 14 octobre 1700. De tout
ce qui précède et surtout d'une certaine pièce des archives qu'on
nommait *rolle van 't collegie* (catalogue des membres du Collége)
il résulte que la préfecture, qui commence le 14 octobre 1714
et finit le 10 octobre 1716, doit être considérée comme la trente-
deuxième du Collége. Comme nous n'avons pas eu à notre disposition le catalogue manuscrit des membres, nous n'avons pas pu
vérifier l'exactitude des assertions du vicaire Vander Stricht.
Toutefois il paraîtra fort singulier que cette erreur dans l'énumération des préfectures n'ait pas été redressée plus tôt.

Trente-deuxième Préfecture. 1714-1716.

Ce fut pendant cette préfecture qu'eut lieu la conclusion du
néfaste *traité de la barrière* (15 novembre 1715). Dès lors cessa
l'équivoque position dans laquelle notre patrie se trouvait depuis
près de quinze ans. Charles III, devenu, par la mort de son

frère Joseph I, empereur sous le nom de Charles VI, donna le gouvernement général des Pays-Bas au prince Eugène de Savoie, et celui-ci s'y fit représenter par le marquis de Prié. Dès lors commença, pour notre pays, le régime autrichien qui dura jusqu'à la dissolution du Collége en 1794.

La première chose remarquable qui s'offre à nous dans cette préfecture, c'est un nouveau règlement d'ordre intérieur, dans lequel plusieurs points très-utiles se trouvent stipulés. Plût à Dieu que ces divers articles eussent toujours été observés ! Nous n'aurions pas été privés de plusieurs particularités qui, sans aucun doute, auraient pu servir d'instruction à leurs successeurs. Voici cette pièce :

1.

Nulli deinceps Collegii medici assessori, aut alteri albo collegii inscripto medico, licebit librum aliquem Collegii sive commentarium sive alium quempiam, pariterque scripta seu chartas aliquas domi suæ habere, nisi prius eodem die, quo aliquid eorum secum conferendi licentiam habuerit, binas tradiderit scedulas idem fatentes propria ferentis syngraphâ subsignatas, unam graphæo, alteram dño præfecto, quæ reddentur redditis reddendis.

2.

Observabunt imposterum commentores locum marginalibus annotandis relinquere in commentario.

3.

Commentores ad exemplum prædecessorum exactum sui biennii indicem in fine adjungent.

4.

Ex monito commentoris commentarii primi pagina 68 et 69 nasutiores imposterum sint Collegii medici assessores ne umquam permittant responsa Collegii, aut resolutiones per scribam scripto alicui judici tradere priusquam singuli assessores scriptum examinaverint; et in re gravis momenti (ne dolus fiat) non prius tradet illud Collegii scriba judici, quam vel praefecti aut illius vicarii syngrapha fuerit notatum.

5.

Quotannis commentarii habebitur ab assessoribus Collegii medici inspectio, ut quae desunt, aut difficulter reperiri vel fieri poterant ab illius anni commentore, ope et consilio assessorum assequi et fieri possint.

6.

Officium Graphaei, et bedelli Collegii medici deinceps scripto conservabitur in Collegio, ut quae et quot pro stipendio facere vel non facere teneantur, nullus ignoret et vitentur altercationes ea de causa saepe in Collegio nostro subortae.

7.

Formulae declarationum, resolutionum etc. Collegii medici servabuntur scripto in eodem ne ullus per scribam committatur error.

8.

Admisso quopiam a Collegio medico, non discedent assessores, priusquam per syndicum et scribam admissi ejusque diei facta fuerit annotatio.

9.

Discedente, vel e vivis migrante medico illius diei per syndicum et scribam fiet annotatio.

10.

Omnium Collegii Archivorum, librorum, etc. fiet catalogus quotannis (si necessum fuerit) augendus.

11.

Quotannua fiet a denominandis per Dominum praefectum e numero assessorum visitatio archivorum, librorum etc. cum relatione ad catalogum his confectum.

12.

Nullae fient in Collegio admissiones pariterque nullus praestabit juramentum, priusquam singulis Collegii assessoribus illud innotuerit, nec licebit quemquam admittere sine praevio oblato libello supplici.

13.

Resoluti)nes a Collegio et responsa non fient nisi scripto petita, numeratâque pecuniâ.

14.

Ut commentaria a nemine possint variari aliquo in loco, Collegii assessoribus notum sit primum commentarium constare foliis uno latere arithmetico numero notatis centum et sexaginta quatuor undequaque conscriptis.

Secundum vero commentarium trecentis et uno foliis utroque latere notatis et conscriptis tantum ducentis et quinquaginta quinque undequaque repletis.

Quæ approbatæ sunt leges a Nobill. et Amplis D^{no} superintendente Collegioque medico et erat signatum :

F. G. Lasso superintendens Collegii medici Brux.

Petrus Franc. De Bierthe præfectus.

Melchior Ignat^e Cortens vicarius.

Matth. De Rahier assessor.

Gs. Vuye visitator.

F. De Bruyn syndicus

me præsente

B. A. Vander Malen ut scriba die 26 aprilis 1714.

Le 19 novembre 1714 mourut le quatrième bedeau du Collége, Maximilien du Jehet. Il avait fait beaucoup de tort au Collége ; oubliant son serment, il vendait tous les secrets aux pharmaciens, même pour un verre de bierre. L'élection d'un nouveau titulaire causa les plus grands embarras aux assesseurs. Les deux examinateurs des pharmaciens, qui faisaient partie du Collége assessoral, élevèrent la singulière prétention de concourir à l'élection du bedeau. Ils exigeaient, contrairement à l'article cinq des statuts, que leurs deux voix équivalussent aux six voix des médecins assesseurs. Le surintendant se trouvait alors à Bruges. A son retour on convoqua tous les médecins pour procéder à l'élection, mais il s'y opposa, parce que, dans le billet de convo-

cation, on n'avait pas inséré l'objet pour lequel on s'assemblait.
Nouvelle convocation la semaine d'après ; nouvelle opposition de la
part du surintendant, à qui les pharmaciens avaient fait accroire
qu'en vertu d'un concordat de 1664, ils avaient le droit de concourir à l'élection du bedeau et du greffier. Après l'expiration du
terme fixé pour l'exhibition de cette prétendue pièce, ils présentèrent une supplique aux magistrats de Bruxelles pour obtenir ce
droit de vote qu'ils avaient prétendu posséder, mais les assesseurs
s'adressèrent de leur côté, le 21 janvier 1715, au Conseil de
Brabant pour obtenir la confirmation de leurs anciens priviléges. Le conseiller Wynants leur accorda les *lettres de maintenue*
qui suivent :

CHARLES par la grace de Dieu Empereur des Romains toujours
Auguste Roy de Castille, de Leon, d'Arragon etc. Archiducq d'Aus-
triche, ducq de Bourgoigne, de Lothier, de Brabant etc. au premier
des huissiers de nostre Conseil ordonne en Brabant salut, reseu avons
la supplication du prefect et assesseurs du stricte College de la medecine de nostre ville de Bruxelles contenante que la place d'hussier
vulgo knaep du dit College estant vacante depuis six septmaines, ou
aux environs, les Apoticaires les avoient empesche d'en choisir un autre,
pretendant d'entrevenir et d'avoir voix au choix, mais sans fondament, d'autant qu'ils ne montreroient pas d'avoir jamais entrevenu
au choix et collation d'aucun office du dit College, lequel apparte-
noit, et avoit toujours appartenu au surintendant, et aux assesseurs
du mesme College, raporta l'ar$\overline{le}$ 5 des ordonances dont le cahier estoit
joint qui n'appeloit au dit choix que le surintendent et les assesseurs,
entre lesquels n'estoient compris aucuns apoticaires, qui n'estoient pas
consideres comme tels veu que selon l'ar$\overline{le}$ 2 de la mesme ordonance
le dit College estoit compose d'un surintendent, et six assesseurs ou
conseilliers qui doivent estre docteurs ou medecins graduez suivant
qu'il estoit clairement exprime au mesme article, dans lequel il estoit
donné a chacun assesseur le titre de sa fonction, sans qu'il fut fait
aucune mention des apoticaires qui n'avoient entré au College qu'une

fois par mois , pour les causes qui les regardoient et leur metier ,
ainsy qu'est parut par l'article 13 d'ou on voioit qu'ils n'estoient pas
du College pour y donner leur advis lorsque le cas se presentoit
pour lequel ils n'avoient aucun titre , et qu'il ne leur avoit jamais
appartenu , et comme les supplts depuis l'erection du College avoient
tousjours esté dans une paisible possession de choisir et conferer laditte
place de Knaep lors qu'elle vaquoit a l'exclusion des dits apoticaires qui
n'y avoient jamais intervenu , ils prirent leur recours vers nostre dit
Conseil qui avoit examiné et conferé les dittes ordonances dont l'acte
estoit couche au bas d'icelles en date du 28 d'avril 1650 suppliant
tres humblement qu'il fut servy de leur accorder lettres de maintenue,
informa pour ce est il que nous ce que dessus consideré vous mandons
et commettons par icelles que s'il vous appert de la possession des dits
supplets ensemble des troubles et empeschements leur en ce faits come
dit est tant que peut suffire, en ce cas, appelez prealablement les dits
apoticaires de nostre ville de Bruxelles, et tous autres qui pour ce seront
a appeler et dont de la part des dits suppliants requis serez tel jour ,
heure et lieu qu'il appartiendra, et leur assignerez, maintenez, gardez,
ou faites maintenir ou garder de par nous les dits suppliants en la
possession de choisir et conferer la place de knaep cy dessus plus
amplement mentionée, faisant expres commandement de par nous
aux susdits apoticaires, et a touts autres qu'il appartiendra, et dont de
la part que dessus requis serez, qu'ils facent souffrent et laissent les
dits suppts paisiblement jouir et posseder le dit choix et collation de la
place de Knaep, ensemble des fruits et proffits y appartenants, ostant
reparant et mettant a neans tous troubles et empeschements faits ou
baillez aux dits suppliants en la ditte possession , et se deportent en
ce les troubler d'avantage en aucune maniere ou les constraignant a
oter et reparer les dits troubles et empeschements par toutes voyes et
manieres de contraintes deues et raisonables , et en cas d'opposition
refus ou dilay, adjournez les opposants refusants ou dilayants a comparoir a certain et competant iour par devant tres chers et feaux les
chancelier et gens de notre dit Conseil de Brabant pour y dire et declarer les raisons d'opposition, refus ou dilay, respondre et proceder avant
ainsi qu'il appartiendra, en certifiant suffisamment au dit jour nos
dits chanceliers et gens de Conseil de ce qui fait en aurez lesquels mandons ou commettons qu'aux parties icelles ouies ils fassent brief droict

et expedition, ou de justice car ainsy nous plaist–il, donne en notre ville de Bruxelles soubs le grand seil que feu notre Seig^r oncle et cousin de glorieuse memoire Charles second que Dieu absolve at usé en ce pays de par de ca, et nous userons tant que le notre sera gravé, le vingt–deuxième du mois de janvier 1715. SS. GRYPS. V.

    (Signé)   Par l'Empereur
            En son Conseil.
              J. VANDERLINDEN.

Le 23 janvier, le premier huissier du Conseil de Brabant cita le pharmacien Massart à se présenter avec un aide au Collége médical. Ils ne répondirent pas, mais ils protestèrent par acte dressé par le notaire Van de Voodt, comme il conste de cet extrait des minutes du Conseil de Brabant :

    Les Prefect et assesseurs du stricte College de medecine en ceste ville des Bruxelles impts

    Les maitres des preuves des Apotiquaires de ceste ville adnez.

Desmares voor de impten, Catz voor de Gde, Desmares proponnerende doet verhalen den inhonden van syne opene brieven van maintenue der date twee en twintighste January seventien hondert vyftien geparaphert Grysp. vt onderteekent L. Vanderlinden gesegelt in forma ende concluderende contendert tot interinement van de bevelen daer inne begrepen et alias pro ut in mandato, ende ingevalle van proces tot recredentie cum expensis, damnis et interesse oft dat andersints etc. communicerende aen Catz syne brieven relaes, boek ende procuratie dagh ? Catz ongeprejudiciert in alles ad xvam

              den 13 February 1715

Catz voor de gedaegde seght dat syne mrs hun niet en hebben willen opponeren nochte en verstaen te opponeren tegens de brieven van maintenue by de impetranten becomen den 22 January lestleden, daer soo hebben sy geprotesteert soo sy andermael protesteren van geheel endé ongeprejudiciert te blyven ten petitoire, ende alsoo om hun te adresseren aen de wethouderen der selve ten eynde van interpretatie ampliatie ofte vermeerderinghe van hunne ordonantie van den jaere 1664 versoekende dien volgende oorlof van de hove met corsten, doende aen Desmarets visie van syne procuratie, hem restituerende syn gecedeerde dagh a Desmarets ad xvm

Den 29 February 1715

Desmarets accepteert het verclaeren van Catz gedaen ter rolle van den 13 deser in sub lugulatis versoeckende daer van acte ende decretement cum expensis, als behelsende eene formele condescenderinge in de conclusie door d'impetranten genomen op de voet van de brieven van maintenue hier te boven verworven, Catz persistert als by syne acte ende verclaeren van den voorgaenden dagh cum expensis ende Desmarets als boven G. P. Is geappointert dat Catz sal gestaen met syn verclaeren compensatis expensis   erat signatum.

G. Schouten.

Le 24 janvier, le dit huissier permit aux assesseurs de procéder à l'élection. Voici la formule qu'il employa : *Ego P. C. Backer, nomine sacræ cæsareæ ac catholicæ Majestatis vos sex Collegii medici assessores cum domino* superintendente *in electione novi Collegii famuli confirmo.* Les deux visiteurs et le syndic avaient comploté pour élire Lambert Chade, les trois autres assesseurs portèrent leurs voix sur Zacharie De Vriese. Le surintendant décida en faveur du premier. Cependant les pharmaciens représentèrent leur supplique aux magistrats de Bruxelles qui l'appointèrent comme suit : *Sy dese ghestelt in handen van de doctoren, ten eynde van hun advies over te brengen binnen dry daghen. Actum, 29 februarii 1715.* Les médecins, dédaignant de répondre, furent invités à donner, endéans les deux fois vingt-quatre heures, leur avis sur la supplique des pharmaciens :

Myne heere die wethouderen der stadt Brussele ordoneren iterativelyck aen het Collegium medicum van over te senden hun advies op de requeste die hun is geinsinueert van wegens de appotekers tusschen heden ende twee mael vier en twintigh huren op pene van naedere provisie actum den 5 Aprilis 1715 signatum

A. De Frays.

La réponse du Collége ferma la bouche aux pharmaciens. Cependant le magistrat de la capitale accorda à ceux-ci leur demande par l'acte qui suit :

Op het vertoogh ghedaen van wegens de ouders ende proefmeesters van het corpus der appothekers binnen deser stadt Brusselen over het verschil d welk de selve syn hebbende tegens de assessores van het Collegie der medicynen, ende merckelyk ter saecke van de ordonantie tusschen de selve partyen geemaneert in den jare 1664 ende den verstant van dyen, hebben myne heeren die Lutenant amptmann borgemeesteren, schepenen, tresorier, rentmeesters ende raedt der selve stadt goedtgevonden al vooren daer over gehoordt hebbende de voorschreve assessores te statueren ende verclaeren by forme van interpretatie ende ampliatie der selve ordonantie het naervolgende.

1. Dat de proefmeesters apotekers voortaen sullen mogen comparoren in 't collegie der medicynen beneffens de assessores medicos in alle vergaderinghe.

2. Dat sy aldaer hun gevoelen sullen mogen seggen over alle processen ende affairen het welvaren, maintien, ende directie van het voorschreve collegie raeckende, ende beneffens de voorschreve assessores oock voteren ende kiesen de greffier ende knaep van het selve Collegie, als wanneer de selve officien sullen comen te vaceren.

3. Dat sy aldaer hun gevoelen sullen mogen ende moeten seggen over alle saecke hun ampt ende functie rakende.

4. Dat sy selffs sullen mogen present syn wanneer in t voors Collegie sal geageert woorden over saeken van chirurgie oock van vroevrouwen en de andere saeken ende quaelen hunne functie niet raeckende mits doende den eedt geprescribert by de vorige ordonantien van te helen t gene te helen staet, wel verstaende nochtans dat van diergelyke saecken hun gevoelen niet en sullen mogen seggen, ten sy daer over ondervraght synde, ofte dat sy des aengaende incidenter oock eenigh ondersoek viel te doen over de deughdelyckhyt nature ofte vervalscheyt der medicamenten ofte behoorelykhyt van de compositie ofte pharmacie.

Ordonerende dyen volgende aen alle degene des raeckende hun hier naer te reguleren ende aen den voors knaep t' elek vergaderinge van t' selve collegie de voors gemelde proefmeesters apotekers daer van in tyts d'advertentie te doen.

Belaestende dese met enregistrature ter tresorye op pene van nulli- tyt. Ende reserverende nyet te mien myne voors heeren des aengaende hun vermeederen veranderen ende verminderen soo ende gelyck sy naer gelegentheyt van saecke sullen viende te behooren, aldus gedaen den vyfden october xvije vyffthien, was ondert. G. VAN VEEN, ter syde stont geschreven geenregistreert dese ter tresorye dezer stadt Brusselle in t vyffthiende registre folio 2801 verso et seqtibus, onder my greffier der selve berustende was ondert. A. DE FRAYE.

Copye van d'Insinuatie.

Insinuatio hujus facta per me notarium estin hâc septimâ 9ᵇʳⁱˢ 1715 ende was ondert. J. VAN DER NOODT Nots. 1715

Cette décision inattendue frappa les médecins de stupeur. Ils s'adressèrent à l'avocat Du Chesne qui leur conseilla de faire réformer cette sentence; ce qu'ils obtinrent. De là de nouveaux démêlés qui durèrent bien longtemps.

Le 13 décembre 1714, un charlatan de Bois-le-Duc, nommé Snoeckaert, visita un homme du Marché au Foin, qui était atteint de paralysie. Il promit de guérir le malade au moyen d'un remède secret, composé de sang humain, mêlé à la cervelle et à la moelle épinière du cerf. A cet effet, il s'adressa au chirurgien Jacques De Vos qui, au moyen d'une somme d'argent, fit une saignée sur de petits enfants à l'insu de leurs parents. La chose s'ébruita bientôt et parvint aux oreilles des assesseurs qui, conjointement avec le surintendant et les censeurs des pharmaciens, l'échevin et le commis Van den Broeck, procédèrent à l'arrestation de Snoeckaert. De là un procès qui, comme toujours, ne fut pas vite terminé.

Un article des lois sur l'exercice de l'art de guérir donnait souvent lieu à des abus. Nous voulons signaler celui qui a trait aux opérateurs nomades. Après un examen devant les assesseurs , on leur permettait de pratiquer l'opération de la taille, de la cataracte ou de la hernie. Une fois en possession du permis, ils finirent ordinairement par en abuser. Si on avait imposé à ces étrangers la condition de ne pouvoir pratiquer leurs opérations qu'en présence d'un confrère bruxellois, les abus eussent été prévenus, et les habitants crédules n'eussent pas été exposés à souffrir dans leurs intérêts et dans leur santé. L'exemple qui va nous occuper, en fait foi. Le 14 mars 1715, le nommé François-Grégoire Nagel, de Bamberg, avait obtenu, après examen préalable, de pouvoir pratiquer l'opération de la cataracte, de l'hydrocèle , de la hernie et du bec-de-lièvre. Mais comme il étendait cette permission à toutes sortes de cures, il fut frappé de l'amende de vingt florins. Cette sentence ne lui ayant pas été notifiée dans les vingt-quatre heures, il forma une opposition et fit présenter une supplique au Conseil d'état. Le 4 juillet suivant, voyant que la réponse tardait à arriver, il engagea quelques dames de l'aristocratie bruxelloise à intercéder pour lui auprès du même Conseil. Comme il arrive toujours dans de pareilles circonstances, ces dames ne se firent pas prier deux fois et s'empressèrent de faire parvenir la requête suivante au même corps constitué :

A Leurs Excellenses Nos Seigneurs du Conseil d'état de sa Majesté Impériale et Royale.

Remontrent tres humblement la Dame Comtesse de Bornhem, la Dame Marquise de Deynse et autres que pour leurs incommodités elles s'étoient servies pendant longtemps des medecins de cette ville et des ceux du voisinage mais sans aucun fruit, ce qui les auroit determinées a eprouver les ordonances et remedes du Sr Nagel operateur resident a Bruxelles depuis quelques mois d'ou les remonstrantes se trouvent fort solagées et mesme sont dans l'espoir d'une parfaite geu-

rison, or comme leurs maladies estoient qu'asy desesperées par les dits
S^r medecins ils ne voyent aujourd huy le bon succes des remedes du
dit Sr Nagel qu'avecque envie, ensorte que pour le traverser dans ses
cures ils l'ont fait adjourner a comparoir dans leur College a quoy il a
obey et apres l'avoir entendu ils luy ont seulement permis de vendre
et debiter ses remedes sur son theatre et dans son hauberge mais
ils luy ont en meme temps deffendu d'aller visiter ny apporter
ses dits remedes a aucuns malades dans sa maison quoy qu'il en fut
requis ou prié a peine de etc. par ou les dits S^r medécins veulent
interdire tout secours, solagement et guerison aux remonstrantes, ce qui
est contre à toute raison et justice puisqu'il est naturellement permis a
un chacun de chercher du solagement a ses maux sans estre obligé de
sassujectir a des remedes inutiles et aussy infructueux qu'ont este
jusque a present ceux des dits S^r medecins.

Ce pour quoy les remonstrantes se retirent vers vos Excellenses pour
les supplier en tout respect de leurs permettre d'user des visites et des
remedes du dit Sr Nagel non obstant les deffences des S^r medecins de
cette ville et sans quy ceux ou autres puissent l'empecher en maniere
quelquonque, quoy faisant etc.

Signé : de Lede Comtesse douariere de Bornhem. M. D'ongnies marquise de Deynse. La princesse de Croy et de Vuailly fait la meme
priere de sa main qui a esté estropié et qui ne l'est plus depuis les
remedes qu'elle a pris du dit operateur. Baron de Spanghe au nom
de ma femme laquelle comence a se mieux porter depuis que le dit
operateur la pensé.

Mad^{le} Merkeghem van der Haghen supplie ausy leurs Exell^{es} conjointement aux dames surnommees de vouloir permettre que le Sr Nagel
puisse venir la voir pour retablir sa santé : van der Haghen de
Merkeghem.

Le Conseil d'état renvoya cette pièce aux magistrats de Bruxelles :

L'Emp^r et Roy en son Conseil
Chers et bien Amez.

La Comtesse de Bornhem et autres nous ayant presenté la req^{te} cy
jointe afin de permettre que l'operateur Nagel, presentement en cette
ville de Bruxelles les puet aller visiter pendant leurs incommoditez, nous

vous l'envoyons, vous ordonans de nous reservir de vostre advis sur ce
que sy requiert, accordant cependant au dit operateur, par provision,
la permission y requise, avec interdiction a partie de ne rien attenter
a sa charge, atant chers et bien Amez n̄re Seigneur vous ai en sa
sainte garde. Bruxelles le 28 de Juin 1715, sont

Par ordre de Messeigneurs du Conseil d'Etat Com̄es au Gouvernement
gn̄al des Pays Bas.

Loco de L. Audiencier
C. V. B. Van Erp.

Les magistrats de Bruxelles envoyèrent cette lettre au Collége
médical pour en avoir une réponse. Cette réponse ne se fit pas
attendre, elle fut péremptoire. Chose inouïe ! le magistrat de
Bruxelles oublia ses devoirs jusqu'à déposer cette pièce dans les
cartons et à ne pas l'envoyer au Conseil d'état. Les assesseurs,
ainsi indignement trompés, prirent la résolution que dorénavant
aucun opérateur, après avoir été examiné et admis à faire ses
opérations, n'obtiendrait pas la permission de les pratiquer à
Bruxelles avant d'avoir prêté serment par devant les assesseurs
et avant d'avoir signé de sa main qu'il n'outrepasserait pas la
permission accordée dans ses lettres patentes et qu'il se renfermerait
strictement dans leur teneur.

Le Collége médical, convoqué de nouveau, fit passer l'avis
suivant au Conseil d'État :

Messieurs,

Pour satisfaire aux ordres qu'il vous a pleust nous donner par
appn̄t du 4 juillet 1715, nous dirons avec deu respect (reservans
d'avis sur la reqt̄e presentée a sa Mat͏ᵉ Imperiale et Royale dans son
conseil d'Etat de la part des Dames y denommées en faveur du
nommé Nagel) d avoir ignore si leur respectives maladies ont estez
quasi desesperees par ceux, qu'elles allegent leurs avoir donne des
remedes sans fruict, attendu que nous n'avons jamais esté employez a

les curer pendant leur incommodite, par ou il appert qu'il ny at eu
le moindre sujet de nostre part de voir avec envie le pretendu et
vanté succes du dit Nagel, nous sommes de longtems informés des
abus excessifs, que les empiriques et charlatans sont accoutumés de
commettre, et des ostentations trompeuses par ou ils s'ingerent
effrontement dans l'esprit de ceux qui n'ont pas assez de penetration
pour decouvrir leur malice enfin de curer sans estude et sans
science toute sorte des maladies, au grand detriment du public, pour
remedier aux maux qui en resultent et afin de retrancher ces erreurs
et violences nos Princes Souverains ont fait emanner successivement
des placarts prohibitifs, par ou ils ont interdit rigoureusement aux
personnes non qualifiees et non graduées dans les universitez du Roy
d'exercer la medecine dans l'etendue de leurs terres, rapport a celuy de
l'Empereur Charles quint en date du 8 octobre de l'an 1540, a celuy
de l'archiduc Albert du 18 avril 1628, a ceux du 10 septembre de
l'an 1641 et du 2 avril de l'an 1642, confirmatifs du precedent, a
celuy du Prince de Parma du 24 mars de l'an 1681, aussi a celuy du
27 avril de l'an 1696, pour les mesmes raisons il a recement esté
ordonné par appnt du 13 d'octobre 1706 paraphé Grisp : vt et signe
H. Verhagen au seigneur et conselier le procureur general de proceder
contre les contraventeurs des placarts du Roy consernants l'exercice
de la medecine selon leur forme et tenneur dont la copie vat ci jointe.
en cette conformité vos devanciers messieurs du magistrat ont fait des
ordonances exclusives de pareils exces, il est question de voir si nous
meritons d'estre meprisez et insultez de la maniere pour nous avoir
acquité du serment qui nous oblige en conscience de faire observer,
autant qu'il est en nostre pouvoir, les sacrées volontez et bons plaisirs
de nos princes souverains et vos ordonances louables et salutaires
que la conservation et le salut du peuple et le bien public at exige des
anciennes magistratures clairvoyans, nous avons fait citer le dit Nagel
le quel at demandé d'estre examine seulement sur le fait de la cataracte, du bec de lievre et de la hernie, confessaut et avouant in pleno
collegio coram Dno superintendente que toute sa science consistoit dans
la cure des trois accidents mentionez, se disant absolument ignorant et
inhabile a curer tout autres maux, accidens, ou maladies, declarant
ouvertement d'estre content de subir les amendes comminées aux dits
placcarts et ordonances en cas de contravention de sa part dans toutes

autres incommoditez a raison des quelles il nat point esté ni voulu estre examiné, hors de ces adveus vous pouvez voir clairement messieurs qu il ny at eu aucune apparence que nous aurions esté assé hardys et oublieux des edits royaux et de vos ordonances prohibitives que de permettre de notre autorité au dit Nagel de vendre et debiter les remedes sur son theatre et dans son auberge ce qu'il a fait pourtant en mepris de sa Majesté et du magistrat qui ont porte les defences susdites et courut par toute la ville se mocquant de avertances luy données de nostre part, practiquant une science qu il assure d'ignorer, faisant faute sur faute, des quelles quelques unes deux de nos assesseurs modernes ont du redresser, l'on passe sous silence d'autres que le temps donnerat lieu de mettre en plein jour. que si les Dames mentionées sont prevenues du pretendu savoir du dit Nagel elles pouroient du moins epargner la bonne reputation de ceux qui nont autre part a leur incommoditez que de leur souhaiter qu'elles n'ayent besoin de s'en repentir et de changer l'oppinion favorable qu'elles ont consu d'un homme sans estude et ignorant dans toutte maladie par sa propre confession, il en at une preuve a feu Madame la Baronne de Spanghen, d'autres qui sont incommodées par intervalles ont souvent le bonheur de voir les paroxismes finir souvent d'eux mesme la matiere explosive se dissipant insensiblement, l'on veut bien leur laisser le plaisir d'attribuer cette amelioration a celuy qui les a vu decliner de l'acces, il y at de la prudence d'envisager les recidives, nous avons vu une infinite des guerrisons pretendues de la part des empiriques illusoires et suivies de confusion et beaucoup des fautes grossieres faites par ces sortes de gens courants de ville en ville, agissant a l'aveugle se servants des remedes au hasard. Nagel a refusé d'estre examiné sur tout autre poinct que les trois susdits il assure qu'il ne scait quelque chose de plus, il s'erige en medecin universel, il vat par tout, il manque, on le cite, on luy demande l'amende qu'il a bien volu porter que les placarts et les statuts exigent, il san raille, on at recours aux dames on embelit la these l'on fait dorrer la pilulle pour couvrir ses demarches et egaremens, on meprise sa Majesté, ses decrets, le magistrat, le corps entier des medecins, qui n'ont rien tant a cœur que l'observance de leurs constitutions faites pour le bien publicq de maniere qu'on at lieu d'apprehender une destruction absolue de tout ce qu'il y at de plus sacré de plus solidement establi consernant a l'exercise de la medecine, en un mot un desordre et confusion universelle, sil ny soit porte promptement remede, nous l'attendons avec beaucoup de soumission, remettons cependant le tout au tres pourveu et tres eclaire jugement de vos Seigneuries, et sommes avec tres profond respect

Messieurs

Vos tres humbles et tres devouez serviteurs,

Le prefect et assesseurs du Collége des medecins de cette ville de Bruxelle.

Par ordonnance,

Signavit

Scriba

Vandermalen.

Cette réponse aurait dû dessiller les yeux des magistrats, mais le contraire eut lieu. Il paraît que le Collége échevinal substitua une autre pièce à cet avis et l'affaire en resta là.

Une question de responsabilité médicale se présenta devant le Collége médical. Le chirurgien Théodore De Kinder avait traité un ouvrier, nommé Jacques Neetens, qui avait été atteint de fracture du tibia avec luxation de la malléole externe. Celui-ci ne voulant pas payer les honoraires, le chirurgien s'adressa au tribunal médical pour obtenir le payement de sa note. A la séance du 1ᵣ août 1715, l'ouvrier se plaignit d'avoir été mal traité et demanda des dommages-intérêts. Le surintendant, sur l'avis des assesseurs, nomma quatre doyens des chirurgiens pour faire un rapport. Ceux-ci, après mûr examen, déclarèrent unanimement que la luxation de la malléole externe n'était pas encore réduite, et que, par la négligence du chirurgien, l'ouvrier était rendu incapable d'exercer son métier pour vivre. Après avoir pris l'avis des assesseurs, conforme à celui des quatre doyens, le surintendant condamna le chirurgien De Kinder à payer à chaque examinateur une couronne impériale et à l'ouvrier estropié la somme de cinq sous par jour sa vie durant. Le surintendant fit approuver cette décision par les magistrats communaux. Cette mesure nous semble excessivement sévère, d'autant plus que le chirurgien De Kinder ne fut pas admis à se justifier devant le Collége. Il paraît toutefois qu'il alla en appel.

La fête de S. Luc fut célébrée avec le cérémonial ordinaire, mais elle ne fut pas suivie d'un banquet fraternel à cause de l'acte inouï que le magistrat avait posé le 15 octobre précédent.

L'année 1715 vit paraître un livre, fruit des études de deux jeunes membres du Collége. Les docteurs De Kinder, de Bruxelles, et Dewint, d'Isque, publièrent leurs recherches sur la matière médicale indigène sous le titre : *Nucleus Belgicus materiæ medicæ in quo breviter describuntur medicamenta simplicia et alimenta in hisce regionibus usualia, cum venenis hic vel in authoribus passim occurrentibus. Cui adjungitur pars altera, in quâ operationes medicamentorum methodice et mechanice explicantur.* Bruxelles, T'Serstevens, in-8o de 417 pages.

Pendant l'année 1716 le vicaire ne trouve rien à noter, si ce n'est la continuation du procès contre les pharmaciens et le refus des examinateurs de ce corps d'approuver le compte des recettes et des dépenses du Collége. Ce fait, ajoute le vicaire, prouve encore une fois l'arrogance des examinateurs, qui prétendaient avoir le droit de concourir à la nomination du greffier et du bedeau du Collége.

Trente-troisième Préfecture. 1717-1719.

Dans cette préfecture nous ne trouvons que quelques admissions de chirurgiens, de pharmaciens et de sages-femmes. Nous croyons que les troubles qui eurent lieu à Bruxelles à cette

époque, et qui se terminèrent par l'exécution du *boetmeester*
Anneessens, doivent être considérés comme la cause principale de
cette lacune dans les Annales du Collége.

Trente-quatrième Préfecture. 1719-1721.

Les troubles, qui avient éclaté dès l'origine de la domination
autrichienne, continuèrent, et ce ne fut qu'en 1732 que le vicaire
Guillaume Desmares put écrire les actes de cette préfecture. Comme
nous l'avons fait observer à diverses reprises, dès que, par suite
de troubles, les lois sont moins rigoureusement appliquées,
l'hydre du charlatanisme lève sa tête hideuse et multiplie ses
attaques incessantes contre la santé et la vie des citoyens. Le mal
avait atteint son plus haut degré dans les villages de la province
du Brabant. Là tout le monde se mêlait de l'exercice de la
chirurgie. Les malheurs, occasionnés par l'ignorance des charlatans,
étaient si grands que, le 20 mars 1720, les doyens et anciens des
chirurgiens de Louvain, de Bruxelles et d'Anvers, représentés
par les doyens de Bruxelles, Gilles van Ophem et Charles Van
Boexel, et les anciens Pierre Van Meerbeeck et Antoine Stallaerts,
convoquèrent le Collége médical pour avoir son sentiment sur une
supplique à présenter au Conseil de Brabant, tendant à faire
décider que tous les chirurgiens de campagne de la province du
Brabant, tant ceux qui existaient déjà que ceux qui viendraient
s'y établir par la suite, seraient assujettis à l'examen devant les
assesseurs et les doyens et anciens de la corporation des chirurgiens. La supplique fut unanimement approuvée, munie du sceau du
Collége et envoyée au Conseil de Brabant. Ce corps constitué,
convaincu de la justice de la demande, rendit le décret suivant :

Alsoo in den Raede van onsen genaedigen keyser Carel den sesden van dien name, Coninck van Castilien, van Leon, van Arragon, van beide de Sicilien, van Jerusalem, van Portugael, van Navarre, etc., Aertshertoghe van Oostenryck, hertoge van Bourgoigne, van Lothryck, van Brabant, van Limbourgh, van Luxembourgh, van Gueldre ende van Milaenen, grave van Habsbourgh, van Vlaenderen, van Arthois ende van Henegauw &c. geordonneert in desen synen lande ende Hertoghdomme van Brabant, requeste waere gepresenteert by ofte van wegens die dekens ende ouders van Chirurgyns Ambachten der respective Hooft steden van Loven, Brussel ende Antwerpen daer by te kennen gevende hoe dat 'er alomme *moraliter loquendo* ten platten lande resideren onhervaren persoonen dewelcke sonder oynt geexamineert te syn geweest d'exercitie der Chirurgie nochtans exerceren ende ontweyffelyck verscheide patienten onder de aerde helpen, emmers dat sy supplianten daegelyckx bevinden groote inconvenienten, abusen ende mishandelinghen op het voors. plat land deser Provincie voorvallende *hoc ipso* dat eenichte van de patienten door de gemelde pretense chirursyns ondernomen worden, dat sy meest tydts syn gebreckelyck, gestropieert ende onbequaem van alnoch kunnen gecureert te worden als wanneer deselve hun te laet naer de chirurgyns van de hooftsteden addresseren, waer onder sy syn resorterende, de welcke hun alsdan *pro ut dictum est* niet meer kunnende te staede komen, daer door leyden in hunne reputatie alhoewel dit nochtans het kleynste insicht was der supplianten tot het presenteren deser, maer principaelyck het overgroot prejuditie t'gene de miserabele menschen ten platte lande waeren lydende door dien dat meestendeel op de dorpen komen woonen alle soorten van Natien de Chirurgie noynt geleert hebbende ende onbequaem om een examen te connen onderstaen dewelcke hun nochtans voor groote meesters uytgeven ende d'onnoosele menschen sulcx doen gelooven : redenen dat 't selve in alle de omliggende Provintien niet en woort geoorlooft, nochte toegelaeten alwaer ter contrarie de chirurgyns ten platten lande niet alleenelyck en syn gehouden t'onderstaen behoorelyck examen, maer ook bovendien ten meesten deel moeten doen hunne proeve uytwyssen, d'attestatien aldaer medegaende, dan gemerckt dat diergelyckx (onder ootmoedige correctie) binnen dese provintie tot het gemeyn best oock behoorde te geschieden soo was 't dat de supplianten hun keerden tot dese Souverynen Raede, ootmoedelyck biddende dat den selven gelieffde gediend te wesen 't ordonneren ende te statueren dat niemant wie het sy en sal vermoghen ten platten lande in dese provintie van Brabant t'exerceren de chirurgie soo ten regarde van die alsnu daer residerende, als voor het toecomende ten sy hy al voren sal hebben gedaen syn examen by de geswaorene der Ambachten van de Hooft steden waer onder het dorp is resorterende met tamelycken loon van de examinateurs by den Hove t'arbitreren in alsulcken voegen als het Hof tot gemeyn best sal goet vinden permitterende aen de supplianten in cas van favorabile appostille gelyck vastelyck wordt vertrouwt de gewenschte ordonnantie in alle de dorpen deser provintie in gewoonelycke forme te moghen doen proclameren ende afficheren ende daer toe, tot minderen cost t'authoriseren de respective officieren der voorsz. dorpen met bevel *prout in communi forma*.

T Hof het gene voorsz. aengemerckt ende hier op gehadt hebbende soo t' advies van die van het Collegium Medicum als 't gene van t' Officie Fiscael, genegen wesende ter ootmoediger Bede ende supplicatie der supplianten heeft geordonneert ende gestatueert, ordonneert ende statueert mits desen dat niemant wie hy sy en sal vermogen ten platten lande in de Provintie van Brabant t'exerceren de chirurgie, soo ten regarde van die, alsnu daer residerende als voor het toecomende ten sy hy alvooren sal hebben gedaen syn examen by de geswaorene der Ambachten van de dry Hooft steden, waer onder het dorp is resorterende op pene van vyf en twintigh guldens amende voor iedere contraventie tot laste van de contraventeurs, ende mits betaelende voor de sesse Assessores die de selve sullen examineren a rato van eenen halven patacon, item voor de vier Dekens vyff guldens twelff stuyvers, item voor den heere Superintendent voor het afnemen van den eedt eenen gulden thien stuyvers, item voor den Greffier eenen gulden acht stuyvers, item voor de twee snapen eenen gulden acht stuyvers, item ende ten lesten voor den segel sesse stuyvers : ordonneert aen een ieder hen hier naer te reguleren ende permitteert aen de supplianten dese in alle de dorpen deser Provintie van Brabant in gewoonelycke forme te doen publiceren ende afficeren, authoriseert tot dien eynde de respective officieren der voorsz. dorpen, verleent aen de selve supplianten daer over dese tegenwoordige acte om hun daer mede te bedienen daer ende alsoo. Aldus gedaen binnen Brussele onder het cachet secreet van syne

Majesteyt. den sesden Mey seventhien hondert twintigh, geparapheert GRYSP vt: Geteeckent SUBBINCKX, loco Fombelle ende gesegelt met het cachet secreet van syne Majestyt gedruckt in roode Hostie met papier overdeckt.

Par ce décret, tous les délinquants étaient punis d'une amende de vingt-cinq florins pour chaque contravention. Pour donner toute la publicité possible à cet acte, les assesseurs s'entendirent avec les doyens des chirurgiens pour l'impression et la distribution des placards et leur accordèrent à cet effet la somme de dix-huit florins, à la condition de rendre un compte exact des dépenses.

Op heden desen 27 Juny 1720 geresolveert in t Collegie van te geven aen de Dekens van t chirursyns Ambacht voor het doen drucken ende uytsenden van de acte van den sesden Mey ten platte lande de somme van achthien guldens courant geldt, op conditien dat de selve Dekens schuldigh ende gehouden sullen syn te doen behoorelycke rekeninghe bewys ende reliqua soo over d'exposita van den druck ende uytsendinghe van de voorsz. biletten als over de amenden van vyf en twintigh guldens tot laste van de contravenienten gedecerneert in de acte van den sesden Mey lestleden, ende de selve somme alsdan aen het selve Collegie te restitueren de hellicht der voorsz. amenden volgens mondelinge accord ende conventie ende was onderteeckent

B. A. VANDER MAELEN.

Le décret fut à peine connu dans le plat pays, qu'on vit affluer à Bruxelles un nombre extraordinaire de personnes pour subir l'examen de chirurgiens de campagne; le plus grand nombre furent admis. Pour rappeler aux chirurgiens nouvellement admis les devoirs qu'ils avaient à remplir, ils furent obligés de faire le serment suivant :

Formula Juramenti
ofte
Eedt van de Chirurgyns ten platten lande.
Ik geloove sekere, ende zweire dat ick voordtaen het Collegie van

de Medecynen opgemaeckt in de stadt van Brussel sal onderdanigh ende getrouw syn, ende dat ick niet en sal by eenighe gequetsen oft siecken gaen met eenighe persoonen die niet en sullen wesen geadmitteert by een der collegien van de drye Hoofdsteden t'sy als Doctoor ofte Chirurgyn, ende dat indien ick sal bevinden eenighe peryckeleuse sieckte ofte quetsueren dat ick alsdan eenen geadmitteerden Doctoor ofte Chirurgyn sal by roepen om te consulteren, dat ick my altyd in de chirurgie sal dragen als eenen eerelycken man verplicht is te doen, ende dat ick noch om gelt, noch om vrindtschap, noch om haet ofte neyt sal geven noch gedooghen dat men aen vrouwen ofte jonge dochters sal geven eenige abortiva ofte afdryvende remedien, veel min eenighe vergiftelyke ofte slaepverweckende droghen ofte andere peryckelende remedien.

Soo moet my God helpen en alle Syne Heylighen.

Lors de la visite des officines des pharmaciens, en 1718, le nommé Domin avait vu séquestrer, conformément aux articles 70 et 71 des statuts, quelques-uns de ses médicaments, notamment la poudre bézoardique magistrale et le bézoard magistral. Domin s'opposa à cette séquestration et prétendit que toutes les formalités n'avaient pas été observées; il intenta un procès au Collége médical et obtint du Conseil de Brabant des *lettres de relèvement*. Le même Domin fit citer, le 1 décembre 1718, un individu pour le payement de 153 onces de fleur de sureau. On demandait de fixer de nouveau la taxe de ce simple. Les assesseurs le fixèrent à un sou et demi l'once, mais les maîtres des preuves des pharmaciens exigeaient qu'on le portât à deux sous. Ceux-ci demandèrent à pouvoir conférer avec les anciens de leur corporation, mais le surintendant le refusa, parce que la même question était restée sans solution, et il passa outre dans la séance du 22 décembre suivant. Pour obvier à de pareils inconvénients, le Collége médical, sous le préfect Raex, promit de faire une nouvelle taxe des médicaments, en suivant, autant que possible , les prix courants des drogues de la Hollande.

Cependant les pharmaciens continuaient à susciter de nouvelles difficultés au Collége; leurs censeurs refusaient souvent d'assister aux séances quand ils étaient convoqués, et déclaraient ne pas vouloir se soumettre à la sentence du Conseil de Brabant du 23 octobre 1717. Le *strict* Collége résolut donc de convoquer tous les médecins ou ce qu'on appelait le *large* Collége. Dans la séance du 19 janvier 1719, il fut décidé à l'unanimité des voix que l'arrêt du Conseil de Brabant du 23 octobre 1717 serait déclaré exécutoire. Voici cette déclaration :

Op den 19 January 1719 het latum collegium door ordre vant strictum geconvoceert synde ten eynde van resolutie te nemen over de comparitie van de proefmeesters der apoteeckers , directelyk tegens het vonnis in hunnen naerdeele gegeven in den souverynen Raede van Brabant op den 23 October 1717 onderteeckent A. V. Vandertaelen is ter vergaderinghe vant strictum ende latum collegium omnium votis geresolveert ende geordonneert dat de sententie van den 23 october voorseyt in den selven Raede sal executoriael verklaert worden om uyt crachte van de brieven van executoriael de Proefmeesters die forselyck ongeroepen tegens de sententie Ideren diendagh compareren in het voorschreven collegie , de kracht ende teneur van de voorschreve sententie te doen observeren als naer Rechte ende was onderteeckent B. A. van Maelen 1719.

Dans l'élection des nouveaux assesseurs du 13 octobre 1719, on avait nommé, pour premiers visiteurs, les docteurs De Hoze aîné et De Hoze jeune; pour seconds visiteurs, les docteurs Van der Steen et De Bruyn, et, pour syndics, les docteurs Dewint et Le Dieu. Les candidats ayant été présentés à la confirmation du Collége échevinal , celui-ci proclama le docteur Van der Steen premier visiteur, et le docteur De Bruyn second visiteur ; ce qui était directement contraire à l'article 7 des statuts, où se trouve entre autres : *ende de twee tot elcke plaetse de meeste voisen hebbende sullen aen den magistraet door den heere superintendent overgegeven worden, om uyt elcke twee, eenen te stellen tot elcke openstaende plaetse.*

L'année 1720 fut remarquable par l'arrivée de plusieurs charlatans. Un d'entre eux, nommé de De Wierville, se mit à rançonner la population bruxelloise, en promettant monts et merveilles. Le syndic le cita le 23 mai et le fit condamner à l'amende de vingt florins, en vertu de l'article 39 des statuts. Aussitôt il se pourvut contre cette sentence par la supplique suivante, adressée au gouverneur général et qui donne un échantillon de son savoir :

A Son Excellence.

Plaize a Monseigneur accorder au sousigue surceance pendant deux mois a l'execution du jugement rendu contre luy par ceux du Magistrat de ceste ville a la requeste du Sindicq de la communauté des medecins, attendu qu'il a plusieurs personnes de distinction sous sa cure et guerison, dont il a donne des marques en ceste d. ville, jusque il a ce qu'il luy soit pourvueu sous son exercice independament de la faculté des Medecins, ces qu'il espere d'obtenir de Sa Majesté Imperiale et etc. este Signe De Wierville.

Je declare qu'eles personnes qui mu doit avoir gueries sont : M^te Cluberm pour l'idropisie.

Un officier d'Anvers pour la follie

Une religieuse angloise pour la follie

Une religieuse au urseline pour la follie

quoi je ne veray ny nenterprendra aucune personne sans le contentement de Messieurs du College de cette ville et en cas de deffans je me soumet aux execution deja commence et sur aux que je pourai encourir en contrevenan a les presente, faite a Bruxelle ce 28 May 1720 plus bas

M. E. G. G. etoit signé : De Wierville

De Wierville, protégé sans doute par quelques membres de l'aristocratie bruxelloise, fut exempté de l'amende, quoiqu'il fût notoire qu'il ne possédait pas la moindre notion en médecine. Voici la réflexion dont le vicaire du Collége fait suivre cet acquittement : « Quid prodest citare histriones ! quid mulctare agyrtas ! quid » repellere illusores ! Sunt velut altera hydra, ex qua uno capite » abscisso prodeunt septem alia ; nec finis erit quamdiu a superio- » ribus tuentur, qui non tantum suo exemplo subditos alliciunt, sed » et se et vitam propriam, iis nimium fidentes, sæpe exponunt, » et quamdiu verum erit adagium, quod alius quidam histrio in « theatro publico exclamabat : MUNDUS VULT DECIPI. »

Trente-cinquième Préfecture. 1720-1722.

Le bruit s'étant répandu à Bruxelles que la peste exerçait des ravages à Mons et dans les environs, le préfet convoqua le Col- lége afin de prendre les mesures nécessaires pour préserver la capitale de ce fléau. Le surintendant de Tyberchamps proposa, au nom du magistrat communal, de nommer un médecin et un chirur- gien chargés de traiter les pestiférés. Pendant que les assesseurs s'occupaient des moyens préventifs, on apprit que le bruit n'avait pas de fondement, et l'on ne donna plus aucune suite aux mesures projetées.

Nous avons à enregistrer pendant cette préfecture quelques condamnations pour contravention aux lois sur l'exercice de l'art de guérir. Ainsi Pierre Willems, d'Eppeghem, fut condamné à payer cinq patacons pour avoir exercé la chirurgie sans avoir passé d'examen.

A la séance du 30 janvier 1721, le pharmacien François

Domin fut condamné à l'amende de six florins pour avoir insulté les assesseurs dans l'exercice de leurs fonctions ; le 11 juin suivant, le pharmacien Daniel Leriche à l'amende de 20 florins, mais cette condamnation fut revisée par l'arrêt du Conseil de Brabant du 23 août suivant. Le parmacien De Vleeshoudere subit la même condamnation, mais il obtint aussi la révision de la part du magistrat. Le 22 février 1722, le charlatan De Wierville tenta aussi d'obtenir la révision de l'amende de vingt florins, mais le magistrat ne s'était pas encore prononcé dans le courant de cette année.

Le greffier Van der Maelen étant venu à mourir le 19 octobre 1721, les pharmaciens élevèrent de nouveau leurs prétentions de prendre part à l'élection du successeur du défunt. Ils obtinrent du Conseil de Brabant un arrêt qui leur accordait ce droit.

Le 5 novembre, ils firent signifier cet arrêt au préfet Plasschaert, qui convoqua le lendemain le Collége pour prendre une décision à cet égard. Il fut résolu, à l'unanimité des membres présents et sur l'avis de l'avocat Lion, de s'opposer à l'exécution de cet arrêt comme étant contraire aux statuts du Collége. Le même jour les censeurs des pharmaciens se rendirent au sein du Collége et vinrent demander, tout en fureur, au surintendant de Tyberchamps, de casser une sentence frappant leur confrère Le Dieu d'une amende de 24 sous, parce qu'on avait trouvé quelques médicaments altérés dans son officine. Les six assesseurs, frappés de cette démarche insolite, se turent et restèrent spectateurs. Le surintendant, se redressant avec dignité, refusa leur demande insolente, les fit sortir de la séance en leur disant : *abite ex Collegio et recedite*. Cette réception ne les déconcerta pas. Leur fureur ne connut pas de bornes, à tel point qu'un des deux, le nommé Van Bellingen, s'oublia jusqu'à se mettre devant le surintendant et le menacer du poing en lui disant : « répétez encore une fois que vous ne voulez pas, nous irons chez le bourguemaître et nous porterons plainte contre vous. » Le surintendant les renvoya sans vouloir infirmer en rien le jugement des assesseurs.

Si les censeurs, les élus de la corporation pharmaceutique, se permettaient de pareils écarts, à quels excès ne devait-on pas s'attendre de la part des autres pharmaciens? Aussi les actes du Collége furent-ils calomniés et son respect journellement attaqué. Le pharmacien de Vleeshouwere s'était permis des propos injurieux pour le surintendant et les assesseurs du Collége. Il avait même dit en plein Collége qu'ils agissaient contre lui avec passion et comme des enfants. Comme on devait s'y attendre, le surintendant le fit condamner à une amende de douze florins. Il tenta encore d'obtenir la révision de l'affaire auprès du magistrat, mais il paraît que sa démarche fut cette fois infructueuse.

Trente-sixième Préfecture. 1722-1725.

La présente préfecture est triennale. Nous en ignorons les motifs. Le premier acte qui s'y trouve consigné est l'histoire du charlatan Vierville. Cet individu s'était présenté à Bruxelles comme apprenant la lecture et l'écriture aux enfants au bout de six mois. Comme il ne retirait pas assez de profit de son enseignement, il se mit à faire le médecin. Condamné de ce chef à l'amende de 20 florins, il offrit au magistrat la supplique suivante :

A les Messieurs le Bourgmaistre Echevins de la ville de Bruxelles.

Remontre tres heumblement le sieur de Vierville, que par ses veilles, travail assidu et longue experience de vingt deux ans, qu'il at acquis dans plusieurs parties de l'Europe, Dieu ayant bien volu le benir dans la connaissance de la medecine et chirurgie et lui octroyer des secrets particuliers pour guerir de l'asme, gouttes, hydropisie, malcaduque, cancer, delire, gravelle, surdité, et bourdement d'o-reilles, aveugles, et autres maladies, que la plupart des medecins regardent cûm incurables, donc cependant il a guerit une infinité des personnes de condition, de tout age et de tout sexe, ainsi qu'il fairat voir par des attestations dignes de foi, s'il en est besoing. Il est donc, que le remontrant, pour le soulagement du publicque, est entierement deliberé de luy continuer son service et ses suffrages : mais comme il en est empeché par la faculté des arts, a cause qu'il n'a point de matricule, et qu'il manque des titres pompeux de licentie, et de Docteur en medicine, que le malade cherge bien moins, que la gueri-son de son mal : il se retire vers vos seigneuries :

Suppliant tres humblement qu'elles soient servies de lui designer deux ou trois personnes atteintes des maladies susdites ; comme du delire, ou autrement, et mesme abandonnés des medecins, qu'il offre de traiter a ses frais et depens, jusque à leur entiere guerison : pourveu après cela, d'exercer la medicine, et chirurgie et ainsi qu'il trouvera convenir, et comme il appartient
quoy faisant etc.

                    collata concordat cum suo originali

Cette supplique fut envoyée à l'avis du Collége médical avec prière de répondre endéans les huit jours :

Advies van het Collegie der medecyne deser stadt Brussel, om hier tegens te antwoorden binnens acht daghen etc.

(La suite à la prochaine livraison).

LISTE NÉCROLOGIQUE

DES

RELIGIEUSES

DE LA

NOBLE ABBAYE DE HERCKENRODE,

INDIQUANT LA DATE DE LEUR DÉCÈS JUSQU'A L'ANNÉE 1647.

Nous pensons que ce document, que nous donnons comme authentique, intéressera la plupart de nos anciennes familles nobles. Les religieuses de l'abbaye de Herckenrode, issues, pour la plupart, des plus illustres maisons de la Hesbaye et des duchés de Limbourg, de Gueldre et de Brabant, ont été toujours regardées comme étant de noblesse chapitrale. Pour leur admission, elles devaient faire preuve de bonne noblesse du côté paternel et du côté maternel.

Sont décédées dames [1] *Marie Von Edelbampt* et *Ida de Kerckhof* en 1516 ; — *Gertrude de Borchoven* et *Gertrude de Lechy* en 1519 ; — *Aleyde de Spierinck* en 1520 ; — *Gertrude de Ryswyck* en 1521 ; — *Marguerite de Rulingen, Anne de Spierinck* et *Jacqueline Van der Noot* en 1522 ; — *Elisabeth Helmans* et *Anne Van Kerckhof* [2] en 1523 ; — *Gertrude de*

---

[1] On sait que les chanoinesses et religieuses des couvents nobles ont le titre de *Dame*.
[2] *Ida* et *Anne de Kerckhof* portaient d'argent à la bande losangée de cinq pièces de sable. Elles étaient filles de messire *Herman de Kerckhove* et de dame *Marie de Happaert*, fille de *Jérôme*, écuyer, et de dame *Catherine van Pede*. Par son mariage, qui eut lieu en 1450 — cité dans la *Généalogie de la maison van der Noot*, par DE AZEVEDO, 1771, in-folio — *Herman de Kerckhove*, — fils de *Jean van Kerckhove*, écuyer, échevin d'Audedarde en 1417 et réélu plusieurs fois, — se fixa dans le Limbourg.

Spierinck en 1524; — *Béatrix de Bardeghem* et *Anne Van den Bosch* en 1525; — *Marie de Widue* et *Beatrix de Velroux* en 1526; — *Catherine de Bawetten* en 1527; — *Renalde Van Heisterman*, *Ida de Steyvort* et *Marie de Mettecoven* en 1529; — *Anne de Velpen* et *Catherine de Ryckel* en 1530; — *Elisabeth Van den Bosch* en 1531, — *Catherine de Hoen de Hoensbroeck* en 1533; — *Mathilde van Nieuwenhove*, *Catherine de Struyven*, *Catherine von Wyer ou Wyers* et *Marie Van Meys* en 1534; — *Catherine van Langen* et *Marie de Beverst* en 1535; — *Gertrude de Hustin*, *Marie van Colen* et *Marie de Cloet ou Cloeten* en 1536; — *Marie de Ladduyn* en 1537; — *Christine de Copis* et *Ida de Selis* en 1539; — *Barbe de Thonis* en 1540; — *Eve de Widue* en 1541; — *Aldegonde de Creeft* en 1542; — *Marie de Branhiesen* en 1543; — *Ida de Surmont* et *Marguerite Hellemans* [1] en 1545; — *Elisabeth de Bawetten* en 1547; — *Mathilde de Lechy* en 1548; — *Marie Van den Bosch* en 1549; — *Marie Van Meys* en 1550; — *Marie de Halle*, *Gertrude Van der Noot* et *Christine de Mettecoven* en 1551; — *Marie de Zwartzenberg* et *Odile Von Gogel* en 1555; — *Anne de Roovere* en 1556; — *Elizabeth de Wezer* en 1558; — *Barbe Van der Borcht ou de Borcht* en 1559; — *Aloïse de Lechy* en 1561; — *Marie van Diest* en 1562; — *Marie de Kempenaert*, *Jacqueline de Boloigne*, *Gertrude de Selis*, *Marguerite de Berlo* et *Catherine de Halle* en 1565; — *Gertrude de Mombeek* en 1569; — *Agnes de Velpen*

---

[1] *Marguerite* et *Élisabeth Helmans* qui précède, appartenaient à l'illustre famille Helmans du marquisat d'Anvers, où elle possédait les seigneuries d'Aertselaer, de Cleydael et d'autres lieux. Elles portaient de *sable au chevron renversé d'argent, chargé de trois roses de gueules et accompagné de neuf trèfles d'or, 4 en chef, 3 et 1, et 3 en pointe posés en orle.*

et *Helwige de Sterck* en 1572 ; — *Gertrude de Blocquerie* en
1574 ; — *Agnes d'Ans*, *Adrienne de Gavre* et *Catherine de
Fallois* en 1575 ; — *Catherine de Rouvroy* en 1577 ; —
Barbe de Wachelghem et *Christine de Mettecoven* en 1578 ;
— *Catherine de Goor*, *Mathilde de Horion*, *Abertine de
Schwarzenberg*, *Ida de Schaeborch* et *Antoinette van Gameren*,
en 1579 ; — *Anne d'Amstenrode* ou *Amstenrade* en 1580 ; —
Anne de Groesbeek en 1582 ; — *Catherine de Blocquerie* en
1584 ; — *Catherine de Gavre* en 1585 ; — *Marie de Mombeeck*
en 1586 ; — *Marie de Mettecoven* et *Elisabeth Sweerts* en
1592 ; — *Barbe Bauwens* en 1595 ; — *Catherine de
Corswarem* en 1596 ; — *Elisabeth van Dachverlies*, *Catherine
von Hochkirchen* et *Marie de Rœulx* en 1597 ; — *Angeline
van Gameren* en 1599 ; — *Marie van Dachverlies* en 1600 ;
— *Catherine d'Eynatten* et *Marguerite de Nieuwenhove* en
1602 ; — *Agnes van Reuschenberg* en 1605 ; — *Marie de
Peborch* en 1606 ; — *Marie de Wachelghem* en 1607 ; —
Françoise Sweerts[1] et *Anne von Mirbich* ou *Mirbach* en 1608 ;
— *Marie de Donck* ou *van der Donck* en 1611 ; — *Odille de
Lauretten* en 1612 ; — *Marie de Bailge* et *Jeannette de
Fontignies* en 1613 ; — *Barbe van der Horst*, *Marie de
Vinalmont*, *Catherine de Reuschenberg* et *Philipinne de Ryckel*
en 1615 ; — *Anne de Blocquerie* en 1620 ; — *Marie van
Eynatten* en 1622 ; — *Elisabeth de Berckel* en 1623 ; —
Elisabeth de Glymes en 1624 ; — *Ode de Potesta* en 1625 ;
Marie de Blocquerie ou *Blockerie* en 1627 ; — *Anne von
Singhem* et *Marie van Wassenaer* en 1628 ; — *Marie de*

---

[1] Elisabeth et Françoise Sweerts appartenaient aux sept-familles-patrices-nobles de Bruxelles.

Vertain en 1630 ; — *Catherine van Berckel*, *Anne-Marie de Glymes*, *Veronique d'Amstenrade* et *Jeanne de Poitiers* en 1632 ; — *Gertrude de Mombeek* en 1634 ; — *Marguerite de Hey* en 1636 ; — *Marguerite de eBrghes* et *Anne de Herckenrode* en 1637 ; — *Elisabeth de Blocquerie* en 1638 ; — *Marie van Haeck*, *Anne-Marie de Choquier* et *Catherine de Mérode* en 1639 ; — *Elisabeth de Pollyn* et *Marguerite de Glymes* en 1641 ; — *Anne de Fléron* en 1646.

EXTRAIT DES PROCÈS-VERBAUX

ET

DE LA CORRESPONDANCE DE L'ACADÉMIE.

M. le comte d'Altamira duc de Montemar, vice-président de l'Académie royale et nationale d'archéologie d'Espagne, grand-chambellan de la reine, remercie l'Académie, de la manière la plus gracieuse, de l'honneur qu'elle lui a fait de l'admettre au nombre de ses membres honoraires. M. de Montemar charge notre président, M. le comte de Kerckhove-Varent, d'être auprès de la compagnie non-seulement l'interprète de sa profonde et sincère gratitude, mais de lui exprimer, en même temps, son désir de seconder, en toute occasion, de tout son pouvoir et de tout son zèle les efforts de tant d'hommes savants et honorables qui composent l'Académie d'Archéologie de Belgique.

— M. le comte de Kerckhove-Varent, président de l'Académie, annonce la mort de son ami le docteur Blume, professeur de botanique à l'Université de Leyde, directeur du Herbarium du royaume de Hollande, membre honoraire de notre Académie depuis sa fondation. M. Blume était un des plus célèbres botanistes de l'époque; pendant qu'il était médecin en chef des troupes néerlandaises aux Indes-Orientales, il s'appliqua avec beaucoup d'ardeur à étudier les plantes de l'île de Java, sur lesquelles il a publié un ouvrage du plus haut intérêt. Par ses voyages et ses laborieuses recherches, il a rendu des services fort importants à la science. Ses travaux ont été immenses, ce que prouvent ses nombreuses publications et sa correspondance active avec les principaux savants.

La plupart des corps scientifiques du monde le comptaient parmi leurs membres. Ses succès extraordinaires obtenus dans les sciences naturelles, l'avaient fait nommer commandeur et chevalier de plusieurs ordres de mérite. Sa réputation était plus qu'européenne.

La mort du docteur Blume laisse de vifs regrets à sa famille, à ses amis auxquels il était très-dévoué, et à toutes les personnes qui honorent les sciences.

Une autre perte de membre honoraire non moins importante que l'Académie vient de faire, est celle du Maréchal don Evariste duc de San-Miguel, capitaine-général du corps des hallebardiers de la reine d'Espage, président de l'Académie royale d'histoire, savant d'un grand mérite et illustre champion de l'indépendance, de la libérté et de la dynsatie de l'Espagne, décédé le 29 mai 1862, à son hôtel à Madrid.

— L'Académie a reçu, depuis la dernière livraison de ses *Annales*, les envois suivants :

1. De la Société des Sciences de Zélande, l'*Inventaire* de ses manuscrits, rédigé par M. Van Visvliet, membre de la Société.

2. De la Société royale des Beaux-Arts et de Littérature de Gand, le volume de 1859-1861 de ses *Annales*.

3. De la Société des Sciences médicales et naturelles de Bruxelles, les cahiers de février, mars, avril, mai et juin 1862 de son *Journal*.

4. De la Société des Antiquaires de la Morinie, les 39e et 40e livraisons — juillet, août, septembre, octobre, novembre et décembre 1861 — de son *Bulletin historique*.

5. De la Société libre d'Émulation de Liége, son *Annuaire* pour l'année 1862.

6. De la Société des Antiquaires de l'Ouest, ses *Bulletins* du premier trimestre de 1862.

7. De la Société impériale d'Archéologie du midi de la France, la 1e livraison du tome VIII de ses *Mémoires*.

8. De M. Ed. De Busscher, membre correspondant à Gand, sa *Notice sur Félix G.-M. Bogaerts*.

9. Du même, sa notice intitulée : *Fresques du XIVe siècle, découvertes à Gand*.

10. Du R. P. Terwecoren, les Nos 2, 3, 4, 5, 6, 7, 8, 9, 10 et 11 de son recueil intitulé : *Collection de Précis historiques*.

11. De M. du Mortier, membre honoraire de l'Académie, ses *Nouvelles Recherches sur le lieu de naissance de Pierre-Paul Rubens*.

12. De M. Jean Fraggia, de Palerme, *Preventiva Sposizione di taluni monumenti Segestani inediti e di talune nuove ricerche archeologiche*. Palerme, 1861, in-4°.

13. *Egista ei suoi monumenti lavaro-storico-archeologico del Cav. Giovanni Fraggia*. Palerme, 1859, in-4°.

14. De la Société impériale archéologique du Midi de la France, ses *Mémoires*, 1re livr. du tome VIII.

15. *Notice sur une découverte de monnaies romaines à Harchies*, par D. Van Miert. Mons, 1861, in-8°.

16. *Mittheilungen des historischen Vereines für Steiermarck*, zehntes heft. Gratz, 1861, in-8°.

17. *Annales* de la Société historique, archéologique et littéraire, de la ville d'Ypres et de l'ancienne West-Flandre, 3e et 4e livraison. Ypres, 1862, in-8°.

18. *Bulletin* de l'Académie royale de médecine de Belgique, Bruxelles, 3e livr. du tome V.

19. *Bydragen tot de Oudheidkunde en geschiedenis in zonderheid van Zeeuwsch-Vlaenderen, verzameld door H. Janssen*

en *J. van Dale.* Vyfde deel, IV^{de} stuk, zesde deel, 1ste stuk. Middelburg, 1860 et 1861.

20. *Handelingen van het provinciael genootschap van kunst en wetenschappen in Noord-Brabant*, s'Hertogenbosch, 1860, in-8º.

21. *Mémoires* de la Société impériale académique de Cherbourg. Cherbourg, 1861.

22. De M. Legrand-de Reulandt son *Discours*, prononcé au Congrès artistique d'Anvers en 1861. Anvers, 1862, in-8º.

23. *Recueil* des publications de la Société Havraise d'études, diverses, 26e année, 1859. Havre, 1860, in-8º.

24. Travaux de l'Académie impériale de Reims, 29e volume. Reims, 1860, in-8º.

25. *Bulletin* du comité flamand de France, tome II, janvier et février 1862. Dunkerque, 1862.

26. *Quelques épitaphes des églises de Comines, Cambrai, Condé, Esné, Estampes, Halluin, Solre-le-Château et Valenciennes,* par M. De Coussemaker. Lille, 1860, in-8º.

27. *Revista periodica dei lavori della I. R. academia de cienze, lettere et arti in Padoua.* Padoue, 1858-1861, les livraisons 13 à 20.

28. *The journal of the Bombay Branch of the Royal asiatic society,* january 1861. Bombay, 1862, in-8º.

29. *Bulletin* de la Société des antiquaires de la Morinie, livr. 39 et 40. St-Omer, 1861.

N. B. M. le bibliothécaire a l'honneur d'informer M. le secrétaire-général DE LAPLANE, que l'Académie d'archéologie de Belgique n'a plus reçu les *Mémoires* des Antiquaires de la Morinie depuis 1852.

30. *Bulletin* de la Société des Antiquaires de la Picardie, tome VIII, in-8º, Amiens, 1861.

N. B. — M. le Bibliothécaire a l'honneur d'informer M. le Secrétaire annuel, M. JANVIER, que l'Académie d'Archéologie de Belgique n'a plus reçu les *Mémoires* de la Société des Antiquaires de Picardie depuis le tome IX, in-8º.

31. *Journal de l'imprimerie et de la librairie en Belgique*, par M. Ch. Hen, Bruxelles, 1862, livraisons de mars, avril et mai.

32. *Messager des sciences historiques*, 1re livr. de 1862.

33. J Gisti, *systema insectorum sucundum classes, ordines, genera, species etc. Coleoptera, fasculus primus.* Munich, 1837, in-8o, de 64 pp.

34. *Statuten des Münchener Vereins für Naturkunde, uebergeben am Stiftungsfeste, im Mai 1849*, von G. Tilesius. Munich, 1849.

35. *Die Mysterien der europischen Insectenwelt*, durch Doctor Joh. Gistel. Kempten, 1856, in-12o.

36. *Catalogue* des ouvrages de peinture, sculpture, gravure, dessin ou lithographie exposés au salon de 1862, sous la direction de la Société libre d'Émulation. Liége, 1862, in-12o.

37. *Revue de l'art chrétien*, recueil mensuel d'archéologie religieuse, dirigé par M. l'abbé Corblet. Paris, 1862, in-8o. Les nos 1, 2, 3, 4, 5 et 6.

38. *Bertha*, Zeitschrift für Naturgeschichte, phisiologie, Naturlehr, etc. von Doctor Joh. Gistel. Munich, 1837, in-4o.

39. *Rapport* de M. Cousin, délégué de la Société Dunkerquoise sur le Congrès des sociétés savantes, tenu à Paris du 22 au 29 avril 1862. Dunkerque, 1862, in-12o.

40. *Solemnia academica universitatis litterariæ regiæ Fredericianæ ante L annos conditæ, die II septembris anni 1861 celebranda indicet senatus academicus.* Christianæ, 1861, in-4o.

41. *Bulletin* du Bibliophile belge, tome XVIII, 2e et 3e cahier.

42. *Un concours de Rhétorique dans un village flamand de France en 1861*, par V. Derode, Lille, 1862, in-8o.

43. *The legende of Waltham abbey and the history of the church founded by king Harold*, by W. Burges, esq. 1860, in-8o.

44. *Zeitschrift des Vereins für Hessische Geschichte und Landeskunde*, Band IX, heft 1. Cassel, 1861, in-8º.

45. *Annales de la Société de médecine de Gand*. Les livraisons d'avril et mai 1862.

46. *Journal de la Société de pharmacie d'Anvers*. Les nos de mars, avril et mai 1862.

47. *Annuaire statistique et historique de Belgique*, neuvième année. Bruxelles, 1862, in-12º.

48. *Bulletin* de la Société scientifique et littéraire du Limbourg, tome V, 2e fascicule. Tongres, 1862, in-8º.

49. *Revue belge et étrangère*, Bruxelles, 1862 ; les livraisons d'avril, mai et juin.

50. *Mémoires* de la Société impériale d'agriculture, sciences et arts de Douai, tome V, première et deuxième parties.

51. *Mémoires* de l'Académie d'Arras. Les tomes 30, 31 et 32.

52. *Ambassade en Espagne et en Portugal, en 1582, de R. P. en Dieu, Dom Jean Sarrazin*, par Philippe de Caverel. Arras, 1860, in-8º.

53. *Études sur les Almanachs d'Arlon*, par M. Auguste Parenty. Arras, 1860, in-8º.

54. *Nouveaux mémoires* de la Société des sciences, agricultures et arts du Bas-Rhin, tome 1er, 2e fascicule. Strasbourg, 1860, in-8º.

Erratum.

Dans le tome précédent il s'est glissé une erreur qu'il importe de rectifier. P. 292, à l'article intitulé : *Chanoines réguliers de S. Augustin*, plusieurs interpositions ont en lieu et ne permettent guère d'en saisir le sens.

La suite de la page 292 se trouve rejetée à la page 296, à la 22e ligne ; et la suite de la page 296 à la page 297, à la 20e ligne ; de sorte que 20 lignes placées p. 296 et 297 devraient être intercalées entre les p. 292 et 293.

Nous espérons que cette explication sommaire permettra de reconstruire l'article de manière à en rendre la lecture possible.

Il faut lire ainsi, p. 292 : *L'ordre fut spécialement protégé* (p. 296) *par les rois de France*, etc. Puis, p. 296 : *La façade qui se présente avec majesté* (p. 297) *offre trois portes cintrées*, etc.

HISTOIRE

DU

COLLEGIUM MEDICUM BRUXELLENSE

PAR

C. BROECKX,

Bibliothécaire-Archiviste de l'Académie, etc.

(Suite, voir Tome XIXe, page 230.)

Le Collége rédigea une réponse dans laquelle il prouva, par les
édits de nos souverains, que l'autorisation d'exercer la médecine
ne pouvait être accordée à une personne totalement dépourvue de
connaissances médicales, et que le suppliant, qui se vantait de
guérir l'épilepsie, l'asthme, l'hydropisie, la folie, le cancer, la
surdité et les hernies, n'avait qu'un but, celui de tromper le
public crédule de la capitale. Voici cette réponse :

Edele , Voorsinnighe Heeren Wethouderen

Het Collegie der medecyne deser stadt Brussel hebbende door
hunnen heere Superintendent ontfanghen ende ghelesen hebbende het
requeste aen UEd ghepresenteert van eenen zoo ghenoemden Vierville , ten eynde die Medici Assessores van het Collegie der medecyne

25 XIX 19

saude geven hun gherechtigh advies : seggen hier teghen met alle eerbiedinghe.

Eerstelyck dat in conformiteyt van het placcaert van Keyser Carel, hooghloffelycker memorie, gheemaneert den achtsten dagh van october 1540 aen ieder een, wie hy sy, penalyck, ende seer straffe-lyck is verboden syn selven te intituleren ofte uyt geven als medicyn, ofte medicyneresse ofte des self conste te exerceren met te geven, ofte doen geven eenighe medicyne, ten sy dat sulcke persoonen syn Doctoren ofte Licentiaten in de medicyne, ghepromoveert in eenighe universiteyt, etc. : uyt craghte van dit loffelyck nooyt genough vol-presen placcaert des Keysers, heeft die voorsightige magistraet van Brussel eene noodighe ordonnantie opgherecht, raekende de medi-cynen, chirursyns, en de apotekarissen, by den raede van Brabant herkent in den jaere 1641 ende bevestight.

Ende tot meerdere verstserckinghe deser voorschreve ordonnantie, ende haere verbeternisse, soo is t dat myne voorschreven Heeren die Wethouderen deser stadt, op den 13 april van den jaere 1650, nieuwe statuta medica hebben opgherecht, door de welcke men claerblyckelyck siet by den 40 artikel, dat niemant, wie hy sy, en vermaght syn selven te vervoorderen te noemen, oft uyt te geven, met woorden, oft met wercken als Doctoor, oft medicyn, op de boete van twintigh rins guldens, soo dickwils als sulcks soude gheschieden.

Voorby gaende alle andere placcaerten, soo van den Hertogh Albertus ende Isabella, ende andere diepsinde Princen, die allegaeder voor het welvaren hunner ghetrouwe onderdanen ten uytterste syn besorght ghweest, soo is 't dat het voorscheve collegie der Medicyne, conclu-derende, geeft voor gherechtigh advies, dat uyt craghte van het ghene vermeld is, den soo ghenoemden Vierville vol van bedrigereyen, in gheenderleye manire, in syne dwaese pretentie en is admissibel.

Soo veel te meer, om dat men in syn ghepresenteert requeste bespeurt ad marginem, dat desen verwanden quacksalver pro Deo moet ghedindt worden : die andersins, volgens syne gevanteerde curen, hondert duysent guldens ryck sauw moeten wesen : daer het contrarie nogtans waer is.

Ten andere, soo siet men dat het selve behelst eene groote mis-prysinghe voor den graedt van licentie, ende vervolgens eene vilyne

misprysinge voor de Universiteyten van Loven, als elders, die door
de princen, koningen, ende keysers syn opgherecht.

De ghejacteerde genesingh van het ongeneselyck flerissyn, doedt
seer blyckelyck sien dat desen Vierville moet dwaeser syn, als alle de
dwaese die hy pretendeert generalyck te genesen, want naer soo veele
gepasseerde eeuwen, en isser niet eenen soo wysen, ervaeren man
ghevonden in de medicyne die ghevanteert heeft het flerissyn te
genesen; het welck, soo den meer genoemden Vierville kan effectueren:
soo is 't dat hem wort gheraeden van naer syn vaderlant te keeren,
sonder dese ingesetene borgers te bedrighen, soo sy meermaels syn
bedrogen gheweest.

Wat aengaet die andere curen, die hy pretendeert te genesen van
de Doctoren verlaeten synde; als vallende sieckte, watersught, asma,
dwaesheyt, kancker, graveel, doofheyt, darmbreuck etc. soo seggen
die heeren Assesseurs dat het genesen van diergelycke curen, die
geneselyck syn, alleenelyck toekompt aen die gegraduweerde licen-
tiaeten ende doctooren, maer geensins aen die bedrigelycke landtloopers ende quacksalvers. hier mede, ende nogh andere bondighe
motiven, vermeynt het Collegie der Medicyne voldaen te hebben aen
het versoght advies: verhopende vastelyck en buiten twyfel dat die
Heeren Wethouderen sullen misachten ende verwerpen de pretentie
van den voorschreven Vierville, welck doende het, etc.

Les magistrats bruxellois, peu satisfaits de cette réponse, et
oubliant toute convenance, se permirent de demander au Collége de
vouloir désigner, dans l'établissement des aliénés (Dolhuys), deux
fous pour servir de sujets d'expérimentation au charlatan Vierville
et d'assister à ses cures. Comme on peut se l'imaginer, les assesseurs n'acceptèrent pas cette position ridicule; ils dédaignèrent
même de répondre à une invitation si contraire à la dignité
médicale. Quelque temps après, le charlatan n'ayant pu obtenir
l'autorisation de pratiquer, transporta ailleurs ses penates.

Si le Collége montrait une grande sollicitude pour la santé
publique en éloignant les charlatans, il ne veillait pas avec

moins d'activité à ce que les remèdes prescrits fussent de bonne qualité. C'est ainsi que le pharmacien Maes fut condamné à l'amende de quatre florins, parce que les visiteurs avaient constaté dans son officine que l'*elixir proprietatis Glauberi* ne contenait pas assez de safran oriental.

L'administration du marquis de Prié ne sut pas se concilier l'amour des Belges. Si cela est incontestable pour les affaires politiques, cela n'est pas moins vrai pour les affaires médicales. Voici encore un fait entre mille, qui prouve l'esprit despotique du marquis : Maximilien-Emmanuel Hoenhems, charlatan nomade, était venu à Bruxelles afin d'y exercer la médecine sans qu'il possédât la moindre notion de l'art. Condamné de ce chef à vingt florins d'amende, il allait être exécuté, lorsqu'il recourut au marquis de Prié, comme à la seule ancre de salut. Le croirait-on? se demande le vicaire du Collége ; le marquis le prit sous sa protection, lui accorda l'autorisation de pratiquer et se l'attacha comme médecin domestique de la cour. Les assesseurs ne purent que protester contre cet acte brutal et despotique, et temporisèrent en attendant des jours plus favorables.

Une dépêche du 23 octobre 1724 prévint le marquis de Prié que l'empereur Charles VI avait conféré le gouvernement des Pays-Bas à sa sœur, l'archiduchesse Marie-Elisabeth. Le marquis reçut ses lettres de rappel en janvier 1725, et il fut remplacé provisoirement par le comte de Daun, prince de Thiano. Le nouveau gouverneur général était à peine installé que les assesseurs demandèrent une audience et lui présentèrent la supplique suivante :

A sa Majesté Catholique et Imperiale.

Remontrent en tres profond respect le Prefect et Assesseurs du College de Medicine de cette ville, au nom du corps entier que pour remedier et mesme prevenir la quantite des abus, qui se commettent par de personnes etrangeres, qui se emencipent d'exercer indifferement l'art de la medicine, sans etre admis aux universitez approuvées ou soubmises a votre M^{te}, ils ont présenté au souverain Conseil de Brabant le 13 octobre 1706 la req^{te} jointe en copie autentique : et comme la ditte req^{te} n'at produit jusqu'a present l'effect que les Remonstrans se sont promis, non obstant tout les devoirs imaginables qu ils ont pu faire : il est, que certain Maximilien Emanuel Hoenhems pretend d'exercer l'art de medicine sans avoir prealablemet fait conster de sa religion, capacité, ou graduation, qualitez necessairement requises par l'ordonnance de l'empereur Charle V de glorieuse memoire du huictiem octobre 1540 et plusieurs autres citées en la ditte req^{te} icy jointe, pour estre admis a l'exercice de la Medicine : les Remonstrans, en acquit de leur debvoir, et conscience ont fait citer pardevant eux le d^t. Hoenhems, afin qu'il eut a satisfaire au dittes ordonnances, sans qu'il luy eut plu d'y comparoitre : jusqu'a la, que le Syndic at obtenu santance contumaciale a sa charge : comme conste par la copie joincte, en suitte fait faire sommation, et executions, les quelles il at sceu eluder par sa retraite et latitation en des lieux privilegies. Les Remontrants pour prevenir des accidens facheux et suittes dangereuses qui pourroint survenir par une telle tollerance, prennent leur recours vers vostre Ma^{te}.

La supplient tres humblement d'estre servie d'interdire le dit Hoenhems d'exercer l'art de la medicine : du moins jusqu'a ce qu'il ait fait conster de sa religion et admission en quelque université, approuvee ou soubmise a vostre Majesté quoy faisant, etc.

Le comte de Daun reçut les députés du Collége médical avec une grande bienveillance, promit de faire droit à leur juste demande, et ajouta que dorénavant les lois sur l'exercice de la médecine seraient sévèrement appliquées.

Trente-septième Préfecture. 1725-1727.

Durant cette période biennale, le vicaire Henckelius ne trouve à signaler que des inscriptions de médecins, de chirurgiens, de pharmaciens et de sages-femmes. On pourrait en conclure que la réception des députés par le gouverneur de Daun avait produit quelque effet. Le pharmacien Pierre De Vleeshauwere paya l'amende de 29 florins à laquelle il avait été condamné. Il avait demandé la révision de la sentence, mais elle fut confirmée par les magistrats de la commune.

Dans ce temps, les Bruxellois étaient extrêmement religieux. Ce sentiment s'accrut encore par la présence de la gouvernante Marie-Elisabeth dont la cour, disait-on, n'était qu'un couvent de plus [1]. Vers la fin du mois d'octobre 1726, le surintendant Ricquewaert demanda au Collège médical, au nom des magistrats communaux et du Conseil de Brabant, un avis motivé sur la question de savoir s'il ne conviendrait pas de permettre de manger gras pendant le carême de l'année suivante. Les assesseurs s'empressèrent de répondre affirmativement, et le greffier fit parvenir cette pièce aux autorités.

Trente-huitième Préfecture. 1727-1729.

Le greffier Vander Maelen étant mort, comme nous l'avons vu plus haut, les assesseurs s'étaient proposé de procéder à son remplacement conformément à l'article 5 des statuts, qui leur donnait ce pouvoir en ces termes : *Le surintendant et les assesseurs du*

[1] HENNE & A. WAUTERS. *Histoire de la ville de Bruxelles*, tome II, à la page 253.

Collége choisiront un greffier et un bedeau, sous l'approbation du magistrat. Aussitôt les pharmaciens accoururent au Collége en protestant qu'ils ne permettraient pas que l'élection eût lieu sans leur intervention. Ils adressèrent, en même temps, une supplique au Conseil de Brabant pour obtenir le droit de prendre part au vote, en alléguant qu'ils concouraient aux charges annuelles du Collége et qu'ils devaient aussi avoir le droit de participer à ses avantages. Cette supplique fut envoyée au Collége médical avec prière de vouloir répondre endéans les huit jours. On se préparait donc de part et d'autre à soutenir un procès, lorsque le conseiller de Man persuada aux assesseurs d'en venir à un accord avec les pharmaciens, afin de prévenir de grandes dépenses. Après bien des pourparlers, une convention fut signée le 10 février 1724. La voici :

Project van het accoort
tuschen

den Prefect ende assessores van 't Collegie der Medicyne binnen dese stadt Brusselle supplianten, ende de proefmeesters, Ouders ende Supposten der apothekers rescribenten.

Dat de rescribenten van als nu, voor als dan approberen den keus door de supplianten te doen van de plaetse van greffier van 't collegie der Medicyne.

Dat de dry eerste articulen van de ordonnantie van de 5 october 1715 sullen stadt grypen, en dat dyen volgens de rescribenten gerechtight sullen syn te compareren, ende geconvoicert te worden over de voortaen te doene keusen van den greffier, ende cnaepen van het selve Collegie, gelyck oock in alle vergaderingen, uytgenomen alleenelyck de examens der vroedsvrouwen, ende chirursyns, ende andere questien medico-legales. Dat als wanneer diergelycke geexcepteerde questien sullen voorcomen te vallen, den Prefect ofte den vicarius van 't Collegie, de andere Assessores ofte wel extraordinairelyck sullen doen quaerten, ofte wel dat alswanneer dusdanige questien in de ordinairelycke Collegie daeghen sullen voorvallen, de

selve maer eerst en sullen worden geproponeert naer het scheyden
van het ordinair Collegie.

Dat de Assessores van het Collegie niet verobligeert en sullen syn
eenige processen voor het corpus der apotekers aen te nemen, ofte te
sustineren teghens de droogisten , speciers, oft diergelycke, ofte daer
inne te dragen eenige costen , ten waere het Collegie anders geraedtsaem vont : soo noghtans dat de amendens over diergelycke processen
voorts te comen , de welcke het Collegie nyet geraedtsaem en saude
hebben gevonden aen te nemen , sullen syn , tot het privatief profyt
van 't corpus der apotekers.

Dat alle andere placcaerten ende ordonnantien raeckende het Collegie
der Medicyne sullen blyven in hunnen vigeur. Waer mede dit proces
sal comen te cesseren compensatis expensis.

Wy ondergeschreven nyet connende ageren de functie van den
Syndicus : soo is 't dat wy ditto artickel van de amende , ons in alle
gevallen door de Assesseurs toe te eygenen , niet en connen executeren ,
ofte doen executeren ; ten sy door den selven Syndicus nomine
officii. laetende t'Collegie in haer geheel tot het aennemen , ofte nyet
aenemen van de processen , raeckende de droogisten , speciers, oft
andersins.

Ende was onderteeckent den 10 feb. 1724.

VAN LIERDEN. N. VAN DER MEEREN. MOSSELMANS.
MASSAERT. VAN DER CAMMEN f : Tant, en DE MAES.
Accordeert met syn origineel , quod attestor D. A. VAN DER BORGHT
notarius.

Comme on le voit, les pharmaciens approuvaient le choix actuel,
mais dorénavant ils seraient convoqués pour concourir à l'élection du greffier et du bedeau. Ils assisteraient à toutes les séances,
excepté à celles où l'on examinerait les chirurgiens et les accoucheuses et où l'on traiterait des questions de médecine légale. De leur
côté, les assesseurs n'étaient pas tenus de soutenir les procès des
pharmaciens contre les droguistes, les épiciers, à moins qu'ils n'en
jugeassent autrement. Le vicaire se félicite du résultat, parce que
désormais ce seront les pharmaciens qui devront payer les frais

des procès intentés aux pharmaciens, et que ce sont ces sortes de procès qui ont ruiné le trésor du Collége. Il cite à l'appui le procès contre le pharmacien De Kinder jeune, que le Collége perdit et qui lui coûta la somme énorme de sept cents florins.

Voici l'histoire d'une poursuite que le vicaire de la trente-sixième préfecture avait négligé de relater et que le docteur De Bierthe a cru devoir annoter. François D'Ivry, dépourvu de diplôme et de connaissances, se livrait à l'exercice de la médecine à Bruxelles, lorsqu'il fit parvenir au magistrat une requête tendant à être autorisé légalement. La réussite de plusieurs charlatans l'avait sans doute enhardi à faire cette demande, que voici :

Aen myne Heeren die Wethouderen deser stadt Brussele etc.

Vertoont reverentelyck Franciscus D'ivry, hoe dat hy hem sich bevindt in dese stadt voor twee maenden terwyl den welcke tot het gerief van den armen, hy soude geerne exerceren verschyde weten-schappen, die by heeft, onder andere van te genesen alle soorten van breucken, soo van jonghe, als oude liedens; ende oock alle soorten van Venussiektens, sonder dat men verplight is t'huys te blyven, soo in den winter, als in den somer alsoo by cortelinxs gedaen heeft aen verschyde verlaete persoonen : naementlyck aen Renatus Letrateur, bouckdrucker by den welcken men niet en cost staen, nogh aen-spreken, om diswille dat hy hadde eenen seer stinckenden haesem, ende denwelcken bynaer lam geworden was, niet connende wercken, om synen cost te winnen, hetwelck menighe persoonen gesien hebben. den suppliant door compassie beweeght synde, siende desen man in soo eenen sleghten staet, heeft hem alreede sedert eenige daeghen in staet gestelt om te aerbeyden, ende heeft doen vergaen synen uytne-menden stinckenden haesem, tot groote verwonderinghe van een ider, ende sal hem met den eersten t'heelemael genesen van de venus sickte, met de welcke hy geplaeght was, t'sedert ses jaeren: sonder hiet te pretenderen soo voor salaris, als voor syne remedien. ende aengesien den suppliant, in de twee voorseyde maenden, saude geren syne conste exerceren tot het gerief van den armen : oorsaecke van recours tot UEd.

Oodtmoedelyck supplierende UEd gelieve gedint te wesen aen den
suppliant t'accorderen de permissie van vry syne wetenschap t'exerceren den tyt van twee maenden in dese stadt. ende aengesien den
corten tydt, denwelcken hy hier zal blyven, te willen gedindt te
wesen, tot gerief van den armen, syne teghenwoordige requeste,
niet te willen doen adviseren aen het Collegie der medicynen, DD. etc.

Francoys D'IVRY.

Dans cette supplique, D'Ivry demandait à être autorisé à employer, pendant deux mois et gratuitement pour les pauvres, les
connaissances qu'il possédait pour guérir les hernies et les maladies syphilitiques. Le magistrat renvoya cette pièce, le 5 décembre
1724, à l'avis des assesseurs. Ceux-ci répondirent que D'Ivry
n'avait aucun titre à cette faveur, et que la ville de Bruxelles était
assez pourvue de médecins instruits et en état de guérir les maladies
dont le charlatan parlait dans les prospectus qu'il avait distribués
avec une étonnante profusion. Voici cette réponse:

> Edele, Voorsinnighe, Eersaeme Heeren Wethouderen deser stad
> Brusselle etc.
> Het Collegie der Medicyne ontfangen hebbende uyt d'handen van
> hunnen Heere Surintendent het request van seeckeren soo ghe-
> noemden Francis Ivry ten eynde het selve saude geven haer gerechtigh
> advies: seght hier teghens met alle eerbiedinghe het naer volgende.
> Te weten dat desen Francis d'Ivry niet en is eenen gegradueerden
> licentiaet in de Medicyne, ofte gesworen meester in de Chirurgie
> g'admitteert: maer ter contrarie eenen oprechten landtlooper,
> ende formelen quacksalver, (gelyck er met duysende in dese stadt
> syn te vinden) denwelcken onder het specieus pretext van alle
> sickten (volgens syne gedruckte, uytgestrooyde biletten) en nae-
> mentlyck van venus voortcomende, te genesen selver in 't midden
> van den winter, al gaende en staende, sonder verplight te syn van
> t'huys te blyven, de onnoosele light geloovende venusjanckers, aldus
> compt te bedrigen: hun geldt afhandigh maeckt, ende hunne quaelen
> compt te multipliceren ende te verergeren, selver mischien met verlie

van hun leven. terwylent dan dat dese Princelycke stadt van Brussel van t'allen teyde versien is gheweest van seer ervaren gegradueerde licentiaten in die edele conste der medicyne, soo in de Universiteyt van Loven, als andere, synde onder het gebiedt van syne keyserlycke Monarchie : als oock van veele experte geswore meesters chirursyns : soo is 't dat het Collegie der medicyne, vast steunende op de loffelycke ordonnantien, aen het selve verleent van de Heere Wethouderen, op het stuck der medicyne g'emaneert in den jaere 1641, als oock 1650 herkent in den selven jaere by den souverynen Raede van Brabant : ende naementlyck , op het nooyt genough volpresen ende inviolabel placcaert van syne keyserlycke Majesteyt Carel den vyfden (hoogh loffelelycker memorie) geemaneert den achsten dagh van october , in 't jaer ons Heere 1540.

Concluderende finaelyck geeft voor gerechtigh advies, dat desen Francis d'Ivry , en diergelycke landtloopers ende quacksalvers in dese wel ghepolliceerde stadt van Brussel, ende haer districk, niet alleenelyck en moghen worde getollereert, maer ter contrarie in alle rigeur moeten worden gecondamneert, gemulteert, vervolght ende verjaeght, om aldus te belletten hunne daeghelycksche bedrigelycke listen, tot groote schaede van de Republique.

Verhopende dat Uwe Edelheden dese onse tegenwoordighe, versoghte antwoort, ende advies, met allen moghelycken iver, ende authoriteyt, als oprechte schutheeren sullen behertigen : soo is 't dat wy in alle eerbiedinghe syn ende alteyt sullen blyven.

Myn Heeren

Uwer Edelheden , ende Eersaemheden oodmoedighste ende onderdanighste Dinaers , den Prefectus ende die andere Assessores van het Collegie der Medicyne deser stadt Brusselle.

Après la réception de cette pièce , le magistrat rejeta la demande de D'Ivry , qui disparut immédiatement de la capitale , sans avoir pu rançonner le béotisme bruxellois.

———

Trente-neuvième Préfecture. — 1729-1732.

Le préfet Mathieu Rahier étant mort le jour même de son entrée en fonctions, le vicaire Ignace De Hoze acheva son terme jusqu'à l'élection suivante.

Les assesseurs venaient de décider que désormais on observerait strictement les articles du règlement, lorsque de nouveaux troubles furent suscités par les pharmaciens. Ceux-ci avaient composé clandestinément de nouveaux statuts et les présentèrent à la sanction de l'autorité communale. Les voici :

Soo ist dat wy tot verlichtinghe ende onderstandt van het besonder order oft corpus der apotekers in voortyden als ten hooghsten voor het ghemyn best nootsaekelyck ende van de uyterste aenghelegentheyt binne deser stadt expresselyck aenghestelt ende opghericht, mitsgaeders tot volkomelycker onderhaudinghe der vorighe ordonantien op het stuck der medecynen chirurgie ende pharmacie gheemanert, om vele misbruyken te bestyden, ende het leven ende welstandt van den menschen lichaem teghens alle ongheval des te crachtiger te bevryden, hebben goetgevonden te ordoneren ende te statueren de naervolghende articulen, willende ende begerende dat onverbrekelyck sullen onderhouden worden, op pene ende boeten hier onder te verclaeren dewelcke sullen verdylt worden, in alsulcker voeghen, dat den aenbrengher, wiens naem altyt sal verholen blyven, de hellicht sal hebben.

1°

Dat gheene Doctoren, Barbiers, Chyrursynen, nochte andere suspecte persoonen sy gheestelyck ofte werelyck, en sullen moghen per se aut alios, vercoopen, vertieren ofte helders ghemaeckt hier innebrenghen nochte in huys hebben, eenighe droghen, remedien ofte medicamenten t sy simplicia, composita, pharmaceutica ofte chymicalia op pene van confiscatie der selve ende ider ryse verbeuren vier hondert guldens voor ider medicament pharmaceuticum, simplex aut compositum seu chymicum.

2o

Dat gheene speciers droghuen vercoopende nochte andere suspecte persoonen onder de apotekers niet ingheschreven synde eenighe ghemengbelde medicamenten composita pharmaceutica seu chymica ofte dierghelycke sullen moghen per se aut alios vercoopen ofte elders ghemaeckt hier innebrenghen ende uyt penne weerde nochte in hunne huysen hebben op ghelycke pene ende verbeurte als in den voorschreve Arle.

3o.

Dat de droguisten sullen vercoopen alle simplicia mitsgaeders geest van salpeter, sterck waeter dienende soo sy segghen voor de ververs deser stadt Brussele, Eau de Carmes, syrop van capillaire de Montpellier, olie van canneel, olie van cruytnaghelen, olie van foulie, van note muscaet, olie van sassafras, olie van roosenhout, olie van terebentbyn, olie van laurier, balsem van palmen oft sublimaet corrosive.

4o.

Maer en sullen de droguisten t'sy gheestelyck oft weerelyck, gheene andere medicamenten, t' sy pharmaceutica ofte chymica moghen per se aut alios vercoopen ofte elders ghemaeckt hier innebrenghen ofte uyt penne weerde nochte in hunne huysen hebben, op ghelycke pene ofte verbeurte, als in den voors. eerste Arle

5o.

Welcke verstaende dat de selve droguisten weghens de medicamenten, waer af hun de vercoopinghe by den voorgaende derden Arle is toeghelaten, sullen onderworpen syn aen de visitatie van de twee visitatores Medici ende ceur ofte proefmeesters der apotekers op de boete vervat in den 61 Arle der ordonantie der wethouderen deser stadt de date 13 Aprili 1650 mitsgaeders aen den eedt waer aen des weghens d'apotekers syn onderworpen.

6o.

Ende dat voorders voor het toecomende men met ampt van droguist sigh meer en sal moghen bemoeyen ofte hetselve oeffenen, sonder aleer, over de medicamenten waer af aen de droguisten by den voor-

schreven derden Arle, de vercoopinghe is toeghelaten, te syn gheexa-
mineert, ende gheapprobeert door het Collegium Medicum ende de
twee proefmeesters, ende de twee leste afgaende proefmeesters der
apotekers deser stadt, onder hunnen redelycken salaris van vyftigh
guldens te verdylen als volght aen ideren assessor ende apoteker als
volght vier guldens, aen den greffier eenen gulden aen den cnaep
vyfthien stuyvers aen de besondere camer der apotekers dry guldens
ende de resterende vier guldens vyfthien stuyvers aen het Collegium
Medicum.

7°.

Dat de apotekers sullen onder eedt gehouden syn alle composita
soo chymica als pharmaceutica selver te maeken, sonder die te moghen
coopen by eenighe droguisten, quacksalvers, operateurs, landloopers
ofte andere op de pene ende verbeurte als in den voorschreve eersten
Arle, ten waere sommighe apotekers om hunne clyne middelen ofte
debiet die niet gevoeghelyck self soude konnen maecken, in welken
geval sulken apotikarissen sullen oock onder eedt gehouden syn die te
coopen binnen dese stadt by eenen gheapprobeerden meester van hun
corpus ende daer af doen blyken by desselfs quittancie insghelyck op
pene ende verbeurte als by den voorschreven eerste Arle.

8°.

Dat de apotekers punctuelyck sullen hebben te achtervolghen d'ordonnantie van den jaere 1664 in het stuck van visite de sieken op de
verbeurte van 400 guldens voor idere ryse van contraventie wel
verstaende dat de Doctors sullen gehouden syn de sieken arm et ryck
promptelyck te visiteren by tyt ende omtyt, dagh ende nacht.

9°.

Dat insghelyck de Doctors niemant en sullen moghen induceren,
aendienen; ofte segghen directelyck ofte indirectelyck by den eenen ofte
den anderen te gaen haelen eenighe medicamenten op ghelycke
verbeurte van 400 guldens voor idere contraventie.

10°

Dat gheene chirursyns, barbiers ofte andere en sullen vermoghen,
mercurialia, ofte antimonialia te gebruycken ofte aen hunne patien-

ten inne te geven ten sy die op hunne eygbenandigh recept, welk recept niet groot en sal moghen wesen dan voor dry doses, sullen ghecoght ofte ghehaelt syn by eenen ghesworen meester apoteker deser stadt op pene van confiscatie der selver ende de verbeurte van 500 guldens voor idere contraventie.

11°

Dat gheene chirursyns, barbiers ofte andere oock niet en sullen moghen leveren ofte vercoopen eenighe cataplasmata ofte decocta van salte, emplastra, composita ofte unguenta composita, op pene van confiscatie der selve ende de verbeurte van dertigh ducatons voor idere contraventie.

12°.

Dat gheene Doctors, barbiers, chirursyns, Droguisten, speciers ofte andere suspecte persoonen onder de apotekers niet inne geschreven synde en sullen vermoghen in huys te hebben eenighe instrumenten tot de chymie ofte pharmacie op pene ende verheurte als by den voors. eersten Arie.

13°.

Dat de getuyghen deponerende van differente specifique fyten tenderende ad eundem finem scilicet om in genere te proberen dat de Doctors, apotekers, barbiers, chirursyns, droguisten, speciers ende andere ghepexert hebbende teghens de ordonantie sullen worden ghecombineert.

14°.

Permitterende mits desen aen die van het voorsyt apotekers ambacht die huysen van Doctors, barbiers, chirursyns, droguisten, speciers, ende andere suspecte persoonen onder de apotekers niet ingbeschreven synde, t'allen tyde ende t'elcker ryse dat sy eenighe suspicie sullen hebben, met interventie van Scepene te visiteren ende aldaer af te panden alle de verboden instrumenten ende waeren die sy sullen aldaer hebben gevonden, ende sullen die Doctors, barbiers, chirursyns, droguisten, speciers ende andere voornoemt, sulck hebben te ghedooghen op de verbeurte van twelf rinsguldens voor de eerste wygheringhe, te verdobbelen voor de tweede, ende soo voorts, sonder prejudicie nochtans van andere penen ende verbeurten hier voren, by de vorighe arlen ghespecificeert.

15°.

Verclaerende voorders de teghenwordighe ordonantien, mitsgaeders de vorighe ordonantien ende placcart de Annis 1540, 1641, ende 1669, voor soo vele by desen aen deselve niet en is verandert, ofte ghederogeert executoriael uyt crachte deser.

16°.

Ende in cas van eenigh verschil, het selven voor commissarissen, sommeirelyck sonder forme ofte figure van proces worden afgehehandelt.

17°.

Alles sonder prejudicie der voorighe ordonantien ende placcart dewelcke blyven in hunne cracht ende vastigheyt, voor soo vele daer aen by desen niet en is verandert ofte ghederogeert.

D'après ce projet, chaque médecin, chirurgien ou toute autre personne qui aurait vendu des drogues ou qui les gardait dans sa maison, était passible d'une amende de 400 florins pour chaque médicament. La même peine serait appliquée aux droguistes et aux épiciers pour chaque médicament composé qu'ils présenteraient en vente. A ces derniers il était toutefois permis de vendre diverses préparations, telles que l'eau des carmes, le sublimé corrosif etc. Les pharmaciens étaient tenus de faire eux-mêmes tous les médicaments composés et de ne pas en faire venir de l'étranger sous peine d'amende de 400 florins pour chaque médicament. La même peine était applicable aux pharmaciens visitant les malades. Aucun médecin, chirurgien ou autre ne pouvait avoir aucun instrument servant à préparer des médicaments. Les pharmaciens s'arrogeaient le droit de visiter les maisons de ces derniers, dans le cas où ils soupçonneraient pareil fait.

Ce projet de loi, un peu draconien, fut fortement critiqué par les assesseurs. Dans une conférence , sous la présidence d'un commissaire délégué par l'autorité communale , le préfet attaqua le projet avec vigueur. Il dit, entre autres choses, que les pharmaciens pouvaient faire venir de l'étranger les médicaments qu'ils n'étaient pas en état de faire eux-mêmes et qui étaient utiles aux malades. Il finit par défier les quatre pharmaciens présents, Vander Camme, Camusel, De Vos et van Lierde, de préparer le *sulphur vitrioli anodynum martiale* ; il ajouta qu'il était prêt à leur donner la somme de 400 florins, s'ils pouvaient le faire. Comme aucun des quatre n'osait accepter ce défi , il continua à battre en brèche tous les autres articles. Le commissaire de Robiano, voyant les pharmaciens confondus par les arguments du préfet, fit un rapport par suite duquel le projet des pharmaciens fut déposé dans les cartons. Malgré cette décision de l'autorité, le lecteur impartial devra convenir que ce projet contenait quelques bons articles, mais que l'amende de 400 florins rendait impraticables. Si les pharmaciens insistaient tant sur la vente illicite de médicaments par les médecins, les chirurgiens et les droguistes, c'est que cet abus existait dans ce temps et qu'il était aussi nuisible à la profession pharmaceutique que l'exercice de la médecine par les pharmaciens.

Le 27 avril 1730, le charlatan Gambacurte fut condamné à l'amende de 20 florins ; il demanda aux magistrats communaux la révision de cette sentence, mais comme une femme, qui avait pris ses arcanes, était morte subitement, il plia armes et bagages et se transporta ailleurs.

Les pharmaciens gardèrent rancune à l'autorité qui avait fait rejeter leur projet de règlement. Aussi ils tentèrent d'exclure le surintendant de Cano, baron de Mechem, de l'assemblée où leurs comptes devaient être vérifiés. Mais le Collège communal en décida autrement par l'ordonnance qui suit :

> Alsoo ter kennisse van Myne Heeren de wethouderen deser stadt Brusselle ghecomen is dat die van de apotekers souden hebben geresolveert hunne rekeninghe te doen desen naermiddag ten twee uren, ende dat den Heere superintendent daer toe niet en is aensocht, welke rekeninge niet en vermag te ghescieden, ten sy daer behoorelyck is gheroepen ende t synder interventie, soo verbiden Myne voors. Heeren aen de gheene ghehouden synde die rekeninghe te doen, daer toe te procederen, sonder daer toe van den selven Heere superintendent versocht te hebben præfixie van dagh ende ure op pene van nulliteyt ende amende van thien pattacons t'incureren ten behoeve van den officier van justicie teghens de overtreders, salva insinuatione. Actum 29 9bris 1730.
>
> Was onderteekent,
> J. J. ZEGHERS.

Malgré cet échec, l'audace des pharmaciens ne fit que croître. Ils refusèrent de prendre part à la visite annuelle des officines. Le magistrat les y força par l'ordonnance qui suit :

> Myne Heeren die wethouderen der stadt Brussele hebben goet gevonden, te ordoneren, ghelyck gheordoneert wordt, mits desen aen de twee dienende ceur ofte proefmeesters van d'apotekers, te compareren ten huyse van den Heere superintendent van het Collegie der Medecyne op deynsdagh wesende den 12 deser ten twee uren naer noen, ten eynde van gheprocedeert te worden tot de visitatie van de winckels der apotekarissen conform den 70 Arte van d'ordonnantie van het Collegie der Medecyne in date 13 Aprilis 1650 gheteekent A. VAN DE BROECK op pene van naerdere provisie. Actum 11 7is 1730 onderteekent G. D. VAN VEEN loco P. J. DE GREVE.

Ils refusèrent encore. Alors le magistrat ordonna de nouveau aux maîtres des preuves de se trouver le 15 septembre 1730 à l'hôtel du surintendant pour faire la visite, sous peine d'une amende de 25 patagons :

Myne Heeren die wethouderen der stadt Brussele rapport gehadt hebbende van den Heere superintendent van het Collegie der Mede- cynen, dat de keur ofte proefmeesters van d'apotekers deser stadt wygherachtigh syn geweest, te voldoen aen het gheene aen hun geordonneert is geweest, by voorgaende ordonantie van 11 deser, ordonneren andermael aen de gemelde keur ofte proefmeesters, te compareren ten huyse van den voors. Heere superintendent, om van daer mede te gaen beneffens den selven Heere superintendent ende die Heeren visitatores, ende te doen de gewoonelycke visitatie in de apotekers winkels, daer toe prefigeerende den 15 deser naer middagh ten twee uren ende dat op pene van 25 pattacons te incurreren by ideren der voorschreve keur ofte proefmeesters die in foute sullen blyven van daer aen te voldoen, ten behoeve van den heere Amptman executabel uyt crachte deser, salva insinuatione. Actum 13 7ʰᵉ 1730.

(Signé) DE GREVE.

L'amende de 25 patagons les rappela à leurs devoirs et ils se conformèrent à l'article 70 des statuts de l'année 1650.

Le 29 novembre 1731, il s'éleva un procès entre le questeur du Collège et les deux censeurs du corps pharmaceutique. Comme chacune des deux parties plaida en son propre et privé nom, le Collège n'eut à supporter aucuns frais.

Pendant cette même préfecture, on condamna pour exercice illé- gal de l'art de guérir 1° François Snabels, ancien domestique de Vallesassine ; 2° le charlatan Everard, d'Etterbeeck ; 3° le chirur- gien Germain, qui s'était mêlé de faire la médecine interne et 4° un soldat allemand.

Le 30 avril 1732, le Conseil communal publia un décret par lequel il fut prescrit de faire une nouvelle taxation des drogues. Les docteurs Mariage et Deweirt et les pharmaciens Camusel et Bertelinck furent chargés de ce travail.

Cette même année, on eut quelques difficultés avec les pharmaciens à propos de l'argent que les candidats en pharmacie devaient déposer entre les mains du questeur du Collége médical, avant de subir leur examen. L'aspirant Jean De Kinder se plaignit, le 20 mai au Collége, de ce que l'examinateur Camusel ne voulait pas l'admettre à l'examen pratique avant qu'il n'eût compté l'argent entre ses mains ou entre celles de son collègue-pharmacien. Les assesseurs s'adressèrent au Conseil communal ; mais comme celui-ci semblait attacher fort peu d'importance à cette affaire, ils finirent par admettre Jean De Kinder à l'examen pratique, dont celui-ci ne sut se tirer avec honneur.

Lors de l'examen du pharmacien Philippi, de Fontaine-l'Évêque, qui eut lieu au mois de septembre 1732, les pharmaciens suscitèrent encore des difficultés. Le pharmacien Camusel avait demandé au candidat de lui payer la somme de cinquante florins et de verser le restant entre les mains du questeur du Collége. Celui-ci et les autres médecins examinateurs refusèrent de procéder à l'examen, avant que la somme totale ne fût comptée au questeur, conformément aux statuts. Alors le pharmacien Camusel donna sa parole d'honneur que, le lendemain, il ferait parvenir l'argent au questeur, et, on procéda à l'examen des médicaments. Le pharmacien Camusel ne tint pas sa parole, et le candidat fut obligé de s'adresser au magistrat de Bruxelles. Celui-ci ordonna de déposer la somme à la trésorerie. Alors on procéda, le 14 octobre suivant, à l'examen pratique, et le candidat obtint son diplôme.

Quarantième Préfecture. 1732-1734.

Quand les saisons sont irrégulières, on voit ordinairement apparaître des maladies épidémiques. L'année 1732 avait été

remarquable par une variation extraordinaire de la température,
non-seulement dans notre pays, mais dans toute l'Europe. De là
l'apparition de la fièvre catarrhale à Bruxelles, vers la fin de 1733.
L'archiduchesse Marie-Élisabeth ordonna au bourguemaître de
Bruxelles, Van Assche, de demander l'avis du Collége médical sur
l'opportunité de faire gras pendant le carême suivant. Le 3 février
1733, le Collége émit l'avis :

> Nos Collegium Medicum Bruxellense constituentes, considerato
> morbo tam violenter grassante, ita ut integræ familiæ per illum
> afflictæ percipiantur, et sequelam pejorem metuentes, censemus
> convenire, et valde necessarium esse, ut a piscibus abstineant omnes,
> et illis dispensatio concedatur, ut in quadragesimâ sequenti carnibus
> et ovis vesci possint.

Conformément à l'avis motivé des médecins, l'archevêque de
Malines accorda la dispense demandée.

Notre pays a été ravagée plusieurs fois par des épidémies de
fièvre catarrhale. Plusieurs de nos compatriotes nous en ont laissé
des descriptions. Tels sont Dodoens, Boeckelius, Wyer. Mais,
comme chaque épidémie a un cachet particulier, on se demandera
à cette occasion, quel était le caractère spécial du fléau de 1733.
Voici la description que le vicaire du Collége nous en trace :

> Febris hæc catarrhalis, et quæ generali idiomate vulgo appellabatur
> *de sieckte a la mode* plures in hâc urbe corripuit, de quâ, Deo laus,
> fere omnes evaserunt, eo quod priusquam tum sanguis tum liquor
> nervosus diuturna in corpore mora, vitiosam et putredinalem labem
> accepisset, ab impuritatibus liberati, medicina potius quam morbus
> fuerit, licet, si in homines præfractæ ætatis aut virium, præsertim
> qui aut morbis thoracis, asthmati, aut tussi essent obnoxii, hic
> morbus inciderit, eos sæpenumero interfecerit.

Cette description laconique est peu propre à donner une idée du fléau. Ceux qui désirent plus de détails, les trouveront dans les thèses inaugurales soutenues, à cette époque, à l'Université de Louvain.

Le 5 février 1733, le Collége médical reçut communication d'un procès intenté par le chirurgien Pierre-François Leroy à François Soupart, de Gosselies. Leroy priait le Collége de fixer le prix de ses opérations et des médicaments qu'il avait livrés. Les assesseurs donnèrent leur avis, et, plus d'une année après, parut le jugement qui suit :

> Vue par Messieurs le Superintendant, prefect et medecins assesseurs ensembles, les maîtres de Preuve, doyins de metiers, les apoticaires et chirurgiens de cette ville de Bruxelles les pieces du procs pendant indecis pardevant les Mayeur et Eschevins de la ville et Francois De Gosseliy dentre Pierre François Le Roy demandeur d'une, et Pierre Francois Souppart adjourné d'autre part, ainsy que le meme est instruit, suivant les inventairs quottes respectivement in dorso litt. J: N: et n° 9 et envoye aux dits Messieurs par lettres requisitoires des Mayeur et Eschevins afin de taxation de l'etat des honorares et medicamens plus amplement repris dans l'etat du dit demandeur, produit au dit proces, le tout murement considéré, ont les dits honorares et medicaments etez taxez et moderez par Messieurs du dit College a la somme de cent et deux florins seize souls et demy. Actum 20 Mars 1734.

> (Signé) J. A. VANDERBORGHT.

Ce jugement fut confirmé par les avocats du Conseil souverain de Brabant :

> Vue par les soubsignez Avocats du Souverain Conseil de Brabant a ce denommez par Messire Honore Henry Vicompte De Hagen Chancelier de Brabant etc. par acte du 13 de l'an 1733 signe Catz le proces pendant indecis pardevant les Mayeur et Echevins de Gosselies d'entre le Sr. Pierre François Le Roy demandeur d'une, a present sa veuve resumente, et le Sr. Pierre Francois Soupart adjourne d'autre part, ainsy que le meme est instruit conformement aux trois inventairs

cottez litt : J : N : et Nº. 9 respectivement, veu aussy l'acte de tauxe de Messieurs du College de Medecine de la ville de Bruxelles du 20 du courant. Signe J : A : Van der Borcht par le quel les honorairs et medicamens du dit demandeur ont etez taxes et moderes a la somme de cent deux florins seize sols et demi.

L'avis est, les dits Eschevins devront a deue semonce ordonner au dit adⁿᵉ de payer a la resumente la dite somme de cent deux florins seize et demy sols conformement au dit acte de tauxe et condemner le dit adⁿᵉ es depens au dit proces a deue taxation et moderation. Faict a Bruxelles ce 22 Mars 1734.

Signé : E. Fourneville et P. J. Van Soetefle.

Voici une nouvelle manière employée par les charlatans pour échapper à la rigueur des lois. Mademoiselle Michel fut condamnée, le 23 avril suivant, à l'amende de 20 florins pour exercice illégal de l'art de guérir. Aussitôt elle se réfugia dans la maison de N. N. Hellebardier, où il n'était pas permis d'exécuter la sentence sans l'aveu du sieur Alhender. Pendant qu'on était en train de l'obtenir, elle disparut de la capitale. Le charlatan Macher, ayant exercé la médecine sans avoir de diplôme, fut condamné à l'amende de 50 florins, en vertu de l'article 26 des statuts. S'étant réfugié chez un ami, il invoqua le droit d'asile et rendit ainsi vaine toute poursuite de la part du Collége, au grand détriment de ses statuts et de son trésor.

L'officine du pharmacien Domin ne jouissait pas d'une bonne réputation dans le public. Ayant été cité, le 3 mai 1733, devant le tribunal médical pour avoir vendu des médicaments gâtés, il fut condamné à payer l'amende et à remplacer immédiatement les drogues détériorées, sous peine de voir son officine fermée pour une année.

Depuis la dernière édition de la pharmacopée Bruxelloise, on n'avait plus publié de taxe des médicaments, et les pharmaciens vendaient les drogues à tout prix. On conçoit aisément que cette

manière de faire ouvrait la porte à bien des abus. Le **24** novembre **1733**, sur un ordre de la Gouvernante, les assesseurs,
les maîtres des preuves et les anciens des pharmaciens furent convoqués à l'effet de tarifer les médicaments, tant simples que
composés. On se mit aussitôt à l'œuvre, et, le **3** avril **1734**,
l'assemblée émit l'avis suivant :

Copye van het advies gegeven by de heeren Assessores
van t Collegie der Medicynen.

Eerwerdighe, edele, wyse ende seer voorsinnighe Heeren ,

Wy hebben ontfanghen met schuldighe eerbiedinghe de requeste
gepresenteert wegens de Proeffmeesters van de Apotekers met het
taxaet van alle medicamenten begrepen in de Pharmacie deser stadt
Brussele tenderende ten eynde uwe Edele soude gelieven gedient syn
t'aggreeren en t'approbeeren het voorschreven taxaet by supplianten
geformeert met ordonnantie aen alle de gene des raeckende van hun
daer naer te reguleren, mede de voors. supplianten te honoreren over
hun verleth gedaen, moeyte mitsgaeders t'ordonneren aen alle Apote-
carissen van de selve drogen niet minder oft meerder te moghen
verkoopen ofte debiteren op eene pene off amende, welcke requeste
Uwe Eerw^de en Edele hebben gelieven ons toe te senden by apostille
de dathe 10 february 1734, onderteeckent A. F. Vandermeulen, ten
eynde van advies, waer aen met alle respeckt voldoende, hebben wy
de eere van te seggen dat wy de selve requeste met den taxaet by
de supplianten, soo van de simplicia als composita alhier annex
rypelyck hebben?geexamineert en bevonden dat de selve syn gestelt
op eenen redelycken prys, welcke schattinghe seer nootsakelyck was,
mits sedert het jaer 1671 geenen taxaet en is geschiet, in welck jaer
de medicamenten seer dier waren, die op dien voet, tot nu toe, tot
groote prejuditie van de gemeynte syn verkocht geweest, waerom
alle jaeren den selven behoort verandert en vernieuwt te worden,
ingevolghe den 74 artikel der ordonnantie gemaeckt op het Collegie
der Medicynen, alsoo by tydt de selve drooghen in prys verminderen
en vermeerderen, maer wat aengaet het verzoek dat de supplianten
comen te doen, dat niemant van hun en soude moghen deselve minder

ofte meerder verkoopen op eene pene ofte amende bestaet in eene nieu-
wighyt, te meer daer d'ordonnantie van U Edele voorsaeten gemaeckt op
het stuck der medicynen het selve niet en vereyst, en dat het onmoegelyck
is aen de arme menschen den vollen taxaet te connen betaelen : soo dat
wy van gevoelen syn, dat U Eerw^{de} en Edele souden gelieven gedient
wesen den voors. taxaet te aggreeren en te approberen , en de-
selven te doen drucken met ordonnantie aen alle degene des raeckende
hun daer naer punctuelyck te reguleren , sonder daer by te statueren
eenighe pene oft amende, ten waer voor degene die de selve medicamenten soude verkoopen hooger als den taxaet beloopt, ons niet te
min submitterende aen alle hetghene Uwe Eerw^{de} en Edele daer over
sullen gelieven te disponeren

> Eerw. Edele, Wyse en seer Voorsinnighe heeren
> Die heere Superintendent , Prefect en andere
> Doctoren Assessores vant Collegie der Medi-
> cynen binnen dese stadt.

Per ordonnantie gegeven in t voors. Collegie op 3 April 1734.

Le magistrat bruxellois approuva l'œuvre du Collége médical,
et le taux fut publié le 23 juin suivant. Les médecins reçurent,
pour leurs honoraires, chacun la somme de sept florins et les
pharmaciens chacun trois pistoles.

Depuis le 3 novembre les anciens des chirurgiens employaient
tout leur zèle à faire établir le cours d'anatomie. Ils s'adressèrent
à cet effet au professeur de Louvain , Charles-Joseph Van Rossum ,
homme jouissant d'une réputation méritée comme anatomiste. Il fut
agréé par le magistrat le 3 juillet 1735, aux appointements
modiques de 200 florins par an. Bientôt on ouvrit un cabinet
d'anatomie à l'hôtel-de-ville , on le pourvut d'un squelette, et
Van Rossum commença son cours aux applaudissements de tout le
monde. Malheureusement, vu la modicité des honoraires , ce cours
n'était pas journalier, mais on espérait qu'il le deviendrait.
Les doyens des chirurgiens exigeaient que tous les élèves fussent

tenus de le fréquenter pendant deux années, avant de pouvoir se présenter aux examens. On conçoit l'avantage de ce cours donné par un professeur d'un si haut mérite. Aussi le vicaire du Collége médical en attendait-il les meilleurs résultats.

A la fin de cette préfecture, nous trouvons, sous forme d'appendice, quelques documents qui ne manquent pas d'intérèt et que nous nous faisons un devoir de faire connaître. Le 11 septembre 1658, le magistrat de Bruxelles avait publié une ordonnance par laquelle tous les citoyens étaient obligés de monter la garde. Les médecins, se croyant lésés par cette ordonnance, s'adressèrent au Conseil de Brabant et obtinrent l'exemption. Voici ces pièces avec leurs apostilles :

By den Coninck.

Midts de tegenwoordighe conjecture des tydts, ordonneren wy dat alle Advocaten, Procureurs, Notarissen, Deurwoerders en andere diergelycke, oft mindere supposten van den Raede van Brabant oft van de Rekenkamer, Tholcamer, Woutrecht, Consistorie van den Hoven, ende andere ressorterende onder den Raede van Brabant, sullen hebben te doen de wachten ende patrouillen, geordonnert ende te ordonneren by den Magistraet deser stadt Brussele, elck onder de wycke alwaer hy is woonende, op sulken pene als teghens de deffaillanten in 't stuk van de wachte ende patrouille oft dierghelycke functien by den Magistraet souden wesen gheordonneert, ende dat gedurende desen teghenwoordighen noodt, sonder te trecken in consequentie. Gedaen tot Brussel den elfsten september ende was geparafeert ASSEL. VT.

Onderteeckent, A. DE MERSELLE.

Aen Myn heere den Cancellier.

Verthoonen eerbiedelyck de heeren Prefect ende andere Doctoiren assesseurs van het Collegie der medecynen binnen dese stadt Brussele, hoe dat alle de doctores Medici voor desen alhier oyut ghepractiseert hebbende over immemoriale tyden altoos syn vry ende exempt gehouden geweest van de wachten, patrouillen, ende 't gene daer aff

dependeert oock wat noot oft occasie daer heeft voorgevallen, behou-
delyck dat nu nieuwelyck de capiteynen van de voorschreve wycken
hun tot dyen eynde comen molesteren onder pretext van sekere
ordonnantie van desen Hove in date den elfsten septembris lestleden, dat by sulx generaelyck soude gestatueert syn tot laste van
alle de gene resorteren onder desen Raede, dan gelyck soodaenighe ordonnantie voor haer fondament is hebbende den gemeynen noodt ende welvaert, soo is den selven oyck verheyschende
drt die Doctoiren worden gespaert tot alle occasien, voorvallende aen
de gesonthyt van het lichaem, ende gelyck de andere ingesetenen souden moeten onderstaen de wachten teghens den vyant van
buyten, soo moeten sy in tegendeel hun houden gereet tegens alle
ure, ende moment dat sy by de siecke oft gequeste sullen comen
geroepen te worden t' sy vroeg oft spaye daeghs oft snachts,
by tyde oft ontyde, niet min als Pastoirs van het lichaem, sulcx dat
om de selve reden uyt de welcke de Pastoirs worden genoempt custodes van de ziele, sy ook moge gezyt worden custodes van het
lichaem, daeromme ende dat naer rechten seecker is dat onder gene-
rale ordonnantie niet en worden begrepen degene in wiens opsicht
is militerende specialis ratio.

Soo is der verthoinderen oydtmoedighe Bede by forme van interpretatie oft andersints gelieve te verklaren dat onder de voorgemelde
Ordonnantie de Doctores Medici niet en syn begrepen, interdicerende
over sulckx aen de respective capiteynen dezer stadt, ende alle andere
die sulckx soude moghen aengaen, de selve ter oorsaecke van de
voorschreven wachten, patrouille, ende t'gene daer aff dependeert
niet voorder te molesteren. D' welck doende etc. Onderteeckent
J. VANGUTSCHOVEN.

Copye van Apostille Marginael

Gesien dese in den Raede, t'Hoff suspendeert noch ter tydt tot dat
anders sal wesen geordonneert het effect van de ordonnantie alhier
geruert ten respecte van de supplianten, ordonnerende aen alle
deghene dyent soude moghen aengaen hun hier naer te reguleren. Actum
11ª octobris 1658 Assel. Vt. onderteeckent G : V : GHINDERTAELEN.

Copye van de Relate van Insinuatie.

Die coicatie deser requeste by eene copye met copye van de ordon—

nantie nšgl. hiermede gevueght is gedaen by my onderges. op den vierden octobris 1658 aen den greffier Avorts, mits syn absentie aen den knecht et acceptavit ten eynde etcᵃ. compt met de copye 21 s : tircon.

Onderteeckent
CHRISTYN.

Aen den Coninck in synen Raede van Brabant.

Verthoonen oodtmoedelyck de heeren Prefectus ende andere Doctoiren Assessores van het Collegie der Medecynen binnen dese stadt Brussele, hoe dat alle de Doctoiren voor desen alhier oydt gepractiseert hebbende overimmemoriaelej tyden altoos syn vry ende exempt gehouden geweest van de wachten, patrouillie, ende t'gene daer aff dependeert, selver oock wat noodt oft occasie daer heeft voorgevallen, gelyck geschiet is in den jaere duysent ses hondert acht en vyfftigh, naer emanatie van de ordonnantie van desen Raede ter oorsaecke van de wachten, patrouillie, alswanneer sy van de capiteynen der wycken wirden gemolesteert, waer over de supplianten aen desen Hove gepresenteert hebbende de requeste alhier by copye autenticq gevoeght, het Hoff by Apostille heeft gesuspendeert het effect van de ordonnantie aldaer geruert, ten respecte van de supplianten, welcke requeste ende Apostille gecommuniceert synde geweest aen die van den Crygbs Rade deser stadt aen hunnen Greffier Avorst, ghelyck blyckt by de relatie, de supplianten tot nu dyen aengaende niet meer en syn gemolesteert geweest. Dan alsoo desen Rade by dese leste ordonnantie van patrouillie ordonneert aen alle haere supposten deselve te doen onder hunne respective wycken, soo ist datter sommighe van die heeren Doctoiren sedert dese leste ordonnantie ghemolesteert syn geweest van de capiteynen der voorschreve wycken, ende alsoo de redenen niet mindere, maer even groote syn hedendaeghs om de supplianten te dispenseren, ende t' exempteren, als waren doen ter tyde, ende rypelyck considererende, dat sy t' allen ure ende moment (selver alsser geene patroullie woort gedaen) t' sy vroegh oft spaye, daghs oft snachts by tyde oft ontyde by alle siecken geroepen worden, die selver met groote maligniteyt bevanghen synde van hunne naeste vrinden verlaeten worden. Dit aengemerckt, ende datter meerdere ende sterckere redenen syn om aen de supplianten dese exemptie te verleenen , als aen alle de andere , die de selve souden moghen verkregen hebben : oock datter maer 16 a 17 syn , de welcke in alle ghevalle , aen dese functie souden geobbligeert syn , mits d'andere onghetrauwt synde geen huys en houden.

Soo ist dat de supplianten ootmoedelyck bidden , dat het Hoff gelieft te verclaeren dat de leste ordonnantie niet en operere ten opsighte van de supplianten , oft ten minsten deselve te suspenderen in hunnen regaerde , d'welck doende etc. ende was onderteekent DE LANEE.

Copye van Apostillie Marginael staende op de requeste Advies van t officie—fiscael om etc. Actum 11 february 1699. en was onderteeckent J. B. SCHRYNMAECKER.

onder stont.

Gesien het advies van t officie fiscael Thoff suspendeert by provisie, ende voor noch ter tyt d'effect van d'ordonnantie alhier geroert, ten respecte der supplianten, ordonnerende aen alle de gene dyent souden moghen aengaen hun¦hier naer te reguleren. Actum 12 feb. 1699. was geparafeert Ro. Vt. onderteeckent J. B. SCHRYNMAECKER.

Copye van de relatie van communicatie.

De coicatie van dese requeste is gedaen by copye door my onderges. Premier huissier den xiij^{en} feb. 1699 aen Sr CATTENBERGH , Greffier van den Kryghsraede Toirconden en was ondert.

P. DE BACKER.

Quarante-unième Préfecture. 1734-1736.

Le vicaire de Bruxelles n'a inscrit que les admissions des médecins , des chirurgiens et des pharmaciens ; il n'a relaté rien de bien remarquable.

Quarante-deuxième Préfecture. 1736-1738.

Le Collége médical bruxellois devait jouir' d'une haute considération parmi les institutions de ce genre en notre pays , puisque le corps pharmaceutique de la ville de Namur lui demanda son avis sur un cas d'exercice illégal de la pharmacie. Voici cette pièce qui expose clairement le sujet :

A Messieurs les Surintendent, Prefect et autres du College de la Medicine de cette ville de Bruxelles.

Remontre en tout respect le corps des Apoticaires de la ville de Namur que le nomme Bechet vivant Apoticaire en la ditte ville de Namur etant venu a mourir , a laisse son frere heritier , le quel s'emparant de la maison mortuaire s'est mis en devoir de continuer la bouticque achalandée de feu son dit frere , sans cognossance de l'art , dans laquelle il ne s'est jamais exercé , sans avoir passé l'examen a ce requis, et sans etre admis maitre , pretendant le pouvoir faire avec l'assistance du meme garcon de bouticque de feu son dit frere : ce que les Remonstrans aiant voulu empescher , il est que proces est en vue a ce subjet entre eux pardevant Messieurs du Magistrat de Namur susdit , et comme l'usage du corps des Apoticaires de cette ville sert de regle aux Remonstrans , faute d'autre Reglement ou ordonnance , raisons qu'ils prennent leurs recours vers V. S.

Suppliant tres humblement , qu'il leur plaise de declarer s'il est permis au dit Bechet frere du defunct , selon les statuts et usages de cette ville de Bruxelles de tenir boutique d'Apoticaire dans les cas et circumstances susdittes , et leur en delivrer acte in formâ , pour s'en servir la et ainsy que de besoin , quoy faisant etc.ª étoit signé

J. H. RASCH.

La réponse ne pouvait être douteuse. L'avis suivant en expose les motifs :

Copia advisamenti :

Nous Superintendent, Prefect et Assesseurs du College de la Medicine en cette ville de Bruxelles aians veu et examine la requete a nous presentée de la part du corps de Apoticaires de la ville de Namur aux fins y reprises, declarons et attestons par cette que selon nos Reglemens et ordonnances de Messieurs du Magistrat de cette ditte ville confirmées par le Souverain Conseil de Brabant, il n'est permis a personne, qui que ce soit de tenir Bouticque d'Apoticaire, ne fut qu'il soit examine par le dit College, faict la preuve a ce requise, et qu'il soit admis maitre du dit corps d'Apoticaires, ainsi que les freres ou heritiers de feu un Apoticaire s'emparans de la maison mortuaire (n'aians été examiné et admis comme dessus) ne peuvent continuer la bouticque du dit feu Apoticaire que l'espace de six semaines apres sa mort, quoy que meme le garson de la ditte bouticque deuement examine et admis par le dit College les voudroit assister et affranchir, exceptez les veuves des Apoticaires, qui, voulans tenir los bouticques de feux leurs dits Epoux, sont obligees endeans trois mois apres la mort, de se pouvoir d'un maitre garson pour ce deuement examine et admis par le dit College, en foy de quoy etc. Actum 14 Decembre 1736. Signatum et sigillatum in formâ.

Dans le courant de cette année, parut à Bruxelles le charlatan Lucatelli, qui se vantait de posséder un secret chimique composé d'or, au moyen duquel il guérissait les maladies les plus rebelles. Chaque dose coûtait la bagatelle d'une pistole. Un anglais, du nom de Patter, s'étant soumis à ce traitement, mourut en peu de jours. Cet événement fit comparaître Lucatelli devant le tribunal médical, qui le condamna à l'amende. Inutile d'ajouter que le charlatan disparut sans rien payer.

Le 12 janvier 1737, le surintendant-échevin, baron de Cano, fit convoquer extraordinairement le Collége des assesseurs au nom du magistrat communal et des États de Brabant, afin d'avoir leur avis motivé sur l'opportunité de manger des œufs et de la viande pendant le carême suivant. Les médecins donnèrent un avis favorable, mais l'archevêque n'accorda pas la dispense. Le 6 février 1738, les assesseurs furent de nouveau consultés sur le même sujet. A cette occasion, on se demandera sans doute quels furent les motifs de l'insistance du magistrat? Le certificat médical nous apprend que le poisson arrivait ordinairement à Bruxelles à l'état de décomposition, que, par son prix élevé, il était à la portée de peu de gens, que les temps pluvieux avaient affaibli les constitutions, et qu'on craignait l'apparition de maladies épidémiques. Voici l'avis motivé des médecins :

Cum placuerit a nobis requirere advisamentum , an non licitum sit et necessarium requirere dispensationem , ut in futurâ quadragesimâ omnibus licitum sit vesci ovis et carnibus , partim ob piscium raritatem , qui etiam ante adventum plerumque semiputridi , et non nisi percharo pretio emi possunt, exemplo edocti tempore Adventus anni Dni 1736 et subsequentis quadragesimæ, nec non ultimi et prælapsi Adventus Nativitatis Domini , quo tempore pisces semper abundare et justo pretio emi potuerunt , et timendum sit , ne penuria continuet , quo supposito , subditi in magnâ egestate constituti , et ob annonæ caritatem , corpora ad suscipiendam labem epidemicam disponentur et ad evitandos plurimos errores, qui nati sunt provenire , ut etiam multi, sine dispensatione carnes edere auderent : partim, quia a pluribus annis , anni tempora temperamentum non servant, humidior sit aeris constitutio, pluviæ multæ, continuæ et molles , quæ notæ sunt cerebri , et totius corporis meatus , et poros plurimum laxare et aperire , sanguinis compagem dissolvere , humores serosos , et particulas heterogeneas congerere , et aditum facilem præbere . quam similem aeris constitutionem juxta *Hipp.* in primo *Epidemiarum* legere licet , et *Aphor.* 15 sec. 3 , confirmatur , causa fuit et ophthalmiæ et phlegmonum , et catarrhorum , tussium , febrium horridarum , acutarum etc. quæ plurimos sustulerunt ; item *Aphor.* 12 et *Aphor.* 16 , ait , assiduis imbribus morbi fere fiunt, febres longæ , fluxiones alvi , putredines , epilepsiæ , apoplexiæ , anginæ ; et licet hactenus status sit mediocris , salubris, et sporadice tantum quidam affligantur , tamen ob præcedentes aliasque rationes , et omnibus rite perpensis , nos Collegium Medicum Bruxellense constituentes censemus convenire et requirere a Matre Ecclesiâ , quæ semper in filios fuit mitissima , et cui semper colla subjicimus, ut placeat indulgere , et dispensationem concedere ut in quadragesimâ futurâ carnibus et ovis vesci possimus. Datum 6ª february 1738. Signatum et sigillatum in formâ.

Malgré cette déclaration, l'autorité ecclésiastique n'accorda pas la permission demandée.

Quarante-troisième Préfecture. 1738-1740.

Dans cette préfecture, nous ne trouvons que les admissions des médecins, des chirurgiens, des pharmaciens et des sages-femmes. En parlant du différend existant entre le Collége et le médecin aulique, qui se livrait à la pratique civile et ne voulait pas payer sa cotisation annuelle, le vicaire de Mariage renvoie aux actes qui se trouvent chez le greffier. D'où vient cette négligence? Faut-il l'attribuer aux événements publics, à la mort de Charles VI, qui arriva le 20 octobre 1740 ou aux troubles de l'hiver rigoureux de 1739 à 1740, pendant lequel il gela 63 jours de suite et qui porta les denrées à un prix exorbitant? Nous nous trouvons dans l'impossibilité de résoudre cette question.

Les exemplaires de la troisième édition de la pharmacopée Bruxelloise étant épuisés, le Collége résolut d'en faire paraître une quatrième. Elle parut sous le titre : *Pharmacopæa bruxellensis senatus authoritate munita.* Editio altera. Bruxellis, apud Foppens, 1739, in-8º de 192 pp.

Quarante-quatrième Préfecture. 1740-1742.

Le 7 avril 1741, le Collége médical reçut, de la part de la Gouvernante Marie-Élisabeth, l'invitation d'examiner Antoine Briait sur l'opération de la cataracte, du bec-de-lièvre et de la taille. Comme Briait ne possédait aucun certificat constatant son admission par une faculté de médecine, les assesseurs décidèrent à l'unanimité qu'il ne pouvait être autorisé à pratiquer ces opérations à Bruxelles.

Le Conseil communal, à cause de la cherté des denrées et de la misère qui régnait dans la ville, s'adressa de nouveau au Collége médical pour avoir son avis motivé sur l'opportunité de manger des œufs et de la viande pendant le carême suivant. Le Collége fit connaître son avis de la manière suivante :

> Nos Superintendens, Præfectus, cæterique Collegii Medici Assessores, ob summam eamque communem hominum calamitatem, annonæque caritatem ingemiscentes, et quantum ex officio nostro, charitate ac dolore ducti, censemus, si unquam fuerit, carnibus et ovis vesci, necessarium : hoc calamitoso tempore pernecessarium futurum, in cujus fidem huic declarationi nostræ syngrafâ Collegii scribæ subsignatæ, Collegii nostri sigillum apponi jussimus. Hac 19 Novembris 1741. Signatum et sigillatum in formâ.

Cette fois, l'autorité ecclésiastique fit droit à la déclaration des médecins et accorda la dispense.

A l'exemple des pharmaciens de Namur, ceux de Bruges s'adressèrent au Collége médical de Bruxelles et lui soumirent le doute suivant : Les droguistes Brugeois peuvent-ils vendre un mélange de plusieurs drogues, ou, en d'autres termes, des médicaments ? La réponse ne fut pas douteuse : non, les droguistes ne peuvent pas vendre un mélange de drogues ; ce débit est du ressort des pharmaciens, et tous ceux qui se le permettent, sont passibles des amendes comminées par l'ordonnance du 18 novembre 1683. Voici textuellement ces pièces :

> Die Heeren Superintendent, Prefect etc. gesien hebbende de request, aen hun gepresenteert by ende van wegens die bevryde mrs Apothekers binnen de stadt Brugge tenderende ten eynde van te verklaren hun sentiment, oordeel ofte resolutie, ten opsichte van naerbeschreven twyfel ofte dubium, te weten oft de Drogisten binnen de voors.

stadt Brugge : bestaende soo op d'ord⁰. van de Doctoren als anders¹ˢ. aen het publieck te verkoopen ende debiteren alle soorten van cruyden, saeden ende medicinaele Drogeryen, te weten d'eene specie met d'andere, ofte meer onder een ofte t' saemen vermengelt juxta Paradigma Medici *v.g: Ingredient pro decoct: pectorali sim-plici:* ℔ *viij* (vel) *hord: mund: ras:* ꝯꝯ: *rad: gramin: liquirit:* ℥j: *flor: papav: errat : M.j. Misce* breeder in deselve reqᵗᵉ vermelt, vervallen in het predicament van Syne Majˢ rigoreus verboth by placcaerte gedaen de dathe 18 9ᵇʳⁱˢ 1683 geparapht l: H: O vt. ondert. Khopff : gepubliceert ter halle op den 27 dito get. C. Auche mant, als begrepen synde onder het woort Medicamenten.

Seggen ende verklaren hun sentiment, oordeel ende resolutie te wesen dat het ingevolghe het voorberoepen placcaert ofte edict aen de voors. Drogisten, mitsgrs aen alle andere niet wesende vryen Mʳ Apothecker binnen de voors. stadt Brugge, niet en is gepermitteert soo op d'ord⁰ van de Doctoren als anderssints aen het Publiecq te verkoopen ofte debiteren eenige soorten van cruyden, saeden ende Medicinaele Drogeryen, te weten d'eene specie met d'andere ofte meer onder een ende t' saemen vermengelt, ende naementlyck niet de twee voorgeciteerde exempelen ofte recepten als begrepen synde onder het woort medicamenten, ende vervolgens dat de voors. droguisten en alle degene niet wesende vryen Meester Apotheker die hetselve bestaen te verkoopen ofte debiteren, volgens hun gevoelen vervallen in de penen ende amenden gestatueert by het voors. placcaert ofte edict, soo ende gelyckerwys alhier binnen dese stadt Brussele in conformiteyt van 13 arle van d'ordonnantie der heeren Wethren der selve stad op het Collegie der Medicynen gemaeckt, herkent ende bevesticht in haere Majˢ Souverynen Raede van Brabant in den jaere 1641 mitsgrs in conformiteyt van den 62 arle van d'ordonnantie der selve heeren Wethren gepubliceert den 13 April 1650 de drogisten, speciers en alle andere onder die Apothekers niet ingeschreven synde, die hun vervoorderen alhier de conste van Apotheker te oeffenen ofte eenighe gemengelde medicamenten als Theriaca, Mitridatium, con-serff van aloe ofte dyergelycke meer te verkoopen, ofte elders gemaeckt hier innetebrenghen ende uytte penne weerden, vervallen in de penen ende amenden by de voorgeciteerde arlen vermelt, ende des toirconden etc. Actum 14 Juny 1742.

Quarante-cinquième Préfecture. 1742-1744.

Le 9 octobre 1725, la gouvernante Marie-Élisabeth avait fait son entrée à Bruxelles. Elle avait amené avec elle de Vienne son médecin en chef, Faber. Comme ses prédécesseurs, elle lui adjoignit bientôt le médecin Bruxellois du Trieu, pour ne pas froisser le sentiment national et pour ne pas avoir l'air de donner un brevet d'incapacité à la médecine belge. Comme nous le voyons encore aujourd'hui, l'ancien proverbe *honores mutant mores* se vérifia bientôt. Du Trieu prétendait que, depuis sa nomination de médecin aulique, il n'était plus soumis au réglement du Collége médical, et il refusa de payer la cotisation annuelle d'un impérial, que les médecins versaient au trésor du Collége. Les médecins Manderlier et Dumont, ayant été nommés médecins de la cour, élevèrent la même prétention, comme aussi le docteur de Hoze, qui oublia qu'étant assesseur, il avait dit que les médecins auliques étaient aussi bien assujettis au règlement que les autres, dès qu'ils voulaient exercer la pratique en ville [1]. Le bedeau leur présenta les quittances, mais ils refusèrent de payer en alléguant leur qualité de médecin aulique. Les assesseurs temporisèrent pour le moment, en attendant une occasion favorable, qui ne manqua pas d'arriver.

Dans l'entretemps don Louis, médecin en chef des troupes de Sa Majesté, vint à mourir et eut pour successeur le docteur Lebzeltern, de Vienne, fils du médecin en chef de l'empereur. Lebzeltern ayant appris la mort de son père, retourna à Vienne pour entrer comme médecin au palais. Le docteur du Trieu fut

---

[1] *Medici aulici praxim medicam exercentes per totam civitatem a primario ad infimum omnibus collegii legibus subjunguntur atque astringuntur.*

bientôt après nommé à la place vacante aux honoraires de 600 patagons par an. Vers la fête de St-Luc, le bedeau fut de nouveau envoyé vers le nouveau titulaire, pour qu'il eût à payer sa cotisation annuelle. Celui-ci refusa en ajoutant que la nouvelle dignité l'exemptait de tous les règlements du Collége. Mais comme il n'y a rien de stable dans ce monde, dit le vicaire de Bourgogne, la Sérénissime Gouvernante, sur l'avis de ses médecins et des professeurs de l'université de Louvain, alla respirer le bon air de la campagne au château de Marimont pour rétablir sa santé délabrée. Elle y mourut le 26 août 1741. Alors les assesseurs, jugeant l'occasion favorable pour revendiquer les droits du Collége, présentèrent une requête contre les trois médecins auliques, Manderlier, de Hoze et Dumont, afin d'obtenir des *lettres d'attache*. Cette requête ayant été favorablement accueillie par le Conseil de Brabant, le bedeau alla les sommer de payer la somme due. Ceux-ci ayant appris que le Collége avait obtenu des *lettres d'attache*, s'empressèrent de payer leur contribution annuelle, rejetant la faute de leur refus sur le médecin en chef. On résolut de forcer ce dernier à payer comme les autres, et, le 7 mars 1743, on obtint contre lui une sentence par défaut; alors du Trieu présenta une supplique au comte de Königsegg-Erps, ministre plénipotentiaire de Charles Alexandre de Lorraine; en voici la conclusion :

La suppliant très humblement que son bon plaisir soit de declarer que le suppliant n'est point assujetti, ni traitable au dit College des medecins de cette ville, et ce en suivant de tenir la ditte citation, acte ou sentence par eux donnée comme non avenue, avec ordonnance de casser, et mettre en neant la susditte sommation, et comme ceux du dit College menacent d'outrer leur execution, non obstant la notoire nullité de tout ce qu'ils ont entrepris, et quod periculum sit in morà, qu'il plaise a Votre Excellence de leur interdire de ne rien attenter c'est la grace &a.

Celle-ci fut envoyée au Collége avec le diplôme qu'il y avait joint et la lettre qui suit :

> Charles Ferdinand Comte de Konigsegg Erps marquis de Bois-schot conseiller intime d'État actuel de Sa Majesté, vice-president de son Conseil supreme de ces Pais-Bas, grand maitre de la cour de la Serenissime Archiduchesse Marie Anne d'Autriche, ministre plenipotentiaire pour le Gouvernement general des dits Pais–Bas.
>
> Chers et bien amés
>
> Nous vous envoions ci–incluse la requeste presentée de la part du protomedecin du Trieu, afin de la voir et visiter, et sur son contenu nous reservir de votre avis a procurer endeans la huitaine, pendant lequel terme et huit jours en après nous tenons en etat et surseance la sentence et sommation ci-reprises : a Tant chers et bien amés Dieu vous ait en sa s^te garde. de Bruxelles le 1^r Avril 1743 et etoient signés Le Comte de Koningsegg et Steenh.^st et plus bas etoit signé par ord^ce de Son Exc.^e Le Roy.

La réponse ne se fit pas attendre ; elle contenait une exposition claire et précise des lois sur l'exercice de l'art de guérir et des droits du Collége. La voici :

> Monseigneur
>
> Votre Excellence aiant été servie de nous envoier par ses lettres du premier courant : (que nous avons reçues avec très profond respect :) la requeste presentée de la part du protomédecin du Trieu a fin de la voir et visiter, et sur son contenu reservir votre Excellence de notre avis endeans la huitaine, tenant pendant le dit terme et huit jours en après en etat de surseance la sentence et sommation y reprises, avons l'honneur de dire avec le meme respect,
>
> Que nous ne scaurions assé admirer qu'un homme tel que le suppliant, honoré par Sa Majesté d'une charge de cinequante ecus par mois vient importuner votre Excellence au regard d'une retribution d'un ecu par an.

Et pour verifier qu'il vient importuner votre Excellence sans raison et sans fondement.

Que Sa Majesté Imple et Cathe Charles Quint de glorieuse memoire aiant par son placart du 8e octobre 1540 pourvu a plusieurs abus qui se commetoient en cette ville de Bruxelles, par rapport a l'exercice de la medecine et de la pharmacie, et enjoint l'execution a ceux du magistrat de cette ville,

Ceux ci pour tant mieux perfectionner des professions si necessaires pour la conservation et guérison du corps humain, ont dans la suitte erigé dans cette ville un college des medecins composé d'un surintendant qui se prend du corps des Eschevins, et de six assesseurs Licentiés en medecine et fait a ce sujet des ordonnances dont la principale est du 13 avril 1650 omologuée au Conseil souverain de Brabant, que par l'article 24 de la dite ordonnance il est statué que tous docteurs et Licentiés en medicine pratiquant dans cette ville de Bruxelles, qui jusques l'ors n'avoient exhibé les lettres de leur promotion, les devaient produire endeans les trois semaines, pour etre visitées et approuvées par le meme college, lors qu'ils seront inscrits au livre du dit college, lesquels ainsi admis feront un corps ou ordre de medecine, et que ceux qui ny satisferont seront declarés inhabiles pour exercer en cette ville l'art de la medecine, sur des peines et amendes y comminees, il est disposé par l'arle 25 que les medecins de la cour ne seront obligés d'exhiber leurs lettres de promotion ni contraints d'etre inscrits dans le dit college ni aussi les medecins des Princes souverains établis dans cette ville, qui servent leur famille sous pension, en faisant dece conster, mais en cas qu'ils se voudroient se meler de visiter et guerir autres personnes hors de la Cour ou la famille de pareil prince souverain, qu'ils seront pour lors obligés de se conformer a tous les autres articles de l'ordonnance avant dite,

Par l'article 36 que chacque medecin devra contribuer tous les ans un ecu pour le soutien et frais du dit college,

Lorsque l'on admet les medecins au dit college, ils sont obligés de faire serment, qu'ils observeront inviolablement cette et ladite ordonnance de l'année 1540 et celle de l'année 1641 et tous autres encore a faire sur le fait des medecins,

Que le suppliant en conformité de l'avanditte ord.ce a montré ses lettres de promotion au dit college, supplié par requete d'y etre inscrit et prété le serment avant dit, paié les droits, et meme servi en qualité d'assesseur et continué de satisfaire l'avant dite retribution annuelle, jusques a ce qu'il a été assumé entre les medecins de S. A. S. de glorieuse memoire, lors qu'il a refusé de paier la ditte somme annuelle d'un ecu par an, sous pretexte qu'il etoit un des medecins de la Cour de sa dite A. S. et ensuitte protomedecin de Sa Maj.té aux Pais—Bas,

Si le suppliant veut borner la pratique de sa profession seulement aux gens des armées de sa dite Maj.té comme ont fait ses predecesseurs qui n'ont pas paié la ditte retribution, et meme n'ont jamais été inscrits au dit college, nous ne serions en droit d'exiger de lui la ditte retribution, mais puisqu'il pratique son art de medecine parmi toutes autres personnes de cette ville sans exemption, il est notoirement obligé, meme selon le serment qu'il a fait solemnellement, de se conformer a l'avant dite ordonnance,

D'autant plus que nous trouvons des exemples que les protomedecins des armées de sa Maj.té aux Pais-Bas et medecins de la Cour, predecesseurs du suppliant n'ont seulement satisfait leur vie durante la dite retribution, pratiquant dans la ville, mais qu'ils ont dans le meme temps rempli les places d'assesseur dans le meme College, comme entre autres le Sr Overdaets, et le Sr Recope, en leur vivant respective protomedecin et protochirurgien des armees de sa dite Maj.té aux Pais-Bas, le Sr Ghysbrechts et ses predecesseurs, en leur vivant medecins de la noble garde des archers de sa dite Maj.té et le Sr Don Francisco de Lopez, medecin actuel de la dite Garde,

Il est notoire et conforme aux decrets de nos Princes Souverains, a quoi ceux émanés par sa dite Altesse Serenissime de glorieuse memoire sont aussi conformes que les personnes qui sont au service de sa Maj.té et faisant quelque stile, negoce ou metier a boutique ouverte, qu'il leur est permis d'exercer comme etant admis dans quelque corps de la profession qu'ils font, sont aussitôt sujets a toutes les charges attachées a cette profession, par consequent le suppliant n'a aucune raison de se plaindre a votre Excellence que nous entreprenons une nouveauté inouïe et sans exemple, ni meme de se vouloir exempter de l'ordonnance avant dite (dont il a promis par serment solemnel, l'observance l'ors qu'il a été admis) voulant profiter des avantages que son admission au dit college lui donne,

D'autant moins qu'il s'agit seulement de la retribution annuelle et point de le faire assesseur du corps du dit College, dont on le veut bien à l'avenir dispenser,

A quel effet il a (apres plusieurs advertences en amiable tant par le questeur et sindicq que par les autres assesseurs du dit college) bien et competément été cité, et ensuitte condamné par sentence contumaciale devant nôtre College, puisque tous les militaires faisans quelque profession ou negoce, sont sujets aux juges, ad quorum sollicitudinem professionis seu negotiationis quam præter militiam exercent, gubernatio videtur respicere. Comme il est positivement disposé dans la loy dernière cod : de jurisdictione omnium judicum et de foro competente.

De sorte que le suppliant, faisant dans la ville la profession de medecin, est notoirement obligé de se conformer aux ordonnances emanées au sujet de l'exercice de cette profession et de se taire en droit devant les juges établis pour le gouvernement de cette profession.

Et pour ce qui regarde la pretenduë nullité de la predite sentence sous pretexte qu'il ne l'a jamais vû, ni qu'on lui a jamais fait faire l'insinuation, avons l'honneur d'informer votre Excellence que suivant les coutumes usitées de cette ville de Bruxelles, nous ne sommes pas obligés de faire l'insinuation de nôtre sentence, dont neanmoins nous l'avons ex superabundanti fait advertir cincq ou six jours devant la sommation par le valet juré de notre College, de sorte qu'il a dependu de lui, de la venir voir au dit College,

Ce qui nous fait esperer que Votre Excellence faisant attention a ce que dessus, et levant la dite interdiction ne trouvera aucune difficulté d'econduire le suppliant de sa demande, et avons l'honneur d'etre avec tres profond respect

Monseigneur

De votre Excellence les très humbles
et très obeissants serviteurs

Les Superintendant, Prefet et Assesseurs
du College de la Medecine en cette ville de
Bruxelles.

De nôtre College ce 19 Avril 1741.

Comme le médecin en chef continuait à refuser de payer sa

contribution annuelle, on résolut d'exécuter la sentence obtenue contre lui. Voyant enfin qu'il ne pouvait plus différer, du Trieu s'exécuta et paya tous les arriérés depuis 1725 jusqu'à 1742. Toutefois on lui fit grâce de toutes les dépenses que cette poursuite avait occasionnées.

Par suite du décès du bedeau Lambert Chavé, les pharmaciens renouvelèrent les prétentions dont nous avons parlé tant de fois. Le désir de la paix les fit admettre cette fois à voter. Cependant, le Collége médical, pour conserver l'intégrité de ses droits, protesta. On élut Bauduin Vander Linden, qui fut confirmé par le magistrat.

Quarante-sixième Préfecture. 1744-1746.

Peu de choses ont été annotées par le vicaire Marette. Nous rencontrons l'inscription de quelques médecins, chirurgiens, pharmaciens et sages-femmes. Le 25 juin 1745, l'échevin Vanden Boom fut nommé surintendant du Collége. Celui-ci fut plus tard appelé aux fonctions de trésorier de la ville, et remplacé, le 10 juin 1746, par Ferdinand de Beeckman du Vieu-Sart.

Comme on n'était pas toujours assez discret pour garder le secret du Collége médical, les magistrats rendirent une ordonnance par laquelle tous les assesseurs étaient tenus de faire le serment de ne rien divulguer de ce qui s'y faisait. La voici :

Myne heeren die wethouderen deser stadt Brussele op het aendienen hun door den heere Superintendent van het Collegie der Medicynen gedaen, hebben goet gevonden ende geresolveert soo de aencomende als de gene die actuelyck in het selve Collegie sceancie hebben boven den eedt die sy doen in het selve Collegie comende noch te belasten met de genen van te helen hetgene te helen staet, ordonnerende alle de gene des raeckende hun hier naer te reguleren. Actum IV augusti 1745.

Subsignatum
Hᵗ. T. KINT.

Quarante-septième Préfecture. 1746-1748.

Louis XV, roi de France, après le siége de Bruxelles par le maréchal de Saxe, siége que le général Renard a qualifié de *siége en bas de soie*, fit son entrée en notre capitale le 4 mai 1746. Le comte de Lowendahl fut nommé gouverneur de la ville ; Jean Moreau de Séchelles, intendant de la Flandre française, eut l'administration des pays conquis. La domination française dura jusqu'à la conclusion du traité d'Aix-la-Chapelle (18 octobre 1748), et s'attira la malédiction d'un peuple qu'elle n'avait conquis que pour se gorger de ses dépouilles.

Pendant l'occupation française, les charges les plus lourdes furent imposées à la ville de Bruxelles et, entre autres, celle de fournir un contingent d'hommes pour faire la guerre à l'impératrice. Mais comme les habitants de la capitale montraient très-peu d'empressement à s'enrôler, et seulement à un prix très-élevé, les magistrats crurent bon d'ordonner une nouvelle levée d'impôts, afin de libérer leurs concitoyens du service militaire. Quoique la loi, promulguée au nom du roi de France, n'appelât sous les drapeaux que les marchands et les artisans et laissât libres la noblesse et tous ceux qui exerçaient un art libéral, cependant l'impôt atteignait tous les citoyens, et, entre autres, aussi les médecins. Aussitôt le docteur Dubois, bien qu'il ne fit pas partie du corps assessoral, décida le Collége à faire une supplique, qui fut présentée en effet à Massart, délégué de l'intendant général des Français de Séchelles, alors absent. Cependant les magistrats ne cessaient de molester les médecins, et malheureusement le délégué était parti pour Lille. Dubois écrivit au docteur Boucher, de Lille, pour y défendre les intérêts du Collége médical. Le vicaire Dumont, qui avait traité Massart, écrivit de son côté à ce délégué. Enfin parut une ordonnance enjoignant aux magistrats de Bruxelles de cesser leurs poursuites contre les médecins. Voici toutes les pièces concernant cette affaire : 1º la supplique du Collége médical à Massart :

A Monsieur Massart subdelegué de l'intendance de Flandres.

Le Prefect et autres Assesseurs du College de Medecine de la ville de Bruxelles ont l'honneur de remontrer tres humblement qu'ayant appris que quelques uns de leurs collegues s'etant presenté au comptoir pour payer les deux vingtiemes en satisfaction de 150,000 rations dont cette ville fut chargée l'année dernière, ils ont eté extremement surpris que le commis a cette recette a refusé de recevoir le d̄t payement, et cela sous pretexte, qu'il ne pouvoit pas le recevoir, sans, ce qu'on appelle, la composition.

Or cette composition, soit pour eviter de faire la garde bourgeoise, comme on la faisoit sous la domination precedente, soit pour la levée des milices, est une chose purement et simplement bourgeoise et roturiere, qui ne regarde pas plus les gradués en m̃edecine et en droit que les nobles et les gentils hommes.

Tellement que les medecins n'etant point sous la categorie bourgeoise et roturiere, et aiant toujours joui sans interruption de l'exemption de composition comme les avocats et autres suppots du Conseil de Brabant, et meme les notaires, lesquels ne sont point aujourd'hui inquiétés a ce sujet, il est evident que c'est uniquement aux medecins que le Magistrat veut aujourd'hui , comme une chose nouvelle et inouie, oter cette exemption, en les voulant avilir jusques a les mettre au moien de cela au rang des artisans et gens de metier, qui seuls ont de tout tems eté les vrais sujets a composition.

Ce pourquoi le Prefect et autres Assesseurs, lesquels mettent toute leur confiance dans l'equité et clemence ordinaire du Roy , qui a bien voulu lors qu'il est entré victorieux dans ce pays, declarer qu'il ne vouloit aucune innovation ni changement, prennent la liberté d'avoir leurs recours vers vous Monsieur.

Vous suppliant tres humblement d'etre servi d'ordonner aux Messr̄s du

Magistrat de cette ville de Bruxelles de recevoir purement et simplement les deux vingtiemes cy-dessus de la part des medecins, et de leurs interdire de les inquieter pour la composition en conformité de deux ordonnances des Souverains emanées le 2 8bre 1658 et 12 fevrier 1699, en les maintenant dans la paisible exemption dont ils jouissent de tems immemorial.

C'est la grace &c.

2o La réponse des magistrats Bruxellois à la supplique des médecins :

> À Monsieur, Monsieur Massart subdelegué general de l'Intendance de Flandres.

Nous avons reçû l'honneur de la votre du 11 de ce mois de novembre, par la quelle il vous a plû de nous envoier la requette des medecins de cette ville cy jointe, et nous demander de vous faire part de nos observations et de vous eclaircir si la pretention est nouvelle, comme ils l'exposent. en y satisfaisant, avons l'honneur de dire, qu'ayant eté ordonné de la part du Roy aux deputés des États de Brabant de lever dans cette province la quantité de mil six cents et dix miliciens, et aux dits deputés d'en faire la repartition, dans laquelle ils ont quotisé la ville de Bruxelles et ses cuves a deux cents soixante et dix hommes, avec liberté de livrer des hommes de bonne volonté au lieu de les faire tirer au sort, nous avons pour effectuer ces ordres dû emploier beaucoup d'argent pour trouver et engager le dit nombre des hommes, et les moyens courans de la ville n'etant suffisans pour payer les charges ordinaires, et par consequent hors d'etat de satisfaire a cette depense que par des nouvelles charges et impositions, et ne sachant les trouver sur les denrees, marchandises ni especes de consomption, qui sont deja plus chargées qu'elles ne peuvent supporter, nous avons crû que les moiens les moins onereux et les plus prompts seroient de quotiser les habitans dans la contribution de ces sommes sur le pied et proportion que se payoient cy devant les compositions des gardes bourgeoises, point avec intention pour les exemptés des gardes bourgeoises, ni par rapport a ces gardes, mais uniquement sur la maniere que ces retributions se payoient, de sorte qu'encore bien qu'on leur donne ce nom de composition, ce n'est pas pour demontrer que ceux qui etoient cy devant exempts des gardes bourgeoises, y seroient assujetis dans la suite, mais pour trouver une retribution a payer sur le pied dont se payoit la composition par ceux qui en etoient auparavant sujets, pour avec les sommes qu'on en tireroit, satisfaire la depense que la ville a eté, et est encore obligée de faire pour la levée des dits miliciens volontaires, et ce qui en depend, sans que cela sera tiré a consequence pour les gardes bourgeoises. Le nom de composition ne doit pas par consequent les inquieter, dont on ne s'est servi qu'a la fin avant ditte, nous y avons pour cette raison compris les avocats, procureurs et autres suppots du Conseil de Brabant, qui n'etoient auparavant sujets aux gardes bourgeoises ni composition d'icelles, que pour autant que leurs femmes ou eux-memes faisoient quelque negoce. Le consentement des trois membres de la ville a eté porté en cette conformité, et dans l'apprehension que nous etions que nous aurions pû rencontrer des difficultés a obtenir du Conseil de Brabant l'octroy a ce conforme, nous avons supplié Monseigneur de Sechelles de vouloir interposer ses bons offices, afin que le dit Conseil de Brabant donneroit le dit consentement par octroy. Cette representation a eté apostillée le 26 mars 1747 de la maniere suivante. *Nous donnons acte aux supplians de la demande contenue dans la dite requette, leur permettons d'en poursuivre par devant le Conseil de Brabant, qui ne doit point former difficulté d'accorder les authorisations requises en observant les formalité usitées.* Dans quelles circonstances les supplians ne doivent relucter de se conformer au dit consentement, qui ne scauroit etre supporté par les habitans, qui ont eté cy devant sujets aux gardes bourgeoises, les dits supplians et autres personnes commodes etant le plus en etat d'y satisfaire, sans le secours et taxe desquels on ne pourroit trouver la ditte depense. Si l'imposition avant dite est nouvelle, l'ordonnance de lever des miliciens en cette ville l'est aussi. Pour satisfaire a des nouvelles et extraordinaires depenses, il faut des nouvelles charges et impositions, sans lesquelles il est impossible d. trouver le fond pour les payer et les accomplir.

la levée qui a eté faite de mil neuf cents cinquante soldats dans cette province de Brabant l'an 1702 n'est pas à comparoitre a celles des miliciens en question, d'autant que les villages et plat pays du Brabant ont eté seuls obligés dans la dite année 1702 de lever ce nombre des soldats cy-devant reclamé par sort, sans que les villes du Brabant y ont été comprises, ou àient supporté la moindre depense a cette fin, et que dans la levée des miliciens en question, les villes ont été taxées à la levée d'un certain nombre des hommes de bonne volonté, qu'on n'a pû trouver qu'avec grande depense, a la quelle il est juste que les supplians contribuent avec les autres habitans de cette ville, de sorte qu'on ne peut faire au cas present une comparaison de ce qui s'est passé en la ditte année 1702, la quelle levée a eté la premiere qui de memoire d'hommes avoit eté faite dans ces pays, et au regard de la quelle les villes n'ont rien contribué, et par consequent il n'a fallu faire pour lors des impositions à ce sujet sur les habitans. Esperans par ces moiens avoir satisfaits au contenu de l'avant dite lettre avons l'honneur d'etre tres parfaitement

    Monsieur

      Vos tres humbles et tres obeissans Serviteurs
      Bourguemaitres Eschevins et Conseil de la
      ville de Bruxelles. Etoit signé
        H. RAES, loco J. DE FRAYE.

Brusselles le 20 novembre 1747.

L'intendant général de Séchelles envoya cette pièce aux médecins de la capitale avec l'apostille suivante : *soit communiqué aux médecins de la ville de Bruxelles pour répondre par devant nous dans la huitaine et ensuite ordonner ce qu'il appartiendra.* Fait à Lille le 15 décembre 1747, était signé de Séchelles.

Le Collége assessoral, s'appuyant sur ses priviléges de profession libérale, fit parvenir à l'intendant général la réponse qui suit :

    A Monseigneur
    Monseigneur De Sechelles Chancellier d'Etat du Roy etc.
      intendant general de ses armees en Flandre, etc. etc. etc.

Le Prefect, vicaire et autre assesseurs du College des medecins etabli en la ville de Bruxelles, satisfaisans a l'apostille de votre Grandeur suivie sur l'ecrit de reponse de Mrs du Magistrat de la de en date du 15 xbre 1747 ont l'honneur de representer tres humblement le suivant sous toutes etc.

Que M̄rs du Magistrat n'ont butté qu'a faire valoir les raisons ou pour mieux dire le pretexte recherché, pour soumettre les medecins a la charge de la composition ; au lieu d'exposer en conformité de l'appointement de votre Grandeur le droict qu'ils pretendent d'avoir pour les y assujetir et d'elucider par la le point de la question principale, faisant observer à votre Grandeur que leur pretention n'etoit pas nouvelle et que les medecins n'avoient aucuns droicts d'en etre exempts ; ils doivent avoir prevu que cela ne leur etoit pas bonnement possible, puisqu'ils ne satisfont a aucuns de ces points principaux dans leur dit ecrit. Ils ont dabord recours a l'insuffisance des moiens de la ville pour satisfaire a ces impositions qu'ils nomment tres fraicuses et extraordinaires, et disent ensuite d'avoir trouvé que le moien le plus prompt et moins onereux, etait de quotiser les habitans sur le pied usité de la composition qui se paioit ci-devant par les bourgeois.

Ils definissent cette composition, une retribution a paier sur le pied dont se paioit la composition par ceux qui auparavant y etoient sujets.

On voit évidemment par cette definition que M̄rs du Magistrat en comprennant dans le dispositif de leur ordonnance ceux qui jouissent d'une exemption particulière et privilegiée, se sont écarté du moien qu'ils avoient trouvé le plus convenable quand il etoit consideré dans les justes bornes.

Ils ne refutent aucunement les privileges d'exemptions des charges bourgeoises, ni les autres prerogatives tant de fois et si anciennement accordées aux medecins, mais on voit par tout dans le dit ecrit qu'ils ont particulièrement en vue de confondre les gradués en medecine avec les artisans marchans et autres bourgeois sujets a la composition, et par ainsi de les faire contribuer insensiblement dans toutes les charges bourgeoises, nonobstant la coutume et l'usage a ce contraire.

Ils reussiroient peut être si la penetration de votre Grandeur pouvoit être surprise par les vains efforts qu'ils se font pour donner au cas present une tournure propre a insinuer que leur pretention est plustot une pretention juste et necessaire, qu'une innovation formelle et inusitée : les Remts persuadés que rien ne lui echappe, osent se flater que M̄rs les Magistrats n'auront tout au plus reussi qu'a faire voir qu'il est presque impossible de persuader aux autres ce, dont on n'est pas meme penetré.

En effect ils ne peuvent se cacher a eux-memes une innovation dont ils sont les autheurs dautant plus heureux, qu'elle ne les assujetit ni les charge en rien; c'est ce qui se voit assez vers la fin du prologue de ceux inscrits, ou ils avouent fort ingenuement que si susditte imposition est nouvelle, c'est parce que l'ordonnance de la levée de la milice l'est aussi, il est donc vrai et meme de leur propre aveu que cette pretention est nouvelle, et il ne fait rien au cas present que la depense, dont la ville fut chargée a l'occasion de la milice, soit nouvelle, onereuse, ou autrement comme ils voudront l'appeler, puisqu'il s'agit uniquement de scavoir. si les medecins doivent y contribuer. Il n'est pas douteux (sous correction tres humble) que l'entreprise que le magistrat a fait de redimer le sort de la milice, en fournissant le nombre d'hommes de bonne volonté qui étoient requis, n'a pu etendre en aucune facon ses droicts en son authorité. ni leur donner le pouvoir de deroger et d'annuler les privileges et prerogatifs que les edits des souverains ont de tout tems accordés aux medecins et dont la notorieté est inconstetable.... que ceux la seuls qui etoient assujetis au sort de la milice sont obligés de contribuer a la redemption que le magistrat en avoit entrepris, c'est aussi pour ceux la que les doyens ont porté le consentement, dont les Mrs du magistrat font mention dans leur écrit, et non pas pour les medecins qui ne sont pas de cette categorie, lesquels ont leur tribunal particulier dans la ditte ville, et dont les exemptions les affranchissent des gardes bourgeoises, composition et de tout ce qui en depend. ainsi qu'il est d'usage dans la pluspart des Etats policés, ils tiennent meme de la clemence de Sa Majesté la confirmation de leurs privileges et prerogatifs, lorsque son bon plaisir a eté de confirmer tous les differens tribunaux de justice et de polices, leurs juges officiers et autres dans le libre exercice de leurs charges ou profession dans la forme ordinaire avec les memes droicts, honneurs et prerogatifs dont ils jouissoient cy devant.

Quelques lignes en dessous du dit ecrit, ils tachent de justifier l'aveu qu'ils ont fait de la ditte innovation, en disant qu'a des depenses nouvelles et extraordinaires, il faut des nouvelles charges et des impositions nouvelles.

Il est en partie vrai que cette depense est nouvelle et extraordinaire, mais la composition ne l'est point du tout, elle a eté paiée de tout temps par les bourgeois qui y sont sujets ; le nombre des assujetis est tres grand, et puisque les doyens des sermens ne sont taxés qu'a deux et trois florins par an, sans entrer dans le compte de Messrs du Magistrat, on peut bien s'imaginer qu'il est tres suffisant pour contribuer et fournir la somme en question, sans qu'il soit besoin d'y comprendre par une innovation etrange et inusitée le College des medecins, qui outre qu'il fait un objet peu considerable, est d'ailleurs exempt de toute charge bourgeoise.

Si la susditte raison etoit vraie et solide et qu'elle ne fut pas un pretexte specieux pour ôter aux medecins leurs privileges et prerogatifs (ce qu'autrefois ils ont dejà attenté inutilement) elle auroit du valoir envers tous les habitans en general et sans exception des nobles, des avocats suppots du Conseil et autres exempts. Mrs du Magistrat meme auroient du s'y soumettre puisque selon eux, la necessité qui authorise cette innovation rendroit toutes les conditions égales.

Il est etonnant que malgré toute la justesse et la verité de ces raisons qu'ils ont eté obligés de reconnoitre a l'egard des suppots qu'ils avoient aussi compris dans leurs ordonnances, ils veuillent les contester aux medecins, dont les privileges ne sont pas plus douteux, et contre les prerogatifs d'exemptions desquels ils n'ont aucunement contredit. Ce pourquoi les supplians mettent toute leur confiance dans l'equité ordinaire du Roy, le protecteur des sciences et des beaux arts, et esperent que sa Majesté ne permettra pas que l'ordonnance de la levée des miliciens en cette ville considerée par Mrs du magistrat, comme une imposition nouvelle (quoi que sans contredit tres au pouvoir du souverain) puisse les authoriser a faire, contre l'ordre de la justice, une innovation a l'egard des medecins aussi inouie que contraire a leurs privileges et immunitez, et qui les degradans et reduisans dans la classe des bourgeois, leur oteroit insensiblement leurs exemptions et les assujetiroit enfin a toutes les charges bourgeoises, dont jusques ici ils ont toujours eté exempts.

A ces causes ils ont l'honneur de remontrer les raisons susdittes et de prendre leurs tres respectueux recours vers votre grandeur.

La suppliant tres humblement d'etre servie d'ordonner à Mrs du magistrat de cette ville de ne plus inquieter et molester les medecins d'icelle pour le paiement de la susditte composition , avec ordre aux commis de la recette, a qui il appartiendra de recevoir des dits medecins les deux vingtièmes purement et simplement sans la susdite composition.

C'est la grace etc.

Cette réponse fut apostillée comme suit :

Renvoié à Mrs du magistrat de Bruxelles pour repondre et joindre le tout a l'instance pour nous etre remise a notre arrivée à Bruxelles et y etre pourvu ainsi qu'il appartiendra. Fait par nous , subdelegué general de l'intendance de Flandres. A Lille , ce 12 janvier 1748.

Etoit signé : MASSART.

A la suite de cette pièce, le vicaire du Collége médical rapporte la lettre que le docteur Boucher avait adressée de son côté à l'intendant général :

A Monseigneur

Monseigneur Moreau de Sechelles , conseiller d'Etat , intendant des armées du Roi et de police justice et finances en Flandre.

Il est inoui qu'un corps tel que le Magistrat de Bruxelles veuille avilir la medecine au point de faire contribuer ceux qui l'exercent a la levée de la milice, chose a laquelle n'ont jamais eté obligés, partout ou cette levée a eu lieu, que ceux qui pratiquent les arts mechaniques. C'est donner grossièrement atteinte a l'honneur et a la consideration que toutes les nations ont pour cet art respectable, le plus utile qu'il y ait au monde, que de la mettre en cela de niveau avec les professions les plus abjectes.

Si des chefs de ville se croient obligés, pour satisfaire aux payemens qu'exigent les ordonnances du Roy, de charger d'impositions nouvelles ceux qui exercent les arts liberaux , que ce ne soit pas du moins sous une face aussi rebutante, ou si l'on prétend que la delibération presente aie absolument lieu , qu'on l'etende donc jusque aux nobles. S'il n'est question que de partager avec le public les frais necessaires pour accomplir l'ordonnance du Roy, sans que cela tire sa consequence , les uns ne doivent pas s'en scandaliser plus que les autres. Les medecins , comme gradués , sont censés nobles, quant à leurs personnes. Ils jouissoient autrefois des prerogatifs de la noblesse, entre autres des exemptions. On auroit dû bien plustot augmenter les privileges que d'en retrancher, on trouverait beaucoup plus de sujets dignes de porter ce nom. C'est la chose du monde la plus interessante pour le public de ne point aneantir le reste de distinction qu'on a laissé a cette profession.

La deliberation du Magistrat de Bruxelles tend a re erser l'ordre sagement etabli pour les distinctions des differens etats, elle abuse des ordonnances du Roy, dont l'intention est de conserver a chaque profession le rang et le taux qu'exige la bonne politique, et qui contribue si avantageusement a l'emulation.

A Lille, ce 30 decembre 1747.

Etoit signé : BOUCHER, medecin pensionnaire de la ville de Lille pour la leçon d'anatomie.

Nous ne pouvons résister au plaisir de rapporter ici la réponse de l'intendant général, par laquelle il fait droit aux justes réclamations du corps médical en le mettant sur la même ligne que les nobles et les autres professions libérales. La voici :

De par le Roy, Jean Moreau chevalier seigneur de Sechelles, conseiller d'Etat, intendant en Flandre et des armées du Roy.

Veu la requeste a nous presentée au nom du prefect et autres assesseurs du College de medecine de la ville de Bruxelles, expositive, que plusieurs d'entre eux s'etant presentés pour paier les vingtièmes imposés pour raison de 150 milles rations fournies par la ditte ville l'année derniere, le receveur a fait refus de recevoir, a moins qu'on ne paye en meme tems ce qu'on appelle composition, qui est une imposition roturiere, a la quelle ils ne sont point sujets, etant a cet egard a l'instar des nobles, gentilshommes, avocats et procureurs du Conseil de Brabant, qui en sont exempts, pourquoi les suppliants requeroient qu'il nous plust ordonner aux Magistrats de Bruxelles de faire recevoir leur taxe des xxmes purement et simplement, et leur faire defense de les poursuivre pour l'imposition de la composition, notre ordonnance du 11 novembre dernier portant qu'elle seroit communiquée aux dits magis-

trats, la reponse par eux produite, contenant qu'ils ont eté obligés de fournir 270 miliciens de bonne volonté, qui leur ont couté beaucoup
d'argent, que les revenus de la ville ne suffisant pas pour supporter cette
depense, ils se sont trouvés forcés de faire une imposition sur les habitans, a laquelle ils ont eté authorisés, que ne pouvant la faire sur les
boissons, ils ont suivi ce qui s'est pratiqué cy-devant pour la composition, mais pour la forme de cottisation seulement, sans qu'il ait été
question de garde bourgeoise, ni de la faire racheter par les médecins,
quoi qu'" y aient eté compris, ainsi que les avocats-procureurs et suppots du Conseil de Brabant, et que si on n'avoit cottisé que ceux qui
etoient assujetis a la composition, le produit n'auroit pas suffi pour
acquitter les depenses occasionées par la levée des miliciens, pourquoy
ils requeroient qu'il nous plut debouter les medecins de leur demande,
notre ordonnance du 15 decembre suivant portant qu'elle seroit communiquée aux medecins de Bruxelles, et la replique par eux produite,
contenant que mal a propos les magistrats veullent insinuer que
l'imposition dont s'agit est extraordinaire et que tous les habitans
doivent y contribuer, que dans ce cas ils auroient dû comprendre la
noblesse et s'y comprendre eux mèmes, mais qu'ils en ont senti
l'inconvenient, puisqu'il est certain que si l'on avoit tiré la milice au
sort, la noblesse ni les supplians n'y auroient pas eté sujets, n'y
aiant que la bourgeoisie qui soit dans un pareil cas, pourquoi ils
auroient persisté dans les conclusions de leur requette. Vu aussi les
decrets du 2 octobre 1658 et du 12 fevrier 1699, qui maintiennent les
medecins dans les privileges et exemptions des gardes et patrouilles,
qui sont l'objet de l'imposition, appellée composition. tout consideré
Nous declarons que les medecins licentiés exerceans leur profession
dans la ville de Bruxelles ne doivent contribuer a aucune charge de la
ditte ville, auxquelles les avocats licentiés professans au Conseil
souverain de Brabant ne contribuent pas, ordonnons que la decision,
portée par la presente, sortira son effect avec deffense aux Srs du
Magistrat d'y contrevenir.
Fait a Bruxelles le vingt sept mars mille sept cents quarante huict.
Signe : DE SECHELLES.

Honneur aux médecins bruxellois pour avoir tenu haut et
ferme le drapeau de dignité médicale ! Oui, la médecine est une

profession libérale, et ceux qui l'exercent, méritent de la part de l'autorité constituée les égards dus aux autres professions libérales. De nos jours, les législateurs nous ont assimilés aux professions mercantiles en nous imposant la patente, mais les temps ne sont pas éloignés où l'on nous rendra justice sous ce rapport. Nous n'avons qu'à imiter les médecins bruxellois du dix-septième siècle, et à unir nos efforts pour triompher.

Pendant cette préfecture, Charles Devos et André, son fils, libraires à Bruxelles avaient résolu de réimprimer le *Dispensatorium pharmaceuticum Austriaco-Viennense*. Ils prièrent le Collége médical de prendre cette édition sous sa protection. Les assesseurs leur accordèrent cette faveur et ajoutèrent à l'édition de Vienne un supplément de 28 pages, dans lequel ils firent connaître trente préparations, très-usitées à Bruxelles. Le vicaire composa l'épître dédicatoire, où il se répandit en éloges sur le Collége assessoral et les médecins de la ville. Le codex ainsi augmenté parut en 1747 sous le titre de : *Dispensatorium pharmaceuticum Austriaco-Viennense, in quo hodierna die usualiora medicamenta secundum artis regulas componenda visuntur. Adjuncta est appendix continens plures præparationes exquisitas tam pharmaceuticas, quam et nonnullas chymicas, quarum genuina descriptio accurate demonstratur. Collegii medici Bruxellensis privilegio.*

Quarante-huitième Préfecture. 1748-1750.

Pendant cette préfecture, le nombre des charlatans qui s'étaient abattus sur Bruxelles, fut incalculable. Le relâchement des lois sous la domination française, avait sans doute une large part dans cette guerre que le charlatanisme faisait contre la vie des citoyens. Aussi le vicaire ne fait-il connaitre que ceux qui ont adressé des requètes à l'autorité constituée.

Dans le courant de l'année 1749, Jean Thomas présenta la supplique suivante au gouverneur général :

A son Altesse Serenissime Monseigneur le duc Charles de Lorraine et de Bar etc. Gouverneur General des Pays Bas etc.

Jean Thomas suisse de nation operateur depuis vingt cinq ans passés habitant a Bruxelles , se prosterne aux pieds de votre Altesse Serenissime, a l'honneur de representer en tres profond respect qu'apres s'avoir distingué dans la science dans differens endroits , il a suivi les armées des alliés de notre Auguste Souveraine , ou il a été admi par le Prince de Waldeck et a eté confirmé tacitement par le Mareschal Battiani , que presentement la guerre cessante , il souhaite de pouvoir librement exercer son scavoir faire dans la domination de sa Majesté l'Imperatrice et Reine , et comme il est requis pour cela une permission de Votre Altesse Serenissime

Il la supplie tres respectueusement de lui faire la grace de l'octrojer cette permission, et a lieu d'esperer qu'on entendera aucune plainte a sa charge.

C'est la grace etc.

Cette supplique fut renvoyée au Collége médical avec la lettre que voici :

A ceux du College de la medecine de cette ville
Charles Alexandre Duc de Lorraine et de Bar , Chevalier de la Toison d'or, feld–Marechal , General et Commandant en chef des armées de sa Majesté l'Imperatrice Reine et son Lieutenant Gouverneur et Capitaine General de ses Pays Bas etc.

Chers et bien aimés. . . . . Nous vous envoyons 'cy joint la requette qui nous a eté presentée par Jean Thomas Suisse operateur, afin d'en examiner le contenu et de suitte de nous reservir de votre avis. A tant chers et bien amés Dieu vous ait en Sa Sainte garde. De Brusselles ce 22 may 1749 etoit signé Steenh.

Charles DE LORRAINE ;
Par ordonnance de son Altesse Royale
LE ROY.

Comme Charles-Alexandre venait d'être investi des fonctions de gouverneur général, et qu'il était peu au courant de la législation médicale du pays, les assesseurs du Collége crurent utile de lui exposer, dans leur réponse, l'esprit des lois sur l'exercice de l'art de guérir. Voici cette pièce :

Monseigneur,

Nous avons receu avec un tres profond respect les lettres de Votre Altesse Royale du 22 may dernier avec la requette lui presentée de la part de Jean Thomas Suisse operateur afin d'en examiner le contenu et y reserver de suitte de notre avis, a quoy satisfaisans avec ce mesme respect avons l'honneur de dire.

Que le College de la medecine de cette ville de Brusselles fut erigé par ordre des souverains pour pourvoir a plusieurs abus qui se commettoient en cette ville par plusieurs personnes sans etude et experience par rapport a l'exercice de la medecine et de la pharmacie et chirurgie, et en ont enjoint l'execution a ceux du magistrat de cette ville.

Ceux cy pour tant mieux perfectioner des professions si utiles pour la conservation et la guerison du corps humain ont erigé le dit College composé d'un surintendent echevin de cette ville et de six assesseurs qui se choisissent des medecins de cette ville et fait a ce sujet des ordonnances de police dont la principale est du 13 avril 1650 omologée dans le Souverain Conseil de Brabant.

Ces ordonnances reglent aussi tout ce qui concerne la chirurgie et pharmacie et generalement ce qui est requis pour exercer les dittes professions et elles defendent a un chacun d'en faire quelques exercices, ne fut d'etre preallablement admis dans les respectives corps des chirurgiens ou d'apoticaires.

Ces mesmes ordonnances n'empechent point les personnes experi-

mentées qui sont capables de faire des operations extraordinaires et
dont les chirurgiens de cette ville n'auroient pas ce maniment si facile,
au contraire l'arle 41 de la dite ordonnance dit en substance que
pour ne pas bannir les operateurs etrangers ou maistres fort experts
a tailler de la pierre, faire l'operation des hernies, la ponction dans
l'hydropisie, abatre la cataracte etc.............. devront avant
tout s'addresser au College de medecine et par de preuves des operations, et solution des demandes qui leurs seront faites sur l'exercice
de leur art et faire ainsi conster de leur scavoir superieur et qu'en ce
cas leurs seront delivré des lettres en forme, aux quelles seront
exprimées les operations dans les quelles ils auront les plus excellés,
ensuitte des quelles ils pourront obtenir la permission de l'amman
pour faire leurs operations pour un tems limité.

Mais il y a tres grande distinction entre les maitres qui font des
operations a la main et qui seuls peuvent etre appelés operateurs et
entre les courreurs de pays qui vendent quelque baume et autres
drogues qui ne sont que de vrays charlatans du nombre des quels
est le suppliant.

Car scachant qu'il n'est capable a faire quelques operations extraordinaires, n'en a osé citer aucune dans la requeste, ni ne s'est
jamais addressé a notre College pour y etre examiné, et y donner des
preuves requises pour obtenir la permission, qui ne s'accorde et ne
se peut accorder qu'a des gens de merite. Au contraire le dit Thomas
ne nous a demandé que la permission de vendre et debiter quelques
drogues et medicamens, sans avoir verifié leur vertus ou les effets
extraordinaires qu'ils auroient produits, ce que nous lui avons refusé,
et dont nous n'avons pas le pouvoir de lui accorder, pour autant que
ces mesmes drogues se vendent journalierement chez les apoticaires
de cette ville, qui ont passé par un examen rigoureux et donné des
preuves de leur capacité, payé les frais y attachez et supporté les
charges publiques et bourgeoises et que par les ordonnances il est
statué que personne ne pourra vendre ou debiter aucunes drogues
simples ou composées, ne fut qu'il soit admis dans le dit corps a
peine de 25 florins d'amende pour chaque contravention et de la
confiscation de touttes les drogues par lesquelles on contraviendroit
contre les mesmes ordonnances comme il conste par celle du 13
fevrier 1727.

De sorte que sous correction tres humble, nous ne trouvons aucune raison qui pourroit appuyer la demande du suppliant n'etant nullement capable de donner des preuves particulieres de son scavoir faire, telles qu'elles sont requises par les ordonnances, esperant que le Bon Plaisir de V. A. R. sera de l'econduire de sa demande avons l'honneur d'etre avec une tres respectueuse veneration

Monseigneur

de V. A. R. les tres humbles et tres obeissants serviteurs

Après avoir eu connaissance de l'avis du Collége médical, Jean Thomas sortit furtivement de Bruxelles. Il eut bientôt un successeur dans Claude Charles, venu de la Savoie. Celui-ci présenta une requête au prince de Lorraine, afin de pouvoir vendre quelques remèdes merveilleux. Voici cette requête, qui fut envoyée, le 15 juillet 1749, à l'avis du Collége :

A ceux du College de la medecine en cette ville
Charles Alexandre etc. et subsignatum erat 15 julii 1749,
Claude Charles Marchand Savojard a l'honneur de remontrer en toute humilité et respect a V. A. R. que possedant le secret d'un onguent merveilleux il croit qu'elle daignera bien de lui permettre qu'il en etale ses vertus sur les principes de la verité, par lequel il a soulagé une infinité des personnes qui avoient le malheur d'etre attaqué des accidens qui sont expliqués en l'imprimé ci-joint surtout dans une humeure froide que l'on nomme Rhumatisme, nonobstant que les mesmes personnes avoient tentées une quantité de remedes avant que se etre osées confier a celui du Remontrant, son efficacité est si grande qu'il prouve visiblement par un grand nombre des certificats qu'il a retiré des peines des personnes qui se desechoient en leurs douleurs et les a regueiries, lesquelles il rendra visible au premier ordre, que nonobstant que quelques unes d'elles avoient souffertes des maux inexprimables pendant l'espace de 14 a 15 ans l'applicat exterieur que fit le Remontrant de son remede sur les membres affligés les reguerit en peu de tems.

Que la renommée de cette salutaire composition que possede le Remontrant, qui est refermé dans son Palma Christi, parvint jusqu'aux cours ou il sejourna dans ses promenes, il acquera la permission de le vendre publiquement, et obtint le privilege tant de Marechaux , Generaux d'armées que des Gouverneurs de Provinces en des villes. Que le reste qui contient l'entière boutique du Remontrant consiste encore dans une Pommade qui guerit toute sortes de dartes vives et farineuses et autres incommodités, et un opiat qui est parfait pour guerir le scorbut, fortifier les gencives et blanchir les dents etc, dont l'imprimé cy joint recite amplement les noms des personnes qui en furent gueri.

Or comme le Remontrant a apprit que certaines personnes tachent de le traverser et qui portent envie a la prompte efficacité des ses excellens remedes, voudroient empecher son petit debit, et comme n'ayant cela pour vivre avec sa pauvre famille , c'est le sujet qu'icelui vient se jeter aux pieds de V. A. R. la suppliant avec un tres profond respect, que son bon plaisir soit d'authoriser le suppliant en lui donnant une pleine, entière et absolue permission de debiter ou vendre sa ditte marchandise , par toute l'étendue de la Domination de V. A. R. avec pouvoir de faire afficher les vertus susdittes touchant ses remedes , en considération de ce que le suppliant s'est rendu util a la santé tant de la noblesse que du public, qu'il ne cause aucun prejudice a nul corps de droit , d'autant que ne s'attachant qu'a une seule quinte-essence dans la composition des simples , chaque professeur reste toujours dans son entier dans l'exercice et l'operation de son art : le suppliant espere que V. A. R. seroit comblée de tant de benignité, qu'elle suivra genereusement le mesme sentier des toutes les illustres personnes qui accorderent sans difficulté la mesme grace cy-dessus conclue au dit suppliant , si avant mesme que ceux du College des medecins de la ville de Lille, qui sont si jaloux de leurs privileges, octroient le debit au suppliant de son dit Palma Christi, apres avoir connu en quoi consistoit la composition , qu'ils approuverent, il a l'honneur d'etre connus du Beau monde de cette Cour brillante, entre autres de Madame la Princesse d'Arenberg, du General de Boidflu et d'une suitte qui deviendroit infinie , de qui donc il obtint la faveur de leur faire la Reverence et de leur vendre quelques parcelles de sa pretieuse marchandise a leur grande satisfaction.

C'est la grace etc.

Etoit signé
CLAUDE CHARLES.

Bien que cette supplique fasse assez connaitre le charlatan, le Collége médical jugea convenable de la réfuter, pour que le charlatan ne pût tromper le public et induire du silence des assesseurs que ses remèdes avaient quelque vertu. La réponse des médecins montre qu'ils connaissaient des faits prouvant que les remèdes étaient des plus dangereux, et que la vente par des mains ignorantes devait en être interdite. Nous faisons suivre la réponse :

Monseigneur,

Nous avons receu la requeste presentée a V. A. R. par le nommé Charle Claude qu'elle a bien volu nous renvoyer pour l'examiner et reserver ensuitte de notre avis, en y satisfaisant avons l'honneur de representer a V. A. R. sous toute etc.

1° Que la demande de Claude Charles est tout a fait contraire aux ordonnances des Souverains et statuts qui regardent la medecine, et qui ont eté ordonnés pour la securité du public, defendant bien expressement a tous charlatans, coureurs de rues et de pays et a tous autres de se meler de la medecine, de vendre et debiter des drogues et des remedes; et cela afin de prevenir les abus et dangers ou ils plongent tous les jours les pauvres malades, tels personnages n'ayant aucune connoissance de l'effet des remedes qu'ils debitent et qui par quelque reussite hazardée, dont ils font ordinairement parade dans des imprimés, osent se vanter d'avoir un specifique, ou secret asseuré pour telle ou telle maladie ayant grand soin de cacher tous les malheurs et mauvais effets qu'ils ont occasionés a d'autres.

2° Que nous scavons par les effets que son remede pour les dartres tant vives que farineuses et autres incommodités, est un remede tres dangereux, un remede qui demande toute l'attention d'un medecin habile et qui ordonné dans ces cas comme dans d'autres, fait tous les jours de terribles ravages, tous ces coureurs de rue ont grand soin de donner le nom de secret a tous leurs remedes, car si le public les connoissoit, il se donneroit bien de garde de s'en servir ; si le public connoissoit les remedes de Claude Charles, croiroit on, qu'il oseroit s'exposer a tous les accidens et le ravage que produit le mercure, lorsqu'il est appliqué imprudemment, oseroit-il s'exposer a une salivation cruelle, qui entraine souvent apres elle la perte des dents, de l'os du palais, de la luette et plusieurs autres accidens encore plus fascheux. Voila pourtant de quoi est composé la principale partie de sa pommade, voila a quoi est exposé aujourd'hui la femme de *Van der Meulen* tenant cabaret a l'enseigne du paradis, proche la grande placce, qui apres avoir fait usage de son remede, s'est deu mettre au lit depuis plus de 25 jours ou elle y restera encore quelques semaines ; les accidens sont une tete grosse du double, sans pouvoir presque ouvrir les machoires, une inflammation des plus grandes dans la gorge, qu'a peine elle puisse avaler le liquide, la langue, les gencives lui sont a charge, toute la bouche interne remplie d'ulceres et d'excoriations une salivation de plus cruelles et continuelle, qui durera encore plus de 15 jours, malgre tous les efforts que le medecin et chirurgien font pour la guerir. Esperant que ces sortes de raisons seront suffisantes pour econduire le suppliant de sa demande, avons l'honneur d'etre avec le plus profond et plus soumis respect

Monseigneur

de V. A. R. les tres humbles serviteurs

Le Prefet et autres assesseurs du College de la medecine.

Les charlatans Tirocchi et Mambrini avaient adressé des suppliques au marquis de Botta-Adorno, nommé ministre plénipotentiaire, en remplacement du comte de Kaunitz, pour obtenir la permission d'exercer le charlatanisme à Bruxelles. Tirocchi, accompagné d'un train de domestiques presque princier, avait fait plusieurs dupes. Afin de préserver la population de plus grands malheurs, deux assesseurs, accompagnés du surintendant, allèrent trouver le marquis de Botta-Adorno, pour qu'il voulût faire exécuter les règlements existants et empêcher les charlatans de continuer leurs manœuvres. A cette même fin les assesseurs lui adressèrent la lettre suivante :

A Son Excellence,

Monseigneur le Marquis De Botta Adorno, etc.

Comme il avoit plu a votre Excellence de mander par l'amman les deputés du College de medecine de cette ville de Brusselles, pour vous informer au sujet du charlatan Tirochi et ayant appris, qu'ils avoient eu l'honneur de dire entre autres, de notre part a votre Excellence, que c'etoit un charlatan qui avoit demandé une assez grosse somme a un malade, pour prouver les fraudes et les rapines, que commettent ces sortes des gens, et comme cela n'avoit eté dit qu'en passant au College, et n'ayant point les preuves en mains, ils n'ont osé asseurer la certitude du recit, comme ils ont eu l'honneur de le faire connoistre a votre Excellence et comme ils viennent d'en recevoir un acte passé en deu forme, ils prennent la liberté de la joindre ici, par ou Votre Excellence voira les abus qu'ils se commettent par ces charlatans, et la tourneure qu'ils mettent en œuvre pour tromper adroitement le public.

Nous pouvons encore confirmer ce que nous venons d'avancer par un certain Mambrini, autre Charlatan que nous venons d'apprendre etre dans cette ville, par un memoire presenté au College de medecine de la part de M. Strozzy, conseillier, surintendant des Batimens Royaux de S. M. l'Imperatrice Reine, par lequel le dit Mambrini fait une demande de mil a douze cent florins, pour avoir joué le role de charlatan chez lui. et pour ne point abuser des momens pretieux de Votre Ex^ll nous ne parlerons d'une quantité d'autres abus qui lui sont tres connus, nous esperons qu'elle daignera y faire attention et qu'elle sera servie d'econduire le dit Tirochi de sa demande. prenons la liberté de nous recommander a sa haute et puissante protection ; comme aussi de nous permettre que nous ayons l'honneur d'etre avec un tres profond et soumis respect

      Monseigneur

De votre Excellence
Les tres humbles et tres obeissans serviteurs.

Le Prefet et autres assesseurs du College de la medecine de cette ville de Brusselles. Etoit signé, par ordonnance MOMMENS sindic du College.

La démarche du Collége eut l'effet désiré, et les charlatans furent expulsés de Bruxelles.

Quarante-neuvième Préfecture. — 1750-1752.

Cette préfecture ne signale que vaguement deux affaires de charlatan, dont les pièces reposent chez le greffier. Nous y trouvons aussi l'affaire de l'admission du pharmacien Hyacinthe Gilman. Celui-ci adressa au magistrat une requête tendant à pouvoir se présenter aux examens sans être inscrit au livre des pharmaciens. Les assesseurs ayant reçu cette requête de la part du magistrat, l'envoyèrent aux maîtres des preuves des pharmaciens à l'effet d'avoir leur avis. Ceux-ci avisèrent favorablement à condition qu'après avoir subi l'examen, il payerait, en sus des droits ordinaires, la somme de dix pistoles dont la moitié reviendrait au corps pharmaceutique et l'autre moitié à la ville. Plus tard, les censeurs des pharmaciens ne voulurent pas admettre Gilman à l'examen et s'adressèrent au Conseil de Brabant. Mais Gilman ne désirant pas intenter de procès aux censeurs des pharmaciens, s'adressa au prince Charles-Alexandre de Lorraine, et obtint, le 26 août 1752, la dispense demandée, à condition de payer un peu plus que les droits ordinaires. Dès lors les censeurs se soumirent au décret du gouverneur général et admirent Gilman à se présenter à l'examen. Louis-Joseph Seulin, de Bruxelles, obtint aussi une dispense de deux années de stage après l'apprentissage, aux mêmes conditions que le précédent et fut reçu pharmacien le 5 octobre 1752.

Cinquantième Préfecture. — 1752-1754.

Au mois de juin 1753, un membre du Collége, Paul-Ignace de Bavay publia un *Petit recueil d'observations de médecine, sur*

les vertus de la confection tonique, résolutive et diurétique.
Bruxelles, in-12º. Il fit paraître, en 1759, un ouvrage plus important, fruit de son expérience, et qu'il intitula : *Méthode courte,*
aisée, peu coûteuse, utile aux médecins, et absolument néces-
saire au public indigent, pour la guérison de plusieurs mala-
dies. Bruxelles, in-12.

Dans cette période, le vicaire ne signale que deux poursuites
contre des charlatans. Le premier, nommé Zorn, vint à Bruxelles
au mois de juin 1754, et au lieu de s'adresser au Collége médical, demanda à l'amman la permission de construire un théâtre.
Le permis obtenu, il se fit passer pour oculiste et lithotomiste de
premier ordre, et se vanta de guérir toutes les hernies par une
simple incision. Cité devant le tribunal médical pour exercice
illégal de la médecine, il eut l'audace de se présenter pour passer
son examen sur la chirurgie. Cet homme était si ignorant qu'à la
première question : quelle est la membrane externe de l'œil, il
répondit que c'était la rétine. Ayant été renvoyé, comme ignorant
le premier mot de la science, il n'en continua pas moins de pratiquer à Bruxelles et de faire des dupes. Après avoir crévé
quelques yeux et éborgné plusieurs personnes il fut condamné à
l'amende de 200 florins et disparut.

Cinquante-unième Préfecture. — 1754-1756.

Gérard-Joseph Van der Winne, de Bruxelles, promu à Bologne
le 18 juin 1755, se fit inscrire, le 31 décembre suivant, sur le
registre du Collége médical. Il ne fut pas obligé de subir un examen,
parce qu'il avait été boursier du Collége Jacobs à Bologne. On sait
que, parmi les nombreux colléges des nations étrangères que l'uni-

versité de Bologne vit fleurir dans son sein, se trouvait celui de la
nation belge, institué en 1650 par testament de Jean Jacobs,
bourgeois de Bruxelles, sous l'invocation de la Ste-Trinité, et en
faveur des Bruxellois qui se livrent à l'étude des hautes sciences.
Cet homme généreux, après avoir gagné une immense fortune par
l'exercice de son art, l'orfèvrerie, consacra au bonheur de ses
compatriotes tous les trésors qu'il avait amassés. Trois à quatre
jeunes gens nés à Bruxelles, âgés de 16 à 18 ans et élus par la
corporation des orfèvres de la ville pouvaient y étudier sans frais
le droit, la médecine, les sciences ou la théologie. C'était la célé-
brité justement acquise de l'université de Bologne qui accordait à
ses docteurs d'être exemptés de l'examen lorsqu'ils venaient s'établir
à Bruxelles [1].

Un certain Krotter avait été condamné, en 1754, à l'amende
de 20 florins pour exercice illégal de la médecine. Comme il avait
quitté immédiatement la ville, le syndic n'avait pu lui signifier sa
condamnation. A force d'argent, Krotter avait réussi d'obtenir,
par l'entremise du commandant des Hallebardiers de la cour, la
permission d'exercer la chirurgie. Il s'y adonnait depuis quelque
temps, lorsque le syndic, sans s'être muni de *lettres d'attaches*,
le fit appréhender au corps, pour lui faire payer l'amende encou-
rue. La compagnie des Hallebardiers le prit sous sa protection,
et son commandant, le comte de Westenraede, porta plainte au
comte de Cobenzl. Celui-ci donna un décret, par lequel le syndic
fut déféré au fiscal du Conseil de Brabant. De là un procès devant
cette cour, qui coûta plus de mille florins au trésor du Collége et
qui se termina d'une manière peu honorable pour le syndic.

---

[1] Voyez *Messager des sciences et des arts de la Belgique*, Gand, 1834 in-8° à
l'article *Collége Jacobs à Bologne* par M. Frédéric de Dobbeleer.

Cinquante-deuxième Préfecture. 1756-1758.

Bien que, par la faute du syndic Longfis, le Collége eut perdu plus de mille florins dans le procès du charlatan Krotter, il n'en continua pas moins de faire observer les lois sur l'exercice de la médecine. Le charlatan Giramo, ayant été condamné à l'amende de 5 florins, adressa une supplique au comte de Cobenzl, demandant de pouvoir pratiquer à Bruxelles et d'être relevé de l'amende. Le comte soutint les assesseurs dans cette circonstance et écrivit trois lettres : la première adressée au Collége médical était conçue comme suit :

A nos Tres Chers et bien amés ceux du College de la Medecine en cette ville de Bruxelles.

Charles Comte du S¹ Empire Romain, de Cobenzl, Chambellan. consellier d'Etat intime actuel, et ministre plenipotentiaire de S. M. l'imperatrice Reine d'Hongrie et de Boheme pour le Gouvernement general de ses Pays–Bas, etc.

Tres Chers et bien amés..... le nomme Francois Giramo nous ayant supplié de luy permettre l'exercice de sa profession d'operateur et d'etre dispensé de l'amende a laquelle vous l'aviez condamné. Nous vous faisons la presente pour vous informer que par decret d'aujourdhui, Nous l'avons econduit de sa demande. a Tant tres chers et bien amés, Dieu vous ait en Sa s¹ garde Brux. le 26 Avril 1758 Ne v¹

Etoit signé Cobenzl   par ord⁰ de Son Excellence F. G. Nisson.

La seconde est à l'adresse des magistrats de Bruxelles :

Charles Comte de Cobenzl, etc. etc.

Tres Chers et bien amés Nous vous faisons la presente pour vous informer que le nommé Francois Giramo Nous ayant presenté requette pour que nous luy permettions l'exercice de sa profession d'operateur et de le dispenser de l'amande a laquelle il a etez condamné par ceux du College de la medecine de cette ville, nous l'avons econduit de sa demande, et nous avons au surplus fait connoitre a l'amman de Bruxelles, par lettres de ce jour, notre surprise sur la facilité avec la quelle il a permis a cet etranger de debiter des medicaments et luy avons deffendu d'accorder a l'avenire semblable permission, ni aucune dispense d'ordonnence de S. M. a pene que nous ferons pourvoir a sa charge. a Tant, etc. a Brux. le 26 Avril 1758 Paraphe N° v^t signé le Comte de Cobenzl et plus bas par Ordonnance J. F. Misson.

La troisième regarde l'amman de la capitale :

Charles de Cobenzl, etc.

Tres Cher et bien amé. Nous avons vu avec surprise que sans faire attention aux deffenses reiterées faites par les Edits emanés d'auctorité de S. M. de permettre que des operateurs et autres gens de cette espece exercent la medecine sans y etre admis specialement et avant que d'avoir fait approuver leurs remedes par le college, de la medecine, vous aiez permis au nommé Francois Giramo, se disant operateur, de debiter en cette ville des medicaments de toute espece, ce pourquoy Nous vous faisons la presente pour vous deffendre d'accorder a l'avenir semblable permission ny aucunne dispense des ordonnances de S. M. a pene que Nous ferons pourvoir a votre charge ainsi quil appartiendra. paraphé Ne vt. signé de Cobenzel. contresigné Misson

A l'amman de Bruxelles.

La veuve Loset avait été condamnée à l'amende ordinaire pour vente illicite de médicaments. Après avoir envoyé plusieurs suppliques au gouverneur-général sans avoir pu rien obtenir, elle en présenta une dernière au Conseil de Brabant qui la renvoya au Collége médical. Voici, en substance, la réponse que celui-ci y fit :

La Loset, veuve d'Alexandre, est une femme ignorante hardie et entreprenente, qui depuis quelques années ose continuer à tromper

le public dans ce pays, et mepriser avec la plus grande effronterie,
les ordonnences et statuts des magistrats de Bruxelles, de meme que
les placcarts de Sa Majesté et les sentences obtenues contre elle.
Il y a environ cinq ans elle fut citée au Collége de la Medecine où elle
fut condamnée à une amende qu'elle a eludée par la suite; elle roula
entre temps le pays Bas et nomement a Mons en Haynaut, où avec la
meme effronterie elle fit le meme manege avec tant d'opiniatreté,
qu'elle merita d'etre sequestrée et fouettée par les mains de l'execu-
teur de la haute justice dans la prison pour luy servir de correction,
d'où toujours remplie d'un esprit d'intrigue elle revint à Bruxelles où
elle fit comme auparavant, et ajournée de nouveau par le sindic du
Collège de la medecine, elle fut encore condamnée le 27 decembre 1757
pour avoir pratiqué en ville et principalement chez un boulanger,
auquel elle demanda pour salaire une somme exhorbitante qui montait
au delà de 80 florins.

Cette femme opiniàtre et témeraire ne fut nullement contenue de
cette sentence et encor moins de la sentence de Mons qui avoit été
mise en execution; elle fut depuis peu assé temeraire d'importuner
Sa Majesté dans son conseil privé tant pour obtenir abolition de la
sentence rendue a Mons que de celle rendue par le College de la
medecine de cette ville où elle fut econduit de sa demande.

Nous sommes d'autant plus surpris d'une pareille effronterie, qu'apres
tant de rechutes et apres avoir infructueusement importuné Sa Majesté
dans son conseil, cette femme ait pu trouver un avocat assé charitable pour epauler une femme aussi prejudiciable au bien public et
importuner de nouveau Sa Majesté dans son Conseil de Brabant.

En voila assé a ce qu'il nous paroit pour etre econduit de sa
demande.

(La suite à la prochaine livraison).

LE
GÉNÉRAL LELOUP

ET

SES CHASSEURS,

PAR

le Colonel GUILLAUME,

Directeur du personnel au Ministère de la Guerre, commandeur de l'Ordre de Léopold, etc.
Correspondant de l'Académie Royale de Bruxelles, de l'Académie
d'Archéologie de Belgique, etc.

Le nom de Leloup ne rappelle pas seulement la gloire dont se couvrit l'officier général à la mémoire duquel nous consacrons cette notice, il évoque aussi le souvenir de l'héroïsme de tout un corps de soldats belges qui s'illustrèrent dans une longue série de combats.

L'histoire ne doit pas séparer des destinées dont l'union a reçu la double consécration des périls et de la gloire ; nous croyons donc pouvoir présenter, dans un même récit, la biographie du général Leloup et les annales militaires de ses vaillants chasseurs.

§ 1. — Création du corps. — Le capitaine Leloup.

La première formation du corps des chasseurs Leloup date des événements de la révolution brabançonne et coïncide avec l'échauffourée de Turnhout du 27 octobre 1789 [1].

Après cette journée, si fâcheuse pour les armes Autrichiennes et surtout si compromettante pour la réputation de quelques-uns des chefs des troupes impériales, le général comte d'Alton, commandant des armes aux Pays-Bas, avait soumis à l'empereur Joseph II une série de mesures qui, selon lui, devaient rétablir l'autorité souveraine ; entre autres choses il proposa de lever des corps de chasseurs francs.

L'empereur autorisa cette levée [2] et dès le 8 novembre on put lire l'avis suivant dans *l'Esprit des gazettes*, journal de l'époque :

« Le compte qui a été rendu à Sa Majesté de la fidélité des gens du plat-
» pays, l'a engagée à lever, par préférence parmi eux, un corps de
» chasseurs dont l'engagement durera jusqu'au moment où les présents
» troubles seront terminés. La jeunesse à qui les armes à feu sont fami-
» lières est invitée à entrer dans ce corps dont la paye sera de quatorze
» Kreutzers par jour, qui est équivalent à sept patars.... Les autres
» conditions que Sa Majesté a daigné accorder à ce nouveau corps sont
» également flatteuses et promettent des avancements prompts et des
» récompenses certaines à tous ceux qui s'y distingueront par leur bra-
» voure ou par leur intelligence. On pourra s'adresser à M. Leloup capi-
» taine commandant des chasseurs où à ses officiers. Mr le capitaine Leloup
» loge rue de Louvain, à Bruxelles [3].

Le capitaine Leloup ou Lelou [4] né à Ath le 8 mars 1736, appartenait à

---

[1] Le combat de Turnhout fut la première victoire que les patriotes remportèrent sur les troupes de l'empereur. Le général Van der Mersch venait d'être mis à la tête des volontaires rassemblés sur le territoire hollandais ; il pénétra dans le Brabant, par Hoogstraten, arriva à Turnhout le 25 octobre et se dirigea le lendemain sur Diest. En route, il fut averti de l'approche du général Schroeder qui avait commis l'imprudence de ne pas attendre la concentration des troupes destinées à cerner les patriotes. Van der Mersch rétrograda sur Turnhout, s'y retrancha et attendit les Autrichiens qui s'étant engagés dans les rues, se virent bientôt attaqués de front et sur les flanes et contraints à se retirer en abandonnant trois canons. Ce fut la première artillerie des patriotes.

[2] Lettre de l'empereur au général d'Alton du 5 novembre 1789.

[3] *Esprit des gazettes*, T. XX. p. 396.

[4] Leloup, d'après les documents officiels de la chancellerie militaire] de Vienne ;

une famille plébéienne fort anciennement connue dans le pays [1] ; il était fils de Zacharie Joseph Leloup, soldat au régiment wallon de Prié (infanterie) et de Marie Marguerite Bridoux. A l'âge de 10 ans il était entré, en qualité de tambour, dans le régiment où servait son père. Il devint caporal quelques années après, mais resta dans ce grade jusqu'à la fin de l'année 1757 ; il fut alors nommé sergent-major, puis adjudant le 19 mai 1771 ; enfin, le 15 juillet 1778, après 32 ans de service, il reçut le brevet de sous-lieutenant.

De pareils débuts dans la carrière ne pouvaient guère faire présager que Jean Leloup dût jamais arriver au grade de général. Il y avait d'autant moins à le prévoir que le futur chef des chasseurs Leloup resta sous-lieutenant pendant plus de 10 ans et ne devint capitaine que le 24 juillet 1789, ayant alors 52 ans d'âge ! Mais il était encore plein de verdeur et jouissait d'une grande réputation d'intrépidité, qu'il avait conquise par sa conduite pendant la guerre de Sept-ans dont il avait fait toutes les campagnes.

Les chasseurs Leloup formèrent à l'origine une simple compagnie de 68 hommes [2] ; leur uniforme consistait en un habit de drap gris (*gris de brochet* disent les ordonnances) avec collet et parements verts et boutons jaunes. Ils étaient armés d'une carabine rayée, avec baïonnette-sabre.

§ 2. — Campagne de 1790, en Belgique.

Lorsque le développement qu'avait pris la révolution brabançonne en 1789, amena le gouvernement autrichien à retirer les troupes de toutes les villes des Pays-Bas et à les concentrer dans le Luxembourg, la seule province qui ne se fût pas associée au mouvement insurrectionnel, le corps

---

Lelou d'après l'extrait baptistaire de la paroisse St-Julien à Ath. Nous adoptons Leloup comme étant conforme à la tradition.

[2] Grâce à l'obligeance de M. Fl[d] Delmée, échevin de la ville d'Ath, nous avons pu constater que depuis l'année 1589 jusqu'à l'époque de la naissance de Jean Leloup, le nom de cette famille se trouve inscrit dix fois dans les registres baptistaires des paroisses de St-Julien et de St-Martin.

[3] En février 1790 cette compagnie ne comptait encore que 71 hommes. (Voir *Journal des séances des États-généraux*. GACHARD, Bruxelles 1834.)

des chasseurs Leloup fut envoyé aux avant-postes dans les Ardennes ; il prit ses cantonnements à Marche et dans les environs.

Les patriotes vinrent souvent attaquer les Autrichiens dans leurs positions [1] et l'année 1790 vit livrer sur les rives de la Meuse plus de cinquante combats jusqu'au moment où les troupes impériales, étant parvenues à disperser les soldats improvisés de Van der Mersch, de Koehler et de Schœnfeld, rentrèrent victorieusement dans nos provinces et rétablirent l'autorité de la maison d'Autriche.

Les chasseurs Leloup prirent part à un grand nombre de ces combats :

Le 1er janvier, ils coopérèrent au succès que le colonel baron de Beaulieu remporta à Nassogne. Ce furent eux qui, avec l'aide de quelques volontaires du régiment du prince de Ligne, s'emparèrent des hauteurs où se trouvait postée la compagnie du capitaine Van Loon, du régiment d'infanterie N° 1 ; leur belle conduite fut spécialement mentionnée dans le rapport sur cette affaire.

Divers détachements du petit corps des chasseurs belges, assistèrent, le 29 mars, aux combats que le général comte d'Happoncourt livra aux patriotes dans les environs de Vonêche et de Froid-Fontaine, combats à la

---

[1] Les régiments et corps des patriotes commencèrent à se former dans presque toutes les villes, mais notamment à Namur, pendant les deux derniers mois de 1789 et les quatre premiers mois de l'année suivante. Les recrues passaient immédiatement dans les régiments et corps qui étaient en campagne.

Au mois de mai, l'armée des patriotes se composait de neuf régiments d'infanterie, numérotés de 1 à 9 et correspondant aux villes ou provinces de Namur, Bruxelles, Tournay, West-Flandre, Anvers, Flandre, Bruges, Flandre et Hainaut ; d'une légion belge et d'une légion de Liége ; de trois corps de chasseurs n° 1 à 3 ; le 1er levé dans toutes les provinces, le 2e composé de Campinois de Tongerloo, le 3e d'hommes levés en Flandre et dans le Brabant ; de cinq régiments de cavalerie n° 1 à 5 et levés en Flandre, en Brabant (deux), dans le Hainaut, dans la Campine ; enfin, d'un corps d'artillerie de 390 hommes. Le total de tous ces corps s'élevait à 13,934 hommes et 2,368 chevaux.

L'effectif de tous ces corps augmenta successivement ; il s'élevait au mois de septembre, à 20,567 hommes et 3,645 chevaux.

Ces forces étaient réparties en deux corps principaux qui sont désignés dans l'*Histoire des guerres de la révolution brabançonne* sous les dénominations de *Colonne d'Andoy* et *Colonne de Bouvignes* ; le général Schœnfeld commandait la première et le général Kœhler la seconde.

suite desquels, l'ennemi dut se retirer sur Beauraingе. Le lieutenant Moolholand se distingua par son intrépidité, son nom figure avec éloge dans la relation du général d'Happoncourt.

Le 1ᵉʳ mai, ce fut le tour du sous-lieutenant de la Haye à se faire remarquer : aidé de quelques chasseurs, il surprit un détachement des patriotes près de Sohier, leur tua un officier et beaucoup d'hommes et resta maître de la position. Enfin, le 18 du même mois, le corps entier assista à la reconnaissance offensive que firent les troupes autrichiennes et dont les résultats furent la défaite complète des patriotes à Sensin et à Ychippe. Le comte de Latour qui dirigea cette opération, se plut à constater la conduite du capitaine Leloup et des lieutenants Marschall et Thierry ; il attribua à leur concours énergique une bonne partie des succès qu'il remporta.

Depuis sa création, le corps n'avait fait que s'augmenter par de nouveaux enrôlements, de sorte qu'on put, vers le 15 mai, porter le nombre de ses compagnies à trois. Le capitaine Leloup fut en même temps nommé major (7 mai).

Le 22 mai, le poste autrichien, établi à Forges de Neupont, fut attaqué inopinément par les patriotes, mais cette tentative n'eut aucun succès, grâce à l'intrépidité et à l'énergie que déploya le lieutenant de Lainé, des chasseurs Leloup, à qui était confié le commandement de ce poste.

Le lendemain, les patriotes tentèrent une attaque générale contre les positions des Autrichiens, mais le comte De Latour parvint à tourner leur aile gauche, manœuvre qui amena leur défaite. Les chasseurs Leloup prirent une part brillante à cette affaire ; on cita surtout la conduite du capitaine Thierry et celle du baron de Beaulieu qui mourut en héros. Ce jeune capitaine avait été chargé de s'emparer d'une batterie ennemie et allait voir ses efforts couronnés de succès lorsqu'il fut atteint de plusieurs éclats de mitraille ; son père, en apprenant la mort de son fils unique, montra le stoïcisme d'un Romain : *mes amis*, dit-il, *ce n'est pas le moment de le pleurer, il faut vaincre ;* il reçut ses derniers adieux et donna froidement les ordres qui devaient décider la victoire.

Le même capitaine Thierry et le lieutenant Marschall, trouvèrent le lendemain encore l'occasion de se distinguer dans le combat qui fut livré aux environs de Rochefort contre une colonne de patriotes commandée par le colonel De Serret [1], chef du régiment de Bruges. Les patriotes éprouvèrent des pertes considérables et durent se retirer en désordre. Les chasseurs Leloup étaient au nombre de trente-six seulement et néanmoins ils contribuèrent beaucoup aux succès des troupes impériales.

En même temps que se livrait le combat de Rochefort, un autre engagement avait lieu dans les environs de Mirwaert, entre les troupes du général Corti et les patriotes commandés par MM. de Resteigne [2] et Henri Duchastel [3]. Les patriotes, malgré leur nombre, furent de nouveau repoussés. Un détachement des chasseurs Leloup prit part au combat; son chef, le lieutenant de Lainé, fut de nouveau cité pour sa belle conduite.

Le 25 mai, le général Bender commença un mouvement général pour se rapprocher de la Meuse et établit ses troupes dans une suite de positions s'étendant depuis Blaimont, non loin de Givet, jusque près de Florée, dans les environs de Namur. Elles y furent souvent inquiétées par les patriotes. Le premier lieutenant Martiny, qui avait sous ses ordres plusieurs détachement des chasseurs Leloup, se fit remarquer par sa bravoure dans les combats d'avant postes qui s'engagèrent à cette occasion près du château d'Ache, le 23 juin et dans les environs de Vesier-l'Ay, le 6 juillet. Le 23 il soutint pendant 1 1/2 heure l'attaque de plus de 400 patriotes commandés par le colonel Power et sut maintenir sa position jusqu'à l'arrivée des secours qui vinrent le dégager. Le lieutenant Dumont, du même corps, se conduisit avec non moins de bravoure le 8 août près de Solière, lorsque le général baron Beaulieu surprit le camp d'un corps de 500 patriotes commandés par le baron d'Huart.

---

[1] François-Joseph De Serret, d'une famille liégeoise. Il avait été précédemment officier dans le régiment wallon de Vierset (infanterie). Il devint commandant de la ville et citadelle d'Anvers.

[2] Joson d'Hoffschmidt, fils de Henri-Joachim d'Hoffschmidt seigneur de Resteigne de Mohemont, de Lesse etc. Il fut tué pendant la guerre des patriotes.

[3] Robert-François-Charles-Henri-Marie, dit le comte Henri, fils de Ferdinand-Eugène. Il avait servi précédemment en Espagne dans le régiment des Gardes Wallones et avait quitté avec le grade de lieutenant-colonel. Il fut nommé par les états Belgiques colonel du régiment d'infanterie n. 4 (West-Flandre).

Le 12 août, à la défense du poste de Leffe, dans la province du Limbourg, le caporal Spieser, avec l'aide de trois ou quatre chasseurs soutint longtemps une lutte disproportionnée et mérita la médaille militaire d'argent pour l'énergie et la bravoure qu'il déploya : bien qu'il eut reçu déjà deux blessures il ¦ne crut pas son devoir accompli ; il fit bander ses plaies et retourna au combat chaque fois avec une nouvelle ardeur.

Le 22 septembre, lors de l'attaque générale que dirigèrent les patriotes contre des positions occupées par les Autrichiens sur la Meuse, entre Blaimont et Florée, attaque qui amena la défaite complète des assaillants, le corps entier des chasseurs Leloup, officiers et soldats se comportèrent de manière à obtenir une mention des plus honorables dans le rapport du comte de Latour. Le lieutenant Burke fut cité nominativement.

Il y eut encore un combat d'avant-postes assez sérieux le 13 novembre dans les environs de Brionsart. Le major Leloup, qui commandait non-seulement ses chasseurs mais encore ceux de Dandini, repoussa énergiquement l'attaque des patriotes, les poursuivit dans leur déroute et détruisit tous les ouvrages de défense qu'ils avaient élevés près de ce village.

Deux jours après, les patriotes se dispersèrent et les Autrichiens reprirent possesion des provinces belgiques. Le corps des chasseurs Leloup, qui tout récemment avait été porté à quatre compagnies, alla occuper la garnison de Mons, où il resta pendant deux années environ.

§ 3. — Campagne de 1792, en Belgique contre les Français.

En 1792, la France déclara la guerre à l'Autriche et envahit immédiattement les provinces belgiques. Le duc de Saxe-Teschen, gouverneur-général des Pays-Bas, se hâta de rassembler le peu de troupes qu'il possédait et en forma trois corps, qu'il eut la malheureuse idée de disséminer sur une longue ligne, depuis la mer jusqu'à Mons : réduit à garder la défensive, il parvint néanmoins à repousser les fréquentes attaques des Français et même à remporter sur eux plusieurs avantages. Les chasseurs Leloup avaient été placés dans le corps confié au commandement du feld-maréchal-lieutenant baron de Beaulieu, qui se trouvait établi dans les environs de Mons. Il assista, les 29 et 30 avril, aux combats de Mons et de

Quiévrain. A cette dernière affaire, les Français, sous le général Biron, perdirent plus de 100 prisonniers, outre 6 canons et 7 voitures de munitions. Les capitaines Thierry et Lamey se firent remarquer entre tous par leur belle conduite : le premier força le village de Pâturages malgré la quantité d'infanterie française qu'on y avait rassemblée et, après un combat acharné, resta maître de la position. Ce fut le capitaine Lamey qui attaqua la batterie française de Quiévrain. Un instant cet officier se trouva complètement enveloppé par la cavalerie ennemie, mais il parvint à se frayer un passage au travers des rangs français, grâces à sa fermeté et à la résolution énergique de ses vaillants chasseurs.

Un détachement du bataillon Leloup coopéra, le 15 mai, à la surprise de Bavay dont la garnison fut enlevée. Le 11 juin, le corps entier combattit à Gliseul où les Autrichiens, après avoir dispersé les troupes du général Gouvion, qui formaient l'avant-garde de l'armée de Lafayette, s'emparèrent du camp ennemi et remportèrent une victoire éclatante.

La Prusse s'étant alliée à l'Autriche, ces deux puissances déclarèrent la guerre à la France le 26 juin. Une armée prussienne, commandée par le roi Frédéric-Guillaume II en personne, s'avança, vers le milieu du mois d'août, par le duché de Luxembourg, dans la Champagne ; deux corps autrichiens sous les ordres du prince de Hohenlohe et du comte de Clerfayt se réunirent bientôt à cette armée pour envahir la Champagne.

Le bataillon des chasseurs Leloup, qui avait été augmenté récemment de deux compagnies et en avait six par conséquent, fit partie du corps du général Clerfayt. Il était parmi les troupes de l'avant-garde qui, dans la journée du 19 août, délogèrent les Français de l'Hermitage près de Clemancy ; il assista également, du 20 au 23, au blocus de Longwy et à la reddition de cette place qui eut lieu le 24.

L'armée alliée partit de Longwy le 29 ; elle arriva le lendemain devant Verdun ; le corps du général Clerfayt prit position à Marville et poussa des reconnaissances vers Montmédy et Juvegny.

Le 31 août, les chasseurs Leloup combattirent à Baalen et le lendemain ils coopérèrent encore à la prise de la petite ville de Stenay.

Le général Clerfayt continua sa marche en avant et, le 12 septembre, fit attaquer les passages défendus par l'ennemi. Les chasseurs Leloup délogèrent les Français de Roux-au-Bois, où ils s'étaient retranchés derrière des abattis, puis les poursuivirent jusqu'à la Croix-au-Bois ; cette position conquise, ils furent chargés de la défendre et de la garder. Ils déployèrent une grande valeur dans ces différents combats, de même que dans l'affaire fort vive qui eut lieu deux jours après, avec les troupes du général français Chasot ; aussi le général Clerfayt leur accorda-t-il une mention toute spéciale dans ses rapports officiels.

On sait que les alliés, après avoir obtenu d'abord des succès dans leur marche à travers la Champagne, furent contraints par le mauvais temps et plus encore par la misère où les laissait une administration imprévoyante, de renoncer à leur entreprise et de rentrer dans les Pays-Bas. Les chasseurs Leloup furent répartis alors dans les places de Namur, de Charleroy et de Virton et eurent l'occasion de se faire citer honorablement pour leur conduite dans un combat d'avant-postes qui eut lieu le 23 octobre dans les environs de cette dernière ville.

Du 6 novembre au 2 décembre, deux compagnies du bataillon Leloup coopérèrent à la belle défense de la ville et de la citadelle de Namur [1]. Le 11 novembre, le capitaine Lutz attaqua énergiquement le poste établi près de Bouillon, le défit et occasionna à l'ennemi une perte assez notable.

Les Français ayant tenté une attaque contre le fort Camux, le 19 du même mois, n'obtinrent aucun succès ; les chasseurs Leloup et, parmi eux le vicomte de Daun et le comte de Limoges, tous deux cadets, se signalèrent par leur intrépidité dans la défense de cette position. Le 23, le lieutenant Burke fit une sortie avec un détachement de différentes troupes et, malgré un feu très vif de l'ennemi, il parvint à introduire dans la place une abondante quantité de vivres.

Le général de Beaulieu, après avoir protégé la retraite de l'armée autrichienne, s'était dirigé vers le Luxembourg. Pendant sa marche sur Arlon, ses avant-postes se trouvèrent engagés avec l'ennemi dans un combat désavantageux près de Corioule, le 30 novembre. Deux compagnies des chasseurs Leloup se firent remarquer dans cette rencontre. Tout le batail-

---

[1] Marie-Ferdinand-Joseph de Dam d'Audignies qui servait comme cadet dans une de ces compagnies, se distingua tout particulièrement pendant la défense de Namur ; il fut tué peu de temps après.

on ayant été attaché au corps du général de Beaulieu qui s'établit entre Arlon et Luxembourg, il fut employé pendant tout l'hiver aux avant-postes, sur la ligne qui s'étend depuis Clemency jusqu'à Heinstert et Schinderman-scheid, sur la Wiltz.

En récompense des faits d'armes par lesquels les chasseurs Leloup s'étaient distingués dans le courant de cette campagne, ils obtinrent dix médailles militaires: deux médailles d'or et huit d'argent.

§ 4. — Campagne de 1793, contre les Français.

La mort cruelle infligée à l'infortuné Louis XVI fut le signal d'une coalition de presque toutes les puissances européennes contre la France. Pendant que les Alliés sous le duc d'York chassaient les républicains de la Hollande, les Autrichiens commandés par le feld-maréchal prince de Cobourg et appuyés par un corps prussien, ouvrirent la campagne dès le mois de mars par l'affranchissement des Pays-Bas et les Français se virent bientôt attaqués sur leur propre territoire et expulsés de plusieurs for-teresses.

Pendant le cours de ces événements, quatre compagnies des chasseurs Leloup restèrent attachées à la division du baron Schröder et occupèrent les avant-postes dans le duché de Luxembourg; ces compagnies coopé-rèrent le 8 juin à Sainte-Croix et le 9 à Arlon à la vive résistance que les Autrichiens opposèrent à un ennemi cinq fois plus nombreux; leur conduite leur valut un témoignage de satisfaction de la part du prince de Cobourg.

Les deux autres compagnies du bataillon étaient passées dans le corps d'armée du prince de Cobourg et elles assistèrent, depuis le 24 mai jusqu'au 28 juillet, au siège et à la capitulation de Valenciennes.

L'effort décisif des alliés pour s'emparer de cette place eut lieu dans la nuit du 25 au 26 juillet; le lieutenant marquis du Blaisel se distingua tout particulièrement dans cette circonstance: marchant à la tête d'un détachement des chasseurs Leloup, il monta bravement à l'assaut du chemin couvert et contribua à la prise du petit et du grand ouvrage à cornes de la place. Cet officier intrépide fut un des premiers de la colonne assaillante du général Abercromby qui pénétrèrent dans les ouvrages avancés ; sa présence d'esprit, le sangfroid et le mépris de la mort que quelques-uns de ses chasseurs montrèrent dans cette circonstance, prévinrent l'explosion d'une mine à laquelle on venait d'attacher la mèche. Le marquis du Blaisel s'empara ensuite des ouvrages avancés de la porte de Mons, y prit trois canons et se maintint dans ce poste si héroïquement conquis, jusqu'au moment où l'on vint le relever. Ce n'était pas ses premiers exploits ; déjà il s'était fait remarquer pendant la campagne précédente par sa bravoure et son audace ; aussi obtint-il la croix de chevalier de l'Ordre de Marie-Thérèse.

Après la reddition de Valenciennes, les alliés commirent la faute très-grave de diviser leurs forces ; le duc d'Yorck, avec le contingent anglo-hanovrien, alla tenter d'enlever Dunkerque tandis que l'armée autrichienne prit ses dispositions pour agir contre la forêt de Mormale et contre le Quesnoy. Les Français cherchèrent, par une diversion, à ralentir les préparatifs des coalisés contre cette place ; le 27 août plusieurs colonnes sortirent du camp de la Magdelaine et attaquèrent les positions que les Autrichiens occupaient sur la Marque, près de Templeuve. Le bataillon Leloup, qui faisait partie du corps du baron de Beaulieu stationné à Cysoing, prit part à ce combat avec beaucoup de valeur ; le cordon d'avant-postes entre Louvil et Genech était occupé par lui ; il le défendit contre les forces supérieures qui cherchaient à le forcer et rendit vains tous les efforts des républicains. Une nouvelle tentative, qui eut lieu le 13 septembre contre les mêmes positions, n'eût pas plus de succès, grâce à l'active surveillance qu'exerçait dans ces localités une compagnie des chasseurs Leloup.

Le bataillon fut employé ensuite à la défense des remparts d'Orchies, sous le commandement du général-major Bon Kray. Le 24 octobre, les Français attaquèrent cette place qui fit une fort belle défense. La conduite du capitaine Marschall lui valut une mention extrêmement flatteuse dans le rapport du baron Kray.

Le général s'étant ensuite rendu maître de Marchiennes par surprise, le 30 octobre, y fit 1800 prisonniers, s'empara de 14 canons, de 36 chariots de munitions et d'une grande quantité d'armes. Le capitaine Marschall se distingua de nouveau dans cette circonstance ; le capitaine Suden et le lieutenant Wasserfell méritèrent également une mention honorable dans la relation de la journée.

L'armée ayant pris ses quartiers d'hiver vers cette époque, le bataillon des chasseurs Leloup fut attaché à la division du feld-maréchal-lieutenant Kinski et occupa les avant-postes établis dans le voisinage d'Herchies. Cinq chasseurs, qui s'étaient particulièrement distingués pendant la campagne de 1793, furent décorés de la médaille militaire d'argent.

§ 5. — Campagne de 1794, en Belgique.

De fréquentes escarmouches et des surprises réciproques eurent lieu sur toute la ligne des avant-postes, avant l'ouverture de la campagne suivante. Quelques détachements du bataillon des chasseurs Leloup se trouvaient au centre de cette ligne, entre Courtray et Orchies. Ils concoururent bravement à repousser les Français qui tentèrent, sans succès, les 4 et 18 janvier, des attaques contre le poste de La Chapelle et le château d'Aelbeke. Le major Leloup se distingua à l'affaire de La Chapelle et le capitaine Marschall ainsi qu'un simple chasseur nommé Lercop, se firent remarquer dans le combat du 18, à Aelbeke.

Le 9 février, un combat très-vif s'engage à Coutiche. Les Français, qui cherchent à pénétrer jusqu'à Orchies, sont non seulement repoussés, mais encore poursuivis jusqu'à Flines et Haines par le feld maréchal baron Wenkheim, qui leur fait essuyer de grandes pertes. Dans son rapport sur cette affaire, cet officier général se loue beaucoup des services éminents rendus par le major Leloup et par ses vaillants chasseurs; la conduite du capitaine Burke y est également l'objet d'une mention toute spéciale.

Le bataillon, vers cette époque, passa dans le corps d'armée du général Clerfayt, qui formait la droite de la grande armée alliée et avait pour mission de couvrir la ligne qui s'étend de Marchiennes à Nieuport. Là encore les chasseurs belges trouvèrent, plusieurs fois, des occasions de se distinguer, entre autre le 8 février, près de Leers, et le 19 avril suivant au combat de Coutiche : réunis ce jour-là à trois compagnies d'infanterie allemande, ils refoulèrent une colonne française de 900 fantassins et de 200 cavaliers qui avançait vers Orchies et ils s'emparèrent d'un canon.

La brillante affaire de Villers-en-Cauchie déjoua, le 24 avril, les tentatives des Français pour rompre, à Denain, la communication entre l'armée alliée qui était devant Landrecies et le corps hessois du lieutenant-général Wurmb. Le général Clerfayt était accouru la veille avec quelques troupes pour secourir ce corps, et il avait attaqué les colonnes ennemies qui se trouvaient déjà de l'autre côté de la Selle, non loin de Haspres. Après les avoir rejettées au-delà du ruisseau, il les poursuivit jusqu'à Iwnoy. Une compagnie des chasseurs Leloup coopéra, avec beacoup d'intrépidité, à la prise de Haspres.

Le général Pichegru résolut de faire, le 26 avril, un mouvement général, depuis Philippeville jusqu'à Dunkerque. Trois attaques devaient avoir lieu en même temps : une en Flandre, contre le faible corps du général Clerfayt; une au centre, pour débloquer Landrecies; enfin la troisième contre la gauche des Autrichiens, sur la Sambre. Les attaques contre les ailes réussirent, mais au centre, les Français subirent le plus sanglant revers.

Les chasseurs Leloup faisaient le service des avant-postes du corps de Clerfayt; ces avant-postes eurent à soutenir une lutte des plus acharnées dans les environs de La Chapelle; le major Leloup contribua efficacement, avec ses vaillants chasseurs, à expulser l'ennemi du village de Coutiche : aussi, dans son rapport, le général-major Frœlich ne put-il assez louer la résolution et l'activité que ce corps et surtout son chef avaient déployées pendant cette journée.

Le général Clerfayt qui ignorait qu'il eut en face de lui des forces trois fois plus nombreuses que les siennes, fit un mouvement en avant et malgré un premier échec qui l'obligea à se refugier sous la protection de Tournai, il s'aventura à attaquer seul les divisions françaises campées sur la Lys. Une lutte disproportionnée s'en suivit; elle se prolongea pendant trois jours et son issue malheureuse ne put être conjurée par la bravoure opiniâtre avec laquelle combattit le bataillon des chasseurs Leloup. Ce corps fit des pertes considérables : le capitaine Lutz entre autres périt glorieusement au champ d'honneur et le capitaine Dechamps fut blessé.

Pour réparer ces échecs, les alliés résolurent de frapper un grand coup, en attaquant à la fois toutes les positions importantes occupées par les

Français dans les environs de Courtray, Tourcoing et Lille. Cette démonstration eut lieu les 17 et 18 mai ; elle n'amena aucun résultat décisif, malgré les avantages partiels que les alliés obtinrent sur plusieurs points. Deux compagnies du bataillon des chasseurs Leloup combattirent sous les ordres de l'archiduc Charles, qui obligea les Français à évacuer leur camp de Sainghin, devant Lille. Indépendamment du major Leloup, qui avait voulu prendre part à ce combat en simple volontaire, deux officiers du corps se firent tout particulièrement remarquer : le premier lieutenant Graus et surtout le sous-lieutenant comte Crémona, qui commandait l'avant-garde.

Malgré ce succès isolé, le général Clerfayt fut obligé de repasser la Lys, le 19 mai, et peu de jours après le général Pichegru investit la ville d'Ypres. Pendant que divers détachements de chasseurs Leloup coopéraient, les 10 et 11 juin, à la tentative infructueuse que firent les alliés pour dégager cette place, le major Leloup, avec le reste de son bataillon, assistait au combat d'Auchy, où le général-major Fröhlich repoussa victorieusement l'attaque que les Français exécutèrent, le 11 juin, avec des forces qui semblaient devoir leur assurer la victoire. Le major Leloup qui, par sa conduite énergique, contribua efficacement au succès que les armes autrichiennes obtinrent sur ce point, fut l'objet d'une recommandation spéciale dans le rapport du général.

La perte de la seconde bataille de Fleurus (26 juin) laissa peu d'espoir aux alliés de se maintenir plus longtemps en Belgique ; les places qu'ils occupaient dans le Hainaut avec des garnisons insuffisantes, tombèrent successivement au pouvoir des Français. Un détachement des chasseurs Leloup assista, du 18 juillet au 24 août à la belle défense de la place de Valenciennes et une compagnie du même corps prit part, du 22 septembre au 4 octobre, à la résistance qu'opposa la garnison de Maestricht ; cette compagnie partagea le sort des autres troupes, qui furent prisonnières de guerre.

Les cinq autres compagnies accompagnèrent les alliés dans leur retraite derrière la Roer ; elles faisaient partie du corps du général-major Kray, établi près d'Aldenhoven, position où ce général contint courageusement, jusqu'à la nuit, les forces supérieures des Français. Ces compagnies méritèrent une mention particulière et très-honorable dans la relation des événements de la journée.

Lorsque l'armée autrichienne se fut retirée derrière l'Erft et le Rhin, le bataillon des chasseurs Leloup reçut l'ordre de faire partie de la division du feld-maréchal de Latour ; il s'établit sur la Sieg, l'état-major à Stammheim.

La belle conduite que le bataillon des chasseurs Leloup avait tenue pendant la campagne de 1794, lui valut des témoignages nombreux de la satisfaction de l'empereur ; le major Leloup obtint le grade de lieutenant-colonel (3 novembre) et la troupe reçut quatre médailles militaires, dont deux en or.

§ 6. — Campagne de 1795, en Allemagne.

La Prusse s'étant séparée de la coalition des puissances européennes contre la France, et ayant fait une déclaration de neutralité à la suite du traité conclu à Bâle, le 5 avril, l'armée impériale, que commandait en chef le comte de Clerfayt, se borna, en Allemagne, pendant toute la première moitié de l'année 1795, à défendre la rive droite du Rhin, depuis Bâle jusqu'à Wezel, et à s'assurer la possession des forteresses de Luxembourg et de Mayence, les deux seules positions qu'elle occupât encore au-delà du fleuve.

Le bataillon des chasseurs Leloup qui, à cette époque, faisait partie du corps du général de cavalerie baron Blankenstein, lequel formait une division de l'armée du Bas-Rhin aux ordres de Clerfayt, se trouvait aux avant-postes, entre Hochstadt et Neckar [1]. Il y resta jusqu'au mois d'août. Il passa alors dans l'armée du Haut-Rhin, commandée par le comte de Wurmser, et fut immédiatement chargé du service des avant-postes sur la ligne de Ottenheim à Cappel, dans les environs de Freyburg. Plus tard, il concourut au siège de Mannheim et assista, en partie, au combat acharné livré le 1er novembre, à la suite duquel les avant-postes français furent

[1] Au mois d'avril le bataillon des chasseurs Leloup reçut un second officier supérieur : le major comte de Sinzendorf, des chasseurs de Mahony.

rejetés sous les remparts de la place. La tranchée fut ouverte dans la nuit du 10 au 11 ; avant cette opération les Autrichiens emportèrent à la baïonnette la Grappmuhle et toutes les maisons qui bordaient les chaussées de Schwezingen et de Heidelberg ; ils refoulèrent jusque dans la forteresse tous les avant-postes français. Le major Sinzendorf, qui prit part à ce combat à la tête de deux compagnies des chasseurs Leloup, déploya une grande valeur à laquelle le général Wurmser rendit hommage dans son rapport.

A l'attaque qui eut lieu simultanément sur le Holzhof un simple chasseur Leloup, nommé Saint-Genois, pénétra dans les retranchements, aidé de quatre volontaires du même corps. Ces braves soldats prirent quatre canons qu'ils durent néanmoins abandonner, lorsque des renforts considérables arrivèrent à l'ennemi.

Le chasseur Saint-Genois et le volontaire Carbonelle obtinrent la médaille militaire pour la valeur qu'ils avaient déployée ; leurs trois camarades reçurent une récompense pécuniaire.

Le 19 novembre, le colonel Leloup reçut l'ordre de rejoindre, avec quatre compagnies de son bataillon, le corps du comte de Latour qui avait coopéré quelques jours auparavant, avec l'armée de Clerfayt, aux opérations qui amenèrent la retraite des Français derrière la Queich. Deux de ces compagnies firent partie du détachement avec lequel le général Oot, exécuta, le 20, la reconnaissance des envions de Lingenfeld et remporta sur l'ennemi une victoire dont les trophées furent deux canons, deux voitures de munitions et plusieurs prisonniers.

Après la capitulation de Mannheim, les six compagnies du bataillon se trouvèrent réunies dans le corps d'armée du comte de Latour et formèrent les avant-postes de Nouvelle-Hollande et de Schweigenheim.

Dans le courant du mois de décembre, le général Pichegru essaya vainement, par diverses attaques contre le corps du comte de Latour, de rétablir, par Kaiserlauteren, ses communications avec l'armée de Sambre & Meuse. Le 10, ses troupes s'avancèrent en deux colonnes sur Speyer, Neustadt et Kaiserlauteren, contre l'aile gauche du général Ott, vers Schweigenheim. La première de ces colonnes fut repoussée énergiquement, près de Wesslein, par deux compagnies de chasseurs Leloup, réunies à deux compagnies du régiment de Szekler, tandis que deux autres compagnies des chasseurs belges, appuyées d'une compagnie allemande, délogèrent la deuxième colonne des hauteurs de Schweigenheim, dont les républicains étaient parvenus à s'emparer. La relation du général Ott, fait une honorable mention du bataillon entier des chasseurs Leloup ; le major comte de Zinzendorf et le capitaine Burke y sont cités nominativement.

Malgré les succès constants qu'ils avaient remportés pendant la deuxième période de la campagne de 1795, les Autrichiens proposèrent un armistice qui fut conclu vers la fin du mois de décembre. L'armée impériale prit alors ses quartiers d'hiver sur la rive gauche du Rhin, derrière la Nahe et l'Alsenz ; le bataillon des chasseurs Leloup fut cantonné à Heiligenstein.

§ 7. — Campagne de 1796, en Allemagne.

L'armistice fut dénoncé par les Autrichiens, le 21 mai 1796, pour le 1ʳ juin, et la reprise immédiate des hostilités procura aux chasseurs Leloup, l'occasion de se distinguer par de nouveaux faits d'armes. Dès le mois d'avril, le bataillon était passé dans l'armée du Bas-Rhin, destinée à agir, sous le commandement de l'Archiduc Charles, contre l'armée de Sambre & Meuse, mais au commencement du mois de juin, il retourna à l'armée du Haut-Rhin et se trouva ainsi placé de nouveau sous les ordres du Comte de Latour qui avait succédé au maréchal Wurmser. Le comte de Latour chercha vainement à tenir tête au général Moreau ; son armée avait, du reste, été considérablement diminuée par l'envoi en Italie de 24 bataillons et 18 escadrons ; le général français obtint donc sur lui des avantages importants. Le 24 juin, il franchit le Rhin, près de Kehl et s'avança jusqu'à Bade, après avoir repoussé les troupes du Cercle de Souabe. Le bataillon des chasseurs Leloup, qui avait été envoyé au Kniebis pour soutenir ces troupes, se trouva engagé, le 4 juillet, près de Freudenstadt, dans un combat contre des forces infiniment supérieures ; il y subit des pertes considérables. L'Archiduc Charles s'était mis précipitamment en marche pour venir au secours du comte de Latour ; il le joignit le 9 juillet, et, le même jour, il fut attaqué à Etlingen par le général Moreau. Cette journée n'amena rien de décisif, mais elle fournit aux chasseurs Leloup, une occasion de se distinguer, en participant aux efforts des Autrichiens, à Malsch. Après avoir été expulsés trois fois de ce village par les troupes de l'Archiduc, les republicains cherchaient encore à se maintenir sur la hauteur dite Eichelberg, lorsque les chasseurs belges, renforcés par un bataillon du regiment Manfredini, emportèrent cette hauteur à la baïonnette et mirent l'ennemi en fuite.

L'Archiduc Charles résolut alors de se replier sur le Danube en disputant le terrain pied à pied : son but était de se réunir au général Wartensleben de tomber ensuite, avec la plus grande partie de ses forces, sur l'un ou l'autre des généraux français et de l'écraser.

L'illustre chef des armées impériales accomplit cette grande opération dans un ordre parfait; il gagna successivement Wayhingen Schwieberdigen, Louisbourg; passa le Necker à Mühlhausen et Aldingen et prit position derrière cette rivière, sur les hauteurs de Canstadt et de Feldbach en se couvrant par une forte avant-garde, à Esslingen.

Le 21 juillet, Moreau fit attaquer cette position par le corps du général Saint-Cyr, mais la colonne française fut vivement repoussée par les troupes du général Hotze. Dans cette circonstance, trois compagnies des chasseurs Leloup, soutenues par un bataillon du régiment de Pellegrini, montrèrent beaucoup d'intrépidité; elles arrêtèrent l'ennemi, au moment où il cherchait à déboucher de la forêt d'Esslingen et, grâce à leur fermeté et à leur persévérance, le combat dura jusqu'à la nuit avec des chances égales.

L'Archiduc Charles continua alors sa retraite à travers les montagnes d'Alb; le 8 août, son avant garde eut à soutenir une lutte des plus acharnées à Neresheim; là encore, le bataillon des chasseurs Leloup rendit des services signalés. Le même jour, la division française du général Duhesme se dirigeant sur Gundelfingen par Ballendorf, un détachement des chasseurs belges, commandé par le sergent Knapp [1], réuni à un escadron de hussards

[1] Pierre Joseph Auguste Knapp, né à Mons le 19 mai 1774, était entré dans le corps des chasseurs Leloup le 29 avril 1792, en qualité de soldat cadet. Il avait été nommé brigadier l'année suivante et sergent le 13 août 1795. Le 1er juin 1798 il obtint le grade de sous-lieutenant dans un régiment Allemand (Archiduc-Rodolphe n° 16) et quitta le service d'Autriche en 1806. Rentré en Belgique, il fut admis, en 1814, dans la maré-

du régiment Archiduc-Ferdinand, tint en échec, pendant quatre heures, une forte colonne française devant le premier de ces villages et donna ainsi aux renforts le temps d'arriver et de prendre part au combat. Le sergent Knapp reçut une blessure grave et sa conduite fut l'objet d'une mention toute particulière dans le rapport officiel du feld-maréchal-lieutenant baron Riese.

L'Archiduc parvint enfin à atteindre la ligne du Danube, le 10 août ; il s'arrêta et livra le lendemain la bataille de Neresheim, qui eut des conséquences importantes pour les opérations ultérieures du chef de l'armée Autrichienne. Les chasseurs Leloup assistèrent à cette affaire ; ils faisaient partie du corps du prince de Furstemberg et essuyèrent de grandes pertes. Néanmoins, le 22, ils assistèrent encore au combat livré près du village de Teining, qui fut repris par les Autrichiens, et le 24, ils prirent part à la victoire d'Amberg, victoire qui amena la concentration des forces du général Wartensleben et de l'Archiduc, et obligea les Français à battre en retraite sur Sulzbach.

La situation de l'Archiduc Charles se trouva complètement changée après cette journée mémorable : réuni au corps du général Wartensleben, il avait désormais l'avantage du nombre sur les républicains et pouvait à son tour reprendre l'offensive. Il se hâta de passer le Mein, devança les Français à Wurtzbourg, leur livra bataille le 3 septembre et les obligea de nouveau à battre en retraite.

Plusieurs avantages importants que les Autrichiens obtinrent sur l'armée de Sambre-et-Meuse, accélérèrent la retraite des Français. Le bataillon des chasseurs Leloup coopéra, le 7, au brillant succès que le feld-maréchal Kray obtint près d'Aschaffenbourg. Le rapport de ce général sur cette affaire fait surtout ressortir la vaillante conduite du lieutenant-colonel Leloup et du major comte de Sinzendorf. Les 18 et 19, le général Hotze, qui commandait l'avant-garde, battit, près de Freylingen, l'arrière-

chaussée royale, avec le grade de lieutenant-adjudant et promu à celui de capitaine en 1818. Il continua de servir après 1830 dans l'armée belge, d'abord en qualité de capitaine-adjudant-major de la gendarmerie, puis comme major. En 1839 il fut admis à la retraite, après avoir obtenu la croix de chevalier de l'Ordre de Léopold.

garde du général Marceau qui fut blessé mortellement. Les chasseurs Leloup, renforcés par un bataillon frontière d'Esclavons, se signalèrent dans cette journée par leur acharnement à défendre les bois qui se trouvaient sur le flanc gauche des Autrichiens. Dans son rapport sur cette affaire, le général Hotze rend hommage à la conduite du bataillon belge, à la fermeté inébranlable du major de Sinzendorf et surtout à l'énergie du lieutenant-colonel Leloup.

Après la retraite de l'armée de Sambre-et-Meuse derrière la Sieg et l'Agger, l'Archiduc marcha contre Moreau, et par d'habiles manœuvres l'obligea, après plusieurs défaites, à repasser le Rhin près de Huningue.

Le bataillon Leloup resta d'abord sur la Sieg avec le corps du feld-maréchal-lieutenant baron Werneck ; il fut ensuite cantonné à Blanken-bourg, tout en faisant le service aux avant-postes.

§ 8. — Campagne de 1797, en Allemagne.

L'armistice fut dénoncé par les Français le 13 avril 1797. Les armées allemandes sur le Rhin avaient été considérablement diminuées par le départ de l'archiduc Charles, qui était passé en Italie avec une trentaine de mille hommes et n'avait laissé que deux faibles corps sous les ordres du comte de Latour : celui du Haut-Rhin, commandé par Sztaray, et celui de la Lahn par le général Werneck. Les corps wallons, et entre autres les chasseurs Leloup faisaient partie de cette dernière armée.

Le général Werneck lutta avec vigueur contre l'armée de Sambre-et-Meuse qui le poursuivait très-activement, mais il fut obligé de se replier depuis la Sieg, par Wetzelaer, jusqu'à Francfort-sur-le-Mein.

Trois compagnies des chasseurs Leloup suivirent ce mouvement de retraite. Les trois autres étaient attachées au corps de réserve du baron Simbschen ; elles soutinrent, le 19 avril, près de Limbourg, une attaque vigoureuse des Français et déployèrent beaucoup de fermeté ; le 21, elles combattirent encore sur le plateau de Neuhoff, nommé la Platte ; enfin, le 22, elles éprouvèrent des pertes considérables à Hocheim où le général Simbschen parvint à se maintenir toute la journée. La lutte fut interrompue par l'arrivée d'un courrier annonçant les préliminaires de paix qui avaient été signés à Leoben, le 18.

Les trois compagnies qui avaient suivi le mouvement de retraite du corps du général Werneck, firent partie de la division de réserve du comte Colloredo–Melsch et occupèrent le centre des troupes établies sur la Murg. Elles prirent part aux efforts que firent les impériaux pour arrêter les progrès de l'armée de Rhin–et–Moselle sur la Rench. Sur ce point également la lutte fut suspendue par l'avis de l'armistice de Léoben.

Le bataillon Leloup resta d'abord cantonné entre Lichtenau et Philippsbourg, l'état–major à Unhorst. Sur ces entrefaites le comte de Sinzendorf fut nommé lieutenant–colonel et quitta les chasseurs Leloup pour entrer dans le régiment d'infanterie Manfredini ; il fut remplacé au bataillon par le capitaine Ruitz, du régiment de Clerfayt, qui fut promu major.

Après la conclusion du traité de Campo-formio (17 octobre) les chasseurs Leloup furent désignés pour faire partie du contingent impérial réuni sur le Lech, en attendant l'issue des conférences de Rastadt ; ils eurent pour cantonnements Altsmünster d'abord, et plus tard Wessobrünn.

§ 9. — Campagne de 1799, dans le Tyrol.

Le traité de Campo-formio, par lequel l'Autriche abandonnait tous ses droits sur les Pays-Bas ne maintint la paix que pendant fort peu de temps. Les négociations de Rastadt entre l'empire d'Allemagne et la République française étant venues à échouer, la guerre éclata de nouveau au printemps de 1799, entre l'Autriche et la France.

Le bataillon des chasseurs Leloup fut envoyé à cette époque dans le Tyrol pour rejoindre le corps d'armée du feld-maréchal-lieutenant comte Bellegarde. Quatre compagnies passèrent sous les ordres du général major comte Alcaini qui commandait à Bellenzona, et au Lago d'Jdro ; les deux autres compagnies furent incorporées dans les troupes du feld-maréchal lieutenant comte Haddik, établies entre Latsch et Eyers.

Tandis que les Français, d'un côté passaient le Rhin et pénétraient en Allemagne, de l'autre ils occupaient les Grisons et l'Engadine et plus tard les vallées de l'Inn et de l'Adige, qui débouchent de la Suisse dans le Tyrol.

Leurs entreprises échouèrent en Allemagne devant les victoires de l'Archiduc Charles ; le comte de Bellegarde remporta également plusieurs avantages avec le corps d'armée du Tyrol.

Le 4 avril , le général Bellegarde , frère du feld-maréchal , défit le général français Dessoles à Taufers , refoula ses troupes jusqu'à Zernetz , lui prit trois canons, 14 voitures de munitions , plusieurs milliers de fusils , fit 300 prisonniers et délivra 150 Autrichiens.

Les deux compagnies des chasseurs Leloup attachées au corps du général Haddik , prirent part à cette brillante affaire et s'y distinguèrent par leur bravoure. Une mention particulière fut accordée au capitaine Lutz [1] , qui commandait l'avant-garde d'une des colonnes d'attaque.

Le général major Wukassowich, débouchant du Tyrol méridional avec un détachement de troupes diverses parmi lesquelles se trouvait le lieutenant-colonel Leloup avec quatre compagnies de ses chasseurs , opéra, le 8 avril, une diversion dans la province de Brescia , pour appuyer, en Italie, les opérations du baron Kray , à qui était confié temporairement le commandement de l'armée autrichienne. Le général Wukassovich emporta d'assaut le pont de Storo et délogea également l'ennemi du poste fortifié de St-Antonio. Il s'empara ensuite du fort de Rocca-d'Anfo à la prise duquel les chasseurs Leloup contribuèrent avec efficacité en se rendant maitres de la hauteur escarpée qui domine ce fort.

D'après les différents rapports sur ces combats les capitaines Burke et le prince de Salm ainsi que le lieutenant Wunsch méritèrent d'être cités nominativement. Voici le fait qui valut à ce dernier une distinction si honorable :

Le 15 avril , pendant la marche du général Wukassowich , le lieutenant Wunsch et le lieutenant Tobocovich du bataillon léger de Mihanowich, avaient entrepris, avec 50 volontaires seulement, une reconnaissance dans la direction du camp de Brescia ; ils surprirent un détachement de plus de cent hommes , qui gardait le poste de Conichio, en tuèrent une grande partie, firent vingt prisonniers et mirent le reste en fuite. Un sous-officier des

---

[1] Deux capitaines de ce nom servaient dans les chasseurs Leloup ; on a vu que l'un des deux avait été tué dans un combat sur la Lys , en 1794.

chasseurs Leloup, nommé Rigaux, qui avait conduit l'avant garde de cette petite colonne, obtint la médaille militaire.

Après la prise de Brescia (21 avril) par l'armée combinée Austro-Russe sous les ordres du feld-maréchal comte Suwarow, le lieutenant-colonel Leloup fut chargé de couvrir, avec trois compagnies de son bataillon, le flanc droit de l'armée alliée, pendant sa marche sur Milan. Le 29, il poussa jusqu'à Como d'où les Français se retirèrent en toute hâte vers Varèse, en abandonnant 14 canons à l'ennemi.

Après cette affaire le bataillon des chasseurs Leloup fut attaché à la brigade du Prince de Rohan qui se dirigeait de Como sur Chiavenna, contre les troupes du général français Loison. Placé à l'avant garde de cette brigade, il atteignit Chiavenna le 8 mai. Par cette marche rapide il obligea l'ennemi à se retirer précipitamment sur Splügen en abandonnant plus de 200 malades et blessés, indépendamment de 86 canons dont il dût se borner à brûler les affuts.

Le lieutenant-colonel Leloup reçut à cette occasion une mention honorable et le sous-officier Saint-Génois la médaille militaire en or. Ce dernier, à la tête de 15 chasseurs et de quelques paysans armés, avait surpris un piquet français devant Chiavenna, l'avait en partie détruit et en partie fait prisonnier. L'apparition inattendue de cette petite troupe devant la porte de la place jeta une telle consternation dans la garnison, que le général Loison dut renoncer à toute défense.

Sur ces entrefaites, un simple chasseur du bataillon Leloup, nommé Invito, qui avait été envoyé en reconnaissance, depuis le 26 avril, à Bologne, dans le col de Fassina, était parvenu à persuader aux habitants de cette ville de prendre les armes contre l'ennemi commun, les Français. Il s'était mis à leur tête et avait battu, près de Dervico, six compagnies de républicains qui furent forcées de jeter leurs canons et munitions dans le lac de Côme. Il s'empara ensuite, à Colico, d'un immense magasin de céréales et se maintint dans cette contrée pendant douze jours, jusqu'à l'arrivée des troupes Autrichiennes. Cette conduite adroite et énergique valut au chasseur Invito la médaille militaire en or.

Un peu avant ces événements, le colonel Strauch qui s'était avancé, le 24 avril, du Val Camonica dans le défilé de Monterolo, se trouva engagé dans un combat très-vif, où le capitaine Burke, avec une compagnie de chasseurs Leloup, soutenue par le bataillon d'infanterie légère Greth, parvint à rester maîtresse du défilé, malgré les attaques impétueuses et réitirées des républicains qui essuyèrent de grandes pertes et laissèrent 66 prisonniers entre les mains des Autrichiens. La conduite du capitaine Burke, en cette circonstance, lui valut une recommandation spéciale dans les rapports officiels.

Entretemps les deux autres compagnies du bataillon Leloup, prirent part au mouvement offensif exécuté par le comte de Bellegarde qui déboucha du Tyrol par Naunders, pénétra dans l'Engadine, battit pendant trois jours, les 30 avril, 1er et 2 mai, le général Lecourbe et parvint à rejeter l'ennemi dans la haute Engadine. Ces deux compagnies assistèrent ensuite à un combat héroïque livré par l'avant-garde de la colonne du général Haddik, laquelle, après avoir escaladé des hauteurs que l'on considérait comme inaccessibles et surmonté des obstacles de terrain sans nombre, parvint à chasser les Français de Taufers à travers le Scharl-Joch jusqu'à Schuls, à prendre successivement tous leurs postes fortifiés, enfin à opérer sa jonction avec le comte de Bellegarde, le 1er mai, à Feltaw.

D'après les relations de cette marche si extraordinaire et si pleine de périls, les capitaines Lutz et Mohr se distinguèrent par leur courage et leur résolution. La conduite intrépide du sous-officier de Mahieu [1] ne fut pas moins remarquable comme on va le voir :

[1] Florent Joseph de Mahieu de Diesveld, né à Ath, le 28 mars 1778, était entré dans les chasseurs Leloup en qualité de cadet le 20 mai 1793. Il avait fait, avec ce corps, les campagnes de 1793 et 1794 à l'armée du Rhin, celle de 1795 à l'armée du Tyrol. Il reçut de nombreuses blessures. Lorsque les chasseurs Leloup furent licenciés, en 1802, il passa au service de France, où il devint chef de bataillon. En 1815 il rentra dans sa patrie et fut admis dans l'armée des Pays-Bas avec le grade de lieutenant-colonel commandant le 37e bataillon de milice. Il fut successivement commandant de place de Naerden en 1821, et d'Ypres en 1823. En 1829 il fut promu au grade de colonel. Après les événements de 1830, il reçut le brevet de général-major et commanda quelque temps dans la Flandre occidentale. Le général de Mahieu a été pensionné en 1834 ; il était chevalier héréditaire d'Autriche et décoré de l'ordre de Léopold de Belgique. Il est mort à Ixelles le 16 août 1853.

Après que les troupes du général Haddik eurent emporté la position qui couvrait le village de Scharl, elles donnèrent sur un défilé presqu'infranchissable, un pas taillé dans le roc et fermé en outre par un retranchement. Il était difficile ou plutôt impossible d'enlever cet ouvrage de front et une attaque sur les flancs, qui étaient protegés par des batteries inaccessibles, ne présentait guère moins de difficultés. Néanmoins le général Haddik, sans se laisser rebuter par ces obstacles quelqu'effrayants qu'ils parussent, résolut de chercher à tourner la position ennemie et il fit chercher un sous-officier intelligent autant qu'intrepide. De Mahieu se présenta et partit pour cette expédition périlleuse avec cinquante volontaires du bataillon Leloup, et l'appui d'une compagnie et demie d'infanterie du régiment Antoine Esterhazy. Les chasseurs, qui avaient eu soin de se munir de crampons de fer, parviennent à escalader le rocher élevé qui se dresse devant eux, tournent l'ennemi sans être aperçus et, pendant que l'attention des Français est attirée sur leur front par une démonstration qu'exécute la troupe principale, nos hardis chasseurs descendent rapidement une rampe de neige d'une étendue de plus de 300 mètres, située sur les derrières de la position et pénètrent avec impétuosité dans le retranchement. Cette attaque imprévue jette l'ennemi dans une telle confusion qu'il n'oppose qu'une courte résistance et s'enfuit en désordre. Le sous-officier de Mahieu fut décoré de la médaille d'or, pour ce brillant fait d'armes.

Le feld-maréchal-lieutenant Hotze, commandant de l'aile gauche de l'armée de l'Archiduc Charles avait essayé de s'emparer des hauteurs de Ste-Lucie, à l'époque où le comte de Bellegarde faisait un mouvement offensif vers Süss, mais il avait échoué dans son entreprise, faute de moyens suffisants. Plus tard, il reçut un renfort de 12,000 hommes, recommença son attaque, le 14 mai, et réussit à repousser les republicains du Luciesteig. Cette opération fut soutenue par un mouvement en avant, que le comte de Bellegarde fit en même temps hors de la Valteline et à la suite duquel il expulsa complètement les Français du pays des Grisons.

Deux compagnies des chasseurs Leloup prirent part à ces opérations; elles se trouvaient dans la colonne du général Frédéric de Bellegarde qui franchit le Mont Albula, chassa l'ennemi de Weissenstein et l'obligea, le lendemain 15 mai, à se réfugier dans la vallée du Haut-Rhin.

Sur ces entrefaites le lieutenant-colonel Leloup, à la tête de quatre compagnies de son bataillon, avait pris part au combat livré le 11 mai, à Beronico, près de Monte-Cénéré, par la brigade du prince Victor de Rohan, aux généraux français Lecourbe et Dessoles. Ceux-ci furent repoussés jusqu'à Bellinzona et perdirent un chef de brigade, six officiers et 300 hommes, qui restèrent prisonniers entre les mains des Autrichiens.

Le prince de Rohan adressa publiquement des félicitations au lieutenant-colonel Leloup, pour la bravoure peu commune que lui et ses chasseurs avaient déployée à l'avant-garde, pendant le combat de Monte-Cénéré. Parmi ceux qui se distinguèrent le plus en cette circonstance, se trouvait un sous-officier nommé Puniat : il était tombé entre les mains des républicains pendant la marche rapide de la colonne du prince de Rohan sur Bellinzona, et faisait partie d'un convoi de 200 prisonniers autrichiens qui cheminait le 12 mai, sur la route de Chiavenna, sous l'escorte de 50 grenadiers, lorsqu'il aperçut une patrouille impériale de 12 hommes. Utilisant aussitôt cette rencontre avec audace et présence d'esprit, il parvint, avec l'aide de ses braves camarades et de la patrouille autrichienne, à desarmer l'escorte française et à la conduire elle-même prisonnière à Chiavenna. Ce sous-officier reçut la médaille militaire en or.

Le général français Lecourbe ayant, à son tour, repris l'avantage sur le prince de Rohan, le maréchal Suwarow, ordonna au général prince de Hohensollern, occupé au siège de Milan, de partir en toute hâte pour soutenir la brigade de Rohan. Le prince de Hohensollern accourut alors à Ponte di Trezza, attaqua Lecourbe, le 18 mai, près de Taverne et de Beronico, et le repoussa derrière le Monte-Cénéré, après une lutte acharnée, qui ne dura pas moins de quatre heures.

Le bataillon des chasseurs Leloup mérita d'être de nouveau cité avec éloge, pour sa belle conduite dans ce combat : Son chef ainsi que le capitaine Suden, furent l'objet d'une mention spéciale dans la relation des événements de la journée; enfin les sous-officiers Mormal et Stuckens [1], ainsi que

---

[1] Nicolas-Joseph Stuckens, né à Bruxelles le 4 avril 1774, était entré au service dans les chasseurs Leloup, le 8 octobre 1791 ; nommé caporal le 12 août 1793, il était devenu sergent-major, le 13 juin 1796. Le 15 octobre 1800, l'Empereur d'Autriche le

les simples chasseurs Gérard, Mousty et Gelverdi reçurent la médaille militaire.

A l'époque où le corps d'armée du Tyrol quitta le canton des Grisons pour aller renforcer l'armée Austro-Russe en Italie, le comte de Bellegarde envoya le comte Haddik à Bellinzona avec sa division ; sa mission était de reprendre les passages du Saint-Gothard.

Le bataillon entier des chasseurs Leloup, faisait partie de cette division ; il participa aux succès remportés sur le général français Loison, dont les troupes furent complétement battues, le 28 mai, à Airola et vivement poursuivies par Urseren et le pont du diable, jusqu'à Wasen, de l'autre côté du Saint-Gothard.

Les pertes réciproques en tués et blessés furent considérables ; néanmoins les Autrichiens firent plus de 800 prisonniers et s'emparèrent d'une grande quantité de munitions et de vivres. L'issue du combat était restée longtemps douteuse, parce que le centre des troupes autrichiennes ne pouvait avancer par le chemin escarpé d'Airola, qu'au prix des plus grands efforts et sous un feu extrêmement violent. Mais le lieutenant-colonel Leloup, appuyé par une division du régiment frontière de Banat, ayant enfin réussi à emporter le ravin avec ses chasseurs et à frayer ainsi un chemin à un détachement de cavalerie, l'ennemi se trouva dans l'impossibilité de prolonger sa résistance et fut complétement battu. En récompense de cet acte de bravoure, le bataillon belge reçut une nouvelle mention honorable et son digne chef, ainsi que le capitaine Burke, furent cités nominativement dans la relation officielle, en termes des plus flatteurs.

---

nomma sous-lieutenant dans sa garde. Stuckens quitta le service d'Autriche en 1803, et entra, peu de mois après, dans le 112e de ligne en qualité de premier lieutenant. Le 5 juin 1807, il obtint le grade de capitaine. Sa belle conduite à la bataille de la Raab, lui fit décerner l'étoile de la légion d'honneur. A Wagram, il reçut trois coups de biscaïen et fut retraité le 15 avril 1814. L'Empereur le nomma, peu de temps après, garde-général des eaux-et-forêts dans la province d'Anvers. En 1830, le capitaine Stuckens reprit un instant les armes et fut nommé major commandant la place de Louvain, le 31 août 1831, puis pensionné le 30 juin 1832. Le roi Léopold voulut récompenser les honorables services de ce vétéran en lui décernant la croix de chevalier de son ordre (7 mai 1835) et le grade honorifique de Lieut.-Colonel (21 juin 1835). Le Lieutenant-Colonel Stuckens est mort à Ixelles le 29 novembre 1853.

Après la prise du Saint-Gothard, les chasseurs Leloup passèrent dans la brigade du prince de Rohan que le général Haddik envoya à Domo-d'Ossola, pour intercepter le passage du Valais en Italie par le Simplon ; ils furent, comme toujours, employés aux avant-postes et eurent à soutenir de nombreuses et vives escarmouches avec les troupes républicaines du général Xaintrailles.

Dans les premiers jours du mois de juin, le lieutenant-colonel Leloup, à la tête d'une petite colonne, composée de deux compagnies de ses chasseurs, de deux compagnies du régiment d'infanterie Archiduc Antoine et de 130 hommes du régiment d'infanterie Duca, fut chargé de parcourir la vallée de Brigg. Ce détachement, malgré les efforts les plus glorieux pour vaincre l'ennemi dans les combats inégaux du 8 et du 9 mai à Wisper et à Torminin, dut céder à la supériorité du nombre et se replia jusqu'à Venzone, après avoir éprouvé de grandes pertes.

En revanche, la tentative des Français pour s'emparer du Simplon, dans la journée du 12, échoua complètement et les républicains furent précipités des hauteurs qu'ils venaient de gravir. Deux compagnies des chasseurs Leloup coopérèrent à cette affaire avec leur valeur habituelle. Le capitaine Suden et le sous-lieutenant Saint-Penier se signalèrent à la tête de ces compagnies et le sergent major Stuckens ne se distingua pas moins glorieusement, qu'au combat de Taverne, en mettant en fuite, avec vingt hommes seulement, toute une compagnie de grenadiers français qui escortait une pièce de canon et cherchait à tourner le flanc gauche des Autrichiens. Il reçut à cette occasion la médaille militaire.

Vers le milieu du mois d'août, le général Masséna ayant projeté de reprendre le Saint-Gothard et de menacer le Voralberg, les troupes françaises, commandées par le général Thureau, s'avancèrent du Valais contre les Autrichiens qui occupaient le Simplon et le prince de Rohan se vit attaqué par des forces supérieures. Malgré sa résistance acharnée, il se trouva obligé d'évacuer le village de la Binna et contraint de se replier sur Domo-d'Ossola. Bien que la fortune leur eut été contraire dans cette journée, les chasseurs Leloup méritèrent une mention honorable dans le rapport du prince de Rohan et le capitaine Suden y fut cité nominativement pour sa bravoure signalée. Le cadet Delrue ainsi que les chasseurs Geraux et Antoine obtinrent la médaille militaire : le premier avait contribué efficacement à reprendre sur l'ennemi un canon autrichien ; les deux derniers avaient mis en fuite six grenadiers français qui entouraient et pressaient vivement le capitaine Suden.

Le 22 septembre, le bataillon entier des chasseurs Leloup assista à la malheureuse affaire de Gravelone où le prince Victor de Rohan chercha vainement à arrêter la marche du général Thureau qui disposait de forces trois fois plus nombreuses. Les chasseurs Anglois et Hubert eurent l'occasion de se signaler aux environs de Fariola, en tombant à l'improviste, avec quelques-uns de leurs camarades, sur les troupes qui poursuivaient trop vivement le prince de Rohan dans sa retraite sur Sesto Calente ; ils tuèrent à l'ennemi beaucoup de monde et dispersèrent le reste. Tous deux reçurent une récompense pécuniaire pour leur conduite courageuse.

Dans les derniers jours du mois de septembre le général Thureau fut obligé d'évacuer de nouveau le Val de Costa et de se retirer en Suisse par Domo d'Osola.

Après ces événements, le bataillon des chasseurs Leloup fit partie du corps d'armée du général major baron Laudon et resta au cordon d'avant-postes près de Domo d'Ossola où il n'y eut plus d'engagement avec l'ennemi jusqu'à la fin de la campagne.

La conduite héroïque que le bataillon Leloup avait tenue dans les nombreux combats de la campagne de 1799 lui valut vingt-trois médailles militaires dont quatre en or, et trois récompenses pécuniaires.

Le digne chef de ce corps à jamais célèbre reçut également la récompense de ses services éclatants ; sur la proposition expresse du généralissime en Italie, le 1er mars 1800, il obtint le grade de colonel avec le commandement du régiment de Jordis (59e d'infanterie). Le brave major Ruitz fut en même temps nommé lieutenant-colonel et resta à la tête du bataillon des chasseurs Leloup.

§ 10. — Campagne de 1800, en Italie.

Le général de cavalerie baron de Melas ouvrit la campagne de 1800 avec succès en Italie. Dès le mois d'avril, il s'avança victorieusement du

Piémont dans la Riviera et força l'armée du général Masséna à replier son aile droite sur Gênes. D'autre part, l'armée française de reserve, sous les ordres du premier consul Bonaparte franchit les Alpes sur plusieurs points vers le milieu du mois de mai et occupa la Lombardie.

Le bataillon des chasseurs Leloup avait continué d'occuper Domo-d'Ossola avec la brigade du général Laudon. Il prit part aux différents combats du corps d'armée du feld-maréchal-lieutenant Wukassowich, qui dirigeait, près de Bellinzona et d'Arona, la défense du passage du Saint Gothard et tenait en échec, sur le Tésin, des forces ennemies cinq fois plus nombreuses que les siennes.

Le 28 mai, le bataillon assista au combat que le baron de Laudon eut à soutenir à Crevola contre les forces supérieures des Français commandés par le général Murat. Le 31, ils combattirent de nouveau avec leur valeur habituelle à Turbigo, où le général Murat échoua devant l'opiniâtre fermeté des troupes Autrichiennes, dans son projet de forcer le passage du Tésin.

Voici la relation officielle de ce fait d'armes :

Les républicains français, après avoir réuni un certain nombre de barques, avaient réussi enfin à jeter sur la rive gauche du Tésin quelques compagnies de grenadiers qui, protégées par une vive canonade, furent bientôt suivies d'autres troupes au nombre de 2000 hommes et de quelques pièces d'artillerie. Le village de Turbigo, qui déjà avait été évacué par l'avant-garde du général Laudon, fut néanmoins repris par les troupes autrichiennes qui replièrent les Français sur leur réserve, de l'autre côté du Naviglio-Grande, canal situé entre Turbigo et le Tésin. Ce premier succès fut dû en grande partie à la bravoure du capitaine Lutz et de sa compagnie de chasseurs. Le général Laudon ayant ensuite formé sa brigade derrière le pont du Naviglio, pendant que le feld-maréchal-lieutenant Wukassowich arrivait en toute hâte de Bufalora à la tête de quelques bataillons, le général français Monnier s'avança contre la position des Autrichiens avec toute sa division, franchit le canal et se jeta sur Turbigo, baïonnettes baissées. Les chasseurs Leloup, soutenus par un bataillon d'infanterie et les dragons de Wurtemberg, qui avaient mis pied à terre, repoussèrent avec vigueur ces attaques incessamment renouvelées et chaque fois appuyées par des troupes fraîches ; ils poursuivirent les républicains jusqu'à l'endroit où se trouvaient leurs réserves.

Après cette lutte, dans laquelle les troupes des deux partis rivalisèrent d'ardeur et de bravoure, les Autrichiens conservèrent leur position derrière le Naviglio et, bien que le général Murat renouvelât encore l'attaque, tous les efforts de trois divisions de l'armée française, qui étaient parvenues à franchir le canal sur des barques, n'aboutirent à aucun résultat. Les Autrichiens restèrent maîtres du Naviglio et empêchèrent Murat de gagner Milan le même jour, ce qui était le but essentiel de son opération. Le rapport sur cette affaire rend un glorieux témoignage de la fermeté avec laquelle les chasseurs Leloup contribuèrent, jusqu'à la nuit, à repousser les diverses attaques de l'ennemi ; il mentionne nominativement, outre le colonel Leloup, qui n'avait pas encore quitté ses braves chasseurs, et les capitaines Lutz et Genimont, le caporal Bourbay, le chasseur Condé, et le cornet Carez, qui reçurent tous les trois la médaille militaire. Ce dernier, après avoir sonné la charge pour repousser l'assaut de l'ennemi, s'était emparé d'une carabine et avait précipité quatre républicains du pont du Naviglio-Grande dans le canal.

Le lendemain, le feld-maréchal-lieutenant Wukassowich, s'étant décidé à prendre la route de Milan, dans l'espoir de conserver ou du moins de défendre la ligne de l'Adda, se trouva continuellement aux prises avec la division française, pendant son mouvement de retraite ; le 3 juin, à Malegnano, son arrière-garde fit de vains efforts pour contenir les corps des généraux Loison et Boudet ; divers détachements des chasseurs Leloup combattirent encore ce jour-là.

Le 14 juin eut lieu la sanglante bataille de Marengo, journée mémorable où l'intrépidité et la constance inébralable des derniers débris des régiments belges faillit donner la victoire aux armées Autrichiennes ; mais la fortune se déclara pour le glorieux chef des phalanges républicaines et les Autrichiens durent se retirer derrière la ligne du Mincio et abandonner toutes les forteresses situées au-delà de ce fleuve et entre autres la place et la citadelle d'Arona où se trouvait un détachement de chasseurs Leloup, commandé par le capitaine Suden, qui quoique pensionné avait voulu rentrer dans le corps témoin de ses premiers exploits ; ce détachement se couvrit de gloire en défendant vaillamment cette position depuis le 30 mai jusqu'au 20 juin. Un jeune militaire nommé Papin, qui servait en qualité de cadet dans la compagnie du capitaine Suden, obtint une mention toute particulière pour avoir dispersé, le 17 juin, avec une patrouille de 20 hommes, un détachement français considérable et s'être emparé d'une grande quantité de munitions et de matériel de siége.

Pendant que les troupes Autrichiennes restèrent derrière le Mincio qui formait la ligne de démarcation entre les deux armées, le bataillon des chasseurs Leloup continua de faire partie du corps du général Wukassowich, envoyé dans le Tyrol méridional; il fut employé au cordon d'avant-postes du baron Laudon, entre Lodrono et Condino.

Lorsque les Français eurent dénoncé l'armistice, le 13 novembre, les chasseurs Leloup suivirent les opérations du feld-maréchal-lieutenant Wukassowich pour se réunir à l'armée principale commandée par le comte Bellegarde. Cette armée, après avoir vainement essayé de défendre la ligne du Mincio, fut rejetée, par le général Brune, successivement sur l'Adige et sur la Brenta.

§ 14. — Campagne de 1801, en Italie.

Le 2 janvier 1801, le lieutenant-colonel Ruitz, qui avait définitivement remplacé le colonel Leloup à la tête du bataillon de chasseurs, soutint un combat très-vif à Caffaro. Ayant ensuite pris position à Condino avec un détachement de troupes parmi lesquelles se trouvaient deux compagnies de son bataillon, cet officier supérieur avait repoussé, de la manière la plus vigoureuse, deux attaques que les Français dirigèrent contre lui; il se maintint dans ses positions jusqu'à la nuit tombante et ne les quitta qu'après avoir reçu l'ordre positif de se replier sur Fione. D'après la relation des généraux autrichiens, le lieutenant Plisnier, le cadet Charlier et le sous officier Collet se signalèrent beaucoup par leur bravoure dans cette circonstance.

Le sous-officier Seguin qui, lors du mouvement retrograde de Condino, avait, quoique blessé, mis le feu à un pont de la Chiese, sur la route de Pieve-de-Buone, au moment même où les Français se présentaient pour le traverser, reçut la médaille militaire.

Le 6 janvier, l'arrière garde de Wukassowich, commandée par le général—major Stojanich , défendit jusqu'à la nuit , avec un courage vraiment héroïque, le pont de l'Adige, à Trente. Divers détachements du bataillon Leloup concoururent honorablement à ce fait d'armes.

Les divisions italiennes Leccby et Pully , qui avaient joint cette arrière garde et l'avaient refoulée jusqu'à Trente, arrivèrent au pont de l'Adige en même temps qu'elle. Une lutte des plus meurtrières s'engagea bientôt sur ce point. Les Français renouvelèrent, huit fois de suite , avec de nouvelles troupes, l'attaque du pont ; mais la petite colonne autrichienne, exaltée par l'intrépidité personnelle du général Stojanich , résista héroïquement à ces efforts désespérés. Pendant l'action , plusieurs planches du pont ayant été arrachées et jetées dans le fleuve , l'assaut de l'ennemi se trouva arrêté. Enfin, les chasseurs Main, Kinel et Clément du bataillon Leloup, réussirent à incendier complétement le pont , malgré le feu violent de l'ennemi : les deux divisions françaises durent alors renoncer à leur tentative contre Trente.

Par cette défense opiniâtre, le général Stojanich avait donné à l'artillerie et aux équipages, le temps de gagner une marche par Levico. Dans sa relation, le général se loue de tous, officiers et soldats , mais spécialement du premier lieutenant Graus, des chasseurs Leloup. Des trois chasseurs cités plus haut, Main, obtint la médaille militaire , les deux autres ainsi que le chasseur Otthofer, reçurent une récompense pécuniaire. Otthofer avait été au premier rang de ceux qui défendaient l'accès du pont ; il avait tué plusieurs officiers français qui se trouvaient à la tête des troupes assaillantes. Le cadet Rooman, quoique blessé deux fois , contint, à Bucco-di-Velo, avec quelques volontaires du bataillon, l'ardeur des tirailleurs ennemis et couvrit avec une fermeté inébranlable la marche de la compagnie du capitaine Mohr, pendant qu'elle se retirait péniblement par le défilé. Aussi obtint-il la médaille militaire d'or , digne récompense de sa belle conduite.

§ 12. — Licenciement du corps.

Le bataillon des chasseurs Leloup rejoignit l'armée principale le 10 janvier , en même temps que le corps du général Wukassowich, et il la suivit derrière la Piave.

Ce furent les derniers événements militaires importants auquel le bataillon Leloup fut appelé à prendre une part directe. Après l'armistice qui fut conclu le 15 janvier , à Trevise , pour l'Italie et le Tyrol , le bataillon fut attaché à la division du marquis Sommariva, chargée de surveiller les côtes d'Istrie, et il alla s'établir provisoirement à Muja ; lorsque le traité de Luneville, signé le 9 février 1801, eut confirmé la clause du traité de Campo Formio, relative à la séparation des Pays-Bas de l'Autriche, le bataillon Leloup fut envoyé, au mois d'avril, à Canale dans le Frioul et plus tard, le 5 octobre, dans le Tyrol où il fut licencié.

Les officiers et les chasseurs entrèrent en grande partie dans le régiment des chasseurs Tyroliens qui fut crée à la même époque ; quelques-uns passèrent au service de France et formèrent le noyau du célèbre 112e régiment de ligne levé et organisé à Bruxelles en 1803.

Le colonel Leloup passa, le 16 juillet de la même année , au commandement du régiment d'infanterie Stain, n° 50 ; il avait alors 66 ans, il exerça ce commandement jusqu'à la fin du mois de novembre 1805, puis fut pensionné avec le grade de général-major honoraire. Toutefois il commanda encore pendant quelque temps dans le Tyrol, puis dans le cercle d'Autriche. Il mourut à Lintz en 1807.

Le lieutenant-colonel Ruitz passa au régiment d'infanterie Archiduc Ferdinand de Toscane , n° 23.

Lorsqu'après les guerres de l'empire , on organisa en Autriche douze bataillons de chasseurs , les anciens officiers des chasseurs Leloup, furent appelés à prendre le commandement de plusieurs d'entre eux. D'après les annuaires de l'époque , le 1r bataillon avait pour chef le major Plisnier ; le 3e, le major Saint-Genois ; le 6e, le major Marchall; le 8e, le major Flette ; le 11e, le major de Eusch; le 12e, le major Baron de Beelen.

Il est à propos de rappeler en terminant cette notice où nous avons rassemblé les nombreux titres militaires du bataillon Leloup, que c'est dans ce corps célèbre que beaucoup d'officiers distingués de l'armée belge ont fait leurs premières armes , entre autres , le lieutenant-général Baron Goethals , le général de Mahieu , le colonel Vandensanden, etc.

DESCRIPTION

DES

CARTES DE LA PROVINCE D'ANVERS

ET DES

PLANS DE LA VILLE

PAR

A. DEJARDIN.

Capitaine du Génie, Membre correspondant de l'Académie.

(Suite, voir Tome XIXe, page 164.)

II. VUES GÉNÉRALES DE LA VILLE PRISES DE LA CAMPAGNE.

On a aussi pris quelques vues générales de la ville d'autres endroits que de la Tête de Flandre.

D'abord du sud, vers le Kiel, nous avons 13 vues ; ce sont les nos 22, 23, 24 et 25 de 1566, les nos 73, 74 et 75 de 1582, le no 90 bis de 1600, les nos 95 et 95 bis de 1605, et puis de plus modernes ; les nos 262 et 263 de 1833 et le no 266 de 1834.

En faisant le tour de la ville à l'extérieur, nous trouvons 11 vues prises hors de la porte de Malines, ce sont les nos 9, 10 et 11 de 1543, les nos 37 et 38 de 1570, le no 87 de 1595, le no 118 de 1635, les nos 163 et 169 de 1700, et les nos 248 et 261 de 1832.

Il y a seulement 5 vues prises hors de la porte de Kipdorp ; ce sont les nos 32 et 33 de 1567, les nos 68 et 69 de 1579 et le no 94 de 1602.

Il n'y en a que 2 prises hors de la porte Rouge, ce sont les n°s 63 et 64 de 1577.

Il y en a 5 prises du nord aux environs d'Austruweel ; ce sont les n°s 28, 29, 30 et 31 de 1567 et le n° 162 de 1700.

Enfin nous en avons deux prises de beaucoup plus loin ; c'est le n° 91 bis de 1600 qui est pris de Calloo et le n° 127 de 1650, qui est pris du fort Philippe.

III. Vues d'une partie des quais.

Dans les vues qui ne représentent qu'une partie de la ville, il y en a d'abord 33 qui représentent une partie des quais, soit le Werf, comme les n°s 6 de 1500, 104 et 105 de 1621, 114 de 1630, 115 de 1632, 121 bis de 1644, 125, 126 et 126 bis de 1650 : soit l'ancienne tour de Croonenbourg, comme les n°s 12, 13, 14 et 15 de 1543, et 26 et 27 de 1567 ; soit toute autre partie, ce sont les n°s 67 de 1578, 113 de 1630, 129 de 1650, 131 et 132 de 1658 ; et puis de beaucoup plus modernes : 197 et 198 de 1803, 203 de 1823, 209 et 210 de 1830, 215, 216, 217 et 218 de 1831, 255 et 260 de 1832, 278 de 1844 et 301 de 1854.

IV. Vues de la citadelle.

Viennent ensuite 19 vues de la citadelle à l'extérieur : d'abord de très anciennes, ce sont les n°s 47 à 51 et 56 à 62 de 1577 et puis d'autres plus modernes, n° 249, 250, 256, 256 bis et 258 de 1832, n° 279 de 1844 et n° 354 de 1860.

V. Vues d'une partie de la ville a l'intérieur.

Pour terminer les vues proprement dites, il reste celles qui ne représentent qu'une partie de la ville, un quartier ; il y en a 19 de cette cathégorie.

D'abord 9 représentent les environs de la maison hanséatique et des bassins, ce sont les n°s 52 à 55 de 1577, le n° 70 de 1581, le n° 200 bis de 1810, le n° 202 de 1813, le n° 267 de 1836 et le n° 277 bis de 1844.

Il y en a deux représentant les environs de l'Esplanade : ce sont les n°s 65 et 66 de 1577.

Il y en a également deux représentant les environs de la porte Kipdorp, ce sont les n°s 76 et 77 de 1583.

Enfin il y en a 9 représentant l'abbaye St-Michel avec ses jardins, ses bâtiments, les rues environnantes et l'autre rive de l'Escaut ; elles portent les nᵒˢ 142 de 1678, 143 bis de 1691, 155 et 156 de 1695, 182 et 183 de 1717, 189 de 1737, 211 et 212 de 1830.

VI. Vues générales a vol d'oiseau.

Presque toutes les vues à vol d'oiseau de la ville d'Anvers ont été prises de l'est ou du sud, de sorte qu'on y voit au premier plan, soit la citadelle, soit la porte St-Georges, soit la porte Kipdorp : il n'y en a que deux qui font exception et qui sont prises de la tête de Flandre. Ces vues sont au nombre de 28, ce sont les nᵒˢ 20 et 21 de 1565, 34 et 35 de 1567, 39, 40 et 41 de 1572, 42 de 1574, 43 et 44 de 1576, 45 et 46 de 1577, 71 de 1581, 78 et 79 de 1583, 80 de 1584, 84, 85 et 86 de 1585, 88 et 89 de 1598, 96 de 1605, 119 de 1635, 122 de 1649, 130 de 1652, et 133 de 1660 ; toutes celles-ci sont anciennes et prises du sud ou de l'est : les deux suivantes sont tout à fait modernes et prises de l'ouest, ce sont les nᵒˢ 293 de 1852 et 307 de 1855.

VII. Vues a vol d'oiseau de la citadelle.

Il y a ensuite deux vues à vol d'oiseau qui ne représentent que la citadelle, ce sont les nᵒˢ 93 de 1602 et 117 de 1635.

VIII. Croquis.

Les croquis ou plans du périmètre sont au nombre de 11. Le premier qui porte le nᵒ 3 et date de 1470 ne représente que le mur d'enceinte avec les tours ; le second qui porte le nᵒ 72 et date de 1582 a été fait pour indiquer la limite du marquisat et l'emplacement des bornes en forme d'obélisques placées à cette limite. Le suivant qui porte le nᵒ 97 et a été fait vers 1605 ne représente que les fortifications de la ville et à l'intérieur les églises de Notre-Dame et de St-Jacques en élévation. Il en est de même du nᵒ 111 paru vers 1630. Le nᵒ 134 date de 1661 : celui-ci a été fait pour venir à l'appui d'un projet d'assainissement de la ville par les canaux. Les nᵒˢ 138 et 140 de 1671 sont aussi deux plans représentant simplement les fortifications. Le nᵒ 285 date de 1829 et montre les différents agran_ dissements de la ville. Le nᵒ 297 qui date de 1853 et les nᵒˢ 321 et 322 qui datent de 1858 représentent des projets d'agrandissement de la ville avec les forts détachés en avant.

IX. Plans géométriques généraux.

Les plans géométriques de la ville sont en très-grand nombre et se sont multipliés très-fort, surtout dans ces derniers temps : il n'y a pas d'année maintenant qui n'en voit paraître plusieurs. On en compte en tout 82 dont 35 ont paru avant 1830 et 47 après, c'est-à-dire dans une période de trente années.

Le plus ancien qui porte le n° 90 de ma liste a paru vers 1600 : il ne fait pas partie d'un ouvrage. Le second qui porte le n° 98 est de l'année 1610 et se trouve dans l'ouvrage de Scribanus, intitulé : *Antverpia*. Les suivants portent les n°ˢ 102 de 1617, 107 de 1624, 120 de 1640, 136 et 137 de 1662, 141 de 1678, 143 de 1690, 144 à 147 bis de 1692, 170 et 171 de 1700, 173 à 176 de 1703, 177 de 1710, 178 et 179 de 1711, 181 de 1714, 186, 187 et 187 bis de 1730, 190 de 1740, 193 bis de 1747, 194 de 1753, 199 et 200 de 1806, 201 de 1813, 204 de 1828, 208 et 208 bis de 1830, 213 et 214 de 1831, 219, 220, 222, 234, 235, 252 et 254 bis de 1832, ceux-ci avec les opérations du siège de la citadelle; viennent ensuite les n°ˢ 264 de 1833, 268 de 1838, 269, 270 et 271 de 1840, 276 de 1844, 281, 283, 284 et 285 de 1846 : le n° 283 est le premier fait à une grande échelle et donnant les propriétés séparément. Après cela les n°ˢ 286 de 1847 et 288 de 1848, avec un projet d'agrandissement : puis le n° 290 de 1850, 291 et 292 de 1851, et 296 de 1853, les trois derniers avec des projets d'agrandissement. Les n°ˢ 298 et 299 de 1854, 304, 305, 306, et 309 de 1855, 313, 314, 315 et 317 de 1856 dont deux avec un projet d'agrandissement ainsi que le n° 319 de 1857. Les n°ˢ 328, 329 et 331 de 1859, 349 à 352 de 1860, le premier avec un projet d'agrandissement; les n°ˢ 355 et 358 de 1861; et enfin le n° 360 de 1862 avec l'agrandissement en exécution. Un grand nombre de ces derniers plans se trouvent dans les guides.

X. PLANS GÉOMÉTRIQUES PARTIELS (DIVERS).

D'autres plans géométriques ne comprennent qu'une partie de la ville. Il y en a d'abord deux pour le quartier du bourg seul; c'est le n° 188 représentant le bourg en 1730 et le n° 280 de 1846, où les anciennes constructions de ce quartier sont rétablies à côté des modernes.

Nous avons ensuite un plan de la Tête de Flandre et des forts sur la rive gauche; c'est le n° 289 de 1849. Puis un plan des quais de la rive droite portant le n° 308 et la date de 1855 et un plan du projet de rues à l'endroit appelé *Boulevard Léopold*, portant le n° 327 de 1858.

D'autres plans au nombre de quatre faits à l'occasion des projets d'agrandissement de la ville vers le nord, ne représentent que les environs des bassins; ce sont les n°s 287 de 1847, 294 et 295 de 1853 et 312 de 1856; tandis que neuf autres faits à l'occasion du projet d'agrandissement général, ne représentent que la section de la ville extra muros. Ce sont les n°s 302 et 303 de 1854, 310 et 311 de 1855, 320 de 1858, et 323 à 326 de 1858.

Enfin à l'occasion de la reconstruction de la Bourse, on a proposé diverses dispositions dans les environs de l'emplacement actuel, représentées dans les 19 plans suivants : n°s 332 à 356 de 1859, 337 à 348 de 1860 et 356 et 357 de 1861.

XI. PLANS GÉOMÉTRIQUES PARTIELS (CITADELLE).

Il y a ensuite les plans qui représentent la citadelle seule. Le plus ancien et le plus curieux est celui qui a été envoyé à Philippe II en 1568, lorsque la citadelle était encore en construction, pour le tenir au courant des travaux exécutés. La gravure de ce plan, faite de notre temps, figure sous le n° 36 : ce plan est donc plus ancien de six ans que le premier plan géométrique de la ville. Après cela il a paru beaucoup de plans géométriques de la citadelle, 40 en tout. D'abord le n° 99, de l'an 1610, publié dans l'ouvrage de Scribanus comme le second plan géométrique de la ville. Ensuite le n° 109 de 1624, à propos d'un siège : les n°s 123 et 124 de 1649, 152, 153 et 154 de 1694, 191, 192 et 193 de 1746, avec les travaux d'attaque de cette année, et enfin les n°s 221, 223 à 233, 236 à 247, 251, 253, 254, 257 et 259 de 1832 avec les travaux du siège fait par les Français à cette époque.

CHAPITRE I.

DU QUATRIÈME AU CINQUIÈME AGRANDISSEMENT DE LA VILLE (1410 à 1543).

1450.

N° 1. Vue du cours de l'Escaut depuis Rupelmonde jusqu'à la mer du Nord, où toutes les villes, villages, châteaux, etc., sont représentés en élévation. On y a entr'autres représenté la ville d'Anvers sous le nom de *Hantwerpen*. Elle est vue de la rive gauche : on y distingue très bien les tours de la partie de l'enceinte longeant l'Escaut, le Werf, l'église Ste-Walburge, l'église Notre-Dame, St-Michel et la tour de Croonenborg.

A Notre–Dame on voit deux tours, une carrée avec une flèche qui est probablement la tour de l'ancienne église, qui servait de beffroi, et une ronde, sans flèche, qui est probablement la tour du nord, commencée. A cette époque la nouvelle ville n'était pas incorporée et la citadelle n'était pas construite ; la ville s'arrêtait au Canal des Brasseurs et à la tour de Croonenborg.

A l'extérieur de la ville on a figuré *Oesterwele*, *Mercxhem*, *Sancte Willeboert*, *Baghynhof* (le béguinage construit avant 1200 hors de la porte des Béguines), *Berscoit* (Beerschot, sur la route d'Anvers à St-Bernard, où les abbés de St-Michel avaient leur maison de campagne), *Satroisen* (les Chartreux, qui ont été déplacés lors de la construction de la citadelle).

Vis–à–vis d'Anvers, sur la rive gauche de l'Escaut, on voit les maisons de la Tête de Flandre, avec cette inscription : *T'ver teghen Antwerpen over geheeten tver van Zwyndrecht* [1].

Larg. 1^m12, haut. 0^m155.

Se trouve dans l'ouvrage intitulé : *Historisch onderzoek naer den oorsprong en den waren naem der openbare plaetsen en andere oudheden van de stad Antwerpen. (Van Stads wege uitgegeven).* par Willems, Smolderen, Van der Straelen et Lenaers. *Antwerpen, by H. B. Van der Hey, stads drukker.* 1828. Un volume in-8°.

Cette carte a été gravée d'après une autre sur parchemin, faite à la main et coloriée, datant de 1505, dont les dimensions sont environ neuf fois plus grandes que celle-ci et qui se trouve aux archives de la ville d'Anvers. Cette grande carte est elle-même une copie d'une plus ancienne faite sous Philippe–le–Bon à propos d'un procès concernant les péages de l'Escaut entre les villes de Berg–op–Zoom et d'Anvers. C'est d'après cela que j'ai cru pouvoir lui assigner la date de 1450. Une copie de cette carte se trouve également aux archives de l'Etat, à Bruxelles.

1450.

N° 2. Vue de la ville d'Anvers prise de la rive gauche de l'Escaut. *Henri Brown.*

C'est une copie de la vue qui se trouve sur la planche précédente.

---

[1] Le *tver* est l'endroit où arrivent et d'où partent les bateaux qui passent l'eau. Sur tous les anciens plans on donne ce nom à la Tête de Flandre.

Larg. 0ᵐ10 , haut. 0ᵐ07.

Se trouve dans l'ouvrage intitulé : *Histoire de la ville d'Anvers par Eugène Gens. Anvers J. B. Van Moll-Van Loy, libraire-éditeur, Courte rue Neuve, 9, 1861.* Un volume in-8°. Cette vue sert d'entête au Chap. I.

Elle se trouve aussi dans le : *Guide dans la ville d'Anvers et ses environs. Description des monuments*, etc. Anvers. Van Moll-Van Loy, 1862. Un volume in-12.

1470.

Nº 3. Plan de l'enceinte de la ville d'Anvers, avec les tours, qui a précédé l'enceinte actuelle. *II. D. Bladz 376.*

On ne voit pas les rues, on a seulement indiqué par un point l'emplacement de quelques édifices : les canaux ou anciens fossés s'y trouvent avec tous les ponts qui les traversent ; de l'enceinte on voit d'abord toutes les tours au nombre de 51 , les portes sur le fleuve et vers la campagne , etc.

Une légende de 164 numéros qui se trouve dans le texte, donne les noms de tous ces objets.

Le tracé de ce plan est très inexact. Il est copié sur un plan manuscrit qui se trouve aux archives de la ville d'Anvers, dessiné à une échelle environ quatre fois plus grande.

Larg. 0ᵐ405, haut. 0ᵐ26.

Se trouve dans l'ouvrage intitulé : *Geschiedenis van Antwerpen sedert de stichting der stad tot onze tyden, uitgegeven door de Rederykkamer De Olyftak, bewerkt door F. H. Mertens en K. L. Torfs. Antwerpen ter drukkery van J. P. Van Dieren & Ciᵉ, 1845.* Huit volumes in-8°. Tom. II, page 376.

1500.

Nº 4. Vue de la ville d'Anvers, prise du milieu de l'Escaut. On y voit toutes les vieilles portes de la ville, et une grande quantité de tours sur les bords du fleuve. La nouvelle ville n'est pas encore incorporée. L'ancienne flèche de Notre-Dame est démolie et la nouvelle n'est pas encore élevée. La Boucherie vient d'être construite. Tout cela est représenté à une grande échelle et assez exactement.

On a joint une légende manuscrite de 24 nᵒˢ et de *a* à *l*, à la main, à l'exemplaire qui se trouve aux archives générales du royaume.

Larg. 0ᵐ53, haut. 0ᵐ14.

Cette vue est la copie d'un tableau et a été gravée vers 1700.

Sur la même planche, il y a deux autres vues : l'une de 1556, nᵒ 19 et l'autre de 1700 nᵒ 157.

La planche gravée sur cuivre était destinée à figurer dans les *Annales Antverpienses*, etc. de Papebrochius. Les planches seules parurent alors, ainsi que les premières feuilles du texte. MM. Mertens et Buschmann ont fait paraître ce texte en 5 volumes in-8ᵒ en 1845, accompagné de la reproduction de quelques-unes des planches, destinées à la première édition [1]. Celle-ci ne s'y trouve pas. La vue qui nous occupe a été reproduite dans l'*Historisch onderzoek*, etc. de Willems, avec celle de l'an 1700, nᵒ 157.

Elle est citée au nᵒ suivant.

1500.

Nᵒ 5. Vue intitulée : *Antwerpen in het jaer* 1500. *F. Midy del.*
Des numéros de 1 à 26 renvoient à une légende imprimée à part.
Cette vue est une copie de la précédente.

Larg. 0ᵐ53, haut. 0ᵐ14.

Se trouve dans l'ouvrage intitulé : *Historisch onderzoek naar den oorsprong*, etc., par Willems, Smolderen, Van der Straelen et Lenaers. Un volume in-8ᵒ.

1500.

Nᵒ 6. Vue intitulée : *Aenkomst der H. Dympna te Antwerpen*. Bl. 64.
Au premier plan on voit la sainte qui vient de débarquer : elle tient un bâton à la main et est entourée de trois autres personnages. Dans le fond est représentée une partie de la ville d'Anvers, le Werf et l'église Sᵗᵉ Walburge, non telle qu'elle était à l'époque de l'arrivée de la sainte (620 à 640) ; mais telle qu'elle était à l'époque où le tableau a été peint (vers 1500). On ne voit déjà plus le château avec ses tours : l'église Sainte-Walburge est celle construite en 1256, et une grue se trouve sur le Werf.

[1] Cet ouvrage est cité au nᵒ 13.

Larg. 0m09 , haut. 0m14.

Cette gravure est faite d'après un tableau de Quentin Metsys qui se trouve encore à l'abbaye de Tongerloo.

Se trouve dans l'ouvrage intitulé : *Geschiedenis van Antwerpen*, etc. , par Mertens et Torfs. Anvers 1846. Huit volumes in 8°. Tome I. page. 64.

1515.

N° 7. Vue intitulée : *Antverpia mercatornm emporium. Actum 1515. Vlaenderen.*

La première inscription se trouve dans un cartouche qui se trouve au milieu de la vue, à la partie supérieure, derrière la flèche de la Cathédrale ; la seconde se trouve à droite, dans le bas de la vue, où est la Tête-de-Flandre. A la partie supérieure à gauche sont les armoiries du marquisat et à droite celles de Charles-Quint. Entre les premières et le titre est la représentation de Mercure, dieu du commerce, avec le nom (*Mercurius*) dans un cartouche, et entre les dernières et le même titre, est celle de Vertumne , dieu des jardins, avec le nom (*Vertumnus*) dans un cartouche.

Les noms se trouvent inscrits au-dessus des monuments dans des cartouches. Ce sont, à commencer par la gauche : *Hier maect men schepen dit tot Jerusalem varen en undere oec* (Ici arrivent les vaisseaux qui viennent de Jérusalem et d'autres endroits). *Die slyc poorte* (Porte de Slyk). *De Quisterne poort* (Porte de Cisterne). *T'bargie huys* (Lieu d'arrivée des barques). *Scippers capelle* (Chapelle des bateliers). *Herman haecx poort* (Porte Herman Haecx). *Facens clooster* (Couvent de Falcon). *St. Loys capelle* (Chapelle St-Éloi). *De roy poorte* (Porte Rouge). *Dit is den berder Werf* (Quai au bois). *De herinc vliet* (Canal aux harengs). *Der Minder broeders closter* (Couvent des Récollets). *T' Pens gat* (Le pens Gat). *Der preecheeren clooster* (Couvent des Dominicains). *T'ostende honghers torken* (Tour des Ostendais ?) *T'hof van Affelghem* (Refuge d'Afflighem). *Die burch kercke* (Église du Bourg). *T vleesch huys* (Halle à la viande). *Dits de burght daer Antigonus de ruese te wonen plach* (Château du géant Antigon). *Die rismaert* (Marché aux Poissons). *De viscoper toren* (Tour des Poissonniers). *De loocbrugge* (Pont à l'ail). *Antoni de Valle toreken* (Tour d'Antoine de Valle). *Peeter pots clooster* (Couvent de Pierre Pot). *Bogaerden* (les Begards). *St-Jacobs kercke* (Église St-Jacques). *T'sandersgat* (Le Sandersgat).

Dits t schip dat van J h l m comt (Vaisseau arrivé de Jérusalem). *Onser vrouwe broeders clooster* (Couvent des Carmélites). *De huvettere cap.* (Chapelle des Tanneurs). *Meyen gat* (Maey gat.) *St Jans gasthuis* (Hospice de St-Jean). *De Lombaerdin toreken* (Clocher des Lombards). *St Jans poorte* (Porte St-Jean). *Die fockers* (Les Fockers). *De toren aen den eechof* (Tour de l'arsenal). *De derde orden* (Couvent du tiers ordre). *St-Augustyne clost* (Couvent des Augustins). *Tryc Gasthuys* (Hôpital St-Élisabeth). *St Joris kercke* (Église St-Georges). *St Joris poorte* (Porte St-Georges). *De Beghinen poorte* (Porte des Béguines). *Monasterii St Micaëlis* (Abbaye de St-Michel). *Cronenburch* (Croonenbourg). *Dit es den kalc oven in Vlaenderen* (Fours à chaux en Flandres). *Cellebroers* (Frères Cellites).

C'est une magnifique vue de la ville prise de la rive gauche de l'Escaut, dont on voit aussi une partie. Le fleuve est couvert d'une grande quantité de navires de formes différentes. Les édifices de la rive droite sont représentés d'une manière assez exacte et avec tous leurs détails. La nouvelle ville n'est pas encore incorporée.

Gravure sur bois en 12 feuilles.

Larg. 2^m20, haut. 0^m53.

Cette gravure très-rare se trouve aux archives de la ville d'Anvers. Il n'y en a probablement pas d'autre exemplaire existant.

1515.

N° 8. Vue intitulée :

Panorama d'Anvers au commencement du XVI° siècle. D'après la photographie de MM. Delehaye et Sluyts, réduction au cinquième de la gravure originale conservée aux archives de la ville d'Anvers. Gravé par N. Heins, Gand. 1858. J. B. Van Mol-Van Loy, éditeur.

D'après une note les inscriptions qui se trouvent sur les monuments dans la gravure originale étant devenues trop petites par la réduction au 5me ont été remplacées par des renvois au bas de la planche.

Dans l'intérieur du cadre se trouvent les mêmes inscriptions que dans la gravure originale Il s'est glissé quelques erreurs dans la reproduction de ces inscriptions.

Larg. 0^m465, haut. 0^m11.

Se trouve dans l'ouvrage intitulé : *Histoire de la ville d'Anvers par*

Eugène Gens. Anvers, J. B. Van Mol–Van Loy, libraire–éditeur, Courte rue Neuve, 9. 1861. Un vol. in-8°, pag. 341.

1543.

N° 9. Vue sans titre de la ville d'Anvers prise en avant de la porte de Malines. A la partie supérieure, au centre, sont les armes d'Autriche entre deux colonnes et l'inscription : *Plus oultre*. A gauche sont les armes de l'empire et à droite celles du marquisat : elles sont gravées de la même manière sur la porte de Malines. Cette vue est prise à l'époque de l'entrée de Charles–Quint à Anvers. La porte de Malines seule et quelques bouts de remparts sont achevés à droite et à gauche de celle–ci. A côté de cette porte on lit l'inscription : *Divo Carolo V Cæsar*. Plus loin ce sont encore les anciens remparts avec les tours et les vieilles portes. La nouvelle ville n'est pas encore annexée : elle ne le fut qu'en 1543. La tour de Croonenbourg existe encore : elle a été démolie en 1563.

Gravure sur bois, en deux feuilles.

Larg. 0m45, haut. 0m35.

Cette vue se trouve à la bibliothèque de Bourgogne, à Bruxelles : elle est intercalée dans le manuscrit n° 7563 à 7567, intitulé : *Chronyck van Antwerpen. 1500 à 1600.* par Caukerken. Un volume in-folio.

1543.

N° 10. Vue de la ville d'Anvers sans titre ; *II° Deel Bladz. 381.*
Cette vue est une copie de la précédente.

Larg. 0m37, haut. 0m18.

Se trouve dans l'ouvrage intitulé : *Geschiedenis van Antwerpen*, etc. par Mertens et Torfs. Huit volumes in-8°. Tom. II. pag. 381.

1543.

N° 11. Vue intitulée : *Vue d'Anvers (1543). D'après une réduction photogr. d'une gravure du temps. Ch. Dhossche, sc¹.*
En dessous est une légende dont chaque numéro se trouve au dessous de l'édifice qu'il cite, et dont voici la reproduction :
1. *Abbaye de St-Michel.* 2. *Anc° église St-Georges.* 3. *Porte impériale*

dite de St-Georges. 4. *La tour bleue.* 5. *Tour des tanneurs.* 6. *Tour de Croonenburg.* 7. *Vieille enceinte.* 8. *Anc° porte St-Georges.* 9. *Enceinte de 1298.* 10. *Porte rouge.* 11. *Poterne du Kiel.* 12. *Bastion et nouv. murailles en construction.* 13. *Anc° porte de Borgerhout.*

Cette vue est comme la précédente une copie du n° 9.

Larg. 0^m15 haut. 0^m,075.

Se trouve dans l'ouvrage intitulée : *Histoire de la ville d'Anvers par Eugène Gens.* Un vol. in–8, page 66.

1543.

N° 12. Vue intitulée : *Turris Croneburgica in marcam S. R. J. erecta. Latus orientale cum interiori aspectu veterum murorum et portæ usq. ad an.* 1543, *quo novis muris urbs augi cœpit.*

Mostart pinxit [1]. *Henr. Causé delin et sculpsit.*

Cette vue, outre la tour de Croonenbourg, qui se trouvait anciennement sur la rive droite de l'Escaut entre la ville et la citadelle actuelle, montre aussi une partie des anciens murs de rempart. Des tireurs s'exercent à atteindre un oiseau qui est sur le toit de la tour. La Tête de Flandre, sur l'autre rive de l'Escaut, n'est pas fortifiée.

Larg. 0^m325 , haut. 0^m155.

Cette vue se trouve sur la même planche que la vue de la tour du côté de l'occident (n° 26) et que la vue de l'ancien hôtel de ville. La planche en cuivre se trouve aux archives de la ville d'Anvers.

Cette gravure a été faite d'après un tableau de Mostaert, vers 1700, pour l'ouvrage de Papebrochius.

1543.

N° 13. Vue intitulée : *Turris Croneburgica.* C'est une copie de la vue précédente.

Larg. 0^m325 , haut. 0^m155.

Se trouve dans l'ouvrage intitulé : *Annales Anverpienses ab urbe condito ad annum* 1700. *Collecti in ipsius civitatis monumentis publicis privatisque*

---

[1] MOSTAERT (Jean) peintre, naquit à Haarlem en 1474 où il mourut en 1555 ou 1556.

*latinæ ac patriæ linguæ iisque fere manu exaratis auctore Daniele Pape-
brochio S. J.* Publié par MM. Mertens et Buschmann. Anvers, Buschmann.
1845. Cinq volumes in–8•, tome I. page

1543.

N° 14. *Kroonenburgtoren zuidzyde met de mueren en poort binnenwaerts
gezien. 1543. Blz. 55.*
C'est la planche précédente avec un titre différent.

Larg. 0m325, haut. 0m155.

Se trouve dans l'ouvrage intitulée : *Geschiedenis van Antwerpen*, etc. par
Mertens et Torfs. Anvers. 1845. Huit volumes in–8° , tome II. page 55.

1543.

N° 15. Vue intitulée : *Tour de Croonenburg.* 1543.
C'est la planche des deux vues précédentes , avec un autre titre.

Larg. 0m325, haut. 0m155.

Se trouve dans l'ouvrage intitulé : *Histoire physique, politique et monumentale de la ville d'Anvers par Edmond Le Poittevin de la Croix. Anvers,
chez l'auteur, rue des Tanneurs, 1054.* 1847. Un volume in–8°, page 426.

CHAPITRE II.

DU CINQUIÈME AU SIXIÈME AGRANDISSEMENT DE LA VILLE. (1543 à 1567).

1556.

N° 16. Vue intitulée : *Antverpia urbs Belgica ad Scaldim sita Europæ
decus.*
Antverpie in vico Longobardico apud Joannem Liefrinck [1]. 1556. *Cum
privilegio ad serennium.*
Les six vers suivants sont inscrits en dessous du titre :

[1] LIEFRINCK (Jean) était imprimeur à Anvers. On ne connaît pas la date de sa
naissance, on sait seulement qu'il a été reçu maître de la corporation de St-Luc en
1554 et qu'il a été doyen en 1558. Son père avait été maître en 1538.

Loquitur Antverpia
Oppida quot spectant, oculo me torva sinistro
Tot nos invidiæ pallida tela petunt.
Lugdunum omnigenum est : operosa Lutetiæ : Roma
Ingens : res Venetum vasta : Tolosa potens
Omnimodæ merces, artes priscæq. novæq.
Quorum insunt alijs singula, cuncta mihi [1].

A la partie supérieure sont deux figures couchées, l'une portant les armoiries de la ville d'Anvers, l'autre représentant le commerce.

Cette vue est prise de la rive gauche dont on voit une grande partie. Il y a quelques inscriptions qui sont, en commençant par la gauche :

Jan Eluvicus huys. Den caklhoven. Waghens van Brugghe. Het veer en Vlaenderen. Waghens van Ghendt. Toute cette rive étant au premier plan est sur une assez grande échelle. Au delà de l'Escaut, qui est couvert de bateaux de formes très différentes, on voit la rive droite avec ses quais au dessus des maisons desquels on voit les clochers des églises. Les noms sont aussi inscrits sur les monuments remarquables, dans l'ordre suivant en commençant par la gauche.

Oudtsterwel. Wilmerdonk. In de nieu stad. Den gelsche Caeye. De nieu brouwerye. Kruyphol. De roy Porte. De fakens clooster. Den nieuwen craen. De boercht kerke. Den viskoperstoren. De preekeren. Het vleshuys. Den backerstoren. Peterspots kerke. Het bierhoot. Den pant van Spaeinge. Ons lief vrouwenkerk. t Sandersgat. Het waeyengat. Sint Jans Gasthuys. De hout Caeye. Sint Jacobs kerke. De steen caeye. S. Cleren. De vrouwen broes. De Fochers. De hoey caeye. St Andries kerke. St-Mihiels cloester. St Joris kerke. Baergi huys. De nieu brouwerye. De berderen werf. Cronenboerch poerte. De nieu brugge. Het neer Kiel.

La nouvelle ville est incorporée ; elle figure sur les plans pour la première fois : la citadelle n'est pas encore construite.

Larg. 1m41, haut. 0m355.

Cette vue se trouve à la bibliothèque de Bourgogne (manuscrits) à Bruxelles : elle est intercalée dans le manuscrits n° 7563 à 7567 intitulé : *Chronyck van Antwerpen, 1500 à 1600*, par Caukerken. Un volume in-folio.

---

[1] Ces vers attribués à Scaliger se trouvent aussi sur les plans de 1574 et de 1635. (N° 42 et 119).

1556.

N⁰ 17. Vue intitulée : *Antverpia, urbs belgica, ad Scaldim sita.*
Antverpie in vico Longobardico apud Joannem Liefrinck 1556.
Cette vue est une copie de la vue précédente; seulement on n'y a pas reproduit les constructions de la rive gauche.

Larg. 1ᵐ35, haut. 0ᵐ185.

Se trouve dans l'ouvrage intitulé : *Annales Antverpienses ab urbe condita ad annum* 1700. Publié par MM. Mertens et Buschmann. Tom. I, pag. 13.

1556.

N⁰ 18. Vue intitulée : *Gezicht van Antwerpen in* 1556. C'est la même vue que la précédente, le titre seul diffère.

Larg. 1ᵐ35, haut. 0ᵐ185.

Se trouve dans l'ouvrage intitulé : *Geschiedenis van Antwerpen*, etc., par Mertens et Torfs. Tom. IV. pag. 122.

1556.

N⁰ 19. Vue de la ville d'Anvers sans titre ; une inscription à la main est ainsi conçue : *Ex picturis duabus ant. d. annum* 1700 *apud patres S. J. et incuria servatis.*

Elle a une petite ajoute de 0,075 sur 0,03 avec l'inscription suivante à la main : *A tabula....* 1556 *ausculpta. Rudimentum novi civitatis.* C'est une vue des quais prise du milieu de l'Escaut.

La flèche de l'église N. D. n'est pas construite : la citadelle non plus.

Larg. 0ᵐ525, haut. 0ᵐ095.

Elle se trouve sur la même planche que la vue de 1500, n⁰ 4, et que celle de 1700, n⁰ 157. C'est aussi une copie faite vers 1700 d'un tableau qui se trouvait aux jésuites, comme l'inscription manuscrite l'indique.

Cette vue n'a pas été reproduite dans l'*Historisch onderzoek*, etc. comme les deux autres [1]. Elle se trouve aussi aux archives générales du royaume, à Bruxelles.

---

* Voyez au n⁰ 348. page 4.

1565.

N° 20. Plan intitulé : *Urbs Antverpia*.

A la partie inférieure, à gauche, on a placé les armoiries de l'empire entourées du collier de la Toison d'or et d'une guirlande d'olivier et de chêne, entre celles du Brabant et celles du marquisat du Saint Empire.

A droite on a placé celles d'Espagne sous Philippe II, écartelées de Sicile, avec la devise : *nec spe nec metu*, entre celles de Maximilien d'Autriche et celles de la ville d'Anvers.

A côté de ces dernières armoiries est la description de la ville d'Anvers, en latin, commençant ainsi : *En vobis, spectatores candidi, apud Belgas emporii celeberrimi Antverpiæ formam, à* VIRGILIO BONONIENSI *ad vivam similitudinem geometrica ratione in vestrum commodum delineatur et à* CORNELIO SCRIBANO GRAPHÆO [1] *descriptam, ac ab utroque, dum superstites essent, demensam ;* etc. Cette description est terminée par la phrase suivante :

Si quis hæc, sine M. Petri Franss, ac Antonii Palermi [2] assensu, aut picturâ imitari, aut prælo alicubi excusa pictare vendere præsumpserit, edicto Reg. Majest. multam in diplomate expressam pendito.

Antverpiæ imprimebat Æg. Diest [3],

An. 1565, mense Sept.

Dans ce plan tous les édifices, les maisons, etc., sont vues en élévation et entièrement distinctes les unes des autres, à cause de la grandeur de l'échelle. La vue est prise en avant de la porte de Borgerhout. Les noms des rues et des édifices sont inscrits à leur place, en latin.

On distingue particulièrement toutes les églises, chapelles, etc., l'hôtel de ville qui vient d'être achevée, la bourse, l'hôtel de Hesse, la maison hanséatique qui est seulement commencée et qui ne fut achevée qu'en 1568, (la tour n'y figure pas encore), la boucherie, etc. Le nouveau chœur de l'église

---

[1] Corneille GRAPHÆUS ou DE SCHRYVER, secrétaire de la ville d'Anvers, homme d'un grand savoir, possédant la plupart des langues anciennes et modernes, bon poëte et ami d'Erasme, naquit à Alost en 1482 et mourut à Anvers le 19 décembre 1558. Voy. PAQUOT. T. VI, p. 187-189.

[2] Antoine PALERME était peintre et marchand de tableaux. Il a été doyen de la corporation de St-Luc en 1555, 1562 et 1571. (Jaerboek der vermaerde en kunstryke gilde van Sint Lucas, etc. par J.-B. Vander Straelen et P. Th. Moons-Vander Straelen. Anvers. 1855.)

[3] Antoine VAN DIEST, imprimeur, reçu maitre de la corporation de St-Luc en 1572. (Jaerboek, etc.)

Notre-Dame, commencé en 1521, et qui n'a pas été achevé, s'y voit encore : au moins ce qui a résisté à l'incendie de 1533.

L'église St-Jacques n'est pas encore terminée : on voit l'ancien chœur achevé en 1507. Le nouveau chœur paraît commencé, quoique l'on prétende que la première pierre n'en a été posée qu'en 1602 : on voit cependant ici le commencement de la maçonnerie et la base des colonnes. La tour est dans l'état où elle est encore aujourd'hui : les chapelles collatérales ainsi que le transept sud sont construites.

Le long du canal du bourg on voit encore trois tours de l'ancien château. D'après la description la ville comptait alors 200 blocs ou pâtés de maisons, 62 ponts, 20 places, 12 quartiers ou sections, 36 édifices religieux et 8 canaux pour recevoir les navires.

Les murs de rempart de la ville sont ceux qui existent encore maintenant, excepté la partie entre la porte de Malines et l'Escaut qui a été démolie quelques années plus tard (1567), pour la construction de la citadelle. Au nord la nouvelle ville est englobée ; mais elle est encore peu peuplée. On voit sur l'enceinte 10 bastions, 7 cavaliers au milieu des courtines et 5 portes monumentales.

Le canal d'Hérenthals entre par la gauche de la porte de Malines, est appelé le canal Sale en ville, et puis traverse la place de Meir dans sa longueur.

Au-delà de l'Escaut on voit la tête de Flandre qui n'est pas encore fortifiée. Le fleuve lui-même a été représenté moins large qu'il n'est réellement, à cause de la perspective.

Malgré les grands détails de ce plan, il y a cependant plusieurs choses remarquables qui n'y sont pas représentées. Ainsi on n'y voit plus de tours sur les remparts, quoique plusieurs existaient encore à cette époque, entr'autres la porte Rouge, la tour des Tanneurs, la tour Bleue, la porte St-George qui était vis-à-vis de la rue Gérard actuelle, etc. On ne distingue pas non plus la rue du Paroissien, quoiqu'il en soit question déjà en 1489 [1]. Les rues du Pant, percées en 1560, n'y sont pas non plus. D'un autre côté la rue St-Bernard, qui ne doit avoir été percée qu'en 1582 [2], y figure déjà.

---

[1] Diercxens, III, 138.
[2] Gens, Histoire de la ville d'Anvers, page 400.

Plusieurs édifices religieux qui n'ont été construits que plus tard, n'y figurent naturellement pas, tels sont l'église des Augustins (1607), celle des Jésuites (1614) et le couvent des Carmes déchaussés (1627).

Ce magnifique plan est gravé sur bois et colorié avec une certaine exactitude, car on a même distingué les toits en tuiles de ceux en ardoises par une teinte rouge pour les premiers et bleue pour les seconds. Il est composé de 20 feuilles. C'est le plus grand et le plus détaillé de tous les plans de la ville d'Anvers ; c'est une œuvre très importante pour l'époque où il a été fait.

Larg. 2^m65, haut. 1^m20.

Le seul exemplaire existant de ce magnifique plan fait partie de la bibliothèque de Plantin, appartenant à M. Moretus, qui occupe encore maintenant à Anvers la maison de Plantin, dont il est un des descendants.

1565.

N° 21. Plan sans titre qui est une copie du plan précédent, à une échelle trois fois plus petite. Les noms des rues ne s'y trouvent pas, ni aucune autre indication. La rive gauche de l'Escaut n'y est pas figurée comme dans l'autre plan.

C'est une lithographie en trois feuilles.

Larg. 1^m28, haut. 0^m59.

Se trouve dans l'ouvrage intitulé: *Historisch onderzoek*, etc, par Willems, Smolderen, Vander Straelen et Lenaers. Anvers 1828. Un volume in-8°.

1566.

N° 22. Vue intitulée : *Antwerpen*.

Cette vue représente les prédications des protestants au Kiel, près d'Anvers : les trois sectes des Calvinistes, ou protestants de la langue flamande, des Luthériens ou protestants de la langue wallonne et des Anabaptistes ou protestants de la confession d'Augsbourg, y sont représentés séparément sous les noms de : *Calvinsche*, *Walsche* et *Confessi*.

Dans le lointain on voit la ville d'Anvers : la citadelle n'est pas encore construite.

Larg. 0m28, haut. 0m19.

Se trouve dans l'ouvrage intitulé : *De leone belgico*, etc. de Michel Aitsinger. 1587. Un volume in–4° Page 55.

Et dans l'édition allemande du même ouvrage, qui a pour titre : *Historia und ab. contrafeytungh*, etc. 1593. Un volume in–4°.

1566.

N° 23. Vue intitulée : *Antwerpen.*
Avec quatre vers latins en–dessous.
C'est une réduction de la vue précédente.

Larg. 0m155, haut. 0m125.

Se trouve dans l'ouvrage intitulé : *Nederlantsche oorloghen*, etc. de P. Bor. 1621 à 1630. Sept volumes in–folio. Tom. I. Pag. 48.

1566.

N° 24. Vue intitulée : *Het prediken der gereformeerden buyten Antwerpen in den jaere* 1566.
Cette vue représente aussi comme les n° 22 et 23, les prédications des protestans aux environs de la ville, vers le Kiel. On voit la ville d'Anvers dans le lointain.

Larg. 0m33, haut. 0m26.

Se trouve dans l'ouvrage intitulé : *Oorspronck, begin, en vervolgh der Nederlandsche Oorlogen, beroerten, en borgerlyke oneenigheden ; beginnende met d'opdracht der selve landen, gedaen by Keyser Karel den Vijfden, aen sijnen soon koninck Philippus van Spanjen, en eindigende met het einde van 't jaer 1600. Waerachtelijk en onpartijdelijk beschreven door Pieter Bor Christiaenz*, etc. *Amsterdam, bij de weduwe van Joannes van Someren, Abraham Wolfgangh, Hendrick en Dirk Boom*, 1679–1684. 4 parties en 9 vol. in–folio. Tome I, page 69.

1566.

N° 25. Vue intitulée : *Predikatien der gereformeerden, A° 1566, buyten Antwerpen ondernomen. Tom. I, N° 2.*
C'est la même vue que la précédente.

Larg. 0ᵐ33, haut. 0ᵐ26.

Se trouve dans l'ouvrage intitulé : *Geschiedenissen der Vereenigde Nederlanden, sedert den aanvang van die Republyk tot op den vrede van Utrecht in 't jaar 1713 en het traktaat van Barrière in 't jaar 1715, gesloten, etc.* par Jean Le Clerc. *Amsterdam, bij Zacharias Chatelain, boekverkooper op den Dam,* 1730. Trois vol. in–folio, Tom. I, page 12.

L'édition française du même ouvrage n'a pas de gravures.

1567.

Nº 26. Vue intitulée : *Turris Croneburgica in marcam S. R. I. erecta. Latus occidentale, cum parte novorum murorum et suburbii Kile, usq. ad an.* 1567, *quandó propter arcem inter ipsa erectam, hoc deletum, illa destructa fuit.*

Mostart pinxit. Henr. Causé delin. et sculpsit.

Sur cette vue de la tour de Croonenbourg prise du milieu de l'Escaut on voit en outre la porte de Croonenbourg et les fortifications en avant. L'emplacement de la citadelle est occupé par des moulins à vent et par le village de Kiel. La partie supérieure de la tour n'a pas pu être comprise dans le cadre.

Larg. 0ᵐ325, haut. 0ᵐ07.

Se trouve sur la même planche que la vue de la tour du côté de l'orient (nº 12) et que la vue de l'ancien hôtel–de–ville. Elle est comme elles une copie du tableau de Mostart, et aura aussi été gravée vers 1700 pour l'ouvrage de *Papebrochius.*

1567.

Nº 27. Vue intitulée : *Kroonenburgtoren, west waerts, met de nieuwere wallen en een gedeelte van het Kiel in 1567 voor het bouwen van het Kasteel,* Blz. 56.

C'est une copie de la vue précédente. .

Larg. 0ᵐ,325, haut. 0ᵐ,155.

Se trouve dans l'ouvrage intitulé : *Geschiedenis van Antwerpen,* etc., par Mertens et Torfs. Anvers, 1845. Huit volumes in–8º. Tom. II. Pag. 56.

1567.

N° 28. Vue intitulée : *Bataille d'Austerweel donnée le 13 mars l'an 1567. Tom. II. pag. 7.*

Jean de Marnix, seigneur de Thoulouse, qui était venu occuper avec les protestants le village d'Austruweel, au nord d'Anvers, y est attaqué et défait par les catholiques sous les ordres de Philippe de Lannoy, soutenu par deux navires de guerre de la régente.

La ville d'Anvers se voit dans le lointain avec ses fortifications et ses clochers.

Larg. 0ᵐ16, haut. 0ᵐ115.

Se trouve dans l'ouvrage intitulé : *Histoire des révolutions des Païs-Bas. Depuis l'an 1559 jusques à l'an 1584.* Paris, Briasson. Lahaye, Gosse et Neaulme. 1727. Deux volumes in-12°.

Ainsi que dans l'ouvrage intitulé : *Histoire de la guerre des Pays-Bas du R. P. Famien Strada, romain, de la compagnie de Jésus, traduite par P. Du Ryer. Nouvelle édition.* Bruxelles, G. Fricx 1739. Six vol. in-18°. Tom. II, pag. 7.

1567.

N° 29. Vue intitulée : *T' ghevecht van Oosterweel onder de gouvernante Margarita. Ann. 1567.*

Franciscus Van den Wyngaerde fecit. vidua Cnobbart excudit. Fol. 201.

Avec une légende de A à K pour les lieux représentés et les faits accomplis.

Cette vue représente le même fait que la précédente. Les protestants sont défaits, une partie se jette dans l'Escaut, d'autres sont pendus.

La vue est prise du bord de l'Escaut au nord de la bataille. On voit derrière celle-ci le village d'Austruweel, et plus loin la ville d'Anvers : à droite est l'Escaut.

Larg. 0ᵐ315, haut. 0ᵐ255.

Fait partie de la collection de M. J. B. Van den Bemden.

1567.

N° 30. Vue intitulée : *Bataille d'Oestervel Margarite de Parme, gouvernante. 1567.*

Avec une légende de A à K pour les lieux représentés et les faits accomplis.

C'est une copie de la vue précédente.

Larg. 0^m325, haut. 0^m26.

Se trouve à la bibliothèque royale, à Bruxelles.

1567.

N° 31. Vue intitulée : *Bataille d'Oestervel. Margarite de Parme Gouv. R. d. Hooge fecit. El capⁿ ing^r Ledesma disp^t* [1].

Avec une légende de A à L.

Cette vue représente l'action aux environs de l'église : la ville d'Anvers est dans le fond.

Larg. 0^m34, haut. 0^m27.

Se trouve à la bibliothèque royale, à Bruxelles.

1567.

N° 32. Vue intitulée : *Antwerpen.*

Cette vue représente la sortie du prince Guillaume d'Orange d'Anvers, le 11 avril 1567, avec toute sa famille et un grand nombre de bourgeois notables. Dans le fond on voit une partie de la ville d'Anvers, et les murs d'enceinte depuis la porte de Kipdorp jusqu'à la porte Rouge. Le prince paraît sortir de la première de ces portes et se diriger sur la ville de Breda, que l'on voit dans le lointain. Par la seconde on voit l'entrée de la princesse de Parme, régente des Pays-Bas, qui eut lieu le 28 avril [2].

Avec huit vers allemands en-dessous.

Larg. 0^m28, haut. 0^m19.

Se trouve dans l'ouvrage intitulé : *De leone belgico*, etc., par Michel Aitsinger. Page 65.

Et dans l'édition allemande du même ouvrage, qui a pour titre : *Historia, und ab. contrafeytungh*, etc. En-dessous de celle-ci se trouvent huit vers en allemand.

1567.

N° 33. Vue intitulée : *Antwerpen.*

[1] Voir la note, page 35.
[2] Voir J. L. Motley. Rise of the dutch Republic, Leipzich 1858. T. II. p. 69 & 77.

Avec 4 vers en latin en-dessous. C'est une réduction de la vue précédente.

Larg. 0^m17, haut. 0^m13.

Se trouve dans l'ouvrage intitulé : *Nederlantsche oorloghen*, etc., par Pierre Bor. Tom. I. Pag. 118.

1567.

N° 34. Plan intitulé : *Antverpia*.

Avec les armoiries du marquisat dans le coin supérieur à droite et celles de l'empire dans le coin supérieur à gauche. Ce plan est accompagné de deux légendes de 49 numéros pour les édifices et lieux remarquables, l'une est en français et l'autre en allemand : elles sont séparées du plan et placées en-dessous.

Les édifices et les maisons y sont représentés en élévation et la vue est prise d'un point en avant de la porte Kipdorp. Sur le dernier plan au-delà de l'Escaut on voit la tête de Flandre qui n'est pas fortifiée.

La citadelle n'est pas encore construite ni les ouvrages extérieurs de la ville non plus [1].

Gravure sur bois.

Larg. 0^m385, haut. 0^m275.

Ce plan se trouve à la bibliothèque de Bourgogne (manuscrits), à Bruxelles ; il est intercalé dans le manuscrit n° 7563 à 7567, intitulé : *Chronyck van Antwerpen*, 1500 à 1600, par Caukerken. Un volume in-folio.

1567.

N° 35. Plan intitulé : *Anvers*.

Avec les armoiries du marquisat et celles de l'empire à la partie supérieure, et une légende de 28 numéros, en français, en-dessous du plan, hors du cadre.

Ce plan est une copie réduite du plan précédent, auquel il est tout-à-fait semblable.

Larg. 0^m335, haut. 0^m235.

---

[1] On a publié une ajoute à ce plan avec la citadelle. Voir n° 39 de 1572.

Se trouve dans l'ouvrage intitulé : *Description de tout le Païs Bas, autrement dict la Germanie inférieure ou Basse-Allemaigne, par Messire Lodovico Guicciardini* [1]. *Anvers. Guillaume Silvius* 1568. Un volume in-4°, pag. 82 et 83.

L'édition italienne de 1567 n'a pas de plans : c'est la première.

CHAPITRE III.

Après le sixième agrandissement (1567 à 1861).

1568.

N° 36. Plan intitulé : *Plan de la citadelle d'Anvers envoyé à Philippe II par lettre de Gabrio de Serbeloni du 2 Janvier 1568. (Correspondance Tom. II. p. 9). Estade leg° n° 540.*

Piatta retratta per Dominicho Datano.

Avec une échelle et une rose des vents. La citadelle est représentée avec les bâtiments à l'intérieur, au simple trait : les noms des bastions se trouvent inscrit à leur intérieur.

L'enceinte qui allait de la tour de Croonenbourg à la nouvelle porte St-George y est encore figurée sous le nom de *Muraglie spaniate* et *Fossa riempita.* Le raccordement de la citadelle avec les fortifications de la ville figure sous le nom de *Cresimento.*

On n'a rien figuré de la ville. A l'époque de la confection de ce plan la citadelle était en construction, car elle fut commencée à la fin de 1567 : on doit donc le regarder comme une espèce de projet.

Larg. 0ᵐ49, haut. 0ᵐ35.

Se trouve dans l'ouvrage intitulé : *Correspondance de Philippe II sur les affaires des Pays-Bas; publiée d'après les originaux conservés dans les archives royales de Simancas*, etc., par M. Gachard. Bruxelles, 1851. Trois volumes in–4°. Tom. II. Pag. 8.

---

[1] GUICHARDIN (Louis), naquit à Florence d'une famille patricienne, en 1523, et mourut à Anvers en 1589.

1570.

N⁰ 37. Vue intitulée : *Antwerpen.*

On voit sur cette vue la présentation au comte Alberic de Lodrone des trois compagnies allemandes qui l'avaient fait captif à Valenciennes parce qu'elles ne recevaient pas leur solde et qui sont envoyées à Anvers. Quant elles furent de quelques jours dans cette ville on fit décapiter ou pendre leurs chefs et plusieurs d'entr'eux. Cette exécution a lieu sur l'Esplanade entre la ville et la citadelle.

La ville est représentée dans le fond : on voit les remparts et les portes des Béguines, de Malines, de Kipdorp, et la vieille porte Rouge, ainsi que la nouvelle citadelle, et les clochers des églises.

Gravure sur bois.

Larg. 0ᵐ28 , haut. 0ᵐ19.

Se trouve dans l'ouvrage intitulé : *De leone belgico*, etc. par Michel Aitsinger. Pag. 115.

Et dans l'édition allemande du même ouvrage , qui a pour titre : *Historia unnd ab contrafeytungh*, etc.

1570.

N° 38. Vue intitulée : *Antwerpen.*

Avec 4 vers en latin en–dessous. C'est une réduction de la précédente.

Larg. 0ᵐ155, haut. 0ᵐ125.

Se trouve dans l'ouvrage intitulé : *Nederlantsche oorloghen*, etc. par Pierre Bor. Tom. I. Pag. 238.

1572.

N° 39. Plan intitulé : *Antverpia. De stadt van Antwerpen, met het nieu casteel ende vermeerderinge. 1572.*

Avec les armoiries de l'empire et du marquisat à la partie supérieure , une légende de A à E en espagnol pour les bastions de la citadelle dans l'intérieur du cadre, et deux légendes de 49 numéros, l'une en français et l'autre en allemand, détachées du plan.

Dans ce plan les édifices et les maisons sont vus en élévation : il est pris d'un point situé en avant de la porte Kipdorp.

On voit la Tête de Flandre dans le haut, sur l'autre rive de l'Escaut ; elle n'est pas fortifiée.

Gravure sur bois en deux feuilles.

Larg. 0^m47, haut. 0^m275.

Ce plan est le même que le plan de 1567 (n° 34), auquel on a ajouté une papillotte avec la citadelle.

Il se trouve à la bibliothèque de Bourgogne (manuscrits) à Bruxelles. Il est intercalé dans le manuscrit n° 7563 à 7567, intitulé : *Chronyck van Antwerpen, 1500 à 1600*, par Caukercken. Un volume in-folio.

1572.

N° 40. Plan intitulé : *Anverpia nobile in Brabantia oppidum, partim maritimum, Gallis, Germanis, Hispanis, Britannis, Italis frequentatu, mercimenis mirum in modum floret. Sumptuosis tam publicis, quam privatis edificiis nitet, nimir. augustissimo D. Virginis templo, cum turri, ex candido lapide altissima; civica, hanseatica, anglica ac portugalensium domo. Monasterio præmonstratensium, monumento Isabele Caroli ducis Burgundionum conjugis, nobili. Anno a Christo nato 1567 die 5 Novemb., munitissima Antverpiensium mœnia, à Cronenburgio, usque ad Cæsaream portam divulsa, soloq. æquata fuere et novo vallo cincta, fossa et aqua circundata, quinq. propugnaculis ex vivo saxo munita, construitur, habens in circumferentia inter propugnacula superni eminentes decem et tres formas planas, quas alii pastillos nuncupant, ad hostium propellendos insultus, fortissimas. Intus, latè patentem aream, percomodæ claudunt œdes, quas præsidarii milites incolunt. In areæ medio, statua enea deaurata, maximis sumptib. fusa serenissimi Hispaniar. regis jussu, illustrimo duci Albano, (cujus universa corporis faciem apprimè refert) benevolentie et gratitudinis ergo pacificatoris habitu, posita est : hanc in colossi pede inscriptionem habens.*

Ferdinando Alvarez a Toledo Albæ duc. Philippi II Hisp. apud Belgas præfec. quod extincta seditione, rebellib. pulsis, religione procurata. justitia civita provinciæ pacem firmavit regis optimi meruit. fideliss. positum. Avec une légende de 24 numéros pour les édifices, un autre donnant les *noms des boulevers et rapars* de A à E en espagnol pour la citadelle : les armes du marquisat et celles de l'empire.

Quatre personnages en pied ornent le bas de ce plan. Les édifices y sont représentés en élévation. Les noms de quelques rues s'y trouvent. La vue est prise un peu à droite de l'ancienne citadelle. La tête de Flandre n'est pas encore fortifiée.

Larg. 0m465, haut. 0m325.

Se trouve dans l'ouvrage intitulé : *Theatrum urbium et civitatum orbis terrarum, par Georgius Braun et Franciscus Hohenbergius.* Cologne, 1572-1616, 6 vol. in-folio. Le premier volume dans lequel se trouve ce plan a pour titre : *Civitates orbis terrarum. Liber primus.*

Il se trouve aussi dans l'ouvrage intitulé : *Urbium totius Belgii seu Germaniæ inferioris nobiliorum et illustriorum tabulæ antiquæ et nova accuratissimi elaboratæ etc. Amstelodami apud Joannem Janssonium,* 1657. Trois volumes in-folio. Première partie.

1572.

Nº 41. Plan intitulé : *Anvers en 1572.*

Avec des renvois de 1 à 18 pour la ville et de A à E pour les bastions de la citadelle. Les armoiries de la ville se trouvent dans le coin supérieur à droite. Quatre personnages en pied ornent le bas de ce plan.

Les noms de plusieurs rues et des portes se trouvent sur le plan même. C'est une copie du plan précédent.

Larg. 0m46, haut. 0m315.

Se trouve dans l'ouvrage intitulé : *Histoire physique, politique et monumentale de la ville d'Anvers, par Edmond Le Poittevin de la Croix. Anvers, chez l'auteur, rue des Tanneurs* 1054. 1847. 1 vol. in-8º.

1574.

Nº 42. Plan intitulé : *Anverpia. Depingebat Georgius Hoefnag.*

Une inscription de six vers latins se trouve dans un cartouche ; elle a pour titre : *Poeta Julius Scaliger in laudem Antverpiæ hexastichon* 1.

' Cette inscription se trouve aussi sur la vue de 1556 et le plan de 1635 (nos 16 te 119.)

Une autre est intitulée : *Daniel Rogerius albimontans de magnificentia urbis Antverpianæ.*

Une troisième est intitulée : *De frequentia omnium gentium in Janimedio, vulgo : die burse.*

Enfin une quatrième a pour titre : *De eodem.*

Ce plan est accompagné d'une légende de 24 numéros pour la ville, en latin, et d'une autre de A à E pour la citadelle, en espagnol.

Les armoiries du marquisat se trouvent à la partie supérieure à droite et celles de l'empire à gauche.

Les édifices sont vus en élévation ; la vue est prise entre les chaussées de Berchem et de Borgerhout. La Tête de Flandre n'est pas fortifiée.

Larg. 0m77, haut. 0m445.

Se trouve dans l'ouvrage intitulé : *Theatrum urbium et civitatum orbis terrarum, par Georgius Braun et Franciscus Hohenbergius.* Cologne, 1572-1616. Six volumes in-folio. Le cinquième volume, dans lequel se trouve ce plan, a pour titre : *Urbium præcipuarum mundi theatrum quintum. Auctore Georgio Braunio Agrippinate.* Ce plan se trouve aussi dans l'ouvrage intitulé : *Urbium totius Belgii seu Germaniæ inferioris,* etc. Amsterdam, Jean Janssonius, 1657. Trois volumes in-folio.

Ce plan a de plus été reproduit avec quelques additions en 1635 pour l'entrée de l'archiduc Ferdinand d'Autriche (voir n° 119), ainsi que dans le *Novum ac magnum theatrum,* etc. de Blaeu.

1576.

N° 43. Plan intitulé : *Antorff. Cum privilegio.*

Avec une légende de 25 numéros en allemand pour la ville et une de A à E pour les bastions de la citadelle, en espagnol ; il y a en outre une liste des rues qui ont été incendiées et une des autorités qui ont été tuées par les Espagnols, en allemand.

Dans ce plan les édifices et les maisons sont vus en élévation. La vue est prise hors de la porte des Béguines.

On y voit la prise de la ville par les troupes espagnoles qui occupaient la citadelle, le 4 novembre, qui a reçu le nom de *Furie espagnole.* Des secours arrivent à ces derniers et entrent à la citadelle par la porte vers la campagne. Les Espagnols pénètrent en ville par les rues du Couvent, de

St–George, etc. D'autres troupes entrent par la porte de Kipdorp. L'hôtel de ville et les maisons avoisinantes sont en feu ainsi que celles près de l'église St–George. Les habitants s'enfuient par la porte Rouge et la porte de Lillo.

Larg. 0ᵐ27 , haut. 0ᵐ195.

Se trouve dans l'ouvrage intitulé : *De leone belgico, etc.* par Michel Aitsinger. Pag. 185.

Et dans l'édition allemande du même ouvrage, qui a pour titre : *Historia unnd ab contrafeytungh,* etc.

1576.

Nᵒ 44. Plan intitulé : *Antverpia.*

Avec 4 vers en latin en–dessous.

C'est une réduction du plan précédent. Les légendes sont en blanc quoique quelques chiffres et les lettres soient reproduits sur le plan.

Larg. 0ᵐ17, haut. 0ᵐ125.

Se trouve dans l'ouvrage intitulé : *Nederlantsche oorloghen*, etc., par Pierre Bor. Tom. I. pag. 182.

1577.

Nᵒ 45. Vue intitulée : *Antverpia.*

Cette planche représente l'entrée du duc d'Aerschot à Anvers le 26 mars 1577, pour venir occuper la citadelle à la place des Espagnols, par suite de la *Pacification de Gand.* On voit les fortifications d'une partie de la citadelle et celles de la ville jusqu'à la porte de Malines, ainsi que les églises. Les troupes du duc d'Aerschot entrent par la porte des Béguines, et on les voit traverser l'Esplanade et entrer à la citadelle. Les Espagnols sortent par la porte de Malines. Sur une voiture on voit l'inscription : *Der graff von Egmont.*

Gravure sur bois.

Larg. 0ᵐ27, haut. 0ᵐ18.

Se trouve dans l'ouvrage intitulé: *De leone belgico*, etc. par Michel Aitsinger. Pag. 210.

Et dans l'édition allemande du même ouvrage qui a pour titre: *Historia unnd ab contrafeytungh* etc.

1577.

Nº 46. Vue intitulée: *Antwerpen*.
C'est une réduction de la vue précédente.

Larg. 0ᵐ16 , haut. 0ᵐ125.

Se trouve dans l'ouvrage intitulé : *Nederlantsche oorloghen* , etc. , par Pierre Bor. Tom. II. Pag. 236.

1577.

Nº 47. Vue intitulée : *Wie die Walen dass schlos zu Antorf verlassen mussen. 1 Aug.*

Les Espagnols voulaient s'emparer de la citadelle ; leur intrigue est dé–jouée : ils doivent s'enfuir et le comte de Treslong est arrêté.

On voit sur cette vue la porte d'entrée de la citadelle avec toute la construction et les bâtiments à l'intérieur.

Larg. 0ᵐ275, haut. 0ᵐ185.

Se trouve dans l'ouvrage intitulé : *De leone Belgico* , etc. , par Michel Aitsinger. Pag. 217.

Et dans l'édition allemande du même ouvrage qui a pour titre : *Historia unnd ab contrafeytungh* , etc.

1577.

Nº 48. Vue intitulée : *Hoe die Walen t' slot van Antwerpen verlaten moesten.*

Avec quatre vers latins en–dessous.

C'est une réduction de la vue précédente.

Larg. 0ᵐ16, haut 0ᵐ125.

Se trouve dans l'ouvrage intitulé : *Nederlantsche oorloghen*, etc., par Pierre Bor. Tom. II. Pag. 272.

1577.

Nº 49. Vue sans titre de l'entrée de la citadelle à l'extérieur , avec le bastion à gauche de cette entrée et quelques bâtiments à l'intérieur [1].

---

[1] Cette vue fait partie d'une collection de sept médaillons de même dimension dont elle est le nº 2.

Le premier de ces médaillons ne représente aucune partie de la ville , c'est pourquoi je

Cette vue représente la fuite des troupes de Treslong de la citadelle, dont elles sont chassées le 1ᵉ août par Ponthus de Noyelles, seigneur de Bours.

En-dessous sont six vers en français et six en flamand donnant l'explication de ce fait.

Au-dessus on voit deux figures couchées intitulées : *Providentia* et *Constantia*.

Diamètre 0ᵐ155.

Cette vue se trouve à la bibliothèque de Bourgogne (manuscrits) à Bruxelles. Elle est intercalée dans le manuscrit n° 7563 à 7567, intitulé : *Chronyck van Antwerpen, 1500 à 1600*, par Caukerken. Un vol. in-folio. Elle fait aussi partie de la collection de M. le chanoine Henrotte, à Liège.

1577.

N° 50. Vue sans titre de l'intérieur de la citadelle 1 : dans le fond on voit deux bastions et les casernes.

Au premier plan on a représenté Bours, Rouck et Liedekerke faisant alliance, ce qui eut lieu le 2 août.

En-dessous sont six vers en français et six en flamand donnant l'explication de la gravure.

Au-dessus on voit deux figures couchées intitulées : *Veritas* et *Concordia*,

Diamètre 0ᵐ 155.

Se trouve dans le même recueil que la précédente.

1577.

N° 51. Vue sans titre de la porte d'entrée de la citadelle, à l'extérieur, ainsi que du bastion à gauche de celle-ci et des bâtiments derrière les remparts ².

ne l'ai pas compris dans ma liste : la scène se passe dans une salle où Liedekerke et Rouck engagent de Bours à s'unir à eux contre dou Juan.

En dessous de cette vue comme en-dessous des six autres on a inscrit six vers en français et six en flamand pour expliquer l'action qu'elle représente, et au-dessus, dans les vides laissés par le médaillon, on a représenté deux figures couchées avec l'inscription *Tribulatio* et *Pietas*.

Au-dessus du premier médaillon, on lit : *Mertin de Vos. in.*

¹ C'est le médaillon n° 3 de la collection citée plus haut.
² C'est le médaillon n° 4 de la même collection.

En dehors de celle-ci on voit les commissaires envoyés le 2 août par Polweiler, Fronsberg et Foucker à Bours, Rouck et Liedekerke pour se réconcilier.

En-dessous sont six vers en français et six en flamand expliquant cette action.

Au-dessus on voit deux figures couchées intitulées : *Liberalitas* et *Ingratitudo*.

Diamètre 0^m,155.

Se trouve dans le même recueil que les deux précédentes.

1577.

N° 52. Vue intitulée : *Wie die Teutsche auss Antorff lauffen. 2 Aug.*

On voit les troupes allemandes du colonel Frondsberg, qui s'étaient retranchées à la nouvelle ville avec des ballots de laine, attaqués par les bourgeois, le 2 août. Les Allemands s'enfuient par la porte de Slyk (Cristern port) tandis que les navires du prince d'Orange qui sont dans l'Escaut tirent dessus. La maison hansétique est à gauche. Gravure sur bois.

Larg. 0^m27, haut. 0^m49.

Se trouve dans l'ouvrage intitulé : *De leone Belgico*, etc. par Michel Aitsinger. Pag. 219.

Et dans l'édition allemande du même ouvrage, qui a pour titre : *Historia, unnd ab contrafeytungh*, etc.

1577.

N° 53. Vue intitulée : *Antwerpen.*

Avec quatre vers en latin en-dessous. C'est une réduction de la vue précédente.

Larg. 0^m16, haut. 0^m125.

Se trouve dans l'ouvrage intitulé : *Nederlantsche oorloghen*, etc. par Pierre Bor. Tom. II. Pag. 273.

1577.

N° 54. Vue intitulée : *Maison hanséatique au XVIe siècle. D'après une gravure du temps. N. Heins, sc.*

Avec l'inscription suivante :

Les régiments allemands de Freundsperg et de Foucker chassés de la ville par les milices bourgeoises commandées par le Sire de Liedekercke (2 août 1577).

C'est aussi une copie réduite du n° 51.

Larg. 0ᵐ14, haut. 0ᵐ09.

Se trouve dans l'ouvrage intitulé : *Histoire de la ville d'Anvers par Eugène Gens. Anvers. J. B. Van Mol-Van Loy, libraire-éditeur, Courte rue Neuve, 9. 1861.* Un vol. in-8°, pag. 492.

1577.

N° 55. Vue sans titre de la maison hanséatique, de la porte de Slyk, et des campagnes au—delà ¹.

Au premier plan on voit la déroute de Foucker dont les troupes s'étaient retranchées derrière des tonneaux, et d'autres abris. Dans le fond la flotte du prince d'Orange tire aussi sur les allemands. Cette affaire eut lieu le 2 août.

En-dessous sont six vers en français et six en flamand pour expliquer l'action.

Au-dessus on voit deux figures couchées, intitulées : *Punitio* et *Timor*.

Diamètre 0ᵐ155.

Se trouve dans le même recueil que les autres gravures en médaillons.

1577.

N° 56. Vue intitulée : *Was gestalt das schloss vor Antorff zu erhaltung der alltter privilegien an einem ort geschleist ist.*

Cette vue représente la destruction du front de la citadelle qui regarde la ville, commencée par les bourgeois le 28 août.

La citadelle est remise au baron de Liedekerke et au magistrat. La garnison sous le commandement de Ponthus de Noyelles, seigneur de Bours, est en train de l'évacuer.

La citadelle est vue en entier.

Gravure sur bois.

¹ C'est le médaillon n° 5 de la collection citée plus haut.

Larg. 0m27, haut. 0m19.

Se trouve dans l'ouvrage intitulé : *De leone Belgico*, etc. par Michel Aitsinger. Page 221.

Et dans l'édition allemande du même ouvrage, ayant pour titre : *Historia unnd ab contrafeytungh*, etc.

1577.

N° 57. Vue intitulée : *Hoe t' slot van Antwerpen dvor doude privilegien gedestrueert von.*

Avec quatre vers latins en-dessous.

C'est une réduction de la vue précédente.

Larg. 0m16, haut. 0m125.

Se trouve dans l'ouvrage intitulé : *Nederlantsche oorloghen*, etc. par Pierre Bor. Tom, II. Pag. 274.

1577.

N° 58. Vue sans titre de la citadelle en entier vue de l'extérieur [1].

Au premier plan de Bours remet les clefs à Liedekerke et à Rouck : cela eut lieu le 23 août. Dans le fond on est déjà occupé à démolir le front de la citadelle qui regarde la ville.

En-dessous sont six vers en français et six en flamand donnant l'explication du fait.

Au-dessus on voit deux figures couchées intitulées : *Ratio* et *Fiducia*.

Diamètre 0m155.

Se trouve dans le même recueil que les autres gravures en médaillons (n° 49, 50, 51 et 55).

1577.

N° 59. Vue sans titre de l'extérieur de la citadelle [2] : le front vers la ville est presqu'entièrement démoli.

Au premier plan on voit les bourgeois, tambour en tête, qui reviennent de l'ouvrage.

En-dessous sont six vers en français et six en flamand donnant l'explication de cette scène.

---

[1] C'est le médaillon n° 6 de la collection citée plus haut.

[2] C'est le médaillon n° 7 de la collection citée plus haut.

Au-dessus on voit deux figures couchées intitulées : *Diligentia* et *Libertas*.
Diamètre 0ᵐ155.
Se trouve dans le même recueil que les autres gravures en médaillons.

1577.

N° 60. Vue intulée : *Les habitants d'Anvers démolissant la citadelle (3 août 1577.)*
D'après une gravure du temps.
C'est une copie de la vue précédente ; les six vers français sont reproduits en-dessous.
Diamètre 0ᵐ08.
Se trouve dans l'ouvrage intitulé : *Histoire de la ville d'Anvers* , par Eugène Gens. Anvers. 1861. Pag. 499.

1577.

N° 61. Vue de la démolition du front de la citadelle qui regarde la ville, entourée de l'inscription suivante : *Restitutio R* (ei) P(ublicæ) *Antverp* (iensis) *1577.*
Sur une médaille dont le revers porte le chapeau de la liberté et deux mains jointes entourées de l'inscription : *Vindicata. Libertas. Concordia.*
Diamètre 0ᵐ028.
Cette médaille est représentée dans l'ouvrage intitulé : *Histoire métallique des XVII provinces des Pays-Bas, depuis l'abdication de Charles Quint jusqu'à la paix de Bade en 1716. Traduite du hollandais de Monsieur Gerard Van Loon.* Lahaye, 1732. Cinq volumes in-folio. Tom. I, pag. 234. Et dans celui intitulé : *Histoire physique, politique et monumentale de la ville d'Anvers par E. Le Poitevin de la Croix.* Anvers, 1847. Un volume in-8°, pag. 232.

1577.

N° 62. Vue de la démolition du front de la citadelle qui regarde la ville, entourée de la même inscription que la précédente ; la vue est différente.
Se trouve sur une médaille dont le revers a aussi la même inscription

que la précédente, mais où le chapeau est tenu par une femme nue représentant la liberté.

Diamètre 0^m048.

Cette médaille est représentée dans l'ouvrage intitulé : *Histoire métallique des XVII provinces*, etc. par G. Van Loon. Tom I, Pag. 234. Elle a
été reproduite en plomb en 1862 à l'occasion d'un meeting sur les servitudes militaires.

1577.

N° 63. Vue intitulée : *Inzugk des prinsen von Uranien in Autorff.*
Entrée du prince d'Orange à Anvers le 18 septembre 1577, par la porte
Rouge. On ne voit que la porte avec les dehors et à côté l'ancienne porte ;
de plus quelques églises de la ville au-dessus des remparts.
Gravure sur bois.

Larg. 0^m28 , haut. 0^m19.

Se trouve dans l'ouvrage intitulé : *De leone Belgico*, etc., par Michel
Aitsinger. Pag. 225.
Et dans l'édition allemande du même ouvrage, qui a pour titre : *Historia
unnd ab contrafeytungh*, etc.

1577.

N° 64. Vue intitulée : *D incomste des Princen van Oranjen tot Antwerpen.*
Avec quatre vers en latin en-dessous.
C'est une réduction de la vue précédente.
Gravure sur bois.

Larg. 0^m16, haut. 0^m125.

Se trouve dans l'ouvrage intitulé : *Nederlantsche oorloghen*, etc., par
Pierre Bor. Tom. II. Pag. 287.

1577.

N° 65. Vue intitulée : *Gar stattlich und herlicher inzugk in die statt
Antorff Matthiæ des Ertzhertzogen zu Ostenreich, etc. Am 2 Novemb.* 1577
Réception solennelle de l'archiduc Mathias , frère de l'empereur d'Au-
triche , à Anvers , le 2 novembre 1577, sur l'Esplanade entre la citadelle

et la ville. On y voit encore des corps suspendus aux gibets, derrière les
soldats qui forment la haie. Dans le fond est représentée une partie de
la ville , ainsi que l'Escaut. Au premier plan l'archiduc Mathias et
le prince d'Orange se donnent l'accolade.

Gravure sur bois.

Larg. 0m275, haut. 0m185.

Se trouvent dans l'ouvrage intitulé : *De leone Belgico* , etc. , par Michel
Aitsinger. Pag. 231.

Et dans l'édition allemande du même ouvrage qui a pour titre : *Historia
unnd ab contrafeytungh* , etc.

1577.

N° 66. Vue intitulée : *Antverpia*.
Avec quatre vers latins en—dessous.
C'est une réduction de la vue précédente.

Larg. 0m16, haut. 0m125.

Se trouve dans l'ouvrage intitulé : *Nederlantsche oorloghen*, etc. par
Pierre Bor. Tom. II. Pag. 306.

1578.

N° 67. Vue intitulée: *Auszugk 14 Jesuweiten und 15 Minnen broder
munch auss Antorff das seie nitt haben wollen schweren auf die Pacification
von Gendt*.

Départ de 14 Jésuites et de 15 Récollets qui n'avaient pas voulu prêter
serment après la Pacification de Gand, le 18 mai 1578. Ils sortent par la
porte du Bierhoofd (quai à la bierre) et s'embarquent. On voit sur la même
rive l'abbaye St—Michel et sur l'autre rive la Tête de Flandre qui n'est pas
encore fortifiée, quoiqu'elle doit l'avoir été en 1576.

Gravure sur bois.

Larg. 0m28 , haut. 0m185.

Se trouve dans l'ouvrage intitulé : *De leone Belgico*, etc. , par Michel
Aitsinger. Pag. 245.

Et dans l'édition allemande de cet ouvrage , qui a pour titre : *Historia
unnd ab contrafeytungh*, etc.

(La suite dans une prochaine livraison).

MEMBRES CORRESPONDANTS NOUVEAUX :

L'Académie, après un rapport favorable sur les ouvrages imprimés ou manuscrits des savants, dont les noms suivent, a admis au nombre de ses membres correspondants :

1° M. DEJARDIN, capitaine du génie, membre correspondant de plusieurs sociétés savantes, à Anvers.

2° M. CECCARELLI, docteur en médecine, médecin en chef des hôpitaux de Sa Sainteté Pie IX, à Rome.

3° M. le chevalier de SCHOUTHEETE DE TERVARENT DE MUNCK, conseiller provincial, à St-Nicolas.

4° M. le colonel GUILLAUME, directeur du personnel au Ministère de la guerre, etc., à Bruxelles.

5° M. ULENS, avocat, conseiller provincial, à Tongres.

MEMBRE EFFECTIF :

M. VERSWYVEL, connu par ses gravures des grands maîtres modernes.

NOTA. L'*extrait de la correspondance* de l'Académie sera publié dans la prochaine livraison.

HISTOIRE

DU

COLLEGIUM MEDICUM BRUXELLENSE

PAR

C. BROECKX,

Bibliothécaire-Archiviste de l'Académie, etc.

(Suite et fin, voir Tome XIXe, page 308.)

Dans le cours de cette préfecture, le Collége médical eut à soutenir un procès des plus curieux et des plus intéressants au sujet du droit de porter l'épée. Comme le vicaire a écrit toute cette affaire en français, nous allons en donner l'histoire, telle que nous la trouvons dans les archives que nous analysons. Le 11 décembre 1756, le gouvernement publia un placard, qui défendait, par l'article 22, le port d'épée à tous ceux qui n'étaient pas nobles ou qui n'y étaient pas autorisés, ou en due possession de le porter, en outre de leur charge ou emploi, sous peine de cent florins d'amende.

Les hérauts d'armes, envisageant cet article comme un moyen des plus lucratifs, s'en servirent pour attaquer les médecins et

les avocats de Bruxelles pour leur ôter l'épée et les faire condamner à l'amende de cent florins. Ils commencèrent leur campagne
par attaquer séparément deux médecins et un avocat, espérant
que des particuliers n'oseraient pas se défendre contre cette ordonnance royale ; mais ils se trompèrent.

Les avocats et les médecins s'étaient aperçus de la finesse des
hérauts. Les premiers se liguèrent pour intervenir en commun
dans le procès de leur confrère.

Le préfet et les assesseurs du Collége médical prirent de même
fait et cause pour leurs confrères, en vertu de l'article 3 de leurs
statuts. Ils consultèrent quatre célèbres avocats qui, après avoir
examiné la noblesse de la médecine, la possession immémoriale où
les médecins étaient et ont toujours été du port d'épée à garde
d'argent, trouvèrent unanimement les médecins fondés à s'opposer en
justice à la prétention des hérauts qui, par intérêt, voulaient avilir
la médecine en confondant les médecins avec le dernier des
roturiers.

Avant de commencer le procès, le vicaire découvrit un placard
héraldique du premier juillet 1671, par lequel on voit que les
hérauts avaient depuis longtemps cherché l'occasion d'avilir la
médecine. Ce placard, rempli de choses ridicules, n'avait jamais
reçu d'exécution. Les hérauts actuels l'avaient pris pour guide dans
leurs poursuites. Nous croyons, ajoute le vicaire du Collége médical, que la lecture de cette pièce fera plaisir, et c'est pour ce
motif que nous la communiquons ; la voici :

Projet formulaire ou minute de placcart ou de pragmatique sention
concue dressé et fait sous tres humble correction par Mssr Pierre
Albert de Launay chl̄v premier roy d'armes provincial de S. Mj^té en
ses Pays Bas au titre de Brabant par ordre expres de Msg^r le comte

de Monterey son lieutenant Gouverneur et Cap^ne G^nal en iceux, datte du 1 juillet 1671 sur le port et usage de marques d'honneur, de noblesse, de vetemans, pairmans et ornements personels et exterieurs de ses subjets ou vassaux et habitans de leurs maisons domestiques, chevaux carosse et autre train ainsi comme il suit :

Charle par la grace de Dieu, Roy de Castille, etc. etc. etc. A tous presens et avenir salut. Comme la plus part de nos subjets et vassaux en nos Pays Bas et en notre Comté de Bourgogne prennent le vol plus haut que leur naissance, leur condition et leurs moiens ne leurs permettent, prennant des habillemens des paremens et des ornemens exterieurs qui ne leurs appartiennent, se servants des domestiques et des valets revetues d'habits de livrées ou des couleurs de carosses, des chevaux et d'autre semblable equipage et train qui ne leurs conviennent, ce qui fait que la noblesse voiant ce desordre en commets une autre dans une conjoncture de tems que la *nescessité loge plustot chez eux que la faculté* par quoi ont la void aujourdhui grandement inciville et abattue, en sorte que si bientot nous ne mettons l'ordre et le remede convenable et requis a ce debordement ou desordres et qui si nous ne retablissons les choses dans leurs principes que l'on verra bientot les roturiers passer pour les nobles, et les nobles pour les roturiers, et par consequent un boulversement universel de l'Etat et un aneantissement entier de la noblesse au moien de laquelle liscence que chacun a ainsi prise, il se reconnoit evidament que la Noblesse s'efforcant pour surpasser les roturiers en habits et equipages, s'engage et s'endette pour le pouvoir faire, ce qui fait que le bien de notre service en est grandement prejudicié a quoy voulans remedier, et pourvoir, par un bon et salutaire reglement a ce que nos subjets et vasseaux ne commettent plus aucun abus en la matier susdite Nous avons etez obligé d'y pourvoir au moien de ce placcart ou de cette pragmatique santion.

1° Deffendons et faisons tres expres inhibition a toutes personnes qui ne sont nobles d'extraction ou qui n'ont acquis le titre de noblesse par les voix introduits par les loix, edits et ordonnence et qui n'ont etez annoblies par nos lettres patentes duement verifiés et registrés, ou bien par celle de nos predecesseurs et ne sont constitues en office ou charge et emplois, qui les annoblissent politiques ou militaires, de porter ou ceindre l'epée de fer poli ou d'acier, ny d'argent ou argenté, beaucoup moins une aiant la garde doré a moins que d'etre chvir ou d'une dignité plus relevé, sous peine au controvenans de 25 fl. pour la premiere de 50 fl. pour la deuxième et de 100 pour la troisième et dernier fois d'amande et de confiscation de l'epée payable sans deport en trois tiers la premier a notre profit le 2^{iem} a celuy du Roy d'armes de la province ou l'excez aura eté commis, et de celui qui l'aura redressé ou corrigé bien entendu que les valets de maitres n'ayant le droit de porter l'epée n'en pourront user ou ceindre aux peines susdittes.

2° Defendons pareillement a tous bourgeois, marchands, rentiers, *docteurs en medecine* et autres semblables personnes, de tenir ou avoir ou bien de se servire d'aucuns carosses a moins que d'avoir quelque office honorable permanents et par commission ou leur patents sous Nte grand sceau, ny d'avoir et tenir des valets revetues de draps, ou d'autre etoffe de laine, de couleur ou doublé de couleur en guise de livrée, et au cas qu'ils ayent des semblables offices de ne les avoir chamarrées de pannes ou des galons et etant en deuil de faire couvrire et accoustrer les dits carosses et cheveaux de drap ou de baye noire a peine de confiscation des dits carosses, cheveaux couvertes et d'une amande de 100 flor. executables et payables comme dessus.

3° Defendons non seulement aux personnes ayant les offices susdits mais a tout gentilhomme de nos subjets d'avoir et tenire de carosses a vitre de cristale entierement dorez et doublé de velour d'écarlatte ou d'autre etoffe de soye ou de laine qui les approchent ou resemblent, ayant par dedans des crepines d'or ou d'argent, le comble ou le ciel, le juliers et les rebras ou les garnitures des portiers de meme chamarez des galons; ou de passemans aussi d'or et d'argent et les cloux et almars ou fermaux de meme trainé par des cheveaux, ayant les barnois de mesme et de flocqs a la tete et des couverts ou houses de velour avec des houppes aux etamils d'or ou d'argent ou de soye, ou bien de saye, et d'user sur leurs cheveaux des selles, de cappes, des custodes de leurs pistollets et de sabraques aussi de velour, et d'autres etoffes pretieuses chamarez et galonné comme dit est memement chargés de chiffres, ou des principales lettres de leurs noms et surnoms, en broderies et souvent de fois couronné, chamarez et

bordé des franges d'or ou d'argent et etant en deuil , de le faire
mettre de caparaçons et des bordes trainantes et passantes les
genoux des cheveaux equipages et paremens de cent flor. d'amande
applicable comme dessus.

4o Defendons ensuitte tres expressement a toute sorte d'auberges,
selliers et faiseurs des carosses et calaisses et des sieges roulantes de
n'en point louer a vitre de cristale dorez ou argente ni meme d'un
bord simple des dits meteaux , doublé frangé et houppé comme dessus dit est et souvent de fois encor marqué des armes ou ciffres
couronné des ceux a qui ils ont appartenue, et de qui ils les ont acheté
et que leur coché n'ayant a porter de couleurs ou des habits de livrée
ou bien avec de la doublure de couleur a peine de 100 flor. d'amende
et de confiscation de dits carosses, calaises etc.

5o Et d'autant que nous sommes informés que quelques un de
nos subjets ignobles ou roturiers, sont si temeraires que d'avoir et user
en hyver pendant les gelées des traineaux dorez argenté et doublé
de velour ou d'ecarlatte attellé des cheveaux equippé d'harnois de
meme gallonné et grilleté de sonnettes argentés ou dorés et ornés de
touffes d'aigrettes et des bouquets de plumes de divers couleurs
et etant iceux habiliés en prince a leur grand mepris et scandale du
publique, et voulans mettre le remede qu'il convient a un excez si
enorme nous ordonnons tres expressement a tous nos vasseaux
exceptés les ducs, marquis, comtes, barons, gentilhommes de nom
et d'armes et les officiers principaux de la milice d'avoir et
d'user des traineaux a peine de 300 flor. d'amende et la confiscation diceux avec leur equipage et attelage bien entendue toutefois que les dits gentilhommes et officiers n'en pourront avoir ou
user des dorez doubles attellés et equipés comme dessus dit a peine
susdite.

6o Defendons aussi bien expressement a tous femmes, filles, ou
veufves des personnes ignobles et n'etant nobles d'extraction, annoblis ou constitués en offize et charge qui les annoblissent ou donnent
dignité pour porter ornements de l'atour de la tete et des autres
parties du corps, des assignets, des carcans, des pendants ou bagues
d'oreilles, des brillants ou des papillions , des bijoux, des corttes, et
autres semblables joieaux pretieux d'or , argent, charges des diamants
et d'autres pierres pretieuses et des cordons des perles aux cols et

aux bras tant vrais que faux ou de pierres de stampes , de porter
des robes ou des juppes de Brocades et de broderies de reliefs d'or
ou argent et porter de courtes cols qu'on nomme communement des
mouchoirs de cols de soye noire ou blanche doublé dhermines et des
habiliés aiant les extrémités rebrussés de meme sur peine de confiscations des dits joieaux atours et habits et de 100 flor. d'amande.

7° Defendons pareilement a tous nos subjets de deux sexes excepté
les titrés de porter a leurs chemises de rosettes ou boutons et a
leurs souliers des boucles fermaux ou fermaillez d'or d'argent ou de
cuivre doré et emaille, enrichis des diamants , des rubis , d'emeraudes
ou bien de pierres destampes a peine d'etre confisque et de 50 flor.
d'amande.

8° Defendons en outre tres expressement a toutes femmes, filles ou
veufves de nos subjects excepté celles de titrés et aiant des charges
eminentes tant au ministere qu'en la milice d'avoir ou tenir des demoiselles suivants ou servants qu'on nomme ordinairement de filles
d'honneur ou d'état, ni de porter de robbes ou des juppes trainantes
ou la queue et beaucoup moins de les faire porter ou lever a peine d'etre
coupé et de 50 flor. d'amande.

9° Defendons a tous nos subjets de quelque qualité ou de condition
qu'ils puissent etre ormis les ducqs, princes, grands d'Espagne, chevalier de notre ordre, ambassadeur , maitre de camp, genereaux et
capitaines genereaux et autres semblables de notre Pays—Bas et leurs
femmes d'avoir des pages a calces qu'on appelle communement
Brouquille , a peine d'etre arrachés et dechiré publiquement , a peine
de cent flor. d'amande executable comme dessus.

Nota que le miserable chevalier de Launay avec son ridicule projet,
a etez pendu en effigie a Bruxelles dont la sentence est en plaque de
cuivre affiché au conseil de Brabant et depuis pendu effectivement à
Tournay pour raisons reprises dans la sentence.

Après avoir obtenu l'avis des quatre avocats, le préfet et les
assesseurs n'hésitèrent pas un instant à prendre la résolution
suivante :

Le préfect et assesseurs du Collège de la medecine etablie dans cette
ville de Bruxelles a ce convoqués et assemblés authorisent par cette le

sieur Baclé et Mommens à l'effect de s'opposer aux obstacles que l'on
veut faire touchant le port d'epée a leurs confreres les medecins Dubois
et Gillis et qu'on voudroit faire a quelques autres médecins de leur
corps, les authorisant en leur qualité de prendre fait et cause pour le
dit corps de medecins et de constituer procureur *ad lites* et faire tout
ce qu'il sera nescessaire et convenable jusqu'au definitif. Ainsi resolu
et donné en notre dit College le 29 Mars 1756.

De Mandato Collegii Medici
(etoit signé) J. Longfis.

Après quoi les médecins agrégés, ayant vu cette résolution,
l'admirent comme suit :

Les soussignés Medecins aggregés et admis au College de la medecine etabli en cette ville de Bruxelles declarent la resolution du
College bien prise et conforme a son honneur, et l'admettent dans tous
ses points et sa nature telle qu'elle est concue, le 29 Mars 1756. Étoit
signé :

FONSON, DE BRUYN, DE KINDER, Senior, DUMONT,
VAN DEN BLOCK, HUBERT MARRETTE, ABATTE, DU
BOIS, GILLIS, DE KINDER Junior, JAMIN, VAN BEL-
LINGHEN, GRŒNINX, VANDER BEELEN, MEAGHER,
Junior, idem loco patris, DESMARRES, LIMELETTE,
HUYBERECHT, DE SCEPPERE, DESMET, DEVAULX,
GERMAIN, CAMMARTS, VANDER VINNE.

Les hérauts attaquèrent donc d'abord deux médecins et un avocat.
Ainsi commença le fameux procès :

Procure ordonné au procureur Adriani pour poursuivre le proces
par les heraults.

Les sousignés constitués du College de la medecine etabli en la
ville de Bruxelles en vertu de leur autorisation et commission dont
cy dessus copie, constituent le procureur Adriani pour au Conseil
souverain de Brabant poursuivre la cause des sieurs Du Bois et Gillis
medecins au dit College contre la chambre heraldique et de faire tout
ce qui sera requis et necessaire jusqu'au definitif sous promesse et

obligation comme de droit. Fait à Bruxelles le 29 Mars 1756. Etoit signé
M. C. BACLÉ.
G. MOMMENS.

Les avocats, de leur côté, convoquèrent une assemblée, par des billets imprimés, au *Renard*, sur la Grand'Place, où messieurs les avocats étaient priés d'assister pour s'opposer en justice aux obstacles que l'on voulait faire à leur honneur, au sujet du port d'épée, à garde d'argent.

Requête des heraults
A l'Imperatrice Reine en son Conseil souverain de Brabant.

Remontre tres humblement la chambre heraldique ordonnée et etablie par les souverains en ces Pais-Bas que comme il a plut a sa Majesté Imperiale et Royale, pour supprimer irregularités et desordres, qui sont glissés dans les distinctions et prerogatives, qui doivent etre reservées au lustre des differents ordres de la vraie Noblesse qui se trouvent confondues et usurpées par de non Nobles ou Roturiers, de faire a l'exemple de ses augustes predecesseurs les Archiducs Albert et Isabelle emmaner le 11 decembre 1754 son edit touchant les titres et marques d'honneur, port d'armes et armoiries, et autres marques de distinction, publié en cette ville de Bruxelles le 16 janvier 1756 et comme l'observance de son contenu est expressement enjointe à la chambre heraldique, et qu'il est du devoir de l'office des remontrans d'invigiller aux contrevenans et transgresseurs, et ensuite faire supprimer et corriger par sentence de ce Conseil souverain les exces, contraventions et abus contraires au dit edit. Or est-il que le sieur Du Bois licencié en medecine et medecin praticien en cette ville de Bruxelles, nonobstant l'expresse defense portée par le 22me article du meme edit, s'est emancipé a continuer, apres la publication d'iceluy, le port d'epée, et meme à la garde d'argent, ce qui selon l'article 21me du meme edit est seulement permis aux annoblis, et que l'article 22me susdit defend indistinctement a tous non nobles le port d'epée a peine de cent florins d'amende sujet pourquoy la chambre heraldique prend son tres humble recours vers cette Cour Souveraine, suppliant tres humblement d'etre servie d'ordonner au dit sieur Du Bois licentié en medecine et medecin praticien en cette ville de Bruxelles de produire incessamment les titres et enseignements originaux en vertu des quels il pretend de maintenir le port d'epée d'argent ou autre qu'il porte et faute de ce, de le condamner dans l'amende de cent florins, conformement au 22me article de l'edit heraldique du 11 Xbre 1754 avec defense du dit port d'epée avec depent et en denomant commissaires a cette fin en conformité du 41 article du meme edit, quoy faisant etc.

etoit signé : M. J. WEST,
Avocat d'office.

Copie de l'appointement

La Cour ordonne aux suppliants de faire leur demande par devant commissaires deputés en cause prefige en cet effect le 30 de ce mois a deux heures apres midi, actum le 23 Mars 1756.

etoit signé : DE LA HAYE.

Copie de commission

Ce jourdhui 23 Mars 1756 a Messire Jean Daniel Antoine Schockaert, Chevalier du Conseil d'Etat, Chancelier de Brabant etc. etc. deputé Messire Waltere Guilliaume De Wilde Conseillier, et Claude Francois Tombelle Secretaire Ambe deux du Conseil Souverain du Brabant pour pardevant eux comme commissaires a ce deputés etre procedé en conformité de l'appointement cy dessus margée. Etoit signé :

DE LA HAYE.

Copie de la relation d'ajournement

A la requisition de la chambre heraldique ordonnée et etablie en ce Pays-Bas et ensuite de la prefiction du Seigneur Conseiller et commissaire de Wilde aye soussigné premier Huissier adjourné le Sr Du Bois licentié en medecine medecin praticien en cette ville a comparoitre le 30 de ce mois a deux heures apres midi chez et pardevant le dit Seigneur Conseiller et commissaire de Wilde pour etc. Actum 24 Mars 1756 aiant au temps de cette livre copie de cette requete, appointement et commission avec l'effect de mon exploit couché aux pieds.

etoit signé : A. PLATINCKX.

La requête contre le Medecin Gillis etoit de la meme teneur mot pour mot sauve qu'il y etoit mis comme exercant la pharmacie

Coram D. De Wilde cons°   Verbale
         et me

                             Ceux de la chambre heraldique supplians

S̄rio Tombelle Coïssariis,

                        Le Sieur Du Bois Medecin ajourné
          du 30 Mars 1756.

Lindekens assisté de l'avocat West fait conster de la requete presentée a cette Cour souveraine, apostillée le 23 Mars 1756 signé de la Haye renvoiée pardevant nous commissaires dont il fait vision a l'ajourné avec copie authentique de sa procuration, et repetant l'entier contenu de la dite requete, dit que l'ajourné non obstant l'expresse defense portée par le 22° article du placcard heraldique de S. M. I. et R. du 11 Xbre 1754, publié le 16 janvier 1756 s'est émancipé après cette publication quoique non noble ou routurier a continuer a porter l'epée meme a garde d'argent, marque d'honneur seulement réservé aux Nobles selon le 21me article du meme edit, et comme le dit ajourné n'a pu le faire qu'encourant l'amende de cent florins portée par le 22me article, concluant contendent les supplians a ce que l'ajourné aura promptement a produire les lettres, documents et enseignements originaux, en vertu desquels il pretend de porter l'epée soit d'argent ou autre, qu'il porte ou a portée non obstant la publication du susdit edit, qu'au defaut de ce, que l'ajourné par sentence definitive de cette cour · souveraine sera condamné à l'amende de cent florins portée par le 22me article du dernier placcart heraldique de S. M. I. et R. du 11 decembre 1754 publié le 16 janvier 1756 avec interdiction du dit port d'epée cum expensis, l'ajourné ce cité avec copie de la dite requete et appointement comme il conste de la relation de l'huissier Pletinckx loco primarii.

Adriani assisté de l'avocat de Hoze pour le corps et college de la medecine etablis en la ville de Bruxelles par l'Archiduc Leopold, en suite de la procuration lui donnée dont il fait vision en prenant fait et cause pour le sieur Du Bois et Gilis medecins du dit college ajournés, dit que les suppliants n'accusent pas juste quant a la disposition et articles du placcart cité par leur requete, que le 22 article dy celuy ne comprend point les dits medecins dans la defense du port d'epée y mentionée, que les medecins du dit college ont en la ville de Bruxelles et en son district une jurisdiction sur tout ce qui concerne le fait de la medecine, chirurgie, et pharmacie et tout ce qui en depend, qu'ils ont leur tribunal etabli et s'assemblent regulierement a l'hotel de la dite ville ou ils ont jugé et fait leurs fonctions des temps immemorials comme ils le font encore, l'epée au cotez, ce qui est de notoriété publique, que les titres en vertu desquels les medecins du dit college ont toujours porté l'epée sont notoires et connus d'un chacun en cette ville, partant qui n'en echaioit point de production ni consignation.

De plus qu'il denie formellement que les dits medecins soient compris dans la disposition du placcart que les supplians citent, qu'on defie aux supplians de faire voir qu'ils y soient compris, que ce defi est d'autant plus juste qu'il n'y a aucune loix placcard ou edit heraldique connu, duement publié et observé en cette ville qui leurs ai jamais fait pareil defense.

Et cecy est d'autant plus vrai que les medecins du dit College sont dans une possession immemoriale de porter l'epée publicquement au vue et au sen des heraults d'armes et Seigneurs fiscaux de Brabant : qu'il y a en cette ville des medecins anciens du dit corps qu'ils la portent depuis cinquante et des années et sont en etat de deposer que leurs anciens confreres la portoient lorsqu'ils les ont admis au dit College, ce qui constate absolument leur possession immemoriale et prouve puissament quil n'y a point etez derogé par aucun edit et placcart qui ayent etez en observance, parmi quoy deniant debattant les ajournés et en prenant cause concluans contendent a ce que les supplians pour avoir agi et conclu ainsi qu'ils ont fait par leur requete, seront declarés non fondés ny recevables avec depens.

Lindekens requiert copie de ce verbal et jour ad octo.

Le 6 Avril 1756.

Lindekens, aiant fait examiner par les maitres le verbal dicté par Adriani le 30 mars, dit avant de les rencontrer pertinament, qu'il ne connoit pas le prefect et assesseurs pretendus du College de la medecine etabli en cette ville pour en prenant fait et cause pour les ajournés, d'autant que la matiere dont il est question est en soi de delit partant personel, et qu'elle ne regarde en rien le corps du College de medecine dont la plus grande et la plus sage partie s'est deja asujetti au

placcart heraldique de S. Maj. I. et R. en abandonnant le port d'epée
dou on a tout lieu de croire que l'assemblée et resolution donnée au
sieur Baclé et Mommens a l'effect de s'opposer aux obstacles que l'on
veut faire touchant le port d'epée aux ajournés et a quelques autres
medecins de leur corps, en date du 29 Mars 1756 signé J. Lonfils
soit un conciliabule et une piece entierement sujette a fausseté con-
certée et fabriquée par quelques refractaires aux ordonnances de S. M.
d'autant plus peut on croire cecy etre veritable qu'on est informé que
le president echevin du dit College de medecine n'y a pas assisté et
intervenu et que la susdite pretendue resolution du 29 Mars 1756
n'est pas signée du greffier ordinaire dudit corps et College de medecine, mais d'un jeune medecin suppot du dit College, peut etre
un des refractaires ainsi que cette piece et la procuration y en suivie
donnée au dit Adriani sont dignes de rejection.

Parmi quoy le dit Lindekens soutient que sans prendre egard a la
pretendue intervention et combinaison proposée par Adriani est a la
constestation faite au nom du pretendu College, il sera ordonné à
l'ajourné de rester in lite quoad responsionem et executionem, avec
ordonnance ulterieure de contester duement la conclusion prise a sa
charge alias adjudication d'icelle cum expensis, Adriani a ce cité par
Pletinckx loco primarii ut constat

Adriani requiert copie de ce verbale et jour ad octo.

Nota. Comme il s'etoit trouvé deux Medecins a la resolution cy
devant prise, qui contre l'honneur de leur corps soutenoient le parti
des heraults, et sont par la vehement suspects d'avoir inspiré aux
heraults, les termes de conciliabule, et fausseté de la resolution y
prise, et qu'un d'eux avoit osé dire que son pere vieillard avoit connu
dans sa jeunesse un medecin seulement nommé le vieux Huygens,
allant en manteau noir, comme s'il n'avoit pu porter tantot un manteau, tantot une epée d'ailleurs le vieux Huygens n'etoit pas licentié
dans aucune université.

C'est pourquoy Monsieur Manderlier alors prefect du College
donna une attestation par la quelle il appert qu'en sa qualité de
prefect il avoit fait adjourner le corps du College de la medecine
a cette fin pour le 29 Mars 1756, le Bedelle juré donne aussi une
attestation, qu'il avoit adjourné le College par ordre du prefect,
comme d'ordinaire, c'est ce qu'on verra par l'ecrit suivant :

Le 16 Avril 1756.

Adriani aiant fait examiner le verbalisé de Lindekens du six Avril 1756 lui fait vision par copie authentique sub n° 1° de la declaration donnée par le sieur Manderlier premier medecin du corps de Son Altesse Royale et prefect du dit College de la medecine ; par ou il conste qu'icelui a duement fait assembler le dit College pour le 29 Mars 1756 touchant la resolution a prendre par la dite assemblée au sujet des actions intentées par les heraults d'armes a charge des medecins Du Bois et Gillis et que la resolution prise a cette egard en la ditte assemblée, signée du medecin Longfils sindic du dit College est veritable, le meme fait vision sub N° 2do par copie authentique de la relation du Bedelle juré dudit College par laquelle il conste qu'il a convoqué le dit College pour le meme jour, mois et an que dessus par ordre du dit prefect, item il fait vision sub N° 3io a Lindekens de la copie authentique d'un acte de ratification de la resolution y prise le meme jour que dessus signé par le medecin Lonfils ensemble de la procuration visionnée par Adriani au verbalisé du 30 Mars dernier par la quelle il conste que les medecins admis au dit College approuvent et confirment la dite resolution et procuration dudit College qu'il reclame pour les adjournés et en prenant au surplus l'article 3me de l'ordonnance du 13 avril 1650, reconnue en ce Conseil souverain par le quel il se voit que le dit College est a ce duement authorisé de ce que dessus il resulte que la convocation, la resolution et procuration dont est icy question sont absolument reelles, véritables et legales, et que par consequent les soutenemens du dit Lindekens contre icelle sont non seulement frivoles et impertinents et imaginés pour differer de repondre au principal, mais aussi qu'ils sont consus de termes calomnieux et injurieux au dit College et en particulier au dit Prefect medecin de S. A. Royale et au sindic qu'il y traitent de conciliabulistes, fabricateurs des faussetés et de refractaires aux ordonnances, accusation a l'egard desquels les emprenans protestent de ester entiers comme de conseil. et comme il n'est pas apparent que la chambre heraldique soit si mal avisée que de traiter si injurieusement un tribunal etabli par les souverains en cette ville, on a tout lieu de croire que le dit Lindekens abusa de sa procuration, et comme on remarque en réelle que ce general vague et nullement dirigé pour intenter pareille action a charge des dits medecins Du Bois et Gillis, que de plus le dit Lindekens les institue et poursuit si calomnieusement et injurieusement qu'il ne scroit pas etonnant de le voir desavouer en apres par les dits heraults d'armes.

C'est pourquoy debattant et deniant toutes les impertinences et faussetés icy non specialement rencontrées, Adriani requiert que Lindekens ait a faire conster d'une procuration due suffisante pour poursuivre cette cause contre les dits medecins Du Bois et Gillis et les emprenants cum ratificatione actorum, soutenant se devoir ainsi être et appartenir et qu'interim le dit Lindekens pour avoir ainsi agi et conclu surtout en la forme et maniere qu'il a fait sera tenu et obligé en la dite cause au moins aussi longtemps qu'il sera en defaut de produire pareille procuration, laquelle Adriani soutient qu'il aura a produire a cette fin et repondre au principal simul et semel a la huitaine a defaut de quoy il sera accordé aux dits adjournés et emprenants congé de Cour avec depens a charge du dit Lindekens en son propre et privé nom, ensemble qu'il sera condamné a revoquer et reparer les dites injures et accusations de conciliabule entierement sujettes a fausseté, consertées et fabriquées par quelque refractaire *ubique cum expensis.*

Lindekens requiert copie de ce verbale et jour ad octo.
Le 26 avril 1756.
Lindekens se recrit d inscriptis avec deux pieces jointes dont il fait vision a Adriani concluant et persistant comme par le meme avec depens le meme a ce cité par Chateau loco primarii ut constat jour a Adriani ad octo.

Ridicule inscriptis des heraults.

Contre le Sr Du Bois licentié en medecine ajourné et le collcge ou corps de medecine en cette ville de Bruxelles intervenans et emprenans cause.

Les dits supplians aiant fait examiner le verbale d'Adriani du 16 avril dernier et pieces y visionés font dire a l'encontre par forme d'inscriptis sous tout &c.

1. Qu'on admet *in quantum opus* la convocation, la resolution et procuration ainsi que l'intervention du Collcge de medecine pour bonne, legale et valable.

2. et que si on a douté de la validité, ce n'estoit pas sans sujet,

puisque le medecin Longfils syndic du dit College l'a signé peut etre a defaut du Greffier ordinaire, l'a fait en personne privée sans y adjouter sa dite qualité de syndic et sans qu'elle soit munie du cachet du College selon le 16 article de leurs statuts propres.

3. Ainsi qu'il n'est pas surprenant que les supplians ont dit par leur verbale du 6 avril courant qu'ils avoient tout lieu de croire que cette convocation avoit etez un consiliabule.

4. Mais la declaration du proto medecin de S. A. Royale Monsieur Manderlier Prefect du dit College qu'ils reconnoissent pour tel et celle du Bedel qui par les ordres du dit Prefect a fait cette convocation les en desabuse.

5. Que ce n'est pas avec moins de fondement qu'ils avoient avancé que la resolution ensuivie de cette convocation et la procuration donnée en consequence de cette resolution etoient des pieces entierement sujettes a fausseté consertées et fabriquées par quelques refractaires aux ordres de S. Majesté.

6. Puisque dans ces pièces il ne s'est fait aucune mention que d'un Prefect et assesseurs anonime et qu'aucun de ceux qui peuvent y avoir intervenu y sont mentionnés et nommés.

7. L'approbation posterieure quoique sans jour et date d'une grande partie des medecins agregés et admis au dit College qui ne disent pas cependant d'avoir intervenu a cette resolution demontre suffissament le sentiment de ce College a l'egard des placcarts heraldiques de S. Majesté et de ses augustes predecesseurs.

8. Et quoique l'on pourroit encore avec tout droit insister a ce que le dit College et corps de medecine auroit a se declarer s'il procede, intervient, et en prend ses causes au nom propre et privé de ceux qui ont signé et intervenu a la resolution du 29 Mars dernier, ou a charge du College ou corps de medecine pour ensuite leur faire exhiber la due authorisation requise du magistrat pour pouvoir validement charger le dit College des frais de procedure comme il scavent etre de droit et d'usage.

9. L'on passe volontairement encor cet incident pour entrer en la matiere principale et faire voir manifestement que l'ajourné (ainsi que les intervenans) est justement accusé par la requete des supplians quant a la disposition des articles cités par cette requete et que l'article 22 du placcart heraldique du 11 x^bre 1754 comprend absolument l'ajourné et les autres medecins de cette ville pour le port d'epée.

10. D'autant plus que pour n'y pas etre compris ils devroient specialement en etre exceptés, comme ceux qui reellement y sont exceptés.

11. Car premierement l'ajourné ainsi que les intervenans et emprenans cause ne sont pas nobles.

12. Secondement ils n'y sont pas authorisés ou en due possession de la porter en vertu de leur charge ou emploi.

13. Ce qui se demontrera par les raisons cy apres a detailler.

14. Que la juridiction qu'ils disent d'avoir en cette ville de Bruxelles et son district n'est pas une juridiction *mere imperii* qui leur pourroit donner *jus gladii* pour punir les coupables.

15. Mais selon leur propre aveu fait a verbale du 30 Mars, une juridiction sur tout ce qui concerne le fait de la medecine, chirurgie, pharmacie, et ce qui en depend.

16. Que cette juridiction se peut exercer sans epée.

17. Que s'ils ont un tribunal et s'assemblent regulierement a l'hotel de ville.

18. C'est au fin que dessus.

19. Que s'ils y ont jugé et fait leur fonction des temps immemoriales comme ils le font encor l'epée a coté a ce qu'ils disent.

20. C'est ne pas comme on a dit cy dessus en vertu de cette juridiction.

21. Laquelle ne reside pas en eux mais selon le 2me article de leur propre statut, a l'echevin superintendant du College dont ils ne sont que les assesseurs.

22. De sorte que les sentences a rendre par le dit College n'ont et ne prennent leur vigueur que par la prononciation du superintendant.

23. Mais s'ils y assistent avec l'epée c'est par une pure usurpation, et que bien loin que les titres en vertu desquels le medecin du dit College soit notoire et connu d'un chacun en cette ville, ces titres sont tellement inconnus que si on demande a qui que ce soit avancé en age pour quoy les medecins portent l'épée.

24. Il repondra qu'il la porte *parce qu'il la porte* et qu'autre fois la mode des medecins etait l'habit noir le manteau et le rabat, et qu'a present c'est la mode qu'ils portent l'epée, et quelle epée ? non contens encor de suivre les premiers vestiges de l'origine de cette usurpation qui consiste dans de petits coutelats, l'un d'ivoire, l'autre d'acier,

l'autre d'ecaille, l'autre d'agathe et tel que peut-etre quelques anciens du dit College ont porté encor de nos jours eux meme.

25. Les medecins modernes portent l'epée a la mode, l'epée d'argent c'est ce qui est de notoriété publique.

26. Qu'il est inutile de denier formellement comme font les dits medecins par le meme verbale du 30 Mars ni etre compris dans la disposition du placcart que les supplians citent.

27. Scavoir le placcart du 11 X^{bre} 1754 et que le defit qu'ils en font ne peut tourner qu'a leur propre confusion s'egorgeans eux meme, comme on dit, de leur propre epée et a la decision definitive du present proces.

28. Car comme on a dit au commencement de cet ecrit pour ne pas etre compris dans la disposition du 22e article l'ajourné et ses adherans devroient en etre specialement exceptés.

29. Puisque S. M. I. et Royale s'enonce au dit article 22e en termes genereaux et universels in terminis nous defendons le port d'epée a tous.

30. Or il est incontestable que qui tous n'excepte personne.

31. Ainsi que personne n'est excepté ny privilegié au port d'epée que ceux qui y sont exceptés par le meme article scavoir les Nobles ou ceux qui sont authorisés ou en due possession en vertu de leurs charges ou emplois.

32. L'ajourné et ses intervenans ne sont pas de la premiere cathegorie des exceptés scavoir de Nobles.

33. L'exercice de leur profession de medecin n'est pas une charge ou emploi qui les authorise et qui les met dans la due possession absolument requise de pouvoir porter l'epée selon le 22e article.

34. Mais leur profession et l'exercice d'une science superieure des plus necessaire dans la republique, digne de privileges et exemptions des charges municipales comme en effet ils en sont.

35. Cependant cette profession n'a pas encor merité de pouvoir jusqu'a present jouir de marques d'honneur, port d'armes ou armoiries &c.

36. Car la seule interpretation donnée au Conseil privé du Roy sur le placcart heraldique du 14 X^{bre} 1616 en date du 25 7bre 1631 cy joint par copie authentique sub n° 1mo le demontre suffisament.

37. Et comme l'on prevoit une objection qui s'est echappée deja

de la bouche du conseil de l'ajourné et des intervenans, scavoir que
le decret seroit donné a la requisition et peut-etre a l'importunité
d'Adrien Colenbrant, chevalier conseiller lieutenant de l'Etat du
premier Roy d'armes,

38. L'on joint icy aussi par copie authentique sub n° 2do une
sentence de ce souverain Conseil en date du 1 Mars 1632 par ou cet
cour souveraine ordonne que d'horesnavant l'edit de l'an 1616 et
l'interpretation du Conseil privé y en suivie en date du 25 7bre 1631
seront pointuellement observés, le tout sur les peines y statuées.

39. Ainsi qu'il sera inutile a l'ajourné aux intervenans et a leur
conseil de se servir de cette objection,

40. Puisque les oracles invariables de la justice de ce Conseil sont
deja prononcés a cet egard par cette sentence.

41. Les sentiments de S. M. I. et Royale y sont conformes, l'article 1 de son edit heraldique du 14 X^{bre} 1754 les exprime trop
clairement pour etre icy obmis, tel est il,

42. Que le meme Edit du 14 X^{bre} 1616 « que nous voulons etre
» regardé comme la base de presente soit observé et executé en tous
» ses points, articles et dispositions, *ainsi que toute autre reglement*
» *et ordonnance emanée a cet egard soit de notre part ou de celles de*
» *nos glorieux predecesseurs Souverains des Pays-Bas pour autant*
» *qu'il n'y est point derogé par la presente.*

43 1° Rien n'est derogé par l'edit de S. M. I. et Royale a l'egard
de l'ajourné ni des intervenans, et de non qualifiés qu'ils etoient par
ladite interpretation aux marques d'honneur tels que le port d'epée,
ils ne sont pas devenus par le meme a ce qualifiés.

43 2° Ainsi que la susdite interpretation *qui est un reglement*
emanné a l'egard de l'edit de 1616 les rendans non qualifiés aux
marques d'honneur les a en meme temps rendus inhabiles a la possession du port d'epée sur tout de celle a garde-d'argent qui sans
contredit est une marque d'honneur qui selon la teneur du 21° article
de l'edit 1754 est celle des premiers anoblis.

44. Le defit qu'ils font leur paroit d'autant plus juste qu'il ny a ce
qu'ils disent aucune loix, placcart, ou edit heraldique connu, duement
publié qui leur ait jamais fait pareil defense.

45. On leur repond 1° qu il n'etoit pas necessaire qu'aucune loix,
placcart ou edit heraldique connu ou duement publié, leur auroit

jamais du faire pareille defense formelle, et qu'il est suffisant que cette defense leur a etez faite par toute loix, placcart ou edit heraldique si non formellement au moins virtuellement sous les termes des *marques d'honneur* tels que comme on a dit le port d'epée et plus celle d'argent.

46. Secondement comment auroit-il etez possible qu'aucune loix placcart ou edit heraldique leur auroit du faire pareille defense expresse.

47. Les intervenans et leurs predecesseurs ont toujours etez sujets et dependans du magistrat sujets a leurs loix comme sont les autres corps on ne croie pas que pour lors au temps du penultième edit heraldique de 1616 les medecins portoient l'epée.

48. Puisque de notre siecle meme on a vu des anciens avec l'habillement specifié cy dessus.

49. Au reste il est inutile et superflu d'en dire davantage a cet egard et la defense positive portée par l'edit heraldique d'aujourdhui scavoir de S. M. I. et Royale regnante est suffisant pour en leur faisant quitter l'epée faire en meme temps cesser leur pretendue possession immemoriale.

50. Cette possession n'est pas si immemoriale qu'on pourroit fort aisement en trouver l'origine, informé que l'on est de certaines lettres ecrites au Roy d'Espagne au sujet d'un fameux et renommé medecin de cette ville nommé Verhoft au sujet du port d'epée en son particulier, quelle grace luy fut accordée parce qu'il etoit pour sa science eminente tres souvent appellé en des cours et villes étrangeres.

51. Cette piece se trouve dans les archives de ce Conseil auxquelles cette Cour souveraine *ex officio nobili aut via juris* est implorée d'avoir son recourt si elle le trouve necessaire.

52. Cette meme piece peut avoir indubitablement autrefois aussi dans les archives de la chambre heraldique qui se tenoit au palais de nos Souverains.

53. Mais la funeste et deplorable incendie y arrivé peut avoir detruit cette piece comme elle en a fait mille autres.

54. Cette piece est une preuve evidente que si ce fameux et renommé medecin a eu besoin d'un rescrit particulier de S. M. Catholique pour le port d'epée, luy, avant le dit rescrit, et les autres medecins ne portoient pas l'epée.

55. Il est tres frivole a l'ajourné et les intervenans de dire par le meme verbale du 30 Mars que les medecins du dit College soient dans une possession immemoriale de porter l'epée publiquement au vue et seue des heraults d'armes et Seigneurs fiscaux du Brabant.

56. Car la negligence des premiers a leur egard et la connivence des autres ne peut et ne scauroit apporter aucun prejudice aux domaines et regales de S. M. I. et Royale qui sont imprescriptibles selon les temoignages de deux fameux aucteurs Messieurs P. Stockmans et F. Kinschot l'un de sa décision 86me et l'autre en sa reponse ou conseil 38me.

57. Personne ne doute que les annoblissements, titres, ports d'arme et armoiries et autres marques d'honneur tels que le port d'epée et autres marques de distinction ne soient de droits royaux, reservés à la seule Majesté et Souveraineté ; S. M. I. et Royale le donne suffisament a connoitre par son edit heraldique article 8me *in terminis.*

58. « Et si ces terres parvenoient a des personnes non Nobles ou » n'ayant pas la qualité correspondante a ces *titres* nous voulons » qu'ils viennent a cesser et ils seront eteints *et remis a nos domaines*, » ce qui se trouve conforme a l'article 4me de celuy de ses augustes » predecesseurs les archiducs Albert et Isabelle.

59. Un chacun scait que pour obtenir ces titres et autres marques d'honneur et de distinction, on doit s'addresser a la Majesté du Souverain par lettres patentes en recevant les Mercedes, soit d'annoblissement de confirmation de Noblesse port d'armes et armoiries et autres marques d'honneur et distinction, de sorte qu'on ne peut pas les obtenir sans la concession de Sa Majesté Souveraine.

60. D'ou il s'ensuit, comme dit le dit Kinschot loco citato N° 37, que la tolerance et la patience meme du Prince, c'est a dire de celuy qui a les droits de le donner ne justifie ce qui se gere de contraire par aucun temps dans les choses qui ne sont pas a obtenir sans la concession du dit Souverain.

61. Ce qui demontre evidement que toute la possession immemoriale dans la quelle les medecins du College de cette ville pretendent etre de porter l'epée ne leur est d'aucun secours contre les droits dominiaux de Sa Majesté, ne pouvant pas etre prescrits ny usurpés par quelque possession aussi longue aussi immemoriale qu'elle pour-

roit etre meme par la tolerance de S. Majesté ou de ses predecesseurs.

62 Et que par la taciturnité des precedents heraults d'armes et de la connivence des Seigneurs fiscaux leur pretendue possession immemoriale: n'est pas devenue meilleure, puisque de son commencement meme elle n'a pas eu de titre autre que celuy d'usurpation,

63. Puisque par le decret susdit du Conseil privé tous les effects d'une juste et due possession sont venus a cesser a leur egard et les a mis dans des termes ni capables de ne pouvoir jamais se prevaloir d'une possession immemoriale.

Et parmi quels et autres raisons a suppleer *ex officio Nobili aut via juris* les debattans les non rencontrent du dit verbale du 30 Mars d'expresse de negation, frivolité, impertinence acceptans *quæ pro* et rejetant *quæ contra.*

Et persistent les supplians ut ante cum expensis.

Implorant etc. etc. etoit signé J. M. West
Avocat d'office.

Nota. Qu'a cette inscriptis etoit joint sub n° 1° interpretation du premier article du placcart heraldique 1616 ou il n'y a pas un mot du port d'epée contre les medecins, sub n° 2do etoit joint une sentence du Conseil de Brabant, d'une veuve d'un licentié ès droits et secretaire de cette ville de Bruxelles ou elle fut condamnée pour port d'armes et armoiries qu'elle pretendoit avoir droit de porter, ce qui ne regarde pas plus le port d'epée que l'interpretation cy dessus.

Ce que l'on pourra voir par le projet de reponse cy apres a cette inscriptis.

Le 6 may 1756.

Lindekens requiert et soutient qu'Adriani ait a satisfaire alias forclos le meme a ce cité per primarium ut constat.

Faciet Adriani ad 8^{cto} alias ut supra.

Le 17 mai 1756.

Lindekens parmi la non satisfaction d'Adriani a son adstriction du jour precedent requiert decretement de la peine comminée avec depens, le meme a ce cité per primarium ut constat.

Adriani avant de rencontrer l'inscriptis servie par les supplians au verbale du 26 avril dernier, prend a profit que Lindekens convient de la validité de la procuration luy donnée par le dit College de la medecine pour en prendre fait et cause pour les medecins Du Bois et

Gilis, d'ou il s'ensuit que Lindekens a injurié et calomnié les prefect et assesseurs du College en les accusant d'etre conciliabulistes, refractaires dont les actes sont suspects de fausseté comme les dits medecins en leur dite qualité de prefect et assesseurs doivent porter sentence sur le fait de la medecine et que du chef des susdites fausses accusations que le dit Lindekens a etez assé temeraire de faire inserer aux verbaux, ils pourroient etre suspects et souffrire un prejudice considerable aussi comme particuliers en leur honneur et bonne reputation ; joint a cela, qu'il est de la derniere absurdité de traiter ainsi le proto medecin de S. A. Serenissime M. Manderlier prefect du dit College et autres personnes integres. Si persiste le dit Adriani, que celuy ci ait a revoquer les dits injures et calomnies, et donner de reparation d'honneur des emprenans, telle amende au profit de la chapelle de St-Anne ou pauvres que la Cour trouvera convenir

Comme il est evident que la procuration de Lindekens est contravenue a la disposition de l'article 37 du placcart heraldique cité par les supplians lequel leur ordonne d'etablir un avocat d'office qui aura la faculté de substituer un procureur, que d'aillieur cette procuration est vague et insuffisante pour poursuivre cette cause contre les medecins Du Bois, Gillis et les emprenans, si persiste le dit Adriani a cet egard comme par son verbalisé du 16 Avril dernier avec depens,

Lindekens requiert copie de ce verbale et jour ad 8to.

Du 21 may 1756.

Lindekens aiant fait examiner le verbalisé d'Adriani du 17 courant, dit que tout son contenu ne faisant rien a la matiere principale, n'etant qu'un contenu de chicane pour trainer a la longue cette procedure et que par ainsi ne meritant pas d'etre pertinemment rencontré, de la debatre de negation expresse frivolité, impertinence, soutenant a ce qu'il sera ordonné aux adjournés et intervenans de rencontrer pertinament l'ecrit d'inscriptis des supplians a peine de forclusion et avec depens, le procureur Adriani a ce cité per A. Pletinckx loco primarii ut constat.

Adriani debatant et persiste par ces verbaux en matiere de requisitions et de production des procurations avec depens et Lindekens ut supra P. P.

Nota que comme les heraults avoient attaqué en meme temps le Sr Gillis medecin a repondre le meme jour a deux heures apres midy, le Prefect et assesseurs et le Sr Gillis soutiennent que sa cause devroit etre jointe a la premiere pour n'en faire qu'une, parce que c'est permis a un chaquun qui se trouve lesé par un proces de se joindre en cause et de se rendre partie intervenante lorsqu'ils ont interest dans la cause et on a suivi en cela la manière que les avocats et medecins de la province de Lyon en France ont suivie l'année 1697 lors qu'ils furent attaqués pour le titre de nobles avocats et medecins qu'ils prennent dans cette province, les avocats et les medecins de la province de Lyon intervenoient dans le proces d'un autre avocat attaqué, et gagnerent leur proces. On aura soin de rapporter cy apres cette sentence.

Les heraults enfin apres deux ou trois debats remplis de chicane furent convaincus qu'ils luttoient en vain contre cette jonction, ils furent obligés de l'admettre comme ils firent par leur verbale du 26 avril 1756 ou il est dit *que les supplians consentent a la jointion des causes.*

Nota que cet ecrit est le motif secret pour mettre ce debat a jugement.

Courte reflexion touchant les debats de procuration et injures.

Pour

Les sieurs Du Bois et Gillis et le prefect assesseurs du College de la medecine etablie en la ville de Bruxelles emprenans et ajournés

contre

La chambre heraldique ou le procureur Lindekens supliant.

Messeigneurs

Ce n'est point pour retarder l'instruction du proces au principal que les emprenans et ajournés ont fait les requisitions connues, par leur verbalisé du 16 Avril 1756.

La justice de leur cause n'a pas besoin de pareille ressource, ils l'ont donné assé a connoitre puisqu'ils ont contesté les conclusions des suppliants par la premiere reponse ou verbal qu'ils ont qui a etez dicte au cahier de leur part.

Il ny a que la façon injurieuse et calomnieuse avec laquelle Lindekens a poursuivi cette action par son verbalisé du 16 du mois susdit a charge des emprenans et adjournés qui les a rendu plus circonspect contre les attentats que celui veut porter a leur honneur et bonne reputation. C'est ce qui leur a fait appercevoir que la procuration de Lindekens n'est point conforme au prescrit de l'edit heraldique.

Qu'elle n'est point suffisante ni donné pour agir a charge des medecins Du Bois, Gillis et des emprenans, fait et cause pour iceux qu'en tous cas Lindekens excede les bornes de cette pretendue procuration, ceci est d'autant plus vrai que la pretendue action des suppliants n'est que purement civile et que la forme que Lindekens luy donne n'est propre qu'a la rendre de nature criminelle outre que l'accusation de delict de fausseté et de conciliabule n'est point du ressort des suppliants, Lindekens ne saurait disconvenir que c'est a tort qu'il a osé le faire inserer au dit verbale du 16 Avril a charge des emprenans et ajournés.

Ce fait porte un plus grand prejudice aux emprenans et ajournés que ne pourroit occasionner la perte du point principal.

Il ny a qu'a jetter les yeux sur la procuration que Lindekens a produit au proces pour voir qu'elle est contraventoire a l'edit heraldique

Et qu'elle n'authorise point le dit Lindekens a intenter et poursuivre la cause contre les emprenans et les ajournés.

L'article 37 du dit Edit ordonne aux heraults d'armes d'etablir en chaque ville un avocat d'office qui aura la faculté de substituer un procureur, ce sont les termes de l'ordonnance.

C'est contre ceux la que les heraults d'armes suplts ont peché puisqu'ils n'ont point etabli un avocat d'office.

Ce n'est point sans raison que l'edit ordonne d'etablir en chaque ville un avocat d'office pour que celuyla puisse aviser s'il y a matiere a agir a charge de quelqu'un et s'il est en contravention ou non, il n'est donc point permis aux dits heraults de passer ledit article et constituer un jeune procureur avec faculté d'attaquer tous les contravenans en general sans desiguation d'aucun.

Car ou ils laissent par cette procuration la faculté a Lindekens d'attaquer qui bon luy semble

Ou ils se reservent en cas de besoin une porte de derriere par ou ils puissent se sauver en desavouant que la ditte procuration ait etez donné pour agir contre tel ou tel autre, contre lesquels ils pourroient perdre leur cause.

L'un et l'autre n'est point permis, mais au contraire il est constant et positif tant suivant les loix que le stile et l'usage de ce Conseil que primes et avant tout en toute procedure on doit produire une procuration suffisante et dirigée pour agir a charge d'une personne y nommée et par action y designée.

Et que la production de cette procuration peut etre demandé in omni parte litis et prealablement a toute procedure.

Il est certain que la procuration en question n'aiant aucune discutialité requise est absolument insuffisante abstractivement de sa contrevention a l'ordonnance susdite.

Elle est concue dans ces termes...... declarons d'avoir commis et constitué pour notre procure ad lites au nom et de la part de la dite chambre le maitre Jean Joseph Lindekens, procureur postulant au Conseil de Brabant, pour en notre nom et de notre part *poursuivre en sa ditte qualité toute cause contre toute personne* qui sont et pourroient etre en contrevention et abus touchant les titres, port d'armes, armoiries, etc., jusqu'au definitif et sommairement, cette procuration n'authorise Lindekens qu'a poursuivre les actions intentées contre toutes personnes qui sont ou pourroient etre en contravention.

Mais elle ne le constitue point du tout pour intenter pareille action et il luy est nul part dit que les emprenans et ajournés soient en contravention ou que Lindekens puisse intenter pareille action a leur charge.

Car la date de la dite procuration etant anterieure a celle de la requete presentée a leur charge, il n'a pu etre entendu que Lindekens fut constitué pour poursuivre une action tandis qu'elle n'etait point intentée.

Cecy est d'autant plus vrai que tout acte ou instrument parle contre celuy a qui il interesse de s'expliquer clairement.

De ce que dessus il s'ensuit que cette procuration est tout au moins insuffisante pour agir a charge des emprenans et ajournés que, les suppliants ou les heraults d'armes peuvent le desavouer sur tout, attendu la fusion dont Lindekens l'a intentée

Et par consequent que les emprenans et ajournés sont fondés dans leurs requisitions et soutenues faites a cet egard par leur verbalisé du 16 Avril susdit.

Quant aux accusations injurieuses et calomnieuses que Lindekens a inserees dans son verbalisé du 6 du meme mois et qui ont donné matiere a examen de plus pres de la ditte procuration,

Il est certain que Lindekens a fait aux emprenans et ajournés la plus grande injustice qu'on leur puisse faire en voulant les faire passer pour de conciliabulistes, des refractaires et des faussaires. Il a meme etez obligé d'en convenir par l'art. premier de son inscriptis par lequel il admet la procuration et la resolution du College de la medecine pour bonne, legale et valable, c'est cependant a l'occasion de cette procuration qu'il a debité toutes ces injures et calomnies, il pretend s'en excuser par le 8 art. suivant du ditte inscriptis mais toutes les raisons qu'il allegue ne sont que des niaiseries.

Car quelle apparence de raison de dire que le prefet et assesseurs n'ont fait inserer leurs noms dans cette procuration,

Comme si aucun tribunal devoit mettre en tete tous les noms de membres qui le composent.

Les heraults d'armes conviennent que le College de la medecine est un tribunal admis et connu en cette ville, il suffisoit donc que la procuration fut signée par son sindic comme elle l'est en ces termes..... *de mandato Collegii medici J. J. Longfis.*

Mais il est ridicule qu'ils n'ont point eux memes observé la loi qu'ils veulent imposer aux autres, pourquoy les heraults n'ont ils point inseré leurs noms dans la procuration s'ils pretendent que cela est necessaire pour valider la resolution d'un corps?

On voit bien que c'est pure chicane de leur part, s'il est vrai qu'ils approuvent ce que Lindekens a fait ageré.

Pour faire conster par surabondance la validité de la premiere procuration produite en proces par Adriani, on cite l'art. 3 de l'ordonnance et reglements du College publié en le 13 Avril 1650.

« Dese assessores, prefectus, vicarius, questor, visitatores ordinarii en sindicus sullen t alle veranderinghe ofte in 't aenkoemen in handen van den heere Superintendente eedt doen dat sy dese ordonnantie ende de ghenen van den jaeren 1641, midtsgaders het

placcart van den jaeren 1540 sullen onderhouden ende doen onder—
houden naer hun best vermogen *de eere ende rechten van de medecyne
voorstaen.* »

Il se voit d'allieurs au proces que tous les medecins du College
ont confirmé et ratifié ladite procuration et que les supl⁺ˢ n'y ont point
le mot a dire d'ou il s'ensuit que les injures et les calomnies qu'ils ont
repandues sur les ajournés et les emprenans a cet egard sont absolument fausses et ne peuvent rester aux verbaux, parce qu'elles peuvent
causer et occasionner en effet un prejudice considerable tant aux emprenans qu'aux ajournés. Primo il donne matiere ou occasion a l'office
fiscal d'agir a leur charge ou du moins de faire des recherches a cet
egard.

2° Les Emprenans sont juges et composent un tribunal qui peut
etre recusé et suspecté aussi longtems que ses actes sont publiquement accusés de fausseté et eux memes d'etre de conciliabulistes ,
ce qui est un attentat a leur qualité legitime de juge.

3° Pareille accusation porte grand prejudice a leur etat de medecins,
un medecin refractaire et accusé de fausseté perd son credit et sa bonne
reputation.

Or pareilles accusations sans le moindre fondement sont intolerables
et punissables par les lois.

Et les suppliants persistent a ce que telles accusations faits in judicio
restent inserées aux verbaux contre toute justice et qu'on passe outre
il est donc evident que cette soutenue n'a point le moindre des raisons
ny des fondements.

Les emprenans et ajournés esperent que l'equité des juges aussi
prudents qu'eclairés voudra bien reprimer pareilles insolences qui
ne sont non seulement tres prejudiciables aux emprenans et ajournés
mais aussi qui manquent de respect a cette cour souveraine.

Ce detail est resté entre les mains de Mʳ. le conseiller de Wilde , et
les heraults s'appercevants que l'issue de ce proces seroit honteuse
pour eux n'ont plus fait de poursuite, mais chercherent d'autres armes
pour pouvoir venir a leur but et detruire le peu d'honneur qni restoit
aux avocats et medecins. Ils solliciterent et importunerent a diverses
reprises (par la protection de celui qui avoit monté le placcart heraldique) le Conseil privé pour pouvoir plaider Pro Deo et ainsi accabler
qui bon leur sembleroit sans aucun risque de leur part , cela a paru

d'une si dangereuse consequence que le Conseil de Brabant n'a jamais voulu l'accorder, cependant les heraults ne se rebuterent point et ils obtinrent enfin une lettre missive du Conseil privé au Conseil de Brabant, par laquelle le Conseil privé declaroit de plein sault et inaudità parte que la profession d'avocats et des medecins ne donnoit pas la qualité de porter l'epée et que par consequent les interventions tant de la part des avocats que des medecins cessent.

Les avocats et medecins ayant appris le contenu de cette lettre crurent qu'il etoit de leur devoir et honneur de s'unir ensemble, union qui paraissoit d'autant plus necessaire puisque cette lettre tendoit a deshonorer les deux corps et presenterent conjointement la requete suivante a S. M. I. et Royale dans son Conseil de Brabant

A l'Imperatrice Reine en son Conseil Souverain de Brabant. Remontrent tres humblement les corps des avocats de ce Conseil et des medecins de cette ville de Bruxelles que les heraults d'armes en aiant actioné quelques membres en cette Cour au sujet du port d'epée a garde d'argent pendant qu'ils le permettoient aux officiaux du Conseil privé, a ceux des Finances et de la Chambre des comptes, de mesme qu'aux agents qui ne sont rien en comparaison des gens de lettres de l'espece surtout des avocats et des medecins qui sacrifient pour le bien publique, leur repos, leur santé a des sciences dont le secours est necessaire à la vie humaine, les dits remontrants prevoiant que l'opprobre qu'on voulait faire par la a leur respectif membre rejailliroit sur eux mesmes s'ils le souffroient, prirent avec toute la precaution necessaire et toute la modestie et la bienseance possibles le partie d'intervenir respectivement pour eux.

Que, quoiqu'ils soient en etat de bien prouver qu'il n'y a pas de profession plus Noble que les leurs qui servent a conserver a un chacun son honneur, son bien et sa vie et a faire regner la vertu et la paix dans chaque etat : que pour cette raison, les lois romaines qualifient les avocats et medecins de *tres nobles* et de *clarissimes* en donnant des eloges extraordinaires aux merites de leur science, qu'en particulier la qualité d'avocat qui fait partout entrée aux honneurs et aux dignites, donne mesme en Espagne, en Italie, a Venise, en Savoye et ailleurs une noblesse reelle et transmissible aux heritiers, et qu'en France, elle communique ainsi que celle de medecins tout au moins une *Noblesse personnelle* suivant l'arret y rendu a Paris par les commissaires generaux du Roy le 4 Janvier 1699 sur une fameuse procedure, qui fut imprimée in 4° en 1700 et qui n'est pas inconnue a Bruxelles, qu'a plus forte raison les avocats et medecins doivent etre qualifiés a porter l'epée a garde d'argent, qui n'est pas l'attribut propre et particulier de la Noblesse, qu'aussi les avocats et medecins de cette ville sont en possession immemoriale de la porter, et qu'enfin la dignité de ce Conseil au quel les dits avocats sont attachés exige mesme que ceux cy la portent que quoy disje qu'ils soient en Etat de bien prouver tout cela ; ils viennent cependant d'apprendre avec douleur que le Conseil privé a porté depuis peu de jours et adressé à cette Cour un decret par le quel il declare que la profession d'avocat ni celle de medecin ne donnent pas la faculté de porter l'epée et que par consequent les dites interventions de remontrans cessent.

Que neanmoins quand les remontrans seroient mal fondés dans ces interventions, ce ne seroit que cette Cour qui pourroit en decider, apres une pleine instruction et connoissance de cause, qu'en un mot ce n'est que par cette instruction et le jugement a rendre en consequence par ce Conseil, suivant les formalités usitées en ce pays, qu'on peut scavoir si la meme intervention est fondée ou non, puisque les loix fondamentales de ce Duché et les pactes ou conditions publiques sous les quels les Souverains en sont investis ne permettent d'y decider aucune affaire que par cette voie.

Que si le Conseil privé peut decider comme il a fait *inauditâ parte* de la ditte intervention, il peut aussi decider de la meme manière de toutes les autres affaires portées ou a porter a la connoissance de ce Conseil au moien de quoy le tribunal et les fonctions de celuy-ci absolument deviennent inutiles.

Que si dans la supposition qu'on vient de faire que l'intervention fut mal fondée, le dit decret ne peut d'autant moins le decider que les remontrans sont en etat de demontrer que la pretention des heraults est injuste, meme honteuse pour la patrie, puisqu'elle tend a y faire mepriser les lettres et les plus respectables sciences autant qu'on les honnore aillieurs, mepris dont on a deja remarqué des vestiges du passé et que Loyens dans son traité *de consiliis Brabantiæ* deplore apres Erasme en disant, *verum haud scio qui fiat ut mea sententia nusquam quam hic contemptiores sint bonæ litteræ.*

Qu'il est vrai que S. Majesté peut par advis de son Conseil privé et autrement faire des loix interprétatives et autres pour ce pays, comme pour tous les autres etats, moiennant que quant a ce pays de Brabant les loix soient reçues par cette Cour souveraine mais que ces loix ne peuvent servir que pour le futur et non pas pour le passé, a cause que tout evenement qui fait matiere de procès, donne a l'une et a l'autre des parties dans l'instant qu'il arrive un droit qui par apres ne peut plus luy etre oté par aucune loy.

Que cela est encor plus veritable quand cet evenement est reellement deduit en proces a cause que *judicio quasi consentitur*, c'est-à-dire qu'en se mettant en cause les parties litigentes conviennent tacitement de s'en tenir, non pas a ce qu'une loy future, mais a ce que le juge decidera de leur different.

Qu'ainsi, quand sa Majesté feroit une loy solemnelle qui decideroit, que les avocats ne pourroient plus porter l'epée, elle ne pourroit avoir par devant cette cour aucune influence sur la ditte intervention qui y serait anterieure.

Qu'a plus forte raison le dit decret qui ne vaut pas une loy pareille ne peut avoir aucune influence sur cette intervention, qui en tous cas ne peut etre rejetté ou arreté que par sentence a rendre que par cette Cour, comme dit est, apres pleine instruction et connoissance de cause sans que le dit decret puisse interrompre ou arrêter le cour de la justice.

Qu'il peut meme d'autant moins faire cesser cette intervention que les heraults eux-mesme l'ont admise en termes formels par les verbaux de la cause qu'ils soutienent contre les avocats et medecins.

Que pour ces raisons les remontrans se retirent a la Cour

La suppliant tres humblement que prenant egard non seulement aux mesmes raisons et aux droits du peuple auxquels elle doit sa protection, comme juge souverain du pays, mais aussi a sa propre juridiction et a la dignité de sa judicature, elle soit servie de ne faire rien d'autres en deliberant sur le dit decret que de permettre aux dite heraults d'en faire aux dits proces d'intervention tel usage qu'ils trouveront convenir, partie entière aut alias et quoy faisant. Presentés par les deux procureurs l'un des avocats et l'autre des medecins, Droes Becque et Adriani.

L'affaire du port d'épée en resta là : les médecins et les avocats continuèrent à porter l'épée comme par le passé.

Cinquante-troisième Préfecture. 1758-1760.

Le vicaire a négligé d'écrire les actes de cette préfecture, parce que le Collège eut pendant tout ce temps des procès à soutenir contre les pharmaciens et les empiriques, et que le registre était entre les mains de l'avocat de Hoze.

En 1759 parut la dernière édition du codex Bruxellois. C'est une réimpression de la quatrième édition, elle parut sous le titre : *Pharmacopœa Bruxellensis Senatus authoritate munita.* Editio altera. Bruxellis apud vid. Ag. Stryckmans et Antonium d'Ours. 1759, in-8° de 186 pages.

Cinquante-quatrième Préfecture. 1760-1762.

Le registre se trouvant chez l'avocat de Hoze, le vicaire n'a pas écrit les actes de cette préfecture.

Cinquante-cinquième Préfecture. 1762-1764.

Pour le même motif nous ne trouvons à noter ici que les noms des assesseurs élus dans deux comices médicaux.

Ce fut en 1763 que le docteur Caels, de Louvain, vint s'établir à Bruxelles après s'être fait favorablement connaître pas sa thèse inaugurale *de viribus medicamentorum.* Dans ce travail, l'auteur prouve qu'il a profondément étudié son sujet, et il y prélude déjà à son ouvrage sur la *cure des maladies produites par les minéraux,* qui était à cette époque le meilleur traité sur cette matière. A l'appui nous n'ajouterons qu'une seule remarque, c'est que l'auteur y conseille l'emploi de la *limaille de fer* aux personnes travaillant dans les fabriques d'arsenic. Delà à la découverte du tritoxyde de fer comme antidote de l'empoisonnement par cette substance il n'y a qu'un pas.

Cinquante-sixième Préfecture. 1764-1766.

Nous avons encore à mentionner l'absence complète de renseignements sur les faits et gestes des médecins bruxellois, le registre étant toujours chez l'avocat ; il y resta jusqu'en 1770.

Cinquante-septième Préfecture. 1766-1768.

Bien que le vicaire n'ait rien écrit, nous croyons utile de mentionner ici une circonstance qui exerça une influence favorable sur la médecine de notre pays en général et sur les médecins de Bruxelles en particulier. Nous voulons désigner l'érection de *l'Académie impériale et royale des sciences et belles-lettres de Bruxelles.* On sait que le projet d'érection d'une *sociéte litteraire* fut soumise, le 24 Octobre 1768, à l'approbation de l'impératrice, par le prince de Kaunitz. Elle tint sa séance le 5 mai 1769. Dès 1770, les membres de la société littéraire avaient fait des démarches auprès du prince de Stahremberg pour demander le titre d'Académie. Le 7 Avril 1772, Charles de Lorraine en proposa l'adoption à l'impératrice. Le 13 Octobre 1773, les membres de la société littéraire se réunirent dans le local de la bibliothèque de Bourgogne, et il leur fut donné lecture d'un édit du 16 Septembre 1772, qui érigeait cette société en corps permanent sous le titre : *Académie impériale et royale des sciences et belles-lettres.* Plusieurs médecins en firent partie et quelques-uns remportèrent la palme aux concours. Il suffira de citer parmi ces derniers Caels, Prévinaire, Van Bavegem, de Limbourg, Stappaerts, de Beunie, de Burtin et Wauters.

Cinquante-huitième Préfecture. 1768-1770.

Nous ne trouvons aucun détail dans les archives.

Cinquante-neuvième Préfecture. 1770-1772.

Même absence de renseignements pour cette préfecture. Nous ferons remarquer que le vicaire Mommens fait commencer la cinquante-troisième préfecture à l'année 1756. Or elle commence à 1758 puisque la cinquante-deuxième commence en 1756. Par cette erreur il fait commencer la soixantième préfecture à l'année 1770 bien que réellement elle n'ait commencé qu'à l'année 1772. Quoi qu'il en soit, nous suivrons les vicaires du Collége dans leur manière de compter.

Soixantième Préfecture. 1770-1772.

Pendant cette préfecture, le Collége eut affaire à un certain Petit-Jean qui avait avoué dans l'hôtel du baron van Weerde qu'il était complètement ignorant en anatomie et en chirurgie, mais qu'il avait reçu sa science de Dieu. Pour que le public bruxellois fût à même de profiter de ces dons divins, Petit-Jean les fit connaître dans les *feuilles d'annonces* de ce temps. Au dire du vicaire, cet homme ne fit pas fortune à Bruxelles, où le baron van Weerde le logeait et le nourrissait gratuitement. Enfin il fut appelé à Coekelberghe pour y traiter un enfant qui, à la suite d'une chute, était devenu boiteux et qui, cela est sacramentel, avait été déclaré incurable par les chirurgiens. Petit-Jean promit de guérir l'enfant et lui appliqua son spécifique : un onguent et un appareil contentif.

En effet, tant que l'appareil resta appliqué et soutint le membre, le malade parut pouvoir marcher. Dès lors la réputation de Petit-Jean fut faite : il fut fêté, richement rémunéré, on lui offrit un banquet comme nous avons vu offrir il y a quelques années au docteur *Noir* [1] de Paris, et les *feuilles d'annonces* publièrent les miracles et les louanges de ce bienfaiteur de l'humanité... Après quelques semaines, on voulut ôter l'appareil, et, ô déception! le mal revint aussitôt et la claudication fut aussi forte qu'avant l'application de l'appareil. Malgré cet insuccès la réputation de Petit-Jean fut faite; tous les estropiés de la capitale implorèrent son secours et il put à peine suffire à tant de besogne. Aussi au bout de peu de temps, Petit-Jean avait tellement amélioré ses affaires qu'il quitta Bruxelles, chargé de richesses et de présents. Ce qui paraît le plus inexplicable dans toute cette affaire, c'est que ce charlatan reçut des lettres de recommandation du prince-gouverneur, des colléges échevinaux d'Anvers, de Gand et de Bruxelles et même de ce dernier l'offre de cent patagons, s'il voulait revenir à Bruxelles. Nous donnons ici la recommandation des magistrats de Bruxelles qui prouve fort peu en faveur de l'esprit éclairé qui présidait alors aux affaires de la capitale :

Messieurs du magistrat de cette ville de Bruxelles etant informés tant de *la dexterité singuliere* du nommé *Petit-Jean* de Marain-Ville et resident a Neufchateau en Lorraine, que *du grand nombre des cures* qu'il a opérées en cette ville depuis quelque mois en remettant et redressant les membres demis ou deboîtés a différentes personnes accablées

---

[1] Ce charlatan hollandais s'était fait annoncer comme étant possesseur d'un remède pour guérir le cancer. M. Sax, fabricant d'instruments se croyant guéri par lui, lui avait offert un banquet en signe de reconnaissance. Aujourd'hui le docteur *Noir* expie en prison ses escroqueries.

de semblables défectuosités le tout sans y employer d'autres secours que celui de ses mains et d'un Beaume de sa composition, et n'aiant rien tant à cœur que de procurer à ceux des habitants de cette ville qui ont le malheur d'être affligés de ces sortes d'accidents, le secours d'un remède si salutaire, ont trouvé bon après avoir oui verbalement au préalable ceux du College de la medecine en cette ville sur son adresse et capacité de requérir le meme Petit Jean de prendre annuellement sa residence en cette ville pendant le terme de trois mois consecutifs, et le prevenant qu'on lui accordera une salle a l'hotel de ville pour y faire ses operations a condition neanmoins que le dit Petit Jean continuera suivant sa coutume de guerir les pauvres gratis, et qu'il sera obligé de faire ses operations en presence de tels suppots ou garçons chirurgiens ou de telles autres personnes, qu'il plaira a Messieurs du magistrat de cette ville de denommer a cet effet par l'un desquels il sera tenu proces verbal tant de la situation de chaque personne accidentée que le nommé Petit Jean entreprendra de traiter, que de la manière dont le malade aura été operé, promettant Messieurs susdits au meme Petit Jean au bout de chaque année une gratification de cent ecus de Brabant, en cas que par le resultat de ces proces verbaux et des informations a prendre sur les suites de son travail il conste du succes de ses operations, et en attendant afin de lui donner un marque de leur satisfaction a cause du zele et du desinteressement avec lesquels il a exercé ses talens en cette ville envers ceux qui ont eu besoin de son secours. Messieurs du magistrat ont trouvé bon de le gratifier d'une caffetiere d'argent aux armes de cette ville et de lui faire une copie par translat de leur presente resolution.

Fait a Bruxelles sous le cachet ordinaire de cette ville ce 2 mars 1771

et est signé L. F. DE ZADELEERE Greffier.

Malgré les offres séduisantes du magistrat, Petit-Jean se garda bien de reparaître à Bruxelles, où les cris de ses dupes l'auraient trop importuné.

Soixante-unième Préfecture. 1772-1774.

« Il y avait déjà en 1339 un médecin et un chirurgien nommés par les échevins. Le médecin ne pouvait s'absenter de la ville, sans la permission préalable du magistrat ; il devait être prêt , à toute heure du jour ou de la nuit, à assister les malades *inhabitans de la ville et de la franchise*, et à soigner les *riches sous salaire raisonnable, et le pauvre gratis, sans refuser ses secours à qui que ce fut*. Les émoluments, attachés à cet emploi, étaient de 50 florins par an, outre une rétribution de 10 florins et l'indemnité d'habillement qui s'élevait aussi à 50 florins. Le peu d'avantages qu'offrait cette place, surtout après la suppression des rétributions et indemnités extraordinaires, en fit cesser la collation, faute d'aspirants. Le duc Charles de Lorraine, par dépêche du 10 février 1773, voulut la rétablir, mais le magistrat lui en ayant remontré l'inutilité et les inconvénients dans un rapport du 16 Mars suivant ce projet fut abandonné [1]. »

Dans le courant de l'année 1773, le docteur Caels, membre du Collége, obtint la médaille d'or au concours proposé par *l'Académie impériale et royale des belles lettres de Bruxelles*. Sa dissertation, écrite en latin, fut publiée à Bruxelles l'année suivante in-4º et porte pour titre : *De Belgii plantis, quâdam qualitate hominibus cæterisve animalibus nocivâ seu venenatâ præditis, symptomatibus ab earum usu productis, necnon antidotis adhibendis, dissertatio*.

Le magistrat de la capitale ayant demandé l'avis du Collége sur la nécessité de manger de la viande et des œufs durant le carême, celui-ci lui fit parvenir la réponse suivante :

---

[1] Voyez WAUTERS, *Histoire de Bruxelles*, Tome II, page 628.

Le prefect et autres assesseurs du College de Medecine aiant eté assemblés a la requisition du magistrat de cette ville de Bruxelles pour donner leur avis sur la lettre qu'il a plu tres gracieusement a son Altesse royale de lui adresser ont l'honneur de faire observer que la maladie actuellement regnante ches les pauvres de cette ville depend non seulement de la constitution de l'air putride actuel et precedent de meme que de la malpropreté de ces sortes de gens dans leur habitation et de l'atmosphere infecté qui les environne, mais principalement des mauvais alimens dont ils sont necessités de faire usage presentement pour leur subsistence tels que viande corrompue et poisson pourri, ce qui ne peut manquer de produire des fievres putrides et meme malignes, ainsi que le scorbut successivement.

Ces maladies feront vraisemblablement des progres et s'etendront jusqu'a plusieurs classes d'autres gens, lesquels quoique n'etant point pauvres ne sont cependant pas assez moiennés pour se procurer des bons alimens, eu egard a la chairté de la vie actuelle surtout si on se trouve restreint pendant le careme prochain a la seule resonnée du poisson pour la subsistence dont la frequente disette et le prix souvente fois exorbitant n'accomodant point le mediocre bourgeois et rendant la vie encore plus chere qu'elle ne l'est sans cela, le mettre dans le meme cas des pauvres, outre qu'entre tous les alimens tirés des substances animales le poisson, quoique tres frais est celui qui vise le plus a la pourriture.

Tellement qu'il y a tout a craindre dans la constitution presente a plus forte raison pour ceux qui n'etant pas a meme de se procurer ce qu'il y a de mieux dans ce genre de nourriture, viendront a se nourrir de poisson deja infecté du premier degré de pourriture d'autant plus que cette dite nourriture ne peut etre actuellement temperé et corrigé suffisament par l'usage des fruits tels que les pommes attendu la disette qu'il y a en cette année ainsi que la precedente de cette sorte de fruit.

C'est pourquoi le prefect et autres assesseurs de ce College s'attendant que le magistrat en rescrivant a Son Altesse Royale, lui fera connaitre qu'il y a nescessité pour le bien etre des peuples d'etre dispensés du maigre pendant le careme prochain et qu'il voudra bien joindre le present avis a sa rescription, a l'effet que ce Serenissime

Prince puisse voire manifestement les motifs graves sur les quels il est appuié.

Fait a Bruxelles ce 16 Janvier 1773.

Signé par ordonnance du greffier
le cachet du Collège a coté.

Parmi les pharmaciens admis le 16 juillet 1773, nous trouvons Jacques Kickx, natif de Bruxelles, qui, pour l'épreuve pratique, fut obligé de préparer la liqueur anodine minérale d'Hoffmann et la masse pillulaire de tartre de Schroeder. Ce pharmacien se distingua tellement dans la suite par ses publications qu'il fut nommé professeur au Musée de Bruxelles et membre de la plupart des associations des sciences pharmaceutiques et naturelles de son temps.

Les banquets, que les candidats-pharmaciens avaient l'habitude de donner à leurs examinateurs pendant les épreuves, étaient devenus si somptueux qu'une partie de la fortune des élèves y passait. Pour y obvier, le candidat Straetmans s'adressa au Conseil de Brabant et en obtint la suppression. Le Collége médical ayant eu connaissance de cette décision, fit parvenir une requête au magistrat pour obtenir une augmentation des honoraires en faveur des maîtres de preuves. L'administration communale accueillit favorablement cette demande et ordonna que dorénavant les aspirants payeraient le double des honoraires à tous les examinateurs.

Soixante-deuxième Préfecture. 1774-1776.

En 1775, nouvelle demande sur la nécessité de faire gras pendant le carême, que voici :

Infrascriptus vi commissionis Excellentissimi Domini Archiepiscopi Mechliniensis de data 20ᵃ hujus anni 1775 enixe rogat expertissimos

Dominos D. D. Collegii Medici Bruxellensis, quatenus judicium suum circa necessitatem vel non necessitatem esus carnium pro instanti quadragesimâ, in scriptis eidem infrascripto quantocius tradere non dedignentur, quod faciendo plurimum devincient eum, qui venerabundus subscribitur.

Datum Bruxellis hâc 27ª Januarii 1775.

> Vester humillimus et obseq.
> famulus J. Winderickx.
> Archipbr. Bruxellensis
> civitatis.

Le Collége répondit :

Nos Præfectus et Assessores Collegii Medici Bruxellensis ut petitioni, vi commissionis Excellentissimi Domini Archiepiscopi Mechliniensis satisfaciamus :

Declaramus uno consensu, carnium esum tempore quadragesimæ summè esse necessarium, tum ob morbos præsentes, tum maxime ob alios, ex piscium salitorum esu, leguminumque defectu recentium, in corporibus, tempestate humidâ diuturnâ debilitatis, timendos.

Datum Bruxellis in Collegio nostro hâc 27 die Januarii 1775 sigillo Coll. Med. Bruxell. a latere munitum et a graffeo nostro subsignatum.

> N. Verhasselt Graff. Coll. med.

Nonobstant cet avis, deux fois renouvelé, l'archevêque de Malines refusa la permission.

. Depuis longtemps on avait compris que la réunion des barbiers et des chirurgiens dans un même corps de métier, était injurieuse pour ces derniers. En 1775, un particulier proposa au gouvernement de tirer la chirurgie de l'abandon dans lequel on la laissait, de l'élever au rang des arts libéraux et d'établir des leçons publiques et des concours entre ceux qui les fréquenteraient. Le magistrat approuva fortement ce projet et en agrandit les bases. Il voulait que la charge de médecin de la ville (à 1,000 florins d'appointements) fût rétablie et que le titulaire fût chargé de diriger les écoles à fonder, de présider les concours, les examens, la visite des cadavres, des hôpitaux , etc. , en un mot de surveiller tout ce qui intéressait la santé et l'hygiène publiques ; il demandait en outre, la création de deux chaires, l'une de médecine, l'autre de chirurgie, afin de séparer entièrement ces deux branches de l'art, et la nomination d'un *chirurgien pensionné*, qui aurait les mêmes prérogatives, les mêmes attributions et les mêmes appointements que le premier médecin (9 mars 1776). Ces propositions ne furent admises qu'en partie ; on ouvrit des cours de chirurgie dans le couvent de Saint-Pierre que Joseph II convertit en hôpital. Ces cours cessèrent lors de la révolution brabançonne [1]. ,

Le 5 janvier 1776, le surintendant Valeriola convoqua les assesseurs du Collége médical et les doyens des chirurgiens et leur lut une lettre par laquelle ils recevaient l'ordre de répondre par écrit à un projet d'érection d'une *Académie de chirurgie*. Ce projet contenait au-delà de 80 articles, dont le tiers regardait les chirurgiens et le reste les assesseurs et les statuts des médecins. On demandait une réponse immédiate ; mais, vu le peu de temps qu'on accordait à l'examen de ces articles si nombreux, les assesseurs et les doyens firent comprendre qu'ils ne pouvaient pas satisfaire à cette demande. Ils prièrent donc le surintendant de leur laisser une copie de ce projet, ce qui leur fut à la fin accordé. Quelques jours après, les médecins et les chirurgiens envoyèrent chacun de leur côté une réponse au Collége échevinal. Depuis on n'entendit plus parler de ce projet. Tout ce qu'on sait c'est que le

---

[1] Voyez WAUTERS, *Histoire de Bruxelles*, tome II , page 287.

surintendant obtint du magistrat une ordonnance qui défendait de
procéder à l'examen d'aucun candidat en chirurgie avant l'érection
de cette académie.

Soixante-troisième Préfecture. 1776-1778.

Dans le cours de cette histoire, nous avons vu le Collége
médical souvent en lutte avec ce qu'il y a de plus abject dans les
bas-fonds du charlatanisme, quelquefois, hélas ! avec ce qu'il y a
de plus respectable et de plus digne de vénération, la religion
et la charité. Dans la présente préfecture, c'est contre les abus
de la pratique civile des médecins militaires que nous le verrons
déployer le même zèle et la même vigueur. Voici à quelle
occasion.

Le 28 mars 1759, avait paru le décret suivant concernant les
chirurgiens-majors :

Charles Alexandre Duc de Lorraine et de Bar, etc.

Chers et bien amés comme les Chirurgiens Majors des Regiments
ont quelque fois des secrets et une experience particuliere de leur etat,
et qu'ils peuvent par consequent etre tres utiles au publicq, nous vous
informons, que pour concilier cet avantage avec les statuts des corps
des chirurgiens, nous avons declaré comme nous declarons qu'il sera
permis a un malade de demander un des chirurgiens majors des
Regiments, qui se trouvent ou se trouveront dans ce pays ou ailleurs,
pour consulter avec le chirurgien ordinaire, qui le traite sur l'etat de
sa maladie, et que le premier pourra faire les operations qu'il jugera
necessaire, pour le soulagement du malade mais toujours en presence
du chirurgien ordinaire et non autrement a tant etc.

Bruxelles ce 28 Mars 1759.

Ce décret, dont le but ét aitdes plus louables, fut la source d'un grand nombre d'abus et, entre autres, les chirurgiens-majors se permirent d'exercer la pratique civile sans l'intervention des membres du Collége. Pour remédier à ces abus, les assesseurs résolurent de sévir contre les délinquants, et, le 10 avril 1777, le syndic cita le nommé Lengrand à comparaître devant le tribunal médical. Lengrand répondit qu'en qualité de chirurgien-major des armées impériales et de professeur à l'Académie militaire, il n'était pas assujetti aux statuts du Collége bruxellois. Les assesseurs n'ayant pas admis les raisons de l'inculpé, le syndic requit contre Lengrand l'amende de 200 florins pour contravention au décret impérial du 18 août 1732.

Le Collége, ayant appris que le chirurgien-major avait adressé une requête au gouverneur général, chargea son syndic d'écrire à la faculté de médecine de Louvain la lettre suivante :

Clarissimi ac Amplissimi Domini

Amarissimis frequentissimis que confratrum nostrorum supra infractione diplomatis Caroli VI 18ᵃ Augusti 1732 variorum que præcedentium circa medicinam evulgatorum querelis permoti Assessores Collegii medici Bruxellensis jusserunt me nuper ad tribunal medicum citare chirurgum militarem Lengrand, qui ibidem ob professionem artis medicæ sibi non competentem condemnatus fuit per contumaciam ad solvendam mulctam per diploma supra dictum statutam : præfatus vero D. Lengrand libellum supplicem simul cum armorum præfecto exhibuit Suæ Celsitudini Regiæ, ut ab eâ obtineret decretum, quo sibi aliisque chirurgis militaribus non chirurgiam tantum sed et artem medicam æquè liberè ac nobis passim exercere liceret sub prætextu examinis biennis ad obtinendum gradum chirurgi-majoris quod subierunt, sua autem Celsitudo Regia pro more desuper Senatui Bruxellensi, et hic nobis misit decretum cujus hic adjungimus apographum.

Videtis, Clarissimi ac Amplissimi Domini, ex tenore hujus decreti chirurgos militares, nil minus velle, quam nobis esse parallelos, qua-

propter cum vos ratione examinis æque ac nos ratione hujus præ-
tensæ paritatis læsos fore credamus, ego nomine omnium assessorum
hisce litteris vos rogo, ut ad avertendam hanc a corpore nostro injus-
titiam et dedecus, una nobiscum graviter allaboretis, nos certè energi-
cam injustæ hujus armorum præfecti petitionis censuram meditamur :
imo jam inchoavimus ; ut autem et vos pro éa, quâ apud reipublicæ
proceres polletis, auctoritate nobis, ut patres filiis, opem vestram
præstetis, vehementer exoptamus ; brevissima ac tutissima in hac re
via ingredienda, meo judicio hæc est, ut vos, Clarissimi ac Amplissimi viri, has nostras querelas, et ad causam communem amplec-
tendam preces quantocyus communicetis excellentissimo Domino
Comiti de Neny, utpote universitatis Lovaniensis protectori et Com-
missario Regio, eumque rogetis, ut in hâc qualitate causam vestram
nostramque, ubi in Concilio Sanctiore agitabitur, ut justam et sanis
regulis politicis conformem amplecti ne dedignetur : at vero sus
Minervam : vos meliora facietis et dicetis, quam ego suggerere
possim : interea easdem, ac supra preces nomine omnium assessorum repetens, summa cum veneratione subscribor
Clarissimi ac Amplissimi Domini

Bruxellis 29 May 1777. (Signé) F. Van Stichel Coll. med. Brux.
Syndicus.

Comme on le voit, les médecins bruxellois demandaient à voir
leur opinion confirmée par la première institution médicale du pays.
Le docteur Van der Belen proposa d'aller trouver le comte de Neny
pour le prier d'appuyer le Collége :

Expertissime Domine,

Hodie, quod prius ob absentiam Amp. D. Van Rossum non licuit,
stricto Collegio litteras, quas nuper nomine assessorum inclyti Collegii
Medici Bruxellensis ad nos dedisti, proposui ; approbavimus utique ac
laudavimus zelum vestrum in defendendis facultatis nostræ privilegiis,
atque omnem operam lubenter conferemus in prosequendo suscepto
negotio, idcirco deputavit me strictum Collegium ut et Excellent.
D. Comitem de Neny adeam, et simul tecum conferam Bruxellis. Porro

ut innotuerit dies, quo dabitur adire Excell. D. Comitem, de eo te
certiorem faciam, interim magna cum existimatione subscribor

Expertiss. Dñe

Humillimus tuus famulus. Erat signatum

Lovanii 7 Juny 1777.   N. VANDERBELEN M. Dᵒʳ PP.

Le professeur Van der Belen ayant appris que cette démarche
serait inutile, et que le comte de Neny avait l'intention de faire
observer strictement les règlements, fit parvenir, le 13 juin suivant,
une deuxième lettre que voici :

Altera Epistola Clariss. Dni Vanderbelen Juny 13. 1777.

Expertiss. Dñe.

Ex responsoriis Bruxellis receptis intellexi, deputationem nostram
ad Excell. D. Comitem de Neny inutilem videri, aut certè non acceptam
fore, quapropter ei hactenus supersedendum judicavimus, neque est
tamen, ut in de sinistrum omen habeatis, cum significaverit simul
decreta exercitium artis medicæ spectantia observatum iri : nec argu-
menta, quæ ab armorum præfecto, sive potius a chirurgo Lengrand
allegantur, adeo ponderosa apparent ; chirurgos enim militibus destinatos Viennæ non nisi chirurgiam doceri, nec nisi super iis, quæ ad
hanc pertinent, examinari arbitror, nec putem curam morborum inter-
norum apud ipsos milites illis committi, nisi quum medici desunt, aut suf-
ficere nequeunt (vide præfat. des malad. des armées de Monsʳ VAN
SWIETEN) sed demus chirurgos illos Viennæ universam medicinam
edoceri et super universâ medicinâ examen subire, imo ad eam exercendam admitti ; an ideo ipsis licitum erit praxin medicam in hisce regionibus apud quoscumque exercere ? decretum anni 1732 excludit ab hoc
exercitio quoscumque in exteris academiis graduatos, ne Viennensi
quidem exceptâ, uti perinde Viennæ nostros licentiatos ad exercendam
praxin medicam non admittunt, nisi ibidem gradum repetierint, quemad-
modum cum Expertiss. D. Himelbaur actum fuisse, Clar. D. Van
Rossum mihi narravit : et manifeste falsum est, prædictum decretum
tantum respexisse eos, qui absque ulla qualitate artis exercitio sese
immiscent, atque in vanum exemplum licentiatorum Bononiensium
adducitur ; ii enim licentiæ gradum adepti sunt, et saltem tolerantur,

et forte e re esset hac occasione postulare, ut ii qui deinceps Bononiam se conferunt, unâ ex bursis, quas fabri argentarii Bruxellenses conferunt, gaudentes, adimpleto ibidem studiorum curso Lovanii gradum suum suscipere teneantur, sed hæc jam satis et plura potius quam necesse fuit. felicem successum vobis apprecatus magna cum existimatione subscribor

erat signatum M. VAN DER BELEN.

Le syndic Van Stichel remercia les professseurs de Louvain de l'appui qu'ils avaient bien voulu donner aux assesseurs de Bruxelles, et leur fit parvenir la lettre suivante :

Clarissimi ac Amplissimi Domini.

Gaudemus sane ac immortales vobis gratias agimus, quod corporis nostri privilegia tam strenue atque paterne una nobiscum tueri præsto sitis, lætamur itidem quod intelligamus ex gratissimis litteris vestris, Excellentissimi Domini comitis de Neny mentem esse, ut decreta circa exercitium artis medicæ evulgata observentur : simile quid et nos inaudiveramus, Excellentissimum nempe Dominum in Senatu dixisse, rectè agere corpus medicum impediendo chirurgis militaribus, ne æquos professionis suæ limites excedant, at vero quo-usque hi limites extenduntur ? in hisce definiendis totius rei cardo versatur, cum penes solum Principem sit decreta sua annulare, extendere aut coarctare, cumque decreto anni 1732 nullum contrarium emanasse hactenus constet, nos vobiscum putamus, chirurgos castrenses primariò soli chirurgiæ inter milites exercendæ destinatos esse, secundariò verò et subalternè tantum ad exercitium medicinæ superficialis in castris et nosocomiis militaribus admitti : id evincere videntur exempla, quæ in urbibus Belgii multo milite præsidiario munitis passim observantur, ubi medici bis in septimana visitant ægrotos nosocomii militaris, simul cum chirurgis supradictis ; reliquis vero diebus soli hi chirurgi, sed sic semper, ut in casibus gravioribus etiam chirurgicis, tractandis medicos extraordinariè in consilium vocare teneantur, porro cæteræ rationes in nostro rescripto allegatæ contra effrenem hanc chirurgorum majorum præsumptionem, satis conveniunt cum iis quas in altera epistola vestra memorastis : si forte videre lubeat rescripti

nostri apographum , indicare dignetur amplissimus Dominus Prior
quod vero ad licentiatos Bononienses attinet, ante aliquot annos circa
praxin juridicam, litigium fuit inter eos et J. n. licentiatos Lovanienses
et res in favorem Bononiensium in Consilio Sanctiore decisa est, ob
solidas rationes politicas quas memorando justo longior fierem, sed
nonne universitas Lovaniensis posset efficere per modum deputa-
tionis , ut Sabaudi fruerentur Bononiæ bursis Bruxellensium, et
Bruxellenses Lovanii bursis Sabaudorum? id e re fore videtur, interea
corporis nostri prærogativas , pristinique splendoris conservationem
ulteriori curæ vestræ enixe commendans solitâ cum veneratione
subscribor

Signatum erat Van Stichel , syndic.

Dans sa réponse, le professeur de Louvain, qui connaissait
bien les faiblesses des hommes haut placés, conseille aux médecins de la capitale d'user de prudence. La voici :

Clarissimi ac Amplissimi Domini

Cum subolfaciam responsum magistratus Bruxellensis ad decretum,
(cujus vobis transmisimus apographum) tale fore ut in eo judicet
conducere, ut Sua Celsitudo Regia in chirurgis militaribus Himelbaur et Lengrand exercitium artis medicæ toleret sine prævio coram
vobis examine subeundo, non inutile duxi id vobis significare si non
putem, sanctius consilium ejusdem fore sententiæ, cum excellentissimus Dominus Comes de Neny nuperrimè vobis communicaverit decreta
existentia observatum iri : sed cum et in augusto hoc cœtu quædam
membra minus rectè de facultate medicâ Lovaniensi sentiant, et
contra inexplicabili quâdam maniâ erga chirurgos supradictos feran-
tur, quis scit, an et tandem Excellentissimus Dominus præses non
movendus sit ad eos chirurgos a lege generali eximendos? idcirco ad
præveniendam hanc priveligiorum nostrorum labem : nonne con-
veniret , ut vos per litteras rogetis excellentissimum Dominum
Comitem, ne quid in hac re novi, inauditis vobis, decernatur? mea
certe hæc est sententia, fortè me vanus metus terret, sed videns
quotidie viros, dignitate ac eruditione cæteroquin spectabiles, futilibus
fidere specificis a medicastris imo vel a mulierculis sibi administratis,

contra vero sapientissimorum ac probissimorum medicorum salutaria
consilia prorsus contemnere, non possum non sinistra quævis augurari,
meliora tamen sperans venerabundus, ut soleo subscribor.

P. S. Rescriptum magistratus tantum infra duas tresve septimanas
Consilio Sanctiori communicabitur, ut mihi dixit consultissimus Dominus Bosschaert urbis pensionaris adjunctus, unde non est festinato opus.

Lovanii 23 junii 1777.

(Signé) : VANDER BELEN.

A la suite de la réception de cette lettre, on jugea utile d'envoyer une députation au président de Neny pour lui communiquer
les raisons du Collège, avant que les magistrats ne donnassent leur
décision, d'autant plus que ceux-ci étaient d'avis qu'on devait laisser
Lengrand exercer librement la médecine sans examen. Il paraît
qu'outre l'Académie de chirurgie, ils avaient l'intention de construire un hôpital général à l'instar de l'Hôtel-Dieu, de nommer
Lengrand lui-même inspecteur des opérations et de l'ouverture
des cadavres et en même temps de lui confier une chaire d'anatomie dans la nouvelle Académie. La députation ne reçut pas un
accueil très-favorable. Le gouverneur général écrivit au magistrat
de Bruxelles ce qui suit :

Chers et bien aimez

Le chirurgien de l'etat major professeur et directeur de l'ecole
de chirurgie militaire Henri Joseph Lengrand, nous a fait representer,
que le College de medecine de cette ville lui dispute le droit de pratiquer cet art envers les personnes non militaires en se fondant sur les
reglements de 1540 et 1732 qui s'en rapportent soit au degré de
licence dans l'université de Louvain, soit a l'examen de la faculté de
medicine dans la meme université pour ceux qui pourroient etre dispensés de prendre le meme degré. Le general commandant nous aiant
representé au surplus qu'en 1759 l'examen des chirurgiens majors a
eté transferé a Vienne, ou il a eté fondé a cet effet une ecole de
medicine pratique, et que les memes chirurgiens y etant admis
acquerreront le droit de pratiquer legitimement, que s'ils etoient

admis par l'université de Louvain, d'autant que les reglemens sou-
mentionés n'ont eu d'autre but que celui d'empecher, que des personnes
non qualifiées ne se melent de l'exercice de la medecine, et ne
seduisent le public, abus qui ne seront point a apprehender de la
part des chirurgiens majors aux quels Sa Majesté confie le salut de
toute son armée, nous vous faisons la presente pour vous dire que
c'est notre intention, qu'apres avoir oui ceux qu'il peut appartenir,
vous vous expliquiez tant sur l'objet particulier de la plainte du chirurgien major Lengrand que sur la demande faite pour le general
commandant, qu'il soit declaré que les chirurgiens majors, aiant eté
examinés trouvés capables et eté admis par l'ecole de medecine etablie
a Vienne soient dispensés de prendre le degré de licence en medecine
dans l'université de Louvain, et non sujets par consequent aux peines
que les reglements sousmentionés et d'autres semblables statuent
contre ceux qui exercent l'art dans la medecine sans avoir acquis ce
degré, dispense dont les licentiés de l'université de Bologne, qui y ont
joui d'une des bourses que conferent les orfevres de Bruxelles, pre-
sentent un exemple. A tant chers et bien amés Dieu vous ait en sa
sainte garde.

De Bruxelles le 9 May 1777.

Paraphée sjull. vt signé CHARLES DE LORRAINE.

Plus bas etoit par ordre de Son Altesse Royale
Signé DE REUL.

Addressé au Magistrat de Bruxelles.

Copye van t'Appointement.

Myne Heeren de Wethouderen der Stadt Brussel versenden dese
ten advise van 't Collegium medicum. actum in Collegio 17 May 1777.

(Signé) J. B. CLAESSENS.

Les médecins bruxellois, forts de leur bon droit, firent parvenir
au magistrat la réponse qui suit :

Rescrit du College de medecine a Messieurs du Magistrat de cette
ville de Bruxelles.

Le prefet etc. aiant eu communication du decret de son Altesse
Royale, émané le 9 de May 1777 au sujet de sieur Henry Joseph
Lengrand.

Nous sommes fondés sur les placcarts de 1540 et 1732, il n'a pas fréquenté puisqu'elle n'est fondée que depuis environ trois ans, et Mr Himelbaur a subi le sien a Luxembourg sur la médecine et la chirurgie par devant le médecin Meager médecin aggrégé de ce Collége et substitué pour lors au proto médecin, il seroit tres mal que les chirurgiens de l'état Major de cette ville auroient exemption de cette examen transferé à Vienne en 1759 ni l'un ni l'autre la fréquente et *reliqua habtr apud graffarium*.

A cette occasion, il parut à Bruxelles plusieurs écrits où la légitimité de cette décision était discutée, et, entre autres une brochure intitulée : *Réflexions pour établir la compétence ou juridiction du Collége de médecine de cette ville de Bruxelles sur les chirurgiens majors et tous ceux qui exercent la médecine en cette ville en réponse au décret de son Altesse Royale, émané le 6 de septembre 1777*. Malgré tout, l'autorité militaire passa outre, en foulant au pied les règlements existants. Les médecins bruxellois s'aperçurent, mais trop tard, que le droit et la raison, se brisent devant la brutalité du sabre.

Le vicaire se plaint de ce que, durant cette préfecture, aucun chirurgien ne s'est presenté aux examens, parce que le magistrat avait défendu d'en admettre avant la création de l'Académie de chirurgie. Les élèves se rendirent à Anvers ou à Louvain où pareille défense n'existait pas.

Les assesseurs du Collége ne pouvaient oublier le déni de justice que le magistrat communal leur avait fait dans l'affaire des chirurgiens-majors. Aussi le syndic Defrenne, ayant appris que Van Bellinghen, Longfils et Burtin avaient consulté avec le chirurgien-major Himelbaur, les cita, le 24 décembre 1777, de sa propre autorité pour rendre compte de leur conduite au Collége. Le surintendant de T'Serclaes prétendit que le syndic n'avait pas le droit de le faire sans son assentiment. De là une altercation des plus vives entre le syndic et le surintendant. Celui-ci exigea que le syndic se rétractât et lui présentât des excuses ; mais Defrenne tint bon et l'affaire en resta là.

Le chirurgien Germain avait traité un noble Irlandais. Il avait eu à ce sujet plusieurs consultations avec le chirurgien-major Himelbaur," de manière que son compte s'élevait à 1800 livres 12 sous. Soupçonnant que son débiteur avait l'intention de déguerpir sans payer, il le fit arrêter et il en résulta un procès pour injures. La partie défenderesse envoya la note de Germain au Collége médical pour faire estimer ses honoraires, mais le surintendant s'opposa à la taxation comme étant contraire aux statuts parce qu'aucun docteur en médecine n'avait été appelé en consultation. Voici cette pièce :

De Heeren assessores en konnen dese specificatie niet taxeren als synde contrarie aen de statuten ende placcaerten , niet tegenstaende den circulairen brief van zyne Konincklycke Hooghydt van den jaere 1759, den welcken men met alle eerbiedinghe venereert, noghtans den selven brief en contrarieert geensints aen de statuten noghte placcaerten , vermits hy seght dat 't geoorloft sal syn dat de chirurgiens majors sullen moghen consulteren met de chirurgyns van de stadt , alwaer geene mentie gemaeckt wordt van de exclusie van den Doctoor , also blyven de statuten ende placcaerten , te weten dat de consulten ende conferentien gedaen door Himelbaur ende Germain niet meer valabel en syn als die de welcke soude geschiedt syn door onse chirurgyns also dat dezelve consulten ende conferentien ter exclusie van eenen geapprobeerden Doctoor niet valabel en zyn.

Le Collége adopta cette manière de voir et refusa de taxer les consultations, de sorte que le chirurgien perdit les honoraires de toutes ses conférences avec le chirurgien militaire. Ce jugement nous paraît injuste et semble se ressentir de l'impression que le différend entre le Collége et les chirurgiens militaires avait produit dans l'esprit des assesseurs.

Une affaire semblable se présenta dans le courant de la même année. Le pharmacien Enken avait délivré, sur la prescription d'un chirurgien militaire, des médicaments pour la somme de 1500 florins et voulut faire taxer son compte par les assesseurs. Ceux-ci décidèrent que cette livraison était contraire aux statuts et que le pharmacien n'avait pas le droit d'exiger une obole.

Comme le docteur Van Stichel avait fait preuve de zèle et d'énergie dans l'affaire des chirurgiens militaires, il fut désigné à l'unanimité pour être continué dans ses fonctions de syndic, et au lieu de deux candidats pour cette place, le nom du docteur Van Stichel sortit seul de l'urne. Le magistrat refusa de confirmer cette nomination, comme étant contraire aux statuts. Le corps médical fut convoqué une seconde fois et la même chose se représenta. Le magistrat refusa de nouveau de confirmer le choix. Le 18 octobre 1777, le Collége médical se réunit pour la troisième fois et persista dans son choix. Alors le magistrat passa outre et nomma d'office le docteur Defrenne à la place de syndic, en écartant le docteur Van Stichel. Malgré cet échec, les nouveaux assesseurs étaient animés des mêmes sentiments et prêts à défendre leurs statuts méconnus par les priviléges accordés aux chirurgiens-majors qui n'avaient pas voulu se soumettre à un examen.

Une fabrique de bleu de Prusse s'était établie au milieu de la ville de Bruxelles, et les voisins s'étaient plaints des effets délétères qu'elle exerçait sur la santé publique. Le magistrat convoqua extraordinairement le Collége, le 7 mai 1778, afin d'avoir son avis. Comme le surintendant voulait que les assesseurs donnassent leur avis sur une simple déclaration du fabricant, ceux-ci s'y refusèrent et déclarèrent qu'avant de donner leur avis, ils devaient inspecter en détail les lieux où se fabriquait le bleu de Prusse. Le 18 mai suivant, deux membres du Collége, accompagnés de deux pharmaciens-chimistes, descendirent sur les lieux, surveillèrent, pendant deux heures, toutes les opérations et délivrèrent la déclaration suivante :

Le Collége de Médecine de cette ville de Bruxelles étant assemblé le 7 de mai 1778 en suite des ordres de M^r l'échevin Vanhelewyck loco Dni Sterclaes superintendentis a député les deux visitateurs de ce Collége conjointement avec les deux maîtres des preuves du corps des Apoticaires pour se transporter chez le S^r . . . . . fabricant le bleu de Berlin et ont observé ce qui suit :

Messieurs le vicaire et les assesseurs du dit Collége, les surnommés visiteurs se sont transportés le 18 du mois de mai a deux heures et demi l'après-midi chez le S^r . . . . . . fabricant du bleu de Berlin, et aiant examiné attentivement ses opérations afin de connoitre si elles ne sont pas nuisibles à la santé des voisins, déclarent qu'ils ont été dans son laboratoire ordinaire à l'heure susnommée et vue ce qui suit :

Le premier procédé pour faire le bleu de Berlin consiste dans le dessechement du sang de bœuf, cette opération se fait par le feu, et si le sang est frais, elle n'excite aucune mauvaise vapeur, cette opération n'a pas été faite en notre présence, mais nous scavons que l'intérêt de l'artiste exige qu'il préfére le sang frais au sang pourri.

Le deuxième procédé est la calcination du dit sang desseché qui se fait avec du sel alkali, cette opération a été faite depuis le commencement jusqu'à la fin sous nos yeux, elle excite une fumée alkaline volatile qu'aucun médecin chimiste n'a jamais jugée particulierement nuisible a la santé.

Par le troisième procédé il dissoud la dite matière calcinée dans de l'eau, cette opération, qui a été faite en notre présence, excite une fumée de même nature que la précédente, mais moins forte, ensuite il filtre cette dissolution, et la mélange avec une lessive faite d'alun et de vitriol vert, celle-ci ne dérange personne ; ce mélange, que nous avons vu excite un bouillonnement, comme il arrive, quand on mélange les alkalis avec les acides, et excite une odeur, que jamais médecin chimiste n'a cru devoir éviter comme nuisible.

Nous n'avons senti en nous aucun dérangement après les deux heures que nous sommes restés au laboratoire : l'homme, sa femme, son ouvrier et ses enfans que nous avons examinés, se portent fort bien, de sorte que nous jugeons, que cette opération du bleu de Berlin ne produit point manifestement des effets pernicieux. Ouï le rapport des susdits visitateurs et maitres des preuves, le préfet et autres assesseurs du Collége sont d'avis que cette préparation du bleu de Berlin n'est point de nature à nuire à la santé des voisins ni d'altérer en aucune facon leurs meubles, ou provisions, moiennant quoi nous croions avoir satisfait à la demande qui nous a été faite et avons l'honneur d'être en profond respect

Les très humbles et très obeissans serviteurs le préfect, vicaire et autres assesseurs et conjointement les deux maitres des preuves du corps des Apoticaires du Collége de médecine.
Par ord.
Le 26 mai 1778.

Les médecins croyant que toute peine mérite salaire, avaient demandé de modiques honoraires pour la visite de la fabrique. Le surintendant n'était pas de cet avis et croyait que le corps médical est corvéable à merci, comme l'autorité semble le croire encore de nos jours. Les assesseurs refusèrent de délivrer la relation de leur visite avant d'être dûment indemnisés. Voici la lettre qu'ils firent parvenir à ce sujet à l'autorité communale :

Op heden den 1n juny 1778 heeft den Heere superintendent van het Collegie der Medecynen weghens Heere wethouderen geinsinueert a en het voorschreven Collegie de resolutie ofte ordonnantie van de voorschreven Heeren wethouderen de dato 30 may 1778 onderteeckent
J. B. CLAESSENS.

Welcke ordonnantie in deliberatie zynde gestelt geweest, is er
geresolveert by 't selfste Collegie der Medecynen van hun advies
raeckende de fabrike van het berlinghx blauw niet te verleyden ten
sy daer over betaelt te syn.

Actum ut supra.

> Coram Domino præfecto, vicario aliisque Collegii
> Medici assessoribus et censoribus ex pharmacopœis.

Quelques jours après, le magistrat envoya une sommation au
préfet Dumont pour lui notifier qu'il eût à délivrer au plus tôt la
déclaration écrite. Le préfet convoqua d'urgence le Collége, et il
fut décidé d'adresser une requête au Conseil de Brabant contenant
l'exposé de l'affaire. Celui-ci donna gain de cause aux médecins
par l'arrêt suivant :

> Die Prefect, vicarius ende andere assessores van 't Collegium der
> Medecynen binnen dese stadt supplen.
> De Heeren wethouderen der selve stadt rescribenten.
> Gezien en 't hof decreteert ex officio het verclaeren der rescribenten
> gedaen by den 8, 9, 10 en 11 arlen van hunne schre van verclaeren
> met rescriptie, nopende de visitatie van de fabriecke, schryven van het
> advies, ende in het net stellen dier, vermelt in de specificatie aen de
> venue en cour gevoeght 18 1º ende aleer te disponeren nopende de dry
> extraordinnaire vergaederinghen by de selve specificatie geroert,
> ordonneert aen partyen wederseyts voor commissarissen in saecke te
> deputeren over te legghen eene memorie behelsende respectivelyck de
> gevallen in de welke het Collegie der supplten weghens de rescribenten
> geconsulteert synde, is betaelt geweest ofte niet en is betaelt geweest,
> om dese memorien gesien voorder gedisponeert te worden naer behoo-
> ren, reservatis expensis.

> Actum 23 febry 1779.

Nous trouvons ici deux documents qui n'appartiennent pas à
cette préfecture, mais que nous communiquons à cause de l'intérêt
qu'ils présentent. Le premier est une interprétation des statuts
médicaux du 5 octobre 1715, qui donne aux maîtres des preuves

et aux anciens des pharmaciens le droit d'assister à toutes les réunions du Collége et de voter dans toutes les affaires. La voici :

Op 't vertoogh gedaen van wegens de Ouders ende Proeffmeesters van 't corpus der Apotekers binnen dese stadt Brussele over 't verschil d'welck de selve syn hebbende teghens de assessores van 't Collegie der medecynen, ende merckelyck ter saecke van de ordonnantie tusschen de selve partyen geëmaneert in den jaere 1664 ende het verstant van dyen, hebben Myne Heeren die Lieutenant Amptman, Borghemeester en Schepenen thesoriers, rentmeesters ende Raedt der selve stadt goedt gevonden, alvooren daer over gehoort te hebben de voorsch. Assessores te statueren ende verclaeren by forme van interpretatie en de ampliatie der selve ordonnantie het naervolgende.

Dat de Proeffmeesters Apotekers voortaen sullen mogen compareren in het Collegie der medecynen beneffens de assessores medicos in alle vergaederingen.

Dat sy aldaer hun gevoelen sullen moghen seggen over alle processen ende affairen het welvaeren maintien ende directie van 't voorsch. Collegie raeckende ende beneffens de voorsch Assessores oock voteren ende kiesen den greffier ende cnaep van 't selve Collegie, alswanneer de selve officien sullen comen te vaceren.

Dat sy aldaer hun gevoelen sullen mogen en moeten segghen over alle saecken hun ampt ende functie raeckende.

Dat sy selfs oock sullen moghen present syn, wanneer in 't voorsch. Collegie sal geageert worden over saecken van chirurgie oock van vroevrouwen ende andere saecken ende qualen hunne functie niet raeckende mits doende den eedt geprescribeert by de vorighe ordonnantien van te helen 't gene te helen staet, wel verstaende noghtans dat sy over diergelycke saecken hun gevoelen noyt en sullen moghen segghen, ten sy daer over ondervraeght synde, oft dat des aengaende incidenten oock eenigh ondersoeck viel te doen over de deughdelyckheydt, nature ofte vervalschydt der medicamenten ofte behoorelyckhydt van de compositie ofte pharmacie.

Ordonneren dien volghende aen alle de gene des raeckende hun hier na te reguleren ende aen den voorschreven cnaep van ' telcker vergaederinghe van 't selve Collegie voor gemelde Proeffmeesters Apotekers daer van in tydts de advertentie te doen.

Belastende dese met enregistrature ter thresorye op pene van nulliteyt ende reserveŕende niet te min Myne voorschreve Heeren desaengaende hun vermeerderen veranderen ende verminderen soo ende gelyck sy naer geleghenhydt van saecke sullen vinden te behooren.

Aldus gedaen den 4 8ᵇᵉʳ 1715. Was onderteeckent

G. D. VAN VEEN.

Geenregistreert dese ter thresorye deser stadt Brussele in den vyf-tienden register f. 280 verso et sequentibus onder my greffier deser stadt berustende. Was onderteeckent

Æ. DE FRAYE.

Le second document, daté du 4 octobre 1765, déclare que les pharmaciens sont membres du Collége médical. Le voici :

Op den vierden 8ᵇᵉʳ 1765 hebben wy joncker Ferdinandus Franciscus De Fierlant , licentiaet in beide de rechten ende Petrus Carolus Lion, respective Schepene ende Greffier deser stadt Brussel gecollationeert de bovenstaende copye tegens sekere ordonnantie geenregistreert in sekeren boeck, fol. 563, gebonden in bruin kalfs leer, hebbende voor titel *Register van 't Apotekers ambacht der stadt Brussel* alhier voor ons geproduceert door den procureur M. Joannes Franciscus Le Vilain als dienende de Proeffmeesters ende Ouders der Apotekers binnen dese stadt als litmaeten van 't Collegium medicum alhier, in hunne saecken die sy in qualitydt van aenleggeren syn sustinerende voor Heeren Wethouderen deser voorsch. stadt tegen 't corpus der heeren Doctoren intervenierende ende de saecke aennemende voor wylen d'Heer Joannes Vanderbelen gedaeghde , dewelcke wy daer mede bevonden hebben te accorderen ende dit om de voorschreve Apothekers te dienen in hunne vermelde saecke partye hier toe gedaeght aen baeren procureur M. Henricus Denrek , den welcken heeft geprotesteert more solito. Actum ut ante.

Was onderteeckent F. F. DE FIERLANT.

P. LION.

Soixante-quatrième Préfecture. 1778-1780.

L'emploi de l'électricité en médecine date de la découverte de cette force. Vers la fin du dix-huitième siècle, l'application en fut généralisée. Un certain Luxembourgeois, nommé Gibbens, dépourvu de connaissances médicales, vint s'établir à Bruxelles et demanda, en 1778, l'autorisation de l'appliquer à des malades. A cette fin il adressa au prince de Stahremberg la supplique suivante :

> A Son Altesse le Prince de Stahremberg,
>
> Remontre tres humblement Jean Gibbens natif d'Arlon pais de Luxembourg, venant de la Jamaique où il s'est distingué pendant tout le tems qu'il y a eté par l'administration de l'electricité sur le corps humain affligé de differens accidens, secret qu'il a pratiqué aussi depuis avec un succès desiré en differentes contrées de l'Angleterre, que pendant un an il a travaillé sur plusieurs corps affligés des personnes hors d'etat de le paier dans la ville de Bruxelles où il se propose de continuer, si le bonheur veut qu'il en soit recompensé a cet effet, sujet de son tres respectueux recours vers son Altesse, la suppliant tres humblement de vouloir lui accorder une gratification.
>
> C'est la grace.

Le magistrat, sur l'ordre du prince Charles-Alexandre de Lorraine, renvoya cette supplique au Collége médical avec prière d'emettre son avis. Comme on devait s'y attendre, cet avis fut défavorable parce que Gibbens n'avait aucune connaissance médicale, et que plusieurs praticiens et, entre autres, le docteur Du Rondeau, employaient cette médication.

L'année 1779 fut très-désastreuse pour la Belgique. La dysenterie fit partout de nombreuses victimes. Bruxelles eut à déplorer le sort d'un grand nombre de ses habitants, moissonnés par le fléau depuis 1779 jusqu'en 1783. Le docteur

J. C. Jacobs nous a conservé l'histoire des ravages de cette épidémie dans la capitale du Brabant. Il assure qu'il n'a eu qu'à se louer de l'emploi des opiacés. Un autre praticien, le docteur Du Rondeau, publia le tableau de cette épidémie en 1789.

Dans tout le cours de la maladie, les médecins de Bruxelles furent admirables de dévouement et prouvèrent une fois de plus que l'amour de l'humanité est inné aux enfants d'Esculape.

L'inoculation de la petite vérole a été un des objets les plus importants des recherches des médecins dans le cours de ce siècle. Avant la découverte de la vaccine, l'inoculation de la petite vérole excita dans notre pays, comme dans le reste de l'Europe, des discussions fort animées. En 1779 et 1780 plusieurs inoculations furent faites à Bruxelles.

Soixante-cinqième Préfecture. — 1780-1782.

Dans cette période biennale, le vicaire Caels n'a rien annoté. Est-ce à cause des événements graves qui venaient d'avoir lieu ? On sait que le duc Charles de Lorraine était mort le 4 juillet 1780 à son château de Tervueren, et que cette mort causa un deuil général dans la Belgique qu'il avait gouvernée pendant plus de 36 ans. Cette douleur ne fut que le prélude de celle qui allait frapper notre patrie par la mort de Marie-Thérèse, qui arriva le 29 novembre suivant. Les Pays-Bas, si malheureux pendant plusieurs siècles, avaient joui de quelque repos sous le gouvernement de cette princesse, et le nouveau règne de Joseph II, connu par son esprit réformateur, ne laissait pas de causer des appréhensions pour l'avenir.

Si nous ne trouvons pas d'acte assessorial à faire connaître, nous pouvons mentionner la publication de quelques ouvrages des membres du Collége. C'est ainsi que le docteur Defrenne mit au jour un livre intitulé : *Médecine simplifliée ou manuel de médecine et de chirurgie domestique; ouvrage généralement utile , particulièrement aux gens de lettres, à MM. les curés et autres habitants de la campagne, aux marins et à tout voyageur, pour prévenir la plupart des maladies, et pour s'en guérir soi-même, ouvrage où l'on n'a pu se dispenser de démasquer les médecins du temps, et dans lequel on est forcé, quoiqu'à regret, d'exposer au grand jour leur charlatanisme.* Amsterdam. (Bruxelles) 1780 in-4º de 344 pages. Amsterdam et Bruxelles chez Lion, 1785 in-8º ibid. 1785 in-8º en flamand sous le titre de : *Vereenvoudigde geneeskunde, ofte handboek* van huyslyke genees- en heelkunde. Cette publication fut amèrement critiquée par le docteur Prévinaire, dans une brochure sous le titre : *Réplique à la lettre de M. Defrenne sur l'empirisme dévoilé.* Amsterdam (Bruxelles) Flon , 1784 in-8º de 71 pages. Comme on devait s'y attendre, Defrenne riposta par l'écrit : *Lettre à l'auteur du livre intitulé : L'empirisme dévoilé, ou réfutation des principes de la médecine simplifiée, etc. avec suite d'observations sur la petite vérole pour confondre l'imposture cynique.* Bruxelles, Van der Berghen, 1784, in-8º de 49 pages.

Le docteur Du Rondeau publia plusieurs mémoires de médecine insérés dans les mémoires de l'Académie de Bruxelles.

Nous devons au pharmacien Van de Sande 1º *Lettre à M. Beunie, licencié en médecine et membre de l'Académie impériale et royale des sciences et belles-lettres de Bruxelles sur les effets pernicieux des moules.* Amsterdam (Bruxelles) 1781 in-8º.

2 *Lettre sur la sophistication des vins.* 1781 in-8º de 20 pages.

3° *Réponse à la lettre sur la sophistication des vins*. Ibid, 1781 in-8° de 27 pages.

Ces divers écrits prouvent que l'Académie exerçait une influence salutaire sur les membres du Collége médical de Bruxelles.

Soixante-sixième Préfecture. 1782-1784.

Même absence d'actes de la part du vicaire Van Lierde.

Dans ce temps, on s'occupait avec ardeur de l'hygiène, surtout des inhumations. Le 11 juillet 1783, parut un édit impérial, qui défendait les inhumations dans l'intérieur des villes. Par suite de cette défense, on établit en dehors de Bruxelles, de nouveaux cimetières; il y en eut un à Saint-Josse-ten-Noode pour Sainte Gudule, un à St.-Gilles pour la Chapelle, et un à Molenbeeck, pour Sainte Catherine [1].

Voici quelques publications faites par des membres du Collége :

1° *Mémoire en réponse à la question : quels sont les effets de l'électricité appliquée aux plantes et aux arbres dans les serres, en constatant ces effets par une suite d'expériences bien détaillées.* J. B. Van de Sande. Bruxelles, 1783, in-8° de 46 pages.

2° *La falsification des médicaments dévoilée. Ouvrage dans lequel on enseigne les moyens de découvrir les tromperies mises en usage pour falsifier les médicaments tant simples que composés, et où on établit des règles utiles aux médecins, chirurgiens, apothicaires et droguistes, mais aussi aux malades,* par Van de Sande. La Haie, (Bruxelles), 1784, in-8° de 430 p. Le

[1] Voyez WAUTERS, *Histoire de Bruxelles*, tome II, page 314.

célèbre Hahnemann traduisit cet ouvrage en allemand, Dresde, 1781, in-8º.

3º Mémoire sur la question : Quels sont les végétaux indigènes que l'on pourrait substituer dans les Pays-Bas aux végétaux exotiques relativement aux différents usages de la vie, par F. X. Burtin. Mémoire couronné en 1783 et que Wauters traduisit en grande partie en latin.

Soixante-septième Préfecture. 1784-1786.

Même absence de documents, mais, en revanche, publication de quelques écrits remarquables.

1º *Tractatus politico-medicus de dyssenteria in genere*, auctore J. C. Jacobs, Rotterdam, (Bruxelles) 1784, in-8º de 188 p. Ibid. en français, an VIII in-8º. Ibidem 1816, in-8º de 264 p.

2º *Lettre à Messieurs l'Ecoutête, Bourguemaitres, Echevins et Conseil d'Anvers, sur leurs ordonnances et catalogue de médicaments relatifs à la médecine, la chirurgie et la pharmacie, émanés le 7 mars 1786, par J. B. Van de Sande.* Bruxelles, 1786, in-8º de 18 pages.

3• *Eau pour dissiper les taches de rousseur*, par le même. Ibid., 1786, in-4º.

Soixante-huitième Préfecture. 1786-1788.

Par suite de l'absence d'actes, nous n'avons à mentionner que quelques écrits, dus aux membres du Collége. Ce sont :

1º Du Rondeau. *Traité de la dysenterie, précédé d'un mémoire sur le signe infaillible de la mort, extrait des nouveaux mémoires de l'Académie impériale et royale des sciences et belles-lettres de Bruxelles.* Brux. 1789, 2 vol. in-8°.

2° J. B. VAN MONS. *Schets van eigenschappen, de welke in een waar apotheker vereischt worden, ende deszelfs invloed op de societyd.* Amsterdam, 1788, in-4°.

3° CAELS. *La cure des maladies produites par les minéraux.* Amsterdam et Bruxelles, 1787, in-8°.

4° VAN DE SANDE. *Mémoire en réponse à la question : quels sont les végétaux indigènes propres à fournir des huiles qu'on pourrait substituer avec succès et sans danger à l'huile d'olive? Quelles sont les méthodes de préparer et de conserver ces huiles? Enfin quel sera leur prix en supposant un prix donné des matières dont on les tire.* Bruxelles, 1788, in-4°, de 46 p.

5° *Réponse de Van de Sande à M. Roels, maître en pharmacie à Bruges, relative à la comète annoncée pour le 22 février 1788.* Ibid. 1788, in-8°.

En 1787, l'Académie de Bruxelles proposa la question suivante : *Quels sont les moyens que la médecine et la police pourraient employer pour prévenir les erreurs dangereuses des enterrements précipités.* Seize concurrents entrèrent en lice. La médaille d'or fut décernée aux docteurs Prévinaire de Bruxelles, et Wauters de Gand. Le premier fit paraître son travail sous le titre de : *Mémoire sur la question suivante : Quels sont les moyens que la médecine et la police pourraient employer pour prévenir les erreurs dangereuses des enterrements précipités.* Brux. 1787, in-4° de 232 pages.

Soixante-neuvième Préfecture. 1788-1790.

Même absence de documents. Ne pourrait-on pas ici attribuer

cette négligence aux événements dont la ville de Bruxelles et tout le pays furent le théâtre. Pendant cette période, les infractions commises au pacte fondamental par Joseph II ne connurent plus de bornes, et firent éclater la révolution brabançonne à laquelle les membres du Collége médical applaudirent unanimement.

Les opinions que l'on s'est formées sur la nature de la *fièvre puerpérale*, n'ont pas moins varié que les moyens conseillés contre cette maladie. Cette affection était très meurtrière chez les personnes du sexe vers la fin du XVIIIe siècle, tant en Belgique que dans d'autres pays. Ce fut en 1789 que Van Stichel fit connaître ses idées sur l'étiologie de cette fièvre et proposa sa méthode de traitement comme la plus rationnelle dans ses *Réflexions sur les maladies aigues des femmes en couches, leur nature, leurs causes, leur traitement*, Bruxelles, 1789, in-8° de 36 pages. La cause lui parait une *pléthore laiteuse* dont le sang est surchargé. Il conseille l'huile de tartre par défaillance à la dose d'un à trois gros par jour. Voici comment il s'exprime :

» Ma moindre dose est d'une drachme, la dose moyenne de deux, et la plus forte de trois drachmes par jour..... Comme ce remède agit le plus efficacement par les sueurs, j'ajoute souvent à la dose susdite quatre onces d'eau distillée de sureau..... Tant que le lait reste également répandu dans la masse des humeurs, je me tiens uniquement à l'huile de tartre par défaillance, seule ou entremêlée d'un doux purgatif; mais aussitôt que j'ai des indices d'infiltration, qui engourdit les organes au point de leur empêcher le mouvement nécessaire pour se débarrasser de la pléthore laiteuse, alors je n'ai pas peur d'agacer plus efficacement les solides, en ajoutant à ma mixture ou infusion alcaline depuis un demi-drachme jusqu'à une drachme de camphre, et même en y mêlant des purgatifs donnés à petite dose, mais souvent, de façon qu'ils agissent aussi bien comme fondants et stimulants que comme évacuants. Pour obtenir ce but, je mêle souvent à mon infusion alcaline camphrée un grain de tartre stibié, ou bien je donne séparément toutes les heures quatre grains de scamonée d'Alep. »

Soixante-dixième Préfecture. 1790-1792.

Pendant cette période le régime autrichien fut rétabli sous le sceptre de Léopold II. Nous trouvons peu de choses à enregistrer si ce n'est l'inscription de quelques médecins, pharmaciens et chirurgiens. Parmi ces derniers nous remarquons J. B. Uytter-hoeven qui se distingua dans la suite parmi ses collègues; il passa d'une manière si remarquable que le vicaire Van Stichel en fait mention de la manière suivante :

« 23 Maji 1791 strictissime super omnibus tum chirurgiæ » propriè dictæ tum artis obstetriciae partibus examinatus est » Joannes Baptista Uytterhoeven ex Kessel, laudabilissime omnibus » examinatoribus satisfecit, hinc omnium votis admissus in chirur-» gum Bruxellensem.

Le vicaire déplore l'absence de documents et l'attribue en partie à la pénurie de faits, en partie à la négligence et en partie aux événements politiques dont notre pays fut le théâtre : « Mirum , » dit-il, quod jam a duodecim annis nihil a prædecessoribus meis in » hisce commentariis nihil adnotatum fuerit, causam suspicor fuisse, » partim materiæ penuriam, partim negligentiam et partim discordiam, » quæ sensim oborta est inter principem nostrum Josephum II » imperatorem et harum provinciarum ordines, ex quâ nata est » quasi anarchia, et rerum omnium stasis. Cum jam sub Leopoldo II

» omnia videantur reviviscere et antiquus ordo redire, ego quo-
» que more prædecessorum meorum in his commentariis notabo
» acta Collegii nostri, eventusque præcipuos, eo ordine, quo
» acciderint. » Malheureusement les événements ont donné un
démenti aux espérances qu'on avait conçues, et la préfecture suivante, quoique écrite de la main du même vicaire, ne nous a pas
laissé de bien grands détails.

Soixante-onzième Préfecture. 1792-1794.

Les armées républicaines, sous le commandement du général
Dumouriez, entrèrent à Bruxelles le 14 novembre 1792. Quelques
placards, portant en tête les mots sanglants : *Liberté, égalité
ou la mort*, détruisirent toutes les institutions nationales. Le 17
novembre suivant on fit un simulacre de convocation des électeurs
pour la nomination de leurs représentants provisoires. Parmi les
élus nous remarquons les noms de quelques membres du Collége
médical. Ce furent : Herbiniaux, chirurgien-accoucheur, J. B. Van
Mons, pharmacien, Claeyseus, pharmacien, Peeters, médecin,
J. C. Jacobs, médecin. Le joug républicain ne dura pas longtemps.
Aussi le revers qu'essuya Dumouriez à Neerwinden, causa-t-il une
joie générale. Le 23 mars 1793, les Français évacuèrent Bruxelles,
et, le 20 avril suivant, l'archiduc Charles, frère de François II,
fit son entrée solennelle dans la capitale des Pays-Bas, en qualité
de lieutenant-gouverneur et de capitaine général. Le repos ne fut
pas de longue durée. La bataille de Fleurus (26 juin 1794) ouvrit
de nouveau notre pays aux horreurs des Jacobins, et, le 10 juillet
suivant, Bruxelles fut livrée à toutes les aménités du régime républicain.

La position de Bruxelles devint affreuse : depuis trois ans elle avait dû nourrir d'innombrables armées, ses ressources étaient épuisées et aux maux de la guerre vinrent se joindre ceux de l'administration française, qui avait introduit à sa suite les assignats, le maximum et les réquisitions ; nos musées, nos bibliothèques, nos églises furent dépouillés, et leurs richesses allèrent orner le musée de la république. Est-il étonnant alors que cette déplorable situation ait empêché le vicaire de nous conserver quelques documents de l'époque ? Aussi les archives du Collège sont entièrement muettes.

Soixante-douzième et dernière Préfecture. 1794.

Toutes les corporations avaient été détruites en France. Les démagogues français passèrent la hâche dévastatrice sur celles de notre pays et le Collège médical disparut dans ce cataclysme social. Le décret du 18 août 1792, rendu applicable à notre pays, avait proclamé la liberté de toutes les professions, et partout l'exercice de la médecine tomba dans l'anarchie la plus complète. Ceux qui avaient donné des preuves de connaissances devant le jury national, se trouvaient confondus avec ceux qui n'en savaient pas le premier mot. La vie des citoyens était livrée sans aucune garantie à la merci de l'ignorance et du charlatanisme. Les archives du Collège nous apprennent que, dans ce temps d'anarchie, les médecins se réunirent pour la dernière fois le 11 octobre 1794 dans le but d'élire un préfet, un vicaire et un syndic. Voici comment le vicaire de Keyser relate cette particularité :

, Die 11° octobris 1794 instituta sont comitia medica, convo-

» catis omnibus medicis, pro eligendis novis assessoribus in locum
» decedentium et pluralitate votorum electi sunt :

in præfectum	in vicarium	in questorem
D. DURONDEAU.	D. CAELS.	D. VAN BEVER.
D. DESMARES.	D. KEYSER.	D. SAINTENOIS.

« Ex quibus electis, magistratus elegerat in præfectum D.
» Saintenois contra statuta Collegii, cum ex singulis duobus, pro
» uno loco nominatis unus eligi debeat pro illo loco, quare remisi-
» mus electionem ad Magistratum, qui postea nominaverunt in
» præfectum D. Desmares, in vicarium D. Keyser, in questorem D.
» Van Bever et sic error a Magistratu commissus fuit correctus. »

Ainsi disparut une institution nationale après une existence
de cent cinquante ans! Celui qui parcourra ces pages se convaincra
aisément que le Collége a rendu d'immenses services à la profession, à l'art, aux autorités constituées et à l'humanité. Puissent
nos collègues, en lisant ces pages, y retremper leur amour pour
l'art et l'humanité et marcher sur les traces de leurs devanciers
dans la voie de l'honneur et de la dignité de la profession! C'est
la seule récompense que nous ambitionnons pour les peines que
nous nous sommes données à élever ce faible monument à la
gloire du corps médical de Bruxelles!

CATALOGUE DES MÉDECINS INSCRITS AU REGISTRE DU COLLÉGE.

	NOMS.	LIEU ET DATE DE PROMOTION.	INSCRIPTION.	DATE DE DÉCÈS
1	Jean-Baptiste Vequemans, de Louvain	Louvain, 29 déc. 1619.	2 déc. 1649.	5 mai 1658.
2	Pierre Merstraten, de Bruxelles	», 17 oct. 1623.	» »	»
3	Charles Gomez, d'Anvers	», 19 juin 1624.	» »	»
4	Nicolas Van Obbergen, de Bruxelles	», 4 août 1627.	» »	sept. 1676.
5	Gérard Bernaerts, de Bruxelles	Padoue, 11 janv. 1629.	» »	14 sept. 1652.
6	Pierre Stroobant, de Vueren	Louvain, 28 mai 1630.	» »	9 oct. 1650.
7	Adrien-André Recope	», 31 déc. 1630.	» »	2 févr. 1655.
8	Jacques de Lespière, de Tournai	Douai, 7 sept. 1632.	» »	
9	Jean Van Arckel, de Bruxelles	Padoue, 21 déc. 1632.	» »	1 janv. 1655.
10	Jacques Sophie de Hal	Louvain, 10 oct. 1633.	» »	23 mai 1664.
11	Jean-Charles Lombaerts, de Louvain	», 19 juillet 1634.	» »	22 févr. 1652.
12	Jean-Baptiste de Leeu, de Malines	Douai, 2 oct. 1636.	» »	31 déc. 1689.
13	Jacques de Craecker, d'Alost	Padoue, 17 nov. 1637.	» »	
14	Mathias de Vleeshoudere, de Bruxelles	Louvain, 28 sept. 1638.	» »	sept. 1676.
15	Jean Columbanus, de Bruxelles	», 5 oct. 1638.	» »	avril 1657.
16	Jean-Jacques de Feria, Illyrien	», 19 janv. 1639.	» »	6 févr. 1686.
17	Chrétien Notaire, de Maubeuge	Douai, 5 avril 1639.	» »	25 déc. 1689.
18	Pierre Mariage	Rheims, 7 juillet 1640.	» »	
19	Louis Overdatius, d'Enghien	Louvain, 30 août 1640.	» »	
20	Jean Coppaeus, de Bruxelles	», 28 juin 1641.	» »	8 juillet 1672.
21	Melchior Van der Avoordt, de Bruxelles	Padoue, 28 avril 1642.	» »	
22	Martin Corluy, de Bruxelles	Louvain, 25 mars 1643.	» »	16 oct. 1681.
23	Lancelot Van den Grootendael, de Bruxelles	», 9 sept. 1643.	» »	8 août 1699.
24	François Vuytenhove, de Bruxelles	», 12 janv. 1644.	» »	4 janv. 1655.
25	Martin Coppens, de Bruxelles	», 1 avril 1644.	» »	15 mars 1657.
26	Antoine Kints, de Bruxelles	Douai, 2 août 1644.	» »	
27	François Grenet	», 29 juin 1646.	» »	
28	Louis Le Roy, de Bruxelles	Louvain, 26 » 1646.	» »	19 nov. 1650.
29	Martin Thienpont, d'Enghien	», 12 sept. 1647.	» »	

NOMS.	LIEU ET DATE DE PROMOTION.	INSCRIPTION.	DATE DE DÉCÈS.
30 Jean-Baptiste de Conde, de Bruxelles..........	Louvain, 8 sept. 1644.	2 déc. 1649.	31 avril 1650.
31 François Verbeelen, de Bruxelles..........	Douai, 28 mars 1648.	» »	25 janv. 1690.
32 Adrien Fennyns, de Bruxelles..........	Louvain, 11 janv. 1649.	» »	9 févr. 1650.
Ces trente-deux médecins exerçaient à Bruxelles avant l'institution du Collège.			
33 Guillaume Matthys, de Bruxelles..........	Louvain, 14 mars 1650.	23 déc. 1650	29 avril 1657.
34 Jean Heymans, de Bruxelles..........	Padoue, 22 » 1649.	9 août 1651.	
35 Balthasar Vanden Cruyce, d'Anvers..........	Dôle, 18 juillet 1629.	28 sept. 1651.	
36 Henri Van Vinnen, de Bruxelles..........	Louvain, 23 avril 1652.	1652.	
37 Jean Philippe, de Stochart..........	Douai, 11 janv. 1626.	15 mai 1653.	
38 Jean-Fred-Frédéric Pent, de Vienne (Autriche).	Louvain, 9 juillet —	12 août 1653.	
39 Jean-Baptiste Isselsteyn, de Bruxelles..........	Dôle, 20 nov. 1653.	15 janv. 1654.	1668.
40 Jean Van Dyperand, de Bruxelles..........	Bologne, 10 oct. 1654.	11 févr. 1655.	
41 Franc.. Nessen, de Bruxelles..........	Louvain, 5 août 1653.	29 oct. 1654.	23 juillet 1686.
42 Guillaume Vander Beke, d'Eüpe..........	» 18 mai 1654.	11 févr. 1655.	
43 Vincent Ferdinand..........	» 16 sept. 1654.		
44 Michel de Roovere, de Bruxelles..........	Bologne, 19 janv. 1656.	28 sept. 1656.	
45 Jean Huyghens, de Bruxelles..........	Padoue, 20 juin 1656.	9 août 1657.	29 mars 1722.
46 Gérard Van Obberghe, de Bruxelles (Nicolaï)...	11 oct. 1657.	22 juin 1659.	
47 Florent Sterck, de Bruxelles..........	Louvain, 3 oct. 1657.	13 déc. 1657.	
48 Jean Vanden Borre, de Bruxelles..........	Pavie, 5 juin 1657.	10 janv. 1658.	6 févr. 1678.
49 Jean-Baptiste Gielissen, de Bruxelles..........	Louvain, 4 févr. 1659.	22 févr. 1660.	16 févr. 1684.
50 Maximilien Camusel, de Braine l'Alleud..........	» 23 nov. 1656.	26 » 1660.	» 1690.
51 David Crabben..........	» 5 avril 1639.	14 juillet 1661.	
52 Arnoud de Matellart, de Wavre..........	» 11 juillet 1656.	20 déc. 1661.	18 mars 1666.
53 Mathias Thielemans..........	Douai, 14 févr. 1661.	27 oct. 1661.	
54 Tilman du Jardin..........	Louvain, 10 oct. 1661.	27 » 1661.	
55 Jean Collart, de Lille..........	Leyden, 9 juill. 1640.	4 mai 1662.	
56 Jean de Paperoede..........	Louvain, 24 mars 1653.	15 oct. 1662.	
57 Guillaume Zephers..........	Bologne, 1 juin 1662.	26 avril 1663.	
58 François Offhuyse..........	Louvain, 7 » 1663.	31 oct. 1663.	
59 André-Remi Van der Hoffstadt..........	» 24 oct. 1663.	22 nov. 1663.	
60 Jean-François de Heroguel..........	Douai, 11 » 1661.	1 juillet 1665.	

	NOMS.	LIEU ET DATE DE PROMOTION.	INSCRIPTION.	DATE DE DÉCÈS.
61	Charles Charles, de Bruxelles	Dôle, 3 août 1660.	10 mars 1667.	18 fév. 1701.
62	Mathias de Vleeschoudere, Mathias filius	Douai, 3 déc. 1668.	10 janv. 1669.	
63	Jean-Baptiste Van den Broeck, de Bruxelles	Padoue,	10 janv. 1668.	
64	Pierre Pilois, de Bruxelles	Louvain,	25 juillet 1671.	
65	Stuckens, de Haren	»	2 déc. 1671.	
65bis	Jean-Baptiste Gilemans, de Bruxelles	»	23 » 1671.	
66	Jean-Baptiste Stekeldooren, de Bruxelles	» 16 mars 1673.	4 mai 1672.	21 janv. 1686.
67	François Le Moine, de Bruxelles	»	30 sept. 1673.	
68	Ferdinand Montana, de Bruxelles	»	31 oct. 1674.	
69	Joseph-Ponce, de Lespiere Jacobi F., de Bruxelles	Rheims,	22 nov. 1674.	
70	Egide-Ferdinand de Vleeschoudere, Mathie filius	Louvain, 21 oct. 1625.	8 août 1675.	
71	Jacques de Andrada Villosino	Leyde, 24 nov. 1626.	24 sept. 1676.	
72	Guillaume Smets, de Malines	Louvain, 4 mars 1674.	fin d'oct. 1676.	
73	Leopold-Justin Stam, de Bruxelles	» 11 janv. 1676.	7 janv. 1677.	2 nov. 1680.
74	Nicolas Birago, de Bruxelles	» 26 avril 1678.	9 sept. 1677.	7 mars 1715.
75	André Van der Cammen, de Bruxelles	Pise, 3 déc. 1670.	17 mars 1678.	
76	Henri Lindekens, de Tirlemont	Louvain, 20 nov. 1676.	1678.	26 juin 1692.
77	François-Jean du Roisin, de Bruxelles	» 1675.	15 juin 1679.	24 mai 1720.
	Le vicaire Camuset n'a pas fait les inscriptions de l'année 1680.		25 août 1678.	
78	Joannes-Stephanus Mattens	Bologne, 22 fév. 1671.	29 janv. 1682.	
79	Albertus Tel	25 nov. 1681.	29 » 1683.	11 déc. 1691.
80	Jean-Jacques-Louis de Hoze	Louvain, 10 déc. 1681.	12 fév. 1682.	1741.
81	Jean-Melchior Vander Moeren	Rome, 24 sept. 1673.	26 févr. 1682.	
82	Melchior Elinx	Louvain, 20 mai 1675.	4 sept. 1682.	
83	Melchior-Jacques Ot...	» 6 déc. 1670.	27 » 1682.	
84	Jean-François Se...	» 6 juin 1679.	1 oct. 1682.	
85	André Verbou, de Bruxelles	» 23 mars 1663.	21 » 1683.	
86	Jean Hubert, de Bruxelles	» 26 oct. 1679.	24 févr. 1684.	
87	Jean-Barthélemy Van Elsen	» 6 mai 1682.	6 avril 1684.	
88	Jean-Baptiste Wouters...ck, de Bruxelles	» 25 nov. 1684.	27 sept. 1684.	
89	Nicolaus Noelants, de Bruxelles	1681.	11 juillet 1686.	

NOMS.	LIEU ET DATE DE PROMOTION.	INSCRIPTION.	DATE DE DÉCÈS.
90 Van Elsen	Louvain, 3 juin 1690.	7 déc. 1689.	16 oct. 1689.*
91 Martin Fouconnier, d'Enghien	» 1 sept. 1681.	9 févr. 1690.	
92 Pierre Merchant	» 2 oct. 1686.	13 juillet 1690.	6 déc. 1736.
93 Pierre-François de Bierthe			
94 Gaspard Verhoft, de Breda	Padoue, 29 mars 1692.	23 déc. 1692.	
95 Charles-Ignace Camusel, Max. F., de Bruxelles	Louvain, 6 avril 1691.	23 mai 1691.	
96 Jean-Baptiste Ghysbrechts, d'Anvers	» 19 juillet 1690.	12 juillet 1691.	
97 Eugène Manet, de Bruxelles	Rome, 19 juillet 1687.	20 déc. 1691.	1692.
Garrido, probablement inscrit une des années dont les actes n'ont pas été rédigés			
98 Mathieu Rahier, de Herve	Louvain, 26 févr. 1677.	8 oct. 1692.	10 juin 1701.
99 Florent Pauli, de Ruremonde	» 22 août 1678.	20 déc. 1692.	17 avril 1705.
100 François Van Minten, de Louvain	» 2 oct. 1692.	18 juillet 1692.	9 févr. 1722. / 9 juin 1753.
Antoine Vuye, Maximilien Rasquin, Albert Phelippeaux, Servais Middegals } probablement inscrits aux années que les actes n'ont pas été rédigés.			3 déc. 1701.
101 Charles Eermans, de Louvain	» 23 août 1695.	24 juillet 1695.	
102 Marc-Charles Vrymont, de Bruxelles } probablement inscrits une des années dont les actes n'ont pas été rédigés.	» 19 nov. 1695.	14 août 1697.	21 nov. 1701.
Melch.-Ign. Cortens, Henri Mariage			8 juin 1754.
103 Guillaume Van Tilbourgh, de Bruxelles	Louvain, 6 mai 1695.	10 oct. 1699.	
104 Pierre Werbrouck, de Malines	» 2 mars 1700.	27 janv. 1701.	
François..., Jean Hugens, junior, probablement inscrit une année que les actes n'ont pas été rédigés.			
Martin Thienpont, probablement inscrit une année que les actes n'ont pas été rédigés.			6 mars 1702.

* Dans l'album on trouve : Nicolas Spes, promo à Louvain le 16 décembre 1677, inscrit le 10 octobre 1687.
» » 10 » » 1687, décédé le 11 juillet 1691.
Emile Damin. » 10 juillet 1687, » » ...

NOMS.	LIEU ET DATE DE PROMOTION.	INSCRIPTION.	DATE DE DÉCÈS.
Josse Plaeskaet, probablement inscrit une année que les actes n'ont pas été rédigés			
105 François Vanden Steen	Louvain.	10 mai 1703.	
106 Engelbert Brodel	»	13 déc. 1703.	
Guillaume de Mares, probablement inscrit une des années que les actes n'ont pas été rédigés			
107 Pierre du Trieu, de Tirlemont		13 juin 1754.	1 juin 1754.
Rombaut Hugo			5 avril 1702.
Charles, fils de l'ancien médecin Charles			
108 Jean-Joseph Ignace de Hoze	23 mars 1706.	6 mai 1706.	2 mars 1774.
109 Pierre Deprez	28 janv. 1706.	1 juillet 1706.	
110 Paul Deprez, de Bruxelles	20 juillet 1687.	18 août 1707.	6 mars 1715.
111 Pierre-Jacques Plabeau, de Frasne	24 nov. 1705.	9 fév. 1708.	
Mandelier			
112 Guillaume Vandersticht			1743 ou 44.
Henri Clefftus de Rhegt d'Amsterdam			
Goossens	Harderwyck. 3 sept. 1683.	2 mars 1709.	25 oct. 1719.
Jean de Bruyn			
François Lopez			
113 Guillaume-François de Wint, d'Isque	Louvain. 17 févr. 1714.	9 mai 1714.	20 mai 1741.
114 Jacques-Ibnkenis, de Maestricht	28 mai 1711.	11 juillet 1715.	17 août 1715.
Adrien-Dominique van Welt			14 mai 1718.
Jean Wallraven			
115 Théodore de Kinder, de Louvain	17 nov. 1718.	12 janv. 1709.	
116 François Le Bleu	28 nov. 1695.	2 mars 1719.	1743 ou 44.
Alexandre-Chrétien de Behault			8 sept. 1719.
117 Gaspard Roos		20 juin 1721.	
118 André-Paschase Brondelle, de Namur	17 mai 1721.	16 avril 1722.	
119 Nicolas Van den Berghen, de Hal	1720.	9 nov. 1723.	
120 Maximilien Rasquin, de Bruxelles	1718.	3 juin 1723-24.	
121 Albert Hubert, de Perwez	25 sept. 1601.	4 avril 1726.	juin 1727.
122 Jacques-Joseph Van Bourgoigne, d'Enghien	30 août 1725.	5 oct. 1726.	

NOMS.	LIEU ET DATE DE PROMOTION.	INSCRIPTION.	DATE DE DÉCÈS.
Jean André, de Paris	Louvain		. . . .
123 Jérôme de Kinder, de Bruxelles	16 oct. 1727.	18 déc. 1727.	. . . .
124 Barthélemi Van Bretgel, de Verlo	13 août 1690.	172..	1743 ou 1744.
125 Henri Van den Block, de Bruxelles	22 » 1729.	172..	
126 Pierre-Joseph du Mont	28 avril 1728.	17 nov. 1729.	
127 Raimond Marolle, de Namur	5 juin 1731.	9 août 1731.	1771.
128 Jean-Baptiste de Zabèlere, de Gand	30 oct. 1731.	4 déc. 1732.	
129 Pierre-Alexandre Hubert, de Louvain	19 déc. 1730.	23 avril 1733.	24 avril 1773.
130 Philippe-Joseph Melxatte, de Bruxelles	25 mai 1734.	8 juillet 1734.	
131 Jean-Baptiste Meghe, de Chautmont	23 juillet 1732.	9 déc. 1734.	
132 François-Louis Cannoet, de Bruxelles	11 janv. 1735.	3 mars 1735.	
133 Pierre-François du Bois, de Soignies	5 sept. 1733.	13 mai 1735.	
134 Jean Gilles, de Tirlemont	24 juillet 1736.	6 sept. 1736.	
135 Herman Fousou, de Bruxelles	5 » 1736.	21 fév. 1737.	21 mars 1775.
136 Jean-Pierre de Kinder, fils du médecin Jean, de Bruxelles			. . . .
137 Paul-Ignace de Bièvre, de Bruxelles	24 » 1737.	19 déc. 1737.	
138 Jean-François Pepyn, de Grammont	31 » 1737.	19 » 1737.	23 oct. 1737.
Robulaat de Sint	24 sept. 1737.	18 oct. 1738.	
139 Nicolas François, de Nivelles	10 fév. 1729.	8 nov. 1738.	
140 Nicolas-Joseph Le Maieur, de Nivelles	11 nov. 1738.	6 août 1739.	
141 Pierre-Joseph Van Bollengere, de Bruxelles	25 oct. 1740.	26 janv. 1741.	
142 Michel-Charles Leclerc, de Bruxelles	16 mai 1741.	31 mai 1741.	
143 Antoine Quentin, de Bruxelles	9 » 1742.	31 » 1742.	
144 Guillaume Mennqnez, de Bruxelles	30 juin 1745.	29 juillet 1745.	
145 Jean-François Seffoot, de Bruxelles	30 août 1745.	9 déc. 1745.	1771.
146 Jean-François Viuet, d'Eghezée	7 déc. 1745.	16 juin 1746.	
147 Jean Van Hamme, de Bruxelles	8 nov. 1746.	9 déc. 1746.	
148 Jean Mougler, Blanda	2 mars 1742.	17 nov. 1747.	
149 Ignace-Antoine Des Mares, de Malines	15 mai 1748.	6 juin 1748.	
150 Jean Loughs, de Gand	1 août 1747.	18 juillet 1748.	
151 Henri-Louis-François de Schepper	12 nov. 1749.	11 juin 1750.	
152 Louis Gauchulte, de Bruxelles	21 mai 1749.	17 mai 1751.	

Louvain,

NOMS.	LIEU ET DATE DE PROMOTION.		INSCRIPTION.	DATE DE DECES.
153 Jacques Meagher, de Bruxelles.............	Louvain,	10 juin 1749.	17 juillet 1751.	. . .
154 Paul Germain, de Bruxelles.............	"	21 juin 1751.	23 sept. 1751.	. . .
155 Mathias-Joseph Delvaux, de Mons.......	"	19 août 1739.	23 déc. 1751.	. . .
156 Jean-Joseph Desmet, de Bruxelles.	"	9 nov. 1752.	1752.	1776 ou 1777.
157 Jacques-Emmanuel Van Lierde, de Bruxelles....	"	29 août 1748.	19 déc. 1754.	. . .
158 Henri Cammaert, de Saventhem........	"	1 déc. 1745.	10 juillet 1755.	. . .
159 Gérard-Joseph Van der Vinne, de Bruxelles....	Bologne,	18 juin 1755.	31 déc. 1755.	1757.
M. Vanderbeelen.				
160 Ferdinand-Josse de Wint, d'Isque	"	18 juin 1755.	23 juin 1757.	. . .
161 Jacques-Joseph Claudon, de Bruxelles	Louvain,	1 févr. 1758.	16 sept. 1758.	. . .
Thomas Magher................		9 mars 1758.		
Depuis l'année 1758 jusqu'à l'année 1770 on n'a annoté aucune inscription.				
162 G. Everaert, de Bruxelles..............	Louvain,			1771.
163 Jean-Jacques Pieters...............	"			16 janv. 1771.
H. de Kinder....................				1771.
De Coster				1771.
164 Jean-Baptiste Bonnevie, d'Enghien........	"	7 nov. 1757.	15 sept. 1773.	14 sept. 1773.
Jacques Peemans...................				2 déc. 1773.
Jean-Louis Boucher.............				
165 Jean-Baptiste Van der Linden, de Malines......	"	25 juin 1773.	21 févr. 1774.	
166 Groeninex, de Bruxelles.............	"		24 déc. 1777.	6 déc. 1790.
Debel...........................		... 1777.		
167 Pierre-Joseph-Ferdinand de Rameaux, d'Auderghem	"	17 juillet 1788.	10 août 1791.	. . .
168 Augustin-Joseph de Keyser, de Grimbergen.....	"	24 août 1776.	"	. . .
169 Joseph-Véron Van Baerlem, de Bruxelles,......	"	29 mai 1789.	"	. . .
170 Martin Van Campenhout, de Bruxelles	"	6 juin 1789.	"	. . .
171 Jean-Jacques Vueghs, de Halle	"	22 mai 1776.	10 oct.	. . .
172 Engelbert-André Schelfekens, de Louvain	"	27 mars 1779.		. . .
173 Jean-Baptiste Du Rand, de Bruxelles.......	"	12 août 1791.	"	. . .
174 Antoine le Hardy, de Buggenhout,.......	"	3 juin 1789.	"	. . .

CATALOGUE DES CHIRURGIENS.

L'astérique marque que les réceptions furent faites *in locos planos*
c'est-à-dire pour la campagne.

1650.	24 novembre	Jean Van der Vliet.
1651.	12 janvier	Simon Kickaert.
1652.	7 août	Nicolas Perets.
1657.		Jean Herraerd.
1662.	1 février	Antoine Mechelmans, fils d'un chirurgien de Bruxelles.
	31 mars	Nicolas Vermeulen.
	17 août	Gérard de la Ruelle.
	30 août	Gilles du Ry, de Bruxelles.
	5 octobre	Jean Brynaerts.
1664.	5 décembre	Gaspar Pardo.
1666.	1 février	Gilles Van Dam.
1668.	27 mars	Pierre Stock.
	13 décembre	Antoine Charyn.
1669.	7 mars	Zeger Eydelet, de Bruxelles.
	5 avril	Josse Le Paige.
	8 octobre	Jacques des Vaux, de Bruxelles.
	2 décembre	Charles-Philippe Vos, de Bruxelles.
1670.	7 janvier	Roch Vanden Schrick.
	13 juin	Philippe Hellincx, de Bruxelles.
	26 juin	Jean Buckens, de Leeu St-Pierre.
1671.	9 janvier	Jean Gillaert.
	23 avril	Jean Van Zegbroeck, de Bruxelles.
	23 décembre	Corneille Van Ham, de Tervueren.
1672.	19 février	Antoine Delrue, de Bruxelles.
	26 février	Ignace Vander Betten, de Bruxelles.
	11 août	Henri Collaert, de Namur.
1673.	25 février	Christophe Waudin, de Bruxelles.
	9 octobre	Gilles Becot, de Bruxelles.
1674.	7 mai	Chrétien Van Campen.
1675.	14 mars	Antoine-Corneille Orion, de Malines.
1676.	3 février	Henri Henrion, de Malines.
	4 février	George Van den Broeck, fils de Charles, ancien doyen des chirurgiens de Bruxelles.
	22 juin	Antoine Le Petit, de Malines.
	6 août	Pierre Vander Elst, de Bruxelles.
	21 août	Josué Chanon, d'Anvers.

1677.	1 février	Henri de Clercq, de Bruxelles.
	13 septembre	Josse Van Horicke, de Bruxelles.
1678.	16 juin	Henri Henry.
	17 octobre	Dominique de Laet, de Bruxelles.
	24 octobre	Henri Biscador, de Bruxelles.
	24 novembre	Grégoire Evenepoel, de Lennick-St-Martin.
	29 novembre	Jean de Hondt, de Bruxelles.
1679.	4 janvier	Jean Busset.
1682.	4 septembre	Jean Vanden Broeck.
	10 septembre	Lancelot Pouxes.
	3 décembre	Pierre Van Meerbeeck.
1683.	24 janvier	Guillaume Verbare.
	20 mai	Christophe Wyscop.
	30 juillet	André Renau.
1685.	9 janvier	Melchior Bernaerts, de Bruxelles.
	16 août	Jacques Wilemans.
1686.	7 novembre	Everard Van Schipdael.
1690.	15 juin	Bernard Semal.
1691.	18 janvier	Guillaume Lambrechts, de Bruxelles.
1692.	17 mars	Lancelot Paret, fils de Nicolas, de Bruxelles.
1700.	27 octobre	Barthélemi, fils de Jean Van Daele, chirurgien.
	30 décembre	Jean-Philippe Blo.
1702.	30 mars	Jean Zelhorst, de la Gueldre.
1703.	20 décembre	Charles Van Boucksel.
1704.	9 août	Théodore Kindet.
	13 décembre	Jacques Huva.
1705.	30 janvier	Nicolas Cambier.
1706.	14 janvier	Jean de Malder, fils d'Antoine, chirurgien.
		Jean Van Aertryck, de St-Trond.
	16 septembre	Adrien-Joseph de la Rocha, de Bruxelles.
	21 octobre	Jean Seghbroeck, fils de Philippe, chirurgien, de Bruxelles.
1707.	3 juin	Gommaire Feyen, de Lierre.
	13 octobre	Jean-Baptiste Creswig, fils de Henri, chir., de Bruxelles.
	1 décembre	Thomas Abbat, de Bruxelles.
1708.	13 septembre	Jacques Vanden Broeck, d'Anvers.
1709.	4 mars	Jean Rosaert, fils de Jean, chir., de Bruxelles.
	6 mars	Hyacinthe Corteau, de Nivelles.
	18 avril	Jean de Hont, fils de Jean, chirurg., de Bruxelles.
1710.	30 mai	Gaspar Lauwens, de Malines.
1715.	13 janvier	Jean-Baptiste de Sadeler.
	14 mars	Jacques Druon le Coque, de Valenciennes.
	19 septembre	Charles-François Ferir, de Lille.

	9 octobre	Grégoire Backhaus, de Rinteln (Hesse).
1716.	29 avril	Michel de Grave, de Bruxelles.
• 1720.	16 mai	Pierre-Jean Van Hanselwyck, de Groot Willebroeck.
•	6 juin	Pierre Van Gierle, de Rumpst, hab. Wolverthem.
•	12 juin	Joseph Torteau, de Wens, hab. Groot Willebroeck.
•	12 juin	Mathieu Steenmeyer, de Blaesvelt, y hab.
•	27 juin	Laurent Van Erre, de St-Trond, hab. Berchem.
•	27 juin	Pierre Vander Taelen, de Zellick, hab. Overyssche.
•	14 juillet	Jean-Bapt. Van Grasdorfe, de Leeu St-Pierre, hab. Zellick.
•	4 juillet	Jean Van Innes, d'Eeck op de Schelle, hab. Sempst.
•	24 juillet	Matthieu Grotas, de Cortensavont, hab. Perck.
•	1 août	Henri Woussincq, de Lochem, hab. Steenockerseel.
•	1 août	Guillaume Van Peteghem, de Seveneecken, hab. Campenhout.
•	29 août	Joseph Vander Guchte, de Vilvorde, hab. Duysbourgh.
•	19 septembre	Nicolas-François Dethier, de Liége, hab. Assche.
•	19 septembre	Antoine De Coster, de Merchtem, y habitant.
•	19 septembre	Pierre Godefroy, d'Ekelgem, hab. Grimberghen.
•	24 septembre	Josse de Coster, de Merchtem, y hab.
•	30 octobre	Daniel-Félix Cram, de Louvain, hab. Grimberge.
•	26 septembre	Michel Van der Elst, d'Alsemberge, hab. Leeu S.-Pierre.
•	26 septembre	Nicolas Van Steenstraete, d'Anvers, hab. Wolverthem.
•	3 octobre	Josse de Kinder, de Bruxelles, hab. Buggenhout.
•	3 octobre	Antoine Marnef, de Thlemont, hab. Tisselt.
•	10 octobre	Antoine Van Innis, de Berchem, hab. Erps.
•	14 octobre	Jacques Van Graesdorf, de Leeu S.-Pierre, hab. Bellingen.
1719.	26 janvier	François Isabelle.
	25 septembre	Jacques Jacobs, d'Anvers.
	9 novembre	Antoine Van der Haegen, de Malines.
1720.	31 janvier	Michel Jacobs, d'Anvers.
	25 avril	Pierre-Joseph, fils de Pierre de Gendt, chirurg. de Bruxelles.
	16 mai	Louis Ingelberts, de Libersart.
•	31 octob	Jacques Plasquin, de Machelen, hab. Humbeeck.
•	7 novembre	Philippe Lemmens, hab. Lippeloo.
•	11 décembre	Jean Schryvers, de Saventhem, y hab.
•	12 décembre	Charles-Antoine Amardeau, de Braine-l'Alleud, y hab.
1721.	9 janvier	Étienne Van Eynthove, d'Utrecht, hab. Tourneppe.
	20 mars	Gilles Le Plat, fils de Jean-Baptiste, chirurg. de Bruxelles.
	20 mai	Jean-Louis Paters.
1722.	26 février	Daniel Evenepoel, fils de chirurgien.
• 1723.	30 avril	Augustin Naveau, de Linsmelle, y hab.
	27 avril	Jean-Joseph Germain, de Mons.
		Henri Spirincx, de Bois-le-Duc.

1724.	1 septembre	Adrien, fils de Melchior Dareté, chirurg. de Bruxelles.
	12 septembre	Nicolas Gireyn, fils d'Antoine.
1725.		Antoine Hallaert, de Jodoigne.
	2 mars	Jean-Baptiste Doms, de Malines.
1726.	19 mai	Jean Van Hontsom, de Bruxelles.
1725.	1 mars	Jean Albert, d'Ittre.
	9 août	André Francis, de Louvain.
	7 août	André Wiecaert, de Malines.
1726.	22 mai	Nicolas Moons, d'Anderlecht.
	28 août	Antoine Michielsens, d'Anvers.
	26 septembre	Jean Abate, fils de Jean, chirurg. de Bruxelles.
1727.	25 août	François-Félix Parent, de Douchy.
1728.	9 septembre	Guillaume Van Oppem, fils de Gilles, chirurg.
	20 janvier	Guillaume Blommen, de Weerdt.
1729.	22 mars	Jean Van der Belen, fils de Jacques, chirurg.
	9 septembre	Jordan Boeten, de Hasselt.
1731.	26 avril	Déodat du Mont, de Nivelles.
	14 juin	Jean-Baptiste André, de Charleroy.
	24 octobre	François Brias, de Rumpst.
1732.	21 août	Nicolas Van der Belen, de Bruxelles.
	27 novembre	Jean-Joseph Focquier, d'Aerschot.
1733.	12 novembre	George Philippe, d'Opwyck.
1734.	4 février	Josse de Blieck, d'Alost.
	11 février	Jean Van Atryck, de Bruxelles, fils de Jean, chir.
	25 février	Jean Desiron, de Bruxelles.
	1 juin	Jean-Baptiste Feudeur, de Bruxelles.
	23 septembre	Jacques Chinau, de Bruxelles.
1733.	17 mai	Louis Wynrix, de Malines, hab. Sempst.
1735.	1 septembre	Jean-Baptiste Huva, de Bruxelles.
1736.	31 janvier	Joseph-Balthasar Du Jon.
	6 février	Jean-Baptiste Tricot, d'Anvers.
	21 février	François-Balthasar Vermeiren.
	28 février	Jean Vander Belen, fils de chir.
	19 avril	Jean Mottaers, de Waesweseren.
	2 août	Charles Raes, de Bruxelles.
1735.	23 mars	Louis Van Haterbeeck, de Bruxelles.
1736.	22 novembre	Daniel Telman, de Warendorff (Munster).
1737.	24 septembre	Jean-Baptiste Mallex, de Bruxelles.
	7 novembre	Charles Beaufils, de Bruxelles.
1738.	17 juillet	Isaac Bovie, de Bruxelles.
1737.	15 avril	Ignace-Pierre de Reydt, de Genderloo, habit. Grimbergen.
	9 mai	Léon-Emmanuel Maroten, de Termonde, hab. Steenuffel.

	29 mai	Josse Hedal, fils de Josse, chir. de Brux., hab. Coeckelberg.
	12 juin	Robert-François Ruolt, de Nomain, hab. Bellinghen.
	8 août	Antoine De Bruyn, de Vilvorde, hab. Sempst.
1738.	13 mars	Charles Vander Taelen, de Weckeseel, hab. Overyssche.
	18 mai	Matthieu Lauwereys, de Meulenbeeck, hab. Berchem.
	22 mai	Jean Praegh, de Maestricht, hab. Duysburg.
	4 septembre	Pierre Merle, de Maestricht, hab. Meerbeeck.
1739.	5 février	Norbert Joseph Vanden Sande, de Bruxelles.
	26 février	Ferdinand Vermeulen, de Bruxelles.
	30 avril	Jérome Rutgeerts, de Lierre.
	11 juin	Josse Vedael, de Bruxelles.
	11 juin	Gérard Weremans, de Diest.
	9 juillet	Arnoud Van Aertryck, de Bruxelles.
	24 septembre	Jean Dumonceau, d'Uccle.
1740.	21 janvier	François Merit, de Bruxelles.
	3 mars	Jean-Baptiste Steeghmans, de Malines.
	2 janvier	Jacques Trico, de Lomoise (Hainaut).
	1 septembre	François de Laude.
	22 septembre	Charles Mariot, de Tubise.
1741.	12 janvier	Louis-Antoine Gys, d'Audenarde.
	27 avril	Adrien Vergauwen, de Boenstroy.
	8 juin	François Rechtere, de Ninove.
	23 novembre	Joseph Godecharles, de Bruxelles.
1742.	22 février	Charles-Joseph de la Rocca, de Bruxel., fils d'Adr.-Jos., chir.
	26 juin	Antoine-François, fils d'Antoine Stallaert, chir.
1741.	17 novembre	Guillaume Morens, de Hakendover, hab. Etterbeeck.
1742.	25 janvier	Martin-Jean Van Campenhout, d'Oudenbosch.
	1 mars	Charles-Joseph Lemettre, de Bruxelles, hab. Cortenberg.
	15 mars	Côme-Ignace Steenmeyer, de Blaesvelt.
	13 avril	Gaspar Vanden Broeck, de Termonde, hab. Londerzeel.
	4 mai	Pierre-Joseph Delhaize, de Limelette, hab. Jemmapes.
	4 octobre	Norbert Kerremans, de Vorst, hab. la Campine.
	29 novembre	Gilles Massart, de Wavre.
1743.	4 avril	Claude Gras, de Courtrai.
	4 avril	Jean-Antoine Thomas, de Bruxelles.
	25 avril	Philippe-Paul Maroten, de Gand.
1745.	18 mars	François-Jos. Lamand, de Bruxelles.
	5 août	Jean-Baptiste Bonjean, de Wavre.
1746.	4 janvier	François Bun, de Gueldre.
	2 juin	Corneille Haberman, de Ballaert.
1745.	29 avril	Maximilien Van Gheel, de Gyseghem, hab. Zellick.
	18 novembre	Jean de Bie, de Londerzeel, hab. Woluwe-St-Étienne.

1746.	24 mars	Henri Vander Taelen, d'Overyssche, y hab.
1747.	23 février	Charles Godecharles, de Bruxelles.
	19 septembre	Nicolas-François Van Baerlem.
1746.	24 novembre	François Lemmens, de Lippeloo.
1747.	25 mai	Jean-Jos. Macnemora, de Bruxelles, hab. Leeu St-Pierre.
1748.	1 août	Melch.-Ign. Darte, de Bruxelles, fils de chir.
	22 août	Louis-Ferd. Verstraeten ex Wasia.
	10 décembre	Jos-Bernard Droesbequet, de Sotteghem.
	11 janvier	François Van Cammen, de Tubise, y hab.
1749.	27 février	Jean Van Bemmel, de Breda.
	16 avril	Alexandre de Smedt, de Bruxelles.
	22 avril	Jean-Mathias de Stadt, Florentin.
	6 juin	Guillaume Rogge, de Bruxelles.
	19 juin	Charles-François Fremly, de Jodoigne.
1750.	12 mars	François Alexandre de Werzhin, de Halle, hab. Ittre.
	18 août	Gaspar Ingels, de Bruxelles, hab. Haren.
1751.	28 juin	Guill. Cremmens, de Louvain.
	19 août	Mich.-Jos. Laintenoi, de Mons.
1752.	23 mars	Léopold-Jos. Boucher, de Havre.
	20 avril	Albert Prins, de Bruxelles.
	27 juillet	Pierre-Paul Bouquie, de St-Fulgent.
1751.	28 juin	Jos. Vercaren, d'Anvers, hab. Tourneppe.
	16 décembre	Jean-Jacq. Routet, de Seneffe, y hab.
1752.	13 janvier	Jean-Jos. de Fosse, de Nivelles, hab. Lennick-St-Martin.
	2 mai	Edmond Douart, de Grimberge, y hab.
	13 avril	Pierre Van Hoven, de Duffel, y hab.
	13 avril	Math.-Jos. Gargille, de Bruxelles.
1753.	15 février	Jean-Jos. Dumont, de Roncker.
	7 juin	Gér.-Jean Stinghlamber, de Bruxelles.
1754.	6 juin	Jean-Jos. Labinau, fils de Charles, chir.
1753.	16 août	Henri Van Taelen, de Tervueren.
	22 novembre	André-Jos. Steenmeyer, de Blaesvelt.
1754.	30 juin	François Van Belen, de Bygaerde.
1755.	30 janvier	Jean-Jos. Genevoy, de Thimeon.
	31 juillet	Jacques Jadot, de Bruxelles.
	11 septembre	Nicolas Roba, de Hannut.
1756.	8 juillet	Paul-Ign. Germain, de Bruxelles, fils de chirurg.
	16 septembre	Jean-François Thihaut, de Bruxelles.
1754.	21 novembre	Jean-Baptiste Van Elst, de Leeu-St-Pierre, hab. Lennick St-Martin.
1755.	30 janvier	François-Philippe Hurart, de Nivelles.
	20 février	Édouard Van der Taelen, d'Isque.

	1 mai	George Abs, de Bussut.
1756.	12 août	Pierre Rechters, de Bruxelles.
	7 octobre	Jacques Dalecourt, de Gheel.
1757.	24 février	Gilles Thomas, de Bruxelles, hab. Tisselt.
	18 mai	Jean-François-Jos. Bourg, de Mugnault, hab. Coeckelberg.
	13 octobre	Jean-François Lahr, d'Efternach hab. Hoglaert.
1758.	26 janvier	Ant.-Jos. de la Lieu, de Bruxelles, hab. Braine l'Alleud.
	24 août	Michel Van der Elst, de Stael, y hab.
1772.		Jean Romus, de Malines.
		Henri Stierb, de Sout Leeuw.
		André de Locker, de Herenthals.
		Louis Godecharles, de Bruxelles.
		Joseph Beutels, de Montaigu.
		Pierre Fuchs, de Meer.
		Jean Hermans, d'Anvers.
		Pierre Canoniers et
		Jean-Baptiste Canoniers, de Montaigu.
		Jean Jacquemyns, de Dilbeeck.
		Jean Lambillotte, de Trazegnies.
		Gilles Strenelle, de Malines.
		François Ostender, de Corneille Munster.
		Morman, de Bruxelles.
1772.	29 décembre	Jacques de Blick, de Bruxelles, fils de chirurg.
	30 décembre	Pierre-Jos. Annemans, de Bruxelles.
1773.	30 juin	Arnoud-Pierre Godefroy, de Bruxelles.
1772.	16 juillet	Josse Opdelaey, de Grimbergen.
1773.	3 juillet	Jean-Jos. de Roy, de Bruxelles.
	22 septembre	François-Joseph Baudel, de Lelloy.
	2 décembre	François de Pester, d'Anvers.
1774.	7 janvier	Philippe Vander Belen, de Bruxelles, fils de Jean, chirurgien.
	14 mars	Guillaume Bellemans, de Malines.
	10 février	Jean-Baptiste Vriemont, de Baelen.
	26 avril	Jacques Hollanders, de Louvain.
	19 août	Charles Witterwulghe, de Bruges.
	20 août	Charles Amandau, de Braine-l'Alleud.
	26 août	Jean-Baptiste Verheyen, de Malines.
	30 août	Jean-Nicolas Michiels, (d'Aix ?) van Aken.
	2 septembre	Jean Aselaer, de St-Grève.
	22 novembre	Hubert Bourgeois, de Louvain.
	24 novembre	Michel Haumont, de Marilles.
1775.	2 février	Pierre-François Holberechts, de Ninove.
	7 avril	Martin-Joseph Everard, de Jodoigne.

	6 mai	Jacques Van Pee, de Bruxelles.
	22 mars	Jean-Baptiste Amandeau.
	13 juillet	Pierre-Joseph de Nu, d'Anvers.
	27 juillet	Jean-Baptiste Bosteel, de Lebbeke.
		Jean Verhoeven.
	14 septembre	Josse Hollanders, de Louvain.
1791.	25 février	Jean Palemans, de Montaigu.
1789.		Matthieu-Joseph Cornelis, de Tubize.
1791.	19 avril	Nicolas Cremer, de Bonn, hab. Wolverthem.
	20 avril	Michel Palemans, de Montaigu, frère de Jean, hab. Thielt.
	21 mai	Louis-Augustin Roulez, de Seneffe, y hab.
	23 mai	Jean-Baptiste Uytterhoeven, de Kessel.
	1 juin	Jean de Loecker. de Goeyck, y hab.
	17 juin	Guillaume Vander Beke, de Rode-St-Pierre, hab. Grimbergen.
	13 août	Pierre Van Opstal, de Vorselaer.
	21 octobre	Pierre-Henri Beckers, de Ruremonde.
	23 décembre	Pierre Hinglamber, de Bruxelles, hab. Laecken.
1792.	11 janvier.	Joseph Luttemans, d'Anvers.
	21 février.	Jean Forceille, de Hannut.
	30 janvier.	Jean-François Vanden Bosch, de Westmeerbeeck.
	23 février.	Michel Jacobs, de Diest.

FASTES DU COLLÉGE DE MÉDECINE DE BRUXELLES.

1649. Préfet Pierre Merstraten.
Vicaire Jacques Sophie.
Questeur Gérard Bernaerts.
Visiteur Jean Van Arckel.
» Jean-Bapt. De Leeu.
Syndic Louis Overdatius.
Surintendant Frédéric de Marselaer, seigneur de Parck, etc.

1650. Visiteur Mathias de Vleeshoudere.
» Nicolas Van Obberghe.
Syndic Lancelot Van den Grootendael.

1651. Surintendant Jacques-Philippe de Dongelberghe, seign. de Schauenberge.

Préfet Adrien-André Recope.
Vicaire François Vuytenhove.
Questeur Martin Coppens.
1652. Surintendant Jean Vander Thommen, J. V. L.
Préfet Jean Van Arckel, à la place de Recope, démissionnaire.
Visiteur J. B. De Leeu.
» Balth Van den Cruyce.
Syndic Chrétien Notaire.
1653. Surintendant Léonard Van der Noot, seign. de Kiesegem.
Préfet P. Merstraeten.
Vicaire Jean-Jacques de Feria.
Questeur Melchior Vander Avoort.

1654. Surintendant Van den Hecke,échevin
    Visiteur   J. Sophie.
    »   F. Vuytenhove.
    Syndic   Lancelot Van den Groo-
          tendael.
1655. Surintendant Henri Van der Hae-
          gen, J. V. L.
    Préfet   J. B. Vequemans.
    Vicaire   Louis Overdaet.
    Questeur   Martin Corluy.
1656. Surintendant Henri Van der Hae-
          gen, J. V. L.
    Visiteur   J. F. F. Pena.
    »   M. de Vleeshoudere.
    Syndic   Fr. Verbeelen.
1657. Surintendant Philippe Ryckewaert.
    Préfet   J. Sophie.
    Vicaire   F. Vuytenhove.
    Questeur   Chr. Notaire.
1658. Surintendant Ph. Ryckewaert.
    Visiteur   Ch. Gomez.
    »   M. Van der Avoort.
    Syndic   M. de Roovere.
1659. L'assessorat n'est pas renouvelé.
1660. Surintendant Ph. Ryckewaert.
    Préfet   ) continués (avec les visi-
    Vicaire   }dans leurs { teurs et le
    Questeur   ) charges. (syndic.
1661. Surintendant Ph. Ryckewaert.
    Préfet   Gérard Bernaerts.
    Vicaire   Lancelot Van den Groo-
          tendael.
    Questeur   J. G. Van der Becke.
1662. Surintendant
    Préfet   J. Sophie.
    Vicaire   M. Van der Avoort.
    Questeur   Fr. Verbeelen.
1663. Surintendant
    Visiteur   J. B. de Leeu.
    »   Jean Van Papenbroeck.
    Syndic   Jean De Papenrode.
1664. Surintendant

    Préfet   J.-J. de Feria.
    Vicaire   M. De Vleeshoudere.
    Questeur   J.-B. Isselsteyn.
1665. Surintendant
    Visiteur   G. Van der Beke.
    »   M. Camusel.
    Syndic   J. Coppens.
(1666 manque).
1667. Surintendant
    Préfet   F. Vuytenhove.
    Vicaire   M. Van der Avoort.
    Questeur   J.-B. Isselsteyn.
1668. Surintendant
    Préfet   Fr. Verbeelen.
    Vicaire   Jean Van Papenbroeck.
    Questeur   Jean de Papenrode.
1669. Surintendant Jean Heymans.
    Visiteur   J.-J. de Feria.
    »   Chr. Notaire.
    Syndic   J.-B. Vanden Broeck.
1670. Surintendant
    Préfet   }
    Vicaire   { continués.
    Questeur   )
1671. Surintendant Jean Heymans.
    Préfet   Fr. Van Vuytenhove.
    Vicaire   M. Van der Avoort
          meurt, est remplacé par
          J. Van Papenbroeck.
    Questeur   G. Vander Beke.
    Syndic   J.-B. Gielissen.
1672. Surintendant Lalaing.
    Visiteur   J. H. H. Pena.
    »   M. Camusel.
    Syndic
1673. Surintendant Van den Hecke.
    Préfet   Fr. Verbeelen.
    Vicaire   Chr. Notaire.
    Questeur   Pierre Pilois.
1674. Surintendant Lamoillery.
    Visiteur   J. J. de Feria.
    »   J. J. de Papenrode.

	Syndic	Jean Van den Borre.
1675.	Surintendant	Heymans.
	Préfet	Fr. Vuytenhove.
	Vicaire	J. van Papenbroek.
	Questeur	J.-B. Gielissen.
1676.	Surintendant	Th. Van Heusden dit Elshout.
	Visiteur	M. Camusel.
	»	G. Van der Beken.
	Syndic	Ferdinand Montana.
1677.	Surintendant	Th. Van Heusden.
	Préfet	J. J. de Feria.
	Vicaire	Ch. Notaire.
	Questeur	Pierre Pilois.
1678.	Surintendant	
	Visiteur	J. J. F. Pena.
	»	J. Van Papenbroek.
	Syndic	J.-B. Gielissen.
1679.	Surintendant	Ph. Godefr. Van den Wauwere.
	Préfet	J.-B. de Leen.
	Vicaire	M. Camusel.
	Questeur	J.-B. Stekeldooren.
1680.	Surintendant	
	Visiteur	Le vicaire Camusel a négligé de rédiger l'histoire de cette année.
	»	
	Syndic	
1681.	Surintendant	Pipenpoy.
	Préfet	Fr. Verbeelen.
	Vicaire	Chr. Notaire.
	Questeur	P. Pilois.
1682.	Surintendant	de Steenhaut.
	Visiteur	J. Van Papenbroeck.
	»	J. Van der Beke.
	Syndic	J.-B. Gielissen meurt, remplacé par A. Tel.
1683.	Surintendant	
	Préfet	Fr. Vuytenhove.
	Vicaire	J. Van Papenrode.
	Questeur	A. Van der Cammen.
1684.	Surintendant	
	Visiteur	M. Camusel.

	Visiteur	M. Elinx se rend à Louvain, est remplacé par Pilois.
	Syndic	A. Tel.
1685.	Surintendant	Pipenpoy.
	Préfet	J. Van Papenbroeck, meurt, remplacé par J. Van Papenrode.
	Vicaire	G. Van de Beke.
	Questeur	Ch. Charles.
1686.	Surintendant	Pipenpoy.
	Visiteur	L. J. Stam.
	»	G. Smets.
	Syndic	J.-B. Meulenbeeck.
1687.	Surintendant	Pipenpoy.
	Préfet	
	Vicaire	A. Van der Cammen
	Questeur	
1688.	Surintendant	
	Visiteur	
	»	
	Syndic	
1689.	Surintendant	de Steenhaut.
	Préfet	Fr. Verbeelen, meurt, remplacé par J. Van Papenrode.
	Vicaire	M. Camusel, meurt.
	Questeur	J. S. Mattens.
1690.	Surintendant	
	Visiteur	Garrido.
	»	F. Du Roisin.
	Syndic	P. De Bierthe.
1691.	Surintendant	
	Préfet	J. Van Papenrode.
	Vicaire	H. Lindekens, meurt, remplacé par A. Van der Cammen.
	Questeur	H. Montana.
1692.	Surintendant	l'échevin Paeffenrode.
	Visiteur	J. M. Van der Moeren.
	»	J. S. Mattens.
	Syndic	J. Camusel.

1693. Surintendant
      Préfet
      Vicaire
      Questeur
1694. Surintendant
      Visiteur
          »
      Syndic
1695. Surintendant Lefebure.
      Préfet
      Vicaire   J.-B. Garrido.
      Questeur
1696. Surintendant
      Visiteur   Rasquin
          »   J.-J. de Hoze.
      Syndic   Vuye.
1697. Surintendant
      Préfet   Phelippeaux.
      Vicaire   P. De Bierthe, appelé
                        par la ville de Hal,
                        remplacé par J.-B.
                        Meulenbeeck.
      Questeur   Middegals.
1698. Les six assesseurs sont maintenus.
1699. Surintendant Lecomte dit Dorville.
      Visiteur   F. Pauli.
          »   J. B. Ghysbrechts.
      Syndic   J. Cortens.
1700. Surintendant Lecomte dit Dorville.
      Préfet   J. B. Meulenbeeck.
      Vicaire   de Rahier.
      Questeur   H. de Mariage.
1701. Surintendant
      Visiteur   Rasquin.
          »   Vuye.
      Syndic   H. Huygens, junior.
1702. Surintendant Lecomte dit Dorville.
      Préfet   P. Pilois.
      Vicaire   P. F. de Bierthe.
      Questeur   Plasschael.
1703. Surintendant Lecomte dit Dorville.
      Visiteur   Rasquin.

Les vicaires ont négligé de rédiger les actes de ces années.

      visiteur   J. Cortens.
      Syndic   G. de Mares.
1704. Surintendant
      Préfet   G. Smets.
      Vicaire   F. Pauli, meurt rem-
                        placé par M. de Rahier
      Questeur   Vuye.
1705. Surintendant Lefebure.
      Visiteur   J. B. Ghysbrechts.
          »   F. Huygens, junior.
      Syndic   Charles.
1706. Surintendant Lefebure, échevin.
      Préfet   Mathieu de Rahier.
      Vicaire   H. de Mariage.
      Questeur   J. Cortens.
1707. Surintendant
      Visiteur   Vuye.
          »   P. Du Trieu.
      Syndic   Mandelier.
1708. Surintendant Lefebure.
      Préfet   G. Smets.
      Vicaire   F. Huygens, junior.
      Questeur   Van der Stricht.
1709. Surintendant Lefebure.
      Visiteur   P. de Bierthe.
          »   J. Cortens.
      Syndic   Goossens.
1710. Surintendant
      Préfet   H. de Mariage.
      Vicaire   H. Vuye.
      Questeur   P. Du Trieu.
1711. Surintendant
      Visiteur
          »
      Syndic
1712. Surintendant
      Préfet   P. H. de Bierthe.
      Vicaire   Melch. Ign. Cortens.
      Questeur   M. de Rahier.
1713. Surintendant
      Visiteur   A. Vuye.
          »

Syndic   J. De Bruyn

1714. Surintendant
Préfet
Vicaire   G. Vander Stricht.
Questeur   J.-J. de Hoze.

1715. Surintendant Lasso.
Visiteur   H. de Mariage.
  »   M.-J. Cortens.
Syndic   Montana.

1716 Surintendant Lasso.
Préfet   François Lopez.
Vicaire   J. Plasschaet.
Questeur   J. De Bruyn.

1717. Surintendant Lasso.
Visiteur
  »
Syndic

1718 Surintendant Lasso.
Préfet
Vicaire   G. de Mares.
Questeur   Montana.

1719. Surintendant Lasso, meurt le 5 mars 1720.
Visiteur
  »
Syndic

1720. Surintendant Tyberchamp.
Préfet   J. Plasschaet.
Vicaire   G. Vander Stricht.
Questeur   M. J. Cortens.

1721. Surintendant Tyberchamp.
Visiteur   H. De Mariage.
  »   J. Henkelius.
Syndic   De Wint.
Il faut qu'une des cinq années antérieures le collége des assesseurs ait été continué.

1723. Surintendant
Préfet   Rasquin.
Vicaire   P. F. de Bierthe.
Questeur   J. de Bruyn.

1724 Surintendant

Visiteur
  »
Syndic

1725. Surintendant Ricquewaert.
Préfet   M. J. Cortens.
Vicaire   J. Henckelius.
Questeur   J. de Hoze, junior.

1726. Surintendant
Visiteur
  »
Syndic

1727. Surintendant
Préfet
Vicaire   P.-F. de Bierthe.
Questeur

1728. Surintendant Rycquewaert.
Visiteur
  »
Syndic

1729. Surintendant de Cano, bⁿ de Mechem.
Préfet   M. Rahier, meurt, remplacé par J.-J.-J. de Hoze.
Vicaire   J.-J.-J. de Hoze.
Questeur   P. de Bruyn.

1730. Surintendant
Visiteur   de Mariage.
  »   Dewint.
Syndic

1731.   A voir les noms des trois assesseurs qui sont les mêmes que ceux de 1729, ils ont du être continués.

1732. Surintendant de Cano.
Préfet   M.-J. Cortens.
Vicaire   G. Des Mares.
Questeur   H. de Montana.

1733. Surintendant de Cano.
Visiteur   G. Van der Stricht.
  »   J.-F. Le Dieu.
Syndic   H. Van den Blocke.

1734. Surintendant
    Préfet
    Vicaire
    Questeur
1735. Surintendant
    Visiteur
      »
    Syndic
1736. Surintendant de Cano.
    Préfet   M. J. Cortens.
    Vicaire   G. Des Mares.
    Questeur   J.-J. Van Bourgoigne.
1737. Surintendant Kintz
    Visiteur   H. de Montana.
      »   de Wint.
    Syndic   R. Marette.
1738. Surintendant Kintz.
    Préfet   P. De Bruyn.
    Vicaire   H. Mariage.
    Questeur   J. Henckelius.
1739. Surintendant
    Visiteur   G. Van der Stricht.
      »   J.-J. Van Bourgoigne.
    Syndic   P. F. Du Bois.
1740. Surintendant baron de Cano.
    Préfet   J.-J.-J. De Hoze.
    Vicaire   G. Des Mares.
    Questeur   R. Marette.
1741. Surintendant de Cano.
    Visiteur   P. De Bruyn.
      »   H. de Montana.
    Syndic   A. Hubert
1742. Surintendant
    Préfet   G. Van der Stricht.
    Vicaire   J.-J. Van Bourgoigne.
    Questeur   P.-H. Du Bois.
1743. Surintendant
    Visiteur
      »
    Syndic
1744. Surintendant
    Préfet   G. Des Mares.

    Vicaire   R. Marette.
    Questeur   H. Montana.
1745. Surintendant J.-J.-H. Van Boem.
    Visiteur   J. De Bruyn.
      »   J.-J. Van Bourgoigne.
    Syndic   M. C. Bacle.
1746. Surintendant Ferd. de Beeckman du
                Vieusart.
    Préfet   J.-J.-J. De Hoze.
    Vicaire   P.-J. Du Mont.
    Questeur   J.-F. Perret.
1747. Surintendant Duval.
    Visiteur   H. Montana.
      »   A. Hubert.
    Syndic   P.-J. Van Bellingen.
1748. Surintendant Duval.
    Préfet   J.-J. Van Bourgoigne.
    Vicaire   P.-F. Du Bois.
    Questeur   A.-C. Bacle.
1749. Surintendant De Moor.
    Visiteur   J. De Bruyn.
      »   J.-B. Zadeleer.
    Syndic   G. Mommens.
1750. Surintendant
    Préfet   J.-J.-J. de Hoze.
    Vicaire   P.-A. Hubert.
    Questeur   P.-J. Van Bellingen.
1751. Surintendant
    Visiteur   J.-J. Van Bourgoigne.
      »   P.-J. Dubois.
    Syndic   F.-P. De Kinder.
1752. Surintendant
    Préfet   J. De Bruyn.
    Vicaire   M.-C. Bacle.
    Questeur   G. Mommens.
1753. Surintendant
    Visiteur   J.-J.-J. de Hoze.
      »   P.-J. Van Bellingen.
    Syndic   J. Van Hamme.
1754. Surintendant
    Préfet   Manderlier.
    Vicaire   Zadeleer.

Questeur	J.-J. Van Bourgoigne.		Visiteur	P.-J. Van Bellingen
1755. Surintendant			»	Van Hamme.
Visiteur	M.-C. Bacle.		Syndic	Huybrechts.
»	G. Mommens.		1766. Surintendant	
Syndic	J. Longfils.		Préfet	P.-A. Abate.
1756. Surintendant			Vicaire	G. Mommens.
Préfet	Dumont.		Questeur	J.-A. Des Mares.
Vicaire	P.-J. Du Bois.		1767. Surintendant	
Questeur	Vander Beelen.		Visiteur	De Kinder.
1757. Surintendant			»	J. Longfils.
Visiteur	Vanden Block.		Syndic	Boucher.
»	Fonson.		1768. Surintendant	
Syndic	Des Mares.		Préfet	P.-J. Abate.
1758. Surintendant			Vicaire	De Kinder.
Préfet			Questeur	Durondeau.
Vicaire			1769. Surintendant	
Questeur			Visiteur	J. Longfils.
1759. Surintendant			»	Van Hamme.
Visiteur			Syndic	Van Lierde.
»			1770. Surintendant	De Moor.
Syndic			Préfet	P.-J. Van Bellingen.
1760. Surintendant			Vicaire	G. Mommens.
Préfet	Du Mont.		Questeur	J.-A. Des Mares.
Vicaire	Du Bois.		1771. Surintendant	
Questeur	Mommens.		Visiteur	P. Germain.
1761. Surintendant			»	De Coster.
Visiteur	Vander Idelen.		Syndic	Lebel.
»	J. Longfils.		1772. Surintendant	de Fierlant.
Syndic	Germain.		Préfet	Du Mont.
1762. Surintendant			Vicaire	De Kinder.
Préfet	Dubois.		Questeur	Boucher.
Vicaire	Van Bourgoigne.		1773. Surintendant	de Fierlant.
Questeur	J. Longfils.		Visiteur	De Smedt.
1763. Surintendant			»	Van Lierde.
Visiteur	De Kinder.		Syndic	Caels.
»	J.-A. Des Mares.		1774. Surintendant	de Fierlant.
Syndic	Durondeau.		Préfet	P.-J. Van Bellingen
1764. Surintendant			Vicaire	J. Longfils.
Préfet	Zadeleer.		Questeur	P. Germain.
Vicaire	Van Bourgoigne.		1775. Surintendant	
Questeur	J. Longfils.		Visiteur	J.-A. Des Mares.
1765. Surintendant			»	Puyntiens.

Syndic — T. Van Stichel.
1776. Surintendant
Préfet — P. J. Dumont.
Vicaire — Smedt, meurt, remplacé par Mommens.
Questeur — Debel.
1777. Surintendant de 't Serclaes.
Visiteur — Longfils, remplacé par Verheyden.
» — Van Lierde.
Syndic — Defrenne.
1778. Surintendant
Préfet
Vicaire
Questeur
1779. Surintendant
Visiteur
»
Syndic
1780. Surintendant
Préfet
Vicaire
Questeur
1781. Surintendant
Visiteur
»
Syndic
1782. Surintendant
Préfet — Des Mares.
Vicaire — Caels.
Questeur — Meagher.
1783. Surintendant
Visiteur — Mommens.
» — Van Lierde.
Syndic — Durondeau.
1784. Surintendant
Préfet
Vicaire
Questeur
1785. Surintendant
Visiteur

Visiteur
Syndic
1786. Surintendant
Préfet
Vicaire
Questeur
1787. Surintendant
Visiteur
»
Syndic
1788. Surintendant
Préfet
Vicaire
Questeur
1789. Surintendant
Visiteur
»
Syndic
1790. Surintendant de Locquenghien.
Préfet — Longfils, remplacé par Des Mares.
Vicaire — Van Stichel.
Questeur — Janssens.
1791. Surintendant de Man d'Obruge.
Préfet
Visiteur — Coremans.
» — Barbanson.
Syndic — Michel.
1792. Surintendant
Préfet
Vicaire
Questeur
1793. Surintendant
Visiteur
»
Syndic
1794. Surintendant
Préfet — Des Mares.
Vicaire — De Keyser.
Questeur — Van Bever.

CATALOGUE DES PHARMACIENS.

Les noms marqués d'un astérique sont ceux de personnes admises, comme on disait, *ad famulatum herilem pro viduis pharmacopæorum.*

1651.	5 janvier	Philippe Gillyn.
1654.	10 octobre	Jean de Maelder.
1664.	29 janvier	Jean de Mesmaker.
1665.	16 avril	Louis Schol.
	1 juillet	Nicolas Stamp.
1666.	24 mars	Henri Camusel.
1667.	15 septembre	Jacques Maghe.
1668.	23 août	Gilles Van Cautere.
	23 novembre	Jean-François de Vos, d'Anvers.
1670.	14 août	Alexandre Grondoni, fils d'Alexandre, pharm. de Bruxelles
	9 octobre	Jean-Baptiste Zeghers, fils de Jean-Baptiste, pharmacien de Bruxelles.
1673.	22 juin	Silvestre Maes, fils d'un pharm. de Bruxelles.
	22 septembre	Henri Kerremans, de Bruxelles.
	5 octobre	Adrien de Hose, fils du maître des preuves.
1674.	12 juillet	Jean-Baptiste Grondonue.
1675.	27 juillet	Charles Isenbaert, de Bruges.
1676.	6 février	Jacques, fils de Nicolas Van der Elst, pharm. de Bruxelles.
1677.	9 septembre	Pierre Lenteniers, de Bruxelles.
1678.	17 mars	Arnaud Maes, de Bruxelles, frère de Silvestre.
	3 août	Jacques Vastenavents, de Bruxelles.
1679.	25 mai	Guillaume de Dorpel, de Bruges.
	1 août	Guillaume Verhulst.
1682.	12 juin	Claude Gillyn, fils du pharmacien Philippe.
	9 septembre	Norbert Dannoot.
1683.	1 juillet	Josse Segers.
1687.	30 avril	Antoine-Dominique Mosselmans, de Bruxelles.
	19 juin	François Claerbosch, de Bruxelles.
	13 août	Philippe, fils de Philippe Gillyn, maître des preuves.
1691.	22 juin	François du Jardin, de Bruxelles.
	12 juillet	Ferdinand van As.
	9 septembre	François de Witte, de Bruxelles.
	27 septembre	Charles Francolet, de Bruxelles.
1701.	1 juillet	Josse d'Hamer, de Gand.
	4 août	Hesijche Vos, de Kender (Trausylv.)
1702.	30 janvier	David Mariot, de Sedan.
	30 mai	Philippe Scordyns.

1703.	3 octobre	Adrien Van der Vloot, de Bruxelles.
1704.	6 mars	Simon Ranson, de Namur.
1706.	23 septembre	Jacques François Fourier, d'Alost.
1707.	30 juin	Henri Vander Cammen, de Bruxelles.
	3 septembre	Jean-Balthazar Maes, fils de Silvestre.
	14 octobre	André Fouson, de Bruxelles.
1708.	5 juillet	Jean Jolly, de Bruxelles, fils d'Octave.
1709.	20 juin	Jean-Pierre Vaelyn, de Bruxelles.
	8 août	François Tant, de Bruxelles.
1710.	5 octobre	François Domin.
	4 octobre	Jean de Vos, de Brux., fils de Jean-Franç., pharm. de Brux.
1716.	28 août	Antoine Joseph Gryef, de Bruxelles.
1719.	10 mai	François-Joseph Huybrecht, de Bruxelles.
	20 juin	Michel, fils d'Adrien Hoze, pharm. de Bruxelles.
	22 septembre	Guillaume, fils de Jean-Franç. de Vos, pharm. de Bruxelles.
1720.	9 septembre	Thomas-Joseph Limelette, de Namur.
1719.	29 novembre	Pierre Van Dielen, de la Gueldre — Vᵉ Maes.
1720.	3 octobre	François de Witte, fils — Vᵉ Franç. de Witte.
1721.	2 octobre	Joseph Germes.
1722.	1 juillet	Henri-Joseph Van Limbos, de Bruxelles.
1724.	26 août	Josse-Seghers, de Bruxelles, fils de Josse.
1724.	11 septembre	De Vos, fils d'un pharmacien décédé.
1726.	12 novembre	Jean-Bapt. Steenmetsers, de Bruxelles.
	9 décembre	Jean-Gabriel Vanden Bosch, de Spa.
1728.	16 décembre	Gisbert Bartholyns.
1731.	11 octobre	Jean Gilis, de Tirlemont.
1732.	14 octobre	Nic.-Franç.-Philippe, de Fontaine l'Évêque.
1733.	20 août	Jean Neyts, de Louvain — Vᵉ Guillaume de Vos.
1734	27 mai	Jacques Tant, fils de feu François, pharm.
	19 août	Philippe-Charles Praet, de Bruxelles — Vᵉ Guill. de Vos.
1735.	26 janvier	Daniel-Philippe Waeffelaer, de Bruxelles.
1736.	6 septembre	Jacques Tant, voyez plus haut.
1737.	22 janvier	Jean-Baptiste Bertrand, d'Alost.
	8 juillet	Gellius-Dominique de Vos, de Leeuwarden.
1739.	4 juin	François-Louis de Witte, de Bruxelles.
	1 juillet	Philippe-Joseph Fabre, de Mons.
1740.	7 juillet	Pierre Vander Malen, de Bruxelles.
	3 septembre	Philippe Wauwermans, de Bruxelles.
1741.	31 mai	Jean-Charles Boisrobert, de Bruxelles.
	9 août	Josse-Antoine Meert, d'Alost.
1742.	7 juin	Nicolas-Joseph Cotteaux, de Bruxelles.
	7 juillet	Philippe-Joseph Fabre, de Mons.

	22 mai	Paul Stas, d'Alost — V⁰ G.-D. de Vos.
1745.	3 juillet	Corneille-Charles Charlier, de Bruxelles.
1747.	19 septembre	Jean-Pierre Leestmans, de Hoogstraeten.
	6 octobre	Jean-Baptiste d'Hamere, de Bruxelles, fils de pharmacien.
	9 octobre	Jean-François de Silippelar, de Zeit.
1748.	10 octobre	Baudouin Verhulst, de Bruges.
	27 novembre	Antoine Gilson, de Bruxelles, fils de Jean.
1749.	1 septembre	Jacques Ledivin, de Malines.
	25 septembre	Jean-Franç.-Jos. Maes, fils de Jean-Balthasar, chir.
	11 octobre	Nicolas Van Bellingen, de Bruxelles, fils de Henri.
1750.	1 juillet	Alexandre-François Caroli, de Nivelles.
1749.	31 mai	Hyacinthe Gilman, ex Cornelii Munster.
	31 mai	Jacques Ledivin, de Malines.
1751.	17 juin	Pierre-Jean Van der Cammen, de Bruxelles.
	23 septembre	Jean-François de Vos, de Bruxelles, fils de pharmacien.
1752.	23 juin	Hyacinthe Gilman, S. Cornelii Munster.
	14 septembre	Jean-François de Clippeleir, de Zele.
	5 octobre	Louis-Joseph Seulin, de Bruxelles.
	17 octobre	Michel de Ro, de Bruxelles.
1753.	7 juin	François-Louis Willemse, de Deschel.
1754.	2 août	Jean-François Stevens.
1753.	12 juillet	Jean-Emmanuel Desmares, de Malines.
1755.	18 septembre	Joseph Steenmetser, de Bruxelles, fils de pharmacien.
1756.	23 septembre	Jean-Baptiste Limelette, de Bruxelles, fils de pharmacien.
1758.	27 juillet	Michel Dero, de Bruxelles.
1771.	juin	N.-N. Van Dievoort, de Bruxelles.
	septembre	J. Hullens, de St-Trond.
1773.	16 juillet	Jacques Kickx, de Bruxelles.
	16 août	Boniface Waeffelaerts, fils de pharmacien.
	17 août	Nicolas-Joseph Straetmans, de Bruxelles.
	17 septembre	Bernard Stevens, de Bruxelles.
1777.	28 juin	Louis-Ferdinand Isselstein, d'Averghem.
1791.	10 août	Laurent Eltebeul.
	26 août	Henri Van der Cammen, de Bruxelles.

MAITRES DES PREUVES DES PHARMACIENS.

(DECANI, PROBATORES OU CENSORES).

1672. Pierre Hose   et   Driessens.
1678. Henri Kerremans.
1679. N. (Jean) Mesmaecker   »   N. Van den Berghe.
1681. Henri Kerremans   »   Philippe Gillyn.
1682. Adrien Van den Berghe   »   Antoine Van Ophem.
1683. Philippe Gillyn   »   Jean-François Tellier,
1684. Adrien de Hoze   »   Henri Kerremans.
1685. Adrien Van den Berghe   »   Jérôme Vanno.
1686. Alexandre Grondoni   »   Philippe Gillyn.
1691. Alexandre Grondoni   »   Henri Kerremans.
1692. Jean-Baptiste Grondoni   »   Adrien Van den Berghe meurt.
                                     Antoine Van Ophem.
1700. Antoine Muselmans   »   Gilnemas.
1701. François Briart   »   Jacques Vastenavents.
1702. Gillemans   »   Nicolas Van der Maire.
1704. François Briart   »   Jacques Vastenavents.
1705. Gillemans   »   Massart.
1706. Schoof   »   Augustin Camusel.
1733. Antoine Sassenus   »   Jean de Vos.
1740. Jean de Vos.
1741. Jean-Balthasar Maes.
1742. Josse-Antoine Meert.
1744. Antoine Sassenus.
1745. Jean Steenmetser.
1746. Jean Steenmetser meurt, remplacé par Antoine Sassenus.
1747. Jean de Vos.
1750. Michel de Hoze.
1751. Jean-Charles Boisrobert.
1752. Jacques Leduin.
1753. Josse-Antoine Meert.
1772. Nicolas Van Bellingen.
1773. Meert.
1774. Gilson.
1775. Van Bellingen.
1777. Boisrobert.

ORATEURS.

Tous les ans, les dignitaires nouvellement élus, après avoir prêté, le jour de
S. Luc, le serment dans la réunion médicale, se rendaient, avec les
dignitaires non renouvelés, et le surintendant, à l'église de S. Nicolas
pour y assister à la messe et y entendre le panégyrique latin de l'évangé-
liste, la patron de l'art. Voici le catalogue des orateurs qui prêchèrent
en ces circonstances.

1650. Guillaume Haesius, de la Compagnie de Jésus.
1651. Jean de Meesemaeker, de l'ordre des frères mineurs.
1652. Engelbert van Wambe, de l'ordre de S. Augustin.
1653.   Puteanus, de l'ordre des frères prêcheurs.
1654. Corneille Impens, de l'ordre des frères mineurs.
1655. François de Pottere, prémontré de Grimbergen, fils d'un ancien médecin de
         Bruxelles.
1656. Jean de Meesemaeker, de l'ordre des frères mineurs.
1657. Jean-Baptiste Schooff, chan. régul. de Roosendael (Rubrae Vallis).
1658. Pierre de Vleeshaudere, curé de Terhalphen (diocèse de Malines), frère du
         médecin.
1659. Valentin de S. Amand, carme chaussé.
1660.
1661.
1662. Jean de Wester, relig. du tiers ordre de S. François (beggard).
1663. Cette année, il n'y eut pas de service à cause de la pénurie d'argent.
1664. Ignace Melgaert, de la Compagnie de Jésus.
1665. Philippe de Meesemaeker, provincial des frères mineurs.
1667.   Harray, de l'ordre des frères prêcheurs.
1668.   Harray   »   »   »
1669. Pierre Van den Bogaert, de Bruxelles, S. T. B. F.
1670. Valentin de Saint Amand.
1671. Pierre Van den Bogaert, de Bruxelles, S. T. B. F.
1672.   , de l'ordre des frères prêcheurs.
1673.   Rombauts, de l'ordre des frères mineurs.
1674.   Waerseger, carme, fils d'un médecin de Louvain.
1675.   , de l'ordre des frères mineurs.
1676.   Martini, de l'ordre des frères prêcheurs.
1677. Bonaventure Van Dyck, de l'ordre des frères mineurs.
1678.   Stuyck, du tiers ordre de S. François (beggard).
1679.   Feria, fils du médecin, de l'ordre des frères mineurs.
1680. Le docteur Camusel n'a rien annoté.
1681.

1682.   , de l'ordre des frères prêcheurs.

1683. Waerseger, carme chaussé.

1684. Ignoratur.

1685.

1686.

1687.

1688.

1689.

1690.

1691. De Vos, de l'ordre des frères pêcheurs.

1692. Jacques Vlemincx, de la compagnie de Jésus.

1693.

1694.

1695.

1696.

1697.

1698.

1699.

1700. N. N., de l'ordre de St-Augustin.

1701.

1702.

1703. Volkaert, de la compagnie de Jésus.

1704. Græcus, de la compagnie de Jésus.

1705. N. N., carme déchaussé.

1715. Blanckart, S. T. L., du 3e ordre de St-François (beggard).

1716. Le même.

1717.

1718.

1719.

1720.

1721. Schuyfelaer, recteur de l'ordre des Minimes.

1725. Hazart, de la compagnie de Jésus, orateur de la congrégation latine.

1726. Spineux, minime, du couvent d'Anderlecht.

1730. Jean-François Foppens, S. T. L., chan. gradué de la métr. de Malines.

1732. Nicolas Kerpen, pléban de Bruxelles.

1736. J.-F. Foppens, nommé ci-dessus.

1737. Dominique-Xavier Foppens, chanoine et trésorier d'Anderlecht, J. U. L.

1740. Laurent Vanden Steen, professeur au séminaire de Malines.

1741. Cassaignar, correcteur des Minimes.

1742. Charles Draylans, prieur des Augustins à Bruxelles.

1744. Dupont, curé de St-Gilles, lez Bruxelles.

1746. Page, professeur à la pédagogie du Porc, à Louvain.

1747. Van Cutsem, vice-pléban des SS. Michel et Gudule.
1750. Vander Linden, préfet de la compagnie de Jésus.
1751. Nauwens, chanoine régulier de Dilighem.
1752. Vander Linden, de la compagnie de Jésus.
1753. Caplender, de l'ordre des frères prêcheurs.
1772. Sweert, S. T. D., prieur des frères prêcheurs.
1775. Pierre d'Alcantara, carme déchaussé, S. T. L.

CATALOGUE DES SAGES-FEMMES DE BRUXELLES.

1662. 16 mars — Isabelle Fabri, ép. Jean Gent, chirurg.
1665. 3 octobre — Marie Van Schepdael.
1668. 14 juin — Marie de Mares.
    1 août — Barbe de Blan, ép. Pierre Sinean.
1670. 24 janvier — Jeanne Van Voorden.
    30 juin — Marguerite Rossel, ép. Pierre Dive.
1672. 16 janvier — Marie Van Issel, d'Alost, Ve Jean Leonart.
1673. 24 avril — Susanne Jennens, de Bruxelles.
1674. 5 avril — Anne Causmans, de Bruxelles, ép. Ant. Huenens.
1675. 24 octobre — Louise Steenberghen, de Bruxelles, ép. Christ. Goris.
    15 novembre — Martine Fossaer, de Bruxelles, ép. Eust. Fossaer.
1676. 21 août — Florence Van Opstal, ép. Adr. Lamberts.
    9 octobre — Jacqueline Verbrugge, alias Cuypers, d'Anderlecht, épouse Jean-François Van den Borre.
1677. 26 juin — Marie Van den Cruyce, de Bois-le-Duc, épouse Théodore Van de Velde.
1682. 9 novembre — Catherine De Smit, Ve Jean Dinoet.
    5 décembre — Catherine Zelles, Ve Jean Bernaert.
    27 décembre — Barbe Van Rosselaer, ép. Guill. Poelemans.
1683. 3 juillet — Jeanne Chardot, ép. Jacques Judon.
1684. 10 mai — Michelle Papin, de Termonde, ép. Pierre Lemaire.
1685. 23 février — Catherine Lamoy, de Bruxelles, ép. F. Van Hove.
    9 mai — Marguerite Loup.
1687. 20 février — Élisabeth Cools, ép. Laur. Van den Berghe.
1691. 2 août — Catherine Gaille, de Bruxelles, ép. Ant. Jacobs.
    16 août — Marie-Anne Antoin, de Bruxelles, ép. Louis Parent.
    30 août — Marie-Catherine Fossaert, de Bruxelles, ép. Jacq. Navet.
1692. 22 avril — Anne Ydelet, de Laeken, ép. Arnoud Caef.
1701. 16 juin — Marie-Françoise Nolo, de Gand, ép. Claude Cuire.

1704. 14 juin   Catherine Van den Borre.
       23 décembre   Elisabeth Bettens.
1705. 30 juillet   Gabrielle-Pétronille de Breton, Ve Ch.-Fr. Lefevre.
1706.   Anne-Marie Watersan, ép. Rudolphe Kesselaer.
       4 mars   Marguerite Rosier, ép. Philippe Gabro.
1708. 10 septembre   Anne Dero, de Denderwunich, ép. Pierre Vanden Bosch.
1709. 13 juin   Antoinette Canuel, fille de Pierre.
1710. 14 juin   Marie-Anne Masenoer, de Bruxelles, ép. Dan. Scholiers.
1714. 22 novembre   Marie de Kesseler, de Flessingue, ép. Jean De Smet.
1718. 2 décembre   Élisabeth De Meer, ép. Charles Van der Beleu.
           Antoinette Hayome, Ve Ghislain Lefebure, de Bethune.
1721. 28 août   Catherine Padua, ép. Thomas Gorsens.
1724. 23 novembre   Barbe Kesselaer
       2 janvier   Anne-Marie Sonneville, de Bruxelles.
1726. 29 janvier   Marie-Catherine de Hon, Ve Léon Libiaut.
       18 septembre   Marie Nave, ép. Gilles Stoffels.
1727. 14 janvier   Martine Scheunis.
1728. 14 janvier   Jeanne-Catherine Gomes, d'Anvers.
1729. 18 mars   Marie Vanden Bossche.
       24 mai   Anne Duplessiez, de Paris, Ve.
       30 juillet   Anne Lequater, de Cologne.
       29 novembre   Catherine Vanden Houten.
1735. 8 juin   Marie-Françoise de Pré, de Bruxelles.
       7 juillet   Olympe Gaillard, de Bruxelles.
       9 décembre   Petronille De Smet, de Bruxelles.
1737 21 février   Marie-Élisabeth Vanden Berghe, ép. J.-B. Maluo.
       8 octobre   Marie-Anne-Ferdinande De Coster, ép. Adolphe Freyman.
1738. 19 juin   Jeanne-Françoise Trouche, ép. Franç. du Plan.
1740. 24 mars   Jeanne de Gréve, de Beughem, ép. Henri Vanderkelen.
       17 janvier   Anne Nielens, de Hauterive (Cambraisis) ép. Jean Ipens.
1743. 27 juin   Petronelle Jacomyns, d'Anderlecht, ép. Jacq. Vanderpoorten.
       8 août   Marguerite Lestraet, d'Isque, ép. Jean Van Sulper.
1747. 13 juillet   Marie-Jacqueline Walraevens, de Bruxelles, Ve J. I. Degheynst.
1748. 7 mars   Anne Baudewyns, de Molenbeeck, ép. Jean De Backer.
1752. 16 mars   Petronelle Van Hamme, de Droogenbosch, ép. Michel Geens.
1756. 18 mars   Marie-Cath. Van Cools, de Brux., ép. L.-A. Gys, chirurg.
       15 juillet   Anne-Marie de Maeck, d'Uccle, veuve Josse de Jonk.
1770. 28 juin   Marie-Josèphe Lengran, de Bruxelles, ép. Jos. Agier.
1772. 12 octobre   Catherine Cortemon, d'Uccle.
1773. 24 avril   Marie-Anne Bernard, ép. Ant.-Jos Pepin.

LES GRANDS PRÉVÔTS DE LIÉGE.

APPENDICE

A LA NOTICE SUR L'ANCIENNE CATHÉDRALE DE SAINT-LAMBERT, A LIÉGE,
PUBLIÉE PAR M. LE COMTE X. VAN DEN STEEN DE JEHAY [1],

PAR

M. A. SCHAEPKENS,

MEMBRE CORRESPONDANT DE L'ACADÉMIE.

Le grand-prévôt du chapitre de Saint-Lambert de Liége
avait rang immédiatement après l'évêque ; il était de plus archidiacre du diocèse. C'était le grand-prévôt qui remettait l'étendard
aux Liégeois lors d'une déclaration de guerre. Dès que les États
et l'évêque avaient décidé la guerre, on sonnait la cloche du
ban (en argent), nommée *la cloche blanche*, pour appeler les
Liégeois aux armes et on exposait sur le maître-autel de la cathédrale l'étendard de Saint-Lambert jusqu'au moment de marcher à
l'ennemi. Au moment de l'entrée en campagne le haut voué de
Hesbaye, accompagné de quarante chevaliers, se présentait aux
portes de la cathédrale ; les chanoines, après avoir invoqué par

---

[1] *Annales de l'Académie d'Archéologie*, tome I, page 331 et tome II, page 5.

leurs prières l'intercession divine en faveur des armes liégeoises, revêtaient l'avoué d'une armure blanche et lui faisaient prêter le serment de défendre jusqu'à la mort le palladium de la cité ; ensuite le grand-prévôt sortant du temple, prenait l'étendard et le montrait au peuple, assemblé en armes sur le marché. Le haut-voué le suivait entouré de tous les chanoines, montait un cheval blanc, recevait l'étendard et allait se placer à la tête de l'armée pour se rendre là où son devoir et la gloire du peuple liégeois l'appelaient.

La liste des grands-prévôts qui suit est extraite de Chapeauville, de Bouille, de Miræus, de Villenfagne, du *nobiliaire des Pays-Bas*, de Loyens et d'autres auteurs. M. Perreau, membre de 'Académie d'Archéologie, les a réunis dans les publications de la Société scientifique limbourgeoise. Nous en donnons les extraits principaux qui ont trait principalement à l'histoire du pays. Le plus ancien prévôt liégeois cité est Fulcair, qui bâtit l'église de Herstal et qui fut sacré en 746, suivant l'*abrégé de l'histoire de Liége* imprimé en 1673.

Godeschale de Morialmé, grand prévôt, est cité jusqu'à l'année 1031.

Wazon est mentionné, en 1034, dans la charte de fondation du monastère de St-Laurent près de Liége.

Lanzo, prévôt, est cité dans un diplôme de 1046 de l'évêque Wazon.

Dictwin ou *Théoduin*, prévôt, est cité dans un acte de 1092, de Henri Ier, évêque de Liége.

Hillin, prévôt, est mentionné par Bec-de-Lièvre dans sa *Biographie liégeoise* à l'année 1113. C'est le même qui fit fondre par Lambert l'atras de Dinant les célèbres fonts baptismaux en cuivre qui se trouvent dans l'église de Saint-Barthélemy, à Liége [1]. On pense qu'il succéda à Dictwin.

Frédéric de Namur, prévôt, fils d'Albert III, comte de Namur et d'Ide de Saxe. Il est cité dans un diplôme de 1116 donné par l'évêque Obert, mort évêque de Liége en 1123.

André de Cuyck, prévôt, fils de Henri I, sire de Cuyck et d'Ide de Boulogne. Élu prévôt en 1120. Élu évêque d'Utrecht, il occupa ce siége épiscopal jusqu'en 1138.

Lothaire, prévôt, mentionné par Chapeauville jusqu'en 1131.

Steppo de Manlès, mort en 1138, cité par Chapeauville.

Henri de Leijen, nommé prévôt en 1138.

Alexandre d'Oreye, élu prévôt en 1145, mort évêque de Liége en 1167.

Henri de Jauche, nommé prévôt par le chapitre de Saint-Lambert en 1165.

Albert, fils du comte de Réthel, mentionné en 1183. Mort à Rome, faisant partie de la suite d'Albert de Cuyck, évêque de Liége, qui quitta le pays en 1194.

Hugues de Pierrepont, prévôt jusqu'en 1200, fut élu évêque de Liége.

[1] Deux mémoires très-étendus sur ce monument ont été publiés dans les *Annales archéologiques* de M. Didron et dans les *Mélanges archéologiques* des P. P. Martin et Cahier. M. A. Van Hasselt, membre de l'Académie d'archéologie, a donné une description du même monument dans les *Annales de l'Académie royale de Belgique*; un autre membre de notre Académie, M. Arnaud Schaepkens, l'a reproduit dans son *Trésor de l'art ancien en Belgique* en deux planches; sur l'une figurent toutes les scènes qui décorent le bassin en cuivre. C'est la seule gravure qui donne l'ensemble de l'œuvre du célèbre batteur de Dinant, Lambert Patras. Le baptême du philosophe grec Craton, qui y figure, est inspiré par le texte des évangiles apocryphes.

Jean d'Eppes, nommé prévôt en 1200. Il fut élu évêque de Liége.

Jean de Condé remplaça comme prévôt Jean d'Eppes. Le peuple de Liége protégea ce prévôt menacé de la vengeance de l'évêque Henri de Gueldre.

Bouchard d'Avesnes, fils de Jean d'Avesnes comte de Hainaut, fut élu prévôt; il mourut évêque de Metz en 1296.

Adolphe de Waldeck fut élu prévôt du chapitre en 1282; le pape lui accorda, dans un voyage qu'il fit à Rome, l'évêché de Liége en 1301.

Arnold de Blankenheim, de la famille de Heinsberg, fut élu prévôt en 1301. Nommé mambour, il fut tué en 1312 dans une attaque des nobles contre le peuple de la ville de Liége.

Englebert de la Marck fut élu prévôt, après la nomination par le pape d'Adolphe de la Marck comme évêque de Liége, en 1313. En 1344 le pape lui accorda l'évêché de Liége.

Bertrand de Deucio ou Bertrand de Boccio, nommé grand-prévôt par le pape. Sous l'administration de Bertrand de Deucio on fit le règlement concernant les droits du prévôt et qui fixait aussi la somme des émoluments attachés à son office. Ce document enregistré en 1349 accorde également au prévôt l'autorisation de porter la parole dans les assemblées capitulaires. Bertrand de Deucio qui avait obtenu la pourpre romaine fut créé également légat en 1347.

Henri de Termoigne succéda comme grand-prévôt au cardinal Bertrand de Deucio. Il est cité à l'occasion d'une mission que lui confia l'évêque Engelbert de la Marck en 1355 auprès du pape.

Jean de St-Gilles appartenant à la famille de St-Gilles d'Outre-Meuse, fut élu grand-prévôt par le chapitre après Henri de Termoigne. Il prit une part active aux événements du règne de Jean de Bavière et assista, en 1304, aux conférences de la *Paix des seize hommes*, nommée aussi *Paix de Tongres*. Il fut créé cardinal sous l'invocation des SS. Côme et Damien.

Pendant le règne de Jean de Heinsberg et au commencement de celui de Louis de Bourbon, les annales du pays de Liége ne font mention d'aucun grand-prévôt. Vers la fin du règne de Louis de Bourbon, on trouve mentionné le fils de Jacques, sire de Horn, et de Jeanne de Meurs.

Jean de Horn avait la garde du grand étendard dans le combat contre le Sanglier des Ardennes, où périt l'évêque Louis de Bourbon. Il fut fait prisonnier par un soldat de Guillaume de la Marck [1], qui le cacha et lui rendit ensuite la liberté moyennant rançon. Il fut élu évêque de Liége et occupa le siége épiscopal jusqu'en 1505.

Jean de Lalaing fut élu grand-prévôt après Jean de Horn. Il possédait les grand-prévôtés de Liége et de St-André à Douai. Il était fils de Guillaume sire de Lalaing, grand-bailli du Hainaut, et de Jeanne de Crequi, dame de Bugnicourt. Il assista en 1484 à un synode qui se tint dans l'église de Notre-Dame-aux-Fonts à Liége. Il quitta l'état ecclésiastique pour épouser Catherine Dewitte et mourut en 1498.

François de Busleyden, fils de Gilles de Busleyden qui fut anobli en 1471 par Charles-le-Téméraire, succéda à Jean de

---

[1] Voyez sur l'arrestation et l'exécution du Sanglier des Ardennes, Guillaume de la Marck, seigneur d'Arenberg, *Annales de l'Académie d'archéologie*, tome XVI, p. 93.

Lalaing, et fut élu prévôt après l'apostasie de Lalaing; François de Busleyden était un homme érudit, il fut nommé par l'archiduc Maximilien précepteur de Philippe-le-Bel et ensuite évêque de Besançon. En 1496 il était encore prévôt. Il mourut en 1502 dans un couvent de Bernardins à Tolède.

Conrard de Gavres lui succéda. Il était fils du sire d'Elsloo et de Peer du même nom.

Jean de Horn, fils de Jacques II comte de Horn et de Jeanne de Gruythuyse, fut nommé, par le chapitre, grand-prévôt. Il se démit plus tard de sa charge et se maria à Anne d'Egmont, veuve de Joseph de Montmorenci.

Adolphe de Schaumbourg fut élu grand-prévôt en 1531. Il présidait encore le chapitre en 1531 et assista à l'entrée de Corneille de Berg, le 31 avril de la même année.

Arnold de Bochout, qui mourut en 1568, succéda à Adolphe de Schaumbourg.

Guillaume de Poitiers, chanoine d'origine française, fut élu par le chapitre grand-prévôt en 1568. En 1551 il représentait au concile de Trente l'évêque Georges d'Autriche, empêché de s'y rendre par ses infirmités. Guillaume de Poitiers mourut empoisonné à Grenoble, le 1er août 1569. Il était d'une grande érudition, d'une piété exemplaire et joignait à ces éminentes qualités une grande modestie.

Jean de Berlaimont fut élu grand-prévôt en 1570. Il occupait encore cette charge en 1573.

Winand de Wyngarden, doyen du chapitre de St-Lambert, fut élu grand-prévôt. C'est lui qui rapporta de Rome à Liége les missives du pape pour remercier les magistrats de la cité et le peuple de leur dévouement à la cause de la religion catholique. De Wyngarden appuya la candidature d'Ernest de Bavière qui fut élu évêque de Liége à l'unanimité des voix.

Jacques de Carondelet eut la grand-prévôté par élection après la mort de Wyngarden. Il cultivait les belles-lettres et entretenait des relations avec les plus éminents savants de son temps. Ce fut Carondelet qui engagea Juste Lipse à se rendre à Liége en 1591.

Winand de Vingar succéda à Carondelet, d'après l'historien Bouille. Son nom rappelle Winand de Wyngarden, avec lequel il a été probablement confondu. L'évêque Ernest de Bavière chargea en 1610 ce prévôt d'une mission auprès de Henri IV, roi de France. En voyage il apprit l'assassinat du Roi et retourna immédiatement à Liége pour prendre de nouvelles instructions.

Arnold de Bocholt fut élu prévôt par le chapitre à une époque où de grands troubles agitaient le pays de Liége. Il fut chargé par le chapitre en 1629 de négocier avec le comte de Berg pour obtenir l'éloignement de ses troupes des environs de Liége. N'ayant qu'à moitié réussi dans sa mission et le comte ayant fait occuper par ses troupes les faubourgs de la ville, le peuple se souleva croyant que l'occupation se faisait par ordre du prince-évêque et avec l'assentiment du prévôt. Il envahit la salle du chapitre, enleva le prévôt et le conduisit au milieu du désordre à l'hôtel de ville. Par l'intercession des autorités et du nonce du pape, le peuple consentit à faire conduire le prévôt dans sa demeure où il resta plusieurs jours, temps que l'on employa à calmer l'émeute. Le prévôt fut rendu à la liberté. Il mourut le 20 octobre 1632.

Jean d'Elderen fut élu grand-prévôt en 1632. Sous ce prévôt, la division se mit dans le chapitre de Saint-Lambert. L'un des partis soutenait les prétentions du prince Ferdinand de Bavière et s'était éloigné , ainsi que l'évêque , de la ville épiscopale. L'autre ayant pour chef le grand doyen Arnold de Wuchtendonck , s'était opposé aux idées ou principes de Ferdinand et était resté à Liége, négociant pour obtenir l'union entre le prince et ses sujets. Jean d'Elderen, appuyant le parti de l'évêque, le suivit pendant son éloignement de Liége dans les différentes villes de ses Etats.

Le grand-prévôt fit , en 1648, de nouvelles sommations aux membres du chapitre, restés à Liége , pour les contraindre de se réunir à ceux qui étaient demeurés attachés à l'évêque.

Ces sommations n'eurent pas de résultats et ce n'est qu'en 1649 seulement que le chapitre se réunit au complet dans la ville épiscopale, après que les Liégeois eurent été soumis par les armes et leurs magistrats exécutés par la main du bourreau.

Paul Jean comte de Groesbeek , successeur de Jean de Elderen fut élu grand-prévôt par le chapitre. Il était très attaché aux libertés et franchises du pays de Liége. Le jour des rameaux 1654, le prince-évêque Maximilien-Henri de Bavière le fit arrêter à six heures du matin au moment où il se rendait à la cathédrale de Saint-Lambert. Entouré et arrêté par une quarantaine de soldats de la garde allemande., il fut conduit au palais, de là à la citadelle et ensuite transféré au château-fort de Stockheim , puis incarcéré à Kaijzerswaerd au-delà du Rhin. L'arrestation du grand-prévôt de Groesbeek fut suivi d'une protestation du grand doyen du chapitre, de la cessation du service divin dans les églises et d'une protestation énergique avec demande de mise en liberté du prévôt de la part du corps chapitral. Le prince-évêque bavarois répondit au chapitre qu'il avait été obligé de prendre cette mesure extrême à l'égard du grand-prévôt à cause qu'il entretenait des relations avec les puissances étrangères hostiles à son pays et qu'il entravait par des démarches et des propos le cours régulier des affaires de son gouvernement. Le chapitre envoya une députation au nonce pour obtenir son intervention en faveur du comte de Groesbeek. Le nonce obtint son transfert à Cologne et amena une réconciliation entre l'évêque et le prévôt, lequel, à son retour à Liége, fut salué par les acclamations unanimes du peuple.

Emmanuel-Théodose de la Tour d'Auvergne, fils de Frédéric-Maurice, duc de Bouillon et seigneur de Sédan, né le 24 août 1644, fut élu prévôt après le comte de Groesbeek. En 1669 il reçut le chapeau de cardinal, ainsi que le doyenné du collége-cardinal à Rome.

Les bourgmestres de Liége s'étaient adressés à lui en 1684 pour l'engager à s'entremettre auprès du prince-évêque, afin d'obtenir une réconciliation entre Maximilien-Henri et son peuple ; mais il refusa d'intervenir et engagea les Liégeois à accepter les conditions établies par leur souverain.

De la Tour d'Auvergne fut proposé en 1688 par une partie du chapitre pour remplacer Maximilien-Henri comme prince-évêque. Le roi de France, qui favorisait la candidature du cardinal de Furstemberg, défendit au cardinal de Bouillon de solliciter l'évêché de Liége et l'obligea de quitter la France où il se rendait alors.

Après la mort du prince-évêque Jean-Louis de Elderen, le cardinal prévôt de Bouillon posa de nouveau sa candidature au siége de Liége, mais il ne fut pas plus heureux que précédemment. Il mourut à Rome le 2 mars 1715.

Maximilien-Henri de Poitiers fut élu grand-prévôt le 11

avril 1715. Il était abbé de Cheminon et de Dinant et chancelier du prince-évêque Joseph-Clément de Bavière. Il fut chargé avec le baron Wanscrille, abbé d'Amay, le comte d'Oultremont et le conseiller Louvrex de terminer le différend entre le prince-évêque et l'empire au sujet de la réannexion de la principauté au cercle de Westphalie, que l'empereur exigeait avec menace d'occupation militaire en cas de refus ultérieur de l'évêque. Le prélat fut obligé de céder cette principauté et l'annexion fut approuvée le 22 décembre 1716.

Le grand-prévôt, comte de Poitiers, mourut à son château de Wagnée le 9 novembre 1724.

Bertholde, baron de Wansoulle, succéda à Henri de Poitiers et fut élu grand-prévôt par le chapitre en 1724. Il fut successivement official du chapitre de Saint-Lambert et abbé d'Amay. Plusieurs importantes missions furent confiées à ce prélat, qui mourut le 28 mars 1748. Sa famille lui érigea en 1763 un magnifique mausolée dans le chœur de la chapelle des Flamands à la cathédrale de Saint-Lambert.

Maximilien-Henri Hyacinthe comte de Horion, élu grand prévôt le 18 avril 1784, mourut à l'âge de 67 ans, le 24 mai 1759, à son hôtel à Liége et fut enterré à la chapelle des Flamands à la cathédrale.

François-Charles de Velbruck. Son élection comme grand-prévôt remonte à l'année 1759.

Maximilien-Jérôme de Poitiers, prévôt de Saint-Barthélemy et abbé commandataire de Cheminon, lui succéda. Il mourut le 26 avril 1765.

Gaspard-Lambert de Clerx, fut élu prévôt le 20 mai 1765,

il fut successivement nommé archidiacre du Condroz, grand éco-
lâtre de Liége et prévôt de la collégiale de Fosse. Il mourut le
18 octobre 1772.

Michel Walram de Borchgrave, fils de Michel-François de
Borchgrave, seigneur de Quaed-Mechelen et de Marie comtesse de
Geloes, fut élu par le chapitre grand-prévôt le 13 novembre 1772.
Il était prévôt de la collégiale de Tongres, président de la Chambre
des finances de la principauté de Liége, et membre des États
nobles des comtés de Looz et de Namur. Il mourut le 19 juin
1782 près de Tongres à son château de Genoels-Elderen. L'église
de Tongres est orné d'un autel décoré des armes et quartiers de
noblesse du comte de Borchgrave.

Ferdinand-Conrard baron de Haxhe de Hamal fut élu grand-
prévôt le 15 juillet 1782. Le baron de Haxhe avait été marié à
dame Marie-Anne Vander Heyden à Blisia, d'une famille noble
originaire du Limbourg. Après la mort de son épouse le baron
de Haxhe embrassa l'état ecclésiastique et fut reçu chanoine du
noble chapitre de Saint-Lambert à Liége et ensuite élevé à la
dignité d'archidiacre des Ardennes et à celle de prévôt de la collégiale de Sainte-Croix. Ultérieurement il fut élu grand-prévôt du
chapitre de Saint-Lambert. Il mourut en 1793.

Jean-Louis baron de Sluze termine en 1793 la liste des
grand-prévôts. Il fut reçu chanoine en 1754 et remplit la charge
de grand chancelier de la principauté.

VISITE AUX RUINES DE POMPÉI.

—

NOTICE

PAR

M. Eugène-M.-O. DOGNÉE,

Membre correspondant de l'Académie d'Archéologie, membre titulaire de l'Institut
archéologique liégeois.

———

Revenant du long voyage d'explorations archéologiques que
j'avais entrepris en Égypte, en Syrie, en Asie-Mineure et en
Grèce, je me suis arrêté à Naples pendant quelques jours, afin de
visiter les nouvelles fouilles de Pompéi. Bien qu'aujourd'hui cette
excursion ne soit pas toujours sans dangers, j'ai eu la bonne
fortune de ne pas rencontrer dans la cité morte, de ces mendiants
armés jusqu'aux dents, qui, sans redouter aucunement la présence
ou du moins l'uniforme d'un vétéran-cicérone, exigent résolument
une *aumône* de quelques piastres. Les découvertes récentes et les
édifices déblayés depuis deux ans, date de ma dernière visite à
Pompéi, sont de la plus grande importance et ont révélé de
véritables trésors artistiques. Une immense bâtisse, dont les murs
sont revêtus intérieurement de stucs fort intéressants et d'une
conservation parfaite, a été complétement mise au jour. La disposition des salles, les conduits en dalles et en plomb, les piscines,
ont fait de suite reconnaître une vaste maison de bains, dont les

proportions larges, les appartements nombreux, répondent mieux à l'état prospère de l'élégante Pompéi, que les anciens bains découverts en 1824. La distribution intérieure rappelle, en grandissant les lignes et en multipliant les salles, la pompeuse description que fait Pline-le-Jeune des bains de sa maison de Laurens. De vastes salles voûtées, aux plafonds en caissons ornés de stucs, de majestueux corridors servaient aux efféminés habitués du tepidarium, introduits d'abord dans une sorte de viridarium, entouré de portiques. Plus loin, de nombreux cabinets fort exigus, contiennent des baignoires isolées qui, construites en dalles de poterie encastrées dans les parois, ressemblent parfaitement aux bains en usage dans les villes d'eaux thermales de l'Allemagne. Il y a là de précieux matériaux d'études, qu'on pourra mettre à profit pour la révélation des mœurs et des usages d'autrefois, dès que la publication officielle de M. Fiorello, aujourd'hui directeur des fouilles, aura dans son exposé fidèle, donné aux érudits tous les détails de cet intéressant monument. Non loin des bains on a déblayé une maison dont les peintures offrent de curieuses représentations de monuments d'architecture ; et la critique contemporaine vient de démontrer l'immense intérêt de ce genre de décoration, les peintres antiques ne faisant guères que reproduire des monuments existant réellement, ainsi que l'a si savamment établi M. Hittorf, à propos d'une fresque représentant le grand temple de Petra [1]. Une maison voisine présente aussi une particularité tout-à-fait neuve, c'est qu'elle est construite à étage, et la conservation de la bâtisse permet d'étudier ce spécimen, unique jusqu'aujourd'hui dans Pompéi. De nombreuses peintures et des graphites

[1] V. *Revue archéologique*, juillet 1862. Paris, Didier et C°.

fort lisibles, ont été relevés sur les murs des maisons déblayées ; il est surtout deux portraits réunis dans la même fresque, l'un d'homme, l'autre de femme, qui, pour la fraicheur des couleurs, la pureté des lignes, et surtout le caractère expressif que l'artiste a su répandre sur les physionomies, ne le cèdent en rien aux meilleures peintures ensevelies sous les lapilli du Vésuve. A l'angle de deux rues, complétement dégagées pendant mon séjour à Naples, on lit de nombreuses affiches et notamment l'annonce d'un combat de gladiateurs, le plaisir le plus cher aux Romains, même en villégiature. Enfin, et comme complément de l'ère d'intéressantes trouvailles qu'on vient d'inaugurer si brillamment à Pompéi, une admirable statuette en bronze, de parfaite conservation, a été mise au jour par la pioche des prudents déblayeurs et vient d'être apportée au musée de Naples. Jamais les bronzes antiques n'ont rien offert de plus fini et de plus élégant que cette petite merveille. C'est une figurine en pied, représentant un jeune homme imberbe, à l'attitude pleine de mollesse. Le sujet est nu, une toison de brebis négligemment jetée sur l'épaule gauche, le front ceint d'une couronne de feuillage qu'enserre une bandelette : le haut du corps est légèrement penché en avant, le bras droit un peu étendu et gracieusement relevé ; la jambe gauche restée en arrière supporte une hanche fortement cambrée qui soutient la main, dont le pouce et le petit doigt s'allongent sur la taille, tandis que les autres doigts sont fermés. Si ce n'était l'absence de la pomme dans la main droite et la différence des accessoires, cette statuette reproduirait exactement un petit Paris du musée de Naples, section des petits bronzes (Catal. 30). De superbes *campagi* servent de chaussures et toute la statuette repose sur un socle en forme de disque orné lui-même d'une charmante bordure. Non seulement ce petit chef-d'œuvre a été traité avec un goût exquis, mais aucune dégradation n'est venu altérer le moindre fragment, et la patine qui le recouvre, d'un vert assez vif, fait délicieusement ressortir la perfection de tous les détails. Comme dimensions, la nouvelle acquisition du musée de Naples est presque identique au célèbre faune dansant que l'on a tant admiré et tant vanté ; mais pour la grâce de la conception et le fini du travail le dernier venu dépasse de bien loin son devancier. Dans cette pose penchée,, rêveuse et peut-être un peu affectée, il y a bien plus d'élégance et d'art que dans l'attitude renversée et presque frénétique du faune. Le culte de la forme qui régnait à Pompéi a, cette fois, réussi à se dégager d'un réalisme souvent matérialiste pour atteindre presque sur les confins du sensualisme, à l'inspiration des grandes œuvres de l'art grec. C'est cette teinte de douce mélancolie empreinte. sur les traits de la statuette qui a fait murmurer le nom d'Antinous, aux promeneurs qui assistèrent à cette superbe trouvaille. Mais cette dénomination devait être de suite repoussée, un anachronisme grossier pouvant seul supposer qu'une statue d'Antinous sortît des fouilles de Pompéi. Le beau Bythinien, qu'aimait tant l'empereur Adrien, périt dans le Nil l'an 129 du Christ, et les bronzes de dieux ou de héros divinisés qu'on retrouve à Pompéi, avaient été engloutis par l'éruption qui ensevelit la ville le 23 août 79 de l'ère chrétienne. La statuaire et la numismatique n'offrant aucun type qui reproduisit exactement les traits du nouvel arrivé, les premiers archéologues admis à l'admirer dans le nouveau musée que l'on établit au milieu même de Pompéi, crurent reconnaître une image de Bacchus, et c'est sous ce nom qu'on l'introduisit au musée de Naples. La couronne de feuillage et la toison jetée sur l'épaule indique peut-être le fils de Sémélé, mais ce qui fit proposer cette qualification était surtout la répétition fréquente de sujets bacchiques dans les fresques décorant la maison où gisait la statuette. Certes les types de Bacchus sont assez nombreux et assez variés pour admettre des représentations fort différentes, et le dieu des vendanges n'a pas de physionomie bien arrêtée qu'une ciconographie hiératique ait imposée à l'art. Mais cependant, l'on se figure mal un Bacchus rêveur et presque mélancolique, aux formes sveltes et aristocratiques, à la chevelure courte et bien rangée, aux caliges ornementées, et enfin recouvert de la toison d'une brebis, au lieu de la peau de tigre généralement représentée. Ce n'est ni le dieu grotesque, obèse et lascif que dépeint Euripide [1] ; ce n'est pas non plus le triomphateur couronné de pampres et brandissant un thyrse en guise de sceptre que chante Aristophane [2]; ni l'enfant imberbe et cornu, le *Bugenes* d'Ovide [3], ni le dieu vieillard et enfant que décrit Diodore [4], ni l'*Eleleus* guerrier d'Eschyle [5], ni le vainqueur de l'Inde qu'exalte Varron [6]. Le seul Bacchus qui ait quelqu'analogie avec le type de notre statuette, est une représentation figurée sur une patine d'or, conservée au cabinet des antiques de la bibliothèque impériale de Paris, reproduite dans les monuments inédits de Millin [7], et encore offre-t-elle une grande différence avec la figurine du musée de Naples.

L'examen attentif de la couronne de feuillages ne permet pas non plus d'y reconnaître le lierre consacré à Bacchus, mais indique

---

[1] Euripid. in Bacchis.
[2] Aristoph. Scholiast. in Plutum.
[3] Ovid. in Sapho.
[4] Diodor. ap Lil.
[5] Œschyl. in Prometheo.
[6] Varro. de lingua latina.
[7] MILLIN. *Monuments inédits*. T. 1. 226.

plutôt le chêne et l'olivier ; en outre la bandelette qui enserre les feuilles n'est sans doute pas un simple ornement, et doit être prise pour le bandeau royal ; enfin la toison jetée sur l'épaule a nécessairement trait à quelque souvenir de la vie pastorale.

C'est sur ces données que je justifie une hypothèse tout autre que celle admise par les archéologues napolitains et que je crois qu'il faut voir dans la statuette une représentation fort bien raisonnée du beau Paris, le berger-roi, dont l'amour pour Hélène amena la guerre de Troie et la destruction de la ville de Priam.

Paris n'a cette fois, il est vrai, ni le bonnet phrygien, ni les anaxyrides, ni le bâton pastoral, ni la pomme de discorde, mais ces accessoires sont souvent supprimés, et les représentations les plus célèbres du fils d'Hécube présentent une analogie frappante avec les traits de la statuette. Les chaussures, ces superbes campagni si ornées, sont souvent données à Paris [1], le bandeau royal ceint presque toujours son front, une sculpture fort célèbre représente Minerve le lui offrant, pour obtenir sans doute le prix de beauté [2]. Le petit bronze dont nous avons déjà parlé et dont la qualification ne peut être invoquée en doute, ressemble beaucoup à notre Paris et la pose est presque identique. Enfin, il est une ressemblance qui semble décider la question, c'est un bas relief reproduit par Winkelmann [3], où l'on voit l'amour amenant Paris vers Hélène auprès de laquelle est Vénus et la déesse de la persuasion. Le prénom de Paris ΑΛΕΞΑΝΔΡΟΣ est écrit en toutes lettres au-dessus de sa tête, comme les autres noms sont aussi inscrits auprès

[1] TISCHBEIN, *Peintures homériques.*
[2] V. Infra, WINCKELMANN.
[3] MILLIN, *Mythologie expliquée*, CLXXIII. 540.
WINCKELMANN, *Monuments inédits*, T. II. 115.

des autres personnages du sujet. Ce marbre, l'un des plus intéressants que l'on connaisse, appartenait au duc Caraffa Noja et a
souvent été décrit et gravé ; le Paris y est identique au type de
la statuette dont nous nous occupons. Je pense donc que sauf
réfutation de ces considérations, le nom adopté au musée de
Naples doit être changé, et que le Bacchus doit devenir un Paris.
Les héros de l'Illiade et les traditions d'Homère étaient du reste
familiers aux artistes employés à embellir Pompéi. Dans cette
voluptueuse ville d'eaux de l'antiquité, les élégants adoptant les
modes romaines parlaient le grec et laissaient aux esclaves et au
populaire la langue de leurs ancêtres. L'Illiade était en honneur
et une maison, dite du Poète, était tout ornée de fresques représentant les scènes principales de l'immortelle épopée d'Homère ; rien
donc de plus naturel qu'un habile statuaire ait consacré tout son
talent à reproduire les traits si fins et si délicats du héros troyen
dont la beauté était proverbiale, et qui par le sujet d'Hélène
et la mort d'Achille a ouvert et clos tout le cycle de cette lutte
célèbre que la poésie a revêtu des plus splendides couleurs et
dont l'érudition moderne a dévoilé l'immense importance [1] : le
conflit de l'Asie et de l'Europe, le combat de l'absolutisme et des
libertés se disputant la suprématie du monde.

[1] Bᵉ BENN. *Recherches sur l'histoire des temps historiques de la Grèce.*

REVUE

DES

ANCIENS MONUMENTS

DE LA VILLE DE MONS ;

PAR

M. Léopold DEVILLERS,

Conservateur-adjoint des archives du Hainaut,
Membre correspondant de l'Académie.

DÉPENDANCES

DE

L'ÉGLISE ET DU CHAPITRE DE SAINT-GERMAIN.

Il reste plusieurs vestiges de la collégiale de Saint-Germain et de ses dépendances. L'emplacement des nefs et du chœur est encore dans le même état qu'à l'époque où l'on nivela ce terrain, en 1817, pour en faire la place de *Saint-Germain*. Cette place n'est pas pavée et est en grande partie couverte d'herbe. Elle est circonscrite par les soubassements en grès des murs de l'église, vers les rues Samson et de la voussure. Au-dessous du pourtour du chœur, se trouvait un passage, couvert par une voussure en grès, et au-delà s'élevait la chapelle paroissiale, dont le dôme hardi, œuvre de l'architecte De Bettignies (1729-1739), excitait l'admiration. Cette voussure, qui a donné son nom à la rue aboutissant d'une part à la rue Samson et de l'autre à la rue de la poterie, demeura assez longtemps encore après la démolition de l'église. Le clocher de Saint-Germain se trouvait à gauche du chœur, vers la rue de la poterie. L'église avait deux sacristies : l'une, celle de la paroisse, était au bas de la nef latérale droite ; l'autre, celle du chapitre, à droite de la chapelle paroissiale, à l'étage d'un bâtiment longeant la rue Samson et dont le rez-de-chaussée était divisé en deux habitations. Ce bâtiment a été remplacé par la maison qui porte aujourd'hui le n° 16 au coin de la rue Samson et de celle de la voussure.

Trois entrées donnaient accès à l'église de St-Germain : la première et la principale, vers l'église de Ste-Waudru, la deuxième en face de la rue des clercs et la troisième à front de la rue Samson. Vis-à-vis de cette dernière entrée et de l'autre côté de la rue, se trouvait l'*école au Surplis* et la porte du cimetière paroissial.

L'école au Surplis, dont le chapitre était chargé quoiqu'elle fût sous la surveillance des chanoinesses, avait une origine très-ancienne. Une partie de ses bâtiments servent aujourd'hui à l'école moyenne de l'État.

Le cimetière de St-Germain s'étendait de la rue Samson à celle de la terre-du-prince, en face de l'école dominicale. Il y existait une chapelle, un calvaire et un bâtiment servant aux assemblées des mambours de la paroisse, auprès duquel était un jardin. Quelques pierres sépulcrales étaient enchâssées dans les murailles. Supprimé en vertu de l'édit de Joseph II de 1784, ce cimetière fut vendu au chapitre de Ste-Waudru et incorporé dans l'enclos de ce chapitre, moyennant certaines conditions. Sur son emplacement a été bâtie, depuis la suppression de cette corporation, une belle habitation possédée aujourd'hui par M. le docteur Stiévenard. Ajoutons, pour mémoire, que les pilastres, en pierre calcaire, des murs qui longent cette habitation et l'école moyenne de l'État proviennent de la grande nef de l'église de St-Germain, à l'exception des lourds chapiteaux dont on les a surmontés.

Les chanoines de St-Germain avaient, depuis longtemps, abandonné la vie claustrale et occupaient des maisons particulières, ordinairement aux abords de l'église. Quelques-uns demeuraient dans la maison n° 8 de la rue de la poterie. La cure se trouvait, depuis 1488, rue des sarts, n° 6 actuel, et, antérieurement à cette année, dans la rue de la terre-du-prince.

Le chapitre avait l'administration de l'hospice des houppelines dit le béguinage de St-Germain. Cet hospice, situé rue des sarts n° 5, a huit pourvues. Ses bâtiments actuels datent de 1715, sauf la petite chapelle qui porte le millésime 1612.

Le privilége de débiter du vin à ses membres et suppôts appartenait au chapitre de St-Germain, comme étant subordonné à celui de Ste-Waudru. Chaque chapitre eut d'abord sa cave au vin particulière; mais, vers 1601, à la demande des États de Hainaut et du magistrat de Mons, ils les réunirent en une seule qu'ils établirent sur l'emplacement de l'ancienne chapelle de St-Pierre. La cave au vin s'appelait vulgairement le *cabaret des prêtres*. Autour de cet établissement était un terrain inoccupé que l'on désignait sous le nom de *prés de Sainte-Waudru* et qui fut ensuite enclos d'une muraille [1].

Aujourd'hui, l'école normale de demoiselles et les maisons de MM. Letoret et Arnould sont bâties sur cet emplacement.

[1] La construction de cette muraille eut lieu vers la fin du XVIIIe siècle. Elle donna lieu à la chanson populaire suivante :

Adieu beaux prés, vous n'êtes plus !
Entourés d'un muraille,
Vous ne souffrez plus la canaille.
C'était là, c'était là
Le rendez-vous nocturne
De la blonde et de la brune.
Adieu beaux prés, vous n'êtes plus !
Entourés d'un muraille
On n' peut plus aller d'sus.

LA CHAPELLE

NOTRE-DAME DE CAMBRON.

———

Les juifs, expulsés de France par Philippe-le-Bel en 1308, furent reçus à Mons par le comte de Hainaut Guillaume I d'Avesnes, dit le Bon, dans un quartier particulier, situé sur les bords de la Trouille, et dont une rue a en partie conservé leur nom [1]. En 1321, quelques autres juifs, bannis de France, reçurent encore l'hospitalité en notre ville, dans le même quartier.

Ce quartier était soumis à une surveillance spéciale, surtout lorsque des fléaux, tels qu'une épidémie, étaient attribués par le peuple à la nation juive. Le comte Guillaume, qui avait reçu les israélites plutôt par intérêt que par commisération, suivant le dire de certains écrivains, institua pour eux quatre inspecteurs, appelés *croisés*, parce que leurs vêtements étaient marqués d'une croix sur l'épaule. Ces chrétiens qui devaient être témoins des actions des juifs dans leur synagogue et les protéger à l'occasion, en tiraient un certain revenu qui était réglé par les échevins. Dans la suite, ces quatre commissaires ne parurent plus suffisants pour surveiller les juifs, à cause du poignardement des hosties de Bruxelles; l'évêque de Cambrai et le duc Albert de Bavière établirent un inquisiteur des juifs à Mons et Jean

* L'autre partie de cette rue a pris le nom de rue des sœurs-noires.

de Malines, prieur du Val-des-Écoliers, fut revêtu de cette charge (1371) [1].

Les annales des juifs à Mons rappellent une conversion de l'un d'entre eux, qui fut suivie de bien terribles conséquences.

Un juif de Mons, instruit par un prêtre chrétien, reçut le baptême en présence d'une foule considérable. Après avoir prêté le serment de soutenir la religion chrétienne au péril de sa vie, il fut vêtu de blanc et s'avança vers les fonts baptismaux; il y fut tenu par le comte Guillaume lui-même qui lui donna son nom. La comtesse Jeanne de Valois, épouse du comte, prit le nouveau converti à son service et peu de temps après son illustre parrain lui conféra l'emploi de sergent de la cour de Hainaut.

En 1322, le sergent Guillaume fut accusé d'avoir frappé une image de la Vierge, peinte sur un mur de l'abbaye de Cambron. Voici comment on raconte ce singulier sacrilége. « L'an 1322, ce malheureux juif, converti en apparence seulement, allant en commission à Hérimel, passa par Cambron et entra dans le monastère où il aperçut dans le quartier des étrangers une image de la Très-Sainte-Vierge crayonnée de rouge sur la muraille, tenant entre les bras son cher Fils adoré par les rois mages, qui est la même que l'on voit encore aujourd'hui : il l'injuria, lui fit mille insultes et parmi les blasphèmes qu'il vomit, il la frappa de cinq coups de javelot, dont trois furent portez au front et les deux autres à la gorge. A l'instant, cette image vénérable donna du sang, ce qui effraya tellement le juif que, se trouvant hors de lui-même, il fit du bruit à épouvanter tous les environs. D'abord, un frère convers nommé Jean Man-

[1] Vinchant, t. III, p. 266. — Delewarde, t. IV, p. 227. — De Boussu, p. 112. — Hossart, t. II, p. 107.

didier, charpentier de son stile, qui travailloit à quelques pas de là,
y courut, et ayant surpris cet homme exécrable dans son désordre,
lui auroit fendu la tête d'un coup de hache, s'il n'eût été retenu
par un autre convers nommé frère Mathieu de Lobbes qui y vint
assez tost pour l'en empêcher, dans le dessein d'informer les supérieurs et le prince, près de qui ce malheureux étoit en crédit,
de tout ce qui venoit d'arriver. » Telle est la relation que les moines
de Cambron et nos anciens annalistes donnent du sacrilége préten-
dûment commis par celui qu'ils appelaient le faux converti Mais
faisons remarquer que le fait qu'ils relatent d'une manière si précise date d'une époque terrible pour les juifs, où la moindre
apparence suffisait pour qu'on leur imputât tous les crimes imaginables et qu'en outre la protection que le comte de Hainaut
accordait au juif converti paraît avoir souverainement déplu.

Quoi qu'il en soit, continuons la relation. L'abbé de Cambron
fit avertir le comte Guillaume de ce qui s'était passé et envoya
frère Jean Manduyer et frère Mathieu de Lobbes exposer les faits
au pape Jean XXI, alors à Avignon. Le religieux en rapporta des
lettres par lesquelles le souverain-pontife exhortait le comte à
prendre connaissance du forfait. On s'empara du sergent Guillaume
qui s'était enfui et on l'appliqua à la question. Mais, au milieu
des plus cruelles souffrances, il protesta de son innocence. On
cessa donc de le tourmenter; il fut mis en liberté et rétabli dans
ses fonctions.

Quatre ans après, Jean le Flamens, dit le Febvre (maréchal),
demeurant aux Estinnes près de Binche, quoique vieux et paraly-
tique, prétendit avoir reçu la mission de venger la Vierge de Cambron. Il se leva dans un transport religieux, vint à Mons, après
s'être rendu à l'abbaye de Cambron, et demanda au grand bailli

de Hainaut (le comte étant alors en Hollande) de pouvoir combattre l'accusé en champ clos. Une confrontation eut lieu entre celui-ci et le vieillard et le duel fut décidé judiciairement, mais retardé jusqu'au retour du comte. Pendant cet intervalle, le sergent fut gardé dans les prisons du château de Mons.

A son retour, le comte indiqua pour champ de la lutte un pré contigu à son parc, sous le rempart de la porte de ce nom. Le combat y eut lieu le mardi 8 avril 1326, en présence d'une foule de monde accourue de loin pour assister à ce spectacle cruel. On vit s'avancer les deux champions, munis chacun d'un bâton, arme des vilains. Le vieillard était couvert d'un vêtement blanc parsemé de croix ; l'accusé avait un bouclier garni de sonnettes. Pour empêcher les combattants de fuir, la lice était close de tous côtés. Un hérault donna le signal de la lutte. Jean décerna le premier coup à son adversaire. Le sergent se défendit mal contre les coups de ce vigoureux ouvrier ; il succomba. Le comte fit arrêter le duel. Le jugement de Dieu était décidé. Un gibet fut dressé, par ordre du comte, vis-à-vis du lieu du combat et le vaincu y fut pendu par les pieds. Deux chiens affamés lui déchirèrent les flancs et un bûcher allumé sous son corps le consuma.

Jean le Flamens se rendit à la chapelle de Saint-Pierre, à Mons, pour y faire son action de grâce, puis à l'abbaye de Cambron où il déposa son bâton et son bouclier, et enfin retourna aux Estinnes.

Voulant faire amende honorable à l'image de N.-D. de Cambron, les moines firent élever une chapelle en son honneur dans leur abbaye. On érigea aussi une chapelle aux Estinnes.

Une autre chapelle fut construite à Mons par ordre du magistrat et avec le consentement des chanoinesses de sainte-Waudru [1] à l'endroit même du combat, hors de la porte du parc, en 1550; c'est ce qu'indiquait une inscription qu'on y lisait et que nous reproduisons :

EN L'AN DE GRACE MCCCXXVI ADVINT LE COMBAT EN CE LIEU DE JEAN LEFEBVRE, SARTIER, RÉSIDENT LORS AUX ESTINNES ET DE GUILLAUME LE JUIF, POUR LEQUEL MIRACLE A L'HONNEUR DE DIEU ET DE LA VIERGE MARIE A ESTÉ ÉRIGÉE CESTE CHAPELLE L'AN 1550.

Des indulgences furent accordées le 26 mai 1554 par le légat apostolique Reginal Polus et, en 1623, par l'archevêque Vander-Burch, à cette chapelle qui était fort fréquentée. Une confrérie y était érigée depuis longtemps. Le pape Innocent XII la confirma par bulle du 16 juillet 1591.

Cette chapelle était entretenue et décorée avec soin. Elle avait des orgues et une académie de musique de Mons y chantait, au siècle dernier, la messe tous les samedis. On y remarquait un ancien tableau à compartiments représentant les divers épisodes de l'histoire de N.-D. de Cambron. Au-dessous de chaque panneau, on lisait un quatrain expliquant ces épisodes. Voici ces quatrains :

> Peuple endurcy, en regardant
> Aresté-vous, chy voierez las !
> Comment Jésus le tout souffrant
> Souvent endure blasme sans compas.

> Régénéré fut le méchant
> Du Saint-Esprit, mais vomiture,
> Semblant le chien, n'abandonnant,
> Retire à soy vieze nature.

[1] Résolution capitulaire de sainte-Waudru, du 31 mai 1551. — Conseils de ville du 26 avril 1850 et du 25 avril 1851.

Pour plus au plain bien démonstrer
Que de Marie point le visaige
Il ne veut veoir ny honorer
De son derrière luy fait hommaige.

Un carpentier l'ayant perchu
Veut prendre du traistre vengeance
Mais un convers l'a retenu
Puis vont dire à l'abbé l'offence.

Le convers, de Dieu inspiré,
Requy de Rome le voyaige
Qui fut par l'abbé conféré
Pour au pape conter l'outraige.

A leur retour, vont présenter
Luy et le carpentier la lettre
Que le pape veut dispenser
Au comte de Haynaut leur maistre.

En l'an mil ccc et vingt six
Advint ceci, huictiesme d'apvril,
Qui est le iour et an préfix
Que gens méchans font de péril.

Pour de son vice estre puyny
Qui commande l'appréhender :
Car n'appartient d'estre impugny,
Sy doit soudain mort endurer.

Droit au bailly fut amené
Pour du commis dire raison
A quoy ne sceut, exterminé
Par le combat fut le garson.

Pour le malade consoler
L'Ange apparut, advertissant
Qu'il convenoit sans plus doubter
De soy monstrer obéissant.

Par deux fois fu admonester
La Vierge un chartrier aux Estinnes,
Pour l'aller du juif la vengier
Au nom des puissances divines.

Il se leva bien radement,
A Cambron alla veoir l'imaige.
Puis vint à Mons, où franchement
Présenta au traistre son gaige.

Hors la porte du Parcq
Fu le camp et spectacle,
Où le juif fut exterminé
Et vaincu par divin miracle.

Jean Le Febvre tint à merchy
Le Juif qui cogneut son oultraige
Mil ccc et vingt-six aussy
Reçut de son service gaige.

Par le comte fut ordonné
Pour mieux recevoir son salaire
Qu'à gibet il seroit traîné
Pour estre d'aultruy exemplaire.

Entre deux grands chiens affamés
Fu pendu en deseur la flamme,
Sa teste en bas, pieds eslevés,
Ainsy morut le traistre infame. [1]

On lisait dans la chapelle une prière rimée à la Sainte-Vierge.
Diverses reliques se trouvaient dans ce sanctuaire, entr'autres

---

[1] Nous possédons un exemplaire, fort bien conservé, d'une gravure portant la date de 1594 et faite par ADRIEN COLLAERT laquelle représente, au centre, dans un grand médaillon, le sacrilége commis envers l'image de N.-D. de Cambron, et dans douze autres médaillons les divers épisodes qui se rattachent à ce sacrilége. Cette gravure porte le titre suivant : *Histoire du miracle fait en l'image de Nostre-Dame de Cambron, l'an 1326, le 8 avril.* Elle porte les armes de deux abbés de Cambron. Au bas se trouve l'explication de la gravure.

un morceau de la vraie croix qui avait été donné, vers 1560, par Meurice, bailli de Liessies.

La dédicace de la chapelle était célébrée le troisième dimanche après pâques. Elle donnait lieu à un pèlerinage et à une kermesse qui étaient fort fréquentés.

Les habitants des Estinnes avaient pris l'habitude de se rendre chaque année, avec la famille de Jean le Flamens, en ce jour, à l'abbaye de Cambron où l'on célébrait la fête de la Vierge. Ils étaient accompagnés d'un bedeau grotesquement habillé qu'on nommait le *fou de Cambron*. Le cortège passait par Mons et se rendait à la chapelle de la porte du parc.

L'administration des biens de cette chapelle était confiée par le magistrat à un receveur particulier qui rendait compte « à honorables, sages et discrets seigneurs mess. eschevins et conseils de la ville de Mons, des dons et aulmones que font les bonnes gens à la chapelle Notre-Dame de Cambron, hors la porte du Parcq. » Le plus ancien de ces comptes, reposant aux archives communales, remonte à 1559-1560.

La chapelle de Cambron fut vendue en 1798 et démolie immédiatement après. Mais l'acquéreur n'ayant enlevé que les bois, le fer et le plomb, les autres matériaux restèrent sur place jusqu'à l'époque de la construction des fortifications, en 1817. Le mobilier et les bijoux furent vendus le 21 prairial an VI et le 18 vendémiaire an VII. Quant à la statue de la Sainte-Vierge, elle fut transférée dans l'église paroissiale de Ste-Élisabeth [1].

[1] F. HACHEZ, *Résidence des juifs et des Lombards à Mons.*

LA CHAPELLE

DE

SAINT-JEAN-DÉCOLLÉ.

Une confrérie charitable, dite de la miséricorde, sous l'invocation de S.-Jean-Décollé et dont le but est d'améliorer le sort des prisonniers, fut établie à Mons, en 1699, sous les auspices du prince Henri-Ernest de Ligne. Elle eut d'abord sa chapelle dans l'abbaye du Val-des-Écoliers; mais en 1707 elle obtint du magistrat la chapelle de l'ancien hôpital de S.-Jacques, rue de Nimy. Les associés s'y installèrent le 20 novembre de cette année. En 1769, ils la firent reconstruire à leurs frais. « Elle est neuve, » dit l'abbé Fonson, très-belle et présente en-dedans une sombre » prison, dégradée par le temps, figure de celle où mourut le » S. précurseur de Jésus-Christ. Il y a un cimetière où les con- » frères portent et enterrent ceux qui ont passé par les mains de » la justice qui les leur abandonne [1]. » Un groupe de huit statues décorait cette chapelle, représentant la décollation de S.-Jean-Baptiste.

À la fin du siècle dernier, la confrérie de la miséricorde avait demandé à M. Hallez, ancien directeur de notre académie des Beaux-Arts, trois tableaux de la vie de S.-Jean-décollé destinés à la décoration de cette chapelle. Les événements ne permirent pas à l'artiste de les exécuter : il en avait toutefois fait le dessin [2].

[1] *Le petit tableau de Mons*, 1787, p. 80.
[2] Fouilière. *Notice biographique sur G.-J. Hallez, peintre*. Mons, 1839, p. 10.

La confrérie fut supprimée en vertu de la loi du 18 août 1792, publiée en Belgique par arrêté du directoire du 7 fructidor an V (24 août 1797). Ses biens furent domanialisés ; son local et sa chapelle furent vendus et ne furent démolis qu'en 1810. Sur leur emplacement se trouve le bel hôtel construit par les frères Honorez et appartenant aujourd'hui à M. l'avocat Picquet (n° 108 actuel).

La confrérie de S.-Jean-Décollé se rétablit par l'autorisation du préfet du département de Jemmappes, du 22 août 1807.

Le propriétaire de leur ancienne chapelle et de leur salle de réunion voulut alors leur revendre ces immeubles pour la somme de 10,000 francs. Mais ils ne purent accepter ces propositions.

Depuis lors, ils prennent en location l'ancienne chapelle de Sainte-Marie-Madeleine, au couvent des sœurs-noires et une salle de ce couvent.

Dans cette salle, on voit le portrait du fondateur de la confrérie, Henri-Ernest de Ligne, peint par Chappe en 1715 et celui d'une consœur portant des armoiries et cette souscription *Jeanne-Baptiste-Louise de Ghistelles, chanoinesse à Mons, décédée le 9 de mars 1780.*

La confrérie possède encore de fort belles argenteries et sept grandes tentures des Gobelins représentant : *la présentation au temple, l'entrée de Jésus à Jérusalem, le lavement des pieds, la cène, la flagellation, Jésus à la colonne, Jésus portant sa croix.*

Elle fait célébrer des offices dans sa chapelle aux fêtes de la Nativité et de la décollation de Saint-Jean-Baptiste, au Jeudi Saint, et des obits. Les confrères portent encore leur ancien costume, consistant en une longue robe de toile, en forme de sac, auquel est fixé un voile qui couvre leur visage ; deux petites ouvertures sont pratiquées à la hauteur des yeux ; une corde nouée par intervalles leur sert de ceinture et soutient un gros chapelet ; enfin, ils ont sur la manche droite de leur robe une plaque sur laquelle est peinte la tête de S.-Jean-Baptiste. Cet étrange accoutrement avait pour but de les déguiser, à cause des devoirs humiliants que leur règle les obligeaient à remplir envers les condamnés à mort [1].

ANCIEN SCEAU DE LA CONFRÉRIE DE SAINT-JEAN-DÉCOLLÉ.

[1] Voir pour plus de détails sur la confrérie de S.-Jean-décollé, dite de la miséricorde : *Les fondations charitables de Mons*, par FELIX HACHEZ, pp. 241-249. — *Annales du Cercle archéologique de Mons*, t. II, p. 381-389.

Il existait à Mons, au siècle dernier , d'autres chapelles que les précédentes, mais qui n'offraient guère d'intérêt au point de vue monumental. Nous allons cependant les rappeler et indiquer les souvenirs qui s'y rattachent.

LA CHAPELLE DE SAINT-ROCH , sur le rempart de la porte d'Havré. — Lors de la peste qui sévit à Mons, en 1615 et en 1616, une tour qui défendait ce rempart, dite de Saint-Michel [*], avait été affectée par les échevins à la célébration de l'office divin pour les malades qui séjournaient sur les digues, hors la porte de la guérite. Saint Roch, regardé comme l'un des libérateurs de la peste, fut le patron de cette chapelle qui se trouvait presque en face de la rue d'Havré et près des chasses du quartier de ce nom. On sait que celles-ci souffrirent beaucoup de la peste, à diverses époques ; l'une des places qui s'y trouvent a conservé le nom de place des pestiférés. Leurs habitants eurent donc un recours tout spécial vers Saint Roch et ils eurent beaucoup de considération pour sa chapelle. Les échevins, à qui cette chapelle appartenait comme faisant partie des murs de Mons, en confièrent les clefs à quelques voisins. En 1716, ceux-ci y érigèrent, avec l'agréation du magistrat et de l'autorité ecclésiastique, une confrérie sous l'invocation de Saint-Hyacinthe et de Saint-Charles-Borromée. Par ordonnance du 11 août de cette année, Gilles de Boussu, échevin de Mons, fut délégué par le magistrat pour remplir les fonctions de grand-maître de la chapelle et de la confrérie. Le 25 mai 1718, les vicaires-généraux de l'archevêché de Cambrai approuvèrent les statuts de l'association qui avait pour but le soulagement des pestiférés et la perfection religieuse

[*] Une statuette de Saint Michel y était placée dans une niche.

de ses membres. Le pape Clément XI, par bulle du 12 juillet 1718, accorda des indulgences et des priviléges pour l'autel. L'autorité diocésaine désigna, selon le vœu des confrères, les fêtes de la confrérie dont les principales étaient celle de Saint-Roch et celle de Saint-Hyacinthe (16 août).

La chapelle échevinale de St-Roch était entretenue par la ville; mais sa décoration intérieure l'était par la confrérie.

En 1758, celle-ci fit construire un nouvel autel en bois qui pouvait être transporté facilement en cas de siége. Cet autel, construit par le sculpteur Ghienne et par le menuisier J.-B. Thiry, fut placé le 1er août 1759.

Le crucifix qui décorait cet autel était en écaille, garni en argent, orné de deux adorateurs et des statuettes de la Sainte-Vierge et de Saint Jean-Baptiste.

La chapelle possédait une autre croix sculptée en bois sur laquelle on voyait les phases et les instruments de la Passion; elle avait été donnée à la confrérie, en 1727, par un officier allemand qui la disait venir de Jérusalem. Cette croix renfermait des reliques. La confrérie l'avait fait garnir en argent par l'orfèvre Levieux, fils.

En 1779, la chapelle fut restaurée complétement. Le doyen de la chrétienté, Dumont, curé de Saint-Germain, la bénit de nouveau le 6 juillet 1780.

La confrérie ayant été supprimée par suite de l'édit de Joseph II, qui abolissait toutes les corporations, la chapelle ne fut remise en bon ordre qu'après la révocation, en 1790, des édits de Joseph II et le rétablissement de la confrérie.

L'invasion française survint. Tout le mobilier de la chapelle, interdite au public, fut vendu en 1797 et la chapelle démolie.

Après la réouverture des églises, la confrérie de Saint-Roch se rétablit dans l'église de Saint-Nicolas-en-Havré [1].

Chapelle de N.-D.-des-Douleurs, sur le rempart de Bertaimont. — Une statuette de la Sainte-Vierge, sous le titre de N.-D.-des-Douleurs, avait été posée, on ne sait à quelle époque, dans une tour qui défendait le rempart de Bertaimont. Cette chapelle était, selon toute apparence, une annexe de la chapelle de N.-D.-des-Douleurs qui existait dans l'église de Sainte-Waudru. Ses comptes étaient rendus aux chanoinesses qui nommaient la sacristine chargée de son entretien. Cette femme séjournait, chaque jour, dans la chapelle pendant les heures d'ouverture et y filait ou priait à l'intention de diverses personnes. En 1792, l'image de N.-D.-des-Douleurs fut à la demande de Marie-Françoise Maçon, de la congrégation de Notre-Dame, transportée avec la permission des chanoinesses [2] dans un lieu sûr, à cause des affaires du temps. Elle ne fut plus replacée dans son ancien sanctuaire qui disparut en 1797.

Stations. — Il existait sur les anciens remparts de Mons quatorze stations ou oratoires représentant les scènes de la Passion du Sauveur. Chaque année, le jour du vendredi-saint, un père capucin prêchait devant chacune de ces stations. Celles-ci disparurent à l'époque de la domination française.

Chapelle du Bon-Dieu dans les ouvrages. — En 1615, le magistrat disposa, avec l'autorisation de l'abbé de Lobbes, de l'emplacement d'une ancienne chapelle dédiée à Saint-Pierre, hors

---

[1] F. HACHEZ. *La peste de 1615 et la chapelle de Saint-Roch, à Mons.* — ID. *Mémoire sur l'église et la paroisse de Saint-Nicolas-en-Havré, à Mons.* Nous empruntons au premier de ces ouvrages les détails qui précèdent sur la chapelle de Saint-Roch.

[2] Résolution capitulaire de Sainte-Waudru, du 2 mai 1792.

la porte de la guérite vers Hyon, qui appartenait avec le terrain avoisinant à cette abbaye, pour en faire un cimetière des pestiférés ; ce lieu fut béni par le doyen de la chrétienté au mois d'août de cette année et dès lors on y déposa les corps des pestiférés. Après la disparition du fléau, ce cimetière fut délaissé et le terrain vendu.

Au mois de juin 1720, on trouva dans ce terrain une croix de pierre portant un Christ en relief. Elle était dans le sol jusqu'aux bras, bien qu'elle fût restée droite sur son socle. C'était apparemment la pesanteur de la pierre qui l'avait enfoncée dans le terrain peu résistant. On déblaya et l'on découvrit tout le monument qui avait eu pour objet de rappeler que ce lieu avait servi de cimetière pendant l'épidémie de 1615 et 1616. Le piédestal portait cette inscription :

AMI LECTEUR, JE SUIS ICI POSÉE A L'INTENTION DE QUELQUE PERSONNE PIEUSE, POUR VOUS REPRÉSENTER QUE CE LIEU A ÉTÉ BÉNI POUR SERVIR DE CIMETIÈRE AUX BOURGEOIS DE LA VILLE DE MONS MOURANS SUR LES DIGUES DE LA PESTE, ÈS ANNÉES 1615 ET 1616. REQUIESCANT IN PACE.

Quatre marches servaient de base à cette croix qui avait onze pieds de hauteur sur un pied d'épaisseur.

Le 4 octobre 1731, le grand-maître de la confrérie de la chapelle de St-Roch posa la première pierre d'un oratoire destiné à abriter la croix, à l'endroit même où elle avait été retrouvée. Cet oratoire, élevé par les soins de cette confrérie et à l'aide de diverses offrandes, fut ouvert le 14 septembre 1732. Il fut endommagé au siége de 1746 ; on le restaura l'année suivante et on y ajouta un porche de six pieds enfin que les visiteurs pussent s'y mettre à l'abri. En 1762, une plantation d'ormes et de tilleuls vint embellir les environs de la chapelle autour de laquelle croissait une haie soigneusement entretenue.

Cette chapelle s'appelait *le Bon Dieu dans les ouvrages* parcequ'elle se trouvait dans l'enceinte extérieure des forteresses. On s'y rendait surtout au mois de mai, de bon matin. Les personnes pieuses offraient un cierge en l'honneur du Christ, pour le repos des âmes des pestiférés.

La chapelle fut démolie en 1797 et ses ruines restèrent longtemps sur son emplacement. Quant à la croix, elle fut transportée dans l'église de Sainte-Élisabeth où elle occupe l'autel de la deuxième chapelle latérale gauche [1].

LA CHAPELLE DE N.-D.-DÉBONNAIRE. — Cette chapelle qui se trouvait au centre de la rue de N.-D.-Débonnaire (et non de Bon Air) fut démolie lors de la construction de la maison de M. Lebrun (N° 19), vers 1835. La madone qui y était honorée est déposée dans une niche creusée dans la façade de cette habitation [2].

Dans les siècles antérieurs notre ville possédait encore d'autres chapelles particulières dont voici l'indication :

LA CHAPELLE DE SAINT-SERVAIS. — Cette chapelle avait été bâtie par la comtesse Alix, épouse de Baudouin-le-Bâtisseur, au-dessus de la porte de Mons qui se trouvait à l'entrée de la rue Samson. Lors de l'agrandissement de Mons par Jean d'Avesnes, en 1290, cette porte fut démolie et les biens de la chapelle furent annexés à la chapelle castrale de Saint-Calixte, au château de Mons [3].

---

[1] Voir, pour plus de renseignements, pp. 29-36 de l'opuscule précité de M. Hachez, (*La peste de 1615*, etc.), auquel nous empruntons les détails qui précèdent.

[2] Il existe encore à Mons deux petits oratoires de ce genre : celui de N.-D. des Sept-Douleurs, portant le millésime 1734, rue de la couronne, (enclavé dans la maison n° 5) et la chapelle de N.-D. du refuge, rue de la petite-triperie (proche le n° 21). En face de cette dernière chapelle, existait autrefois le petit refuge de l'abbaye de Belian, que cette communauté vendit en 1740.

Un bon nombre de niches, contenant des madones, se trouvent aussi dans nos rues. (V. *Analectes montois*, p. 36-37. — *Annales du Cercle Arch. de Mons*, t. II, p. 434.

[3] VINCHANT, éd. *Ruteau*, p. 238 & 184. — DE BOUSSU, p. 46.)

LA CHAPELLE DE ST-PIERRE, hors la porte de la guérite. — Cette chapelle, reconstruite en 1484[1], se trouvait au centre d'une prairie qui appartenait à l'abbaye de St-Pierre de Lobbes. On y honorait une dent du prince des apôtres. Elle fut démolie lors de la surprise de Mons par le comte Louis de Nassau, en 1572, et la relique du saint fut transférée dans la chapelle du refuge de Lobbes, à Mons. Cette relique était enfermée dans une petite boîte de cristal que soutenait l'image de Saint-Pierre, en argent [2].

LA CHAPELLE DE N.-D. DU SOLEIL. — Cette chapelle, dont les échevins avaient l'administration et qui était gardée par une offrandière, située près de la porte d'Havré, avait été bâtie en 1384. Jean Couvet, prêtre, y avait fondé une messe. Elle fut démolie en 1552 [3], à cause de sa situation trop voisine de la porte, et le revenu de la fondation de Jean Couvet fut appliqué à la grande aumône [4].

LA CHAPELLE DE SAINT-NICOLAS. — Cette chapelle se trouvait dans la rue des repenties qui portait autrefois le nom de rue de Saint-Nicolas, nom qu'elle perdit à cause de l'établissement du couvent des repenties en 1485.

En 1461, une chapelle avait été commencée en l'honneur de Sainte Anne, à front de la rue neuve. Mais un conflit survenu à ce sujet entre le magistrat et les chanoinesses en empêcha l'achèvement.

---

[1] Conseil de ville du 5 mai 1484.

[2] GILLES WAULDE, *Chronique de Lobbes*, p. 487.

[3] Conseil de ville du premier septembre 1552 : « Oudit conseil a esté adverty comment les sieurs députez de la royne à le visitation de la fortification de la ville, avoient conclud de démolir la chapelle de N.-D. emprès de la porte de Havrech, pour l'emplir de terre et faire platte-forme. »

[4] VINCHANT, *éd. Ruteau*, p. 357.

DESCRIPTION

DES

CARTES DE LA PROVINCE D'ANVERS

ET DES

PLANS DE LA VILLE

PAR

A. DEJARDIN,

Capitaine du Génie , Membre correspondant de l'Académie.

(Suite, voir Tome XIXe, page 379.)

1579.

N° 68. Vue intitulée : *Antverpia.*

Les Espagnols sous les ordres du prince de Parme attaquent les troupes des états qui s'étaient retranchées dans le faubourg de Borgerhout , et les forcent à se refugier en ville. Le village de Deurne et le faubourg de Borgerhout sont en feu. On voit aussi Merxem dans le fond et à gauche une partie de la ville d'Anvers , la porte Kipdorp, la porte Rouge, etc.

Gravure sur bois.

Larg. 0m275, haut. 0m19.

Se trouve dans l'ouvrage intitulé : *De leone Belgico*, etc., par Michel Aitsinger. Pag. 265.

Et dans l'édition allemande du même ouvrage qui a pour titre : *Historia, unnd ab contrafeytungh*, etc. En-dessous de celle-ci sont inscrits seize vers en allemand.

1572.

N° 69. Vue intitulée : *Antwerpen* , 110.

Avec quatre vers latins en-dessous. C'est une réduction de la vue précédente.

Larg. 0m16, haut. 0m125

Se trouve dans l'ouvrage intitulé : *Nederlantsche oorloghen*, etc., par Pierre Bor. Tom. II, 11e à 15e partie. Pag. 92.

1581.

Nº 70. Vue intitulée : *Dess durchleuchttichsten ertzhertzogen Mattheis, etc. von der Niderlanden ausszug.*

Départ de l'archiduc Matthias le 29 octobre 1581, pour la Hollande. Le bateau dans lequel va monter l'archiduc se trouve dans le canal des brasseurs et porte le pavillon d'Espagne. Les magistrats d'Anvers offrent un cadeau à l'archiduc avant son départ.

On voit aussi sur cette vue la maison hanséatique et la porte Lillo. L'Escaut est à gauche.

Gravure sur bois.

Larg. 0m275, haut. 0m185.

Se trouve dans l'ouvrage intitulé : *De leone Belgico*, etc., par Michel Aitzinger. Pag. 293.

Et dans l'édition allemande du même ouvrage, qui a pour titre : *Historia, unnd ab contrafeytungh*, etc.

1581.

Nº 71. Plan intitulé : *Antwerpia nobilissimi totius orbis terrarum emporii typus. Anno 1581.*

Avec les armes de la ville et celles de l'empire. Dans le bas on voit quatre personnages en costume du temps.

Dans ce plan les édifices et les maisons sont en élévation : il est vu d'un point pris un peu à droite de la citadelle. Les noms des rues ni ceux des édifices ne s'y trouvent pas. Le front de la citadelle qui regarde la ville est démoli depuis 1577 : on voit cependant encore des ouvriers qui viennent travailler à sa démolition.

Le T'ver (Tête de Flandre) n'est pas encore fortifié sur ce plan, quoiqu'il doit l'avoir été en 1576.

Larg. 0m315, haut. 0m235.

Se trouve dans l'ouvrage intitulée : *Description de touts les Païs-Bas autrement appelés la Germanie inférieure ou Basse-Allemagne, par Messire Louis Guicciardin, gentilhomme Florentin. Anvers. Christophe Plantin* [1]. *1582.* Un vol in-fol., pag. 79.

Édition italienne du même ouvrage. *Anvers. Christophe Plantin.* 1588. 1 vol. in-fol., pag.

1582.

N° 72. Plan intitulé : *Beschriivinge van de paelen der vriiheiit van Antwerpen.*

Ce plan comprend la ville et les environs : de la ville on n'a indiqué que l'enceinte, les canaux intérieurs et l'emplacement de quelques églises. Les environs s'étendent du côté d'Austruweel jusqu'à la digue dite *Craendyck*, du côté de Merxem jusqu'au *Oude Schynt*, du côté de Deurne jusqu'au *Beeck*, du côté de Berchem jusqu'à la rue *Bogaerts* et le chemin vers Wilryck ; du côté d'Hoboken et de Kiel, elle est limitée aussi par des chemins. On voit l'emplacement des petits obélisques en pierre dont une partie existe encore de nos jours ; ils sont intitulés : *Pael op den dyck, Eeckersche wech, Dambrugge, Borgerhout, Berchem, Wilryck et Hoboken.*

Sur la rive gauche de l'Escaut on ne voit que la Tête de Flandre, qui n'est pas encore fortifiée.

Larg. 0m45, haut. 0m24.

Se trouve dans l'ouvrage intitulé : *Rechten ende costumen van Antwerpen. 'T Antwerpen ghedruct by Christoffel Plantyn, 1582.* Un vol. in-folio.

1582.

N° 73. Vue intitulée *Antwerpia. I.*

Vue prise du sud de la citadelle. Le duc d'Anjou vient de débarquer en cet endroit, le 19 février, et on voit sa rencontre avec le prince d'Orange : il est suivi de ses gardes. Derrière le prince d'Orange est la noblesse française, anglaise et des provinces unies, le magistrat de la ville, les états de Brabant, les bourgeois d'Anvers, etc. dont la file s'étend depuis

[1] Voir la note à la page 38.

le lieu de la rencontre jusqu'à la porte de Malines , le long des glacis de la citadelle et de la ville. L'Escaut est couvert de bateaux aux armes de France. On voit la citadelle et la ville à vol d'oiseau. La citadelle est encore ouverte du côté de la ville par la démolition d'un front. On ne distingue bien de la ville que la partie avoisinant l'esplanade.

Larg. 0m39, haut. 0m29.

Se trouve dans l'ouvrage intitulé : *La joyeuse et magnifique entrée de Monseigneur François fils de France, et frère unicque du roy, par la grâce de Dieu, duc de Brabant, d'Anjou, Alençon , Berri , etc.: en sa très-renommée ville d'Anvers. A Anvers de l'imprimerie de Christophe Plantin. 1582.* Un vol. in-folio.

1582.

No 74. Vue intitulée : *Wie der hertzog von Alenzon, vor Antorf, und in Antorf mit grossem triumph. und herligkeit zweinem hertzogen von Brabant, gehuldet investieret und angenummen. Anno 1582, am 19 und 22 February.* Arrivée du duc d'Alençon à Anvers le 19 février 1582. On voit d'abord dans le lointain son débarquement. Plus près on le voit sur l'estrade où il prête serment et où il est couronné. Enfin au premier plan il fait son entrée en ville à cheval sous un dais , par la porte de l'empereur ou de Malines.

Gravure sur bois.

Larg. 0m27 , haut. 0m185.

Se trouve dans l'ouvrage intitulé : *De leone Belgico, etc.*, par Michel Aitzinger , page 297.

Et dans l'édition allemande du même ouvrage qui a pour titre : *Historia, unnd ab contrafeytungh*, etc.

1582.

No 75. Vue intitulée : *Antwerpen*. 131.
Avec quatre vers en latins en-dessous.
C'est une réduction de la vue précédente.

Larg. 0m155 , haut. 0m125.

Se trouve dans l'ouvrage intitulé : *Nederlantsche oorlogen*, etc. par Pierre Bor. Tom. II, 17e partie, pag. 4.

1583.

N° 76. Vue intitulée : *Wie die Francosen so die statt Antorf erobern und berauben wullten.* Le duc d'Alençon voulant s'emparer, le 17 janvier 1583, de la ville d'Anvers, fait entrer ses troupes par la porte Kipdorp, et met le feu aux maisons près de la porte. La vue est prise de la Longue rue Neuve. On voit la porte Kipdorp à l'intérieur et le bastion à gauche. La façade de cette porte, à l'intérieur, fut changée quelque temps après à cause de cet événement.

Gravure sur bois.

Larg. 0m265, haut. 0m185.

Se trouve dans l'ouvrage intitulé : *De leone Belgico*, etc. par Michel Aitsinger. Page 311.

Et dans l'édition allemande du même ouvrage, qui a pour titre : *Historia, unnd ab contrafeytungh*, etc.

1583.

N° 77. Vue intitulée : *Attaque de la porte de Kipdorp par les troupes du duc d'Alençon.*

D'après une gravure du temps.

C'est une copie de la vue précédente.

Larg. 0m11, haut. 0m08.

Se trouve dans l'ouvrage intitulé : *Histoire de la ville d'Anvers*, par Eugène Gens. Anvers 1861, p. 529.

1583.

N° 78. Vue sans titre représentant la fuite du duc d'Alençon après son coup de main sur Anvers, le 17 janvier 1583. La porte Kipdorp est vue à l'extérieur ainsi que les remparts jusqu'à la porte Rouge et la porte de Lillo. A l'intérieur de la ville, on voit les rues aux environs de la porte Kipdorp et la nouvelle ville.

Gravure sur bois.

Larg. 0m26, haut. 0m185.

Se trouve dans l'ouvrage intitulé : *De leone Belgico*', etc., par Michel Aitzinger, p. 313.

Et dans l'édition allemande du même ouvrage, qui a pour titre : *Historia, unnd ab contrafeytungh*, etc.

1583.

No 79. Vue intitulée : *Die conterfaitinge van den aenslach gheschiet by de Franchoysen binnen Antwerpen anno 1583 stylo novo generalyck hoe die begonnen ende voleynt is hier int cortte verclaert.*

Avec une notice sur cette affaire et une légende de A à Z, pour les rues et édifices représentés sur le plan.

Cette vue est prise à vol d'oiseau et donne une partie de la ville depuis la porte St-George jusqu'à la porte Rouge, s'étendant à l'intérieur jusqu'au Canal sale, le Meir, le Rempart Ste-Catherine et le Marché aux Chevaux, et à l'extérieur le long de la chaussée de Berchem et celle de Borgerhout.

On y voit la déroute du duc d'Alençon lors de son entreprise contre Anvers le 17 janvier 1583.

Il y a un grand nombre de noms sur le plan.

Larg. 0m90, haut. 0m41.

Cette vue se trouve à la bibliothèque de Bourgogne, à Bruxelles : elle est intercalée dans le manuscrit no 7563 à 7567, intitulé : *Chronyck van Antwerpen*. 1500 à 1600. par Caukercken. Un volume in-folio.

1584.

No 80. Plan intitulé : *Antwerpiae.*

Avec quatre vers latins en-dessous et une légende de 14 numéros.

Dans ce plan, les édifices et les maisons sont figurés en élévation : il est vu d'un point en avant de la porte des Béguines.

Le front de la citadelle qui regarde la ville est démoli depuis 1577. Le T'ver (Tête de Flandre), sur l'autre rive de l'Escaut, n'est pas fortifié : il doit cependant l'avoir été en 1576.

On a marqué par une astérique les endroits jusqu'où les Français sont entrés dans la ville le 17 janvier 1583.

Larg. 0m175, haut. 0m125.

Se trouve dans l'ouvrage intitulé : *Nederlantsche oorloghen* , etc., par Pierre Bor. Tom. III, 19e partie, pag. 13.

1584.

N° 81. Vue intitulée : *Antverpia. Tom. 4. Pag. 3. Harrewyn fec.*
Cette vue est prise de la rive gauche de l'Escaut. Au premier plan on voit les fortifications de la Tête de Flandre, et au-delà de l'Escaut, la ville d'Anvers avec tous ses clochers. Il n'y a aucune inscription.
C'est le premier plan qui représente la Tête de Flandre fortifiée.

Larg. 0m19, haut. 0m07.

Se trouve dans l'ouvrage intitulé : *Histoire de la guerre des Pays-Bas du R. P. Famien Strada*, etc. Tom. 4, pag. 3.

1585.

N° 82. Vue intitulée : *Antverpia.*
Prise de la Tête de Flandre. On voit l'Escaut au premier plan couvert d'innombrables navires de tous les tonnages et des formes les plus diverses. Plus loin sont les quais dans toute leur longueur.
Cette vue est comprise dans la composition d'un vaste tableau dont il ne sera pas indifférent de donner ici une description.
Ce tableau a pour titre : *Aigentliche abbildung desz gantzen gewerbs der kauffmanschafft sambt etslicher der namhafft und fürnembsten handelstett signatur und wappen : darinnen zum tail fürnemblich die marckt unnd messen begriffen sein , so das jar uber in jede monat gefallen....* *Erstlich durch den namhafft mit weitberümpten alten herrn Johann Neu dorffer* [1] *seligen , weiland gewesenen burger und rechen meister zu Nurenberg , in grund unnd ins fundament gelegt : jetz und aber durch Casparn Brinner burger und rechenmeister zu Augspurg , und durch*

---

[1] NEUDORFFER (Jean), mathématicien illustre , né à Nuremberg en 1497, mort le 12 novembre 1563, fut en quelque sorte l'inventeur de la tenue des livres en partie double.

sonders vleissigs nachdenken, mit grosser müe ins werck unnd inn] dise
holdselige augenscheinliche figuren unnd deutsche verfertigt. Zu ehren,
schuldiger danckbarkhait und underthenigem gehorsam, der edlen.... herren
stattpflegeren, gehaimen, burgermaistern und rath der.... reichstatt Augs-
purg ; auch der edlen.... herren burgermaister und rath, der berümbten
reichstatt Nürenberg, sampt beider derselben herren und kaufleut, stuben
und handels verwandten, und andern in disem werckh angezogenen gewerb
und handelstellen.... im jar nach unsers ainigen herren erlösers und selig-
mackers Jhesu Christi geburt MDXXCV.

A droite en bas est une adresse de l'auteur à son œuvre ayant pour
titre : *Auctor alloquitur opus.* Après cette adresse on lit : *Gedruckt zu*
Augspurg durch Johann Schultes, in verlegung Wilkelm Peter Zimmermann,
illuministen, zu erfragen undter dem herln Thurn, beym rathausz uber.

Le but principal de cette planche est l'allégorie sur le commerce : l a
vue de la ville d'Anvers n'est qu'un accessoire. Cela prouve que cette vill e
était alors considérée comme une des premières sous le rapport commercial, puisqu'elle a été choisie entre toutes pour compléter l'allégorie.

Le bas du tableau est la représentation des diverses opérations commer-
ciales : à gauche les marchandises arrivent, on les déballe, on les pèse, on
les inscrit, on se concerte sur la manière d'en tirer le plus grand profit ;
à droite on fait les comptes, et des ballots sont formés pour être expédiés.

Toutes ces opérations ont lieu sous le patronage de la *liberté*, de la
bonne foi, de la *discrétion* et du *devoir*. Le commerce exige encore la connaissance des langues, représentée par deux orientaux. Au milieu du bas
de la planche se voit une femme couronnée, debout sur un globe ; elle est
entourée des emblèmes des grandeurs, des arts et des sciences, parmi
lesquels on voit une tête de mort. Elle tient de la main droite un vase
d'où s'échappe une épaisse fumée. Un cartouche formant piédestal nous
apprend par quelques vers que cette femme est la représentation de *l'in-*
stabilité des choses humaines. Sous chaque scène se trouve une inscription
explicative renfermée dans un cartouche.

Si maintenant nous levons les yeux, nous voyons une gigantesque et
élégante fontaine dont la vasque est soutenue par des enfants ; de cette
vasque s'élance une svelte colonne en style corinthien fleuri. Sur le chapi-
teau de cette colonne repose un livre fermé dont la tranche porte le mot
Jornal, et ce journal est à son tour surmonté d'un globe ailé qui
supporte une femme qui nous paraît être l'emblème de la *modération* :

une de ses mains levée tient des ailes tandis que de l'autre elle supporte une tortue.

Nous voici dans la hauteur arrivé au troisième quart de la planche. Pour en faire bien comprendre le sens nous allons remonter à la marge supérieure et aller de haut en bas en rejoignant la figure emblématique de la modération.

Dans un cercle formé par une banderolle est un Mercure volant entouré des douze signes du zodiaque. De la main gauche il tient un caducée et de la droite il supporte une balance gigantesque exactement équilibrée Le support de la balance est orné d'une petite composition représentant un roi assis sur le trône ayant deux hommes à ses genoux. Au-dessus est écrit perpendiculairement le mot *Judex*. Les plateaux contiennent des livres et sont reliés au journal qui surmonte la colonne par deux cordons qui portent écrits, celui de gauche le mot *debitor*, celui de droite le mot *creditor*. La droite est donc réservée au passif, la gauche à l'actif ; aussi les cordons qui supportent les balances portent-ils à droite les mots : *debeo ego ; debemus nos ; debet habere ;* et à gauche : *debet mihi ; debet nobis ; debet.*

La banderolle qui entoure Mercure est, des deux côtés, reliée à d'autres banderolles étendues qui forment dans toute la largeur de la planche six bandes conservant entr'elles un espace de 15 millimètres. Cet espace est occupé par les écussons des principales villes de l'Europe, avec l'indication de la date de leurs foires. Chaque banderolle horizontale porte le nom du mois pendant lequel a lieu la foire de la ville dont l'écu se trouve placé dessous. Immédiatement au-dessous des écussons se voient deux encadrements contenant des inscriptions allemandes en vers qui donnent en quelques mots l'historique du commerce ainsi que des conseils aux juges en leur recommandant de ne laisser peser la balance ni à droite ni à gauche ; les vers du tableau de gauche commencent ainsi :

Djese figur wie ring und slecht.

et ceux du tableau de droite ainsi :

Erstlich von denen die zu Sidon.

Dans l'espace laissé libre entre le fléau de la balance et les cordons qui relient les plateaux à la colonne centrale , sont deux autres encadrements d'un format moyen et portant comme les précédents des vers allemands, tous empreints d'une charmante philosophie et qui se terminent par ces mots :

Doch Gottes segen macht reich einig unt allein.
Drum lasz gott walten wilt du recht gesegnet seyn.

Si maintenant nous portons nos regards vers la gauche de la planche, nous y voyons une mine où travaillent de nombreux ouvriers ; plus bas, une vaste forge ; plus bas encore des chariots de marchandises que l'on décharge. A droite, autre mine, et plus bas des chariots que l'on charge et qui s'en vont. On suit les marchandises depuis leur source jusqu'à leur destination, depuis leur départ jusqu'à leur arrivée au port. Et ce port, comme nous l'avons vu, c'est la ville d'Anvers, dont le vaste panorama se déroule au fond du tableau. Il s'en faut cependant que toutes les marchandises arrivent à bon port : ici nous voyons les chariots attaqués par des cavaliers armés, les vaisseaux exposés à la tempête ou abordés par des pirates. Mais la véritable cause de la stagnation du commerce n'est pas oubliée ; la guerre, l'incendie, le meurtre dévastent le pays.

Je terminerai par ces images lugubres la description de cette planche remarquable ; j'ajouterai seulement qu'elle a été gravée sur bois par Jobst Amman [1] et qu'elle se compose de huit feuilles.

Larg. 0^m60, haut. 0^m97.

Se trouve à la bibliothèque royale à Bruxelles [2]. Les planches en existent encore à la bibliothèque du château d'Oettlingen Wallerstein, auprès de Nordlingen. D'autres éditions ont paru en 1585, 1622 et 1650 ? (Voyez n°s 83, 106 et 128).

1585.

N° 83. Vue intitulée : *Antverpia.*

C'est la même vue que la précédente, mais le tableau a pour titre : *Ein schones und allen handels-leuten nützliches kunst stück vom buchhalten und*

---

[1] AMMAN (Jobst), peintre et graveur à l'eau forte, au burin et sur bois, né à Zurich en 1539, travailla à Nuremberg où il mourut le 15 mars 1591. Son œuvre monte à 1315 numéros. Celle-ci porte le numéro 1031. CH. LEBLANC, *Manuel de l'amateur d'estampes.* Tom. 1, pag. 38.

[2] Cette planche a été décrite par M. C. Becker dans un catalogue complet de l'œuvre de Jobst Amman, publié à Leipsig en 1854. Tous les renseignements sur cette planche et ses divers états m'ont été fournis par M. Henri Hymans, attaché à la bibliothèque royale à Bruxelles. Je lui adresse ici tous mes remerciments.

*der kaufmannschaft, anfangs von weiland dem weitberühmten alten hernn
Jehann Neuwdörffer seligen zu Nürnberg in das fundament gelegt : jetzund
aber durch Caspar Brinner, rechenmeister, zu Augspurg gemehret und ver-
bessert und in teutsche reimen verfast auch durch sein augeben uud verlag,
mit Jobst Ammans kunstreissers zu Nürnberg handt, in holdselige, behen-
dige figur gebracht und entlich zu männigliches nutz in holzschmidt und
truck gefertiget. Augspurg. 1585.*

Les vers qui se trouvent dans le grand tableau de gauche sont aussi
différents. Ici ils commencent ainsi :

Wend hieher dein gesicht ; richt ; hieher deine augen.

Larg. 0m60, haut. 0m97.

Est renseignée dans le catalogue des foires de Francfort des années
1564 à 1592.

1585.

No 84. Plan intitulé : *Anverpia.*

En dessous de la planche il y a un second titre ainsi conçu : *Antwerpiæ
nobiliss. totius orbis terrarum emporii typus. Anno 1585.*

Avec les armoiries de la ville et celles de l'empire, et une légende de
23 nos dans l'intérieur du plan même, à la place de l'esplanade. Dans le
bas on voit deux guerriers armés de la lance et à cheval.

Dans ce plan les édifices et les maisons sont vus en élévation : il est vu
d'un point pris un peu à droite de la citadelle. Quelques noms sont
inscrits près des édifices. Le front de la citadelle qui regarde la ville est
démoli depuis 1577. Le T'ver (tête de Flandre) sur l'autre rive de l'Escaut,
est fortifié.

Larg. 0m285, haut. 0m225.

Se trouve dans l'ouvrage intitulé : *De leone Belgico*, etc., par Michel
Aitsinger. Pag. 365.

Et dans l'édition allemande du même ouvrage, ayant pour titre :
Historia, unnd ab contrafeytungh, etc.

1585.

No 85. Vue d'une partie de la ville d'Anvers, intitulée : *Antverpia.*

Le prince de Parme fait son entrée dans la ville, le 27 août 1585, par la porte de l'Empereur (de Malines). On voit le cortège parcourir les rues de l'Hôpital, des Tanneurs, la place de Meir où s'élève une colonne supportant la statue du duc, et entrer à la Cathédrale. A la sortie de la Cathédrale il se rend à la citadelle par la place de l'Hôtel de Ville où on voit la statue de Bacchus et celles des 7 planètes, par la rue Haute et la rue du Couvent où est la colonne supportant un phénix. La citadelle est tout-à-fait ouverte du côté de la ville.

Gravure sur bois.

Larg. 0m27, haut. 0m185.

Se trouve dans l'ouvrage intitulé : *De leone Belgico*, etc., par Michel Aitsinger. Pag. 387.

Et dans l'édition allemande du même ouvrage, ayant pour titre : *Historia, unnd ab contrafeytungh*, etc.

1585.

No 86. Vue d'une partie de la ville d'Anvers, intitulée : *Antwerpen. No 170.*

C'est une réduction de la précédente.

Larg. 0m16, haut. 0m125.

Se trouve dans l'ouvrage intitulé : *Nederlantsche oorloghen*, etc., par Pierre Bor. Tom. III, 20e partie, pag. 53.

Et dans celui intitulé : *Nassauwe oorloghen*, etc :

1595.

No 87. Vue sans titre de la ville d'Anvers, *Fecit Petrus Van der Borcht.*

C'est une vue prise de la chaussée de Malines, vers la Pépinière. On voit toute la route bordée de quelques maisons et de quelques moulins, ainsi que celle conduisant à Borgerhout. On voit également les fortifications de la ville, la citadelle, les portes de Malines, de Borgerhout et Rouge. Au-dessus des remparts pointent les clochers de la ville.

Sur la route de Berchem est l'armée du prince Ernest avec l'inscription : *Schematismus aciei* ; il fait son entrée en ville par la porte de Malines.

Larg. 0m445, haut. 0m33.

Se trouve dans l'ouvrage intitulé : *Descriptio publicæ gratulationis spectaculorum et ludorum in adventu sereniss. principis Ernesti Archiducis Austriæ, ducis Burgundiæ, comites hasp. aurei velleris equitis, Belgicis provinciis à regia ma^{te} cathol. præfecti, an. 1594, 18 kal. Julias, aliisque diebus Antverpiæ editorum cui est præfixa, de Belgii principatu a Romano in ea provincia imperio, ad nostra usque tempora brevis narratio. Etc. Antverpiæ ex officina Plantiniana. 1595.* Un vol. in-folio. Pages 54 et 55.

1598.

Nº 88. Plan intitulé : *Antwerpiæ nobilissimi totius orbis terrarum emporii typus. Anno 1598.* 4.

C'est le même plan que celui des éditions de Guichardin de 1582 et 1588 (nº 71), à l'exception que le front de la citadelle qui regarde la ville est relevé.

Larg. 0^m315, haut. 0^m235.

Se trouve dans l'édition hollandaise de l'ouvrage de Guichardin. *Amsterdam. P. Montanus.* 1612. Un vol. in-folio. Pag. 57, nº 4.

Édition latine du même. *Amsterdam. Janssonius.* 1613. Un vol. in-folio. Pag. nº

Édition française. *Amsterdam. Jean Janssonius.* 1625. Un vol in-folio. Pag. nº

Édition latine. *Amsterdam. G. Janssonius.* 1646. Un vol. in-fol. Pag. nº

Édition hollandaise. *Amsterdam. Jean Janssonius.* 1648. Un vol in-folio. Page 57, nº 4.

1598.

Nº 89. Plan intitulé : *Antwerpia nobilissimi totius orbis terrarum emporii typus. Anno 1598. Beschryving der stad Antwerpen, Mechelen, Lier en Turnhout, door Guicciardini, vertaeld door Kiliaen, op nieuw en druk gesteld na de uitgave van 1612, door de rederykkamer de Olyftak ten jare 1854. Te Antwerpen by J.-E. Rysheuvels, hoek van Kipdorp en St.-Jacobsstraet.*

Avec les armoiries de la ville d'Anvers et de l'empire.

C'est une reproduction du plan cité précédemment.

Larg. 0ᵐ31, haut. 0ᵐ225.

Se trouve dans l'ouvrage intitulé : *Beschryving van Antwerpen , Mechelen , Lier en Turnhout , door L. Guiccardini , edelman van Florentie , in het nederduitsch vertaeld door Kiliaen , herdrukt volgens de uitgave van 1612 in naem der rederykkamer de Olyftak. Antwerpen by J. E. Rysheuvels , drukker en uitgever, hoek van Kipdorp en St-Jacobsstraet. 1854.* Un volume in-8°.

1600?

Nº 90. Plan intitulé : *De stadt van Antwerpen , haer beghinsel ende vermeerderingen.*

Avec une légende de six numéros pour les divers agrandissements de la ville, en-dessous du plan, et une autre de A à Y et de *a* à *y* pour les monuments remarquables.

Ce plan ne représente que la rive droite du fleuve : la citadelle est déjà construit ; cependant l'enceinte avec les tours est encore représentée depuis la porte de Croonenbourg jusqu'à la nouvelle porte St-Georges [1]. Presque tous les canaux à l'intérieur de la ville sont encore ouverts.

On y voit encore la première église des Jésuites , construite en 1574 ; la nouvelle est de 1614.

L'église des Capucins construite en 1589 y figure seule : le couvent ne fut construit qu'en 1613.

On n'y voit pas les Augustins qui ne s'établirent à Anvers qu'en 1607 ; ni les Annonciades qui ne s'établirent qu'en 1608 ainsi que les Thérésiennes espagnoles ou Carmélites , qui n'y figurent pas non plus.

L'hôpital Ter'Sieken est déjà placé rue de la Cuillère , où il avait été transféré en 1592.

La maison des Anglais (Engelshuys) est encore à l'hôtel van Liere : les écoles des Jésuites n'y vinrent qu'en 1607.

---

[1]. Cette enceinte qui date de 1314 a cependant dû être démolie quant on a construit l'enceinte de 1543 qui figure sur les plans de l'époque : la partie de cette dernière enceinte, dont il est ici question, a été construite en 1551 par Van Schoonbeke.

Ce plan est le premier plan géométrique de la ville ; les édifices et les maisons n'y sont plus vus en élévation. Il est très curieux et très intéressant pour cette époque.

Larg. 0ᵐ48 , haut. 0ᵐ335.

Ce plan se trouve à la bibliothèque de Bourgogne, à Bruxelles ; il est intercalé dans le manuscrit nᵒ 7563 à 7567, intitulé : *Chronyck van Antwerpen, 1500 à 1600*, par Caukercken. Un volume in-folio.

1600?

Nᵒ 90*bis*. Vue intitulée : *Le pourtraict de la très noble ville d'Anvers, ainsi qu'elle se comporte à présent.*

A la partie supérieure sont les armoiries de Brabant, d'Espagne et de la ville d'Anvers. Une légende de 24 numéros pour la ville et une de A à E pour les bastions de la citadelle, se trouve à la partie inférieure.

Cette vue est prise en avant de la porte des Béguines.

Larg. 0ᵐ405, haut. 0ᵐ285.

Se trouve dans l'ouvrage intitulé : *Cosmographie universelle* , etc. Page 1235.

1600?

Nᵒ 91. Vue intitulée : *Anvers, ville de Brabant, marquisat du St-Empire. A Paris chez Chiquet.*

Avec une légende de 10 numéros pour les édifices , dont le nᵒ 10 est intitulé : *Vaisseau qui vient tous les jours de Bruxelles à Anvers par le canal* [1].

Cette vue est prise de la Tête de Flandre, et représente les quais.

Larg. 0ᵐ215, haut. 0ᵐ14.

Fait partie de la collection de M. le chanoine Henrotte, à Liége.

1600.

Nᵒ 91*bis*. Vue sans titre de la ville d'Anvers prise dans les environs

[1] Le canal de Willebroeck a été creusé vers 1560 : ce plan est donc postérieur à cette date.

de Calloo. On y voit la capture du vaisseau amiral espagnol et de sept autres navires par la galère noire de Dordrecht.

Larg. 0ᵐ155 , haut. 0ᵐ125.

Se trouve dans l'ouvrage intitulé : *Nassauwe oorloghen*, etc.

1602.

No 92. Vue de la ville d'Anvers sans titre sur un frontispice ayant l'inscription suivante :

Pompa triumphalis et spectaculorum , in adventu et inauguratione serenissimorum principum Alberti et Isabellœ, Austriœ archiducum, etc.

Cette vue est prise de la tête de Flandre , et est assez insignifiante.

Larg. 0ᵐ075, haut. 0ᵐ05.

Se trouve dans l'ouvrage intitulé : *Historica narratio profectionis et inaugurationis serenissimorum Belgii principum Alberti et Isabellœ, Austriœ archiducum. Et eorum optatissimi in Belgium adventus, rerumque gestarum et memorabilium, gratulationum, apparatuum, et spectaculorum in ipsorum susceptione et inauguratione hactenus edictorum accurata descriptio. Auctore Joanne Bochiô. S. P. Q. A. à secretis. Antverpiœ ex officina Plantiniana , apud Joannem Moretum. 1602.* Un volume in-folio. Page 171.

1602.

No 93. Vue intitulée : *Magistratus salutatio et equitatus.*

C'est une vue à vol d'oiseau de la citadelle, ayant à droite une partie de la ville et à gauche les champs.

Au premier plan des troupes se déploient et forment la haie sur les glacis sur un front de la citadelle et sur la partie de l'enceinte de la ville qui s'appuie sur celle-ci. Le cortége des magistrats, etc. sort de la citadelle par la porte de secours.

On voit la tête de Flandre au-delà de l'Escaut.

Larg. 0ᵐ445, haut. 0ᵐ325.

Se trouve dans le même ouvrage que le précédent. Pag. 178-179.

1602.

Nº 94. Vue de la ville d'Anvers sans titre sur un frontispice ayant l'inscription suivante :

Descriptio pompae et gratulationis publicœ, serenissimis potentissimis-que principibus, Alberto Maxamyliani II. imp. filio, et Isabellœ Clarœ Eugeniœ Philippi II, catholici regis, filiœ, etc.

Cette vue est prise du côté opposé à la tête de Flandre.

Elle est ornée au premier plan de deux figures de fleuves, qui l'encadrent, et de deux amours qui voltigent au-dessus.

Larg. 0m21, haut. 0m08.

Se trouve dans le même ouvrage que le précédent. Pag. 317.

1605.

Nº 95. Vue intitulée : *Le vray pourtrait comme les rebelles de leurs altèzes pensoyent mettre le siège devant la ville d'Anvers, le 17 de May 1605.*

Dans le coin supérieur à droite sont huit vers latins à la louange de don Jnigo de Borja, ayant pour titre :

D. Jnigo de Borja castrorum profecto in Belgio, Abrahamus Verhoevenus dedicabat [1].

Ces vers sont signés *C. K. D. Actum 17 May an 1605.*

Cette vue est accompagnée d'une description de la bataille en français et en flamand, sur des feuilles à part collées à côté et en-dessous du plan, ainsi que d'une légende de 27 numéros en flamand pour les diverses positions des combattans, les forts, etc. quoique tous les noms soient aussi mis à côté des objets. Elle a cette souscription : *A Anvers chez Abraham Verhoeven sur la Lombarde Veste, au Soleil d'or.*

[1] ABRAHAM VERHOEVEN est le premier qui ait fait paraître une gazette en Belgique, et peut-être en Europe, d'après l'opinion de M. Ruelens, professée dans une conférence donnée au Cercle artistique d'Anvers le 30 mars 1859. Il en obtint le privilège en 1605 : elle s'appelait les *Tydingen.*

(La suite à la prochaine livraison).

EXTRAIT DES PROCÈS-VERBAUX

ET

DE LA CORRESPONDANCE DE L'ACADÉMIE.

L'Académie s'est réunie régulièrement le premier jeudi de chaque mois à six heures du soir. Plusieurs discussions intéressantes ont eu lieu. On a traité entre autres de la *peinture murale*. A cette occasion, on s'est demandé si ce genre de peinture convient à notre climat? — La bibliographie ancienne, l'origine de l'imprimerie, les monuments anciens du pays et de la ville ont fait aussi le sujet des délibérations. On a émis le vœu que, lors de la démolition des anciennes fortifications, l'administration compétente voudra bien conserver les portes de St-Georges et de Kipdorp, pour les convertir en musées d'armures anciennes ou les destiner à un autre usage.

L'Académie a encore étendu ses relations avec des compagnies savantes, telles que les associations d'Ypres et de Montbéliard.

Conformément à ses statuts et après un rapport favorable sur des ouvrages imprimés ou sur des mémoires manuscrits, cinq membres correspondants et un membre effectif ont été associés à nos travaux.

MM. le major de Marteau, le chevalier Van Praet, l'avocat de Visser et Wattier, membres effectifs de l'Académie, cessent d'en faire partie.

Pour donner plus d'extension aux publications de notre compagnie il a été décidé, en 1857, d'y faire contribuer tous les membres par une cotisation annuelle. Cet article a encore été maintenu, pour les années 1862 et 1863.

L'Académie a reçu l'annonce de la mort de M. le chevalier Alexandre du Mège, membre correspondant à Toulouse, l'une des notabilités scientifiques et littéraires de France, auteur d'importants travaux archéologiques, décédé récemment à Toulouse.

La société d'Emulation de Liége, la société des Antiquaires de Picardie et celle des Sciences et Arts de la province du Brabant septentrional, adressent à la Compagnie les programmes des questions qu'elles mettent au concours.

L'Académie a reçu :

1. *Notice sur Liévin Van der Cruyce, dit Crucius*, par M. Van der Straeten. Lille, 1862, in-8°.

2. *Géographie historique et commerciale de la Belgique*, par M. Charles Roth. Douai, 1862, in-8°.

3. *Berichte über die Verhandelungen der königliche saksischen Gesellschaft der Wissenschaften zu Leipzig.* Leipzig, 1862, in-8°, tome 2, 3, 4.

4. *Bulletin de la Société pour la conservation des monuments historiques de l'Alsace.* Strasbourg, 1862, in-8°.

5. *Annales de la Société de médecine d'Anvers.* Anvers, les livraisons de 1862.

6. *Journal de l'Imprimerie et de la Librairie en Belgique.* Bruxelles, 1861, in-8°, et les 9 premières livraisons de 1862.

7. *Bulletin historique de la Société des Antiquaires de la Morinie.* St-Omer, 1862 ; les livraisons 41 et 42.

8. *Locke's Lehre von der menschlichen Erkenntniss in Ver-*

gleichung mit Leibnitz's Kritik derselben , dargestellt von G. Hartenstein. Leipzig, 1861, in-8º.

9. *Preisschriften gekront und herausgegeben von der fürstliche Jablonowsischen Gesellschaft zu Leipzig.* Leipzig', 1862, in-8º.

10. *Rôles des dépenses de la maison de Bourgogne ,* par M. Victor de Rode. Lille, 1862, in-8º.

11. *Epigraphie des Flamands de France,* par M. A. Bonvarlet. Lille, 1862 in-8º.

12. *Rapport à Monsieur le Président et Messieurs les Membres de la société d'émulation de Cambrai ,* par M. Charles Roth, suivi de la réponse, in-8º.

13. *Sitzungsberichte der kaiserlichen Akademie der Wissenschaften zu Wien.* Vienne in-8º. Les livraisons d'octobre et novembre 1861.

14. *Archiv für kunde Österreichischer Geschichts-Quellen der kaiserlichen Akademie der Wissenchaften zu Wien.* Vienne 1861 , in-8º la 27e livraison.

15. *Fontes rerum Austriacarum. Oesterreichische Geschichtsquellen. Erste Abtheilung,* III. band. Vienne, 1862 in-8º.

16. *Die deutsche National Ökonomik an der Gränzscheide des sechzehnten und siebzehnten jahrhunderts von Wilhelm Roscher.* Leipzig, 1862, in-8º.

17. *Neues Lausitzisches Magazin, im Auftrage der Oberlauzitzischen Gesellschaft der Wissenschaften. Görlitz,* 1862 in-8º. Les deux parties du tome 39 et la première du tome 40.

18. *Calendarium lusaticun.* Deux pages in-folio.

19. *Hauptbericht für 1861 in 1862 in der 120. Hauptversammlung der Oberlausitzischen Gesellschaft der Wissenschaften am 27 august 1862 erstattet von dem Sekretar.* Görlitz, 1862, in-8º.

20. *Deux monuments des premiers siècles de l'Église*, expliqués par le P. Raphael Garrucci de la compagnie de Jésus, traduction et préface par Monseigneur Oswald Vanden Berghe, camérier-secret de Sa Sainteté, docteur en théologie, philosophie et lettres, membre effectif de l'Académie d'archéologie de Belgique, de l'Académie d'Espagne, de la société historique de Styrie, etc. Rome 1862 in-8°. Extrait de la *Civilta Catholica*.

21. *Journal de la Société de Pharmacie d'Anvers*. Anvers, 1862, les six dernières livraisons de 1862.

22. *Revue de l'art chrétien*, dirigée par M. l'abbé Corblet. Paris, 1862, in-8°, les livraisons de juin à octobre.

23. *Bulletin de l'Académie royale des sciences, des lettres et des beaux-arts de Bruxelles.* Bruxelles, 1862, les huit premières livraisons.

24. *Annual report of the board of regents of the Smithsonian institution, showing the operations, expeditures, and condition of the institution for the year 1860.* Washington, 1861, in-8°.

25. *Bulletin du bibliophile belge*, publié par M. Heussner, sous la direction de M. Aug. Scheler. Bruxelles, 1862, tome XVIII, 4e cahier.

26. *Collection de précis historiques*, par M. Éd. Terwecoren. 1862, les livraisons 14 à 21.

27. *Les De Pape, ou une famille d'artistes à Audenarde au dix-septième siècle*, par M. Édouard Van Cauwenberghe. Gand, 1862, in-8°.

28. *Manuscrit inédit concernant la tombe belgo-romaine qui a existé à Saventhem*, par M. Édouard Van der Straeten. Bruxelles, 1862, in-8°.

29. *Bulletin de la Société archéologique de l'Orléanais*, n° 40. Orléans, 1862, in-8°.

30. *Tijdschrift voor Indische taal-, land- en volkenkunde, uitgegeven door het Bataviaasch Genootschap van kunsten en wetenschappen.* Batavia, in-8°, les tomes 6, 7, 8, 9 et 10.

31. *Verhandelingen van het Bataviaasch Genootschap van kunsten en wetenschappen.* Batavia, in-4°. Les tomes 27 et 28.

32. *Histoire de la maison de Schouteete du pays de Waes, issue de celle de van Zuylen de Hollande*, par M. le chevalier de Schouteete de Tervarent, membre correspondant de l'Académie d'archéologie de Belgique. St-Nicolas 1861 in-8°.

33. *Notice historique et généalogique sur la maison des barons de Villers, en Condroz*, par le même. St-Nicolas, 1861 in-12°.

34. *Note concernant la maison Ysebrant*, par le même.

35. *Rapport sur les travaux de la société libre d'émulation de Liége*, par M. Ulysse Capitaine. Liége 1862 in-8°.

36. *Nouvelles recherches sur le lieu de naissance de Pierre-Paul Rubens*, par M. Barthelémi Dumortier. Bruxelles, 1862 in-8°.

37. *Annales de la noblesse du patriciat de Bruges.* Bruges in-8° 1862, 3e année.

38. *Journal de médecine, de chirurgie et de pharmacologie*, publié par la société des sciences médicales et naturelles de Bruxelles. Bruxelles 1862 in-8°. Les livraisons de mai à novembre.

39. *Notice sur les objets d'art, d'antiquité et de curiosité etc, exposés dans les salles de l'hôtel de ville de Moulins.* Moulins, 1862, in-12°.

40. *Geschiedkundige verscheidenheden voorgelezen in het taelminnend genootschap de* Vlaemsche Broeders *van Limburg met zinspreuk* Concordia et Labore. Hasselt, 1862, in-16o.

41. *Quelques mots sur les premières inscriptions liégeoises écrites en langue romane*, par M. Ulysse Capitaine. Liége, 1862, n-8o.

42. *Revue belge et étrangère*, par M. Émile Nève. Bruxelles, 1862. Les livraisons de mai à novembre.

43. *Notice sur l'église et sur le chapitre de Notre-Dame, à St-Trond*, par M. l'avocat Ulens, membre correspondant de l'Académie d'Archéologie de Belgique. Tongres 1861, in-8o.

44. *Bulletin de la Société historique et littéraire de Tournai*, tome 8. Tournai, 1862, in-8o.

45. *Bulletin de la Société savoisienne d'histoire et d'archéologie*, deuxième numéro de 1861-1862. Chambéry, 1862, in-8o.

46. *Lise*, par M. Adolphe Mathieu. Bruxelles, 1862, in-24o.

47. *Mémoires de la Société impériale archéologique du midi de la France, établie à Toulouse.* Tome VIIIe, 2me livraison. Toulouse 1862, in-4o.

48. *Annales de la Société archéologique de Namur.* Namur, 1862, in-8o. La 4e livraison.

49. *Mémoires couronnés et autres mémoires*, publiés par l'Académie royale des sciences, des lettres et des beaux-arts de Bruxelles. Collection in-8°. tome XIII.

50. *Projet d'un programme d'études pour la monographie de la Flandre maritime*, par M. Victor de Rode. Lille, 1862, in-8o.

51. *Bulletin de la Société archéologique et historique du Limousin.* Limoges, 1861 in-8o, les 1, 3 et 4e livraisons du tome IX.

52. *Denkmäler aus Nassau. III heft. Die Abtei Eberbach in Rheingau. Im Auftrag des Vereins für Nassauissche Alterthumskunde und Geschichtsforschung. Zweite lieferung. die kirche.* Wiesbaden , 1862 in-4º.

53. *Urkundenbuch der Abtei Eberbach in Rheinegau. Ersten Band, heft III.* Wiesbaden, 1862 in-8º.

54. *Verzeichtniss der Bücher des Vereins für Nassauische Alterthumskunde und Geschichtsforschung.* Wiesbaden, 1862 , in-8º.

55. *Abhandlungen der Naturhistorischen Gesellschaft zu Nürnberg, II. heft I. Band. Nürnberg 1858 et II. Band 1861,* in-8º.

56. *Werken van het historisch Genootschap gevestigd te Utrecht. Berigten.* VII deel , 2e stuk , bladz. 1-5.

57. *Werken van het historisch genootschap gevestigd te Utrecht. Codex diplomaticus,* 2e série, VIe deel, blad. 1-6.

58. *Werken van het historisch genootschap gevestigd te Utrecht. Kronijk* 1861 , blad. 20-30.

59. *Nouveaux mémoires de la Société des sciences, agriculture et arts du Bas-Rhin.* Tome II , 1r fascicule. Strasbourg, 1862, in-8º.

60. *Annales de la Société historique, archéologique et littéraire de la ville d'Ypres, et de l'ancienne West-Flandre.* Ypres, 1862, in-8º. Les 1re et 2me livraisons.

61. *Messager des sciences historiques de Belgique,* Gand 1862, in-8º. La deuxième livraison.

62. *Bulletin de la Société paléontologique de Belgique, fondée à Anvers le 1r mai 1858.* Anvers , 1862. Les feuilles 6 et 7 du tome premier.

63. *Biographie nationale*. Rapport annuel publié par l'Académie royale des sciences, des lettres, etc. de Bruxelles. 1862, in-4º.

64. *Rétable gothique de l'église paroissiale de Buvrinnes* par M. Th. Lejeune. Paris, 1864, in-8º.

65. *Rapport sur la découverte de substructions Gallo-romaines à Estinnes-au-Val*, par M. Th. Lejeune. Mons, 1861, in-8º.

66. *Annuaire de l'Académie royale des sciences, des lettres et des beaux-arts*. Bruxelles, 1862, in-16º.

67. *Lendas da India por Gaspar Correa publicadas de ordem da classe de sciencias moraes, politicas e Bellas lettras de Academia reldas sciencias de Lisboa*. Lisbonne 1859-1861, in-4º, deux volumes en quatre parties.

68. *Memorias da Academia real das sciencias de Lisboa, classe de sciencias mathematicas, physicas e naturaes*. Lisbonne, 1857, in-4º. Les parties 1 et 2 du tome II.

69. *Annals das sciencias e lettras, publicadas debaixo dos auspicias da Academia real das sciencias. Sciencias mathematicas, physicas, historio-naturals e medicas*. Lisbonne, 1857-1858. Dix livraisons des tomes I et II.

70. *Annals das sciencias e lettras publicados debaixo dos auspicios da Academia real das sciencias, sciencias morals, politicas e bellas lettras*. Lisbonne, 1857-1858. Seize livraisons des tomes I et II.

71. *Mémoires couronnés et autres mémoires*, publiés par l'Académie royale des sciences, des lettres et des beaux-arts de Bruxelles. Collection in-8º, tome XI. Bruxelles 1861.

72 *Le lion et le bœuf sculptés aux portails des églises*, par M. l'abbé Corblet. Paris 1862, in-8º.

73. *Sitzungberichte der kaiserlicher Akademie der Wissenschaften. Philosophisch-historische Classe.* Vienne in-8º. Les livraisons de février à juillet 1861.

74. *Archiv für kunde österreichischer Geschichts-Quellen der kaiserlichen Akademie der wissenschaften. Die stadt Ems im Mittelalter.* Vienne, in-8º première partie du 27e volume.

75. Les deux premières parties du 26e volume de la même publication.

76. *Quadro elementaro das relaçôs politicos et diplomaticos de Portugal cum as diversas potencias do mundo pelo visconte de Santarem e continuado pelo Luis Augusto Rebello da Silva.* Lisbonne 1859-1860 in-8º. Les tomes 17 et 18.

77. *Discours prononcé par M. le baron de Macar à la séance publique tenue le 15 juin 1862 par la Société libre d'Émulation.* Liége, 1862, in-8º.

78. *Rapport sur l'exposition de 1862*, présenté au nom de la commission directrice de l'Association pour l'encouragement des Beaux-Arts, par M. Jules Helbig, secrétaire. Liége, 1862, in-8º.

79. *Le progrès au dix-neuvième siècle*, par M. Émile Lhoest. Liége, 1862, in-8º.

80. *Notice sur le professeur Joseph-Antoine Leroy*, par M.-C. Broeckx. Anvers, 1862, in-8º.

81. *Portugaliæ monumenta historica a sæculo octavo post Christum usque ad quintum decimum jussu academiæ scientiarum Olisiponensis edita. Scriptores.* Vol. 1, fascicules 2 et 3, in-folio. Lisbonne, 1860 et 1861.

82. *Portugaliæ monumenta historica. Leges consuetudines.* Lisbonne 1857, in-folio, le deuxième fascicule du tome I.

83. *Annales de la Société de médecine de Gand.* Gand, 1862, in-8⁰, les livraisons de mai à octobre.

84. *Bulletin de l'Académie royale de médecine de Belgique.* Bruxelles, 1862, in-8⁰, nos 6, 7, 8, 9 et 10.

85. *Redevoering uitgesproken in den Landbouwerskring van Smal-Braband, den 9 september 1860, door doctor De Wachter.* Boom, 1861, in-8⁰.

86. *Réclamation d'un ci-devant pair-à-baron du port de Cherbourg en faveur de l'origine commerciale du blason de cette ville,* par M. de Pontaumont. Cherbourg, 1861, in-8⁰.

87. *Bulletin des commissions royales d'art et d'archéologie de Bruxelles.* Bruxelles, 1862, les trois premières livraisons.

TABLE GÉNÉRALE DES MATIÈRES

contenues dans le 19e volume des Annales.

ANNALES

DE L'ACADÉMIE D'ARCHÉOLOGIE DE BELGIQUE.

ANNALES

DE

L'ACADÉMIE D'ARCHÉOLOGIE

DE

BELGIQUE.

TOME VINGTIÈME.

ANVERS,

IMPRIMERIE J.-E. BUSCHMANN, RUE DES ISRAÉLITES

(IMPRIMEUR DE L'ACADÉMIE).

1863.

JACQUES DE GOÜY

CHANOINE D'EMBRUN.

RECHERCHES

SUR LA VIE ET LES ŒUVRES DE CE MUSICIEN
DU XVIIe SIÈCLE.

NOTICE

PAR

M. Edmond VANDERSTRAETEN,

Membre correspondant de l'Académie d'Archéologie.

Les psaumes de l'académicien Godeau ont été mis trois fois en musique : la première fois par Jacques de Goüy, la deuxième fois par Antoine Lardinois, et la dernière par Thomas Gobert.

Nous ne connaissons de l'œuvre de Thomas Gobert qu'une édition publiée à Paris en 1659, et que cite M. Fétis. Une édition de 1676 est mentionnée dans le *Manuel du libraire*. Son titre a été imprimé en Hollande et porte la divise au *quærendo*, tandis que le livre semble être sorti des presses parisiennes.

En voici la description d'après Brunet [1] :

« GODEAU (*Ant.*). Paraphrase des psaumes de David, en vers françois ; dernière édition revue, et les chants corrigez et rendus propres et justes pour tous les couplets, par Th. Gobert. *Suivant la copie, à Paris, chez Pierre le Petit*, 1676, pet. in-12, avec un frontisp. gravé. »

[1] BRUNET, *Manuel du libraire*, 4e édition. Paris, 1842, T. II, p. 420.

L'œuvre d'Antoine Lardinois ne nous est guère mieux connue. C'est le catalogue de la bibliothèque bodléenne qui nous a mis sur la trace de son existence. Elle y est décrite de la manière suivante [1] :

« GODEAU (*Ant.*). Paraphrase des psaumes de David, en vers françois ; mis en musique par Antoine Lardinois. S. l. 1655, in-8°. »

Quant à l'ouvrage de Jacques de Goüy, un heureux hasard nous en a fait découvrir dernièrement les deux premiers volumes à la bibliothèque royale de Bruxelles, dans la section de la poésie du fonds de la ville.

Le titre du premier volume, formant la partie de dessus, est enlevé. Le frontispice seul subsiste. Il représente le prophète David, chantant, en s'accompagnant de la harpe, devant l'Arche sainte. Au-dessus, on lit, sur un des murs du temple : CANTATE DOMINO CANTICUM NOVVM. Au-dessous, A. BOSSE *fe. Avec privilège* [2].

Le titre du deuxième volume, comprenant la partie de haute-contre, est resté intact ; seulement on n'y voit plus son frontispice, si toutefois il en a possédé un.

En voici le titre exact :

« Airs à qvatre parties, sur la Paraphrase des Pseaumes de Messire Antoine Godeav, Évesque de Grasse. Composez par Jacques de Goǔy, chanoine en l'Eglise Cathédrale d'Ambrun, et divisez en trois parties. A Paris, par Robert Ballard, seul Imprimeur du Roy pour la Musique. Et se vendent chez l'Autheur rue de l'Arbre-Sec, vis à vis la ville de Rome, et le grand Henry. M. D. C. L. Avec Privilege de sa Majesté. » in-12 obl.

[1] *Catalogus impressorum librorum Bibliothecæ Bodleanæ*, etc. Oxoniæ, 1843, T. II, p. 159.
[2] GEORGE DUPLESSIS, *Revue universelle des Arts*, T. V. 1857, p. 48, n° 2, 2ᵐᵉ état. — LE BLANC, *Manuel des Estampes*, p. 472, n° 140, p. 473, et n° 166 et 167.

Il manque donc la taille et la basse, pour que les quatre parties de chant soient complètes.

Nulle part nous n'avons trouvé la mention de ce précieux opuscule, si ce n'est dans le *Dictionnaire historique* de Moréri, qui, d'ailleurs, n'en parle qu'incidemment. Passant en revue les principaux ouvrages de l'évêque de Grasse, Antoine Godeau : « Il (Antoine Godeau) a enfin composé, dit-il, plusieurs ouvrages chrétiens en vers ; celui qui a eu le plus de cours, est sa *traduction des psaumes de David* en vers françois, dont ceux de la R. P. R. n'ont pas fait difficulté de se servir dans l'usage particulier, à la place de ceux de Marot, qui paraissent consacrés parmi eux. Ceux de M. Godeau ont été mis en chant par Jacques De Goüi, chanoine d'Embrun, et imprimés in-12 chez Ballard, en 1650. Il y a une autre composition par Gobert, imprimée in-12, en 1659. »

Quel est ce Jacques de Goüy, chanoine d'Embrun, auteur de la *Paraphrase des psaumes de messire Antoine Godeau* ? Nous en sommes, sur ce point, réduits aux conjectures. Évidemment son canonicat n'était qu'une sinécure, et il aura joui des revenus de sa prébende tout en résidant à Paris, où il occupait, à en juger par le titre de son livre, une maison située « rue de l'Arbre-sec, vis-à-vis la ville de Rome et le grand Henry », maison où se vendait son ouvrage.

Le nombre des canonicats d'Embrun était de vingt, suivant l'auteur que nous venons de citer. Transcrivons les lignes qui s'y rapportent :

EMBRUN, ville de France en Dauphiné, avec archevêché, a pour suffragans Digne, Grasse, Vence, Grandere, Senez et Nice... L'église cathédrale est dédiée sous le titre de la Sainte-Vierge, avec quatre dignetés de prévôt, de sacristain, de chantre et d'archidiacre, et vingt canonicats. Nos rois y ont une place d'honneur depuis Louis XI. »

Il est peu probable que de Goüy ait édité son œuvre à Paris, quand il habitait une ville située à l'extrémité méridionale de la France [1]. Il y a plus. Jacques de Goüy a fait exécuter, à diverses reprises, ses compositions dans la capitale de la France, avant de les rendre publiques par la voie de la presse. Une longue préface qui précède la partie de soprano de ses Psaumes, nous fournit, à cet égard, des données très-circonstanciées.

D'après la phrase introductive, de Goüy avait atteint un certain âge, quand il entreprit cette publication, et il a dû occuper antérieurement un poste peu compatible avec ses devoirs de prêtre. Peut-être a-t-il exercé les fonctions de musicien de la cour. A l'en croire, il devait être un excellent compositeur, initié à tous les arcanes de la musique. Il parle de toutes les parties de cet art, — tant du contre-point simple que du contre-point figuré, — comme de choses qui lui étaient familières. Mais la façon singulière dont il détaille les procédés de la composition, et la science bornée qu'avaient, à cette époque, les musiciens attachés à la cour de France, ne nous permettent de n'accorder qu'une valeur relative à ses allégations. Et pourtant, il passait pour un habile musicien aux yeux de ses compatriotes. Divers passages de l'introduction le prouvent.

D'abord, il était en relations avec le musicien Lambert qu'il appelle « l'un des premiers hommes de notre siècle pour la composition des beaux airs et des parties et surtout pour les bien exécuter, avec toutes les politesses que l'art nous a peu descouvrir jusques à présent. » Lambert, en effet, jouait fort bien du luth, du théorbe et du clavecin, et il avait, à la cour de France, la répu-

---

[1] Elle fait partie aujourd'hui du département des Hautes-Alpes.

tation d'un *maître à chanter* et d'un des meilleurs musiciens du temps [1]. De Goüy lui soumit les cinquante premiers psaumes de Godeau, qu'il venait de mettre en musique. Son jugement lui fut si favorable que l'évêque de Grasse l'engagea à achever son œuvre.

Il connut d'autres bons musiciens, notamment ceux qui concoururent à l'exécution de ses psaumes. Laissons-le raconter lui-même cette particularité de son existence, la plus curieuse et la plus importante pour nous : « Et il semble mesme, dit-il, que la Prouidence diuine ayt tousiours eu un soin particulier de faire réussir cet ouvrage pour sa gloire ; car au mesme instant on forma diuers concerts, de tous les plus excellens hommes du siècle, et pour les voix, et pour les instruments ; comme s'ils eussent voulu introduire icy bas le véritable ministère des Anges. Et je croirois certainement faire tort à l'élection que cette sagesse infinie en a faite, si je passois sous silence le nom de tant d'illustres personnes, qu'elle a choisies pour une fin si glorieuse.

« Les premiers concerts furent faits chez Monsieur de la Barre, organiste du Roy, qui n'excelle pas seulement en la composition

---

[1] « Michel Lambert fut pourvu d'une charge de maître de la musique de la chambre du roi. Sa réputation ne fit qu'augmenter, et toutes les personnes de la première distinction se faisaient un plaisir d'apprendre de lui le bon goût du chant ; et même une partie de ces personnes ne faisaient point difficulté d'aller chez lui, où il tenait une façon d'académie pour donner ses leçons. Il y chantait ses excellents airs en s'accompagnant du théorbe au milieu d'un cercle brillant. On le suivait même jusqu'à sa maison de campagne de Puteaux, où il formait de charmants concerts dans ses appartements, ses jardins et ses bosquets. Il eut plusieurs élèves célèbres, entre autres Mlle Hilaire (Le Puis) sa belle-sœur, qui chantait les premiers rôles dans les ballets du roi, Mlle Le Froid, et Mme Charlo. » TITON DU TILLET, *Le Parnasse français*. BOILEAU lui consacre les vers suivants dans le *Festin ridicule* :

> Et Lambert, qui plus est, m'a donné sa parole.
> C'est tout dire en un mot, et vous le connaissez.
> Quoi, Lambert ? — Oui, Lambert. A demain. — C'est assez.

On verra plus loin combien il faut rabattre aujourd'hui de cette réputation de chanteur hors ligne dont jouissait, de son vivant, Michel Lambert.

des instruments, mais encore en celle des voix, sans parler de la manière incomparable dont il se sert à bien toucher l'orgue, l'espinette, et le clauecin, que toute l'Europe a oüy tant vanter, et que tout l'uniuers seroit ravy d'entendre.

» C'est là où Messieurs Constantin, Vincent, Granouillet, Daguerre, Dom, la Barre l'aisné, et son frère Joseph, ont fait des merueilles qui n'ont point d'exemple, et surtout Mademoiselle de la Barre, que Dieu semble auoir choisie pour inuiter à son imitation toutes celles de son sexe, à chanter les grandeurs de leur créateur, au lieu des vanitez des créatures.

» En d'autres concerts qu'on m'a fait l'honneur d'assembler ailleurs, Messieurs Bertaut, Lazarin, Hautement, Henry, et Estier y ont tellement excellé, qu'il est impossible de pouuoir mieux faire.

» La renommée de ces concerts spirituels, que Madame la Duchesse de Liancour, et Madame sa sœur la Mareschale de Schomberg, appelle des secondes Vespres, fut si célèbre, que cela obligea plusieurs Archeuesques, Euesques, Ducs, Comtes, Marquis et autres personnes très-considérables, à les honnorer de leur présence. »

La famille des la Barre, dont il est parlé d'abord, a laissé peu de traces de son existence. L'abbé de la Barre (la Barre l'aîné) était organiste de la chapelle de Louis XIV; il a écrit plusieurs morceaux de musique d'église que le roi aimait à entendre et qui n'ont pas été publiés. Un la Barre cadet (Joseph la Barre ?) était concertant de clavecin ou de théorbe aux fêtes données à Versailles le 7 mai 1664, fêtes où l'on donna *la Princesse d'Élide*, comédie de Molière. Mme de la Barre, qui mérita les plus grands éloges du chanoine de Goüy, est citée dans *La Muse historique*, de Loret, à l'occasion d'une fête donnée au duc de Mantoue par le cardinal Mazarin, le 15 septembre 1655 :

O La Barre, ô charmante fille,
Qui dans le nord maintenant brille,
Là comblant de joie et d'amour,
Une heureuse et royale cour.

Constantin était violon de la musique de Louis XIII et roi des ménétriers. Il composa des pièces à cinq et à six parties pour la viole et la basse. Les autres musiciens Vincent, Granouillet, Daguerre, Dom, Bertaut, Lazarin, Hautement, Henry et Estier ne sont renseignés nulle part, apparemment parce qu'il n'ont pas attaché leur nom à un ouvrage durable, et plus vraisemblablement, parce que leur mérite, un peu usurpé de leur temps, n'a pu survivre à leur personne. On sait que la plupart des joueurs de violon, de viole et de basse, même ceux qui composaient ce qu'on appellait les *bandes du roi*, étaient si ignorans qu'ils étaient incapables de lire la musique la plus facile.

Tous ces musiciens exécutèrent les parties vocales et instrumentales des cinquante psaumes sur le manuscrit de l'auteur. C'est à eux, non moins qu'à la duchesse de Liancour et à la maréchale de Schomberg, qu'il doit de les avoir livrés à l'impression. La sanction écrite de Godeau y contribua aussi. De Goüy voulut avoir, au préalable, une deuxième approbation de Lambert et une autre de Moulinier. Il dit, au sujet de ce dernier : « Maistre de la musique de son Altesse Royale, dont le nom s'est rendu recommandable à ceux de sa profession, comme à tous ceux qui ont quelque inclination pour une si belle science, il est merueilleux non-seulement en l'art de bien chanter, mais encore en la composition des airs et des motets, et si la musique avec tous ses agréemens estoit anéantie, il seroit capable de la restablir et de luy donner de nouvelles grâces. La preuve de cette vérité est trop manifeste : elle se verra encore plus esclatante par ses glorieux Meslanges qui sont prests de voir le jour. •

Ces lignes nous apprennent que Moulinier ou Molinié aurait mis au jour, peu après 1650, un nouvel ouvrage de musique, auquel De Goüy donne le nom de *Meslanges*. Peut-être en retarda-t-il la publication, car nous voyons, dans la *Biographie universelle des Musiciens*, que Moulinier publia, en 1668, un *Mélange de sujets chrétiens à quatre et cinq parties*. Peut-être aussi cette publication de 1668 n'est-elle qu'une réimpression. En tout cas, ce renseignement est précieux à recueillir, car il démontre que Moulinier travaillait à un ouvrage de ce genre dès 1650.

Jacques de Goüy, avant de composer la musique de ses psaumes, avait déjà fait un recueil de motets pour toutes les fêtes de l'année. Il publia ensuite une table pour apprendre facilement le plain-chant aux ecclésiastiques • selon l'art incomparable de monsieur Lemaire. • Les informations manquent sur ce musicien. Un Guillaume Lemaire, cité par M. Fétis, faisait partie de la bande des violons de Louis XIII, et était compagnon de Chevalier, musicien habile de ce temps. C'est apparemment le même dont il s'agit ici. Seulement, on ne possède aucune donnée sur ses travaux de plaint-chant, lesquels doivent avoir eu du succès.

Les motets et la table de plain-chant de de Goüy, pas plus que ses psaumes, ne sont renseignés dans aucune bibliographie. Il aura composé aussi des airs, à en juger par ce passage : • Si l'on trouve dans mes chants quelque air qu'on ait entendu autrefois, certainement ce sera quelqu'un de ceux que j'ai composés cy-devant, qui s'est trouvé favorable à l'expression des psaumes où il se rencontre. •

A l'égard des psaumes, le but de l'auteur, en les mettant en musique, était de substituer aux chansons lascives et déshonnêtes, des mélodies ayant le cachet de chansons mondaines et adaptées à des paroles édifiantes. Si la musique a perdu l'estime qu'elle avait autrefois, il ne faut s'en prendre, dit de Goüy, qu'au mauvais usage qu'on en a fait. La musique n'est pas faite, selon lui, pour les « agréments d'une débauche de table... C'est un art sacré qui ne doit être employé que pour payer à Dieu les tributs et les hommages de nos reconnaissances, par de continuels sacrifices de louanges. »

Or, les airs bachiques ou galants formaient autrefois le répertoire des chanteurs de salons. Ils les faisaient entendre aux soupers. Les dames mêmes entonnaient des hymnes à Bacchus et en composaient. L'imprimeur Ballard publia pour elles un recueil en deux volumes intitulé : *les Tendresses bachiques.* Ces airs se chantaient à la cavalière, c'est-à-dire librement et sans instruments. « C'est faire la précieuse de se piquer de ne point chanter, dit Bacilly. » A la fin du repas, dans l'émotion où le vin et la joie mettaient les conviés, on demandait un air à boire. L'accompagnement eût eu là quelque chose de gêné, qui eût été hors de saison et eût senti trop le concert préparé. Même dans les concerts où l'accompagnement sied le mieux, il y avait mille gens que l'ennui de la préparation rebutait à l'avance.

De Goüy se donna une mission moralisatrice semblable à celle qu'ambitionnaient les auteurs de la *Philomèle séraphique* [1], du

---

[1] « Elle (la Philomèle séraphique), lit-on dans la préface, chante bien à propos en ce temps qui ne produit que de vilaines chansons et madrigales qui font hérisser les cheveux d'une personne pudique et vrayment chrestienne. »

Blijden Requiem [1], et des *Goddelycke Lofsangen* [2], avec cette
différence toutefois que les chants que nous venons de citer n'étaient
faits que pour la masse, tandis que les psaumes de Goüy s'adres-
saient à l'élite de la société parisienne, aux hommes de cour.

De Goüy eut recours d'abord à un excellent poète, qui commença
le travail, mais dut l'interrompre bientôt. Il se servit alors de la
paraphrase des cent cinquante psaumes de David, faite par Godeau,
et que le P. Du Carrouge, chartreux, envisageait comme « l'une
des merveilles du siècle. »

De Goüy dit que l'idée de populariser des chants appropriés à une
poésie dévote, avait reçu une première exécution, grâce à l'initiative
du roi Louis XIII. Effectivement ce monarque composa plusieurs
cantiques qui ne sont pas dénués de mérite. Le père Kircher nous
a conservé une de ses chansons : *Tu crois, ô beau soleil*, fort bien
écrite, à quatre voix [3]. Le monarque chantait la partie d'un de ses
ouvrages à son lit de mort. « Quelques jours avant son décès, dit
Onroux [4], Louis XIII se trouva si bien qu'il commanda à Nielle
(un de ses valets de chambre, excellent chanteur luthiste) d'en
rendre grâces à Dieu en chantant un cantique de Godeau, sur

---

[1] « De tweede reden : op dat ons dese liedekens souden dienen tot een teghen-verghift
van het quaet, tot het welck onse nature soo seer is geneghen, ende door gheen middel
lichtelycker in onse siele en wordt gestort dan door de konste des dichte ende soeticheydt
des sancks. » Voor-reden.

[2] « Gods lof te singhen sal wesen een oirsaecke dat voortaen sal verschuyven alle
wind-vol ende sielquetsende Venus ghejancksel, dat een broose schoonigheydt ghevrocht
heeft in een oncuysch, ledig en dertel ghemoedt. Gods lof te singhen sal wesen een
oirsaecke dat men niet meer en sal singhen dien verblinden god Cupido... » Voor-
redene tot den leser.

[3] *Musurgia universalis* T.I, p. 690. « Ce roi (Louis XIII), dit Charles Poisot, composa
lui-même des motets, un office de ténèbres pour le mercredi-saint et un *De profondis* à
l'occasion de sa maladie. »

[4] *Histoire de la chapelle des rois de France.*

l'air composé par sa majesté. Cambefort et Saint-Martin s'étant mis de la partie, ils formèrent tous trois un concert vocal dans la ruelle du lit, le malade mêlant, autant qu'il le pouvait, sa voix à celle des concertants. •

C'est après cet auguste exemple, que de Goüy, à ce qu'il assure, a osé entreprendre son ouvrage.

Il a pris pour modèle les *airs* de la cour, comme le titre de l'ouvrage l'indique [1]. Il n'a pas voulu en exclure • l'image des passions et des sentiments, • sans cesser d'être toujours aisé, facile. Cette facilité affecte non seulement le dessus, mais les autres parties, dont la forme est rendue également agréable, afin qu'elles puissent se chanter seules, à deux ou à trois voix. Il a exprimé le sens des paroles dans le premier couplet, afin de donner un • mode de chanter convenable à tout le psaume. • Il s'est efforcé, durant près de six mois, de faire en sorte que • la mesure ou la prononciation du premier couplet de toutes les parties s'ajustât à tous les autres [2]. • Il a cru d'abord qu'il était impossible de trouver une commune mesure à tant de couplets différents.

La composition des quatre parties de chaque psaume ne l'a pas occupé tant de temps. L'invention des airs lui a semblé la plus

---

[1] On trouve, dans les principales bibliothèques de France, une infinité de recueils d'airs de ces divers genres composés par Goudinel, Claude Lejeune dit *Claudin*, Jacques Moderne, Arcadet, Gilles Maillard, Du Caurroy, Haucousteaux, Moulinié, Guédron, Cambefort, Bailli, Antoine Boësset, Jean Boësset, Claude Boësset, Lambert, Louis de Mollier dit *Molière*, Richard, Du Buisson, le Camus, Brunet, Noblet, Lulli, Bracilly, Bailli, Moreau, Gilliers, Matho, de Bousset, Mouret, de Chassé, Boismortier et beaucoup d'autres.

[2] C'était aussi le grand souci de l'auteur de la *Philomèle séraphique* : « Ceux qui ont tant soit peu l'art de chanter, dit-il dans l'introduction, verront qu'il n'y a mot qu'il ne se marie et ne coule délicatement de la note, et si quelques-uns trouvent que d'aucunes paroles ne coulent facilement avec l'air, je les prie de croire qu'il faut tourner l'air et accommoder la voix selon l'humeur et l'esprit des paroles, comme tous ceux qui ont la grâce de chanter. »

grande difficulté de toutes : « d'autant plus que le dessus et la basse étant composez, on ne les change pas pour y faire les autres parties. » En d'autres termes, il n'a pas voulu sacrifier une mélodie une fois trouvée, au plaisir de faire d'ingénieux effets de contre-point, lesquels ne s'obstiennent qu'en retouchant la mélodie domi-nante, selon les besoins de la marche harmonique. Il eût pu faire, ajoute-t-il, trois ou quatre motets, en style figuré, pour un air de ce genre, preuve qu'il n'a eu en vue que les agréments du chant.

Après les avoir essayés pratiquement et soumis à l'examen des musiciens célèbres, il a cru devoir en retrancher dans l'impression « les ports de voix et les liaisons » afin de se conformer aux autres airs, qui, pour l'ordinaire, s'écrivent simplement, laissant à chacun, selon sa disposition personnelle, la liberté de faire ce que bon lui semble.

Les ports de voix, les roulades, les agrémens de toute espèce étaient alors fort à la mode. L'anecdote suivante en fournit la preuve : « Brunet nous contoit, dit l'auteur de l'*Histoire de la musique et de ses effets*, qu'étant page de la musique du Roi, quand ils alloient chanter devant Lulli, qui en étoit surintendant, il aimoit qu'ils lui chantassent des airs de Lambert, et les écoutoit avec application. Mais lorsqu'ils vouloient ajouter le double au simple, suivant l'usage de ce tems, où il sembloit que le double fît partie de l'air, de quoi le bon homme Bacilly, qui appelle le double *la diminution* de l'air, est si entêté, Lulli arrêtoit, d'un signe de main et de tête, ces passages de la musique : — Cela est bien, leur disoit-il, cela est bien, gardez le double pour mon beau-père (Lambert), — et il se seroit fait violence en l'écoutant, tant Lulli étoit ennemi des doubles, des passages, des roulements et de toutes ces précieuses gentillesses dont les Italiens sont infatuez. »

De Goūy a divisé son travail en trois parties. « Chacune, dit-il, s'imprimera deux fois : la première avec les quatre parties de musique et les paroles du premier et du second couplet ; la seconde s'imprimera avec le dessus seulement et tous les versets de chaque psaume. » L'académicien Godeau a modifié plusieurs stances qui ne se pouvaient pas chanter commodément sur l'air des premiers.

Afin de permettre au joueur de basse de prendre part au chant, l'auteur a mis des guidons quand il y a des pauses pour les voix. La partie de basse servait donc en même temps et pour l'accompagnement et pour le chant. Les autres instruments doublaient servilement les voix, à l'exception du clavecin qui résumait tout le chant sur cette même partie.

Remarquons que généralement on ne reconnaissait alors de parfaite harmonie que dans une réunion de sons homogènes. Les dessus de violons étaient accompagnés par les hautes-contre, les tailles, les quintes de violon, les basses de viole, et, plus tard, par les basses de violon, dites violoncelles, et les contre-basses de violon, que Castil-Blaze a nommées *violonars,* depuis que les contre-basses de toutes espèces abondent en nos orchestres. Les hautbois, les flûtes et les trompettes formaient des groupes séparés. On imagina pour ces instruments une famille, et on leur assigna des systèmes harmoniques complets, pareils en tout à la famille, au système du violon. Il y eut donc des dessus, des tailles, des quintes, des basses, des contre-basses de flûte, de hautbois, de trompette. Les instruments d'espèce différente ne sonnant jamais ensemble, on donnait un concert de violons, un concert de flûtes, de hautbois ou de trompettes, de luths ou de guitares. Les voix ne marchaient qu'avec le clavecin, les luths, les téorbes, les basses de viole, dans ces réunions musicales [1].

Loret, faisant la description d'une fête donnée au duc de Mantoue, par le cardinal de Mazarin, le 15 septembre 1655, dit :

> Y compris les airs et les sons
> De vingt et quatre violons,
> Et quantité de symphonies,
> Dont les célestes harmonies
> Donnaient des plaisirs merveilleux
> A messeigneurs les cordons bleus.
>
> Avec la beauté des paroles,
> Les voix, les luths et les violes,
> Et les clavecins mêmement
> Agirent tous divinement.
> L'incomparable La Varenne
> Y chanta comme une sirène. . . .

[1] Nous extrayons d'un registre appartenant aux Archives du royaume, les lignes suivantes, qui donnent l'évaluation de six instruments à clavier, vers 1641 :

« Vénérable et discrette personne messire François Guenard, presbtre, surchantre en l'église de Sainct-Estienne de l'insigne chapitre de Besançon a presté le serment comme en tel cas est requis, de faire taxe et estimation des instruments que luy seront présentez et selon qu'il jugera estre la vraye valeur, ayant esté par nous, le dict official, appelé pour estre personnage ledict Guenard qui joue des instrumentz telz que ceux cy-après, en l'acheptant ou voyant vendre souventesfois, tant pour soy que pour aultruy. — 2530. Ung double régale avec le clavié, doz blanc, les régales de fin estaing, les souffletz et couvertures dorez de filstz d'or, taxé cent cinquante frans, CL fr. — 2531. Une espinette organisée de cinq jeux, les deux souffletz au dessoubz, les fleuttes bochées au-devant, ayant quatre termes peinctz au naturel et dorez, y ayant des défaillans ung jeu et quelques pièces par dedans, taxé neuf vingtz frans, IX^{xx} fr. — 2532. Ung clavecut à deux régis, ayant des défaillans, taxé quarante frans, XL fr. — 2533. Ung clavesin à trois régis et deux claviers, y ayant des défauts, taxé cinquante frans, L fr. — 2534. Ung régale double d'estaing fin avec le cymbale, enrichy de peinctures à filetz dorez, taxé six vingtz frans. » — *Inventaire solemnel des biens de feu illustre seigneur François Perrenot de Grandvelle, f° cxxxiii r°.*

> Enfin l'on fit *quatre concerts*
> Tous admirables, *tous divers*,
> Et tels que monsieur de Mantoue,
> Y songeant tous les jours, avoue,
> Tant autre part qu'en son hôtel,
> Qu'il n'ouït jamais rien de tel.

De Goüy a apporté une grande attention au choix de la tonalité. Certains tons, dit-il, sont propres à la joie, d'autres conviennent au sérieux, à la douleur. Tous les psaumes sont traités selon la nature du sujet. Il a cru devoir, en maint passage, s'affranchir des règles de la composition, en faveur de la grâce du chant, de l'expression des paroles et des lois de la prosodie. Il dit très-bien à ce propos : « Les reigles ont esté inventées pour la beauté et la grâce ; mais si, en les observant, on ne la rencontre pas, il est permis d'en inventer d'autres. Nous ne sommes plus du temps de Pytagoras, où c'estoit assez de dire : le maistre l'a dit ainsi. S'il est permis de disputer contre Aristote, je croiy qu'il n'est pas moins permis de disputer contre ceux qui ont estably les reigles de la musique, veu qu'elles ont bien moins de fondement que les principes de la philosophie. » Parfait ! que de pédants de nos jours à qui cette tirade pourrait s'appliquer !

De Goüy indique, en terminant, le mode d'interpréter son œuvre. Ses préceptes concernent, d'une part, les ecclésiastiques, les religieux et les religieuses, et, de l'autre, les maîtres de musique et les chantres. Ils offrent de l'intérêt et révèlent mainte particularité sur la manière d'exécuter la musique à cette époque. Par exemple, on n'avait encore ni *maestoso*, ni *allegro*, ni *forté*, ni *piano*. Le tout était abandonné à l'arbitraire du chanteur, lequel avait à se conformer uniquement au caractère des paroles. Le mouvement changeait parfois à chaque distique, à chaque vers. L'art de chanter se réduisait presqu'aux règles de la déclamation. Aussi le musicien recommande-t-il de se bien pénétrer du sujet par l'étude des paroles, de manière qu'on puisse ralentir la mesure et adoucir l'accent de la voix, quand on aura à exprimer des sentiments tristes, et accélérer la mesure et renforcer la voix, quand il faudra rendre des sentiments gais ou véhéments.

Lambert fut l'un des chanteurs de l'époque qui surent le mieux mettre en pratique ce que de Goûy donne ici en précepte. Il excellait surtout par la grâce, comme le témoigne l'auteur de l'*Histoire de la musique et de ses effets*. Voici ce qu'il dit de Lambert :

« Après Bailli (qui commença à introduire une méthode de chanter nette et raisonnable), vint Lambert, le meilleur maître qui ait été depuis des siècles, du consentement de toute l'Europe. Son chant étoit si naturel, si propre, si grâcieux, qu'on en sentoit d'abord le charme. Lambert ne péchoit qu'en ce que quelque fois il lui donnoit trop de grâces. Il n'y eut personne à Paris, François ou étranger, qui ne voulût apprendre de lui, et il a montré si long-temps, qu'il a fait mille excellens écoliers. Sa méthode fut portée, en peu d'années, dans les provinces. »

Ce qu'en dit Fétis démontre que la réputation prodigieuse de Lambert ne reposait, comme nous l'avons fait entendre déjà, sur aucune base solide :

« Lambert, beau-père de Lulli, et auteur de jolis airs, avait de la réputation comme *maître à chanter;* mais lui-même ne connaissait de cet art que quelques ornements qui étaient alors à la mode, et les gens du monde étaient les seuls qui obtinssent de ces leçons. »

En effet, l'auteur de l'*Histoire de la musique et de ses effets*, rapporte, à une autre place de son livre, que « Lambert per-
« fectionna la manière de bien chanter, soit pour la finesse et la
« délicatesse des ports de voix, des passages, des diminutions,

» des tremblements, des tenues, des mouvements et *de tous les*
» *ornements du chant qui peuvent flatter le plus agréablement*
» *l'oreille*, avec une méthode agréable, et au-dessus de tout ce
» que les règles ordinaires de la musique avaient pu trouver
» jusqu'à ce temps-là en France. »

Nous voyons aussi, à la fin du recueil des Psaumes de David,
mis en vers français par Godeau, et dont Thomas Gobert avait
écrit la musique, une série d'instructions de ce compositeur sur
l'exécution vocale de son œuvre, qui nous paraissent de nature à
nous désillusionner encore davantage sur cet « art incomparable »
dont Lambert était le représentant le plus illustre :

« Premièrement, il faut prendre garde que le signe de la mesure a esté
mis barré afin de marquer qu'elle doit estre battue plus viste, et à peu
près comme si les valeurs des nottes estoient diminuées de la moitié ; 2º il
ne faut pas obmettre à bien faire les ports de voix, qui sont les transitions
agréables et les anticipations sur les nottes suivantes ; 3º on doit observer à
propos les tremblemens ou flexions de voix, qui se font principalement sur
les *mi* et sur les dièses, et surtout bien faire les cadences, dont la grâce
consiste à appuyer les ports de voix qui doivent précéder ; 4º il est très-
nécessaire de prononcer distinctement et intelligiblement les paroles en
donnant à chacune des cinq voyelles leur juste et naturelle prononciation,
en quoy il se fait, par beaucoup de gens, une faute qui n'est que trop
ordinaire, et qui est, peut-être, une des plus grandes qui se puisse comettre
dans le chant, parce que, lors que l'on s'écoute en entrant dans la prononciation, on tire le son le plus advantageux de la voix, on prend facilement
la justesse, qui est la dernière perfection du chant ; on donne l'intelligence
des paroles et les autres agréemens qui satisfont l'oreille et l'esprit ; 5º il
faut aussi avoir de l'attention au sens des paroles pour les bien animer,
et surtout, en ces beaux vers qui ont des charmantes expressions, des
rymes si riches, et un arrangement de mots si justes, qu'ils font d'eux-
mesmes une très-délicieuse harmonie ; 6º pour donner au chant la grâce
et le bel air, il faut que la personne qui chante possède bien ce qu'elle veut
chanter, afin de ne point exécuter en escolier, et qu'il ne paraisse rien,
ni de forcé, ni de trop étudié. »

Revenons à l'introduction de l'œuvre de Jacques de Goüy. Nous n'en connaissons point qui entrent dans des détails aussi explicites sur la composition musicale. Aussi, ce petit volume étant d'une grande rareté, croyons-nous faire chose utile en mettant la préface *in extenso* sur les yeux du lecteur. On y rencontrera des choses sur les mœurs musicales du temps, qu'on chercherait vainement ailleurs. Chaque musicologue y trouvera de quoi glaner, à quelque point de vue qu'il se place. La voici :

« Ayant fait résolution, depuis quelques années, d'employer le reste de mes jours à travailler pour la gloire de Dieu et à l'édification de mon prochain, selon ma profession, j'ay jugé très à propos de commencer par des Motets pour toutes les Festes de l'année, et faire ensuite une table en faveur des Ecclésiastiques, pour apprendre facilement le plain-chant, selon l'art de de l'incomparable Monsieur Le Maire. Mais considérant, que ce n'estoit pas assez pour la fin que je me suis proposé, d'avoir fait des chants pour l'Eglise, j'ay creu qu'il estoit de mon devoir de faire aussi des airs spirituels pour chanter en particulier, et principalement en nostre langue, afin de les introduire au lieu de tant de chansons lascives et deshonnestes, qu'on entend chanter de toutes parts au mespris de la gloire de Dieu. C'est pourquoy, j'avois prié quelques personnes très entendues à la poësie Françoise, de composer des paroles pour toutes les Festes de l'année, afin que les âmes pieuses eussent de quoy s'entretenir saintement aux jours destinez pour la célébration des louanges du divin Sauveur de nos âmes.

Un excellent Poëte commença ce travail, mais une autre matière plus conforme à sa condition l'obligea de le quitter. Me voyant donc frustré de mon attente, je m'informay si l'on ne trouvoit point quelque Poësie sainte, à laquelle je peusse donner des airs agréables et faciles ; et le R. P. D. du Carrouge, chartreux, me proposa la paraphrase de cent cinquante Pseaumes de David, que Monseigneur l'Evesque de Grasse avoit mis en vers François, et m'asseura que sa version estoit l'une des merveilles de nostre siècle. Estant donc persuadé de l'excellence de cet ouvrage par le mérite de l'Autheur, je l'ay leu plusieurs fois avec admiration, et ayant remarqué dans la Préface des éloges advantageux pour la Musique, je me suis trouvé plus puisamment touché de la passion que j'avois d'en faciliter la pratique.

suivant en cela le dessein de cet Illustre Prélat, qui a si constamment poursuivi et si glorieusement achevé un si grand œuvre, et si utile à la consolation et au sainct divertissement des Chrestiens.

Et faisant réflexion sur le bien, que toutes les bonnes Ames recevroient de ce noble travail, si, selon son désir, on accommodoit à sa Poësie des chants convenables pour les rendre populaires et les mettre en la place de tant de paroles vaines ou dangereuses, qui reçoivent aujourd'huy tous les ornemens de la Musique, je m'estonnay que personne n'eust encore pris cet employ, que le feu Roy n'auroit peut-estre pas quitté, si les affaires d'un grand Estat comme le sien, et les soins du gouvernement de tant de peuples en des temps si fascheux, luy eussent laissé un loisir conforme à son zéle. C'est à la vérité après l'essay d'un si grand Monarque, en un sujet si relevé, une entreprise bien haute, bien hardie, et de difficile exécution, pour laquelle il seroit besoin d'une particulière assistance de Dieu. Je me suis souvent esprouvé en cet Art, pour y reconnoistre mes forces, et après une sérieuse délibération, poussé de la gloire de Dieu, excité par les souhaits de mon auteur, et sollicité par mes amis, et principalement par les PP. de la Mission, j'ay voulu tenter ce dessein, espérant que celuy pour qui je travaillerois me donneroit les forces et les lumières nécessaires pour l'achever, et rendre ce petit service à l'Eglise.

Mais avant que de commencer, j'ay travaillé longtemps, pour déterminer la manière dont je composerois ces Pseaumes, afin d'inciter toutes sortes de personnes à les chanter.

Après tout cela, on m'a conseillé de m'accommoder au temps, et faire des chants sur le modèle des Airs de Cour, pour estre introduits partout avec plus de facilité, et reçeus avec plus d'agréemens.

Et de vray, puisque nous souhaittons que ces chants soient en toutes les bouches, il est bon, afin de plaire plus universellement, que leur nouveauté soit authorisée par la coustume présente.

J'ay creu aussi, que, pour une paraphrase, les chants ne devoient pas estres simples, mais proportionnez à la Poësie, c'est-à-dire pleins de divers mouvemens, et portant l'Image des passions et des sentimens qui sont renfermez dans les paroles.

Toutefois, j'ay consideré qu'il estoit à propos de joindre à ces chants passionnez la facilité, pour les rendre communs; aussi j'espère qu'on trouvera qu'il n'y en a point de plus aisez. Cette facilité se trouve nonseulement dans le Dessus, mais aussi dans les autres parties, bien qu'elles soient un peu plus figurées; ce que j'ay fait, pour leur donner les grâces, qu'elles demandent en leur particulier, afin qu'elles se puissent chanter seules, aussi agréablement que le Dessus.

Encore n'estoit-ce pas assez de faire que toutes les parties se chantassent seules agréablement; mais pour donner moyen de faire un concert, conformément au divers nombre des personnes qui se peuvent rencontrer ensemble, je les ay disposées en sorte qu'ils se peuvent chanter quelquefois à deux, ou à trois, ou toutes les quatre parties ensemble, en faveur des Ecclésiastiques, Religieux, et des Religieuses.

D'avantage j'ay pensé qu'on devoit choisir un mode, ou une manière de chanter convenable à tout le Pseaume, mais particulièrement au premier couplet, d'autant que le Musicien est obligé d'exprimer les passions qui s'y rencontrent, et non pas celles des autres versets.

Il en est de mesme de l'argument d'un discours, parce qu'on a une veue générale de toute la matière; néanmoins on n'y marque pas toutes les pensées qui le composent, mais seulement celles qui sont les plus considérables. Or le premier couplet est, à mon advis, le plus remarquable en cela; partant le mode luy doit plustost convenir qu'à nul autre.

De plus, j'ay observé pour me rendre conforme aux Airs de Cour, qu'il estoit expédient de faire des reprises, où l'occasion se trouveroit favorable; et de ne mettre pareillement que les paroles du second couplet, pour donner sujet, à ceux qui sçavent la manière de chanter, d'employer tous les artifices de l'Art sur ces saintes paroles.

Finalement, j'ay jugé qu'il estoit necessaire, que la mesure ou la prononciation du premier couplet de toutes les parties, s'ajustast à tous les autres, comme estant le premier mobile, qui donne le mouvement à tout le reste: car autrement on auroit négligé de les chanter, et par ainsi, j'aurois rendu cet ouvrage imparfait, et presque inutile à toute sorte de personnes.

Cette dernière considération m'a arresté près de six mois, sans oser entreprendre ce travail, croyant qu'il estoit impossible de trouver l'invention d'une commune mesure à tant de couplets différents.

Je me sens icy obligé de déclarer ma foiblesse, et d'advoüer que je n'ay pas donné tant de temps à la composition des quatre parties de chaque Pseaume, qu'à l'artifice de bien accomoder, autant qu'il m'a esté possible, la prononciation du premier couplet à tous les autres.

La composition des Airs est la plus difficile de toutes, d'autant que la

Dessus et la Basse estant composez, on ne les change pas pour y faire les autres parties. Et néanmoins, il faut qu'elles expriment les passions et la prononciation, qu'elles chantent agréablement, et quelles soient dans la contrainte des reigles de la composition simple, qu'on nomme ordinaire contrepoint. notte contre notte. Il n'en est pas de mesme pour les Motets, ny pour les Meslanges, parce qu'il n'y a point de Dessus, ny de Basse qu'on ne change, pour faire les autres parties selon la volonté du Compositeur.

Pour une autre raison, cette façon de composer est incomparablement bien plus pénible que la figurée, d'autant qu'en figurant, on esvite toutes les difficultez qui se présentent, ce qui est impossible de faire icy, où toutes les parties vont ensemble.

Je sçay que ceux qui ne s'adonnent pas à la composition des Airs, s'imaginent que cette manière n'est pas considérable : mais je trouve que l'on peut faire trois ou quatre Motets pour un Air qui aura toutes ses parties bien proportionnées et bien adjustées, avec toutes les circonstances que j'ay dès–jà dites.

Outre que cette manière de composition est la plus contrainte, il faut considérer encore, qu'on ne peut pas donner à mes Pseaumes tous les ornemens que les autres Airs peuvent recevoir ; parce que faisant chanter tous les autres couplets sur le premier. on n'y peut pas faire entrer les parties les unes après les autres, ny répéter un ou deux mots seulement, ny faire des silences dans un mesme vers, parce que les autres n'y conviendroient pas. Que si l'on fait quelque répétition, elle doit estre d'un vers entier ou bien de la moitié.

J'ay esté quelquefois contraint de changer les plus beaux endroits du chant, qui avoit esté fait sur le premier verset pour m'assujettir à tous le reste du Pseaume.

Les cinquante premiers Pseaumes estants ainsi achevez, je les mis entre les mains et les soumis au jugement de Monsieur Lambert, l'un des premiers hommes de nostre siècle, pour la composition des beaux airs et des parties, et surtout pour les bien exécuter, avec toutes les politesses que l'Art nous a peu descouvrir jusques à présent ; son jugement me fut si favorable, qu'il m'obligea de continuër le reste.

Et il semble mesme que la Providence divine ayt tousiours eu un soin particulier de faire réüssir cet Ouvrage pour sa gloire, car au mesme instant on forma divers concerts, de tous les plus excellens hommes du siécle, et pour les voix, et pour les instruments ; comme s'ils eussent voulu introduire icy-bas le véritable ministère des Anges. Et je croirois certainement faire tort à l'élection que cette sagesse infinie en a faite, si je passois sans silence le nom de tant d'Illustres personnes qu'elle a choisies pour une fin si glorieuse.

Les premiers concerts furent faits chez Monsieur de la Barre, Organiste du Roy, qui n'excelle pas seulement en la composition des Instruments, mais encore en celle des voix, sans parler de la manière incomparable dont il se sert à bien toucher l'Orgue, l'Espinette et le Clavecin, que toute l'Europe a oñy tant vanter, et que tout l'univers seroit ravy d'entendre.

C'est là où Messieurs Constantin, Vincent, Granoüillet, Daguerre, Dom, la Barre l'aisné et son frère Joseph, ont fait des merveilles qui n'ont point d'exemple, et surtout Mademoiselle de la Barre, que Dieu semble avoir choisie pour inviter à son imitation toutes celles de son sexe, à chanter les grandeurs de leur Créateur, au lieu des vanitez des Créatures.

En d'autres concerts qu'on m'a fait l'honneur d'assembler ailleurs, Messieurs Bertaut, Lazarin, Hautement, Henry et Estier y ont tellement excellé, qu'il est impossible de pouvoir mieux faire.

La renommée de ces concerts spirituels, que Madame la Duchesse de Liancour et Madame sa sœur la Mareschale de Schomberg, appellent des secondes Vespres, fut si célèbre, que cela obligea plusieurs Archevesques, Evesques, Ducs, Comtes, Marquis, et autres personnes très-considérables, à les honorer de leur présence.

Et sans le zéle et la piété de ces deux Dames, les chants que j'ay mis aux Pseaumes de Monseigneur l'Evesque de Grasse, n'auroient peut-estre jamais esté sous la presse.

Après l'estime de tant d'illustres personnes, et l'adveu de Monseigneur l'Evesque de Grasse, confirmé par ses lettres, j'ay mis la première Partie de mon travail en lumière; néantmoins, avant que de la faire voir au public, et pour mettre la dernière main à cet Ouvrage, j'ay souhaitté d'avoir une seconde approbation de Monsieur Lambert, et celle de Monsieur Moulinier, Maistre de la Musique de son Altesse Royale, dont le nom s'est rendu recommandable à ceux de sa profession, comme à tous ceux qui ont quelque inclination pour une si belle science ; il est merveilleux non-seulement en l'Art de bien chanter, mais encore en la composition des Airs et des Motets, et si la musique avec tous ces agréemens estoit anéantie, il seroit capable de la restablir, et de luy donner de nouvelles grâces. La preuve de cette vérité est trop manifeste ; elle se verra encore plus esclatante par ses glorieux meslanges qui sont prests de voir le jour.

J'ay retranché dans l'impression, par l'advis de ces excellents Juges, beaucoup de choses que j'estimois en quelque façon suportables, comme les ports de voix et les liaisons, qui me sembloient rendre les chants de mes parties très-agréables. J'avois marqué ces agréemens en faveur de ceux qui ne sçavent pas la maniere de chanter. Mais je les ay ostez, afin de me rendre conforme aux autres Airs, qui, pour l'ordinaire, s'escrivent simplement, laissant à chacun, selon sa disposition, la liberté de faire ce que bon luy semble.

La conformité qu'il y a de mes Pseaumes aux Airs de Cour, a fait que j'ay donné à mon Livre le tiltre d'Airs.

J'ay divisé tout ce travail en trois parties, et chacune partie s'imprimera deux fois : la première avec les quatre parties de Musique, et les paroles du premier et du second couplet, et la seconde s'imprimera avec le Dessus seulement, et tous les Versets de chaque Pseaume, qui se chanteront aussi facilement que le premier. Mais pour en avoir la satisfaction toute entière, il faudra en attendre l'impression, suivant le changement que Monseigneur l'Evesque de Grasse a fait de beaucoup de stances qui ne se pouvoient pas chanter commodément sur l'air des premiers.

Que si dans les Pseaumes à quatre parties il n'a que les paroles du premier et du second couplet de chaque Pseaume, c'est qu'aux Concerts qui se font dans les maisons particulières, on a accoustumé d'en user de la sorte pour les Airs, où l'on cherche le plaisir de l'oüye, qui demande la diversité des chants, et non pas la fréquente répétition d'un mesme Air, bien que les paroles des stances soient toutes différentes.

On doit pourtant sçavoir que ces chants Spirituels, n'ont pas esté composez pour la fin que nous venons de dire, mais seulement pour loüer Dieu, et pour profiter des excellentes pensées qu'on y trouve en les chantant. C'est pourquoy on doit avoir surtout une grande attention aux paroles, si on désire en user selon l'intention de l'esprit qui les a dictées.

Je n'ay pas mis d'argument au commencement des Pseaumes qui sont à quatre parties, parce qu'ils occuperoient trop de place, et ainsi on auroit esté obligé de tourner le feüillet, ce qui embarrasseroit ceux qui chantent, veu qu'ils auroient la Musique d'un costé, et la lettre de la seconde stance de l'autre, et ceux qui joüent des Instruments, ne pourroient pas tourner le feüillet et joüer en mesme temps.

Je n'ay point fait de Basse-continuë à la manière ordinaire, mais une Basse qui servira et pour joüer et pour chanter; afin que celuy quy la doit toucher, ayant la voix de Basse, ne soit point dans le silence, tandis que le corps qu'il anime de ses doigts loüera le Seigneur à sa mode. Pour parvenir à ce dessein, j'ay mis des guidons quand il y a des poses à la Basse pour la voix, lesquels sont marquez dans les lieux où la Basse-continuë doit toucher. La durée de ces guidons est égale au silence de la voix.

Les mesures sont séparées pour la facilité de toutes sortes de personnes; soit pour celles qui chantent, ou qui joüent des Instruments, ou qui conduisent la Musique, ou bien qui souhaittent de voir la partition de cet Ouvrage.

Aux notes où le mol, le quarre et la dièse seront nécessaires, il ne manquera pas d'y en avoir, et là où il n'en faudra pas, c'est signe qu'ils y seroient inutiles.

Si l'on trouve dans mes chants quelque Air qu'on ait entendu autrefois, certainement ce sera quelqu'un de ceux que j'ay composez ci-devant, qui s'est trouvé favorable à l'expression des paroles du Pseaume où il se rencontre.

Le choix que j'ay fait d'un mode, pour convenir à chaque Pseaume en particulier, est cause que j'ay changé de mode et de clef, presqu'à chaque Pseaume.

Il est vray que ce changement est un peu importun pour les Concerts : mais comme c'est une chose essentielle, il n'y a pas eu moyen de faire autrement.

Aussi pour y apporter quelque ordre, j'ay fait une table de tous les Pseaumes, qui sont d'un mesme mode, afin que l'on les puisse chanter de suite.

Néantmoins dans les concerts, pour faire paroistre les contraires, il est expédient de changer de mode, parce qu'il y en a qui sont propres pour le joye, d'autres pour le sérieux, et d'autres pour les plaintes; de sorte que se servant tousjours d'une mesme manière de chanter, cette différence n'arriveroit pas, et partant il seroit à craindre que l'on ne parviendroit pas à la fin que l'on se seroit proposée, en partie qui est de plaire à une grande compagnie composée de personnes d'humeurs différentes, mais au contraire, on se rendroit importun à toute l'assemblée.

Les Censeurs remarqueront beaucoup d'endroits, qui sont contre les reigles de la composition commune, la plus part desquels empeschent de bien faire chanter les parties, de bien exprimer les passions, et de bien observer la prononciation des paroles : mais s'ils en jugent plustost par l'oreille que par une mauvaise pratique, ils trouveront que ces endroits ont des agréemens qui ne sont pas moins recevables que le reste.

Les reigles ont esté inventées pour la beauté et pour la grâce : mais si en les observant on ne la rencontre pas, il est permis d'en inventer d'autres pour arriver à ce but.

Nous ne sommes plus du temps de Pytagoras, où c'estoit assez de dire : le Maistre l'a dit ainsi. S'il est permis de disputer aujourd'huy contre Aristote, je croy qu'il n'est pas moins permis de disputer contre ceux qui ont establi les reigles de la Musique, veu qu'elles ont bien moins de fondement que les principes de la Philosophie.

Si tous mes chants ne paroissent pas de mesme force, c'est qu'ils sont différents selon la nature des sujets traitez en chaque Pseaume, et les Musiciens judicieux sçavent bien que quant il faut exprimer des passions, les chants sont en apparence plus forts, parce qu'ils sont plus passionnez, encore qu'en effect ils ne soient pas plus ingénieux ; mais cette variété sera peut-estre cause qu'ils auront tous leurs partisans.

Les sçavants en cette profession, et ceux qui sont d'humeur mélancholique, aymeront les chants tristes et passionnez, où se trouvent les beautez de l'Art.

Ceux qui sont gays, se plairont aux chants de mouvement, et je ne croy pas qu'aucun voulût prétendre à la gloire de satisfaire à tout le monde par une mesme voye.

Aussi afin que chacun trouve selon sa disposition des Pseaumes qui auront des chants proportionnez à son humeur, je me suis estudié particulièrement à exprimer les sentimens du Prophète, qui sont tantost tristes, tantost sérieux, et tantost gays, selon les sentimens qui prédominoient en ce grand homme.

Il y a trois advis remarquables, pour se servir de ces Psaumes : le premier regarde les ecclésiastiques, les Religieux, et les Religieuses ; l'autre regarde les Maistres de musique, et le dernier regarde ceux qui les chantent.

Les Ecclésiastiques et les Religieux, qui pour l'ordinaire n'ont point de Dessus, ny presque de Haute-contre, pourront chanter les Pseaumes à deux, à trois, et à quatre parties, selon la rencontre des personnes.

A deux parties, le Dessus se chantera en voix de Taille, et la Basse comme elle se trouvera écrite, ou bien la Taille et la Basse ensemble.

A trois, le Dessus en taille, et la Taille et la Basse dans leur naturel.

A quatre, s'ils ont des Haute-contres chez eux, le dessus se chantera en Taille, et les trois autres parties se chanteront ainsi qu'il sera marqué dans leurs livres.

Cette manière est la moins parfaite, d'autant que la Haute-contre sera plus haute que le Dessus chanté en voix de Taille.

Que si dans leur maison il y a des Violes, ils s'en serviront au lieu des parties qui leur manqueront, et chanteront les autres.

Les Religieuses, bien qu'ordinairement elles manquent de Taille et de Basse, ne laisseront pas de chanter les mesmes Pseaumes, à deux, à trois, et à quatre parties.

A deux, le Dessus se doit chanter à l'ordinaire, et la Basse en voix de Haute-contre.

A trois, le Dessus et la Basse comme cy-devant, et la Taille en voix de Dessus.

Et celles qui auront un concert de Violes, joüeront les parties dont elles auront besoin, et chanteront les autres; il faut remarquer pourtant, qu'on peut chanter toutes les parties séparément avec la Basse.

Le Maistre, avant que de faire chanter les Pseaumes, doit au moins lire une fois les paroles du premier couplet, et remarquer les passions et les mouvemens qui s'y rencontrent, afin d'alentir la mesure quand ce seront des passions tristes, et la haster lorsqu'elles sont gayes, ou lorsqu'elles sont précipitées; on doit surtout prendre garde à bien observer les mouvemens selon les passions, si l'on désire toucher les Auditeurs.

Quand il n'y a point de passions, la mesure doit estre un peu grave, puisque le sujet est tel de sa nature.

Ces observations ne sont pas pour les grands hommes; mais pour ceux qui n'entendent pas toutes les grâces de la Musique.

Si les maistres, pour bien conduire la Musique, doivent lire une fois ou deux les paroles, je croy que ceux qui les veulent chanter, y sont encore plus estroitement obligez: car s'ils ne possèdent pas parfaitement le sens des paroles, il ne sçauroient jamais animer ce qu'ils chantent.

Pour bien exprimer les passions, on doit tantost adoucir la voix, et tantost la fortifier; l'adoucir aux passions tristes, et la fortifier aux paroles où il y a quelque véhémence. Et cela se fait à dessein de mieux faire paroistre les contraires, comme il se void au quatriesme Pseaume, et voici un exemple : « Quand l'esprit accablé sous le faix des douleurs, » c'est une façon de parler qui se doit chanter doucement, et « Par mes cris, » plus fort, « mes soupirs, mes plaintes et mes pleurs, » avec plus de douceur, et ainsi dans les autres rencontres.

Ceux qui sçavent l'Art de chanter, n'ignorent pas ces agréemens, aussi ce n'est pas à ceux-là à qui s'addressent ces advis, parce que j'espère, que les grâces et les ornements qu'ils donneront à mes chants, les rendront considérables.

Il ne faut pas s'estonner que la Musique soit descheüe de l'estime qu'elle avoit autrefois, et qu'elle ayt perdu le don de se faire admirer; c'est un effet de la juste indignation de Dieu, qui l'a privée de toutes ses grâces, pour nous punir du mauvais usage que nous en avons fait. Ce n'est pas un exercice qu'il faille profaner pour entretenir les agréemens d'une desbauche de table ou pour plaire à des objets de péché dont la flaterie fait de fausses divinitez visibles, c'est un Art sacré qui ne doit estre employé que pour payer à Dieu les tributs et les hommages de nos reconnoissances, par de continuels sacrifices de loüanges.

Et si j'osois faire des vœux en faveur de cet ouvrage, je supplirois sa sainte miséricorde, de communiquer à ces chants les bénédictions de l'esprit qui en a dicté les paroles, afin que ceux qui ont eu jusqu'à présent quelque aversion pour les Airs Spirituels, soient touchez de respect et d'amour pour ce bel Art, aussi bien que pour les saintes véritez qui y sont exprimées, et que ceux qui les ont souhaittez par les sentimens de leur piété, puissent y rencontrer la satisfaction qui leur est deue. C'est la seule fin pour laquelle j'ay travaillé, et c'est le principal effet que je demande à Dieu pour ce travail, afin qu'un jour nous puissions tous ensemble chanter ses grandeurs dans le concert des Anges et dans la suite de tous les siècles. »

Qu'est devenue la suite des cinquante psaumes de Mgr. Godeau ? De Goüy n'en a-t-il pas mis en musique un plus grand nombre ? On a vu plus haut que le compositeur Lambert fut si enchanté des airs du chanoine d'Embrun, qu'il l'engagea fortement à continuer le reste. C'est tout ce que nous savons à ce sujet. Ces notes, coordonnées en vue de venir en aide à celui qui se chargera un jour de la biographie de Jacques de Goüy, mettront certainement sur la voie de la vérité. Il se peut que son œuvre n'ayant pas obtenu le succès qu'il en espérait, l'auteur se sera épargné la peine d'en poursuivre la publication. Il se peut aussi que la mort l'ait surpris au milieu de ses travaux.

Si les psaumes n'ont reçu qu'un médiocre accueil du public, nous nous refusons à en imputer la cause à leur arrangement à quatre parties. L'auteur avait parfaitement prévu les circonstances où les interprètes ne se seraient pas trouvés en nombre suffisant pour l'exécution de son ouvrage. A cet effet, il a indiqué, dans son introduction, un mode de chanter les psaumes à trois parties, et même à deux parties, selon la rencontre des personnes.

Nous voulons bien attribuer à cette préoccupation, certaines irrégularités harmoniques que l'œil du puriste y découvre. Mais nous ne saurions mettre sur le même compte, les fautes choquantes qui en déparent les beautés. Assurément, il y a dans ce recueil de charmantes mélodies, la plupart gracieuses, d'une simplicité naïve et douce qui vous pénètre vivement. Le musicien a su les resserrer dans un espace nécessairement limité, y adapter un rhythme sensible et leur donner ce tour spontané et naturel que les Français aiment à rencontrer dans les couplets faits pour être chantés de pied levé. Les voix, à ne les consulter qu'isolément, sont chaussées à leur point, pour nous servir d'un terme usité alors. Il règne une grande variété d'allure dans chaque air. Chose étrange ! pendant que le chant de l'opéra s'alourdissait et affectait la forme d'une froide psalmodie, de Goüy essayait de donner un caractère mondain aux hymnes religieux. Il lui a fallu un goût très-épuré, et surtout un courage presque surhumain, pour oser supprimer certains agréments du chant qui furent longtemps à la mode et dont quelques-uns avaient été inventés par Lambert, que de Goüy alla consulter comme on l'a vu. Bref, de Goüy ne s'est pas fait illusion sur le mérite de son œuvre, en tant qu'on ne l'envisage que sous le rapport de l'invention mélodique. Et même ce mérite n'est pas mince, car, dit l'auteur de la *Philomèle Séraphique*, « il est infiniment plus difficile de composer des cantiques spirituels qui soyent ingénieux, doux et charmans, que des mondains, vains et sensuels. »

Mais, ayant eu la patience de mettre en partition plusieurs de ces psaumes, dont nous avions fait prendre la copie exacte à la Bibliothèque impériale de Paris [1], il nous est revenu que de Goüy avait singulièrement exagéré ses connaissances en contrepoint et n'en possédait même qu'un très-faible instinct pour un compositeur de profession. Il a beau déclarer qu'il s'est affranchi de certaines règles trop minutieuses, ce dont nous l'avons loué, du reste. On sera peu disposé à le prendre au sérieux toutes les fois qu'il parlera des mystères de la science harmonique. Ses airs ne sont, en vérité, que de simples esquisses.

Prenons pour exemple le psaume VIIme, dont le motif est particulièrement agréable. Il y a du mouvement dans les parties. Trois notes se reproduisent, d'une façon assez ingénieuse, assez inattendue, dans les quatre parties, et donnent du piquant à l'agencement harmonique. Le chant de la taille, de la haute-contre et de la basse est assez caractéristique, mais quelque peu forcé et dépourvu de l'élégance qui distingue la partie de dessus. Celui de la basse a, de plus, l'inconvénient d'amener la voix sur la tierce inférieure. L'accent expressif sur « Sauve-nous » est

---

[1] Les parties ont été soigneusement calquées par M. Albert Vizentini, un brillant lauréat du Conservatoire de Bruxelles, actuellement établi à Paris.

vrai, bien senti, et, malgré l'allure joviale qu'affecte le morceau, il y a là, il faut bien le dire, un cachet sentimental dont il faut tenir compte.

Mais que l'harmonie est loin d'être pleine et serrée! que de notes de remplissage et que d'hérésies! C'est à ne point en croire ses yeux. Avoir quatre parties à sa disposition ; ne donner à aucune d'elles une marche nette, décisive ; leur assigner du mouvement pour les faire se rencontrer d'une façon barbare, les disposer en imitations sans avoir pesé au préalable, leur valeur tonale ; les faire manœuvrer en quintes et en octaves, en ne daignant pas même éviter les fausses relations, c'est là afficher un mépris souverain pour les règles les plus élémentaires de l'art, ou étaler une ignorance extrême, ce qui est plus probable. N'hésitons pas à le dire : L'œuvre de Jacques de Goüy est terne, incorrecte et diffuse.

Les compositions les plus négligées des anciens maîtres flamands sont des modèles de pureté à côté de ces improvisations grossières. Comme les ressources modulantes étaient restreintes, c'était bien le moins qu'on pût faire d'écrire avec correction et régularité. Par une mauvaise disposition des parties, on laissait à découvert toutes ces notes défectueuses sans parvenir à les revêtir d'un masque habilement déguisé comme cela se pratique de nos jours grâce au développement de l'instrumentation.

Il faut voir comment Gobert a traité le même psaume dans son ouvrage précité. Voilà de l'inspiration ; voilà du style et du caractère! Il est vrai qu'il était affranchi du soin des quatre parties (il n'en offre que deux), et qu'il a voulu composer des cantiques véritables.

Passons sur les fautes nombreuses de prosodie qui fourmillent

dans chaque psaume de notre musicien, et accusons moins l'auteur
que l'époque où il vivait. L'ignorance était profonde en France, sur
le terrain de la composition musicale, bien que les ouvrages des
grands maîtres italiens y fussent déjà à la mode.

Ce qui précède était imprimé, quand il nous est tombé entre les
mains un catalogue de l'année 1776, où l'ouvrage de Jacques
de Goüy est renseigné en ces termes :

« Airs à IV parties sur la Paraphrase des Pseaumes de messire
A. Godeau, composés par Jaq. de Govy (avec les paroles). Paris, 1650,
long in-12, 4 vol., vélin ; rare [1]. »

Ces quatre volumes portent la date de 1650, ce qui paraît au
moins singulier, à en juger par l'inscription du dernier feuillet
de la partie de soprano, inscription ainsi conçue : « Achevé
d'imprimer pour la première fois le samedy dixiesme décembre
mille six cens cinquante. »

De Goüy figure aussi, pour quelques lignes, dans le IVme
volume récemment publié de la *Biographie universelle des Musiciens* (2me édition). Il y porte le prénom de Jean et son œuvre
est intitulée : « Airs pieux à quatre parties. » M. Fétis dit que
la musique des psaumes composée par de Goüy eut peu de succès,
parce qu'elle était écrite à quatre parties. Nous croyons que
M. Fétis est dans l'erreur, puisqu'elle se chantait aussi à trois,
voire même à deux parties.

[1] *Catalogue fait sur un plan nouveau, systématique et raisonné, d'une bibliothèque
de littérature, etc., d'environ XIX mille volumes, dont la vente se fera à Utrecht,
le 14 octobre 1776. T. 1. — 1776, p. 267, n° 2770.*

RENSEIGNEMENTS

L'AMIE D'ANTOINE VAN DYCK

A SAVENTHEM.

—

NOTICE

PAR

M. L. GALESLOOT,

Membre correspondant de l'Académie d'Archéologie.

———

En 1861 je fournis à la *Revue trimestrielle* [1] une notice où je racontai l'émeute qui éclata au village de Saventhem, le 16 septembre 1739, lorsque le comte de Königsegg-Erps, baron de Saventhem, voulut ravir aux braves habitants de cet endroit le tableau de Van Dyck, dont la renommée est européenne. Je dis avec quel élan ces dignes villageois défendirent la possession de ce chef-d'œuvre de l'art, qui leur est toujours si cher. J'analysai, en même temps, le procès qui résulta de ce conflit devant le conseil souverain de Brabant, entre les habitants de Saventhem, d'une part, et Aimé Van Gameren, drossard de la baronnie, avec le mayeur, d'autre part. Ce procès n'eut pas de suite, que je sache. Tout ce qui est certain, c'est que le bon droit

———

[1] Tome XXX, p. 151.

était du côté des villageois, qui, fort heureusement, avaient à leur tête un homme éclairé dont il faut révérer la mémoire, puisque c'est surtout à lui que la Belgique doit d'être restée en possession d'une des plus belles compositions de Van Dyck. Je veux parler de M. Jean-Remacle vicomte de Thisquen, conseiller au conseil des finances [1]. Une heureuse découverte me force aujourd'hui de revenir sur cette affaire.

Il n'y a guère longtemps, en mettant en ordre une série de procès qui font partie des archives du conseil de Brabant, je mis la main sur une nouvelle liasse touchant les démêlés qui nous occupe. Le comte de Königsegg-Erps, dont on ne peut guère approuver la conduite dans ces circonstances, avait tellement insisté pour que la fabrique de l'église de Saventhem vendît la toile du peintre anversois, qu'en réalité je le soupçonne d'avoir voulu l'acquérir pour son propre compte d'une manière détournée. Comment expliquer autrement, pour un homme tel que lui surtout, cette inqualifiable entreprise ? Pouvait-il ignorer qu'il enlevait à sa baronnie son plus bel ornement ? Qu'il privait les Pays-Bas d'un de ses plus beaux joyaux en fait d'art ? Quoiqu'il en soit, plein de dépit du mauvais parti que les habitants de la localité avaient fait à l'acquéreur [2] et à ses aides, le comte de Königsegg-Erps les fit sommer de comparaître devant le conseil de Brabant afin qu'ils justifiassent et leurs prétentions et leur conduite. Une procédure écrite, fort vive, s'engagea donc entre les deux parties. Comme elles se fondaient à-peu-près sur les mêmes arguments que ceux invoqués dans l'autre

---

[1] Il mourut le 28 avril 1759 et fut enterré dans l'église de Saventhem où l'on voit encore son tombeau. Il avait une maison de campagne dans cette localité. C'était précisément celle où avait habité la maîtresse de Van Dyck, personne d'une famille honorable comme on va le voir.

[2] C'était Jacques de Roore, peintre anversois, fixé à La Haye.

procès et que j'ai donné de ces arguments une analyse substantielle, je me dispenserai d'y revenir. Pourtant, pour ne pas tromper entièrement l'attente du lecteur, je mettrai sous ses yeux le texte de la requête que le seigneur de Saventhem présenta au conseil de Brabant [1], ainsi que le projet de l'acte de vente qui y est mentionné [2]. Cette requête contient l'exposé historique du conflit, au point de vue du demandeur, bien entendu. La réplique ne se fit pas attendre ; elle fut mordante, acerbe. Puis vint la triplique, etc., etc. Mais, cette fois encore, des flots d'encre coulèrent pour rien et les avocats en furent sinon pour leurs honoraires, du moins pour leurs arguments. Le procès dut rester sans décision, puisque ni les registres ni les liasses aux sentences de la Cour ne contiennent d'arrêt définitif. L'absence de cet acte essentiel me fait présumer que les parties s'arrangèrent à l'amiable devant le juge-commissaire, chargé d'instruire la cause. Et puis le curé de la localité, qui était aussi porté pour la vente du tableau, sentant évidemment ses torts, s'efforça de faire prévaloir la voie de la conciliation.

Avant de reproduire la requête en question, il importe de dire quelques mots d'une autre pièce, plus intéressante à coup sûr, que l'on trouvera également imprimée à la suite de cette notice [3]. Dans ma notice précédente, je disais que je n'avais rien trouvé de nouveau touchant la jeune fille dont Van Dyck s'éprit à Saventhem et qui le captiva au point qu'il oublia auprès d'elle et son art et

---

[1] Annexe I.

[2] Annexe II. La vente du tableau n'ayant pu se réaliser, le peintre Jacques de Roore partit pour La Haye en laissant une procuration pour effectuer cette vente dans un moment plus favorable. (*Voyez* l'annexe III). Cette pièce est tirée du protocole n° 6407 du notariat général de Brabant.

[3] Annexe IV.

sa gloire naissante et son illustre maître. Il n'en a pas été de même cette fois. En parcourant la liasse de procédure dont je viens de parler, j'y trouvai un acte extrêmement curieux. C'est une attestation passée le 19 novembre 1739 devant le notaire Gansemans, de résidence à Cortenberg [1], touchant l'origine de la peinture de Van Dyck. Cette attestation se fit à la demande des habitants de Saventhem qui s'en servirent contre leurs adversaires. Le personnage qui la donne est messire François-Ferdinand Van Ophem, capitaine réformé de cavalerie, né à Bruxelles, domicilié à Louvain, âgé de quatre-vingt-onze ans ou approchant. Ce vieillard déclare qu'il a plus d'une fois entendu dire à son père que le tableau représentant saint Martin, qui orne l'autel consacré à ce saint, dans l'église de Saventhem, fut exécuté par le célèbre peintre Van Dyck, vers l'année 1629 ; que dans ce temps, Van Dyck recherchait en mariage la demoiselle Isabelle Van Ophem, qui était sa tante à lui, comparant, et la propre sœur de son père [2] ; que Van Dyck logeait chez ce dernier, lequel remplissait pour lors l'office de drossard de la baronnie de Saventhem, et qu'il y prenait sa nourriture. Cet acte se tait sur la seconde peinture de Van Dyck, où il s'était plu à reproduire les traits de sa bien aimée ; mais il nous révèle un fait nouveau concernant le saint

---

[1] Annexe IV. Les protocoles de ce notaire sont aux archives du royaume. (Notariat général de Brabant). L'attestation originale dont il s'agit s'y trouve avec d'autres pièces concernant l'affaire de Saventhem. (N° 4064 de l'Inventaire).

[2] La famille de Van Ophem était noble et ancienne. Elle possédait à Saventhem quelques petits fiefs relevant directement du duché de Brabant. Elle est mentionnée pour ces fiefs dès le commencement du XV° siècle. (Voy. les registres aux reliefs de la cour féodale de Brabant, aux Archives du royaume, et A. WAUTERS, Hist. des environs de Bruxelles, t. III, p. 170). M. Van den Broeck, de Bruxelles, qui descend de la famille de Van Ophem, s'occupe à en former une généologie. Espérons qu'il parviendra à établir la filiation de la belle et intéressante maîtresse de Van Dyck.

Martin. Il y est dit que, en 1672, par suite de l'invasion des Français, à ce que je crois, le tableau fut transporté chez le comte d'Erps, à Bruxelles. Martin Spruyt, alors doyen de chœur de la collégiale de Sainte-Gudule, depuis évêque d'Ypres, l'ayant vu là, manifesta le désir de l'acquérir et en offrit six mille florins. Le comte agréa cette offre. C'était certes une mauvaise inspiration de sa part ; mais il en eut une excellente qui ne vint pas au comte de Königsegg-Erps : il consulta les habitants de sa baronnie qui rejetèrent vivement la proposition du doyen Spruyt. Ils disaient : « cette vente ne s'effectuera jamais. Le comte pense-t-il que nous agirons comme les habitants de Laeken, qui jadis se défirent d'un tableau représentant, « un *Crucifix*, ce qui occasionna dans cette commune de graves désordres. . . . ? » Quel était ce tableau, qui sans doute ornait l'antique église de Laeken, et dont la vente fit naître des scènes tumultueuses? Voilà ce que j'ignore. Une chose est certaine, c'est que les deux épisodes de Laeken et de Saventhem prouvent que nos campagnards savent apprécier les œuvres d'art qui ornent leurs temples, surtout quand d'anciennes traditions s'y rattachent. Et, pour le dire une dernière fois, sachons gré aux anciens habitants de la commune de Saventhem et au vicomte de Thisquen qui par leur énergie et par leur vigilance, parvinrent à conserver à la Belgique une toile que les nations étrangères lui envient.

I.

Requête présentée par le comte de Königsegg-Erps au Conseil de Brabant.

Aen den Keyser ende Coninck in synen souvereynen raede geordonneert in Brabant.

Vertboont met eerbiedinge den *grave van Königsegg-Erps*, als baron der prochie ende heerelyckheyt van Saventhem, dat in den zyden autaer van de kercke der selver parochie [1] wordt gevonden seekere schilderye geschildert op slecht en dun panneel, representerende *Sinte Merten te peerdt en twee bedelaers*, die voor desen aldaer gegeven is geweest door wylen den fameusen schilder *Van Dyck*, den welcken uyt affectie voor sekere dochter, die by aldaer vervolgde en pretendeerde, aen de selve kercke voor desen oock hadde gegeven, alles sonder eenigen den minsten last ofte conditie, noch eene andere schoone schilderye geschildert op doeck, representerende *de famillie van onse Lieve-Vrouwe*, ende dat om door de representatie van den persoon van onse Lieve-Vrouwe te verbelden de dochter die by pretendeerde, ende door den voorschreve heyligen synen eygen persoon op het peerdt, dat hem vereert was geweest door den fameusen schilder Rubens, als blyckt uyt het extract authenticq uyt sekere receuil historique [2].

Dat de voorschreve schoone ende costelycke schilderye, representerende de familie van onse Lieve-Vrouwe, die geschildert was op doeck, voor desen in oorloge tyden geemporteert is geweest door de fransche trouppen, soo ende gelyck dat des noodt by verscheyde gelooffwerdige getuygen, gefondeert op de traditie, can geprobeert worden, alhoewel daer niemandt meer int' leven en is, die de voorschreve oorloge tyden heeft gesien ende by gewoont.

Dat de voorschreve andere schilderye, geschildert op panneel, als vooren, die het geluck heeft gehadt van de handen ende rapine van den vyandt te

---

[1] On voit que le comte de Königsegg s'efforçe de déprécier la valeur de la toile de Van Dyck.

[2] Il s'agit du *Recueil historique de la vie et des ouvrages des plus célèbres architectes*,par FÉLIBIEN, historiographe du roi de France et garde des antiques de S. M. p. 288

ontgaen by laps van tyde soodaeniglyck verargert is, dat de selve alreede op verscheyde plaetsen is geschelfert en gescheurt of gespleten, ende in corten tyde staet te vergaen op niet :

Het welck soo den verthoonder als Syne Eminentie in qualiteit van Arts-Bisschop van Mechelen, ten jaere 1721, heeft beweeght om hun schriftelyck consent ende permissie te verleenen op het versoeck van den pastoor en drossaert van dien tyde, ten fine om de selve schilderye op panneel uytter handt te laeten vercoopen, ende eene copye in plaetse te stellen. Namentlyck door dien men aldan in hope was datter eenen liefhebber gevonden soude syn geweest, die daer vooren, ten behoeve van de kercke, soude hebben gegeven de somme van vier duysent guldens wisselgelt, het welcke als dan niet en is geluckt. Dat den tegenwoordigen drossart, den advocaet AMATUS VAN GAMEREN, eyndelyck gevonden hebbende eenen liefhebber in den Haege, den welcken gecomen is tot de somme van duysent ducatons, oft dry duysent guldens wisselgelt comptant te betaelen, ten behoeve van de voorschreve kercke van Saventhem, alwaer het nootsaeckelyck is nieuwe autaeren, ornamenten, ende verscheyde andere indispensable noodtsaeckelykheden te maecken, ende tot dien berydt is voor goede ende suffisante borge, binnen den tydt van dry a vier maenden, op synnen cost, te leveren eene behoorelycke copye geschildert in perfectie, op wel geplamuerden ende geconditionneerden doeck, ter selve hooghde ende breede, waermede soo de voorschreve kercke als den gemelden autaer hun volcomen ciraet sullen hebben, ende selffs beter als voor desen, sigh by requeste andermael heeft geaddresseert aen den verthoonder, den welcken alles rypelyck geexamineert ende geconsidereert ende gesien tot dien de voorgaende permissie van Syne Eminentie, de date 10 july 1721, beneffens syn eygen voorgaende gedraegen schriftelycke consent ende permissie van den 10 may ejusdem anni 1721, als mede de iterative schriftelycke permissie van Syne gemelde Eminentie, als geestelycken oversten der voorschreve kercke van Saventhem, in date 31 augusti 1739, andermael heeft geconsenteert in de voorschreve vercooping der gemelde schilderye, ende den selven drossart, beneffens den pastoor van aldaer, heeft geauthoriseert om de voorschreve schilderye uyt der handt te vercoopen, ende aen den cooper te laeten volgen voor de voorschrevene somme van duysent ducatons, wissel gelt, ende voorts op de gemelde voordere conditie, mitsgaeders om de voorschreve coopsomme onder hun acquit ende quittantie ten behoeve der

voorschreve kercke te Saventhem tot volcomen descharge van den cooper
te ontfanghen, om ten behoeve van de voorschreve kercke geappliceert
ofte geremplaceert te worden naer behooren.

Dat den voorschreve drossaert Van Gameren, ingevolge van dien, den
voorschreve cooper alhier heeft laeten comen uyt den Hage ende hun ter
goede trouwe, op den 16 september, hebben getransporteert tot in de
voerschreve kercke van Saventhem met intentie om den act van vercoopinge
op den voet van het nevensgaende projet aldaer te passeren [1], ende ten
selven tyde te effectueren de reele overleveringe der voorschreve schilderye,
die men hadde moeten aennemen te leveren tot binnen deze stadt Brussele.
Doch, welcke overleveringe aldan by formel tumult [2] van eenige ingesetenen die nochtans daer aen niet het alderminste te seggen en hadden,
fytelyck is belet geworden als blyckt by de originele declaratie van vier
werckluyden, die de selve schilderye ten contentemente van den cooper
alreede seer voorsightighlycke afgedaen ende gepackt hadden in eene casse,
om de selve te transporteren tot binnen dese stadt Brussele ende aen den
cooper, volgens besprocken conditie, alhier over te leveren.

Dat den voorschreve cooper sig alvolgens hebbende moeten retireren,
sonder dat den coop voltrokken was, daerover aenstonds heeft geprotesteert
van alle expresse ende noodeloose vacatie, waer op den gemelden drossart
hem heeft verwillicht van ten minsten noch twee a drymael 24 uren
patientie te willen hebben, ende aenstonts hier te bove heeft gepresenteert de
requeste, alhier in originale neffensgaende, waer op geappointeert
was dat de heere commissarissen in saecke gedeputeert hun tegens den
22en deser ten negen uren voor noen souden hebben getransporteert binnen
het voorschreve Saventhem, om de ingesetenen verbaelyck te hooren ende
naer gelegentheyt te disponeren, de welcke soo by publicatie van de selve
appostille op den 20 deser naer de hooghmisse binnen het voorschreve
Saventhem, gedaen door den deurweerder de Smeth, als by affictie
van den selven appointemente door hem *eodem tempore* gedaen uit wysens
des zelffs originele contre relaes daer toe oock reelyck gequaert ende gedaeght syn geweest.

Doch, sonder dat tot hier toe daer op iets voorders is gevolght uyt dien

[1] *Voy.* l'annexe II.
[2] Ce tumulte fut très-violent. Les paysans accoururent armés de fusils, de faux, de
bêches, etc., envahirent l'église et forcèrent les ouvriers de remettre le saint en place.

dat den pastoor van het selve Saventhem sulcx metter minnen heeft mynen by te leggen, ende op desen tittel heeft bekomen, dat tot hier toe alles is onderbleven.

Dan alsoo men tot op deser ure geen het alderminste effect en heeft vernomen van de gemelde minnelycke beylegginge, ende dat men den gemelden cooper die van op den 19en deser is wedergekeert naer den Haege, niet verder en heeft connen verwilligen, als om behoorelyck procuratie ende authorisatie te verleggen op sekeren goeden ende suffi- santen persoon binnen dese stadt Brussele, *in ordine*, om den selven coop in synen naem op den voet vant' voorschreve project alnoch aentegaen, te passeren, ende de voorschreve coopsomme ten vollen comptant te tellen, mits conditie dat alles sal voltrocken ende oock de reele overleveringe der gemelde schilderye binnen dese stadt Brussele sal geeffectueert worden binnen den tydt van vyfthien a sesthien daegen uyter- lyck ende andersints niet, van welcke 15 a 16 daegen alreede acht volle daegen verloopen syn. Mitsgaeders alsoo het seker is, datter van de gemelde schilderye geen het alderminste profyt meer te verhoopen en is, in cas men dese favorable occasie laet voorbygaen, abstract van de costen ende procedure die men is den selven gevalle over de gemelde noodeloose expresse vacatie &ᵃ sal moeten uytstaen, oorsaecke den verthoonder uyt iever voor den interest ende profyte van de kercke genoodtsaeckt wordt syn recours te nemen tot desen souvereynen hove, oodtmoedelyck biddende gelieve gedient te wesen, in aendacht nemende allen het gene voorschreve ende naementlycke datter niemandt van de ingesetenen aen oft over de voorschreve schilderye iedt het alderminste te seggen en heeft, aen alle ende jegelyck ingesetenen van Saventhem te ordonneren van promptelyck te compareren ten dage ende ure by het Hoff te prefigeren voor heeren commissarissen in saecke gedeputeert, ende aldaer binnen den tydt van 24 uren te bewysen uyt wat hoofde ofte op wat tytel sy verstaen hun tegens de voorschreve vercoopinge te opponeren, op pene dat andersints ende by faute van dien aen den suppliant sal worden gepermitteert de voorschreve schilderye door synen voorschreven drossart met de sterck handt te doen afhaelen, ende aen den gecommitteerden van den voorschreve cooper binnen dese stadt over te leveren voor de gemelde somme van dry duysent guldens comptant wisselgelt, ten behoeve der voorschreve kercke van Saventhem, ende voorts op conditie als by het gemelt project van vercoopinge, ende in cas van ongefondeerde oppositie op pene dat de

gemeynte ende iederen opponent *in solidum* ende in hunnen priveen nae—
me , sullen worden gecondemneert de voorschreve somme van dry duysent
guldens wisselgelt met de interesten van dien t'sedert den instel deser
saecke aen ende ten behoeve der voorschreve kercke op te leggen ende te
betaelen , ende tot dien sullen worden gecondemneert in alle costen,
schaeden ende interesten alreede geleden ende nog te lyden , met
permissie van de selve te mogen libelleren cum expensis, alles sonder
prejuditie van de actie van officie wegen over het voorschreve tumult ,
oft, dat andersints. &ª. Dit doende &ª.

Signé J. DE SWERT [1].

II.

Projet de l'acte de vente du tableau de Van Dyck dressé devant le notaire Mabeuge de Bruxelles.

16 Septembre 1739.

Comparerende voor my Philippus Emanuel Mabeuge als openbaer notaris
by syne majesteyts souvereynen Raede van Brabant geadmitteert, tot
Brussele residerende , ende in de presentie van de getuygen naergenoempt
in propre persoonen den eerweerdigen heere Joannes Anthonius Van Hom-
berge pastor der parochie ende baenderye van Saventhem , landtdeeken van
den selven districte, ende heer ende meester Amatus Van Gameren drossaerd
der selve baenderye ter eende , welcke comparanten (ingevolge de authorisatie hun respectievelyck tot het geene naerbeschreven verleent ende
gegeven door het vicariaet van het aertsbisdomme van Mechelen de date
31 augustus van desen jaere 1739 ende degene van heer ende meester
J. de Swert als volmachtigden van wegens syne excellentie den heere grave
van Königsegg-Erps baenderheere van Saventhem &ª. geduerende desselffs
absentie van date 12 september van den selven jaere , aen my notaris ende
getuygen alhier in originali gethoont ende gebleeken) hebben verclaert
vercocht gecedeert ende getransporteert te hebben aen ende ten behoeve van
d'heer Jacques de Roone schilder woonende in den Haege hier mede
comparerende ter tweedere die den naerbeschreven coop is accepterende ;
dats te weten seckere schoone schilderye geschildert op panneel staende
actuelyck binnen de kercke van Saventhem in den authaer toegeeygent aen
den heyligen Martinus verbeldende den selven heyligen te peerdt ende twee

<hr>

[1] DE SWERT était l'avocat du comte de Königsegg-Erps.

bedelaers om ende mits de somme van dry duysent guldens brabants wisselgelt dewelcke de eerste comparanten bekennen in comptante penningen uyt handen van den tweeden comparant als nu wel ende deughdelyck ten behoeve van de voorschreve kercke van Saventhem ontfangen te hebben dienende dese desaengaende van volle ende absolute quittantie van reele voldoeninge sonder van andere ofte voordere te moeten doceren, ende voorts op de conditien dat de eerste comparanten de voorschreve schilderye sullen moeten doen leveren binnen de stadt Brussele ten koste der voornoemde kercke.

Item is noch geconditionneert dat den tweeden comparant in de voorschreve kercke sal moeten laeten den vergulden leest synde actuelyck aen de voorschreve schilderye ende door hem geschildert worden eene perfecte copye in olie verf van de voornoemde schilderye te weten op wel geplamuerden ende geconditionneerden doeck ter selve hooghde ende breede als actuelyck is de voorschreve schilderye welcke copye den tweeden comparant tusschen heden ende vier toecomende maenden t' synen coste ende laste sal moeten leveren binnen de stadt Brussele met authentiecque declaratien van twee fameuse schilders dat deze is bestaende in eene zeer wel geconditionneerde copye van het voorbenoempt stuck.

Hier mede comparerende.... .... ingesetenen borger ende coopman binnen de stadt Brussele, den welcken sig tot het volbrengen ende leveren der voorgevoerde copye, is stellende als borge principael ende in solidum, voor den tweeden comparant onder renuntiatie van het beneficie ordinis et discussionis synde den selven derden comparant van het effect dier door my notaris ondericht.

Alle welcke clausulen ende conditien de voorschreven comparanten in hunne voorschreve qualiteyten respectievelyck syn accepterende ende beloven punctuelyck te achtervolgen onder verbintenisse van hunne persoonen ende goederen present ende toecomende constituerende N...N.., ende alle 't hoorders deser om in hunnen naem te compareren in den Souvereynen Raede van Brabant, ende alomme elders daer het van noode wesen sal, ende aldaer in cas van gebrecke den gebreckelycken in het gene voorschreven gewillichlyck te doen ende laeten condemneren met costen.

Aldus gedaen ende gepasseert binnen de Baenderye van Saventhem, op den 16 september 1739, ter presentie van.........................

III.

Acte de procuration donnée par le peintre Jacques de Roore, au moment de son départ pour La Haye.

18 Septembre 1739.

Op heden den 18 september 1739, comparerende voor my onderschreven notaris geadmitteert by syne majestyts souvereynen Raede van Brabant, tot Brussel residerende, ende in de presentie van de getuygen naergenoempt d'heer Jacques de Roore, schilder woonende in den Haege, welcken comparant heeft verclaert soo by doet mits desen, te geven vollen last ende procuratie aen sieur Joannes Van der Steen, ingesetenen borger ende specier binnen dese stadt, om in synen comparants naem te contracteren met d'heer Amatus Van Gameren, drossaerdt der baenderye van Saventhem, als daertoe geauthoriseert synde, op den voet van het medegaende project, door my notario opgestelt ende aen den selven comparant albier tegenwoordich synde voorgelezen [1], over eene schilderye in de kercke van Saventhem, representerende den heyligen Martinus te peerdt, voor eene somme van duysent ducatons, maeckende dry duysent guldens wisselgelt, mits het selve stuck tusschen heden ende een maendt worde gelevert ten huyse van den voornoemden sieur Van der Steen, den welcken de voorschreve somme naer het leveren van t' voorschreven stuck promptelyck sal betaelen, belovende te houden voor goet vast ende van weirde hetgene den voorschreven sieur Van der Steen sal comen te doen ingevolghe dese tegenwoordige procuratie ende al oft hy comparant selffs daer present waere offte soude selver connen doen, onder verbintenisse van synen persoon ende goederen present ende toecomende. Aldus gedaen ende gepasseert binnen dese stadt Brussele ter presentie van sieurs Jacobus Fatseron ende Geeraert Hoet, testibus requisitis.

(Signé) GÉRARD HOET ; JACQUES DE ROORE ;
J. VASSERON.

[1] C'est le projet qui précède.

IV.

Attestation du capitaine François-Ferdinand Van Ophem, concernant l'origine du tableau de Van Dyck.

19 Novembre 1739.

Op heden, desen negenthiensten novembris XVIIe negen en dertigh, compareerende voor my, als openbaer notaris by syne Majesteyts souverynen raede van Brabant geadmitteert, tot Cortenbergh residerende, ende in de presentie van de getuyghen naergenoemt, in propre persoone JONCKER FRANCISCUS-FERDINANDE VAN OPHEM, capiteyn van peerden gereformeert, &^a, ghebortigh der stadt Brussele, ende teghenwoordigh woonachtigh binnen de stadt Loven, oudt ontrent de een–en–negentigh jaren welcken voorschreven comparant verclaert by desen, ter instantie van Hendrick Vermeren, pachter ende innegesetenen der baenderye van Saventhem, als gecommitteerde der innegeseten van aldaer, waerachtigh te wesen, dat hy, heere comparant, van wylen synen heere vaeder differente reysen hooren seggen heeft, dat seeckere schilderye representerende den patroon van Sinte–Martinus, staende in den autaer ende choore van Sinte– Martinus, binnen de parochiale kercke van het voorschreven Saventhem, gheschildert was in den huysen van wylen den heere vaeder van hem, attestant, alwaer tegenwoordigh van teyt tot teyt woonachtigh is den heere vicomte de Tisque [1], door wylen den weyt vermaerden schilder Van Deyck, wesende ontrent den teyde anno sesthien hondert negenentwintigh, dat de selve schilderye aldaer geschildert is. Mede heeft hy, heere attestant, van wylen synen voorschreven heere vader oock dickwils wel hooren seggen dat den voorschreven schilder Van Deyck en dyen teyde ten houwe– lyck versochte, wylen Jouffvrouwe ISABELLA VAN OPHEM, syne gewesene attestante moye, ende eygen suster van wylen synen voorschreven heere, vaeder, ende dat hy Van Deyck uyt die redene was seggende, dat synen naem Martinus [2] was, ende dat den patroon van Saventhem oock eenen Martinus was, voor memorie wel wilde aen de kercke van Saventhem vereeren eene schilderye representerende Sinte Martinus, ghelyck het effectivelyck al soo volgens het seggen van wylen den heere vaeder van hem

---

[1] Lisez de Thisquen.
[2] Le prénom de Van Dyck était Antoine comme chacun le sait.

attestant geschiedt ende geeffectueert is ; dat hy. Van Deyck, ten teyde van het schilderen der selver schilderye den kost ende drank was hebbende by synen voorschreven heere vader , sonder dat iemandt anders buyten het gene voorschreven aen de selve schilderye iets heeft becostight.

Item verclaert hy, heere attestant , alnoch voorders dat ontrent den jaere *sesthien hondert twee en seventigh* , ten welcken teyde wylen synen voorschreven heere vaeder binnen het voorschreven Saventhem drossaert [1] was , de voorschreve schilderye ghevlucht was binnen Brussel , ten huyse van wylen den heere Graeve Van Erps [2] baron der voorschreve baenderye van Saventhem , dat als dan wylen den hoogheerweerdigen heere Martinus Spruyts , doen ter teyt synde choor deken van Sinte-Gudula , binnen Brussel , ende naderhant Bisschop van Iperen , de selve schilderye aldaer ten huyse van den voorschreven heere Graeve Van Erps siende , aen den selven heere graeve versocht heeft om de selve schilderye te coopen ; dat daer op den voorschreven heere graeve voor antwoort gegeven heeft dat hy sulckx eens soude doen proponeren aen de ghemyntenaeren van Saventhem ; dat dese propositie effectivelyck is gheschiedt, dan en weet, hy attestant, niet te seggen wie deze propositie gedaen heeft ; dan weet hy, heere attestant , noch wel dat se voor de selve schilderye waeren presenterende ses duysent guldens , ende boven dyen eene copye soude hun gelevert worden van den eersten meester dier binnen Brussel te vinden soude geweest hebben ; ende oock wel te weten dat de gemyntenaeren dese voorschreve propositie seffens affslaegende , seggende dat dusdanighe vercoopinge noynt en sal gheschieden , ende wat wylen den voorschreven heere grave vermynde dat die van Saventhem soodanigh schoon present

---

[1] Le drossard était un officier préposé au maintien de la police , comme les amman , les écoutètes , les baillis et les mayeurs.

[2] François de Boisschot , comte d'Erps , baron de Saventhem , seigneur de Grand-Rigard , lieutenant de la cour féodale de Brabant , décédé le. . . . . Le tableau de Van Dyck avait été transporté chez le comte d'Erps, à cause de la présence des Français à Saventhem. En 1673, des cavaliers du marquis de Rochefort entrèrent dans le village, au moment où l'on y célébrait la messe, pénétrèrent dans l'église, la gaspillèrent , enlevèrent une remontrance d'argent , jetèrent les hosties et outragèrent les femmes et les filles. Ces excès causèrent beaucoup d'émigration à Bruxelles, mais Louis XIV était tout puissant et on osa à peine réclamer. (WAUTERS, *Histoire des environs de Bruxelles*, t. III, page 164). Ce fut dans une de ces bagarres, suites inévitables de la guerre , que disparut l'autre tableau de Van Dyck qui ornait la modeste église de Saventhem.

soude gaen vercoopen, ende alsoo gaen doen gelyck eertyts gedaen hadden die van Laecken, de welcke hun schilderye, representerende *een cruysefix*, vercocht hadde, t'gene aldaer groote disorders veroorzaeckt hadde. Synde hy, heere attestant, oock noch wel endachtigh dat de selve propositie tot het vercoopen der meergenoemde schilderye, representerende Sinte Martinus, seffens vernietight wirdt, gevende hy, heere attestant, voor redene van wetenschap de gene resulterende syn uyt dese syne depositie, ende voorders t'gene voorschreve alsoo ghehoordt, ende ghesien te hebben, bereedt synde, des aensocht, te worden den inhoudt dyer met eedt te vernieuwen daer ende alsoo. Ende naer voorlesinghe, heeft hy, heere attestant, daer hy ghepersisteert ende onderteeckent, ter presentie van Philippus Jacobus Eekelaer ende Peeter Jonghbaerts, als getuygen hiertoe aensocht, ende gebeden. Synde de originele minute deser becleedt met behoorelycken zegel by den voorschreven comparant ende getuygen beneffens my notaris onderteeckent.

Quod attestor.

Signé, G. GANSEMANS, nots.

21 nov. 1739.

SAINT LAMBERT.

NOTICE

PAR

M. ALEX. SCHAEPKENS,

membre correspondant de l'Académie d'Archéologie.

Le chanoine Ernst, en parlant du martyr et de la mort de saint Lambert, dit qu'il existe une différence de date de treize ans entre les traditions de l'église de Liége et les historiens qui ont parlé de cet événement. Dans l'index chronologique du tome troisième des *Scriptores rerum francicarum*, p. 82, Dom Bouquet place sa mort sous l'année 707. Les auteurs des *Acta Sanctorum* la rapprochent jusqu'en 709 [1]. Je ne déciderai pas, dit le même auteur, de quel côté se trouve la vérité [2]. Ce grand événement dans l'histoire religieuse a occupé les historiens, sans que jusqu'à présent on ait pu établir d'une manière exacte l'année où il eut lieu.

Après que saint Lambert et les gens de sa maison *(domestici)* eurent été assassinés, quelques-uns des siens, qui avaient échappé au massacre, revinrent après le départ des malfaiteurs et déposèrent le corps de leur maître dans une nacelle, sur la Meuse, qu'ils diri-

---

[1] *Acta Sanctorum*, 17 septembre, t. V, p. 518.

[2] *Tableau historique et chronologique des suffragants ou co-évêques de Liége*, p. 248. Ce sont sans doute ces deux dates, 707 ou 709, que le savant tient pour les plus probables.

gèrent de Liége vers Maestricht pour l'ensevelir là où était le siége épiscopal. Fisen, *in Floribus ecclesiæ*, mentionne qu'un ange plana au-dessus de l'église de Notre-Dame de Maestricht pour annoncer au peuple de la ville l'arrivée des restes mortels de leur évêque et s'exprime ainsi : *Trajectensibus annunciatum ferunt ab angelo, qui supra Dei parentis ædem omnibus conspicuus, digito ad mosam intento gloriosas invicti martyris exuvias commonstravit, ejus hodie super esse monumentum angeli signum in ejusdem templi culmine manu ad fluvium protenta* [1]. D'après Stephanus et Sigebert toute la ville de Maestricht reçut le corps inanimé de son évêque en pleurs. Ils le portèrent, dès qu'il fut débarqué et posé dans un cercueil (feretro), vers l'église de Saint-Pierre où était le tombeau de son père. Cette grande vénération et cet amour pour le saint de la part du peuple de la ville s'explique non seulement par sa vie sainte et exemplaire, mais aussi par son illustre naissance ; saint Lambert, dit Anselme [2], était de très-noble extraction ; son père Aper, homme noble et illustre, était de maison royale. Il dit également que Aper avait sa maison à Maestricht, *ad domum comitis Apri in Trajecto*, et le chanoine Nicolas, en le mentionnant, ajoute qu'il gouvernait bien son comté [3]. Le même biographe dit qu'on porta le corps du saint le lendemain de son arrivée à l'église de Saint-Pierre (qui est près de la ville aux bords de la Meuse), et d'après les autres biographes une mélodie céleste d'anges et la voix bien connue du saint martyr fut

---

[1] Aucun autre auteur ne mentionne ce fait. Une statue placée au sommet de l'église, représentant une vierge, ou le génie de la ville, étendant le bras, a été longtemps regardé par le peuple comme un souvenir consacré à l'arrivée des reliques du saint martyr.

[2] *Recueil de Chapeauville*, t. I, p. 106.

[3] Aper était selon toute probabilité comte du Masgauw ou Maeseland supérieur, *Mém. hist. sur les anciennes limites du Limbourg*, par le chevalier DE CORSWAREM.

entendue nuit et jour ; cependant, le jour après le martyr ou l'arrivée du corps, les habitans de Maestricht craignant Dodon, n'osèrent pas lui ériger un tombeau digne d'un si grand évêque ; ils ouvrirent donc celui de son père auprès des restes duquel ils déposèrent le corps du saint martyr. Stephanus , comme la plupart des autres biographes, mu par une grande vénération pour le patron de Liége ajoute qu'une odeur suave émana du corps lorsqu'on l'enterra. L'ancienne église de St-Pierre , où on enterra le saint comme nous l'avons dit , était située sur les rives de la Meuse en dehors de la forteresse de Maestricht. Le chanoine Nicolas fait ainsi la description du lieu que Hugo II, évêque de Liége, dans un diplôme de 1296, appelle le patrimoine particulier du saint : *Erat autem solitaria sita fere in ipsa mosœ ripa ad orientalem clivum montis , quem in colœ castra vacant habens inter se et trajectum quasi quemdram limitem jecorum* (jaer) *fluviolum*.

L'ancien *castrum mosœ trajectensis*, comme l'appelle Mabillon, la ville , la forteresse ou plutôt le *Porticus* des Romains , puisque sa situation est très-favorable pour l'abordage , et où les anciennes constructions s'allignent principalement le long du fleuve , comptait, à l'époque du martyr de saint Lambert, deux grandes églises , celle de Notre-Dame, bâtie aux bords de la Meuse près de l'ancien pont et de la *porta Regia*, et celle de Saint-Servais, érigée sur le tombeau de cet évêque au VIme siècle par saint Monulphe, évêque et seigneur de Dinant [1]. A Notre-Dame furent célébrées les funérailles de l'illustre martyr [2].

---

[1] WINDELIKUS fixe au 13 mai, deuxième jour de la Pentecôte de l'année 384, la mort de saint Servais. Grégoire de Tours , qui parle de la construction de l'église de Saint-Servais, écrivait à la fin du VIme siècle.

[2] *L'ordinarius custodem* de l'église de Saint-Servais , prescrit ainsi , au XVe siècle,

Le *monasterium sancti Servatii confessoris* inspira à l'abbé
Wando de Fontanelle sur la Seine, exilé à Maestricht en 719, le
plan de construire à Fontanelle une basilique, près de celle
de Saint-Pierre, qu'il dédia à saint Servais, monument où il
plaça sur un lieu élevé (solarium) [1], auquel on montait par plusieurs marches, des reliques du saint rapportées du *castrum mosœ
trajectensis*, lieu de son exil. Une des églises splendides élevées à Maestricht, qui est près du lieu de sépulture de saint
Lambert servait donc dès 719 avec son solarium de modèle à
l'abbé Wando de Fontanelle, ce qui prouve l'état avancé de
l'art religieux et la richesse des monuments chrétiens dans les
Gaules. Sous Constantin déjà, les nations des environs du Rhin et
des parties les plus reculées de la Gaule vers l'Océan étaient déjà
chrétiennes. Elles avaient commencé à se convertir en faisant
des incursions dans l'empire sous l'empereur Gallien et les évêques
captifs achevèrent leur conversion [2]. A cette époque le luxe et la
bon goût dans la construction et l'ornementation des monuments
étant déjà portés à un haut point; les églises byzantines auront
inspiré aux peuples de nos contrées le goût de l'art religieux
oriental, dans lequel s'étalait une grande richesse, unie à une

au mois de septembre, la fête de saint Lambert : « In festo sancti Lamberti altare erit
» ornatum apertum et ornatum cum baldekino rubei coloris et mappa mediocri. Cappe
» et ornamentum etiam rubei coloris de mediocribus. Si venerit in Dom** portentur
» reliquie ad placidum custodum...... quod subdiaconus portet textum. Et aperietur
» aquila. Indiebus festis quatuor temporum celebratur anniversarium omnium peregri-
» norum ponendo in medio chori baldekinum cum quator candelis cum uno cussino et
» parva cruce superposita.

[1] On montait par des degrés au sanctuaire à Hipone en Afrique du temps de saint
Augustin en 410. (FLEURY, *Histoire de l'Église*, t. III, p. 308).

[2] FLEURY, *Histoire de l'Église*, t. III.

profonde connaissance de l'harmonie des lignes et du sentiment
de la couleur monumentale.

Presque à la même époque du martyr et de la mort de saint
Lambert, Charles Martel fit décorer le tombeau de saint Servais
avec magnificence, en 726, après avoir remporté une éclatante
victoire sur les Sarrasins dans les plaines de Tours en invoquant
le saint au moment le plus difficile de la bataille, le jour de sa
fête. Charles, après cette victoire, plein de reconnaissance pour
la protection divine, chargea l'évêque Willegise de rechercher
le tombeau de saint Servais, afin de rendre les plus grands honneurs à ses reliques. Au VIIIe siècle, sous saint Hubert, on trouva
le corps du saint dans la basilique, et par le vœu de son maître,
l'évêque Willegise lui fit une demeure splendide et renferma
ses restes dans une châsse en argent doré, placée dans un lieu
élevé derrière l'autel. Il décora l'autel d'un baldaquin d'or, orné
de pierres précieuses, couvrant le dépôt sacré des reliques du
saint ce qui formait anciennement le *ciborium* ou couronnement
des autels [1].

---

[1] Cette translation des reliques de saint Servais fut la seconde. Elle eut lieu, d'après
Henschenius, en 726 ou 25 jours après la victoire remportée par Charles Martel. Voici
les dates des différentes victoires remportées par Charles sur les infidèles : 725, Eude,
duc d'Aquitaine, fait la guerre à Charles Martel et aux Sarrasins, à qui il livre une sanglante bataille où il y eut grand nombre de tués. 731, Charles chasse les Sarrasins de la
Gaule Narbonnaise. En 733, il défait les Sarrasins qui ravageaient la Gaule Narbonnaise.
— *Tablettes chronologiques.*

En 1463 Louis XI rendit un éclatant hommage au culte de saint Servais. Il fit bâtir
une chapelle à côté du chœur de l'église de Saint-Servais en mémoire de la guérison
miraculeuse de son parent Henri de Bavière, et envoya, à cet effet, aux magistrats de
la ville une somme de douze cent couronnes. Cette chapelle, consacrée à saint Louis,
était du style ogival flamboyant ; elle avait une abside à ogive dentellée et était
ornée de fleurs de lis, armes des Bourbons. Elle fut démolie par les *restaurateurs* de
l'église, en 1804, dignes ancêtres des mutilateurs actuels de ce beau monument.

Le pouvoir de l'évêque de Liége sur la ville de Maestricht, doit évidemment son origine à l'autorité qu'y exerçait le père de saint Lambert comme comte du Masgauw. Le clergé du chapitre de Notre-Dame représentait le pouvoir du prince-évêque de Liége sur une partie de la ville, tandis que l'autorité du duc de Brabant, comme vicaire de l'empire, était représentée par le chapitre de saint Servais, dont la tour principale de l'église était couronnée du double aigle allemand de l'empire. Le clergé de Notre-Dame était très-fier de cette autorité transmise à l'évêque de Liége de temps immémorial et la grande importance que l'église de Notre-Dame attachait à l'honneur d'avoir été le berceau de l'illustre martyr saint Lambert était très-populaire. A l'angle de l'ancienne rue de Hoen, près de l'église, s'élevait une maison de très-modeste apparence, dont nous avons publié la gravure dans le dix-septième volume des *Annales de l'Académie d'Archéologie de Belgique* et que l'on croyait construite sur le terrain de la demeure ou du lieu de naissance du saint, ce que rappelait encore, il y a quelques années, une statuette en pierre placée à l'angle de la rue dans une niche en pierre.

Les pères jésuites, qui avaient leur église et leur couvent à proximité, montraient dans l'enclos de leurs propriétés l'endroit où l'illustre martyr était né. L'église de Notre-Dame possède encore dans son trésor un vêtement sacerdotal que l'on croit avoir servi à saint Lambert, en forme de dalmatique, d'un travail plein de goût, qui peut remonter au XIme ou XIIme siècle et auquel la piété a consacré le souvenir du martyr. On conserve à la même église la tête du saint martyr ou d'un de ses compagnons dont le crâne porte une lésion provenant d'un coup ou blessure de lance ou autre arme tranchante. Ces reliques ne purent être exhibées, comme le désirait le chapitre de Notre-Dame, par l'opposition de l'évêque de Liége. A Liége on montrait, à certaines fêtes de l'année, l'amict ensanglanté dans lequel il subit le martyr, une corde à nœuds et la tête du glorieux martyr, puis la châsse renfermant ses reliques, sa crosse pastorale, son étole et son manipule.

Rome reçut de la ville de Maestricht des reliques de saint Servais et de saint Lambert, en retour des reliques de saint Marcelin et de saint Pierre qu'Éginhart, d'après Baronius, rapporta de la ville éternelle.

Saint Servais et saint Lambert sont vénérés à Rome dans la chapelle de Notre-Dame des Fièvres *(Sancta Maria de Febribus)*, maintenant la sacristie de la basilique du Vatican, où chaque saint a un autel qui lui est dédié.

DESCRIPTION

DES

CARTES DE LA PROVINCE D'ANVERS

ET DES

PLANS DE LA VILLE

PAR

A. DEJARDIN,

Capitaine du Génie, Membre correspondant de l'Académie.

(Suite, voir Tome XIXe, page 532.)

Cette vue s'étend depuis la ville d'Anvers jusqu'aux forts Lillo et Liefkensboek. On voit tous les autres forts sur les rives du fleuve. L'ennemi (les Hollandais) est campé à Eeckeren et à Austruweel. La flotte hollandaise est dans le lointain, et une partie vient faire une descente pour couper la digue appelée Blockersdyck : les Espagnols les repoussent. Les Hollandais brûlent leurs vaisseaux vis-à-vis de la ville. On voit aussi un navire anglais.

De la ville on ne voit qu'une partie : d'abord la nouvelle ville, la porte de Slyk, et puis la maison hanséatique, la cathédrale, dont la tour du sud est par erreur achevée et a une flèche, au lieu de la tour du nord, le Werf avec l'église Ste-Walburge, et quelques autres clochers. Au premier plan est le *Boulevart derrière St-Michel*, sur lequel on voit un grand nombre de personnages en costume du temps.

Sur la rive gauche le village de *Veir* (tête de Flandre) n'est pas fortifié ; mais en aval il y a un fort nommé *Fort de Veir* : cependant sur les plans précédents c'est la tête de Flandre elle-même qui est fortifiée.

Le pont de bateaux n'est pas encore jeté sur l'Escaut : il l'a été quelques jours après.

Larg. 0m325, haut. 0m24.

Fait partie de la collection de M. Henri Legrelle.

1605.

N° 95bis. Vue sans titre paraissant être une copie de la vue précédente.

Larg. 0m155, haut. 0m125.

Se trouve dans l'ouvrage intitulé : *Nassauwe oorloghen*, etc.

1605.

N° 96. Plan intitulé : *Antverpia.*
Cum gratia et privilegio. Sign. Buschere.
La partie supérieure de ce plan est occupée de la manière suivante : au milieu les armoiries d'Albert et Isabelle, avec le titre *Antverpia* : à l'extrême droite les armoiries de la ville et à l'extrême gauche les armoiries de l'empire. Entre celle-ci et les armoiries du milieu se trouve une inscription en quatre langues : espagnol, flamand, latin et français. Je ne rapporterai que celle en français ; elle est conçue ainsi :

Assiègement de la ville d'Anvers attenté par le conte Maurice de Nassau et les rebels de leurs Ser.mes Altezes, le 17 de May, l'an 1605, sans effect, et avecq perte de beaucoup de gens et navires.

A la partie inférieure à gauche est un piédestal supportant l'Escaut. Sur la face de ce piédestal se trouve l'inscription suivante : *Clariss. prudentiss. que senatui Antverpiensi Petri Verbist devot, dedica* [1].

A la partie inférieure à droite est un autre piédestal supportant la statue de Minerve personnifiant le commerce et les arts, sur lequel se trouve cette inscription : *Men vinsche te coop t'Antwerpen by Peter Verbist op de Lombarde vest in de nieu weerelt. 1628* [2].

Avec une légende de 24 numéros en latin et la même en flamand, conti-

---

[1] Cette inscription paraît en avoir remplacé une autre.
[2] Même observation. — Sur un exemplaire qui se trouve aux Archives générales du royaume, la date de 1628 est remplacée par celle de 1648, et il y a à la suite l'inscription suivante : *Men vinsche te coop by J. Peeters op de Schoen mert.*

nuée de A à Q et de 25 à 53 en flamand [1], plus une autre pour *Les noms des bouleverts et râpars*, de A à E, donnant les noms des bastions de la citadelle en espagnol.

Dans ce plan les édifices et les maisons sont vus en élévation : la vue est prise un peu à droite de la citadelle. On y voit le camp du général Spinola à Dambrug, la flotte des hollandais avec les noms des capitaines de vaisseaux, et le pont vis-à-vis du Werf avec cette inscription : *An 1605 le 24 de May par commandement de son excellence Spinola maistre du camp général Abraham Melyn a fait ce pont en trois jours* [2].

On voit sur ce plan les environs de la ville à une assez grande distance. Ainsi, en aval de la ville, on voit : *Saftingen gat*, les *forts Lillo* et *Liefkenshoek*, etc., en amont il ne va pas plus loin que la citadelle. D'un autre côté il s'étend jusqu'à *Merxem*.

La tête de Flandre s'appelle : *Over het veer*. (Passage d'eau).

En deux feuilles.

Larg. 0m95, haut. 0m70.

Se trouve à la bibliothèque de la ville d'Anvers et aux Archives générales du royaume, sous le n° 229 des plans gravés.

1605 ?

N° 97. Plan intitulé : *Anversa*. 3.

Les rues n'y sont pas indiquées. Les églises de Notre-Dame et de St-Jacques sont vues en élévation. La citadelle, qui a été construite en 1567, y figure. Un pont de bateaux est jeté sur l'Escaut vis-à-vis du Werf.

Larg. 0m42, haut. 0m315.

Se trouve à la Bibliothèque royale, à Bruxelles.

1610.

N° 98. Plan intitulé : *Antverpia. Aedes in ea sacræ, hospitalia, loca celebriora, arx, aquæductus, ostia, vici. Incrementa urbis, numeris designata. Pag. 54.*

Avec une échelle et une rose des vents : le Nord est à gauche, comme

---

[1] La partie de légende en flamand paraît avoir été ajoutée.
[2] Cette inscription ne se trouve plus sur le plan de 1648.

dans presque tous les autres plans géométriques qui ont suivi celui-ci.

Les divers agrandissements de la ville y sont indiqués par des lignes pointillées et des chiffres de 1 à 5. Tous les noms de rues et d'édifices sont inscrits ; ces derniers sont vus en élévation. Le couvent des Augustins construit en 1607 et celui des Annonciades construit en 1608, y figurent déjà : les Jésuites sont établis à l'hôtel Van Lier depuis 1607. On n'y voit pas encore les Minimes ni les Carmélites dont les couvents ne furent érigés qu'en 1612 et 1614.

Sur la rive gauche on voit le fort St-Isabel et le Tver (Tête de Flandre) fortifiée.

Larg. 0ᵐ315, haut. 0ᵐ23.

Se trouve dans l'ouvrage intitulé : *Caroli Scribani* [1] *e societate Jesu origines Antverpiensium. Antverpiœ, ex officina Plantiniana*, *apud Joannem Moretum*. 1610. Un volume in-4°. Pag. 54.

1610.

Nº 99. Plan intitulé : *Arx Antverpiensis. Pag.* 118.

Avec une échelle. Ce plan se borne à la citadelle. On y voit tous les bâtiments en élévation et les canons sur les remparts.

Larg. 0ᵐ315, haut. 0ᵐ23.

Se trouve dans le même ouvrage que le précédent. Pag. 118.

1613.

Nº 100. Vue intitulée : *Hantwerpen.*

Avec les armoiries de la ville.

Cette vue est prise de la tête de Flandre : on voit au premier plan les fortifications de ce village, et dans le fond les quais et les diverses églises. Il n'y a aucune inscription,

Larg. 0ᵐ20, haut. 0ᵐ135.

Se trouve dans l'ouvrage intitulé : *Description de touts les Pays-Bas par*

[1] SCRIBANUS (Charles) naquit à Bruxelles en 1561 et mourut à Anvers en 1629. Il était fils d'un habitant de Plaisance. Il parlait également bien le flamand, le haut-allemand, l'italien, l'espagnol et le français. Parmi ses ouvrages on cite ceux intitulés : *Antverpia*, 1610. 1 vol. in-4°. et *Origines Antverpiensium*, 1610. 1 vol. in-4°.

Messire Loys Guicciardin G. H. Florentin, avec toutes les cartes géographiques desdits pays, et plusieurs pourtraicts de villes nouvellement tierez en belle perspective par M. Pierre du Keere : de rechef illustrée de plusieurs additions remarquables, par Pierre du Mont, l'an 1613. Arnhemi apud Johannem Janssoni et Petrum Koerium Amsterodamum. Un volume in-4°, oblong. Pag. 81.

Édition latine du même ouvrage : *Arnhemii, ex officina Johannis Janssonii.* 1616. Un volume in-4° oblong.

Édition hollandaise du même ouvrage. Pag. 90. N° 96.

1617.

N° 101. Vue intitulée : *Antwerpen*.

Cette vue est prise de la rive gauche : on voit les bords de cette rive au premier plan.

Le cadre est rond.

Larg. 0m05, haut. 0m04.

Se trouve sur la carte intitulée : *Brabantia ducatus Machliniæ urbis dominium*, qui fait partie de l'ouvrage intitulé : *Petri Kœrii Germania inferior id est, XVII provinciarum ejus novæ et exactæ tabulæ geographicæ, cum luculentis singularum descriptionibus additis a Petro Montano. Amstelodami impensis Pet. Kœrii.* 1617. [1] Un volume in-folio.

1617.

N° 102. Plan intitulé : *Marchionatus sacri romani imperii.*
Amstelodami Petrus Kaerius excudit. Anno 1617.

Avec une échelle et les armoiries du marquisat. Le nord est à gauche.

Ce plan est une reproduction de celui de 1582, n° 72, dans lequel on a cependant indiqué les rues de la ville. A la partie inférieure est une vue de la ville d'Anvers citée plus bas.

Larg. 0m475, haut. 0m36.

Se trouve dans le même ouvrage que le précédent.

[1] Il y a une autre édition de 1622.

1617.

N° 103. Vue intitulée : *Antverpia*.
Cette vue est prise de la tête de Flandre.

Larg. 0m20, haut. 0m05.

Se trouve sur le plan intitulé : *Marchionatus sacri romanii imperii*, cité ci—dessus.

1621.

N° 104. Vue intitulée : *Borcht*.
Cette vue est prise de la rive gauche de l'Escaut : elle représente le Werf, l'église Ste-Walburge et à droite une tour intitulée : *redoute*. Sur la rive gauche il y a une tour semblable en regard de la première.

Il y a peu d'exactitude dans cette vue : on ne voit ni portes, ni fortifications au bourg.

L'Escaut est gelé et on le traverse sur la glace ; cette vue est faite à propos de cet événement, qui eut lieu du 30 janvier au 21 février 1621.

En dessous du plan est un texte avec le titre : *Waerachtich verhael en afbeeldinghe van den stercken vorst ende kouwen winter*, etc.

T'Antwerpen, by Abraham Verhoeven, op de Lombaerde vest in de gulde sonne [1].

Larg. 0m23, haut. 0m115.

Se trouve aux Archives générales du royaume, à Bruxelles.

1621.

N° 105. Vue d'une petite partie de la ville d'Anvers , sans titre , comprenant le Werf, l'église St-Walburge, etc. et les quais jusqu'à la tour de Croonenbourg. Au delà , sur la même rive, on voit : *Austerweel*, le *fort St-Philippe*, le *fort Ordam*, le *fort Lillo*, la *digue de Couwenstein* avec le *fort St-Jacques*, les villages d'*Ekeren*, de *Stabroeck* et de *Santvliet*. Sur la rive gauche on voit : *Saftingen*, le *Doel*, le *fort Liefkenshoek*, le *fort la Perle*, le *fort Ste-Marie*, le *fort Isabelle* , un fort intitulé : *Nouveau fort* et la *Nouvelle fortification de Tveer*.

[1] Voir la note sur A. VERHOEVEN, à la page 532 du XIX° volume.

Un pont est jeté sur l'Escaut entre le Werf et le Nouveau fort, avec cette inscription : *Anno 1621 le 23 de Mars est commencé le pont devant la ville d'Anvers.*

Larg. 0ᵐ325, haut. 0ᵐ235.

Se trouve aux Archives générales du royaume , à Bruxelles.

1622.

N° 106. Vue intitulée : *Antverpia.*

C'est la même vue que le n° 82, mais le tableau a pour titre : *Aigentliche abbildung desz gantzen gewerbs der kaufmanschafft sambt etslicher der namhafft und fürnembsten handelstelt signatur und wappen . . . . . erstlich durch den nambhafft mit weil berühmten alten herrn Johann Neudorffer. . . . jetz und aber durch Casparn Brinner burger und rechen meister zu Augspurg ernandts herrn Neudorffer seligen gewesen discipuli und substituten durch sonder fleissig nachdenken, mit grosser müh ins werck und in dese holdselige augenscheinliche figuren und teutsche carmina gebracht und in truck verferligt im jahr, nach . . . MDCXXII.*

A droite en bas on lit : *Gedruckt zu Augspurg, in verlegung Wilhelm Peter Zimmermans.*

Le tout est entouré d'un encadrement imprimé et les marges portent des vers allemands.

Les vers qui se trouvent dans le grand tableau de droite ne sont pas non plus les mêmes. Ici ils commencent ainsi :

Wird solche wage nicht wie braüchlich uwe stehen.

Larg. 0ᵐ60, haut. 0ᵐ97.

Cette vue est décrite dans l'ouvrage intitulé : *Jobst Amman zeichner und formschneider, rufferatzer und stecher*, par C. Becker. Leipzig. Weigel. 1854.

1626.

N° 107. Plan intitulé : *Marchionatus sacri romani imperii. N° 18. Visscher excudit. Anno 1624.*

Ce plan est une copie de celui de 1617, n° 102.

Larg. 0ᵐ475, haut. 0ᵐ36.

Se trouve dans l'ouvrage intitulé : *Atlas minor Gerardi Mercatoris à J. Hondio plurimis œneis tabulis auctus et illustratus : denuò rocognit : additisque novis delineationibus emendatus. Amsterodami ex officina Joannis Janssonii.* 1634. Un volume in-folio.

Elle se trouve aussi dans l'ouvrage intitulé :

Belgium sive Germania inferior continens provincias singulares septem decem juxtà artem geographicam perfectissimè descripta, variisq. regionum partibus distinctis tabulis aucta per N. J. Piscatorem. Anno 1634. Un volume in-folio.

1624.

Nº 108. Vue intitulée : *Antverpia.*
Cette vue est la même que celle citée au nº 103.

Larg. 0m20, haut. 0m05.

Se trouve sur le plan précédent.

1624.

Nº 109. Plan d'une partie de la ville d'Anvers et de la citadelle : le *T Ver* se voit sur l'autre rive.

Dans un coin de ce plan sont dessinés *Les instruments de l'ennemy* et *Les pontons.*

Ce plan s'étend jusqu'à la Pépinière. On voit l'armée hollandaise qui lève le siège de la citadelle, le 13 octobre 1624. En dessous est une relation du siège imprimée sur une feuille à part.

Larg. 0m275, haut. 0m155.

Ce plan se trouve aux Archives générales de l'état, sous le nº 421 des plans gravés.

1627.

Nº 110. Vue intitulée : *Antwerpen.*
Cette vue est prise de la Tête de Flandre, dont on voit les fortifications au premier plan.

Larg. 0m095, haut. 0m04.

Se trouve dans l'ouvrage intitulé : *Theatrum urbium et civitatum orbis terrarum, par Georgius Braun et Franciscus Hohenbergius.* Cologne, 1572-1616. Six volumes in-folio. Le deuxième volume dans lequel se trouve cette vue a pour titre : *De præcipuis totius universi urbibus, liber secundus.* Elle se trouve parmi les vues qui encadrent la carte intitulée : *Brabantiæ ducatus.* Les autres vues qui se trouvent sur cette carte sont celles de : Louvain, Bruxelles, Bois-le-Duc, Tirlemont, Bergen-op-Zoom, Lierre, Helmont, Breda et Malines.

1630?

Nº 111. Plan intitulé : *Antwerpen. Y. Fig.* 106.

Avec une échelle et une rose des vents. Ce plan se borne à l'enceinte des fortifications et à la citadelle. La partie de l'enceinte démolie pour la construction de la citadelle y est figurée en traits pointillés. Les rues ne sont pas indiquées.

Larg. 0ᵐ315, haut. 0ᵐ24.

Se trouve dans un ouvrage en hollandais sur la fortification de format in-4º oblong., dont je n'ai pas le titre.

1630.

Nº 112. Vue intitulée : *Antverpia. Johannes Loots excudit.*

Le titre se trouve au centre de la vue à la partie supérieure. A gauche est un groupe représentant la force donnant la victoire et la justice, avec l'abondance et une renommée plus loin. A droite est un autre groupe représentant la ville d'Anvers ayant à sa droite Mercure et à sa gauche les peuples étrangers qui viennent lui apporter des présents, amenés par l'Escaut, et au-delà une renommée.

A gauche du premier groupe sont les armes de l'empire soutenues par deux anges et à droite du second les armes du marquisat aussi soutenues par deux anges.

Enfin à l'extrême gauche se trouve dans un cartouche une pièce de vers intitulée : *De magnificentia urbis Antverpianæ,* de 18 vers et à l'extrême droite, aussi dans un cartouche, le privilège octroyé par Albert et Isabelle à J. B. Vrients, de publier et de vendre seul cette représentation de la ville d'Anvers avec sa description. Ce privilège est en flamand et commence ainsi :

Extract uyt de privilegie. Albertus ende Isabella·Clara Eugenia onse doorluchtige hertogen, hebben geconsenteert ende toegelaten Jan Baptista Vrients, etc.

A la partie inférieure se trouve une boussole, indiquant l'orientation, sur les bords de laquelle est l'inscription *Johannes Loots excudit*.

Cette vue est prise du milieu de l'Escaut : elle représente donc les quais dans toute leur longueur. Les noms sont inscrits près des principales parties ; en voici l'énumération en commençant par la gauche.

Cattenberg, Oosterse vliet, Engelsche kay, Het Oostershuys, Mee kay, St-Peters vliet, Steene kraen, De Roy poort, Minne broers clooster, Borcht gracht, Preecheeren kerck, De Werf, Werfpoort, De Borch kerck (Ste-Walburge), Het Vleeshuys, Viscoopers tooren, St-Jacobs kerck, Het Stadthuys, Ons L. Vrouwen kerck, Backers tooren, Peterpots klooster, Bierhooft, Vrouwebroers kerck, St-Jans Gasthuys, St-Jans vliet, De Foekers, St-Andries kerck, St-Michiels-kerck, Het nieu bolwerck, St-Joris kerck, Croonenburgh poort, Het Casteel. L'Escaut est couvert de vaisseaux. A la partie inférieure à gauche est la figure de ce fleuve.

En quatre feuilles.

Larg. 2m16, haut. 0m415.

Se trouve à la bibliothèque de la ville d'Anvers.

1630.

N° 113. Vue intitulée : *Citadelle. 1630.*

C'est une vue de la citadelle prise du milieu de l'Escaut, s'étendant à gauche jusqu'à l'abbaye St-Michel, et où on voit la porte de Croonenborg entre deux. Chaque bastion de la citadelle est surmonté d'un moulin à vent.

C'est une copie d'une partie de la vue précédente.

Larg. 0m325, haut. 0m19.

Se trouve dans l'ouvrage intitulé : *Histoire physique, politique et monumentale de la ville d'Anvers par Edmond Le Poittevin de la Croix. Anvers, chez l'auteur, rue des Tanneurs*, 1054. 1847. Un volume in–8°. Pag. 425.

1630.

N° 114. Vue intitulée : *Église Ste-Walburge. Halle des bouchers. Tour des poissonniers*. 1630.

Cette vue est prise du milieu de l'Escaut : on voit en avant le Werf avec la grue, sur lequel s'ouvre la porte du Werf. En arrière s'élève l'église de Ste-Walburge et la halle des bouchers. A droite est la tour des poissonniers.

C'est aussi une copie d'une partie de la vue n° 112.

Larg. 0m30, haut. 0m195.

Se trouve dans le même ouvrage que la précédente, pag. 501.

1633.

N° 116. Vue intitulée : *Antwerpen*.

Cette vue est prise de la Tête de Flandre : au premier plan on voit les fortifications de ce village et au-delà de l'Escaut se déroulent les quais.

Larg. 0m095, haut. 0m04.

Se trouve sur la carte intitulée : *Tabula ducatus Brabantiæ continens Marchionatum sacri imperii et dominum Mechliniense magnâ curâ editâ a Nicolao Joannes Visscher. Anno* 1633.

Cette carte est encadrée par le plan de dix villes et par des personnages en costume du temps. Elle se trouve dans l'ouvrage intitulé : *Belgium seu Germania inferior continens provincias singulares septem decem juxta artem geographicam perfectissimè descripta variisq, regionum partibus distinctis tabulis aucta per N. J. Piscatorem. Anno* 1634. Un volume in-folio.

1632.

N° 115. Vue intitulée : *Le triomphe de l'entrée de la reyne mère du roy très chrestien, accompagné de son altesse dans la ville d'Anvers. A. Paulus fecit*.

Cette vue est prise d'un point dans l'Escaut en avant du Werf : on y voit les quais dans leur longueur : au premier plan est la grue ; plus loin sont toutes les maisons des quais, dominées par les églises de la ville.

A droite l'Escaut est couvert des bateaux qui amènent la reine-mère [1]. Dans les airs volent deux aigles portant des couronnes.

Larg. 0^m155, haut. 0^m235.

Se trouve dans l'ouvrage intitulé : *Histoire curieuse de tout ce qui c'est passé à l'entrée de la reyne mère du roy très chrestien dans les villes des Pays-Bas par le Sr de la Serre, historiographe de France. A Anvers, en l'imprimerie plantinienne de Balthasar Moretus.* 1632. Un volume in–4°. Pag. 36 [2].

1635.

N° 117. Plan intitulé : *Het casteel van Antwerpen. Le chasteau d'Anvers. To I, fo 63.*

Avec les armoiries du marquisat et celles de Philippe II à la partie supérieure. C'est une vue à vol d'oiseau de la citadelle, prise vis–à–vis de l'entrée capitale. On voit les bastions armés de canons, les bâtiments à l'intérieur, etc. On ne voit rien d'autre que la citadelle.

Larg. 0^m275, haut. 0^m19.

Se trouve dans l'ouvrage intitulé : *Histoire générale de la guerre de Flandre. Divisée en deux parties,* etc., par Gabriel Chappuys. Paris 1635. Deux volumes in–folio. Tom. I. Pag. 63.

1635.

N° 118. Vue de la ville d'Anvers sans titre.
T. a Thulden fec. cum privilegio. 3. Page 5.
Avec les armoiries du marquisat et celles de l'empire.

Cette vue est prise en avant de la porte de Malines : on voit à gauche la citadelle, la porte des Béguines, puis la porte de l'Empereur, et à droite l'entrée du canal d'Herenthals en ville. Au–dessus des remparts on distingue les clochers de presque toutes les églises, l'ancienne porte St-George surmontée de la statue de ce saint, etc. Cette planche représente l'entrée

---

[1] Marie de Médicis, mère du roi de France, avait été réléguée à Compiègne par l'ascendant de Richelieu. Ayant quitté la France en 1631 pour se retirer dans les Pays–Bas catholiques, elle arriva à Anvers en 1632.

[2] Une autre édition de cet ouvrage a été publiée à Amsterdam en 1848 : elle n'a pas de planches.

de Ferdinand d'Autriche à Anvers ; on y voit le cortége qui sort de la citadelle et entre en ville par la porte de l'Empereur, en passant sur les glacis. Il y a une autre planche qui représente le même fait, et qui ne se trouve pas dans l'ouvrage cité plus loin, quoiqu'elle paraisse avoir été faite pour cet ouvrage. Elle aura peut-être été remplacée par celle-ci.

Larg. 0m545, haut. 0m30.

Se trouve dans l'ouvrage intitulé : *Pompa introïtus honori serenissimi principis Ferdinandi Austriaci Hispaniarum infantis S. R. E. card. Belgarum et Burgundionum gubernatoris, etc. à S. P. Q. Antverp. decreta et adornata ; cum mox à nobilissima ad Nordlingam partâ victoriâ, Antverpiam auspicatissimo adventu suo bearet 15 kal. Maii. ann. 1635, Arcus pegmata iconesq. à Pet. Paulo Rubenio, equite, inventas et delineatas inscriptionibus et elogiis ornabat, libroq, commentario illustrabat Casperius Gevartius J. C. et archigrammatœus Antverpianus. Accessit laurea Calloana eodem auctore descripta. Antverpiæ veneunt exemplaria apud Theod. a Tulden, qui iconum tabulas ex archetypis Rubenianis, delineavit et scalpsit. Cum privilegio. Prostant apud Guilielmum Lestænium et Henricum Aertssens. Anvers.* Jean Meursius. 1641. Un volume grand in-folio.

1635.

No 119. Plan intitulé : *Antverpia. 42. pag.* 172.

Avec les armoiries du marquisat et celles de l'empire à la partie supérieure. Dans le bas sont inscrits six vers en latin à la louange d'Anvers, avec ce titre : *Jul. Cæsaris Scaligeri in laudem Antverpiæ epigramma* [1].

Il s'y trouve aussi une légende de 59 numéros renseignant tous les arcs de triomphe construits dans la ville, ainsi que les édifices, etc., elle a pour titre : *Locorum insignium ac viæ triomphalis qua Sermus princeps Ferdinandus Austriacus, Hispaniar, infans, etc. Antverpiam est ingressus designatio.*

Les édifices et les maisons sont vus en élévation : la vue est prise à gauche de la porte Kipdorp.

Ce plan est une copie du plan de 1574 qui se trouve dans le *Théâtre des cités du monde,* etc. de Braun. On a ajouté à ce dernier les édifices construits depuis 1574 : les Carmes déchaussés, les Chartreux, les Augustins,

---

[1] Ces vers se trouvent aussi sur les plans de 1556 et de 1574. (Nos 16 et 42.)

les Jésuites, les Capucins, la porte de l'Escaut, la maison de Rubens, etc. La Tête de Flandre est fortifiée sur celui-ci et il y a un pont de bateaux sur l'Escaut vis-à-vis du Werf. On y voit aussi les arcs de triomphe.

Larg. 0ᵐ76 , haut. 0ᵐ45.

Se trouve dans le même ouvrage que le précédent.

1640?

Nº 120. Plan intitulé : *Ichnographia Antverpiæ*.
Avec la carte du marquisat.

Larg. 0ᵐ405 , haut. 0ᵐ305.

Se trouve à la Bibliothèque royale, à Bruxelles.

1644.

Nº 121. Vue sans titre de la ville d'Anvers prise de la tête de Flandre. A la partie supérieure sont les armoiries du marquisat.

Au premier plan on voit les fortifications de la tête de Flandre. Sur la rive droite les murs et les tours longent le fleuve : quelques églises se montrent au-dessus.

Larg. 0ᵐ09, haut. 0ᵐ65.

Se trouve dans l'ouvrage intitulé : *Rechten ende costumen van Antwerpen*. Cologne. 1644. Un volume in-4°. Elle sert de frontispice à cette édition de cet ouvrage.

1644.

Nº 121bis. Vue des quais sans titre.
B. Peeters del. 1644. *J. Linnig sc.* 13.

Cette vue est prise du milieu de l'Escaut vis-à-vis du Werf et représente les quais dans leur longueur. D'abord on voit au premier plan le Werf et la porte Ste-Walburge, la grue, et plus loin la tour des poissonniers et celles des boulangers. L'église de St-Michel est dans le fond.

Larg. 0ᵐ18, haut. 0ᵐ115.

Se trouve dans l'ouvrage intitulé : *Album historique de la ville d'Anvers. Dessins d'après nature et gravés sur cuivre par J. Linnig. Accompagnés de notices historiques par F. H. Mertens, bibliothécaire de la ville.* Anvers. Büschmann. 1862. Un volume in-4°. (En cours de publication.)

1647.

N° 121ter. Plan intitulé : *Antwerpen*.

Avec une échelle.

On ne voit dans ce plan que l'enceinte des fortifications et la citadelle : la partie de l'enceinte démolie pour la construction de la citadelle y est indiquée par un simple trait. Sur la rive gauche on a indiqué le Tver et le fort Isabelle.

Larg. 0^m,355, haut. 0^m,27.

Se trouve dans l'ouvrage intitulé : *Matthiæ Dögen Dramburgensis Marchici architectura militaris moderna. Variis historiis, tam veteribus quam novis confirmata* , etc. *Amstelodami, apud Ludovicum Elzevirium. Anno* 1647. Un volume in–4°. Pag. 248.

1649.

N° 122. Plan intitulé : *Antverpia ; Gallis Anvers. Vernacule Antwerpen.*

Avec les armoiries de la ville d'Anvers et celles du marquisat, au–dessus du titre, et celles de l'empire dans le coin supérieur à gauche. Une légende occupe tout le bas de la gravure : elle va de A à Z, de a à z, de *a* à *z*, de *aa* à *zz* et de 1 à 156.

Les édifices y sont représentés en élévation, et la vue est prise entre la chaussée de Berchem et celle de Borgerhout.

Il y a un pont de bateaux sur l'Escaut jeté vis–à–vis du Werf.

La Tête de Flandre est fortifiée. C'est une copie du plan du *Théâtre des cités du monde*, de Braun. (N° 40).

Larg. 0^m53 , haut. 0^m335.

Se trouve dans l'ouvrage intitulé : *Novum ac magnum theatrum urbium Belgicæ regiæ ad præsentis temporis faciem expressum a Joanne Blaeu, Amstelædamensi.* 1649. Deux volumes grand in–folio. Pl. 191 [*].

Et dans celui intitulé : *Tonneel der steden van 's konings Nederlanden, met hare beschryvingen, uitgegeven by Joan Blaeu.* Amsterdam. 1649. Deux volumes grand in–folio.

---

[*] Cet ouvrage fait partie du grand Atlas ou Cosmographie Blaviane publiée de 1649 à 1663, en 12 volumes, grand in-folio. Presque tous les plans de cet ouvrage ont été copiés sur ceux du *Théâtre des cités du monde*.

Ces deux ouvrages sont les mêmes ; l'un est en latin et l'autre en hollandais.

1649.

No 123. Plan intitulé : *Arcis Antverpensis ichnographia.*
Avec une échelle.
Ce plan donne simplement le tracé des fronts de la citadelle.
Larg. 0m225, haut. 0m395.
Se trouve dans les mêmes ouvrages que le précédent. Pl. 194.

1649.

No 124. Plan intitulé : *Arx Antverpensis.*
Avec une échelle.
Le titre et l'écusson sont en blanc.
Ce plan montre les divers bâtiments qui se trouvent à l'intérieur de la citadelle : celle-ci n'a pas encore de dehors.
Larg. 0m51, haut. 0m40.
Se trouve dans les mêmes ouvrages que les deux précédents.

1650.

No 125. Vue intitulée : *Vue du Werf au 17e siècle. B. Peeters, pinx.* 1650. *H Brown del. et sc.*
Cette vue est prise sur le côté, à peu près vis-à-vis de la tour des Poissonniers, de sorte qu'on voit le quai dans sa longueur. Elle s'étend depuis la porte du Werf jusqu'à la tour des Poissonniers.
Larg. 0m135, haut. 0m09.
Se trouvait dans l'ouvrage intitulé : *Histoire de la ville d'Anvers par Eugène Gens. Anvers. J. B. Van Mol-Van Loy, libraire éditeur, Courte rue Neuve, 9. 1861. Un vol. in-8°. Pag. 68. Elle a été remplacée par la suivante.

1650.

No 126. Vue intitulée : *Vue du bourg au XVIIe siècle. B. Peeters, pinx.* *N. Heins sc.*

25   XX   6

En dessous de cette vue sont inscrits les noms des édifices qui y sont représentés : *La grue, Porte du Werf. Église Ste-Walburge, Steèn, Tour des Poissonniers.*

Cette vue est la même que la précédente.

Larg. 0m135, haut. 0m08.

Se trouve dans l'ouvrage cité précédemment.

1650.

N° 126bis. Vue des quais sans titre.

B. Peeters pinx. 1650. *J. Linnig, sc.* 14.

Cette vue est prise du milieu de l'Escaut vis-à-vis de la tour des Poissonniers. On voit cette tour au premier plan à droite, puis au-delà la porte Ste-Walburge, l'église du même nom, et la grue.

C'est comme le n° 121bis une copie d'un dessin de Bonaventure Peeters.

Larg. 0m185, haut. 0m115.

Se trouve dans l'ouvrage intitulé : *Album historique de la ville d'Anvers*, etc., par J. Linnig et F. H. Mertens. Anvers. Buschmann. 1862. Un volume in-4°.

1650 ?

N° 127. Vue sans titre de la ville d'Anvers et du fort Philippe.

A gauche au premier plan on voit le fort Philippe avec cette inscription : *Philips shantz :* l'Escaut occupe une grande partie de la gravure. A droite dans le lointain s'aperçoit la ville d'Anvers avec l'inscription : *Antwerpen.*

Cette gravure est attribuée à Wenceslas Hollar [1].

Larg. 0m165, haut. 0m45.

Cette vue se trouve à la Bibliothèque royale, à Bruxelles.

1650?

N° 127bis. Vue intitulée : *Tot Antwerpen.*

Sebastiaen Vraenx inv. W. Hollar fecit. C. Galle exc.

---

[1] HOLLAR (Wenceslas), dessinateur et graveur à l'eau forte et au burin, né à Prague en 1607. Son œuvre monte à 641 numéros. — CH. LE BLANC, *Manuel de l'amateur d'estampes.* Tom. II, page 378.

C'est une vue prise de la tête de Flandre.

Larg. 0m215, haut. 0m135.

Fait partie de la collection de M. Bauclercq, à Anvers.

1650?

N° 128. Vue intitulée : *Antverpia.*

C'est la même vue que le n° 82. Celle-ci a pour titre : *Eigentliche abbildung, desz ganzen gewerbs der löblichen kaufmannschafft, samt etlich der nahmhafft und fürnehmsten handelstädt signatur und wappen, darinnen zum theil führnehmlich di marckt un messen begriffen seyn, so desz jahrs über in jedem monat einfallen, auch hin und wider in Europa zu unterschiedlichen zeiten gehalten, und von fürnehmen und gezingen gewerbs und handelslinthen, aus allerley nationen besucht und gebauet wirden, wedurch dieselben mancherley schild und wappen hie unsen und zum eingang bei dem Mercurio angezigt ist. Samt der löblichen schönen walten kunst desz buchhalten dar durch alle kaufmanns-gewerb schlennig und richtig unterhalten werden; neben anderen wolgemeynten erinnerungen, welche den handelslenthen nouwendig zu wissen und zu beobachten sind.* Cette inscription est imprimée sur deux feuilles destinées à être jointes.

Cette planche n'a pas de vers en marge comme celle de 1622.

Larg. 0m60, haut. 0m97.

Cette vue est décrite dans l'ouvrage intitulé : *Jobst Amman zeichner und formschneider, rufferatzer und stecher*, par C. Becker. Leipzig. Weigel. 1854.

1650?

N° 129. Vue de l'arrivée de St-Norbert à Anvers. *Blz.* 245.

Au premier plan on voit St-Norbert qui descend de bateau suivi d'autres religieux : il est reçu par les autorités de la ville. A gauche on voit la porte du Werf, l'église Ste-Walburge, et plus loin sur les quais la tour des Poissonniers, puis celle des Boulangers et dans le fond l'abbaye St-Michel : à droite est l'Escaut.

La ville est figurée non telle qu'elle était à l'époque où la scène se passe (1121) ; mais telle qu'elle était à l'époque où le peintre vivait, c'est-à-dire vers 1650 : il n'y a que la tour de Notre-Dame qui n'y figure pas. Les costumes sont aussi ceux de 1650.

Larg. 0^m205 , haut. 0^m145.

Cette gravure est faite d'après un tableau de Bonaventure Peeters qui se trouvait dans le temps à l'abbaye de St-Michel et qui maintenant est au musée de Cologne.

Se trouve dans l'ouvrage intitulé : *Geschiedenis van Antwerpen*, etc., par Mertens et Torfs. Anvers, 1846. Tom. I, pag. 245.

1652.

N° 130. Plan intitulé : *Antwerpen*.

Avec les armoiries du marquisat et deux légendes, l'une de 11 numéros, l'autre de *a* à *m*, pour les édifices, les places et les portes. Le nord est à droite.

Ce plan s'arrête aux fortifications de la ville : sur la rive gauche on voit la tête de Flandre et le fort Isabelle. Les édifices et les maisons sont représentés en élévation : la vue est prise entre les chaussées de Borgerhout et de Berchem. Il y a un pont de bateaux sur l'Escaut vis-à-vis du Werf.

Larg. 0^m135, haut. 0^m11.

Se trouve dans l'ouvrage intitulé : *Belgicæ, sive inferioris Germaniæ descriptio ;* par L. Guicciardin. Amsterdam. J. Jansonium, 1652. Trois parties en deux volumes petit in-12°. Tom. I. Pag. 128.

1658.

N° 131. Vue intitulée : *Het Rookhuis. J. B. Bonnecroy, p.* 1658. *F. J. Linnig f.* 1847. *III D. Bladz.* 201.

Cette vue est prise du milieu de l'Escaut : on voit à droite l'entrée du Fossé du Bourg et à gauche celui du Canal au Charbon. Le Rookhuis, édifice servant à sécher et à fumer le hareng, est flanqué de trois tours. On voit derrière une quatrième tour, à gauche, le clocher de la chapelle des bateliers.

Larg. 0^m165, haut. 0^m135.

Se trouve dans l'ouvrage intitulé *Geschiedenis van Antwerpen*, etc., par Mertens et Torfs. Anvers. 1846. Huit volumes in-8°. Tom. III. Pag. 201.

1658.

N° 132. Vue intitulée : *Vieux marché aux Poissons. E. Vermorcken sc.* C'est une réduction de la vue précédente.

Larg. 0m10, haut. 0m06.

· Se trouve dans l'ouvrage intitulé : *Histoire de la ville d'Anvers par Eugène Gens.* Anvers. 1861. Un vol. in-8°. Pag. 146.

1660.

N° 133. Plan intitulé : *Antwerpen.* C'est une copie du n° 130.

Larg. 0m135, haut. 0m11.

Se trouve dans l'ouvrage intitulé : *Belgicæ, sive inferioris Germaniæ, descriptio ;* par L. Guicciardin. Amsterdam, Jacob Meursius. 1660. Un volume petit in-12°. Pag. 129.

1661.

N° 134. Plan intitulé : *Antverpia.* Ce plan représente seulement les fortifications de la ville et les différents canaux qui se trouvent dans son intérieur. Il est fait dans le but d'expliquer un système pour empêcher les mauvaises odeurs et l'infection que donnent ces canaux. L'emplacement des écluses (*spuy*) s'y trouve aussi.

Il y a dans un coin un plan de détail de l'entrée du canal d'Herenthals en ville, donnant la manière d'empêcher le mélange de l'eau douce et de l'eau salée.

Larg. 0m17, haut. 0m135.

Se trouve dans l'ouvrage intitulé : *Bewys van de alderbequaemste en profytelykste inventie, om de overtreffelyke en vermaerde koopstad van Antwerpen te verlossen van de Pestige en ongesonde locht, komende uyt de vuyle, verrotte en stinkende Ruyen, bedacht en by een gestelt door Michael Florencio van Langren, cosmographus et mathematicus van syne koninglyke Majesteyt,* etc. Bruxelles, G. Scheybels. 1661. Un vol. petit in-4°.

1662.

N° 135. Vue intitulée : *Antwerpen.*

Elle est prise de la rive gauche de l'Escaut. C'est une vue insignifiante et la plus petite de celles que je connais.

Larg. 0m04, haut. 0m035.

Se trouve sur les bords du cadre de la carte intitulée : *Nova 17 provinciarum inferioris Germaniæ descriptio. 't Amsterdam by Frederick de Widt in de Calverstraet by den Dam in de witte pascaart. Anno 1662.*

Cette carte fait elle-même partie d'un atlas sans titre qui se trouve à la bibliothèque de la ville d'Anvers.

1662.

N° 136. Plan intitulé : *Ager Antverpiensis sive pars Marchionatus sacri romani imperii vulgò het Marck-graefschap des H. Ryckx.*

Tot Antwerpen gedruckt by Peeter Verbiest.

Avec la dédicace suivante :

Nobilissimis amplissimisq. viris D. Joan. Antonio Tuchero, A. D. Aegidio Martinio. J. C. Consulibus reliquisq. urbis Antverpiæ senatoribus, thesaurariis et quæstori ; nec non syndicis, graphiariis et secretariis , hanc emporij celeberrimi, ejusq. pomærii, prætoriorum pagorumq. suburbanorum accuratissimum delineationem Petrus Verbiest, sculptor Antverpianus lub. mer . dedicabat. anno 1662.

Avec deux échelles et l'orientation.

Au-dessus de la dédicace sont les armoiries de la ville d'Anvers.

Ce plan s'étend assez loin dans les environs d'Anvers : il comprend les seigneuries de Schooten, Merxem, Deurne et Borgerhout, Berchem, Kiel et Wilryck et la baronie de Hoboken.

La tête de Flandre est appelée *'t Veer.* On y a figuré le projet d'agrandissement d'Anvers fait en 1580 et intitulé : *Concept van het jaer 1580 om Antwerpen te vergrooten.*

Sur la même feuille se trouve une petite carte du quartier d'Anvers. (Voir le n° 30 des cartes).

Larg. 0m565 , haut. 0m44.

Se trouve à la bibliothèque de la ville d'Anvers.

1662.

N° 137. Plan intitulé : *Het markgraefschap des H. Rykx. Voor de geschiedenis van Antwerpen volgens de kaert van Peeter Verbiest* 1662 [1]. *Ter steendrukkery van Jos. Ratinckx, Beggaerde straet te Antwerpen. J. R. fecit.* 1845.

Avec deux échelles et l'orientation.

Ce plan est une copie du précédent.

Larg. 0m565, haut. 0m44.

Se trouve dans l'ouvrage intitulé : *Annales Antverpienses ab urbe condita ad annum* 1700, etc., par Papebrochius. Anvers. 1845–1848. Cinq volumes in–8°. Tom. II. Pag. 2 (F. I. P. 2).

Et dans celui intitulé : *Geschiedenis van Antwerpen*, etc., par Mertens et Torfs. Anvers. 1845–1852. Huit volumes in–8°. Tom. II, à la fin.

1671.

N° 138. Plan intitulé : *Plan d'Anvers*. 185.

Ce plan se borne à l'enceinte des fortifications : aucuns détails ne sont indiqués à l'intérieur de cette enceinte : la citadelle y est indiquée. Sur la rive gauche on voit deux forts.

Larg. 0m09, haut. 0m135.

Se trouve dans l'ouvrage intitulé : *Les travaux de Mars ou la fortification nouvelle tant régulière, qu'irrégulière.* Par Allain Manesson Mallet. Paris. 1671. Trois volumes in-12°. Tom. I, pag. 185.

1671.

N° 139. Vue intitulée : *Anvers.*

Cette vue est prise du milieu de l'Escaut : on y voit les quais de la rive droite, les tours sur les bords et les clochers en arrière.

Au-dessus on a dessiné le tracé d'un front de la citadelle, avec une échelle.

Larg. 0m09, haut. 0m135.

Se trouve dans le même ouvrage que le précédent. Tom. II. pag. 53.

[1] Cette indication ne se trouve pas sur les plans joints aux *Annales Antverpienses.*

1671.

N° 140. Plan intitulé : *Plan d'Anvers. Platte grond van Antwerpen.* 261.
C'est le même plan que le n° 138.

Larg. 0m09, haut. 0m135.

Se trouve dans l'ouvrage intitulé : *Les travaux de Mars ou l'art de la guerre.* Par Allain Manesson Mallet. La Haye. 1696. Tom. I. Pag. 261.

1678.

N° 141. Plan intitulé : *Antverpia constructionis ejus primordia et incrementa.*

Tot Antwerpen gedruckt by Peeter Verbiest. Pag. 1.

Avec les armoiries de la ville et celles du marquisat, une échelle, une rose des vents, une légende pour les divers agrandissements de la ville en latin et en flamand occupant tout le bas du plan et une légende de *a* à *x* en flamand pour la citadelle.

Les édifices seuls sont vus en élévation : tous les noms des rues, etc., s'y trouvent. La vieille porte de St-Georges y est encore. L'église des Chartreux, construite en 1677, n'y figure pas. Les ouvrages extérieurs de la ville ne sont pas encore construits : ils ne l'ont été qu'en 1701.

On ne voit pas l'autre rive de l'Escaut.

Larg. 0m65, haut. 0m41.

Se trouve dans l'ouvrage intitulé : *Notitia marchionatus sacri romani imperii, hoc est urbis et agri Antverpiensis, oppidorum, dominiorum, monasteriorum, castellorumque sub eo; etc.* par Jacques Le Roy. Amsterdam. 1678. Un volume in-folio. Pag. 1.

Et dans celui intitulé : *Castella et prætoria nobilium Brabantiæ et cœnobia celebriora ad vivum delineatio et in æs incisa quo temporum injuriis memoria eorum subtrahatur quibus accessit turris Antverpiensis omnium qui toto orbe visuntur pulcherrima*, etc., par J. Le Roy. Anvers 1694. Un volume in-folio. Pag. 1.

1678.

N° 142. Vue intitulée : *Abbatia S. Michaelis Antwerpiæ. Joannes Peeters delineavit. Lucas Vostermans junior fecit aqua forte.*

Avec une légende de 30 numéros en latin pour les différentes destinations des bâtiments, surmontée des armoiries de l'abbaye, et une dédicace ainsi conçue : *Reverendi ad modum et amplissimo domino D. Hermanno Josepho Van der Porten monasterii S. Michaëlis abbati XLIII*, surmontée des armoiries de l'abbé Van der Porten [1].

C'est une vue à vol d'oiseau : les bâtiments longeant la rue du Couvent sont en avant ; l'église s'élève au milieu ; à gauche sont les jardins ; à droite la rue du Coude tortu. On voit aussi l'Escaut couvert de navires et au-delà la Tête de Flandre qui est fortifiée.

Sur la même planche se trouve une vue du couvent du côté du réfectoire.

Larg. 0^m465 , haut. 0^m34.

Cette vue a été reproduite d'abord en 1691 (N° 143bis), puis en 1695 et 1726 avec les armoiries de l'abbé Teniers, (n°s 155 et 156), ensuite en 1717 (n° 182) sans armoiries, et enfin en 1737 avec les armoiries de l'abbé Lams (n° 189). Celle de 1717 a en outre été reproduite en 1846 (n° 183).

Se trouve dans l'ouvrage intitulé : *Notitia marchionatus sacri romani imperii, hoc est urbis et agri Antverpiensis, oppidorum, dominiorum, monasteriorum , castellorumque sub eo ;* etc., par Jacques Le Roy. Amsterdam. 1678. Un volume in-folio. Pag. 32.

1690.

N° 143. Plan intitulé : *Anvers. Antwerpen en flamand. Belle et grande ville des Pais Bas à 51 degrez 17 minutes de latitude et 25 degrez 38 minu : de longitude. Située sur la rivière de l'Escaut, le Marquisat du St-Empire qui est une des 17 provinces ne consiste qu'en cette ville et ces environs. Elle a le titre d'Evesché. Fameux port de mer. Une citadelle bastie sous le règne de Philippe 2e , Roy d'Espagne, sous la domination duquel elle est encore.*

H. Van Loon sculp. A Paris , chez le Sieur De Fer , Isle du Palais , quay de l'Orloge à la Sphère Royale. Avec privilège du Roy.

---

[1] Le couvent et l'église St-Michel ayant été incendiés sous le 40e abbé, Mathieu Irselius (1614-1629), fut rétabli par son successeur Jean Chrysostome Van der Sterre (1629-1632).On commença ensuite à faire paraître des vues du couvent, avec les armoiries de l'abbé régnant, sous le 44e abbé, Herman Joseph Vanderpoorten (1676-1681), et on continua sous le 46e, Jean Chrysostome Teniers (1687-1709), le 47e, Jean-Baptiste Vermoelen (1709-1732), et le 48e, François-Ignace de Lams (1732-1738).

Avec une légende de A à X, une échelle et une rose des vents. Le nord est à gauche.

Il y a encore un grand nombre de tours indiquées sur le bord du fleuve. Les ouvrages extérieurs des fortifications de la ville ne sont pas encore construits.

Sur la rive gauche on voit le fort du trajet (Tête de Flandre) et le fort Isabelle.

Larg. 0m27, haut. 0m195.

Se trouve dans l'ouvrage intitulé : *Les forces de l'Europe*, etc. Par De Fer, Beaulieu, etc. 1693–1696. Un volume in-4° oblong.

1691.

N° 143bis. Vue intitulée : *Ecclesia et abbatia S. Michaelis ord. præmonstr.*

Henrikus Causé fecit aqua forti Anturpi. 1691.

Avec une légende de A à E.

C'est une vue de l'abbaye St-Michel, prise de la rue du Couvent, copiée sur celle de 1678, n° 142.

Larg. 0m185, haut. 0m10.

Cette vue se trouve sur une planche intitulée : *Specimina magnificentiorum in civitate Antverpiensi locorum et operum*, où l'on voit aussi l'hôtel de ville, la maison hanséatique, la bourse, le couvent des Jésuites, les portes de l'Escaut et de St-Georges, et trois des arcs de triomphe dessinés par Rubens pour l'entrée de Ferdinand d'Autriche en 1635.

Fait partie de la collection de M. J. Linnig, à Anvers.

1692.

N° 144. Plan intitulé : *Anvers. Antwerpen en flamand. Belle et grande ville des Pais-Bas*, etc. *A Amsterdam chez Pierre Mortier.* 1692.

C'est une copie du n° 143 de 1690.

Larg. 0m265, haut. 0m19.

Se trouve dans l'ouvrage intitulé : *Les forces de l'Europe, ou description des principales villes ; avec leurs fortifications, dessinées par les meilleurs ingénieurs*, etc. ; *Recueilli par les soins du Sr de Fer, Beau-*

lieu etc. géographes du Roy. Paris. 1693. Un volume in-4º oblong.
Tom I. Nº 11.

Et dans celui intitulé : *Le théâtre de la guerre dans les Pays-Bas ou
représentation des principales villes qui sont en Flandre, Hainaut, Brabant, etc., avec leurs fortifications,* etc. *Le tout recueilli par les soins du
sieur de Fer, géographe du roy. Paris.* 1696. Deux volumes in-4º.

1692.

Nº 145. Plan intitulé : *La ville de Anvers. Harrewyn fecit.*

Avec les armoiries du marquisat et une vignette représentant la fable
du géant Antigon.

Les ouvrages extérieurs de la ville ne sont pas encore construits. Sur la
rive gauche on voit la Tête de Flandre et le fort Isabelle.

Larg. 0m14, haut. 0m115.

Se trouve dans l'ouvrage intitulé : *L'atlas en abrégé, ou nouvelle des-
cription du monde, tirée des meilleurs auteurs de ce siècle, par Jaques
Peeters. A Anvers, chez l'auteur, aux quatre parties du monde.* 1692.
Un volume in-12º.

Et dans celui intitulé : *Les délices des Pays-Bas ou description générale
de ses dix-sept provinces, de ses principales villes,* etc. Première édition.
Bruxelles. 1698. Un volume in-12º. Pag. 89.

Ainsi que dans la deuxième édition qui a le même titre. Bruxelles.
1700. Un volume in-12º. Pag. 122.

Et dans la troisième édition qui a aussi le même titre. Bruxelles. 1711.
Trois volumes in-12º. Tom. I. Pag. 116.

1692.

Nº 146. Plan intitulé : *Anvers. Harrewyn fecit.*

Avec une légende de A à X, une échelle et une rose des vents. Le nord
est à gauche. Le titre est entouré d'une vignette représentant la ville
d'Anvers recevant les commerçants des diverses parties du monde.

C'est une copie réduite du nº précédent ; la légende est la même.

Larg. 0m18, haut. 0m135.

Se trouve dans l'ouvrage intitulé : *Historia episcopatus Antverpiensis, continens episcoporum seriem et capitulorum, abbatiarum et monasteriorum fondationes*, etc. Bruxelles. François Foppens. 1717. Un volume petit in-4°.

Ainsi que dans celui intitulé : *Histoire générale des Pays Bas, contenant la description des 17 provinces*. Quatrième édition. Bruxelles. 1720. Quatre volumes in-12°. Tom. I. Pag. 164.

Et dans la cinquième édition qui a le même titre. Bruxelles. 1743. Quatre volumes in-12°. Tom. I. Pag. 164.

Ainsi que dans l'édition intitulée : *Les délices des Pays-Bas ou description historique et géographique des 17 provinces belgiques*. Sixième édition. Liége. Bassompierre. 1769. Cinq volumes in-12°. Tom. I. Page 261.

Ce plan se trouve enfin reproduit dans l'ouvrage intitulé : *Antwerpen, was et war, ist und werden kann. vorzüglich en statistisch-und kaufmännischer Hinsicht*. Hambourg. Hoffmann. 1803. Un volume in-8°. (Dans cet ouvrage le plan n'a ni titre ni légende).

1697.

N° 147. Plan intitulé : *Anvers. Marquisat du St-Empire*.
Avec une échelle et une légende de A à Y.
Ce plan est une reproduction du plan n° 145.
Larg. 0m125, haut. 0m20 en moyenne.

Se trouve sur la carte intitulée : *Duché de Brabant, évêché et principauté de Liége, contenant aussi partie des duchés de Juliers, de Gueldres et de Limbourg et partie du comté d'Hollande. Dressé sur les mémoires de Eugène Henry Fricx et augmenté sur les observations les plus nouvelles. Paris. Crépy*. 1785.

Outre le plan d'Anvers, il y a aussi sur cette carte les plans de 10 autres villes.

Cette carte se trouve à la bibliothèque du dépôt de la guerre à Bruxelles.

1692.

N° 147bis. Plan intitulé : *Anvers. C. N° 1*.
Avec une échelle et une légende de A à X.
C'est une copie du n° 146, avec la même vignette.
Larg. 0m18, haut. 0m14.

Se trouve dans l'ouvrage intitulé : *Le grand théâtre profane du duché de Brabant, contenant*, etc., par M. Jaques Le Roy. Lahaye. Chrétien Van Loen. 1730. Un volume in-folio. Page 48.

Et dans celui intitulé : *Vermakelykheden van Brabant en deszelfs onderhoorige landen*. Par de Cantillon. Amsterdam. David Wäege. 1770.

1694.

N° 148. Vue intitulée : *Antwerpen. P. 3.*
Cette vue est prise de la Tête de Flandre : on voit au premier plan le fort de la tête de Flandre et dans le fond les quais de la rive droite et les diverses églises. L'Escaut est couvert de bateaux.

Il n'y a aucune inscription.

Larg. 0ᵐ27, haut. 0ᵐ18.

Se trouve dans l'ouvrage intitulé : *Castella et prœtoria nobilium Brabantiœ*, etc. par J. Le Roy. Anvers. 1694. Un volume in-folio. Pag. 3.

1694.

N° 149. Vue intitulée : *Antwerpen.*
C'est une copie de la vue précédente : les mêmes personnages s'y trouvent au premier plan.

Les bords du cadre sont arrondis.

Larg. 0ᵐ26, haut. 0ᵐ18.

Les vues de Louvain, Bois-le-duc, Malines, Bruxelles, Tirlemont, Lierre, Berg-op-Zoom et Breda, ont paru dans le même format et avec le même cadre que celle-ci.

Fait partie de la collection de M. le chanoine Henrotte, à Liége.

1694.

N° 150. Vue intitulée : *Vue de la ville d'Anvers du côté de l'Escaut.*
C. N° 2.
C'est aussi une copie du n° 148.

Les mêmes personnages s'y trouvent au premier plan.

Larg. 0ᵐ26, haut. 0ᵐ17.

Se trouve dans l'ouvrage intitulé : *Le grand théâtre profane du duché de Brabant, contenant*, etc., par Le Roy.

1694.

N° 150bis. Vue intitulée : *Vue de la ville d'Anvers du côté de l'Escaut. Gezigt van de stad Antwerpen. Tom. III. Pag. 8. N° 2. C. N° 2.* C'est la même vue que la précédente.

Larg. 0m26, haut. 0m17.

Se trouve dans l'ouvrage intitulé : *Vermakelykheden van Brabant*, etc., par de Cantillon.

1694.

N° 151. Vue intitulée : *Antwerpen.* C'est également une copie du n° **148.**

Larg. 0m26, haut. 0m14.

Se trouve dans l'ouvrage intitulé : *Antwerpen, was et war, ist und werden kann vorzüglich en statistisch– und kaufmännischer Hinsicht.* Hambourg. Hoffman. 1803. Un volume in–8°.

1694.

N° 152. Plan intitulé : *La citadelle d'Anvers batie par le duc d'Albe l'an 1568. C. N° 4.*

Ce plan se borne à la citadelle. Tous les bâtiments y sont dessinés en élévation. On voit les canons sur les remparts. Aucune inscription n'indique la destination des bâtiments. C'est une réduction du plan de l'an 1610, n° 99.

Larg. 0m17, haut. 0m135.

Fait partie des mêmes ouvrages que le plan intitulé : *Anvers,* (n° **147**^{bis}) et que la *Vue de la ville d'Anvers,* (n° 150 et 150bis).

1694.

N° 153. Plan intitulé : *La citadelle d'Anvers batie par le duc d'Albe l'an 1568. J. Harrewyn fecit.* Ce plan est le même que le précédent, au titre près.

Larg. 0m17, haut. 0m135.

Se trouve dans l'ouvrage intitulé : *Les délices des Pays Bas contenant une description générale des* 17 *provinces*, etc. Troisième édition. Bruxelles. 1711. Trois volumes in-12°. Tom. I. Pag. 124.

Et dans l'édition du même ouvrage intitulée : *Histoire générale des Pays–Bas, contenant la description des* 17 *provinces.* Quatrième édition. Bruxelles. 1720. Quatre volumes in-12°. Tom. I. Pag. 174.

1694.

N° 154. Plan intitulé : *La citadelle d'Anvers batie par le duc d'Albe l'an* 1568. *Kasteel van Antwerpen gebouwt door den hertog van Alba.* 1568. Ce plan est une copie des précédents.

Larg. 0ᵐ17, haut. 0ᵐ135.

Se trouve dans l'ouvrage intitulé : *Les délices des Pays Bas ou description géographique et historique des* 17 *provinces belgiques.* Septième édition. Anvers. Spanoghe. 1786. Cinq volumes in-12°. Tom. I. Pag. 229.

1695.

N° 155. Vue intitulée : *Abbatia S. Michaelis Antverpia. Joannes Peeters delineavit. Lucas Vorstermans junior fecit aqua forti. Tom. I. Junii, pag.* 939.

Avec une légende de 32 numéros en latin pour les différentes destinations des bâtiments, surmontée des armoiries de l'abbaye.

C'est une vue à vol d'oiseau copiée sur celle de 1678, n° 142.

Sur la même planche se trouve une vue du couvent du côté du réfectoire et une vue de la maison de campagne de l'abbé, à Beerschot, près du Kiel, surmontée des armoiries de l'abbé Teniers, alors régnant, gravée par H. Causé.

Larg. 0ᵐ465 , haut. 0ᵐ345.

Se trouve dans l'ouvrage intitulé : *Acta sanctorum Junii , ex latinis et græcis, aliarumque gentium antiquis monumentis,* etc. par G. Heuschenius, De Papebrochius, F. Baertius et C. Jannuigus. Anvers. H. Thieullier. 1695. Tom. I. Pag. 938.

Dans le même ouvrage se trouvent d'autres vues de l'abbaye, aux époques de 1420, 1570 et 1610, qui ne s'étendent pas au–delà des bâtiments du couvent ; elles ont été reproduites dans le *Geschiedenis van*

Antwerpen, etc., de Mertens et Torfs. Tom. III. Pag. 12. Il s'y trouve aussi des vues des remparts près de St-Michel en 1560 et 1610.

1695.

Nº 156. Vue intitulée : *Abbatia S. Michelis Antverpiœ. D. Coster sculp.*

Avec une légende de 30 numéros en latin pour les différentes destinations des bâtiments, surmontée des armoiries de l'abbaye.

Cette vue est absolument la même que la précédente ; seulement la vue du couvent du côté du réfectoire ne s'y trouve plus.

Larg. 0ᵐ465, haut. 0ᵐ34.

Se trouve dans l'ouvrage intitulé : *Antonii Sanderi presbyteri chorographia sacra Brabantiœ, sive celebrium aliquot in ea provincia abbatiarum, cœnobiorum, monasteriorum, ecclesiarum, piarumque fundationum descriptio*, etc. Lahaye. C. Van Loen, 1726-27. Trois volumes in-folio. Tom. I. Pag. 88.

1700.

Nº 157. Vue sans titre prise de la rive gauche de l'Escaut : elle a une inscription à la main, ainsi conçue : *Antverpia ad fluvium Scaldini ab ultimis. incrementis inscisa de pictura anni circiter* 1600. . . . .

On y voit les quais dans tout leur développement en commençant à gauche à l'écluse au-delà du fort St-Laurent, puis ce fort lui-même, ensuite le quai en avant des bassins, au-dessus des maisons duquel on voit la maison hanséatique, sans tour, après cela l'entrée des canaux, les tours du Pensgat, derrière lesquelles on voit l'église des Dominicains, le Werf avec l'église Ste-Walburge, la tour des poissonniers, la cathédrale, la tour dite Backerstoren, la porte de l'Escaut érigée en 1624, le canal St-Jean, le quai au bois, le bastion St-Michel, la porte de Croonenbourg, les fortifications en avant de l'esplanade et enfin la citadelle.

On a dû mettre les deux extrémités de cette vue à part parce qu'elle était trop longue.

Larg. 0ᵐ735, haut. 0ᵐ095.

Sur la même planche il y a deux autres vues ; une de l'an 1500 (nº 4), et une de l'an 1556 (nº 19). Celle-ci a été reproduite, de même que celle de l'an 1500, dans l'*Historisch onderzock*, etc., de Willems, etc. [1].

Se trouve aux Archives générales du royaume, à Bruxelles.

---

[1] Voyez la mention faite au nº 4, page 350, du XIXᵉ volume.

1700.

N° 158. Vue intitulée : *Antwerpen in de achttiende eeuw*. *F. Midy del.* C'est la copie de la précédente.

Larg. 0m75, haut. 0m095.

Elle se trouve sur la même feuille que la vue de l'an 1500. (n° 5)

Se trouve dans l'ouvrage intitulé : *Historisch onderzoek*, etc. par Willems, Smolderen, Van der Straelen et Lenaers. Anvers. 1828. Un volume in-8°. Pag. 3.

1700?

N° 159. Vue intitulée : *Antwerpen.*

Prise de la rive gauche de l'Escaut. Il y a des numéros sur les édifices, de 1 à 7 ; cependant il n'y a pas de légende, de sorte qu'il doit appartenir à un ouvrage.

La gravure est bien faite.

Larg. 0m355, haut. 0m115.

Cette vue se trouve aux Archives générales du royaume, à Bruxelles, sous le n° 127 des plans gravés.

1700?

N° 160. Vue intitulée : *Antwerpen.*
Avec une légende de 8 numéros pour les églises, en allemand.

Cette vue est prise du milieu de l'Escaut : on voit les quais en commençant beaucoup au-delà de la nouvelle ville, jusqu'au-delà de la citadelle.

Larg. 0m53, haut. 0m11.

Fait partie de la collection de M. J. Linnig, artiste graveur, à Anvers.

1700?

N° 161. Vue intitulée : *Antwerpen. Visscher excudit.*
Vue prise de la Tête de Flandre.

Larg. 0m265, haut. 0m065.

Se trouve sur la carte intitulée : *Marchionatus sacri romani imperii.* (N° 44 des cartes) où sont également les deux vues suivantes et des vues de monuments de la ville copiées sur la planche citée au N°

N° 162. Vue intitulée : *Antwerpen. Visscher excudit.*
Avec l'inscription suivante en latin et en flamand :
Sic se offert Antverpia, Septimontio, Bredâ et Gravâ venienti.
On voit les remparts au nord de la ville, la porte de Slyk, et au-dessus les clochers de St-Jacques, de N.-D. et de Ste-Walburge.

Larg. 0ᵐ13, haut. 0ᵐ05.

Se trouve sur la même carte que la précédente.

N° 163. Vue intitulée : *Antwerpen. Visscher excudit.*
Avec l'inscription suivante en latin et en flamand :
Sic se offert Antverpia, Mechlinia, Bruxellis et Lovanio venienti.
On voit les remparts de la ville, la porte de Malines, l'entrée du canal d'Herenthals et la porte Kipdorp, et au-dessus les églises St-Michel, St-André, N.-D. et St-Jacques.

Larg. 0ᵐ13, haut. 0ᵐ05.

Se trouve sur la même carte que la précédente.

N° 164. Vue intitulée : *Antverpia.*
Cette vue est prise de la rive gauche de l'Escaut : on voit au premier plan la Tête de Flandre fortifiée.

Larg. 0ᵐ15, haut. 0ᵐ105.

Fait partie de la collection de M. le chanoine Henrotte, à Liége.

N° 165. Vue intitulée : *Antverpia.*
R. Van den Hoeye. A. Montanus.
Avec les armoiries du marquisat et celles de l'empire à la partie supérieure. En dessous de ce plan on a inscrit huit vers en trois langues différentes : latin, flamand et français ; et en outre une légende en flamand pour les églises et les édifices, de 27 numéros. Cette vue est prise du milieu de l'Escaut.

Larg. 0ᵐ52, haut. 0ᵐ33.

Cette vue se trouve à la bibliothèque royale, à Bruxelles : elle fait aussi partie de la collection de M. le chanoine Henrotte, à Liége.

1700?

N° 166. Vue intitulée : *Antverpia*.
Clemendt de Jonghe excudebat.
Avec les armoiries du marquisat et celles de l'empire à la partie supérieure.

C'est la même vue que la précédente : les mêmes vers sont inscrits en dessous , mais les caractères sont différents : la même légende s'y trouve aussi.

Larg. 0m52, haut. 0m33.

Se trouve aux Archives générales du royaume, à Bruxelles.

1700?

N° 167. Vue intitulée : *Antverpia*.
Justus Danckerts excudit.
C'est la même vue que les deux précédentes, à part quelques détails.

Larg. 0m505, haut. 0m325.

Se trouve à la bibliothèque royale , à Bruxelles.

1700?

N° 168. Vue intitulée : *Antverpia*.
Le bas de cette vue est occupé par la description de la ville en quatre langues différentes, commençant chacune ainsi :

Antwerpen en syn aenhooren landen maecken 't Markgraefschap, etc.
Anvers et ses pays apartenants faisant le Marquisat, etc.
Antorff undt syn afgehorige landen machen das Graafschap, etc.
Antwarp with the ediafant countrie containing the Marquisate, etc.

Avec les armoiries de la ville dans le coin supérieur à droite et celles du marquisat dans le coin supérieur gauche. Il y a une légende de 27 numéros en flamand et quelques noms sont inscrits à côté des édifices.

La vue est prise du milieu de l'Escaut.

Larg. 0m505, haut. 0m315.

Fait partie de la collection de M. J. J. P. Vanden Bemden, à Anvers.

1700?

Nº 169. Vue intitulée : *Aspec meridional de la ville et citadelle d'Anvers.* *H. Picart fecit. A Paris chez Jean Boisseau, en l'isle du palais à la royale fontaine de Jouvence.*

Cette vue est prise à gauche du canal d'Herenthals : les noms des principaux édifices sont inscrits au-dessus. On voit les fortifications de la place et la citadelle. Les ouvrages extérieurs ne sont pas encore construits.

Larg. 0m83, haut. 0m215.

Se trouve à la bibliothèque de la ville d'Anvers.

1700 ?

Nº 170. Plan intitulé : *Antverpia.*
Avec une légende de 32 numéros.

Larg. 0m355, haut. 0m27.

Se trouve à la Bibliothèque royale, à Bruxelles.

1700 ?

Nº 171. Plan intitulé : *Anversa.*
Avec une légende de 28 numéros.

Larg. 0m265, haut. 0m195.

Se trouve à la Bibliothèque royale, à Bruxelles.

1703 ?

Nº 172. Vue intitulée : *Anvers.*
Elle a dans le coin supérieur à droite les armoiries de la ville et à gauche celles de l'empire et du marquisat.
C'est une vue des quais, prise de la Tête de Flandre.

Larg. 0m055, haut. 0m018.

Cette vue se trouve sur la carte intitulée : *Carte générale des 17 provinces des Païs-Bas avec leurs capitales. J. De la Feuille, excudit,* qui est encadrée de trois côtés par de petits plans de villes. Cette carte se trouve elle-même dans un atlas dont le texte a pour titre : *Nieuwe methode om de geographie te leeren.* Un volume in-4° oblong.

Cette carte se trouve également dans l'atlas intitulé : *Les tablettes guerrières, ou cartes choisies pour la commodité des officiers et des voyageurs,* etc. Amsterdam. Jeanne de la Feuille. 1729. Un volume in-12°. Nº 27.

1703 ?

N° 173. Plan intitulé : *Anvers.*

Avec les armoiries de la ville.

La ville est limitée aux fortifications. Sur la rive gauche on voit la Tête de Flandre et le fort d'Austruweel. Il y a un pont de bateaux sur l'Escaut. Ce plan est petit et insignifiant.

Larg. 0m063, haut. 0m039.

Ce plan se trouve sur la carte intitulée : *Kaart van 't hertogdom Brabant* ou *Duché de Brabant*, qui est encadrée sur trois côtés par des plans de ville. Cette carte se trouve dans les mêmes ouvrages que la précédente.

1703.

N° 174. Plan intitulé : *Antwerpen [1] Anvers, belle et grande ville des Païs Bas, à 51 degrés 17 minutes de latitude et 25 degrés 38 minutes de longitude, elle fait une des 17 provinces, sous le titre de Marquisat du St-Empire. Amsterdam. D. de la Feuille excud. 22.*

Avec une échelle et une légende de A à X.

Ce plan donne les travaux de défense faits par les Français lorsque les alliés, sous les ordres de Marlborough, ont tenté d'assiéger la ville. Le fort Isabelle est construit et la Tête de Flandre est fortifiée sur la rive gauche. Il y a un pont de bateaux sur l'Escaut et des lignes à redans en avant de la ville. C'est la seule différence qui existe entre ce plan et celui de 1690 (n° 143), dont celui-ci est une copie.

Larg. 0m15 ou 0m165, haut. 0m11.

Se trouve dans le premier des ouvrages cités précédemment.

1703 ?

N° 175. Plan intitulé : *Antwerpen. G. Bodenehr fec. et exc. a. v.*

Ce plan est orienté ; le nord est à gauche. Il y a une notice en allemand, une légende pour les églises de *a* à *z* et une autre pour la citadelle de 1 à 8 ; elles sont placées sur le côté du plan.

Un pont de bateaux est jeté sur l'Escaut vis-à-vis du Werf : une partie des fortifications, intitulée *New werck* (nouvel ouvrage), est indiquée en avant de la porte de Slyk, entre deux branches du Schyn. Sur la rive gauche on voit le Tver fortifié et le fort Isabelle. Il doit avoir été

---

[1] Ce premier mot manque sur une autre édition de ce plan.

exécuté à l'époque de l'attaque par les alliés sous les ordres de Marlborough en 1703.

Larg. 0m21, haut. 0m155.

Se trouve dans l'ouvrage intitulé : *Force d'Europe, oder die merckwür-digste und führnehmste Meistentheils auch ihrer Fortification wegen berühmteste Staette, Vestungen*, etc.,|*von Gabriel Bodenehr kupfferstecher in Augsburg*. Un volume in-4° oblong, n° 4.

Ce volume contient 200 plans.

1703.

N° 176. Plan intitulé : *T" Plan van Antwerpe. Anna Beeck excudit Hage cum prevelesi.*

Avec une rose des vents.

Ce plan représente d'une manière plus complète que le précédent les travaux de défense faits par les Français lorsque les alliés sous les ordres de Marlborough ont tenté d'assiéger la ville. Le fort Isabelle est construit et la tête de Flandre est fortifiée, sur la rive gauche. Sur la rive droite on voit le fort du Nord, d'où part une ligne à redans. Il y a aussi des demi-lunes vis-à-vis de chaque bastion de la place. Un pont de bateaux est jeté sur l'Escaut vis-à-vis du Werf.

Larg. 0m325, haut. 0m235.

Ce plan fait partie de la collection de M. J. J. P. Vanden Bemden, à Anvers.

1708.

N° 176bis. Vue intitulée : *Antverpia. Harrewyn fecit.*
Prise de la Tête de Flandre.

Larg. 0m185, haut. 0m07.

Se trouve dans l'ouvrage intitulé : *J. B. Gramaye Antverpiensis anti-quitates Belgicæ emendatiores et auctæ antiquitatibus Bredanis*, etc. Louvain. G. Denique. Bruxelles. Tserstevens. 1708. Un volume in-folio.

1710?

N° 177. Plan intitulé : *Plan de la ville et citadelle d'Anvers. Renomée tant pour la bonté de son port que pour le grand commerce qui si faisait* *autre fois, et pour la beauté de ses édifices, cette ville fait elle seule une des dix sept provinces des Pays Bas, la citadelle est des plus fortes du monde construit en 1543* [*] *sous le règne de Philippe second roy d'Espagne.*

De stad en het casteel van Antwerpen. Deur fecit. Tom. II. N⁰ 17.

Avec une explication en français et une en flamand pour les divers agrandissements de la ville, une rose des vents et une échelle.

Dans le coin supérieur à droite est la carte du *Marquisat du St—Empire d'Anvers.*

Les édifices y sont vus en élévation avec les noms à côté, en français : les noms de toutes les rues y sont aussi inscrits, mais en flamand et ceux des places, en français. Ceux qui se rapportent à la citadelle sont tous en français.

Ce plan donne les ouvrages extérieurs construits en avant des fortifications de la ville en 1701.

On y voit la *Teste de Flandres*, fortifiée.

Une édition de cette carte porte : *A Amsterdam chez Covens et Mortier*, et l'indication : *Tom. II. N⁰ 17*, est effacée.

Larg. 0^m535 , haut. 0^m40.

Fait partie de la collection de M. J. J. P. Vanden Bemden et de celle de l'auteur de la présente notice.

1711.

N⁰ 178. Plan intitulé : *Plan de la ville et citadelle d'Anvers renomée tant pour la bonté de son port que pour le grand commerce qui s'y faisait autre fois et pour la beauté de ses édifices : cette ville fait elle seule une des dix sept provinces des Pays Bas , la citadelle est des plus fortes du monde construite en 1543* [*] *sous le règne de Philippe second roy d'Espagne. Harrewyn fecit.*

A Bruxelles chez Eugène Henry Fricx reue de la Madelaine. 1711.

Avec une échelle , une explication des divers agrandissements de la ville et une rose des vents.

Dans le coin supérieur, à droite, est la carte du *Marquisat de St-Empire d'Anvers.*

Ce plan est une copie exacte du précédent : la seule différence est que

---

[*] et [*] Il y a erreur ici ; la citadelle a été construite en 1567.

presque tous les noms d'édifices sont en flamand. Il n'y a en français que les noms qui se rapportent à la citadelle.

On trouve sur ce plan le refuge de St—Bernard, qui ne doit avoir été construit qu'en 1720 sur la Place de la Monnaie.

Larg. 0m53, haut. 0m38.

Fait partie de l'atlas intitulé : *Table des cartes des Pays—Bas et des frontières de France, avec un recueil des plans des villes, sièges et batailles données entre les hauts alliés et la France. A Bruxelles chez Eugène Henry Fricx imprimeur du Roy rue de la Madeleine. 1712.*

1711?

N° 179. Plan intitulé : *Plan de la ville et citadelle d'Anvers renomée pour son port commerce et édifices. La citadelle est des plus fortes au monde, gravé en taille douce par Mathieu Seutter geogr. impérial à Augsbourg.*

Avec une explication pour les divers agrandissements de la ville.

C'est le même plan que les deux précédents.

En dessous est une vue de la ville.

Larg. 0m565, haut. 0m38.

Se trouve aux Archives générales du royaume, à Bruxelles.

1711 ?

N° 180. Vue intitulée : *Anvers.*

Avec les armoiries du marquisat et celles de l'empire et une légende de 30 numéros ; outre cela il y a encore des noms sur quelques édifices : ces noms sont mal orthographiés.

Se trouve en—dessous du plan précédent.

Larg. 0m565, haut. 0m11.

Se trouve aux Archives générales du royaume, à Bruxelles.

1716.

N° 181. Plan intitulé : *Plan de la ville et citadelle d'Anvers renomée tant pour la bonté de son port que pour le grand commerce qui si faisait autrefois et pour la beauté de ses édifices, cet ville fait elle seul une des dix-sept provinces des Pays-Bas la citadelle est des plus fortes du monde construite en* 1543 [1], *sous le règne de Philippe second roy d'Espagne.*

Explication en français pour les divers agrandissements de la ville, à la suite du titre. Dans le bas à gauche est la dédicace suivante :

A son excell. Monseigneur le comte de Konigsek, chambellan, conseiller du conseil de guerre, lieutenant-général et colonel d'un régiment d'infanterie de S. M. Imp.le et cat.que, ministre plénipotentiaire au congrès d'Anvers. Par son très humble et très obéissant serviteur Jean François Lucas. Au-dessus de cette dédicace sont les armes de Konigsek.

Avec une échelle et une rose des vents. Dans le coin supérieur à droite est la carte du *Marquisat du St-Empire d'Anvers.*

Ce plan est copié d'après ceux de 1710 et 1711 (N°s 177, 178 et 179).

Larg. 0m52, haut. 0m38.

Fait partie de la collection de M. le chevalier Gust. van Havre, à Anvers, et de l'auteur de cette notice.

1717?

N° 182. Vue intitulée : *L'abaye de S. Michel à Anvers. Harrewyn fecit.*

C'est une réduction de la vue de l'an 1678, (n° 142). La vue du Couvent du côté du réfectoire ne se trouve plus à la partie supérieure ; cette vue-ci ne s'étend pas non plus aussi loin à droite.

Larg 0m195, haut. 0m145.

Se trouve dans l'ouvrage intitulé : *Historia episcopatus Antverpiensis, continens episcoporum serium et capitulorum abbatiarum et monasteriorum fondationes,* etc. Bruxelles. François Foppens. 1717. Un volume petit in-4°.

Se trouve aussi dans l'ouvrage intitulé : *Histoire générale des Pais-Bas, contenant la description des XVII provinces.* Quatrième édition. Bruxelles. 1720. Quatre volumes in-12°. Tom. 1. Pag. 183.

Ainsi que dans la cinquième édition du même ouvrage, ayant le même titre. Bruxelles. 1743. Quatre volumes in-12°. Tom. I. Pag. 196.

Et dans l'édition suivante du même ouvrage, intitulée : *Les délices des Pays-Bas ou description géographique et historique des* 17 *provinces*

[1] Voir la note à la page 95.

Belgiques. Sixième édition. Liége. Bassompierre. 1769. Cinq volumes in-12°. Tom. I. Pag. 286.

1717.

N° 183. Vue intitulée : *S. Michiels abtdy.* 1640.
V° *D. Bladz.* 416.

C'est une copie de la vue précédente. MM. Mertens et Torfs lui ont donné la date de 1640, parce qu'elle représente les bâtiments tels qu'ils étaient après leur reconstruction vers cette époque.

Larg. 0m19, haut. 0m135.

Se trouve daus l'ouvrage intitulé : *Geschiedenis van Antwerpen*, etc. par Mertens et Torfs. Anvers. 1846 à 1852. Tom. V. Pag. 416.

1730 ?

N° 184. Vue intitulée : *Anvers.*
Ce vendent à Paris chez Jollain, rue St-Jaque à la ville de Cologne.

Au bas de ce plan sont deux explications, l'une en latin, commençant ainsi : *Antverpia emporium nobilissimum, totoque mundo famosissimum*, etc., expliquant l'origine de la ville et du nom d'Anvers, et une en français, commençant ainsi : *Anvers, ville fameuse, mesurée par dehors, contient 4812 pas*, etc., donnant une description de la ville.

Avec les armoiries du marquisat et celles de l'empire.

Cette vue est prise du milieu du fleuve. Il y a quelques inscriptions au-dessus des édifices, dans l'ordre suivant : *Cattenberg, Maison d'Osterling, Porte Rouge, les Cordeliers* (Récollets), *l'église des Jacobins*, (Dominicains), *Église Ste-Walburge, la Boucherie, Clocher des poissonniers, St-Jacques, Hôtel-de-ville, Église de Notre-Dame, Clocher des boulangers, les Bernardins* (hôtel du gouvernement), *les Carmes, l'hôpital St-Jean, les Fockers, St-André, St-Michel, St-George, la citadelle.*

Larg. 0m495, haut. 0m295.

Fait partie de la collection de M. le chevalier Gust. van Havre, à Anvers.

1730 ?

N° 185. Vue intitulée : *Antwerpen, een markgraefschap, voor heen de grootste koopstad van Europa, gelegen in Brabant aen de rivier de Schelde. Antverpia, sacri Romani Imperii Marchionatus, Belgii Regii antiqua urbs Scaldi incumbens.*

Pet. Schenk. Amsteld. C. P.

Cette vue est prise de la Tête de Flandre.

On voit au premier plan le fort et dans le fond les quais de la rive droite et les diverses églises. L'Escaut est couvert de bateaux.

Il n'y a aucune inscription.

C'est une copie de la vue de 1694 (n° 148), qui se trouve dans Le Roy ; seulement il n'y a pas de personnages au premier plan, dans celle-ci.

Larg. 0m245, haut. 0m185.

Fait partie de la collection de M. J. J. P. Vanden Bemden, à Anvers.

1730 ?

N° 186. Plan intitulé : *Antwerpen, in Braband, aan de Schelde*, etc. *Antverpia*, *Brabantiæ*, *ad Scaldini*, etc.

Pet. Schenk exc. Amst. C. P.

Les ouvrages extérieurs construits en 1701 n'y sont pas encore représentés, quoique ce plan soit d'une date postérieure. La rive gauche de l'Escaut s'y trouve aussi.

Ce plan fait probablement partie du même ouvrage que la vue précédente.

Larg. 0m185, haut. 0m145.

Se trouve à la bibliothèque royale à Bruxelles, et fait partie de la collection de M. J. J. P. Vanden Bemden.

1730?

N° 187. Plan intitulé : *Antwerpen*.

Larg. 0m185, haut. 0m014.

Se trouve à la bibliothèque royale, à Bruxelles.

1730?

N° 187bis Plan intitulé : *Antwerpen*.

Représente les fortifications et les canaux de la ville ; la rive gauche de l'Escaut s'y trouve aussi.

Larg. 0m135, haut. 0m09.

Fait partie de la collection de M. J. J. P. Vanden Bemden.

1730. -

Nº 188. Ici devra se trouver la mention du plan du bourg, vers 1730, qui doit bientôt paraître dans les : *Inscriptions funéraires*, etc., citées ci—dessus.

1737.

Nº 189. Vue intitulée : *Abbatia S. Michaëlis Antverpiæ.*

Avec cette inscription : *Reverendissimo ac amplissimo domino Dno Francisco Ignatio de Lams, abbatiæ Sti Michaelis præsuli dignissimo*, etc. *hanc abbatiæ suæ quam veteribus restauratis novis instruxit œdificiis œri incisam delineationem dicat consecratq. J. Schawberg sculptor.* 1737.

Le titre est inscrit sur un cartouche au—dessus de la vue : à gauche est l'inscription ci—dessus, surmontée des armoiries de l'abbé Lams, et à droite est une vue du logement de l'abbé surmontée de ses armoiries. C'est une vue à vol d'oiseau, comme celle de l'année 1678 (nº 142). Elle semble copiée sur elle, il n'y a que le logement de l'abbé, qui a été construit à neuf dans l'entretemps, qui est différent dans celle—ci.

Larg. 0ᵐ585, haut. 0ᵐ38.

Cette vue imprimée avec une ancienne planche qui n'avait pas encore été mise au jour se trouve jointe à la notice historique sur l'abbaye de St—Michel due à M. P. Génard, qui sert d'introduction au 4ᵐᵉ volume de l'ouvrage intitulé : *Inscriptions funéraires et monumentales de la province d'Anvers. Arrondissement d'Anvers. Quatrième volume. Anvers. Abbayes et couvents. 1ʳᵉ partie.* Anvers. Buschmann. 1859. in—4º. Cet ouvrage est en voie de publication.

1740?

Nº 190. Plan intitulé : *La ville et citadelle d'Anvers. A Paris chez le Sʳ Le Rouge ingʳ géographe du Roy, rue des Augustins.*

Avec une échelle, l'orientation et une explication des divers agrandissements de la ville.

On y voit encore les murailles et les tours le long de l'Escaut.

Une partie des noms des rues est en français et une partie en flamand.

Dans le coin supérieur, à droite, est la carte du *Marquisat du St—Empire d'Anvers.*

Larg. 0ᵐ465, haut. 0ᵐ315.

Fait partie de l'Atlas intitulé : *Recueil contenant des cartes nouvelles dressées sur des morceaux levés sur les lieux et les mémoires les plus nouveaux dédié à Monseigneur le comte d'Argençon ministre de la guerre. A Paris. Par et chez le sr le Rouge ingénieur géographe du Roy rue des grands Augustins vis-à-vis le panier fleuri. Avec approbation et privilège du Roy. 1742. Un vol. in-folio.*

1746.

N° 191. Plan intitulé : *Attaques de la citadelle d'Anvers en May 1746. A Paris chez le Sr le Rouge rue des Augustins.*

Avec une échelle.

Ce plan se borne à la citadelle : les bâtiments à l'intérieur n'y sont pas indiqués.

Larg. 0m22, haut. 0m30.

Se trouve dans le même ouvrage que le précédent.

1746.

N° 192. Plan intitulé : *Plan des attaques d'Anvers en 1746. Lattré Paris sculp.*

A gauche de la gravure on a figuré un pont en planches, d'une seule arche, jeté sur l'Escaut : le titre se trouve inscrit sur ce pont. En dessous passent des enfants nus, en bâteau, dont l'un indique le Nord du doigt. Au-delà du pont est une porte contre laquelle s'appuie une échelle qui porte des divisions pour les mesures de longueur. Les attaques contre la citadelle y sont indiquées.

Sur la même feuille est une *Partie de la citadelle* avec les attaques, en plus grande proportion, avec une échelle.

Larg. 0m30, haut. 0m205.

Se trouve dans l'ouvrage intitulé : *Plans et journaux des sièges de la dernière guerre de Flandres, rassemblés par deux capitaines étrangers au service de France.* (d'Illens et Funck). *Strasbourg.* 1750. Un vol. in-4°, page 45.

1746.

N° 193. Plan intitulé : *Plan de l'attaque de la citadelle d'Anvers, en Mai 1746.*

Lith. royale P. Degobert, Bruxelles.
Avec une échelle et une légende pour le travail de chaque nuit.
Ce plan ne donne que la citadelle et la partie du terrain avoisinant sur lequel se sont étendues les attaques.

Larg. 0m305 , haut. 0m23.

Se trouve dans l'ouvrage intitulé : *Histoire*, etc. *de la ville d'Anvers*, par E. Le Poittevin de la Croix. Anvers. 1847. Pag. 427.

1747.

Nº 193bis. Plan intitulé : *La ville de Anvers. Harrewyn fecit.*
Avec les armoiries du marquisat.
On voit dans un coin une vignette représentant Druon tenant la main du géant Antigon qui est étendu à terre.

Larg. 0m135, haut. 0m11.

Se trouve dans l'ouvrage intitulé : *Antverpia Christo nascens et crescens*, par J. C. Diercxsens. Anvers. 1747 à 1763. Sept volumes in-12º.

1753.

Nº 194. Plan intitulé : *Grondtekening der stad Antwerpen. Bladz.* 267.
Avec une rose des vents, une échelle et une légende de 27 numéros pour les édifices, etc.
Ce plan s'étend sur la rive droite depuis le fort du nord jusqu'à la citadelle ; la rive gauche s'y trouve aussi.

Larg. 0m195, haut. 0m15.

Se trouve dans l'ouvrage intitulé : *Hedendaagsche historie of tegenwoordige staat van alle volkeren*, etc., par Salmon. Traduit de l'anglais par Van Goch. Amsterdam. Isaac Tirion. 1736 à 1753. Vingt volumes in-8º. Tom. X. Pag. 267.

1786.

Nº 195. Vue intitulée : *Vue de la ville d'Anvers. Gezicht van de stad Antwerpen.*
Cette vue est prise de la rive gauche de l'Escaut : on voit au premier plan les fortifications de la Tête de Flandre. Au-delà de l'Escaut la ville se déroule.

Larg. 0m255, haut. 0m13.

Se trouve dans l'ouvrage intitulé : *Les délices des Pays-Bas ou description historique et géographique des 17 provinces Belgiques.* Septième édition. Anvers. 1786. Cinq volumes in-12°. Tom. I. Pag. 217.

1802 ?

Nº 196. Vue intitulée : *Anvers. Dépt des deux Nèthes.*
C'est une vue des quais, prise de la tête de Flandre.

Larg. 0m14, haut. 0m085.

Se trouve dans l'ouvrage intitulé : *Voyage dans la ci-devant Belgique, et sur la rive gauche du Rhin, orné de 13 cartes, de 38 estampes, et accompagné de notes instructives, par J. B. J. Breton pour la partie du texte ; Louis Brion, pour la partie du dessin ; Louis Brion père, pour la partie géographique.* Paris. 1802. Deux volumes in-8°. Tom. I. Pag. 76.

1803 ?

Nº 196bis. Vue intitulée : *Vue de la ville d'Anvers prise du côté de la tête de Flandre, dédiée à Son Excellence le Vice-amiral Decrès, Grand Officier de l'Empire, Inspecteur-général des cotes de la Méditerranée, chef de l'une des Cohortes de la Légion d'honneur, Ministre de la Marine et des Colonies.*

Dessiné d'après nature par Fleury. Coqueret sculp. Wexelberg aqua fortis. Déposé à la bibliothèque.

Cette vue est prise de la tête de Flandre. Au premier plan des personnages, en costume du temps, sortent d'une chaloupe ; près de là, sur l'Escaut, un navire de guerre, plus loin d'autres navires, et au dernier plan la ville. Celle-ci est peu exactement représentée. Les établissements ordonnés par Napoléon ne sont pas encore construits.

Larg. 0m73, haut. 0m48.

Fait partie de la collection de l'auteur de cette notice.

1803.

Nº 197. Vue intitulée : *Entrée de Napoléon-le-Grand et son auguste épouse dans la ville d'Anvers le 18 Juillet l'an 1803, dédiée à Sa Majesté l'impératrice et reine par son très-humble et très-obéissant serviteur et sujet J. J. Vandenberghe.*

Gravé par J. J. Vandenberghe, d'après une esquisse peinte par M.ᵣ J. Van Brée. Déposé à la bibliothèque impériale. Imprimé par Bassand.

Les armoiries de l'empire se trouvent en dessous du plan, au milieu du titre. Au centre de la gravure, au premier plan, est la barque où Bonaparte se tient debout ; Joséphine est assise à l'arrière avec deux autres dames. Cette barque aborde au quai appelé anciennement *Bierhof.* Le préfet s'avance avec les clefs de la ville. A droite on voit la porte par où doit entrer le premier consul, porte qui se trouvait vis-à-vis de la rue du Trèfle ; à gauche est l'Escaut. Dans le fond on découvre l'église Ste-Walburge et la grue.

Larg. 0ᵐ90, haut. 0ᵐ56.

Cette gravure est encore dans le commerce. Le tableau de J. Van Brée, dont il est question ici, se trouve au musée de Versailles.

1803.

N° 198. Vue intitulée : *Arrivée de Napoléon, premier consul, à Anvers.*
C'est aussi une reproduction du tableau de J. Van Brée, mais les parties extrêmes à droite et à gauche ne s'y trouvent pas reproduites.

Larg. 0ᵐ15, haut. 0ᵐ10.

Se trouve dans l'ouvrage intitulé : *Histoire du consulat et de l'empire,* par M. *Ad. Thiers,* etc. Bruxelles. Wahlen. 1845–62. Six volumes in-8°. Tom. I. Pag. 622.

1806 ?

N° 199. Plan intitulé : *Plan de la ville d'Anvers.*
T. Clément del. J. J. V. D. Berghe sculp. Se vend, à Anvers, chez Allebé, imprimeur, rue Bonaparte, n° 702.

Avec une échelle, l'orientation et une légende de 234 nᵒˢ pour les portes, places et marchés, églises, édifices publics, canaux, etc., augmentée de *a* à *p* pour le chantier de la marine, le bassin et les quais.

Le petit bassin figure seul sur ce plan : les deux bassins ont été construits tous deux en 1806.

Larg. 0ᵐ505, haut. 0ᵐ325.

Se trouve aux Archives générales du royaume, à Bruxelles.

1806.

N° 200. Plan intitulé : *Plan itinéraire d'Anvers (Antwerpen) Pl. IV. I. B. D. B. del. J^ne C^ne Maillart scrip.*
Avec une échelle et une rose des vents.

Ce plan s'étend jusqu'à Berschot, au château de Wilryck, à celui de Berchem et au Dam, sur la rive droite, et jusqu'à la Tête-de-Flandre, sur la rive gauche.

On y voit les nouveaux bassins et les chantiers de la marine, qui viennent d'être construits.

Des lettres placées à côté des édifices, etc. renvoient au texte.

Larg. 0^m10, haut. 0^m155.

Se trouve dans l'ouvrage intitulé : *Guide des étrangers ou itinéraire de la ville d'Anvers ; avec un plan topographique. Publié par J. B. De Bouge.* Bruxelles. Weissenbruch. 1806. Suivi de la : *Description du cours de l'Escaut occidental,* etc. Un volume in–8°.

1810 ?

N° 200bis. Vue sans titre du canal de l'Ancre et des environs.
Sumpt. Le Poittevin de la Croix. Dien sculpsit.
Avec une légende de 7 numéros.

C'est une vue dans la longueur du canal de l'Ancre, prise près des remparts. On voit dans le lointain la maison hanséatique.

Larg. 0^m21, haut. 0^m135.

Fait partie de la collection de M. J. Linnig, à Anvers.

1813 ?

N° 201. Plan intitulé : *Plan de la ville et citadelle d'Anvers renommée tant pour la bonté de son port que pour le grand commerce qui si faisait autrefois et pour la beauté de ses édifices. La citadelle est des plus fortes du monde construite en 1543* [1] *sous le reigne de Philippe second Roi d'Espagne. Se vend à Anvers chez Jouan libraire Place-Verte, N° 727. Déposé à la direction générale de l'imprimerie et de la librairie.*

---

[1] **Erreur** : la citadelle date de 1567. Cela provient de ce qu'on a copié le titre du plan de 1711 qui porte la même erreur.

Échelle de 1 à 6666. Avec un : *Renvoi des rues qui n'ont pu être écrites dans le plan*, et une liste des paroisses et succursales. Il y a quelques erreurs dans les numéros de renvoi du plan.

L'église Ste—Walburge, démolie en 1813, n'y figure plus : l'ancien théâtre y figure encore ; le nouveau date de 1829. Le béguinage, dans la rue Rouge, est démoli.

Les travaux ordonnés par Napoléon pour la création d'un arsenal, de chantiers de construction et de bassins, venaient d'être exécutés lors de la confection de ce plan. On n'a pas même encore figuré l'écluse placée en 1811 à l'entrée du port d'échouage.

Larg. 0m57, haut. 0m385.

Fait partie de la collection de M. le capitaine Dejardin.

1813?

N° 202. Vue intitulée : *Vue d'Anvers prise de la batterie de l'empereur. Garneray pinxit et sculp.* A Paris chez Basset, rue St—Jacques, n° 64. Déposé.

Cette vue est une des rares vues prises du nord de la ville. La batterie impériale était située entre la porte de Slyk et l'Escaut. On voit donc au premier plan le petit bassin, qui longe cette batterie, ayant à gauche la maison Hanséatique à droite l'Escaut ainsi qu'un petit bâtiment à l'entrée du bassin. Derrière, domine la cathédrale.

Larg. 0m455, haut. 0m325.

Est encore dans le commerce.

1823?

N° 203. Vue intitulée : *Port d'Anvers.*
Le Ch.er de La Barrière del. et f. Lith. de Dewasme et comp.

C'est une vue des quais prise du milieu de l'Escaut, au sud de la ville. L'ancienne abbaye de St—Michel est au premier plan, à droite : l'église de Notre-Dame se voit plus loin.

Larg. 0m215, haut. 0m155.

Se trouve dans l'ouvrage intitulé : *Collection historique des principales vues des Pays—Bas, dédiée au Roi.* Tournay. Dewasme et comp. Un volume in-folio. Huitième livraison, n° 4.

1828.

N° 204. Plan intitulé : *Plan de la ville et citadelle d'Anvers renommée tant pour la bonté de son port que pour le grand commerce qui s'y faisait autrefois , et pour la beauté de ses édifices. La citadelle est des plus fortes du monde construite en 1543 [1] sous le reigne de Philippe second roi d'Espagne. 1828.*

Dressé par L. Muller. Gravé par Alex. Mouqué à Brux.[s] Imprimée par J. Basée à Bruxelles. Anvers chez P. Tessaro marchand d'estampes rue des Tanneurs N° 1315. Déposé.

Échelle de 1 à 8333.

Avec l'indication des quatre points cardinaux , de la longitude et de la latitude sur deux lignes pointillées en croix qui traversent le plan. Il y a aussi une liste de *renvois* de 100 numéros pour les noms d'édifices et de rues qui n'ont pu être inscrits dans le plan , et une explication des signes employés.

Ce plan s'étend depuis le fort du nord jusqu'à la lunette de Kiel sur la rive droite , et comprend la Tête-de-Flandre sur la rive gauche. La 5e section n'y est pas représentée , ni le fort Carnot non plus.

Larg. 0m535, haut. 0m33.

Fait partie de la collection de M. le capitaine Dejardin.

Ce plan a été reproduit plusieurs fois depuis , entre autres en 1831 (n° 214), en 1832 (n°s 219 et 220), en 1844 (n° 276), et en 1860 (n° 351).

1829.

N° 205. Plan intitulé : *Plan de la ville d'Anvers.*

Avec une rose des vents.

Il n'y a d'indiqué sur ce plan que les canaux formant les fossés des diverses enceintes de la ville, et quelques édifices. Des lettres de A à K et des chiffres de 1 à 47 renvoient à une légende imprimée à part. Elle est spécialement faite pour indiquer les agrandissements successifs.

Larg. 0m15, haut. 0m10.

Se trouve dans l'ouvrage intitulé : *Essai historique et topographique sur l'origine de la ville d'Anvers, et de ses premiers habitans ; par E. J. C. Marshall, avocat et archiviste de la ville d'Anvers , dédié à la régence de cette ville.* Anvers. Jouan. 1829. Un vol. in-8°.

---

[1] Cette erreur a été corrigée sur la seconde édition de ce plan, gravée en 1831 (n° 214) : la date de 1567 y est rétablie. Le titre de ce plan a été copié sur celui du plan de 1711 qui contient la même erreur.

(La suite à une prochaine livraison).

EXTRAIT

CORRESPONDANCE DE L'ACADÉMIE.

La compagnie continue à entretenir des relations avec un grand nombre de savants et de sociétés d'histoire et d'archéologie. MM. le chevalier de Schoutheete de Tervarent, Dejardin, Ulens, le colonel Guillaume remercient la compagnie de les avoir admis au nombre de ses membres.

Les académies de Rouen, de Metz, de Picardie, de Normandie, etc., envoient des bons pour retirer leurs publications.

La Commission historique du département du Nord offre les tomes 5 et 6 de ses travaux et demande en échange les Annales de notre compagnie. L'échange est accepté.

La société d'Émulation de Liége, la société des antiquaires de Picardie et celle des sciences et arts de la province du Brabant septentrional adressent à l'Académie les programmes des questions qu'elles mettent au concours.

L'Académie reçoit l'annonce de la mort de M. le chevalier Alexandre du Mège, membre correspondant à Toulouse, l'une des notabilités scientifiques et littéraires de France, auteur d'importants travaux archéologiques, décédé récemment à Toulouse.

On lui a fait part également de la mort de M. le docteur Davreux, professeur de chimie à Liége, auteur de plusieurs écrits estimés, membre de différentes sociétés savantes, correspondant de notre Académie, chimiste très-habile et archéologue distingué.

L'Académie vient de perdre un autre de ses membres correspondants, M. Moquin-Tandon, membre de l'Institut de France

(Académie des sciences), et d'un grand nombre d'autres corps savants. M. Moquin, auquel ses savants ouvrages ont donné une réputation européenne, était non-seulement un profond naturaliste, mais il possédait également de vastes connaissances en archéologie. C'est à lui qu'on est redevable de l'introduction en France du nouveau ver à soie qui vit sur l'ailante en plein air.

M. Vander Heyden donne sa démission de secrétaire-perpétuel de la compagnie. Il sera pourvu à son remplacement à la première assemblée générale.

— L'Académie a reçu depuis la dernière livraison les envois suivants :

1. *Annales* du Cercle archéologique de Mons, tome III. Mons 1862, in-8º.

2. *Journal de médecine*, publié par la société des sciences médicales et naturelles de Bruxelles. Bruxelles, janvier, février et mars 1863.

3. *Revue de l'art chrétien*, publiée par M. l'abbé J. Corblet. Paris, 1863, in-8º, les livraisons de janvier, février et mars.

4. *Verhandlungen des historischen Vereines von Oberpfalz und Regensburg.* 1862, in-8º, 21e volume.

5. *Verhandlungen und Mittheilungen des Siebenbürgischen Vereins für Naturwissenschaften zu Hermannstadt.* 1862, in-8º, les livraisons de janvier à octobre.

6. *Bulletin* de la Commission historique du département du Nord. Lille, tomes V et VI des années 1860 et 1862.

7. *Handelingen der jaarlyksche algemeene vergadering van de maatschappy der Nederlandsche letterkunde, gehouden den 19 juny 1862 te Leiden.* In 8º.

8. *Werken van het historisch genootschap gevestigd te Utrecht. Kronyk*. 1862. Blad 1-21.

9. Id. Berigten, VIIe deel, 2e stuk. Blad 6-21.

10. *Messager des sciences historiques de Belgique*. 4e Livraison de 1862.

11. *Bulletin* de la société archéologique de l'Orléanais, no 41. Orléans, 1863, in-8o.

12. *Annales* de la société de médecine d'Anvers, 1863, janvier.

13. *Notice littéraire sur Jean de Condé, trouvère belge* par M. Auguste Scheler. Bruxelles, 1863, 31 pp. in-8o.

14. *Bulletin* du Comité flamand de France. Tome III, janvier, février, mars et avril 1863, in-8o.

15. *Journal de l'imprimerie et de la librairie en Belgique*. 1862, livraison de novembre et décembre.

16. *Bulletin* de l'Académie royale des sciences, des lettres et des beaux-arts. Brux. 1862, no 11 et 12.

17. *Musée d'art et d'archéologie de Liége et des difficultés opposées à sa formation. Essai de tablettes liégeoises*. Liége, 1862, in-12o, 37e livr.

18. *Rapport de l'institut médical universel*, par M. le docteur Levrat. Bruxelles. 1863, in-8o.

19. *Bulletin* de l'Académie royale de Médecine de Belgique. 1863, no 1 et 2.

20. *Annales* de la Société de Médecine de Gand. 1863. Les livraisons de janvier et de février.

21. *Journal de pharmacie*, publié par la Société de pharmacie d'Anvers. 1863, les livraisons de janvier et février.

22. *Études étymologiques*. Le verbe français *ôter*, par

M. Scheler. Extrait de la *Revue de l'instruction publique en Belgique*.

23. *Procès-verbaux* des séances de la Commission royale pour la publication des anciennes lois et ordonnances de la Belgique. Bruxelles, 1r cahier, 1862, in-8o.

24. *Verhandlungen des Vereins für Niederbayern*. Landshut, 1862, in-8o, VIII, 1e, 2e, 3e et 4e parties.

25. *Een woord over eenige Maostrichtsche belangen*, door P. Regout. Maastricht, 1862, in-8o.

26. *Discours sur M. Philibert Vandenbroeck*, par M. le chanoine De Ram. Louvain, 1862, in-8o.

27. *Discours sur M. Jean Moeller*, par le même. Louvain, 1863, in-8o.

28. *Mémoires et documents* de la société savoisienne d'histoire et d'archéologie, tome VI, Chambéry, 1862, in-8o.

29. *Mémoires* de l'Académie impériale des sciences, inscriptions et belles-lettres de Toulouse, tome VI, Toulouse, 1862, in-8o.

30. *Bulletins* de la société des Antiquaires de l'Ouest. Toulouse, 1862, in-8o. Quatrième trimestre.

31. *Bulletin* de la société d'archéologie et d'histoire de la Moselle. Metz 1862, in-8o.

32. *Philip Verheyens verheerlyking. Beschryving der feestelykheden welke te Verrebroeck, den 24 augusty 1862 ter gelegenheid der inhulding van het borstbeeld van den Waesschen ontleedkundige hebben plaets gehad*, door L. Hoornaert. St-Nikolaes, 1863, in-8o.

33. *Bulletin* de la société des antiquaires de Picardie. Amiens, 1862, in-8o, les nos 2, 3 et 4.

34. *Programm und Statut des historischen Vereins für Niedersachsen*. Hanover, 1858, in-8º.

35. *Zweiundzwanzigste Nachricht über den historischen Verein für Niedersachsen*. Hanover, 1859, in-8º.

36. *Mitheilungen des Königl. Sächs. Vereins für Erforschung und Erhaltung der vaterländischen Alterthümer*. Dresden, 1842-1857, in-8º, dix brochures.

37. *Bulletin* du bibliophile belge. Bruxelles, 1863, in-8º. Les livraisons de janvier à avril.

38. *Promenades en Belgique* par M. Alb. d'Otreppe de Bouvette. Liége 1863, in 12º, la 38e livraison.

39. *Bulletin* de l'institut archéologique liégeois. Liége, 1863, in-8º, la 3 livraison du tome V.

40. *Archief. Vroegere en latere mededeelingen voornamelyk in betrekking met Zeeland*, uitgegeven door het Zeeuws genootschap der Wetenschappen. Middelburg, 1863, in-8º. Vde stuk.

41. *Zeitschrift des historischen Vereins für Niedersachsen*, Hanover, in-8º. Les années 1856 à 1861.

42. *Urkundenbuch des historischen Vereins für Niedersachsen*, Hanover, in-8º. Les années 1859 et 1860.

43. *Die Entwickelung der Stadt Hanover bis zum Jahre 1369*, von Dr Grotefend. Hanover, 1860, in-8º.

SÉANCE GÉNÉRALE DU 30 AVRIL 1863.

Président : M. le Comte de KERCKHOVE-VARENT.
Secrétaire : M. LE GRAND DE REULANDT.

EXTRAIT DU PROCÈS-VERBAL.

La plupart des membres effectifs sont présents. M. le major Casterman, du corps du génie, membre effectif, s'excuse de ne pouvoir prendre part aux travaux de la compagnie.

Le procès-verbal de la précédente séance générale est lu et adopté.

M. le président prend la parole et prononce le discours suivant :

Messieurs,

On se plaint beaucoup aujourd'hui de l'abaissement des caractères et des tendances matérialistes de notre époque. Sans doute, cette plainte n'est pas sans fondement : trop de faits viennent malheureusement la justifier. Mais quelle est la cause de l'état de choses qu'on signale, ou, pour mieux dire, du *mouvement* — car hélas! nous marchons bien réellement dans ce sens, et chaque jour nous révèle quelque progrès nouveau —? Quel est surtout le

25   XX   11

remède à employer ? Ici les opinions sont nombreuses et l'on est encore loin de s'entendre. Pour ma part, Messieurs, je ne puis ni ne veux entrer dans cette discussion : ce serait trop long et surtout trop peu archéologique. Je n'ai pas d'ailleurs la prétention de résoudre une difficulté qui, depuis tant d'années déjà, occupe les esprits les plus sérieux de notre siècle et dont probablement la solution pratique est encore bien loin de nous. Je veux seulement vous soumettre quelques réflexions sur un côté de la question qui rentre dans vos travaux, c'est-à-dire appeler votre attention sur l'heureuse influence que pourrait exercer, d'après moi, dans l'éducation de la jeunesse, l'enseignement de l'archéologie plus largement appliqué.

Une des faiblesses de notre époque et, en même temps, un de ses plus grands dangers peut-être, c'est ce que j'appellerai *l'orgueil du présent*. Il est reçu aujourd'hui, on le répète sur tous les tons, que notre siècle est un grand siècle : nous nous adressons très-volontiers ce compliment chaque matin, et nous nous laissons aller tout naturellement à prendre en profonde pitié les hommes et les temps qui nous ont précédés.

« Cependant, dira-t-on, il est impossible de contester qu'au milieu du mouvement scientifique de l'époque, l'histoire et l'archéologie n'aient repris une grande et sérieuse faveur. On ne proscrit plus de nos jours les monuments du passé; au contraire, on les entoure de respect et nous sommes, par exemple, bien loin des temps où l'on traitait de barbare tout ce qui appartenait au moyen-âge. »

Tout cela est vrai : quoique très-infatué de la supériorité du temps présent, on s'occupe beaucoup aujourd'hui du passé; mais ce qui me paraît tout aussi vrai, tout aussi incontestable, c'est que, à part quelques hommes d'élite, quelques esprits indépendants, dévoués à la science, la masse des écrivains cherche, avant tout, à faire du neuf, de l'intérêt, de l'effet : on sait que la foule est curieuse de savoir ce que faisaient et disaient les anciens, tout comme elle est curieuse de savoir ce que font et disent les Chinois, les Japonais, les Indiens et même les sauvages de l'Océan pacifique. On voyage dans le passé de la même manière qu'on voyage dans le présent, pour déclarer, au retour comme au départ, qu'on est bien heureux, bien fier d'être de son pays et de son temps. En d'autres termes, l'étude du passé ne sert en général, à peu d'exceptions près, qu'à mieux exalter l'époque présente. Encore une fois, l'*orgueil du présent*, voilà ce qui nous domine et voilà ce qu'il nous faut combattre ; car là où il y a orgueil, satisfaction de soi-même, l'homme est bien près de se mettre au-dessus de tout, et quand l'homme se croit tout, les principes ne sont plus rien.

On peut invoquer plus d'un remède à cette tendance, mais bornons-nous à ce qui nous regarde ; voyons ce que peut faire l'étude du passé et, en particulier, l'enseignement de l'archéologie pour l'éducation de la jeunesse.

Il y a, nous en sommes convenus, une réaction d'étude vers le passé, mais cette réaction — on peut je crois l'affirmer — n'est pas encore bien réglée et n'a surtout pas produit, dans l'enseignement, les résultats qu'on pourrait désirer. Il est facile de s'en convaincre : il suffit d'examiner les faits. Je dis que la réaction vers le passé n'est pas encore bien réglée. En effet, trois écoles sont en présence dans le monde scientifique et littéraire. L'une, datant de l'époque de la renaissance, attache une très-grande importance à ce que nous a légué l'antiquité grecque et romaine, et souvent, trop souvent, elle ne se contente pas d'étudier cette antiquité, mais aussi elle en renouvelle l'esprit, les maximes et jusqu'aux mœurs. Elle n'ose plus mépriser ouvertement le moyen-âge, mais elle perd rarement l'occasion de le critiquer dans ses croyances, parce que ces croyances sont le christianisme. Or, à peu d'exceptions près, cette école ne veut pas du christianisme : elle préfère et doit préférer les idées païennes, qui s'accommodent beaucoup mieux aux tendances matérialistes de notre époque, comme les mythes du polythéisme antique se concilient mieux avec les rêveries du panthéisme moderne, avec les enseignements de certaine philosophie se disant *rationaliste*, sans doute parce qu'elle aboutit, en définitive, à la négation de toute raison, du principe même de la raison. Absolument comme on voit, de nos jours, pas mal de gens qui s'appellent *libéraux*, parce qu'ils sont les plus dangereux ennemis de la liberté.

En face de cette première école, toute pénétrée des traditions du paganisme, s'en présente une autre, non moins exclusive, qui, s'effrayant de ces tendances païennes, repousse avec horreur tout ce qui n'est pas *ogival;* elle voudrait biffer de l'enseignement l'antiquité gréco-romaine et ses œuvres; à ses yeux, le paganisme, même dans la littérature, est un serpent caché sous des fleurs, un *ver rongeur* qui, des livres, passe dans les esprits et les cœurs, et empoisonne sans retour les jeunes générations.

Cette école est, en quelque sorte, la transition à une troisième plus exclusive encore, qui, au nom de l'utilité, prétend rompre tout lien avec le passé, ses langues, ses idées, et proclame hautement qu'il faut laisser là les Grecs et les Romains, tout autant que le moyen-âge, pour occuper la jeunesse de choses positives, pratiques, de peuples modernes, de langues vivantes, de mathématiques.

Voilà, Messieurs, les opinions extrêmes entre lesquelles flottent aujourd'hui la science et l'enseignement. On cherche à les concilier, on fait des concessions : on diminue un peu le latin et le grec, on augmente d'autant les mathématiques ; on rapièce par ci, on rapièce par là ; on veut contenter tout le monde et l'on n'arrive qu'à affaiblir l'enseignement, à faire baisser le niveau des études et des esprits, et, par là même, celui des caractères. Mais y-a-t-il moyen de donner à l'enseignement une organisation plus rationnelle ? Je crois qu'oui. Veuillez me permettre, Messieurs, de justifier mon assertion, au risque de sortir un peu de mon cadre.

Les anciens disaient que le commencement de toute science est de *se connaître soi-même*, et les anciens avaient raison. Cependant, nous même, voilà ce que nous connaissons le moins. A peine rencontre-t-on un homme sur mille qui sache se rendre compte un peu exactement des principaux phénomènes de la vie. Il semble vraiment que ce soient là des mystères exclusivement réservés aux médecins. On sait du grec, du latin, des mathématiques, on parle des Assyriens et des Carthaginois, mais on ignore le siège, la destination, souvent même le nom des organes les plus essentiels que l'on porte en soi ; on n'est pas moins ignorant de la nature extérieure : on a appris par cœur tous les pays du monde et l'on sait à peine reconnaître les fleurs que l'on cultive dans son jardin ou les oiseaux que l'on élève dans sa volière ; on a la tête farcie de noms propres et de dates qu'on débite à tort et à travers et, quand on se trouve en présence de quelque monument ancien, on ne sait qu'en faire : on demande à quelle époque il appartient ; souvent même hélas ! on confond *l'ogive* avec le *plein cintre*. Tout cela est-il logique, rationnel, pratique ? Quant à moi, je ne puis le croire. A mes yeux, les grandes bases de l'enseignement sont : Dieu, la nature et le passé. Voilà sur quoi il faut, dès que la pensée de l'enfant s'éveille, porter son activité. Voilà où il faut nourrir son esprit et tremper son caractère.

Il est incontestable, je crois, que la principale chose à faire dans l'enseignement, c'est de meubler l'esprit de l'enfant de choses utiles, de lui faire aimer l'étude en évitant ce qui peut l'ennuyer ; de le faire travailler par lui-même ; de ne le laisser jamais oisif, sans cependant le fatiguer. Cela posé, je voudrais qu'on s'occupât d'intéresser, le plus tôt possible, l'enfant à la nature, en lui donnant des notions d'anatomie, de physiologie, de botanique, de chimie, de physique, de zoologie, etc. On aurait ainsi l'avantage d'exciter ses réflexions, même pendant ses récréations et ses promenades, et l'on pourrait parfaitement combiner cet enseignement avec celui des vérités religieuses ; on y joindrait les premiers éléments d'arithmétique, un peu de géographie et d'histoire sainte. Ceci conduirait l'enfant jusqu'à l'entrée des humanités. Dans cette seconde période seulement, commencerait l'étude de la grammaire, travail abstrait, qu'en général on fait beaucoup trop tôt, et qui, pour réussir sans rebuter, suppose une certaine provision d'idées et la pratique acquise de la langue. Du reste, on s'attacherait, dans cette période, à donner de l'intérêt aux études classiques, en combinant l'enseignement des langues et de l'histoire avec l'étude des mœurs, des coutumes, des monuments, etc. Presque toujours, on fait de ces branches de véritables abstractions qui dégoûtent les jeunes gens. On les surcharge de syntaxe, de prosodie, de chronologie, d'analyses de toute espèce, et l'on a grand soin de rejeter l'étude des antiquités, le peu qu'on en enseigne, à la fin des humanités, au lieu de la faire pénétrer partout pour animer l'histoire, la rendre en quelque sorte vivante sous les yeux des élèves.

Je le répète, les études grammaticales et tout ce qui est travail d'analyse se fait beaucoup trop tôt, à une époque où les jeunes gens ne peuvent pas en apprécier l'utilité. On peut en dire autant d'une bonne partie des mathématiques. On perd de vue que la chose la plus importante est d'attirer insensiblement l'enfant vers l'étude, de l'y habituer en l'excitant à réfléchir, à s'occuper sans fatigue, même en dehors des heures de travail. Donnez-lui de bonne heure des notions des sciences naturelles; tout l'intéressera autour de lui : une feuille, un insecte, un oiseau, le feu, l'eau, le vent, tout ce qui l'entoure attirera son attention. Enseignez-lui de bonne heure l'archéologie; la moindre colonne, la moindre pierre sculptée l'arrêtera, le fera réfléchir. D'ailleurs en procédant de la sorte, vous ne ferez que donner satisfaction et aliment à cette curiosité si naïve et si pleine de charme, qui pousse sans cesse l'enfant à demander « pourquoi ceci? pourquoi cela? » Serait-ce donc en vain que le Créateur aurait mis dans l'enfant cette aimable impatience de connaître ce qui l'entoure? et n'est-ce pas violer une véritable loi de notre nature que de répondre à ce puissant besoin d'expansion par d'ennuyeuses et pédantesques règles de grammaire?

Ainsi donc, en satisfaisant à l'un des plus remarquables penchants de la nature, on exercera l'enfant à la réflexion, on préviendra les réactions d'oisiveté; si fréquentes aujourd'hui; on élargira son esprit par une douce et continuelle activité; on l'habituera à chercher par lui-même, à se rendre compte de tout ce qu'il rencontre, et on le préparera aux travaux plus sérieux qui l'attendent. En même temps, on empêchera le développement d'une foule de notions fausses qui, une fois entrées dans l'esprit de l'enfant, s'y incrustent pour la vie et exercent souvent la plus déplorable tyrannie sur ses idées et ses sentiments.

Pour ne parler que de l'histoire, n'est-il pas évident qu'en l'éclairant, à chaque pas, par l'archéologie, on donnera aux élèves des idées beaucoup plus complètes et, par conséquent, plus justes des hommes et des choses du passé? Il ne faut pas oublier que, chez les enfants et les jeunes gens, l'imagination travaille, même à leur insu et jusque dans les études les plus sérieuses. Parlez-leur des Grecs et des Romains, de leurs luttes, de leurs institutions, eh bien! ils éprouveront le besoin de donner un corps à tout cela, de se figurer ces Grecs et ces Romains d'une façon ou d'autre; mais, si vous n'y prenez garde, ils se les figureront sous les formes les plus chimériques, les plus fausses : ce sera un véritable roman qui compromettra leur jugement des faits et influera peut-être de la manière la plus défavorable sur toutes leurs études. C'est ainsi, du reste, que bien des romans se sont introduits dans l'histoire, romans que la critique la plus sérieuse a peine à en arracher.

Pour ma part, j'aimerais mieux donner moins de faits aux jeunes gens et moins de dates, mais plus de tableaux de mœurs, et leur mettre sans cesse sous les yeux tout ce que nous avons à notre disposition de monuments de l'antiquité et du moyen-âge, médailles, plans, gravures, monnaies, ustensiles, etc. , tout enfin ce qui peut faire image, aider la mémoire et faire comprendre chaque époque dans l'ensemble de sa vie.

En meublant de bonne heure l'esprit du jeune homme des souvenirs du passé, on l'y intéressera profondément : il comprendra mieux que ce passé a eu ses grandeurs en hommes et en institutions, et il sera tenu en garde contre ce que j'appelais, tout à l'heure, *l'orgueil du présent.*

Certes je ne prétends pas qu'on enseigne dans aucune école le mépris du passé, mais il n'en est pas moins vrai, et cela résulte tout à la fois de l'enseignement, de l'éducation et des circonstances au milieu desquelles nous vivons, que la jeunesse moderne apprend à dédaigner le passé pour ne s'intéresser qu'au présent. Ce présent est exalté partout; on célèbre ses progrès, ses grandeurs, et, si l'on parle quelquefois de l'avenir, c'est pour se vanter de ce qu'on lui léguera.

Eh bien! Messieurs, il en est des nations, des époques, comme des individus : il faut se défier de ceux qui se vantent. Le vrai mérite est modeste, la vraie grandeur est simple et agit simplement. Voyez les beaux génies du dix-septième siècle : ils n'exaltaient pas sans cesse leur époque; ils parlaient surtout fort peu d'eux-mêmes, mais ils respectaient, ils aimaient le passé, ils en étaient tout pénétrés, et ils accomplissaient les plus glorieuses choses sans presque s'en douter. Leur siècle a été celui des véritables grands hommes. Le nôtre est celui des grands mots.

Tâchons, autant qu'il dépend de nous, de réagir contre cet esprit d'orgueil qui nous envahit de toute part; tâchons d'inspirer à la jeunesse ce noble culte du passé, qui s'allie si bien aux éternels enseignements de la religion et qui éleva si haut les hommes du dix-septième siècle. Par là nous exciterons en elle le goût des grandes choses; nous élèverons les caractères; nous les préparerons à lutter contre cette déplorable tendance qui attelle aujourd'hui tant de belles intelligences au char de l'ambition; qui, par l'espoir de *parvenir*, de *faire leur chemin*, les entraîne sur la pente de l'égoïsme et de l'indifférence, au bout de laquelle il n'y a, de quelque nom qu'on se pare, que servilité, décadence et despotisme.

Ce discours est vivement applaudi et l'assemblée décide qu'il sera publié dans les annales de l'Académie.

— L'Académie procède à l'élection d'un secrétaire-perpétuel en remplacement de M. N. J. VANDER HEYDEN, démissionnaire. M. LE GRAND DE REULANDT est nommé à l'unanimité des voix, moins une. Cet honorable membre remercie avec effusion ses collègues de l'honneur qui lui est fait. Cependant, il fait connaître que de nombreux travaux ne lui permettent pas d'accepter indéfiniment la charge dont on vient de l'investir, et qu'il sera heureux lorsque l'Académie voudra bien confier cette position difficile à un membre qui puisse consacrer à cette mission tout son temps et tous ses soins. En attendant, il consent avec empressement à remplir ces fonctions, dont il s'acquittera en ayant toujours en vue la continuation de la prospérité et du succès de la compagnie.

MM. BROECKX, PROOST, BELLEMANS et VERSWYVEL sont nommés membres de la commission des finances.

M. VANDER HEYDEN, membre effectif, absent pour cause de maladie, est exempt de faire le rapport annuel sur les travaux de l'Académie, qu'il était chargé de rédiger en sa précédente qualité de secrétaire.

L'Académie a reçu, depuis la publication de la dernière livraison de ses Annales, les envois suivants :

1. Travaux de l'Académie impériale de Reims. Reims, 1861 in-8o, les nos 3 et 4 de l'année 1859-1860 et les nos 1 et 2 de 1860-1861.

De la part de la société française d'archéologie pour la conservation des monuments :

2. Congrès archéologique de France. XXVIIe session. Séances générales tenues à Dunkerque, au Main et à Cherbourg en 1860

par la *société française d'archéologie pour la conservation des monuments historiques*. Paris, 1861 in-8°.

3. Congrès archéologique de France. XXVIIIe session. Séances générales tenues à Reims, à l'Aigle, à Dives et à Bordeaux en 1861. Paris, 1862 in-8°.

4. *Annales de la société de médecine d'Anvers*, 1863 in-8°. février, mars, avril.

5. *Journal de la société de pharmacie d'Anvers*. Anvers, 1863 in-8°. avril, mai.

6. De la société historique de la Souabe et de Neubourg : *Sieben und acht und zwanzigster combinister Jahres-Bericht für die Jahre 1861 und 1862*. Augsbourg 1862 in-8°. — *Die Römischen Steindenkmäler, Inschriften und Gefäkstempel im Maximilians-Muzeum zu Augsburg, beschrieben von M. Mezger*. Augsbourg, 1862 in-8°.

7. *Inventaire analytique et chronologique des chartes du chapitre de St.-Lambert à Liége*, par M. Schoonbroodt. Liége, 1863 in-4°.

8. *Journal de l'imprimerie et de la libraire en Belgique*, Bruxelles, 1863, les livraisons de mars, avril, et mai.

De la part de M. le chevalier de Schouteete de Tervarent, membre correspondant à St.-Nicolas :

9. *Recherches nouvelles sur le monument et la famille de Jean Ysebrant, avec reliefs et dénombrement des seigneuries de la Moere, Walbourg, etc.* St.-Nicolas, 1863 in-8°.

De la part du Cercle Archéologique du Pays de Waes :

10. *Annales du Cercle Archéologique du Pays de Waes.* St.-Nicolas, 1862 in-8°. Les deux premières livraisons du tome I, mai 1862 et juin 1863.

11. *Levensbeschryving van Philip Verheyen*, uitgegeven door de bestuerende Kommissie en de oudheidskundige kring van het Land van Waes. St.-Nikolaes, 1862, in-8º.

12. *Revue de l'art chrétien*, recueil mensuel d'archéologie religieuse, dirigé par M. l'abbé Jules Corblet. Paris, 1863 in-8º, les nos de mars, avril, mai.

13. *Annales de la Société de médecine de Gand*, 1863 in-8º. Livraisons de mars et avril.

14. *Journal de la Société des sciences médicales et naturelles de Bruxelles*. Brux. 1863 in-8º, les nos de mars, avril et mai.

15. *Revue belge,* publiée par M. Émile Nève. Bruxelles, 1863 in-8º mars, avril, mai.

16. *Bulletin* de l'Académie royale des sciences, des lettres et beaux-arts de Bruxelles. Bruxelles, 1863 in-8º.

17. *Bulletin* de l'Académie royale de médecine de Belgique. Brux. 1863 in-8º.

18. *Annalen des Vereins für Nassauische Alterthumskunde und Geschichtsforschung.* Wiesbaden, in-8º. siebentes Band, erstes Heft.

19. *Mittheilungen an die Mitglieder des Vereins für Nassauische Alterthumskunde und Geschichtsforschungen.* Wiesbaden. Januar 1863, le no 2.

20. *Der Rheinübergang des Feldmarschalls Blücher mit der Schlesischen Armée bei Caab am 4 januar 1814.* Wiesbaden, 1863 in-8º.

21. *Précis historiques*, par le R. P. Terwecoren, 1863 in-8º, les livr. de mai et juin.

22. *Messager des sciences historiques ou archives des arts et de la bibliographie de Belgique.* Gand, 1863 in-8º, la première livraison.

23. *Bulletin* de l'Académie royale de médecine de Belgique, année 1863, tome VI, n⁰ 4, 5, 6.

24. *Bulletin* de l'Académie royale des sciences, des lettres et des beaux-arts de Belgique. Bruxelles, 1862 in-8⁰, 32ᵉ année, 2ᵉ série, les livraisons 3, 4, 5 du tome 15.

25. *L'Abbevillois* du 15 mai 1863 dans lequel on lit :

Les célébrités scientifiques qui sont venues à Abbeville les 11, 12 et 14 mai courant et y ont séjourné pour étudier la découverte faite le 28 mars dernier par M. Boucher de Perthes, d'une mâchoire humaine fossile dont les journaux anglais contestaient l'authenticité, sont :

Messieurs,

Milne Edwards, membre de l'Institut, doyen de la faculté des sciences.

De Quatrefages, membre de l'Institut, professeur au Muséum d'histoire naturelle.

E. Lartet, membre de la Société géologique de France, etc.

A. Delesse, ingénieur des mines, professeur de géologie à l'école normale.

Le marquis de Vibray, membre de l'Institut.

E. Hébert, professeur de géologie à la Sorbonne.

J. Desnoyer, membre de l'Institut, bibliothécaire au Muséum d'histoire naturelle.

L'abbé Bourgeois, professeur de géologie au collège de Pont–Levoy.

F. Garrigou, docteur en médecine, membre de la Société géologique de France.

Albert Gaudry, naturaliste au Muséum d'histoire naturelle.

J. Delanoue, membre de la Société des antiquaires de France, etc.

Alphonse Milne Edwards.

Parmi les savants anglais, nous distinguons :

Messieurs,

Falconer, membre de la Société royale d'Angleterre, de la Société géologique de Londres.

Joseph Prestwich, membre de la Société royale d'Angleterre, de la Société géologique de Londres.

G. Busk, membre également de diverses sociétés académiques.

Les savants des deux nations, voulant étudier à fond la question, sont restés deux jours à Abbeville en y consacrant tout leur temps.

Procès-verbal de leur vérification a été dressé le 13 courant Il en résulte que tous les membres de la Commission, Anglais et Français, ont reconnu à l'unanimité :

Que la mâchoire, trouvée le 28 mars par M. Boucher de Perthes à Moulin-Quignon, est bien fossile;

Qu'elle a été extraite par M. Boucher de Perthes lui-même de ce banc vierge ou non remanié ;

Que les haches de silex qu'on avait dites fabriquées par les ouvriers sont incontestablement anciennes.

Ces savants des deux nations réunis en corps se sont rendus chez M. Boucher de Perthes pour lui annoncer ce résultat et lui offrir leurs félicitations.

On ne peut trop applaudir au soin scrupuleux que ces hommes si haut placés ont apporté à cette étude, intéressant si fort notre histoire et confirmant tout ce que la tradition nous dit du déluge biblique et de l'existence de l'homme à l'époque où ce grand cataclysme a changé la surface terrestre.

Les membres anglais de la commission, et nous les en remercions, ont montré un véritable dévouement à la science en quittant leurs affaires et en traversant la mer pour venir s'adjoindre aux professeurs français et les aider de leurs lumières. La cordialité la plus franche, la bonne foi et l'impartialité qu'ils ont montrées dans la discussion, sont au-dessus de tout éloge. De l'avis de tous ceux qui ont assisté, à Paris et à Abbeville, à ces conférences admirablement dirigées par l'illustre doyen de la Faculté des Sciences, M. Milne Edwards, à qui la présidence avait été unanimement dévolue, M. le docteur Falconer, le grand paléontologiste d'Angleterre, MM. Prestwich et Busk dont tout le monde connaît aussi les beaux travaux, s'y sont fait beaucoup d'honneur. Notre ville doit donc être fière de la réunion dans ses murs de tant d'hommes si justement estimés en France comme en Angleterre.

Le 14, M. de Cailleux, membre de l'Institut, ancien directeur général des musées, M. le professeur Edouard Collomb, minéralogiste bien connu, M. Hébert déjà venu aux délibérations du 12, et d'autres notabilités parisiennes dont nous regrettons de ne pas savoir les noms, enfin une partie des élèves du savant professeur de la Sorbonne, sont arrivés et ont visité nos bancs devenus si célèbres, et les galeries non moins connues de M. Boucher de Perthes.

On voit que cette découverte de l'homme antédiluvien qui, dans d'autres temps, serait restée inaperçue, est devenue une véritable solennité scientifique.

26. *Annuaire de l'institut des provinces, des sociétés savantes et des congrès scientifiques.* Seconde série, 4e volume, Caen 1862, in-8º.

27. *Mémoire de la Société impériale archéologique du midi de la France, établie à Toulouse en 1831.* Toulouse, 1860 n-4º, les 7 et 8 livraisons.

28. *Mémoires de l'Académie impériale des sciences, arts et belles-lettres de Caen.* Caen, in-8º, les années 1860, 1861 et 1862.

29. *Rapport* sur le concours du prix fondé par le docteur Le Sauvage, par M. Roulland, Caen, 1862 in-8º.

La question proposée était celle de la *chaleur animale*, ses causes, ses sources, ses phénomènes, les diverses théories données pour l'expliquer etc., etc. Le prix n'a pas été adjugé, mais quatre concurrents ont obtenu des *mentions honorables*, ce sont : les docteurs *Fagel,* à Caen ; *Robert de Latour*, à Paris ; *Marey,* à Paris et *Joro da Camara Leme*, à Madère.

30. *Nouveaux mémoires de la Société du Bas-Rhin.* Strasbourg, 1861 in-8º. le 3e fascicule du tome I.

LA CHIRURGIE

DE MAÎTRE

JEHAN YPERMAN

PUBLIÉE POUR LA PREMIÈRE FOIS

PAR

M. C. BROECKX,

BIBLIOTHÉCAIRE-ARCHIVISTE DE L'ACADÉMIE.

L'histoire de la médecine belge avant Vésale est peu connue. Celui qui croirait que la Belgique n'a possédé aucun médecin remarquable avant le créateur de l'anatomie serait dans une grave erreur. La Flandre, qui marchait alors à la tête de la civilisation, qui possédait la franchise des communes dès le douzième siècle, a produit, sans aucun doute, plusieurs médecins dont les ouvrages méritent de fixer l'attention des savants. Plus tard l'enseignement de la naissante faculté de Louvain jeta assez d'éclat pour prouver que les sciences médicales étaient cultivées aussi bien en Belgique qu'à l'étranger. Toutefois, nous devons convenir que la figure qui domine toute la médecine belge avant Vésale est celle de Jehan Yperman, chirurgien du quatorzième siècle.

Pendant son séjour à Paris le docteur Carolus a compulsé les bibliothèques de la capitale de la France. Il a eu le bonheur de découvrir plusieurs manuscrits flamands de médecins du quatorzième et du quinzième siècle. Il s'adressa à M. A. Vanden Peereboom, ministre de l'Intérieur, afin d'être autorisé d'en faire la copie pour le gouvernement belge. Il est à espérer que ce haut fonctionnaire, qui semble animé des meilleurs sentiments pour la littérature flamande, chargera un jour M. Carolus de faire connaître ces trésors ignorés de la médecine belge avant Vésale. Il serait à désirer aussi que notre gouvernement imposât aux jeunes médecins, qui voyagent aux frais de l'État, la tâche de compulser les bibliothèques publiques des villes qu'ils visitent. Ces recherches feraient retrouver sans doute un certain nombre de manuscrits flamands, traitant de l'art de guérir. Il n'est pas douteux qu'alors une main habile pourrait élever bientôt un monument considérable à la médecine nationale antérieure au seizième siècle.

Pendant que M. Carolus compulsait les dépôts

de manuscrits de Paris, M. Ch. Daremberg, membre de l'Institut, reçut en communication un manuscrit flamand qui se trouve à la bibliothèque du collége · de St-Jean-Baptiste à Cambridge, sous le N° 19 A. Ce savant, dont j'ai appris à connaître l'extrême complaisance, en informa M. Carolus et lui permit d'en faire la transcription. Comme ce manuscrit a une haute importance pour l'histoire de la chirurgie flamande, notre compatriote en fit part à M. le ministre Vanden Peereboom, qui le chargea d'en faire une copie pour la bibliothèque royale de Bruxelles.

Ce fut en 1859 que M. Daremberg me signala l'existence du manuscrit de Cambridge. Peu de temps après je m'adressai à M. Sylvain Vande Weyer, ministre plénipotentaire du roi des Belges près de S. M. la reine d'Angleterre, afin d'en obtenir, à mes frais, une copie. M. l'ambassadeur me répondit qu'il s'empresserait de satisfaire à ma demande. Après six mois d'attente j'écrivis une lettre de rappel, qui resta sans réponse. J'attendis encore six mois et j'adressai une seconde lettre de rappel ; même silence de la part de M. l'ambassadeur. Jusqu'à ce jour M. Vande Weyer n'a pas encore cru devoir répondre à son ancien compagnon d'études de l'université de Louvain ; tant est vrai l'ancien adage : *honores mutant mores.*

Lors de la fête de l'inauguration du buste du professeur Philippe Verheyen, le 24 août 1862, à Verrebroeck, où j'eus l'honneur de représenter l'Académie royale de médecine de Belgique, M. le Ministre de l'intérieur me fit la gracieuse offre de mettre à ma disposition la copie de la chirurgie de Jehan Yperman et m'engagea à la publier. J'acceptai avec reconnaissance cette proposition et je satisfais aujourd'hui au vœu exprimé par ce haut fonctionnaire.

Il ne m'a pas paru inutile de résumer brièvement les détails que quelques-uns de nos compatriotes ont recueillis sur le père de la chirurgie flamande et sur les trois copies connues de cet auteur. A cette fin j'ai mis à contribution les travaux que MM. Willems [1], Carolus [2], Snellaert [3], Gheldhof [4], Guislain [5] et Diegerick [6] ont publiés sur ce sujet.

Jehan Yperman, que M. Carolus appelle à juste titre le père de la chirurgie flamande, naquit à

---

[1] *Catalogus Bibliothecæ Hulthemaniæ*, tome VI, page 45-50.

[2] *Annales et Bulletin de la Société de médecine de Gand*, 1854, tome XXXII et préface de la copie du manuscrit de Cambridge.

[3] id. id. id, 1854 tome XXXII et 1860 tome XXXVIII.

[4] id. id. id. 1854, tome XXXII.

[5] id. id. id. 1854, tome XXXII.

[6] *M⁰ Jehan Yperman, le père de la chirurgie flamande (1297-1329)*. Lettre à M. le chanoine Carton, président de la société d'Émulation pour l'étude de l'histoire et des antiquités de la Flandre Occidentale. Bruges, 1859. In-8°.

Ypres ou fut, au moins, fils d'un *poorter* de cette ville. La date de sa naissance n'est pas exactement connue, mais il est probable qu'il vit le jour pendant le dernier quart du treizième siècle. Il étudia la chirurgie à Paris sous Lanfranc de Milan qui enseignait en 1295, avec éclat, dans cette école célèbre.

Les recherches de MM. Gheldhof et Diegerick prouvent que cette supposition de M. Carolus est fondée. En effet, la première mention que ces infatigables investigateurs de l'histoire nationale ont trouvée d'Yperman se lit dans les comptes de la ville d'Ypres de 1297. Il s'y trouve renseigné (*comptes avec diverses personnes*) comme ayant reçu, pendant cette année, de trimestre en trimestre, quatre payements de cinquante sols parisis chacun. A cette époque on ne le nommait pas encore *maître Jehan Yperman*, mais simplement Jehan Yperman. Dans tous les comptes postérieurs, on lui donne partout le titre de *maître*, d'où l'on peut conclure qu'en 1297 il n'était pas encore chirurgien. On peut donc supposer que les sommes qui lui furent allouées pendant cette année, le furent à titre de gratification ou de subside pour l'aider à continuer ses études chirurgicales à Paris. En outre, ce subside accordé à Jehan Yperman ne figure pas aux *comptes des salaires*, mais aux *comptes avec diverses personnes*, et c'est précisément

cette espèce de comptes qui porte toutes les grati-
fications, subsides, récompenses et autres dépenses
de cette nature. De toutes ces données, M. Diegerick
croit pouvoir conclure que Jehan Yperman est né
à Ypres, parce qu'il est douteux que les échevins
lui eussent alloué un subside, s'il n'avait pas été
originaire de cette ville.

En 1303 ou 1304, Jehan Yperman termina ses
études chirurgicales à Paris. De retour dans sa
patrie, il commença par pratiquer à la campagne,
dans les environs d'Ypres, comme il nous l'apprend
dans sa chirurgie. Dans le courant de la même
année, il devint chirurgien de l'hospice de Belle.
Ceci ressort des comptes de la ville d'Ypres. A cette
année on lui donna le titre de maître Jehan Yperman, comme on le trouve mentionné non pas au
compte avec diverses personnes, mais à celui *des
salaires*.

Au même compte, on trouve la mère et la sœur
d'Yperman, comme attachées à l'hôpital de Notre-
Dame *(l'ospital sous le marchiet)*, l'une et l'autre au
traitement de six livres parisis par an, tandis que
Jehan ne jouissait encore que d'un traitement de
quatre livres parisis.

En 1317 son salaire fut porté à six livres.
Ce ne fut qu'en 1318 qu'il vint s'établir à Ypres, à
la demande des échevins qui lui accordèrent de ce

chef une gratification annuelle de dix livres parisis, somme supérieure à celle qu'il recevait pour son service à l'hospice de Belle *pour ce, qu'il demeure en la ville.* Ces deux allocations lui furent payées également les années suivantes.

Où demeurait Jehan Yperman ? En 1324 il habitait dans la rue du Sud (actuellement rue de Lille). Il est probable, ajoute M. Diegerick, qu'il occupait dans cette rue une maison à côté de l'hospice de Belle ou, au moins, à proximité, car c'était chez lui que se réunissaient les échevins, pour traiter des intérêts du dit hospice. Il recevait de ce chef une indemnité de huit livres par an pour le *lieuwage del cambre.*

En 1325, lors des démêlés des Brugeois avec le comte de Flandre, Louis de Crécy, les Yprois mirent une petite armée en campagne; Yperman y fut chargé du service chirurgical et reçut de ce chef une indemnité de huit livres, quatre sols parisis. Ainsi, si Jehan Yperman mérite le nom de père de la chirurgie flamande, les officiers de santé de l'armée belge peuvent le considérer comme un de leurs plus glorieux prédécesseurs dans le moyen âge.

Il faut qu'il se soit distingué par son amour de l'humanité puisque, en 1327, le magistrat lui accorda encore une indemnité de huit livres, quatre sols parisis pour soins donnés aux pauvres.

Le compte de 1329 est le dernier où il est fait mention de Jehan Yperman; ceux de 1330 et 1331 manquent aux archives de la ville. En 1332 on trouve à la rubrique ordinaire : *à maitre Henri le Bril pour warder et guarir les malades del ospital del Belle...* 6 livr. C'est donc à l'année 1330 ou 1331, qu'on peut reporter, sinon la mort de Jehan Yperman, au moins sa retraite ou la cessation de ses fonctions à l'hôpital de Belle, fonctions qu'il remplissait depuis 1304.

M. Diegerick a trouvé dans les comptes que la mère et la sœur étaient en service à l'hôpital de Notre-Dame et qu'elles recevaient de ce chef un traitement de 6 livres parisis, chacune. Elles ne commencent à figurer au compte des *salaires* qu'en 1304, c'est-à-dire à l'année de l'admission de Jehan à l'hospice de Belle; la sœur continue à y figurer jusqu'après la mort ou la retraite de son frère, c'est-à-dire jusqu'en 1332, tandis que le nom de la mère ne s'y trouve qu'une seule fois, en 1304. Elle mourut cette même année ou au commencement de l'année suivante, car sa fille, qui, en 1304, s'y trouve au rôle sous le nom de *Katheline, fille Katheline Ypermans*, figure sur celui de 1305, sous la dénomination de *Katheline* JADIS *Katheline Ypermans*.

Dans le travail sur Yperman, de M. le docteur Carolus, on lit : « cet auteur nous apprend encore qu'il composa son livre pour l'usage de son fils, étudiant en chirurgie ; ce qui fait supposer qu'il était marié. Cependant, ses sorties continuelles contre les chirurgiens laïcs font croire qu'il était dans les ordres quand il a écrit son livre. » Les archives de la ville d'Ypres ne contiennent aucune donnée positive à cet égard. Toutefois, M. Diegerick croit pouvoir assurer que Jehan Yperman n'appartenait pas au clergé, aussi longtemps du moins qu'il fut chirurgien de l'hôpital de Belle.

Voici sur quoi il s'appuie : « chaque fois que dans les comptes de cette époque figure un membre du clergé (ce qui arrive fréquemment), il y est toujours mentionné avec une désignation particulière, soit un simple adjectif de respect ou de déférence, soit par le mot *presbyter* en abrégé.

» Or, notre chirurgien n'y figure jamais que sous le nom de *maistre Jehan Yperman*. Il est possible, ajoute-t-il, qu'en 1330 ou 1331, il ait quitté l'hospice de Belle, pour se vouer à l'état ecclésiastique, ce qui arrivait fréquemment, et que ce soit dans la retraite qu'il ait écrit son ouvrage pour l'instruction de son fils. »

Après avoir prodigué à l'humanité les trésors de son art en sa qualité de chirurgien de l'hôpital de Belle et des pauvres, Jehan Yperman rendit des services signalés à la science par ses écrits. Chose singulière ! ces productions ont échappé à tous les bibliographes, à tous les historiens et aucun médecin belge ou étranger n'en a soupçonné l'existence!.. Elles sont restées inexplorées durant l'espace de cinq siècles ! Chose étonnante pour un pays où les sciences et les arts ont eu leur siége de prédilection! A quelles causes faut-il attribuer ce déni de justice envers un compatriote aussi remarquable! Est-ce à cause de l'idiome national dans lequel ses ouvrages ont été composés ? Mais on a bien connu les productions de son contemporain Jacques Van Maerlant. Est-ce à cause des annexions étrangères que notre pays a dû subir si longtemps. Où bien faut-il accuser l'insouciance de nos nationaux pour tout ce qui était production belge? Quoi qu'il en soit, ce ne fut qu'en 1818 que le célèbre bibliophile gantois, Van Hulthem, en découvrit les premières traces. Depuis, deux autres copies en ont été retrouvées, l'une par M. le docteur Snellaert, l'autre qui se trouve à la bibliothèque du collége de St-Jean-Baptiste à Cambridge.

La première de ces copies était alors en la possession du collectionneur Richard Heber, à Londres, à la vente des livres duquel il fut acheté; puis il passa à la bibliothèque de Bourgogne avec les autres manuscrits de Van Hulthem. Celui-ci n'étant pas parvenu à analyser le manuscrit, pria Willems de l'examiner. Celui-ci, après un examen approfondi, le lui renvoya avec une description détaillée. Voisin, rédacteur du catalogue de la bibliothèque de Van Hulthem, ayant trouvé cette description inédite parmi les notes de ce bibliophile, la publia dans le tome VI, page 45-50, de ce catalogue. M. Carolus la traduisit en français dans la préface de la *chirurgie* de maître Jehan Yperman.

Avant de faire connaître la description de Willems, il est utile de remarquer que le manuscrit de la *chirurgie* de Jehan Yperman, avec un autre traité du même auteur (pièces 10 et 17) se trouve joint dans ce petit in-4°, sur parchemin, à quinze autres pièces flamandes.

« Ce manuscrit, sur parchemin, dit Willems, forme un petit in-4°, de 147 feuillets ou 294 pages, sans les feuillets de couverture. Le caractère graphique en est du milieu du XIVe siècle, et nous verrons plus tard qu'il remonte à 1351; nous constaterons aussi qu'il est le produit d'une main belge, puisqu'on y parle de la langue *flamande*, qualification excessivement rare à cette époque, et conséquemment à remarquer. Ce livre a été copié sur des écrits plus anciens, comme on peut le prouver par plusieurs lacunes et par des vers absents que le copiste avait probablement l'intention de mieux remplir plus tard. L'écriture en est fort lisible; le style et l'orthographe en sont généralement réguliers et les abréviations rarement équivoques. Le double *i* est constamment écrit par *ii* et non par *ij*. Chaque page a, pour ce qui concerne les vers, *trois* colonnes, et pour la prose *deux* colonnes; chacune d'environ cinquante lignes. Pour toute ornementation, il n'y a que des initiales en couleur rouge.

Ce manuscrit a appartenu jadis à un certain GODEFROID LEONYS, notaire et aromataire (pharmacien) à Malines, comme il conste par une annotation au feuillet de couverture à la fin.

Quant au contenu : c'est un recueil assez complet de pièces ou traités qui se rapportent à l'histoire naturelle (physique) et à la médecine de l'homme, commençant par l'influence des astres et des planètes et finissant par l'anatomie et la chirurgie. A mon avis, on peut intituler ce recueil : *Très-ancienne histoire naturelle (physique) belge de l'homme, au XIIIe et XIVe siècle.*

La description de chaque pièce en fera mieux connaître le contenu.

1re *Pièce.* — Le feuillet 1 à 6 recto renferme : un *Poème sur l'histoire physique de l'univers*, qu'on a, à tort, attribué à certain frère GHERAERT; il se compose de 1610 vers. On l'envisage communément comme une suite au *Naturen-Bloeme* de VAN MAERLANT. BILDERDYK, dans le tome III de ses

Tael- en Dichtkundige verscheidenheden, compare et décrit les quatre copies de ce poème, qui existent en Hollande et qui datent du XIVᵉ et XVᵉ siècle. On ignore le nom et le séjour de l'auteur, mais il me paraît avoir été Brabançon, parce qu'il prend souvent la ville de Bruxelles, comme point de ses comparaisons astronomiques en opposition avec Rome. Peut-être était-il médecin, car il avance que sans la connaissance des planètes on ne saurait être bon physicien, c'est-à-dire médecin. Voici cette assertion :

    Hier omme soude geen meester syn
    Woudi wesen goed fisicyn
    Hine soude van astronomien leren.

Il me paraît aussi vraisemblable qu'il appartient au clergé, puisqu'il se plaint de la peine qu'on trouve à faire comprendre quelque chose aux laïcs.

    Men mach oec met leike lieden
    In dietsche gene dig bedieden
    Men mochse taste mette dume
    Nochta selen syt verstaen cume.

Si l'on admet cette dernière opinion et qu'on l'envisage comme habitant des environs de Bruxelles, alors on pourrait le prendre pour le poëte qui traduisit le *Roman de la Rose*, dont j'ai découvert et fait connaître le manuscrit, et qui se nommait HENRI VAN AKEN, curé à Corbeke, entre Louvain et Bruxelles.

2e *Pièce*. — De fol. 6 verso à 8 verso, cette partie comprend quelques *Formules d'eaux et huiles médicinales* et est suivie d'un petit chapitre *sur les signes précurseurs de la mort.*

3e *Pièce*. — De fol. 9 recto à 22 verso, contient : l'*Antidotaire de* NICOLAUS, qui se compose de formules pharmaceutiques rangées par ordre alphabétique. A la fin de cette pharmacopée on trouve l'âge de ce manuscrit, exprimé par ces mots latins :

Explicit Antidotarius scriptus ano Dni 1351 in die beati Ypoliti martiris.

Finito libro sit laus et gloria Christo
Dexteram scribentis benedicat lingua legentis.

Suivent ensuite quelques règles pour distinguer le pouls chez les malades.

Comme les deux vers latins ci-dessus se répètent à la fin du traité de chiromancie qui suit plus bas, nous en concluons, que les mots : *scriptus anno Domini 1351*, sont du copiste et nullement de l'auteur; du reste il paraît certain que tout le manuscrit a été transcrit de la même main, à la même date.

4e *Pièce*. — De fol. 22 à 27 verso présente un *Traité des urines,* d'après GILLES DE SALERNE, qui compila ISAAC. Il est en deux parties et à la fin de la seconde, p. 28, on lit : *Deo gratias. Per Johannem de Aeltre*, probablement le nom du copiste de tout le manuscrit.

5e *Pièce*. — De fol. 28 verso à 45. — *La médecine* d'Avicenne (liber magistri Avicenne), précédée d'une table des 48 chapitres qui composent ce traité. On y cite plusieurs noms d'auteurs, entre autres celui d'un médecin flamand Jean Braemblat, on y trouve aussi les noms flamands de beaucoup de plantes.

6e *Pièce*. — De fol. 46 à 47. — *De la connaissance des complexions ou tempéraments*, d'après Hippocrate et Galien.

7e *Pièce*. — De fol. 47 verso à 48 recto. — *De la physiognomonie humaine*, d'après Hippocrate.

8e *Pièce*. — De fol. 48 à 50 verso. — *De la connaissance des urines*, d'après Gilles de Salerne, d'Isaac et Théophile.

9e *Pièce*. — Fol. 51 recto et verso. — *Quelques définitions pharmaceutiques et médicales*.

De fol. 52 à 53 verso. — *Des signes précurseurs de la mort*, portant littéralement cette rubrique : *Ceci sont les 24 signes de la mort qu'*Hippocrate *fit enterrer avec lui*. A la fin on lit : *Deo gratias*.

De fol. 52 verso à 53 verso. *Quelques annotations médicales et pharmaceutiques*, en latin.

10e *Pièce*. De fol. 54 recto à 75. *Traité de Médecine de maître* Jean Ypermans, divisé en 42 chapitres dont on trouve la table à la fin. Il commence par les Fièvres éphémères et se termine par le chapitre de la Gonorrhée, que l'auteur considère comme une perte séminale. C'est au chapitre de l'*Epileucia,* qu'il est fait mention de la langue flamande. Ce traité se termine par cette souscription :

Explicit medicina magistri Johannis dicti Ypermans Deo gratias. Amen.

11e *Pièce.* — De fol. 74 recto à 75 recto. — Poëme de 484 vers comprenant des *Préceptes d'Hygiène.* — Je le considère comme un *extrait* de *Heimelycheid der Heimelycheden,* et nommément de la partie où il est traité de l'Hygiène. VAN WYN, qui a lu tout le poëme dans un manuscrit de VISSER, qui repose actuellement à la bibliothèque de La Haye, dit dans ses *Avondstonden,* I, p. 292, qu'il renferme les préceptes d'ARISTOTE à son élève ALEXANDRE ; ce qui est conforme à ces vers :

Alexander, houd dese wet
En set die hier na als di vroede !

Outre ce manuscrit de VISSER, on en trouve encore un autre sur parchemin, mais incomplet, à la Bibliothèque de la Société à Leide ; il date du XIVe siècle et se compose de 6 feuillets in-folio et sur trois colonnes de près de 50 vers. De sorte qu'on présume qu'il y manque près de 2 ou 3 colonnes. (Voyez le Cat. de cette bibliot., p. 2-4.) —

Il appartenait antérieurement à Is. LELONG et se trouve indiqué à la fin de son catalogue à la partie des manuscrits, p. 6, nº 32.

On rencontre un troisième exemplaire de ce poëme, dans un codex de vieux poëmes neérlandais (belge ?), qui se trouvait d'abord à Komburg et aujourd'hui à Stuttgard. (Voy. WECKERLIN's *Beytragen zur Geschichte altdeutsche Sprache und Dichtk.*, p. 105).

12e *Pièce*. — Fol. 75-77 recto. — *Extraits* de : *Naturen-bloeme* de VAN MAERLANT, de la partie qui se rapporte à la médecine ; ils comptent 1076 vers. — Je possède, dit WILLEMS, un beau manuscrit en parchemin de ce poëme, écrit à la fin du XIIIe siècle ou au commencement du XIVe siècle. Deux autres manuscrits se trouvent en Allemagne ; un quatrième, qui provient de VISSER, se trouve à la bibliothèque de La Haye ; un cinquième repose à celle de l'Université de Leide, et un sixième à celle de l'Institut neérlandais et un fragment chez M. ENSCHEDÉ, à Haarlem. (Voyez-en le compte-rendu de HOFFMANN VON FALLERSLEBEN, dans : *Kunst- en Letterbode*, 1821, Te II, p. 272.)

13e *Pièce*. — De fol. 77 verso à 85 verso. — *Poëme sur les parties secrètes des hommes et des femmes*, comme il est indiqué au commencement, tandis qu'on lit à la fin : *Expliciunt mulierum secreta.* —

Il comprend 2400 vers, mais quelques-uns ont été omis par le copiste. Ce poëme n'est pas un fragment de celui du *Secret des secrets*, dont nous avons parlé plus haut et qui est un poëme éthique, tandis que celui-ci est purement physiologique et traite principalement de l'acte de la génération, après avoir parlé du système d'ARISTOTE sur l'homme en général, et sur les parties génitales des deux sexes. D'après VAN WYN (loco cit. p. 292), ce serait un poëme original.

L'auteur, de la manière dont il parle de l'art, paraît avoir été médecin ; ainsi, nous lisons :

Men sout mi niet prisen
Dat ic hen allen lerde gereit
Die grote heimelycheit
Maer seker ben ik wel van dezen
Dat ik se daer af soude *genesen*.

Et plus loin :

Een ander dat sere helpen doet
Den vrouwen *hebbic ondervonden*
Om te doen hebben hare stonden
Ghi selt nemen, enz.

L'auteur ne paraît pas avoir fait partie du clergé, qu'il craignait à cause de la matière qu'il traite :

Oec ontsie ic den papen treken
Dat sys mi mochten spreken lachter.

J'ignore, ajoute WILLEMS, s'il existe un autre exemplaire de cet important poëme.

14e *Pièce.* — Fol. 85-88. — Est une exposition de la *Chiromancie*, divisée en 17 chapitres.

15e *Pièce.* — Fol. 89. — *Poëme sur l'amour ascétique*, qui n'a rien de commun avec la médecine, mais qui est très-remarquable par le rhythme et la répétion de la rime.

16e *Pièce.* — De fol. 91 à 107 recto. — *Herbier de Dioscoride et de Circumstance.* Cet herbier ou plutôt cette matière médicale est rédigée par ordre alphabétique et donne la description et les vertus de 202 plantes. L'article *mandragore* se fait remarquer par la singularité des propriétés qu'on lui attribue.

17e *Pièce.* — De fol. 108 à 147 verso, présente : *La chirurgie de maitre Jean Ypermans*, qui commence par cette introduction : « *Hic incipit cyrurgia magistri Johannis dicti Ypermans quam ipse compilavit et in teutonico redegit filio suo. Omme dat hi begeerde dat hi prophiteren soude met sire conste en met sire leringe en meter leringe van vele grotere meesters en vut vele'goede auctoers getroct.* »

Ce traité qui est très-étendu se divise en sept livres. Le 1er livre traitant du crâne de l'homme est divisé en 30 chapitres; le 2d traitant des yeux l'est en 25 chapitres, etc.

Il se pourrait bien que la plupart des pièces, contenues dans ce manuscrit, ainsi que le poëme sur les parties secrètes des deux sexes, soient de

JEAN YPERMANS, qui paraît avoir vécu et écrit au XIIIe siècle et avoir été contemporain de JACQUES VAN MAERLANT.

Eecloo, le 28 mars 1832.

Était signé : J. F. WILLEMS,

Membre de l'Institut. »

Pour compléter la description de cette XVIIe partie du manuscrit, analysé par Willems, j'ajouterai qu'il ne contient aucune figure d'instrument, contrairement aux deux autres copies du même maître. Elle date de 1351 et le copiste se nomme Van Aeltre.

« La partie philologique de ce manuscrit est très-remarquable et prouve beaucoup en faveur de l'ancienneté du dialecte flamand, ou plutôt de l'idiome encore parlé dans la Flandre occidentale. Nul doute, que si Kiliaen l'auteur de l'*Etymologicum Teutonicæ linguæ*, l'eut connu, il l'eut mise à profit, car il renferme une grande quantité de mots surannés qui ne se trouvent pas dans son ouvrage, et dont il serait bon de faire ressusciter plusieurs pour leurs qualités [1]. »

La seconde copie de la chirurgie d'Yperman échappée au naufrage des siècles est celle de M. le docteur Snellaert de Gand. Cette copie diffère en plusieurs endroits de celle de Bruxelles, comme

---

[1] M. CAROLUS, *Annales de la Société de médecine de Gand*, 1854, page 34.

son possesseur l'a prouvé dans l'excellent rapport qu'il a lu, au sein de la Société de médecine de Gand, sur le travail de M. le docteur Carolus. Cette copie est accompagnée d'un grand nombre de dessins d'instruments intercalés dans le texte.

La troisième copie est celle qui se trouve à la bibliothèque du collége de St-Jean-Baptiste à Cambridge, sous le n° 19ᴀ. Nous extrayons les détails qui vont suivre d'un avant-propos que M. Carolus a mis en tête de sa transcription. La copie de Cambridge est un volume in-folio de 161 pages, sur deux colonnes; elle est écrite sur papier et ornée de lettrines rouges. Le papier porte une marque de fabrique qui pourrait servir à déterminer l'âge du manuscrit; la voici :

Dans certains endroits le manuscrit est très-fatigué, ce qui ferait supposer qu'il a passé par les mains de toute une génération d'étudiants en chirurgie et que son auteur doit avoir été, pendant un grand nombre d'années, l'auteur classique des Flandres.

Le manuscrit de Cambridge, comme celui de Gand, renferme des figures d'instruments. En outre on y rencontre des espaces réservés pour recevoir des dessins que le copiste n'a pu terminer, de même qu'il n'a pu achever son travail auquel il manque dix chapitres. Quelques-uns des espaces, réservés pour dessins, ont été remplis par quelque étudiant désœuvré qui s'est plu à y dessiner des sujets plus ou moins obscènes :'

La copie de Cambridge est surtout intéressante par les nombreux détails qu'elle donne sur Yperman et sur la ville d'Ypres. Elle donne en outre la date de la mort de Jehan Yperman; malheureusement cette date laisse du doute par suite d'une abréviation difficile à déchiffrer. Voici cette abréviation :

Mccc͏ᶜ' en ∞.

Si on lit 1310, il y aura contradiction manifeste avec une autre date citée page 90, colonne 2, où il est dit que Jehan Yperman guérissait une béguine à Ypres, en 1328. M. Daremberg lit MIIIᶜ en X, comme je l'ai fait connaître à la page 12 du travail que j'ai publié en 1860 sous le titre : *Encore un manuscrit du père de la chirurgie flamande.*

Ce manuscrit se distingue aussi de celui de la bibliothèque de Bourgogne par la citation d'un plus grand nombre d'auteurs et de livres. Cette partie est d'un haut intérêt pour la bibliographie.

Il serait difficile de déterminer l'époque à laquelle la copie de Cambridge a quitté la Belgique ; mais d'après une inscription anglaise qui se trouve sur une des feuilles de garde à la fin du manuscrit, on peut croire qu'il est en Angleterre au moins depuis deux siècles. C'est surtout à partir de la Réforme que les Anglais ont parcouru la Belgique pour acheter, à vil prix, les manuscrits. Plusieurs de nos auteurs contemporains se plaignent, dans leurs écrits, de cette perte irréparable de nos trésors littéraires.

Le style du manuscrit de Cambridge est extrêmement défectueux, l'orthographe y est nulle ; le copiste ne connaissait pas le latin et le flamand y est absolûment écrit comme on le parle dans la Flandre occidentale. M. Carolus croit n'être pas éloigné de la vérité en attribuant cette copie à un Brugeois.

J'ai dit que ce manuscrit est incomplet et qu'il

y manque dix chapitres. Le copiste avait réservé 13 pages pour la continuation de son travail. Ces pages sont restées en blanc. Après ces 13 pages en blanc suit un petit traité de chirurgie en flamand, de 34 pages in-folio sur deux colonnes, et attribué à *Lanfranc jeune* (jonghe Lanfranc).

Le manuscrit est relié en veau et sur la couverture se trouvent plusieurs empreintes que M. Carolus dit être semblables à celles de la *Bibliotheca Elnonensis* ou de *St.-Amand* en Belgique.

Après avoir fait connaître les trois manuscrits d'Yperman, je me demande si l'on a trouvé le manuscrit original de l'auteur? La réponse ne me paraît pas douteuse. Non, jusqu'à ce jour on n'a pas encore eu cette bonne fortune. Jehan Yperman qui, dans son chapitre *Wat een cirurgien behoeren moet*, énumère les qualités que le chirurgien doit posséder et qu'il possédait certainement lui-même, n'a jamais pu écrire dans un style aussi défectueux.

La chirurgie de Jehan Yperman, après avoir été ensevelie pendant cinq longs siècles dans l'oubli le plus complet, mérite-t-elle de voir le jour ? Je n'hésite pas un instant de répondre affirmativement, non pas comme une simple curiosité d'antiquaire mais parcequ'elle est de la plus haute importance pour l'histoire de la médecine belge, pour l'histoire de la littérature nationale. L'observateur y trouvera des remarques curieuses non seulement sur l'état de la chirurgie en Belgique, mais même sur les mœurs, les usages, la civilisation, les armes et les instruments du quatorzième siècle. Ce manuscrit est le seul qui nous fasse connaître l'état de la chirurgie de ·cette époque en Belgique. Il nous apprend qu'alors que chez la plupart des peuples de l'Europe la chirurgie consistait dans la connaissance de quelques emplâtres et de pratiques superstitieuses, les Belges marchaient à la tête de la civilisation, avec l'Italie et la France. Pour vérifier ce que je viens d'avancer, on n'a qu'à parcourir les œuvres des grands historiens de la médecine et l'on se convaincra aisément qu'à cette époque la chirurgie était encore généralement dans un état d'enfance.

Après avoir jeté un coup-d'œil sur le travail de Jehan Yperman, on acquiert la conviction que notre compatriote fut un des hommes les plus éminents de son époque. Que cet homme avait des idées élevées sur son art ! Que j'ai lu avec admiration les qualités qu'il requiert dans un bon chirurgien ! Outre de bonnes qualités physiques et morales, il ne doit pas seulement connaître la médecine, mais il doit savoir la grammaire, la logique, la rhétorique et l'éthique. Combien de chirurgiens modernes pourraient se flatter de pouvoir satisfaire aux *desiderata* de notre compatriote du quatorzième siècle ? On pourrait se demander si Jehan Yperman possédait lui-même toutes ces qualités ? Il ne faut pas en douter, les preuves en abondent dans le cours de son traité de chirurgie. Nous y trouvons aussi·la preuve qu'il possédait une grande érudition, en voyant le soin qu'il met à citer les auteurs qu'il a consultés pour la composition de son livre. Ainsi nous y trouvons cités : Albert de Cologne, Albucasis, Ancelle de Genève, Avicenne, Brunus, Constantinus, Dierc, Dioscoride, Experimentator, Galien, Gillibert, Gillis, Guillaume de Congénie, Guillaume de Medicke, Hippocrate, Hugues de Lucques, Hugues de Lugenbourg, Isaac le Hollandais, Lanfranc, Louis de Macke, Macer, Platearius, Pierre Lucrator, Rhases, Robbaert, Rolandinus, Rolandus, Rogierius, les quatre maîtres de Salerne, Theodoricus.

Disciple de Lanfranc, notre compatriote, dans son traité, n'est pas inférieur à son maître ; il compare les procédés de l'école de Paris à ceux des autres écoles, les discute, les met en parallèle avec sa propre expérience et fait éclater ainsi souvent son véritable génie chirurgical. Les endroits où il modifie les procédés de son maître, où il en propose et préfère d'autres se rencontrent fréquemment. On ne peut lui refuser une grande dextérité et de la hardiesse dans les opérations ; on lit avec satisfaction les soins paternels dont il entourait ses blessés, soins qui dans maintes circonstances ont dû assurer le succès de ses opérations.

Jusqu'à ce jour nous ne connaissons que trois copies de la chirurgie d'Yperman. J'ai la conviction qu'il en existe un plus grand nombre et que bientôt on nous en signalera d'autres. Cette multiplication des copies prouve que notre compatriote doit avoir formé école dans son pays et qu'il a eu des élèves qui ont continué à suivre et à répandre la doctrine de leur maître. Ceci confirme que l'état de la chirurgie a été moins arriéré en Belgique que dans les pays limitrophes, la France et l'Italie exceptées.

J'ai eu d'abord l'intention de résumer brièvement les chapitres de la chirurgie d'Yperman. Je me suis aperçu que cela me mènerait trop loin. Aussi je me contenterai de dire que la lecture de ce manuscrit m'a donné la conviction que l'auteur s'est tenu à la hauteur de la science de son temps, qu'il rapporte les opinions et les procédés des grands maîtres de l'art, mais qu'il ne les adopte jamais sans les avoir fait passer d'abord par le creuset du raisonnement et de l'expérience. Indiquer ici les vues nouvelles, les inventions de l'auteur, ce serait encore excéder les limites de cette introduction. Bornons-nous toutefois à constater que jusqu'à ce jour les Français ont regardé Ambroise Paré comme l'inventeur de la *ligature des artères* et que Jehan Yperman décrit cette opération à la page 16 de son ouvrage, trois siècles avant le *père de la chirurgie française.* Nous ajouterons que quelques lignes plus bas notre compatriote indique la *torsion des artères*, découverte par Amussat de Paris en 1825 !

Le texte flamand que je fais suivre ici, confirmera tout ce que j'ai avancé sur le compte de notre compatriote, il achèvera de prouver au lecteur que Jehan Yperman fut un homme éminent, le père de la chirurgie flamande et la plus grande figure chirurgicale de cette époque. Puisse le monument de la reconnaissance de ses compatriotes ne pas se faire attendre longtemps ! C'est mon vœu le plus ardent.

LA CHIRURGIE

DE MAÎTRE

JEHAN YPERMAN

Hier begienet die cirurgie van meester Jan Yperman ende es getrocken wt alle den auctoers ende mesters.

Hic est practica et doctrina composita a magistro Iohē Ypmanni q̄m ipe tractavit in flamigo ad utilitatē filii sui in tempōe vite sue sane et voluit q̄ ipe haberet aliq̄d de opē suo et doctina sua a multis mgrē (de lanfranco (a q̄tuor mgris de saleno (a galieno (a rolado (a rogero et a brut̄o (a raso (a mḡro hugoē de luckes et a mḡro albucaso.

Men sal eerst leeren die nature van den hoefde ende die anatomie (die sappenisse dair of.

Hoe dat hoeft is gedeelt in drien ende eirst van den voersten dele. Van den middelste dele. Van den achtersten dele. Van den hoefde dat gewont es ende van der lise. Van der leringen der naturen des hoefts ende syn werck. Van curugien en wat hem toe behoert. Van wonden ierst te vermaken ende nayen. Van wonden te stelpen die zeer bloen. Van den hoefde gewont ende ierst van den vier tiden. Van bulen ende gaten int hoeſt. Hoe men proven sal of dat hersebecken ontwen es. Van hacken of geslegen tote dura mater. Van den hersenbecken gewont. Van bulen die vele zwaerden. Van dat den been schiet onder den anderen. Van den hersenbecken slicht te broken sonder wonde in de vleysch. Van der teyken der manen. Van der leringe des meesters van Salernen. Hoe men wonden nayen sal in tansichte. Van geschoerden monden in kinderen. Van bulen te done gesittene. Van wonden die vallen boven den ogen duuers ofte lanxs. Van dat de ore of gescuert is. Van wonden geschoten int aen- sichte. Van gescut wt te doen sonder sniden. Hoe men den wonden es sculdich te handelen van eten ende van drincken en hem dair af te verbiedene. Van der crampen ofte spasmeringhen. Van schorfde hooffden. Van lusen opt hooft ofte te eldere. Van de wanne opt hoeft. Van der bulden ofte testuden op thoeſt.

Dits beghin van cirurgien.

Hier begint die Cirurgie des *meesters Ioannes Ypermans* denwelke dat hi uten latine ende ute syn selves verstandenisse ende leringe en wt sine goeder geloefder werken dit troc hi ende maecte in dyetscher talen dewelke dat hi bestont te maken om zyns selves zone binnen zyns selves live ende dat specion hadde hi *bine der stede van Yperen in welke dienst dat hi sterf int jaer ons Heeren* Mccc° en ꝏ ende hi maecte dit werck in dietsche om die minne van zynen zoen die soe ionc was dat hi hem niet wel verstont in gramarien al zoe die boeken leerden die zyns vaders waren ende dair ute dat hi wrochte ende die hi gehoirt hadde lesen ende dair hi ute syn werck voldede ende die bouken en hadden sinen zoen niet te goede geworden ende dair om maecte hi dit in vlaemschen talen om dat hi begeerde dat syn soen profiteerde dair mede ende hem bleve van synre leringe die men zeer prisende is.

Wy syn sculdich ons werc te bevelene gode den vader den zoen den heiligen geest in drien personen een wairachtich god den vader sonder begin den sone comende van den vader geboren van der maget marie moder wesende ende maget blivende die heilige geest commende vanden vader ende van den zoen ende dese iij personen commende van den vader

een wil ende een god. Nu bid *ic* der moder ende maget alder werlt
advocateringe dat si wil bidden voir ons en voir die dichteren des wercks
dat hore zoen hem mote geven den sin ende die conste dat hi mote nemen
ute den auctors der cirurgien ende dat het nuttelicke wesen mach den
volcken dat ghequest es ofte ghequist mach wezen ofte andere mesquame
daer dese auctoers of leeren sullen. Dat si met er bolpen ons Heeren ende
bi desen auctors moeten ghegunst werden ende ghenesen van horen
mesquame. *By sinte Cosma et Damianus*, heilighe martelaren ons Heeren.
Ende sinte *luc phisicien ende cappelaen onser wrouwen heilige culban* (sic)
gelistic (sic) ons Heeren biden gode over hem ende over alle die ghene die
werken sullen met desen werken, ende alsoe alse hier ghescreven staet
bi goeder ordinancien.

Wat dat Cirugie es.

Cyrugie es van da der hant *Cyros in gricxe*. Dants hant in
dietscher tale ende cyrugie es te verstane hantwerc van medicinen. Nu
willen wy beginnen onse werc van cyrugien ende alder eerst ane thooft.

Men sal hier leeren die natuere van den hoofde : ende die anothomie dair of : ende die seeppenisse.

Dat hooft is rond omme dat te meer hauden sal in eeven vele steden
ende omme dat rondt eene scoene vorme es ende omme dat harte slage
valle ende werphnighe te mynder an souden vesten. Ende te lichter der
of souden sacten. Ende wy sullen oec verstaen dat thooft es wortele van
den mensche hute wien dat alle senuwen nemen hare beghinsele ende
hare wassen. Ende hore ghevoelen dats huten hersinen ende huten
margheren van den rugghebene dewelke dat comt huten hersinen ligghende in twee huden alsoe die hersinen doen. Ende dat march soe
heetet in latine *nucha*.

Hoe dat hooft es ghedelt in drien.

Dat hooft dat es van iij substancien , een substancie van vleesch, een
van beene, een van hersinen , dewelke hersinen es march des hooft en

musich es wleesch van den hoofde, ende al vol wortels van hare ende dat wleesch van den hoofde es harter dan ander wleesch en uc mormer dan senuwen ofte corden ofte cnoes ofte beene. Ende huute huut soe wast dat har dewelke haer die hersinen ende dat vleesch hoeden van couden dat hem contrarie mach wesen. Ende dat vleesch dact dat been met sinre huut al vol borstels ende hard ende dat haer es boeven der huut omme 2 saken. Dien es omme dat dect die zweetengaten ome datter gheen cout inne comt. Die welke gaten daer huute dat comt syn daere na ulbe ende heeten in latine *poros*, ende dandere reden es omme dat thaer op thooft es dat es omme dat thooft scoender es en die huut van den hoofde es dicker dan die anderen huut anne den lichaem sonder den planten der handen ende der voeten omme dat men der mede mer pynt. Daeromme essi bi nature dickere ende doere elc gaetkin coemt haer ende onderwilen ii ofte iij ende de huut es naste ghebonden ane dit vleesch dat musich es met cleenen dradekinen commende van den aderen huter leveren ende met dradekin commende met cleenen pulsaderen die men heet in latine *arterien* commende van der herten van den welcken dradekin natuere hevet ghewenen ofte ghebrest de huut daer boven subtyllic ende over al de huut van den hoofde es van velen sticken alst recht ende es van tween deelen ofte tweevout. Daer een tafele buten ende eene tafele binnen ja buuten ten wleesch waert ende binnin ter hersinen wart ende daer tusschen soe syn vele *aderen* ende *arterien* die welke gheven den beene voetselen en hitte, die arterien gheven hitte ende die adere gheven voetsele ende hitte. Dat hersenbecken es van vele stucken ende tweevout alsoet voerseit es. Thooft soe es van iij partien.

Espace destiné à un dessin
et non reproduit dans le MS.

Deen es voeren dander es hachter, dat derde inde middelwart ende alsoe gheschepen alsoemme hier ner claeren sal.

an den monde voerwart soe es thooft hete ende droghe hewende van den gheesten lettelle en lettel van den marghe die middelwart es tusschen twee delen tusschen den vorsten deele ende den achtersten deele, ende hevet vele van den marghe ende vele van den gheste ende es heet ende versch ende int middelste deel soe staen die horen op 2 beenkin die men heet *stenich been*. Ende dat achterste deel es cout ende droghe, hebbende lettel van den ghesten ende lettele van den marghe. Ende verstaen ende leeren omme dat mense moet ghenesen verscoeden van horer natueren. Dats te verstane dat deel heet ende droghe met de medicinen cout ende versch dats contrarie moer metegenesen int voerste deel soe syn die oghen ende die nese ende de mont. Ende boven den oghen soe syn 2 beenen die niet ne syn van den hersenbeckin maer sy syn scedele van den oghen. Ende si liggen lanxs ofte dwers ende die winbrauwen ende dat been van den hoofde es van vele sticken ende dats gedaen omme vele nutscep. Dat erste es dat daer vergaderen vel sticken daer huut wassen die senuwen. Tander es omme datter in dalen die aderen ende die arterien, omme hitten te geven die hersine ende gheeste. Ende alle die senuwen van den mensche comme hute hoofde. Terde es omme dat hem die hersinen sonder lichten ende hute steken die hitte die hem contrarie es. Dat vierde es omme dat die huve diemen heet *hart moeder* es vaste in den monde ende slape ende dat in de beene ende in die vergaderinge ende daer hanghen hersinen ane dbeen onder ane de selle, dewelke, men heet hersenbeckin. Die welke est salt der hersine die soe morwe syn ende soe wit bi den welken dat *enich philosophe* seght dat si syn cout ende versch. Ende dat hersenbeckin es tweevoudich alst voerscreven es ende ratich tusschen ij tafelen daer die voerseide aderen in loopen. Ende dats omme dat die hitte der hersenen mspse (sic) soude ende daer naer huut commen te horen vergaderinghen soe fyn de tanden aldus ghemaect :

Ende alse dat hersenbecken in twee es, dan es te ontsiene dat die lyse ghequest es ende ghewont. Ende alsi ghewont es dan es te ontsiene de doot.

Hoe dat hooft es ghedeelt in drien deelen. Ende erst van den voersten deele willic spreken.

Ende dat hooft es ghedeelt in drien als voerseit es. In het voerste deel leit die kennissen van den mensche. Dits te verstane sien smaken riecken. Dat sien dats kennisse te dragen tusschen zwaert ende wit ende doncker en claer. Des gelike smake te hebbene tusschen bitter en soete ende roocke te hebbene tusschen stinkende ende welrieckenden en daer gelike.

Van den middelsten deele des hoofts.

Ende in dat middelste deele soe leit die redene ende dat horen die redene dat heesch ende andworden, hore dats verstaen ende andworden gheven vandat die mensche hoort. Daer omme es in dit deele t'ghepenis der menschen ende der memorien.

Van den achtersten deele der natueren des hoofts.

Ende in dat achtersten deele des hoofts soe leit die onthoudenisse wat die mensche hoort ofte ghehoort heft dat soe gaet ligghen in dat achterste deel des hovets. Aldus soe seght cort Rogerus ende Rolandus in latine : *Jn prima cella fyt ymago, in media cella rasio jn posteriora memoria.* Die hersine ligghen tusschen tween huden, deene soe heet *dura mater* ende dandere heet *pia mater* ; dats te seggen *ardemoeder*, dese is dicker ende vast omme dat soe ligghet naest den beene ende slaet der jeghen altoos. Dese mach wel ghewont syn ende si mach wel apostemeren ende ghenesen sonder meskief van den live. Ende dandere es dinne omme de hersinen diere in ligghen besloeten. Dese mach qualic ghewont syn datter die siecte of mach ghenesen. Nochtans seit *Galienus* datti hadde ghesien eenen die de lyse alle hadde ghewont ende het ghenas, maer het was soe cleene dat van den hersinen niet der hute quam. *Theodoricus* seit datti sach eenen schedemaker in die *stat van Luckes* wien hi hute dede dat achterste deel van den hoofde ende hi ne verloes niet het leven, sine ghewerken van natueren ende tusschen *dura mater* ende *pia mater* vergaderde eene materie bi granschepen ofte bi nare, ende daer naer wart dicke bi beslotener hitte diere in es ende dat mach wel syn bi natueren en sonder den lichame te quetsene, ende gevalt den mensche es ghewont in syn hooft soe dat thersenbeckin brect ende dura mater wert ghewont ofte geapostemert. Hierbi datter arde humoren hute commen, ende dan wanen leecken mesters dat hersinen syn, dus syn si bedroghen ende si doen den lieden ende hem selven loeghenen te verstane, want die hersine ne moghen niet syn ghewont ende de lieden of ghenesen waer omme hets een ledt principael daer alle de beseffennighe hute sprinct, die de mensche over hem heeft ende hier of es ghenouch ghesproken. Ende ic wille voert spreken van der cirurgien toe behoort.

Uan den hoofde ghewont ende van dura mater dats die wpperste lyse.

Het ghevalt dat men dat hooft wont misselic ende somtits datter brect ende somtits datter niet en brect, ende onderwilen brecket met cleender wonden, onderwilen met grooter wonden, ende es te wetene dat thersenbeckin beter te broken es met groeter wonden dan met deender bedimet deender wonden soe moet men die wonden wyden omme dat hersenbeckin te helpene alsoe men hier naer leeren sal, ende onderwilen soe brenet thene arde seere met cleender wonden en onderwilen met cleender; maer als de broke toe comt in thersenbeckin dan as men schuldich tonsiene de lyse by di si wonden onderwilen dura mater, ende onderwilen pia mater, dat mach men kennen bi deesen teekenen, bedi dat de pacient heeft groete pine inthoft bidat daer versceden dat te gader behoort te syne; ende dat ansichte ontstellen root, omme die gheesten diere toe loepen, ende die oeghen blaken bider redene voerseit. Die tonghe brune omme die coertse ende onverstandich tsiene omme die gheesten ende die humoren die verstoermt syn. Ende alse pia mater es ghequist, soe kennet bi desen teekenen alse bi faute van smake datti sine haet en dranc onder hem. Ende bine heeft ghene macht te steken van hem met crudene ender dies niwen vervullen die tonghe dat si niet mach doen hore natuerlic werk; *Puustkin* soe commen onderwilen in tansichte biden voetsele daer ghetrect bi der cracht der natueren, ende niet lichamelicke, ende onderwilen soe loept hen bloet ende etter ten aeren hute en huter nesen bider selver redenen ofte bi der fauten van der ontfander der natueren en oec vasten lichame omme dat gheesten die loopen ter wonden ende die vercrancheit van den instrumenten der leden die den lichame wonde, ende es te verstane den nasten vasten lichame ofte den lichten hem volghende, dats dicken teekine van der doot. Ende dat noch banger is dus bevinghe ende een warf ofte iiij. warf sdaghes commende den ghewonden dats quat teekin bedi die natuerlicke hitte steet hare van den hende des lichame die welke si moeten hebben in tachterste ende dats een warachtich teeken van der doot. Ende alle die ghene die toe comme van der leesten ij. teekinen dats de dood binnen .+. [1] daghen daer naer ende namelike alse eenich van den huve der hersinen inghewont syn dan soe sterft de sieke in de eerste vulle maen dat ghestiet der natueren omme dat den lichame van[een planeten hebben erscapie op die erste dinghen. Naer bi dat de mane es moeder der wacheden van den ertse hen lichamen ende die verscheit van der manen die verscheit van der arden wassende ende dan die verscheit van der mane wassen doen die hersenen ende dan loepen si bute ende ne moghen van verscheden niet onthouden en verscieren van haren gherechteger steden bedi sin hebben ghene onthoudenisse alse die huve ghequist es, ende aldus sterrest die ghewonde biden welken groete vreese es in thersenbecken te sine ghewont. Ende hoemen dat hersenbekin cuereren sal ende medicinen daer toe behoort groete conste. Ne ware meester *Brune* seght dat hire vele ghenas die pia mater ghewont ende ghebroken hadde, maer hebben si die tekine voerseit die ne sach hi noint ghenesen; noch soe orcont mester *Brune*, datti ghenas die pia mater ghewont hadde maer was soe deene dat die hersine niet der mochte hut loopen. Ende *Galienus* die orcont int *comment. van afforisme*, die soe sach menich pia mater hebben ghemet cleender wonden die ghenasen, ende dat soe bediet hi oec vaste. Alsoe alse hi seget dat die wonden commen ten hersinen dat si hute loepen, sonder twiffele soe

---

[1] Signifie *quatre*.

stervet die ghewonde. Ende dat vind men ghescreven in pentengem in den anderen bouc. Hi seghet dat sise ghenesen hebben die de hersinen bute liepen ende si vulden die stede met conton dewelke dat zeer valschs was.

Van der delinghen der natueren des hoofts ende syn werc.

Hier syn vele siecheden int hooft, alse *ceppalia monapalia* ende *emigrania* ende ander siecheden die der cirugien niet toe behoeren ende daer of ne willic niet spreken, maer dat de cirugien toe hoort, daer of willic hu spreken. Dat hooft es onderwilen gewont dat voerste deel, ofte dat middelste deel, ofte dat achterste deel dat es bedi te verstane dat men elcke stede ende deil sal gheven medicinen ghelyc dat vorscreven es. Alse dat hersenbeckin in dat voerste deel ghewont es dan soe ghebieden die auctoers dat men niet ne legghen heete medicine ende droghe omme dat dat deel es heet ende droghe. Nochtan heete medicine in menigher steden bi natueren, maer heete ende versche doen wlesch noch sciere wassen bi natuerlicker redenen. Nochtan verbiedet bi redenen dat men niet sel leggen op de middelste deel van den hoofde omme dat heet ende versch es bedi heet mochdet verscheit toe bringhen, omme dat daer vele maercke en in de stede. Maer dat hersenbeckin te broken in dat achterste deel daer soe leght coenlike heete medicinen ende versche bedi dat achterste deel es cout ende droge, nou soe verstoet dat hersenbeckin te broken ne mach niet wassen sine waere eer leeden 30 daghe ofte 40. Het en waren jonghe kinderen ofte kinderen van 16 jaren, ofte daer onder bedi dese hebben in de verschede van hore svaders natuere dat men in latine heet *sperma patris*.

Dits een goet natuerlic teeken. Ende een goet natuerlic teeken ende een goed cappitele wilde de mesters daerop studeeren ende daer naer werken sone soude hem niet ghebreken ende si souden hem behouden goede ende wel wesen metter werke ende si souden goede behouden die ons dire conste mot sine bloede ende ghi mesters laet dat doch der sine wille. En omme dat exempel te ghevene dat wy ons exponere ende wachten van sonderlic lieve kinderen hier op soe siet ende ebter compassie op ende stelt al uwe gewerke op gode alre erst ende ten beghinne van den werke soe siet ofte ghyt met gode doen moght, ende dat ghi doen moght met uwer const ende der lieden profyt. Dan sel god werken met hu ende metter hulpen van hem soe sult hu were wel varen. Want gode side sculdich ane te roepene met alle sinne in alle uwe beghinnen van uwen wercken. Ende dat hem toe bevelen mach want hi es principal van der conste ende van der wercken van der hant. Ende ghi lieden die cyrurgien wesen wilt ghi moet hebben dese navolgende pointen : *consciencie, leeringe, gode wandelinge, minlike ende vol commen van sinen leden.*

Wat een cirurgien toe behoeren moet.

Wi sullen weten dat elc cirugien datti moet volmaect syn van sinen leeden ende datti wel getempert si van sinen complexien. Daeromme seght *Rasis* wiens ansicht dat quaet is hi mach qualic goet wesen van enighen engiene bedi quade ghedaente volghen gherne quadi ghewerken ende quade complexie. Dat soe seghet *Avicenna.* Die soe het een scoen aensichte hem niet es onmoghelic datti es van goeder complexie. Die cirugien wesen sal die es sculdich te hebbene wel ghemaecte leden, deene vingheren ende lanc sterc van lichame, niet bevende, claer siende. Ende hi moet wesen van ghestadighen sinne ende niet te ghierich bedi de ghierichede bedryft den menighen soe ende verblent dattet sine verstandenisse most. *Gaiienus* seit datti moet syn oetmoedic sterc in sinen moet ende hi moet hem een lettel verstaen in medicinen want die boucken van natueren dats philosophie ende hi moet oec wat coenen van logiken dats eene const die alle dinc leert prouven bi goeden redenen ende hi moet oec wat weten van gramarien die leert die bedienisse van elcke worden dat lattin. Ende aldus soe moeten nog bi deser consten die worden leeren die wy spreken eusschelike ende behagelike toe vonghen toter dinc daer wy of spreken. Ende hi moet oec iet connen van Ethiken, want dats een conste die leert goede seden over midts dat wyse doen moghen en die quade laten ende hine moet oec niet wesen gulsich maer samsch van levene ende niet ghierich noch nidich, ende emmet ghetrouwe wesen in alle saeken, ende hi moet hem overgheven sinen lichame den siecken dat gheen ghebrec ane hem ne syn van dat sire curen toe behoort omme des sieckes profit ende sine cuere te vol doene. Ende in thuus daer de siecke in laeit soe sal hi lettel worden spreken sonder die de sinre

cueren toe behoort ende dat cort , ende ne haudet ghene lange tale jegen de
vrouwe ofte jegen de dochter , ofte jonc wyf , ofte die es ghelyke , ende ne
hebt met hen ghene raet sonder met dien die te uwer cueren toebehoort
ende ne siet niet der op met ydelen oghen bedi die lieden syn jackeleus
vele van haren wiven ende het maect vele vianden ende lettel vrinde. Waerbi
ic hu verbide dat ghi met niemant ne bordert. Ende jegen ghenen man ne
sal hi wreedelike scelden ende alle medicinen en alle clercken sal hi eeren.
Ende negheen cirugien ne sal hem doen haten ende altoes van den lieden
eeren segghen , ende niet beniden dat si wel varen. Ende hem selven ne
sal hi niet prisen maer hi sal hem andere lieden laten prysen van sinen
goeden werc ende aldus sal hi commen in goede name en wandelen
hoveschlike ende hi sal wesen van heuscher tale ende alle die van uwen
ambouchten syn doet eere ende sprect altoes wel aster hem lieden ende alte
zweer werck sone suldi niet begheren want gi mochter uwen goede name
met verlisen waer bi ic hu rade dat ghire niet ane ne comt en ware bide
beden van sinen vriende , dan seght den vrienden alle die vreese die der an
leget. Ende ne gheloeft anders niet an dan dat ghi der toe sult doen uwe
beste naer uwer vermogen der Gods getrouwe en daer uwer ende
aldus syt royale ende der siecken troest, altoeswel ende ofte hi onver-
duldich es soe troesten met uwer soeter tale , ende syt altoes goedertiere
jeghen uwen siecke. Ende ofte ghie hoort uwe onghenouchte verdraget
goedertierlicke. Van ontscamelen lieden van den smeeckers ende van
den logenaers soe suldi hu wachten waer ghi syt. Ende sidi daer onder
geraect soe suldi hu wachten waer ghi syt. Ende maectet hu of quite soe
ghy erst moght ende antierse hoveschelike al sout over hu gaen , dats
myn raet. Ende maect clare vorworde alse de siecken ten alder crancsten
es ende aller meest tonghemake want clare vorworde brect alle stryt
ende nemt goeden salaris van den rycken. Ende van elcken naer sine
macht. Ende den armen gelpt vriendelike omme Gods.

Van den wonden erstwaerf te vermakene ende te nayne.

Alsi ghi syt gheroupen te eener cueren ofte te eener nieuwer wonden
so besiet aldereirst waer mede dat si ghemaect es of ghevallen , ofte ghe-
worpen ofte gheslagen was.

Ende ofte syt van doene heeft soe wiechje ende legtter op een plaster van stoppen ghenet in dwitte van den eye, ende dat niet gheslegen nes bedi niet slaen benemturen hem vele van siner linnicheit die welke die stoppen die poros dat syn zwete gaten ende ofte ghi niet ne hebt dat witte soe nemt syn selves bloet dewelke wel dwinget alst es verdroget. Ende eenighe mesters nemen water ende aisyne en si netten der in die plasteren. Maer ic van dicken hoer selves bloet alse ic gheen witte van eyere hadde ende ic bant alsoe ende het voer seer wel. Ende alse een wonde es wide ende soe gheslagen es met eenen zwaerde ofte dies ghelic soe naytse ende beghint in der midden wart, ofter 3 pointen toe behoeren soe naytse slicht wel ghedeelt. Ende dan doeter in eene wieke daer dat etter hute loepen mach, ende stect die steken soe diepe dat die wonde wel sluyt in den bodem, soe datter gheen etter inne gadert ende sine stede hevet al soe nare alsinen mach bedi alsmen die wonde nayt boven ende die wonde niet ne sluut in den bodem ende dan comter ghene of een lanc. Ende dat soe het men festele alsoe men hier naer bedieden sal wat festele es. Ende die naylde moet syn 3 ende ghegracht ende dinne naer dese vorme.

Ende die draet daer men mede nayen sal die ware goet ghewast want si soude te min snyden dat vleesch. Ofte nemt eenen siden draet wit ofte roet. Ende daer eenich splenter in es van den bene die doet huter wonde erghi et nayet. Ende ofte ghi niet der toe syt gheroupen van erst ende ghi die wonde vint droghe soe vervesse. Ende scrept die canten ende doet se verbloeden met eenen scaerse aldus ghemaect.

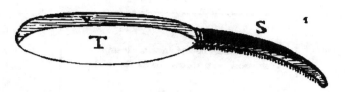

Ende ofte hore lippe sin verscheeden wyde soe doetse eenen handen te gader met beede sinen handen ende slaet ij warf omme den draet ter artwarf ende der nare soe sluut uwen cnoep ende alle uwe steden aldus soe sullen si houden te bet. Ende alse die die wonde ghenyt es, soe stroit op den naet van den wonden dit pulver, want het doet den lippen van den wonden te gader heelen, alsoe alse Rolandus seit dewelke pulver men maect aldus :

Pulvis Roelandine.

Nemt den wortel van der meester carsanden wel ghedroghet bolus armeniac aña ʒ ij. colafonie. ʒ ij. masticis olibanum aa ʒ s. sang⁴ draconis munnic. aña. ʒ iij. hier af maect poulver alsoe cleene alse ghi moghet. Dit pulver duert goet 20 jaer. Dit het rolandus pulver het stremt bloet ende doet goet wlesch wassen ende hets goed ghetempert metten witten van den eye ende dit gheleit op te broke beene ghetempert met melc alsoe elst bewisen sal int capitulum des ghebroken beens. Dit pulver soe betwist *Albucasis* ende hi wiset te stroiene op den naet van der wonden, ende datmen wel wachte dat binnen der leppen van den wonden niet ne comme, want het ne verporrent hem niet vor dat de wonde heel es onder hem. Ende aldus maect men :

Albucasis pulvere.

♃ 3 deel levende calc dat niet gheblust es, witten wierooc 2 deel, sanguinis draconis een deel, hier of maect pulver subtyl. Dit pulver es

---

¹ S manche du rasoir.
  T lame du rasoir.
  V dos de la lame.

goet alsoet verseit es. Ende daer men nayt soe es eelcke stede sculdich tsine vingers breï deen van den anderen. Ende h.:bdi dit pulver niet soe seit Albucasis dat ongheblust calc dat selve doet.

Uan bloet te stelpenen in wonden waer dat si liggḣen ende waer dat si sgn.

Alse die mensche ghewondt es ende die cirugien hem vint bloedende dan besiet in wat steden dat es ende bi wat redenen datti bloet heist dat comt huuten arterien soe commet al springhende ende scocten al scietende, ende dan eist seer clare ende gheverwet seer licht. Eist dat comt gheloepen slecht ende bruun van verwen ende dat comt gheloepen slecht soe commet hute den ghemeenen aderen dwelke syn voetsele van den lichame. Die arterien hebben.—|—. huden ende commen van den herten van den welken dat eenes ghecnoes dat men heet *carcilhagnus* ende die ben leeft wonden bi haren verschen bloede dinne ende heet voerenden omme hare arthede. Die aderen commen van der leveren ende si hebben bloet brune ende dicke. Daeromme ne hebben si maer een huut ende mourwech. Het ghevalt dicke dat men bloet ten aderen ende ten arterien beede ende selden alleene, want si liggen dieper dan de arterien waerbi ic hu leer dat bloeden ten aderen es min vreesen dan ten arterien ende te velene bloedene es vreese daerbi ic hu rade dat ghi niemand te seerne laet bloeden maer uwen macht bidi der of comt groet meskief ende vriese van der doot dicwille. Ende onderwilen soe comt hen toe eene siecheit ende dats oec seeker teekin van den doot en datti ne heft gheen verstannisse ende niet weet wat hi seit. Dat syn quade teekinen, ende van te vele te bloedene soe comt spasmen dwelke ic hu leeren sal wat es hier naer.

Nu nemt ende merckt hoemen sculdich es te stremmene aderen ende arterien die bloeden. Die cleene aderen machmen lichtelike stelpen met plasteren van stoppen droghe der op gheleit, ofte met syns selve bloet besmeert ofte met dwitte van den eye. En groete aderen salmen stelpen die es gelicke ofte men mach, ende machmense niet stelpen soe suldise stelpen metten leerlinghen die men hu hier na scriven sal. Ende eist dat de wonde bloet ende ghy re toe syt geroupen, soe stelpt die erste maniere es dat ghi

dat ledt op houden soe ghi hoecht moght soe dat dat bloet niet lichte hute
ne loopen ende op die stede drupet cout water omme dat leet te vercoe-
lene daerbi soe keert dat bloet weder. Die huut t'vleesch die aderen
crempen, ende werden nauwe ende si hebben manier van flutene, maer
hoet hu dat ghy gheen water ne laet drupen in de wonde want het soude
der wonden deeren ende viele een man in d'water alse hi gewont ware
het soude hem vele quats doen, bedi het soude de huven van den aderen
9rie (sic) doen, bedi si syn senuachtich. Ende ofte de wonde int water
gevallen es die te nayene es soe droghet hen terst, dat water hute ende
dan doet die wonde bloeden ende ofte dat bloet ni ne stelpt soe stelpt
met deser medicinen, want sys vele macht hebben van den welken datter
vele syn, ende die een starker dan die anderen die welke ic noeme sal
als point es.

Alse ghi siet eene adere ofte arterie seer bloeden soe leght der op
uwen vingher ofte dume, ende stopt der mede die mont der aderen ofte
der arterien, datter gheen bloet hute ne comme ende hautse langhe ghestopt, hoe langher hoe beeter, bedi dat bloet sal versteken ende worden
hart, waer bi dat dus ghesoutert bloet sal weren dat dinne dat niet hute
sal mogen commen ende dats eene maniere van stremmen.

Dit seght mester Huge de Legenbourch.

Dat goet es ende ne bint de wonde niet te vaste maer slichte soe
dat niet ne zweer, want *Galienus* seit dat de humoren ende de gheesten
loepen ter seerer steeden altoes maer bidi verbiet dat ghi gheene dinc
ne leght op wonden die zweeren doen ende aldus schrift hi in latine.

Mester Hughes pulver de Legembourch.

$\not\!\!4$ Thuris albiscum et viscosi, aloes epatici, sanguinis draconis, sanguinis boli armenia anà partes equales et inde fiat pulvis subtilissimi et usui
reserv. Dit *pulver* voerseit minget metten witten van den eyeren ende
met hasen hare wel cleene ghesnedene in sticken met eener scaren

ende ghetemperet in de dicte van seeme, ende doet in gheenet vele wiecken als soe groet alse amandelen ende daer mede die wonde ghevullet, ende op dat plaster soe legt van dien dinghen voerseit redelike vele ende daer boven alsoe als weselic was en leit aldus. Des ander daghes quamt gi weder der toe ende hebdi gheene stoppen soe nemt linnen cleedere vele die bindet der wel ende slicht, ofte nemt dit pulver. ♃ Ongeblust calc, bloet van draken, steene daer men afmaect lanterkine, aloes epatici, wit wieroec, elckx even vele. Dit temperet met hasen hare wel cleene ghesneden alsoet voerseit es.

Galienus pulvere.

Noch een ander dat *Galienus* placht te orberen. ♃ root atramentum ofte gelue. ℥ s. turis albi 16. 3. aloe epaticâ 3. os. apment. 3 .+. Steen van lanterkin. 20 3. hier af maect pulver soe ghi cleenst moght. Ende hier of stooijet op de wiecke en walct die wonde der mede ende leght oec van den pulver op de wonde. Nu soe hebdi wel leringhen die *Brune* leert in sine boucken ende si wrochten der beede mede alsys van doene hadden.

Dit es mesters Lanfrancus pulver datti selver ordineerde.

Dit soe es mesters *Lanfrans* pulvers. Hoort wat hem daer eene reise of ghearriveerd : hi was te *Melanen* in der stad ghehalt tote eenen kinde dat ghevallen was in een mes tote pointe eene diepe wonde die in de gheet adere ghine, welc kint soe vele hadde ghebloet eer hire toequam, dat men daer gheen lyf anene vant, hi soe taste sinen puls ende hi vantene seer cranc, ende dat bloet dat huter wonden quam was wel na al blec, ende hi leide sinen vinger op die wonde ende hi heltse soe lange toe dan dat kind zyn ogen begonste op te slane ende hi sende ter apoticarien omme dit navolgende pulver : ♃ Turis albis. taye ende vet ℥ 3. aloes epatici ℥ j. fiat pulvis ; van desen pulver mingedi dwitte van een eye in de dicte van seeme ende hi menghede der mede hare van hasen wel cleene ghemalen, ende alsoe gheleit op die wonde op een plaister van stoppen ende hi bant alsoe alst weselic was ende hi liet aldus tote des anderdages, doe quam hi weder toe ende hi vant hem wel ghestremt ende niet bloedende. Die vader van den kinde badt Lanfranc dat hyt vermaken soude, ende de mester ontseit hem ende liet ligghen alsoe tote op den vierden dagh. Des vierde dages soe nam hi dwitte der eyeren ende olie van roesen, elcxs eeven vele. Dit temperde hi met ten voerseiden pulver dat dinne was ende hi leit op de plaster dat op de wonde lach ende hi liet wercken de een metten anderen. Des anderdaghes quam hi weder ende hi vant die wonde wel vaste ghenesen. Van den welken dat de vader groet wonder doghte en die mester een deel maer die mester zwesch als hit sag.

Een kint van 16 jaren was ghesteken in sinen arme van eenen anderen kinde met eenen cleenen messe ende dorestac eene adere ende hi gheraecte eene senuwe onder die adere, het ghedoechde groete pine ende in de seenuwen dat bloet liep in de wonde, ende hi warter toe gheroupen. Ende alse het sach hi peinsde liede hi der op syn witte dat niet goet ware, bedi dwytte es cout ende lymachtich ende dat soude doen droghen die zweete gaten van der huut met syner tayheden, ende hi hiet dat men den arme soude wonden ende recken, ende die zeenuwen conforteren met olien van rosen diemen der in soude ghieten al warme. Die moeder van den kinde dede eenen leecken meester der toe halen, die seide der jegen, ende Lanfranc soe gingh wegh ende die leeke sirugien bleef daer ende hi leider op sine medicine, daer hi mede ghewone was andere wonden te stremmene ende het en deede niet, het bloede altoes ende zwoer ende dat kint crancthede seer, ende men sende omme eenen phisisien die des vrient was die soe sende om meester Lanfranc ende hine wilder niet commen ende die phisisien vraegde hem raet ende hier riet hem gelyc hi dede erst der moeder van den kinden. Doen ghinc die phisisien ende vraegde ofte hyt conste doen. Ende doen andworde hi ja, hi ende hi deet alsoe ende het was ghestremt in corter tyt.

Ende ofte ymant vraegde hoe soe langhe conste duereren sonder spasmeren, het quam bi dat ydele van den bloede. *Dit is al gheschreven om dat elc* sien soude wat hi dede ende waer bi sine cuere niet voert wille gaen. Daer bi soe seg ic hu eist dat sake dat eene adere es die ghi niet stremme moght met pulver ende datter toe behoert soe onder stectse met eener naylde daer in es eenen ghetwinden draet ende ghewast ende dat aldus 3 cante ende die deese nalde stect onder die heinde van der aderen ende

cnoeptse wel ende vaste met eenen starken drade ende wacht dat ghi die
adere niet ne stect metter naelden.

Ofte hebbet een ysere plat met eenen gaetkin aldus ghemaect in
deser vormen ende men sal bernen die monde van der aderen ende doen
crempen sonderlinge. Ende wacht van den zeenuwen ende van den arterien
soe is men sculdich te broieren soe datter scorsse op si ende maer dan

simple aderen, ende weder dien dat die aderen ofte die arterien syn
groet, soe esmen sculdich te broyerene. Nogtan est vreese te broyerene
want alse dien brant vallet soe werden si weder bloedende.

Waer bi die sekerste cuere van bloet te stelpene dats dat men die adere
ofte die arterie verbinde daer na alsoet voerseit es in .+. manieren, soe
machmen stremmen bloet: *Derste* es dat men die adere houde soe lange dat
dat bloet versterke ende het becomt in den mont van den aderen ofte
arterien ende dat men dat let vercou daer de wonde stoet. *Dat andere* es
met pulvere ende met hasen hare ende datter toe behoort alsoet vorseit es.
Dat derde es met viere ofte met brant; ofte met medicinen die seer
heeten. *Dat vierde* dat es metten verbindene aderen ofte arterien, ofte
onderstekenen ofte verdrayen alsoet voerscreven es. Ende eenighe mester
syn diere op legghen ghehernede plumen ende andere mesters ghehernede
vilt. Ne ware ic hebbe hu gheseit dat beste maniere van vermakene dat
die boude mesters antierde ende ic ne wasser niet bi bedrogen. Maer ghi
die mede werken wilt syt vroet dat ghi doet commen uwe medicamenten
ten monden van der wonden ende daer op houden ende dat vele ende ne

doetse niet of noete dat si allene of vallen. Daer ghyt wilt stremmen doet te elcken vermakene altoes in lanc smeer ende ne vermaect niet de wonde vor den derden daghe ofte meer eist van doene ofte sine sweert alte seer. dan besiet waer hem die zweringe comt, als ghi dat vroet syt soe beteret naer uwe macht, dats Lanfrancs pulver.

Noch Lancfrancs pulver.

♃ Thuris albici gomosi et pinguis. ℥ 3. aloe epatici ℥ j. et de hoc fiat pulvis subtilissimus et usui referra.

Uan den hoofde gewont ende eerst van den iiij tyden.

Alsmen wont dat hooft ende dat hersenbeckin niet ontwe ne is, daertoe nemt dat witte van den eye, een lettel geslaghen ofte niet ende daer in soe nette dine wiecke ende doetse in de wonde ende daer boven soe leghet uwe plaister intselve ghenet ende die wicke van stoppen ende plasteren van linnen cleederen. Ende eist in den winter soe nettet in den dodere van den eye allene ende van den hute gane van sporkele tote den ingang van meye, soe minget doderen dwitte van den eye te gader, ende daer in net dine wiecke ende besmeert alsoe van der heiliger crussen misse after augustus tote sinte andries messe bedi dat wytte van den eye soe es cout ende soemen dat meer slaet soemen hem meer neme van sine coude ende die dodere es heet ghetempert in den 2ste graet waer be ic hu rade dat ghi ten winter leght den doder ende te somere dat witte. Ende in de 2 andere tiden dwitte ende den dodere gemanct, ende ware de wonde te nayene ende si ware ingaende tote den hersenbeckin ende die huut die dat hersenbeckin bint ende daer ane cleevet ware ghewont ende men die huterste wonde ghenase, ende die nederste huut niet ware ghesuvert, der of soude commen den ghewonden onderwilen curtsen ende daer of sterven ofte men helpe men seere. *Waerby ic rade alse Lanfranc my riet*: dat men neme wieken genet in warme olie van rosen ende die soe leght in de wonde alsoe heet als hi ghedogen mach, ende dat doet soe lange tote dat die wonde wel ettert ende tote dat tvleesch beghint te wassene. Daerna toe leght in de wonde pluckelinge van lynwade ende daer boven eene plaster van stoppen of van lynwade.

Uan bulen ofte gaten gheslegen met stocken in dat hooft.

Het ghevalt menichwaerf dat men de lieden slaet met stocken, ofte met colven ofte met steenen werpt ofte dat men van hoghen valt met groeter wonden int hooft ende niet ne breket dat hersenbeckin ende oec sonder wonden datter groete bulen syn ende die morwe syn ofte hardt. Ende daer wonden syn daer sceeret dat haer of met eene scersse. Dan maect wiecken genet in dwitte van den eye ofte genet in dodere naere dat den tyt es. Ten derde dage esser groete zweringe int hooft soe leght die plaster, alsoe

Rolandus seit, bi den leeringen van *Rogerus*. Dit syn de plasteren omme de zweringen te doen gesetten.

Die leeringhe van Rolande.

Nemt saffran leghet in water ende latet daer in ligghen soe lange dat dat water gheverwet es ende dan siet doere eenen douc ende daer in doet een lettel tarwe blommen ende dit siet te gader dat een lettel dicke si. Dit leght ontrint de wonden heeter dan laue die saft ende soet de wonden. Ende wilt ense meer hebben draghende, soe nemt dat sop van adicke ende sap van apien was, swinen smout, olie van oliven, wyn, van elken even vele. Dit siede daer in minget tarwyn bloeme alsoe vele alst bedaef ende al soe dicke alse seem ende dat soe leght ontrent de wonde die zweert. Ne ware wacht hu dat ghi dat niet ne leght op senuachtich wonde bedi die verscheit mochte die stede te seer rotten.

Maer int hooft ende in vleeschachtige steden soe legghet stotelyc ende dat heeter dan laeu.

Dit soe wiset Rolandus ende het heelt seere, ofte nemt dit pleister dat Lanfrancus ons leert ende wist.

Lanfrancus pulver.

♃ Olie van oliven een deel, ende water 2 deel, tarwe blomme alsoe vele alst bedarf dit siet over een dat dinder si dan deect. Dit soe legt op de wonde dit salse wel doen draghen. Ende alse die quetsure hute es ghedragen dan dwarse met wine ende dan ligter op dese navolgende zwarte salve erst die wonde gewict met suverre pluckelinge linwade, ende emmer soe syt bevent ofte dat hersenbeckin ghequist. Ende eist ghequist soe es dese plaister quaet der op bedi die wonde es vet ghenouch van der vetheden der hersinen alne licht men daerop gheene vetheid der olien ofte ander vetheden.

Dits onguentum fuscum.

Onguentum fuscum maect men aldus : ♃. olie van oliven wederin roet aā lib. j. scip pec. lib. s. colofonie. ℥ mjor was in den somer ℥ 3. Ende in den winter ℥ 2. masticis olibanum Galbanum. armoniac serapin. opoponac. terebentina anā ℥s conficieret wel te gader ende maect er of salve ende bestedet in een lodt vat. Dese salve es goet jeghen alle nieuwen wonden ende doet goet vleesch wassen ende doet commen etter ende trecket hute ende heelt de wonde.

Theodoricus plaster.

Ofte doet also *Theodoricus* dede, hi wiset ons alse een man was ghewont int hooft ofte elder, hi nam suver werc ende maecte daer of een plaister ende nettese in wine warme. Ende doen duwetse hi hute op ij pullekine van stoppen ofte op elcke side eene bant der boven, alsoe ghebonden met eener scroeden soe dat die ij pulwekin die wonden daden te gader littren alsoe wel in den bodem al se der boven. Ende ewant hire etter in hi dwanch de wonde met warme wine ende hi droegdese den nare ende hi leider op syn plaister.

Een ander plaster.

♃ pappel bladere ende die silt in water doen ende dede hi se hute ende lietse op een bort ende hi liet der hute loepen dwars ende doen set hise in eene bosse. Ende alse hise wilde orboren te eeniger plastere doen temper dise met wine.

Ende hi deder toe al zoe veel gesogruus ende dat wel clene gesnuuft was alzoe vele als dair pap esse was ende dit doet te gader dat si soe werme alse die siecke mochte gedogen ende doe genas hi se voert alsoet voirseit es, metter plasteren genet in wine. Ende ist sake datter bulen syn sonder wonden soe legt dair op alderierst dat witte van der eye niet geslegen, ende des derden dages soe legt dair op dese plaister als soe heet als hi mach doge eerst dat hair afgeschoren met een scheerse aldus gemaeckt.

♃ Droge bayen wel gepelt cominen anys wel gesuvert, elcxs ℥ 3 dat anys ende dit cominen wel geduuz in eenen scherf ende daier of sue maect pulver zeer subtyl.

Noch een ander. ♃. mastic, wieroec ân. ℥ i. dit pulvert wel clene ende bestedet in een busse dit liet en werde geperst, die eerste iij pulveren siet tegen in wine een lettel o ende dair na nempt pulver van wieroec ende stroit dair op altoes zieden ende dan mastic, dair na hebt gruus gestoten ℥ 2. dan doet dit toe het sel te beter te gader cleven, dair na nemt seem ende ein deel ende menghet dair mede dat si al soe dicke als deech, ende dat spreet op i cleet ende ligtet opt hooft al soe heet als die sieke gedogen mach ende laetet dair op liggen 3 dagen ende dan doetet of ende hebt gereet ein ander plaister dies gelike dair op gebonden alsoet vorseit es ende doet alzoe lange als dat hooft geswollen es ofte dat suvert.

Ec meester ian Yperman genasser mede vele lieden dat andere meesters wilde hebbe gesneden ende ic genast sonder sniden. Macer seget dat vinkel stoet met aisine ende geleit dair op ene plaister opt hoeft dat gebuilt es geneset. Ende ofte dat hoeft es gesmolle sonder vele belemmerheden , dat hair moet af geschoren wesen met een schaerse aldus. Dan soe

neempt pappele ende alsene aldezen dit siet in water ende legget op die zwellinge die selt dan gaen sitten die sueringe ende slincke die snellinge dit segge die meesters door haer glose op Rolandinus et Rogerius.

Hoe men proven sal off dat hersenbecken von een is of niet.

Alse bulen geslagen syn sonder wonde , eerst dat hair of geschoren dan legget dair op dat witte van een eye niet geslagen , ende geeft hem omme twinde draet gewasset te houdene tusschen den tanden ende welke tusschen uwe handen ende tussche uwe dume ist dat sake dat tuven si intwee wair dat es dat de siecke saller toe tasten met den handen , want die vilinge van uwen nagelen sal hi wee doen in der broken. *Dits een ander teken* dat *Lanfranc* wyst mach hi se niet ontween bite met sine tanden soe seget dat het hersenbecken ontween is. Ofte machte niet craken een note , ofte en mach hi niet dat middelste lit van sinen duum overgapen overlanxs met sine tanden , ofte legt dit navolgende plaister op dat hooft , dat hair ofgeschoren neempt men was , een pont, labdanum ij pont, wieroec 3 pont. die wieroeck dat salmen pulveren, ende mingen mette labdanum ende dan metten wasse bouwen iegen een vier en dat maken als een plate ende dair dan doet op subtilic algeel en is dat hersebecken onttwee dair iegen wertet gesmolten alsoe groet die broke es. Ende als ghi niet en conte crigen labdanum soe nemt was alleen maer ten es niet soe goet dair toe. Dit wyst ons meester *Willem van Congeinna* alle dese voerseide. Alle dese proven van deze voerseide capitelen syn dicwyl valschs gevonden dair die plaister allene en den draet gewast tusschen de tanden die syn waer.

Van een vacke of geslegen tot den dura mater toe.

Men slaet dickwyl een vack van den hoofde met eenen stucke van den bene ende niet tot de hersenen diepe. Ten eirste pelt dat vleesch van den bene ende dan vermoyt die wonde doetse bloien ende scraeptse ende daer nae soe naytse inder middewert ende stect an elke side die steke een vinger breet ende heeftse van mere toe doen soe stechtse meer. Ende yener laetse onder open dat het etter uit mach ende wacht dat ghi se niet soe diep en steket dat dat been dair of verdrogen. Ende op de naet soe legt den pulver voorseit. Ende of dit stuck soe naer of wair dat het ghien nature noech voetsel en mochte gecrigen op dat het niet en sterve noch verrotte of soe salmet genesen met de roden pulver ende metten salve *unguentum fuscum*.

Ende ymmer syt voersien op alle uwen curen wat datter commen mach ende dair an legt alle uwe gepeinese, soe dat men van u anders wat segge dan al goet.

Van eenen vacke of geslegen dat het hanghet.

Onder wilen soet slaet men of van den hoofde een vac of tote hersenbeckin tote *dura mater*. Dat es totter opperste lyse daer die hersinen in liggen besloten ende dan sietmen die hersinen roeren. Dats bedi dat de lyse es gebrect bi werken van natueren van den huden der arterien commende van der herten ende oec syn in de selve hersinen geheele aderen die bringen den hersinen hitte ende gheesten bider derwelker hitte ende gheesten gheven der senuwen van den oren ende der holder senuwen van den ogen trecke den gheesten van den siene midts gaders der cristaliniers claerheit ende sin dinder hude daer die pupillen der oghen instaen ende al soe van andere dinghen ase die anothomie der oghen hier nae sal hebben. Ende alse den slach werdet geslagen met sin dinder wapinen ende dat dat

Espace destiné à un dessin
non reproduit dans le MS.

vac hanget met allen. Deen been pelt erst hute. Ende dan soe tast ten ersten met uwe vingeren ofte die canthine van den hersenbeckin iets scarps hebbe. Ende vindise scarp soe suvertse van horen scarpheit eer ghi dat vac op nayet dan ebt een instrument aldus gemaect onder eene suver plaetkin ghescepen alse eene pennic dwelke ware ane een lemmelken vaste. Ende dat lemmelkin

waer vaster ende breeder dan een stroe. Ende dat goet stalin ende ebt eene platte loets ende dat steket tusschen den beene ende den hersine ende suvert die canthine van horer scerpheden met eene beintele dewelke si ghescepen aldus. Want dat sal die hersinen beschermen van den scaelkine

die vallen op de dura mater die welke scavelingen ghi hute heft met eener pincette aldus gemaect, ofte men sal slechten die canthine met eenen grouf

haecken die gemaect es in deser maniren ofte men sal nemen eene formere die ghemaect is van isere ende van staelle wel ghetempert daer men de

canten van den hersenbeckin mede slicht en sal soe gemaect wesen.

Ende dan meugdie die scavelinghen hute nemen met eener substiler tanghe die gemaect es in deser maniere ofte met dusdanigen eenen graet

huuse soe suldi die tanden slichten ende emmer soe leght die platte loets onder thersenbeckin ende alsoe soe muedi seker werken ende sonder sorghe ende alse de canten slicht soe nayt dat vac weder te siner steden ende daer nae soe cloevet dit vac die welker lippen ghi verscet ende daer dore soe suvert die hersinen van haren etter dat vallen soude op dura mater.

Nog een ander. Neemt root sindal ende snidet eenen littele breeder dant gat ende dat nettet in dwitte van den eye ende dat legt op die hersinen ende steket op dat been op elcke side soe dat dat sindael si tweevout ofte drie. Ende dan nemt sindael omme dat het natheden wert dan linen cleederen ende oec omme dat s'lichter es, ende daer boven leit men hooftdoucken lynwaet dat wit es ende suver si , want het sal sugen dat etter hute dan doet men niet dat sindael ende boven den hersinen soe legt plasteren van stoppen ende dat wel ghenet in doderen van den eye allene ofte gheminghet met oleum rosarum dats beter bedi di doderen suveren en die olie confortert ende suvert die wonde met deser salve. Nemt screpelinghe van specke van backen vleessche ende oleum rosarum aâ. $\mathfrak{Z}$. iij. saffraen. $\mathfrak{Z}$ j. ende minget dit te gaeder in eenen mortier ende hier met smeert die wonde al omtrent.

Ne ware op den naet soe legt dat roode pulver ende alse dat vleesch tusschen den sticken wel vergadert es ende die huut dan soe slicht die sticken met eener vliemen ende daer na soe heelt die wonde met onguentum fuscum. Ende ofte dat vac of gesleghen metten beenen ende dat totte dura mater ende tbeen niet doer storven ende ghi daer of seker syt dan pellet dat been van den vleesche ende dan nayet tvac in de rechte stede ende daer op stroit dat roede pulver ende in dat hangende van de wonde soe stect eene wiecke dat dat etter hem der doere mach purgieren ende boven den pulverre soe bindet met eene subtilen banden soe dat dat vleesch ofte gaerder mach duwen. Ende der vierde dages soe dunet die wonde met lauwen wine ende droechtse wel ende daerna soe leegter op dat roede pulver tot dat die wonde ghenesen is ende als ghi siet de canten te gader houden soe snit die draden hute elc bi hem selven ende aldus soe heelt di wonde ende vele lieden steken tusschen elcke twee steeken eene wieke ende die mesters weten niet wat nayen is. Ende nayen bediet dat vleesch te gader hout ende dat eene scone lixiene maket want die hut es ghewassen van des vaders natuere, soe syn die beene ende al dat die mensche over hem hevet sonder alleene dat vleesch, bloet ende vethede. Ende hier omne ne mach die huut niet weder vergaderen alsoet erst was sonder lixiene ende sone mach oec dat been sonder gheen cnoes ende soe ne mach aderen sonder senuwen ende sonder gebint des vleesch. Ende hanget een vac af sonder been dat soe nayet weder op ende heelet alsoet voerseit es. Ende vele mesters wyf melc der op genet hoec wiecken der in ende alsoe heelen sise ende dat doen die crachten der natueren die horen menghet met horen subtylen werke alsoe te boven es. Ne ware als rooder es, dan moet men hoer helpen met redenen ende te conforterene die gheesten ende die ghequiste stede ende oec de siecken te houdene met goeder dieten ende met subtyler spysen ende drancken die licht syn ende beede gheeven te maten ende es de ghewonde te seer verteert soe moet men voeden met lichter spysen die subtyl es alse kiekine, ghesoede patricen ende wederin vleesch ende cleenen wyn ofte de siecke en cortse dan sal men doen alsoe er geseit is int capittel der dieten.

Van den hersenbeckin ghewont met finden wapinen : soe dat been sceelt.

Men slaet onderwilen met eenen zwerde ofte fansoene ofte ander

wapenen die sniedend es ende daermede geslagen, soe dat men dat been
hute doen ende die wonde wieken ende ghenesen metter salve : *unguentum
fuscum* ende *ic* doe hu weten eist dat ghise niet ne suvert van hore slage
dat si node sal luken ende al luckse soe sal naermaels verzweren ende dat
ware twee pinen voor eene ofte eist dat dat been droget alse dat vleesch
der boven es ghewassen, soe sullen die slage wassen der dat vleesch
nieuwe es want tvleesch datter boven wassen sal dat sal syn overtullich
vleesch, daer boven suldi legghen pulver van Tideloosen dat men heet
hermadactalis. Dat verteeret sonder biten.

Ic late hu weten soe waer dat de wind beloept dat bloete been, dat been
dat scaelget der of ende lettel ontgaen der of ofte niet en eist dat sake dat de
wonde int been gaet dore derste taffele dan screpse met eenen groufhaecke
ende screpet soe diepe dat dat boven ghesuvert es tote den bodem also et

voerseit es soe sal men hute de bodem der aderen die ligghen tusschen
2 taffelen soe wasset goed vleesch. Der nare soe sal die scallerie van elken
siden die verdroget syn oft die dat coude stael hebben vercout hute te
commene sonder meerder pine. Ende dits die corste cure ende die
seekerste ende wildi weten ofte si dore gaet soe scryft in de clove met
eenen penne met houte ende dan scrept tote dien dat ghi gheene zwart-
heit niet meer ne siet, want dat int sal loepen in den bodem van der
cloven. Ende hier met soe sidi verzekert ofte dore die twee taffelen
gaet ende nare den ersten scrapen soe screpet anderwarf ende dan vaghet
of met stoppen ofte niet eenen cleenen cleede ende siedere gheene cleene
zwartheede alsoe haer ofte dierghelike soe eist goet ende siedere hiersoe
screpet toter tyt ghi re niet ne siet ende daerna soe stect in de wonde
van den beene eene wiecke ghenet in olie van rosen warme ende daer
boven pluckelinge van linwade dat wit es ende suvere. Ende daer boven
soe legt eene plaster van stoppen metter selven unguentum ende vele
mesters syn die in de wonde ligghen wieken ghenet in wyfs melc. Ende

ic ne det dat niet gherne bedi het dochte mi quat bedi die wyfs melc es cout
ende hevet in vele verscheit ende dat bi haren viscosicheit van harer
boteren die si hevet inne. Ende dat hooft es cout ende die coutheit deert der
huut daer dat been mede bedect es.

Dits eene goede salve dese ordinerde mester Willem
van Congenie die welke wide vermaert was.

♃. Olibanum masticis, aā. ℥ s. dit pulveriseert wel cleene ende
minget met ij ℥ gansen smout ende met hinnen smoutte ende wil di dat dese
salve gheluwe si doet ter soe een lettel saffrans ende wilde datse si roet
soe doet er toe een lettel draken bloet, dus mingt dise verwen hoe ghi wilt
maer ne salvet dese wonden nieuwerincs dan met deser salve ende legghet
ghebreet op een plaister.

Dits een ander maniere van salven. ♃ crugtu porcine novelle syne
sale ℥ ij, der in siet groen eppe een deel ende dan doet er toe wit arst i pont
was een vierendeel ponts, dit smelt over een ende dan siet dore een linen
cleet ende dan roerent tote dat cout es, dat dat was niet boven en blive.
Dit was myne gemine salve ende ic genasser mede alle wonden ende dit
was bi hulpen der natueren ende dit heete de leeke meesters popelion salve
ende latter hute die eppe soe salsi ghelu sin ende de leeke meesters hee-
tense Dianth' maer ic heete dese salve der bardemakers salve.

Van den hersenbeckin ghewont met zwarden ofte fasonen.

Als men wont eenen mensch int hooft met zwerden ofte met
snidender wapinen die niet ne heft ne snede slicht ofte metten houcke van
eenen zwerde ofte fansoene ofte metten becke van eenen haexcs dese
esmen sculdich te ontsiene omme die vreese die daer an liget dats dat den
houc ofte den bec de lyse mach dore hebben gheslagen haestelic mach men
dat weten bi den teekin die ghescreven syn in dat derde capittele ende dan
suldi scuwen die cuere ofte en ware dats hu de vrienden seer baden. Ende
namelic als de ghewonde cuerts derste met coude der na met hitte, dan
soe jugiert ter doot. Ende ofte die ghewonde geene kwade teekinen ne

heft soe scrept die wonde van den beene met eenen subtylen groufhaeke aldus gemaect [1].

Ende den siecken set neder soe dat sin hooft comme tusschen uwen knien ende grouft der in deser maniere al treckende met gemacke tote dien dat ghi roeren siet dura mater.

Espace destiné à un dessin
non reproduit dans le MS.

Ende Galienius die wist dat men make sal alsoe cleene gaetkin als men mach daer die hersinen her doere suveren mach van den bloede ende van datter op mach vallen alse scallien van beene der doere te halve hute ende nochtan soe ware dat vreese ter aventueren. Ende ofte ghi wert gheware dat si hout soe houwet daer wart dat hout vast ende aldus mugdi werken vroedelike want men mach niet te vroedelike daer ende vele mesters die maken hore gaten dat men heet houwen metten beetele also gemaect

met eenen maelgrtten dat nes niet goet bedi metten slagen van den bettel

ende van den loode soe versciet de siecke metten den hersenbeckin bet voert. Ende si maken die hersinen ane nieuwe wonde ofte scuere. Ende die es erger dan derste wonde was ende hu wel hiere of wacht dats min raet ende ofte de lyse swart wert soe legter op dwitte van den eye alsoe dat hi

[1] Voir fig. 4, page 180. Le copiste n'a pas donné de dessin.

verleert est in cappittel van der vac ofte gheslegen ofte legter op olie van rosen een deel ende wel twee deel.

Oleum rosarum.

Ende aldus maect men oleum rosarum.

♃. Olie van oliven ofte van ackernoten 2 pont, giet er op 2 pont scoen water, slaet te gader met 1 lepele. Dan ghietet in eenen trachter en uwen vinger hout voor dat gat, ende laet dat water ter uitloepen beneden dan daer in de ij pont olie, een pont rose bladeren die middelste syn, ende die slaet wel in twee, dan stelse met den olien XI dage ter sonne in een glaeysen vat wel gedect, na XI dagen vrinctse doer eenen cleet ende doeter andere versche bladeren in, ende laetse samen staen ter sonne soe lange alst u belieft. Ende dese olie es vele beter dan die men vint in specierien want de apothecarien sieden de hore op 't vier.

Deze olie doet in eene loden vat ende dectse met twee decselen datte van boven niet in mach vallen ende dan graefse in den erde XI dage ende daer na ontgraeftse ende setse ter sonne in eenen glasen vat. Dese olie es seer goet ende notable omme in chirugie te wercken.

Aldus maect men mel rosarum.

Mellis rosarum dat soe heeten de Grieken *troede mel* dwelke men maect aldus : ♃. dwitte seem ende dat suverste dat ghi ghecrigen mocht ; 10 lib. dit doet sieden op een cranc vier ende gadert hem die scume ofte die der op riset. Daer in soe werpt tsop van rosen een pont dat puer es ende wel ute ghewrongen. Ende dat soe doet sieden, ende alst beghint te sieden soe werpt er in ‒|‒. pont rose bladeren alle sticken gesneden met eenen scaren ofte messe. Dit'minghet met ten seeme vorseit, ende dat soe lange roerende met eenen spatulen aldus ghemaect totter tyt dat dat sop versoeden si ende

daer na salment sien ende dan minget metter olien van rosen alf een alf.

Ende datter blyft dat besleet metten rosen in een eerden verlaet nat soe ofte in een glasen vat ende soe dit melle houder es soe det beter es.

Ende ruba trociscata met lauwen dinge soe versch in den lighame ende es goet ieghen den droeghe borst gegheven met warmen dingen.

Ende het ghevalt sulken tyt dat de wapenen wenden in een smenschen hant soe dat die eene side licht jeghen den andere ofte si re broken waren ende dat ware een lettel ghezonct en daert houct daer soe brideleert subtilic ende dat soe besiet. Dat gat oft suver si van den canthine die welke die hersinen mochten sniden. Dats te verstane de lise ende maect dat gat al even slicht alsoet verleirt es ende oft ware gheresen ende dat heft onder dat vlesch op dees wis met eenen scersce ende snidet darwaert dat houdet.

Ende dan doerscrepet met den groufhaeck aldus gemaect.

Ende trepanos van welke 3 sullen wesen d'een meer dan dandere ende emmer hu wacht dat ghi dat bersenbeckin niet dore ne bort, want ghemocht dura mater quitsen ofte pia mater ende alsoe soudi worden manslacht ende dese instrumenten heeten in latine *trepanos* dat is scerp pointe ende wel snidende ane beede siede alsoe de andere. Ende dat suldi setten

op dat been daer men dat gat hebben wille ende dat wagghelt tusschen uwe handen alsoe syn ghedraeit alsoe vele gaetkin als men hebben wille.

Dan saluen die gaetkin wieden met dander *trepanides* die gemaect es in deser manieren. Ende dese *trepanides* syn alder groets ende plomps. Ende

die gaetkine vaste staende deen ane dandere. Dit ghedaen soe suldi hebben

een beetel ende snidet de canthine of ontwee der op slaende met eenen

loden hamere, ghemaeckt in deser vormen. Ende dat been maect suvere

van smercheden ende vermaect die wonde voert als zoe hu vorleert es in den capitele van den ofgeslegen vacken. Ende ic meester *Jan Yperman*, pryse vele meer dat dat screpen metten groufhaecke dan dat trepaneeren bedi daer nes niet soe groete vreese ende eer ghi beghint boeren ofte malgen ofte trepaneren soe stopt aller erst de horen van den siecken met cantoene ofte met anderen dinghen ende gheeft hem eenen hantscoen

tusschen de tanden want met scrapen ende dat boeren mochte den siecken
seer mescommen.

Alse waren bi Avicenna ende Galienus bevelen alsoe die hore te
stoppene met cottoene ende hantscoen tusschen de tanden ende dat
omme dat sie niet soude cloppen te gader. Ende si bevelen dat men alsoe
lettel beens neme als men mach. Bedi her syn vele mesters die beenen
nemen alsoe vele alsi moghen om datsi horen roem der of houden ende
dans niet al dan hore sothede. Ende Galienus die ghenas met lettel beens
te nemene , ja van alsoe velen alse dat dura mater van horen etter dore dat
gat hore suveren mach bedi dat been es schicht van den hersinen alsoet
vorseit es. Ende men sal weeten dat witte van den eye gheleit in de wonden
auster dat bloeden. Dat es seer goet of de liese verhiet es. Ende dat es
gherne die erste V. .+. O. dage ende dan legghet coenlike in alle wonden
daer dura mater ontdect es ende waeht emmer dat ghyt op dat been niet
ne leght.

Uan groeten zwaren bulen in dat hooft.

Men slaet onderwilen in dat hooft groete bulen oftewerpt , ofte valt
dat bersenbeckin in twee ende dat sonder wonden int vleesch , ende est die
wonde int twee doet dat gescuert vleesch tute ende vult de wonde wel met
wiecke alsoe groet als amandelen ende ghenet in dwitte van den eye ende
daer op een plaesteren ende dan bindt se samen wel ende vermaectse niet
voor den derden daghe ende den derden of vierden daghe soe doet hute alle
die wieken. Ende dan den siecken gheset tusschen uwen knien dan scerpt
men eenen groufhyser aldus gemaect.

In soe langhe dat ghi dura mater siet roeren ende maect hu gat alsoe
groet alse hu goet dunct ende syt sorghelike dat ghi gheene scaelge noch

scrapelinge ne laet vallen op de lyse ende dat ghi dura mater wapent met

den looden. Ende dan dwaect de wonden met lauwen wine ende daer na droghen drogse ende dan salve leggen van *pulvis capitalis* namelic op dura mater ende daernaer legt doucken als voersiet is. Dat poeder es in naeste capittel sonder eene capittel.

𝕭an den hersenbeckin ghewont : sonder dat den stuc niet onder den anderen sciet.

𝕾omwilen soe wont men dat hersenbeckin met groeter scoeren soe dat deen stuc stect onder d'andere. Dat suldi met uwen vinghere tasten ende onder soucke bedi het ne syn ghene soe seckere proeven alse de vingeren syn want hi beseft bider beseffetichenden der natueren van den musen die ligghen in de handen ende die tintelene beseffes niet. Als ghi wetet dat niet te broken es dan snidet cruus wys met eene schersse, dat

haer erst afghescore ende dan wieket alsoet hu voerleert es ende dan suveret der nare thooft.

Ende ofte ghi wilt mester Lanfrancs leeringhe doen di hi proufde bi der leeringhen van *Galienus*. Daer bi leert dat men merken sal ende tgat maken alsoe cleene als men mach soe dat d'etteren daer dore suvere mach. Dan dore de vergaderinghe der eerste deels ofte van den middelsten deele daermen dore gheneest die in *frenesie* syn. Want *Galienus* wysde dat men soudene nemen olie van rosen ende een lettel eisels ende men soude die olie daer dore doen gaen ende aldus soude de hersinen werde geconforteerd. Ende die apostelen soe wisen datten ende dat haere of sceere metten sceerse daer dat de hersenin es te broken ofte gecloven daer die eene siede niet es ghesoncke onder dandere. Dat men dat vleesch snide alse eene scilt die snede gaende metten hare ende dat men dat been suveren van den vleesche met eene formoere aldus gemaeckt.

Dan nemt olie van rosen 2 deel ende mel rosarum een deel ende dat warmet ende daer in soe net plaesterkine dat legt op de wonde iij ofte iiij vout, ofte dees: nemt screpelinge van backinnen specke ende ceter ende dat ander soe bint het met eenen langen scroeden menichwarf omme dat hooft ende dat soe vroedelike dat niet ontbinden mach. Ende dit doet tote dat buten scerven der beenen comt ghewassen goet vleesch ende daer naere soe leght in de wonde *pulvis capittalis* ende es de lyse zwart dan eist sorghelic te line wart hem ware bider cracht van der medicinen die op de lyse soe corrosyf soe ware die mensche doot endeghi alle mesters wacht hu daer of omme die groete vreese die der of comt ane den ghewonden.

Van den hersenbeckin te broken slicht sonder wonden.

Nu hoort hier eene leeringhe van des mesters *Jans Ypermans* van den hoofde ghewont daer dat been ontwee es, ende dat biden leeringhe van Lanfrancke ende bi den wysen Galienus ende bi mester Avicenna ende van Cherapione ende bi Ypocrase die welke alle wysen datmen alsoe lettel nemen van den beene als men mach. Ende oec mach mens niet ontgaen bi redenen die vorseit es bedi dat hersenbeckin es slicht van den hersenen die welke syn eene van den iiij principalen leeden. Ende hute de hersinen spruiten alle die beseffeninghen van den mensch watter bi hem alderbest es. Dat mense houde ghedect met horen scilde die hem natuere heft ghegheven alsoe nare alsmen mach ende dits hore leeringhe. Daer thersenbeckin ontwee es ende namelic alse deen stic schiet d'onder andere ofte dat beide die canten bliven al even hoghe staende. Ende lanfranc hout dit over die beste cuere ende de minste vreese. Nochtan seiti datter vreese es in groete ja in allen hersenbeckin te brokene ende namelicke alse deen been sciet onder dander. Ofte alse scaelgen syn geschoeten onder dat been die welke moghen quetsen die *dura mater*. Ende alle die slicht te broken ofte ghescoert syn die syn best te ghenesen sonder houwen ofte snieden ofte screpen. Want int houwen ofte int screpen es vreese bedi vele lieden ofte kinderen, ofte wyfs, ofte bloote mans die hen eighen dat houwen soe seere duchten ende vercorts van vare dan on gater lettele die met hooftwonden curtsen. *Noch een ander*: die houwers ne syn niet soe subtyl sine houwen met vreesen ende die sekerst wanen wesen die syn dicke meest bedroghen. *Nemt ware aldus*: soe wroechten Lanfranc ende ic achter hem dwelki ic seker vant in ierste soe salmen men hem sin haer of sceeren met eenen scherse. Ende dan dapperlic op sniden dat vleesch

van den beene gherect ende dan wiect die wonde alsoe vol alsi mach die wieke ghenet in dwitte van den eye ende daer boven gheleit eene plaster van stoppen ende dan bindet thooft met eener langer scroeder omme dat de wieken ende die plasteren wel houden sullen der op. Ten derden daghe soe vermaket maer eist dat sake dat seer bloet soe latet tote op den vierden

dagh ende dan stremmet metter leeringhe vorseit, ende alse ghi dit snidet
soe snidet alsoe verre alse die screven gaen ende ten eersten vermake
naer die snede soe nemt olie rosarum ende seem van rosen ende minget
te gader de tweedeel olie ende een deel van seeme. Ende daer in soe
net wieken die leght in den wonden op thersenbeckin. Ende daer
boven soe leght uwe plaster van seem van rosen ghemaect ende een
deel ghersten bloeme dit plaster suvert ende confortert. Met ter hulpe van
gode dats heelen sonder houwen en dats dat seekerste alsoe mi dunct ende
ofte een gat es tote lyse die men heet dura mater , soe doet alsoet hu vorleert es in 't capitele van den vacke of gesleghen ende pulwet alsoe die
hersinen steken tusschen de hersinen ende den beene een sindael ofte suver
linwaet maer nieuwe sindael ende dat root es best. Ofte ware dat sake dat
die hersinen lichten ten gaten hute dat het scynt dat si lagen boven den
canten van den beene alsoe alst dicke ghevalt alse de mane vol es ofte
int wassende soe pulwertse met sindale ofte hebt eene platte loods dat
en mach ende dats hore leeringhe. Daer thersenbeckin ontwee es ende
namelic alse deen stic schiet deen onder dandere. Ofte dat beede die canten
bliven al even hoghe staende. En *Lanfranc* hout dit over die beste cuere
ende de minste vreese. Nochtan seiti datter vreese es in groete ja in
allen hersenbeckin te brokene ende mamelike alse deen been sciet onder
dander. Ofte alse scaelgen syn ghescoete onder dat been die welke
moghen quetsen die *dura mater*. Ende alle die slicht te broke ofte gescoert
syn die syn beest te ghenese sonder houwen ofte snieden , ofte screpene.
Want int houwen ofte scrape es vreese bedi vele lieden ofte kindere, ofte
wyfs, ofte bloete mans, die hem eighen dat houwen soe seere ducht ende
vercorts dan ontgaen er lettele die met hoofdwonden curtsen. Ende alse die
mane es wassende ofte vol dan eist meerder vreese ghewont te siene int-
hooft. Dan ofte si ware wanende of vul, want bedi alse de mane es vol dan
soe ligghen die herssene metter lysen vaste ghebonden jeghen dat been
ende soe die mane meerder es soe sie meer perse ende alse die mane
wanende es soe ligghen die hersenen soe nauwe dat men wel soude
steken eenen vingher onder dat been waer bi die hersenen wassen ende
alsoe soe doet ook alle die verscheit van den mensche. Hier bi soe besiet

altoes alse de menschen int hooft es ghewont, weder die mane es wassende
ofte de wanende.

Dit is van den teekinen die de mane doere loept.

Ast te scrive jou hier na van den teekenin der manen. Alsoe alse
astronomie in hout alsoe si segghen in teekin van den wedere die men in
latine heet *aries*, dan soe eist vrese te siene ghewont int hooft bedi dan
heeft die mane heerscapie in thooft ende dat duert in elc manscyn 2 daghe
ende 3 wilen lettel meer ofte lettel min. Ende aldus soe sinder 12 teekinen,
ende elc teekin heeft 2 daghe ende 3 wilen die welke hebben herscapie op de leden van den mensche. Dats te wetene : *aries* heeft dat hooft
ende dat ansichte ende daer omtrent. *Taurus* die scudere ende datter toe
behoert ende den hals. *Gemini* die handen ende die armen. *Cancer* de
borst totter maghen. *Leo* dat herte. *Virgo* den lichame ende tghebtre
delre (sic). *Libra* de nederste darmen, de niere ende blase. *Scorpionis* die
menschelicheden ende den ers *Sagiturius* de knien. *Aquarius* die beenen
ende die braden *Pisces* die voeten. Ende *ic* sal hu hier toghe de figure des
mane omme dat men te beter mach scauwen hare stede ende de teekinen.

Dit is die maen die toghet die xij teekinen elc staende
ter siener stede.

Le dessin cabalistique
manque dans le MS.

Die leede suldi wachte in dien tyt dat die mane es in dlet want dan
est doot wonde ofte minke. Ende alse dura mater bloot es soe wyst *Brune*
ende *Lanfranc* ende vele andere actors : dat men der op leght dit pulver dat
men in latine het pulvis capitalis heet ende dat maect men aldus :

Dits pulvis capitalis.

Sarcocolle cleen wit wierooc elcxs ℥ s, mirra, draken bloed, mele van vitsen hier of maect cleene pulver ende sichtent dore eene temis. Ende ofte dura mater der onder wert brune soe leght er niet meer op ne ware leghter op dat roode melle ende de tweedeel olie van rosen daer in ghenet een cleen suver cleet linen ende die wonde heelt voert met pluckelingen van linwade.

Die leeringhe van mester Jan Yperman.

Nu soe verstaet mine leringe ende wat mi ghesciede. *Ic rumde* de wonde soe dat ic die screven bloot hadde ende erst dat haer af ghescoren, der naer wiech icse wel dinne alsoe ghi in dat capitel gescreven vint metter olien van rosen ende melle.

Eens soo was een cnape ghewont met eener staven die welke dat hersenbeckin hadde al intwee ende dat een been was ghescooten onder den andere ende hi hadde alle sine kennisse verloren ende ic nam een sceers ende ic ondecte hem dat hersenbeckin ende ic vant arde seere ontwee ten ersten vermakene daerna soe beraete icken alsoet voerseit es metter olien van rosen. Ende ic voedene met wormen doders van eye ende met kerrende melc met gorts ghesoeden ende met ghebrade appelen ende hi dranc tisane op ghersten ghesoeden ende ic ne dorste hem al niet doen omme datte soe cranc was. Die scerven wiessen al vol vleesch ende hi wart sprekende vor sine v weeken ende hi ghecreech sinen sprake in lanc soe meer. Ne ware hine wiste niet wie dat hadde ghequist. Nogthan verghaderde hi jegen hem met vorsinnigheden ende wart wel op tsine. Dat been dat boven den andere was daer d'ander onder scoet dat drogede die opperste canten ende die natuere staect van hore bi der hulpe van den vleesche dat huten aderen wies, welke aderen ligghen tusschen de 2 taffelen ende dus wart die lixiene der wonden al pure slicht sonder groet dael ende sonder groete boetse. Item een cnape was gheslagen van eenen paerde in dat afterste deel van den hoefde al in sticken. Ic reinde hem die wonde ende ic ghenasse alsoe ghelike ende hine verloos niet van sinen been meer dan de wint beliep ende dat ontrint de dicte van eenen nagele.

Ypermans leeringhe.

Dec ghenas ic soe eene jouffrouw die ghesleghen was van eenen parde vore in dat voerhooft ende ic ghenasse der ghelike, ende alse ghi ebt ghesneden eene wonde, soe stect in elc cartier eenen draet linen ofte siden. Ende ghi die wonde hebt ghewiect soe trect toe die quartieren metten draden ende vergader se alsoe naer als men mach, ende alsoe doet totte elcken vermakene sullen di hebben eene scoene lixiene. Ende dese draden ne sal den quartieren niet laten crempen, ende syn si vercrompen soe rurse van onder. Ende ne snit se niet alsoe sommighe sotten doen.

Dit es die leeringhe van de .+. mesters van Salernen.

Nu soe hoort die leeringhe van Rolandine ende van vele mesters ende van de.+.mesters van Salernen die welke der op gloeseren. Rolandus die beghint in latine, medicus equivocatur adno. Ende Rogerus, beghint in latine : post mundi fabricam, op dewelke Rolandus maecte sine adience. Ende de gloese der.+.mesters, soe beghint dixit Constancius, Rogerus ende Rolandus, wysen daer thersenbeckin ontwee es dat men daer tvleesch op sniden sal in een cruus nare dat die broke es groet ende vint mense seere ontwee dat men die sticke vorvoets hute doe ende waert alsoe dat hem dat bloet contrarie waer dan soe beit tote andere ueren ende es dat linereret subtylic ende es dat been te cloven naer uwe snede soe screpet dat al doere ende maket al die screven wel suver ende slichtet met eenen groufhaeke aldus gemaect in deser maniere :

Ende dan soe leght onder die taffele roet sindael ofte scoen linen cleet ghenet in dwitte van den eye. Ende daer nae met pluckelinge van linwade ende ofte die wonde niet wel ne bloet ende die stede zweringe ghevoelt int hooft soe doeter bloet laten in de hooftadere ofte hine ware te cranc te haut ofte jonc. Ende die niet velene bloeden in der leeden ende salmen bloet latenen in de aderen. Die bebben int hooft herscapie ofte in dat leedt ende siedi dat de lippen seer dicken ende roet werde dats seer goet soe scynt dat natuere macht heeft die wonde te sendene hare voetsele. Nu ware vindi die lippen dinne en blec soe scynt dat natuere heeft gheene macht die wonde te helpen ende dats wantroestelic ender seeker teekin van den doot ende emmer soe bereedet dat been dat die hersinen ghesuvert werden van horen etter ende dat bloet datter op ghevallen es in den somer binnen 2 daghen bedi in den somer soe draghen de wonden eerder dan in den winter.

Dits de glose der iiij mesters van Salernen.

Nu verstaet die leeringhe op de glose der iiij mesters die welke ons raden dat men den mensche verhouden nese ende mont daer thersenbeckin ontwee es ende datmen vasten toe blase. Ende est dat dat been si ontwee men sal sien den adem commen ter wonden hute alse eenen roec ende daer hute sal commen tbloet dat op de lyse ghevallen es ende dan leeren si dat men dore trepaneren alsoet vorseit es ende maken daer vele gaten ane de side der broken ende metten cleensten trepanides sal hi dore boren ende dan salment widen metten meesten der na. Ende dan salment hute houwen

met dusdanich eenen beetele ende met eenen looden maelgette aldus

gemaect ende van den ersten gate soe houwet in dander ende dan heft hute
dat sticke al heel soe dat men der dore mach suveren die hersinen van horen
ettere dat ghevallen leit op de lyse. Ne ware die glose der iiij mesters wist
daer dat been ontwee ende ondaert es ghescoeten onder den ander dat men
alsoe begaden sel tupperste stic bedi dat upperste stic es gelic dat ander te
trepaneren ende anders niet alsoe doet dat te broken es dat willen de iiij
mesters in hare glose op Rolandine. Nogtan soe segghen die iiij mesters van
Saleernen dat alle die gheene die opt hooft werken dat ghi hu sult wachten des
nachts dat ghi met ghenen wive sult syn noch ne sproken iegen gheen wyf
die hore stonden heeft. Ende dat ghi geen loec ne hetet noch ne handelt
gheen ongans dinc , ende emmer soe siet dat uwe handen scoene sin ende
suver , ende siede dat etter commen huten lise dats een quaet teekin. Ende
heft de siecke geene cortsen hi saller onlangs sonder syn ende dat etter
salmen suveren met eener ghedweghener sponsen ende daer na soe legt op
de wonde *pulvis capitalis* dat staet in 20 capitele ende ofte de wonde ware
te heet soe salvet popelion.

Welc unguentum popilion

es seer goed jegene die hitte van scerpen cortsen ende vercoelt seer wel
alle die stede. Ende ofte eenighe been ghescoeten ligt onder dander en
versceeden es , soe wyst die glose der iiij mesters dat men dat hute doen
sal en halen met eenen pinsche aldus gemaect ofte met eener tanghe die

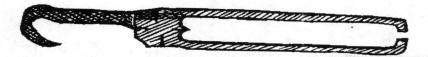

ghemaech es in deser manieren : Ende men sal trecken dat sticke rechte

opwart hute ende niet wagghelen noch hoewart noch ghenswart ende wacht hu emmer dat met ne si ra noch halzende want het mochte wonden dura mater ende dan ware die ghewonde in aventueren van den doot. Ne ware syt altoes voersien met gheele sinnen dat tusschen den lyse leit ende den beene gheene rotheit ne si en esser eenigher soe suveret subtylic ende dan pulwet die wonde met sindaele ofte met linwade alsoet vorseit es ende dan soe heelt voert de wonde alsoe behoort. *Theodoricus*, ende *mester Huge van Lukes*, die beide ij goede meesters waren die beste dimen vint binnen hore tyde. Si leiden dit plaster op wonden die root ende gezwollen ware ende die seer zwoeren ende namelic op dat hooft ende in senuachtich steden. Sie soeden bladeren van papelen ende die stampt hi en dair of name sire alsoe vele alse ter eener plasteren ghinc ende doen soeden sise in winne ende daerna name si gruus ghestampt ende dat ghesicht ende daer of namen si alsoe vele alse hem bedi af dat dat plaster niet was nochte dicke nochte dinne ende dit leiden si op de wonde elcxs dages heeter dan laeu tote dien dat de wonde was in goeden pointen van zwillinghe ende van zweeringhe ende daerna vermaecte sise ende ghenasense met lauwen wyne ende onderwilen met salven. *Theodoricus* die ons orcont datti sach *Mester Hughe van Luckes* ghenesen eenen man die dat achtersten deel van den hersenen hute hadde ende die stede ghenas ende wies vol vleesch ende hi behielt sine ghedinckenisse. Ende dit es jeghen alle den *houder mesters* segghen, want si orconden dat pia mater ofte dura mater werden ghequist dat ware de doot. Ne ware si segghen immermeer gheen heersinen moghen hute comen. Die andere mesters orconde wel dat alse dura water ghewont es dat onderwilen daelt tusschen *dura mater* ende pia *mater* hettere dwelke dat natuerlike hitte verdryft. Ende alst natuere hute stecket soe wanen leecke mesters dat dat hersinen syn. Ne ware dat mester *Hughe* sach dat dat hersinen waren daer omme soe wonden dether ende hine was niet soe sot bedi hi was goet natuerlic phisisien ende chirugien waer bi ghene cirugien hem soude barteren van gheenen wonden het ne ware datti saghe quade teekinen in de siecke ende in den ghewonden toe commen alse in cirugie es men sal hebben altoes goeden troest an gode die alle dinc vermach, hi es cirugien boven al.

Mester Hughes van Luckes leeringe.

Mester *Huges van Lukes*, die ordinerde sine dieten den sterken ende den vullen van humoren die gaf hi crancken dieten. Ende die crancken ende den ydelen dien gaef hie beter dieten die welke wel goet waren te vertherene. Ende hi leide opt hooft daer thersenbeckin was ontwee plastere van stoppen ghenet in lauwen wine ende hute gheduwet ende daerboven een ander plaster van droghen stoppen omme de natuerlicke hitte te behoudene. Ende hi bantse met langhe scoerden banden soe dat die plaster niet of mochte gaen. Ende dan gaf hi den ghewonden die niet ne curtse van desen clairette gheminget met desen pulver nochtan en tagte middaghe ende savons eenen lepel vol aldus gemaect.

Om clarete makene.

Nemt goede canele witten ghingembeer aå s. ℥ j. galigaen cardomum lanc peper. aå ʒ j. gariofili ℥ s. conien grenien aå Ə ij van alle dese maect cleen pulver ende hier of maect clareit in deser manieren aldus. ℞. iij lib. wyns die goet rech wyl es, wit seem een pont wel ghescumt dwelke ghi doet spoelen metten wine vorseit, dan doet van den viere ende minghet daer in van den pulveren vorseit, doeter dan bi de drooge cruden ende stoetet wel cleene ende sietet door eene tems dan doet in den clareit as er dat gemaaect es. *Ende makende* een ✝ *ende segghende deese worden. In nomine patris et filii et spiritus sancti. Amen. et individue trinitatis.* .✝. *Dextera domini fecit virtutem, dextera domini exaltavit orationem meam, dextera domini fecit virtutem non moriar sed vivam et narabo opera domini, castigans et castigavit me Dominus et morti non tradidit me.*

De oratie vorseit soe seght over den clareit oetmodelike te goede wart.

Aldus leert ons meester Huge van Lukes, die seer wide vermaert was endi hi gaft in alle sine wonden hoe dat die mensche ghewont was, Ende desen dranc beghonste te makene ende te ghevene alse die mensche begonste te ettene dat was op den vierden dagh.

Mester Gileberts leeringhe.

Mester Ghilleberts leeringhe die ons leert datti wistte een ander dat die van Overberghs ende van den Rine plegen te doene. Si pleegen te leesene over die wonde ende daer op te legghen wolle metten hiecke ende ghenet in warme olie van oliven. Ende die van Oestwart segghen dat men daer of sel nemen ghene loen sonder den loen van gode maer dat doet die nauhede van horen gelde ende varet qualicke soe wast qualic gelesen etc.

Espace destiné à un dessin
non reproduit dans le MS.

Dits die seinninghe daer men die wonden mede gheneset buten en binen.

Drie goede gebroeders ghingen eenen wegh die welke ghemoeten onsen Heere Jhesus Christus, ende hi seide te hem lieden : drie goede gebroeders waer gadi, den antwoorde wy gaen ten berghe van Oliveten leesen cruut den ghewonden met te ghenesene, en onse Heer Jhesus Christus die soe seide te hen : comt achter mi drie goede ghebroeders en swert mi in den gecrusten heer en bi der melc wyf ende machet dat gi zult segghen dese worden stillekine ende ghenen loen der of ontfaen : Nemt wulle metter heicken van der scapen ende doepse in warme olie van oliven ende gietse op de wonde gheloeft ende seght ; alse Longius de ebreusche stac onsen Heer Jhesus Christus met eener speer in sine side eene groete wonde die welke niet langhe ne bloede ne drawonckele soene moete dese wonde in de name svaders ✝ ende des soens ✝ ende des heilich ✝ gheest. Amen. Ende dan seght eenen pater noster ende eenen ave Maria ter eere van gode.

Dits dat latin daer af.

Tres boni fratres per viam unam ybant et obviavit eis dominus noster

Jhesus Christus et dixit eis : Tres boni fratres quo itis, unus ait ymus ad montem oliveti colligendas herbas ad percussiones et plagas 9is. Et dixit dominus *Jhesus Christus* venite post me mei boni fratres et jurate michi per crucifixum et per lac *mulieris virginis* ne in abscondite dicatis nec inde mercedem accipite et acsipe lanum siccidam ovis et oleum olivarum et ponite in plagis credite et dicite sicut *Longius* ebreus in latro domini noster *Jhesu Christi* pulsavit nec non sanguinavit nec rei luctavit nec doluit nec putredinem fecit nec faciat ista plaga quam carmine in nomine patris + et filii + et spiritus sancti. + Amen. Et dicatis ter unum pater noster et ave Maria, *Mester Gilebert* die scryft datti der wonden allen daer mede genas sonder in thooft wonden daer verbiet hit omme die vetheid van den olien die welke contrarie es den hersinen sonder olie van rosen die helpt den hersinen ende conforterse daer si ghetrouwelic ghemaect es.

Meester Ancels leeringhe.

Meester Anceel van Geneven die ghenas alle sine hooftwonden met eener salven sonder anys ende hi wasser seer mede ghepryst ende hi liet siecken eeten die beste spyse die men vent ende drincken den beste wyn die si vonden ende dit es jeghen alle actors van cirugien ende van medicinen. Ende dit war sine salve was heet waest cout. ♃ wit harst, i pont olie van rosenwater, ℥ j. wit was ℥ iij dit smalte hi in eene panne verloedt ende alst begonste te siedene doe ghoet hi er in een pinte wyns ende liet dien wyn sieden overoep te gaeder ende daer in doepte lynen cleederen ende dien droeghedi met eener scaren ende dat leide hi alsoe op dat hooft ende daer boven leide hi plasteren van stoppen ghedoept in warmen wyne, ende hi bantse met eenen langher scroeden datse niet of mochte gliden ende was dic ende was die wonde wyt hy naydese weder ende aldus ghenas hi alle sine wonden sonder anys ende vele meer storven die aen thooft waren ghewont dan diere ghenasen dit seit tgescrifte.

Van den ansichte ghewont met snidende wapinen.

Alse een mensche es ghewont ten ansichte met zwerden ofte des ghelike soe besiet ofte die wonde gaet dwers ofte lancxs ende dan ebt eene naelde de minste van drie naelden ende daer in doet eenen draet ghewast ende men sal nayen dat een stic onder den ander. Ne ware ne steket die steken niet te diep in de canten van den wonde bedi stect dese te diepe si houden al te leelike lexeinen maken ende dus soe nayt in alle steden daert blikende es alse in t ansichte die oren die handen ende de voeten es hi ghewont lancxs ofte dwers ende die lippen soe voeget subtylic weder te gader alsoe si ghenough en waren te boren in dan naytse nanwe ende ondiepe ende dan soe leght op dat pulver van den calke ende van den olibanum ofte dat roode pulver. Neware dan soe legghet er op tot den .+. dage en telkine vermakene doet weghebree bladeren, ende es de nese of ghesleghen dwers ofte ghescoert soe datti hanghet mettet velle soe naytene weder op ende pointe te siner gherechter steden ende dan leghter op van den vorseide pulveren ende stect in de nese eene ganse pipe ende die bewimpelt met een lettel stoppen ende die steket in de nese gaten omme dat ter den ademen soude dore commen, daerna soe leght in elcke side eenen pulwekine in die de nese dwinct, die pulwerkine sel de nese wel weder vougen te gadere eist datment vroedelike legt. Daerna bindet met eener scroede ende emmer soe hout de pipen in der nese ofte wieken ghenet in *fuscum* ofte in olie van rosen die welke soude houden die nese beenen ende ghenesen dat tgat binnen open sal blive ende alster de .+. dach soe heelt die wonde met pluckelinghe ghesuvert met zwarter salven ende dwaetse telken met lauwen wyne eer mense vermaken. Ende daer na draeghse en leghter op van der plaster vorseit.

Lanfranc leeringhe.

Ende Lanfranc soe wyst die wonde te nayene ende te bindene met eener scroeden die nese ophoudende alsoet verseit es. Ende hi wyst eene andere scroede dwers te bindene over de nese die welke scroode soude houden die plaesterkine ende die pulverkine die legghen ane elke siede van den nese ende hi wyst op dat pulver van den calke een plaster van den witte van den eye ende olie van rosen te gader ghe minghet ende wel gheslagen ende hi wiset in elc nese gat te steken wieken van wasse ofte ten ware nieuwers toe goet dat men de wieken der in steike. Ende waert dat men de wiecken niet inne der steken die wonden souden te gader crimpen ende lucken soe datter ne ghene ademen bute soude gaen noch de nese ne zoude gheenen wint in trecken ende dan ware verlooren de lucht van natuere. Ende dat soude seer deerne de longere die welke haelt in den wint ter nesen ende ter monde daer si der herte mede vercoelt want dat herte es soe heet badet genen wint van der longheren, het soude vertheren alle die verscheit van den mensche ende daer of mochte hi wel wenden de siecke.

Van ghespleten ende gheschorde monden.

Eenighe kinderen soe syn geboren met ghescorde monden ofte lippen in eenighe steden onder dat nese gat ende onderwilen in boode ende dat heeten eenge lieden ghescorde monden , die welke men aldus begaeden sal. 'Nemt eene scars ende snit af alle die canthine van der ghebrokelicheden alsoe lettel alse ghi moght soe lange dat die canten beeds bloeden ende dan soe nayet alle beede die lippen te gader met eenen twinen, ghewasten drade ende doet dat die wonde wel sluit in den bodeme alse buten die canten. Dan stect eene naelde verre dore de lippen ende die wonde bewimpelt met eenen drade ende doet dat de wonde wel sluit in den bodeme ghelyc buten de canten. Dan soe stect eene naelde dore die lippen ende die wonde bewimpelt met drade. Dan leghter op dat pulver van den calcke ofte dat roode pulver. Der boven op gheleit plasteren van stoppen ghenet int witte van den eye ende in olie van rosen te gadere. Ende ofte ieuwens in eenen cant ghebroke soe doet bloeden al soet hu verteert es. Want ane die canelen ne meughdi niet doen dan quat. Want si sullen wassen metter kinderen. Ende alse die canelen syn ghespleeten ende dat tote bider nese. Ne ware wercket alsoe jou verteert es ende heelt die wonde ende als ghi siet datsi wel te gader cleven dan doet hute de naelde ende eenighe meesters syn die se altoos besteken met naelden ende anders niet en nayen.

Van groete questinghe in den hooft sonder wonde.

Ende ware dat sake dat eenich mensche ware hi wyf ofte man die ware ghequest int hooft sonder wonde int vleesch ende hie hadde eene groote bule ende si ware sachte in tasten ofte hoe dat ware men sal stoppen netten in warme wyn ende daer mede een lettel souts ende dat leght op de bule alsoe heet als hi ghedoghen mach ende ofte die zweeringhe hier met niet ne wilt ghesitten in gheener manieren soe gheeft den siecken nuwelen savons ende smorghes daer in pillen gheleit die men hiet cochias *rasis* 3 s. ende doet hem dat haer of scheren ende legter op dit plaster :

Plaster.

Giet goede wyn ende sout te gader ende alst water van beghint te siedene dan hebt van desen dinghen gereet. $\frac{3}{4}$ iij. Ende werpt der in. Nemt baccaren lauri excorticatarum comine ende anisi aā $\frac{3}{4}$ ij hier of hebt pulver subtyl, dan hebt pulvis masticis, pulvis olibani. $\frac{3}{4}$ j., dit tempert met vorseide wyne als dit wel gheminghet es doeter soe in gruus wel ghestooten gheminget der mede dat niet ne si te dicke noch te dinne maer wel slicht. Dan doet van der viere ende doeter in seem een deel ende dit leght opt hooft alsoe heet als men ghedoghen mach ende bindet soe dat niet of ne gae ende dect dat hooft warme ende latent der op legghen 4 dagen. Ende daer na leght een ander tote dat ghenesen is ne ware ne repornes niet dan van 4 dagen te 4 daghen. Dat selve soe beschryft Lanfranc ende Hughe van Lukes.

Van dat een mensche es ghewont dwars boven den ooghen.

Ende ofte eenich mensch ware ghewont boven den ooghen dwars ende dat been ware ghequest: soe besiet oft gaet al dore ende gaet al dore soe doet alsoet jou verleert es daer thersenbeckin is te brocken. Ende ofte dat stic ane was hanghet wider te siner stede ende telken dats ende soe laet een lettel open dat hore de wonde suveren mach der dore ende pulwert die wonde soe datter gheen etter vergaderen mach in de wonden. Ic dou jou weten dat dat been daer de winbrauwen op staen dats niet van den beene es des hersenbeckens, maer natuere heeft daer ghestelt omme dat ansichte te formere. Ne ware stac die leede erom des mensche. Dat comt bedi dat hore die moeder qualic wachte want tkint slacht gherne der moeder ende nochtans segghen de mesters dat komt bedi dat de kinderen hebben ghescoerden monde dats omme dat de moeder heeft gheeten van eenen hase ofte van eenen robert van der zee.

Van dat den ore of es ofte hanghet.

Alse de ore of es ghescoert soe datse blyft haane thooft ofte dat een mensche valt van eenen huuse te mestkiene ofte van boomen ofte van andere steden soe syt dan votsien ofte de substancie yet gheel ghebleven es daer die ore bi hanghet ende ofte dat soe groet es dat syn voedsel der dore mach ghecrigen dats datsi bi vele vleesch hanghet, die ore suldi weder nayen ende leghter op dat pulver van den calke ofte dat roode pulver telken vermakene van iiij daghen te ·+·. daghen. Ende daerna soe vullet die wonde met pluckelingen van linwade ghenet in warme wine. Ende, vele mesters heelent met salven ende dat ne dinckt my niet goet alsoe die mesters jugieren ofte de salven ware constipatyf. Dat te segghen dwinghende ofte stoppende ende dat ne doet ghene salve die ghemaect es ten wonden alse zwarte salve ende namelic die ghemaect es van olie van rosen ofte van mastic wieroec. (Dies ghelicke be die cnoeseghen steden ende daer zyn quaet opgheleit alle medicinen die vorten ende eist gesneden met een snidenden wapinen ende dat afhanghet neffens de kaken ofte sonder been dan nayet weder te sinen stede ende stect in de ore eene wieke dat de ore ophoudet dat joe dat gat van den ore niet verstoppe want verheeldet dat ware scade in dat horen ende het soude den meester seer achteren.

Men vind lieden die segghen dat sie hebben ghesien eenige lieden die hore ore ende nesen afghesleghen ware endi si siedi dat sise namen ende droeghense ten mester diese name ende an nayden ende alsoe ghenassen sise, maer het is openbaere loghene want soe watter verstorven es ende dat gheen voetsele inne heeft daet moet vorten ende bederven, daeromme ne mach dit niet syn het en si bider gracie van gode diet al vermach. Ende het ghevalt oec onderwilen men bint soe vaste dat de natuerlike gheesten noch dat bloet niet der toe commen mach ende alsoe werdet verrot ende verderft hier bi soe radic jou dat ghi gheene dinc ne doet sonder redene.

Dan dat een mensche wert ghescoete int ansichte.

Het ghevalt dicke dat een mensch wert ghescoeten int ansichte ofte in andere steden met eenen ghescutte dwelke isere heeft met eenen buucke daer dat hout in stect ende dats den meester oep over de *siede van zuutzee* ende namelic *Romangen , Inghelant , Scotlant, Vrancric, Spangie, Hollant* ende *Vlaenderen* en *Brabant*. Waerbi dat mine leeringhe es alse eene mensche es ghescoeten dat men sien sel hoet staet dat es ghescoeten. Ende vindi die boute hute ghetrect soe syt emmer versekert dat dat iser mede hut quam ende es bi ghescoten van onder herwart soe eist ergher dan van bovene dats te proevenen alsmen van onder schiet eenen quarel ofte des gelike ende namelik int hooft ende van den gorde rieme nederwarts tot beneden den herschen soe est te duchtere dat die scote gaet tote den hersinen ofte tote den darmen ofte tote den andere leeden die daer ligghen alse de levere ofte de mage ofte de milte ofte longen , nochtan soude de wonde heelen bedi si ne soude niet gherne sasten. Ende si soude hebben den mont nederwart omne wel te fastene , nochtan eist groete vreese omme de rede vorseit. Ende ofte die scicht der in stect tote dat ghi der toe comt soe tast ofte dat hout si wel vaste den isere ende dan soe trecket hute al haest soe dat dat hout hute mach kommen ende dat iser in ghebleven es soe es die pyne vel merder ende dat ne soudemen niet moghen hute vleesch op te snidene. Ende dat ware pynlic den siecken nochtan eist beter ghesneden dan dat iser der in ghelaten want het moet hute voren ofte nae want natuere ne macht niet ghedooghen sone steket van hare. Waer bi men dicke siet ghescien dat dat een mensche dracht in syn lyf eene schicht ofte quatreele ofte een stuc van eenen spillen ofte ander dinc des ghelike die welke van mernient was hute ghetrect doent den mensche in ghinc. Ende dit blift onderwilen in den mensche een jaer ofte meer ofte min alsoe men dieken siet ghescien ende alse dat vleesch was vertert daert en stect ofte alse dat been es verdroghet daert in stect ofte alse die seenuwen verroten soe comt die natuere dier hute stect. Ende daertoe besaft die mensche verrotheden ende alse dat hute commen es dan heelt seer wel die wonde ende iste eenig letter in eenich van den leever daert in stac dat beetert hem. Ende is een man ghescooten met eenen *Jnghelschen ghescutte* der toe salmen doen aldus. Men sal sloenen over die bardekine eene ganspipe ende dan doet hute dat iser. Ende doedit anders die bardekine souden int vleesch sniden ende dat soude den gewonden seer letten ende het soude de wonde meer argheren dan si was te voren ende dan ne ghe crieght dese nemmer meer hute sonder sniden ende men salt trecken rechten vort opwart eener tanghe die subtylic gemaect es alsoe in deser manieren :

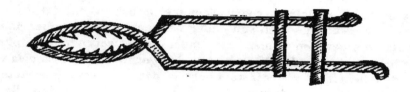

Ende eist dat sake dat ghi eenen groet ghescut alse van eenen springae ofte dies ghelieke in een leed daer zeer vaste staet. Dan salment hute trecken met eener tanghen die met eener visen es, aldus in deser manier :

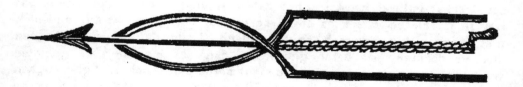

Ende eist dat sake dat een ghescot met een springale ofte met hantboghen ende dat is in een harde groet ledt alse lendenen ofte heupen ofte enigh ledt daert seer vaste in staet. Ende daert te sterc staet eenen man hute te treckene met beide des menschen handen ende dat de siecken commen te groeter pinne soude ment wagghelen haren tare ende daer omme salment hute sactene in deser manieren ende vormen :

> Blanc destiné à un dessin démontrant le procédé d'extraction de grands projectiles. Ce dessin n'est pas reproduit dans le MS.

En eist dat sake dat is een groet ghescut ende het ghescoeten staet in een groet ledt al vaste der die ver dore si ghescoeten ende leide dat de ledt dan salmen soe met eenen hamer dat ghescoet dore slaen al soemen hier beteken mach in deser manieren :

> Blanc destiné à un dessin représentant la manière de transpercer les projectiles. Ce dessin n'est pas reproduit dans le MS.

Ende eist ghescoten met eene pyle gecant gelic der alsenen ende dat iser es ghevest int hooft als eene elsene ghevest alsoe men plecht in vele landen alse in *Hongerien* ende dauwaert soe syt seeker soe sit wel seeker dat dat iser hute comt metten houten des hoofts ende sidi die der versekert dat hute es soe helpt den siecken met wonde drancken. Ende desen dranc ordineerden de *iiij mesters van Salernen* en is den eersten dranc wonde mede te ghenesene sonder wieken.

Wonden dranc.

4. De wortelen van der meede wel ghedwieghet, weghebree honts ribbe kemp ofte tsaet van roode coolen, apium ne ware van der meede, minget met wyne ende laet het versieden tot een derden deels, daerna gieter op anderen wyn soe veel als erst ende doet die 3 deel versieden ende alsoe doet iij werven geeft drymael daghs den ghewonden. De wonden

drancken geeft men drincken savonts ende smorgens een lepele ende men
legt ter wonde een root coolblat dit doet de wonde heelen sonder wieken
op datsi niet ne ghescoten sackende ofte stekende. Den navolgenden wonden
dranc ordineerde *Avicenna*, ende ic heb daermede ghewrocht menich
scoene cuere van dore steken ane den armen en dore den dien dat ane
dander side hute quam ende dese cure was binnen 14 daghen ghedaen.

Wonden dranc.

4. Nemt den sap van den kempe ende den sap van der bramen ende
den tsap van den reinevare anâ manipulum i wortelen van meede alsoe
vele als al des andere ende stoeht te gaedere ende maectter of bolleken
alsoe groet alse eene haselnote sonder dat sop hute te duwene ende laetste
droghen huter sonne ende van deser bolleken temperet ij of iij in wyne op
dat de siecke niet ne curst, ende curst hi soe ghevet hem niet maer wel
violet sirop ofte met water ghesoeden in suker ende ghevet hem telken
male iij warf sdages ende legter op coel bladeren.

Van ghescut hute te doen commen sonder sniden.

Hier syn vele lieden alse eenich scicht ofte quareele ofte dornen ofte
naghelen bliven in hare wonden soe ontsien si seere dat sniden ende si
hebben vele liever dat ment hute doet sonder sniden ende hem ne raect
hoe langhe dat men dertoe doet ende omme dit hute te brengene, soe maect
dese plaster. Nemt radices diptamene ende polipodium ende tsop van
aselieren dit te gadere ghestoten met een lettel swinen smoutte ende daer
af ghemaect plastere die men legt der op. En emmer waert beter en
tcorste were dat ment hute snit. Dats in vleesachtige steden want als int
been es dan moet ment hute halen met eenen tanghe aldus gemaect : ofte

met al sulke tanghe met subtylen instrumenten ende is de mensche

gheschoten int hooft soe dat de scheute gaet tusschen den vleesch en den
beene , dan snit de wonde op van den eenen gat tote den anderen ofte
gaet die wonde niet dore soe snit se toten bodem van der wonden, ende
scieter ter aventuere ofte daer eenich scaelge in bleven ware die ghi hute
doet ende maect die wonde wel suvere ende daer na heelse alse andere
wonden als jou verleert es. Ende ofte die scote ginc tusschen den dura
mater ende die bersenbeckin ende die wonde wel gherumt syn int vleesch
soe dat ghi ebt goede macht ten beene te helpene waer by dat ghi dat
ghescot hute doen mocht ende dat sonder dura mater te quetsene. Ende
siedi eenich quade teekine soe blift af der curen op dat ghi moght ofte
en ware dat jou de vrienden baden. Ende dan seght de vreese die der in
leit ende dat es te ontsiene.

Van den ghewonden te houden van eten ende van drincken.

Nu soe hoort hoe dat men den ghewonden sel houden van eetene
ende van drinckene ende dat naer dien dat die ghewont es. Ende heeft de
siecke vele ghebloet, soe geeft hem spyse die bloet doen wassen beide van
eten ende van drinckene. Ende heeft hi vele curtsen soe geeft hem een luttele
amandel melc met een lettel gruus ghemaket ofte hine ware ghewont int
hooft dan soe ware si hem quaet ofte melc van ockernoten ofte van hasel-
noten bedi die hebben macht te makene quade fumeien die welke deeren
de hoofde maer gheeft hem gebraden appelen ende die suer ende gheeft
hem pureide van erten die wit sin ende wellinge ghemaect van aisine ofte
gheeft hem kerrende melc gorte ghesoeden ende die niet te dickene si ende
gheeft hem te drincken tisane ofte bierken sonder cruut ofte van amandelen
melc gemaect met ghezoden borre. Dits goet gedroncken ghewonde lieden die
curtsen dese dranc conforteret de maghe ende waert oc dat de humoren
clompen ten hoofde hine stopt niet den lichame ende hi blust de hitte.

Tysane.

Nemt de suverste gherste $\mathfrak{Z}$ iij , jujube sebesten $\mathfrak{z}$ ij prunorum damas-
cen $\mathfrak{Z}$ j , dit doet sieden met xj stoep borrens dat ter derde in ghelue

den anderen. Ende ofte hi heeft vele ghebloet ende hi niet ne heeft ghecursts soe gheeft hem tetene hoenderen ghesoeden ende wederin vleesch ende sopkine uit sop ghemaect ende zwyns voeten wel ghesoeden. Ende gheeft hem teten morwe eyeren ende niet soe vele dat hi te sat si want satheede belemmert soe die natuere datsi gheene macht heeft te werken daer not is want daer of curts die mensche daer omme eist seere datmen den ghewonden gheeft lettel tetene niet dan tweewerf ofte iij werf sdaghes ghematelyc ende wacht den ghewonden oec van zwynen vleesche ende van herten, ende van gheiten ende van ossen, van coien, ende van hazen ende van conninen, van gansen, ende van heutvogelen, van zwanen, van aller manieren van ghevogelten dat gheloken voeten heeft. Van visschen alse van palingen, van carpers, van tincken, ende van alle visschen die hore voetsele halen in de wasen, maer men sal eetene visschekine die hem wel scellen alse grondelinghe barsen ende bleckine ende snoueckine. Ende hi sal eeten jonghe kiekene ghesoeden beede padricen, vincken ende leuwricken ende alle voghelen die met ghespleten voeten ofte met scieren plumen syn.

Van der crampen dat men spasmen heet.

Spasmus dats eene siecheit die welke vreeselic es alse het comt op den ghewonden. Ende daer of sterver vele meer dan der of ghenesen. Ende daer of es 2 manieren die welke onderwilen commen van vervultheden alsin en wont eenen vervult den mensche ende hi niet ne bloet alsoe vele als hem bedarf naer siner vervultheden ende oec bederf hem meer bloets te laten alse hi ghewont es met snidender wapinen als met zwerden ende bloet hi ny dan hem bederf soe doeter bloet laten ter aderen ofte hi ne ware al te flau. Ende eist int hooft ghewont soe latenen in den hooft adere ane die selfde siede des hoofts dae de wonde es ende is hi ghewont in den lichame ofte in de schouweren ofte in de rughebeen ofte in den rugghen, soe doetene laten in den arme ter adere van Mediana ane de zelve side ende dat in de middelste adere op datti ghewont es van der navelen opwart, soe doetene laten in de nederste adere van den drien dwelke es in den rechter arme, de nederste dat es de leveradere. En die nederste adere in den lusten arme dats die milt adere. Ende alse een mensch es ghewont met stocken ofte des gelicke soe moet men te meer bloet laten, omme dat de humoren lopen te rechter over hare sierder steden dan sel dat bloet weder keeren ter steden die ghehindert es met bloet. Dit is dat erste reguneten ende dat imyste opdatti van vervultheden spasmert de siecke die spasmeert van ydelheden, der ane es gheene cure bedi men mach de lichame niet vervullen wat hine cant niet verteeren die lever es vercout ende vercoelt waer bi des niet mach sieden ende die spysen verteeren in der maghen bedi by die des levers ner coude hadde en aldus blivet den lichame onghevoet. Ende aldus soe commet dat de mensche verydelt in sinen lichame. Ende spasmus van vervultheden comt dapperlic. Ende spasmus die van ydelheden comt, die comt tragelic ende al scoenkine in lanc soe meer. Ende spasmus es van iij manieren : *Emprostonos, Empistonos, Tetanus*. In *Emprostonos*, soe trecken de seenuwen dat hooft vorwart soe dat de kinen daelt op de borst, ende de mont staet gheloken soe dat men sene come mach ontdoen met eenen messe ende die vingeren in den hant soe dat mense niet rechten mach. In *Empistonos*, soe trecken die senuwen dat hooft asterwart ende den mont blyft open staende altoes sonder luucken die kaken metten tanden versceden datsi niet te gader commen ende die vingheren rechte soe datsi niet moghen verscheden noch lucken. *Tetanus*, soe heet die specie die alse lichame trect van elcker siden ende even vele ende ever sere soe dat den hals niet mach keere noch alle der lichame toter navelen ende alsoe toten voeten. Ende dat alsoe styf alse ofte der in ghestoken ware eenen stoc en dit soe comt bi 4 manieren, dats bi vervultheden ofte bi ydelheden alsoet vorseit es. Ende ofte bi dat de senuwen hebben dat etter omtrent hen dwelcke hen vorticheit toe brinct ende torment ofte bi vorticheden van eeniger salven dire op gheleit was. Dus zyn der 4 manieren der of dat spasmus comt ende van dat hem es contrarie moet men wachte alse coude winde ende coude medicinen ofte coude salven ofte coude plasteren daer op gheleit.

Ende spasminghe, die van vervultheit die comt dapperlic ende die van ydelheden comt die comt trage. Ende die drie andere manieren die commen by des mesters rouchlosheden ende meest datsi niet ne weten der scientien wánt het syn alle meest leeken meesters die gene anders meesters hebben gheleert bedi die hen vraeꭓde van cirugie si souden anders niet antworden dan die se ghesien hadde. Nu laet ons overgaen ter cueve alsoe ons de meesters wysen die welcke meesters segghen dat goed es bloet te latene in alle die specien van spasmus en alder beste eist ghebloet laten in spasmus die van vervultheden comt. Ende spasmus die van ydelheden comt daer in ne laet gheen bloet ende in alle wonden die syn in seenuachtige steden daer ghieter in oleum rosarum ende die warme. Ende alle die medicine die ghi op de wonde leght die leght warme der op ende suvert hem altoos den hals ende den necke ende dat rugghebeen de ocxelen ende de liesschen met oleum laurinum, die men heet olie van bayen, ende olie van Eupatorium, oleum costinum, oleum nardiny, oleum benedictum, ende oleum petroleum, ofte maect dese salve die welke maecte mester Brune Loghenborhs.

Goede salve ad spasmum.

Nemt castorium euforbium mirra masticis aā 3 iij piretrum aloes aā, 3, 4, oleum laurini, oleum sambucum, oleum de populis, oleum bardana, aā 3 j. cera qd. sufficit conficiatur sic dictum pulveren, maect van den gomme die sal men pulveren in eenen metalen mòrtier, ende dan minglent te gader metter olie vorseit en wermet te gader over dat vier ende dan doeter in dat was alsoe vele aist bedarf, dits eene goede salve jeghen revele. Ende die spasmeren die sullen drincken van desen navolgenden dranc: Nemt castorium canele, spue pep. calamente majoranas, alvia rute aā partes equales.

Ende mester *Huge van Lukes* die maecte hier af clareit ende hy gaf se dicken den siecken drincken eenen lepel vol te gader ende dat was seere goet. Ende dan soe maect men hem dese verniesinghe : ♃ Nemt castoreum pep. ende maecter of pulver ende van dien pulver doet hem in der nese ende hen verniesen. *Pulvis.* ♃ castor. en pep. ende maect er of pulver ende blaset hem in der nese ofte maect hem eene stove der hi in zweeten mach en in den pot sullen desen cruden ghedaen syn. ♃ abcincium, salvina rute feniculi petrocelini menta aā partes equales, dese salmen sieden in eenen pot wel ghedect soe dat die adem niet hute mach gaen anders dan van in den pot tennin in de cupe gemaect in desen manieren :

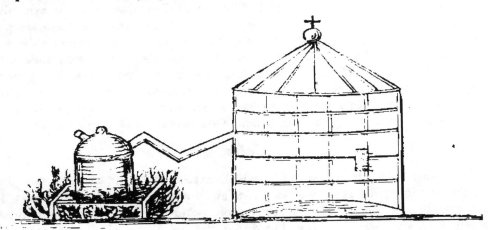

Ende de siecke sal sitte in 'de cupe ende onder pot sal men vier maken naer dien dat de siecke ghedoghen mach daer nae soe salvetem metter salve vorseit ende wacht wel dat dat scoude niet belope den siecken ende leghtem op een suchte bedde ende als hi alsoe een lettel ghezweet heeft soe doeter weder in de stove ende dit doet altoes over ander dach totte datti ghenesen es, midts de hulpen van goden. Ende ghi sult steken tusschen sine tanden eenen stoc soe datti niet nebit sine tonghe dat harde gherne gevalt.

Plaster.

Dit is eene seer goede plaster jeghen spasmus en jeghen kinderen die spaserent syn en dit leert ons *Avicenna*.

2| anisi. crocis ende mellis daer of maect plastere ghelyc dat jou ver-screven is.

Van ghescorde hoofden te genesen.

Den *gescorden hoofden* te ghenesen daer of .syn eenighe diemen ghenesen mach ende dat syn die de huut vaste hebben aen twee en standen en dae de huut niet mach riden ende seer hart ende werpen vele scelpen dewelke soe heeten haer ofte ghi der of jou wilt onderwindene van ghenese sone begrypt niet van aldus danich dinc. Maer dire aldus danich syn alse die hier naer volghet ende dire esser 3 manieren. Die eene soe werpen op groete hare ende dat vele ende dat soe het men zwynstoc ende die syn groet maer si ne hout niet ane tbeen en se nes niet hart. Ende andere se hebben die huut grof, harde ende droge, ende si hebben vele harts ende groete juecte van den welke en esser twee manieren : ghi sult dat hooft int erste morwen met smeere ofte met boetere ende dan salmen die zwynstoc hute trecken ende dan ghenesen aldus. Ofte werket met deser salven :

Salve.

♃. Nemt wit elleborum tsop van bardana aå ℥ j. kernen van den ockernoten ℥ 6, dit stoet wel te gader ende maecter of salve. Ende eist in den winter soe maect van deser vorseit noten olie en salvet daer mede thooft 8 daghe ofte 9, alsoe jou dunct dat te doene si omme dat haer hute te brecke ende alsoe jou dunckt dat morwe ghenouch is, soe trecket dat haer hute metten wortelen met eene tange aldus :

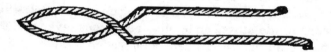

Ende daer ghi dat haer ebt hute ghetrocken, daer smeert die stede metter salve noch eens. Ofte men sal haer hute trecken met eener tanghe aldus gemaect :

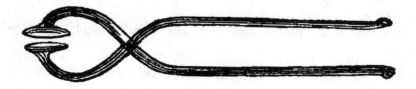

Ende dan salvet metter vorseide salve, ende ofte dat haer weder wast soe dwaet dat hooft met eener scerper loghen. Ende alsoe dat hooft droge es dan smeert men met deser salve die men heet :

Celotrium. Ende dat maect men aldus : R. Ongheblust calc ℥ iiij , ende dit doet sieden in water ende dan doeter in orpimentum ℥ 3. ende dit selmen laten sieden te gader.

Teekin oft ghenouch es ghesoden.

Doet er in eene gans pipe ende dan trectse weder hute ende gaen die plumen lichtelyc of soe eist ghenouch ghesoden hier met soe smeert thooft tote dat de huut bleec es ende dat oec niet soe langhe dat de huut root wert ende die wortelen van den hare die werden natuerlic ende niet hart ende dats teekine van ghenesene. Ende werdet te droge bi drogen natueren soe doet int celotrium dat niet te seer verteert die verscheit van der hoofde ende eist eene scorpedrope ofte verschen schorfheit soe salvet coenlic met celotrum sonder olie.

Die glose der iiij mesters van Salernen.

Die glose van den iiij mesters van Salernen die ons leert aldus ende si segt hen dat die scorfheit comt menichwarf bi den sculde van den mesters datse menichwarf plasteren daer op legghen die te heet syn ofte droghe ende die vertheeren die natuerlike hitte ende verscheit van den hute ende si maken se drogher dan si sculdich es van sine ende aldus soe wert de huut bi horer rouchloesheden ende aldus doen die der luttel of weten ende daer na ne wast nemmermeer gheen haer hute want die droge plasteren ende die heete hebbent die wacheit vertheert, ende de hitte sal de huut soe verharden datter gheen haer hute mach commen. Ende daer haer wassen sal daer moet syn wacheden ende natuerlike hitte, ja wacht ghetempert en hitte ghetempert. Want daer te wac es daer versmoret al. Nochtan soe wyst die glose der iiij mesters als men plasteren leght est dat si te langhe blyft ligghen soe cont der of ghelyc dat vorseit es. Dese scorftheit comt onderwilen van ghesoutener flumen ende dan heefti groete jeucte der in ende daer of soe commen vele groeter sculpen. Daer es een ander die comt van melancolien ende die ne jeuct niet soe seer omme die vercoutheit der materie ende droecheit , ne ware zyn die materie gorsen soe commen daer toe vele groete pusten en namelic vele etterende ende niet pynende ende dat met diverschen materien. Ende die ghene die van bloede commen dit syn de teekine : Si syn wel gheverwet , vet ende root , vul etters ende hi heeft de urine root ende dicke ende syn voetsel es goet vleesch ende goeden wyn van properen woenstede ende dats teeken van bloede.

Teeken van colera. Die coleryc es magher , hebbende groete handen ende gheverwet rootaehtig hebbende vele hongers en lettel becomminghe van spysen , die puusten die syn seer geluwe.

De Flumatic. Het syn henighe die hebben den ligchame wit en het syn witte puusten, cleene aderen die mensch es zwaer ende hebbende vele speckels en dat taye die urine wit, bleec ende roen, dicke ende spade hore spyse vertheeringhe ende die steden moeten wesen morwe ende wit en vele verscheden sonder hitte.

De melancolia, heeft den ligchame mager ende brunachtich ende de urine es bruunachtich blec sonder varwe ofte groenachtich en hi heet zeer wel en syn bloet es dunachtich blec sonder zwarte varwe en groenachtich , en coien vleesch es hem quaet gheeten ende coel warmoes ende alle pothete van roode sade dat doet wassen rode colera dats melancolia ende die siecke steden wert brunachtigh. Ende die materie van melancolien moetmen seer morwen die siecke soe voet verscher voetsel alse wederen vleesch ende kiekene ghesoeden warmoes van beed coelen, morwe eyeren, kerrende melc met gorte ghesoden ende andere cleene spys.

Dit syn de namen van diversche manieren van pusten.

Die opt hooft wassen ende in andere steden ende daer syn eene manier van pusten opt hooft die heet mester *Gillebert* waterbellen, alsmen biwylen opt water mach ghesien hebben alst regent ende als dese hart syn soe heet hy se *spedicien* ende die es rechte ofte si benetelt ware. Ende onderwilen soe wassen pustkine hare en ghens die haren wassen daer hute oft zwyns bortelen waren en dese soe heeten *caries*. Ende achter die pustkine soe bleven cleene gaetkine ende daer comt onderwilen hute vullenissen alsoe dicke alsee seem ende dese gaetkine heeten *raten*, en onderwilen soe verscheit de huut in meniger manieren met scorftheit ende met groeter jouchheit van den welken commen vele scroffelen ende daer hute commen iiij groete hare som meer som min maer selden meer ende dese heeten *tines*. Ende alse de huut root es dats van bloede ende esser vele hitten ende die huut si gheluwe soe dat es van colera ende es si brunachtich ende si loodachtig is ghever wet dats van zwarte colera ende es si wit morwe versch dat beteekent flau. Nou soe willen wy gaen ter cuere ende wy willen onthouden dat ons verleert es in scorfde kinderen ofte dat niet voljaert en is. Die gheneset alsoe ghi erst moghet alst jou verleert is ende dat men hier agter leeren sal, daer met suldi werken in oude lieden diere in verhandelt zyn. Int erste kent die siecheit alsoe jou verseit is ende purgiert erst die humoren met oxiosacera iij lepel vol nemende des smorgens met 4 lepelen vol lau water ende doeter bloet laten ten middel aderen van den arme daer nae soe gheeft hem dat sirop aldus gemaect : ♃. florum violarum ℨ j., prunen van Damas 12, sebesten , 14 dese soe suldi sieden in .⊹. pont waters tote op een pont. Dan nemt dit march van cassia fistula ℨ j, siet te gader, hier of soe geeft warme smorgens een toghe. Des andere daghes soe suldine bade en doetene alsoe zweeten ende elkes dages soe gheeft hem drincken van vorseide. Ofte si hart es in den lichame soe sul di wel gaen ter kamere bi versage bedi die humoren die verberrent syn die purgiert ten iij daghe stofte ende doetene wel zweeten ende dwact syn hooft met ghesouten water bedi dat suvert ende et onplucket ende des anderdaghes soe laten bloet in de middel adere. Dit soe sinen sculdich te doene in verberrende humoren. Daer naer salmen morven dat hooft met deze navolgende dinghen.

Salve.

♃. Pappel wortele, huemst wortelen, dit sieter in borne ende daer mede waschet hooft ende leght van den cruden der op ende doeter in versche boeter soe vele eist te betere ende dit doet dicke ende trect hem hute die quade haren ofte salvet hem dat hooft met *cilotrum* ende werdet hem te hart ofte dat te sier zwert soe salvet met deser navolgende.

Salve.

♃. olie van doderen van eyere ghemaect ende versch zwyns smout ende dat minghet te gader ende smeert er mede. Die soe benemt de zweeringhe ende de hitte ende daer nare soe comt dese salve om te drogene.

Een andere salve dat goet es teghen mormale ende het draghet wel seere. ♃. levende calc opiment van elcxs even vele ende dit pulvert wel cleen ende temperet met seepen wel ende met olie van oliven en salvet daermede.

Noch eene andere salve.

Die gheneset scorrestheit, mormale ende alle dropen ♃. lithargirum ℥ ij, : dit pulveriseert wel cleene ende minghet met olie van oliven en met aisine. Temperet in eenen mortier ende doet onderwilen daer in doderen van eyeren. Ende onderwilen aisyl ende wrivet wel slicht alsoe dicke als seem ende ofte ghi wilt soe maket eene rugghen huve dat die aderen hute trect, aldus gemaect.

Huve.

♃. Picis navalis der minget der in pulver van witten wieroec ende van mastike ende een lettel raeu seems die te gader minghet. Dit smeert op een campen cleede boven met starken letsen daer an ghemaect soe vaste dat se niet ne braken ende dat plaster leght warme opt thooft. Dan doet em staen op eenen stoel ende maect een starke coerde vaste ane de ledtsen ende dat ander einde van den corden ane den balcke ende dan trect den stoel van onder hem dan sal hi blivende hanghende ende aldus sal hi quitte worden van den zwynstocke, ende dit plaster vorseit het den *rogghen huve.*

Nou verstaet dat in de scorrefde hoofde dit is de gerechte cuere die stede te morwe alsoet jou verleert es. Dat es dat ghi niet ne legt opt thooft *cilotrum* bedi die wortelen van den haer ne soude niet daer met hute commen die stede ne ware erst ghemorwet. Ende ofte ghi werke wilt met rugghen huven, soe werct met den huve vorseit.

Van den lusen ende neten die wassen op dat hooft.

Dicke soe ghevalt dat den mensche heeft *luuse* ofte neten op syn hooft ende in andere steden van den lichame ende dats bedi dat nature van hore steect die superfluitheit in den lichame wesende die es welcke es tusschen der huut ende den vleesche ende dit syn verrotte humoren die welke verkeeren in wormen ende die soe heeten lusen ende neten. Ende alse den lichame heeft sulke wormen dan salmense cureren.

♃. Quicsulvere asschen van verberrende vilte eysyl, oleum olivarum; ende bestryct jou daer mede.

Een ander.

♃. Nemt nuchteren speekele, quicsulver en swynen smout, assche van gheberrende vilte ongheblust calc, hier met minget pulver van staphi-sagria. Dit te gader gedaen in eene holen brocrieme ofte daer mede ghesalvet een wollen gordel ende dien mensche der mede ghegort, alle de luusen die de mensche over hem heft die sullen der in loopen. Ofte minghelt dit pulver van staphisagria met terbentine en dan wint der omme canton ende dit draghet in den boseme.

Mester Gilebertus leeringhe.

Mester Gilebert die wyst dat si commen van vorte humoren ghelyc dat vorseit es, maer die commen van melancolie die syn al zwart. Ende die van flumen commen die syn wyt. Ende die van bloede commen die syn root. Ende eenige lieden soe commen si van zweetene ende eenighe lieden commen si gheerne die siec syn ende dats gheerne teekin van der doot.

Van wannen die wassen op thovet boven.

Hier wassen onderwilen op thooft zweeren die men heet *wannen* in vlaemsche ofte *overbeene* daer ne wast gheen haer hute. Dese wannen soe wassen van flumen verhart van materiën van melancolien, ende als ghi comt te eenighen ende die mensche wilt dat ghi se hem quite maect, soe nemt een scers ende snit nauwelyc de huut boven dore met eenen schersse ende

wacht emmer dat ghi den sac niet ne wont. Ende dan villet den sac van den huut al heel. Ofte trectem huute met eene haecke alsoe hier staet gemaect subtylic ende snyt de huut overlancxs ghelyc dat dat hare wast ende

als ghine aldus al heel hute hebt ende ghi des seeker syt soe nayet de wonde op dats te doene es ende naerdien datsi groet es ende doet in den naylde eenen twynen ghewasten drade ende heelt die wonde sonder wiecken. Ende emmer wacht dat die wonde onder niet ne cocte ende aldus gheneset alle wannen waer si staen ende sniten emmer lancxs der leeden ende in der leeden der oghen sone snitten niet op het ne ware dwars der oghen ne ware lancxs van der nesen ten slape wart maer ghelyc dat die wynbrauwen gaen en intheren salmen sniden op en nedergaende van den keren ter oghen wart ende altoes pynt jou omme seer cleene lexeine te makene ende nayet de wonde met eener cleender ghecanter naylde ende daer in eenen siden draet ende daer nae soe leght op den naet *Albucasis pulver*. Ende wacht jou dats niet der come en niets laet van den sacke des wants. Ende wert het al soe groet dat alse eene siere die wan die soude weder wassen der of. Ende werct soe dat dien wan soe vaste hilde ende hi brocke ende niet heel huute ne ginghe dan · soe legt in de wonde van den pulver vorseit ende ne nayet de wonde niet. Dat pulver is goed in alle gaten of steden daer ghi tvleesch hute wilt doen valle , ne ware leght daer nae dat noot is daert lettel te doene es daer legghet lettel ende daer vele te doen es legghet daer vele bedi het doet i stuc hute vallen binnen 9 daghen ofte lettel meer ende dan legt op de stede daer ute ghevallen es versch zwynen smout ij warf s'daghes ofte versche boetere. Vilinge van isere en gheberrent cope gheluwe opment cope aà ℥. j. levende calc ℥. ij. Dit minghet te gader in eenen mortier ende maecter of cleene pulver. Ende dit temperet met mellis despumati en maecter of bollekine ende drochtse in der daernaer maect of pulver ende daermede werct als vorleert es

Een ander dat werct des gelike ♃ tsop van den wortelen van celido-
nium en urine van eenen kinde van der hauderdom van 4 jaren, aā ℥, 4
levende calc ℥ iij ende dat opment pulver wel cleene dit minghet wel cleen
ende doet siedene een lettel altoes roerende. Ende dan doeter in opment
die niet langhe sieden want dat verliest sine cracht ende hier of maect
bollekine ende droechtse in de sonne ende ofte ghi quitte wilt wesen van
den wanne en datte niet ghedroghen wille dat ment snide soe leght op de
wan een cleet ende daerin snyt een gat daer die wan dore bliket ende daer
op leght dit plaster.

Plaster.

♃. Nemt seepe ende daer in minghet opment en levende calc aā ptes
equales ende dit minghet te gader dat niet sire dicke noch te dinne ende
daer boven soe leght iiij vout lynwaet ende bindet wel vaste. Dit laet
ligghen der op van smogens tot middage ofte tote s'avons dat sal de huut
dore eten ende sal sin al zwart dan soe leghter op zwine smout ende dan
leghter in van jouwen pulver vorseit dat den wan verteert ende alse daer
niet inne es van den wane ende ghi dies wel seeker syt soe heelt die
wonde. Ende ware dat sake dat de wan wiese op de wonde van den
hoofde ende die wan hielde vaste ane dat been soe wacht jou dat den wan
niet sy vaste ane dura mater alsoet wel wese mochte. Ende waert alsoe
ende ghire mede wrocht : waert met snidene ofte met ruptorien ghi mocht
den siecken lichtelic dooden ende dat soude commen bi uwer rouchloos-
heden.

𝕯an bult ofte crampen op dat hooft.

𝕰nde waert soe dat eenen mensche hadde eenen bulte ofte eenen
cramp, in latine *testudo*. dats eene zweer die horer spreeden tusschen dhuut
ende den beene die den huut brect ende wast ende ghesciet dat der tyleesch
arter es dan ander want ghelyc dat jou verleert es ende dit gheval meest
in kinderen ende in jonghe lieden onder 20 jaren. *Dits de cuere* : nemt
een scers ende snyter dat vel dore op en neder van den eenen ende tote

den andere gelyc dat haer lancks gaet ende brocker den sac daer dat etter

en is dan doet hute dar na ende wiectse wel ende legbt er op eene plaster van den wytte van den eye tote des ander daghes. Dan smertse ende heltse sonder wiecken ende assi groet wyde gespryt es dat mense niet mag suveren bi horen groetheden soe snyter op in cruus ende doet dan ghelyc dat jou verleert es maer daer ghy se ghenesen moght sonder cruusen daer ne snit maer eene snede. Ende als dese zweeren zyn vul ghebulturert ende vol quaet wege vleesch dat etter datter dus ghemaect dat doet huute pulver van *coeperoet* gheberrent in eenen *scerfs*, ende dan weder ghepulvert dat verteert quaet vleesch in den mensch ende namelic in den man en wacht wel dese wonde datsi niet onder ne coette maer emmer soe pynt jou altoes die wonde wel te suveren van den ettere en van den quaden vleesche ende dat doet met pulver van coporoet ghebernt ende gheneset die wonde alse eene andere wonde. Ende van desen balte soe vallet dat haer of alsoe verre alst beloopen heeft dat etter van den bule ten ende dats dar bedi dat etter heeft ghevort die wortelen van den haer daerbi soe moet alsoe al hute vallen ende daerbi commet ende anders niet ende ic soude meerder of scriven maer ic hebt wel vorscreven van dergeliken daerbi sceede ic dar of metter curtsen scrive, etc.

Hier beghint den bouc van der nesen.

Van den nese eist te verstane dat voren ten nese hute loept ende voer die siende senuwen dien hol es alsoet vorseit es in den anatomie der oghen. Nu aller erst soe salmen leeren die sceppenisse van den nese en hoere natuere van diversche siecheden die comen moghen in den nese ende hoe menich siecheit datter es.

Van polipus in de nese wassende.
Van puusten die in den nese wassen
Van onder cocten zweeren in de nese.
Van wyeren vleesch in de nese.
Van bloeden huuter nesen
Van den stanc huuter nesen.

Ende alder eerst leerinen hoe dat de nese es ghescepen ende ghemaect alsoe verseit es soe wassen twee toe borten ende die gelierke wortkin van borsten die welke soe wassen substancien der hersinen ende

Espace destiné à un dessin
non reproduit dans le MS.

die ten senuwen ende ne syn ghene senuwen maer et syn die instrumenten van den reucke ende alse hen dese vervullen van humoren ofte van coude ofte van hitten soe beletse van rieckene. Ende onderwilen soe sin si seer belemmert ende vervult van humoren dat men siec es ende niet ne riect. Ende bi desen vorseide spene ofte worte ofte huute hangene van hersine soe heeft natuere gheordineert een dat men heet 't gat int welk vergadert de lucht ende die roucke in dewelke vergadert die verholichede van den hersine. Ende daer soe purgiert hem dewelke dat men heet de snotte dwelke es een dal ende gaet ter monde dwelke dat daer de nese beghint ende heeft hore scepenisse dwelke es ghemaect van tween beenderen. Die houcken van den oppersten beene van den voorhoofde metter verga- deringen van den hoeghen leeden soe vonden si int opperste deel ende daer heeft elc been syn ghecnoes soe dat de nese hem versceet in tween deelen dwelke soe es harder ende sterker dan eenich van den andere twee die sin int eende van den nesen. Die helfte van den middelsten ghecnoese, ende ofte ,dit een nese gat worde bestopt dat den adem dor dander in mach en hute mach omme te werkene dat natuerlic werc. Ende die twee beene voughen te gader ende maken sceppenisse van den nesen die welke hebben vele nuttescepen en erst eist dat hol es en decsele van der overvloetheit der hersinen. Dat erste es alse de mont es gheloken dat de longere dore de nese gaten mach trecken lucht ten hore, dat ander es dat dat vorste van den hersinen hem der dore mach suveren ende purgieren, dat derde es dat de mensche biden nese gaten ende die open syn die mont ontlukende ende ontdoende die thonge hore alsoe streckende ende voughende ende formerende hore woorden verschedelicheit. Dat ne soudtse niet moghen doen ware den nese bestopt ende gheloken ende aldus es de nese van beenderen ende van ghecnoes ende hol ende wel weet ware dat ende van den nese voren been het soude menichwarf breeken ende dau soude des menschen ansichte ghescent wesen, dat nou niet wesen en magh omme dat es gecnoest ende voudende ende aldus blyft hi onghescheut, het en ware met wapinen ofte dat ghecnoes ne vorte by vervultheden van humoren en aldermeest van vervultheden van melancolien die versterven diet, daer si te vele in syn ofte canckeren ende dat es omme melancolie es cout ende droghe.

Van diversche siecheden die commen in den nese.

Ende in den nese moghe soe comen dese onghemacken alse zweeren, cancker, bloeden ter nese, stanc in der nese.

Van polipus dat in der nese comt.

Polipus soe comt dalende in der nesen bi resingen huter hersinen ende is een vleesch op ghewassen jeghen dat rechter natueren dewelke vleesch soe stopt de nese gaten datter gheenen ademe hute mach werden ghetreft sonder by de monde bi den welken dat aldus danich redene ende duve doet verdroghen de longen, waer bi dat de mensche onderwilen wordt *tisikos* ende somtyts *laserus*, ende dat soude syn bi den vorten voetsele ghelyc dat vorseit is ende dit soe comt bi coude humoren ende selden van heeten humoren. *Polypus* is gheseit achter eenen visch, want als hi comt ane den mensch hi later node gaen ende alsoe doe dit eevele het sceet noode van daer ende wast ende stopt onderwilen dat een nese gat ende onderwilen beede ende het stinct dicken ende het wast onderwilen soe groet dat daelt huter nesen ende dat hanghet tote op de lippen ende het wast alsoe seere dat de nese der of wart groet ende onderwilen eist van bruunder verwen ende lettel beseffentheden ende seer hart. Dat bediet dat de materie es van melancolien ende dan sone daelt gheene vleesch huten nesen ofte lettel, ende dan ne ondervint jou die niet te genesene, want dat es maniere van canckere maer alse de nese es morwe ende niet gheverwet dan nemtse stoutelic te ghenesen *aldus :* ontdoet de nese van den siecken ende vanghet vleesch met een haecskin datter over-tollich is. Ende dat doet hute ende snidet lancxs den gansen vleesche of

ende den ghecnoese soe dat ghyt al hute hebt op dat ghi moght vander bloede ende emmer snidet of soe ghi naest moght, ende daer nae stoptte dat bloet met stoppen ende cleester yet ane van den vleesche dat screpet of soe dat ghi naest moghet ende daerna soe bescut de wortelen daert erste hute wies met eenen gloeienden isere. Ende emmer werct dat ghecnoes, dat dat ansichte niet ne worde bescont ofte doet het vertheerten met jouwen pulver dat vorscreven es int capitele van den wanne ende emmer jou wachter dat ghys niet alte vele ane doet. Want het mochte ontdecken dat been te vele ofte dat ghecnoes, daer na ne soude nemmer gheen vleesch wassen der ane, dan soude dat been bi aventueren hute vallen ofte dat ghecnoes, ende dit soude dat ansichte al te seer ontsetten. Daer nare soe stecter in eenen wiecke ghemaect en ghesmeert met zwynen smoutte ofte met verschen onghesouten botter. Dit doet alsoe lange tote-dat beschonde stuc hute vallet ende daerna soe heelet met droghender medicinen tote dat heel es. Ende onderwilen wassen soe leeghe dat bestopt dat gat daer den ademe dore comt ter monde ende dan soe stect in den nese eene wiecke ghemaect van wercke ende erst gheladen te pointe met corrosive vorseit ende daerna smoute ofte boetere ende daerna weder pulver tote dat dat vleesch al verteert. Daer na soe nemt eenen twinen draet, dien draet stect hem metten heinde in der nesen ende dan doet hem vaste den adem in halen in der mont ende dien draet moet sin soe lanc dat mer vele cnopen ane cnoepen mach deen van den anderen lanc eenen duume. Die welke cnoepen sullen snieden alle dat vleesch ontwee dat ghewassen is in de natuerlike gaten, halende ende keerende den hende huter nesen. Dandere hende in der mont daer na, soe coppel daer ane een anderen draet sonder cnoepe die dordronct is van den pulver voorseit ende dien draet suldi trecken gelyc den anderen daer dat sal vertheeren al dat quaede vleesch dat ghewassen is in der gaten en ghebroken es metten ghescnoepten drade, ende daer nare soe heeltse met desen droghender salve die welke salve ons bewyset die glose der iiij mesters van Salernen. ♃. tsap van meede ende van weghebreede van millefolium ende van opium, herba perforata aā ℥ j. ende daer na nemt seem .s. pont ende dit siedt wel tote dat beghent te dickene et fiat unguentum. Ende van deser salven doet in der nesen gaten ende stoptse buten, ja de nese gaten datsi niet hute lope ende alsoe doet tote dat al heel si.

Ende dat sap van der weedewinde in der nesen ghedaen dat verdryft oec *Polipus* dat nieuwe es ende canckere ende nieuwe fistelen.

Van wegen vleesch dat in der nesen wast. [1]

Weyen vleesch dat soe doet wech metten pulver vorseit van der wannen, ende daernae soe gheneset die stede metter groender salven *veneris* ofte met deser salve die men heet *unguentum rasis* dats witte salve, sic fit : ♃. olie van oliven ende minghet wel te hope metten stecke ende alst beghint te coudene dan doeter in de witte van den eyen ende wrinct wel over een ende hoe dat ghi langher wrinct hoet beeter is en dats *Rasis salve*. En eenighe lieden maken se aldus in deser manieren :

Rasis salve.

♃. Nemt cerusa, olie canfora, witte van den eye van elcxs viii dragman ende doender in ij ℥ litargirum ende makense alsoet vorseit es.

[1] Le copiste a passé deux chapitres indiqués dans la table du livre *du nez* : 1° van puusten die in den nese wassen 2° van onder coeten zweeren in den nese.

Van dat men bloet ter nesen.

Hier sin eenighe lieden die bi costumen bloeden ter nesen en eenighe costumen ofte manieren alsoe jou hierna wert gheleert prouvende. Want dat bloeden ter nesen es nuttelic ende onderwilen quaet ende wert bloedende die heeft eene sucht dats therte eevele ofte het comt toe frenesie ende eene vrouwe die verloren heeft hare saken ofte alse hem toe comt chaterach in de oghen ende dat van etterachtigen materien comen is ofte dat hem oec toecomt van pinen ofte bi vervultheden van bloede. Ende alse een mensche wert bloedende bi te vele hitte die hi heft buten ane sine lichamen die welke dat bloet spelen doet ende clemmen dan die fumeien ten hoofden die welke fumeien die aderen soe vullen datsi spleten ende aldus bloet men ter nese. Ende onderwilen die aderen spliten int hooft alleene ende aldus soe wert men bloedende ende is dat sake dat dat bloet te gulsich es soe doetem laten bloet in de hooft aderen ende eist dat de siecke bloet ter slincken nesegaten, soe doetem laten in de luchter arme ende alsoe van den rechteren arme. Ende bint hem met scroeden die handen ende die armen ende die beenen. ende stremt hi niet hier mede bernet eyer scalen ter pulvere ende dat pulver soe blaest hem in den nesegaten daer dat bloet hem hute comt.

Noch een ander.

Maekt warmen sterke win leeck daerin baden de cullen van den man ende de wyven hare borsten en bint de armen ende die beene alsoe vorseit.

Noch een ander.

Bloet ghedroghet op eene teghele, dan ghepulveriseert ende in den nesen gheblasen met eener pipe dat stremt menigwerf.

Dits Galienus verholike medicine.

Leght den siecken al naect metten ansichte op water dat sal bloede stremmen ter nese.

Een ander.

Nemt hasen haer ende die ghenet in borne ende in asine ende dat stect in den nese dat stremt bloet.

Noch een ander.

Nemt de wortelen der netelen die sel die siecken cauwen metten tanden wel en seer sonder zwelghen. En comt dat bloet hute vervultheden van den hoofde dat kent by der zwellingen des hoofts ende der zweeringe. Ende commet van der leveren soe es die achterste siede seer onder de corte rebben ende dat bloet comt huten rechter nese gate. Ende commet huten slincken gaten ende konnet alsoet jou verleert es, alst comt van der leveren ofte anders. Ende eist sodat comt den ghe die dat heete hevenele hebben ofte die beghinnen te vallen in frenesien die soelaet bloeden een goet deel het en ware datsi ware te flau ofte cranc.

Ende een ander.

Om bloete te stelpene nemt rute die droghe si ende pulvertse wel subtyl in poeder ende dit vorseit poeder suldi hem blasen in der nesen met eener pipen.

Van den stancke dat comt huter nesene ende dat daelt huter nesen.

Stanc van der nesen alse Galienus seit het comt van vervultheden van humoren die dalen huten hoefde in de houckelenkine van der nese en daer clevende ende lange stont blivende ende sy werden dan stinckende bi der natuerlicke hitte die der es van den welken vorten die fumeyen te gader metter lucht die van buten comt, daer si mede brinct den stanc ende dits onderwilen in den nese gat ende der onderwilen loepen der hute ghecorrumperde humoren die hitte dire en es. Ende bi den raden ende bi den minen soe raden wy datmen de humoren alse met *logodion* ofte met *theodoricon anacardium* ofte pillen van den selve ghemaect. Ende erst salmen die materien digereren met goede digestiven. Dit gedaen, suvert thooft van den siecken met oleum olivarum ofte oleum musselini, ghedaen in der nesen ende dese oleum vorseit gheminget met pulver dyacosterem ende met warmen wine, daerna ghee ft hem auria alexandrina met warmen wine daer inghesoeden en oec *thuris* ende vergaet hier niet den stanc soe rumt den nesengaten met wortelen van gencianen, die gesteken in der nesen ende daer in ghelaten de spacie van tween huren ofte iij huren, die stanc sal daer mede vergaen. Ic hebbet dicke ghedaen.

Hier begint het bouc van der mont.

Hier ent den bouc van der nesen ende hier comt ane den bouc van den mont ende van datter binnen es.

Die taffele der of:

Van den huve bi den rade van Platearius.

Van de tonghen ende horen siecheit.

Van puusten ofte bleinicheit op den tonghen.

Van der zweeringhen der tonghen.

Van der cleevinghen der tongen.

Van der bintaderen aen de tonge hebbende.

Van ranula onder den tongen.

Van den crampen in der tongen.

Van der yechtigheeden der tongen.

Van puusten des monts in commende binnen.

Van den siecheden des tantsvleesch.

Van den cancker ane dat tantvleesch dore.

Van cleevigheden der lippen ofte vlaminghen.

Van den tantvleesch ghezwollen.

Hoe die zweeringhen der tanden daer toe comt.

Die cuere der tanden van den zweeringhen.

Van zwarte tanden wit te makene en te zuveren.

Hier begint het cappitele van den monde ende van al datter binnen es.

Die mont es hol binnen ende al omme verhuut, die welke huut es vaste ane die mage, want somighen lieden comt ane 't paleis van der mont die welke doet den mensche somwilen spuwen. Ende ter holheden van den mont soe commen tween weghen welke dat een dient van zwelgene ende dat ander van ademen den adem hute te halene ende in te treckene bi den welken dat die mensch sprect ende ademt ende es gheformeert van cartilagen, van den welken deen es gheheeten den crop van den kele ende dat ander es achterwart jegen dat been van den halse cnocken ende ne heeft gheenen name[1]. Endi die der de esgheheeten *tennich* ofte *decsele* ende dits ghevoucht metten ghecnoesene genen name [2] hebbende ende decket dat gehcnoes dat gheheten es crop van der kelen ende dat dit comele heet dat is ommé dat roert bi sinen senuwen biden welken als den mensche sprecket dat ludt den wech van den gheswelgen dat men heet *yposagus* ende alse die mensche sprecket alse hi etet dan vallet onderwilen dat van der spysen der ingaet en dan moet men hute hoesten bi crachte. Ende boven dese leeden soe hanget den huuf [3] ende binnen den huve soe sin de gaten van der nesen die welken huven es boven dicke en onder scarp dewelke gheeft sceppenisse der lude ende dwingende commende dore den roepere van der longeren , waer bi dat men lieden vint die spreken dore den nesen bi natueren die ne gheenen huuf ne hebben dore den welke huve hem die hersinen purgien van horer overvloienheden. Ende ane de mont soe es ghecoppelt de tonghe dewelke es een ledt ghecomponeert van verbletener en morwe en van aderen ende meer dan bedarf andere leeden. Ende si heeft in hore wortelen dats in hore beghinen ij fonteinen van den welken soe formeert dat spreken dats de tonghe neft die welke tonge soe dient ter spysen van omme te kernen onder de tanden alse een mensche cuwet waer mede hem toe comt die smake. Ende die tonghe snyt oec den gheluidt die welke commen huten roupere en si formeren dwort. Waer bi die hebben dicke tonghen ne spreken niet soe claer ofte die dinne tonghe hebben. Daer syn oec binnen die tanden van den welken dat lieden syn die tanden hebben xxxij, en soms xxx en soms 18. Eenige lieden syn dire in hebben 28 onder, 4 boven, die welke tanden syn van den ghesclacte der beenderen Ende se hebben beseffelicheden die welke dat niet hebben andere beenen. Ende buten der tanden syn lippen die welke syn doren der mont in de welke commen mach vele siecheden ende in elcke sonderlinge.

Van den huve ende datter toe behoort.

ISt an den huve alsoe ons *Platearius* seit die verswert menichwarf ende verlanget ende dat bi vervultheden van humoren ende somtyts

---

[1] La fourchette ?
[2] Le larynx ?
[3] La luette.

van hytten. Ende somtyts van coude ende dat van hitte comt die doet bloet laten onder de tongen in de twee blauwe aderen ende maect hoer eene gargarisatie van sumac en balausten ende van gallen en van rosen bladeren dit ghesoeden in water ende daer me ghetempert *dyamorum* of *dyamoron* allene, ende eist dat den huuf langhet ofte nerwerret bi couden humoren dat kent bi dat den mont gheeft vele spekelen ofte bi dat die stede es al bleec. Ende doet hem dan purgieren aldus : ♃. Eysel een deel, seem een alf deel ende siedet te gader, daer in doet wortelen van piretrum ende ghengebeer ende rose bladeren. Oec blaest der in dit pulver met eenen pipen aldus gedaen : ♃. zwart peper, sout, armoniacum

gallarum. aā partes equales, hier of maect pulver subtyl ende dit pulver doet ane den huuf. Ende nemet de hitte, soe nemt dit navolghende pulver : ♃. Nemt gallen, balaustia, sumac aā partes equales, dit doet spoelen in water dat van loode valt ende daer in temperet diamoron heeter dan laeu, daer mede suldi gargariseren. Ende ne doet dit niet soe moet men sniden ende dat syn die ghene die groeter en dic syn, zwarte ofte root, keerende ten zwarten wart die ne synt niet. Die gheene die cleene ende scarp syn alse den stert van eenen muus dalende op de tonghe die soe nipt men of met aldanigher eener tanghe gemaect in deser vorme :

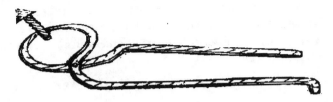

ofte doet maken eene langhe pipe alse eene fluete ten hende ghestopt met een platkin loots ende bi den hende soe si een gat daer den huuf in dalen

mach ende daer toe nemt een stalen priem , ten hende scharp , breetachtich ende wel snidende en dit stect in den mont en doet soe dat de huuf der dore valt int gaetkin van den pipen, ende aldus es de vorme van den pipen :

Ende dan ebt dit pulver te voren ghemaect hier na volgende. ♃. Nemt mastic caneel gheberrent saut aā partes equales hier of soe maect pulver subtyl ende van desen poeder duwet op de buuf metten vingheren en dat sal stremmen en heelen die wonden, ende wacht hu wel dat ghi niet ne snit te lanc nocht te cort meer te sinre scippenissen want int sniden van den huve soe vallen vele aventueren alsoe *Avicenna* seit; hen mochte daer of commen heescheit ende enplike hoeste van der longeren dat hem nemmer meer soude vergaen.

Van den onghemacken der tonghen.

ⅅits van den onghemacken der tonghen alsoe ons medicine leert ende wyst in vele boucken van erfaterien die tonghe mach te onghemacke wesen van mesterlicke siecheden alse puusten , zwellinghen , clevinghe en cortinghen dat men heet *bintadere. Ranula*, spasmum, verlanginghe ende bleinkine ende derghelicken.

Van der zweeringhe ofte zwillinghe der tonghe.

Die zwellinghe ofte zweringhe die comt op der tonghen dat van de hitte humoren es dat moetti kennen bi der hitten ende bi der rootheden dewelke ghi ghenesen sult met bloet latene ten hooft adere ende met ventosen, die ghi sult doen staen onder den kinne bi den welken ghi se ute doet trecken vele bloets ende met soedanighe van curen: ♃. Nemt mirobolanorum citrini ℥ s. dat minghet met rauwe case weye ende drincket nuchteren teener toghen, dit sal purgieren die colera bi den fundamenten, ende daer na soe dwaect de mont dicken met desen navolgende water. Ende dat laeu des daghes ij warf ofte iij warf. Nemt lentigen balaustrum, scorsse van pommen grenaten, rosen, sumac aâ partes equales, dese doet sieden in twee deel water ende dat derden deel eysel, hier mede soe dwaect den mont ende dan doet dit naervolgende pulver cleemen ane dat paleis van den mont.

Pulver.

♃. rode rose bladeren, pulvis sandal rubi et albi, balaustra, aâ partes equales addite canfora modicum. Hier of maect pulver subtyl, ende helpt harde zeer ieghen de verlengde huuf, ofte wrinet den mont met dese navolghende pulver:

Pulvere. Nemt spodium, roode rose bladeren, sumac, coriandrie, droghe ghepelde lentigen, tsaet van porceleine, van elcxs even vele ende een lettel canfers. Dit doet commen in pulver subtyl ende dwaect den mont met aqua rosarum, aceti boni aâ partes equales. tepita :

Van sweeringhen der tonghen met hitten.

Noch zwellinghen en zweeringhe der tonghen. Es daer in hitte dat bekent alsoe jou verleert es. Ende dan doethem bloet laten ter hooft aderen. Ende datti erst ghepurgeert was met *mirobolanorum* citrini ende met weye van case, ende dan ebt eene gargarisatie gelyc dat vorschreven es gelyc diamoron ende daernae soe leghter op dit navolgde pulvere: ♃. Neemt roode rosebladeren sandali rubi; *balaustia* anà partes equales ende doeter toe een lettel canfors ende doet gelyc dat jou vorseit es van den huve. etc.

Van der cleevinghen der tonghen.

Teghen de clevinghe der thonghe soe nemt dragant ghepulvert ende musselaginis van pappele ende van spillium, dit minghet met suker. Ofte nemt stele van pappele en wryftse vaste te gader soe datsi scumen ende dan met wrinet de tonghe.

Een ander. Hi sal drincke arme tisane ende hi sal eten zwyns voeten ghesoeden ende scaeps clauwen, ende wryft de tonghe met wel ghesoden senuwen van voeten, etc.

Hoe men de bint adere ghenesen sal.

Ende alse die bint adere wast in den mensche onder den tonghen dewelke es gheheeten *cortinghe* die soe wast meer in jonghe kinderen die nieu gheboren zyn. Die aderen suldi met vlimmen ontwee sniden dwers, ende eist dat se te siere bloet, soe esmen sculdigh te bernen met goude, maer ne ghevalt niet dicken, en sout ghevallen dat soude syn in oude kinderen, etc.

Van apostemen onder de tonghe.

Van *Ranula* dats eene aposteme onder de tonghe die welke syn van coude humoren alse van flumen, ende die syn geverwet wit. Ofte van melancolien ende die syn gheverwet zwart, daer ane comt niet. Maer die ghene die comen van flumen die vrinet vaste met soute tote datter dat bloet hute comt ende helpt dat niet, soe selment wrinen met poeder van groenen vitriole, ende ne helpt dit niet dat si syn te groet ofte vol van humoren, soe snitse met eene scerse eu daer naer soe wrinet die wonde

met gheluwe orpimente en roode orpiment aâ ℥ s. alumen ghinghebeer, saut, peper aâ ℥ s., daer of maect pulver. Dit wrinet vaste daer an ende prouvet der mede dieder mach en der mede ghenesen. Ofte minghet dit pulver vorseit met aisele ende daer in nettet eene wieke van cautone ende wrinet der in metter tonghen. Daer na so doet den siecken in den mont houden olie van rosen warme, tote dat die zweeringhe daer met was gestillet, etc.

Van den crampen ofte spasmeringhe der tonghen.

Dat spasmus van der tonghe dat comt misselic toe ende dats weder-trechinghe van der tonghe in de wortelen. Der welker cuere es daer toe aldus : Nemt warme olie van rosen ofte van camamille die hout in den mont warme alsoe langhe als du moghet ende dat hooft ghesmeert der mede ende den necke. Ende warme water daertoe gheminghet met piretrum ende mastic, dit te gader gepulvert ende ghehouden in den mont. Dit soe trect den flumen huter mont ende huter tonghe.

Van gechticheit der tonghen.

Den yechticheit der tonghe dar jeghen purgiert thooft met pillen *Fetidas* ofte met trochiscen van cucurbite en doet hem maken dit : ℞. Nemt granen van Euforbium ende march van fighen dat stoet te hoepe ende doet er toe, een luttel gescumt seem ende de siecke sal dit houden onder sine tonge, nuchteren alsoe groet als eene boene, daer mede soe hebben vele lieden gekregen hare sprake.

Van puusten in den mont.

Puusten in den mont ofte *vlaminghen* die ghene est al soet jou verleert es voren ende isser in hitte soe doet bloet laten in de hooft ader ofte met ventuesen onder de kin op dat si syn van hitte humoren dwelke ghi kennen sult al soet verleert es, het en ware dat de siecke waer te cranc ofte flau ende doet voert alsoet jou verleert es int capittele der of vorseit.

Van vulen tantvleesche.

Dits van den tandvleesche dat men heet *cancker* in den mont, het gevalt menichwerf dat de humoren vallen huten hoofden ende dat es morwe ende dat bloet gherne ende dat paleis van den mont es menichwarf quaet ende stinckende en es ghevlegten dese cuere als ghi se doet si soe toe dat de siecke niet ne byt. Daer dan soe dwaet den monde met warmen water daer in ghesoden is ofte wyn daer in ghesoden is sout maer aisyl en is niet goet, omme dat hi es contrarie den tanden ende quaet, want hi es pene-

tratyf ende hi gael lichtelyc ten wortelen van den tanden ende deert den
tanden ende den aisyl dooreloopt se over mitds siner groete subtileteit.
Ghesouten water dat suvert den mont gelyc dat vorseit is. Daer naer suvert
den mont van den bloede ende van sine suiverheden van den vleesch dat
ghire of hebt ghesteken daer na soe duwet metten vingheren der op 3 warf
sdaghes al omme daert quaet es van desen navolgende pulver.

Poeder ten tandvleesche.

♃. Wortelen van den grooten kersande garioffelsnagelen , caneele , roode
rose bladeren , scorssen van appelen van garnaten van elcx eeven vele.
Hier of maect pulver subtyl ende dit is seer goet want het droget ende
heelt. Ende dicke soe beit den mensche soe langhe dat wert eene maniere
van kanckere ofte fistelen ende eist alsoe dien dwaect alsoe vorleert es en
smeerten en dan doetter metter vingheren op dat pulver.

Pulvere. Caneele gariofil. nuces moscati foliorum rosarum rubrarum
alumen piretrum die hoofden ende die scaren van der zeecrabben , dadele
steenen gheberrent scorse van pommen van garnaten van elcxs even vele
ende hier af maect pulver subtyl en doet met gelyc dat jou verlert es. Ende
eist dat sake dat hier mede niet ne wilt heelen soe wysen ons de houde
mesters dat men de stede barnen sal met goude toten bodem van der
siecheit ende gheneset niet achter dat beschauwen soe bedarf dat men die
stede ontvleeschen ende dat men dat been ontdecke dat vortich es ende
dat salmen hute doen metten instrumenten ende wederheelen.

Van overtolligheden vleesche in den mont binnen.

Het gevhalt dicke dat groet vleesch wast ane tantvleesch alse spene
ende dat moet men hute snyden ende laten hute bloeden ende daer op soe
leght uwe erste pulver ende onderwilen soe helpt niet , dat men hute
snidet want het wast weder. Waer bi dat ons houde mesters van cirugie
leeren dat wy die steden moeten bernen ende dat wederstaen bi crachten
want het wast altoes weder.

Van clevinghe lippen.

Dit is van dat de lippen cleeven ende dat gevalt menichwarf, daer
loopen sterken humoren dore van scerpen colera in der lippen. Maer bi

dat si vlaen ende somtyds cleven, daer toe es soe goet dit doen. ♃. Nemt diadraganti cunedes penides panis sucari albi aā ℥ j. Dit pulvert alle gadere subtyl ende temperet met rosewater ghelyc in eener mortier ende daer mede soe salvet de lippen. Ofte salvet met oleum rosarum warme ende willen die cloeven hier niet mede ghenesen, soe sal mense ghenesen alsoet behoort.

Van dat tantvleesch zwellet.

Het ghevallet onderwilen dat dat tantvleesch zwellet en versceet van den lippen ende van den tanden bi den welken dat bi bloeden ende onderwilen stincken si seer ende worden alle vortich tote welker mesquame ghi maect dat pulver.

Pulvere. ♃ Nemt gariofels nagele, caneel, dadelsteene, alumen, sucaline aā partes equales dit soe doet alle gader ende sichtent dore eenen douc eirst soe dwaet de mont wel met deser navolghende dinghen.

Lavementum.

Nemt win een deel, aisyl een deel ende ghescumt seem iij deel die wortelen van glarien, scorse van pommen van garnaten, gingebeer, peper, van elcxs een lettel, dit siedt alle te hoepen een wilken. Dan doet van den viere en coleert dore een cleet ende dwaet der met den mont warme ende dan legt van den vorseiden pulver, ja van den eersten pulver in dit cappittel ane dat tant vleesch ghelyc dat jou verleert is.

Van zweeringen der tanden.

Die zweeringhe der tanden die commen onderwillen toe bi sculde van der maghen ende onderwilen bi sculden van den hersinen ofte van hitte ofte van coude van dien tween commet bi druppinghen die vaste syn ane den tanden van den welken hem toecomt die beseffelicheden. Ende comt deze siecheit dalende van de humoren huten hoofde soe es dē seerheden wel scarp ende met stecten ende met groeter hitten ende rotheit in tansiechte. Ende comet van coude humoren soe es de zweringhe van den hoofde minder. Ende eist dan die tanden mergghelen alsoe aist dicke ghevalt soe salmen cauwen caese ofte groene porciline. Ofte hi sal cauwen warme was. Ende moet die zweeringhe van hitte dalende huten hoofde gelyck dat vorseit is dwelke ghi mogt bekennene biter hitte des ansichtes en der rootheden van der tonghe en des vleesch.

Cuere daer van.

Men sal den siecken bloet laten in des hoofts adere ende des ander daghes in de blauwe adere onder de tonghe ofte het ne ware dat hem plechte doen te laten ofte dat hi ware te jonc ofte te cranc ende der na salmen houden in den mont olie van rosen gemenght met aisyn ende als dit warm wordt soe vernieuwert met kouden olie ende aisyn en helpet die wel dat men hem ghiete in de oere ane deselve side daer de zweeringhe es. Ende warme olie van rosen ghemenghet met .+. deel eisels. Ende comt die zweeringhe van hitte humoren ende dat zwaerlike soe es desen raet goet boven alle ende der medicinen ende hebben wel dicken gheprouft. Nemt saet van belden crude witte mancopie saet, apium elcxs 3, 2 maer semen apii 3 .+. Dit stoet al in sticken ende tempert met finen wyn aisyn dicker dan seem, daer of maect bollekine alsoe groet alse boonen. Van welk bollekine ghi een leght op den tant. Dat doet

Espace destiné à un dessin
non reproduit dans le MS.

vergaen de zweeringhe: achter den vierden dach, soe houdt in dinen mont warme olie van rosen daer in ghesmolten es mastic. Ende eist dat van coude humoren commen in de tanden ofte der omtrent doe soe salmen bekennen bi der bleecken ansichte want daertoe ne toegt gheen hitte gelyc dat verleert is. Dit sal men purgieren met pillen Rasis cochias ende yerapigra Galieni ende men sal houden in den mont *tiriaca magna Galieni* ende *dyasesarum*.

Noch een ander.

Nemt piretrum dat sal men wel seer cauwen tusschen de tanden dat cesseert die zweeringhen ende troct hute die flumen, maer den pacient moet de flumen altoes hute spuwen ende niet zwelghen.

Een poeder dat alderbest es jeghen die tant zweeren.

Nemt piretrum ende dat saet van staphisagria ende spaens groen partes equales dit wel cleene ghemalen ende ghedaen in een cleen sackin van nieuwen lynwade alsoe groet alse dat vorste lidt van uwe dume ende dat legt tusschen den tanden. Dit sal de humoren hute doen loopen ende emmer spuwet die humoren hute ende doet datsi niet ne gaen in dinen lichame. Ende al dit en dat vorleert es dat es seer goet den tanden sonder gaten.

Van quaden gaten in der tanden.

Het ghevalt dicke dat in de tanden werden gaten die welke die den ruemen daer sent en het syn vertighe humoren die se dorgaten, ende ondertyden doent wormen dire in wassen dewelke ghi moghet kennen alse de wormen stille ligghen dan ne zweeren ze niet maer alsi zweeren dan soe roeren hem die wormen. Ende eist dat tweevoudige tanden syn doregaet ende niet ne zweeren noch ne wagghelen, soe warder groete vreese die hute te treckene ende daer heeft menich of ghehadt zwaer miskief datti nemmer ne ghenas ende vele daer af bleven doot, ende somighe die leve maer het geviel wel dat hore kaken verzworen meenich warf ende daer hute soe quamen scalgen van den kakenbeen ende daerin loopen de fistelen ende die kaken bleven seer groet. Maer wagghelen die tanden soe nesser gheene vreese omme hute te treckene. Ende ne wille se niet doen hute trecken ende si seer vaste staen, soe doet gelyc dat ons wysen de houde mesters aldus : Nemt olie van oliven, $\mathfrak{Z}$ ij majorana van coecten, elcxs $\mathfrak{Z}$ s. Dit siet te gader in water, dan hebt een cleen yseren pypkin int welke ghi stect een cleen iseren primken aldus ghemaect dwelke primken ghi doet gloien

ende dan steket in de olie ende dan voert in den hole gaten der tanden ende steket in tgat 2 waerf ende emmer wacht dat ghi niet ne bernet die lippen noch dat tantvleesch ende bi deser soe sal vele waters loepen huten tanden ende hute den mont. Ende eist dat ghi emmer desen tand ne wilt doen trecken doet dit : ♃. Cortex mororum en pyretrum aâ. , dit stoet subtyl. Ende dan minghet met puren wyn aisyl, ende dit hanghet in de sonne ende latet droghen. Dit pulver doet ontrent den tant die ghi wilt doen trecken. Ende dan rumten van sine vleesch met aldus danich instrument :

Ende dit es noch een ander maniere : ♃. Piretrum ghepulvert ende ghetempert in starken aisyn ende gehanghen in de sonne XL daghen ende dan ghesteken tusschen den tanden ende den vleesche, dit doetene wagghelen en dan mach dien tant utte trecken sonder vreese etc.

Van leelicken tanden te zuveren ende scoen te maeken.

Ende hevet eenich mensche zwarte tanden ende seere besmet, dit suldi zuveren ende wit maken eist dat mensche dicke daer mede wryft. ♃. Nemt ghersten mele ende sout even vele, hier of maect soe deech met seeme ende dit bewimpeld met papier ende bernet in eenen hoven van den welcken ghi neemt 3 deel cremsen gheberrent te pulver, calc van eyren scalen, alumen, van elcken 2 deel, dats van den eersten 3 deel ende van den achtersten 3 deel. Hier of soe maect cleene pulver ende wrinet der mede de zwarte tanden ende daer mede sullen si witten worden.

Hier beghint den bouc van der oren.

Hier ent den bouc van den mont. Ende hier nae comt den bouc van der oren ende alder erst wat dat de ore es ende die sceppenisse der of.

Die taffele der of.

Van de zweeringhe der oren.
Van de cuere die zweeringhe in de oeren.

Van wormen in de oeren.

Van dat yet ghevallen is in der oeren.

Van water in der oeren.

Van rutinghe in de oeren.

Van den fistelen in de oeren.

Van de doefheden in de oeren toekomende. etc.

Die mesquame der oeren.

Die oere van den mensch *heeft God ghemaect*, ende ghestelt ane dat hooft omme mede te hoerne van datter een lettel of is ende van datter bi est gat van den oere gaende in dat hersenbeckin ende daer of es een ane de

Espace destiné à un dessin
non reproduit dans le MS.

rechter side en een ane de luchter side. Die welcke gaten die syn ghedraeit crom alsoe die vorsinicheit Gots wrochte die hersinen die welke een principael ledt syn in de welke soe ligghen die V sinne alsoet vorseit es. Die gaten van den horen die sin crom dats omme dat die luudt niet soude vlogelinghe vlieghen in den hersinen, want het soude dicken quaet syn ende quetsen de senuwen bi wiens ghevoelen dat wy hoeren ende men sal weten dat die senuwen com-men huten den hersinen alsoe die senuwen over alle die leden doen maer dese senuwen maken eenen nauwe ghebreit der natuere doet alsoe dit ledt so ver es van humoren ende oec onbelemmert soe den mensche het hoort ende soet seer belemmert es hoe die mensch qualicker hoort. Ende men sal oec weten alst es een dicke vel dan ne hoort de mensche niet ende dese crommen gaten in de hersinen maket de nature omme datter gheen hitte noch coude vloghelinge der in soude vlieghen ende dat mochte seer quetsen die beseffelicheden van den senuwen. Die oere is buten den hersen-beckin ghecnoeselt noch pueren beene noch puer vleesch want waert puer vleesch het soude te lichte wonden ende waert oec claer been het ne soude niet moghen borghen der omme zoe hevet ghemaeet natuere ghecnoes noch te morwe want het moet altoes open sy om te hoerne.

Van de zweeringhen der oeren en der pinen.

Die *zweeringhen* van den oere die syn onderwilen sonder apostemen ende sonder fistelen. Dan soe eist van kwader complexien die van hitte comt dwelke ghi moght bekenne ane scarpe zweeringhen die in der oren es hitte ende droechte ende eist van hute van vercoutheid soe stoefse met wine ghesoeden.

Een ander. Nemt een hant vol rose bladeren ende violette, die siedt int water ende daer mede stovet de oere. Ende commet van coude soe nemt wyn ende siedt muschaet ende daer over stovet die ore.

Een ander. Nemt de crume van gebackin broede ghebriselt ende ghesoeden in watere ende daer mede gheminghet doders van eyeren ende olie van rosen aå dit ghedaen te gader ende daer of ghemaect eene plaster ende warme gheleit op de hoere, maer die hoere moet erst ghestopt wesen.

Een ander. Nemt hende smout eenen dropel ofte iij dropelen, dat drupt in de oeren warme dats seer goet, ende eis de ziecheit in byde de oere dat doet nu in deen nu in dander.

Van die zweeren die wassen in de oeren.

Die zweeren in de hoeren hoe men se cureren sal soe merct ofte de oere es bestopt, dats teekin van eener zweeren ende daerop soe legt dit plaster : Nemt versche fighen tarwe blomen ende rosine sonder steenen elcxs eeven vele, daertoe doet seem een deel bouter sonder sout, 5 deel, dit plaster leght op de oere dat niet ne si te dicke noch te dinne die soe leght op de hoere heeter dan laeu dats wel goet.

Een ander : Nemt vette rosinen fighen sonder steene ende zwyne smout der mede gelyc der anderen ende legghet der op bloet blau. Ende alse die zweer te broke is ende dat etter hute loept, soe maect eene salve van een lettel smouts van ghelase ende noch alsoe vele seems. Dit minghet allegader daer mede soe besmeert eene wiecke ghemaect van stoppen ofte van eenen lynen cleede ende dat stect in de oere dat suvert, heelt ende droghet.

Van wormen in der oeren.

Alse eenige wormen sin in de oeren soe stoet die groene scorsse van den ackernoten, daer of drupet in der oeren.

Een ander : Nemt alsene groene die stampt, duwet dat sop hute ende drupet dat in der oere.

Een ander : Nemt bladeren van groen persicken die stoet in stucken ende duwet hute dat sap ende drupet in de oere daer of sullen die wormen sterven. Probatum est. *Nota.*

Van dat eenich dinc valt in de oere.

Alse eenigh dinc valt in de oeren, graen ofte ander dinc soe sal eenich vrient van den siecken hem ademen in sine oere al nat maket van sinen ademe. Daer nae soe sal hi sine ademe in halen te hem waert soe seer sughende als hi mach ende alsoe salment hute hoeren doen wat dat is. Maer ist een tarwe, chorne, herwitte ofte vitse, soene ghieter niet in olie noch ander dinc want het soude te seer wassen bi der wacheden van der olie. Daer nae soe nemt eene langhe naelde ende die sie al voren voudende ane den point aldus ghemaect in de vormen :

Ende dat sal syn yserin ofte selveren ende dat treckende stect in de oere soe dat liede die dinc dat in der oeren es en daer mede soe haelt dat dinc hute.

Een ander. Nemt een cleen viercant stockin ende dat stect in terebenthin, est graen ofte steen in den oeren het sal daer ten ende ane cleven. Ende onderwilen eist soe diepe ghesteken van onwysen lieden dat men niet hute mach gekrigen soe dat men den ghenen moet sniden int holle van den oeren ende dat soe diepe dat men dat dinc hute werpt. Maer hier ane es vreese. Noctan es beeter quaet dan noch arghere als somtyt wel ghevalt.

Van groeter onghetempertheit in der oeren.

Van groeter ongetempertheit der oeren dat ghevalt dicken in den mensche ende daertoe soe wyset *Galienus* dat men neme eene biese ofte eene droge wilgen rodekin gepelt slicht ten ende, ende op den ende sal men doen was ende dat andere ende sal men dore steken ende dan sal men met eener kerssen dwas doen bernen ende dan sal dat vier het water hute trecken int point des stockin.

Van groeter loepinghen der oeren.

Het gebeurt menichwarf dat die oere loept ende dat van langen tyde soe dat stinket datter hutte loept van den welken dat den pacient heeft groete pinne, dees soe heet men fistelen. Deze materie leghet in 't holle van der oeren ten welke men niet toe mach commen met wiecken ende hoe dese materie diere hutte comt meer verkert int witte hoe ergere. Want est geluwachtich soe est van colera, ende eist oec zwart soe est van melancolien, ende ist rootachtich soe est van bloede. Ende eist van wit soe ist van flumen.

Hiertoe soe beduf den siecken dat hi hebbe eene mester die wel kan medecine en cirurgie die zuiverlic can zuveren die stede daer den loep hute comt ende datti dat hooft purgiere met pillen *cochias rasis*, ofte pillen van *yerapigra Galieni* dewelke ware quaet eenen onconstighen mester te bestane.

Galienus, ons verbiet dat men gheene norrighe salve in de oere ne doet bi dwelke datti hi raet den mesters van chirugie te nemen een cruut dat men heet *celidonia agrestis* dat mette warmen wyn aisine giet soe in der oeren warme. Ende alse de noot es nieuwe soe meugdi nemen tsap van witte wilgen bladeren ende daer in ghietet warmen des ghelike.

Een ander : Neemt rasis witte salve, dunse met oleum van rosen ende ghietet al warme der in. Ende eist dat de oere langhe heeft gheloepen dewelke men heet in latine *Egritudo cronica*, soe nemt mirre, aloes, olibanum, sarcacolla, sanguinis draconis ʒ j. dit minghet te gader ende pulveriseert seer subtyl, van desen pulver stroit op de wiecken, die wiecken vorenin scume seem endedie wiecke steket in de oeren. Ende eist dat de wiecke niet mach kome ter steden daer die zericheit is soe tempert dat vorseil pulver met aisyle ofte met borne ende dat ghietet laeu in den oere ende eist

dat alte langhe gheloopen heeft soe nemt roest van ysere wel cleene ghepulveriseert ende dat siedt in een yseren vat tote dat al versoden es. Ende aldus
doet 2 warf ende ter achterste soe pulveriseret seer suhtyl ende dat siedt op
dat vier met aisine dat dicke si alse deck ofte seem. Hier of doet loepen in de
oere toter steden. Dit droghet van der ende heelt seerigher steden ende
doet houde de loopinghe van den hoeren en doe daertoe expert es ende goet.

Van rutinghe in der oeren.

Her comt dicken rutinghe in de oeren, daer toe eist goet datmen
purgiere dat hooft met pillen, *cochias rasis* ende pillen van *yerapigra Galieni*
ende die pillen salmen hem gheven des snachts alse hi eenen slaep gheslaepen
heeft, alse der maghe ydele es ende dan weder der op slapen. Ende dit suldi
hem gheven op datti ruthingen niet heeft ghehat van doen hi was gheberen.
Ende heeft hy soe lange ghehat soe verliest men die cost ende die stonden.
Dits goede der jeghen.

Nemt oleum amigdalarum amararum, daer in temperet een van deser
pillen aldus gemaect: Nemt pillen van coloquinta 3 j., castoreum aristologia,
rotunda, succus abcinsij, aå 3 s. euforbium 3 iij. Dit sal men temperen
met den sape vorseit dinne, ende dat drupen in de oere laeu. Maer te voren
soe hebt gesoeden: *majorana alsene sticados arabici*. Dese cruden vorseit
ghesoden in water ende daer over stoven dat hooft.

Van doefheit der oeren.

Alse de mensch es doef ende dat hi dat heeft ghedraghen 2 ofte 3
jaer, soe es hem quaet te helpene, want die humoren hebben soe
belemmert de seenuwen daer bi wi hi hoeren dat men die humoren qualic
der of mach trecken noch bi medicinen te mont, noch bi dat men giet in
de oere. Nochtan esser vele of gheschreven dat den menighen heeft wel
gheholpen daer omme soe est goet gheprouft op aventuere ofte hem
helpen mach.

Dus raden eenighe mesters dat men neme *averoene*, yeren, de dicke
bladeren van rute dit stoet wel over een ende siedet in olie van oliven ende
dat wringhet dore een cleet ende van die drupet in de oere laeu ende dan
stopt die oere met cautoene ende salvet die oere ontrent daer mede.

Een ander. Nemt eenen anjuin ende snit hem dat herte hute ende dan vult hem met olie van oliven ende laten alsoe staen tote dat ghi vint tusschen den scorssen zwarte wormkins ende met ronden hoofdekin. Dese wormkin doet sieden in olie van oliven, ende dat wringt doere ein cleet ende van der olie ghiet den siecke in sine oere laeu.

Een ander. Ende eenighe mesters seghhen dat smout van den hasele puudt ghesoden ende dan ghedropen in der oere doet dat selve.

Noch een ander. Nemt ruta abcinsium recentem, aȃ. on. ij en dese twee cruden vorseit salmen sieden in *wine petau* ende alst ghesoeden is dan doet in eerden vat ende doeter den siecken sine oere over stoven eene huere ofte 2, ende altoes warme. Ende is hem de doefheid toecommen van buten, hie salse verliesen ende comt hem de doefheid van beinen het en sal hem niet helpen, maer het en scaet niet dat men prouft het mach helpen ende niet deeren, en ic *Yperman* plachter mede te werkene jeghen doefheit die van buten commen was.

Hier enden alle de boucken van den hoofde ende hier beghint die ander partie des boucs, ende aldereerst van der kelen ende den halse, ende aldererst die sceppenisse daer binnen.

Die taffele der of.

Van den wonden in den hals.
Van den wonden in den roupere.
Van der squinancien.
Watter Lanfranc of ghevet.
Van brancken ofte amandelen.
Van der apostemen heet *Enula*.
Van eenighe dinghen in der kelen.
Van der bootsen ofte pfut.
Van sconincs evele.
Van scrouffelen ofte glandulen te snidene.
Van hute brokene scrouffulen.

Van der mesquame der kele.

Nou hoort de not dat elc sirugien es sculdich te weten hoe de kele van den mensch es gemaect waer bi hi mach bekennen hoe die vreese syn die daer commen. Daer ane willic jou erst segghen sceppenisse want in den hals syn 7 beene, elc van den 7 verscheiden ende bi hem ende dese sou syn ghevoeght ane dat hersenbeckin met vele ghebinden, die welke syn scult der natueren datsi moghen crimpen en rechten omme dat hooft te kerne ane bede siden alsoet den mensche noot es. Daer syn oec vele sterke ghebinden bider welker starcheit dat die mens mach draghen opt hooft last zwaer, dat de crancke niet soude moghen doen.

Dat erste been van de 7 vorseit dats sterc ghebonden met den anderen been dat men naeste es. Dat ander been es ghebonden zeer vaste metter derden. Dat derden been es ghebonden met een vierden been. Dat tvierden been es ghebonden metten viften beene. Dat vyfste beene es ghebonden met sesten beene. Dat seste been es ghebonden metten 7ste beene. Dat 7ste beene es ghebonden metten ghebinden des scouderen ende metten rugghebeen dewelke sevenste gebont es slappelyc ane dat 8, dewelke es dat erste van den rugghebeene. Ende hute dese vergadernissen soe spruten 7 paer senuwen die welke commen van hersinenbeckin tusschen ende den erste beene van den halse ende ten anderen ende ten derden ende alsoe toter sevensten beene dat gherekent es metten ruggenbeen die welke senuen natuere deelt spsende over al dat hooft is vorseit ende ons wel geleert [1].

Van wonden die vallen in den hals.

Die wonden in den hals die zyn onderwilen vresselic want die zyn onderwile stervelic alse dat march ghewont es van den halse dats doot wonde ende namelic alse de wonde vallen dwers met snidende wapinen. Dan moet men peinsen dat dat march si ghequist. Die erste vreese es als men den mensche wont in den hals ende dat dwersch met snidende wapinen. Dan besiet ofte in 't eerste ofte daer eenich been ghewont es in den hals ofte dat slach viel op dat been van den ghewonden gelyc jou verleert es. Dan syt vroet of ingaet tote march. Ende eist gaet soe dat dit march ghewont es dat hute loept dan stervet die meest van ghemeenen vonnissen des mesters.

[1] Dit syn de figuren van thien cipheren :

0	9	8	7	6	5	4	3	2	1
x	xi	viij	vij	vi	v	iiij	iij	ij	een

omme dat es van der natueren der hersinen. Ende eist ghewont ende dat niet hute loept soe leeren ons de mesters dat die mensche sal werden yechtich in deene side ofte in alle sine leeden ende dit es omme dat dit es de stede daer alle de senuwen nemen hare beghin ende ofte ghi niet verseekert syt van der wonden bi siene soe jouwen vingheren wyt es datter den vingher inne mach ende daer mede tast hoe het met den beene es. Ende is dat dat been niet ne si ontwee ofte dat die wonde niet ne sy in het ghelaste tusschen den beene ende den ghebonde ende dat men gheene zweeringhe gheyvoelt, soe nayet de wonde. Ende eissi vercout eer ghire toe comt toe nemt eene scerse ende scrapet de canten van de wonden dat si bloede ende waert soe dat die wonde bloede te seere dat de siecktene worde te flau, dan stremt de wonde alsoet jou verleert es. Ende alse de wonden ghenayt es dan stroyter dat pulver op dat jou verleert es ende ghi sult die wonde vul heelen alse eene andere wonden ende als ghi dat march vint ghewont dan soe geeft dit den vrienden hennelic te kennen, ende commet dan ten quaetsten soe ne werde niet gheblameert ende daer met soe behoudi den vrienden vriendschap. Ende heeft die wonde zweeringhen binnen, soe doet dic omme de

Espace destiné à un dessin
non reproduit dans le MS.

zweeringhe te stelpen van der wonde, in derste men sal gieten in der wonden warme olie van rosen ende daer boven ghemaect eene plaster van doders van eyeren gheminghet met olien van rosen ende dat warme ghespreet op eenen lynen cleet soe ghenestse voert met deser salve:

Salve. Nemt seem van rosen 3 ℥. wast ende arst aå ℥ 2, terebentine 3 ℥, thuris masticis aå 3 j. mirra sarcacolle mummie aå 3 s., olie van mastic ℥ j. ghebernt broot ℥ 3, dit temperet en rorent te gader op een cranc vier soe dat ghesmolten si ende gheminghet dit spreet op een lynen cleet ende dat leght op der wonden.

Van gescoten wonde.

Die wonde die men sciet in den hals ofte in der kele besiet ofte ghi verseekert syt hoe het es ofte de wonde gaen int march soe doet ghelyc dat jou verlert es, ende gaet die wonde tote *ysofugus* soe datter de spyse doere gaet alse die ghewonde heet ofte drinckt. Ende dese ghewonde die genesen node ofte niet, ende dats bi dien die wonde ofte dat ledt es senuwachtich. Nochtan soe rade ic datmen daer op legghe dwinghende pulvere alse es roode pulver ende dander daer nae volgende. Ende dan houden die ghewonde wel van heten ende van drincken hoe langher hoe beeter want natuere soe verwandelt onderwilen hare scarpe cracht datsi doet cleven die lippen van die wonden te gader alsmen niet der inne stect dwelke dat de lippen van der wonden verscheden hout. Ende dit soe beschryft bi des vaders sone dat in de mensche es ende namelic in jonghe lieden dewelke niet ne syn verscheden van des vaders natuere. Dese wonden sal men heelen sonder wiecken, maer siedi datsi hore ghereet te heelene wart dats datter ne comt huter wonde noch van hate noch van drincken, dan suldi hem gheven van desen naervolghenden dranc :

Wonden dranc.

♃. Gariofilate, hontsrebbe, elcxs een hantvol, kempsaed een half pont, dat stoete langhe sonder kempased, want stoeti langhe dat kempsaed, het soude olie werden. Dit siedt in 3 stoop wyns totte dat al versoeden si op eenen stoep, dan coleret dore een cleet dat lynen es ende dan doeter in een lettele seems omme te soetene ja seem dat ghesuvert si omme dat die ghewonde te bet soude drincken ende dan licht op den wonde een roet coelblat. Ende dat ghenet in den selven dranc en dan soe bint die wonde wel. Ende desen dranc es goet in alle wonden die ghesteken ofte ghescoeten syn mede te heelene sonder wiecke en ware jou desen dranc te costelic van wine soe nemt de verseide cruden ende groene canep een hant vol dit stoet al te gader ende gieter op eenen stoep wyns ende desen dranc soe laet staen sonder sieden iij daghen lanc, ende dan coleeren dore een cleet ende men ghenesen met desen drancke vorseit ghewonden maer hine es niet alsoe nuttelic alse de anderen, nochtans soe werct hi wel en seer probatum est, etc.

Van wonden in den roupere.

Alse die mensche es ghewont in den roupere dats daer den adem hute en in gaet ter longhere dewelke longhere es dienstwyf des herten , ende omme dat desen roupere es van den ghecnoesen die welke houden te gadere bi den ghebinden van buten ende van binnen dien adem gaet beede hute ende in diene laet dese wonden niet ghenesen noch lucken. Nochtan sou pynter omme van jouwer macht alsoet jou verleert es in dat naeste cappittel ende altoes soe wantroest de vrienden.

Van squinancien in der kelen, etc.

Van *esquinancia* dats eene siecheit in dat gheswelk ende hier of soe syn iij manieren die medicine aengaet ende die cuere *daer of staet in de medicine van mester Jan Yperman.* [1]

Ik sal jou scriven eene leeringhe te eenen exempel watter *Lanfranc* of gheviel in de stede van Melanen van eener vrauwen haut synde 54 jaer die welke hadde eene squinancie van flumen die de kele al hadde beloepen beede buten ende binnen ende sine mochte niet zwelghen die welke een mester onder handen hadde die seer jonc was en hi beterde hoere seerheit niet en die zwellinghe altoes wies ende meerderde. Ende meester *Lanfranc* die wasser toe ontboden die de vrauwe vant cranc ende ne hadde niet gheten in 4 daghen noch sine dorste niet slapen omme datsi versmoren waende ende hoeren pols was zeer cranc ende hi taste die stede onder den kin ende hi vant die materie seer diep soe datti dachte dat si soude breken. Waer bi datti hoer riet dat men hoer soude maken een gat met eenen scersse ende alle die vrienden consenteerdent ende mester Lanfranc diet

[1] L'auteur renvoie ici à son *traité de médecine*, mentionné sous le n° 10 dans la description que Willems a donnée du manuscrit de la bibliothèque de Bourgogne.

bute welcker wonde. Daer liep vele verrotte humoren ende stinckende materie ende hi liet er oec wat in ende dat bi de redene dat men jou sal leeren in menicher stede ende daer nae toe begonste die vrauwe bet te hebbene horen ademe ende horen puls die starckte. Daer nae gaf haer Lanfranc te supene van eenen colitse. Van de welke colytse hore vele liep ter wonden hute ende hi leide hore der op eene plaster gemaect aldus : ♃. Nemt eppe groene die stampt dus met minghet seem ende een lettel tarwin blomme die siedt op een cranc vier, een wilken altoes roerende dan doet in dine bosse. Dit plaster vorseit leide der op soe langhe dat huter wonden quam een tayen stinkenden arterie ende dat was alsoe hart alse oft gheweest hadde een stic van eenen darme groet ende lanc ende dat was van vleesche dat verrottich was en seer stinkende ende hi gaf hore voetsele soe dinne dat syt supen moste doere eenen sulveren pipe dewelcke hi hore stak soe diepe in der mont dat dat voetsele niet conste commen ter wonde hute. Ende die pipe was gemaect in deser vormen. Ende alse dat vorseide

stuc hute was hi dwochde wonde met warme wine, daer nae soe leide hire op die salve die heet unguentum fuscum ende daer mede soe ghenas die vrauwe. Ende dit selve gheschiet my selve mester *Jan Yperman in der stede van Ypere int jaer ons Heeren daermen screef 1328 te Ypere aen eener jongher beghinen.*

Van der apostemen onder die tonghe.

Her wast onderwilen eene aposteme in der kelen ende es eene zweere ende dats biden humoren die dalen huten hoofde bi ruemen die welke steden heeten in latine arterien die welke moeten erst sin gheholpen met medicinen die purgieren de humoren. Daer nae soe doet den siecken sinen noet sonner ansicht tuwaert ende dan saldi hem die tonghe villen met eener vlieme, maer doet hem erst gargariserene hiermede : ♃ Ghingebeer, peper, piretrum, droghe fighen die stoet over een ende doet sieden in soeten wyne. Dan gargheriseert der mede, ende helpt dat niet soe besiet alst jou verleert es. Siedi ten ende van den tonghe die es alse amandelen. Want dat is hore rechte stede, dan hebt een yserin haeckskin gemaect aldus in deser vormen ende haeltse hute deen achter dander ende dan snyt

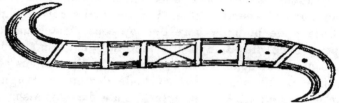

se hute met eenen scherse aldus ghemaect ende die andere hudekine die

daer in blive die laet daer in. Ende dan doet den siecken hier mede gargeriseren : ℞. aqua rosarum, aceti boni, aā ℨ iiij succus arnoglossi ℨ ij. dit soe doet over een. Ende ofte te seere bloet soe doeter toe ghescumt seem, ende comt daer of stanc soe snit die velkine hute diere in ghebleven syn, ende dan soe bescout die stede met eenen instrumenten [1] van gaude ghelyc dat daer boven staet ghefigureert ende afgheteekent staet.

Uan apostemen in der kelen wassende ter tongen waert.

Ende men sal weten dat onder die tonge van den mensche dicken wast eene aposteme van vleesche die men heet *ranula*, dat is te segghen *puud* in dietsche, die welke aposteme weert de tonghe hore natuerlic werc te doene. Dats te formerer dat wort ja het wert soe groet onderwilch al vervult. Dits myn raet hier toe, alse die aposteme es cleene soe wryft se

---

[1] Le dessin de l'instrument manque dans le MS.

seer hier mede dat hier naevolghet., 2ʃ. peperment dat roode en dat gheluwe aâ 3 s. ghingebeer, sout, pep, piretrum aâ 3. j. dit poedert subtylic ende dan minghet met puren wyn aisyn ende doptet in cauton nat ende daer mede soe wrinet die aposteme wol ende seer. Ende wildi hier of maken couskin, temperse met aisyn ende droechse ende hebdi daer of te doene soe winet een in twee met aisyne ende doeter mede ghelyc dat jou verleert es ende daer nae´ soe houdet in den mont oleum rosarum tote dat die zweeringhe es leede. Ende ofte dit niet ne diet ende die apostemen syn groet soo bedarf dat men se snyt ende hute trecke met eenen haecskin, gemaect aldus in deser maniere. Ne ware sie die dat es bruun ende zwart ende

hart ende niet beseffelic van den siecken eist sulc sone comter niet an, want si es van melancolien ende si ne ghenasen nimmermeer. Die ghene die gi moghet sniden sonder vreese die syn mormachtic keerende hen ten witten waert ende op die aposteme of men sculdich es te sine int erste men saller in slaen een haecskin ghelyc dat hogher gheformeert staet ende verscetse van den vleesche met eene scersse·daer nae dwaet die wonde met borne ende met aisyn, te gader gheminghet warme. Daer nae heelse gelyc 'dat jou vorleert es int cappittel van den tandenvleesch.

Van datter een been ofte eene graet verwerret in der kelen.

Alse een been ofte een graet verwerret in der kelen dan soe stelt den mensche sine kele in der lucht waer bi dat ghi moght sien in der kelen te dieper ende dan halt die tonghe met uwe dume ende alse ghi dat been ofte graet siet soe trecket hute soe ghi erst moghet ende hets goet datti ete hoe hi erst mach. Ende dan doetene keeren eer die spyse beghint te vertheeren. Ende wordet hier met niet ghedaen soe maeket vast eenen cleenen draet met een cleen stocskine aen eener sponsen dwelke spongekin ghi doet' den siecken zwelge, daer nae soe doet dat sponzekin weder hute trecken metten drate. Ende dus sel dat been verwernen in de rutheid van der spongien ende alsoe salment hute trecken etc.

Van een stic vleesch wassende aen die kele dat men heet bocium.

Bocium es eene aposteme van vleesche dat wast onderwilen ane der kelen buten ane de huut vaste ende onderwilen ane die senuwen van den halse ofte van der kelen, dan est vreese der ane te commene bedi ware si vaste ane die gheet adere dire ane die quame omme si te ghenesene die doode de mensche ende dat alsoe ghoude als men die gheet adere wonde, bedie die aposteme esser ane ghecoppelt dat mense niet mochte ghesceeden sonder groete vreese ende waren si oec ane de senuwen men soutse niet moghen versceeden sonder die senuwen te quetsene. Dat aller lichtste datter de siecken of staet te commene dats datti soude worden cromhalsende. Ende aposteme comt van eenen ruemen die welke daelt huter hoofde in der kele ende dese aposteme komen gherne van den vader op dat kint ofte van der moeder op kint ofte eenich van den gheslachten ende alsoe doet *tisicos* ende *laserscap* ende andere vele siecheden in der oeghen ende alse ghie hier toe niet ghenen wilt soe moetti erst die humoren 4 digereren ende dan purgeren bi den rade van eenen goeden medicin. Nu syn hier oec plasteren van den ommen de humoren redoene smelten ofte vleesch dat starc es omme dat daer af te doene.

Plasteren.

24. De wortelen van radicke ende alumen agretis, radicis saxifragi, dese sal men sieden in borne ende dan stoetse met swynen smoutte ofte met buucken roete of maect een plaster leght langhe tyt der op ende daer naer soe maect oec desen dranc.

Dranc der toe.

Men sal ontgraven ende singhen *pater noster* de wortelen van den nokerboeme die dat noint noten drouch. Dese wortele soe stoet met witten wyn en met 200 peper corne. Dit siedt dan met dien stoep witten wine toter helft in ende dan coleret dore een lynen cleet. Ende dan desen drancke sal de siecken drincken alle daghen nuchteren, totte dat hi ghenesen sy daer of. Ende de siecke sal eten goet tarwen broot ende hi sal drincken goeden suveren wyn ende hi sal hem wachten van wiven ende hine sal ghene coude spyse eten, noch drincken, gheen cout water want dese siecheit comt toe in menich lant van watere.

Dan scrouffelen dat is eene maniere van clieren ende si heeten na die soghe.

Nu willen wy jou spreken van scrouffelen alsoe heeten si in latine achter die soghe want ghelyck dat die soch werpt vele verkinen alsoe werpt die evelen velen clieren ende dese clieren wassen onder de oeren ontrent der kele ende onder der kinne ende onder de liesschen ende dats omme de drie leden principale die hem daer dore purgieren alsoe ic jou hier naer vroet sal maken int capittele van der zweeren ende glandulen. Ende glandulen dat syn clieren die meest commen van flumen ende scrouffelen commende meest van melancolien. Ende glandulen syn morwe ende scrouffelen die sin seer hart. Ende sidi der toe gheroupen soe syt vroet ofte si out ofte nieuwe sin alle. *Avicenna* segt, men es sculdich die se heeft te purgieren sine humoren omme te minderen sin voetsele ende men es sculdich te purgierene met keerne huter kelen dat helpet seer die de scrouffelen hebben. Ende die oec scrouffelen hebben die moet men purgieren hier mede water, dese medicine heeft macht te purgieren humores melancolicos. 2J. sene 3 j. zinziber albi 3 j., panis saccari misceantur fiat pulvis ende van desen pulver salmen gheven 3 ij. ofte meere naer dat de mensche stark es. Dit salmen gheven te midder nacht ende salmen rusten sonder slapen tote si beghint te werkene ende wachte oec datti niet te satue ete nochte ne drincke ghenen borne ende hem is goet datti ghedoghet vele hongers ende datti hem wachte van vele te stupene ofte vele te kinelene. Ende die cuere es men sculdich te prouvene ofmen dat evele mach doen vergaen ofte scoeden met aldusdanigher eene plaster.

Plastere.

2J. roode slecken die siedt met zwynen smoutte ende daer toe doet seem daer op plastert op de gheele huut.

Een andere.

♃. Ghieten ceutelen die tempert met aceti boni ende siedt se een luttele altoes roerende, dan doetse of ende doetse in dine bosse. Hier mede salvet die huut boven.

Een ander.

♃. Nemt wortelen van den lelien, semen lini, stercoris columbini, die siedt met aceti boni vini, altoes roerende ende doet in dine bosse ende plastert ghelyc dat jou verleert es. Ende es de siecheit van coude materien ende die stede niet ne si ontvarwet, soe doeter meer toe fumus columbynus daer of saelt te heeter syn.

Een ander.

Nemt diachylon eben mesuc, daer of maect eene plaster ende leght er op ja op ghebrokene en op gheheele, hets dicken gheprouft.

Van scrouffelen te snidene.

Ende eist dat ghi syt gheroepen ter scrouffelen ofte ten glandulen die men sniden moet, soe besiet ofte si vasten houwen ane de senuwen ofte ane di gheet adere ende dat ghi se dan snydet ghi doodet den mensche ende wildy se sniden soe nemtse tusschen den dume ende den vorsten vinghere vaste ende sekere ende dan soe snyt de huut nauwere ontwee ende dat overlancxs den leden dat ghi dat ledt niet ne dert, ende wacht dat ghi den sac niet ne quetst, ende dan pelet den scrouffelen der huute van den vleesche ende dan trectse huute met een haecskin aldus gemaect:

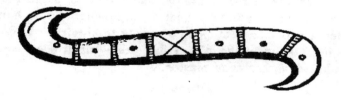

Ende dat jou dat bloet verwint soe stremmet alsoe het jou verleert is.

Ende ofte daer iet in ghebleven es, soe doet dat vroedelic hute alsoe men jou verleert heeft.

Van des conincs evele.

Van des *conincs evele* sal men jou nou segghen her hebben vele lieden ghelove ane den *coninc van Vranckerike* dat hem God macht heeft ghegheven scrouffelen te ghenesene die loepen ende dat alle met sine begripe van der hant ende dese lieden ghenesen vele bi hore ghelove ende onderwilen ghenesen si niet.

Ende een experiment, soe hebben vele boucken van cyrugie ende dat es datmen den siecken sal leede op een loepende water in sint Jans nachte midde in den somer en daer doen den siecken laten soe dat dat bloet springhet in dat water ende si orconden datter vele mede ghenàsen. Ende dat hier navolghet dunct mi de sekerste cuere : Men nemt dat pulver van den wannen dat int capittel van den wannen staet beschreven ende van die pulver soe leght een lettele op elcke scrouffele. Ende des anderen daghes soe ebt zwinen smout daer in ghesoden syn roode coelen ende dat soe leght der op tote dat de scrouffelen hute vallen, ende commer eenighe andere in de stede, soe doet hute syn, ende datter gheene ne commen dan gheneset die wonde alse andere wonde. Ende alsoe doet die ghene die ghi snidet leght dat pulver op den sac en dat versiet jou altoes wel de ghi niet ne aventuert de siecken alse den scrouffelen syn vaste ane die adere gelyc dat vorschreven es.

Hier toe hent die andere partie des boucs ende hier beghint de derde partie in Gods namen.

Ende het ghevalt menichwarf dat men snyt arterien ofte aderen van den kakebeen ghewont.

Van dat een mensche is gesteken met kniven.

Van den wonden in den nieren.

Van rudicheden over al dat lyf.

Van worten die comen int ansichte en elder over al dat lyf.

Van den iiij specien van laserien.

Van den specien : leonia.

Van den specien : elefantia.

Van tyrasis.

Die proper cuere in alle die specien.

Hoe laserien toe comt van ghenoten.

Van den tresoer omme te verhoedene lazerien.

Van den ghenen die venin ghenomen heeft.

Van teekin der slangen.

Van beeten van scorpiloenen.

Van der armer tresoer.

Espace occupé dans le MS. par le portrait de Henri Van Wilghe.

Het ghevalt menichwarf dat men snyt dwers ontwee aderen ofte arterien in menigher stede van den ligchame, hute welke aderen ofte arterien loept soe vele bloets dat de siecke valt in onmacht ende syn aensichte wort wyt ende verscumt dat hi sterven wilde ende dat es omme dat te seere bloet, bi den welke dat myn raet es dat ghi op de wonde leght pulver dat bloet stremmet alsoe jou wel verleert is. Ende het ghevalt dicke dat hoere natuere verrect die welke soe vervult die aderen bi bloede datsi daer sent van den leveren ende dan wert die ghewonde weder bloedende ofte het comt bi dat die ghewont te seer roer syn ledt datter ghewont es ende daer bi ghesciet dicken dat natuer in den ghenen die ghelaten syn dat si werden seer bloedende, ende emmer soe syt daer of in hoeden dat ghi dat in tyds beweren mocht. Want het ghescien dicken alst in den loop es dat bloet datter pulveren noch querracien mochtte helpen noch oec stelpen. Waerbi dat myn raet is ende oec den raet van mester Huges van Luckes dat men hebbe vormaect die scroeden daer mense mede bint ende dan doetse houwen metten vingheren eenen anderen, te wile dat ghi se verbint, ja dat men u houde de vingheren op der wonde, daer met plecht dat bloet te stremmene. Ende hout de vingheren op dat gat hoe

langher hoe betere. Ende mester *Hughe van Luckes* die seit alsmen den
vingheren of doet van der wonden datmen op den wonden sel stroien dat
navolghenden poeder :

2̣. Aloe epaticum ℥ ij, boli armeniaci ℥ s., sanguis draconis ℥ j., thuris
albi et pinguis ℥ iiij, misceantur et fiat pulvis subtylis, ende boven desen
poeder stroiet een lettel tarwe blomme ende daerboven lecht eenen plaster
gemaect van stoppen ghenet in dat wytten van den eyen ende asyn te gader
gheminghet ende alsoe verbindet ende men sal dat ledt hoegghe legghen.

Een ander.

Mester *Hughe van Lukes* die seit, dat men den vingheren houde op der
wonden ende datmen ghiete op dat ledt cout water, daer met sal die spelinghe
ende die hette van den bloede weder keeren en hoemen die vingheren
langer der op hout hoe beter is, ende alsmen den vingheren wert stroit
van den vorseiden poeder der op ende daer boven legt een plaster ghenet
in aisyn ende dwitte van den eye. Ende alse de siecke ghevoelt de hitte
in de wonde men sal hastelic op doen den plaster ende men sal der op
legghen eene versche plaster ghenet in aisyne en dwitte van den eye ende
dit doet altoes tote dat die ghewonde segt datti niet meer hitte ghevoelt
noch verspringe van bloede.

Ende hi schryft oec dat men die stede sal vercoelen na dat men daer op
sal werpen aisyn ende water te gader gheminghet alsoe vorleert is int
capittele van den wonden te stremmen van bloede ende dan heeft de wonde
ghelyc dat jou dicke gheleert es voren ende nare.

Uan dat dat cacbeen ghewont wert.

Het ghevalt menichwarf dat men wont eenen mensche met zwerden
ofte met snidender wapinen ofte des ghelike soe dat men slaet dat kakebeen
ontwee ofte eenighe onder beenen die syn daer ontrent ende esser eenich
been in twee ofte ghequist soedoet die scaellen hute metten ersten ende
syt versekert soe nayet de wonde. Ende dat diepe stekende metter naelde
ende aldus daer me dat de wonde van den bodem blive verscheede maer wel
voughende binnen datter gheen etter mach blive, noch wassen noch mis-

schen ende die steken syn sculdich te stane een vingher breet deen van
den anderen, ja omme dat en van den vingere daer tusschen te legghene
met de langde van den vinger naer de breede. Ende stect uit thangende
van der wonde eene wiecke ghemaect van oude en suveren linen cleederen
ofte van stoppen dat men heet werc ende dan leght op den naet van der
wonden dat roode pulvere dat jou verleert es ende daer nae soe heelt die
wonde metter zwarter salve die men fuscum heet.

Van dat een mensche es ghewont met kniven.

Als men steket eenen mensche met kniven ofte met eener andere
wapinen alse *misericorde*, alse *glavien* ofte *vorcken*, ofte *picke* ende
glainoten, ofte met eene *quarele* ofte andere wapinen soe dat die wonde
gaet doere de weech ende dat dore de *craye* dewelke dat heet in latine
dyafragmum in welke stede die herte die longere ende ysofagus, dats den
darme die leget onder den roupere, die men heet in latine *cana pulmonis*,
dore welke daer in gaet die spyse ende den dranc die een mensche nemt
ter mont ende in de mage. Ende dore den roupere soe trect die longhere
den wint te hore, ende si stecten weder hute dwelke men heet den adem.
Ende alset ghevalt datmen den mensche alsoe vint soe besiet ofte dat bloet
valt binnen den borst op de craye, ende eist alsoe soe besiet hoe men
dat bloet hute gecrigen sel dat niet ne comt te etteren ende eist dat comt
hute te etteren, soe ghecriget hute alsoe ic hier na bescriven sal ende
leeren. Int eerste soe maect jouwen wiecke cleene voeren ende achter groet,
soe datsi niet mach vallen binnen der weech, want viele die wiecke der binnen, si waren seer quaet omme hute te crigen en dese wiecke moet in warme
olie van rosen ghenet wesen telke vermakene, soe hebt eene wiecke bereet eer
ghi die andere wiecke hute trect, ende die soe stect alsoe dapperlike in der wonden alse ghi die andere wieke hute hebt. Want het ware jeghen den ghewonden seer ghingher hute van sinen ademe ofte datter in ginghe eenighe lucht
van buten. Ende is dat bloet ghecomen is ten ettere datter binnen ghevallen
was, soe maect desen *dection* (sic), daer ghi se mede dwact met eene instru-
mente alsoe eene clisterie met eenen bailge van den welken datmen vint
2 manieren ende welc dat best orboert ende huust die wonde wel als in die

wonde ghegoten is, daer nae soe keertene op die wonde ende latet al hute loepen datter in ghegote was.

♃. Seem van rosen ℥ 3, dat doet sieden met pulver van mirre ende pulver van venigrec, daer bi dat myn raet es ende oec den raet van mester *Huges van Luckes*, dat men hebbe vormaect die scroeden daer mense mede bint, ende dan doetse houwen metten vingeren eenen anderen, te wile dat ghi se verbint, ja datmen u houde de vingheren op der wonden, daer met plecht dat bloet te stremmene, ende hout den vingheren op dat gat hoe langhe hoe betere. Ende mester *Hughe van Luckes* die seit alsmen den vinghere af doet van den wonde, datmen op den wonden sal stroien dit navolgbende pulver : ♃. Aloe epaticum ℥ ij, boli armeniaci ℥ s., sanguis draconis ℥ j., thuris albi et pinguis ℥ iiij, misceantur et fiat pulvis subtylis, ende boven desen poeder stroiet een luttel tarwe bloeme ende daer boven lecht een plaster van stoppen ghenet in dat wytte van den eye en asyn te gader gheminghet en alsoe verbindet ende men sal dat ledt hoogher legghen. Daer nae soe leght op der wonden dit na volghende plastere ghespreet op eene lynen cleet, aldus gemaect : ♃. Nemt seem van rosen ghecoeleert, een pont, blomme van ghersten mele ℥ iiij., mirre ende blomme van fenigrec, van elcxs ℥ j, dit doet te gader sieden op een cranc vier altoes roerende met eener spatulen, en alst beghint te dickene ende dat wel gheminghet si alte gader, dan doet van den viere ende dan minghet daer mede ℥ .+. terbentine dewelke terbentine men sal erst wasschen in water ende suveren, ende dan soe roert dit alle te hoepe. Ende dit plaster leght op de wonde alsoe ic jou verleert hebbe. Ende emmer soe stect in de wonde eene wiecke alsoet jou vorleert es, ofte met jouwe wieken in olie van oliven. Ende dit doet soe langhe tote dat dat etter dat binnen den weech es gehuute alle dat wel ghesuvert si, dwelke dat ghi sult bekennen bi dat de siecke niet meer ne hoest ende bi dat die ghewonden hem selve wel gevoelt ende bi dat sine cracht wast. Ende bi dat syn adem wel draghet ende siedi dat gheen etter comt van binnen soe suldi wonden niet meer dwaen ende dan mindert jouwen wieke ende dan laet die wonde lucken ghemanierderlike. Ende eist dat dat ettere niet ne mindert soe eist vreese datter die ghewonde of mochte sterven, ende eist dat sine hoest niet ne laet ende ne laet noch sine zweeringhe niet ne vermindert en die siecke verliest sinen slaep en sinen apetyt, dits seer wantroestelike ende hier op ende es emmer meer gheene nieuwe cuere : maer dwaetse ende plastert se alsoet jou verleert es ende stelt jouwe hoepe in der ghenaden Gods. Maer blivet hi in sine cracht ende hi zwellet tusschen sine vier rebbene ende der sturten die welke minst es dan soe suldi maken tusschen den tweeen rebben daer die zwellinghe es ende daer si morwet daer soe suldi een gat sniden met eene scersse ghelyc dat jou verleert es ende alsoe dwaende wieckende ende plasterende ende laet die wonde heelen aldus alse hier navolghet. Want het ghevalt menichwarf dat etter ende bloet valt die *craye* dwelke etter men niet mach hute crighen ter ersten wonden, men moet maken onder eene wonde alsoet jou verleert es in dewelke wonde groete vreeze es, nochtan moet men avontueren om hargere te beletten. Ende men sal weten dat meerder vreese es dore wont te snien achter dan voren, want de *craye* es achter senuachtich ende scers en voren vleeschachtig ende ghevielt alsoe ic hebbe gheseit hi mochter bi ghenesen. Ende doet alsoe ic jou verleert hebbe die ghewonde sal euwelic etter hute werpen ter wonde met groeten tourment van hoesten ende hi soude sterven. *Empiler*, dats eene siecheit datmen hute werpt die longere in substancie van etter verkeert. Ende eist dat men wont eenen mensch in de borste ofte der ontrent ende dat die wonde dore ne gaet, soe salmen die wonde heelen metter plasteren vorseit ende met ten zwarte salve fuscum.

Van den herte ghewont dats doot wonde [1].

Om te leeren te kennen ofte dat hert ghewont es dat sal men bekennen bi zwarte bloede bi diepe versuchtene ende suerlich met onmachte ende met vercoudene te huterste leden, want het is dat fondament en fonteine des hertsbloets ende des levens ende hets is sonder twiffele haestich doet ende die dat herte ghewont heeft ne wert nemmermeer ghenesen wan si es dat opperste ledt van den mensch dwelke erst ontfaet lyf ende alles achter erst sterft.

---

[1] Le copiste passe le chapitre des blessures du rein et le remplace par celui des blessures du cœur, qui ne se trouve mentionné pas dans la table.

Van rudicheit en scorreftheit ane die mensche.

Nou wilic jou gaen scrive van rudicheit ende scorreftheit wat es van den ghemeenen slecheden toe hoerende chirurgie en oec medicine, maer omme dat wel voughet dat hier in staen sal, soe willic wat medecinen daer of scriven dwelke ic heb getrocken hute *Galienus* ende hute *Ypocras*.

Item soe int erste comt die rudicheden ende scorefheid toe omme dat die nature van binnen te cranc es die quade materie hute te drivene ende dat valt meestin oude lieden ende die rudicheit vorseit in houde lieden die ne connen niet ghenesen.

Ende voert salmen weten datter eene maniere van rudicheit is ende die comt in lieden die op syn ghestaen van groeter siecheyt ende die rudicheyt mach men wel ghenesen.

Een ander maniere van rudicheden is die den lieden toecomt van quaetheid der spysen ende van quaetheyd der dranken.

Een ander maniere van rudicheit comt van spysen dat men qualic verduwen mach alse die spyse vervult wert in den lichame.

Ende aldus sal men gaen ter cuere. Int erste sal men die materien ende die verrotten humoren *evacueren*. Item ende alssie die materie es ghedigereert met sirupen diere toe hoeren ghemixtert met aq. fumun terre ofte andere water naer dat de menschen jonc es. Dan sal men hem gheven een laxatif dat de humoren purgieren mach als men wel vinden sal in *onsen antidotarius* ende als hi ghepurgiert es dan sal men suveren sine puls van sine hant ende de elleboghen ende die hamer van der beenen bachte jeghen dat vier savons als hi slapen gaet met deser navolghede salve:

Unguentum ad scabiem.

℞. Calcx viva, aloe cicotrini, olei olivarum misceantur intime et fiat unguentum, ponatur pixide.

Een ander salve: Nemt aloe hepaticon ℥ j. dat minghet met aisyn alte samen ende daermede salvet den puls, elleboghen ende de hamen van den beenen gelyc dat vorseit is.

Een ander ten selven. Avicenna ons leert eer men den siecken bestriken sal met deser naervolghende salve dat men van de hant ende elleboghen ende de hamen van den beenen erst bayen sal met warmen water ofte dat de siecke sal gaen in een badt ofte in een stove, ende dan salmen den siecken bestriken met deser salve : ♃. Pulvis lithargirum aurum, pulvis sulferi vini pulvis alumen, dit siedt over dat vier altoes roerende cum spatula met aceti vini tote dat dicke becomt alse salve et ponatur in pixide oneste.

Een ander : Smelt pec in water ende coleert suver ℥ j, ende in die coleringhe doet oleum nucis ℥ iij, pulveris tartari sal nitri, dit smelt al over een et fiat onguentum fluxibile ponatur in pixide cerate.

Een ander, dat ons wyst meester Gillebert. Nemt allud excoria, dat stoet al ontwe ende alst ontwe es, dan doeter toe exungia porcina fiat unguentum ponatur in pixide cerate ende orboret alsoet jou voorseit is.

Een ander. Dat ons *Galienus* scrift en dit unguentum gheneset scorreftheit met iij warf der op te legghene ende doet seer rypen ende laxeren metter urine.

Ende *Avicenna* seit dit naervolghende unguentum es goet ieghen dat mormal, sic fit.

♃. Sulfuris vini ℈ ij, elebori nigri, argentum vivum, themi, aā ℈ ℈, maect poeder subtyl ende dan nemt exungia porcina, l. j. misceatur ad ignem, fiat unguentum ponatur in pixide. Ende daermede jou salvet gelyc dat jou verleert es.

Een ander. Item dat mormael ende die vulle rudicheit es goet ghedweghen met desen naervolghenden water tweewarts daghes. ♃. Radicis brionie recentis lib. s. die salmen stampe al in sticken. in eenen mortier ende dan sal mense sieden in scoenen water ende dat salmen wel samen doen, dan salment coleeren dore eene cleet ende metten claren salmen dwaen die stede alsoet vorseit es.

Experimentator die siet die wortelen van poreiden of loec ghebonden op de clieren van den welcke dat mormael comt es goet. Ende dese naevolghende salve op dat gat ghebreidt gheneset.

Salve. oleum nucis ℥ ij, cere ℥ s. succus van poreiden ℥ j, misceantur ad ignem fiat unguentum ponatur in pixide cerate.

Dit is eene goede precieuse salve.

Willem van Medicke, die ordinerde erst warf ende is wel gheproeft jeghen scorfheden want al seinse wonderlic nochtan es hore dallen ende hore ghewerken seer goet ende seeker, ende welke dicke gheprouft.

Salve. ♃ argentum vivum ℥ 2, pulvis lithiargrum aurum ℨ iij euforbium staphisagria aâ ℨ ij exungia porcina sine sale lib. s. misceantur et fiat unguentum ad ignem ponatur in pixide cerate. Ende dit es eene salve metten welcken men smeer den siecken van den elleboghe totte 3vingheren naer den voeten ende in den somer sal men den siecken salve in de sonne des achter middach. Ende in den winter salmen den siecken salve by den vier. Ende eist datti ter naere 4 daghe zwelt ende eist dat hi niet ne wort ghenesen soo salmen die maghe besten met wyne, daer in ghesoden is rosmaryn ende sailge, ende op die stede die ghesuvert syn legghe eenen doec van rauwen lynwade dat die salve niet ne comt ten anderen leeden van den lichame. Ende met dese salve heb ic ghenesen menich mensche die rappich was over al syn lyf die heb ic wel ende suverlic ghenesen. Ja si waren soe rappich datsi scenen seer lasers.

Mester Hugones van Lukes die heeft dese salve dicke gheprouft eist dat men mede smeert die palmen van den handen ende die pulsen van den hant, ende die planten van den voeten, dese salve doet of alle rudicheden en scortsheden ende die materie wert scher ghenesen binnen eenen dage.

Ende *ic Yperman* vant waer binen eenen dage ende daer naer salmen bloet laten ter lever ader. Dats in medicina.

Dits de salve: ♃. oleum laurini ℥ iij pulvis olibani albi ℨj. sal commune —ende wel ghevreven ℥ 8. succi plantaginis, succi fumiterre aâ quantum vis exungiæ porcine lib. s. Dit siedt over een op dat vier ende alst ghesmolten es over een dan doet van den viere ende als dese salve bi naer cout is, dan minghet der in pulvis olibani ponatur in pixide cerate et usui reserva. Ende vele lieden maken se aldus: ♃. Oleum laurini ℥ 3, pulvis aloe cicotrini, pulvis arsenici, succus radicis *enula* campana aâ ℥ s. et fiat unguentum ad ignem, addite argentum vivum mortificatum cum sputo ℥ j. misceantur ponatur in pixide cerate.

Dit is unguentum jeghen alle scorfticheit ende rudicheid, dewelke ons beschrift mester Hugones: ♃. succi celidonie, succi fumiterre, succi scabiose, lapacium aurum, pulvis seruse lote, pulvis elebori nigri et albi aâ ℥ s., oleum laurini, lib s. misceantur et fiat unguentum, ponatur in pixide cerate. Hier mede salmen salven de planten van den voeten en dat holle van den hant. Ende den lichame soe smeeren den pols van der hant ende die hamen van den beenen ghelyc jou verleert es.

Item was er een mensche van consciencie ende die seide dattet hem wert seer crouwende ende hi ghinc ende nam ertvelt ende dat stampte hi ende nam daer hute dit sap ende telken alshi hem crauwen woude soe hi sinen nagelen in dat sap dopte ende daer met hi genas. Ende hi hadde dropige beenen ende hi leider op die bladere van hartvelde ende si ghenasen.

Een ander. Ende dat staet gescreven in den *Gulden bouc.* ♃. Oleum rosarum ℥ iiij, oleum laurini ℥ j. cere quantum sufficit et fiat unguentum ende in dat unguentum minget argentum vivum ℥ j. mortificatum cum sputo et ponatur in pixide cerate.

Een ander goede pulse salve.

Die ons leert *mester Willem van Congenie.* ♃. Oleum laurini ℥ iiij exungia porcina antiqua ℥ ij argentum vivum ℥ j mortificatum salive salis gem. iiij) succi fumiterre succi plantaginis aā ℥ iij. Dit siedt opt vier over een tote dat die soppe versoden syn altoes roerende dat niet ne berne dan doet van den viere ende alst bina cout es dan minghet daer in jouwen argentum vivum, fiat unguentum ponatur in pixide.

Avicenna seit succus apii sylvestris daer met bestreken dat helpt de droghe ruden ende joecten.

Item abrotamum ghebernent helpt alster in gerende resolverende en subtyle ende ontplumet.

Een ander. ♃. Plumbum ustum ℥ iiij fiat pulvis subtylis. Dit minghet met seem et fiat in modum unguenti ponatur in pixide cerate.

Item. Heet water es seer goet der ruden en gheane cuert materie.

Item. Celidonie ghenomen met evacuacien helpt met sinre pperheit seit ons Avicenna.

Een ander : ♃. Nemt dat sap van coriander succus aneti feces van aā ℥ ij bact in eenen oven te gader ende dan maect er of pulver ende minghet met oleum *cruca* ende daer mede smeert rude ende joecte si sal ghenesen probatum est.

Een ander : Nemt oleum olivarum ℥ ij· succi calamenti ℥ ij cere quantum sufficit fiat unguentum ponatur in pixide cerate, hier met salvet jou ghelyc dat vorleert is. Dit helpt seer der boeser ruden.

Item : Succum coriandrie dat verdryft sterkelic rudicheit alsoe ons leert *Avicenna.*

Item : porret dat helpt der drogher rudicheit ende resolveert.

Item : Sinapis helpt seer de rudicheden.

Item : Oude urine verdryft joecten.

Avicenna ons leert busschen gheset ane beenen die beenen verdryft die stinckende ruden ende joecten.

Van warten die toe commen overal dat lyf.

Ende werten die toe commen int ansichte, ane de handen, ende ane al dat lyf. Ende worten commen toe van superfluitheid der melancolien. *Avicenna* die wyst ons een experment dicke gheprouft om warten of te doene. ♃. Groene heckelen die salmen seer wel stoeten met smoute van eenen vetten hane ende dat sieden over een ende dan coloret dore eene lynen cleet ende der mede salmen dicke smeeren die warten si sullen vergaen.

Een ander : Item ende eenige mesters segghen vette erde ghedaen hute den grave van eenen doode ende daermede die warten ghewreven, soo se vergaen.

Een ander : ♃. Galbanum dat legt op de warte boven erst of ghesneden ende dat galbanum doet vergaen exter oogen.

Een ander : Om worten ofte doen, men sal stoeten sol sequinum met aceti vini ende dat legghen daer op, sie sullen vallen.

Item : Die melc van tintimalli doet al het selve.

Een ander : Nemt anacardus dats eene vrucht overzee die pulviseert ende dat minghet met den sap van enguna ponatur in pixide, hier of soe plastert ontrent ende op de warten.

Een ander : Nemt succus aristolochie rotunde ofte nemt radicis aristolochie rotunde die pulveriseert ende dat minghet metten sappen van engune dit abstringiert ende ontpluct ende versubtylt.

Item : Petroselini dat helpt de warten met sinre propertheit.

Een ander : *Experimentator* die zeit, braet op de coelen die voeten van eene hoene tot dat die pellen, ende met die pellen soe wrinet die worten 3 warf ofte iiij warf sdaghes ende si sullen daer met vallen.

Een ander : Ende dat seit die selve mester eist de warten binnen syn hi sal drincken dat sap van pimpernelle. Ende syn die worten buten slicht drincken dat sap ende plastert der op.

Item : *Avicenna* seit porceleine ghewreven ende op de worten geleit doetse vergaen. Ende *Avicenna* seit men sal nemen dat mes van den haront ende men sal wrinen de warten daer mede en si sullen nieten gaan.

Een ander : Ende dat leert ons meester *Gillebert*. Nemt roode slacken ende perstse datter sap hute comt ende daer mede minghet een lettel souts en der mede soe salvet de warten sdages ij ofte iij warf ende die worten sullen te niet gaen.

Een ander : dat ons leert meester *Gillebert*, men sal dwaen die worten metten watere daer in dat een doot mensch ghedweghen was ende die worten sullen alle vergaen.

Item. Dat selve doet rostrum porcinum.

Een ander, dat ons wyset *Constantinus*. Nemt blommen van wilgen die stempt ende duwet der hute dat sap ende daer mede smeert die warten si sullen vergaen.

Een ander. Ende dat ons leert *Petrus Lucrator*, dat men sal nemen melc van fighen daer ontrent ghesmeert dat doet se vergaen.

Een ander, dat ons scrift *mester Constantinus*. ende sommighe andere philosophen ende dat es een goede baete jeghen de worten al eist dat eenighe lieden hender over boerten, nochtan scriven syt over waer : nemt ciceren ende met elcker ciceren noept eene worte ende leght alsoe vele cicere alse ghi ghenoept hebt worten ende werptse achter dinen rugghe in een cleedekin ghecnoept alle die ciceren ende daer mede sal men verleesen de worten.

Een ander dat ons leert mester *Gillebert*. Dus sult of sniden de worten ende daer suldi op legghen de wortelen van titimallus dit doetse te niettegaen.

Een ander. Dit is eene vraye corrosyf te haut worten ende andere onsuiverheden of te doene ende te makene gaten. Nemt loeghe van boomasschen ende daer in ghelegt weeasschen, 3 daghen, dan minghelt ịn eene scelpe der mede levende calc dit tempert alsoe dicke als seem ende soe wanneer dat droghe is dan salmen weder verschen der oplegghen ende dit doet xx ofte xxx warf ende dan sal mense of striken ofte wriven. Ende men doetse se oec ondertiden of met bindende met eenen drade.

Item den lichame die re te vele heeft ende toe comt der toe moet men purgieren de overtollige humoren cum sero caprno , etc.

Van den pocken en van den maselen.

Hier nae soe willic jou gaen leeren van den pocken. Die jonge lieden ende oude lieden overkomen ende dat hieten die mesters *variolaria* ende heeft een mensche purringhe der pocken ende dan heeft den mensche noepinghe van den curts besloten met hitte ende hi heeft groete wee in den rugghe ende joecte in den nese , ende hi heeft naer in den slape. Daer omme als jou ghiement besiet met curtsen besloten , groet wee in den rugghe, dan weet dat hoere begbinsel van *variolaria* ende meest esser me de joecte in der nese en naer in den slape. Die cuere *variolaria*, dat is te segghen van den *pocken* ende als dese teekinen beghinnen int erste soo sal men bloet laten ter aderen, maer helpt dat niet ofte dat de pocken beghinnen hute te komen, dan sal ne me niet laten. Int eerste gheft hem ghesoden figben dat spoede si om hute gaen. Ofte geeft dit drincken den siecken warm smorgens ende savons ende te nonens dwelke men maect aldus : ♃. Droghe figben, blommen van lupinen, aā 3 10. gum draganti ʒ 4 , aqua fontis lib. iiij. Dit siedi tot dat comt op ʒ stopen, dan coleret dore een lynen cleet ende ghevet drincken gelyc dat jou vorseit es ende doet er toe pulvis croci ʒ j. Dit soedrinct alsoet vorseit is , tot dat de pocken hute commen syn.

Een ander : Alle cleederen in greine ghevarwet die hebben macht pocken hute te doen commen.

Item die pocken hebben die moetten hem wachten van alle dinghen die den lichame binnen vercouden, waer bi dat bloet dat in den siecken es van binnen vercout ende verdict, ende verclontert, ende daeromme alse de pocken alle hute syn, doetse ripen met regemente ende met wasem van heeten water, daer met breeken die pocken ende eist dat daer blyft eenighe smette in der ooghen, soe sal men daer in drupen *aqua rosarum* en doeter in ghegoten succum rute ende alse in die witheden der ogen syn ghevallen roode stede ofte joecte, ofte wit in hare rootheden, maer is dat niet ende die *variolaria* cleenen syn, sone ne suldi des niet behouwen maer vinstu joecte in der oeghen met ghesachtende ende die stecten dan merder en meerder stercker commen dant was, dan drupe daer in van albu muri ende brine van botere. Ende die oghen sal men bewassenen met heeten water dicwile. En hets te weten dat *morbillus* syn van meerder vreese dan *variolen*. *Morbillus* comt van colera met lichticheden sonder hastelic de scedene. Int erst men sal hem gheven drincken aqua pomorum granatorum ende aqua hordei etc., aqua millonum, cucumeris cucurbitii, gheminghet met mussilagis psillii. Ende siede den siecken ane comen naer dese medicinen seerheden ende anxen bi gevalle lincopi, dan gheeft hem drincken aqua fumitterre ende dan wriuet sinen lichame ende dan decter wel, tote dat hem ghefast syn die morbilles, ende daer die morbilles uutgane daer naer soe keert weder lichame ende ter cuere ende hout de orine ende ingiertse in erste men sel ontbinden der lichame, ende vindt den siecken zweetinghe van bloet huten hutersten morbilen, dan doet hem sitten over doem van water ende men sel weten dat die morbilen synre quaet *violent*. Dese siecheit is quaet ende deerende varioli si es gelue ende cleene ende hart bewonden, naer vele roets ende naer groote rochheit ende violencie ende si maken dat ansichte des mensche alse oft te hope crempen soude ende alle syn si quaet ende doodelic. Ende als men weet syn variolata dan salmen den siecken doen gargariseren cum aqua rosarum, ende eist dat mindert in sine sturte, dan salmen ghieten in sinen oere schiefte dit gheminghet met water ende met aisyn, dat ghemindert wert tuutgaen in sine oere ende dan doetene sughen vore der nesen metter mont, want als dat ghedaen is sal de pacient ruste hebben van al horen meesten quitsen ende van groete deeren ende hi wert ghesacht van prekelingen onder den plant van den voeten ende dat holle van sinen palmen met datmen dicke der in wrinen sal met eenen doucke heet water. Daermede sullen si verlicht werden hore huut gaenen ende ne spyst den siecken in eenich van desen twee siechten niet te seere maer seer soberlic te gader tetene toter tyt dat wech gaet die quatheit des adems ende des goems die in heeft de siecheit de *morbilles*. Ende daer omme naer dat de scorssen ghevallen syn soe selmen dicken antieren baden die den lichame versoeten ende den lichame gheven regement en aldus sullen die voetstappen ende hore diepheit of werden ghedaen ende als die voetstappen gheeffent syn ne bestriken met dese navolghende salve : ♃. pulvis lithargirum ℥ ij. bulliatur cum oleo rosarum ℥ iiij. et semen millionum et farina rysi et pulvis ossibus antiquis aâ ℥ s. misceantur cum aqua ordei. Ende hier met bestryct als vorleert is. Ende syn die voetstappen gheheelt ter zwaerheden, soe sal men gheven drincken cum vino albo p^t epitemij naer der bade. Ofte ghi sult doen bewasemen met heeten water ende daer toe sal men doen starke medicine alse serusa rafananum costum ende syn si cleene gelyc granis lupinorum, dan salmen der op striken cleene sachtende medicine, alse medicine dactilis. sic fit.

♃. carnis dactylorum mundatorum, dit stoet al ontwee in modum unguentum. Daer met bestriket datter op cleve. Ofte men sal nemen dit hier naevolghende:

♃. Vette fighen mellis cum semen lini mussilaginis aâ ℥ iij, melc van bonen, ponatur in pixide. Ende hier mede salment besalven ende men salt ondertusschen salven met heeten smoutte van binnen ende haenden vergadert.

Nu willic jou bescriven van eener siecheit dat men heet laserscap.

Van lepra ofte laserscap dat es eene vule siecheit ende van laserien syn iiij manieren ofte specien ende men selse bekennen alsoe. Daer es eene manier van specien commende van verrotte flumen ende die heet *tyria*, naer den serpent dat woont in *Jerico*, het is van hem ghesproten ende heet tyria, dats syne name ofte *vipera*. *Tyri* dat serpent heeft eene manier dat hem het vel of gaet ende alst out es, dan wasset hem weder en eist soe dat hem fyn lyf of gaet ende magher ghenouch is dan vindet hem tusschen ij hauten dat daer in blyft syn vel, dwelke vel heet spolium suspentorum in latine dwelke vel is seer medicinael in vele siecheden.

Nou sal men leren kennen dese manier van desen evele dats bi den oeghe te siene ende bi der materien ende oec maniere des lichams. Dese specie van laserscap die men heet *tyrie* soe comt van manieren van spysen vele nuttende. Die van complexie es flumachtig ende die van usagen eeten verrotten visschen van humoren van flumen, van aelen ende paelingen, carpers, eerders, ende die hore voetselen halen in den wase.

Item. Zoete melc, ganzen, zwanen ende alsoe wie hier mede leeft het ende is geen wonderlic die flumatic syn.

Dit syn de teekenin van laserien.

Horen wimbrauwen vallen hem ende wassen weder sulken tyt, hore droge leeden worden dicke, hore oeghen tranen hem ofte si scene altoes tranen hebbende ende de nese gaten geloken ofte ghestopt dat sire met pinne doen ademen, ende hore lippen ende hore tantvleesch es verrot bi den welken dat si ghene bloeden ende si syn ter borsten becommert ende si hebben heeschen voes.

Ende soemen dit evel meer dwaet in dwatere soe arghere es ende dese navolghende medicine helpt ter vorseide specien ende syn haestelic wech.

Van den laserscap dat men heet alopicia ofte vulpes.

Daer es eene andere specie der laserscaps die men heet *alopicia* ofte *vulpes* ende dit laserscap comt van verrotte bloede commende van vervultheden van spyzen ende die vele bloets winnen.

Ent erste de siecke zal hem doen bloet laten ende dese specie salmen aldus bekennen. Horen ansichte es al vol gheswollen gheverwet root verkeerende ter verwen waert ghelue ter hasen verwen waert. De sieke sal hem huwen van vrauwen valle, hore oghen werde hem dicke ende hore oghen scinen al vol tranen, die aderen ontrent die oghen ende dat ansichte die zwellen, die nesegaten werden bestopt ende dat tantvleesch werdt verrottich haestelic met dat men der ane comt. Hy is belemmert ter borst, ende in den lichame commende cleender pleckine en gaen weech ende daer naer commen si lichte weder, ende hore orine es root ende vet ende bi nature es horen bloet commende huten aderen dicke ende dat wart bruun ende seer tay int vercoelen, ende men tast in horen lyf vele clierenen ende wankine ende horen vleesch es morwe ende safte, horen huut es wit ende over al den lichame versaftende ende over alle den lichamen zweetsch, dese verrotten vele cleederen ende dat ane siner lichaem comt verrot, wat dat is. Ende dese twee teekinen die vorseit syn die syn wel naer alleens ende dats bedi dat si beede commen van wacken humoren.

Van den laserscap dat men heet leonia.

Leonia is gheseit die derde pocie in de coleryen ende is ghenaemt *leonia* naer den *liebaert* die welke es heet ende droeghe van natuere ende daer boven dien heeft hie die groete stancheden ende hi sier ghelyct den mensche *coleryn* die welke die van dien complexien syn die bi natueren gherne eeten ende verseere scarpe spyse ende sterke ghesouten ende hi ouffent starken dranc, wyn, loech, peper, die welke heete spysen doet versieden ende verrotten colera.

Dit syn de teekinen die hebben leoninus.

Dat haer van den winbrauwen valt hut, de verwe des ansichts es gele ende den lichame keerende tot rootheden, ende in beide de oeghen es prekelinghe ende stecten ende opghescort, soe dat die oghen stane ront ende vliegende van hore scarpheit ende die nese gaten vernauwen ende stoppen, ende horen tantvleesch verteert, die lippen cleven, de borst es dwinghende, den lichame ghestopt, haren urinen ghevarwet roede, ende dat hut den aderen comt es gheel ende dinne vierschs dewelke node daelt, ende alsmen dat bloet dwaet dan smeltet damppelic. Ende specie *leonia* die wascht on den mensche seer alsi beghint te porren ofte rypen.

Van den laserscap dat men heet elefancia.

Die vierde specie van laserschap die comt van melancolien en heet *elefancia*, dats den name naer den olifant ende omme dat de hornen syn dicke soe es te langer eer hem dat evel openbaert.

Dat teekin daer af: die verwe van den ansicht bruun bleec, ende die verwe van al den lichame, de winbrauwen vallen, de ogen ronden, de nese ververwet, die tonghe vol bollekine, alwarent cleene wortkine. Dat ghevalt die ghene die elephantiæ worden. Dese syn ghetekent bi den serpenten ende bi de vos. Si maken urine lettele ende dinne met asschen verwen ende als bi ghelaten heeft bloet, het wert haestelic dicke, ende hoe men dat bloet meer dwaect int water, hoe harder wert. Ende alsment dwaect soe ne verbliket niet met dwane. Ende in dat bloet ligghen alse of het cleene aderkine waren ofte einden van senuwen. Ende alse dit evel toecomt soe wassen in den handen *cloven*, ende in den lichame de winbrauwen ende in menigher steden des lichames.

Waerachtige prouven omme dat laserschap te kenne.

Ic sel jou leeren die warachtige ende propere proeven omme alle die vorseide specien te kennen. Int erste hem commen toe vele prekelinghen, ende die gaen gereet wegh ende comen weder, ende oec syn si onghevoelic van den billen totten voeten ende handen, en alsi ne stect in tachterste van dien met naelden ofte met eener griffele ofte met dergelyke, hi ne ghevoelt niet, ende ondertyden den anderen leeden daer naest die hebben gherne cout ende dan slapen si ende aldus verliesen si dat ghevoelen bi hores verrotten humoren.

Een ander prouven. Nemt horen bloet alsi ghelaten syn ter adere ende daer op leght iij chornen souts, dat sout sal smelten te ghans, dat ende siede niet op dat bloet van eenen ghesonden mensch.

Noch een ander. Nemt van den bloede ende wrinet in dine palmen ontwee ende meert of dat bloet net is, dats teekin van verrotte humoren. Noch hore huut es seer dinne ende ghise ende dat namelic in dat voorhooft ende in dat ansichte ende in de rechtinghe ghelycker ghelyc ofte ware besmet.

Van eeteren. Ende alsmen eeteren gheneset die se pleghen te hebben, si comen haestelic weder ende hem wassen botsen alse wannen, ende alse een meester curert si commen haestelic weder ende ware datmen dat lyf nat maecte met wateren nat, het es haestelic droghe, alse ofte dat lyf vet ware, ende si spreken dore hore nese ende si moghen qualic verademen, ende horen adem stinct. Dat syn de teekenin waer men sal weten dat somtyts stinct den ademe ende dat is int somtyts huter maghen ende somtyts huter sinre hersinen, ende horen sweet, ende men mach hem wel branden dat si luttel ghevoelen der of ofte niet.

Ende in elefantia horen haer valt. Ende aldus seit *Avicenna*, eist dat laserie si bekent over alle den lichame dit is de laserie natuere, si syn seer rudich, si worden wel al de werrelt lazers ware si werden lichtelic gram ende si zweeren quade heeden ende si cortsen luttele ofte niet al waert datsi·cortsen dats zeer onlange, want quam hen den vierden dach de corts ende dat iet lanc duerde si waren ghenesen.

Die handen van den lazerschen mensch soude der ghesonde menschen lasers maken ende omme die vreese vreeset men se van onder de lieden dats gheordineert in dat oude stestament en in dat nieuwe.

Avicenna seit dat de natuere van den laseresman es dat aller beste bloet datti heeft in sinen lichame ende hi prouft dat bi *Robbaert* diet schryft dat die lasersman die verrot is over al syn lyf dat die natuere subtyl es wint soe veel bloets in den lichame van den laserschen datti wint een gans kint. Ende hier omme raet hi den laserschenman die wesen wil in langhe leven dat hi niet ne met wiven si ende dat ne mach bi niet ontbeere alsoe lange als hi ghesont is nederwart. Hier bi soe raet *Avicenna* ende vele andere mesters dat de laseresmensch sal hute doen sine cullen; ende dit sel hi doen omme sinen lyf te verlangene ende wilt men oec doen de cuere die welke niet mach zyn in de gheconformerde laserie ende soudemen dat scriven dat salmen doen bi eenen vroeden physisien.

Laserie van ghenoten.

Die laserie die comt dicken toe van ghenoeten aldus : eist dat een ghesont man heeft te doene ofte brudet een laserwyf, daer of soe sal hem wassen eene quaede infexcie ende dat comt somtyts van eene heete laserche ende somtyts van eene coude lasersche ende daer bi soe verandert die cuere in de diversche inflexien en teekinen. Ende somtyts soe wert een mensche besiect men dat bruden van den flematyc ofte melancolien ende dat bekent men bi den leeliken ansichte. In den ersten daghe in deser siechtheit alse hem quade teekenin toegaen van infexien.

Ende die ghene die dat toecomt van bloede ofte van colera die syn besieckter danne dandere specien ende spadere te ghenesen. Ende is dat sake dat is van colera men bekennet bi dat sachter es, van colera men bekennet bi der hitte diepe inwaert ghevoelt en die hunt wert spersende

ende al omme soe ghevoelt hi stecten met hitte, somtyts met bevingen ende dicke soe verwandelen syne varwen van den witten int roode ende van rooden int dat witte. Erst ende hi ghevoelt quaede ghevenimose materie tusschen vel en vleesch ende ontrint dat ansichte ghevoelt hi ofte daer mieren liepen, die dat ansichte prekelende hitte, ende dicken heeft hi naer. Item ende als comt bi den couden saken vorseit dat ansicht zwelt ende de huut, ende in alle die leeden comt hem zwaerheit ende come mach bi hem verporren van der stede daer hi sit ende hi ghevoelt cauwe tusschen vel ende vleesch al omme ende sonderlinghe int tansichte ende in dat voorhooft. Dus salmen gaen ter cuere van desen die comt van hitte. Int erst salmen laten in bede die armen ende die materie selmen rypen met desen navolghenden dranc : ℞. Oxisaccra ℥ ij., syrupus de fumiterre, ℥ iij., addite aqua fumiterre, ℥ iiij., aqua scabiose, boraginis, aā ℥ ij. misceantur et fiat julep. Daer of ghevet drincken savons ende smorgens, telken eenen toghe warme ende dat men daer op vaste ij hueren. En alse desen dranc al ghegheven is dan salmen laxeren met oxisaccra laxativa ʒ i en yera ruffini ʒ j. Ten derden daghe salmen stoven met coude cruden ende daernae gheef den rubea trosiscata 2 deel, ende derde deel *tiriaca magna* met succus fumeterre laeu salment drincken ende aldus sel men doen 3 auster een. Item ten vierde daghe salmen weder laten in den lever adere ende des ander daghes in de hooft adere ende laten van den bloede hute naer den cract van den mensche, ende tallen iij daghen suldi hem stoven ende gheven hem van den opiaten vorseit ende doet hem laten alsoe iij maenden lanc. *Item* men screpen int been ende den ventousen setten onder den kin ende men sal ruptorien setten opt been tote den vorseiden tyt. Ende des smorgens salmen hem gheeven *diaprunus* ende *dyanthos* ofte sucker rosaet ende daer nae metter de serupe vorseit de fumeterre. *Item* en de weke tweewarf salmen temperen *unguentum citrinum* met rose water ende daer mede dat ansichte smeeren, ende dan decket met weg-hebree bladeren ende dat laet ligghen al den nacht ende doet des morghens af. Dit es de cuere jeghen de coude specie commende van flumatyc ofte van melancolien. Int erste men sal hem die materie rypen doen met desen drancke : ℞ Oximel denzetiacum ℥ ij sirupus fumeterre ℥ j. aqua boraginis, aqua fumeterre, aā ℥ iiij misceantur, ende dit gheft smorgens ende savons, alsoet jou verleert es. Ende als den dranc hute es dan suldi purgieren met desen laxative : yere logodion 3 ij, yera ruffini 3 j. Ende twee daghen salmen stoven ende daer toe salmen doen bladeren van scabiosen, van fumeterre ende, lapacium. Ende nae de badene salmen hem gheven *tyriaca magna Galieni* met sop van fumeterre laeu. Ten derden daghe salmen laten ter leveradere ofte in den hooftadere. Ende men sal doen scarificatie ende ventosen onder de kin. Ende jeghen de quaede verwe selmen elcke daghe wyn, daer in dat gheleghen heeft te weiken pulvis van reubarbaro, ende tweewarf te weke salmen savons dat ansichte dwaen met winne daer in ghesoeden es rebarbarum.

Van den tresoer omme te verhoudene laserie.

Dit es dat tresoer omme te verhoedene laserie ende hem te dwinghene datsi haer niet ne barse. Int erst nemt vilinge van pueren goude ende pulveriseert subtyl ende dat minghet metten sape boraginis.

Een ander. Nemt dat beenkin dat men het *ossis de cornu cervi*, dat salmen pulveriseeren subtyl ende dat salmen gheven drincken met succo scabiose.

Een ander. Theodoricus die wyset omme te verdrivene datse niet weder commet : nemt eene slanghe van eenen droghe berghen commende in droghe steden ghevoet ende hout hem dat hooft af ende dan stecket ende latent wel wentelen ende bloeden tote datsi verstervet es, ende suvert binnen van der vulheit en dat veel selmen sieden ende daer of sal men den siecke gheven alle daghen een stic datti niet ne wete wat es want anders ne hate hyt nimmermeer en hi sal drincken den wyn daer in ghesoeden was ende dit salmen doen totter tyt dat de siecke zwelt, ende beghint onthudene ende te verbladerenen, dan salmen den siecken legghen in eene stove ende men salven smeeren met olien, in de welke olien ghesoden syn *vipera* ende aldus sal hi ghenesen ende hi sal vernieuwen vel ende vleesch ende dat es wel gheprouft dicken.

Een ander dat ons leert *Avicenna.* Nemt een serpent ende den stert ende men gravet in eene stede tot si vol wormen si ende dan men salt droghe ende dan sieden in wyne ende dat sal men gheven den siecken drincken alle daghe met sirup van seene.

Een ander Dat seit deselve mester, men neme water daer eenen serpent in ghesoeden si, ende daer in sal men dicke buēn den bart van den siecken ende hi sal ghenesen.

Een ander. Men sal tarwe weiken in water daere eene serpent in ghesoeden is ende met die tarwe salmen hoenderen opvoeden ende men salmen gheven te drincken van dat water daer de hoenderen in ghesoeden syn. Ende alse de plumen van den hoenderen die afghevallen syn dan es tyt dat men de hoene scoene maken ende siedense in water die salmen den laserschen oec gheven te etene ende hi sal den water oec drincken daer dat hoen in ghesoeden was ende hi sel dwaen sinen ansichte in dat selve water ende sine handen. Ende men sal hem doen laten achter den vierden dach.

Een ander. Omt zelve men neme een serpent ende men legghet in een vatkin wyns wel ghestopt, totte dat hi wel verrot is der in. Ende van dien wyn sal den siecken drincken altoes ende anders niet.

Een ander. Nemt een serpent ende men bradet met soute in eenen pot ende daer af maect pulver. Dat sal de siecke eten in alle sine spyse ende drincken ondertiden der of, want het is goet jeghen laserscap ende jeghen vele vulder siecheden die den mensche dicke ende menichwarf overcome.

Ende dese navolghende cruden helpen oec laserschap : *amygdalorum*, *borago, calamentum, dyptanus*, *draguntia, raphanus*, *scabiosa*, *tartarum*, *yera ruffini*, *tyriaca magna Galieni*.

Die ghenen die venin ghenomen heeft ofte ghedronken.

Die ghene die venyn ghenomen heeft ofte ghedronken. Int erst nemt warme water daerin ghiet olie ende dat gheeft hem te drinken des morghens ende doetene keeren twee wart deen na dander, maer eenighe lieden drinken melc met olien ende boter pplic, want dat saft van der quaethei tdes *venins*. Ende men merke naer dat wat teekenin dat comt in den lichame, want het ghevalt cortsen ende rootheit d·s ansichten ende gheelheit der oeghen, ende quaden stanc ende roke des monts, men sel hem geven met drancken vercoelende dinghen ende blusschende, ende eist dat hem vercranct die slaep ende hem verschenheit openbare, men gheve hem in dranken heete dinghen, alse medicinen van assa ende dier ghelicke. Ende het helpt den ghenen seer die hem ducht datti venyn in ghenomen heeft in drancken ghenomen dicke fighen ende noten ofte hi neme alle morghen stonden *tyriaca magna Galieni cum terra sigillita* want die propertheit van die medicinen es alsmen ducht dat venin es in de spyse. Daer ment hute leit met keerne. Ende alsmen drinket dat venyn der syncopis ghevalt enplic den ghenen diemen helpen mach ende dat ane de craft stect est van quaede venine contrarie der complexien der herten, alse die substancie luttel helpt ende die cuere, hi neme *basnar* dat wederstaet, ende *ic* ebt ghesien dat wederstont *napepollen* dewelke dat is van den arsten venine. Ende somtyts helpt hem diamascus ende *tyriaca magna Galieni* dan oec *diacinnamomum* al.

Om te wederstane dat venin dat men heet cantharides.

Dit syn medicine omme te verslane alle die ghene die venin gedroncken hebben ofte cantharides. Item men sal hem gheven drincken in drancke oleum amygdalarum en teekin is datti bloed ute hem ende sine blase zwart, ende daer nae gheneset de zweeringhe der blasen. ♃. Men sal hem geven drincken succum apii ende men sal hem gheven medicine de asa fætida ende *tyriaca magna Galieni*. Ende die ghene die mel drinct ende hem daerna comt morwenisse ofte walghingen, die sal nemen aisyn, ende daer in nemen een luttel asa ofte succum calamintum, gheminghet met syrupo acetoso ℥ j. Dit doet tweewarf deen naer dander.

Een ander. Nemt spillium, soe dat salmen drincken in drancke dit doet al het selve. Ende ghevalt alsoe de mensche ate *coriandrie* onghepepareert dats venenose ende dat sal men wel rieken bi den ademe van den pacient, men sal den pacient gheven drincken gum psillium gelyc dat vorleert is dat sal hem seer helpen. Ende somtyts ghevallet ende comt toe den lieden van ghebraede dinghen, dat si dat eeten heet ofte alsmen hute eenighe hoven ofte viere trect eenich dinc ende ment niet laet verslaen ende men etet dats *urigo filiǵ epiliē*, dan nemt in drancken robstpticor mundatorum ende dan ghanet slapen der op of gaet ende naem een badt. Ende comt oec somtyts van visschen eenen dach of twee, ende si dat saken dat hem valt datti heeft gheten dusdanich spysen , hi sal nemen in drancken ende in suveren wyn pulvis piperis ende men sal nutten ternen van avellanen ende somtyts slaen der toe quade toevallen ende die pacient salmen gheven nutten *robatomorum*. Ende men sal hem gheven ondertusschen elc *mdiaton pipion*. Ende men sal den pacient gheven drincken suveren wyn ende men sal die maghe van buten besmeere cum oleo nardino savons alsine slapen gaet ende daer op salmen legghen een warme cleet.

Van der steken ofte beeten van der slanghen.

Alse een mensche es ghesteken ofte ghebeten van eener slanghe , soe salmen nutten mirobolanarum citronorum , ende alsmen die stecte ofte beeten niet ne weet waer of dat is , dan sal men persen op die stede ende dan salmen ventousen op setten die dat seer sughen. Dats omme datment der mede beroere ende dan salmet op striken pullica ende men legghe op *cancrj contrici* , ende alsmen siet dat die stede beghint te volne te zwellene , te verhittene , dats teeken dat die puncture daer is van eenen quaden deerenden diere , ende alst beghint te verrottene al zwart dats teekin dat noch niet dore ne comen si in den ligchame , dan es noch tournoye niet van den ligchame maer alste aller quaetsten es die puncture si valt bi der herten ofte dat daer eene groetere arterie si die welke dat draegt ter herte. Ende men sal weten dat men sal nemen jeghen punture der slangen : *goet tyriaca magna Galieni* ende men sal oec gheven *goet mitridatum magnum* ende oec medicamenten de asa ende *hermodacteli* , ende den pacient sal altoos drincken suveren wyn.

Van der beeten ofte steken der scorpioenen.

Als eenen mensch es ghebeten van eenen scorpioen , ofte ghesteken int erste , men zal hem geven nutten : *tyriaca magna Galieni* , smorgens , ende daer op drincken een lettele suveren wyn ende men sal eten poma acetosa in folia cors ende taraxaton alchinabucum ende screpellatio in die stede der puncture ende sughinghe ome hute te treckene.

Van der beeten ofte steken der ruthelen.

Ende men sal weten alse een man es ghebeten ofte ghesteken van der ruthelen, int erste men sal gaen in een badt ofte men sal dat leedt baeien daer die steke in es.

Een ander. Men saldat ledt graven ofte bewinden met sande ofte daer op leghen heete asschen.

Een ander. Nemt manipulen j, nigelle, sence apiien s. misceantur et fiat pulvis ende dat legt er op. Ende jeghen punctuere suldi daer besalven met desen naevolghende salve: 2. Bolum armeniacum ℥ j, aceti vini ℥ s., olei violarum ℥ ij, miseatur et fiat unguentum Ende eist dat die tanden van den bien in der bete ghebleven is, soe behoeft dat men dat wrinen cum oleo violarum, ende wrinet die bete met asschen ende daer naer soe plastert die olie daer op ende suveret toti si hute gaen.

Die bete van den verwoede hont es quaets van al.

Ende dat sal men weten ofte hi verwoet was ende bi die teekinen die gheseit syn, ende die vele in den *bouc van lilium medicus.* Int erste men sal die stede setten ventousen dat die corruptie hute trecken mach ende men saller op legghen medicine eruca ende canfora gheminghet cum butturo vaccino sine sale ende men sal drincken tot drancke de canckere alse aqua caprifoli ofte des ghelike, ende men sal den siecken abstineren met goede dieten.

Dits den armen tresoer jeghen venin.

Dit is den armen tresoer jeghen venyn. Int erste men sal nemen succus agrimonie ende dat drincken met witten wine ende dat es seer goet jeghen gheveninde beten van serpenten, van honden, van bieden ende van gheveninde zweeren.

Item ten selven. 2. radicis diptamis, radicis tormentilla aā ℥ j, hier of maect pulver subtyl, ende van dien pulver vorseit gheeft drincke een ʒ. te gaeder met witten wyne. Dat doet die haus hutte sceede venyn, probatum est.

Een ander. De wortelen van gentiane geleit in een vat wyns bewaert die drinkers van venyn sonder twyfel.

Een ander. Neemt de wortelen van asphodilli die suldi pulveriseren ende gheven drincken, dat verwaert die mensche van venine ende van quade spysen ende drancken. Ende deze navolghende specien ghenomen helpen jeghen venin ende beten van gheveninde dieren : asphodille, asa fetida, allium bdellium, balsamum bdegar, centaurea, dragunta, menta, daucus creticus, diptamum, gentiana, radicis yreos, lilium, mel, oppopanac, pix liquida, rasanus, ruta, spica nardi, solsequium squilla, sal, sansucus, terra sigillata, zedoarj. Dit zyn elc in ten selven die men heet opiata. *Esdra* opiata litotripon. *Jera* fortissima Galieni. Mitridatum opiata, tyriaca magna.

Hier soe hent den bouc van laserien ende ruden ende pocken ende van gheveninden beeten, ende hier nae soe comt den bouc van der navele ende van der cullen, ende van den gheschorden, ende oec van fistelen, hoe dat die ghescepen syn, ende die cuere van elcken ende hierna soe volghet die taffele.

Die taffele der af.

Van clieren.

Van stancke dat *yrcus* heet.

Van claphoren.

Van apostemen.

Van flegmon.

Van wonden zymia.

Van ruptura.

Van apostemen in der rooden.

Van ulcerien ofte gaten der rooden.

Van apostemen der cullen.

Van erina testiculi in der cullen.

Van den gescorden sonder sniden.

Van der scorringen der navelen.

Van den spenen int set.

Van fistelen.

Van den fondamenten.

Uan clieren dat men heet scrouffelen.

Van clieren die men heet scrouffelen auster de soghe ende ghelyc dat de soghe werpt vele verkine alsoe doet dit evele vele gaetkine ende ghelyc dat die verkine vroeten in dat mes achter ende voert alsoe daen deze clieren int vleesch van der eenen stede ten andere. Ende dese clieren syn hart overmits datsi syn van materie van melancolien. Ende si wassen meest in den hals ontrent der kelen, ontrent der kaken, onder de oxele, ende dese clieren werden onderwilen versmoren ontrent de kele en si maken loepende gaten ende dan heetent eenighe mesters des *sconnics evele*. Ende sulke mensche gheloeft dat dit de *coninc van Vranckeric* mach ghenesen ende dat dit es werc, ende dat allene metter overgripene van sire hant ende dat eenighe lieden der of ghenesen overmidt horen gheloeven want dat gheloeve conforteert den lichaeme, ende die conforteringhe verwint den lichame. Ende dit es alse de materie niet te groet nes, maer alse die materie out es ende groet ende zwaer, die natuere sterc tonder te brenghende soene werden si niet alsoe ghenesen.

Noch een ander experiment

dat eenighe mesters hebben ghevisiteert ende men verserket te sommighen steden ende gheloeft : men leit den siecken op een springende water buten gronden op Sinte Jans nachte, midden somers. ende den siecken sal men bloet laten vallen int water ende by seghet datter vele mede ghenesen syn maer naer datsi van zwaren doghene syn soe de lieden vele mornessen mede ende si soucken vele rade ende te hoerer ghenesinghe behoort vele subtylnissen. Want dese clieren commen gherne in den ghenen daer si noode in droghen ende in den ghenen vol limmicheden syn ende vol humoren. Ende in den ghenen die vele eten ende vele drincken meer dan hoere verduuringe verdraghen mach. Waer bi dat natuer overblyft ende onverteert wert ende dese overtullicheit sterct dese clieren menich, sins van hore daer mense best begheren mach. Ende onderwilen metten clieren ende metten apostemen die welke overtullicheit gheerne maeken in clieren ende in apostemen lopende fistelen, onderwilen oec in spenen ende onderwilen anders. Ende daer bi in dese hute breeken clieren die hebben se vervulte ende alle overtollicheit van spysen ende van drancken quaet. Ende men sal weten datsi dicken sullen liden ende ghedogen honger. Dats hen goet medicine ende die dat niet weten willen noch regement houwen ne willen, die syn quaet te ghenesene. Int erst men sel den siecken doen houden te slape vele metten hoofde nederwert, ende hi sal hem wachten van roupene, van weenen, ende van walgene. Ende men sal die materien suveren met *electuarium diaturbith*, constelic ghenomen, dewelke electuarium purgieret in melancolien. En men sal dat scrouffelen comen meest van melancolien, ende glandulen commen meest van flumen. Ende dit naevolghende medicine es hem goet ghegeven want het purgiert fluma properlic ende melancolia. Turbith by gomosi ʒ iij, zuccari albi ʒ s. dit sel men pulveriseren subtyl deen in dander ende hier of sel men den'siecken gheven ʒ ij ende is hi cranc men sals hem gheven ʒ j. Dit salmen gheven ter middernacht ende dan salmen der op slapen tote dat beghint te werkene ende den pacient ne sal gheene water drincken, noch niet dat cout es op sine spyse. Ventousen ne syn oec den siecken niet goet want si ydelen dat subtyle. Ende eenighe mesters segghen dat is better dat men ventousen sette ende naer de ydelinghe der materie es men sculdich te prouvene of mense mach doen scheeden eersi hute breken ende datsi niet soe dore hout syn dessi niet moghen smilten. Maer men vint vele lieden siere niet op ne hachte vor dat si hute te broken syn. Dits is eene plaster omme te doen sceeden scrouffelen ende niet hute te brekene. Nemt rode slacken, die siedt met zwynen smout ofte met hoendere smout ende met wynen. Hier of maect eene plaster ende legghet op die clieren.

Een ander. Nemt ghieten cotelen die minghet met seme ende aisine ende siedt se ende legtse daer op laeu.

Een ander, dat ons scrift *Avicenna* dat seer wonderlic goet es : nemt de wortelen van der lelien, lynsaet, duven mes, dit tempert alle met wine over eene ende siedet. Ende es dat de clieren ofte glandulen syn van coude complexien ende si syn bleec soe doeter toe te meer van der messen vorseit, ende eist een kint ofte een wyf, dat vierendeel sel wesen mes vorseit.

Een ander. Dit es een goet plaster om klieren te ghenese eer si huten breke: semen lini ʒ ij, sulfer ʒ ij et s. seem ʒ j. Dit minghet ende siedt over een ende maect een plaster legghet daer op laeu.

Een ander dat ons leert Dioscorides. Nemt de wortelen van lapaciti ende die siedt in wyne ende leght laeu der op.

Een ander dat ons leert Macer. Nemt levende sulver ende duven mes, lynsaet, nigelle saet, aa partes equales. Dit stoet al over een met warmen wyne. Dit siedt over een ende hier of maect plasteren, legtse warme der op, si gaen te nieten.

Een ander dat ons leert mester Gillebert. Nemt een ey ana bulba ende dat ey wel ghebraden ende dat gheeft drincken met wyne smorgens ende savons, iij daghe lanc aster een, met lettel etens. En hier mede hi verliertse. Dats wel gheprouft.

Een ander, ende dit segghe *ic* ende *ic mester Jan Yperman* hebbe dit naervolghende dicke gheprouft. ♃. Mes van duven, van gheeten, van ossen, ende dat al droghe aa lithargirj cinnum, de wortelen van coelen, semen apii, galbanie, bitter amandelen. Dit minghet met pecke ende met een lettele oleum olivarum ende out barghin smout. Dit legt er op, dit doet den scrouffelen te nietten gaen, erst moet men den pacient purgieren met pillen de turbith ofte pulver ghemaect van turbith gelyc vorseit es.

Een ander. Nemt de wortelen van weghebree die salmen braden ende die sel den pacient altoes draghen over hem. Dit selve houden ende bedwingen datsi niet sullen moghen wassen.

Een ander dat ons leert *Avicenna* : nemt de bloemen van boenen, die selmen stoeten ende daer op legghen ende si sullen vergaen.

Meester Gillebert seit dat bloet van de slacken op de clieren geplastert doetse te niete gaen.

Een ander. Nemt diaquilon dat leght daer op. Dat es ghepresen van vele mesters.

Een ander. Mussilaginis bismalve, fenugreci et mussilaginis lini aa lib. j, litargirum lib. j, olei olivarum lib. ij, hier of maect emplastrum.

Ende *ic mester Jan Yperman* plach dit plaster te makene ende dat dienet mi wel alsoe goet alse eenich dat *ic* vant. *Ic* nam van elcke crude j pont ende doen maect *ic* er of mussilaginis, daer of nam *ic* een pond litargirum subtylissime pulverisati lib. j et s. oleum olivarum lib. ij, cere lib. s., dit vergaderde *ic* alsoet behoort. Dit is een water om te ontbindene scrouffelen ende glandulen, ende het brect den steen in de blase ende morwet die hartheit in den levere ende nieren binnen 3 daghen elc metael. ♃. Radix, celedonie jusquiami tittimali, cicute, squille marine, rute sylvestris, maliterre, asfodelli. Dit stampt al over een ende dit sublimeert iij doere eenen *kalembic*, ende hout jou daer af want dat water es venyn.

Van den stancke die yrcus heet in de oxelen.

Nu soe willen wy leeren ende scriven van stancke der oxelen dat men heet *yrcus*. Om dat te verdrivene daertoe selmen doen aldus : in dat erste men sal hen dat haer afscheeren, ende hen se die oxelen wel wrinen met goede wine ende met rose water deen ende dander ende met siedinghe van cassilen.

Een ander. Nemt witten wyn wel ruekende ende daer in temperet een luttel muscus ofte amber gris ende daer mede besalvet de oxelen savons als men slapen gaet.

Jeghen zwellinghe en zweeringhe der tanden : siet in wine cumine ende droge ghewreven fighen ende daer of maect eene plaster ende legghet warme op der stede.

Van den clappoere die men heet bubo.

Van *bubo* dat syn clappoeren ende si heeten alsoe achter die *hule* die welke altoes woenen in de gaten daer doncker is ende in heimelicke steden, in bomen, in busen, in kerken, ende deze apostemen si ghelyct want si verkeert in heimelicke steden alse onder der oeren, onder de occele ende in den liessche, ende dese apostemen ne selmen niet wederstaen met coude plasteren omme deser navolghende rede wille. Ende men sal weten dese aposteme die onder den oeren comen metter die apostemen soe suvere hen de hersinen van hore overtollige humoren die daerwaert loepen als eene fonteine. Ende de bubo die onder die oxelen rysen bi hem purgieren dat herte, ende die longhen ende die borst. Ende die in de liesschen staen daer suveren hem die onderste leden van den buucke alse lever, milte, nieren en darmen, ende omme deser reden vorseit ne es men gheene sculdich te wederstane noch van den stede te verdrivene met couwen medicine, want die materie, die hen souden suveren bi *bubo* d'apostemen versiouch men die die mensche waer in groete vreese daer te laden in dat lyf groete siecheit ende apostemen, zwellinghe ende menissen, belet van wel te hoeren ende vele andere dolingen in der leden vorseit. Ende daer omme sal mense doen hute breken ende suveren alse andere apostemen. Int erst omme dese apostemen hute doen breken soe legt er op dit mollificatyf: mussilaginis semen lini fenugreci radicis malve, hismalve aā ℥ ij. exungie porcine quantum sufficiat. Dit minghet ende siedet over een ende dit leght der op wel warme smorghens ende savonds toto dat *bubo* morwet ende altoes baien se met laeuwen water eermen den plaster der op leght ende als jou dinct dat si es morwe dan nemt eene vlieme alsoe ghemaect, en snitse op de langde dan suvert se wel, dan ebt ghemaect eene wiecke

van stoppen ende steectse der in ende daer boven legt een plaster die vorschreven staet int capittele van den hoofde, die men heet unguentum fuscum ende alsoe sel ment laten ligghen tot der ander daghes, dan sal men der plasteren afdoen ende baient, ende suverent met lauwe water, ende dan droghet dan salmen der in steken eene wiecke ghenet met modificatyf dat hier navolghet ende daer boven leght een plaster van unguentum fuscum. Succum apii recentis ℥ iij, mellis ℥ j. blommen van tarwen ℈ s. Dit minghet over een en siet een wilken ende daer met besalvet diene wieken. Dits een groet mundificatyf want het suvert ende doet vleesch wassen. *Avicenna* die placht er op te legghene dese navolgende salve, ja alsi wel droughen ende etterden:

Salve ♃. Resine alba lib. s. cere ℥ v. aceti vini ℥ ij. Dit siedt over een tote dat de wyn es verzoeden ende den doet of, ende doet in dine bosse. Dit was sine salve daer bi bi met vele wonden ghenas ende cuererde, ja die versch waren.

𝔙an den siecheit die men heet fistula.

Fistula ofte *fistelen* dats eene ghegate siecheit binnen wider dan buten en de mesters segghen dat fistele syn menichande, maer die oude mesters segghen fistelen die gerechtich syn die hebben harde ghezwollen boorde alse eene penne ofte pipe alsoe : *Avicenna* seit ende daer achter heeft hi sinen name achter die pipe fistula. Die fistele comt onderwile van saken van buten ende onderwilen van saken van binnen alse van apostemen ende van zweeringhen ende quetsingen die qualie waren van binnen gheheelt alse van verrotten overtulligen humoren van der virtuut daerwaert stekende natuere te weikele den ghesent ofte datse die stede moet ontfaen bi d'wange. Nou soe willen wy gaen toter werken der cueren. Int erste men sal bekennen die quade ghecorrumpeerde humoren die den mensche in heeft, ende die humoren selmen ute suveren met sinen properen medicinen, dats te segghen datmen sal gheven voren een preparatyf dats een bereitsele die de humoren ripen, ende daer nae alse de humoren ripe syn selmen gheven een laxatyf daer dienende ende daer nae salmen gheven pillen daertoe dienende die men sal useren over andere dach. Ende die pillen ende die medicine vinden wy ghenouch in *onsen* [1] *Antidotarius* ghescreven. Ende ist dat dese fistele comt van bloede ende dat te veel bloets es in den mensche soe selmen dat bloet ydelen ter aderen die welke aderen selmen nemen die beste mach suveren dat siecke ledt ofte men maecht suveren met ventousen op dat van node si. Ende men sal weten dat de fistele somtyt comt ende wert in vleeschachtighe steden ende somtyts soe wert in senuachtighe ende oec in senuwen ende somtyts soe wert hi in den beene in sine vule ghevurteit ende dan mach den fistele niet ghenesen die verrotte beenen ne werde erst hute ghedaen of ghescrepet ende ghesuvert van den gansen beene met instrumenten daer chirurgie

mede werct aldus gemaect, met eenen haecke in deser manieren. Daer met sal men dat quade been of screpen van den goeden.

[1] L'auteur renvoie ici à *son antidotaire*, ce qu'il a fait plus haut et fera encore plus bas. Ceci semble indiquer qu'Yperman a composé ce traité, dont on n'a pas encore trouvé de copie.

En *Ypocras* ons wel leert ghi meesters van cirugien syt wel dat ghi wel rumt dat quade van den goede, want blever iet an van den quaden die fistele soude weder of wassen ende groien ende somtyts maer een deel. Ende es dat sake dat gat van den fistele buten te nauwe soe nemt march van j. vliender ende dat stect daer in daer mede salt wyden seer ofte men sniedene daer men toe mach ende daer men in doen mach pulveren diere in behouwen ofte lavatien ghemaect van urine ende van seeme ofte andere lavacin dat soete behooft. Dit doot den fistelen ende etter of dat quade vule vleesch.

♃. Levende calc, atrament, flores ers, alumen, hier of soe maect subtyl poeder ende van desen pulver op de wiecken gestroiet te voren de wiecken ghenet int witte van den eye.

Een ander. Nemt ghebernent sout, spaensch groen aä, hier of maect pulver subtyl.

Een ander. Nemt een eye scaele ende die eye scale vult met orpimente ende copoet ende menschen drec, aä partes equales. Dit al onder een ghebernt ende hier of ghemaect een subtyl poeder, die poeder ghedaen op de wiecken ghe-naset de fistelen. *Ofte* de wortelen van *anabula* ghepulvert gheneset de fistelen.

Een ander. ♃. Nemt eene levende padde en canep. volle wort., sap van rute ende van boenen. Dit stopt in eenen erden pot met leeme ende met partstorten gheminghet ende daer of berrent pulver in eenen oven ende dan latent coelen ende dan ontdecken ende maecter of pulver cleene ende doet in de fistelen metten wiecken gelyc dat vorseit is.

Een ander. Constantinus seit dat hooft van dat hooft van den hont gheberrent te asschen gheleit in de fistelen gheneest.

Een ander. Dit segghen de iiij mesters dat dit es een seeker pulver om fistelen te ghenese : ♃. agremonie pimpernelle, aruoglossa, centum galli tartari, viridis eris. aä ʒ j. Ende alse die stede van den fistele ghesuvert is dan stect dit poeder der in met eenen wiecken.

Een ander. ♃. Nemt dat mes van den mensche gheberrent te pulver, ʒ ij, pulver piper longi ʒ s. Dit minghet te gader met seeme ende boven alle deze dingben verslaet dat canckeren ende fistelen.

Een ander. Es de fistele buten nemt pes columbini dat stampt ende duwet tsap der hute. Dat sap doet er in. Ende is den fistelen binnen dat sap sal men drincken.

Een ander. Jeghen fistele ende canckere. ♃. Nemt dat sop van tit mallus ende smout berghin. Dit siedt over een ende doeter toe mirre ende daer in soe net dine wiecke die stect in de fistele ende daer mede salse droghen. Dit is dicken seer gheproeft.

Een ander. Nemt duve mes ghesoeden met melc van gheeten. Dit geleit op den fistele drocht ende suvert se.

Een ander. Nemt het sap van tapsus barbatus ghescumt over een toter consumpcie van den sape. Dan douter in pulver van spedeien van den gelue mirobolanj. Dit minghet over een ende doet op den fistele.

Een ander. Nemt serpillum ende dat met sout ghevreven ende dat op de fistelen gheleit, gheneest.

Een ander. *Meester Gillis* siet in eenen bouc heet *Dias*, dat titimalli met sinen wortelen ghedroghet in eenen hoven ende daer na maecter pulver of, ende dat met eener wiecke in den fistelen gheleit dat gheneset.

Een ander. Nemt wit peper, droghe figen, wortelen van petrocelini. Dit minghet te gader ende legt op den fistelen.

Een ander. Mester Gillebert seit dat bloet van den slecken dat in den fistelen ghedaen, gheneset den fistelen.

Die werke der cueren omme die fistelen van binnen.

En dits een goet wonderlic dranc jeghen den fistelen van binnen dicke gheprouft te done ende die verrotte beenen hute te treckene. ♃. De wortelen van arnoglossa, fragoria, kemp ofte dat saet, lapacium acutum, tormentilla jacea, aâ m. j, tenaceti, m. ij. Dese vergadert ende siet di in eenen stoep witten wyne dat compt op de helft ende dan doeter toe mellis despumati ende hier of soe gheeft hem drincken twee warfs sdaghes, telken 2 lepelen vol smorgens ende savons.

Een ander dranc. ♃. Roode coelen, feniculi abrotamum, herba roberti, arnaglossa, apium carabon aâ M. j. Dit selmen sieden in eenen stoep wit wins met mellis despumati, tote dat den helft versoeden si ende daer nae colleret ende van desen drancke gheeft drincken tweewarf daghes ghelyc dat vorleert is.

Een ander. ♃. Comet ofte dat saet radicis arnaglossi, tanacetum fragaria agrimonie, gariofilata, spragus, herba roberti, croppen van bramen, aā M. j. roode meede, M. j. et s. Dit siedt in witteń wyne ende doeter toe mellis despumati. Dat siedt in een stoep wyns tote dat den helft versoeden si. Dan coleret ende dat salmen gheven drincken ghelyc dat jou verleert es.

Een ander. Nemt wilde saege die selmen stampen met wine ende dat ghedroncken ghelyc dat vorseit is. Ende van den cruden gheleit op'den fistelen. Dit gheneset bi lancheit van tide.

Item. Ende eenighe meesters segghen dat sap van der netelen gedroncken doet hetselve.

Een ander ende dit leert ons mester *Albrecht van Colene*, dat pulver aristologia rotonda ghegeven drincken 3. s. met witten wyne des morgens ende savons ende te middaghe, ofte pillen daer of ghemaect doet die materie van den fistelen hute gaen bi camergange ende gheneset al.

Een ander. Ende dat selve doen gariofilata dat ghestampt met wyne ende van die sapen ghedroncken iiij warf sdaghes ende van den cruden op dat gat gheleit.

Een ander. ♃. Succus pollium montanum, succi herba benedicta, succi agrimonie. Dit sap minghet met wyne ende ghevet drincken alst verleert es. Ende men sal weten dat egremonie es een van den besten cruden die den fistelen toe hoeren.

Van apostemen die commen van colera combusta.

an apostemen die commen van *colera combusta* ende die meesters heeten se *erissipila* omme dat dese es meer onghetempert ende droge en desi onstaect gheerne onderwert zwart bi hore selven overmits den brant ende berrende hitte der coleren, in welk aposteme daer si toe vloit daer maect se groote zweeringe met hitten datsi zwart wert ende si sceynt mede allen oft waer verberrent ende onderwilen hute valt essi niet met subtylheden met de medicinen versteken ende vercoelt en si maect int beghinsele groete rootheit zweerende hitte ende met styfheden ende de stede werdt hastelic ghematureert ende ghebroken hute haestelic overmits harer groeter hitte ende horen cleenen substancien van verscheden die beledt ende daer bi es die stede haestelic ghevult ende ghealtereert, ende dan dit leeke onbekinde

siende die niet ne weten van der saeken ende dat es omme datsi gheene
kennisse draghen ane de natuere waer of datsi niet geleert ne syn. Ende
onderwinden hen met horen valschen stoutheit ende si gheven stapbans
vonnisse dat es den scult ofte *van der kersen van atracht* ende dit doen
eenighe mesters de lieden te verstane ende si makens hem daer mede quit
ende si bescuden hem ende aldus dolen dicken de lieden bi onderwinden van
segghene dat si niet ne weten. Ende si laten natuerlike hitte varen ende gaen
dolen voer eenen sant met stocken ofte met kersen ende dat hem die santen
willen beraden ende willen die santen niet, soe wert die nature hulpeloos,
soe datter de siecke omme stervet. Item ghelyc is ditte dat eenen mensche
liet tetene ende te drinckene eenen dagh ende beiden ofte God voeden soude
ende voeden niet God hi mochte wel omme sterven ende groet miskief
hehben. En alsoe eist van den siecken est dat de siecheit es soe groet datsi
natuere niet onderdoen ne can ende men hoer oec met medicinen niet ne
helpt soe sal den siecken sterven. Maer es de humoren ende den siecheit
soe cleene dat se natuere verwinnen mag die welke hoere pint altoes te makene
daer si mach, dan sal den siecken te baten slaen ende ghenesen. Int aller
erst soe sullen wy roepen ane God almachtig ende Cosmas ende Damianus
ons werc bevelen ende als wi sich syn wy sullen den natuere helpen met
medicinen ende alse de siecken soe cranc es datti niet drincken ne mach
noch eten, dan syn wyt sculdigh al te velen Gode ende de natuere helpene
van buten soe dat wy best mogen. Dese coleric aposteme die men scelt
erissipila die es int beginsel al omme roet ende seer hittich van den
verwoeden colera ende zware zweeringe der in ende felheden ende alst es
ghematureert dan wert die zochte van alle apostemen ende sulker tyt soe
loept dit opwaert ende nederwart in der leden naer den groete felheit der
materien ghespreet ende sulken tyt soe blevet staende alse die materie
niet te groet nes ende dan blussen hi hore selve. Ende sulke tyt
ghevallet alse dese aposteme hute brocket dat etter datter hute comt
es alsoe zwart als eene coele ende ghelyc stucken vleesch soe seer es
verhit van der hitte *erissipila*. Ende ondertiden commet oec van quade
werken en bi onversienlicheit van den mesters die in ghebrocken beenen
in wonden van andere steden alsoe dat sise te vaste binden ende te sterke
strictorien legghen en dat meest vulle jonghe lieden datsi dat bloet soe

vaste der hute persen bidat van den quetsinghen zwellet ende soet meer
zwellet die banden vaster werden omme dwelke dat daer versterven moet
ende zwart alse eene cole; ende bi overgaende couwe ende wacheden alse
die rieden ende loepen int water ende daer nae die beene vercouwen ende
werden zwart, stincken ende versterven. Dus schoen gaen ter cueren eist dat
sake dat ghi comt in eene stede daer een ledt ontsteke wille soe dat zwart
beghint te werdene ende al omtrent rood si, dan eist een lettel te lange
ghebeit. Maer alst is seer root, heet ende oec ghezwollen met vele materien,
men sal dan doen ontrent striken van dezen navolgenden defensatyf :
♃. Boli armeniaci ℥ ij, sanguis draconis ℥ s., terre sigilate ℥ j., olei
rosarum, aqua rosarum, aceti boni iiij, minghet alle samen in een en
mortier et usui reserva. Ende van desen defensatyf strict daer ontrent, maer
niet daer op. Ende eenighe meesters comen ende legghen boven der op dat
aposteme coude plasteren ende doen die hitte die hute slaen soude die doen
si slaen in wart ende si wanen met cauwe dese apostemen te verslaen ende
aldus soe meerderen sie die hitten. *Exempel :* bi eenen potte die staet ende
siedt opt vier onghedect dat die wasem hute mach slaen, dien pot ende
sal niet meer overloepen. Ende oec mach men merken eene mensche die
gaet bat ende in cout water ofte valt in cout water ende sine handen in
den winter der mede dwaet, sine hande ende des morgens alsoe die
ribauden doen die lettele ane te doen hebben die couteit van den water die
stopt ende gaet men in baden ofte in der stoven ende die doere open gaet
die hitte slaet der hutte. Die porres die metter gheberrender hitten open
ghedaen werden ende daer bi wert die spyse tongelic verteert *om welke
Ypocras seit* met vullen buicken en heete baden te baien maect corts overmidts die spyse in den maghe onghesoden blivende bi gebreke des hitten
diere ghetreden is ende bi deser redene soe syn lieden die bet verteren hoeren
en spysen ende meer heten winters dages dan te somere, want dat coude
buten bestopt die hitte binnen. En contrarie te somere soe werden die
zweetgaten gheopent. Ende aldus eist te verstane in deser dingen, couwe
dinghen der op gheleidt die syn stoppende daer binnen de hitte. Ende op
der apostemen salmen legghen mitigativen getempert die heet syn, die de
zweeringhen sachten dat die hitte hute slaen mach ende die grouwe
wacheit vapor ende in die plaster dat salmen die materie minderen ende

die styfheit verlichten slaken sachten. Ende dit is een goet mitigatyf sachtende ende een preparatyf te legghen op die stede daer die materie is. Nemt crumen van brunen broode, wyn effene, hier of een plaster ghemaect ofte een papinen ende dan daer opgeleit al warme.

Een ander mitigatyf. Nemt crumen van tarwen broot ghesooden met soete melc ende dat salmen warme daer op legghen.

Een ander. Nemt garsten mele, wyn, boeter, dit siet al over een ende maect plaster ende legghet der op. Ende men sal bloet laten te aderen daer dat ledt aller naest es, daer met sal dat bloet minderen ende men sal weten dat ventosen te settene op suledanich stede es verboden.

Han bescautheit van hete water ofte van viere.

Nou willen wy jou leeren van beschouwinghen ende alse die mensche es bescaut van viere ofte van water of andersins. *Cuere* daertoe: nemt haer van den haese wel cleene ghesneden dat legt daer al vol.

Een ander eist van viere gheberrent, nemt de wortelen van den wilgen die snit cort in tween ende stamptse ende dat minghet met den witten van den eye ende legghet der in dat noot wilde.

Een ander. Mester *Dierc* seit: nemt calc ende dwaet cortwarf, dan doet er toe alsoe vele olie alser calcs es, dit minhget al over een *in modum unguentum* ende daer met besalvet dat seer, dat gheneset.

Een ander. Ende *Experimentator* ons leert: nemt olie van doders van eyeren ende met een vederkin salvet. Dat seer die trect hute den brant ende gheneset.

Een ander dat die selve mester seit: nemt *atramentum* hier of maect poeder subtyl, dat minghet *cum albumine ovorum* ende *oleum rosaceum in modum unguentum* daer mede smeert dat seer, die brant sel hute gaen ende ghenesen.

Een ander. Nemt een dinne platkin lodts, dat legt op dat seer, het gheneest.

Een ander. Nemt gheslechusen dat berrent te pulver dat minghet met linen olie ende smeeret der op dat gheneset.

Experimentator seit alse een dinc verberrent es men seller lauwen wyn op legghen ende dien brant seller te haus utslaen. Ofte men leggher op nies van eenen osse laeu ofte olie van doderen van eijeren dat gheneset.

Een ander salve seere goet ende notabel jeghen verberrentheit : nemt solen van ouwe schoen, was, olie, rosaet, dit doet smelten al over een in modum unguentum ende daer met besalvet dat seer. Dit sacht ende ghenest alle verberrenteit ende gheneest daer dat vel of ghevloghen es.

Een ander. Experimentator seit : nemt 2 doderen van eyeren ende daermede gheminghet te gader ende dat salmen bestriken opt seer.

Een ander. Nemt rapen smoet, dat slaet wel met water tote dat dicke si, dan smeert dat seer met een vederkin ende daer boven geleit aen een dinne hooft cleet, het gheneest.

Een ander. Dit ons leert *Galienus* en is waerachtigh : nemt scorsse van groenen linden dit snyt in vele sticken ende siedt se in een lettel water wel lange; dan nemt die scorsse hute en stryct dat water of ende op dat ghi der of strychte daer mede bestriket dat seer met eenen veederkine ende dan legt daer boven eenen vloers cleedekin.

Een ander unguentum. Dat ordineerden den viere mesters van Salernen ende is zeer goet op beschouwinghe ofte op verberringhe. ♃. Calx viva dat salmen dwaen ix warf dat sine scarpheit verliese. Daer nae minghet der mede oleum rosarum ende dwitte vàn eenen eye dit slaet al over een in modum unguentum ende daer met bestryct dat seer met eene vederkine.

Een ander. Nemt linden scorsse die siedt in water lange dan nemtse hute ende stryct of dat vette met uwe vingeren, daer minghet al over een, dan maket warme ende bestryct dat seer met eenen vederkine dat saelt genesen.

Van den bloet zweere flegmon.

Flegmon dats die bloetzweer ende comt van groeven bloede. Teeken van hore dat is datsi root is maer niet bruun root gelyc erisipila, noch soe verwoet het overmits datsi in heeft meer versheden van sinen getemperde es ende si wert oec groet ende rond alse eenen stoc ende als hi ghematureert es ende open daer comt bloet hute ende wit etteren de hine brect niet gherne vele gaten ende eenighe lieden heetent anders ofte iiij oeghen ende om dese apostemen te sachtene salmen bloet laten ten aderen die de lede dient daer die aposteme staet. Ende alsmen se wille hute doen brecken dan salmen daer op legghen *mitligativen* ende doen als jou verleert es in die apostema heressipila ende die cuere van *crissipila* ende den apostemen *flegmon* dat werc es al eens.

Uan der couwe aposteme die men heet Zinnia.

Zinnia is eene coude aposteme ende comt van flumen in de juncturen ende in de voudende leeden ende meest in coude flegmatike lieden ende dese aposteme hoe seere dat sweert sine besine becomt niet root ende is si root dat duert onlange dat comt bi tyde alser wat colera toe sact en die hore hout in dat huverste ofte des buten. Daer of dat hier verwan mochte ende dese apostemen ne sal bi hare selven niet hute breken want dese vorseide aposteme die zweert altoes inwaert ende hi wint ende maect gheerne fistulen omme datti corrumpeert die aderen ende arterien. Ende wil men dese apostemen ripen dat moet wesen met heete medicinen die welke die coude materien verwarmen. Ende men sal er gheene viscosen materien noch dinghen oplegghen die de materien meerderen moghen ende dooden dwelke soetse doen verwandelen in wachedcn ende daer of commen gherne lange zweeren ende fistulen. En alle dese naervolghende medicinen syn viscos ende seer linnich ende dese ne salmen niet der oplegghen. Semen lini, malva, fenu griec ende diere gelike salmen scuwen in coude apostemen commende van flumen. Maer men sal orberen heete droghen medicinen alsoe loeghe gemaect van eekinhout asschen ghemaect ende daer in ghenet een cleet xj vout, ende dat warme daer op gheleit is seer goet. Ofte men sal nemen eene sceers ende

sniedense op ende dan salmen daer in legghen eene wiecke van stoppen ghenet in dodere van eye ende daer boven eene plaster van stoppen ghenet in warmen wyn ende des ander daghes salmen vermaken ende suverent met warme water ende daernae met warmen wyn ende dan droeghent ende dat ebt desen naevolgenden modificatyf. Ende dit es dat modificatyf : nemt succum apii ℥ ij, mellis ℥ j, blomme van tarwen parum. Dit minghet over een ende doet sreden altoes roerende dan doet van den viere ende doet in dine bossen ende hier mede besalvet diene wieke. Dan soe legt daerboven eene plaster gemaect van unguentum fuscum dats die zwarte ende de recepte hoe mense maect staet in *onsen Antidotarius* ende is seer nuttelic in cirugien. Ende aldus maect men se : ♃ olei olivarum lib. j et s. galbanum mastic, wieroec, terbentine, aâ ℥ j, cere ℥ iiij, colofonie ℥ ij picis navalis, dat wel ghesuvert si, ℥ iij, unguentum serapini ℥ j. Die olie sal men setten op dat vier metten wassen ende latent smilten, dan doet er in die colofonie ende dat picis navalis ende latent smilten, daer nae doeter in unguentum serapine ende daer nae de terebentine, ende alst ghesmolten is dan doet of ende latet coelen ende bloot staen, dan minghet des in jou mastic ende jou wieroec wel subtyl gepoedert. Dit minghet wel onder een tote dat si cout si. Dan doet in dine bosse ende dese salve es heet ende droghende ende wy erborense dicken in cyrugie ende *men vint er te cope altoes in apotheken.*

𝕷eeringhe des 𝕴permans.

Ic meester Jan Yperman, sel jou leeren van den rugghebeen ghewont ende dat die wonden doere gaen ende dat march es ghewont daer of es de siecke in vreese van stervene ende die quetsinghe van *nucha* commende van den hersinen omme den groeten pine wille, maer het mach wel alsoe gescien sonder quetsinghe van *nucha*, maer die quetsinghe van den senuwen daer hute commende ende prikende langaoms (sic) ende geluwed die daer ghestrect leit ane beide de siden van den rugghebeene. Ende is die wonde dwers ghesneden dat es doodelic omme dat ydel der hersinen daer die *nucha* hute vloit. Die cuere daer of es alse in cuere van andere wonden van den senuwen die doere dat been ghewont syn ende dat vindi staen hier voren ghescreven int cappittele der of.

Van den lever ghewont.

Alse een mensche es ghewont in den lever ja in de substancien des lever soe wie dat alsoe ghewont is , die wonde is voorwaer stervelic. Want si verliest al haer werc ende dat bloet destruert omme dat huut gaen die gheesten des levens ende dat fundament ende dan moet die mensche syn virtuut verliesen ende sterven. Maer es die wonde in eenigher tacken soe mach mense wel cuereren in den ersten als men cuereert ander wonden in den buuc.

Van dat den lever hute hanghet

Wat men doen sal alse die lever huut hanghet ghezwollen. Men selder oplegghen dat die lever doet ontzwellen ghelyc dit : nemt succum alsene van adicke seem ende aisyn ende tarwen blommen aä partes equales ende dan settet op dat vier ende latet sieden totte dat het dicke becomt alse seem ende maect dus eenen plaster of ende legghet der op. Ende helpt dit niet soe maect die wonde wider ende dan doet die lever in ende die wonde gheneset ghelyc ander wonden in den buuc.

Van wonden in der niere. [1]

Alse een mensche es ghewont in den niere die kan der of niet ghenesen want het syn droghe leden commen mager ende si sceiden die urine dat hen comt toe van den lever ende al ist dat ist doot wonde nochtan salmen hem goet hant wercen gheven hem goeden dranc suverende ende heelende, maer sie werden selden wel ghenesen. Ende die wonden salmen van buten ghenesen alse ander wonde in den buuc ghelyc dat jou verleert es van den wysen mesters in cirurgie ende medicins.

Van den blase ghewont.

Alse de blase es ghewont in den mensche die ne sel men niet nemen gheener cueren het ende ware ane den hals daer si vleesachtig es daer ghenese maer boven daer si dinne is daer ne mach si nemmermeer ghenesen.

[1] Ce chapitre aurait dû se trouver plus haut où l'auteur l'a remplacé par celui des *Blessures du cœur.*

Ende als si ghewont is in den hals men sal den siecken houden ligghen op den rugghe ende den siecken sal lettel drincken ende men sal op den wonden legghen dit naervolgende poeder. ♃. Boli armeniaci ℥ j, sanguis draconis ℥ ij, aloe epatici ℥ s. thuris masticis, aā ℥ s. Ende hier of maect subtyl poeder ende dan suldi daer op legghen plasteren constryctyf ghelyc dat ghi vint gescreven int cappittele van den ore of gheslegen ofte int cappittele van den nese.

Van dat den darmen ghewont syn.

Alse lieden ghewont syn in de darmen daer of soe willic jou wat scriven ende alsoe vant *ic* ghescreven in de cirugie van Rolandine. In dat erste alse die cleenen darmen ghewont is ende dien stront der hute gaet dats oncurable ende dootwonde. Maer als den groeten vleesch darme es ghewont die es gheneselic ende die salmen *simplic* cureren met drancken ghelyc wonden dranc ende drancken vindi ghenouch ghescreven int cappittele van den ghescutte hutte te doene ende is die wonde groet in den darmen soe sal mense toe nayen ende laten den draet hangen buten op den buuc ende men sal die darmen in legghen in hore gherechte steden. Ende men sal die wonden des buucs open houwen totte die darmen heel si ende als ghi erst der toecomt, doet-die darmen in ende syn si buten vercout ende ghezwollen soe sal mense weder verwarmen met warme wyne ofte met andere warme dinghen. Ende es dat sake datsi niet alsoe moghen ingaen soe moet men die wonde wyde met eene scersse ende dan doen die darmen weder in ende dan cureren alse andere wonden in den buuc.

Van den ghescorden te ghenesene sonder snyden.

Het ghevalt dicke dat de lieden werden ghescort met cleender pinen ende dat heeten de meesters *ruptura*. In typat ende als dat niewelic ghescort is dan eist gheneselic met drancken ende met plasteren van buten der op gheleit ende wel daer boven ghecussineelt, ende *ic* ghenas vele lieden der met *binnen des stede van Ypere* die ghescoert waren. Maer het was alst nieuw ende versch was. Ende *ic* dou jou weten alse de rupture een jaer out is ende dat gheboert es dan moeter ghesneden worden metter hant. Ende *ic* bidde alle mesters alse die rupture oud es ende gheboert is datsi hen dat vermocten te ghenesen want het si oncurable ende ondoenlic ende ongheneselic sonder sniden. Int eerste den siecken sal legghen vj weken lang op syn bedde ende hi sal eten alle 4 spyse die vleesch doet wassen : alse werme melc, eyeren doden, boeter ende vleesch, rent-vleesch, backons vleesch, wederen vleesch, boter ende appelen ghebraden. Ende men sal hem dicke doen eten coucken ghemaet van groenen cruden, ende in de boter ghebacken. Ende met desen drancke soe ghenas *ic* vele rupturen dat nieuwe was ghescort. 2/. radicis osmonda consolida major, sinicle bruscus, buggla aâ M. j. Dese cruden stoet ende siedtse in eenen stoep witten wyne ofte wynbastart tote dat die helft versoeden si, dan salment coeleren dore een lynen cleet ende hier of sal men gheven drincken eenen cleenen toghe warme smorghens ende savons ende des achternoens ende dat salmen doen tot dat de nieuwe rupture toe es ende ghenesen. En buten salmen darop legghen eene plaster die men heet *emplastrum ruptu-rarum* ende daer boven vaste binden den band dat niet hute comme.

Een anderen dranc. Nemt tremorsike, matefeloene, osmonde, fenicle, herba roberti aâ M. j. Deze cruden stampt al over een in stucken ende sietse in eenen stoep wyns tote dat die helft versoeden si. Dan coeleret ende gheeft drincken alsoe het verleert es.

Een wyf die woonde buten der *stede van Jpere* ende si hadde een kint van 2 jaren dat was gescort dat hem syn darmkins vilen in den cullenbach ende dat wyf nam horen kint ende si dede sine darmen in ende si leit te bedde ende si ghinc ende nam *herba roberti* ende dat stampte si met wyne ende dat gaf se hem drancken smorgens ende savons ende si ghenaast der binnen een maent sonder binden ende sonder cussineelen. Ende dit ghescede om dat kint jonc was ende die rupture nieuwe was.

Een ander : Daer mede dat *ic* eenen man van 40 jaren curerde ende die *ic* cuerende binnen xiij daghen : 2/. jacea alba ende wedewinde cruut ende de blommen aâ m. major. Dit stoet al over een wel cleene ende dan siedt in een vierendeel soete wyn tote dat comt op een pinte ende dan coeleret ende daer af ghevet drincken smorgens ende savons te male v lepelen voj ende daer met ghevet drincken van desen naevolgende pulver alsoe vele als ligghen mach op een menschen nagel, dat minghet metten vorseide v lepelen. ♃. Canele, galigaen, nucis cypressi, garioffels nagel, valeriane, aâ ℥ j. ende hier of maect pulver subtyl ende minghet van desen pulver in den dranc ghelyc dat vorseit is ende dit geeft drincken nuchtens ende savons ende dan legt op de rupture eene plaster ende heelet ghelyc dat jou vorseit is. Ende dat plaster heelt ghescorde sonder gaten in acken, ja dat nieuwe es ghescort : ♃. Colofonie, was, aâ lib. j, bolum armeniacum, wieroec, mastic, gheberrent papier, aâ ℥ ij, terbentine ℥ iiij, ende vergadert dese salve ende maect hier of plaster ende bint er op de siecke stede de sieckenen leggende over rugghen.

Een ander, dat ons bescryft *Rogerus*. ♃. picis navalis, resine, aâ lib. j, wieroec, mastic aâ ℥ s., terebenthine lote ℥ iiij, misceantur et fiat emplastrum ende van desen salmen legghen op de rupture.

Een ander dat ons bescrivet *Galienus* en met desen navolgenden drancke ende plasteren ghenas hi vele lieden die ghescort waren in nieuwe in de stad van Melane ende dits dat plaster.

Dits een plaster jeghen alle ghescortheit.

♃. Picis navalis, roet was, colofonie, aâ ℥ iiij, lithargyri, armoniac, galbanj, oppoponac, sumac, bdellij, serapini, masticis, radicis consolida majora et minora, gum arabici, pilorum leporis, combustorum aâ ℥ j, visci quercini, lap. ematice, terra sigillata, gipsi, mirri, aâ ℥ vj, persidie gallarum, ballaustie, berberis, aloes cicotrina, aristologia longa et rotunda, esculi, aâ ℥ v. monie boli armoniaci aâ viij, terbintine ℥ iiij, sanguis humani lib. i, confice cum decoctione pellis arieti succade et cum glutine piscium ℥ iiij. En hier of maect emplastrum, van desen legt op den rupture ende daer boven eenen goeden bant alsoet behoert ende daernaer soe gheeft hem drincken smorgens ende savons van desen navolghenden dranc te male v lepelen vol :

Dranc.

♃. Sigelle beate Marie, sigelle Salomonis, radicis punicæ et foliorum cicono, herba spergule, aâ M. j, bulliantur in aqua pluviali et fiat decoctio additis modicis panis saccarj, ende met desen vorseiden drancken ende plasteren ghenas ic vele lieden in de stad van Milanen dat nieuwe ghescort was.

Van apostemen die wassen in de rode der veder ende dat van winde es.

Ende somwylen soe hebben die lieden in de roede des veders apostemen. Ende dat comt toe onvermidts wyntachticheden ende wasems in die welke es cleene hitte. Dese vervullen, opblazen ende recken de roede als eene corde. Ende is zeer groet in lancheden, breetheden ende dicheden. Ende het comt ondertiden datter in commen morwe apostemen. Maer die differencie tusschen de morwe apostemen ende tusschen den opgheblasen apostemen die vol syn van winden en van wassene diese vervult dat salmen bekennen aldus. Men sal metten vingeren tasten ende duwen der op ende blyft iij staende putten dats teeken dat es van wasseme ende van opblasinghen. Die cuere van apostemen van opblasinghen ende vol wasems dat dicken ghevalt in jonge lieden die waseme sal men laten int erste men sal die rode ende die cullen bestriken met cautoene aldus : ♃. Olie rosarum ℥ iij, cere ℥ j, dat was ende olie salmen over een doen ende dan ghieter in eenen mortier ende dat wrinen over een al warme ende dan salmen ghieten der op cout water ende dat roeren over een tote dat niet meer water ontfaen. Ende dan doet in eene bosse. Ende daer met bestriecken de cullen ende roede met cautoen alsoe het jou verseit es. Ende alsmen de roede daer nae vermaect dan salmen die roede baien met lauwen water wel ende seer. Daerna bestriken se binnen scoene ende buiten wel alsoe het vorseit es. Ende men sal cleederen netten in aqua nenufarie ende warme der op legghen.

Cuere der morwe apostemen.

Die wiesen den tast ende dat den tast der in blyft staende dan werct met desen medicinen : ♃. Wingaert bladeren 30 bi getale, thuris, amidi et cerusa, aā ℥ ij, aqua rosarum, dat genouch si. Hier of maect een soete ende sachte unguentum, ende daermede bestriket die roede tweewarf sdages, maer erst salmen die roede baien met lauwen water. Ende somtyts soe maect men in die zwellinghe de vede meer pine ende met smerten urine. Int erste men selne steken in warme water alsmen pist, ende men selne dan bayen in warme water ende daer nae omme bestriken met desen naevolghenden deffensatyf aldus ghemaect.

Deffensatyf.

℞. Olei rosarum ℥ j et s. aceti vini een once, olei violarum, een alf once, boli armeniaci ℥ ij, sanguis draconis ℥ s., misceantur in fimul, cum modico aquæ rosarum ende maect een deffensatyf ende men sal den roeden baien in warme water daer coude cruden in ghesoeden syn : alse, violetten cruut, nachtscadue, mentelicum cruut ende des gelicke. En eenighe mesters baien in warme soete melc. En eist dat sake dat die zwellingen si hart ende blec, soe salmen salven ende plasteren metten unguentum van alsene dat in die zwellinghe der cullen staet ende men sal weten telken alsmen de veder verbint dan salmen verbinden met eenen scoenen bant alsoe breet als eenen vinghere ende beghinnen vore ane dat hooft ende hoe verder ten bucke waert, hoe slapper ghebonden. Ende dat ome het ghezwel te verdrievene opwaert ende dat bloet. Ende eist dat sake dat men ontsiet hitte ende dat het ontsteke, men sal laten die lever ader onder den inclouwen des voets om te versceedene en te resolverene winterachtigheid van den lichame diere toe staen mochte.

Dits is een goet unguentum ten voer ten seere veder ende roeden : ℞ succi solatri, succi barba jovis, aá ℥ iiij, oleum rosarum ℥ ij. Ende dit siedt al over een met ghersten mele totter dicte van seemen ende dat doet in dine bossen. Ende baiet de roede erst alst jou verleert es, ende dan salmen daermede besalven sdages ij warf ende dit vorseit salve zacht ende ontzwilt.

Een ander. En alst es in den winter ende dat men ghene nachtscaduc en vint, soe salmen dit doen : ℞. De crumen van witten broede die wrinet al intwee in eenen mortier met wel rosaet ende met oleum rosarum. Dit siedt al over een altoes roerende tote dat slecht si ende doet er in een luttel water dat niet ne berne ende maect hier of plasteren ende laeu der op gheleit.

Een ander. Siedt lynsaet met pappele in water ende daer of ghemaect mussilaginis dat gheminghet met oleum rosarum ende daer of maect plasteren ende die leghter laeu op.

Van gaten in de roeden der veder.

Alser gaten ofte ulcerien in de roede der veder sin die moet men cuereren met drogbender medicinen ende met suverende. Int erste eist dat ghi syt gheroupen in seere vede daer gaten in syn buuten ofte binnent. Int erste sal men de vede bayen met lauwen water ofte met water daer nachtscadue ende violencruut in ghesoeden es ende daer nae salmen binnen in de slove wel suveren met eenen sachte lynwade ende dan salmen dit naevolghende poederen daer alle gaten syn in elc gat een lettele. Dat est poeder : ♃. radicis aristologia rotonda ℥ ij, ende daer of maect subtyl poeder hoe subtylder hoe beter ende doe in dine bosse. Ende *ic mester Jan Yperman ic* placter er met dese poeder te ghenesene gaten in seere vede dat hier navolghet : ♃. ert netelen die selmen droghen in eenen oven alse dat broot hute es ende dan salmen pulveriseren subtyl ende van dien poeder leide *ic* in de gaten ende der boven soe leide *ic* plasteren van desen navolghende salve : *Salve.* ♃. serusa loot asschen een once, hier of maect subtyl poeder ende dat poeder doet in eenen mortier, dan nemt olie van rosen, was ghesmolten over een dat ghenouch si ende ghietent in den mortier altoes roerende *cum pistello* tote dat dicke becomt. Dan doet in dinne bosse. Ende siner gaten op dat hooft van den vede men doet dat velle achter ende men bestrike der mede die gaten, het sal te beter ghenesen.

Item. Ende is dat sake dat de roede is dat men dat vel achter ni can ghecrighen ende die bolle bloot hebben, daer salmen aldus toe gaen. Int erste soe nemt water daer cruden in ghesoeden syn alse violetten cruut, mentelium cruut ende daermede soe sal men bayen ij warf sdaghes ende men sal nemen eene speute aldus gemaect in deser maniere. Ende ghi sult in

den roede speyten scoen warme water daer in ghesoeden is mentelicum cruut ende daermede suldine binnen wassen ende suveren als ghi best moghet. Dan soe nemt de vierste warf aqua plantaginis ofte water van wedewinden ende dat speit hem in de vede laeu ende daer met wasschen wel ende seer ende aldus soe des daghes tweewarf ende eist dat de roede boven int vel heeft gaten, soe doeter in van den poeder vorseit ende daer boven soe leght een plaster van den selve salve vorseit.

Dit leerde ons mester Hugones.

Alse een roede gheswollen es ende hi es vol gaten buten ende binnen ende dat de slove van den vede niet achter mach gaen. Int erste soe hebt laeu water en daer in bayen seer ende wel. Dan nemt jouwe tentele ende dat cleene einde stect tusschen dine vede ende sloeve ende alsoe datse ront omme gaen. Daer nae bewimpelt dine tentele voren met eenen scroe-

dekin van linwade dinne ende dat stect tusschen den sloeve ende den vede ende mede suvertene omme gaende ende alsoe doet tweewarf. Dant nemt dinne tentelen, netse in olie van rosen ende die stect ront omme daer in ghelyc te voren. Dan nemt een cleen sticken ghenet in olie van rosen dat stect voren in den sloeve dat die olie der in blive ende sinder boven enighe gaten daer in soe doet van dien poeder vorseit ende daerboven soe leght eene plaster van den witten salve vorseit ofte van desen salve die hier nae volghet. *Salve.* ♃. oleum rosarum ℥ ij, maegden was een once, sap van nachtscaduen ℥ iij, sap van mentelicum cruut een once. Dit siet al over een tote die sape beghinnen te vertherne. Dan doet van den viere et ponatur in pixide. Ende *ic* hebbe hier mede somtyts ghewrocht ende ghenesen vreeseliker veden, maer die cuere van den speiten binnen des in ende te ghenesen metten witte salve ghelyc dat jou verlert es, dats beter dan dit ende den pacient vele eer ghenesen. *Ic* hebt gheprouft.

Noch een ander manier.

Dat ons leert een physicus ende hi seit dat men sel nemen water van weghebree ofte waer in weghebree ghesoeden es ende men sal met eene spreete dat water daer in spreiten ende wasschen der mede alsoe men best mach. Dan salmen dat etteren alle hute melken metten vingheren ende naer dat wasschen ende nae dat hute melken soe salmen sniden cleenen scroedekin ende dat winden omme die tentele aldus ghemaect, ende dat

steken tusschen den slòeve ende den vede ende dat salmen doen iij warf ofte iiij warf, tote datti binnen wel ghesuvert si ende dan maect dine tentele nat in oleum rosarum warme. Die stect daer in rond omme ende dan ebt ghenet een douckin ghenet in olie van rosen dat stect vore in de slove dat die olie der in blive ende dan soe maect eenen plaster daer boven op legghen van desen naevolghende salve, die men heet unguentum rasis.

Unguentum rasis. ♃. serusa ℥ ij, oleum rosarum ℥ j et s, cera alba, ℥ j, pulvis thuris, pulvis mirre aâ ℥ j et fiat unguentum ponatur in pixide. Ende aldus soe selmen vermaken sdaghes tweewarf.

𝔙𝔞𝔫 𝔡𝔢𝔫 𝔳𝔢𝔡𝔢 𝔡𝔦𝔢 𝔢𝔯𝔦𝔰𝔦𝔭𝔢𝔩𝔢𝔯𝔢𝔫 𝔴𝔦𝔩𝔩𝔢 𝔬𝔣𝔱𝔢 𝔬𝔫𝔱𝔰𝔱𝔢𝔨𝔢𝔫.

𝔄lse ghi syt gheroupen tote eenen vede die erisipeleeren wille ofte datti ontsteken wille ende ghi daer toe syt gheroupen, soe nemt in erste eenen pomum grenatum die snidet in twee ende die salmen siede met aisyn ende daer af maect plasteren ende legghet der op laeu. Ende ghi sult nemen deffensatyf van dat hier nae volghet ende daer mede besalven al ontrent seer dat die hitte niet ten baucke comt ne slae. Dit es dat *deffensatif.* ♃. boli armeniac. ℥ iij, terra sigillata ℥ s., sanguis draconis ℥ ij, olei rosarum ℥ s. fiat deffensatyf in mortario et ponatur in pixide.

Een ander. Dat sal men doen alsmen gheen deffensatyf ne heeft. Nemt dat sap van den porceleine der in minghet een lettel pulvis canfora ende dat doet in dine bosse ende daer mede bestriket ontrent dat seer. Ende macht men niet gheblusschen ende dat erisipelert dat dat hooft van der vede al zwart wert, daer salmen al ontrent oplegghen dit nae volghende plaster waer bi dat dat zwarte ende dat quaede verrotte of sal vallen van den goeden.

Plaster : ♃. mussilaginis semen lini, et mussilaginis semen fenugrecj

℥ j, seem een alf once, olei violarum ℥ j et s. hier doe bi seem een alf once onghesoeten boeter ofte versche smeer een once. Hier of maect plasteren ende legghet der op. Hier of sal dat quade vleesch hutte vallen van den goede.

Een ander plaster. Nemt tarwin blomme ℥ iij dodere van eyeren, olie van rosen aả ℥ ij tsap van donderbaer, ℥ ij wyn aisyn ℥ j, dit minghet al te samen sonder sieden ende hier of maect plasteren op werc ende dat soe leght er op laeu totter tyd dat die stede van den hitten ghebult si ende dat zwarte hutte ghevallen si. Ende daer naer salmen die stede dwaen met lauwen wine ende daer nae maken wel droghe. Ende dan stroeien daer op naervolghenden pulver, ja op dat seer:

Pulvis. Aloe epatici, masticis, mirre, aả ℥ s. hier of soe maect poeder subtyl ende stellet in dine bosse.

Een ander. Ende *Rolandinus* die ons leert als dat quaet verrot vleesch of ghevallen was doe nam hi rose water twee deel ende aisyn een deel, dit maectj warme ende daer mede dwouchine. Ende hi wyst ons datti placht te nemene desc navolghende decoctie ende daer mede placht te suveren dat seer. ♃. wyn een vierendeel daer in alumen ℥ j, floris cris ℥ s. Dit soethi al over een luttel ende daer in nette hi cleedekin in wieken ende die leide hi in ende die droughe wel hute die vulhede ende si heelde die vule gaten.

Een ander dat hi ons scrivet ende leert. Men sal oec dwaen dat seer met desen naevolghende lavement van dit suvert ende heelt:

Lavementum. ♃. aqua rosarum lib. j, aceti vini lib. s., dit minghet te gader ende dan werpt daer in dese navolghende poeder: serusa ℥ viij, litargyrum, assche van loodt, mastic, wieroec aả ℥. j. Hier of maect subtyl poeder ende werpt int vorseide rosewater ende latent alsoe staen tote dat ment orbert. Dan salmen dat claeren of ghieten ende daer mede dwaen gelyc het vorseit is.

Item. Ende waert soe datter te veel doot vleesch in ware dat een chirugien wel kennen moet, dan suldi daer oplegghen van desen navolghenden poeder: nemt tartarum, calcxs viva, asphodelli, aả partes equales, ende hier of maect pulver subtyl, dit pulver minghet met loegen gemaect van gloessen van boenschalen. Dit salmen der oplegghen tote dat dat doode

doode vleesch al hute gheten es. Ende is dat sake dat ghi dat vorseit pulver niet ne ebt, soe salmen dit poeder nemen dat hier na volghet:

Pulvis : ℞. *Alumen* de glaetse, lib. s., dat salmen legghen op eene heete teghele int vier· ende dat alumen laten smelten op die teghel ende alst ghesmolten es ende dat al droge si ende al wit, leit dan dit van den tegel in eenen mortier ende maect er af subtyl poeder. Dit pulver suldi stellen in dinne bosse ende van desen suldi legghen daer quaet vleesch es. Dit selt doen smelten ende droghe. Ende *ic Yperman* placht te orboren dat poeder vorseit van alumen ende is alsoe goet alse dat voren staet van den calcke gemaect. Dat es seer vreeselic goet omme te legghen ontrint aderen. Men sal weten dat den vede es al vol aderen ende groet corrosyf in aderen gheleit dat soude se maken bloedende. Ende alse dat doot vleesch al hute es, dan heelet met pulveren ende met salven ghelyc dat jou verlert es. Ende somtyts ghevallet dat daer blyft hanghende een stuc van den vede ofte van den capproene, dat salmen afsniden met eene scersse ende dat

bloet selmen stelpen metten pulver datmen heet Lanfrancs pulver, ende dat voren ghescriven staet int cappittel van den hoofden.

Hoe men den siecken houden sel van eten ende van drincken.

Den siecken es men sculdich te wachten van alle onganser spyse ende van allen spyse ende drancken die hitte maken: alse van loecke, peper ende goeden sterken wyn, *café*, *arinck*, versch vleesch. Ende hi sal hem houden van vele te drincken ende van alle ghesoute spysen tetene. Ende die siecke sal drincken soe hi minst mach, hi sal drincken cleen bier ende tisane ende hi sal drincken cleenen witten wyn die salmen fonteinen.

Item. Ende hi sal eten eyeren, boeter ende wederin vleesch ghesouten ende versch rentvleesch, iij ofte iiij daghe ghespringhet, ende hi sal eeten alle cleene visschen die witte schelpen hebben als carpers, bliecken, snoucken, barsen, grondelinghe ende dier ghelicke. Ende alle spysen die hi etet die salmen hem luttel souten omme dat hi te min drincken sal ende men sal hem wachten van spyse die dat bloet verhitten ende de siecke sal hem houden van vele pinens van gane ende van ongansen roke. Ende die siecke die sal draghen sine vede in een sackin hanghende gegort ontrent sinen lendinen.

Van den cancker in de vede.

Ende es dat sake dat men die vorseide medicinen niet ne helpen op de gaten ende op dat doode vleesch vorseit soe est canckere dat in de vede es. Ende omme dit canckere te ghenesene, soe sal men bernen den canckere in den hals alle ontrint met eener cauterien aldus gemaect in deser maniere.

Ende soe sal men in dat vier heet maken ende gloeien ende daer mede die corruptie tingieren en daer op legghen tweewarf sdages onghesouten boter ofte onghesouten smeer, ende dan voert suveret ende heelet alsoe jou verleert es.

Noch een ander manier jeghen den cancker in de vede.

Ende jeghen viscose materien te verdrivene ende te droghene ende te helpene: ♃. arsenicum, alumen, aả 3 j, bernetse te samen in eenen scerf. Daarnae nemt blaeu laken ende menschen quaet, aả 3 4, ende bernet dat al ghelicke. Daer nae nemt 3 j pulvere van der scorssen garnate ende dan pulveriseert alle te gader in eenen mortier, ende van dit poeder stroit op dat seer ende daer mede sal den cancker sterven, en de als hi doot es dan salthi weten ane dat vleesch root ende scoene si ende dan suldi dat heelen met desen naervolghenden pulver : ♃. aloes epatici, masticis, olibanj, aả 3 iij, sanguis draconis 3 j, loot asschen cerusa, aả 3 s. Hier of maect subtyl poeder ende stellet in dine bosse. Ende van desen poeder stroit tweewarf daghes op dat seer ende daer boven soe leght plasteren van witte salve ghelyc dat hier naervolghen. ♃. cerusa $\mathfrak{z}$ ij, oleum rosarum $\mathfrak{z}$ j et s, cera alba $\mathfrak{z}$ j, pulvis thuris, pulvis myrre; aā $\mathfrak{z}$ j, fiat unguentum, ponatur in pixide. Ende hier of maect plasteren ghelyc dat jou vorleert is. Ende is dat sake dat ghi meer manieren van salven wilt hebben, soe gaet in het capittel van den gaten ende ulcerien in den vede daer vindire in staen genough van vele manieren.

Uan bloet te stelpene in de roede der vede.

Ec hebbe gheweten dicwille alse den brant huten vede ofte huten roede viel, dat die aderen seer worden bloedende ende datter de siecke seer cranc of was eer de meester toe quam.

Ic meester Jan Yperman was in de stede van Ypere. Daer was een arm mersman die hadde eenen seeren vede ende die boven op den ruggbe op eenen vinger van den hoofde der vede hadde een groet diep gat al vol quaet vleesch die welcke *mersman* hadden een leec meester die niet vele van cirugie ne wist, ende hi leide in dat gat corrosyf ende dat quam an een ader die seer wart bloedende die adere des midder nachts ende bloede tot den dagh toe x hueren ende de leeke meester ne cost niet stelpen. En *ic Yperman* wasser ontboden ende *ic* vant den pacient bi naer doot sittende op een leeder ende hi ne conde niemant ende hi bloede teener adere hute seere. *Ic* nam den pacient ende *ic* dede legghen op een bedde ende *ic* nam minen dume ende leide in dat gat op de adere ende *ic* hilt minen dume der op een steeckin ende doen die *mersman* ane sine kenisse die hie teere hadde verloren ende *ic* nam van desen roden poeder dat hier naevolgbet ende dat leide *ic* op die adere ende dat gat van den vede al vol ende boven dit poeder soe stroide *ic* blommen van tarwin ende doe nam *ic* een viervout doucskin van suverin lynwaede en dat leide *ic* op dat gat ende daer boven bant *ic* wyselic met cenen scroeden, ende eer *ic* ghinc van daen de siecke hadde weder alle sine kennisse, ende des ander daghes soe ghingh *ic* daer ende verbantene. *Ic* nam laeu water ende *ic* suverde wel van den bloede ende *ic* wecte die plasteren daer mede of doen maeckten *icken* droghe ende ic leide dat gat vol van den vorseiden poeder , ende daer boven een plaster van stoppen ghenet in warme 4 aqua plantaginis ende ic verbant met eener scroeden ghelic dat jou vorseit es.

Dit es dat poeder ende het heet mester Huges pulver.

♃. Thuris albissimi et viscosi , aloe epatici , sanguis draconis , bolum armeniacum, aâ partes equales et fiat pulvis subtylissima et ponatur in pixide. Ende met desen poeder vorseit stelpte ic hem dat bloet ende ic dede dat gat al vol vleesch wassen der mede. Ende ten alle vermakene soe suverde icken in warme borne en daer nae in wyne ende doen droeghde icken en doen bestreec icken al omme van boven ane den buuc tote ane dat gat met desen naevolgende deffensatyf:

Deffensatyf : ♃. oleum rosarum ℥ iij , boli armeniaci ℨ ij , terra sigillata ℨ j , aceti vini ℥ S., aqua rosarum ℈ iij , misceantur in mortario et fiat deffensativum ponatur in pixide.

Een ander. Ende mester *Hugones* scryft datti plach boven dien pulver te legghen eene plaster ghemaect van desen naevolghende salve : ♃. olei rosarum ℥ iij , cera alba ℥ j , serusa Q. s., terra sigillata ℥ S., loot asschen, litargirum, aâ ℈ ij. Hier of maect salve ende doet in dine bosse.

Mester Lanfrancs pulver.

Ende hi leert ons om bloet te stelpene ende omme te doen wasschen dat vleesch in den vede des gats : ♃. wit wieroec tayen ende vet ℥ iij , aloe epatici ℥ j , masticis ℈ S., mirre ℈ ij. Dit minghet al over een ende maect er of pulver subtyl , ende doet in dine bosse ende daer boven soe plach *Lanfranc* te legghen pluckelinghe van lynwade ende daer boven die plaster een cleedekin ghenet in warme weghebree water. Ende alsoe het vorseit es ghenas hyet.

Van apostemen ende zwellinghen der cullen.

Apostemen ende zwellinghen der cullen comt somtyts toe van hitten ende somtyts van quetsinghen en van bloeden dat toeloept. Ende alse die zweeringhe comt van hitten die teekenen syn roetheid der verwen , heet in den tast, starke zweeringhen ende stecten. Ende die cueren der af dat willen wy schriven. Int eerste salmen bloet laten in die adere die men heet basilica ane die selve side ende eist dat sake datsi syn beede gheapostemeert, soe sal men laten in de rechte side ende men sal daer oplegghen vercoelende coude asschen, herba violarum, edera terrestrea ende solatrum. Dese cruden sal men sieden in watere ende latense versupen van den water, dan salmen die cruden al in twee stampen met een lettel tarwin gruus ende siedense met een lettel wyns ende water ende olie van rosen ende daer of maken plasteren ende dat salmen legghen laeu der op. Ende aldus sal men des daghes vermaken tweewarf ende eermen de plaster der op legghen sel soe selmen altoes de cullen bayen metten den vorseiden water daer de vorseide cruden in ghesoeden waren.

Item. Ende hi sel sitten in wateren die vercoelen.

Een ander. Men sal nemen scroeden ende die sal men metten wyn aisyn ende rose water te gader minghen, ende dat sal men laeu daer op legghen tweewarf sdaghes. Ende men sallet bestriken met coelende unguentums die ten hete apostemen gaen alsi ghi voren in den apostemen sult vinden.

Een ander. Ende eist dat dat daer mede niet ne betert soe leght er dit volghende : 2[. mussilaginis semen lini et psillii et fenugreci aâ ʒ iiij gum bdellii, armoniacum, aâ ʒ s., furfuris ʒ v. Dit stoet ende siedi al over een ende daer af maect eene plaster ende dat leght al warme der op. Ende men sal weten dat men altoes die cullen voor den vermaken sal bayen.

Van apostemen van cauwe saken.

Ende alse apostemen commen van cauwe saken in der cullen, dat salmen bekennen bi der bleecheden ende bi der hartheden der cullen ende cleen wee ofte stecten. Ende syn die cullen seer hart ende zwaer soe nemt dit plaster.

Plaster : Nemt absincium molle, die stront van der gheiten, den stront van den osse ende duven mes. Dit minghet al over een ende siedet in een luttel wyns altoes roerende ende dan doet of ende hier of maect plasteren ende legghet der op warme. Ende men sal die cullen baien eer men die plaster der op legt ende dwaen ende stoven in die navolghenden decoctie : nemt foliorum bismalve, M. ij, malva, M. j, dit salmen sieden in iij stoepe waters eenen langhe wile ende dan doent of ende stoven daer over ende bayen de cullen der in, altoes eer men de plaster der op legghet.

Noch een ander : ♃. absinsium recentis, kersse, abrotanum, betonica, sambuci ebuli, aâ M. j. Dit stampt al over een dan siedet met *wyn van Peitou* over dat vier dan doet of ende maect soe plasteren ende legghet er laeu op gelyc jou vorseit es.

Een ander jeghen zwellinghen ende zweeringhe der cullen. Succi benedictum, idem cecuta ℥ iiij, aisyn ℥ iij, bonen mele subtyl ghemalen. Dit siedt al over een op dat vier altoes roerende dat niet ne berne ende doet of ende maect der of eenen plastere ende die leght heet der op. Dit doet scheede certissime.

Een ander ten zelve. Nemt tapsum barbatum, urtica, pernam, herba violarum malvam furfurarum, aâ M. j. Dese cruden snit al in cleene sticken ende doeter toe de bladeren van ebuli sambuci, abscincii ende rosen en pallise alliorum, aâ M. s. Dit stampt al over een ende siedet in wine tote dat slecht is. Dan legghet warme der op ghelyc dat vorleert es. Dat sal wel de siecheit sceden.

Een ander. Noch ten zwellingen der cullen comende van coude humoren. ♃. bonen, fenugriec, lynsaet, anys, coriandre, camomillen blommen, aâ partes equales. Dit stoet in pulver, ende dan siedet in *witten wyn van Peitou* ende dit plaster der op gheleit sceit :✠: Hier of schryft mester *Louic van Macke.*

Van eenen siecheit in den cullen die men heet erina.

Ⱳan *erina* in der cullen daer of syn twee manieren alse *erina carnosa* dat te segghen es in vlaemsche : *vleesch carnouffel.* Ende daer es een ander manier dat heet men *erina ventosa*, dats te segghen in vlaemsche : *wint carnouffel.* Ende men sal weten wint carnouffel niet ende es omme ghenesen. Dan dat ment bute snyt subtylic ghelyc dat men sien van den ghescorden cullen balch dore ende dat langhes den lichame ende dan salment bute pellen ende snident van den darmen daer die cullen mede hanghet ende dat salmen dore steken ende dore cnoepen alsoe men doet van den ghescorden ende die siecken sal legghen al in de maniere ghelyc datti leit van den ghescorden ende hi sel alsoe eten ende drincken maer me sel die wonde heelen al eens ghelyc dat heelt in ghescorden die men snyt hets al eens. Ende men es sculdich dat einde van den darme te cauterizeeren met eenen gloyenden heeten yseren en dat salmen doen omme dat die carnouffels niet weder soude groyen. Ende men sal wachten den draet ende den cnoep buten hanghende tote datti of vallet. Ende vermaken ghelyc ghescorde.

Van water carnouffele.

an water carnouffele die in de cullen somtyts wassen daer of willic jou scriven. Ende dat wort ghewonnen in de holle sone ofte epididimos, dats daer dat die cullen ane hanghet. Nou willen wy daer af gaen ter cuere omme dat water hute te doene ende dan commen eenighe lecke mesters die hute sniden der cul ghelyc ofte hi ware ghescort maer daer dat is seere valsch ende si ne weten niet watdat sidoen. Ende aldus in dese manier salmen gaen ter werke. Int erste salmen nemen eene groete drie cante naelde ende die naelde selmen crommen ende die naelde salmen steken in dat onderste van den cullen balghe ende dore dat *didimus* ende die naelde weder hute comende ter huut ende dien draet salmen daer dore

trecken ende der in laten hanghen tote dat hem 't water hute gheloepen si ende aldus salment laten vij daghe lanc ende daernae soe salmen die wonde suverlic heelen alsoe het behoort. Ende eenighe meesters syn die de wint carnouffels oec pleghen hute latene met eene naelde ende eenen draet soe alst vorseit es en eenighe meesters sniden si hute met eenen

vliemen ghemaect in dese maniere aldus. Ende daermede doen si sceeden

den wint ende die zwellinghe. Ofte doen op den tysbeen salmen der op striken boter ofte smout tote dat daer een stic hute valt dat daer ghedoot es, ende eist dat sake dat ghi der me bloed vindet daer den cul an hanghet ende dat vleesch of es, soe suldi met eenen scersse den darmen cliven toten beene in de middelste lancxs. Dan suldi hebben een gloienden isere ende daer mede cauteriseren ende beschauwen den darme alsoe verre alse den snede gaet, toten den beene toe, ende doetyt niet alsoe als die snede gaet ende bernen tote beene toe, het sal niet helpen. Dan bestriket dat verberne met smeer onghesouten tote dat den brant hute valt. Dan salmen int gat van den senuwen doen wassen vleesch ende dat vleesch sal wesen met cnoepen die welke cnoepen sullen bewaeren dat huut gaen van den darmen dat nimmermeer daer na darmen sullen hute comen. Ende daer nae salmen de wonde van buten doen vleesch wassen ende heelen ghelyc ander wonden vorseit. De siecken sal moeten legghen XL daghe over rugghe ende hi moet hem houden seer van vele pinen ende van ghenoten met wrauwen ende van grove spyson die wint maeken. Tetene drie daghen of iiij te voren eer men an werken sel, ende men sal ne te voren wel dietere houden met lychte spyse, ende den lichame wel ydel maken ende die darmen salmen wel in doen ende dat si wel moghen in bliven ende datsi niwart niet ne verwarren daer vreese of commen mochte. Ende eenighe mesters doen dat werc van ruptorien met cautoen en si bernent met ysere ende bescouwent tote ysbeen, ende dan heelent alsoe ons verleert es, ende dit es eene vaste cuere daert wel ghedaen es sonder verlies der cullen, al eist den pacient pine omme ghedoghen ende menich pacient ne sout niet wille ane gaen noch menich mesters ne soudent willen doen. Ende ic *mester Jan Yperman* ne deet noint, want het is te aventuerlic omme de pacient.

Van den gescorden te ghenesene in andere maniere.

Meer voren hebby gheseit van ghescorden te ghenesene met drancken ende plasteren ende dat sonder sniden. Dat nieuwe es te ghenesene met banden ende drancken. Ende nou willen wy hier een ander manier leeren wel heelne, die met den vorseiden drancken niet moghen gheheelt worden. Die soe sal men helpen in deser manieren sonder den cul te verliesene noch gheen leedt : nemt levenden calc tweedeel , atrament een deel , dit pulvert , dan sal men nemen seepe die zwart es ende daer mede dat vorseide minghen , alsoe styf als een deegh , ende daer formeren eene ruptorie ende die legghen dore een gat van eenen leder aldus gemaect. Ende dit

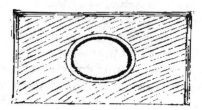

ruptorium selmen leggen ter steden daer tgat van den gescorden si , ende dit selmen laten legghen eenen dagh sonder of doen.

Van den navele ghescort in kinderen.

Die navele wert in kinderen groet ghescort ende hute bulende ende qualic ghesloten ende dat mach men wel ghenesen sonder sniden. Ende ghevalt somtyts dat daer gadert vele materie ende dat salmen purgieren aldus : nemt dat einde van den navele met ij vingeren ende met dandere hant soe drucht inwaert dat in den navele es tote in den lichame ende coendi dit ghedoen soe es de navele ghescort ende ne willet niet ingaen ende dat kint seer trect ende screit, soe eist materie soene suldi niet der toe doen. En is de verwe van den navele ghelyc de verwen van den huut ende dat in gaet als ment tast ghelyc dat vorleert es, dan suldi maken eenen bant met een cussenkin in den midden ghenayet ende daer mede subtylic binden , ende onder den bant op den navele salmen legghen ghebernende lupinen ende lynen doucken gheberrende aå partes equales. Ende dit salmen temperen met wyn aisyn ende maect der of een plaster op stoppen boven op binden een cussinen alle daghen.

Een ander daertoe orborlic. Nemt zwart pec ℥ iij pulver masticis , pulver van wieroec, pulver van bolum armenicum, aå elcxs ℥ s. Dat pec

salmen smilten op dat vier alleene, ende alst ghesmolten es dan doeter of
ende minghet der in de pulvere vorseit, ende maect een plaster van eenen
canepen doucke ende dat legt er op 3 daghe ofte meer, ende doet alsoe tote
dat ghenesen si. Ende macht niet daer mede ghenesen soe salmen wercken
aldus : int erste men sal met eenen spletten die navele begripen ende
inwaert steken totte dat hi in es, ende alst al in es dan salmen vaste duwen
ane den buuc ende die spletten in houwen die darmen ende die pacient die
sal sinen navele soe hi mest mach in wart trecken, ende dan salmen nemen
eenen naelde met eenen starken draet alsoe ghemaect. Ende der steken de

navele al vaste ane de spletten, ende dan salmen den draet een warf omme
slaen ende cnoepen alsoe men eenen sac bint. Ende dan den navele weder dore
steken cruus wys jeghen die erste steke ende dan weder omme slaen ende
cnoepent noch een warf, ende dan salmen dat einde des draets of sniden
ende dan doen die splette af ende latent daer in den draet tote dat hi of
valt ende vort. Dan salmen heelen alse eene andere wonde met droghende
salve ende die salmen wel heelen ende dat houwent in wel ghecussineelt.
Ende oec goet regement houwen.

Van den spenen die wassen in dat fundament.

Emorroïdes dat zyn spenen. Ende syn vaste heelende ane die aderen
in dat fundament Die welcke *spenen* onderwilen zwellen overmidts humoren
dieren toe vloeien ende met grof bloct dat doetse onderwilen spliten ende
barsten. Dit syn de teekenin dat de aensichte geluwe wert ofte blec, wintsele
in den lichame ende in den rugghe ende groete zwaerheit in de beenen.

Item, men sal weten dat der spenen zyn iij manieren. Sulke spenen
syn lanc ende breet ghelyc de worten ende dat syn de ergste ende sulken
gheliken moerbesien ende die ne syn niet soe quaet allinge. Sulke gheliken wynbesien ende dat syn de allerbeste. Sulke spenen die wassen voor

de cullen wart. Ende sulke spenen wassen achteren lendenenwaert. Ende sulke spenen breken hute ende leken altoes in, sulke breken hute ende leken niet. Die spenen commen meest van bloede ende van melancolien ende selden commen die spenen van colera. Ende allerminst commen si van fluma. Ende men sal weten spenen die commen van melancolien die geliken worten ende die spenen die van bloede commen gheliken moerbesien, ende die spenen die van fluma commen die gheliken wynbesien. Ende die spenen wassen gheerne lieden die heet syn ende versch ende in landem ghelikende. Ende eist dat die flumen commen van lumighen humoren, alse van flumen men ghevoelt in de lichame wint ende rommelinghe. Ende eist dat si vloien soe tingiert se met eenen heeten iseren horen hoofde.

Ende ons beschryft Galienus eist dat een mensch spenen heeft ende hebbe si langhe gheloepen dat men eene spene sal laten open dat die materie daer dore purgieren mach van horen humoren. Want *Avicenna* seit oec ende orcont ist dat men die spene alle stopt het ware te ontsiene dat de siecke dat water lossen moghte ofte dat hi mochte werden *tisicos* ofte *mania* ende dat soude commen overmidts dat hore nature niet mochte purgieren gelyc te voren. Daer omme soe salmen eene hute laten heves de nature te doene. Ende men sal laten den lever aderen in den rechten arme. Ende naer den purgacien ende suveringhe salmen van buten werken met desen navolghenden cruden, die droghen : ℞. loodt asschen, scillen van ysere, van elcxs even vele. Hier of maect subtyl poeder ende stellet in dine bosse ende van dien poeder doet dicke der op.

Een ander. Nemt acacia ℥ iij, scorsse draganta van elcxs ℥ ij, hier of maect pulver subtyl en temperet met succi arnoglossi in modum unguentum et ponatur in pixide. Ende daer met bestriket de spenen sdages tweewarf.

Een ander dat Rogerus schryft ende leert. Nemt de scorse van garnaten die pulveriseert subtyl ende dat minghet met aisyn in modum unguentum ende dat leght op der spenen dat selve droghen ende ghenesen, ende staen die spene diepe in dat fundament men sal wieken der in steken met desen salve ende met cleederen.

Item. Ysaac seit : men sal boenen een lettel sieden ende dat legghen op stoppen ende voert legghen op die spenen die zwellen ende zweeren ende niet ne loepen.

Een ander. Nemt doderen van eyeren, parietaria, absincium. Dit salmen wel cleen stampen ende sieden in water dan pueren dat water of ende siedense met een lettel olie van rosen. Dan doet van den viere ende minghet der mede doderen van eyeren, in modum unguentum ponatur in pixide, ende dit plaster gheleit op spenen die niet ne loepen ende zweeren.

Een ander. Nemt apium emorriodorum die ghesoden in urine ende dat geplastert daer op sceet spenen en die zweeren.

Een ander : ♃. oleum nucis dat salmen dicken stricken op de spenen.

Een ander. Nemt pulver van netelen ende dillen poeder, dat minghet met seeme ende bestriket. Ende men sal het ghenesen.

Een ander jeghen spenen comende van melancolien. Nemt pulver van de beenen der herten dat drincket met wine daer seeme in ghesoden is ofte met diasene.

Een ander jeghen spenen bi faute van den ghestelieken leden. Corali rubi et albi, dat pulveriseert subtyl, pulvis draganti, pulvis ordei aā. Daer af maect pulvere ende dat hout onder de tonghe ende latent smelten onder de tonghe ende zwelget. Maer eist bi faute der voedender leden soe gheeft van desen vorseiden pulvere drincken met sape van weghebree.

Uan den fistele in den ers darme.

Ｗan den fistule die comt in den ers darme. Daer of dat sommighe doorgaende sin ende teekenin daer of es dat uut hun lieden gaet wacheden ende meests wints ende sulke ne syn niet dore gaende ende hute welke ne gaet no wint no stront. Ende die fistulen die dore gaen ne ghenesen niet met medicinen. Maer sulke werden genesen mette wercken des hants ofte cirugie. Met binde ontwee ofte huut trecken met sickelen ende daer nae heelen ende vleesch maken met unguentum *basiliconis* maer in de werc- kinghe der dore gaende. Ende het wert onderwilen geloset met messe sonder luust ofte wille waer bi datmen scuwet die bande op die materie ofte maniere. Maer den fistulen die syn neder datmen ghecrigen mach bi den vingeren ende die mach men ghenesen met scarpen medicinen, alsoe jou verleert is in dat cappittel van den fistelen. Daer vindi medicinen van den fistulen ghenouch te ghenesenen ende dat met scarpe medicinen die suveren ende dit unguentum es goet der toe :

Unguentum viridis. Dats lichtelic corrumpeert ende gheneest den fistelen ende doet vleesch wassen : ♃. swinen smout coelert lib. 4, viridis eris ℥, sal gemme ℥ s. ende dit vergadert in eenen mortier ende stellet in dine bosse. Ende dese salve doot den fistulen ende verdryft quaet vleesch.

Van dat fundament dicke hute gaet.

Dat fundament es den ers darme ende die gaet hute ende dat gae overmits der clappinghen van den senuwen in den fondament ofte in *vulva.* Ende dit es de cuere welc datter hute gaet soe *vulva* soe dat andere : in dat erste soe suldine doen sitten metten setten in water daer dese naevolghende cruden in ghesoden syn : ♃. balaustum gallen, corticis mali grenati, eekelen ypoquistidos aâ partes equales. Dit doet siden in water ende doeter daer in sitten ofte nemt dat naevolghende pulver : ♃. balaustia, cipressi aâ 3 ℥, corticis lentissi 3 3, serusa 3 j, van desen poeder stroit der op.

Dit es een suppositorium omme in dat set te stekene.

Nemt pulver van gallen, cumine aâ ℥ iiij. Dit stampt ende maecter of suppositorium ende stecktse int set. Ofte maect dit navolghende sackin twee ende vultse met deser navolghende cruden : ♃. pulver van gallen, pulver van cuminum aâ ℥ v. Hier mede vullet die 2 sackin ende dan setse in reghenwater. Ende men salse warmen der in steken ofte der op sitten. Ende als dien coel es dan sal men dander sackin warmen neme ende alsoe doen dicken menichwarf.

Een ander. Nemt ranken van wyngaert met serpentinen die bernet te asschen ende dat leght in roode wyn ende van die looghe doet er in loopen met eenen clistere. Ofte men sal metten sitte der op sitten ende laten den wasem der ingaen. Dats es seer goet.

Een ander. Nemt gallen, eekelen, balaustia, ypoquistidos, sumac, corticis mali grenati, scorsse van mespillen. Dit stoet ende siedt in eenen pot over dat viere ende dan sal de siecke hem sitten en stomen, sal dan gheven den siecken : *dyacitonicum ende diacostum et cetera.*

Hier beghint dat bouc van den quaden beenen.

Hier henden de boucken van alle de clieren en clappoeren ende van den ghescorden. Nou soe comt hier ane den bouc van den quaden beenen.

De taffele der of.

Van *malamortuum* in der beenen.

Van apostemen in der beenen.

Van herdicheit crusteren in der beenen.

Van groete ader in der beene ende te corten.

Van wonden in de knie.

Wat men doen sal eener te broken beene ofte eenen te brokene leedt.

Oe men kennen sal dese broke.

En hoe men ghebroken been vermaken sal.

An ghebroken been met open wonde.

An quade ghesteken sceene ane de beene.

An te broken vingere ane den hant.

Ende an te broken tien ane de voeten.

Espace destiné à un dessin
non reproduit dans le MS.

Van vortinghen der beene willic jou scriven dat de mesters heeten *malamortuum*. Dats te segghen vortinghen der beenen. En si vallen gherne beneden den knie ende dat heeten velen lieden *mormale*. Ende het werden groete zweeren ende pusten in der beene ende roven ende si werpen vele gaten want die materie comt van humoren van melancolien. Int erste omme te gaen ter cuere ghi sult gheven den pacient deser naervolghenden dranc smorgens ende savouts omme die materie te suveren ende te ripine. ℞. nemt oximel *diureticum* ℥ iiij, aqua fontis, vini albi, aqua fumiterra aā ℥ ij misceantur. Ende hier of gheeft drincken smorgens ende savons, te gader iiij lepelkens vol, ende alse desen dranc hute es dan salmen daer nae purgieren met sera ruffini ende salmen gheven nae dit leeringhe *vah onsen antidotarius*. Ende men sal den siecken houden van alle spysen die melancolien winnen ende wachten alle spysen die laserscap ende cancker deeren mach. Ende daer nae sal men laten die miltadere in den slincken arme. Ende men sal hem houwen dat men die voeten niet wasschen sal ende alle de puusten ende seeren salmen suveren van horen vullicheit ende dan wel droghen ende dan salmet oplegghen plasteren van desen naevolghenden salven :

Unguentum. ℞. litargirum ℥ ij, serusa ℥ j, olei rosarum ℥ iij, aceti vini ℥ s., cere ℥ j, misceantur et fiat unguentum ponatur in pixide. Ende men sal weten dat daer toe goet es *oleum fraxini*, dat es olie ghemaect van esschen houte. Ende die olie maect men met twee potten deen op dander staende gheleit dat men maect oleum van jeniverbesien, alsoe ons leert in *onsen bouc die men heet ebe mesue* [1]. Die olie van fraxine es seer goet omme drope ende ceteren ende singulen ende hier of vindi ghenouch gescreven in dit *bouc*.

Salve :

Dits een notabel salve jeghen joecte : ℞. barghin smout j pont, ceruse j pont, brine van maischer boeter. Dit doet te gader in eenen mortier soe langhe dat dicke sie ende hier of maect plasteren et cetera.

Item. Boeter brine es superlatyf jeghen joecte ontrent wonden ende seerheden ghedaen laeu daer op met eenen doucskin, probatum est.

Van de apostemen in der beenen.

V an apostemen in der beene ende in der knien ende in den voet ende eist dat vaste ghemaect ende dat groot hute blyct soe ne houvet ghene cuere. Maer int beghinsele alse den knie ende den voet beghint te werdene groet omme te apostemeren dats pynlic omme te ghenesen. Ende als ghi siet dats van groete droefheit van bloede dat suldi bekennen in den varwe ende bi der hitten. Int erste suldi beghinnen jeghen overtullicheit des bloets ende men sal hem minderen sine spyse ende men sal antieren

---

[1] Yperman indique ici un ouvrage dont il semble être l'auteur et qui jusqu'à ce jour n'a pas encore été retrouvé.

alle weken dat keeren nae vervultheden ende men sal mitten *trifera minor* tgewicht van ʒ 2 thuris over een ende ghevet drincken. Smorgens telike in *aurora*. Ende men sal bestriken die aposteme met desen navolghenden unguentum. ℞. pulvis aloe, pulvis mirrha, acacia aā ʒ j. Dit minghet te gader cum vino stiptico et cum quantitate foliorum *cipressus* ofte aqua van ertnoten ende in die hute salment bestriken ghelic heete podraga. Ende eist dat sake dat de aposteme hute breken willen ofte ute breken, soe doet ende gheneese aljou vorschreven es in het capittel hier vore van den apostemen. Cuererse ende ghenesetse ghelyc dat men leert ende scrivet.

Van den cancker die comt in den beenen.

Wan herdicheit crusteren in der beenen ende canckeren . die comme meest van salsum fluma ofte van verberrent melancolien. Ende dese syn seer quaet te curerene. Die teekenin dat si syn van salsum fluma dats joecte ende crusteren vele ende sculferen. Ende men salse cureren weder si syn met vleeren ofte sonder vleeren in desen manieren : int erste men sal den siecken gheven des nachts alse de maghe ydele es soe salmen hem gheven pillen fetide daer of es doses 2 3, tote eenen halven oncen. Ofte met desen navolghende pillen : ℞. ellebori nigri ʒ j, scamonea ʒ s. semen api aā ʒ j. turbit papaveris aā ʒ ij, fiat pillen cum succo fumiterre ofte met wine daer fumiterre in ghesoden is, fiat pillen in modum ciceris en men sal gheven altoes oneffene. Nae die pillen salmen laten in die ader diemen basilica heet die es tusschen den cleenen teen ende den anderen teen. Want dese vorseide latingen trect hute dat bloet van melancolien en van allen den lichame ende doetse purgieren. Ende dese latinghe behoort ghedaen te wesen daer vore int capittele der quaeden beenen van malamortuum. Ende den siecken sal hem houwen van spyse te nutten die bloet maken van melancolien. Ende men sal voert gaen in der cueren. Int erste soe suvert alle die seeren scone ende dan leght der op dese naevolgende salve. Daer mede gheneetse : ℞. oleum rosarum ʒ iiij, serusa sulfuris, aā ʒ j, argentum vivum ʒ s., et fiat unguentum, ende ten achterste dat in twitte van den tween eyeren et pauco aceti misceantur et ponatur in pixide. Ende eist dat sake dat syn stinckende ulcerien die men heet *canckeren* die salmen ghenesen met *unguentum veneris* ende suveren. En aldus salmen maken *unguentum veneris*.

Dit est unguentum veneris.

℞. olei olivarum in den somer lib. ij, ende in den winter lib. iij, scapin roet lib. j, cere ℥ s. picis navalis ℥ vj, gum armoniac, oppoponas, galbanum Die gummen salmen weiken in warmen aisyn ende dan salmen maken unguentum ponatur in pixide ende orborse. Ende daer nae salment consolideren met desen naevolghenden pulver. Desen pacient wert dicken ghepurgiert ende dicken ghelaten in den adere van bazilicon in den voet alsoe voren gheseit es.

Een ander. In de blancerdj ende scolpen ende ruwicheit. Nemt starken wyn ende die maect warme ende daermede dwaect die stede alle daghe. Ende daer op gheleit eene plaster aldus ghemaect :

Plaster. ℞. Mellis lib. s., doderen van eyeren viere. Dit slaet al over een ende doetter toe farina ordej, dat dicke si daer mede vermakene ende metter salve vorseit salment mondificeren ende in carneren.

(Ici se termine le MS. 19 A. de Cambridge. Il y manque dix chapitres traitant des maux des jambes, comme le constate la table que l'auteur a placée en tête du livre, page 323.)

INDEX.

Auteurs cités dans ce traité.

Livres cités dans ce traité.

Passages où est mentionnée la ville d'Ypres.

ERRATA.

Page 249. — Note. 9, lisez 9.
XI   IX

TABLE DES MATIÈRES.

TABLE DES MATIÈRES.

TABLE DES MATIÈRES.

TABLE DES MATIÈRES.

ORGANISATION

DES

ÉTATS DE FLANDRES

depuis l'ordonnance du 5 juillet 1754, jusqu'à la réunion des provinces belges à la France

(1794).

NOTICE

PAR

M. LE GRAND DE REULANDT,

Secrétaire-perpétuel de l'académie, associé étranger de l'académie royale d'archéologie d'Espagne.

Nous avons donné dans les annales de l'académie [1] une notice sur la forme et l'organisation des États de Flandres avant l'ordonnance du 5 juillet 1754 [2]. Nous allons essayer d'expliquer cette organisation depuis cet édit et celui du 18 octobre 1755 [3].

Notre travail sera divisé en deux parties : la première traitera de la Flandre orientale, la seconde de la Flandre occidentale [4], ou pays rétrocédé.

[1] Tome Ier , page 380.
[2] *Placards de Flandres* , liv. V , page 339.
[3] Idem , liv. V , page 358.
[4] On ne doit pas confondre cette délimitation avec celle qui existe aujourd'hui. Ce que l'on appelait alors *Flandre occidentale* était uniquement la ville et la châtellenie d'Ypres , la ville , la châtellenie et les huit villages de Furnes , la ville de Dixmude , la ville et la châtellenie de Warneton , la ville et la verge de Menin. Tout le reste du pays formait la *Flandre orientale*.

FLANDRE ORIENTALE.

Les États étaient convoqués par le conseil de Flandre, à la requête du souverain, à l'hôtel de ville de Gand à l'effet d'entendre les propositions du commissaire du gouvernement.

Les édits de 1754 et de 1755 décidèrent que la province serait représentée par huit voix, qui devaient être désignées par les différents colléges, chacun ayant une part d'influence en rapport avec son importance.

Les huit voix se subdivisaient de la manière suivante :

DÉPUTATION
- le clergé de Gand, 1 voix,
- celui de Bruges, 1 voix,
- les villes, 3 voix,
- les châtellenies 3 voix.

Les voix des villes et des châtellenies se formaient d'après le taux de la cotisation de chacune d'elles dans le transport de 1631. Cette cotisation était établie au marc le franc sur une base de 100 livres. A cause des parties de la Flandre cédées à la Hollande et à la France et des validations consenties par le souverain au profit de plusieurs localités, l'imposition totale de la Flandre orientale était réduite à L. 61,14,11 1/4 dans les 100 livres. Voici le détail de la somme de L. 38, 5, 0 3/4 qui complète la base de 100 :

pays cédés à la Hollande depuis le transport de 1631.
- Hulst,
- le métier de Hulst,

L. 0,10, 6.

Pays cédés à la France depuis le transport de 1631, rétrocédés à l'Autriche et formant le département de la Flandre occidentale.	la ville d'Ypres, la châtellenie d'Ypres, la ville et la châtellenie de Furnes, les huit villages, la ville et la châtellenie de Warneton, la ville et la verge de Menin, détachées de la châtellenie de Courtrai ; elles étaient cotisées respectivement d'après les bases du transport de 1517, la ville et la juridiction de Poperinghe, la ville et le territoire de Wervicq, la ville de Dixmude [1], la ville de Loo,	L. 17,17, 2 ²/₃
Parties cédées à la France depuis le transport de 1631 et conservées par cette	Dunkerke, Mardicq, Gravelines, Bourbourg, Bergues, Cassel avec son métier,	

[1] Dixmude n'a été ni cédée ni rendue ; mais étant occupée par la France lors de la rédaction des traités d'Utrecht et de Rastadt elle a été comprise comme possession française dans ces documents diplomatiques.

puissance, sauf quelques changements de délimitation opérés par le traité des limites du 26 août 1769.	Belle avec son métier, le métier de Bergues, le métier de Bourbourg. Templemars et Vendeville, avec ses dépendances, enclavés dans la châtellenie de Lille, contribuant autrefois avec la ville de Ninove, Meereghem ou Merville, Watervliet,	L 18, 3, 5 $^{3}/_{4}$
Validations accordées à quelques localités sur leurs cotes respectives dans le transport de 1631.	Pays de Waes, pour surtaxe, la châtellenie de Courtrai, pour cause de démembrement de la ville, la verge de Menin, Dixmude, pour cause de surtaxe, différentes villes de la frontière française, en conséquence des traités d'Utrecht et des limites,	L. 1,13,10 $^{1}/_{3}$
Parties comprises dans le transport de la Flandre orientale,	Weert, Eertbrugghe, Moorsele, St-Amand, Opdorp, Nieuport,	

mais exclues de- } Ostende , } L. 1, 3, 5
puis longtemps | Thourout ,
de toute influen- | Ghistelles ,
ce dans l'admi- | Oudenbourg ,
nistration de la | Damme ,
province. | Houcke ,
| Muninckreed ,
| Blankenberghe ,

RÉCAPITULATION.

Parties cédées à { la Hollande............	L.	0,10, 6
la France et rétrocédées...		17,17, 2 $\frac{2}{3}$
la France et non-rétrocédées.		18, 3, 5 $\frac{3}{4}$
Validations........................		1,13,10 $\frac{1}{3}$
Parties sans influence.................		1, 3, 5

Total... L. 39, 8, 5 $\frac{3}{4}$

Il restait donc pour les autres localités de la
province........................... 60,11, 6 $\frac{1}{4}$

Ensemble...L. 100, 0, 0

Cette somme était répartie de la manière suivante :

1° CINQ VILLES.

Gand.....................	L.	6,14, 9
Bruges....................		5, 0, 0
Courtrai..................		1,13, 4
Audenarde................		1, 2, 5 $\frac{1}{2}$
Termonde		0,16, 5 $\frac{1}{2}$

Total... L. 15, 7, 0

2° ONZE CHATELLENIES.

le pays du Franc............ L.	9, 0, 0	
la châtellenie du Vieuxbourg...	6, 3, 0	
la châtellenie de Courtrai......	6,13, 3	
la châtellenie d'Audenarde.....	2,14, 9	
le pays d'Alost.............	10,14, 1	
le pays de Waes............	5,18,11	
le pays de Termonde.........	2,14, 1	
le territoire de Ninove........	0, 2, 8 ³/₄	
le métier d'Assenede.........	0,12, 0	
le métier de Bouchout	0, 5, 8 ¹/₂	
le pays de Bornhem	0, 6, 0	

Total... L. 45, 4, 6 ¹/₄

RÉCAPITULATION.

Les villes................. L. 45, 4, 6 ¹/₄
Les châtellenies............. 15, 7, 0

Ensemble... L 60,11, 6 ¹/₄

Il y avait des villages et des seigneuries, prétendues *terres franches*, enclavés dans la Flandre orientale et non compris dans les transports successifs de cette province, c'étaient :

1° Steenhuyse, dans le pays d'Alost,

2° Audeghem,

3° Appels,

4° L'Eghene,

5° St-Onolfsbrouck,

dans le pays de Termonde,

6º Avereye,

7º les douze ménages,

8º St-Albert,

       dans le métier d'Assenede,

9º Watervliet, près de Bouchout,

10º quelques polders du pays de Waes, du Franc,
d'Assenede et de Bouchout.

On remarquera que les villes, tout en ne payant que dans la proportion de L. 15, 7, 0, avaient aux États le même nombre de voix que les châtellenies qui payaient le taux de 45,4, 6 ¼. Un fait non moins surprenant c'est l'exclusion de la direction des affaires de la province de plusieurs villes telles que Nieuport, Ostende, Thourout, Ghistelles, Oudenbourg, etc. Cela résultait d'un usage ancien qui était cependant contraire à l'ordonnance du 5 juillet 1754 laquelle posait en principe que toute localité contribuante devait avoir une influence correspondante à la part qu'elle payait dans les impôts [1].

Nous allons examiner la manière dont les huit voix des États se formaient pour le clergé, pour les villes et pour les châtellenies.

LE CLERGÉ.

Clergé de Gand.

Le clergé formait sa députation dans une réunion composée de 15 voix, savoir :

l'évèque	. . . .	1
Les abbayes de { St-Pierre, près de Gand	. . . .	1
Eename, près d'Audenarde	. . . .	1
Grammont, de l'ordre de saint Benoit	. . . .	1

[1] V. *notre mémoire sur l'ancienne ville de Ghistelles.* ANNALES DE L'ACADÉMIE, tome XIV, page 115.

Les abbayes de	Ninove	1
	Tronchiennes, de l'ordre des Prémontrés.	1
	Baudeloo	1
	Waerschoot	1

Les chapitres de	St-Bavon, } à Gand	1
	Ste-Pharaïlde, }	1
	Notre-Dame, à Courtrai	1
	Notre-Dame, à Termonde	1
	St-Sauveur, à Harlebeke	1
	St-Martin, à Alost	1
	St-Hermès, à Renaix	1

Le clergé avait droit de préséance dans l'assemblée des États, mais sans la présidence qui appartenait au premier échevin de Gand.

Dans les délibérations aux réunions du clergé les propositions du gouvernement étaient débattues et la décision était votée à la majorité relative des voix. L'évêque, en cas de partage des suffrages, avait voix prépondérante [1].

Clergé de Bruges.

Le clergé de Bruges se composait de 9 voix, savoir :

	l'évêque	1
Les chapitres de	St-Donat	1
	Notre-Dame	1
	St-Sauveur	1
	St-Pierre, à Thourout	1

[1] Les députés des chapitres votaient d'après les instructions de leurs corps respectifs.

Les abbayes de
- Oudenbourg 1
- St-André , de l'ordre de saint Benoit. . . 1
- Dunes. 1
- Eeckhoute, de l'ordre de saint Augustin. . 1

LES CINQ VILLES.

Gand.

En matière d'aides et de subsides , d'après l'ordonnance du **26** février 1759 [1], les notables seuls de la ville avaient droit de délibérer sur les propositions du prince. D'après cette ordonnance et celle du 11 janvier précédent [2] les anciens échevins hors de fonctions siégeaient dans les réunions.

Les notables étaient choisis par le grand-bailli et les magistrats de la loi au nombre de 6 dans chacune des sept paroisses, ce qui faisaient 42 notables, obligés de comparaître, sur l'invitation des magistrats, sous peine d'une amende de 30 carolus d'or et de bannissement. Les notables étaient ce que l'on appelait la *collace.*

Les décisions étaient prises à la majorité des voix. En cas de partage la proposition en délibération était admise.

Bruges.

Cette ville était représentée par 4 bancs de notables qui étaient convoqués par le magistrat. Ces bancs se composaient :

1° de tous les anciens bourgmestres, des échevins et de ceux de la commune hors de fonctions ,

---

[1] *Placards de Flandres*, liv. V , page 490.
[2] Idem. liv. V , page 489.

2o { de tous les anciens échevins et conseillers de la ville, hors de fonctions,

3o { des chefs-hommes (*hooftmannen*), au nombre de six, représentant chacun la sixième partie de la ville de Bruges.

des doyens des métiers au nombre de 44, savoir :

du chef-homme {
de St-Jean,
de St-Donat,
de Notre-Dame,
de St-Jacques,
de St-Nicolas,
des Carmes,

des doyens des {
tisserands de laine,
fouleurs,
tondeurs de laine,
teinturiers,
bouchers,
poissonniers,
charpentiers,
maçons,
couvreurs,
plombiers,
scieurs,
tonneliers,
charrons,
tourneurs,
peintres,

4o {

4° (suite)

des doyens des

cordiers,
potiers,
serruriers,
orfèvres,
armuriers,
ferblantiers,
étainiers,
cordonniers,
corroyeurs,
tanneurs,
gantiers,
selliers,
tailleurs,
fripiers,
boulangers,
meuniers,
chapeliers,
tisserands de lin,
tisserands de coutil,
chirurgiens,
courtiers,
épiciers,
bateliers.

En cas de partage des voix entre les **4** bancs le vote était affirmatif.

Courtrai.

Le collége de la ville, depuis l'année 1740, seul délibérait sur

les affaires soumises. La décision était prise à la majorité
relative des voix et, en cas de partage, l'objet en discussion était
admis.

Audenarde.

Le collége des avoués des orphelins, représenté par 4 personnes, et quelques notables désignés par le magistrat de la ville
se réunissaient et donnaient leur avis ; alors le magistrat, au
nombre de onze échevins, délibérait et votait définitivement sur
la requête du souverain.

Termonde.

A défaut de prescription résultant d'une loi, on délibérait à Termonde suivant l'usage.

Le magistrat communiquait l'objet à discuter au doyen des
halles, celui-ci convoquait les doyens [1] des corps de métiers au
nombre de 15 pour leur soumettre la communication du magistrat.
Les doyens des métiers réunissaient leurs suppôts et chaque suppôt
donnait sa voix. Le doyen des halles convoquait alors de
nouveau les trois doyens de chaque métier qui votaient dans le
sens de leurs corps. Il rassemblait les voix et faisait connaître
le résultat du scrutin au magistrat qui délibérait alors à son
tour et décidait définitivement sans être lié par le vote des corps
de métiers.

LES CHATELLENIES.

Parmi les châtellenies le Franc de Bruges occupait le premier
rang [2].

---

[1] Chaque corps de métier avait trois doyens.
[2] Avant l'ordonnance du 5 juillet 1754, le Franc était compris parmi les villes. Voir
notre notice précitée dans les *annales de l'académie*, tom. 1er pag. 380 et suivantes.

La généralité des localités du Franc était représentée de la manière suivante :

1° les nobles et les notables [1],

2° les seigneuries vassales, { contribuantes , appendantes ,

3° les chefs-hommes des seigneuries de la Keure [2].

Les seigneuries *contribuantes*, convoquées aux assemblées générales , étaient :

1° Caprycke ,

2° Eecloo ,

3° Lembeke ,

4° Maele ,

5° Prooschen ,

6° Canoninghschen ,

Les seigneuries *appendantes* étaient les suivantes :

1° Bernem ,

2° Coolscamp ,

3° Dekenslaet ,

4° Erekeghem ,

5° Gentbrugghe ,

6° Guysen ,

7° Hardoye ,

8° Hontschen   { de la seigneurie du Nieuwen Lophem ,
composée   { des métiers de Buskens et Jonckers.

9° la cour de Ruddervoorde ,

[1] La possession de 16 2/3 bonniers dans le pays du Franc donnait droit à tout bourgeois de devenir notable noble. Tout roturier, avec semblable propriété, pouvait devenir, s'il le voulait, notable non noble.

[2] Ces chefs-hommes étaient nommés par le magistrat du Franc.

10° Knesselaersche ,

11° Lichtervelde ,

12° Maldeghem, composée des { Maldeghem ,
   villages de { Adeghem ,
   { St-Laurent ,

13° Merckem ,

14° Middelbourg ,

15° Nieuwen et Bernem ,

16° Praet et Oedelen ,

17° Oostcamp ,

18° Rooden, dit Nieuwen Hove ,

19° Ruddervoorde ,

20° St-Georges ,

21° Sysseele ,

22° Tilleghem ,

23° Waelschen et Bernem ,

24° Waterland ,

25° Wulfsberghe ,

26° Ursel ,

27° Vyve ,

28° pays de Wynendaele com- { Thourout ,
   posé des villages de { Cortemarcq ,
   { Handzaeme ,
   { Gits et Ogierlande ,
   { Haegenbroeck ,
   { Cryngen ,
   { Wyckhuyze ,
   { Edewalle.

28°
(suite)

{
Pausschen et Vyverschen ,
Marckhove ,
Peere Boom.
}

Les paroisses de la Keure ou plat-pays du Franc, convoquées aux assemblées générales et représentées en la personne des chefs-hommes des seigneuries, étaient :

1° Moerkerke ,

2° Oostkerke ,

3° Westcappelle .

4° Lapschuere ,

5° Ste-Catherine-lez-Damme ,

6° Ste-Anne-ter-Muyden ,

7° Dudzeele ,

8° Ramscappelle ,

9° Coolkerke ,

10° Lisseweghe ,

11° Heyst ,

12° Cuocke ,

13° Uytkerke ,

14° St-Jean-sur-la-Digue ,

15° Wenduyne ,

16° Zuyenkerke ,

17° Meetkerke ,

18° St-Pierre-sur-la-Digue ,

19° Houttaeve ,

20° Nieuwmunster ,

21° Vlisseghem ,

22° Clemskerke ,
23° Oudenbourg ,
24° Oudenbourghouck ,
25° Ettelghem ,
26° Zandvoorde ,
27° Breedene ,
28° Mariakerke ,
29° Steene ,
30° Snaeskerke ,
31° Leffinghe ,
32° Middelkerke ,
33° Willekinskerke ,
34° Slype ,
35° Mannekensvere ,
36° Westende ,
37° Vladsloo ,
38° Beerst ,
39° Keyem ,
40° Leke ,
41° Schoore ,
42° Woumen ,
43° Eessen,
44° Clercken ,
45° Zarren ,
46° Handzaeme ,
47° Bovekerke ,
48° Couckelaere ,

49° Ichteghem,

50° Eerneghem,

51° Ghistelles,

52° Moere,

53° Zande,

54° Zevecote,

55° Westkerke,

56° St-Pierre-Cappelle,

57° Roxem,

58° Bekeghem,

59° Aertrycke,

60° Zedelghem,

61° Lophem,

62° Zerkeghem,

63° Jabbeke,

64° Stalhille,

65° Snelleghem,

66° Varssenaere,

67° St-André.

La châtellenie du Vieuxbourg de Gand occupait le second rang parmi les châtellenies de la Flandre. Le collége du magistrat avec les baillis de St-Pierre, de St-Bavon et de Nevele représentaient seuls cette châtellenie.

La châtellenie de Courtrai était au troisième rang. Le magistrat se composait de deux ordres de fonctionnaires; de trois hauts-pointres et de cinq francs-échevins, nommés par le souverain [1]. En matière

[1] D'après le règlement de 1723 pour devenir haut-pointre il fallait être noble et

XX   27 d'impôts , la coopération des verges était indispensable. Ces verges étaient au nombre de quatre : celles de Harlebeke, de Thielt, de Deynze et des treize villages.

La châtellenie d'Audenarde était représentée par le magistrat composé du grand-bailli et de 7 pointres. En matière d'aides et de subsides on convoquait les seigneurs les plus considérables de la châtellenie, ceux de Cruyshautem, de Peteghem, de Hems-rode, de Huysse, d'Asper, d'Eyne et d'Avelghem qui n'avaient cependant que voix consultative.

Le pays d'Alost formait sa représentation par trois membres, ayant chacun une voix ; ces membres étaient composés :

1° du bourgmestre et du premier échevin de la ville,

2° du bourgmestre et du premier échevin de Grammont,

3° des baillis des seigneuries de Rodes, d'Escornaix, de Gavre, de Roulers et de Sotteghem.

Chaque membre avait une voix.

Le pays de Waes était représenté par le chef-collége composé du grand bailli et de sept échevins qui devaient entendre préalable-ment les députés des bourgs et villages suivants : Swyndrecht, Burght, Tamise, Ruppelmonde, Exaerde et Beveren.

Le pays de Termonde exerçait son influence également par le collège du bailli et des sept chefs-échevins qui convoquaient aussi les villages du ressort, au nombre de 16, lesquels votaient souve-rainement à l'exclusion du collége qui n'avait que voix consultative.

La ville et la juridiction de Ninove étaient représentées :

posséder une terre à clocher de 30 bonniers de terres et pour aspirer à une place de franc-échevin il fallait être bourgmestre d'un village, bailli, greffier ou bien posséder 30 bonniers de terres.

1° par le bourgmestre,

2° par les six échevins,

3° par deux députés des *grands adhérités des lois*,

4° par cinq députés des notables,

5° par le grand bailli.

Le greffier avait aussi voix consultative et en cas de parité de suffrages dans un vote la voix du greffier devenait délibérative et par suite prépondérante.

La ville et le métier d'Assenede étaient représentés par :

1° deux préposés choisis par les *adhérités des lois*,

2° cinq préposés nommés par les notables,

3° sept échevins,

(Les préposés des adhérités et des notables avaient une voix et les échevins également une voix)

4° le bailli [1].

La ville et le métier de Bouchout étaient représentés par :

1° le bourgmestre,

2° les sept échevins,

3° sept députés des adhérités et des notables,

4° deux députés de la seigneurie de Waterdyck,

qui avaient tous voix délibérative.

Le pays de Bornhem, onzième châtellenie, comprenait trois villages : Bornhem, Hingene et Mariakerke.

Il formait sa représentation par :

---

[1] Le seigneur d'Assenede louait à l'enchère les places de bailli, de greffier, de bourgmestre et d'échevin en vertu du règlement du 8 février 1675. *Placards de Flandres*, liv. III pag. 367.

1° trois députés de Bornhem, parmi lesquels se trouvait de plein droit le bailli,

2° deux députés de Hingene,

3° un député de Mariakerke [1].

Terres prétendues franches et celles qui n'avaient aucune influence dans les affaires de la Flandre.

Les terres qui n'avaient pas d'influence étaient celles qui, contrairement aux principes établis dans l'ordonnance du 5 juillet 1754, n'étaient pas représentées dans les États ; les unes telles qu'Ostende, Ghistelles et Nieuport parce qu'elles ne payaient plus leur quote-part intégrale dans le transport ; les autres comme Opdorp, St-Amand, Oudenbourg, Damme, Houcke, Muninkreed, Blankenberghe, Eertbrugghe, Moersele et Wiese qui tout en payant leur cotisation négligeaient d'envoyer des mandataires pour s'éviter des frais de représentation, lesquels se trouvant à leur charge, eussent été trop onéreux pour elles. Quelques terres encore envoyaient des députés aux inaugurations et aux assemblées générales de la province, mais sans avoir voix délibérative, ce qui rendait leur comparution inutile et illusoire. De ce nombre était la ville de Thourout.

Les terres franches enclavées dans la Flandre orientale n'étaient pas comprises dans les transports et n'avaient par conséquent aucune influence à exercer dans la direction des affaires publiques, c'étaient :

1° le village de Steenhuyze,

[1] Lorsqu'il s'agissait de délibérer sur des questions de guerre la seigneurie de Weert fournissait aussi un député en vertu du décret du 22 mars 1754.

2o le village d'Auweghem ,

3o le village d'Appels ,

4o la seigneurie de l'Eghene ,

5o le polder de St-Onolfsbrouck ,

6o la seigneurie d'Avreye ,

7o la seigneurie des douze ménages ,

8o la seigneurie de St-Albert ,

9o la ville , le bourg et le village de Watervliet ,

10o quelques polders dans le pays de Waes , sur les bords de l'Escaut et des métiers d'Assenede , de Bouchout et du Franc de Bruges.

FLANDRE OCCIDENTALE OU PAYS RÉTROCÉDÉ.

Nous avons déjà indiqué au commencement de ce travail [1] de quelles parties du pays se composait la Flandre occidentale.

Depuis la rétrocession faite par la France du territoire de cette partie de la Flandre (traité d'Utrecht 1713 [2]), les différentes administrations étaient restées détachées en conservant le même système d'administration que la France y avait introduit. Les droits et impositions restèrent domaniaux et toutes les administrations demeurèrent isolées. Ainsi , pour ce qui concerne les aides et les subsides, les bases du transport de 1631 étaient remplacées par des impositions fixes. Le transport de 1631 n'était suivi que pour les subsides extraordinaires [3] quoique cependant il ne fut pas toujours observé.

[1] Page 333, note 4.
[2] Voir notre notice précitée dans les *Annales de l'Académie* , tome I, page 381.
[3] Ordonnance du 7 septembre 1750.

Lorsqu'une demande de subside était formée par le gouvernement le magistrat de la ville d'Ypres était chargé de convoquer les autres magistrats du territoire et de leur soumettre les pétitions de la couronne. La demande consistait ou bien en une somme ronde à répartir entre les diverses localités ou bien en une somme dans laquelle la quote-part de chaque partie intéressée était fixée par le prince [1].

Chaque administration ayant reçu, par son magistrat, communication de la demande de subside délibérait et donnait connaissance du résultat du scrutin au commissaire du souverain délégué à cet effet. Il en résultait que la Flandre occidentale n'avait plus d'influence directe sur l'ensemble des affaires du pays, que chaque localité était séparément libre d'accorder ou de refuser sa quote-part dans les subsides réclamés par la couronne.

Nous allons examiner comment chaque administration procédait dans sa délibération et son vote particulier.

Ypres.

L'assemblée délibérante de cette ville se composait de **33** voix, savoir :

Le magistrat {	le grand bailli...................	1 voix,
	un avoué...................	1 voix,
	13 échevins...................	13 voix,
	13 conseillers ordins. de la chambre.	13 voix,
	les conseillers des 27 [2]........	1 voix,

[1] Nous donnons à la fin de ce travail les états de répartition des subsides extraordinaires de 1757 et de 1761.

[2] Ils étaient ainsi nommés parce qu'ils représentaient les 27 quartiers et voisinages de la ville.

les notables au nombre de 14. . . . . .   1 voix ,

le corps des drapiers , composé de 7

    membres . . . .   1 voix,

le corps de la sayetterie , composé de

    7 membres. . . . .   1 voix,

Tous les autres métiers de la ville représentés par { un chef. . . . . deux membres appelés *gouverneurs*, }   1 voix.

En cas de parité de voix la demande était rejetée, ce qui était contraire à l'usage généralement adopté ailleurs.

Châtellenie d'Ypres.

Les villages de ce territoire étaient :

    1° Boesinghe ,

    2° Voormezele ,

    3° Zonnebeke ,

    4° Gheluvelt ,

    5° Becelaere ,

    6° Moorslede ,

    7° Staden ,

    8° Rumbeke ,

    9° La Bussche ou Bas–Warneton ,

    10° Hollebeke ,

    11° Santvoorde ,

    12° Bixschote,

Les seigneurs de ces villages étaient convoqués par le magistrat de la châtellenie et ils délibéraient dans l'assemblée composée de la manière suivante :

1° le bailli,

2° neuf échevins,

3° douze nobles vassaux.

En cas de partage des voix, le sort décidait.

Furnes et sa châtellenie.

Les nobles et les notables du territoire délibéraient et communiquaient leur décision au magistrat qui décidait souverainement. Ce magistrat était formé comme suit :

        1° le grand-bailli,   1 voix,

        2° les deux bourgmestres,   1 voix,

        3° les douze échevins,   1 voix.

En cas de partage la voix du bourgmestre de la commune était décisive.

Métier de Furnes.

Ce pays se composait de 22 villages ou annexes. Chacun de ces villages était représenté par son bailli ou son greffier [1] à l'assemblée qui se tenait au village d'Elverdinghe.

Warneton et sa châtellenie.

Le magistrat convoquait l'assemblée qui se composait de 15 suffrages :

1° { le bailli   }   de la ville   }
       l'avoué   } et de la châtellenie, } 1 suffrage,
       les échevins de la ville,   }
       les échevins de la châtellenie,

---

[1] Ils pouvaient être suppléés au besoin par le bourgmestre ou un échevin.

2° { le bailli, 3 échevins, 7 notables, } { de la paroisse foraine de Warneton dont l'avis était compté pour 7 voix, comme représentant les 7 quartiers ou confréries de ce village, } } 1 suffrage,

3° le village de Neuve-Eglise............... 1 suffrage ,

4° le village de Kemmel................... 1 suffrage ,

5° le village de Dranoutre................. 1 suffrage ,

6° le village de Wulverghem............... 1 suffrage ,

7° la branche de Westhouck Overbeke........ 1 suffrage ,

8° la branche d'Oosthove et Nieppe.......... 1 suffrage ,

9° la branche d'Oosthouck Overbeke......... 1 suffrage.

Menin.

Le magistrat avait connaissance des affaires qui concernaient les intérêts généraux; ce magistrat était composé de la manière ci-après :

1° le grand-bailli ,   1 voix,

2° le bourgmestre , } 1 voix.

3° six échevins ,

En cas de partage des suffrages le sort décidait.

Verge de Menin.

Le chef-collége de la verge de Menin était représenté par :

1° le grand-bailli ,

2° quatre échevins ,

qui avaient tous voix délibérative.

Poperinghe et sa juridiction.

Le magistrat de Poperinghe se composait :

        1° de deux bourgmestres ,

        2° de six échevins ,

        3° du bailli ,

        4° de l'amman ,

        5° du pensionnaire ,

        6° du greffier.

En matière d'aides et de subsides on convoquait également :

1° le corps des conseillers de la ville composé de 8 membres,

2° le corps des notables composé de 16 personnes choisies dans les paroisses de St-Bertin, de St-Jean et de Notre-Dame.

Ces trois corps délibéraient séparément et le résultat des votes de chacun d'eux formait un suffrage. La majorité des trois suffrages était décisive.

Wervicq et son territoire.

Le magistrat de Wervicq était formé de la manière suivante :

        1° un bourgmestre ,

        2° huit échevins.

Il délibérait souverainement mais il devait convoquer et entendre préalablement les commis des *adhérités des lois* et des notables conformément au règlement général de 1672 ; cependant rarement on observait cette prescription, de manière que généralement le magistrat seul décidait des affaires.

Dixmude et son échevinage.

Le magistrat de cette localité était composé :

1° d'un ruart, ⎰ dont les attributions se bornaient ordi-
2° d'un bailli, ⎱ nairement aux affaires de police.
3° d'un bourgmestre,
4° de six échevins.

Chaque année le magistrat choisissait six notables lesquels, avec toutes les personnes qui antérieurement avaient servi la loi, formaient un seul corps qui devait être entendu sur les demandes d'aides et de subsides. Leur avis formait une voix dans les délibérations du collège. Le bourgmestre et les échevins avaient chacun également une voix, de manière que le nombre des suffrages était de huit. En cas de partage, la voix du bourgmestre décidait.

Loo.

La ville de Loo, qui avait un superficie seulement d'environ deux hectares, avait son magistrat composé de la manière suivante :

1° le bailli,
2° le bourgmestre,
3° six échevins.

Pour ce qui concernait les impositions le corps des notables, qui était formé de la même manière qu'à Dixmude, devait délibérer préalablement et avait à donner un suffrage qui votait dans le collège. Le bourgmestre et les échevins avaient chacun une voix.

ANNEXES.

A. (Flandre occidentale).

Répartition du subside extraordinaire accordé en novembre 1757.

1	La ville d'Ypres	Fl.	12,000	0	0
2	La châtellenie d'Ypres		85,000	0	0
3	La ville, la châtellenie et le métier de Furnes		115,000	0	0
4	La ville et la châtellenie de Warneton		20,000	0	0
5	La ville et la juridiction de Poperinghe		16,000	0	0
6	La ville et le territoire de Wervicq		4,000	0	0
7	La ville et la verge de Menin		40,000	0	0
8	La ville de Dixmude		1,000	0	0
9	La ville de Loo, insolvable (Mémoire)		0	0	0
	Total	Fl.	293,000	0	0

B. (Flandre occidentale).

Répartition du subside extraordinaire accordé le 30 octobre 1761.

1	La ville d'Ypres	Fl.	8,000	0	0
2	La châtellenie d'Ypres		36,269	16	8
3	La ville et la châtellenie de Furnes		81,667	1	8
4	La ville et la châtellenie de Warneton		13,000	0	0
5	La ville et la juridiction de Poperinghe		11,000	0	0
6	La ville et la juridiction de Wervicq		2,500	0	0
7	La ville et la verge de Menin		27,000	0	0
8	La ville de Dixmude		700	0	0
9	Le métier de Furnes ou les huit villages		15,332	18	4
10	La ville de Loo, insolvable (Mémoire)		0	0	0
	Total	Fl.	195,469	16	8

MISCELLANÉES ARTISTIQUES

PAR

M. ARNAUD SCHAEPKENS,

Membre correspondant de l'académie.

En publiant les notes suivantes sur la vie et les travaux de quelques artistes, notre seul but est de soustraire à l'oubli leurs noms ou leurs œuvres, sans y attacher un ordre de classement ou sans leur attribuer le rang qu'ils méritent d'occuper dans la biographie générale des artistes des Pays-Bas. A d'autres donc la tâche d'assigner dans leurs grands travaux leur place et d'apprécier le mérite de la plupart de ces modestes travailleurs, dont plusieurs ont à peine quitté les rangs de cette vaillante phalange dont les membres intelligents se vouent dans un but commun à l'illustration de leur patrie.

THOMAS LEONARDI, (Lenaerts), frère dominicain de Maestricht, peignit à Rome, en 1682, un grand tableau de la bataille de Lépante pour l'église de son couvent. Ce tableau périt par défaut de soins.

JEAN AERT de Maestricht, coula en bronze en 1492 un grand candelabre à sept branches pour l'église des Récollets de cette ville. Ce fondeur est l'auteur des fonts baptismaux de l'église de Bois-le-Duc et des bronzes qui décoraient anciennement le chœur de l'église de Saint-Servais à Maestricht.

ULRIC, orfèvre de Maestricht, fabriqua en 1490 la croix double en vermeil de l'église de Saint-Servais, sur le modèle de celle de Notre-Dame ; (extrait d'un manuscrit de 1512, du chanoine de Saint-Servais : Calmont).

SIMON DE BELLAMONTE, chapelain du chapitre de Saint-Servais à Maestricht, a orné d'une vue générale de la ville de Maestricht l'ouvrage si universellement connu de George Braun, intitulé : *Civitates orbis terrarum*, MDLXXII. Il est également l'auteur d'un catalogue manuscrit du trésor des reliques du chapitre de Saint-Servais à Maestricht.

Il y a quelque temps on a découvert la tombe de cet ecclésiastique sur laquelle il est représenté, en prière devant la Vierge, portant un crucifix. L'inscription faisait connaître que de Bellamonte avait légué tous ses biens aux pauvres de la paroisse de Saint-Jean-Baptiste à Maestricht et qu'il y est mort en 1615.

Voici l'inscription qui se trouve sur la planche de la vue de Maestricht, avec sa traduction :

Trajectum ad Mosam, urbs et natura loci, munitionibusq, et populi frequetia, et edificijs, et ampliss: canonicor. collegijs nobilis speciem prebet urbiu duar, coniugente eas ponte magnifico. Cujus iconem, ad topographicum hoc opus exornandum, venerandus et ægregius vir *D. Simon a Bellamonte* ecclesiæ S. Servatij trajectem : sacellanus, sua industria et penicillo ad vivum accuratissime, expressam, contulet.

Maestricht, ville célèbre par sa situation, ses fortifications, l'importance de sa population, ses édifices et ses illustres collégiales, offre l'image de deux villes reliées par un pont magnifique. Le vénérable et excellent *Simon de Bellamonte*, chapelain de l'église de Saint-Servais à Maestricht, est l'auteur du dessin de cette ville que son crayon habile a exactement reproduit d'après nature pour orner cet ouvrage typographique.

DE VROOM et VAN DAALEM. — Les PP. J. C. De Vroom, provincial de l'ordre des Récollets, et J. Van Daalem de Maestricht, supérieur du couvent, dirigèrent les travaux de la belle église des Récollets, érigée à Maestricht et terminée en 1708. L'église consistait en un vaste bâtiment, construit en briques et en pierres bleues, dites de Namur, dans le style classique ; elle avait trois nefs avec croisées et deux chapelles latérales [1].

P. LYONET, célèbre naturaliste et anatomiste, naquit à Maestricht le 21 juillet 1707 [2]. Il grava à l'eau forte avec une rare perfection la plupart des planches qui ornent ses publications. Issu d'une famille lorraine, Lyonet occupait les fonctions d'avocat près de la cour de justice à La Haye, où il mourut le 10 janvier 1789. Sa manière de graver les insectes, à l'eau forte, a été

---

[1] *Annuaire du Limbourg*, 1830 p. 125 et suivantes.

[2] Voici l'acte de baptême de P. Lyonet, d'après les registres du bureau de l'état civil à Maestricht. Il y a une différence de date d'une année entre cet acte de baptême et le jour de sa naissance indiqué dans la biographie du royaume des Pays-Bas, par M. Delvenne, au 21 juillet 1707.

« Le 25 juillet 1706, M. Croiset pasteur, a administré le St-Baptême dans l'église wallonne de Maestricht, à Pierre Lyonet, fils de M. Benjamin Lyonet, pasteur de Limbourg, et de Mad.lle Marie Le Boucher, sa femme, duquel Pierre, M. Pierre Le Boucher, son grand père, a été le parrain, et Mademlle Elisabeth Keuchens la marraine. »

portée à un haut degré de perfection par les soins patients et l'exactitude qu'il mettait dans l'exécution de ses planches et de ses dessins, et nous croyons qu'il serait difficile d'atteindre un point plus élevé d'exactitude et de talent dans ce genre d'art. Sa gravure est très-achevée et très-vigoureuse; elle rend tous les détails et la physionomie des insectes avec une rare vérité et une grande exactitude. Les plus belles planches que Lyonet a exécutées sont celles qui ornent son *Traité anatomique de la chenille qui ronge le bois de saule*, ouvrage édité en 1762 à Amsterdam. Cet artiste que les biographes des graveurs hollandais ont passé sous silence, était également amateur d'art. A la vente qui eut lieu à La Haye le 21 avril 1796, on adjugea avec sa collection d'histoire naturelle, bon nombre de dessins et de gravures, ainsi qu'une suite de dessins coloriés, faits sous sa direction par un artiste habile [1]. Les gravures de Lyonet sont signées en grandes lettres de son nom seul, d'autres portent *ad viv. delin. Lyonet*.

Le ciseleur WERY. — Nous citerons encore un artiste qui vivait à la même époque, le ciseleur Wery, que l'on ne doit pas confondre avec le professeur d'architecture de l'académie de Bruxelles du même nom, cité par IMMERZEEL dans sa biographie des artistes néerlandais. Wery qui était établi à Maestricht exécuta entre autres travaux, pour l'église de Saint-Servais, un soubassement en argent qui supportait le buste mitré de Saint-Servais, orné de figures, ainsi que plusieurs chandeliers d'autel qui existent encore et deux grands candelabres en cuivre qui sont placés à l'entrée du chœur. A la maison des orphelins catholiques on conserve

---

[1] Catalogue du cabinet de coquilles, etc. de feu P. LYONET. La Haye, 1796. Ce catalogue mentionne aussi la boîte avec les outils du graveur.

de lui une ciselure en argent représentant une place publique ornée d'un obélisque et de figures.

Guillaume-Henri FRANQUINET, peintre d'histoire, né à Maestricht le 25 décembre 1785 et mort à New-York le 12 décembre 1854. Elève de Herreyns, il remporta plusieurs prix à l'académie d'Anvers. Il a peint pour l'évêché de Liége les quatre évangélistes et pour l'église de Saint-Martin à Wyck-Maestricht *le portement de la croix.* Il est également auteur de plusieurs portraits estimés. Il a publié en collaboration avec Chabert, de Paris, *la Galerie des peintres*, ouvrage très-recherché par les amateurs de livres rares. IMMERZEEL ainsi que M. A. SIRET ont cité cet artiste. M. CHRÉTIEN KRAMM, dans son ouvrage sur les artistes néerlandais, n'a pas mentionné la date de sa mort.

GILLES DOYEN, architecte à Maestricht, fit au commencement du XVIIIe siècle, les voûtes en plein-cintre de la grande nef de l'église de Notre-Dame de cette ville. Il acheva également les arches du pont en pierre sur la Meuse.

C. DELIN. — M. CHRÉTIEN KRAMM [1] cite le peintre Delin comme auteur d'un tableau d'autel de l'église de Saint-Borromée à Anvers. Delin, qui était peintre de portraits, travailla à Maestricht vers la fin du XVIIIe siècle. Sa peinture est sèche et sans vigueur, son dessin assez correct et la pose de la plupart de ses figures naturelle et pleine d'aisance. Delin avait beaucoup

---

[1] *De levens en werken der hollandsche en vlaamsche kunstschilders, beeldhouwers, graveurs en bouwmeesters*, van den vroegsten tot op onzen tijd; door C. KRAMM, lid der Koninklijke Akademie van Beeldende Kunsten enz. — Kunstschilder, Oud-Provinciaal Architect, en Directeur der Stads-Akademie van Bouwkunde, te Utrecht.

de facilité dans le travail. Il ne se servait pas de palette en peignant et préparait ses couleurs sur la tablette d'une table ou sur le premier meuble qui lui tombait sous la main. Peu ou point favorisé de la fortune, cet artiste travailla particulièrement pour la classe bourgeoise, et à des prix si modestes que la peinture de portraits suffisait à peine à son existence. Il signait en 1782: C. DELIN. La date de sa naissance et celle de sa mort sont inconnues.

MATHIEU KESSELS.

1784—1836.

Aux œuvres de MATHIEU KESSELS mentionnées dans le volume des *annales de l'académie d'archéologie* de 1854, nous devons encore ajouter les trois suivantes :

Le *Christ en croix*, sculpture en bois de palmier, qui marqua le début de l'artiste, fut acquis par André Roberts [1] à Maestricht. Cette sculpture, d'une grande finesse, montre le talent de l'artiste dans sa première période. La tête du Sauveur est d'une belle exécution et d'un type vraiment chrétien, sans trop respirer les douleurs du martyre.

Une groupe en terre cuite de la Vierge avec l'enfant Jésus, appartenant autrefois au professeur Verschaeren à Anvers.

---

[1] Feu M. André Roberts fut un investigateur zélé de l'art du moyen-âge. C'est lui qui encouragea les premiers essais de Mathieu Kessels.

Un gladiateur mourant, figure grandeur académique en marbre blanc. C'est une des pièces capitales de l'artiste pour le fini de l'exécution et l'entente de la science anatomique. Ces deux dernières œuvres de Kessels ont figuré en 1854 à l'exposition de tableaux et d'objets d'art de la corporation de Saint-Luc, instituée à Anvers sous le patronage de l'autorité communale et avec le concours de la société royale pour l'encouragement des beaux-arts.

MAES. — Cet artiste a peint le tableau de l'ancien autel de sainte Anne à l'église de Saint-Servais à Maestricht. L'auteur de l'*Annuaire du Limbourg*, qui a vu cette toile, la qualifie de production médiocre (?).

DUCKERS. — Plusieurs architectes de ce nom ont produit d'excellents travaux dans les provinces de Liége et de Limbourg sans être exempts du mauvais goût qui régnait alors dans cet art. François Duckers était architecte de la cour épiscopale de Liége. Il travailla pour la princesse Cunégonde de Saxe, abbesse de Thorn, et passa un contrat, le 1er octobre 1781, avec le chapitre pour la reconstruction d'une partie de ce monastère, qu'on appelait alors le palais abbatial de Thorn, pour la somme de 28,000 florins des Pays-Bas. Les travaux furent commencés en 1783. Duckers, qui avait le titre d'architecte du noble chapitre de Thorn, fut encore chargé par la princesse Cunégonde d'aller visiter les bâtiments abbatiaux d'Essen et de Borbeck, dont elle avait aussi la direction [1].

* L'église de Thorn est décorée dans le goût du XVIIIme siècle, son ancienne architecture a été changée. La partie de l'église qu'on appelle le chœur des Dames, est décoré de marbre et de stuc avec beaucoup de luxe. Les archéologues reprochent à l'architecte d'avoir changé le style du monument et altéré le caractère religieux pour satisfaire un luxe mondain.

Il était encore au service du chapitre en 1788 [1].

Joseph Duckers, fils du frère de l'architecte du noble chapitre de Thorn, mort au commencement de ce siècle, était le dernier artiste de ce nom. Il a travaillé dans les châteaux du Limbourg et séjourné pendant assez longtemps dans la ville de Ruremonde où il a travaillé aux édifices de cette localité. Il était possesseur de la collection de dessins, projets et plans de son oncle d'après lesquels il exécutait ses travaux. Sa fille puînée, Marie Duckers, morte il y a quelques années, avait épousé à Franquemont le baron de Matha.

DUCKERS, dessinateur, était établi à la fin du siècle ;dernier à Maestricht, où il donnait des leçons de dessin. Un portrait de sa main, dessiné aux deux crayons sur papier teinté, qui appartient à M. Adolphe Den Okere à Maestricht, donne une idée avantageuse de son talent. Il a fait le voyage d'Italie. Ce sont les seuls détails qu'on possède sur sa vie. En 1783 il signait à Maestricht G. W. Duckers delineavit.

SOIRON, (Mathieu-Jacques), architecte, né à Maestricht est mort en cette ville il y a quelques années. Il est l'auteur des plans et des dessins de la salle du théâtre et de la salle des redoutes de Maestricht, dont il dirigea également les travaux. En 1776 il fit des changements aux bâtiments de l'abbaye de Thorn dans le Limbourg [2].

PIERRE LIPKENS, dessinateur et peintre, peignait principalement des natures mortes et des fruits. Lorsque le roi des Pays-Bas

[1] *Messager des sciences historiques de Belgique*, année 1856, p. 211. Alex. PINCHART.
[2] *Messager des sciences historiques de Belgique*, 1855, p. 211.

Guillaume I, institua en 1823 par arrêté royal, l'école communale de dessin, à Maestricht, le conseil communal de cette ville en confia la direction à Lipkens, qui s'acquitta de cette tâche avec zèle et talent et forma plusieurs bons élèves, dont il était très-aimé et très-respecté. Lipkens, qui professait le culte des ménonites ou baptistes, était également très-estimé de ses coreligionnaires. Le peintre de portraits, Jacques Amans de Maestricht, a fait de lui un beau portrait qui est encore conservé dans sa famille. Il est représenté à mi-corps, tenant le crayon, le bras appuyé sur un piédestal. La tête est pleine de vie et d'expression.

Lipkens est mort le 4 août 1826, âgé de 53 ans, étant né en 1773, d'après son acte de mariage enregistré au bureau de l'état civil de la commune de Maestricht.

JACQUES KETELSLAGER, peintre et sculpteur, est né à Maestricht le 20 nivôse an XIII (10 janvier 1805). Il étudia la sculpture à l'académie d'Anvers où il fit peu de progrès. Dans la peinture de genre qu'il entreprit ensuite, il ne fut pas plus heureux. Après avoir voyagé pendant quelque temps, il fit plusieurs bons portraits, d'un dessin assez correct, d'une couleur vraie et vigoureuse et d'une ressemblance saisissante. Un de ses meilleurs tableaux est son propre portrait, où il est représenté en buste, la tête coiffée d'un feutre orné d'une plume qui pointe dans le bord. Ketelslager a voyagé en Hollande et a fait quelques études dans les musées d'Amsterdam et de La Haye. Il a séjourné également pendant quelque temps à Paris. Voulant retourner au sein de sa famille dans sa ville natale, les événements militaires l'en empêchèrent, ce qui l'affectait péniblement. D'une nature mélancolique, il erra pendant plusieurs mois dans les environs de la ville, atteint d'une maladie lente qui le minait. Il mourut au château de Vaeshaertel en 1833 ou 1834, épuisé de tristesse et de maladie. Il est enterré au cimetière de l'église de Meerssen près de Maestricht, où aucun signe distinctif n'indique sa tombe.

HIPPOLYTE MICHEL VERBERCKT ciseleur, frère de Jean Verberckt [1], qu'IMMERZEEL mentionne dans sa biographie des artistes néerlandais, est mort à Anvers le 9 avril 1848, âgé de 31 ans. Il reçut de son frère Jean les premiers enseignements dans l'art, fréquenta ensuite les cours de l'académie royale d'Anvers, et ce ne fut qu'à la mort de son frère qu'il prit la direction de l'atelier de ciselure, établi à Anvers par sa famille depuis nombre d'années. Ses meilleures productions, faites sous la direction et avec le concours de cet artiste, ont figuré aux dernières expositions de l'industrie à Bruxelles : plusieurs pièces d'un ornement d'autel en argent, en style ogival, consistant en un porte-missel, un calice, un ostensoir, etc. Verberckt a été un des ciseleurs qui introduisirent le beau style ogival dans les ornements d'église ; il a également exécuté des objets d'un usage usuel ou domestique, tels que des services de table, des vases, des porte-flambeaux et des ornements de cheminées. Il a dessiné dans les églises de Maestricht, d'Anvers et de Léau. Un de ses meilleurs dessins est une vue de la cathédrale d'Anvers avec une partie des maisons qui bordent la grand place. Ce dessin, tracé à la mine de plomb et lavé légèrement au bistre, est d'une grande exactitude pour l'ensemble comme pour les détails du monument. Hippolyte Verberckt a également étudié à l'académie de Liége sous la direction du sculpteur Gérard Buckens d'Anvers.

[1] Jean-Baptiste Verberckt est mort à Anvers, le 5 janvier 1837, âgé de 28 ans et 7 mois. Son memento porte ce verset : *Il ne s'attrista et ne murmura contre Dieu*, TOBIE 2, si bien appliqué à la douceur de son caractère.

DESCRIPTION

DES

CARTES DE LA PROVINCE D'ANVERS

ET DES

PLANS DE LA VILLE

PAR

M. A. DEJARDIN,

Capitaine du génie, membre correspondant de l'Académie.

(Suite, voir Tome XX, page 107.)

1829?

N° 206. Vue intitulée : *Anvers, vue de la tête de Flandre, 91. Madou. le général de Howen del. Lith. de Jobard.*

On voit au premier plan à gauche les premières maisons de la tête de Flandre : à droite est l'Escaut, au-delà duquel se développent les quais de la rive droite. La cathédrale est à l'extrême droite : on ne voit pas l'église de Ste-Walburge.

Larg. 0ᵐ205, haut. 0ᵐ135.

Fait partie de la collection de M. J. B. Vanden Bemden, à Anvers.

1830?

N° 207. Vue intitulée : *1ʳᵉ vue du port d'Anvers.*

1ᵉ gezicht der haven van Antwerpen. Lith. Ratinckx. Anvers. Déposé.

Cette vue est prise du milieu de l'Escaut : elle comprend l'entrepôt, l'église St-Michel, l'arsenal et une partie de la citadelle.

Larg. 0ᵐ255, haut. 0ᵐ165.

Fait partie de la collection de M. P. Vanden Bemden, à Anvers.

1830.

N° 208. Plan intitulé : *Plan de la ville d'Anvers, prise le 26 8ᵇʳᵉ 1830 par les patriotes belges, bombardée le 27 par le général Chassé retranché dans la citadelle et par trois vaisseaux de guerre, avec les ruines de l'arsenal, de l'entrepôt et de la rue du couvent.*

Les pertes et dégâts causés par les Hollandais ont été évalués à 50 millions. 1830.

Lith. de Jobard

Échelle de 1 à 8333.

Avec une liste de renvois de 100 numéros et une explication des signes employés. Les points cardinaux, la longitude et la latitude y sont indiqués de la même manière que sur le plan de 1828, n° 204, dont celui-ci est d'ailleurs une copie. Il n'y a de changement sur celui-ci qu'en ce que l'entrepôt et l'arsenal militaire sont représentés en flammes : la rue *Pré de l'hôpital* a pris le nom de *rue Léopold.*

Larg. 0ᵐ53, haut. 0ᵐ325.

Fait partie de la collection de M. Ph. Van der Maelen.

1830.

N° 208ᵇⁱˢ. Plan intitulé : *Plan itinéraire d'Anvers (Antwerpen)* I. B. D. B. del.

J. C. Maillart, scrip. E. Maaskamp.

Avec une échelle.

C'est le plan de 1806, n° (?), sur lequel on a ajouté quelques forts et les canonnières hollandaises qui se trouvaient dans l'Escaut en 1830.

Fait partie de la collection de M. Ph. Vanden Bemden, à Anvers.

1830.

N° 209. Vue sans titre de l'incendie de l'entrepôt, de l'arsenal et des bâtiments avoisinants, par la flotte hollandaise le 27 octobre 1830.

Cette vue est prise du milieu de l'Escaut. Trois frégates et trois canonnières hollandaises sont stationnées vis-à-vis de la ville. A gauche on voit la cathédrale et à droite la citadelle. Les bâtiments sont en feu.

Lithographie.

Larg. 0m35, haut. 0,24.

Fait partie de la collection de M. P. Vanden Bemden.

1830.

Nº 210. Vue sans titre du même incendie.

Avec une légende de 11 numéros donnant les noms des bâtiments incendiés et des frégates composant la flotte.

C'est une copie au trait et réduite de la vue précédente.

Larg. 0m20, haut. 0m085.

Fait partie de la collection de M. P. Vanden Bemden.

1830.

Nº 211. Vue intitulée : *Vue de l'entrepôt d'Anvers au moment de l'incendie faite par le bombardement, dans la nuit du 27 au 28 8bre 1830, commandé par S. E. le lieutenant-général baron Chassé. (La vue a été prise sur la hauteur du théâtre des Variétés) par B. Weiser.*

Cooper fecit. Lith. de Dewasme Pletinckx. Publié par Tessaro, m.d d'estampes, rue des Tanneurs, à Anvers.

On ne voit que l'entrepôt, (église St-Michel) en flammes, l'arsenal et le toit des maisons avoisinantes.

Larg. 0m175, haut. 0m13.

Fait partie de la collection de M. le chevalier Gust. Van Havre.

1830.

Nº 212. Vue intitulée : *Vue de l'entrepôt d'Anvers au moment de l'incendie faite par le bombardement dans la nuit du 27 au 28 8bre 1830. (La vue a été prise sur la hauteur du théâtre des Variétés).*

J. J. Contgen fecit. Lith. de H. Ratinckx à Anvers.

On ne voit que l'entrepôt (église St-Michel) en flammes, l'arsenal, et le toit des maisons.

C'est la même vue que la précédente.

Larg. 0m25, haut. 0m165.

Fait partie de la collection de M. P. Vanden Bemden.

Obs. Il y a un grand nombre d'autres vues de la prise de l'entrepôt, de l'arsenal et de l'incendie, qui n'ont pas pu être placées ici parce qu'elles n'embrassaient que le bâtiment seul, ou que la rue du couvent. Ce sont des lithographies de l'époque qui ont paru chez Ratinckx et Tessaro, à Anvers où à Bruxelles.

1831.

Nº 213. Plan intitulé : *Plan de la ville et citadelle d'Anvers*, 1831. Dans l'intérieur du cadre est un cartouche surmonté des drapeaux hollandais orange et tricolore avec une couronne dans laquelle on lit : *Chassé.* 27 oct. 1830. L'inscription suivante se trouve dans le cartouche : *Nous sommes armés jusqu'aux dents et s'ils osent nous attaquer, ils trouveront une défense terrible. Antwerpen. Ten behoeve van het vaderland en de algemeene wapening, vervaardigd en uitgegeven door W. C. van Baarsel, te 's Gravenhage en te Amsterdam bij F.-J. Weygand ; alsmede te Amsterdam bij den autheur Halssteeg. Nº 11.*

Échelle de 1 à (?).

Le bas du plan est occupé par une légende de 69 numéros en hollandais et en français, pour les édifices, marchés, places, ponts, etc. ; les noms des rues sont inscrits sur le plan en hollandais et en français.

Dans l'intérieur du cadre sur le côté est une notice historique et chronologique donnant l'époque de la construction des principaux édifices, et les principaux événements dont la ville a été le théâtre ; cette liste se termine par l'incendie barbare du 27 8bre 1831. Avec une rose des vents.

Ce plan outre la ville et ses fortifications donne aussi le fort du Nord et la tête de Flandre. Le nouvel entrepôt n'est pas construit. La rue près de l'hôpital a encore ce nom. On a indiqué par une longue description la place où la canonnière du lieut.ᵗ Van Speyck a sauté.

Enfin une note évalue la population de la ville d'Anvers à 65,000 habitants.

Larg. 0ᵐ335, haut. 0ᵐ205.

Fait partie de la collection de M. le capitaine Dejardin.

1831.

Nº 214. Plan intitulé : *Plan de la ville et citadelle d'Anvers renommée tant pour la bonté de son port, la beauté de ses édifices, que par son grand commerce depuis les époques les plus reculées. La citadelle est une des plus fortes du monde ; on commence à la construire sous le règne de Philippe II, roi d'Espagne, le 28 8bre 1567, avec plus de 500 ouvriers. Lithographie de H. Ratinckx, à Anvers, 1831. Lith. de Ratinckx et Coenraets.*

En bas est l'inscription suivante : *L'escadre mouillée dans le fleuve est dans la position où elle se trouvait lors du bombardement de la ville le 27 octobre 1830.*

Échelle de 1 à 8333.

Avec l'indication des quatre points cardinaux de la longitude et de la latitude une liste de renvois de 114 numéros, et l'indication des signes employés.

Dans la légende se trouve le nom des navires de l'escadre.

Ce plan s'étend depuis le fort du Nord jusqu'au fort de Kiel sur la rive droite et depuis le fort d'Austruweel jusqu'à celui de Burcht sur la rive gauche. La 5me section n'y est pas représentée.

L'entrepôt sur les bords de l'Escaut près l'arsenal militaire, y figure encore.

C'est une copie du plan de 1828 (n° 204) publié par Tessaro.

Larg. 0m335, haut. 0m33.

Se trouve à l'hôtel-de-ville d'Anvers, dans un des bureaux.

1831.

N° 215. Vue intitulée : *Het overrompelen der boot van Van Speyck, opgedragen aan Z. K. H. den prins Frederik der Nederlanden.*

J. C. et P. J. Schotel del. G. Craeyrangen, lith. Gedrukt by Desquesnois en Cᵉ, Amsterdam.

Cette vue est prise du milieu de l'Escaut, au nord de la ville. On voit à gauche la batterie St-Laurent, puis le bateau de Van Speyk, avant l'événement, la cathédrale et dans le lointain les bâtiments de l'arsenal.

Larg. 0m50, haut. 0m365.

Est encore dans le commerce.

1831.

N° 216. Vue intitulée : *Het springen der boot van Van Speyk opgedragen aan Z. K. H. den prins der Nederlanden.*

J. C. et P. J. Schotel del. G. Craeyrangen lith. Gedrukt by Desquesnois en C°. Amsterdam.

C'est la même vue que la précédente ; mais l'explosion du bateau a lieu.

Larg. 0^m50, haut. 0^m365.

Est encore dans le commerce.

1831.

N° 217. Vue intitulée : *5 February* 1831.
C. C. A. Last. lith. Stund. v. Desquesnois en C°, 1837.
On voit au premier plan le bateau de Van Speyck, avec quelques barques alentour. Sur la rive on voit d'abord la batterie St-Laurent, plus loin l'entrée des bassins, la cathédrale, etc.

Larg. 0^m255, haut. 0^m185.

Fait partie de la collection de M. Linnig, artiste graveur, à Anvers.

1831.

N° 218. Vue intitulée : *Explosion de la canonnière N° 2, commandée par lieutenant J. C. Van Speyk, près le fort St-Laurent à Anvers, le 5 Février* 1831.
Avec le même titre en flamand.
Wildoeck fecit. Chez P. Tessaro, rue des tanneurs, à Anvers. Déposé.
Cette vue est prise de la rive droite, au nord de la batterie St-Laurent.

La canonnière est représentée au moment de son explosion. A gauche on voit la batterie St-Laurent et au-dessus l'église St-Paul, la cathédrale, etc. A droite on voit le fleuve et la tête de Flandre.

Larg. 0^m235, haut. 0^m16.

Fait partie de la collection de M. le chevalier Gust. van Havre.

1832.

N° 219. Plan intitutlé : *Plan de la ville et citadelle d'Anvers renommée tant pour la bonté de son port que pour le grand commerce qui s'y faisait autrefois, et pour la beauté de ses édifices. La citadelle est des plus fortes du monde construite en 1567 sous le reigne de Philippe second, roi d'Espagne, 1832.*

Dressé par L. Muller. Gravé par Alex. Mouqué à Brux.ᵉ Imprimé par J. Bas... Bruxelles. Anvers chez P. Tessaro, marchand d'estampes rue des Tanneurs No 1315. Déposé.

Échelle de 1 à 8333.

Avec l'indication des quatre points cardinaux, de la longitude et de la latitude sur deux lignes pointillées en croix qui traversent tout le plan.

Il s'y trouve une légende de 119 numéros pour les noms d'édifices et de rues qui n'ont pu être inscrits dans le plan, ainsi que pour les navires de l'escadre hollandaise, en dessous desquels se trouve cette inscription : *Position de l'escadre hollandaise lors du bombardement de la ville le 27 8ᵇʳᵉ 1830.*

Il y a en outre une légende de 1 à 7 pour la citadelle, et une indication des signes employés.

Ce plan s'étend depuis le fort du Nord jusqu'à la lunette de Kiel sur la rive droite et depuis le fort Austruweel jusqu'au fort de Burcht sur la rive gauche. La 5ᵉᵐᵉ section n'y est pas représentée. Le fort Carnot est à la limite du cadre. L'entrepôt et l'arsenal militaire sont représentés en flammes. Le nouvel entrepôt est construit. La rue Pré de l'hôpital a pris le nom de rue Léopold. Tous ces changements ont été indiqués sur le plan de 1828, no 204, dont celui-ci n'est qu'une reproduction.

Larg. 0ᵐ535, haut. 0,33.

Fait partie de la collection de M. le capitaine Dejardin.

1832.

No 220. Plan intitulé : *Plan d'Anvers. Établissement géographique de Bruxelles.*

Échelle de 1 à 8333.

Avec une rose des vents au milieu de laquelle est le sceau de l'établissement géographique, et deux légendes, une de 113 numéros pour les *places publiques et rues,* qui n'ont pas pu être inscrites sur le plan et l'autre de I à L pour les *édifices publics et particuliers remarquables.*

Le plan est divisé en carrés avec des lettres qui sont reproduites aux articles des légendes.

Ce plan s'étend depuis le fort du Nord jusqu'au delà du *Melkhuis* sur la rive droite et depuis le fort Austruweel jusqu'au fort de Burght sur la rive gauche. La pépinière s'y trouve aussi.

Du côté de Berchem, il est assez étendu : à l'est et à l'ouest il va aussi assez loin : la place du fort Carnot est laissée en blanc. On y voit les opérations du siége de la citadelle en 8bre 1832.

L'entrepôt et l'arsenal militaire qui ont été brûlés en 1830 par les Hollandais s'y trouvent indiqués d'une manière particulière.

Ce plan a été copié sur celui de 1828, n° 204.

Larg. 0m67, haut. 0m37.

Fait partie de l'atlas intitulé : *Carte de la Belgique d'après Ferraris, augmentée des plans des six villes principales et de l'indication des routes, canaux et autres travaux exécutés depuis 1777 jusqu'en 1831. 42 feuilles. Établissement géographique de Bruxelles. Feuille 31e.*

1832.

N° 221. Plan intitulé : *Plan de la citadelle d'Anvers, dressé d'après les meilleurs matériaux connus. Dédiée à l'armée française. 1832.*

Échelle de 1 à 4166.

Avec une légende de 7 numéros pour les bastions et les portes de la citadelle.

Ce plan ne comprend que la citadelle et les forts de St-Laurent et du Kiel.

Larg. 0m25, haut. 0m21.

Se trouve aux archives générales du royaume, à Bruxelles, sous le n° 423 des plans gravés.

1832.

N° 222. Plan intitulé : *Théâtre de la guerre en xbre 1832. Plan de la ville et de la citadelle d'Anvers et de ses fortifications, pris sur les lieux. A Bruxelles chez Dewasme, lithogr. rue des Paroissiens, N° 22.*

Avec une légende de A à L pour les positions hollandaises et une pour les positions françaises et belges et les détails de la ville, de **24** numéros.

C'est une lithographie assez grossière.

Autour de la tête de Flandre on a figuré la *Nouvelle ville projetée par Napoléon et déjà tracée*. Le cours du fleuve s'étend depuis le fort de la pipe de tabac jusqu'à Hoboken. Le plan comprend sur la rive droite Merxem, Borgerhout et Berchem.

Les batteries des Français contre la citadelle y sont représentées.

On a aussi indiqué les inondations sur l'une et l'autre rive.

Larg. 0^m47, haut. 0^m37.

Fait partie de la collection de M. P. Vanden Bemden, à Anvers.

1832.

N° 223. — Plan intitulée : *Positie voor Antwerpen. — Steend. v. Houtman te Utrecht.*

Avec les plans d'une batterie de mortiers de l'assiégé et l'indication des signes employés pour les travaux de l'attaque.

Ce plan s'étend le long de l'Escaut depuis le village d'Austruweel en aval jusqu'à celui d'Hoboken en amont.

Sur la rive gauche on voit les forts de Burcht, de Zwyndrecht, de Calloo, Isabelle et de la tête de Flandre, et sur la rive droite la citadelle avec les attaques des Français et seulement la partie de la ville longeant le fleuve. On a indiqué la partie de la ville qui a été bombardée. Les bassins y sont figurés en entier : on y voit enfin le fort du nord et plus loin le village d'Austruweel.

On a aussi marqué les inondations sur l'une et l'autre rive.

Larg. 0^m35, haut. 0^m41.

Fait partie de la collection de M. P. Vanden Bemden, à Anvers.

1832.

N° 224. Plan intitulé : *Plan des opérations du siége de la citadelle d'Anvers. Lith. Cluis, boul.^t St—Denis, 18.*

Avec une indication de la composition des batteries, une légende pour la citadelle de sept numéros, etc.

Ce plan est restreint à la citadelle et aux travaux d'attaque; ceux-ci

· sont indiqués d'une manière très-incomplète : on ne voit guère que les batteries.

Larg. 0ᵐ22, haut. 0ᵐ18.

Se trouve dans l'ouvrage intitulé : *Campagne de 1832 en Belgique. Siége de la citadelle d'Anvers par l'armée française, sous les ordres du maréchal comte Gérard, par de Richmont. Paris. 1833. Un vol. in-8º.*

1832.

Nº 225. Plan intitulé : *Plan des opérations du siége de la citadelle d'Anvers. Lith. de David et Chéon, Mont. de la Cour, nº 52. Librairie moderne, Mont. de la Conr, nº 2. Déposé.*
C'est une copie du plan qui précède.

Larg. 0ᵐ22, haut. 0ᵐ18.

Fait partie de la collection de M. le capitaine Dejardin.

1832.

Nº 226. Plan intitulé : *Plan van het beleg der citadel van Antwerpen. Te Groningen by J. Oomkens. Steend. v. J. Oomkens.*
Avec une rose des vents, une indication de la composition des batteries et une légende pour la citadelle de cinq numéros. Ce plan est borné à la citadelle et aux travaux d'attaque. Il parait être une copie du précédent.

Larg. 0ᵐ24, haut. 0ᵐ195.

Fait partie de la collection de M. P. Vanden Bemden, à Anvers.

1832.

Nº 227. — Plan intitulée : *Plan des opérations du siége de la citadelle d'Anvers. 1ᵉʳᵉ, 2ᵐᵉ et commencement des travaux de la troisième parallèle. Dordt by Steuerwald en Cº. Breda by Broese en Cº.*

Échelle de 1 à 8333.

Avec une légende de 7 numéros pour la citadelle et de A à C pour les travaux d'attaque, un tableau de la composition des batteries et une explication des signes employés.

Ce plan ne comprend que les travaux d'attaque : sur la rive gauche on voit le fort de Burcht.

On y a joint cinq *profils de la tranchée* à l'échelle de 1 à 225.

Larg. 0^m255, haut. 0^m20.

Fait partie de la collection de M. le capitaine Dejardin.

1832.

N° 228. Plan intitulé : *Opérations du siège de la citadelle d'Anvers. Dordt by Steuerwald et C°. Breda by Broese et C°.*

Avec une légende de 5 numéros pour les bastions de la citadelle, et un tableau de la composition des batteries.

Ce plan comprend la citadelle avec les travaux d'attaque, une partie de la ville et une partie de la rive gauche.

Larg. 0^m225, haut. 0^m325.

Fait partie de la collection de M. le capitaine Dejardin.

1832.

N° 229. Plan intitulé : *Travaux exécutés par l'armée française devant la citadelle d'Anvers (communiqué par un officier supérieur du génie). Lith. de David et Chéon, Mont. de la Cour, n° 52. Déposé.*

Échelle de 1 à 5000.

Ce plan ne donne que la citadelle et les travaux d'attaque.

Larg. 0^m435, haut. 0^m345.

Fait partie de la collection de M. Ph. Vander Maelen.

1832.

N° 230. Plan intitulé : *Principales dispositions des travaux d'attaque de la citadelle d'Anvers jusqu'au 22 décembre 1832, époque où la brèche a été faite au corps de place. Par un amateur d'après les pièces officielles des journaux. Impr. lith. F.s Judenne.*

Échelle de 1 à (....?).

Avec une explication pour les batteries et une légende pour les bastions de la citadelle.

Ce plan comprend une partie de la ville et les environs de la citadelle jusqu'à la pépinière et jusqu'au cimetière de Berchem.

Larg. 0m29, haut. 0m335.

Fait partie de la collection de M. Ph. Vander Maelen.

1832.

Nº 231. Plan intitulé : *Opérations du siège de la citadelle d'Anvers. Lith. de Dewasme. Déposé.*

Échelle de 1 à (....?).

Ce plan ne donne que la citadelle et indique les nouveaux ouvrages jusqu'au 31 décembre.

Larg. 0m31, haut. 0m255.

Fait partie de la collection de M. Ph. Vander Maelen.

1832.

Nº 232. — Plan intitulé : *4e plan résumant les opérations du siège de la citadelle d'Anvers; 1ère, 2ème, 3ème et 4ème parallèles. Dressé sur les lieux d'après les documents officiels jusqu'au 24 xbre.*

Lith. de David et Chéon, mont. de la Cour, nº 52. Librairie moderne, mont. de la Cour, nº 2. Déposé.

Échelle de 1 à (....?).

Avec une explication de 7 numéros pour les noms des bastions de la citadelle suivie de la composition des batteries.

Ce plan se borne à la citadelle et aux opérations de l'attaque.

Larg. 0m26, haut. 0m235.

Se trouve dans l'ouvrage intitulé : *Précis historique du siège de la citadelle d'Anvers (1832) par l'armée française sous le commandement du maréchal Gérard*, etc. : Paris. 1833. Un volume in-8º.

1832.

Nº 233. — Plan intitulé : *Plan des travaux d'attaque de la citadelle d'Anvers en décembre 1832. Lithographie par Rouen.*

Échelle de 1 à (....?).

Ce plan est accompagné de six profils pour la brèche, les tranchées, etc. Il se borne à la citadelle et aux travaux de l'attaque.

Larg. 0m54, haut. 0m395.

Se trouve dans l'ouvrage intitulé : *Relation du siége de la citadelle d'Anvers par l'armée française en décembre* 1832, etc. par J. W. T. ancien officier du génie. Bruxelles. 1833. Un volume in-8°.

1832.

N° 234. Plan intitulé : *Plan d'Anvers.*
Avec une explication de 33 numéros et l'orientation.
Ce plan s'étend sur la rive droite depuis le fort du nord jusqu'à la lunette du Kiel et comprend sur la rive gauche le fort Austruweel, la tête de Flandre et la lunette de Burght.

Larg. 0m07, haut. 0m095.

Se trouve dans le même ouvrage que le précédent sur la carte intitulée : *Carte du cours de l'Escaut et des environs d'Anvers.* (N° 87 des cartes).

1832.

N° 235. Plan intitulé : *Plan d'Anvers.*
Avec une explication de 39 numéros et l'orientation.
Ce plan s'étend sur la rive droite depuis le fort du nord jusqu'à la lunette du Kiel et comprend sur la rive gauche le fort Austruweel, la tête de Flandre et la lunette de Burght.

Larg. 0m10, haut. 0m07.

Se trouve dans un coin du plan suivant.

1832.

N° 236. Plan intitulé : *Plan des opérations, pour l'attaque de la citadelle d'Anvers par l'armée française, sous les ordres du maréchal Gérard.* 1832. *Lithographie de Avanso et comp.nie à Liége.* 1833.

Échelle de 1 à 8333.

Avec l'orientation, la désignation de la composition des batteries, et une légende de quatre numéros pour l'indication des principales opérations du siége.

Ce plan ne donne que la citadelle avec une partie de la ville et les opérations de l'attaque.

On y a figuré les profils avec les dimensions des parallèles, etc.

Dans le coin supérieur à gauche est le *Plan d'Anvers*, cité avant celui-ci.

Larg. 0m285, haut. 0m26.

Fait partie de la collection de M. le capitaine Dejardin.

1832.

N° 237. Plan intitulé : *Dernier plan des opérations du siége. Plan des opérations pour l'attaque de la citadelle d'Anvers par l'armée française, sous les ordres du maréchal Gérard. 1832. Lith. M. Ropoll, fils aîné. Anvers. En vente chez P. Tessaro, Md d'estampes à Anvers. Déposé.*

Échelle de 1 à 8333.

C'est identiquement le même plan que le précédent, avec l'exception qu'il s'étend moins loin à la partie supérieure, dans l'intérieur de la ville, et que le petit plan séparé d'Anvers ne s'y trouve pas.

Larg. 0m285, haut. 0m225.

Se trouve dans l'ouvrage : intitulé *Anvers en 1830, 31 et 32. Siége de la citadelle.* Anvers. 1833. Un volume in-8°.

1832.

N° 238. Plan intitulé : *Avancement de la citadelle d'Anvers au 20 novembre 1832.*

Avec une légende pour la position des bouches à feu sur les remparts.

Ce plan se borne à la citadelle : on n'y a indiqué que les lignes principales des fortifications ; les bâtiments militaires ne s'y trouvent pas.

Larg. 0m515, haut. 0m395.

Se trouve dans l'ouvrage intitulé : *Journal des opérations de l'artillerie au siége de la citadelle d'Anvers rendue le 23 décembre 1832, à l'armée française sous les ordres de M. le maréchal cte Gérard,* par le général Neigre. Paris. 1833. Un volume in-4°.

1832.

N° 239. Plan intitulé : *Plan des travaux de l'artillerie commandée par M. le lieut.¹ gén.¹ Neigre au siége de la citadelle d'Anvers fait par l'armée française sous les ordres de M. le m.ᵃˡ c.ᵗᵉ Gérard du 29 Novembre au 23 Décembre 1832, jour de la reddition de la place.*

Avec une *Légende de la citadelle* et une *Légende de l'attaque*.

Échelle de 1 à 5000.

Ce plan donne la citadelle avec les bâtiments à l'intérieur , etc. Du côté de la ville il s'étend un peu plus loin que l'esplanade et jusqu'à la porte de Malines. Vers la campagne il va jusqu'au delà de l'église de Berchem, la maison de M. de Caters et la *vieille barrière* sur la chaussée de Boom.

Toutes les opérations de l'attaque y sont indiquées avec exactitude ; l'emplacement des dépôts, des tranchées, les boyaux de communication, les parallèles et les batteries avec leur composition.

Larg. 0ᵐ525, haut. 0ᵐ77.

Se trouve dans le même ouvrage que le précédent.

1832.

N° 240. Plan intitulé : *Plan de la citadelle d'Anvers assiégée par l'armée française sous les ordres de M. le maréchal cᵗᵉ Gérard, et prise le 23 Décembre 1832, après 24 jours de tranchée. Dressé par les officiers du génie français.*

Gravé sur pierre par P. J. Doms. Établissement géographique de Bruxelles.

Échelle de 1 à 5000.

Avec une rose des vents et une légende pour les travaux de l'assiégé et ceux de l'assiégeant comprenant la composition des batteries.

Ce plan , outre la citadelle, donne une partie de la ville jusqu'à la rue de la cuillère , etc. et la rue de la santé , et à l'extérieur il est limité à la chaussée de Malines jusqu'à l'église de Berchem, au château de Vogelsang, au cimetière et au Melkhuys. Sur la rive gauche on voit le fort de Burcht. Les canonnières hollandaises y sont aussi indiquées.

Sur la même feuille il y a un *plan détaillé du bastion de Tolède* (*N°* 2) indiquant les souterrains, traverses, blindages, coupures, la batterie de brèche et la contre-batterie, avec une coupe de la brèche et de la descente du fossé, et un plan du logement au saillant de la lunette St-Laurent, avec une Coupe. Ces deux plans sont à l'échelle de 1 à 1000.

Larg. 0m735, haut. 0m50.

Est encore dans le commerce.

1832.

N° 241. Plan intitulé : *Plan des opérations du siége de la citadelle d'Anvers sous les ordres du maréchal Gérard ; dressé d'après celui levé par le génie français approuvé par le ministre de la guerre. 1832. Deman lith. Lith. de Simonau. Déposé.*

Échelle de 1 à 8333.

Le nord est en haut.

Ce plan s'étend jusqu'à la tête de Flandre, sur la rive gauche ; en ville il va jusqu'au-delà de l'église des Augustins et de la rue d'Arenberg. Enfin il représente la citadelle et les travaux d'attaque, les parallèles, les batteries, etc.

Larg. 0m245, haut. 0m265.

Est encore dans le commerce.

1832.

N° 242. Plan intitulé : *Aanvang van het beleg van de citadel van Antwerpen door het fransche leger in december 1832. Steend. Desguerrois. Gedeponeerd. By gebroeders Buffa en Cie te Amsterdam.*

Échelle de 1 à 8333.

Avec une légende de 11 numéros pour indiquer la destination des batteries, en dessous du plan. Ce plan se borne à la citadelle et aux travaux d'attaque. Il s'étend dans la campagne jusqu'au château de Berchem et ne donne rien de la ville.

Larg. 0m495, haut. 0m245.

Fait partie de la collection de M. J. J. P. Van den Bemden.

1832.

N° 243. Plan intitulé : *Plan der belegering en bombardement der citadel van Antwerpen. 1832. Ex. Maaskamp.*

Avec une échelle, une rose des vents et une légende de 3 numéros donnant l'explication des ouvrages de la citadelle. Ce plan se borne à la citadelle et aux lunettes de Montebello, de St-Laurent et du Kiel. On n'y voit que les derniers travaux de l'attaque.

Larg. 0m26, haut. 0m205.

Fait partie de la collection de M. J. J. P. Van den Bemden.

1832.

N° 244. Plan intitulé : *Plan der belegering van het casteel van Antwerpen. Te Amsterdam, by G. J. A. Beijerinck. Steend. v. C. W. Mieling le 's Hage.*

Avec une légende pour les bâtiments de la citadelle de a à n, et une indication des signes employés pour les batteries ainsi que des couleurs distinctives des parallèles et des boyaux de communication.

Ce plan représente la citadelle, les fortifications de la ville jusqu'au *bastion d'Herenthals*, une partie de la ville et les attaques contre la citadelle. Sur la rive gauche on voit les forts d'Austruweel, de Calloo, de Zwyndrecht, de Burght et de la tête Flandre, entourés de l'inondation.

Larg. 0m41, haut. 0m395.

Se trouve dans l'ouvrage intitulé : *Belegering en verdediging des kasteels van Antwerpen door A. J. Lastdrager, etc.* Amsterdam. Beijerinck. 1846. Un vol. in-8°.

1832.

N° 245. Plan intitulé : *Plan der belegering van het kasteel van Antwerpen. Geschiedenis van Antwerpen. VIIe Deel.*

Avec une légende pour les bâtiments de la citadelle de a à n et une pour les bastions de I à V, et une indication des signes employés pour les batteries.

Ce plan est une copie du précédent.

Larg. 0m40, haut. 0m395.

Se trouve dans l'ouvrage intitulé : *Geschiedenis van Antwerpen*, etc. par MM. Mertens et Torfs. 1846 à 1853. Huit volumes in 8°. Tome VII. Page 370.

1832.

N° 246. Plan intitulé : *Plan de la citadelle d'Anvers, assiégée par l'armée française sous les ordres de M. le maréchal comte Gérard, et prise le 23 xbre 1832, après 24 jours de tranchée.*

Gravé sur pierre par J. Collon. Lith. de Roissy. Le spectateur militaire. (*Cahier de février* 1833).

Échelle de 1 à 8500.

Avec deux échelles, une rose des vents et une légende de 5 numéros pour les bastions de la citadelle, de 13 numéros et de A à K pour les batteries, et de *a* à *e* pour les portes de la citadelle, etc.

Ce plan ne donne que la citadelle et les environs jusqu'à l'église de Berchem, celle de St-Laurent, etc. Sur la rive gauche on a le fort de Burcht.

A ce plan est joint un *profil passant* par la brèche du bastion de Tolède à l'échelle de 1 à 666,66.

Larg. 0ᵐ37, haut. 0ᵐ20.

Se trouve dans l'ouvrage intitulé : *Relation sommaire du siége de la citadelle d'Anvers, rendue à l'armée française, le 23 Décembre 1832, après vingt quatre jours de tranchée ouverte.* Paris. 1833. Une brochure in-8°. (Extrait du *Spectateur militaire.* 83ᵉ livraison).

1832.

N° 247. Plan intitulé : *Plan des travaux d'attaque de la citadelle d'Anvers en Décembre* 1832.

Avec une légende pour la citadelle de 1 à 5 pour les bastions et de *a* à *q* pour les bâtiments. Est orienté et accompagné de 6 profils.

Ce plan ne donne que la citadelle et les travaux de l'attaque aux environs jusqu'à l'église St-Laurent. Les travaux de chaque nuit sont indiqués.

Larg. 0ᵐ38, haut. 0ᵐ275.

Se trouve dans l'ouvrage intitulé : *Histoire physique, politique et monumentale de la ville d'Anvers par Edmond Le Poittevin de la Croix.* 1847. Un volume in-8°. Page 434.

1832.

N° 248. Vue intitulée : *Attaque de la citadelle d'Anvers, vue prise du toit d'une des maisons de Berchem. Lith. royale P. Degobert, Bruxelles.*

Avec une légende de 18 numéros.

Le premier plan représente la batterie n° 3 élevée par les Français au Roosenhoek, rue Ballaer. Au second plan à gauche on voit la citadelle et à droite la ville. Dans le lointain on voit tous les terrains inondés jusqu'au-delà du fort St-Hilaire et du fort du Nord. La grande caserne est en feu.

Lithographie.

Larg. 0m265, haut. 0m185.

Se trouve dans le même ouvrage que le précédent, page 443.

1832.

N° 249. Vue intitulée : *Belegering der citadel van Antwerpen, December* 1832.

Dupont, a. v. d. Hartog Zangers exc.

En dessous de cette vue il y a huit vers en hollandais, commençant ainsi : *Ziet hier den held Chassé*, etc.

Ces vers sont écrits en deux parties et entre deux est le portrait du général Chassé avec cette inscription :

Oud Nederlands grootheid, Frankrijks geweld, Belgiëns lafheid.

Cette vue est prise de la partie du chemin couvert de la ville près de la porte de Malines, où était placé le mortier monstre. On voit ce mortier au premier plan : à gauche sont les tranchées et d'autres batteries. Plus loin on plonge dans la citadelle et au delà se déroule l'Escaut, sur l'autre rive duquel on voit les forts de la tête de Flandre, de Zwyndrecht et de Burght. On a représenté aussi les canonnières hollandaises.

Larg. 0m485, haut. 0m35.

Fait partie de la collection de M. J. J. P. Vanden Bemden, à Anvers.

1832.

N° 250. Vue sans titre qui est une réduction au trait de la vue précédente, avec une légende de 12 numéros pour les travaux représentés dans cette vue.

Larg. 0ᵐ175, haut. 0ᵐ125.

Fait partie de la collection de M. J. J. P. Vanden Bemden, à Anvers.

1832.

N° 251. Plan intitulé : *Plan der citadelle von Antwerpen, mit den vertheidigungs Austalten und der Armirung bei der Capitulation am 23ᵗᵉⁿ December 1832. Taf. III.*
Gezeichnet von T. Maierski.

Échelle de 1 à 2000.

Avec deux échelles et une légende.
Ce plan se borne à la citadelle et aux lunettes St-Laurent et de Kiel.
Il ne donne que les travaux de la défense.
Il y a des chiffres qui correspondent aux explications du texte.

Larg. 0ᵐ545, haut. 0ᵐ415.

Se trouve dans l'ouvrage intitulé : *Geschichte der militairischen Ereignisse in Belgien in den Jahren 1830 bis 1832. von H. Freih. von Reitzenstein II, etc. Zweite Abtheilung. — Die Expedition der Französen und Englunder gegen die Citadelle von Antwerpen und die Schelde-Mundungen, etc.* Berlin. Ernst Siegfried Mittler. 1834. Un volume in-8° avec un atlas.

1832.

N° 252. Plan intitulé : *Plan von Antwerpen und gegen mit den Verschanzungen und Batterien der Belgier gegen die Citadelle erbauet in den Jahren 1830 bis 1832. Taf. IV.*

Échelle de 1 à 13,750.

Avec trois échelles, l'orientation et trois légendes, une pour l'intérieur de la ville, une pour les fortifications de la ville et la troisième pour les batteries contre la citadelle et le long de l'Escaut, élevées par les Belges avant le siége.

Ce plan comprend la ville et ses environs avec le fort du Nord, Merxem, Borgerhout, Berchem, St-Laurent et le Kiel sur la rive droite, et les forts d'Austruweel, de la tête de Flandre et de Burght sur la rive gauche.

Larg. 0^m44 et 0^m49, haut. 0^m315.

Se trouve dans le même ouvrage que le précédent.

1832.

N° 253. Plan intitulé : *Plan der citadelle von Antwerpen und des belagerunge Terrain 1832 nach den besten vorhandenen Materialien und Aufnahmen zusammen getragen von Reitzenstein II major in Generalstabe. Tafel V.*

Gezeichnet von F. Maierski.

Échelle de 1 à 5000.

Avec trois échelles et une rose des vents.

Il y a de plus des chiffres et des lettres qui renvoient aux explications du texte.

Ce plan donne la citadelle et les travaux de l'attaque. Il comprend l'esplanade, le jardin de l'harmonie, le cimetière, etc.

Larg. 0^m53, haut. 0^m39.

Se trouve dans le même ouvrage que les précédents.

1832.

N° 254. Plan intitulé : *Choumara's projectirter Angriff auf die Citadelle von Antwerpen. Taf. XII b.*

Metallogr. v. Gropp. 1833.

Avec une légende.

Ce plan ne donne que la citadelle, la lunette Montebello, la lunette St-Laurent et la lunette de Kiel. On y voit les travaux d'approche avec l'indication des nuits.

Larg. 0^m175, haut. 0^m27.

Se trouve dans le même ouvrage que les précédents.

1832.

N° 254bis. Plan intitulé : *Plan de la ville et de la citadelle d'Anvers.*
1832. France militaire. Dressé par Joachim Rousseau. Gravé par
Laguillermie et Ramboz.

Ce plan s'étend depuis le fort du Nord jusqu'au fort de Kiel sur la rive
droite, et comprend aussi le fort Isabelle et la tête de Flandre sur la rive
gauche. Dans l'intérieur de la ville on ne voit que les principales artères
et quelques monuments.

Larg. 0m165, haut. 0m12.

Se trouve dans l'ouvrage intitulé : *La France militaire.*

1832.

N° 255. Vue intitulée : *Vue de la Tête de Flandre et de la flotte hollan-*
daise devant la citadelle d'Anvers incendiée par son command^t le capitaine
Koopman le 24 x^{bre} 1832.

Lith. de Simonau. r. d. Wildenberg. 1832. Déposé.

Cette vue est prise du Kiel : l'Escaut est couvert des bateaux qui
brûlent. La tête de Flandre se voit au–delà avec le drapeau hollandais.
A droite on voit la cathédrale et le clocher de St-Michel avec le
drapeau belge.

Larg. 0m265, haut. 0m185.

Fait partie de la collection de M. J. J. P. Van den Bemden, à Anvers.

1832.

N° 256. Vue intitulée : *Vue générale des ruines de la citadelle d'Anvers,*
après le siège (1832) prise de l'angle gauche du bastion de Tolède. —
F. Van Gend.

Avec une légende de 18 numéros pour les ouvrages et les bâtiments de
la citadelle.

Au premier plan sont les ruines du flanc gauche du bastion de Tolède,
un peu en avant de la brèche faite dans la face gauche de ce bastion :
à droite est le fossé devant la courtine. Les bâtiments ruinés se décou-
vrent dans le lointain.

Larg. 0m24, haut. 0m195.

Fait partie de la collection de M. J. J. P. Van den Bemden, à Anvers.

1832.

No 256bis. Vue intitulée : *Ruine der citadel van Antwerpen.*

Gelithographieerd door G. Craeyvanger naer de schildery van F. de Brackeleer, eigendam van A. Rotigni.

Steend. Desguerrois en C^e te Amst.^m. By gebroeders Buffa en C^e, Kalverstraat, te Amsterdam.

Gedeponeerd 1833.

Avec une légende de 22 numéros en hollandais.

C'est une vue prise du bastion de Tolède, où on ne voit que des bâtiments en ruine.

Larg. 0^m29, haut. 0^m18.

Fait partie de la collection de M. J. Linnig.

1832.

No 257. Plan de la citadelle d'Anvers avec l'inscription : *Arx Antverpiæ. 1832. Arcem defensionem mirata est Europa.*

A l'avers le portrait du général Chassé avec l'inscription : *Dar. Henr. baro. Chassé.*

0^m047 de diamètre.

Médaille en argent représentée dans l'ouvrage intitulé :

Belegering en verdediging des kasteels van Antwerpen door A. J. Lastdrager, etc. Amsterdam. Beijerinck. 1846. ¡Un volume in-8°. Page 260.

Et dans celui intitulé :

Histoire numismatique de la révolution belge, ou description raisonnée des médailles, des jetons et des monnaies qui ont été frappés depuis le commencement de cette révolution jusqu'à ce jour, par M. Guioth. Hasselt 1845. Un volume et atlas. Pl. 19 et 20.

1832.

No 258. Vue de la brèche faite à la citadelle d'Anvers, avec la vue de la ville dans le lointain, entourée de l'inscription : *Valeureux en défendant, généreux en épargnant.* En dessous sont les armes de la ville d'Anvers et l'inscription : *Déc. 1832.*

A l'avers est le portrait du général Chassé, entouré de l'inscription :

D. H. baron Chassé, général d'infanterie, commandant de la citadelle d'Anvers.

0ᵐ05 de diamètre.

Médaille en argent représentée dans les mêmes ouvrages que la précédente et dans celui intitulé :

Geschiedenis van Antwerpen, etc., par Mertens et Torfs. Anvers. 1846–53. Huit volumes in-8°. Tom. 7. Pag. 380.

1832.

Nᵒ 259. Plan de la citadelle d'Anvers et des lunettes de Kiel et de St—Laurent.

A l'avers est l'inscription suivante : *Arx Antverpiens. contra injustissimum agressionem virtute Batava duce Chassé fort. defensa M. Decembri.* 1832.

0ᵐ04 de diamètre.

Médaille en argent représentée dans les mêmes ouvrages que les précédentes.

1832.

Nᵒ 260. Vue intitulée : *Les Français prennent possession de la Tête de Flandre, le 26 Décembre* (1832) 10.

Raffet. 1833. Lith. de Gihaut frères, éditeurs, Boulevard des Italiens, nᵒ 5, Paris.

Au premier plan on voit plusieurs barques sur l'Escaut, chargées de soldats français. Sur la rive gauche se développent les maisons du village de St—Anne, et à droite est le fort.

Larg. 0ᵐ32, haut. 0ᵐ22.

Fait partie de la collection de M. J. J. P. Van den Bemden, à Anvers.

1832.

Nᵒ 261. Vue intitulée : *Moulins de Berchem. Anvers.* 1832.16.

Raffet. Imp. lith. de Gihaut frères, éditeurs, Boulevard des Italiens, nᵒ 5, à Paris.

La route d'Anvers à Berchem est parcourue par des troupes : au premier plan se présente un fourgon d'artillerie et un blessé porté sur une civière :

à gauche de la route sont deux moulins qui sont remplacés aujourd'hui par une suite d'élégantes constructions. On voit dans le lointain la silhouette des clochers de la ville.

Larg. 0m295, haut. 0m22.

Fait partie de la collection de M. J. J. P. Van den Bemden, à Anvers.

1833 ?

N° 262. Vue intitulée : *Anvers et la Tête de Flandre, prise de la citadelle. Aug. de Peellaert del. Th. Fourmois, lith. Chez Dewasme lith. à Bruxelles.*

Au premier plan on voit la citadelle encore en ruines par suite du siége de 1832. Dans le fond se découvre une partie des quais de la ville, la tour de la cathédrale, celle de St-Michel et celle de St-André.

Larg. 0m18, haut. 0m115.

Fait partie de la collection de M. J. J. P. Van den Bemden, à Anvers.

1833 ?

N° 263. Vue intitulée : *Antwerpen.*

C'est une vue du fleuve plutôt qu'une vue de la ville. A gauche est un moulin à vent sans ailes : beaucoup de bateaux sillonnent le fleuve : la ville se voit dans le lointain, mais d'une manière presque imperceptible.

Larg. 0m155, haut. 0m10.

Fait partie de la collection de M. J. J. P. Van den Bemden, à Anvers.

1833.

N° 264. Plan intitulé : *Plan de la ville et de la citadelle d'Anvers. Lith. de Ratinckx et Coenraets à Anvers.* 1833.

Avec une légende de 25 numéros pour les principaux édifices et une de A à M pour les ouvrages de fortification. Le nord est à gauche. La 5me section n'y est pas comprise.

Les forts de la rive gauche de l'Escaut s'y trouvent.

Larg. 0m11, haut. 0m075.

Ce plan se trouve sur une carte d'adresse.

1834 ?

N° 265. Vue intitulée : *Vue générale de la ville d'Anvers prise sur l'Escaut. Déposée. L. Granello, éditeur.*

Les noms des édifices principaux sont inscrits en dessous avec des numéros de repère, dans l'ordre suivant, en commençant par la droite : 1. *Citadelle.* 2. *Grand arsenal.* 3. *Entrepôt brûlé en 1830.* 4. *Église St-André.* 15. *Canal St-Jean.* 5. *Cathédrale.* 6. *Église St-Paul.* 7. *Marché au poisson.* 8. *Vieille boucherie.* 9. *Place St-Walburge.* 14. *Canal aux charbons.* 10. *Canal St-Pierre.* 11. *Canal des brasseurs.* 12. *Maison anséatique.* 13. *Entrée des bassins.*

Cette vue est prise du milieu de l'Escaut : elle donne les quais dans toute leur longueur. La tour de l'église St-Michel n'est pas encore démolie.

C'est une lithographie.

Larg. 2m32, haut. 0m13.

Est encore dans le commerce.

1835?

N° 266. Vue intitulée : *Anvers.*

Cette vue est prise au sud de la citadelle : on y voit des fortifications au premier plan et quelques églises dans le fond : elle paraît du reste purement imaginaire.

Larg. 0m11, haut. 0m04.

Se trouve sur la carte de la province d'Anvers faisant partie du : *Petit atlas national de la Belgique. Cartes publiées à 10 centimes par Blaisot. Galerie Vivienne, n° 49. Gravé sur acier par Alès rue des Mathurins St-J. N° 1 à Paris.*

1835?

N° 266bis. Vue intitulée : *Vue d'Anvers.*
Cette vue est prise de la Tête de Flandre.

Larg. 0m32, haut. 0m07.

Se trouve sur la carte intitulée : *Carte de la Belgique. Établissement géographique de Bruxelles, fondé par Ph. Vandermaelen.*
Éditeur Froment, rue de la Madelaine, N° 50.

Une vue de Bruxelles et quelques vues de monuments se trouvent aussi sur cette carte.

1836?

N° 267. Vue intitulée : *Panorama d'Anvers.*
Mozin del.ᵗ Martens sculpᵗ. Sauniée impr. Paris chez Rittner et Goupil, 15. *Boulevard Montmartre.*

Cette vue représente exactement les édifices, mais on n'y voit guère que les toits des maisons et peu de rues y sont indiquées. Elle est prise de la tour qui surmonte la maison hanséatique. A gauche on voit d'abord l'entrepôt et le grand bassin ; en avant on domine la plaine Van Schoonebeke et son prolongement ; plus loin on aperçoit la cathédrale et l'église St-Paul, et à droite l'Escaut.

Larg. 0ᵐ90, haut. 0ᵐ195.

Est encore dans le commerce. Il y a un panorama de Liége fait de la même manière.

1838.

N° 268. Plan intitulé : *Plan de la ville d'Anvers.*
Guide pittoresque et artistique du voyageur en Belgique. Bruxelles, Hauman et Cⁱᵉ. rue des Paroissiens. C. M.

Avec une rose des vents et une légende de A à K pour les églises et de 15 numéros pour les édifices remarquables.

Ce plan s'étend depuis le fort du Nord jusqu'au Melkhuys sur la rive droite avec une partie des environs, et depuis le fort d'Austruweel jusqu'au ort de Burght sur la rive gauche.

Larg. 0ᵐ185, haut. 0ᵐ125.

Se trouve dans l'ouvrage intitulé : *Manuel du voyageur sur le chemin de fer belge, par A. Ferrier.* Bruxelles. Hauman, 1840. Un volume in-12°. Pag. ...?

1840.

N° 269. Plan intitulé : *Plan de la ville d'Anvers.*
Guide pittoresque et artistique du voyageur en Belgique, Bruxelles, Hauman et Cⁱᵉ. rue du Nord. N° 8. 1840.

Avec une rose des vents et une légende de A à K pour les églises et de 15 numéros pour les édifices remarquables.

C'est une copie du plan précédent.

Larg. 0^m185, haut. 0^m125.

Se trouve dans l'ouvrage intitulé : *La Belgique. Guide pittoresque et artistique du voyageur par A. Ferrier.* 4e édition. Bruxelles, Hauman. 1842. Un volume in-12°. Pag. 74.

1840.

N° 270. Plan intitulé : *Plan d'Anvers.*

Eug. Landoy, édit, longue rue Neuve, 67, à Bruxelles. Guide indispensable du voyageur.

Avec une rose des vents et une légende de A à Z pour les monuments et établissemens publics et une de 61 numéros pour les rues et places.

La 5me section n'y figure pas. Il s'étend jusqu'au fort du Nord sur la rive droite. Sur la rive gauche on voit la Tête de Flandre, le fort de Burght, et celui d'Austruweel.

Larg. 0^m235, haut. 0^m175.

Se trouve dans l'ouvrage intitulé : *Le guide indispensable du voyageur sur les chemins de fer de la Belgique, ouvrage rédigé sur des documents authentiques*, etc., par M. J. Duplessis. Bruxelles, Eugène Landoy. 1840. Un volume in-12°. Pag. 98.

1840.

N° 271. *Plan of Antwerp.*

Published by Eug. Landoy, longue rue Neuve, 67, Brussels. Indispensable guide for travellers.

C'est le même plan que le précédent avec les mêmes légendes en anglais.

Larg. 0^m235, haut. 0^m175.

Se trouve dans l'ouvrage intitulé : *The indispensable guide for travellers on the rail roads of Belgium,* etc., par Duplessis et Eug. Landoy. Bruxelles. Un volume in-12°. Pag.

1840 ?

N° 272. Vue intitulée : *Panorama von Antwerpen. Panorama d'Anvers. Nach der Natur gezeichnet u. gemalt von A. Ditzler. Gestochen von Ruff. Verlag von F. C. Eisen in Köln.*

Pour toute la Belgique chez Perichon, libraire à Bruxelles. N° 26 rue de la Montagne. (Preis 24 Silbergr. = 3 Frs.)

Cette vue est prise de la rive gauche. On voit sur le premier plan à gauche les maisons de la Tête de Flandre et le bateau à vapeur de passage. Au-delà de l'Escaut se déroulent les quais dans toute leur longueur.

Gravure sur acier.

Larg. 0m54, haut. 0m09.

Ce panorama fait partie d'une collection contenant en outre les vues de Bruges, Bruxelles, Gand, Louvain, Liége, Malines, Namur, Ostende et le champ de bataille de Waterloo.

1840 ?

N° 273. Vue intitulée : *Antwerp from the Tête de Flandre. Anvers, vu de la Tête de Flandre. Antwerpen, van het vlaamsche hoofd te zien. W. H. Bartlett, T. Barber. London; published by Geo. Virtue, 26. Iry Lane.*

Au premier plan à gauche on voit une maison de la Tête de Flandre et sur le bord du fleuve le bateau à vapeur du passage : à droite l'Escaut et au-delà les quais de la rive droite, surmontés de quelques clochers parmi lesquels on remarque celui de la cathédrale.

Gravure sur acier.

Larg. 0m15, haut. 0m10.

Se trouve dans l'ouvrage intitulé : *Vues de la Hollande et de la Belgique dessinées par W. H. Bartlett, esq. et accompagnées d'observations histori-ques et topographiques par le professseur N. G. Van Kampen d'Amsterdam.* Londres. Geo. Virtue. Un volume in-8°. Pag. 183.

1843.

N° 274. Vue intitulée : *Panorama d'Anvers, dessiné au moment où la flottille anglaise se trouve stationnée devant la ville pendant le séjour que fit la reine Victoria et le prince Albert en Belgique en Septembre 1843. Dess. d'après nature par Eg. Linnig. Lauters lith. Lith. royale P. Degobert, Bruxelles. Chez Tessaro, édit. m.d d'estampes à Anvers.*

L'indication des quatre points cardinaux se trouve sur les quatre côtés du cadre, le nord à gauche, le sud à droite, l'est en haut et l'ouest en bas.

Au—dessus du plan il y a une légende de 1 à 19 pour les édifices de la ville, et en-dessous une autre légende de 20 à 40 pour les navires de la flottille.

Cette vue est prise de la rive gauche de l'Escaut : on y voit les quais et les clochers des églises.

Lithographie à deux teintes.

Larg. 1m10, haut. 0m18.

Est encore dans le commerce.

1843.

Nº 275. Vue intitulée : *Vue de la ville d'Anvers prise de la Tête de Flandre.*

On voit au premier plan les maisons de la Tête de Flandre, le bateau à vapeur de passage, etc., et au-delà de l'Escaut les quais depuis l'église St-Paul jusqu'à l'église St-André.

C'est une lithographie publiée par Cremetti, à Bruxelles, due au crayon de M. J. B. Gratry.

Larg. 0m425, haut. 0m30.

Se trouve à la bibliothèque royale à Bruxelles.

1844.

Nº 276. Plan intitulé : *Plan de la ville d'Anvers publié par L. Granello m.d d'estampes rue de la Bourse, et gravé par Arthau, lithographe. Plan of the city of Antwerp. 1844.*

Échelle de 1 à 8333.

Avec l'indication des quatre points cardinaux et de la longitude, une liste de renvois de 115 numéros et l'explication des signes employés.

Ce plan s'étend depuis le fort du Nord jusqu'au fort de Kiel sur la rive droite, et depuis le fort d'Austruweel jusqu'au fort de Burcht sur la rive gauche. La 5me section n'y est pas représentée. La place du fort Carnot est laissée en blanc.

Le chemin de fer est prolongé jusqu'à l'entrepôt : celui du pays de Waes n'est pas encore construit. La rue St-Paul n'est pas percée.

Sur le même plan il y a une petite carte donnant le cours de l'Escaut.

aux environs d'Anvers. (N° 114 des cartes.) Ce plan est une copie de celui de 1828 (n° 204). Il a été gravé plus tard avec la date de 1848. Le même éditeur a aussi fait paraître un plan en 1846, réduction de celui-ci, et en 1859 il en a fait paraître une édition gravée sur acier. (Voir plus loin.)

Larg. 0m56, haut. 0m0335.

Est encore dans le commerce.

1844.

N° 277. Vue intitulée : *Anvers. F. S.*
Cette vue est prise de la rive gauche de l'Escaut : on voit cette rive au premier plan et au-delà du fleuve : les quais, la cathédrale, les églises St-Paul, St-André, etc.

Larg. 0m125, haut. 0m085.

Se trouve dans l'ouvrage intitulé : *Les délices de la Belgique ou description historique, pittoresque et monumentale de ce royaume. Par Alphonse Wauters*, etc. Bruxelles. Froment. 1844. Un volume in-8°. Pag. 101.

1844.

N° 277bis. Vue intitulée : *Vue des deux bassins à Anvers. Vista de los dos bacines de Amberes.*
Dess. d'après nat. par Eg. Linnig. Lauters et Ghémar lith. Lith. royale P. Degobert, Bruxelles. Chez Tessaro, édit. m.d d'estampes, à Anvers. Déposé.
Avec une légende de quatre numéros en français et en espagnol.
Cette vue est prise du quai St-Laurent, où on voit la British Queen amarrée. La maison hanséatique est en face et l'entrepôt à gauche. La ville se voit à droite, au-delà du petit bassin.
Lithographie à deux teintes.

Larg. 0m40, haut. 0m18.

Est encore dans le commerce.

1844.

N° 278. Vue intitulée : *L'Escaut à Anvers.*
P. L. (Lauters) H. Brown fe.

25   XX   33

Cette vue est prise du Werf et représente les quais de la rive droite et l'Escaut chargé de bateaux.

Larg. 0^m15, haut. 0^m09.

Se trouve dans l'ouvrage intitulé : *La Belgique monumentale, historique et pittoresque, par MM. H G. Moke*, etc. Bruxelles. 1844. Deux volumes in-8°. Tom. II. Pag. 220.

1844.

N° 279. Vue sans titre de la citadelle d'Anvers. *Ghémar. Lacoste jeune.*
Cette vue est prise de la plate-forme du théâtre des Variétés. On voit d'abord la rue des Monnayeurs dans toute sa longueur, puis l'Esplanade et au-delà la citadelle; l'Escaut se déroule à l'horizon.

Larg. 0^m105, haut. 0^m085.

Se trouve dans le même ouvrage que la précédente. Tom. II. Pag. 237.

1846.

N° 280. Plan sans titre du quartier du bourg.
Joseph Ratinckx lith. et fecit. Antwerpen. Beggaerde str. Blz. 96.

Échelle de 1 à 2000.

Avec une rose des vents.
Ce plan indique toutes les parcelles, d'après le cadastre actuel : on y a reproduit les murs et les tours de l'ancien château, tant celles existantes que celles démolies. L'église Ste-Walburge démolie en 1813 y figure en entier. On y voit aussi le *Steen* (prison), le *Vierschaer* (tribunal), le refuge d'*Affighem*, la *Reusen huis* (maison du géant), la *bezaen huis* (maison .....?), la *vleesch huis* (boucherie). Le marché aux poissons bâti en 1842 s'y trouve aussi.

Larg. 0^m275, haut. 0^m155.

Se trouve dans l'ouvrage intitulé : *Geschiedenis van Antwerpen*, etc. par Mertens et Torfs. Anvers. 1845 à 1852. Huit volumes in-8°. Tom. I. Pag. 96.

1846.

N° 281. Plan intitulé : *Plan von Antwerpen.*

Des chiffres de 1 à 9 et des lettres de *a* à *h* renvoient à des éclaircissements imprimés dans le texte. La rive gauche de l'Escaut ne se trouve pas sur ce plan : il est d'ailleurs assez insignifiant.

Larg. 0ᵐ07, haut. 0ᵐ04.

Se trouve dans l'ouvrage intitulé : *Atlas pittoresque du Rhin depuis Bale jusqu'à la mer, avec suppléments contenant des parties de la Hollande et de la Belgique*, etc. par F. W. Delkeskamp. Francfort sur le Mein. 1846. Une feuille avec texte.

1846.

N° 282. Vue intitulée : *Ansicht von Antwerpen.*
Cette vue est prise du milieu de l'Escaut : elle est très petite.

Larg. 0ᵐ055, haut. 0ᵐ02.

Se trouve dans le même ouvrage que le plan précédent.

1846.

N°283. Plan intitulé : *Plan géométrique parcellaire de la ville d'Anvers dressé en 1846 par l'inspecteur du cadastre de la province F. A. Losson à l'échelle de 1 à 2500 mètres publié sous les auspices de M. le ministre de l'intérieur, et l'approbation de M. le ministre des finances. Lithographie de D. Avanzo et Cᵒ à Liége. Déposé à Moll le 3 Janvier* 1848.

Échelle de 1 à 2500.

Il est accompagné du : *Canevas trigonométrique de la ville d'Anvers et de sa banlieue à l'échelle d'un à* 50,000, avec une explication des signes employés et une table donnant l'explication des lettres indicatives du canevas et la distance de tous les points au clocher de Notre-Dame. Ce canevas s'étend jusqu'à Merxem, Deurne, Berchem, Wilryck, Hoboken, Burght, Kraienhoff et Austruweel, il est signé : L. Tredé.

Ce plan se borne aux propriétés qui sont situées à l'intérieur des remparts : il ne donne rien des fortifications, et il s'arrête à la citadelle. La rive gauche de l'Escaut ne s'y trouve pas non plus.

Dans ce plan toutes les maisons sont indiquées séparément : tous les édifices de quelqu'importance sont indiqués par le plan de leur rez-de-chaussée. On a indiqué par un trait pointillé les canaux qui anciennement ont été les fossés de la ville aux différentes époques.

Les rues décrétées en 1842 à l'emplacement de l'entrepôt brûlé n'y sont pas encore indiquées ; la station du chemin de fer du pays de Waes n'est pas encore construite : le chemin de fer lui-même date de 1845. On y a figuré les plans de l'église St-Georges et de la caserne des Capucines, près du rempart St-Georges, quoique ces édifices n'aient été achevés qu'en 1849 et 1850. Les rues qui furent percées entre ce rempart et la rue des Escrimeurs ne l'ayant été qu'en 1845 n'ont pas pu être indiquées sur ce plan. La rue St-Paul, percée en 1846, ne s'y trouve pas non plus.

Larg. 0m99, haut. 0m655.

Est encore dans le commerce.

1846.

N° 284. Plan intitulé : *Plan de la ville d'Anvers, publié par Louis Granello, rue de la Bourse, à Anvers. 1846. Plan of the city of Antwerp, published at Louis Granello, rue de la Bourse, à Anvers.*

Échelle de 1 à 11,111.

Avec l'orientation et l'indication de la longitude, un renvoi pour les églises, les établissements et les hôtels, de 28 numéros, et une note donnant la traduction de quelques mots français en anglais.

Le chemin de fer du pays de Waes n'est pas encore indiqué, et la rue St-Paul n'est pas encore percée.

Ce plan, contrairement à tous les autres de cette époque, a l'Escaut à la partie supérieure.

Il contient aussi une petite carte intitulée : *Plan de l'Escaut et des forts, depuis Anvers jusqu'à Lillo.* Ce plan est une copie réduite de celui de 1828 (n° 204) et de celui de 1844 (n° 276).

Larg. 0m385, haut. 0m27.

Est encore dans le commerce.

1846 ?

N° 285. Plan intitulé : *Anvers.*

Avec une liste de *renvois* de 21 numéros.

Le chemin de fer est prolongé jusqu'à l'entrepôt : la rue St-Paul n'est pas encore percée. La caserne des Minimes sur la place de Meir n'y figure plus, quoiqu'elle n'ait été démolie qu'en 1851.

Larg. 0^m155, haut. 0^m19.

Se trouve sur la carte intitulée : *Nouvelle carte générale de la Belgique à l'échelle de 1 à 200,000. Établissement géographique de Bruxelles fondé par Ph. Vandermaelen.*

1847.

N° 286. Plan intitulé : *Projet d'établissement d'un entrepôt franc avec bassins à Anvers et d'agrandissement de la ville, dont la demande en concession a été faite par E. Riche père et comp.^{ie} le 17 Mai 1847. Établissement géographique de Bruxelles. Vandermaelen.*

Échelle de 1 à 10,000.

Est orienté.

On voit aux limites de ce plan, la pépinière, les blanchisseries de Borgerhout, le fort de Stuivenberg, le fort du Nord et la Tête de Flandre. Tous les noms de rues et d'édifices sont marqués, mais ils le sont à l'envers. Les bassins projetés le sont sur l'emplacement des fossés actuels hors de la porte de Lillo : ils communiquent avec le canal de la Campine. Au-delà des bassins est tout un quartier nouveau ; la ville est seulement agrandie de ce côté. L'emplacement des batteries le long de l'Escaut est indiqué.

Larg. 0^m505, haut. 0^m325.

Se trouve dans l'ouvrage intitulé : *Mémoire adressé au département des travaux publics, à l'appui d'une demande en concession faite par E. Riche père et comp.^{ie}, pour l'agrandissement de la ville et l'établissement d'un entrepôt franc à Anvers. Anvers. 1847. Une brochure in-12.°*

1847.

N° 287. Plan intitulé : *Projet d'établissement d'un entrepôt franc à l'emplacement du Kattendyk à Anvers annexé à la demande en concession présentée à Monsieur le Ministre des travaux publics par Hertogs frères et* comp.ᵢᵒ *le 8 Novembre* 1847. *Lith. Jos. Ratinckx, rue des Beggards,* 311. *Anvers.*

Échelle de 1 à 5000.

Avec l'indication de la longitude et de latitude et l'orientation.

Ce plan ne donne que la partie nord de la ville limitée au marché aux Chevaux et au Canal des Brasseurs. D'un autre côté le fort du Nord y est compris, et sur la rive gauche le fort d'Austruweel.

Les bassins projetés sont en dehors des fortifications actuelles : ils sont reliés par un embranchement au chemin de fer de l'État. On donne aussi l'emplacement des batteries entre l'enceinte de la ville et le fort du Nord sur la rive de l'Escaut.

Quelques noms de rues sont donnés, ainsi que ceux des bastions, etc.

Larg. 0ᵐ31, haut. 0ᵐ42.

Se trouve dans l'ouvrage intitulé : *Notice sur la demande en concession de l'établissement d'un entrepôt franc, et de l'agrandissement d'Anvers, présenté à Monsieur le Ministre des travaux publics, par Hertogs frères et comp.ᵢᵒ, le 8 Novembre* 1847. Anvers. Ratinckx. 1847. Une brochure in-8.ᵒ

1848.

Nᵒ 288. Plan intitulé : *Plan du projet de l'agrandissement d'Anvers de* 1848 *par Hertogs frères et comp.ᵢᵒ. Imprimerie lithographie de Joseph Ratinckx, rue des Beggards nᵒ* 311. *Anvers.*

Échelle de 1 à 20,000.

Avec l'orientation, l'indication de la longitude et de la latitude, et un renvoi pour les nouvelles constructions comprises dans l'agrandissement projeté Les divers agrandissements de la ville sont indiqués dans ce plan : celui-ci en forme le septième ; il s'étend au nord et à l'est, et double à peu près la surface de la ville. Les bassins projetés sont situés au-delà des fortifications actuelles.

Il n'y a aucun nom de rues.

Le chemin de fer vers la Hollande y est indiqué.

Larg. 0ᵐ225, haut. 0ᵐ20.

Se trouve dans l'ouvrage intitulé : *Projet d'agrandissement d'Anvers de 1848, par Hertogs frères et comp.ie.* Anvers. Ratinckx. 1848. Un volume in-8°. (4 janvier 1848.)

1848.

Plan intitulé : *Plan de la ville d'Anvers publié par L. Granello, m.d d'estampes, rue de la Bourse, et gravé par Arthau, lithographe. Plan of the city of Antwerp.* 1848.

Ce plan est celui de 1844 (n° 276) sur lequel la date seule a été changée : je ne le cite donc que pour mémoire.

1849.

N° 289. Plan intitulé : *Polders du Bas Escaut en Belgique : réendiguemens. Pl.* 22.

Dessiné par L. C. Vergauwen, conducteur des ponts et chaussées. Gravé par Annedouche, rue d'Enfer, 61. De l'imprimerie de P. Dieu, à Paris.

Échelle de 1 à 10,000.

Ce plan ne représente que la rive gauche de l'Escaut avec la Tête de Flandre, et les forts d'Austruweel, de Calloo, de Zwyndrecht et de Burcht. L'espace compris entre ces forts porte le nom de : *Nouvelle ville d'Anvers.*

Larg. 0m35, haut. 0m245.

Se trouve dans l'ouvrage intitulé : *Essai sur les travaux de fascinages et la construction des digues, ou description du réendiguement des polders du Bas Escaut belge ; précédé d'une notice historique sur ces polders ; par U. N. Kummer.* Bruxelles. Decq. 1849. Un volume in-4°, avec un atlas.

1850 ?

N° 290. Plan intitulé : *Antwerp or Anvers.*

Avec une légende de 28 numéros pour les édifices remarquables et les hôtels, et deux échelles.

Ce plan s'étend depuis la citadelle jusqu'au Kattendyck ; la 5me section n'y est pas comprise : sur la rive gauche on voit une partie de la Tête de Flandre.

La caserne des Minimes démolie en 1851 s'y trouve encore.

Il doit être une copie réduite du plan publié en 1828, chez Tessaro, (n° 204).

Larg. 0m335, haut. 0m225.

Se trouve dans l'ouvrage intitulé : *Plans of towers to accompany Brads haw's continental railway guide and general handbook.*

Un atlas in-12° contenant outre le plan d'Anvers, ceux d'Ostende, de Gand, de Bruxelles, et de 24 autres villes d'Europe.

1851.

N° 291. Plan intitulé : *Carte générale d'Anvers et d'une nouvelle ville maritime à la Tête de Flandre, projetée par Xavier Tarte, ingénieur civil. Mars 1851. Pl. 1.*

Établissement géographique de Bruxelles, fondé par Ph. Vander Maelen. Dessiné par Van der Wee.

Échelle de 1 à 20,000.

Ce plan donne le cours de l'Escaut depuis l'amont de Burght jusqu'à l'aval de la Pipe de tabac. Sur la rive droite on voit la ville actuelle ainsi que les environs jusqu'à Berchem, Borgerhout et Merxem. Sur la rive gauche on a projeté une nouvelle ville ayant la même superficie à peu près que celle sur la rive droite, avec de grands bassins, et tous les établissements nécessaires à une ville. Cette ville est défendue du côté de la terre par une ligne de fronts bastionnés presque droite et s'appuyant à l'Escaut par ses deux extrémités. Le plan s'étend sur cette rive jusqu'à Zwyndrecht.

Un pont fixe relie les deux rives de l'Escaut vis-à-vis de la station du pays de Waes.

Larg. 0m40, haut. 0m295.

Se trouve dans l'ouvrage intitulé : *Fondation d'une nouvelle ville maritime à la Tête de Flandre. Mémoire adressé aux ministres du roi, par X. Tarte, ingénieur civil, à l'appui de sa demande en concession. Bruxelles. 1851. Un volume in-8°.*

1851 ?

N° 292. Plan intitulé : *Carte générale d'Anvers et d'une nouvelle ville maritime à la Tête de Flandre, projetée par Xavier Tarte, ingénieur civil. Mars 1851.*

Établissement géographique de Bruxelles, fondé par Ph. Vandermaelen. Dessinée par J. B. Vanderwee.

Échelle de 1 à 5,000.

Avec une indication pour les côtes de niveau.

Ce plan est le même que le précédent, mais à une échelle quatre fois plus grande : il ne s'étend pas aussi loin. Ainsi à l'ouest il s'arrête aux nouvelles fortifications ; à l'est il ne va que jusqu'au fort Carnot, et au sud il s'arrête à la pépinière.

En quatre feuilles.

Larg. 1^{m}04, haut. 1^{m}10.

Est encore dans le commerce.

1852.

N° 293. Vue intitulée : *Anvers, vue prise au-dessus de la Tête de Flandre. Dessiné d'après nature et lith. par F. Stroobant. Imp. Simonau et Toovey. Bruxelles. Tessaro, éditeur à Anvers.*

Avec la *position de la flottille anglaise lors de l'arrivée de la reine d'Angleterre en août* 1852.

En dessous est une légende pour les édifices de la ville, les noms n'ayant pas de numéros de renvoi, mais étant placés en colonne en dessous des édifices auxquels ils se rapportent. Une seconde légende avec le titre cité plus haut se rapporte aux navires de la flottille.

C'est une vue à vol d'oiseau, où on voit toutes les rues, etc. Un ballon est suspendu au-dessus de la ville.

Larg. 0^{m}495, haut. 0^{m}35.

Est encore dans le commerce.

1853.

N° 294. Plan intitulé : *Agrandissement de la ville d'Anvers et établissement de nouveaux bassins, avec entrepôt-franc, magasins, hangards, cales sèches etc. Projet de E. Riche père et Cie du 17 mai 1847 avec ses modifications. 1853. Anvers le 31 août 1853. E. Riche père et Cie. Etablissement géographique fondé par Ph. Vandermaelen.*

Échelle de 1 à 25,000.

Avec une légende de A à L.

XX

La ville entière est représentée sur ce plan ; mais les rues n'y sont pas indiquées. C'est le même projet que celui de 1847 (n° 286) avec quelques modifications.

Larg. 0m24, haut'. 0m18.

Se trouve dans l'ouvrage intitulé : *Construction de nouveaux établissements maritimes et commerciaux à Anvers, et agrandissement de cette ville. Projet de E. Riche père et Ce, du 17 Mai 1847, modifié le 31 août 1853.* Bruxelles. 1853. Une brochure in-8°.

1853.

N° 295. Plan intitulé : *Agrandissement d'Anvers. Comparaison des projets de la régence d'Anvers et de E. Riche père et Cie. Le projet et de la régence d'Anvers est teint en jaune. Le projet de M. Riche père et Cie. est teint en rouge.*

Etablissement géographique fondé par Ph. Vandermaelen. (586).

Échelle de 1 à 5000.

Ce plan ne donne que les bassins existants et ceux qu'il s'agit de construire au nord, soit d'après le projet de la régence, soit d'après celui de M. Riche. C'est le premier projet qui a été exécuté et inauguré en 1860.

Larg. 0m375, haut. 0m365.

Se trouve dans l'ouvrage intitulé : *Agrandissement de la ville et du port d'Anvers. Le vote du 29 octobre. Par M. Eug. Riche père et C.ie.* Bruxelles. 1853. Une brochure in-8°.

1853 ?

N° 296. Plan intitulé : *Carte générale d'Anvers et d'une nouvelle ville maritime à la Tête de Flandre, projetée en mars 1851 par Xavier Tarte, ingénieur civil. 2e projet — Nouveau dispositif obligé par la construction des forts à la Tête de Flandre en 1852 et 1853.*

Etablissement géographique de Bruxelles, fondé par Ph. Vandermaelen. Dessiné par Vander Wee.

Échelle de 1 à 20,000.

Ce plan est une reproduction de celui de 1851 (n° 291), avec les modifications nécessitées par la construction d'un fort à la Tête de Flandre.

Larg. 0m405, haut. 0m30.

Est encore dans le commerce.

1853.

N° 297. Plan intitulé : *Ville d'Anvers. Plan de la ville et de ses nouvelle fortifications.*

Avec une explication commençant ainsi : *Pour en faciliter l'intelligence, on y a indiqué le rayon stratégique de 360 toises*, etc

Le titre et l'explication sont aussi reproduits en flamand.

Impr. et lith. de la V° J. S. Schoesetters.

Échelle de 1 à 20,000.

Ce plan donne seulement le périmètre de la ville et des forts n° 1 à 7 construits de 1853 à 1856. On a tracé le rayon stratégique autour des forts et de l'enceinte.

Larg. 0m42, haut. 0m47.

Se trouve à la bibliothèque de la ville d'Anvers.

1854.

N° 298. Plan intitulé : *Anvers.*

Gravé par Avril f.res Imp. Kaeppelin Quai Voltaire, 17, Paris Librairie de L. Hachette et C.ie à Paris.

Avec une rose des vents et une légende de 21 numéros. Le plan est partagé en carrés avec des lettres correspondantes dans la légende.

Le chemin de fer vers la Hollande n'y figure pas encore . Le fort d Stuyvenberg est intitulé fort de Dam et a une forme inexacte.

Larg. 0m215, haut. 0m17.

Se trouve dans l'ouvrage intitulé : *Guide pittoresque du voyageur en Belgique. Itinéraire artistique, industriel et manufacturier*, etc., pa r Richard. 7me édition. Paris. 1854. Un volume in–12°. Pag. 161.

1854.

N° 299. Plan intitulé : *Plan de la ville d'Anvers.*

Lith. Possoz frères, r. Pruynen 146. Gravé par A. Possoz. Librairie de J. B. Van Mol– Van Loy, Courte rue Neuve, 815.

Avec une légende de 41 numéros pour les rues et places publiques, e une de A à Y pour les édifices et monuments.

Le nord est à gauche.

La rue St-Paul est percée. Le chemin de fer de Rotterdam est construit.

Larg. 0m15, haut. 0m115.

Se trouve dans l'ouvrage intitulé : *Guide dans la ville et les environs d'Anvers. Description des monuments, objets d'art et antiquités, précédée d'une notice historique par J. Van Vyve. Anvers. Librairie de J. B. Van Mol–Van Loy, Courte rue Neuve, 815. 1854. Un volume in–12º.*

1854.

Nº 300. Vue sans titre de la ville d'Anvers, prise de la rive gauche de l'Escaut.

Elle est assez insignifiante : la cathédrale domine les maisons des quais ; on voit aussi l'église St-Paul et l'église St–André.

Larg. 0m15, haut. 0m09.

Se trouve dans le même ouvrage que le plan précédent. Pag. 172.

1854.

Nº 301. Vue sans titre de la ville d'Anvers, prise de la rive droite de l'Escaut sur la digue en avant du fort du Nord. On voit à gauche la batterie sur cette digue, dans le lointain la cathédrale, et à droite le fleuve avec quelques bateaux et la Tête de Flandre Cette vue est, comme la précédente, assez insignifiante.

Larg. 0m14, haut. 0m09.

Se trouve dans le même ouvrage que le nº 299, pag. 175.

1854.

Nº 302. Plan des environs d'Anvers, sans titre.
Gravé par J. Claes.

Échelle de 1 à 20,000.

C'est un projet d'après lequel on réduit la zône de servitude autour de l'ancienne place à 300 mètres et on construit trois nouveaux forts marqués B, C, D, en avant des anciens, ayant les mêmes dimensions qu'eux, et deux forts facultatifs E et F, celui-ci contre l'inondation en aval de la ville.

Il y a seulement agrandissement au nord : l'emplacement d'une nouvelle ville extérieure y est indiquée en *rose* : il est traversé par de grandes routes marquées en *rouge foncé.*

Les terrains inondables sont indiqués. Les rues dans la ville ne sont pas tracées.

Larg. 0^m36, haut. 0^m465.

Se trouve dans l'ouvrage intitulé : *Anvers agrandi et fortifié pour cinq millions. Mémoire à l'appui d'une demande de concession faite par MM. Keller et comp.^e.* Bruxelles. Stapleaux. 1854. Une brochure in–8°.

Et dans celui intitulé : *Journal de l'armée belge, recueil d'art, d'histoire et de sciences militaires.* Bruxelles. Stapleaux. 1855. Tom. 8, pag. 151.

1854.

N° 303. Plan des environs d'Anvers, sans titre.
Gravé par J. Claes.

Échelle de 1 à 20,000.

C'est le même plan que le précédent , sur lequel on a dessiné les chemins , massifs , etc. , de la promenade sur les glacis , depuis la porte des Béguines jusqu'à la porte Rouge , et une *Grande promenade* capitale de la lunette d'Hérenthals.

Larg. 0^m36, haut. 0^m465.

Se trouve dans l'ouvrage intitulé : *Anvers agrandi et fortifié pour cinq millions. Mémoire à l'appui d'une demande de concession faite par MM. P. Keller et comp.^e Deuxième édition, avec des nouveaux développements.* Bruxelles. Stapleaux. 1854. Une brochure in-8°.

Et dans celui intitulé : *Journal de l'armée belge,* etc. Tom. 8, pag. 159.

1855 ?

N° 304. Plan intitulé : *Plan géométrique de la ville d'Anvers, dressé et publié en vertu d'autorisation ministérielle par le géomètre Valerius Jouan. Lithographié par V. Corvilain à Bruxelles. Imprimé par J. Vander Borght à Bruxelles.*

Échelle de 1 à 2500.

Avec les armoiries de la ville d'Anvers surmontées d'une couronne de marquis et entourées d'une guirlande de chêne et de laurier.

Ce plan, comme celui de 1846 (n° 283) , se borne aux propriétés situées à l'intérieur des remparts ; il ne donne rien des fortifications et il s'arrête à la citadelle : la rive gauche de l'Escaut ne s'y trouve pas non plus.

Toutes les maisons sont indiquées séparément, et par leurs numéros, ce qui ne se trouve pas dans l'autre. Les détails intérieurs des églises sont indiqués.

On a aussi tracé le méridien passant par le clocher de la cathédrale et la perpendiculaire à ce méridien, ainsi que les parallèles à l'un et à l'autre.

L'emplacement de l'entrepôt brûlé est encore vide, on y a seulement indiqué une des rues décrétées en 1842, appelée la *rue de l'entrepôt brûlé.*

Les rues Louise et des Capucines, décrétées en 1847, ne sont pas encore figurées. La station du chemin de fer du pays de Waes est construite. La caserne des Minimes, située à la place de Meir, quoique démolie en 1851, figure toujours sur ce plan.

Larg. 0m99, haut. 0m685.

Est encore dans le commerce.

1855 ?

N° 305. Plan intitulé : *Plan de la ville d'Anvers et des environs.*
Se vend à Anvers, à la librairie Valerius-Jouan. On se procure à la même librairie le plan parcellaire de la ville dressé à l'échelle de 1 à 2500. Déposé.

Échelle de 1 à 10,000.

Avec une légende de 72 numéros, une rose des vents et une échelle.

La rue St-Paul n'est pas encore percée, les magnifiques avenues entre le chemin de fer et la chaussée de Malines ne sont pas tracées. L'emplacement des fortins nos 3, 4, 5, 6 et 7, commencés en 1862, y est indiqué : les nouveaux bassins ne sont pas creusés.

Ce plan a été reproduit plusieurs fois depuis, avec les changements nécessités par les nouvelles rues percées, etc. Dans les dernières éditions on a ajouté l'indication. *Impr. lith. S. Mayer.*

Larg. 0m65, haut. 0m44.

Est encore dans le commerce.

1855.

N° 306. Plan intitulé : *Plan de la ville d'Anvers.* 1855. *Publié par F. Tessaro m^d d'estampes à Anvers.*

Échelle de 1 à   .

Avec une légende de A à K pour les églises et de 20 numéros pour les édifices et l'orientation.

Ce plan s'étend depuis la citadelle jusqu'au fort du Nord et comprend la pépinière, la station du chemin de fer, etc. Sur la rive gauche il contient le fort d'Austruweel, de Burght et la Tête de Flandre.

Larg. 0^m185, haut. 0^m12.

Est encore dans le commerce.

1855.

N° 307. Vue intitulée : *Anvers.*

C'est une vue à vol d'oiseau prise au-dessus de la Tête de Flandre ; on y voit toutes les rues, les édifices, etc. Elle paraît être une copie de la vue faite en 1852, dont il est question au numéro 293.

Larg. 0^m105, haut. 0^m065.

Se trouve dans l'ouvrage intitulé : *Guide sur les bords du Rhin. Paris.* 1855. Un volume in-12°. Pag. 48.

1855.

N° 308. Plan intitulé : *Projet d'agrandissement des quais de la ville d'Anvers dressé le 22 mai 1855 par le demandeur.*
Lithographie de C. Messens, rue Haute, 2596. Anvers.

Échelle de 1 à 2500.

Ce plan donne les quais depuis le quai St-Michel jusqu'au-delà des bassins, avec les rues avoisinantes et les quatre canaux sur lesquels on propose d'élever des constructions, savoir un théâtre national flamand sur le canal St-Jean et des magasins sur les trois autres. Les ponts sur ces canaux sont supprimés et les quais se continuent sans interruption d'un bout à l'autre.

Les constructions à démolir sont coloriées en jaune, et les nouvelles en rouge.

Larg. 0ᵐ625, haut. 0ᵐ365.

Se trouve dans l'ouvrage intitulé : *Projet d'agrandissement des quais de la ville d'Anvers par Gérard Rouserez.*

Mémoire à l'appui d'une demande en cession des terrains compris dans les quatre canaux de la ville d'Anvers, faite au conseil de régence, le 22 mai 1855.

Anvers. De Backer. 1855. Une brochure in-12°.

1854.

N° 309. Plan intitulé : *Plans comparatifs comprenant : 1° le système des forts détachés de la forteresse de Paris, 2° le même système proposé à la législature pour la place d'Anvers.*

Commission de la 5ᵉ section et des faubourgs. Mai 1855.

Établissement géographique de Ph. Vandermuelen.

Échelle de 1 à 20,000.

Avec deux légendes, l'une critiquant la position des anciens forts, et l'autre pour les détails des forts projetés.

Ce sont deux plans séparés : le premier donnant une partie de l'enceinte de Paris avec les forts d'Issy, de Vanvres et de Montrouge ; le second le plan de la ville d'Anvers avec les anciens forts et un projet de nouveaux forts situés sur une ligne passant par le fort n° 2 existant.

En dessous de ce plan on a figuré trois plans de forts avec les détails.

Larg. 0ᵐ375, haut. 0ᵐ21.

Est encore dans le commerce.

1855.

N° 310. Plan intitulé : *Projet d'agrandissement général d'Anvers.*
Lith. de G. Stapleaux, à Bruxelles. Gravé par J. Claes.

Échelle de 1 à 20,000.

Avec une légende pour les nouveaux forts à construire.

La nouvelle enceinte part du fort du Nord et se dirige presqu'en ligne droite sur le fort n° 1, et suit ensuite la gorge des forts n°ˢ 3, 5, 6 et 7.

Les nouveaux forts sont les mêmes que ceux des plans n°⁸ 302 et 303 de 1854 : il y en a quatre marqués B , C , D , E . On n'a plus placé de fort contre l'inondation en aval de la ville ; mais il y en a un marqué F en avant de Deurne et un marqué G en avant de Merxem. Ce plan donne en outre la désignation des terrains inondables.

Les rues dans la ville ne sont pas indiquées.

Larg. 0m36, haut. 0m465.

Se trouve dans l'ouvrage intitulé : *Projet d'agrandissement général d'Anvers. Lettre de MM. P. Keller et comp.ᵉ à l'appui de leur nouvelle demande de concession.* Bruxelles. Stapleaux. 1855. Une brochure in-8°.

Et dans celui intitulé : *Journal de l'armée belge, recueil d'art, d'histoire et de sciences militaires.* Bruxelles. Stapleaux. 1855. Tom. 9 , pag. 27.

1855.

N° 311. Plan intitulé : *Projet d'agrandissement général d'Anvers. Lith. de G. Stapleaux , à Bruxelles. Gravé par J. Claes.*

Échelle de 1 à 20,000.

Ce plan est le même que le précédent : seulement celui-ci n'a pas de légende et quelques changements ont été apportés aux ouvrages de fortification. Les nouveaux forts à construire , excepté le fort G , sont plus grands que les anciens, et le fort n° 2 est agrandi dans la même proportion : l'emplacement a été changé légèrement pour les rapprocher l'un de l'autre. On a indiqué ces changements au moyen de papillotes collées sur l'autre plan.

La nouvelle enceinte embrasse aussi le fort du Nord , de sorte qu'il y a trois fronts de plus.

Larg. 0m36, haut. 0m465

Se trouve dans l'ouvrage intitulé : *Projet d'agrandissement général d'Anvers. Lettre de MM. P. Keller et comp.ᵉ, suivie : 1° d'un mémoire justificatif; 2° des modifications apportées à ce projet.* Bruxelles. 1855.

Et dans celui intitulé : *Journal de l'armée belge ,* etc. Une brochure in-8°. Tom. 9 , pag. 109.

1856.

N° 312. Plan intitulé : *Plan des localités au nord d'Anvers. Etablissement géographique de Bruxelles.*

Échelle de 1 à 5,000.

Avec une rose des vents et un indicateur pour les écluses , etc.

Ce plan indique les constructions maritimes en exécution au nord de la ville d'Anvers, les anciens bassins, le chemin de fer vers la Hollande.

Il ne va pas au—delà du canal des Brasseurs , vers la ville au sud , et s'étend jusqu'à Austruweel , au nord.

Ce plan a été dressé en 1856 par M. Kummer , ingénieur en chef de la province d'Anvers.

Larg. 0m70, haut. 0m58.

Est encore dans le commerce.

1856.

N° 313. Plan intitulé : *Plan d'Anvers*.

Avec une rose des vents et deux légendes, une de A à P et de a à c pour les églises et les monuments, et une de 20 numéros pour les places, rues, etc. qui n'ont pu être inscrites dans le plan. Le n° 21 est l'*Hôtel Rubens*.

Ce plan ne donne pas la rive gauche ni la 5me section.

Larg. 0m12 , haut. 0m085.

Ce plan est gravé derrière le prix courant des imprimés lithographiques de Joseph Ratinckx, rempart St—Catherine, n° 294 , Anvers.

Il y a une seconde édition de ce plan de 1861 (n° 355), avec la vue du *Ship hôtel* derrière.

1856.

N° 314. Plan sans titre occupant un coin de la carte intitulée : *Chemin de fer direct d'Anvers à Cologne par Lierre , Diest , Hasselt , Maestricht, et Aix—la—Chapelle. Demande en concession de MM. Goddyn , Riche et Cᵉ d'Anvers à Hasselt. Ingénieur consultant M. Ad. Le Hardy de Beaulieu. Étab.ᵗ géographique de Bruxelles fondé par Ph. Vandermaelen.*

Échelle de 1 à 20,000.

Dans ce plan est comprise la ville entière, à peu d'exceptions près, et un agrandissement au nord nommé *Nouvelle ville*, s'appuyant d'un côté sur le fort du Nord et de l'autre sur l'enceinte actuelle à la porte rouge. Le chemin de fer projeté aboutit entre les anciens et les nouveaux bassins, et on place une station en cet endroit: il y a trois courbes de raccordement avec le chemin de fer d'Anvers à Rotterdam.

Larg. 0m145 , haut. 0m185.

Se trouve dans l'ouvrage intitulé : *Chemin de fer direct d'Anvers à Cologne. Section d'Anvers à Hasselt par Lierre et Diest, demandée en concession par MM. Goddyn, Riche et c.ie le 9 septembre 1853 et le 7 avril 1854. M. Ad. Le Hardy de Beaulieu, ing.r consultant. Bruxelles. 1856.* Un vol. in-8°.

1856.

No 315. Ce même plan se trouve sur une variante de la même carte intitulée : *Chemin de fer direct d'Anvers à Cologne par Lierre, Diest, Hasselt, Maestricht et Aix-la-Chapelle. Carte comparative des diverses demandes en concession qui se rapportent à cette route.*

Larg. 0,145 , haut. 0,185

Se trouve dans l'ouvrage intitulé: *Chemin de fer direct d'Anvers à Cologne. Section d'Anvers à Hasselt par Lierre, Heyst-op-den-Berg et Diest. Deuxième mémoire. 1856.*

1856.

No 316. Vue intitulée : *Vue d'Anvers G. V.*
Cette vue est prise de la Tête de Flandre : on voit une partie de la rive gauche, et au-delà du fleuve s'étale la ville.

Larg. 0m08 , haut. 0m055.

Se trouve dans l'ouvrage intitulé : *Guide Ph. Hen. La Belgique. Guide pittoresque, monumental, artistique, historique, géographique, politique et commercial, etc. Bruxelles, Ph. Hen, éditeur. 1856.* Un volume in-12°. Pag. 84.

1856.

No 317. Plan intitulé : *Anvers. 311.*
Établissement géographique de Bruxelles. No 335.

Échelle de 1 à 20,000.

Le plan de la ville se trouve dans le coin inférieur à gauche : les environs sont représentés jusqu'à Eeckeren, Brasschaet, 's Gravenwesel et Wyneghem.

Larg. 0m692, haut. 0m487.

Ce plan fait partie de la : *Grande carte topographique de la Belgique en 250 feuilles, à l'échelle de 1 à 20,000, dressée et publiée par Ph. Vandermaelen, fondateur de l'établissement géographique de Bruxelles.* N° 311.

1857.

N° 318. Vue intitulée : *Anvers. Tête de Flandre.*
Rouargue frères del. et sc. Imp. F. Chardon aîné, 30, r. Hautefeuille. Paris.
Cette vue est prise de la rive gauche de l'Escaut : on distingue particulièrement l'ancien bâtiment de la boucherie, la cathédrale et la porte de l'Escaut. Le fleuve est couvert de bateaux.
Gravure sur acier.

Larg. 0ᵐ17, haut. 0ᵐ115.

Se trouve dans l'ouvrage intitulé : *Voyage pittoresque en Hollande et en Belgique par Edmond Texier. Paris. Morizot. 1857. Un volume in–8°.* Pag. 295.

1857.

N° 319. Plan intitulé : *Projet d'agrandissement de la métropole commerciale de la Belgique. Annexe au mémoire de M. Van Alstein. Delaveleye ingénieur :*
Établissement géographique de Bruxelles fondé par Ph. Vandermaelen.
Échelle de 1 à 10,000.
Ce projet comporte le détournement du cours de l'Escaut avec emplacement de magasins de commerce, de cités ouvrières, grand bassin central et terrains militaires sur l'ancien Escaut et sur le territoire de la Tête de Flandre. Le canal projeté, nommé Escaut belge, aboutit au nord. Un chemin de fer latéral au canal traverse le nouveau lit de l'Escaut et passe au sud de la ville pour venir se relier à la station du chemin de fer de l'État.

Larg. 0ᵐ645, haut. 0ᵐ58.

Se trouve dans l'ouvrage intitulé : *Indépendance commerciale de la Belgique. Mémoire sur la construction d'un canal maritime direct entre Anvers et la mer du nord, avec embranchement sur Bruges et Gand, par Van Alstein. Bruxelles. Guyot. 1857. Un volume petit in-folio.*

1858.

N° 320. Plan intitulé : *Agrandissement d'Anvers. Plan publié par le Précurseur et l'Avenir.*

Lith. H. Ratinckx, Grandplace.

Échelle de 1 à 20,000.

Ce plan donne l'agrandissement au Nord et l'agrandissement général. Le premier embrasse le fort du Nord et les nouveaux bassins ; le second embrasse les faubourgs et une partie des villages de Borgerhout et de Berchem. C'est le même plan que celui de 1855 (n° 276). On propose des forts avancés à Merxem, à Deurne, et cinq autres forts depuis le fort n° 2 jusqu'à l'Escaut, formant une ligne de 8 forts, parallèle à la nouvelle enceinte.

Ce plan donne aussi la limite des terrains inondables.

Les rues dans la ville, et les chemins en dehors de la ville ne sont pas indiqués.

Larg. 0m47, haut. 0m38.

Se trouve joint aux journaux suivants :

Le Précurseur, journal du soir. Publication politique, commerciale, maritime et littéraire. Anvers, mardi 15 Juin 1858. N° 166.

L'Avenir, journal du matin. Anvers, 16 juin 1858. N° 168.

1858.

N° 321. Plan intitulé : *Plan des différentes enceintes projetées autour de la ville d'Anvers et servitudes qui en résultent. Publié par la commission de la 5me section.*

Établ. lith. de Joseph Ratinckx, Rempart Ste-Catherine, à Anvers.

Échelle de 1 à 20,000.

Avec une légende de A à N pour les établissements situés dans le nouvel agrandissement projeté. N'est pas orienté. Dans ce plan on voit d'abord les *remparts et fossés actuels;* ensuite le *projet Keller* (agrandissement général) avec les forts détachés de Merxem, de Deurne, et les cinq autres forts jusqu'à l'Escaut ; enfin *l'agrandissement au Nord, projet du gouvernement,* englobant le fort du Nord et les nouveaux bassins. Il y a aussi une ligne indiquant le *seul agrandissement au Nord utile au commerce,* qui est tracé entre le fort du nord et les nouveaux bassins.

Le rayon de 300ᵐ et celui de 574ᵐ80 est tracé antour des forts. Les rues ne sont pas indiquées dans la ville.

Larg. 0ᵐ55, haut. 0ᵐ44.

Se trouve dans le journal intitulé : *L'Union commerciale.* N° 99 du 11 juillet 1858. Imprimé à Anvers.

Et dans celui intitulé : *Het Handelsblad van Antwerpen.* N° 168 du 17 juillet 1858.

1858.

N° 322. Plan intitulé : *Plans des nouvelles fortifications d'Anvers. Supplément au Journal l'Économie, du 1ʳ Août 1858. Adolphe Delmée, éditeur.*

C'est une copie réduite du plan précédent : les inscriptions n'ayant pu être placées à côté des ouvrages, on a ajouté une légende de 48 numéros.

Larg. 0ᵐ24, haut. 0ᵐ21.

Se trouve joint au numéro du 1ᵉʳ août 1858 du journal *l'Économie,* publié à Tournai, chez A. Delmée.

1858.

N° 323. Plan intitulé : *Projet d'agrandissement général modifié et divers autres projets. Plan n° 1. Annexé à notre lettre du 5 Octobre 1858, (signé) Keller et C .*

Échelle de 1 à 10,000.

Avec une légende pour les teintes distinguant les divers projets. Le nord est à gauche.

Le projet de MM. Keller est représenté par une teinte bleue ; le tracé de l'enceinte est à peu près le même qu'aux plans de 1855, seulement du fortin n° 2 au fortin n° 5 on l'a arrondi davantage, de manière à diminuer le saillant de l'enceinte en avant de Berchem : le fortin n° 3 se trouve ainsi à l'intérieur de la ville. On remplace le fort du Nord par une très grande citadelle sur laquelle s'appuie la nouvelle enceinte. On construit les forts 1 à 7 au lieu des forts F 2, B, C, D, E, F, mais à une plus grande distance de l'enceinte, excepté les forts 1 et 4 qui sont à la même place que les anciens. Ces forts ont un bastion de tête, deux bastions collatéraux et une ligne à redan à la gorge.

Le fort G en avant de Merxem est conservé. On conserve aussi les fortins nᵒ 7, 6, 5, 3, 1, 2 et la lunette 2-3, auxquels on donne les numéros 8, 9, 10, 11, 12, 13 et 11-13. Une digue défensive entre le fort 7 et la lunette 7-8, existante, protège de l'inondation le terrain en avant de la citadelle, réservé pour le campement de l'armée. Un chemin de fer part de l'arsenal, longe la gorge de tous les bastions de l'enceinte et de la citadelle du nord, puis suit la rive droite de l'Escaut pour aller aboutir aux forts du bas-Escaut : un embranchement se rend aux nouveaux bassins. On maintient l'eau dans les fossés de l'enceinte au moyen de sept batardeaux. Sur la rive gauche de l'Escaut on construit un nouveau fort vis-à-vis d'Austruweel, en aval du fort Isabelle : une digue défensive est tracée entre ce fort et le fort de Burght pour préserver de l'inondation les terrains réservés pour le pacage des bestiaux. Enfin un pont de bateaux est jeté sur l'Escaut un peu en aval du fort de Burght.

Les inondations sont indiquées sur les deux rives.

Une teinte rouge indique un tracé moyen longeant le canal d'Hérenthals.

Une teinte violette modifie ce tracé.

Une teinte jaune indique le projet du gouvernement rejeté par les Chambres, qui comprenait l'agrandissement au nord, englobant les nouveaux bassins et le fort du Nord, les grands forts B, C, D, E, F, du projet de 1855, le fort nᵒ 2 agrandi et les forts de Merxem et de Deurne, et qui conservait en même temps les anciens fortins nᵒ 1, 3, 5, 6 et 7 : sur la rive gauche il comprend le nouveau fort en face d'Austruweel.

Une teinte verte indique les modifications apportées en 1856 par le génie militaire au tracé primitif de grande enceinte de MM. Keller : elles sont peu importantes.

Une teinte brune indique le tracé, dit de conciliation, qui passe à la pointe de la pépinière vers la ville, laisse l'église de St-Willebrord en dehors, coupe les glacis du fort Carnot et rejoint l'Escaut en laissant le fort du Nord en dehors.

Dans l'ancienne ville aucune rue n'est indiquée.

Larg. 1ᵐ00, haut. 0ᵐ85.

Se trouve dans l'ouvrage intitulé : *Agrandissement général d'Anvers. Lettre de MM. Keller et comp.ⁱᵉ, à M. le ministre de la guerre ;* contenant : *une réfutation des critiques dont leur projet de grande enceinte a été l'objet, quelques nouveaux développements sur ce projet, ainsi que des plans détaillés avec côtes de nivellement, coupes, etc.* Bruxelles. Guyot. 1858. Un volume in-8° avec atlas in folio.

1858.

N° 324. Plan intitulé : *Projet d'agrandissement général d'Anvers. Plan n° 2. Annexé à notre lettre du 5 octobre 1858, (signé) Keller et C.ie*

Échelle de 1 à 10,000.

Ce plan est le même que le précédent, excepté que le saillant en avant de Berchem est conservé et que le fort n° 2 est remplacé par le fortin n° 2 agrandi. Le fort n° 3 est allongé : il a deux fronts en tête au lieu d'un.

Les autres projets n'y sont plus indiqués et les détails dans l'intérieur de la nouvelle enceinte sont moins nombreux; dans l'ancienne ville aucune rue n'est indiquée.

Larg. 1m00, haut. 0m85.

Se trouve dans le même ouvrage que le précédent.

1858.

N° 325. Plan intitulé : *Projet d'agrandissement général modifié. Plan n° 2bis. Annexé à notre demande en concession, (signé) Keller et C.ie*

Échelle de 1 à 10,000.

Ce plan est le même que le n° 323, excepté que le saillant de Berchem est conservé et que les autres projets n'y sont plus indiqués.

On a conservé les trois fronts à la pointe de Berchem, avec des fossés secs, ainsi que le fortin n° 10 (ancien fort 5) qui devront être revêtus, pour pouvoir par là faire des sorties et avoir moins de batardeaux : ils ont des tenailles devant les courtines. On a indiqué en arrière de ces fronts deux larges zones sur lesquelles pourra camper une partie de l'armée défensive, et où il devrait être défendu de bâtir. Il y a en outre l'emplacement d'un camp contre l'inondation d'aval, entre les fortins n° 11, 12 et 13, et ensuite celui déjà indiqué dans le plan n° 323, en avant de l'ancienne citadelle.

Dans l'ancienne ville aucune rue n'est indiquée.

Larg. 1m00, haut. 0m85.

Se trouve dans l'ouvrage intitulé : *Agrandissement général de la ville d'Anvers par MM. Keller et Comp.*^{ie} *Atlas complémentaire.* Bruxelles. Guyot. 1859. Un volume in-folio , avec texte.

1858.

N° 326. Plan intitulé : *Projet d'agrandissement général. Système polygonal. Plan n° VIII. Annexé à notre demande en concession, (signé) Keller et C.*^{ie}

Échelle de 1 à 10,000.

Le tracé de ce plan est le même que celui du plan n° 323 ; mais on a remplacé le système bastionné par le système polygonal , tant à l'enceinte qu'aux forts détachés.

L'enceinte ne s'appuie plus sur la citadelle : elle aboutit à l'Escaut un peu en aval de celle-ci. La partie de l'enceinte protégée par l'inondation n'a que des caponnières pour flanquement ; mais au-delà on a construit dans les rentrants sept ravelins dont le 1er, le 4me, le 6me et le 7me sont formés avec les réduits des fortins n° 1, 5, 6 et 7. Le fortin n° 4 est supprimé.

On a indiqué l'emplacement de quatre camps ; le 1er à l'extérieur contre l'Escaut , le 2me contre l'inondation d'aval en avant de l'enceinte , le 3me à l'intérieur derrière la pointe de Berchem et le 4me autour de l'ancienne citadelle , à l'intérieur. Les forts détachés n° 1 à 7 ont une enceinte curviligne, avec une caponnière en capitale , et deux demi caponnières parallèles au front du camp. Le fort de Merxem et le fortin n° 2 transformés ont deux caponnières et deux demi caponnières. La citadelle du Nord a la forme d'un segment de cercle ; elle est flanquée par trois grandes caponnières et deux demi caponnières de même grandeur.

Larg. 1m00, haut. 0m85.

Se trouve dans le même ouvrage que le précédent.

1858.

N° 327. Plan intitulé : *Ville d'Anvers 5me section. 1858.*

Plan du boulevard Léopold approuvé par sa Majesté et par le Conseil communal de la ville d'Anvers. Bourgmestre monsieur Jean François Loos.

Plan fourni à la Société du Boulevard Léopold par Jean Van Gastel, architecte.

Lith. de H. Ratinckx, à Anvers, Grand'place, 40.
Échelle de 1 à 1666,66.

Avec une rose des vents, les armoiries de la ville d'Anvers, une légende détaillant les avenues dont est composé le boulevard Léopold, et un tableau indiquant la contenance des lots.

Ce plan est limité par le chemin de fer, la rue de la Province, la chaussée de Malines et la lunette d'Hérenthals.

Sur les premiers plans la place Léopold était carrée : on l'a remplacée par une place ellyptique. Il y a eu encore d'autres changements depuis la confection de ce plan : l'avenue devant la face droite de la lunette d'Hérenthals a été prolongée jusqu'au chemin de fer, et la rue projetée en cet endroit a été supprimée. Un grand nombre de bâtisses sont déjà construites tant dans l'avenue Léopold que dans les autres avenues.

Larg. 0m86, haut. 0m45.

Est encore dans le commerce.

1859.

N° 328. Plan intitulé : *Antwerp.*
To face p. 230.
Avec une légende de 14 numéros pour les édifices publics et les hôtels.
Ce plan est copié d'après un plan plus ancien ; on y a laissé des choses qui n'existaient plus en 1859.

Larg. 0m145, haut. 0m095.

Se trouve dans l'ouvrage intitulé : *Weale's handbooks for tourist. Belgium, Aix-la-Chapelle et Cologne.* Etc. : par W. H. James Weale. London 1859. Un volume in-12°. Pag. 230.

1859.

N° 329. Plan intitulé : *Anvers. Antwerpen.*
Lith. géograph. anstalt v. Ed. Wagner. Darmstadt.
Avec une échelle, une rose des vents, les armoiries de la ville et une légende de 37 numéros par ordre alphabétique pour les édifices remarquables. Le plan est partagé en carrés avec des chiffres correspondants dans la légende.

Ce plan ne contient ni la rive gauche ni la 5ᵉ section.

Larg. 0ᵐ18, haut. 0ᵐ135.

Se trouve dans l'ouvrage intitulé : *La Belgique et la Hollande. Manuel du voyageur*, par *K. Baedeker*. Coblenz. 1859. Un volume in-12°. Pag. 94.

1859 ?

Nº 330. Vue intitulée : *Vue générale d'Anvers. General view of Antwerp. Canelle del. et lith. Imp. Simonau et Toovey. Granello éditeur. Anvers.*
Cette vue est prise de la rive gauche de l'Escaut : on voit une partie de cette rive, et au-delà de l'Escaut les quais et les églises.
Lithographie à deux teintes.

Larg. 0ᵐ225, haut. 0ᵐ17.

Est encore dans le commerce.

1859.

Nº 331. Plan intitulé : *Plan de la ville d'Anvers publié par L. Granello m.ᵈ d'estampes rue de la Bourse, et gravé sur acier par Henri Worms. Plan of the city of Antwerp.*
Échelle de 1 à 8,333.

Avec l'indication des quatre points cardinaux et de la longitude, une liste de renvois de 95 numéros et l'explication des signes employés.
Ce plan est une reproduction de celui du même éditeur de 1844 (nº 276).
Le chemin de fer vers la Hollande n'est pas indiqué : les nouveaux bassins du Kattendyck ne sont pas encore creusés.
La rue St-Paul est percée et porte abusivement le nom de rue des Dominicains, la caserne des Minimes sur la place de Meir n'existe plus : les rues Louise et des Capucines sont percées.
Gravure sur acier.

Larg. 0ᵐ535, haut. 0ᵐ335.

Est encore dans le commerce.

1859.

Nº 332. Plan intitulé : *Plan du projet de l'emplacement pour la recon-*

struction de la Bourse d'Anvers. *Portant pour devise :* P. P . . . J. C . . . V. H . . . *exposé au salon sub litt*ª. H.
Anvers 31 janvier 1859.
Lith. Joseph Ratinckx.

Échelle de 1 à 500.

Ce plan donne la partie de la ville comprise entre la place de Meir, le rempart Ste-Catherine, la longue rue Neuve et les constructions particulières à l'est.

La bourse est reportée entre le rempart Ste-Catherine, la rue des Douze mois et la rue de la Bourse : il y a une place en avant formée par une partie de l'emplacement de l'ancienne bourse. La rue des Israélites est supprimée.

Larg. 0ᵐ25, haut. 0ᵐ38.

Se trouve joint au mémoire intitulé : *Notice explicative des projets portant pour devise les initiales* P. P . . . J. C . . . V. H . . . *Anversois, envoyés au concours pour la reconstruction de la bourse d'Anvers, exposés au salon sub litt*ª H. Anvers. G. Van Merlen. 1859. Une brochure in-4°.

1859.

Nº 333. Plan intitulé : *Bourse. Projet B des plans exposés sous la lettre X au concours, à l'état d'isolement, adressé au collége et à la commission du conseil communal à la date du 18 Mars 1859.*
Lith. H. Ropoll, Anvers.

Échelle de 1 à 500.

Ce plan donne la partie de la ville comprise entre la place de Meir, le rempart Ste-Catherine, la Longue rue Neuve et les rues Pruynen et Grammey.

La bourse est reportée entre la longue rue Neuve, la rue des Israélites et la courte rue des Claires : il y a une place en avant, formée par une partie de l'emplacement de l'ancienne bourse et une rue à l'est. La rue de la Bourse est supprimée.

Larg. 0ᵐ345, haut. 0ᵐ51.

Se trouve joint à la note intitulée : *Reconstruction de la bourse. Projet d'emplacement de la bourse adressé au collége échevinal et à la com-*

mission du conseil communal à la date du 18 mars 1859 par H. Leclef et F. Baeckelmans.

1859.

No 334. Plan sans titre de la partie de la ville comprise entre la Place de Meir, le Rempart Ste-Catherine, la Longue rue Neuve et les propriétés particulières à l'est.

Lith. Joseph Ratinckx, Longue rue Neuve. Anvers.

Échelle de 1 à 500.

Ce plan donne les maisons séparément avec leurs numéros. Les noms des rues sont en flamand.

La bourse d'après ce projet resterait à son emplacement actuel, et on exproprierait pour le service de la poste aux lettres, du télégraphe, des messageries, du chemin de fer, etc. une partie de l'hôtel de la banque, l'imprimerie de Mme Ve Buschmann et toutes les maisons à l'est de la rue de la Bourse.

Larg. 0m35, haut. 0m24.

Ce plan a été présenté au Conseil communal dans sa séance du 3 Décembre 1859 par le Collège des Bourgmestre et Échevins.

1859.

No 335. Plan intitulé : *Reconstruction de la bourse d'Anvers.*

Lith. Joseph Ratinckx. Anvers.

Échelle de 1 à 500.

Ce plan donne la partie de la ville comprise entre la Place de Meir, le Rempart Ste-Catherine, la Longue rue Neuve et les constructions particulières à l'est.

La bourse est reportée entre le Rempart Ste-Catherine, la rue des Douze mois et la rue de la Bourse : il y a une place en avant formée par une partie de l'emplacement de l'ancienne bourse. La rue des Israélites est supprimée.

Sur cette feuille il y a le : Projet no 1, le : Projet no 2, qui ne diffère du premier que par quelques détails intérieurs et le : Plan du premier étage applicable aux deux projets.

Larg. 0m48, haut. 0m54.

Est joint à la lettre intitulée : *Reconstruction de la bourse. Observations sur le programme du collége.* Adressée au conseil communal à la date du 16 Décembre 1859 par M. DELVAUX , échevin. Une brochure in–4°.

1859.

N° 336. Plan intitulé : *Projet pour la construction de la bourse , en l'avançant vers la Longue rue Neuve. Plan indiquant la disposition générale de la bourse.*

Lith. Ratinckx frères, Grand'place , 40. Anvers.

Échelle de 1 à 550.

Avec une note explicative.

Ce plan donne la partie de la ville comprise entre la Place de Meir , le Rempart St–Catherine , la Longue rue Neuve et la rue Pruynen.

La bourse est reportée entre la Longue rue Neuve , la rue des Israélites et la Courte rue des Claires : il y a une place en avant formée par une partie de l'emplacement de l'ancienne bourse. La rue de la Bourse est supprimée.

Il y a un plan du rez–de–chaussée et un de l'étage.

Larg. 0m50, haut. 0m40.

Se trouve joint à la lettre adressée au conseil communal d'Anvers, à la date du 30 Décembre 1859 , par M. G. METDEPENNINGEN.

1860.

N° 337 Plan sans titre de la partie de la ville comprise entre la Place de Meir, le Rempart Ste–Catherine, la Longue rue Neuve et les propriétés particulières à l'est.

Lith. Joseph Ratinckx , Longue rue Neuve. Anvers.

Échelle de 1 à 500.

D'après ce plan la bourse reste à l'emplacement actuel : on crée une place avec une façade du côté de la Place de Meir. La rue des Douze Mois est élargie , ainsi que la rue de la Bourse et la rue des Israélites. On fait les mêmes emprises que dans le projet du collége.

C'est le même plan que le n° 332 qui a servi pour ce projet.

Larg. 0m35, haut. 0m24.

Se trouve joint à la: *Note sur la reconstruction de la bourse,* adressée au conseil communal à la date du 21 Janvier 1860 par M. Armd AUGER , conseiller communal.

1860.

N° 338. Plan sans titre de la partie de la ville comprise entre le Rempart Ste-Catherine, la Longue rue Neuve, la Longue rue des Claires et la Place de Meir.

Dans ce plan on projette de placer la bourse à front de la Place de Meir entre la rue Grammaye et la Longue rue des Claires, avec une rue derrière.

Larg. 0^m12, haut. 0^m12.

Se trouve sur la lettre adressée au collége échevinal par M. Ch. VAN MARSENILLE, géomètre, à la date du 24 Janvier 1860.

1860.

N° 339. Plan intitulé : *Projet pour la construction de la bourse, de Mintjens-Persoons et consorts. Anvers. Lithographie-typographie Ratinckx frères, Grand'place, 40.*

Échelle de 1 à 550.

Avec une légende pour la distribution des locaux, un aperçu des dépenses à faire pour les emprises nécessaires à la réalisation des différents projets, et une note faisant ressortir les avantages du projet en question. Ce plan donne la partie de la ville comprise entre la Place de Meir, le Rempart Ste-Catherine, la Longue rue Neuve et les rues Pruynen et Grammaye. La bourse dans ce projet occuperait tout l'emplacement situé entre le Rempart Ste-Catherine, la Longue rue Neuve, la rue de la Bourse et la rue des Israélites.

Il y a un plan du rez-de-chaussée et un plan de l'étage.

Larg. 0^m63, haut. 0^m48.

Il n'y a pas de brochure jointe à ce plan : l'explication est sur le plan même. Il date du 26 Janvier 1860.

1860.

N° 340. Plan intitulé : *Projet pour la construction de la bourse à la place de Meir par le géomètre Van Marsenille.*

Anvers. Établiss.^t lithographique, Ratinckx, frères, Grand'place. 40.

Échelle de 1 à 500.

Avec une légende et une rose des vents.

Ce plan donne la partie de la ville comprise entre la Place de Meir, la Longue rue des Claires, la Longue rue Neuve, la rue de la Bourse et la rue des Douze Mois.

La bourse dans ce projet occuperait l'emplacement situé entre la Place de Meir, la Longue rue des Claires, la Courte rue des Claires et la rue Grammaye.

Larg. 0^m43, haut. 0^m44.

Se trouve joint au mémoire intitulé : *Projet de bourse et ses dépendances à la place de Meir par C^{les}. Van Marsenille, géomètre du cadastre à Anvers,* adressé au conseil communal à la date du 31 Janvier 1860.

1860.

N° 341. Plan intitulé : *Plan de la bourse ancienne et des constructions avoisinantes.*

Échelle de 1 à 500.

Avec une légende dans le texte.

Ce plan donne la partie de la ville comprise entre la Place de Meir, le Rempart Ste-Catherine, la Longue rue Neuve, la rue Pruynen et la rue Grammaye, avec les amorces des rues aboutissant à toutes celles-ci. Les maisons sont indiquées séparément. La bourse reste à l'emplacement actuel : les emprises proposées par le collége y sont indiquées ; une autre série d'emprises est proposée par l'auteur du projet, une partie à faire immédiatement pour placer la poste aux lettres, le télégraphe, etc. et créer une place devant la bourse du côté de la Place de Meir ; l'autre à faire plus tard pour prolonger cette place sur toute sa largeur jusqu'à la Place de Meir.

Larg. 0^m395, haut. 0^m53.

Se trouve joint au mémoire intitulé : *Sur l'emplacement de la bourse à reconstruire. Observations présentées par l'Union commerciale.*

Les articles (1er, 2me, 3me et 4me) reproduits dans ce mémoire ont paru du 27 au 31 Janvier 1860 et sont de M. MARCELLIS.

1860.

N° 342. Plan intitulé : *Plan d'un nouveau projet de la bourse et des constructions avoisinantes.*

Échelle de 1 à 500.

Ce plan a les mêmes limites que le précédent. Il représente l'état des lieux en supposant le projet exécuté : l'hôtel de la poste, le télégraphe, etc. sont situés rue Rempart Ste-Catherine : la Place de la Bourse touche à la Place de Meir.

Larg. 0m40 , haut. 0m545.

Se trouve joint au mémoire intitulé : *Sur l'emplacement de la bourse à reconstruire. Observations présentées par l'Union commerciale.*

Les articles (5me , 6me , 7me et 8me) reproduits dans ce mémoire portent la date du 31 Janvier et des 3, 7 et 11 Février 1860 et sont dus à M. MARCELLIS.

1860.

No 343. Plan sans titre de la partie de la ville comprise entre la Place de Meir, le Rempart Ste–Catherine, la Longue rue Neuve et les propriétés particulières à l'est.

Lith. A. Possoz, r. des Tanneurs , 37.

Échelle de 1 à 770.

D'après ce plan la bourse serait reconstruite à l'emplacement actuel , avec une place et une rue de 25m de largeur du côté de la place de Meir, et des bâtiments sur toute la largeur de la bourse ainsi qu'une cour au milieu du côté de la Longue rue Neuve. L'hôtel de la banque est occupé par la poste , le télégraphe et les messageries.

Tout est sacrifié dans ce plan à la régularité sur le papier.

Larg. 0m195, haut. 0m295.

Ce plan est joint à une note intitulée : *Reconstruction de la bourse. Emplacement.* Portant la date du 6 Février 1860, et signée CH. SERVAIS.

1860.

No 344. Plan intitulé : *Plan de la bourse ainsi que de ses abords tels qu'ils existaient avant l'incendie de* 1858.

Échelle de 1 à 1250.

Avec une rose des vents.

Ce plan donne une partie de la ville s'étendant jusqu'à Notre-Dame ,

l'église St–Charles Borromée, la rue de l'Empereur, l'église St–Jacques, le palais du Roi, l'hôtel du gouvernement et le palais de justice.
Les parcelles n'y sont pas indiquées.

Larg. 0m53, haut. 0m395.

Se trouve joint au mémoire intitulé : *Sur l'emplacement de la bourse à reconstruire. Observations présentées par l'Union commerciale.*
Les articles (9me et 10me) reproduits dans ce mémoire ont paru du 15 Février au 25 Mars 1860 et sont de M. MARCELLIS.

1860.

No 345. Plan intitulé : *Plan de la bourse ainsi que de ses abords comme on pense qu'il conviendrait à la ville d'Anvers de les avoir plus tard.*

Échelle de 1 à 1250.

Avec une rose des vents.
Ce plan donne la même partie de la ville que le précédent. La bourse y est censée reconstruite avec la place en avant : l'hôtel de la poste donne sur le rempart Ste–Catherine.
Se trouve dans le même ouvrage que le précédent.

1860.

No 346. Plan intitulé : *Plan du collége échevinal pour la reconstruction de la bourse.*

Échelle de 1 à 500.

Ce plan s'étend jusqu'à la rue Rempart Ste–Catherine, la Longue rue Neuve et les propriétés particulières des deux autres côtés.
C'est le plan du collége échevinal, avec les emprises proposées.

Larg. 0m25, haut. 0m25.

Ce plan a été présenté en même temps que le suivant au collége à la fin de Mars 1860. Ils sont tous deux sur la même feuille.

1860.

No 346bis. *Amendement proposé par Mons. le conseiller Van Put, consistant en l'emprise des deux côtés de la rue de la Bourse, au moyen de laquelle on peut conserver intact l'Hôtel de la Banque, percer des fenêtres sur le jardin de cet hôtel et donner à la Bourse un avant-corps régulier et spacieux avec une place de 18 mètres de large sur 35 de long et trois belles façades sur la longue rue Neuve.*

Anvers. Établissement lithographique et typographique de Ratinckx frères, Grand'Place, 40.

Échelle de 1 à 500.

Ce plan a les mêmes limites que le plan précédent.

Il laisse aussi la bourse à son ancien emplacement ; mais en augmentant les emprises et en lui donnant une façade au fond d'une petite place du côté de la Longue rue Neuve.

Larg. 0m25, haut. 0m25.

Ce plan a été présenté au collége à la fin de Mars 1860, avec le précédent.

1860.

N° 347. Plan intitulé : *Emplacement pour une bourse à front de la Place de Meir. 28 Mars 1860.*

Échelle de 1 à 500.

Ce plan donne la partie de la ville comprise entre la Place de Meir, le Rempart Ste-Catherine, la Longue rue Neuve, la rue Pruynen et la rue Grammaye, avec les amorces des rues aboutissant à toutes celles-ci. Les parcelles ne sont pas indiqués. La bourse est avancée jusqu'à la Place de Meir, sur la largeur actuelle, et l'emplacement de l'ancienne bourse forme place.

Larg. 0m395, haut. 0m535.

Se trouve joint au mémoire intitulé : *Sur l'emplacement de la bourse à reconstruire. Observations présentées par l'Union commerciale.* Les articles (11me et 12me) reproduits dans ce mémoire ont parus le 19 et le 26 Mars 1860, et sont de M. MARCELLIS.

1860.

N° 348. Plan sans titre de la partie de la ville comprise entre la Place de Meir, le Rempart Ste-Catherine, la Longue rue Neuve et les propriétés particulières à l'est.

Lith. Joseph Ratinckx, Longue rue Neuve. Anvers.

Échelle de 1 à 500.

Ce plan donne les maisons séparément avec leurs numéros.

C'est le même plan que le n° 334. On y a indiqué par des teintes les propriétés à exproprier pour les ajouter à la bourse supposée reconstruite à son emplacement actuel.

Larg. 0ᵐ35, haut. 0ᵐ24.

Ce plan est joint au programme pour la nouvelle bourse publié par le Collége des Bourgmestre et Échevins le 11 Juillet 1860.

1860.

N° 349. Plan intitulé : *Anvers avec la nouvelle enceinte. 1860. Etablissement géographique de Bruxelles fondé par Ph. Vandermaelen. En vente chez F. Tessaro, Anvers.*

Échelle de 1 à 20,000.

Ce plan s'étend au-delà d'Austruweel au nord, et au-delà d'Hoboken au sud; jusqu'à Zwyndrecht à l'ouest et jusqu'à Schooten, Borsbeek et Bouchout à l'est.

La nouvelle enceinte et les nouveaux forts y sont indiqués par la limite des terrains expropriés.

Larg. 0ᵐ66, haut. 0ᵐ57.

Est encore dans le commerce. D'autres éditions de ce plan ont parus depuis, avec les changements survenus.

1860.

N° 350. Plan intitulé : *Anvers.*

Dressé par A. H. Dufour. Gravé par Erhard et imp. Hédin. Itinéraire de la Belgique par A. J. Du Pays. L. Hachette et C.ⁱᵉ éditeurs. Paris.

Avec une échelle, une rose des vents et une légende de 20 numéros. Le plan est partagé en carrés avec des lettres ayant leurs correspondantes dans la légende.

La 5ᵐᵉ section n'y est pas représentée. Sur la rive gauche de l'Escaut on voit la tête de Flandre, le fort d'Austruweel et celui de Burght.

Gravure sur acier.

Larg. 0ᵐ195, haut. 0ᵐ145.

Se trouve dans l'ouvrage intitulé : *Collection des guides Joanne. Itinéraire descriptif, historique, artistique et industriel de la Belgique par A. J. Du Pays. Paris. Hachette. 1860.* Un volume in-12°.

1860.

N° 351. Plan intitulé : *Plan de la ville et citadelle d'Anvers.* 1860. *Dressé par L. Muller. Gravé par Alex. Mouque. Anvers chez F. Tessaro, marchand d'estampes, Marché aux souliers, n° 37. Déposé.*

Échelle de 1 à 8,333.

Avec l'indication des quatre points cardinaux et de la longitude, une liste de renvois de 156 numéros et l'explication des signes employés.

Ce plan est une reproduction de celui de 1828. (n° 204).

La rue St-Paul est percée : les nouveaux bassins n'y figurent pas encore quoiqu'ils fussent déjà faits. On y a laissé en revanche la position de l'escadre hollandaise lors du bombardement de la ville le 27 octobre 1830.

Larg. 0m545, haut. 0m33.

Est encore dans le commerce.

1860

N° 352. Plan intitulé : *Plan d'Anvers.*

Échelle de 1 à 20,000.

Avec une légende pour les monuments et édifices publics de A à Z et de *a* à *f* et une pour les rues et places publiques de 48 numéros.

Ce plan est une copie de celui qui se trouve dans le premier tirage de la carte de la Belgique de Vandermaelen; il est donc assez ancien : aussi le chemin de fer du pays de Waes n'y est pas indiqué : les nouvelles fortifications de la Tête de Flandre n'y figurent pas non plus.

Larg. 0m155, haut. 0m155.

Se trouve dans un coin de la : *Nouvelle carte de la Belgique divisée en provinces et en arrondissements Judiciaires. J. C. J. Dosseray, rue de la grande île, 7, près la place St-Géry, Bruxelles.* 1860.

1860.

N° 353. Vue intitulée : *Panorama d'Anvers.*

Cette vue est prise de la rive gauche de l'Escaut. On voit à gauche les bâtiments de la tête de Flandre, et au-delà de l'Escaut les quais dans toute leur longueur.

Larg. 0m465, haut. 0m065

Se voit au bas de la carte qui porte aussi le plan précédent.

1861.

N° 354. Vue intitulée : *Vue de l'école de pyrotechnie à Anvers.*
Dessiné par P. Le Boulengé, l.¹ d'artillerie. Lith. par Hubert Mayer.
Imp. Simonau et Toovey. Bruxelles.

Avec une légende de 28 numéros pour les différents locaux de l'école, en-dessous de la vue. Cette école est installée dans la demi lune 3-4 (Paciotto–Albe), de la citadelle dans les deux places d'armes rentrantes, à droite et à gauche de cette demi lune, et dans la lunette de Kiel en avant de la même. La vue est limitée à ces différents ouvrages ; elle est prise de la courtine du front en arrière.

Larg. 0ᵐ935, haut. 0ᵐ395.

Cette planche a été imprimée à 30 exemplaires seulement aux frais du directeur de l'école de pyrotechnie, et ne se trouve pas dans le commerce. Une partie des exemplaires n'a pas de légende.

1861.

N° 355. Plan intitulé : *Plan d'Anvers.*

Avec une rose des vents et deux légendes : une de A à P et de a à c pour les églises et les monuments, et une de 20 numéros pour les places, rues, etc. qui n'ont pu être inscrites dans le plan, après laquelle vient l'indication du *Ship hotel.*

Ce plan est une copie du n° 313 de 1856 ; on y a ajouté la rue St-Paul.

Larg. 0ᵐ12, haut. 0ᵐ085.

Ce plan est gravé derrière une vue intitulée : *Ship hotel*, etc. *Lith. de Joseph Ratinckx.*

1861.

N° 356. Plan intitulé : *Disposition générale du projet avançant la bourse vers la rue Neuve.*
Établist Ratinckx frères, Gᵈ Place.

Échelle de 1 à 550.

Ce plan donne la partie de la ville comprise entre la Place de Meir, le Rempart Ste-Catherine, la rue Neuve, les rues Pruynen et Grammaye, avec les amorces des rues aboutissant à toutes celles-ci. Les parcelles ne sont pas indiquées.

C'est le même projet que le n° 336 de M. Metdepenningen , à l'exception qu'au lieu d'y comprendre la Banque en entier, il n'en prend que la partie qui y a été ajoutée il y a quelques années. Outre la maison Buschmann, comprise dans le plan terrier du concours, il emprend une maison dans la rue des Israélites et deux dans la Longue rue Neuve.

Larg. 0ᵐ34, haut. 0ᵐ50.

Se trouve joint à la lettre adressée au Conseil communal d'Anvers, à la date du 6 Mars 1861 , par M. G. METDEPENNINGEN.

1861.

N° 357. Plan intitulé : *Disposition générale de la bourse d'après le projet du collége.*

Ce plan donne la même partie de la ville que le plan précédent. Il reproduit le projet du collége avec les emprises de la banque, de la maison de la rue des Claires et de la maison Buschmann.

Larg. 0ᵐ34, haut. 0ᵐ50.

Se trouve sur la même feuille que le plan précédent.

1861.

N° 358. Plan intitulé : *Plan de la ville d'Anvers.*
Etabl. S. Mayer à Anvers.
Avec une rose des vents et une légende de 12 numéros.

Ce plan ne donne que la partie de la ville sur la rive droite : il ne donne de la partie extra-muros que quelques établissements principaux.

Gravé exclusivement pour les artistes étrangers invités aux solennités artistiques d'Anvers du mois d'août 1861, il ne renseigne que les divers établissements où ces solennités ont eu lieu, ainsi que les rues conduisant de l'un à l'autre

Larg. 0ᵐ215 , haut. 0ᵐ145.

Se trouve sur une feuille dont il occupe les deux tiers : l'autre tiers est rempli par les noms des membres de la commission. Derrière le plan est le programme des fêtes et derrière la liste des membres , la carte d'invitation.

1862.

N° 359. Plan sans titre de la nouvelle *Citadelle du Nord* et de l'*Ancien fort du Nord.*

Échelle de 1 à 10,000.

Ce plan ne s'étend qu'aux fortifications au nord de la ville d'Anvers. Il indique les zones de servitudes des anciennes fortifications de la ville et celles de la nouvelle citadelle du Nord et de l'ancien fort du Nord.

Larg. 0^m305, haut. 0^m245.

Ce plan a été distribué par M. le ministre de la guerre de Belgique à tous les membres de la Chambre des représentants dans la séance du 13 Mars 1862.

1862.

N° 360. Plan intitulé : *Plan de la ville d'Anvers, ses environs et son agrandissement dressé et gravé par J. B. Van de Kerckhove. J. B. Van Mol-Van Loy, libraire éditeur, Marché aux Souliers, 29. 1862. Lith. J. B. Somers, courte rue des Chevaliers, 2 Déposé.*

Échelle de 1 à 10,000.

Avec une rose des vents et une légende de 70 numéros pour les monuments civils et religieux, établissements, etc. Ce plan s'étend jusqu'à la nouvelle enceinte et donne les noms des rues des 5e et 6e sections. Le chemin de fer vers les nouveaux bassins y figure, ainsi que le bassin aux bois que l'on est occupé à creuser.

Dans un coin de ce plan est une carte intitulée : *Agrandissement général de la ville d'Anvers.* (N° 135 des cartes.)

Larg. 0^m44, haut. 0^m495.

Est encore dans le commerce.

(La fin à la prochaine livraison.)

ERRATA.

TOME XX. — Page 333. Note 4. Après : la verge de Menin, lisez : la ville et la juridiction de Poperinghe, la ville et le territoire de Wervicq, la ville de Loo.

Page 338. Lignes 15 et 16.

Les villes	£ 45,4,6 %	
Les châtellenies	15,7,0	

Lisez :

Les villes	£ 15,7,0	
Les châtellenies	45,4,6 %	

Page 357. Lignes 1 à 5. — 2° 1 suffrage, lisez : 7 suffrages.

GHISTELLES

SON AMBACHT [1] ET SES SEIGNEURS

PENDANT LES TROIS DERNIERS SIÈCLES.

MÉMOIRE

PAR

M. P. LANSENS.

membre correspondant de l'académie.

Gramaye, Sanderus et Jean De Bleau se sont occupés de l'histoire de Ghistelles dans leurs grands travaux historiques et géographiques ; mais ils passent si légèrement sur cette localité qu'en connaissant tout ce que ces auteurs, d'ailleurs estimables, ont écrit sur cette ville l'on sait fort peu de chose de son histoire.

Notre savant confrère, M. Le Grand de Reulandt, secrétaire perpétuel de l'académie d'archéologie de Belgique, ayant reconnu cette vérité a profité du séjour qu'il fit, il y a quelques années, dans cette localité pour étudier l'histoire de cette ville dont il a retrouvé les sources en fouillant les archives de Lille, de Gand, de Bruges et de Bruxelles, mais le travail qu'il a publié sur ce sujet, quelque mérite historique qu'il puisse avoir, n'est pas complet parce qu'il

[1] AMBACHT vient du mot AMBACTUS, d'origine teutonique, signifiant SERVITEUR, comme AMBASCIA signifie SERVICE. AMBACHT est, en langue flamande, le mot qui exprime l'idée de la circonscription territoriale de la seigneurie féodale, avec la somme des droits et des devoirs qui y étaient attachés, tant pour les seigneurs que pour les vassaux.

(Note du secrétaire perpétuel).

ne dit presque rien des seigneurs de la troisième souche des barons de Ghistelles, ni de ce qui se passa de remarquable dans cette ville et dans son ambacht pendant les trois derniers siècles[1].

M. Grootjans Hulpiau de son côté a fait un mémoire traitant principalement des seigneurs de la seconde souche des châtelains de Ghistelles[2]. Cet écrivain a mis au jour des faits généralement inconnus et par ses recherches a certainement rendu des services à l'histoire de cette ville.

Personne n'a fait connaître jusqu'à présent l'histoire de la troisième souche des seigneurs de Ghistelles. Cependant cette noble et antique famille ne devait le céder à ses prédécesseurs ni en gloire, ni en richesses, ni en générosité.

Avant de démontrer ce que nous avançons et de nous occuper des événements dont Ghistelles et ses environs furent le théâtre à cette époque, il est nécessaire de faire voir de quelle manière le fief de Ghistelles passa de la deuxième à la troisième maison.

On sait que le dernier seigneur de la seconde souche, qui posséda ce beau fief, était Antoine de Luxembourg, comte de Brienne et de Ligny. Il avait pour femme Marguerite de Savoie.

Par ses fiefs en Flandre, hérités de sa mère, il était vassal de l'empereur Charles V, comte de Flandre; du côté de son père, il possédait de très-beaux fiefs en France. Par ces dernières possessions ce baron était égalemuent vassal du roi de France, François Ier.

Lorsque ces deux puissants souverains se déclarèrent la guerre, Antoine de Luxembourg se trouva dans une position très embarrassante, car il fut requis de prendre les armes pour chacun

[1] *Annales de l'acad. d'arch. de Belgique*, tome XIV, p. 82. — [2] Ibid., tome XIV, p. 211.

des deux monarques. Étant au service du roi, avec le titre de maréchal, il se rangea du côté de François Ier et devint l'ennemi de l'empereur. Il battit les Autrichiens dans plusieurs rencontres et malgré toute sa bravoure, le vice-roi de Sicile, capitaine général de l'armée de Charles-Quint, le fit prisonnier au siége de la ville de Ligny (1542).

La conduite d'Antoine de Luxembourg devait naturellement entraîner la perte de ses fiefs relevant de la couronne impériale. Cependant le monarque victorieux ne voulut pas agir contre lui avec toute la rigueur qu'il aurait pu déployer. Il fit conduire son vassal infidèle en Brabant et le fit enfermer à rançon dans le château de Vilvorde, lui laissant la liberté d'aliéner ses fiefs sis en Flandres. Ces possessions et les priviléges dont jouissaient les barons de Ghistelles étaient considérables. En voici l'énumération à l'époque de la captivité d'Antoine de Luxembourg :

1° La jouissance de l'antique manoir avec environ 66 mesures de terres, dont une partie était arable et l'autre boisée, servant de jardin d'agrément et de parc. Cependant le Franc de Bruges, dont ce fief relevait, avait le droit de faire occuper militairement ce castel, lorsque la sûreté de la Flandre l'exigeait ; c'est pourquoi le Franc contribuait aux dépenses de ses restaurations.

2° La ville de Ghistelles avec le droit de grute (imposition sur les boissons), dont la moitié, qui était autrefois au seigneur de Gruthuse, appartenait au comte de Flandre; le tonlieu dans tout l'ambacht de Ghistelles, comprenant les paroisses de Ghistelles, de Zevecote, de St-Pierre-Cappelle, de Zande, de Moere, de Westkerke, de Bekeghem, de Zerkeghem, de Roxem et d'Ettelghem.

3° Le titre d'écoutète de Ghistelles, de son ambacht et du

camerlincks [1] ambacht comprenant les paroisses de Snaeskerke, de Leffinghe, de Wilskerke, de Middelkerke, de Westende, de Mannekensvere ; à cette charge étaient attachés les revenus de 54 mesures de terres labourables situées dans l'ambacht de Ghistelles. C'était l'écoutète qui prononçait les ajournements, les exécutions et les publications. A ce fonctionnaire appartenaient également les taxes perçues sur les foyers. Les seigneurs de Ghistelles affermaient ces revenus. Nous avons sous les yeux une convention de bail, qui nous apprend que ce fief rapportait lors de sa cession une somme annuelle de 50 livres de gros [2].

L'écoutète ou *scultetus* [3] était l'officier chef du *camerlincks ambacht*. Il présidait et semonçait les juges de l'ambacht en matière civile, de même que le bailli présidait et semonçait les hommes de fief en la cour féodale. Il administrait aussi la justice au nom du prince. Ce fonctionnaire portait aussi le titre *d'amman*. L'amman était l'écoutète dans les domaines royaux [4].

4° Le fief appelé *zomerloos*, d'une étendue d'environ 125 mesures de terres labourables et de prairies, situé à Ghistelles au nord de l'église.

5° Le fief appelé *cruissande* contenant, d'après l'acte de cession, environ 85 mesures de terres, ou, d'après un acte de bail de 1767, M. 107-1-67 verges, situé dans la paroisse de Zande.

6° La seigneurie de Wilskerke avec les rentes, les priviléges et les franchises qui en dépendaient.

---

[1] Cet ambacht portait ce nom parce qu'il appartenait dans le principe au chambellan (*kamerheer*) du comte de Flandre.

[2] Environ 545 francs.

[3] On trouve ce magistrat mentionné dans les chartes latines sous le nom de *scultetus* (MIRÆI, Tom I, pag. 681.)

[4] *Amman* est une contraction de *Ambtman*.

7° Le fief appelé *lavekensacker*, d'environ 60 mesures de terres, avec les rentes et les franchises qui en dépendaient, sis en la paroisse de Wilskerke.

8° Un *polder*, d'une étendue d'environ 100 mesures, appelé le *Ghistel polder*, situé dans les échevinages d'Oostbourg et de Schoondycke.

9° Une rente féodale consistant en la fourniture de 59 *pysen*, 45 livres et demie de fromage, soit 5945½ livres de fromage vert; 90 agneaux maigres et en argent L. 5-4-6 hypothéqués sur 240 mesures de terres de la paroisse de Wilskerke [1]. Chaque fois que cette terre s'aliénait le propriétaire de cette rente féodale recevait un dixième de son prix.

10° Le droit de pêche dans tout l'ambacht de Ghistelles, ainsi que dans tout le camerlincks ambacht, et aussi dans l'Yser depuis Nieuport jusqu'à Dixmude.

11° Le droit de chasse et de fauconnerie dans les deux ambachts précités.

12° Enfin les seigneurs de Ghistelles nommaient le bailli et les autres hommes de la loi de cette ville, ainsi que le bourgmestre et les conseillers de la *keure*, lesquels constitués en magistrat

[1] Cette redevance représentait dans le principe le bail de cette terre et se payait en nature parcequ'il n'y avait pas moyen de l'affermer autrement, à cause de la pénurie d'argent chez les colons. Lorsque le numéraire devint moins rare, on fixa la valeur de cette quantité de fromage et de ce nombre d'agneaux et le locataire de cette terre paya son bail en numéraire.

Pour éviter tout arbitraire dans la fixation de la valeur de cette redevance, il fut nommé un bailli et sept jurés qui l'établirent d'après leur conscience. L'époque de cette fixation était déterminée. Pour les agneaux maigres on prenait le prix moyen de ce qu'ils valaient à *Quasimodo* (le dimanche après Pâques) et pour le fromage on prenait le prix moyen de cette denrée au jour de St. Luc (18 octobre).

Cette rente nous donne la véritable idée de la manière dont les grands propriétaires étaient obligés d'agir pour tirer profit de leurs propriétés dans ces temps reculés, où le laboureur n'avait pas d'argent monnayé.

faisaient rechercher les criminels et jugeaient les causes civiles. Ils avaient le droit de bannir les coupables aussi bien du comté de Flandre que de l'ambacht de Ghistelles. Les amendes et les confiscations étaient perçues en partie au profit du châtelain de Ghistelles [1].

Outre ces droits les seigneurs de Ghistelles jouissaient de certaines prérogatives honorifiques :

1° Celle de nommer les chanoines du chapitre de l'église paroissiale de Ghistelles [2].

2° Celle d'avoir une stalle dans le chœur de l'église, d'y recevoir l'eau bénite avec le goupillon, d'y être encensés avec leur famille, (après que le prêtre avait encensé l'autel il était obligé de se tourner vers les membres de la famille du seigneur et de les encenser chacun trois fois); d'avoir le pas à l'offrande et dans les processions; d'avoir un caveau tumulaire dans l'enceinte de l'église.

3° Celle d'être placés, après leur mort, en tête de ceux que le prêtre recommandait aux prières des fidèles.

4° Les seigneurs de Ghistelles avaient également le droit de litre ou ceinture funèbre. A leur décès on plaçait une bande noire peinte sur les murs de l'église où l'on dessinait les armes du défunt. Cette bande se peignait en dehors et en dedans de l'église et y restait un an et six semaines.

5° Quand un seigneur était décédé la cloche funèbre devait annoncer sa mort trois fois par jour durant six semaines.

---

[1] V. *Catalogus oft lyst der leengoederen onder ridder Philippus heer van Oynies, Watene, Nevele etc., opperste schout der Bruggenaren in Franconatie, uytgegeven in 't jaer 1556.*

[2] Ce chapitre était composé de six chanoines; les titulaires jouissaient d'un bénéfice de 100 florins par an. Les messes leur étaient payées à raison de sept sols.

En un mot, les seigneurs de Ghistelles exerçaient sur leurs domaines tous les droits et jouissaient de tous les honneurs dévolus à la couronne du comte de Flandre.

La possession d'un si beau fief devait exciter l'envie de la haute noblesse belge ; aussi pour obtenir du suzerain l'agréation de son acquisition il fallait y avoir des titres et notamment avoir rendu à l'État des services signalés.

Personne certainement n'avait plus de droits à l'obtention de cette faveur que certain Jean Charles d'Affaytadi, seigneur de Sorosin en Lombardie, fils de Thomas, écuyer, et de dame Lucrèce Persica, habitant Crémone dans le duché de Milan. [1] Ce noble Italien s'était fixé à Anvers avec son épouse dame Lucrèce d'Affaytadi. Ce gentilhomme possédait de grandes richesses dont il se servait pour aider à soutenir les guerres continuelles que Charles-Quint entretenait non seulement en Europe mais aussi en Afrique.

JE VIVE EN ESPOIR.

Pendant que ce souverain se trouvait outre-mer François Ier, roi de France, crut l'occasion favorable pour envahir les Pays-Bas. Il paraît que son plus vif désir était de s'emparer d'Anvers, à cette époque une des villes les plus opulentes de l'Europe. Les riches négociants qui s'y étaient fixés, voyant le danger imminent auquel leurs fortunes allaient être exposées, prirent unanimement

---

[1] Il portait d'azur à une tour de trois étages d'or, pointillée de sable. *Cimier :* un pélican dans son aire d'or. Il avait hérité ces armes de ses ancêtres. Nous trouvons que Jean d'Affaytadi les portait déjà en 1250. La devise : *Je vive en espoir*, fut ajoutée plus tard. La forme de ces armes fut enrichie en 1564 par l'empereur Ferdinand Ier.

la résolution d'abandonner cette ville menacée d'un siége, et de transporter leurs richesses et le lieu de leur commerce dans une autre ville marchande afin d'y être plus en sûreté.

Jean-Charles d'Affaytadi connaissant leur dessein et comprenant combien cette émigration eût été fatale au commerce de cette ville et même à la cause impériale, conçut l'idée d'arrêter l'exécution de ce plan. Il assembla les plus grands négociants et les plus riches capitalistes et les détermina à ne pas abandonner la ville. Cependant il fallait autre chose que des discours pour écarter le danger, il fallait des hommes et de l'argent pour défendre cette riche cité. La reine de Hongrie et de Bohème, Marie d'Autriche, gouvernante des Pays-Bas, manquait de ces deux ressources à la fois. Son trésor était épuisé et elle devait opposer ses gens d'armes aux Français, sur plusieurs points attaqués. D'Affaytadi pourvut à tout ; il avança de grosses sommes d'argent pour contribuer au paiement des troupes impériales ; il prit, avec l'autorisation de la gouvernante, un grand nombre d'hommes à sa solde (1542).

Cette nouvelle force armée jointe aux moyens de défense dont la ville d'Anvers disposait, mit cette cité à même de résister à l'ennemi. Cet armement rassura les Anversois.

L'empereur était en Afrique lorsqu'il reçut la nouvelle que François Ier avait pris les armes pour s'emparer des Pays-Bas. Aussitôt il vole au secours de la Belgique, s'allie au roi d'Angleterre, tombe avec une armée formidable en France et s'empare de Ligny et d'autres places ; il reprend la Belgique, avec le secours des Anglais ; les villes et les forteresses dont François Ier s'était rendu maître, tombent de nouveau en son pouvoir.

Le roi de France fut bientôt obligé de demander la paix, qui fut conclue à des conditions avantageuses pour l'empereur.

Dès que les parties belligérantes furent rentrées dans leurs États respectifs, l'empereur songea à récompenser ceux qui s'étaient distingués par des faits d'armes, ou qui avaient contribué au maintien de la tranquillité dans l'intérieur du pays si sérieusement menacé.

De ce nombre était Jean-Charles d'Affaytadi, qui avait sacrifié une partie de sa fortune pour rassurer la ville d'Anvers et la mettre en état de repousser les attaques de François Ier.

La cession des fiefs qu'Antoine de Luxembourg, comte de Brienne et de Ligny, possédait en Flandre parut une occasion favorable pour récompenser le riche et généreux Crémonais.

En effet, d'Affaytadi fit faire des démarches pour acquérir la terre de Ghistelles. Après un arrangement préalable et certain de l'agréation du suzerain, la cession et le transport de ce fief se firent légalement et en due forme devant les échevins du conseil de Vilvorde le 13 novembre 1545. Lorsque la dernière formalité, c'est-à-dire l'agréation du suzerain, fut remplie, le nouveau seigneur de Ghistelles se disposa à se rendre dans sa ville, pour y être inauguré d'après les habitudes féodales.

Dès que les habitants connurent le jour fixé pour cette solennité, ils s'empressèrent de se procurer les choses nécessaires pour l'ornementation des rues et pour pavoiser leurs maisons, afin de témoigner par de grandes démonstrations le respect qu'ils portaient à messire d'Affaytadi, leur nouveau seigneur.

Le jour de son arrivée devait être une véritable fête pour les habitans de cette ville. Dès que le jour commença à poindre, tout le monde fut sur pied; chacun met son génie et son intelligence à contribution pour embellir les rues par où allait passer le cortége, qui doit conduire le nouveau seigneur. L'on entend bientôt hennir les chevaux qui viennent former la cavalcade; ils s'assemblent sur la place près du manoir où ils se rangent pour aller à la rencontre de messire d'Affaytadi. La vue de la parure de ces coursiers fougueux offre un aspect pittoresque. Les jeunes gens qui les montent portent à leur coiffure des rubans de différentes nuances qui flottent au gré du vent. L'ensemble de cette cavalcade présente un coup-d'œil curieux.

Le cortége étant organisé, les écuyers paysans en ouvrent la marche. Après eux suivent immédiatement les membres des trois confréries de tireurs à l'arc; l'une de ces sociétés était sous le patronage de Ste. Godelieve, l'autre sous celui de St. Sébastien et la troisième sous celui de St. Georges. Chacune avait son costume distinctif et chaque membre affectait un maintien martial. Chaque confrérie avait en tête un tambour et un fifre, le porte-étendard marchait au milieu des rangs, le fou ou bouffon, vêtu d'un singulier costume avec une marotte sur la tête et armé d'un bâton, courait de l'un à l'autre bout du cortége, égayant le monde et écartant ceux qui s'approchaient de trop près. Les membres des huit corporations, bannières déployées, suivaient les confréries des tireurs à l'arc. Ensuite venaient le bailli Gautier Massiets, son greffier et les membres du magistrat qui fermaient la marche.

Ce cortége ainsi organisé s'avance lentement à la rencontre du nouveau seigneur le long du chemin de Bruges. Arrivé aux limites de la paroisse de Ghistelles, il s'arrête pour y attendre le héros de la fête. Après une attente assez longue l'on vit enfin arriver un magnifique carosse qui conduisait messire d'Affaytadi, sa dame et ses trois fils. Dès qu'on s'en aperçut du haut de la tour, les cloches commencèrent à sonner à pleine volée, pour annoncer au loin la présence du nouveau seigneur.

Le seigneur et ses fils descendent du carosse. Un profond silence règne dans la foule. Les assistants sont stupéfaits d'admiration;

les uns admirent les traits d'Affaytadi et de ses fils ; d'autres regardent les laquais ; d'autres encore tiennent les yeux fixés sur le splendide véhicule, nouveauté qu'on n'avait pas encore vue à Ghistelles [1] ; d'autres encore regardent constamment les beaux chevaux qui sont attelés au carosse, d'autres encore tâchent de voir les traits gracieux de la châtelaine, madame d'Affaytadi.

Pendant que la foule accourue pour voir le seigneur reste ébahie à la vue inaccoutumée de cette magnificence, le greffier complimente messire d'Affaytadi au nom du magistrat. Cette formalité remplie, le bailli, le greffier et les membres du magistrat se rangent auprès de leur seigneur et se disposent à regagner la ville. Les fils du nouveau seigneur marchent avec eux tandis que madame reste dans le carosse qui suit à petite distance. Le cortége s'avance lentement, bannières déployées, au bruit des tambours et des fifres ; les cloches sont mises en branle, le canon gronde de temps en temps. Le trajet du nouveau seigneur devient une marche triomphale, à laquelle un beau soleil de printemps semble même vouloir donner du lustre en l'éclairant de ses rayons.

A l'arrivée du nouveau seigneur à l'église, le curé, le chapelain, les chanoines et le clerc se trouvèrent à la grande porte ; le curé complimenta le nouveau seigneur et lui présenta l'eau bénite. Aussitôt les orgues se firent entendre et le curé conduisit Affaytadi et sa famille au banc seigneurial où ils entendirent la grande messe.

La messe finie, le prêtre officiant ôta sa chasuble et son manipule et récita un *De Profondis*. Après cette prière, il présenta l'eau bénite au seigneur, aux membres de sa famille et aux cha-

[1] Les carosses étaient encore très-rares à l'époque de l'installation d'Affaytadi comme seigneur de Ghistelles ; il n'y en avait que trois à Paris, ils appartenaient à la reine, à Diane de Poitiers et à René de Laval.

noines et en jeta sur les autres personnes qui se trouvaient dans le chœur. Cette formalité remplie, le curé vint adresser ses félicitations à messire d'Affaytadi. Celui-ci se leva et sortit de l'église a côté du curé, des chanoines, du bailli, du greffier ; les membres du magistrat les suivirent. Les confréries et les corporations les attendirent à la porte du temple et les conduisirent au son des cloches à l'hôtel de ville où un somptueux banquet, offert par le magistrat, était préparé pour eux.

D'Affaytadi quitta Ghistelles après un court séjour pour retourner à Anvers, où ses affaires exigeaient sa présence, et pour passer en suite, comme d'habitude, une partie de l'été à son château de Lierre.

Cependant il avait promis de faire restaurer l'antique manoir de Ghistelles qui, depuis l'incendie de 1488 [1], avait été abandonné par ses propriétaires, lesquels l'ha-bitaient cependant chaque

Tour de l'ancienne église.

année pendant quelques mois. Il tint parole. Dans cette restauration, il conserva le style primitif de ce castel [2].

[1] M. Le Grand de Reulandt, *Mémoire sur l'ancienne ville de Ghistelles*, annales de l'académie d'archéologie de Belgique, tome XIV, page 119.
[2] Nous croyons être agréable à nos lecteurs en donnant le dessin de cette demeure seigneuriale si célèbre dans les fastes de l'histoire des Flandres.

Lorsque le château de Ghistelles fut en état de recevoir convenablement d'Affaytadi avec sa famille, il y vint quelquefois passer une partie de la belle saison pour veiller à ses intérêts et à ceux des habitants de sa ville.

Comprenant toute l'importance de l'industrie et du commerce pour le développement de la richesse publique, il s'occupa activement de donner de l'extension aux fabriques et au négoce de la ville ; les huit corporations, dont celle des fabricants de laine (*sayette*) était la principale, sentirent bientôt les effets de sa protection.

La sollicitude de Jean-Charles d'Affaytadi pour les habitants de sa ville ne se bornait pas au commerce et à l'industrie, elle s'étendait également sur l'humanité souffrante. Reconnaissant que la maison des lépreux, fondée par certain Jean de Ghistelles hors de l'enceinte de la ville, pouvait jouir de quelques avantages en étant rapprochée de l'église, il obtint du pape l'autorisation de la transférer dans l'enceinte de la ville. Il donna un terrain pour son emplacement, y annexa une cour et un jardin potager et supporta en outre lui-même les frais de la construction de cet établissement de bienfaisance.

Pendant que ce seigneur s'occupait du bien-être de sa ville il sentit les approches de la mort ; il voulut donner une dernière marque de sa munificence aux indigents de Ghistelles et aux pauvres des autres localités où il avait une habitation ou un château, c'est-à-dire à Anvers et à Lierre, en faisant stipuler dans son testament les largesses qu'il désirait être faites après sa mort. Ce testament fut passé le 22 décembre 1555 devant Antoine Van Male, notaire public à Lierre. Ce pieux seigneur fonda par sa dernière volonté un capital de deux mille florins en faveur de la ville de Ghistelles. Les intérêts devaient en être employés à des distributions de secours aux pauvres de cette localité. Dans la crainte que ses héritiers ne se soustrayassent à l'accomplissement de cette bonne œuvre il stipula expressément que la ville, en ce cas, devait avoir recours à la justice. Il donna également deux mille florins aux pauvres de la ville d'Anvers et une pareille somme à ceux de Lierre, pour être distribués en aumônes. Il voulut que ses restes mortels fussent enterrés dans l'église de Ghistelles où un caveau devait être construit à cet effet pour lui, sa femme et ses descendants. Le testament dit également que sa douairière devait faire construire une chapelle près de ce caveau et que le prêtre, qui dirait des messes pour le repos de son âme, devait réciter après chaque messe la prière suivante :

« *O sanctissime Maria mater Dei, in uno non dubito, libera me ab omni malo et ora pro peccatis suis.* »

Quelle que fut sa générosité il ne voulut rien léguer aux chanoines du chapitre, dont il n'était pas satisfait à cause de leur manière d'agir; « ils méritent plutôt, dit-il, d'être punis dans leur propre bénéfice que de recevoir un effet de ma générosité [1]. »

D'Affaytadi, chef de la troisième souche des barons de Ghistelles, ne survécut pas longtemps à la rédaction de son testament. Il mourut à Anvers et fut enterré avec beaucoup de pompe à Ghistelles, dans le caveau construit par ses ordres. Sa femme lui survécut jusqu'en 1569. Elle décéda le 19 mars 1569 et fut inhumée dans l'église de Sion à Lierre. Les habitants de Ghistelles pleurèrent longtemps ces bienfaiteurs.

Jean-Francois, son fils aîné, lui succéda dans la baronnie et dans ses autres fiefs sis en Flandre. Il augmenta encore les posses-

[1] Testament de messire Jean-Charles d'Affaytadi.

sions héritées de son père par l'acquisition des terres d'Egmont (1561). Il résidait habituellement à Anvers et au château de Lierre. Cependant il vint quelquefois rendre visite à l'antique manoir de Ghistelles, mais sans y séjourner longtemps. Toutefois il prenait à cœur les intérêts industriels et commerciaux de sa ville. Il obtint du roi Philippe II que la foire franche octroyée par l'empereur Charles-Quint qui ne durait que deux jours, savoir le mercredi et le jeudi avant la fête de saint Martin, fut prolongée de quatre jours. Le principal commerce y consistait en chevaux ; cependant les productions de l'industrie du lieu s'y vendaient également et les marchands forains y exposaient toutes sortes d'objets. Ce comte fit tout ce qui était en son pouvoir pour relever cette ville de la décadence qu'elle avait subie par la guerre civile qui avait désolé la Flandre, depuis la mort tragique de Marie de Bourgogne.

C'est vers cette époque que Pierre Pourbus vint lever le plan de cette ville (20 août 1561) pour la confection de la grande carte géographique du Franc, peinte à l'huile, [1] qui orne encore l'entrée de la bibliothèque publique de Bruges.

Avant l'érection des nouveaux évêchés dans les Pays-Bas, décrétés par le pape Paul IV, le 12 mai 1559, Ghistelles faisait partie du doyenné d'Oudenbourg. Lorsque ce décret reçut son exécution, Bruges devint le siége d'un évêché. Le premier titulaire en fut Pierre De Corte (Curtius). Il avait 70 ans lorsque Philippe II, roi d'Espagne, le nomma à ses fonctions épiscopales [2]. Il fut sacré à Malines par l'archevêque Granvelle le 20

[1] M. LE GRAND DE REULANDT, Mémoire cité, page 135.
[2] Pour prévenir les difficultés que l'on craignait au sujet des menses épiscopales, le roi accorda une subvention de 1500 ducats par évêché ; il conserva le droit de nomination aux évêchés sauf l'approbation du pape.

décembre 1562. Il prit possession de son siége le **31** janvier **1561**. Ce prélat fit une nouvelle circonscription des doyennés de son diocèse et Ghistelles devint par cette nouvelle subdivision le chef-lieu d'une administration ecclésiastique, à laquelle les paroisses suivantes ressortirent :

PAROISSES.	PATRONS.
BEERST,	l'abbé de Saint-Pierre à Gand.
BOVEKERKE,	autrefois l'abbé de Saint-Pierre et ensuite l'évêque de Bruges.
COUCKELAERE,	l'évêque de Bruges, auparavant l'abbé de St-Bertin.
GHISTELLES,	il y avait autrefois deux curés ; l'évêque de Tournai et l'abbé de Saint-André lez-Bruges nommaient alternativement.
KEYEM,	l'abbé de Saint-Pierre à Gand.
LEFFINGHE,	le commandeur de Slype, de l'ordre de Malte.
LEKE,	l'abbé de Saint-Pierre à Gand.
LOMBARTZYDE,	l'évêque de Tournai.
MANNEKENSVERRE,	le commandeur de Slype.
MIDDELKERKE,	le duc de Clèves.
MOERE,	l'évêque de Tournai, alternativement avec l'abbé de Saint-André lez-Bruges.
SCHOORE,	l'abbé de Saint-Pierre à Gand.
SAINT-PIERRE-CAPPELLE,	l'évêque de Tournai, alternativement avec l'abbé de Saint-André.
SLYPE,	le commandeur de Slype.
STUIVEKENSKERKE,	l'abbé de Saint-Pierre à Gand.
WESTENDE,	le duc de Clèves.
WILLEKENSKERKE,	le duc de Clèves.
ZANDE,	l'évêque de Tournai et l'abbé de Saint-André lez-Bruges, alternativement.
ZEVECOTE,	

L'érection des nouveaux évêchés déplut en général aux populations ; les moines prétendaient même que la réunion des abbayes aux chapitres était contraire aux anciens canons de l'église, ainsi qu'aux droits du pays que le souverain avait juré de respecter. Toutefois les docteurs de Louvain prouvèrent le contraire en 1562. Les laïques voyaient dans l'érection de ces nouveaux évêchés un commencement d'inquisition, et craignaient que ce tribunal n'acquit la même importance qu'il avait en Espagne ; d'autres croyaient que le roi avait l'intention de restreindre les priviléges des villes. Toutes ces craintes occasionnèrent une grande agitation dans le pays. Beaucoup de seigneurs se montrèrent ouvertement mécontents des actes du roi ; ils manifestèrent l'intention d'embrasser la religion réformée. Cependant la famille d'Affaytadi demeura très-dévouée à la religion de ses ancêtres et resta attachée à la famille de Charles-Quint.

Trouvant que l'empereur n'avait pas assez largement récompensé les services du riche Crémonais qui l'avait soutenu de sa bourse, Ferdinand, frère de l'empereur, érigea en principauté le château de Hilst en faveur de Jean-François d'Affaytadi, seigneur de Ghistelles, et de ses descendants légitimes. Le diplôme signé à Inspruck porte la date du 23 mai 1563. Puisque cette faveur impériale ne s'étendait pas à tous les enfants d'Affaytadi, qui avaient probablement tous ressenti le vide que les largesses de leur père envers l'empereur avait fait dans leur fortune, Ferdinand Ier leur accorda de nouveaux titres ; en conséquence, il érigea le château de Ghistelles en comté héréditaire en faveur de Jean-François et de ses enfants légitimes. Il érigea également en comté le château de Sorosin avec son territoire et ses dépendances, dans le diocèse de Crémone, en faveur de Côme et de César. En outre il les créa comtes du Saint-Empire romain le 8 janvier 1564.

C'est à cette époque que les troubles religieux éclatèrent dans les Pays-Bas. L'hérésie, née en Allemagne, lutta ouvertement contre la religion catholique romaine. Les fougueux hérétiques, sous le non d'anabaptistes et d'iconoclastes, parcoururent le pays, pillant, dévastant et saccageant les églises, renversant, foulant, brisant les statues et les tableaux, chassant les prêtres et les religieux. Lorsque ce mouvement réformateur eut dépouillé les églises et les oratoires de tous leurs ornements et de tous les objets employés au culte, les sectaires se servirent dans plusieurs villes de ces mèmes temples pour rassembler leurs adhérents et leur prêcher leurs nouveaux dogmes. Une de ces bandes dévastatrices passa aussi à Ghistelles et y exerça des actes de vandalisme dans l'église paroissiale et dans celle de l'abbaye de Sainte-Godelieve, située à trois kilomètres à l'ouest de la ville (1566). Le passage de ces adversaires de la religion catholique ressembla à une tempête orageuse qui ne fit que passer sur la ville de Ghistelles. Dès que ce mouvement se fut calmé, le service divin, qui avait été interrompu momentanément, se fit comme précédemment dans l'église de cette localité.

Ces scènes sacriléges dont Anvers, séjour habituel de messire de Ghistelles, fut le théâtre principal, touchaient le cœur de ce noble et riche seigneur. Ennemi de tout désordre, il n'entra pas dans la conspiration que quelques nobles tramèrent contre leur souverain Philippe II. Prévoyant les maux qui devaient naître du désordre religieux et politique qui agitait si fortement la Belgique, où sa sûreté personnelle lui semblait menacée, il résolut de se rendre en Italie. Il fuyait un pays où de grands maux planaient sur la tête des habitants ; mais sa prévoyance ne lui conserva pas la vie, car il tomba sous le glaive d'assassins là où il croyait trouver la sécurité. On ignore si son corps fut inhumé dans le caveau de sa famille en Italie, ou bien s'il fut transféré à Ghistelles.

N'ayant pas laissé de descendants, son frère Côme lui succéda dans ses différents fiefs et hérita de ses titres. Celui-ci avait épousé Marguerite de Hanxelaere, fille du baron de Herstal et d'Agnès de Bongard. Ce seigneur se dévoua au parti royaliste et n'habita pas le manoir de Ghistelles.

La gouvernante des Pays-Bas fatiguée de vivre dans un pays où un grand nombre de nobles semblaient se plaire à contrarier ses bienveillantes intentions, se démit de son gouvernement. Elle fut remplacée par le duc d'Albe. Ce gouverneur-général, muni de pouvoirs illimités, arriva à Bruxelles le 22 août 1567. Son dessein était d'éteindre à tout le prix le mouvement de la réforme. Il commença par semer la terreur et l'épouvante dans le pays. Il mit des garnisons dans un grand nombre de châteaux, et ceux de Ghistelles et d'Oudenbourg reçurent également des soldats italiens et espagnols. Les séditieux comprenant le danger où ils se trouvaient, se préparèrent à guerroyer. En effet leurs soldats rencontrèrent en plusieurs endroits les troupes royales ; ils se battirent de part et d'autre avec acharnement en ayant tour à tour l'avantage.

Le gouverneur-général déploya une grande vigueur pour dompter les rebelles. Non content de faire poursuivre et de supplicier les personnes de tout rang, qui passaient pour être infectées d'hérésie ou hostiles au roi, il frappa le commerce et par conséquent l'industrie nationale d'un coup mortel, en levant le vingtième denier du prix de la vente de tout objet meuble. Cette taxe exorbitante fut très-onéreuse pour l'industrie en général. Cette cause, ainsi que les vexations de la soldatesque, acheva la ruine des fabriques ghistelloises.

La voie de la terreur, adoptée par le gouverneur espagnol, ne fit qu'irriter les esprits. S'apercevant qu'il ne pouvait pacifier les Pays-Bas qu'en versant le sang humain et en entravant son commerce, le duc d'Albe abandonna son gouvernement après avoir commencé la ruine de nos belles provinces autrefois si florissantes. Il emporta avec lui la haine et la malédiction de la majeure partie des Belges.

Requesens, grand commandeur de Castille, son successeur dans le gouvernement des Pays-Bas, était un prince très-pacifique; on attendait beaucoup de bien de lui, mais les esprits étaient trop irrités pour pouvoir être pacifiés. La plupart des habitants avaient embrassé la réforme. C'était à leurs yeux le seul moyen de se séparer du roi. Ils prirent dès lors la ferme résolution de sacrifier leur fortune et leur vie pour secouer le joug de l'Espagne et pour obtenir la liberté de conscience. Ces provinces prirent le titre de *Provinces-Unies*, parce qu'elles réunissaient leurs forces pour conquérir ce but. Le parti royaliste les traitaient du nom de *Gueux*.

Ces révoltés voulaient détruire l'autorité espagnole dans les Pays-Bas. Pour empêcher le roi d'envoyer des secours à son gouverneur, il s'emparèrent autant que possible des places maritimes. Dès qu'ils en furent les maîtres, ils y tinrent garnison. Ostende était également en leur pouvoir. Les habitants des environs de cette ville eurent à souffrir des excursions que firent les soldats des confédérés et ceux de la garnison de Ghistelles.

Pour être mieux en état d'arrêter le pillage des fermes, les fantassins que le duc d'Albe tenait en garnison à Oudenbourg et à Ghistelles, furent par ordre de Requesens remplacés par de la cavalerie légère. C'étaient des Espagnols et des Italiens. Ils étaient sous le commandement du capitaine Salcomette, qui fermait les yeux sur les brigandages qu'ils commettaient aux environs de ces villes (1574). Sur des plaintes que les cultivateurs en firent, le Franc de Bruges leur accorda une remise de 42,000 florins [1] sur leur contribution foncière.

Après la mort de Requesens (1576), l'Espagne tarda un peu d'envoyer un gouverneur-général dans les Pays-Bas. Le prince d'Orange en profita habilement pour attirer quelques villes dans son parti; de ce nombre était Bruges, mais Ghistelles avec sa garnison espagnole resta fidèle au roi.

Sur ces entrefaites, il se forma dans les provinces wallonnes une bande de vagabonds, qui prit le nom de *Malcontents*. Elle était composée de gens sans aveu. Leur signe distinctif était un chapelet à gros grains *(pater noster)*; c'est pourquoi les Flamands appelaient ces pillards *Pater noster dragers*. Ils avaient pris ce signe du culte d'hyperdulie pour montrer qu'ils n'étaient pas des *Gueux* et qu'ils étaient dévoués à la religion catholique.

Parés de cet insigne ils parcoururent le plat-pays et marquèrent leurs pas par des extorsions; cette bande se dirige enfin vers Ghistelles, mais les habitants de cette localité, instruits à temps, s'arment, se joignent à la garnison et repoussent ces pillards avant qu'ils eussent commis beaucoup d'exactions (oct. 1578). Ils se hasardent à revenir quelques mois plus tard, mais ils subissent le même sort.

Quoique Ghistelles, par sa proximité d'Ostende, où la garnison était composée de *Gueux*, et par sa propre garnison d'Italiens et d'Espagnols, fut en butte à toutes sortes de désagréments,

[1] Comptes du Franc de Bruges, 1575.

le service divin se faisait dans son église comme en temps de paix.

Quoique tout le pays fut en troubles on célébrait à Ghistelles la fête de sainte Godelieve. Cette martyre du lieu était en si grande vénération dans toute la Flandre qu'une quantité innombrable de pèlerins, se confiant à la Providence, bravait le danger d'être dévalisé en chemin et vint à Ghistelles pour baiser les reliques de cette sainte et visiter les lieux où elle avait vécu, afin d'obtenir par son intercession la guérison des ophthalmiques.

Durant l'une de ces années d'agitation politique et religieuse on célébra cette solennité comme de coutume : l'église était vêtue de ses plus beaux ornements, les habitants de cette paroisse avaient mis leurs habits de fête, le marché était rempli d'échoppes où l'on vendait des comestibles, les cabaretiers avaient des violonistes pour la danse de la folâtre jeunesse, les cuisines en général exhalaient une odeur qui trahissait l'apprêt de diners succulents. L'affluence des pèlerins était considérable. La dévotion ou bien la gaieté étaient peintes sur toutes les figures. A en juger par ce grand mouvement on eut dit que la population, les pèlerins ainsi que les convives avaient oublié les grands malheurs où le pays était si profondément plongé.

Lorsque la grande messe fut finie, la foule devint compacte dans les rues. Cependant les violonistes raclaient à l'envi pour appeler à la danse la jeunesse. On y but maint verre en l'honneur de la martyre dont on célébrait la fête [1] ; de temps en temps on

[1] On sait que les colons qui ont peuplé Ghistelles et ses environs sont venus du nord de l'Europe. Dans leur patrie-mère, ils adoraient Odin, Fréjus, Thor et autres divinités subalternes. Après les sacrifices, faits à l'un ou l'autre de ces dieux, ils

répandait sur le sol le reste de leurs verres [1]. Tout était en mouvement ; c'était une véritable fête comme les érudits nous dépeignent les fêtes du paganisme. Toutefois cet oubli du danger où l'on se trouvait ne dura pas longtemps. Tout à coup on vit à l'est de la ville s'élever dans l'air un nuage de poussière qui s'approchait visiblement de la ville, l'on entendit un bruit confus ; bientôt on aperçoit une bande de cavaliers de l'armée du prince d'Orange, qui vient de Bruges dans des vues hostiles. Cette apparition soudaine et inattendue fait changer la scène ; les danses cessent et la consternation s'empare de tous les cœurs ; les cabarets deviennent déserts, chacun court chez soi pour sauver ce qu'il a de plus précieux.

La place du marché se remplit de cavaliers ; ils descendent de leurs chevaux ; quelques-uns des soldats se chargent du soin des

buvaient en l'honneur de celui qui était l'objet de leur culte (*Snorro in vita Haquini-Adalstani l. 1. c. 16.*) Quand leurs descendants furent convertis au christianisme ils continuèrent à boire en l'honneur des dieux du paganisme. Rien ne pouvait les détourner de cette habitude qui flatte les sens. Le roi Magnus voulant donner à cet antique usage une forme chrétienne ordonna dans *Hird-Shraa* de boire en l'honneur du Dieu éternel et de Jésus-Christ : « *Mange anytsige sedvaner oploy i Steden igien al mond skulle drincke den evige Guds, og vor Herris Jesu Christi skaul.* » (Janum Dalmerum in not. ad Hird. skaa. c. 49). Mallet *introd. à l'hist. de Danemarck.*

Voir aussi *Balder fils d'Odin, poëme scandinave,* par M. L. de Saint-Géniès, pag. 50.

Bientôt l'on ne se contenta plus de boire en l'honneur de la sainte Trinité, mais on but en l'honneur des anges, des saints, du souverain régnant et même des princes et princesses. Charlemagne voulant mettre un frein à ces orgies défendit de boire en l'honneur des saints et de ses fils. (*Carol. m. capitul. 3 anni 789 Tom. 1*). Nonobstant la défense expresse de ce monarque on continue de boire en l'honneur des saints et des saintes, surtout les jours où l'église célèbre leur fête. Les habitants de Ghistelles renouvellent les orgies en l'honneur de la martyre pendant trois neuvaines.

[1] Les païens avaient l'habitude de répandre un peu de leur boisson en l'honneur des dieux (Ænéid vers. 740 ; Æthéopecor, l. 2, p. 98). On voit encore dans les auberges des personnes de la basse classe qui versent le reste de leur verre de bière sur le sol. C'est une tradition qui nous vient du paganisme.

montures, pendant que d'autres courent dans les cabarets, mettent la main sur tout ce qu'ils y trouvent, s'en régalent et en portent à leurs camarades qui sont restés sur la place ; d'autres entrent dans les maisons des bourgeois, où ils s'emparent de tout ce qu'ils peuvent saisir pour rassasier leur faim et leur soif.

Lorsque cette soldatesque se fut bien repue et que leur tête tourna par la vapeur des boissons, ils coururent en effrénés dans toutes directions de la ville en faisant du tumulte. Pour achever leur maraudage, quelques-uns proposent d'entrer dans l'église et d'en dépouiller les ornements ; on applaudit à cette proposition ; on court, on force la porte et on entre dans le temple où on enlève tout ce qui a quelque valeur. Pendant ce temps d'autres soldats volent au presbytère, y entrent violemment, enlèvent tout ce qui leur tombe sous la main, s'emparent du curé, le garottent et le traînent à Bruges (6 juillet 1581).

Tout cela n'était que le prélude de ce qui devait arriver encore à Ghistelles et à son ambacht. Toutefois le Franc de Bruges désirant prévenir l'invasion de l'ennemi dans cette localité, envoya un message aux chefs-hommes des différentes confréries d'archers pour les inviter à faire bonne surveillance (juin 1582). Cette précaution n'empêcha pas les *Paternoster dragers* d'entrer dans cette ville le 4 juin 1583 et de se livrer au pillage ; cependant cette bande exerça ses plus grands ravages dans les fermes.

Cette incursion augmenta l'effroi des habitants de Ghistelles ; la garnison y fut augmentée, les membres des confréries armées firent des patrouilles afin d'empêcher le pillage. Cette précaution inspira de la crainte aux vagabonds ; mais elle ne put arrêter la garnison d'Ostende qui, dans une sortie, vint jusqu'à Ghistelles et marqua ses pas par des actes de dévastation (29 juin 1584).

Lorsque les cultivateurs ne reçevaient pas la visite de soldats maraudeurs, ils étaient harcelés par des bandes de gens sans aveu, qui parcouraient le pays dans toutes les directions pour vivre du produit de leur pillage. Les campagnes ne présentaient plus aucune sûreté et l'agriculture souffrait beaucoup.

Pour comble de malheurs la récolte de l'année 1586 avait en partie manqué, il y avait une grande pénurie de blé qui amena une cherté extraordinaire des vivres. Le prix des grains devint, en 1587, si élevé qu'il n'y eut que les riches qui purent en acheter. Le froment se vendait jusqu'à 6 livres de gros les trois mesures de Bruges, soit 62 francs l'hectolitre. Le prix du seigle était en proportion. Il y avait détresse dans le pays ; mais la faim se fit plus horriblement sentir à Ghistelles que dans bien d'autres localités, parceque les pillards y avaient enlevé aux villageois tout ce qu'ils possédaient, et que les cultivateurs avaient beaucoup souffert dans leur récolte par les visites répétées de la garnison d'Ostende, qui était au pouvoir des États-Unis. Cette famine et la maladie épidémique qui en fut la conséquence décima la population de la malheureuse ville de Ghistelles.

Dans ces moments de grande calamité, Côme d'Affaytadi ne se trouvait pas dans sa ville de Ghistelles pour soulager les souffrances des habitants. Il résidait alternativement à son château de Lierre et à Anvers, où il décéda en 1588. Malgré les troubles qui agitaient tout le pays, ses restes mortels furent transportés à Ghistelles et inhumés dans le caveau de son père.

Il laissa deux fils en bas âge : César, héritier de la terre de Ghistelles et des autres fiefs, et Jean-Charles. Il laissa aussi une fille : dame Laure, qui épousa Jean baron de Montmorency, seigneur de Crési ; elle mourut en 1645.

La situation de Ghistelles était alors très-malheureuse. Situés à proximité d'Ostende où les États-Unis entretenaient une forte garnison, dont les excursions continuelles étaient fort à craindre et dont celles de 1589 et 1590 furent ruineuses pour les cultivateurs de l'ambacht de Ghistelles, les environs de cette ville étaient également harcelés par sa propre garnison. Cet état de choses dura jusqu'après la bataille de Lombartzyde, dite de Nieuport (juillet 1600). Après ce mémorable combat les archiducs allèrent assiéger la ville d'Ostende, place dont la possession était de la plus haute importance pour les provinces catholiques, parcequ'elle devait devenir la clef du commerce des Pays-Bas espagnols.

L'armée assiégeante était composée de soldats espagnols, italiens, français et allemands. Les archiducs manquaient d'argent pour les payer. Ces étrangers, qui se battaient pour de l'argent et non pour la patrie, se mutinèrent et tuèrent le colonel Verlan (1601). Pour être plus forts, ces mutinés se tenaient par bandes et campaient dans les bois. La même chose eut lieu par les troupes du prince d'Orange. Les uns et les autres portaient le nom de *Gueux* et vivaient de vols, de rapines et de meurtres. Aussi les lieux où ces pillards séjournaient étaient très-peu surs. Un camp de ces *Gueux* était établi dans un bois situé au nord-est de Couckelaere. De ce gîte, ils firent des excursions pour exercer leurs cruautés et dévaliser tous ceux qui osaient fréquenter le chemin de Ghistelles à Cortemarcq [1]. Cette route était très-dangereuse pendant le siége d'Ostende. La partie la plus redoutée a conservé jusqu'à nos jours le nom de *Geuzestraet* (rue des gueux). Une bande de ces

---

[1] VAN MAELE, *Geschiedenis van Vlaenderen*, pag. 116.

brigands, grossie par toutes sortes de voleurs, avait également un camp dans un coin du bois de Wynendaele, dont l'emplacement, quoique maintenant déboisé, porte encore le nom de Bois des gueux *(geuzebosch)*. Leur quartier-général était à Hoogstraeten.

Cette désertion affaiblissait la force de l'armée des archiducs et augmentait l'épouvante dans la campagne. Pour l'arrêter autant que possible et empêcher les excursions des pillards qui portaient également la ruine dans les fermes des ambachts de Camerlinck et de Ghistelles, les archiducs firent construire les forts de Sainte-Claire et de Saint-Michel, près d'Ostende, dont on voit encore des vestiges. Cette précaution fit diminuer les pillages à Ghistelles et dans ses environs ; cependant les mutinés du camp de Couckelaere portèrent encore quelquefois l'effroi dans les fermes de Moere, de Ghistelles et d'autres communes voisines.

Le prince Maurice., gouverneur-général des États-Unis, attachait une très-grande importance à la possession d'Ostende et voulut faire lever le siége de cette ville ; en conséquence il dirigea des forces considérables vers cette place. Il avait déjà envahi ses environs. Les archiducs ayant eu connaissance de l'arrivée des ennemis, prennent les dispositions nécessaires, repoussent leur attaque et les met en déroute. Les fuyards enlèvent tout ce qui tombe sous leur main et mettent le feu à un grand nombre de fermes qui se trouvent sur leur passage. Les soldats victorieux des archiducs exercent autant de ravages que ceux des *Provinces-Unies.* Toute la contrée présente l'aspect d'un vaste brasier. Cette malheureuse journée ruina la plupart des fermiers de ce pays.

Un grand nombre de paysans, étant plongés dans la plus grande misère, ne purent payer leurs impositions. Le Franc de Bruges accorda une remise à l'ambacht de Ghistelles de £ 1,583-18 s., somme qui fut portée en non-valeurs [1].

Quoique les issues du camp fussent bien gardées, quelques soldats trouvèrent le moyen de se soustraire au combat par la désertion. Errant alors dans un pays étranger, privés de toute ressource et ne sachant se faire comprendre, ils exercèrent des exactions dans les ambachts de Camerlinck et de Ghistelles, tandis que d'autres vagabonds, vivant également de leurs rapines, vexèrent les pauvres campagnards. De son côté la garnison de Ghistelles était plus ou moins à charge des habitants. De cette manière les paysans n'avaient rien de sûr. Cette malheureuse position ne cessa qu'à la fin du siége d'Ostende.

Après la reddition de cette ville (sept. 1604), la guerre cessa par suite d'un armistice, signé d'abord pour un an, mais les parties belligérantes fatiguées de part et d'autre de se battre, signèrent le 9 avril 1605 une trève de douze ans, pour arrêter les bases d'un solide traité de paix.

Pendant ces négociations les archiducs, les évêques, les villes, les châtelains et les curés profitèrent de ce repos pour faire quelques restaurations aux églises et autres édifices publics, et pour remédier aux désordres qui s'étaient glissés, durant ces temps de troubles, dans l'administration civile et ecclésiastique.

Dans la tourmente de la réforme la ville de Ghistelles avait beaucoup souffert : son église n'étant pas encore complétement restaurée depuis l'incendie qu'elle avait subie en 1488, réclamait depuis un siècle de grandes réparations ; les *Gueux* avaient

---

[1] Voir comptes du Franc de Bruges. Voir aussi : *Organisation des états de Flandres*, par M. Le Grand de Reulandt, *Annales de l'Académie*, tome xx, page 333.

incendié une partie de l'abbaye et de l'hôpital ; le manoir n'était plus habitable, les murailles de la ville étaient renversées en plusieurs endroits et les fossés en parties comblés. Cette localité autrefois si prospère n'offrait plus à l'œil que des ruines. Les ressources manquaient pour restaurer le mal incalculable que la torche des *Gueux* et de la soldatesque avait fait à cette cité.

Cependant les choses ne pouvaient rester dans cet état. Les religieuses, dirigées par le zèle que la religion inspire à ses véritables enfants, faisant usage du peu de ressources qu'elles avaient et ayant recours à la générosité des âmes pieuses et même au magistrat du Franc de Bruges [1], se mirent à l'œuvre pour rebâtir leur couvent.

Toutefois ces religieuses ne cessèrent de solliciter l'autorisation de transférer leur abbaye à Bruges. Le roi d'Espagne leur accorda enfin cette faveur par ses lettres-patentes du 6 août 1622. Elles s'empressèrent de s'établir dans cette ville pour éviter les rencontres fréquentes qui contrastaient avec les mœurs de la vie monastique.

Puits de sainte Godelieve.

Le puits où les pèlerins puisent de l'eau pour se garantir de l'ophtbalmie ou pour se guérir de cette maladie par l'intercession de sainte Godelieve a été sans doute restauré plus tard parce que nous trouvons le millésime 1639 sur le cercle en pierre de taille qui ceint ce puits [2].

[1] Ce collège leur accorda en 1615 un subside de 400 florins. (V. comptes de cette année).

[2] M. LE GRAND DE REULANDT, mémoire cité, tome XIV, pag. 93.

ABBAYE DE Ste-GODELIEVE, APRÈS SA RECONSTRUCTION.

L'abbaye de St.-André lez-Bruges fit commencer en 1620 les réparations de l'église de Ghistelles. L'hôpital, dont les revenus ne suffisaient même pas à ses besoins ordinaires, dut attendre des jours plus heureux pour se voir relever de ses ruines.

Quant aux bâtiments communaux, il n'y avait pas d'espoir de trouver les ressources nécessaires pour les restaurer ; la maison de ville était en mauvais état et les réparations qu'elle exigeait devaient être remises à des temps meilleurs ; les pans de murs qui restaient debout menaçaient ruine; tandis que les fossés se comblaient chaque jour davantage, excepté là où les propriétaires qui avaient des terres adjacentes trouvaient intérêt à les faire nettoyer.

Beaucoup de maisons de particuliers étaient inhabitées et menaçaient ruine, d'autres demandaient des réparations urgentes, mais les propriétaires manquaient des ressources suffisantes pour faire les frais d'entretien impérieusement nécessaires. Voilà quelle était à cette époque la situation déplorable de la ville dont nous nous occupons. Nous donnons le plan de cette localité, levé à cette époque (1640).

Depuis la séparation de Ghistelles du Franc de Bruges cette ville avait le droit de représentation au conseil de Flandre et aux inaugurations des comtes ; mais par suite des grands revers qu'elle eut à subir elle ne put plus faire face à cette dépense, conséquemment elle fut obligée de renoncer à déléguer des députés [1].

On peut juger de la décadence de cette ville et de son peu d'importance au commencement du XVIIe siècle, en voyant dans les documents authentiques que cette ville fut comprise

---

[1] M. Le Grand de Reulandt, mémoires cités, tome XIV, page 115 et tome XX, page 333.

dans le transport de Flandre fixé en 1631, seulement pour la minime somme d'un *sol* et six *deniers*, dans les cent livres sur la Flandre. Cette petite imposition fut maintenue jusqu'à la révolution française [1].

Les guerres civiles qui désolèrent les Pays-Bas depuis l'année 1560 avaient fait tomber en désuétude les édits de Charles-Quint et de Philippe II concernant les anciennes lois et coutumes et surtout du concile de Trente, Sess. 22 chap. 29, qui ordonne aux administrateurs des biens d'églises et de fondations pieuses de rendre compte tous les ans de leur gestion devant un délégué de l'évêque; l'archevêque de Malines et tous les évêques furent obligés de faire des représentations aux archiducs Albert et Isabelle afin d'obtenir une meilleure exécution de plusieurs décisions du synode provincial de Malines de l'an 1607.

Les archiducs firent en conséquence publier le placard de l'an 1608, où il est ordonné entr'autres que l'audition des comptes des fabriques d'églises, des hôtels-Dieu, des hôpitaux, des tables des pauvres, etc., doit se faire en présence de l'évêque ou de son délégué dans toutes les villes, paroisses et villages de son diocèse à l'intervention du patron de la fondation ou de tel autre qui en avait pris soin auparavant, et à leur défaut à l'intervention de l'officier principal du lieu (art. 23). Ce placard fit en général cesser l'abus mentionné dans la représentation des évêques, mais les administrateurs de Ghistelles ne s'y soumirent point.

Pendant que la ville de Ghistelles et toute cette contrée étaient livrées à la désolation, la douairière de Côme d'Affaytadi faisait administrer l'héritage de son fils César, dont Jean De Bleau, son

[1] M. LE GRAND DE REULANDT, mémoire cité, tome XIV, page 115.

25   XX   41

1. Église.   2. Cimetière.   3. Château.   4. Jardin du château.

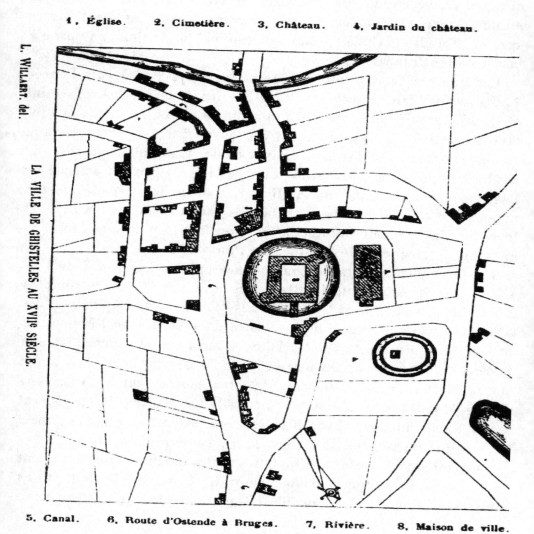

L. VILLART, del.

LA VILLE DE GHISTELLES AU XVIIe SIÈCLE.

5. Canal.   6. Route d'Ostende à Bruges.   7. Rivière.   8. Maison de ville.

contemporain, dit beaucoup de bien. A sa majorité il entra en possession des fiefs et des titres de son père ; il épousa Madeleine de Camargo, fille de Louis, chevalier, colonel dans la cavalerie impériale, et de Barbe Vanderbeken. Il passait ordinairement chaque année l'été au château de Wommelgem et l'hiver à Bruges. Il était très-attaché au roi d'Espagne. Il mourut en 1636 et fut inhumé à Ghistelles dans le caveau de ses aïeux. Il laissa deux filles : Laure-Thérèse, héritière de Ghistelles, et Marguerite-Adrienne qui embrassa l'état religieux. Son frère Jean-Charles, privé de fiefs, entra au service d'Albert et Isabelle. Il portait les titres d'écuyer, de comte de Sorosin et du Saint-Empire et était seigneur de Braderic. Il fut nommé capitaine de 300 hommes par l'infante en 1622. Nous avons sous les yeux sa patente, signée par Isabelle.

Il épousa Barbe De la Haye, de qui il eut un fils unique nommé Jean-François qui épousa le 3 novembre 1633 la fille de son oncle, Laure-Thérèse, héritière de Ghistelles.

Ce nouveau seigneur habitait en hiver la ville de Bruges et en été le château de Wommelghem. Le manoir de Ghistelles menaçant ruine et ayant servi de caserne à la garnison n'était guère propre à loger ses seigneurs. Il demandait de grandes restaurations ou une reconstruction totale, mais les temps étaient encore trop peu favorables pour pouvoir y songer.

Toutefois les chefs des Provinces-Unies et les délégués du roi d'Espagne travaillaient activement à un solide traité de paix. Mais quelque avantageuse que cette paix projetée pût être pour les provinces catholiques, l'Escaut et le Zwyn durent se fermer pour les navires des sujets du roi d'Espagne. Le magistrat de Bruges comprenant les désavantages que nos provinces devaient subir de notre séparation des provinces septentrionales, s'entendirent avec ceux de Furnes et de Dunkerke pour faire creuser un canal de Plasschendaele à Nieuport afin de favoriser par cette voie de navigation le commerce de l'intérieur. Ce travail fut achevé en 1638. La ville de Ghistelles établit peu de temps après une communication avec ce nouveau canal.

Lorsque les Provinces-Unies et le roi d'Espagne furent sur le point de s'entendre sur les conditions de la paix, la France déclara la guerre au roi d'Espagne pour de futiles motifs. Les Français envahirent les Pays-Bas avec des forces assez considérables et s'emparèrent de quelques villes frontières, entr'autres de Courtrai. Ils mirent garnison dans les places conquises. Ces garnisons vexèrent les campagnards. Une partie de la garnison de Courtrai fit chaque jour des excursions pour piller les fermes des communes environnantes. Le 23 mai 1647 ces pillards dans une sortie vinrent jusqu'à Ghistelles, y enlevèrent une grande quantité de bœufs, de vaches, de moutons, de porcs et même quelques chevaux qu'ils emmenèrent dans leur place de garnison.

Cette invasion française fut un motif pour l'Espagne de presser la paix avec les États-Généraux ; elle fut enfin conclue à Munster (1648). Jamais nouvelle ne fut reçue avec plus de joie : on célébra partout des fêtes, malgré la misère qui régnait dans tout le pays ; on crut voir poindre d'heureux jours, mais on fut trompé dans cette attente. Le cardinal Mazarin, qui conserva le pouvoir pendant la minorité de Louis XIV, visant probablement à la possession des provinces catholiques ou du moins à celle de Flandres, ne voulut pas accéder aux conditions offertes. L'Espagne sans finances et quoique fatiguée de la guerre devait se tenir sur la défensive. Le pays était encore une fois exposé au pillage ; mais cette fois

Ghistelles fut épargné. Après dix longues années d'inquiétudes, la paix fut enfin conclue entre Philippe IV, roi d'Espagne, et Louis XIV par le mariage de ce roi avec l'infante Marie-Thérèse (1659).

Lorsque ce traité de paix reçut son exécution les Français quittèrent le pays et les Espagnols allèrent prendre possession des places évacuées ; dans ce changement de garnison, les Espagnols à défaut de solde se livrèrent au pillage dans les localités qu'ils traversèrent. Il fut heureux pour la ville de Ghistelles que la garnison d'Ostende ne passa pas sur son territoire.

Après un siècle de malheurs, le pays allait enfin jouir de la paix ; mais Ghistelles et son ambacht étaient pour ainsi dire dépeuplés, les capitaux et les manufactures avaient disparu, l'agriculture était ruinée, beaucoup de champs étaient retombés en friche ou en bruyères ; l'eau, faute d'écoulement, s'était emparée des prairies basses et en avait fait des marais, qui exhalaient un air méphitique, ce qui fit encore diminuer le petit nombre d'habitants que la famine, le glaive et le feu avaient épargnés ; les chemins vicinaux étaient détruits ou rendus impraticables et l'eau empêchait, en bien des lieux, d'approcher des terres labourables. A mesure que le nombre des hommes diminuait, celui des bêtes sauvages augmentait. Les cerfs, les lièvres et les lapins étaient en si grand nombre qu'ils causèrent beaucoup de dégâts aux campagnes. En vue de les détruire les paysans adressèrent une pétition à l'autorité compétente pour demander l'autorisation de pouvoir les tuer. Les bêtes fauves telles que les renards, les loups et même les sangliers étaient en quantité si considérable qu'ils attaquaient les brebis, les vaches et parfois l'homme même, en plein jour.

Le Franc de Bruges en vue d'exterminer les bêtes sauvages qui exerçaient tant de ravages dans le bétail accorda des primes à ceux qui abattraient ces bêtes malfaisantes. Le nombre de tués fut si considérable, en 1648, que le Franc paya une somme de L. 1380-2-0 pour la chasse faite aux loups dans les ambachts de Ghistelles et de Camerlinck [1]. Celui qui tuait un renard ou qui, en creusant dans son terrier, prenait ses petits allait de ferme en ferme montrer sa capture pour recevoir des fermiers la récompense ordinaire qui consistait généralement en œufs. Cette quête se fait encore de nos jours.

Dans cet état d'abandon les fermes trouvaient difficilement des locataires. Aussi les troubles avaient absorbé les capitaux des fermiers. Les abbayes et les seigneurs étaient souvent obligés de faire exploiter leurs fermes pour leur propre compte afin de ne pas les laisser incultes. Voilà quel était l'état de l'agriculture, principale ressource des seigneurs féodaux, dans l'ambacht de Ghistelles lorsque Jean-François d'Affaytadi résolut de rebâtir l'antique manoir.

Nous voyons par le testament olographe de Madeleine de Camargo, douairière de César d'Affaytadi, écrit le dernier jour du mois de juillet 1657, que cette reconstruction doit avoir eu lieu vers cette époque, puisqu'elle donna par sa dernière volonté une somme assez considérable pour aider à la réédification de ce château.

La féodalité ayant perdu son influence et la manière d'attaquer les places étant changée par suite de l'invention de la poudre à canon, les forteresses seigneuriales du moyen-âge devinrent pour ainsi dire inutiles. En conséquence Jean-François d'Affaytadi abattit les tours et l'angle et supprima les créneaux du manoir de Ghistelles ; il suivit plus ou moins dans cette reconstruction l'architecture

---

[1] Voir comptes du Franc de Bruges de l'année 1648. Le Franc de Bruges accordait comme gratification 100 florins pour une louve abattue et 50 florins pour un loup.

bourgeoise que l'Espagne avait introduite à cette époque en Belgique.

Le nouveau seigneur voulant passer une partie de l'année dans sa ville, se fit un devoir de contribuer à l'embellissement de l'église où lui et sa famille devaient assister au service divin et où un jour ses restes mortels devaient être déposés. Dans sa pieuse munificence il y fit construire à ses propres frais un maître-autel. Sa belle-mère y contribua par son testament pour trois cents florins, tandis qu'elle donna 25 livres de gros pour la confection de la châsse d'argent qu'on avait décidé de confectionner en l'honneur de sainte Godelieve [1].

Lors de l'achèvement de la restauration du château, Jean-François d'Affaytadi profita de la paix pour faire valoir sa chasse et sa pêche en les affermant. Il nomma un nouveau bailli : le sieur Priem de Bruges, qui exerça en même temps les fonctions de receveur de la seigneurie.

Bientôt l'administration du comté entra dans une voie régulière, l'agriculture se ranima peu à peu, les petites industries cherchèrent à se relever ; le souvenir de la gloire passée fit espérer aux habitants de Ghistelles qu'ils allaient revoir le bonheur des anciens jours. Mais les Français toujours envieux de la prospérité des Flamands, vinrent détruire cet espoir. Ils s'emparent de quelques villes frontières de la Flandre (1667), y mettent des garnisons qui font des excursions pour semer encore une fois la désolation sous leurs pas. Le baron de Ghistelles, forcé par les circonstances, abandonne sa résidence et va habiter Bruges. Craignant que les Français, ses ennemis, ne se rendent maîtres de cette ville il se retire dans son château de Lierre.

Le gouverneur espagnol fit occuper cette résidence seigneuriale

[1] Testament olographe de dame M. de Camargo.

par une garnison composée de cavalerie et d'infanterie et placer plusieurs pièces de canon sur ses remparts (1674). Voyant que le danger n'était pas imminent dans cette partie de la Flandre, le gouverneur trouva bon de faire évacuer cette place pour employer ses soldats dans des lieux plus exposés aux attaques des Français.

Toutefois une partie de la garnison de Courtrai vint le 26 octobre 1675, en pillant et en maltraitant les campagnards, jusqu'à Wynendaele et s'empara de cette forteresse. Ce coup de main fit craindre que Ghistelles, privé de défense, ne subit le même sort. Son château reçut de nouveau une garnison de cinquante hommes qui cependant n'y resta pas longtemps.

Les Français perdant enfin l'espérance de pouvoir envahir la Flandre conclurent la paix avec l'Espagne (15 novembre 1678).

Le seigneur de Ghistelles, en bon et loyal vassal, favorisait autant que possible les Espagnols ; comme tous les membres de la maison d'Affaytadi il avait dans toutes les circonstances témoigné de son dévoûment aux descendants de Charles-Quint. Philippe IV voulant récompenser cet attachement rétablit le comté de Ghistelles et nomma, par ses lettres-patentes du 21 janvier 1676, messire Jean-François, comte héréditaire. Ce nouveau comte ne survécut pas longtemps à cette nomination, il mourut le 8 février 1681 au château de Ghistelles. Ses restes mortels y furent inhumés avec grande pompe dans le caveau de ses aïeux.

Il laissa plusieurs filles et deux fils dont l'aîné, Philippe-Adrien, lui succéda dans tous ses fiefs et hérita de ses titres. Il épousa Anne-Philippine de Thiennes, fille de René, comte de Rumbeke et de Jeanne-Marie de Croy, dame d'honneur de l'infante Isabelle [1], issue de l'antique et illustre maison des ducs et princes de ce

---

[1] Chambre héraldique, registre général, tome 1er, page 182.

nom **. L'autre fils entra au service de Phillipe IV , roi d'Espagne ; nous le trouvons avec le grade de capitaine attaquant
avec sa compagnie les Français près d'Ypres.

Dès que la garnison eut avacué le manoir de Ghistelles,
Philippe-Adrien d'Affaytadi, seigneur du lieu, vint passer une
partie de la belle saison dans cette résidence. Sa belle-mère , étant
veuve , habitait avec lui. Elle y décéda le 5 octobre **1681**.
Son corps fut transporté à Rumbeke pour être inhumé dans le
caveau des comtes , ancêtres de son époux.

* Antoine, sire de Croy, surnommé le Grand était comte du château de Porceau et de
Guines , baron de Renty, Sineghem , Araines , Beaumont et Moncornet , seigneur de
Chièvres et de Rœux, pair de Hainaut , chevalier de la toison d'or à la première création
à Bruges , en 1429 , gouverneur du duché de Luxembourg et grand maître de France
en 1463 , mort à l'âge de 90 ans , en 1475 ; il épousa en secondes noces le 5 octobre
1432 Marguerite de Lorraine, dame d'Arschot et de Beerbeke. Cette princesse était fille
d'Antoine , comte de Vaudemont et de Guise , baron de Joinville , et de Marie de
Harcourt, héritière de sa maison , dame d'Aumale , d'Elbeuf, de Mayence , d'Arschot
et de Beerbeke , et arrière petite fille de Jean, duc de Lorraine , deuxième aïeul direct de
l'empereur Joseph II.

De cette union naquit Jean de Croy, deuxième fils dudit Antoine et de Marguerite,
princesse de Lorraine ; il était seigneur de Rœux , créé chevalier à Reims , au sacre de
Louis XI, roi de France ; en 1461 , il servait dans l'armée de Charles le Hardi, duc de
Bourgogne, à la tête d'une compagnie d'archers et se trouva au siège et à la bataille de
Nuys donnée contre les impériaux le 24 mai 1475. (Il portait écartelé de Lorraine et
d'Harcourt et Croy en sursaut). Il épousa Jeanne dame de Crecque et de Clarcque
en Artois.

Jean de Croy, seigneur de Crecque et de Clarcque portait l'écu de ses armes comme
son père. Il épousa Éléonore de Thiennes , dame de Lombise , Ribecque et Wach ,
fille de Jean , seigneur des dits lieux , et d'Agnès de Croy, dite Corbais.

Eustache de Croy , seigneur de Crecque et de Clarque , Rebecque et Wach ,
gouverneur de Tournai , épousa en deuxièmes noces dame Anne de Northout, baronne de
Bayeghem , dame de Mellesaut , fille et héritière d'Antoine de Northout , chevalier , baron
de Bayeghem en Artois , grand bailli de Termonde et de Catherine de Baanst. Claude
de Croy , comte de Rœux , baron de Beaurain , seigneur de Crecque et de Clarcque ,
maître d'hôtel des archiducs Albert et Isabelle , mort en 1636. Jeanne Françoise Marie
de Croy épousa René de Thienes , comte de Rumbeke. (Elle portait écartelé de
Lorraine et d'Harcourt). Anne Philippine de Thiennes épousa Philippe Adrien d'Affaytadi
comte de Ghistelles (elle portait écartelé de Croy avec Lorraine).

Le manoir de Ghistelles était encore profondément dans le deuil, quand la mort enleva Philippe-Adrien d'Affaytadi (22 janv. 1682). Il fut également inhumé à Ghistelles dans le caveau des comtes. Son fils Jean François-Augustin devait hériter de ses fiefs et de ses nombreux titres.

Sur ces entrefaites Alexandre Farnèse, prince de Parme, remplaça le duc de Villa-Hermosa dans le gouvernement général des Pays-Bas espagnols (1680). Il trouva les revenus royaux engagés, par anticipation, pour trois ans et la solde des troupes arriérée de neuf mois. Les soldats pour trouver de l'argent durent se livrer au pillage. Le nouveau gouverneur désirant faire cesser ces maraudages voulut payer régulièrement la solde et sollicita des états de Flandres, un subside extraordinaire de 26,000 rations par jour. Les états ne lui en accordèrent que 18,000. Mécontent de ce refus, le prince envoya à Bruges le comte de Reunenbourg avec ordre de faire inonder le Camerlinck-ambacht, comme unique moyen, disait-il, de garder les villes d'Ostende et de Nieuport. Les états craignant ce désastre, envoyèrent une commission à Bruxelles pour racheter cette catastrophe ; des sacs d'argent arrêtèrent la pioche qui devait faire la trouée par où les eaux de la mer allaient opérer leurs grandes destructions [1].

Délivrés du fléau de la guerre, qui avait exercé d'horribles ravages aux environs de Ghistelles, les cultivateurs reprirent leurs paisibles travaux dans l'espoir de jouir des fruits de leur labeur; mais ils furent trompés dans leur attente : un ennemi plus destructeur encore que la guerre vint y exercer ses ravages : le flux de la mer, poussé par un vent impétueux du nord-ouest, rompit le 28 janvier 1682 la digue près d'Ostende et roula avec fracas

---

[1] *Kronyke van Vlaenderen*, tome III, page 789.

ses vagues écumantes à travers cette ville sans s'arrêter devant aucun obstacle [1]. La mer devient de plus en plus houleuse. L'onde déchaînée s'enfle d'orgueil d'avoir conquis la liberté et empiétant sur le domaine de l'agriculture, s'empare d'une grande étendue de terres. Étant arrivée au *Verlorenkost* [2] à proximité du pont de Snaeskerke, elle brise la barrière destinée à la retenir, se roule en grondant jusque près de la ville de Ghistelles, portant sur son dos humide des gerbes de blé, des planches, des meubles brisés, des instruments aratoires et bien d'autres objets qu'elle vient déposer aux limites de son nouvel empire.

Les Ghistellois en étendant la vue vers le clocher d'Ostende n'aperçurent qu'une vaste mer sur la surface écumante de laquelle ils virent de distance en distance des points noirs ; c'étaient des toitures qui avaient résisté à la fureur de la mer ou qui flottaient sur l'onde, les unes et les autres surmontées de personnes transies de froid attendant des barques pour échapper à la mort.

Lorsque la mer se calma, elle fut comme honteuse de son empiétement sur le domaine de l'homme et l'abandonna peu à peu. Alors on trouva sur le sol les victimes de cette catastrophe, hommes et animaux.

Peu de temps après, Louis XIV déclara encore une fois la guerre à l'Espagne sous de futiles prétextes ; il envoya sans tarder une armée considérable pour s'emparer des Pays-Bas espagnols. Le roi d'Espagne, Charles II, sans argent et avec une armée affaiblie, chercha des alliés pour résister à l'attaque de ce monarque. Entretemps, les Français se rendirent maître de plusieurs

[1] Les dégâts causés par cette inondation à la ville d'Ostende furent évalués à la somme de 300,000 livres de gros, somme très-considérable pour l'époque.

[2] *Verlorenkost* est le nom d'une ferme.

villes belges, d'où ils firent des excursions continuelles dans les campagnes. Ghistelles en fut quelque temps épargné, mais cette localité ne put échapper aux coups d'un si terrible ennemi. Le 18 janvier le maréchal français de Montbrun, gouverneur de Dixmude, passa par cette ville, à la tête de 4,000 hommes bien armés, pour se rendre à Bruges. Il y fit halte, exigea une forte contribution, pendant que quelques-uns de ses soldats pillaient les pauvres campagnards. Ensuite il dirigea sa troupe jusqu'à Jabbeke. Étant arrivé dans ce village, il s'arrêta et fit sommer le magistrat du Franc de Bruges de venir le trouver, afin de transiger de la contribution forcée qu'il voulait lever dans les communes de ce ressort administratif. Quelques membres de ce collége s'y présentèrent en effet et rachetèrent l'exemption de ce tribut forcé jusqu'au mois de septembre suivant pour une somme de 100,000 florins. Cet accommodement fut rejeté par le commandant de Lille qui estima cette faveur 150,000 florins. Le Franc ne voulut pas accéder à cette proposition. Il préféra de se tenir sur la défensive; mais il ne disposait pas d'assez de forces pour pouvoir arrêter les Français sur tous les points à la fois. Le 18 mars une partie de la garnison de Courtrai opéra une sortie jusqu'à Ettelghem, Roxem, Westkerke et Ghistelles, où ils enlevèrent les brebis, les vaches, les chevaux dont ils purent s'emparer et emmenèrent ce butin ainsi que plusieurs fermiers et quelques personnes notables à Courtrai, dans l'espoir d'obtenir d'eux de bonnes rançons; en outre ils mirent le feu à un grand nombre de fermes

Or cela n'était que peu de chose en comparaison de ce qui arriva le 30 juin à Wilskerke et dans les communes avoisinantes: quelques milliers de soldats français y arrivèrent et prirent tout le bétail qu'ils trouvèrent et mirent ensuite le feu aux fermes qu'ils avaient pillées. Après leur départ on ne trouva plus aucune maison ni aucune bête à cornes depuis Mariakerke jusqu'à Nieuport. Ces pillards transportèrent leur butin par Lille et Tournai jusqu'à Lessines afin d'alimenter la garnison de cette place.

Après ce grand pillage, le Camerlincks ambacht, celui de Ghistelles et la ville de ce nom jouirent pendant quelque temps d'un peu de repos. On comptait sur un armistice pour faire un solide traité de paix. Mais les souverains belligérants n'ayant pas de confiance dans les paroles du roi de France, se liguèrent contre lui. Cette alliance était composée du prince d'Orange, stadhouder des Provinces-Unies, devenu roi d'Angleterre, de l'empereur d'Autriche, de quelques princes allemands et du roi d'Espagne. Le prince de Waldeck commandait les troupes espagnoles, hollandaises et hanovriennes dans les Pays-Bas.

Mais le Camerlincks-ambacht et une partie de la commune de Ghistelles reçurent un autre ennemi; la fougueuse mer rompit encore une fois en décembre 1695 la digue près du *Verlorenkost* et causa des dégâts évalués à la somme de 15,150 livres [1].

Au commencement de 1692, trois régiments de cavalerie anglaise débarquèrent à Ostende et se dirigèrent vers Bruges où ils commirent des méfaits. Ils furent bientôt suivis de 240 vaisseaux de transport qui arrivèrent dans les ports d'Ostende et de Nieuport, où ils débarquèrent 16,000 soldats anglais et un grand nombre de mortiers, de bombes et d'instruments de siége, pour renforcer l'armée des alliés.

En 1695 la mer fit de nouveau irruption près du *Verlorenkost*

---

[1] Voir les comptes du Franc de Bruges de 1695, et M. LE GRAND DE REULANDT, mémoire cité, tome XIV, pag. 135.

et alla visiter les communes de Snaeskerke, Mariakerke, Middelkerke, Wilskerke, Westende, Slype, Leffinghe, Ghistelles,
Moere, Westkerke, Zevecote, St.-Pierre-Cappelle, Mannekensverre,
Leke, Keyem, Beerst, Vladsloo, Wercken, Eessen, Handzaeme
et Cortemarq et inonda une étendue de 14,028 mesures de
terres [1]. Les bornages des propriétés rurales étaient tellement
effacés que le Franc de Bruges envoya des arpenteurs français et
Joseph Kemele pour en fixer les limites sous l'approbation de ses
échevins De Tollenaere et Rapaert et du pensionnaire La Villette [2].

Pendant que les propriétaires disputaient sur les limites de leurs
terres, les alliés craignant que la ville d'Ostende ne fût conquise
par les Français, prirent le 5 juillet 1696, la résolution de faire
une digue de circonvallation depuis Mariakerke jusqu'au canal de
Nieuport pour la garantir. Tous les habitants de Ghistelles en état
de manier la pioche, ainsi que ceux des autres communes des deux
ambachts, durent travailler de leurs bras. Cet ouvrage fait avec
tant de peine resta sans résultat puisque la paix se conclut à
Ryswyck le 20 octobre 1697.

Le 19 et le 20 juillet 1698 de grands orages éclatèrent sur
Ghistelles et versèrent des torrents de grelons d'une grosseur
extraordinaire, qui détruisirent la récolte dans les deux ambachts.
Une disette de grains en fut la conséquence. Pendant que les habitants souffraient de la faim, la fougueuse mer vint le 17 février 1799
rompre encore une fois la digue près du *Verlorenkost*, et ses
vagues déchainées roulèrent jusqu'à Ghistelles sur les champs
ensemencés et détruisirent l'espoir du laboureur.

---

[1] La *mesure* agraire dans les Flandres a une superficie d'environ 44 ares. Cette
inondation couvrait donc plus de 6,000 hect. de terres. (*Note du secrétaire perpétuel*).
[2] V. Comptes du Franc de Bruges, année 1696.

Les plaies profondes que la mer et la torche incendiaire de la soldatesque avaient faites à l'agriculture et à l'industrie de Ghistelles et de ses environs n'étaient pas encore cicatrisées lorsque mourut Charles II, roi d'Espagne et comte de Flandre (1 nov. 1700), qui par son testament avait donné tous ses États au duc d'Anjou, fils du dauphin et petit-fils de Louis XIV, l'auteur des derniers maux que la Flandre avait soufferts. Ce prince fut proclamé roi de toute la monarchie espagnole sous le titre de Philippe V. Mais l'empereur Léopold, qui élevait des prétentions au trône d'Espagne pour l'archiduc Charles, son fils, en s'appuyant sur des pactes de famille, parvint d'abord à détacher de la France le roi d'Angleterre et le stadhouder des Provinces-Unies, qui conclurent le célèbre traité défensif et offensif connu sous le nom de *Grande-Alliance*, auquel accédèrent dans la suite les puissances intéressées. L'archiduc monta sur la trône sous le nom de Charles III.

Voici le motif de la guerre qui éclata enfin et dont la malheureuse Belgique fut encore une fois le théâtre. Le duc de Bavière, gouverneur des Pays-Bas espagnols, qui était sincèrement attaché au roi de France admit paisiblement le 6 février 1701 des troupes françaises dans toutes les villes fortifiées de la Flandre pour augmenter la garnison espagnole. Ostende reçut 600 hommes et Nieuport 2000. Peu de temps après le roi lui enjoignit de céder le gouvernement de la Belgique au marquis de Bedmar et nomma le maréchal de Boufflers généralissime de ses troupes dans ce pays. Ses forces consistaient en 123 bataillons et 129 escadrons. Triste récompense du dévouement du duc de Bavière! Dans les premières années les opérations de la guerre n'eurent pas lieu dans la partie des Pays-Bas dont l'histoire nous occupe. Ce fut seulement le 17 juillet 1706 que les alliés vinrent bombarder pendant dix jours la ville d'Ostende qui se rendit par capitulation le 19. Le comte de la Mothe à la tête des Français va rejoindre les siens à Dunkerke. Les soldats espagnols sont conduits à Mons où la plupart prennent service dans l'armée de l'empereur. De la Mothe sachant que la ville de Bruges était mal gardée et voulant prendre sa revanche vint un an après (6 juillet) et s'empara de cette ville sans coup férir ; le lendemain il enleva le fort de Plasschendaele, entre Ostende et Oudenbourg. Alors les souverains de la Grande-Alliance et les Français conservèrent paisiblement de part et d'autre ce qu'ils possédaient dans cette partie des Pays-Bas. Mais la ville de Lille, défendue par le valeureux maréchal de Boufflers, semblait un appât pour les alliés ; ils vont en faire le siége le 11 août 1708. Pour faire échouer leur tentative, les Français ferment le passage de leurs convois de munitions de guerre et de bouche qui doivent arriver de leur magasin général de Bruxelles.

Cependant les assiégeants ne veulent pas abandonner leurs opérations ; ils font venir de l'Angleterre et de la Hollande les vivres et les machines nécessaires pour le siége de cette ville. Ils fortifient le village de Leffinghe et y établissent un grand magasin. Les Français s'en aperçoivent et vont de rechef intercepter leurs convois.

Le départ d'un très-grand convoi de munitions de guerre et de bouche était fixé au 27 septembre 1708. Il se met en effet en route, avec une forte escorte, se dirigeant par Couckelaere sur Thourout. Étant arrivé dans la grande plaine de Wynendaele, une armée française l'y attend de pied ferme et l'attaque. Les soldats des alliés ne s'en effraient pas et se montrent intrépides et valeureux ; le choc fut des plus rudes, le sang coula à grands flots, plus de 4,000 Français mordirent la poussière pendant qu'un grand nombre d'Espagnols appartenant à l'armée des alliés, expirent sous les coups des Français. La victoire se déclara pour les alliés, leur convoi continua sa route et arriva, sans autre obstacle, à sa destination.

Les Français voyant que la ville de Lille était alimentée par le magasin de Leffinghe firent fortifier Oudenbourg et Ghistelles et y mirent d'assez fortes garnisons, afin de reconnaître le mouvement des convois et de les couper dans leur marche. Ces soldats pillaient les pauvres paysans, quand ils allaient faire leurs reconnaissances. D'ailleurs le duc de Vendôme vint avec 79 bataillons et 70 escadrons se placer aux environs d'Oudenbourg, de Snaeskerke, de Westkerke et de Ghistelles. Ces communes eurent beaucoup à en souffrir, mais ces exactions ne durèrent pas longtemps car ces mauvais hôtes décampèrent bientôt.

Après la victoire de Wynendaele le général anglais Marlborough envoya à Carle, commandant de Leffinghe, un renfort d'Anglais qui, réunis aux 1000 soldats de l'ancienne garnison, travaillèrent activement à faire de ce village une forteresse redoutable.

Le duc de Vendôme, voyant que malgré tous les efforts des Français les assiégeants ne manquaient de rien, s'avisa d'un moyen plus efficace; il fit percer les dunes entre Ostende et Nieuport et ouvrir toutes les écluses afin d'empêcher par une grande inondation les alliés de s'approcher de leur magasin de Leffinghe; en quelques heures la plaine entre les dunes et le village Zevecote ressembla à une vaste mer. Cette terrible inondation ne déconcerta pas les alliés : ils se procurèrent comme par enchantement des bateaux plats, avec lesquels ils firent transporter des munitions et des vivres jusqu'à Zevecote. Là, ils chargèrent leurs chariots qui, bien escortés, arrivèrent sans encombre devant Lille.

Vendôme trouvant que cette inondation ne produisait pas l'effet qu'il désirait en obtenir résolut enfin de s'emparer du pont de Slype, qui était fortifié et bien gardé, et de se rendre maître ensuite du village de Leffinghe. Il envoya à cette fin Puyguion avec cinquante compagnies de grenadiers et mille dragons pour se joindre à la flotte du chevalier Langeron qui était amarrée devant Nieuport. Bientôt un grand nombre de bateaux plats firent voile dans le canal de Nieuport à Plasschendaele, ils arrivent à la forteresse du pont de Slype ; les Français attaquent et prennent ce fort sans rencontrer grande résistance (21 oct. 1708). Encouragés par ce succès, ils s'avancent vers Leffinghe, trouvent sur la digue du canal quelques petites maisons remplies de bombes, de boulets et de poudre dont ils s'emparent. Langeron voyant ses marins pleins de courage nourrit l'espoir d'être bientôt en possession de cette place ; il reçoit l'ordre de se placer avec quelques-uns de ses bateaux plats entre Ostende et ce village pour couper de ce côté toute communication. Puyguion, voulant avoir l'honneur de prendre lui-même cette forteresse, se place avec ses hommes sur le point non inondé de la chaussée. Il voulut d'abord attaquer cette place régulièrement ; mais craignant qu'un siége ne durât trop longtemps, il choisit la nuit du 25 au 26 octobre 1708, pour l'assaillir par surprise. Trouvant ses grenadiers très-bien disposés pour cette attaque nocturne, il leur donna les instructions nécessaires, les divisa en deux lignes et les plaça derrière Leffinghe, pour couper le camp volant des dunes d'Ostende, pendant qu'il semblait faire des préparatifs le long du canal pour commencer l'attaque de ce côté.

Dès que les grenadiers furent arrivés au point indiqué, le village fut assailli de deux côtés. Les grenadiers surprennent l'avant-garde composée de cinquante soldats et les passent au fil de l'épée, ensuite ils tombent sur Leffinghe ; en deux heures cette forteresse, qui paraissait si formidable, tomba au pouvoir des Français.

Le butin fut très-considérable : 150,000 livres en numéraire, 1,200 barils de poudre, une grande quantité de bombes, de boulets et d'autres projectiles, destinés au siége de Lille; 800 Anglais, 400 Hollandais et 3 colonels furent faits prisonniers [1].

Les alliés regrettèrent beaucoup la perte de cette place, parce que les Français pouvaient dès ce moment, par les garnisons de Plasschendaele, d'Oudenbourg, de Ghistelles, de Leffinghe et de Snaeskerke, couper toute communication avec Ostende et par conséquent avec l'Angleterre et la Hollande.

En revanche, le duc Marlborough force les Français d'évacuer les villes de Gand et de Bruges. Les commandants de Plasschen-daele, d'Oudenbourg, de Ghistelles et de Leffinghe, déconcertés, quittent leurs forteresses et font marcher leurs soldats sur Dixmude. Chemin faisant ils pillent et maltraitent les campagnards. Par cette évacuation inopinée la partie septentrionale de la Flandre-occidentale tomba au pouvoir des alliés.

L'on prétend que le comte de la Mothe encourut la disgrâce de Louis XIV, parce qu'il avait trop facilement abandonné les villes de Bruges et de Gand. S'il avait encore attendu quelques jours, une forte gelée eut forcé les alliés de se retirer dans leurs quartiers d'hiver. Cette gelée recommença le 5 janvier 1709 et dura sept semaines. Les céréales furent gelées à ce point que la plupart des paysans des ambachts de Ghistelles et de Camerlinck n'eurent pas de graines pour ensemencer leurs terres l'automne sui-vant. Le Franc de Bruges, dans sa sollicitude, en fit venir de la

---

[1] *Kronyke van Vlaenderen*, tom III, page 953.

Hollande et les distribua aux cultivateurs au prix coûtant, c'est-à-dire le froment à 5 livres de gros le *Hoet*, soit 32 francs et 6 centimes l'hectolitre ; le seigle à 3 livres de gros, soit 18 francs 90 centimes l'hectolitre [1]. Malheureusement beaucoup de paysans des deux ambachts, ayant été depuis de longues années en butte à toutes sortes de vexations, n'avaient pas de quoi acheter les graines nécessaires pour l'ensemencement de leurs terres.

Sur ces entrefaites l'empereur Léopold mourut et son fils Charles III, roi d'Espagne, fut élu empereur le 15 octobre 1711. Il monta sur le trône impérial sous le nom de Charles VI. Les belligérants, fatigués de part et d'autre de la guerre, conclurent un traité de paix à Utrecht le 5 avril 1713. L'empereur obtint la paisible possession des Pays-Bas espagnols et le duc d'Anjou de l'Espagne. Toutefois il se passa encore quelque temps avant que Charles VI s'occupât de l'administration de la Belgique ; il fallait pour cela que les troupes étrangères eussent évacué les forteresses qu'elles occupaient et que les conditions du traité de la barrière fussent définitivement réglées.

Pendant que les plénipotentiaires des différentes puissances intéressées s'en occupaient, une épizootie vint désoler les cultivateurs des deux ambachts (1714) et la récolte des céréales de 1716 se gela. Le résultat en fut une pénurie de grains qui plongea dans la misère beaucoup de familles ghistelloises.

Lorsque éclata la dernière guerre, qui fit de Ghistelles et de son ambacht, ainsi que du Camerlincks-ambacht, un théâtre de dévastation, la douairière de Philippe-Adrien d'Affaytadi quitta cette résidence pour chercher plus de tranquillité dans ses autres manoirs. L'héritier de la terre de Ghistelles épousa Agnès-Thérèse

[1] Comptes du Franc de Bruges de l'année 1709.

Van Velthoven, fille de Guillaume, écuyer, et de Marie-Agnès Van der Leep. Ce comte de Ghistelles résidait tantôt à Lierre, tantôt à Wommelghem et parfois à Oudenbourg où son fils aîné Joseph-Guillaume, son successeur, naquit le 13 juillet 1707.

Les ambachts de Ghistelles et de Camerlinck, qui avaient tant souffert par les guerres et par les fréquentes inondations maritimes, étaient surchargés d'impositions de guerre qui pesaient toutes sur le cultivateur, déjà ruiné par toutes sortes de malheurs.

Le Franc de Bruges leur accorda un subside important sur la récolte de 1712, consistant en 6,000 rations par jour, durant un an entier, du 1 novembre 1712 au 30 octobre 1713; en outre leur cote dans les 200,000 fl.; leur cote dans les 400,000 fl.; leur cote dans les 300,000 fl. pour la fourniture des rations d'avoine aux troupes des alliés; leur cote dans le subside extraordinaire de 300,000 florins accordé le 9 janvier 1712; et de plus leur cote dans les frais des convois de bateaux et de chariots pendant la campagne de 1712. Toutes ces cotes réparties sur les terres exploitées et imposables donnaient une somme de 18 escalins par mesure, soit fr. 9.82. Ajoutons aux contributions de guerre, la contribution ordinaire qui était habituellement de 9 à 10 escalins par mesure, soit 5 frs. Nous aurons déjà une somme d'environ 15 francs sans porter en ligne de compte la dîme, l'imposition de la *Wateringhe* et d'autres charges.

Voilà les lourdes charges qui pesaient en général sur le pauvre laboureur, tandis que les productions agricoles étaient ordinairement à si bas prix que celui qui cultivait son propre sol était dans un état voisin de la misère. Quant à la position des cultivateurs de Ghistelles et particulièrement du Camerlincks-ambacht, elle n'était pas plus brillante qu'à l'époque de la paix de Munster.

Les terres, étant déjà surchargées par les impositions, ne

pouvaient rapporter grand'chose à leurs propriétaires. Nous avons sous les yeux des baux où nous voyons que les meilleures fermes de l'ambacht de Ghistelles se louaient, à cette époque, à raison de 5 escalins la mesure soit fr. 2.70. Cependant les cultivateurs étaient encore très-embarrassés de payer cette modique redevance.

Jean-François-Augustin d'Affaytadi, comte de Ghistelles, vint un jour visiter une ferme de ses fiefs. Après en avoir fait le tour accompagné de son locataire, qui lui devait quatre ans de bail et ne cessait de se plaindre de ce qu'il avait souffert par la guerre et par les inondations, il lui témoigna le désir de recevoir quelque argent. Le paysan s'en fâcha et dit à son seigneur : « *Je ne puis rien vous donner; mais vous êtes libre de venir exploiter vous même votre sol dont les produits valent à peine les lourdes impositions.* » Le comte s'en alla mécontent.

Messire d'Affaytadi n'était pas le seul qui ne percevait rien de de ses fermiers; tous étaient dans la même gêne dans les deux ambachts. La population agricole était fortement diminuée par la dernière guerre et cette calamité avait fait disparaître les capitaux ruraux; les fermes sans locataires devinrent une charge pour les propriétaires, charge dont ils ne pouvaient se défaire parce que personne ne voulait les acheter. Ils devaient les faire exploiter pour leur propre compte ou laisser les terres en jachère, retomber en bruyère ou se couvrir d'eau.

Pour faire valoir leurs terres, les petits propriétaires fonciers quittèrent les villes et se firent cultivateurs; plusieurs établissements religieux et quelques riches laïques envoyèrent des métayers pour cultiver leurs fermes situées dans les ambachts de Ghistelles et de Camerlinck, abandonnées par le manque de bras et de capitaux;

plusieurs abbayes même furent obligées d'y **envoyer** de leurs frères lais, pour obtenir quelque rapport de leurs terres. Jean-Joseph-Augustin d'Affaytadi fut obligé de faire comme les autres seigneurs fonciers, mais il ne survécut pas à cette crise de l'industrie agricole. Il décéda au château de Zelzaete et fut inhumé dans le caveau de ses ancêtres à Ghistelles, laissant à sa veuve douairière la garde-noble avec le soin d'augmenter les revenus de sa maison.

Dès que l'empereur fut en paisible possession de la Belgique, il s'appliqua à cicatriser les plaies profondes que les longues guerres avaient faites à l'industrie et au commerce. Cette cure était très-difficile. Pour y parvenir ce monarque songea d'abord à améliorer l'agriculture et à étendre le commerce qui était dans une léthargie complète. Voilà deux grandes difficultés : l'industrie agricole était tombée si bas qu'il fallait beaucoup de temps et de grands sacrifices de la part du gouvernement pour la relever ; quant au commerce il y avait impossibilité absolue de lui rendre son ancienne prospérité. Les grands industriels avaient quitté un pays déchiré par les commotions politiques et d'ailleurs les provinces autrichiennes ne possédaient plus que le port d'Ostende qui était pour ainsi dire ensablé. Sa majesté impériale, dans sa sollicitude paternelle pour le bien-être matériel de ses sujets, voulut tenter de l'améliorer par l'inondation de quelques terres basses. En conséquence il donna ordre le 20 janvier 1720 de pratiquer une ouverture dans la digue. Le marquis de Prié, gouverneur-général des Pays-Bas, pour le prince Eugène, creusa le 7 juillet 1720 la première trouée de ce grand ouvrage avec une bêche d'argent, que le magistrat de la ville d'Ostende lui mit en mains. Deux jours après, la majeure partie de Steene, de

Snaeskerke, de Leffinghe, de Ghistelles et de Moere furent inondées. La perte occasionnée par cette submersion volontaire fut très-considérable, mais elle fut en partie bonifiée par le Franc de Bruges.

Les ouvrages jugés nécessaires au port étant terminés, on laissa s'écouler les eaux de la mer et l'arpenteur Forret vint ensuite de la part du magistrat du Franconat dans les localités intéressées, pour indiquer les limites de chaque propriété foncière. L'empereur désirant donner aux Pays-Bas des gouverneurs zélés, qui prissent à cœur de ramener chez les Belges le bonheur dont ils avaient joui sous la maison de Bourgogne, nomma pour gouvernante de ce pays la princesse Marie-Elisabeth.

Il lui envoya d'Autriche de grosses sommes d'argent pour être jointes aux subsides ordinaires fournis par le pays, afin de servir à cicatriser les larges plaies qui existaient partout dans l'industrie et dans le commerce.

Pendant que cette bonne princesse y travaillait avec zèle, messire Joseph-Guillaume d'Affaytadi grandissait et devint majeur; il épousa à l'église de St-Gommaire à Lierre, le 14 décembre 1731, dame Isabelle-Philippine baronne de Haveskerke, née en 1710, fille de Charles baron de Wynghene et de Zedelghem et de dame Isabelle Verrycken.

Ce seigneur s'appliqua à faire prospérer ses terres et à rétablir ses revenus seigneuriaux, tels que ceux de ses pêcheries, de ses chasses dans les deux ambachts; il donna aux Ghistellois un nouvel octroi pour la consommation des boissons; il traita ses fermiers avec beaucoup de modération. Il examinait tout par lui-même et écrivait tous ses actes. Les fermiers et les petits industriels des deux ambachts s'efforcèrent de réparer les maux que les guerres leur avaient occasionnés ; mais l'hiver rigoureux de 1740 fit périr la récolte des céréales et le manque de fourrages occasionna la perte d'un grand nombre de bêtes à cornes, ce qui causa une grande disette de vivres et augmenta beaucoup les souffrance de la classe ouvrière de Ghistelles.

A peine ce terrible fléau eut-il cessé que le roi de France Louis xv déclara la guerre à l'impératrice Marie-Thérèse, comtesse de Flandre. En conséquence ce monarque tomba avec une forte armée dans les Pays-Bas et se rendit maître de plusieurs places (1743); mais il abandonna bientôt ses conquêtes pour porter la guerre dans d'autres contrées.

Peu après, espérant obtenir la possession de la Flandre à laquelle il visait, il se mit à la tête de 100,000 hommes commandés par le maréchal de Saxe et, avec cette force, se rendit maître en peu de temps de la Flandre autrichienne, malgré la résistance des Anglais qui avaient une forte garnison à Ghistelles et dans d'autres forteresses.

Quand ceux-ci eurent évacué cette place, le régiment de Crillon vint s'y installer ; les villageois et les campagnards durent souffrir toutes sortes de vexations. Toutefois, son séjour ne fut pas de longue durée, car il fut remplacé peu après par un régiment de cavalerie dont les habitants de Ghistelles n'eurent pas moins à se plaindre [1].

La paix se conclut enfin à Aix-la-Chapelle le 18 octobre 1748 et Ghistelles fut délivré du cantonnement des soldats français.

Cette invasion française fut un obstacle à la marche déjà trop lente que faisait l'agriculture vers le progrès dans le Ghistelles-ambacht et le Camerlincks-ambacht. Toutes ces causes réunies

[1] Comptes du Franc de Bruges de l'année 1745.

avaient tellement fait souffrir les industriels de Ghistelles, que cette ville dut passer en non-valeurs dans la cotisation pour l'entretien de la cour et ensuite des décrets du 5 octobre 1733 et du 5 septembre 1750 elle ne paya plus pour sa quote-part que 100 florins au lieu de fl. 1972-7-9 [1].

L'invasion ennemie avait obligé le comte de Ghistelles de quitter la Flandre pour aller séjourner à Lierre, où son fils Eugène-Albert-Charles naquit en 1745. Il paraît que messire Joseph d'Affaytadi négligea depuis la dernière guerre l'administration de ses terres dans les deux ambachts, car nous n'avons trouvé aucun de ses actes pendant une période de dix ans. Le premier et le dernier que nous ayions trouvé de lui, est la commission de nomination de Pierre-Liévin Stouthamer; chanoine de l'église de Notre-Dame à Ghistelles. Cette commission est datée de Wommelghem le 4 juin 1753. Cet acte est écrit de sa main. Il n'y survécut pas longtemps car il décéda au château de Zelzaete et fut inhumé dans le caveau de ses ancêtres à Ghistelles.

Après le décès de ce comte de Ghistelles, la baronne de Haveskerke avait naturellement la garde-noble de son fils mineur messire Eugène-Albert-Charles d'Affaytadi. Elle vint habiter la ville de Bruges et y vaquait aux intérêts du jeune comte qu'elle remplaçait pendant sa minorité. Nous avons trouvé plusieurs actes d'elle, gérant les affaires en cette qualité, entr'autres un renouvellement d'octroi pour la consommation des boissons (1761) et la nomination de Philippe D'Hauw comme bailli de Ghistelles, après le décès de Tobie Priem. Le fils D'Hauw devint receveur et administrateur de ses fiefs fonciers et de ses propriétés privées; en outre ce dernier fut nommé receveur de la fabrique de l'église et

[1] M. LE GRAND DE REULANDT, mémoire cité, tome XIV, page 115.

du bureau de bienfaisance. Il rendait compte des recettes à son père, qui approuvait facilement sa gestion au nom de la dame douairière. En 1761 les comptes étaient fort arriérés; celui de la table des pauvres était obéré de plus de deux cents livres de gros.

Le curé de l'église paroissiale de St-Pierre, en sa qualité de doyen du chapitre des chanoines, étant de droit collecteur des revenus de cette fondation, s'arrogeait le droit de ne rendre compte à personne des deniers qu'il avait perçus, pas même aux chanoines du chapitre.

La manière d'agir de ces deux receveurs mécontenta l'évêque de Bruges, François de Baillencourt; ce prélat la trouva même contraire aux conciles. En conséquence il fit dresser contre le curé et contre le fils D'Hauw une plainte qu'il envoya, le 10 août 1761, aux gouverneurs-généraux des Pays-Bas autrichiens.

Ce n'était pas seulement dans l'administration de ce que l'église prétendait avoir le droit exclusif de gérer que les troubles avaient introduit des abus; mais les guerres toujours renaissantes avaient paralysé tous les règlements, surtout ceux concernant la voirie que nos souverains avaient promulgués et fait exécuter avec tant de soins. L'entretien des chemins appelés *Heerwegen* était complétement abandonné dans le Ghistelles-ambacht et le Camerlincks-ambacht. Les chemins de ces deux ambachts étaient en bien des endroits impraticables en hiver. Par là, les habitants étaient forcés de rester chez eux; les communications entre Ghistelles, Ostende, Bruges et Thourout étaient complétement impossibles. Bien des Ghistellois parvenaient à un grand âge et mouraient sans avoir vu l'une ou l'autre de ces villes. La plupart des chemins ruraux servaient de lit aux ruisseaux, les travaux des champs étaient encore, comme nous l'avons dit plus haut, tantôt arrêtés, tantôt manqués, faute de pouvoir s'en occuper en temps opportun.

Ce mauvais état des chemins en général fixa l'attention du chevalier Dierieex, conseiller et avocat fiscal au conseil de Flandre. Cet homme de progrès se concerta enfin avec les chef-collèges du plat-pays et rédigea le fameux arrêté du 4 mars 1764, qui est encore la base de notre législation des ponts et chaussées.

Le Franc de Bruges, comme chef-collége, engagea les villes de son ressort à s'entendre entre-elles pour la construction de chaussées. Celles-ci comprirent les avantages qui résultent naturellement de bonnes voies de communication. Elles se mirent à l'œuvre. En peu d'années, il y eut une route pavée entre Bruges et Furnes qui traverse la ville de Ghistelles, une autre d'Ostende à Thourout (1765-1766) qui se croise avec la première à proximité de Ghistelles. L'établissement de ces deux bonnes routes constituait certainement un grand avantage pour cette localité; mais elle n'en pouvait profiter beaucoup, parce qu'elle n'avait pour ainsi dire plus d'industries.

Pendant que les villes construisaient des grandes routes, les *Wateringhes* faisaient des travaux pour faciliter l'écoulement des eaux pluviales surabondantes, les communes employaient leurs petites ressources à l'amélioration des chemins vicinaux et forçaient les fermiers à y contribuer. De cette manière les deux ambachts dont l'histoire nous occupe changèrent peu-à-peu d'aspect et l'agriculture y gagna beaucoup.

Lorsque Eugène-Albert-Charles d'Affaytadi, comte de Ghistelles, prince du St-Empire romain et de Hilst, seigneur de Haveskerke, de Braderic, de Cruyssande, de Lavensacker, de Wilskerke, chambellan héréditaire de Flandre, eut atteint sa majorité, il agréa par ses lettres-patentes du 16 février 1769 la nomination du sieur

D'Hauw (mentionné plus haut) et le nomma en outre, à vie, écoutète de la ville de Ghistelles avec autorisation de nommer un lieutenant-bailli pour faire toutes sortes d'exploits. Il enjoignit aux bourgmestres et échevins d'obéir à ce titulaire.

Eugène d'Affaytadi épousa à Bruges dame Marie-Jeanne de la Coste, fille d'Adrien, dont le bisaïeul était natif de Gênes. De cette union naquit à Bruxelles, le 2 avril 1769, Isabelle-Jeanne-Eugénie d'Affaytadi, comtesse de Ghistelles, et une autre fille devenue comtesse Vanderfosse. Messire Eugène ne survécut pas longtemps à cette naissance ; il décéda à Bruges en 1772, et fut inhumé avec pompe dans le caveau de ses ancêtres à Ghistelles, où ses armes sont encore exposées dans l'église. Sa douairière, morte le 15 mai 1827, exerça la garde-noble de la jeune comtesse, âgée de trois ans.

C'est sous l'administration d'Eugène d'Affaytadi que les préro-gatives seigneuriales concernant la nomination des officiers et des gens de loi de Ghistelles furent restreintes. Jusqu'aux décrets du 15 juillet et du 5 août 1769, ces officiers furent nommés par le seigneur du lieu, mais après la promulgation de ces décrets, ils durent être agréés par le gouvernement.

La jeune comtesse de Ghistelles épousa à Bruges le 26 septem-bre 1788, Anselme-Désiré-Eugène, baron de Peellaert, né à Bruges le 13 novembre 1764, fils de Jean de Peellaert [1], chevalier héréditaire du St-Empire, seigneur de Steldershove, de Westhove et de ten Poele, échevin du Franc de Bruges [2], et de dame

[1] Le plus ancien membre que nous connaissons de cette noble famille est messire Jacques de Peellaert, écuyer, en 1512 grand bailli de la châtellenie de Furnes.

[2] Créé baron avec décoration d'armoiries par lettres-patentes du 8 juillet 1785. Cette famille porte : d'argent à trois pals de gueules, au chef échiqueté d'or ; *cimier* : un griffon de sable langué de gueules, issant d'une couronne d'or ; *support* : à dextre un lion d'or, tenant une bannière aux armes de l'écu, et à senestre un griffon d'or

Thérèse Coppieters, fille de Jean-Baptiste, seigneur de 't Wallant.

On sait que Marie-Thérèse avait conçu le plan de réformer l'enseignement en Belgique. Son fils et successeur, Joseph ii, voulut exécuter ses plans sur une plus large échelle. Il y mit de la rigueur. Cette sollicitude pour développer l'intelligence humaine fut approuvée par toutes les personnes qui se plaisaient à voir l'émancipation du progrès moral. Des particuliers, dans le désir d'y contribuer, érigèrent à Ghistelles une sorte d'école moyenne sous le titre pompeux d'académie (1787). La majeure partie des populations des provinces autrichiennes protesta contre les institutions de Joseph ii. Une révolution, sous prétexte de patriotisme, éclata bientôt et l'on courut aux armes pour renverser ce monarque (1789). En peu de temps tout le pays eut un aspect guerrier : on recruta des soldats volontaires, à qui l'on promit une bonne solde, et les dimanches on exerça les jeunes gens au maniement des armes ; l'on organisa également des compagnies de jeunes filles à qui l'on apprenait à marcher au pas.

Les jeunes Ghistellois, animés par les sermons de leur curé et par les exhortations particulières des chanoines du chapitre, se montrèrent dans les exercices hebdomadaires pleins d'enthousiasme pour la cause patriotique ; les jeunes filles ne furent pas moins exaltées ; elles se crurent de nouvelles amazones capables de battre les troupes bien disciplinées de l'empereur !

Quelque grand que fût l'enthousiasme des Ghistellois pour la cause patriotique, il ne peut être comparé à celui qui animait les habitants de St-Pierre-Cappelle : là, on habilla en volontaire le Christ en croix, qui se trouve dans le cimetière, afin de servir de propagande aux fidèles.

tenant une bannière d'Eessen, savoir : d'azur au cygne marchant, d'argent, au chef d'hermine.

Lorsque les patriotes se divisèrent en deux fractions avec des vues politiques différentes, les jeunes gens de Ghistelles, qui s'étaient exercés dans le maniement des armes, furent appelés à Bruges pour y prêter serment de fidélité au clergé, qui s'était joint à la noblesse, afin de constituer une sorte de gouvernement aristocratique (août 1790). Des chariots de ferme servirent de véhicules pour les y conduire. Ce fut un jour de grande fête pour la jeunesse dont les passions étaient exaltées par les vapeurs de boissons spiritueuses. Quoique les sexes fussent séparés et que le convoi patriotique fut accompagné du curé, la licence était très-grande parmi ces héros et ces héroïnes en qui le gouvernement *Pro aris et focis* paraissait avoir tant de confiance.

Nonobstant ce serment général de fidélité à la cause patriotique et d'autres précautions de ce genre, l'armée des révolutionnaires fut défaite et le gouvernement de l'empereur rétabli, mais cette restauration ne dura guère.

La république française, qui puisait sa force d'un côté sur les proscriptions et l'échafaud et d'un autre côté sur le mépris des choses saintes, conçut l'idée des conquêtes et ne respecta aucun traité précédent. Les souverains craignant de perdre leurs couronnes firent une alliance défensive contre ces réforma-teurs. La république n'en fut pas intimidée. Elle voulait s'agrandir. Elle lâcha des bandes. Les souverains couvrirent la Flandre occi-dentale de leurs troupes : ce furent des Hessois qui cantonnèrent à Ghistelles. Ils furent logés chez les bourgeois et chez les cultiva-teurs avec qui ils fraternisèrent assez bien.

La coalition des souverains ne put arrêter les soldats de la république qui, en entrant en pays conquis et se trouvant dans un dénûment complet, pillèrent tout ce qui tomba sous leurs mains. Le bruit de leurs méfaits devança ces bandes pillardes. Lorsque les cultivateurs de l'ambacht de Ghistelles et du Camerlincks-ambacht apprirent leur arrivée prochaine, ils s'empressèrent de fuir avec leur bétail et leurs autres objets de quelque valeur.

Leur absence ne dura pas longtemps; ils furent obligés de revenir chez eux pour reprendre leurs travaux champêtres. Ils s'habituèrent aux brutalités des vainqueurs, qui durent bientôt abandonner la Flandre. Mais à peine les Flamands eurent-ils respiré que les ennemis de nos anciennes institutions reparurent de nouveau et conquirent toutes les provinces autrichiennes (1794) qui furent annexées à la république française par décret du 30 septembre 1795.

Les lois et les décrets promulgués en France furent introduits chez nous et mis en vigueur. Les privilèges des nobles et des villes avec les droits locaux furent abolis d'un seul coup. Par cette innovation la comtesse de Ghistelles, comme toute personne privilégiée, perdit ses prérogatives et les revenus qui en provenaient. Tout fut anéanti en vertu du principe d'*égalité* et de *fraternité*. L'académie de Ghistelles, dont les habitants attendaient beaucoup de bien, fut également dissoute dans ce grand bouleversement et cette localité fut de nouveau privée d'une bonne institution d'enseignement.

Les réformateurs séparèrent l'administration locale de la juridiction. Par cette nouvelle organisation les droits des communes furent restreints, car le pouvoir du juge de paix et celui du tribunal de première instance devinrent indépendants d'elles.

Le ressort du juge de paix s'appela canton; celui de Ghistelles fut composé de l'ancien ambacht de ce nom et du Camerlincks-ambacht avec adjonction des communes d'Oudenbourg, de Zandvoorde, d'Eerneghem, de Leke, de Slype et de Mariakerke, tandis que celles de Middelkerke, de Westende et de Mannekens-verre firent partie du canton de Nieuport et que les communes de

Bekeghem, Zerkeghem et Snelleghem furent annexées au deuxième canton de Bruges.

Deux jours avant que le décret, qui réunit les Pays-Bas autrichiens à la république française, fut signé la convention nationale avait ordonné aux prêtres de reconnaître par serment la souveraineté du peuple et de jurer fidélité à la constitution française. Celui qui refusait de faire cette prestation de serment était déporté dans les îles de Ré, d'Oléron ou dans la Cayenne, si par la fuite il ne se soustrayait aux poursuites. C'est alors qu'on vit en Flandre un grand nombre de prêtres français qui vinrent y chercher asile.

Quand le pouvoir de la république fut établi en Belgique, le décret du 15 février 1790, par lequel la dissolution des ordres religieux fut ordonnée, et celui de l'année 1793, par lequel tout signe extérieur de religion fut défendu, furent mis à exécution, ainsi que celui qui exigeait le serment des prêtres. Par l'exécution de ces décrets, les croix des clochers disparurent partout ; celui de Cruyssande, orné d'une double croix, faisant allusion au martyre de son saint patron, ne représenta plus, comme les autres clochers, qu'une pointe conique assez semblable à un paratonnerre.

La prestation du serment des prêtres fut exigée avec rigueur. Elle fut refusée, en général, dans l'ambacht de Ghistelles et celui de Camerlinck. Les réfractaires à cette loi de la convention nationale se soustrayaient aux poursuites en se cachant chez les fermiers, où ils administraient en cachette les sacrements. Cependant M. Dumon, curé de Mannekensverre, tomba entre les mains des suppôts de la république et fut déporté.

C'est le juge de paix qui était chargé de la recherche des prêtres non assermentés. Celui de Ghistelles et son greffier, obéissant aux ordres du directoire, mirent leurs plus chères délices dans ces poursuites et dans le mépris de ce que la religion catholique a de plus vénéré. Ils portaient la raillerie de la religion si loin qu'ils s'affublèrent quelquefois, pour dîner avec leurs affidés, d'une chasuble ou de tout autre ornement dont les prêtres sont vêtus dans les grandes cérémonies religieuses.

La confiscation des biens des ordres religieux ordonnée par le décret de 1795, déclarés propriétés nationales, fut également mise à exécution en Belgique. Les propriétés foncières des abbayes, des monastères et celles des églises furent vendues à vil prix. Le baron de Peellaert devint propriétaire de l'abbaye de Ste-Godelieve et de plusieurs grandes fermes. La fondation du chapitre des chanoines de Ghistelles subit le même sort; cette institution du moyen-âge disparut et elle est déjà tombée dans l'oubli à Ghistelles même.

A peine les propriétés des ordres religieux furent-elles aliénées que le pouvoir violent du directoire s'écroula. Il fut remplacé par un consulat de trois hommes dont Napoleon 1er, qui joua plus tard un si grand rôle, fut le dernier nommé, mais qui ne tarda pas de se mettre à la tête de ce triumvirat. Parvenu au pouvoir, il cassa plusieurs lois vexatoires et conclut ensuite son concordat avec le St-Siége. La religion catholique fut bientôt rétablie en France ainsi qu'en Belgique (15 juillet 1801). Ce concordat fut approuvé avec ses articles organiques le 5 avril 1802 et peu après il reçut son exécution.

En vertu de l'article ix du nouveau concordat, les diocèses subirent une nouvelle circonscription, établie de concert avec le gouvernement. Il fallait une réorganisation générale; en conséquence tous les curés reçurent leur démission par la bulle « *Qui Christi Domini* ». Quelques-uns furent confirmés dans leur cure, d'autres, en plus grand nombre, furent déplacés. Les églises des chef-lieux de canton prirent le titre de cures, tandis que les autres portèrent le nom de succursales. Ce fut le 30 septembre 1802 que l'évêque du département de l'Escaut et de la Lys divisa son vaste diocèse en doyennés, en paroisses et en succursales. Par cette nouvelle érection de paroisses, Ghistelles devint le chef-lieu d'un doyenné comprenant vingt-cinq églises. Voici leurs noms avec leurs patrons et les églises dont elles dépendent :

ÉGLISES.	PATRONS.	ÉGLISES DONT ELLES DÉPENDENT.
Breedene.	St-Ricquier.	Ostende.
St-Pierre-Cappelle.	St-Pierre.	Ghistelles.
Eerneghem.	St-Médard.	id.
Ettelghem.	St-Éloi.	id.
Jabbeke.	St-Blaise.	St-Sauveur (Bruges).
Leffinghe.	La Vierge.	Ghistelles.
Leke.	St-Nicolas.	id.
Mannekensverre.	La Vierge.	Nieuport.
Mariakerke.	id.	Ghistelles.
Middelkerke.	St-Willebrord.	id.
Moere.	St-Nicolas.	id.
Ostende.	SS-Pierre et Paul.	Ostende.
Oudenbourg.	La Vierge.	Ghistelles.
Slype.	St-Nicolas.	id.
Snaeskerke.	St-Corneille.	id.
Stalhille.	St-Jean-Baptiste.	St-Jacques (Bruges).
Steene.	Ste-Anne.	Ghistelles.
Vlisseghem.	St-Blaise.	St-Jacques (Bruges).
Wilskerke et Roxem.	St-Omer.	Ghistelles.
Westkerke.	St-Guillaume.	id.
Zande.	St-André.	id.
Zandvoorde.	La Vierge.	id.
Zerkeghem.	St-Vaast.	St-Sauveur (Bruges).
Zevecote.	La Vierge.	Ghistelles.

Cette circonscription ecclésiastique s'est maintenue jusqu'à nos jours.

Lorsque le concordat reçut son exécution, les fonctionnaires du régime de la terreur disparurent; ils furent remplacés par des hommes plus modérés et l'administration du maire avec ses adjoints prit une marche assez régulière. Cependant les Ghistellois s'habituèrent difficilement au nouveau régime : ils regrettèrent encore longtemps la justice de leur bailli et l'administration du collège échevinal; cela était tout naturel : l'antique manoir était là pour leur rappeler la puissance, la gloire et les œuvres des anciens seigneurs de Ghistelles.

Quoique la révolution eut privé le baron de Peellaert de toutes ses prérogatives, il voulut avoir une habitation à Ghistelles. Il pensa un moment de faire restaurer l'ancien château délabré; cette restauration devait coûter 50,000 francs, mais il abandonna ce plan et se fit construire un riant pied à terre que l'on voit encore à l'entrée de cette ville.

Le bourg de Ghistelles n'a pas été le théâtre d'événements remarquables pendant le règne de Napoléon Ier ; cette localité servait souvent d'étape aux soldats en marche que le maire faisait loger chez les bourgeois et chez les fermiers.

Lorsque les souverains alliés contre Napoléon eurent relégué l'empereur déchu à l'île d'Elbe et rétabli la famille des Bourbons sur le trône de ses ancêtres, ils réunirent les provinces autrichiennes des Pays-Bas à la république batave, pour former ensemble le royaume des Pays-Bas, sous le sceptre de Guillaume Ier. A peine avaient-ils tracé les limites des différents États de l'Europe que Napoléon s'échappa de son île et débarqua en France, où il fut reçu avec joie par ses adhérents qui le soutinrent de leur bourse. Soutenu par de riches propriétaires et comptant sur la fortune, qui l'avait longtemps porté sur ses ailes, il se prépara à combattre les alliés ; mais son armée fut complétement défaite à Waterloo (16 juillet 1815).

Après que les souverains alliés eurent détrôné Napoléon Ier, ils cantonnèrent une grande partie de leur formidable armée en Belgique. Ce furent des Prussiens qui furent cantonnés à Ghistelles. Ces soldats vainqueurs se conduisirent comme en pays conquis ; ils se régalèrent de tout ce qu'ils trouvèrent de mieux dans les maisons et battirent leurs hôtes pour les récompenser. Tout le monde se plaignit de leurs mauvais procédés.

Peu après la défaite des Français, messire Anselme de Peellaert, chambellan de Napoléon 1er, créé comte de l'empire français en 1810, officier de la légion d'honneur, mourut à Bruges le 14 janvier 1817 à l'âge de 52 ans Il fut inhumé dans le caveau de ses ancêtres. Ses armes pendent dans l'église de Ghistelles. Il laissa trois enfants dont l'aîné, Eugène-Marie-Désiré-Ghislain, naquit à Bruges le 26 avril 1790, le second, Augustin, naquit également à Bruges le 12 mars 1793, la troisième, dame Hortense-Eugénie-Albertine Ghislaine, naquit aussi à Bruges le 20 mars 1800.

Messire Anselme de Peellaert avait vendu peu de mois avant sa mort le manoir de Ghistelles à M. Pierre Bortier, de Dixmude, qui fit aussi l'acquisition d'autres propriétés situées à Ghistelles, entr'autres de l'abbaye de Ste-Godelieve, dont il a fait restaurer la chapelle, afin que l'on puisse y dire des messes pendant la neuvaine de cette sainte qui attire à Ghistelles une grande affluence de pèlerins, tant de la Flandre belge que de la Flandre française, qui viennent y honorer les reliques de cette sainte martyre.

Quelques notabilités de Ghistelles reconnaissant les avantages qu'une bonne institution peut procurer à un bourg et regrettant

beaucoup la dissolution de l'ancienne académie, engagèrent
certain M. De Simpel, homme de grand mérite, de s'y établir
comme directeur de pension. Il tenta cette entreprise (1818). Son
établissement marcha d'abord assez bien, mais des circonstances
fâcheuses le ruinèrent bientôt (1822) et ce bourg fut de nouveau
privé d'une bonne école.

Les habitants de la ville de Ghistelles, toujours privés de capitaux, ne purent se livrer ni à l'industrie, ni au commerce, de sorte
que ce bourg ne subit pas de grands changements durant le règne
de Guillaume Ier, sinon qu'il devint chef-lieu d'un canton de milice.

L'aîné des fils de la comtesse de Ghistelles, Eugène de Peellaert,
devint commissaire de district à Poperinghe. Lors de la suppression
de ce district, ce fonctionnaire devint commissaire d'arrondissement
à Dixmude, d'où il fut appelé à Bruges pour y exercer les mêmes
fonctions. Il y joignit bientôt celle d'inspecteur des écoles primaires.
Il occupa ces deux emplois jusqu'à la révolution de 1830. Entretemps, il avait épousé à Bruges, le 24 avril 1828, dame Hortense-
Marie Van Hoonacker, née dans la même ville le 28 mars 1807.

Le second fils, messire Augustin de Peellaert, ancien lieutenant-
colonel pensionné au service de S. M. Léopold, cultive les arts;
il est auteur de la musique de quelques opéras très-estimés; il
est chevalier de l'ordre de Léopold, de la Légion d'honneur et
officier de l'ordre de la couronne de chêne.

La demoiselle, dame Hortense-Eugénie-Albertine-Ghislaine de
Peellaert, épousa Philippe Jean-Ignace Veranneman, né à Bruges
le 3 décembre 1787, commissaire des districts de Thourout et
de Bruges, ensuite bourgmestre de cette dernière ville et membre
des États-Généraux, mort le 10 mars 1844.

Revenons à Ghistelles. Nous avons dit plus haut que l'hôpital

RUINES DU MANOIR DE GHISTELLES EN 1832.

de Ghistelles était tombé en ruine et que ses ressources restreintes ne permettaient pas de le relever. M. Pierre Bortier, décédé à Londres le 29 mai 1829, y a pourvu par son testament; en outre il a fait en sa faveur une fondation pour l'entretien à perpétuité, dans cet établissement philanthropique, de six vieillards et d'un nombre égal de vieilles femmes [1]. Ce nouvel hospice, ainsi que l'école des religieuses sous le patronage de St-Vincent de Paule et leur chapelle, furent bâtis vers 1832, sur le terrain même que messire Jean-François d'Affaytadi avait si généreusement donné pour y édifier un établissement de bienfaisance.

C'est vers la même époque que M. Pierre Bortier, héritant de son oncle l'antique manoir avec ses dépendances, l'abbaye de de Ste-Godelieve et plusieurs grandes fermes situées dans cette commune, se décida sous l'influence de M. Vermeulen, curé-doyen de Ghistelles, et de M. Antoine Verleye, bourgmestre de cette ville, de faire démolir cette forteresse du moyen-âge. Il fit ensuite déblayer le tertre sur lequel ce monument avait existé. Le magistrat de Ghistelles avait un double but en faisant cette démolition, d'abord d'occuper les ouvriers désœuvrés et ensuite d'assainir le bourg en comblant les larges fossés, toujours remplis d'eau stagnante et exhalant un air délétère qui produisait des fièvres. Ce riche propriétaire ne tira aucun avantage de la démolition de cet édifice, car il en laissa tous les débris au bureau de bienfaisance.

Sans le bouleversement général que la révolution française a amené dans la société, M. Eugène de Peellaert, de qui nous avons déjà parlé dans cet écrit, qui vit d'une manière très-retirée, l'hiver à Bruxelles et l'été à sa campagne à Male, serait maintenant en possession des titres et des revenus de Ghistelles.

---

[1] Nous devons cette communication à M. Ange Verleye, à qui nous en exprimons notre reconnaissance.

LA BRITANNIA.

Madame de Peellaert, dernière comtesse de Ghistelles, décéda à Bruxelles le 6 mai 1853, à l'âge de 84 ans. Ses restes mortels sont inhumés à Laeken. Ses armoiries sont exposées dans l'église de Ghistelles. Le titre de comte de Ghistelles est entré dans la tombe avec la douairière de messire Anselme baron de Peellaert. Il appartient à S. M. le roi des Belges de le faire ressusciter pour en revêtir messire Ernest de Peellaert, petit-fils de dame Isabelle-Jeanne-Eugénie d'Affaytadi, à qui il reviendra par droit de primogéniture. Il ne reste plus d'autre membre de l'antique famille d'Affaytadi qui était autrefois si illustre, si riche et en possession de tant de titres, si ce n'est madame la baronne de Meer.

C'est une preuve nouvelle de la vicissitude des choses humaines : tout change et tout dépérit dans ce bas monde; le temps, l'inflexible temps détruit dans sa marche infatigable les plus beaux noms d'une nation.

Nous quitterons l'histoire de la famille d'Affaytadi, si intimement liée à celle de Ghistelles, pour retourner à cette ville. Depuis que les Belges jouissent d'une paix profonde sous le sceptre de Léopold 1er, l'agriculture fait des progrès rapides dans les deux Flandres. Cette industrie-mère n'est pas en arrière à Ghistelles ni dans ses environs; d'autant moins que M. P. Bortier, agronome distingué, a fait construire à une couple de kilomètres à l'ouest de la ville de Ghistelles une ferme-modèle, à laquelle il a donné le nom de *Britannia*. Il y fait l'expérience des meilleurs procédés agronomiques qu'il a remarqués dans ses longs voyages.

Sachant que le nitre joue un grand rôle dans la végétation, il a établi une nitrière dans sa grande exploitation agricole, pour en appliquer le produit à la nutrition des plantes alimentaires. L'on sait que le nitre est une des parties constituantes de la poudre à canon qui contribue si fortement à la destruction de l'homme. Quelle différence entre les vues des chimistes : les uns se servent du nitre pour tuer les hommes, et M. Bortier, en véritable sage moderne, se sert du nitre pour multiplier les aliments de l'homme!

En vrai philanthrope, M. Bortier ne recule jamais devant les frais, quand il s'agit d'améliorer l'agriculture, grande source du bien-être des Flandres, contrée éminemment agricole. Aussi la *Britannia* reçoit-elle pendant la saison des bains d'Ostende la visite des propriétaires-agronomes de tous les points de l'Europe. Nous même nous y avons conduit, en 1858, le comte Pototzki, ancien colonel de l'armée de l'empereur de Russie ; en octobre 1861, nous avons visité l'établissement de M. Bortier, accompagné du duc de *San Marco*, chambellan de François II, voyageant avec la duchesse de *San Marco*. Ces illustres voyageurs ont examiné la *Britannia* avec une minutieuse attention et se sont montrés très-satisfaits du système de culture de M. Bortier. Madame la duchesse se montrait heureuse de pouvoir porter dans sa patrie une vue de cette grande ferme.

Nous croyons nous rendre agréable à nos lecteurs en reproduisant la vue de cet établissement agricole.

Cette ville, comme la plupart des bourgs et des villages de la Flandre-occidentale, change peu à peu d'aspect et s'embellit par de nouvelles constructions, parmi lesquelles on remarque l'hôtel de ville qui est un véritable monument pour cette localité. Il a été achevé en 1861 et inauguré en 1863.

L'industrie, qui a été pour ainsi dire nulle à Ghistelles depuis le règne de Philippe II, roi d'Espagne, commence à se ranimer un peu ; des étrangers y apportent des capitaux et y érigent des établissements industriels. L'on y trouve déjà des brasseries, une grande tannerie , une fabrique d'huile et plusieurs briqueteries.

Cependant ce bourg est encore très-loin d'atteindre son ancienne splendeur. Il n'y parviendra peut-être plus jamais, car elle était autrefois si grande qu'on n'y croirait pas s'il n'y avait pas des documents irrécusables du passé, qui en témoignent. Sans eux tout serait effacé pour la postérité. Dès maintenant, si le voyageur qui a vu dans les fastes de la Flandre la gloire de Ghistelles, qui connaît par des documents authentiques les immenses richesses de Jean-Charles d'Affaytadi qui employait tout son crédit pour faire prospérer sa ville seigneuriale, venait à Ghistelles avec l'historien qui a tremblé d'horreur en lisant dans les annales les attaques que le manoir de ce lieu a essuyées, et les massacres que la soldatesque y a commis, il serait certainement comme stupéfait de ne plus rien trouver de cette forteresse ; s'il allait ensuite chercher l'ancienne église de cette ville, il ne serait pas moins étonné de voir que ce temple, bâti en style ogival en forme de croix latine, a disparu, et de trouver sur son emplacement une magnifique église moderne. Mais en vain y entrerait-il pour admirer les magnifiques vitraux, donnés par la famille d'Affaytadi, où l'on voyait les armes des Montmorency, des Visconti, des Croï, des Mérode, des Mastaing et d'autres maisons alliées à cette antique famille; on cherche également en vain le grand nombre de tombes funéraires qui ornaient jadis l'ancien édifice religieux , telles que les inscriptions tumulaires de messire Jean de Ghistelles et de Drielle de Lichtervelde, son épouse; la belle épitaphe à lames de cuivre sur laquelle étaient figurés deux chevaliers; la pierre bleue de messire de Vormeseele dans la nef du chœur; celle de la dame Yola de Dorlès, la magnifique tombe de Jean de Ghistelles, mort le 23 août 1346 à la bataille de Crécy, la superbe tombe, recouverte de lames de cuivre, de Baudouin de Ghistelles et de sa femme Mabille Van Praet ; celle d'une sire de Ghistelles, richement travaillée en cuivre, sur laquelle il était figuré avec ses deux filles, et bien d'autres magnificences sépulcrales, témoins irrécusables des richesses des seigneurs de Ghistelles qui ont disparu à jamais !

A peine peut-on encore trouver à Ghistelles des vieillards qui indiquent d'une manière sure l'emplacement du caveau de la famille d'Affaytadi, dont nous avons parlé plus haut. L'étranger a beaucoup de peine à trouver l'enceinte de la ville. Il n'y a plus d'autre témoignage de la grandeur passée de Ghistelles que la flèche du clocher de son ancienne église, qui se montre altièrement au loin et semble dire au touriste : « Ici existait autrefois une superbe église, protégée par un formidable manoir,

Præterit enim figura hujus mundi !

(Ville de Ghistelles).

SOURCES INÉDITES.

Titre par lequel la terre de Ghistelles passe de la maison de Luxembourg à celle d'Affaytadi.

(23 Novembre 1545).

Ic Alaerdt Scoonjans in desen tyde bailliu en wettel. maenheere vanden mannen van leene van edelen en weerden Philips heere van den houtten candenorire &.ᵃ van zynde heerlichede leene en hove ter cause van joncvrouw Anna Swalen zyne wettel. ghesellenede als erfachtighe van Wytscaten. Ende wy Jooris Goescalck , Roelandt Vande Walle, gheseit Vlanckaert, Claes vand Kerckhove , Guillame Schoonjans ende Adriaen de Conynck mannen vanden zelven hove saluut , doen te weten allen lieden dat up den dach van hedent , date deser letteren , voor ons commen en ghecompareert zyn in propren persoone , in vullen ghemaecten hove Woultre Massiets bailliu van Ghistele inde name en als procureur ghefondeert by zekere letteren van procuration speciale en irrevocable dan of de copie hiern. gheinsereert werdt. Ghegheven en verkont by hooghe edele en moghende heere M. Anthuenis van Luxembourg, Grave van Brienne van Ligny &ᵃ. en by vrouwe Margriete van Savoye zyne wettelicke ghesellenede , over een zyde. Ende over anderen Jheromme Candiane , hem presenterende als sollicteur en procureur over en inde name van edelen en machteghen heere Jehan Carlo de li Affaytady , heere van Parsane in Lombardie, Hilft , Ghistele en Lavekensacker . wonende tAndwerpen, verclarssende beede de voors. partien en zonderlinghe den voors. Woultre hoe in dese lesste oorloghe beleedt by de K. M. jeghens den conynck van Vranckerycke myn voors. heere den grave van Brienne in d'expeditie en inemmen van zynder stede van Ligny by de vice roy van Cecillien , generael capitein vande armee vande voors. M. ghevanghen en daerna ghebrocht en ghestelt es ten ranchoen int casteel te Vulvoorde. Omme welck ranchoen te furmerene ten elargysem. van zynen persoone, heeft zeker contract conventie en coopmanscape ghemaect metten voors. Jheromme Candiane inde name vanden voors. Jehan Carlo , te wetene dat den voors. heere en grave van Brienne vercocht ghecedeert en ghetransporteert en dien volghende belooft heeft terfvene den voors heer Carlo ofte anderen tsynen proffyte , ond. andere heer- licheden leenen en erfachticheden hem toebehoorende liggende binnen Vlaenderen in zeker leen liggende in de prochie van Willekenskercke gehouden van desen hove, voor zulcken prys en met zulcke condicien als int langhe ghenarreert en ghespetiffiert staet in zeker contract conventionel ghemaect by den voors. grave en den selven Jheromme in de name als vooren wettelyck ghepasseert voor scepenen en raedt vande stede van Vulvoorde in Brabant in daten vanden xiij novembris xv° vyf en veertich lestleden, dan of danctentycke copie voor ons gheexhibeert ende onder ons rustende es verclarssende den voors. Woultre voorts, dat den voors. heere en grave tvoorseide leen ghehouden heeft en houdt in manschepe vanden voors. hove van Wylstraeten. Ende es een leen rente van neghen en vichtich pysen vuve en veertich ponden en half vervloten groene caes, vallende alle jaere telcken baefsdaghe en neghen en tueghentich maghere lammeren en tzeste deel van een lamme, vallende telcken Casimodo ontrent paesschen, noch vyf pond vier scellingen zes pennynghen pars pennyne rente sjaers, vallende oock telcken baefsdaghe metter voorseyde casevente, de welcke voors. casen, lammeren en penninck rente men jaerlicx ontfanct op twee hondert vier ghemeten lands ligghende in Camerlincx ambacht in de prochie van Willekenskercke, ten weleken men ghecostumeert es ontrent sinte Luucx dagh te slane den slach van den case en naer Casimodo den slach van de lammeren, de welcke gheslegben te ghelde tsamen metten voors. vyf ponden vier schellinghen zes penninghen, soo smaldeelt men de zelve sommen by de voors twee hondert vier ghemeten, ghemeen ghemet ghelycke welverstaende dat elcke pyse van de voors. case weghen moet hondert ponden. Ende voorsc. twee hondert vier ghemeten lands zyn twee kanssen deene ghenaemt de zuud hernesse en dander de westhernesse, alwat den voors. heer en grave vande voors. prochie van Willekenskercke heeft staende by der muelen up den steenwech eene vierschaere vermueghende een bailliu en zeven ghezworene laten, omme de voorscreven renten te bedinghen en innemen en al standt ligghende onder de selve vierschaere terfvene en tonterfene, gheldende en houd de voors. heerlickhede coopen versterfvenisse met zulcken andere prorogatien en vryheden als zyne voorsaten dat ghehouden hebben, de welcke voorscreven leenrente staet en es schuldich den voors. heer Van Houtte ter cause van zynen voors. hove van Wylstraeten den dienst van trouwen en waerheden telcker veranderinghe ten reliefve van thien ponden pis en camerlincghelt nahofrechte en voorts alsment vercoop ofte belast es schuldich den thienden penninck &ª. Ende omme metten voors. coop voort te gane en te procederene ter erfvenesse en onterfvenesse van de voors. leene volghens dies voors. es, den voorscreven Woultre Massiet als procureu in de name alsvooren exhibeerde zeker procuratie speciale en irrevocable dano tinhouden hier na volcht van woorde te woorde. A tous ceulx qui ces presentes lettres verront ou lire orronts, eschevins et conseil de la Vilvoorde salut, savoir faisons que ce jourdhuy, dates de ces presentes devant nous sont venuz et comparuz en leur propres personnes, hault noble et puissant Seigneur Antheune de Luxembourg conte de Brienne de Ligny &ª. baron de Ghistelles &ª. Et dame marguerite de Savoye sa espouse legitime aucthorisse quant aux choses soubscriptes parle dit Sr conte son mary, laquelle aucthorisation elle a acceptée agreablement, accompagniez de Gauthier de Massiet mambour cuy que ad ce leur a este par nous ordonne, et ont par toutes les meilleures fourme et maniere que de droict puisse et doibve valoir fait nomme et constitue et par ces presentes font nomment et constituent leurs procureurs generaulx et certains messagiers especiaulx Jehan Van Marvioorde , Claes Schoutete , Franchois Gualteroth demeurant a Bruges , Gaulthier Demassiet bailly de Ghistelles et Anthoine van Male , demeurant en Anvers. Et a chacun deulx pour le tout et insolidaire , donnant a iceulx leurs procureurs et à chacun deulx porteur de cestes plein pouvoir auctorité et mandement especial absolut et irrevocable , sans quil soit ou sera besoing avoir ou actendre quelque aultre ultrieur ou plus expres mandement , pour eulx et en leurs noms respectivement estre et compa- roir, assavoir devant bailly et hommes de fief de l'imperiale majeste conte de Flandres , de sa court et bourg de Bruges assemblez en nombre competent , dont sont dependans les fiefs ensuyvans. A savoir premièrement celluy de la ville de Ghistelles de la gran- deur et largeur si comme sextend leschevinage et jurisdiction dicelle ville , avecq toutes et chacunes les prerogatives , auctoritez , jurisdictions , preeminences , libertez , fran- chises et les circonstances , dependences et appertenances. Secondement ung aultre fief du chasteau de la dite ville de Ghistelles contenant soixante mesures de terres labourable et bois , ou environ , ensemble aussy plussieurs aultres droictz , rentes , libertez , franchises , preeminences et auctoritez. Troisiemement ung aultre fief descouteme de Ghistelles et son ambacht contenant cinquante quatre mesures de terre labourable et prairies ou environ , ensemble aussy plusieurs rentes , droictz , auctoritez , preeminences et prorogatives , quartement ung aultre fief nommé Cruyssande assiz en la paroise de Zande , contenant quatre vingtz et cincq mesures de terre ou environ , quintement ung aultre fief nommé la pecherie en camerlyncx ambacht assise en la paroisse de Nieuwen- damme , sextendant depuis Neufport jusques à Dixmude ou environ suyvant certain denombrement que par cidevant de ces fiefz en a este donne devant bailly et hommes de fiefz de la court du bourg de Bruges de la part de Loys de Luxembourg conte de St-Pol , comme mary et bail de dame Jehanne comtesse de Marelle le 12e jour d'apvril l'an mil quatre cent cinquante et huit , escript en sept feuilletz de parchemin (S. Van Curtrycke, et S. Bambeke) commenchant. Wy Lieven van Curtrycke en Robrecht Van Cambeke mannen van leene etc. Pareillement comparant devant bailly et hommes de fief de la seigneurie et court de Lichtervelde assemblez en competant nombre dont depend le fief nomme de la terre de Zomerloos assise prez Ghistelles , contenant cent et vingt cincq mesures de terre ou environ , au surplus aussy devant bailly et hommes de fief de la court et seigneurie de Jumelles dont depend ung aultre fief nomme de Lamerschen Quenacker contenant soixante mesures de terre ou environ ensemble aussy aultres prerogatives et preminences semblablement de comparoir par devant bailly et hommes de fiefz de la terre et seigneurie de Wylstraete à cause de certain fief gisant en la paroisse de Willekens- kercke se comprehendant icellui fief et plusieurs aultres rentes. En oultre aussy de comparoir devant bourgmestres et eschevins de Oostburch et Schoondycke est assise ungne poldre contenante cent mesures de terre franche , nommé le poldre de Ghistelles confrontante de noord west a la dycke et de costé de la dycke du Steenpoldre et le pied dicelluy et icelluy poldre de Ghistelles et le pied s'extend du costé de noord au poldre de Jehan Van Zundkercke et le reste de la part densu au pied de la poldre de la bunse et du ceste coste de noordt le pied Picelle dycke vient un poldre de Guillanme Golle. Et par tout ailleurs que besoing sera et de droit appertiendra. Et devant les Sr

25   XX   44

loix et chacune dicelles respectivement en deue et pertinente forme selon uz et coustumes des dites loix et chacune dicelles devestir et desheriter le dit S^r constituant Anthoine de Luxembourg conte de Brienne &a. Baron de Ghistelles &a. des dits de fiefz et heritaiges et de tons ces apperlenances et dependances ensemble aussy par serment sollempnel soubscript renoncher a tout le droit cause et action reelle personnelle et mixte mesurement et par expres de renuncher au droit de douaire coustumier et conventionnel que la dite dame constituante a ou pourroit aulcunement pretendre ou quereiles ores ou par cy apres pour estre icelle dame a son contentement donee sur les revenuz des contez de Ligny et Brienne ou aultres biens du dit S^r. Et en iceulx fiefz et heritaiges susditz et chacun diceulx et en toutes et chacunes leurs appartenances droictz et actions passez, presente advenir, quilz ont ou pourroient aulcunement et pretendre contre quelconque personne ou personnes et pour quelconques cause ou causes que ce soit ou pourroit estre. Dependans des dits fiefz et biens, tant pour cause des fiefves que aultrement, et soubz et moyennant les charges danchiennete deues, meismement aussy de dix sept livres gros monnoie de Flandres annuelz a rachapt du denier seize ou aultrement suyvant le contract, dont les dix livres sont deuz a Carolus Hausman et les aultres sept a damoiselle Sebastienne de Grize demourans a Bruges, demourans aussi obligez pour contregaige daultres treize livres de gros semblables, dont le payement est a charge de la dame de Vendosme et nulz aultres, adheriter et investir et faire et veoir adheriter et investir messieurs Jehan Carlo de li Affaytadi, demourant en Anvers, ou quelconque autre pour lui. Et a cest effect faire toutes et chacunes les œuvres de loy, promesses de garand, actes et diligences que jouxte et ensuyvant les coustumes et usances des cours et lieux dont les dites parties sont ressortissantes respectivement seront requises et necessaires mesurement aussy de affirmer en lame du dit S^r constituant la necessite quil a pour faire ladite alienacion et transport et ne trouvera presentement davantaige. Et recongnaistre estre content de la valeur diceulx et en quicter le dit Jehan Carlo de li Affaytadi et aultres quelzconques. Et generalement et especialement en ce que dessus et leurs circonstances et dependances faire procurer et negocier toutes et chacune les aultres choses diligences et actes que iceulx seigneurs constituant chacun diceulx mesme feroient et faire pourroient aulcunnement estans presens en personne, combien que l'affaire exigeast leur presence personnelle ou mandement plus especial que cestes, promectants les dits S^r et dame constituans par foy et serment quilz ont faict sollempnellement, si connue ad ce de droit est requis, en nous presentes, que a tousiours ils observeront et accomplieront et feront observer et accomplir inviolablement tout ce que en ce respert de ce que dessus sera faict negocie et besongne par les ditz procureurs et chacun deulx et ny contreviendront, ne feront contrevenir aulcunnement pour eulx ou aulcun autre pour eulx directement ne indirectement, obligeans ad ce leurs personnes et biens quelconques, meubles, immeubles, presens et advenir, attestans et affirmans aussy le dit S^r et dame constituans par serment solompnel d'eulx prins vaillablement, assavoir le dit S^r et dame qnil luy est necessaire et besoing faire le dit transport vente ou cession des ditz fiefz pour satisfaire à la ranchon de la prinse du dit S^r quy presentement est sur luy faicte es pays de pardecha, et pour avoir a present commodite ou moyen pour aultrement y remedier ou pourvoir et ne trouver davantaige, et la dite dame constituante que de sa bonne vraye scienne liberalle volunte, sans constraincte aulcune elle a renunche et renuncher expressement de son droict et action de douaire et aultre quelconque, coustumier ou conventionnelle, qu'elle a ou pourroit aulcunement avoir et pretendre ou quereller es fiefz et heritaige susditz ou leurs appartenances ou quelque partie diceulx, au proffit des dits Jehan Carlo de li Affaytadi ou quelconque aultre pour luy, a cause que a son contentement elle est donnee et assignee de son dit douaire sur les contez de Brienne et Ligny et aultre lieux comme dict est, et que par elle ne aultre quelconque pour elle est en son nom ni fera en nul temps contrevenir ou mis aulcun contre dict ou empeschement par relief de prinches ou loix ecclesiasticques ou seculiers, dispensation de serment ne aulcunement aultrement. En tesmoing de verite nous les dits echevins et conseil de la dite ville de Vulvorde avons faict mectre le scel aux causes dicelle ville, ad ces presentes, que a est faict le 14 de novembre lan mil cinq cens quarante cinq. Onder gheteekent en ghescreven W. Wyts, de welcke voorscreven procuratie wy ghesien hebben in behoirlyke vorme en dan of de copie auctentycke oock onder ons rustende es. Ende zoo den voors. Waultre Massiet uut crachte van die en van dies voorseyt es. In de name alsvooren verzochte hem toutbatend en onterfene van de voors. leene met zyne toebehooren en die in al wettelyk terfvene den voorseyden lheromme Candiane die tselve hiesch en begheerde al wettelyck tontfanghene ten profyte van den voorseyden Jehan Carlo coopende naer de rechten en costumen van den hove. Maende ik bailliu voorseyt omme wettelyck te procederene de mannen van den rechte. Ende wy mannen wysden dat men den hove inkennen doen zoude den rechten loyalen coop en vraghen den voors Massiet by wat weghe ofte middelen den voors heere en grave van den voors zynen leene te buuten gaen wilde, die verclars de den coop volgtiende de voornoemde eerste contract by expresse condicien datte moghen lossen mids restitutie en refusie te doene van de penninghen binnen een jaere daer na en dat den voors grave dat dede by noode volghende de voorscreve procuratie, welcken nood den zelven Massiet dede den hove inkennen zweeren in de zaele van den zelven grave zynde naer dien volghende maende ik bailliu van den rechte. Ende wy mannen voorseyt wysden dat den voors Waultre Massiet als procureur van den voors heere en mev. vrauwe de graef nede zyne wettelycke ghesellenede, t voornoemde leen met zyne toebehoorten draghen zouden in de handen van my bailliu als in sheeren handen ende hem lieden dan of outbaten ende onterfven, plok kalm en wettelicke ghifte te ghevene en garandt te belovene ten behoufne van den voors coopere, aldaer by vulquam 't voorwysde vonesse van ons mannen, en opdrouch t voornoemde leengoedt metten toebehoorten in de handen van my bailliu als in sheeren handen al wettelich naer costume van den hove, voorts maende ick bailliu de mannen van den rechte. Ende wy mannen wysden dat den voors heere en grave met gaders zyne wettelicke ghesellenede by huerlieder voors procureur zoo wel ende wettelich onterft waeren en zyn van den voornoemden leene als dat zy dien nemermeer recht en hadden noch schuldich zyn t hebbene metten rechte en dat men daer in erfven mochte den voors lheromme, ten dien in persoone en t selve verzouckende taccepterene ten proffyte van den voors Jehan Carlo, behoudens altyts en met expresse ghereserveerde condicien daer an te moghen gheraken binden jaere, mids

te vulcommene t inhouden van de voors contracte en te refanderene de penninghen van
den voors coope, dan of den selven Massiet in de name als boven te vreden hilt en
te vullen betaelt van de voors coopen, hem en alle andere dan of quytschelden t een-
wicheden. *Naer alle t welcke ick* bailliu voors naer maninghen en by vonnesse van
de voors mannen hebbe t voornoemde leen zoo dat te vooren in myne handen vanden
heere ghebrocht was by onterfvenesse voetslaens op gedraghen ende daer in wel
en wettelyck gheerft den voors Iheromme Candiano ten proffyte van den voors Jehan
Carlo cooper met plocke halme en belofte van garante, al wettelyck naer de wettes
costumen en usagien van den voors hove, daer op ick bailliu maende de mannen van
den rechte. Ende wy mannen wysden en verclarsden dat den voors Iheromme wel en
wettelyck gheerft was en es in t voornoemden leen ten proffyte en oorboore van den
voors Jehan Carlo, dat tselve schuldich es te wesene zyn vrye eyghen en gheconques-
teert leengoedt, omme dat te houdene in leene en manschepe van mynen voors heere
Van Houtte ter cause van joncvrauwe zyne wettelycke ghesellenede als erfachtehne van
den voors hove van Wytstraete met zyne rechten diensten servituten en vryheden boven
verclaerst, behoudens altyts daer den voors heere en grave t selve leen zal moghen
lossen en daer an hand slaen bin den jaere, mids vulcommende t voors eerste contract,
als voorseyt es. Ende voetslaens den voors Waultre Massiet uut chrachte van de voors
procuratie heeft ten verzoucke van den voors Iheromme in de name als boven voor ons
bailliu en mannen gherenunchiert en renunchiert by desen by sollempnelen eede daer toe
ghedaen in de zale van de voornoemde vrauwe, Margriete van Savoye — s vercoopers
wettelycke huusvrauwe, van zulck recht van douarie costumier of conventionel en
andere, als zoo naer heist ofte in toecommende tyden zoude moghen beesschen an
t voornoemde vercochte leen t selve al opdraghende ten proffyte van den voors Jehan
Carlo, uute dien dat zoo dan of thaere gheliefte gherecompenseert en gheassigneert es
by de graefscepen van Brienne en Ligny &a. In oorconscepen der waerheden dat t voor-
screvenen alzoo voor ons ghedaen en wettelyck ghepasseert es met allen vonnessen,
maninghen en andere sollempnelheden daer toe van noode en in ghelycke zaken gheob-
serveert. Soo hebben wy bailliu en mannen boven ghenompt dese presente letteren ghedaen zeghelen elck met zynen propren zeghele uuthanghende, dit was ghedaen int jaer
ons heeren duust vyf hondert en vyf en veertich den drientwintichsten dach van november.

Testament de Jean Charles de li Affaytadi de Cremone, 1555.

In namen Gods, die heilige drievuldicheidt, des Vaders, des Zoons ende des heiligen
Geest ende die waerdiger altyds maget Maria, ende van alle hemelschen geselschappe.
Amen, biddende voor de lancheids myns levens, gesonteidt ende contentement.
Kennelyck zy allen den ghinen, die het testament ende uutersten wille zien sullen,
of hooren lesen, hoe dat ick Johan Karoli de li Affaytadi van Cremona my jegenwoord-
lyck vindende binnen Liere int hertochdom van Brabant gesont ende met geheelen

verstande ende vernuftheid sulcke als heeft beleeft mynen Heere dat (duer zyne overtallyge bermhertieheyt ende goetheyt my te verleenen, aenmerkende datter gheen saecken en is seckerder dan die doot, ende begeerende soo wanneer dat God believen sal my van deser werelt te halen) my bereit te vinden als een goed ende getrouwe kristen en dienaer Gods als ik ben ende geordineert te hebben van myn wettelycke goedren ende waren, die God belieft heeft my te verleenen, ende hoe ende al tghone dat ik daeroff welde gedaen hebben, zoo ist dat uut mynen vryen ende opgesetten wille en voor-neemen ick hebben gemaect ende geordineert dat myn testament ende uutersten wille indien formen wys ende manieren als hier naer verleent sal worden, wederoepende casserende ende te nyete doende jerst en vooral alle ende hoedanighe audere myne uuterste willen, testamenten codicillen, ordonnancien ofte legaeten, die ik voor datum deser soude hebben gemaect; In hoedanighe wys ende manieren, ende in wat plaetsen ende voor hoedanige wethouders gerechte of justicien of persoon openbaer oft particulier tselve soude gepasseert wezen, ende int besunder die ordonnancien, codicil, donatie, gifte ende *fidei commes*, bi my geschreven met toedraegen en daerom mede synde myne huysvrouwe Lucretia de li Affaytadi gepasseert voor M̄r Gillis........ notaris, die ik hebbe gelaeten voor schepen van Liere mits dien dat ik hebbe gemaect m̄ testament ordonnancien tot heboeve van myne gemeenzaemheidt met mynder huysvrouwe voor de schepenen van Liere op den dach...... van...... van den jare XVᶜ ende vif en vichtich totter welcke ick my gedraeghe daerinne gevonden sal worden die warachtighe manier hoe dattet sal moeten geintuleert worden tzy ordonnancien codicil, legaet, ofte ick testateur voorseyt en verstaet..... noch en wille dat het by desen mynen testamenten oft gift of uuterste wille zy en de mynder wys gedirigeert dan ter contrarie van nieuwe (by desen mynen testamente ende uutersten wille soo dese des noots zy). Tselve warbi ick wederomme approbere en confirmere in ende vooral gelyck daer inne verclaert en verhaelt staet ende het welcke ik my gedraeg meer noch min dan al oft tot meerder sekerheyt van woorde tot woorde en desen mynen testamente ende uutersten wille gestelt ende geïnsereerd ende ick testamenteur voors. wille ende ordonre dat det myn testament ende uuterste wille duet smaelick met de vz. ordon-nancien, codicil, legaet oft giften zy dus gestentig ende geheel onverbreeckelyck onderhouden en volbracht niettegenstaende alle geestelycke of werelycke keyzerlycke wetten, privilegien statuyten usancen van hoedanighe rycken landen, provincien ende int besunder van desen hertogdomme van Brabant oft Graefschape van Vlaendr. oft van hoedanigher plaets, of landen daer myn sterfhuys ende myne goedr. mogen gelegen syn, int geheel oft int tdeel, ter contrarie van de welcken ende welcken formen (zoo generaelyck als specialyck) ick vs. testateur tot eeuwigen onderhoudt ende geheele vol-doeninghe van desen mynen testamente ende uutersten wille sint samentlyck van der voorsz. ordonnancien, codicil, legaet gifte ende tgeheel innehouden van syne (voor zoo veele als in myne macht is) ick desiguere wille ende verstae zy gehouden voor gedesigneert ende gehouden gedesigneert, in al'tghone dat zoude moghen syn, andersins ofter contrarien oft dat souden moghen beletten oft wederhouden oft verlangen 'tgeheele onderhoudt innehouden oft effecte van desen mynen testamente ende uutersten wille sint saementlick van de voorschreven ordonnancien, codicil, legaet, gifte oft hoedanighe andere titelen alsmede der selven soude en hoedanighe manieren gheve.

Ten yersten ick testateur voors. oudgheve oytmoedelick en innichlick myne ziele van nu af ende eeuwichlyck onser Schepper ende Verlosser Jesu-Chri. ende des heiliger altyts maghet Maria myne voorspraecke ende alle den hemelschen hove ofte geselschappen bidden div. mal. ons M. heere Jesu-Chris. dat sonder aensyens te nemen op de menichte van myne souden alleenlyck wille aensyens nemen op syne ongrondelicke bermherticheyt, sachtmoedecheyt ende goetheit soo wanneer sy sal verscheyden uuit myn lichaem ende believe dezelve te stellen in synen paradise ende hemelrycke Amen, ende migad mynen lichaeme, soo wanneer dat mynen Heere God believen sal my van deser wereld te nemen, ick wille en ordnere tzelve begraven te worden tot Ghistele tzelve latende eeuwich voor den huyze van di l'Affaytadi, op welcke plaetse myne huysvrouwe sal doen maecken de cappelle als wy hebben geordineert by de ordonnancien waer aff en desen geseyt is dye ick dan samilyck met heur hebbe gemaect tot behouve van onse gemeynen soonen, ende soo verre dat uuyt eenighe andere voornemen heur belieffde te worden de voors. cappelle, medegaen de mynen lichaeme tselve sal geleyt worden, daer dat het hun believen sal, midsdien dat die ghene, die de misse doen sal daermede de cappelle sal gedotteert oft begift worden, sal gehouden syn te seggen dvn reyse tgebedt twelck by my is altyts gesegt geweest : *O sanctissima Maria, mater Dei, in uno non dubito, libera me ab omni malo et ora pro peccatis suis. Amen.*

Aengaende myne uutvaert en geregtichyde van dyn, ick wille dat zy worden gedaen eerlick et discretig van myne huysvrouw onder andere myne onderschrevene executeurs, meer aensyens nemende op mynder ziele dan op de pompe van deser werelt, want naer tgene ick verstae soo sal men soo letter becostigen als men sal moghen, houde het overschot dat men dat gheve den aelmoesseniers van den aermen.

Ick laste den fabrieken van onser lieve vrouwekerck van Cameryck ende mede alsucke andre plaetsen daert behoert, sal elck van de selve plaetsen ryft Karolus gulds. van twintig sc. stuck eenmael alleenlyck, ten eynde dat dit myn tegenwoordig testament ende uuterste wille hebbe meer crachten ende weerde.

Ick laste dat myne dieuaers sullen worden betaelt van sinne loone volgens de voorwaerden met hen gemaect, hen afftreckende tgene draff. sy syn schuldenaers gemaect en myne boecken geschreven ende geteeckent zynde gedoot met kwitin ieder naer zinne qualiteyten, daer naer sullen volghen de dienaers van hovne de maerten van hovne ende van den huyze de welcke andersints nyet en sullen worden gecleedt.

Voorts laste ick dat terstond naer dat ick uuyt desen leven sal gescheyden syn, myne huysvrouw sullen betaelt worden vier hondert gulden, de welcke ick wille terstond gedistribueert worden voor myne ziele dat tzelve heur goetdunken sal.

Noch last ick oft wil ick, dat terstont naer dat ick uuyt desen levene sal gescheyden syn gegevre sy de seven aelmoesseniers van die aermen van bin Ant.ᵣⁿ ten eynde van den jare dat ick uuyt desen leven sal gescheyden syn, twee duysent gulden in eene reyse, ick laste mede oft ordonnre, dat Liere ten selven tyde sullen betaelt worden aen die van de stadt andere twee duysent guld. waervoor ick bidde aen myn kindern te willen gheven elcken jare twee hondert guld. de welcke ick belaste te distribueeren aen den aermen , ende zoo verre myne erfgenaeme tzelve nyet en distribueeren , bidde ick de stad selve de handt daer aen te willen stellen . zonder verschons of respect te nemne ten eynde sal sy doen doen.

Insgelycx soo laet ick belast myn stede van Ghistele van andere twee duysent guld. omme die daer te besteden omme Godts wille ende te distribueeren ende wille dat dese rente sal worden besteedt op de naeme van mynen sonen. ten eynde dat alle jare sy deselve distribueeren om Gods wille ende zyndr. dr. aff en gebreck sal de v.s. stede henluyden dwinge de rede te doene sonder eenich respect te nemen , ende den priesters ende cappittel van der kercken van Ghistele en laet ick nyet, mitsdien dat ick bevinde de selve soo quaelyck geconditionneert , dat sy behooren te hebben straffe ende eyghene beneficie.

Voorts last ick aen Abrosins mynen baillieu van myne stede van *Ghistele* , dat moede gecleet syn in den rouwe , ende aengaende syne gagyen , ik ben met hem eens.

Ick laste mynen paigie dat men hem betaelen den cost van drie jaren , omme daermede te mogen leeren eenich ambacht.

Janne Bab.ta en Jeronimo Candiano laet ick elcken jaere dat sy sullen hebben last van deser executie (elck van hen) elcken jare van vyfhonderd croonen ende daer toe mede wille ik dat sy hen sullen moghen behelpen met heurlieden prenissen van tghene dat sy van myne goederen handelen sullen weesende buyten der gemeneschap.

Ende in tuychuis der waerheit , soo hebbe ik geteekent dese tegenwoordighe met mynen naeme. Tot Antwerpen den xxii.sten Decembris xve ende vyf en vyftich. Jan Karoli de l'Affaytadi , ende meer , ick Francisco Botti . ick Jehan Bap.ta Mazzelaino , Jehan Bap.ta Fossa , Peeter Ducho , Philipo Senamy , Ludovico Nicolaï , Jeronimo Regno, Guillelmo Genes Van Maele.

Het voorgaende is in de italiaensche tael geschreven en door den notaris van Maele notaris present geteekent , in het vlaemsch vertaeld.

Diplôme par lequel le château de Hilst, situé à Cortemarcq (Flandre occidentale), est érigé en principauté en faveur de Jean-François d'Affaytadi et de ses successeurs légitimes.

Ferdinand toujours auguste ,

Par la grâce de Dieu empereur des Romains et roi d'Allemagne, de Bohême, de Hongrie, de Dalmatie , Croatie , infant des Espagnes , archiduc d'Autriche , duc de Bourgogne , de Brabant , de Styrie , de Carenthie , de Caraiole , prince de Suabe et comte d'Asbourg, de Tyrole , de Goritie , Landgrave d'Alseacie , marquis du saint empire sur Aualte et de Burgue , seigneur de la marche , d'Esclavonie , du port Waou et des Salines , accordons à noble homme Jean-François d'Affaytadi , baron de Ghistelles notre cher et fidel sujet, ainsi que de l'empire romain, nos bonnes grâces impériales et lui souhaitons toutes sortes de biens. Jean-Charles d'Affaytadi noble cremonien, ayant dans plusieurs occasions fait éclater envers nous, le saint empire romain, et toute l'auguste famille d'Autriche sa fidélité, son attachement et son dévouement sincère; ayant donné des preuves de son attachement tant pour nous que pour notre empire principalement lorsque sous le gouvernement de Marie reine de Hongrie, notre sœur de glorieuse mémoire, les troupes ennemies ayant pénétré jusqu'à Anvers, et que cette invasion ayant fait prendre la résolution aux négocians effrayés, qui habitaient cette ville, de l'abandonner comme un endroit qui ne pouvait leur accorder aucune protection, et d'aller s'établir ailleurs, il assemble dans la plus grande hâte, à la vue de ce danger imminent un grand nombre d'hommes en état de porter les armes et parvint par leur secours et par ses discours persuasifs à rassurer les négocians et à les faire changer de dessein, ce qui fut très avantageux à l'empereur surtout à cause de l'affluence des marchands. Cependant l'armée de Charles V de glorieuse mémoire, notre frère, arriva et sauva la ville de la crainte d'un siége; cette ville célèbre et riche eut sans contredit été abandonnée de tous ses habitants ce qui lui eut fait subir une grande perte et eut exposé les autres villes, si la prudence singulière et le courage mémorable de Jean-Charles n'était venu à son secours, de façon qu'on peut dire avec raison que cette ville chancelante et prête à tomber doit son existence à ses soins, à son intelligence, et à sa bourse. ' Ce qu'il fit principalement en cette occasion pour la conservation de notre empire et de nos états, il le fit encore dans d'autres où se trouve l'état qu'il secourut avec sa libéralité ordinaire. Toutes les fois que Charles V, dont les trésors étaient épuisés par les dépenses et les longues guerres, se trouvaient en besoin d'argent, Jean-Charles d'Affaytadi fut toujours plus actif et plus prompt à lui en procurer que le roi n'était pressé et inquiet à lui en demander; il engagea par son exemple et ses prières plusieurs négocians et plusieurs de ses amis lorsqu'il ne pouvait plus seul suffire à des avances aussi considérables. De façon que les louanges que s'est acquis Charles V, par ses triomphes et ses victoires une bonne partie en revient de droit à d'Affaytadi. Son fils Jean-François d'Affaytadi ayant suivi les traces de son père, et devenu l'héritier et l'imitateur dans ses grandes vertus, de sa fidélité et de ses qualités estimables nous a paru bien digne d'être récompensé par les plus hauts honneurs, et les décorations les plus distinguées. C'est pourquoi voulant selon notre usage accorder à ceux qui ont bien mérité de nous nos bonnes grâces et notre bienveillance, aussi que engagé par la récompense de leurs vertus et de leurs services, ils s'attachent avec plus de ferveur à notre service et à celui de l'empire romain, nous avons de notre propre accordement, de notre certaine science avec délibération de la plénitude de notre puissance impériale et de l'avis des princes, ducs, barons, et autres fidèles sujets de l'empire romain, érigé, décoré, illustré pour Jean-François d'Affaytadi et ses héritiers.

(¹) Nous avons sous les yeux une reconnaissance signée de la propre main de Marie, du reine de Hongrie, de Bohème etc., régente des Pays-Bas pour l'empereurCharles V, de 149,483 livres de gros, argent flamand; soit frs. 1,621,946, que Jean-Charles d'Affaytadi lui avança. Nous croyons que cette somme n'a jamais été remboursée.

le château de Hilst en titre de principauté, comme par les présentes nous érigeons, décorons, illustrons le dit Jean-François d'Affaytadi, prince du dit château de Hilst et faisons, constituons princes les héritiers et successeurs légitimes descendant en ordres successifs comme nous le disons, nommons princes de Hilst et voulons qu'il soit dit et nommés et réputés pour toujours et en tout actes et écrits quelconques et voulant que dans la suite du jour de la date de ces présentes le dit Jean-François d'Affaytadi, ses héritiers et successeurs prédits jouissent de toute et chaque grâce, priviléges, pérogatives, libertés, exemptions de même que n'ont joui jusqu'à présent les autres princes du St.-Empire, ou en jouissent, ou pourraient en jouir tant de droit que d'usage, de sorte que dans les assemblées de princes, ducs, de comtes, barons du dit empire y régnant pour un temps, il doit être appelé, traité et honoré comme prince du dit château de Hilst, et que sa dignité, son grade et sa place doit être respecté comme d'usage par nous même. Décernant et déclarant au surplus de la façon la plus solennelle que cette concession et tout ce qui précède déroge à tout droit, moyen et forme quelconque, des droits et priviléges sur le dit prince Jean-François d'Affaytadi baron de Ghistelles non obstant tout statuts, ordres, decrets, priviléges et autres quelconques auxquels par ces présentes et de notre pleine science nous dérogeons et voulons qu'il soit dérogé quand même il y aurait de telles qu'il en fallut l'expression de mot à mot, sauf cependant nos droits et ceux de l'empire romain. Qu'en conséquence il ne soit permis à personne de déchirer la feuille de cette concession ou d'y porter quelqu'atteinte téméraire. Que si quelqu'un osait l'entreprendre qu'il sache qu'il encourre notre indignation et celle de l'empire romain et la peine irrimissible de 100 marcs d'or pur dont nous accordons la moitié au fisc ou à notre trésor royal et l'autre moitié à celui qui souffrira l'injure. En foi de quoi nous avons signé ces lettres de notre main et y avons apposé notre scel impérial.

Donné dans notre ville d'Inspruck le 23 mars 1563, l'an 7 de notre empire et de nos règnes de Bohème et de Hongrie le 6e.

Patente de comte de Ghistelles et de Sorosin en faveur de Côme et de César d'Affaytadi, du 8 janvier 1564.

Ferdinand, par la grâce de Dieu, élu empereur des Romains, toujours Auguste et Roi d'Allemagne, de Hongrie, de Bohème, &. à nos chers, nobles et fidèles sujets les frères Jean-François Cosme et Cæsar d'Affaytadi, salut.

Puisque ce ne doit pas être le moindre des soins de la majesté impériale à laquelle la bonté divine nous a élevé, que de récompenser ceux dont la vertu s'est manifestée et dont le zèle et l'attachement pour notre empire sont connus nous nous sommes toujours déterminés avec raison à accorder à ces hommes illustres notre faveur et libéralité impériale, d'autant qu'il est reconnu que de cette manière on maintient la vertu et qu'il est certain que les pères et leurs descendants sont excités à suivre le chemin de l'honneur et de la vraie gloire, d'où il arrive encore, que ceux de l'État ou la dignité a été augmentée par nous, saisissent l'occasion de nous être utiles ainsi qu'au St-Empire et à notre illustre maison d'Autriche, en sont plus ardents à suivre la carrière qu'ils ont embrassée, c'est pourquoi vous Jean-François, Cosme et Cæsar d'Affaytadi frères, ayant égard non-seulement au mérite dont vous êtes doués et dont nous avons reçu des témoignages dignes de foi, mais aussi à votre grand attachement et à votre zèle envers nous, le St-Empire et notre illustre maison d'Autriche, nous nous sommes volontiers portés à vous honorer d'une marque particulière de notre bienveillance qui nous rendit encore plus ardents à conserver le même goût pour la vertu et cet attachement signalé envers nous ; en conséquence de notre propre mouvement, science certaine, d'un cœur délibéré de notre plein pouvoir et avec avis des fidèles sujets du St-Empire, nous avons érigé en vrais comtés les châteaux et lieux ci-dessous nommés, savoir : le château de Ghistelles, duquel vous Jean-François avez la possession, et le château de Sorosin du diocèse de Crémone, qu'on dit vous appartenir à vous Cosme et Cæsar avec leur district, territoire et dépendance. Ainsi vous Jean-François et vos descendants légitimes nés et à naitre, à perpétuité nous vous créons et nommons comtes du château de Ghistelles, et vous Cosme et Cæsar, comtes du château de Sorosin, en vous agré-geant au nombre des comtes du St-Empire et en vous accordant les grâces, honneurs, dignités, privilèges, droits, prééminences et coutume dont jouissent tous nos comtes du St-Empire Romain, comme nous vous accordons par les présentes, pourquoi vous jouissiez de tout honneur et dignité appartenant aux comtes du St-Empire ; statuant par notre édit impérial, que dès à présent on tiendra pour vrais comtés les châteaux susdits avec leur jurisdiction, district, territoire, ainsi que vous, tous vos enfants, héritiers, sucesseurs et descendants, tant par écrit que verbalement dans le spirituel et le tem-porel et dans toutes les affaires et actes publics, et vous jouirez généralement et particulièrement des honneurs, dignités, grâces, libertés, privilèges, indults, droits et coutumes dont jouissent nos comtes et ceux du St-Empire Romain ; annulant tout empêchement au contraire, et afin que cet état et dignité soit encore plus relevé et décoré d'un plus ample honneur, nous avons, de la même science certaine, de propos délibéré, de notre autorité impériale, non seulement loué, approuvé et confirmé l'an-cienne forme de vos armes de vous Jean-François Cosme et Cæsar d'Affaytadi, comtes de Ghistelles et de Sorosin, et de vos descendants et sucesseurs légitimes, mais aussi nous les avons améliorées, enrichies et augmentées, comme par les présentes nous les louons, approuvons, confirmons, améliorons augmentons et enrichissons de cette manière, savoir : l'écu d'or à la tour d'azur, donjonnée de même, ajournée et crénelée de sable, — ouverte du champ, surmontée d'un pelican avec sa piété d'argent, la partie supérieure de l'écu chargée de l'aigle de l'empire couronnée d'or, l'écu surmonté de le heaume en face, grillé et liseré d'or, couronné d'une couronne de chevalier, sommet de la tour de l'écu surmonté du pelican, comme cela se voit mieux peint au milieu de notre diplôme ; voulant en statuant que vous frères ci-dessus nommés, vos enfants, héritiers et descendants légitimes, portiez toujours ces armes telles qu'elles sont augmentées et confirmées, dans tous les actes honnêtes et décents, dans les guerres et les expéditions militaires suivant la coutume des nobles guerriers, tant sérieusement qu'autrement dans les combats de lance , à pied ou à cheval , dans les duels ou combats singuliers, sur vos écus, tombeaux , cachets, monumens, anneaux , édifices , meubles , tant pour le spirituel que pour le temporel , quand vous le voudrez ou que la nécessité l'exigera sans aucun empêchement ou contradiction de ce que ce soit et sans que vous Jean-François , Cosme et Cæsar d'Affaytadi l'on vous trouble jamais ainsi que vos enfants , héritiers et descendants légitimes dans votre comté , l'augmentation de vos armes , et autres graces , droits , bénéfices et indults , directement ou indirectement sous quelque prétexte ou couleur que ce soit ; et que quiconque qui aura eu la témérité de vous troubler, molester ou empêcher sache qu'il aura encouru notre indignation et celle de notre St-Empire Romain , outre une amende de cent marcs d'or pour la moitié applicable à notre profit , et l'autre au profit de ceux qui auront été lésés ; lad° amende à payer sans délai et sans aucun espoir de rémission. En témoignage de quoi nous avons signé ces présentes de notre main et y fait apposer notre secau impérial. Donné à Vienne le 8 de janvier de l'an 1564 , de notre règne impérial le 34° et des autres le 38°. Était signé Ferdinand et paraphé au nom du Révérendissime archichancelier de Mayence.

(Signé) : FERDINAND.

(Contre signé) : V. J. B. WEBER.

Octroi de la foire aux chevaux à Ghistelles.

Carel by der gratie Godts , coninck van Castillien , van Leon , van Arragon , van beide Cecillien , van Jerusalem , van Portugal , van Navarre , van Grenade , van Toledo , van Valence , van Gallice , van Maillorguen , van Sevilien , van Sardinien , van Cordube , van Corficque , van Murice , van Jean , van Algarben van Alguere , van Gibraltar , van eylanden van Canariën , van Indien soo Orientale als Occidentale , van eylanden ende vasten lande der zee Oceane, artshertog van Oostenryck , hertog van Burg⁰⁰ , van Lotryck , van Brabant , van Limbourgb , van Luxembourg , van Gueldre en van Milaenen , graeve van Habsbourg , van Vlaenderen , van Arthois , ende van Burg⁰⁰ , palsgrave van Tirol , van Henegauwe ende van Namen , prince van Urbane , marckgraeve des Heylickx rycx van Roomen , heere van Salenhede van Mechelen , dominateur in Asien ende Africquen. Alle de gone die dese tegenwoordige sullen sien salut. Wy hebben ontfanghen d'ootmoedige supplicatie ende requeste van grave van Ghistelles ende burgemeester ende schepenen de voors° stede ende heerlyckheid , jnhoudende dat wylen Carel den vyfden aen hen verleend hebbende op den 27 Mey XV.° ende elff het permissie van eene vry jaerlyksche peerdemerckt te houden op woensdaege ende donderdaege voor St Martens misse , het selve privilegie naerderhandt is geconfirmeert ende vermeerdert door wylen Philipe den tweeden , in de maent van September 1565 ter concurentie van vier andere daeghen boven de voors° twee ordinairissche : ende dat alles om te voorcomen de ruine van de voors^e stede ende heerlyckheyt , ende de selve voor soo vele het mogelyck was , te beneficieren. 'T is nu soo dat de voors. stede ende heerlyckheyt door de algemeene devastatie van de leste oorloghen ende miserien van de voorgaende tyden in hare irréparable ruine gevallen synde , noch soude met waerschyne-lickheyt verhopen den aessem te connen herscheppen , ware het saecken dat de voors^e jaermerckt mochten herstelt worden op een bequaem en avantageuse saisoen , te weten in de oostmaent oft op het eynde van de selve in plaetse van St Maertens nisse , wesende beginsel van den winter als wanneer de peerden niet en worden getrocken nochte verhandelt , desen aengemerckt ende dat de voors^e stede , heerlyckheyt ende jnwoonders der selve by desen middel grootelycx souden mogen verhopen gebeneficieert te worden sonder jemants prejudilie aengesien binnen Vlaenderen geene andere vrye peerdemerckten en syn als de gonne onser stede van Brugge , die gehouden wort op den 5 july ende de gone van St Nicolaes die gehouden wort op den 6 december , soo hebben de verthoonders ons seer ootmoedelyck gebeden gedient te wesen het voors^e privilegie van den jare 1565 te vernieuwen met voorstellinge van tyde op het eynde van oostmaent of beginsel van september , ofte oock op het middel van den voors^e oost-maendt , soo ende gelyk wy souden bevonden te behooren tot onsen meerder dienst ende voordeel van de supplecanten. Doen te weten : dat wy de saecken voors^e over-gemerckt ende daer op gehadt het advis van onse lieve ende getrouwe die president ende luyden van onze Raede in Vlaenderen (de welcke daer vooren ghehoort hebben die burghm^{rs} ende schepenen onser voors^e stede van Brugge , ende slants van den Vryen:) genegen wesende ter bede ende begeere van voorn graeff. burghm^{rs} ende schepenen der voors^e stede ende heerlyckheyt van Ghistelles , supplianten hebben de concessie van vrymarckt hier boven geroert , vernieuwt ende vernieuwen uyt onse sonderlinghe gratie by desen om daer van te genieten tot andere ordonnantie ende uyt onse meerdere gratie hebben hun gepermitteert , geoctrooyeert ende geaccordeert , permitteren , octroyeren ende accorderen van het selve vry marcke jaerlykx te houden op den eersten dagh van September , binnen welcken tyd alle de gonne daer sullen begeeren te comen , sollen alomme vryelyck ende onbelemt mogen passeren , verkeeren ende hanteeren coopmansche wyse ende ten dien eynde hebben wy deselve verleent ende verleenen by desen vry ende vast geleyde ende vrylyckheyt , sonder dat zy binnen dien tyde gaende , commende , blyvende , hare coopmanschap doende oft wederkeerende , gehouden , gearresteert , oft beconnene sullen mogen worden aen lyf nog aen goeden om eenige civile saeken uyt-gesondert onse eyghen schulden ende penninghen , hier inne ook uytgesondert de fugitiven , ballingen ende crimineele persoonen , mitsgaders onse vyanden ofte onse wederpartye , houdende ontbieden daerom onse seer lieve ende getrouwe de hooft pre-sidenten ende luyden van ons secreten en grooten Raeden , die voorn van onsen Raede in Vlaenderen , ende alle andere onse rechteren , officieren en ondersaeten die dit aengaen ofte roeren sal mogen , dat zy de voorn suppleanten mitsgaders den genen die de voors^e jaermarckt hanteren sullen van onse jegenwoordige gratie , vernieuwinge , octroy ende consent inder voegen ende manieren voors^e , doen laeten ende gedoogen , bestelyck , vredelyck ende volkomentlyck genietende ende gebruycken , sonder hun te doen ofte laete geschieden eenigh hinder, letsel ofte moeijenisse ter contrarien, want ons alsoo Gelieft.

Des toorconden hebben wy onsen grooten segel hier aen doen hangen.

Gegeven hinnen onse stad van Brussel den negenthiensten Augusty, jnt jaer ons Heeren duysent ses honderd drye en tachentich, ende van onsen rycken het achthienste.

Op den dosch staet er geschreven By den Coninck in synen raede. (geteekend) C. Vander Bruggen.

Wy Willem by de gratie Gods, koning der Nederlanden, Prins van Oranje-Nassau, Groot Hertog van Luxemburg, enz., enz., enz.

Op de rekweste van den Maire van Ghistel, provincie Westvlaanderen.

Gehoord het rapport van den Minister van binnenlandsche zaken van den 23 dezer, n° 24.

Hebben goedgevonden en verstaan het verzoek ten rekweste gedaan in te willigen en alzoo te bepalen dat te Ghistelles de twee jaarlijksche marktdagen zullen worden hersteld, welke aldaar oudtijds hebben plaats gehad, de eene op den 23 julij en de andere op den 9 november van elk jaar en geschikt ter verkoop van levensmiddelen, vee, en allerlei koopwaren; en zal met bijvoeging der rekweste en bijlagen afschrift dezer aan den Minister van binnenlandsche zaken worden gezonden ten fine van executie, terwijl de inhoud dezer op de gewoone wijze ter kennis van den rekwestrand zal worden gebragt.

Brussel, den 28 November 1818.

(Geteekend) WILLEM.
Van wege den Koning.
(Geteekend) J. G. De Mei van Streefkerk
Accordeert met des zelfs origineel
De Greffier ter Staats secretarie
(Get^d.) ELIAS DESCHOVEL.

Convention relative à la destination donnée en 1579 au bâtiment de l'église à Oudenbourg [1].

Alzo tot bescryvinghe van joncheeren Nicolas Desports ende Philippus van Baescop, borgmeesters, metgaders d'heeren Jacop De Broucqsaulx ende Gheleyn Kethele, scepene van der steden van Brugghe, als by opene commissie van Mynheere den prince van Orangne, commissaris-general op 't faut van de religie over 't land van Vlaenderen, onderghecommiteerde ten zelven fyne en Cquartier van Brugge, waren voor dezelve ghecommiteerde verschenen Aernoud Maes, Ghysebricht Muus, Jacob, Jans sone Focquedey, ghedeputeerde van der catholycque religie, Marcus Muelenbeke, Martin Dekens ende Jan Arnouds sone Bakman, ghedeputeerde van der ghereformeerde religie, so est dat naer dezelve gedeputeerde van beide zyden ghehoort hebbende in haere

[1] L'acte original est déposé aux archives du Franc de Bruges.

vermeten ende pretentien, zyn hendelick by gemeenen consente duer inductie ende persuasie van voornaemde ghecommiteerde vereenst ende gheaccordeert, by maniere van provisie ende tot andere ordonnantie, alzo binnen der stede maer en is eene prochiekercke die haer ook bestrect verre buiten der stede, dat dezelve kercke zal met eenen opgaenden dichten muer tot ghemeene coste of van dezelve kercke geschieden ende ghesepareert worden in tween, maekende daeraf in effecte twee kercken of tempels, daer of de oostzyde wesende in choor met de zychooren of cappellen zal wesen tot dienste ende behoeve van die der catholycke roomsche religie, ende de westersche wesende de bueke of voorkercke, tot dienste van die van de ghereformeerde religie, omme by de zelve respective religien ghebruyckt te worden vredelick ende paeyselick tot oeffenynghe ende exercitie van huere religie met al dat daer aen cleeft of toebehoort in bequamen tyden ende zonder elcanderen daer in eenich belet, schimp of empechement te doene. Zo insghelyck zal half en half ghedeelt worden het inkomen van de zelve kercke zo van fabrycque tot onderhoud van de edificie van die kercke, als tsurplus tot onderhoud van huere priesters, predicanten, ministers, schoolmeesters ende costers respectivelyck, die zylieden meenen zullen van noode thebbene, tot oeffeninghe ende exercitie van de zelve huere respectieve religien ende den disch of helich Geest tafele gheadministreert by een of meer dischmeesters van elcke zyde, in ghelycke ghetalle, ende uytghedeelt worden ondifferentelick alleen den armen van der parochie, aenziende daer in huerlieden menschelick ghebruk of cranckheyt, ende niet huere religie of ghesinthede, midts welcke accorde zullen de voornoemde van der catholycke religie volghen de boucken, cappen, casulen ende andere kerckelycke habyten, metgaders de kircken ende ciboren tot oeffenynghe van den dienste van huere religie nootlick, ende aengaende de metale vonte, pilaren ende andere dierghelycke materialen de kercke toebehoorende ende noch in wezen zynde, zullen partien breeder onderlinghe communiqueren of hy interventie van den officier ende wethouder zo hunlieden dat best word gheleghen, blyvende voorts d'abdie ende cloostere van St. Peeters, metgaders tgasthuys in wezen ende huerne ouden ghecostumeerden staet. Hendelick zullen de voornoemde van beide religien deze jeghenwoordige religieusvrede bezweeren solemnelick in handen van der wet ende dienvolghende elckanderen patientelyck verdraghen zonder questie of geschil ende zonder ter cause van de religie deen of dandere te schimpen, injureeren, missegghene of misdoene en lyfve noch in goede ende en eenigherwys, op peyne rigoureuse staffynghe ter discretie van der Wet anderen tot exemple. Ghedaen binnen der stede van Brugge, den zeventiensten dach van April 1500 neghentzeventich.

plus bas se trouve:

OUDENBURG.

Acte de nomination d'un chanoine de Ghistelles.

Wy mynheer Josephus Guilelmus Affaytadi grave der stede van Ghistel en de landen van Ghistel, baron van Hilst, Lavenskensacker, Wilskerke, prinse ende grave des H. Rooms-Ryckx etc. Salut.

Doen te weten dat alsoon is komen te vaceren de canonincksdye, onder den titel van alle heiligen gefondeerd, in onze collegiale kerke van onze lieve vrouwe binnen de voorseede stede van Ghistelle door de demessie gedaen in onze handen by heere en meester David Carolus van Belleghem, priester, tegenwoordig pastor tot Everghem, diocese van Gendt, lesten possesseur van het selve, soo ist dat wy op het rapport aen ons gedaen van de persoon Petrus Livinus Stouthamer, naer examinatie van tonseur en doopbrief, hebben goed gevonden deselve canoninckdye aen hem te jonnen en de te confereren, soo wy hem jonnen en confereren by dezen met al sulcken baten profyten ende emolumenten alzyne voorzaten possesseurs van hetselve beneficie hebben genoten en gejouisseert, versoekende by den eerweerden beer deken van het Cappittel van het voornoemde Ghistelle den voorseiden heer Petrus Livinus Stouthamer te stellen en de actuele en rééele possessie van de voornoemde canoninckxdye met alle solemneteyten daertoe gerequireert.

In teken van waerheid hebben wy hier opgedrukt ons casset van wapenen ordinaire en geteekent met ons gewoonlyck handteeken.

Actum Wommelgem den 4 juny 1753.

Geteekend : J. G. AFFAYTADI,
grave van Ghistel.

(Zegel).

Renouvellement de l'octroi sur l'imposition des boissons à Ghistelles.

Wy vrouw Isabella Clara Philippina van Haveskercke, douarire, gravinne van M'her Joseph Guilliame d'Affaytadi, in syn leven grave der stede en van Ghistel ende van Soro-syn, prince des heylichryck, baron van Hilst, heere van Lavekensacker, Luike, Zelzaete, Wilskercke, Cruyszande, etc. aen ons vertoont synde by eene requeste van weghen baillin, burgmeesters ende schepenen onze voorseyde stede van Ghistel dat sy van alle immoriale tyden v'uyt crachte van ons octroij hadden verpacht den axeys op bieren, winen ende brandewynen volgens huerlieden conditien van den jaere XVJᵉ ses en neghentigh ende noch andere daer te vooren te wetene van de borghers, geen herberghe houdende, van elcke tonne groot bier. drye schellinghen grooten ende van ieder tonne cleyn bier een schelling twee groote, waervan de geestelyke hebben vrydom tot een derde, ende van de brouwers ofte herbergiers ventende binnen de voorseyde stede tot acht schellyngen grooten van iedere tonne grootbier en van elcke tonne cleyn bier tot twee schellyngen ses grooten meedere ende mindere frustogie naer advenant ende ten regarde van den wyn betaelden de borghers tot ses grooten van ieder, stoop ende deghonne brandewyn ventende tot tien grooten den stoop; medesgaders noch andere stads regten ende incommen men die wetten jaerlyckx ghewoone is van te verpachten, als de weten den bierboom ende waghen sout visch ende harinck. De cooren maeten, het jeken van potten ende ghewichten , de calzyde , calliote backers slaghgbelt tot vente vremdelynghen ter merckt etc. gevende voorde. By hunne requeste te kennen dat het octroy daer over by onse voorsaeten verleent was gheexpireert, ende ons biddende ten einde wy souden ge·lient wesen van aen hun te verleenen een nieuw octroy voor den tyd van dertigt naer een volghende jaren, dien volghende hebben wy, insiende de redenen by requeste ghedregen, aen de voors⁰ Balliu. Burghemeesters en Schepenen onser voornoemde stede van Ghistel verleent, soo wy hun verleenen by desen dese opene jetteren van octroy voor den tyd van dertigh naer een volghende jaeren te beginnen met daete deser omme de voors⁰ excysen alsmede alle voor dese pachten ende rechten soo die hier voorenstaen gheexpresseert dan of soodaenigh regt als van oude tyden te moghen ghenieten en verpachten ofte doen collecteren op zoodaenighe conditien als sy bailliu Burghemeesters ende Schepenen sullen vinden te behooren tot laste van alle de inwoonders der ghemelde stede van Ghistel soo geestelyke als wereldlycke. Behoudens en wel verstaende dat de boeten daervan te procederen alle jaeren sullen gebracht worden in stads rekenynghe soo ende ghelyck tot nu toe gebeurt is.

In teecken der waerheyt hebben wy dese onderteeckent met ons ghewoonelyck hand-teecken ende ghecachetteert met ons cachet van armoirie desen vyfden jannuarius een duyst seven hondert eenen sesthigh.

DE GRAVINNE VAN GHISTELLE.

(Zegel).

Pétition de l'évêque de Bruges adressée à la Gouvernante des Pays-Bas.

Avis du conseil en Flandres. ouis les cons⁻⁻ fiscaux et autres qu'il peut appartenir. Fait à Bruxelles le 17 août 1761.

A son altesse royale.

L'eveque de Bruges a l'honneur de representer tres bumblement a votre altesse royale, que par les plus anciens canons de l'eglise renouvellés de tems a autre, de meme que par les edits et placards des augustes predecesseurs de sa majesté les eveques sont chargés de veiller au temporal des eglises, nommement des eglises paroissiales des tables des pauvres et de toutes autres fonctions pieuses.

Les apotres etablirent sept diacres, comme les actes que nous en avons dans la Stᵉ ecriture en font foy, pour veiller au temporel et des loix. comme l'assure St-Augustin (traité 62 sur l'evang. de St-Jean, Nº 5) fut établi la première forme de cette administration.

Le 41ᵐᵉ canon . entre ceux qu'on attribue communement aux apotres, ordonne que l'eveque doit prendre soin du spirituel et du temporel de son eglise.

Le 25 et dernier canon du concile d'Autriche de l'an 341 defend à l'eveque de laisser l'administration des biens de l'eglise à ses parens, de crainte que cela ne donne juste soupçon que par ce moyen il aurait dessein de les enrichir.

Vers le 5e siècle fut introduite la division du patrimoine de J. C. en quatre portions dont une fut assignée aux eveques, l'autre au clergé, la troisième pour les pauvres et la quatrième pour l'entretien des eglises et de ses dependances, cependant les eveques ne furent point dechargés de la surintendance d'aucune des dites portions, puisque St-Gregoire le grand avertit l'eveque de Catane par sa huitième lettre, de faire la division de la portion due au clergé selon le mérite d'un chaqu'un, et dans sa 29 lettre du neuvième livre il avertit encore l'eveque napolitain de distribuer tout de suite au clergé et aux pauvres ce que leur etoit dù, et qui avoit été negligé par le predecesseur dud. eveque.

Le docteur Van Espen Tom I, part. E. tit 86 N 7 dit : quamvis autem per benefi-ciorum erectionem nenon bonorum ecclesiæ cathedralis inter episcopum et canonicos partitionem libera illa episcoporum disponendi et administrandi res ecclesiasticas autho-ritas, non porum restricta fuerit, nihilominus indubitatum est, episcopos ad hunc emansisse rerum ecclesiasticarum dispensatores et curatores quo ad ecclesias es coca sibi subjecta et que etiamnum hodie autoritatis illius non exiguos superesse reliquias. Il le prouve ensuite très-solidement dans le titre que nous venons de citer et dans plusieurs autres passages de ses ouvrages, et finalement il conclut No 1o. Sinabo passim et omni-bus sinodes belgicis leguntur quæ episcopatem in bona ecclesiarum et beneficiorum episcopis subjectorum super intentiam evineunt et No 13 conseneus episcopi in aliena-tione bonorum ecclesiasticorum necessarius sat manifeste evincit, eminentem aliquum et primariam aut heritatem in administrandis inferiorum ecclesiarum et beneficiorum bonis penes episcopum remonere.

Le concile de Trente sess. 22. cap. 29 ordonne aux administrateurs de biens d'église et des fondations pieuses de rendre compte tous les ans de administration à l'ord**, et que si en vertu de quelque coutume, constitution ou privilege, il y a quelques personnes deputées pour les couler que cependant l'eveque n'en sera jamais exclu.

Les edits qui ont été emanés a ce sujet par Charle quint et Philippi second de glorieuse m me sont conformes aux susdites anciennes loix et usages mais par les guerres civiles qui ont desolé les Pays-Bas depuis l'année 1560 le bon ordre y fut tellement troublé, que l'archeveque de Malines et tous les eveques coprovinciaux furent obligés d'implorer l'autorité des archiducs Albert et Isabelle pour faire d'autant mieux executer ce qui avoit été ordonné par plusieurs articles du synode provincial de Malines de l'an 1607.

Ce fut à cette sollicitation que les archidues firent emaner le placcard de l'an 1608, où il est ordonné entre autres art. 23 que le jour pour l'audition des comptes des fabri-ques des eglises, des hotels-dieu, hopitaux tables des pauvres &e doit être presigé et fixé par l'eveque où par son deputé dans toutes les villes, paroisses et lieux de son diocèse, à l'intervention du patron de la fondation ou de tel autre qu'en auroit pris soin auparavant, et à leur defaut, à l'intervention de l'officier principal du lieu, leurs altesses serenissimes y reclament elles memes l'obligation des eveques et le droit qui leur compete à cet égard en vertu des sanctions canoniques et de la dignité de leur carractere.

— 538 —

L'art 25 dud. placcard ordonne que les eveques ou leurs deputes devront intervenir gratis au coulement des susd. comptes, outre ceux qui y auroient vaqué jusqu'alors, soit de la part de votre majeste ou de ses vassaux pour y veiller à une meilleure direction et afin que les difficultes qui y pourroient survenir puissent être terminées par avis commun des auditeurs.

Entre cent et quinze paroisses dont le diocese de Bruges est composé il n'y a que celles de St-George, de Gidts, de Ghistelles, de Middelbourgh, d'Oostkercke, de Roosebeke, de Staden, de Siseele, de Wyneghem, de Eeghem, et de Stuyvekenskercke ou les seigneurs ou leurs députés pretendent de conter seuls les comptes à l'exclusion de l'eveque.

Ils se fondent premièrement sur ce que l'eveque seroit hors de possession d'y intervenir peut être parce que les predecesseurs du remontrant n'y ont envoyé personne lorsqu'ils crurent que tout y etoit bien administré cette intervention est d'ailleurs une affaire meræ facultatis, l'enonciation dont se sert Chle Deux dans son placcard sur le synode de Cambroy de l'an 1587 le confirme, il y est dit que l'eveque pourra, lorsqu'il le jugera necessaire y envoyer son député, le 25 art. du placcard de 1608 sur le synode de Malines l'ordonne absolument et sans restriction, il ne paroit donc pas que cette possession contraire decharge l'eveque de s'acquitter de ce devoir, dont il est responsable tant en vertu des canons de l'église qu'en vertu des ordonnances des souverains de ces pays.

Les d. seigneurs fondent secondement leur opposition sur ce qu'en vertu de leurs privileges le droit d'intervenir aux sus d. comptes leur compete privativement et sur ce que dans le placcard de 1587 il est dit que l'eveque pourra, lorsqu'il le jugera necessaire y envoyer son député moiennant que ce soit sans prejudice des droits et autorité de sa majte ou des seigneurs particuliers des lieux.

Mais quels sont les droits qui pourroient etre lesés par l'intervention de l'eveque aux d. comptes? L'art. 25 du placcard de 1608 postérieur au placcard qu'ils reclament de 1587 ordonne sans restriction que l'eveque ou son député doit y entervenir, quand même ceux qui y vaqueroient se feroient au nom de sa majte.

Les droits des seigneurs particuliers ne s'étendent certainement pas plus loin que ceux de sa majeste même, or ce n'est pas où il a des deputés qui interviennent au nom de sa majeste comme dans tout le ressort des magistrats de la ville et du franc de Bruges que le remontrant rencontre de l'opposition, ce n'est que chez quelques seigneurs particuliers qui abandonnent presque toujours cette besogne à leur bailly, receveur ou à quelque autre praticien de village qui ne sont pas toujours portés pour finir à l'amiable les difficultés qui surviennent de tems à autre au sujet de l'administration des biens de la fabrique des eglises et des tables des pauvres.

Dans la paroisse de Ghistelles, c'est N. D'hauw qui seul conte les comptes au nom de la Dame du lieu, le fils dud. D'hauw est receveur de l'eglise et de la table des pauvres et ne rend compte qu'a son pere, ces comptes sont tout en arriere et la cloture de celui de la table des pauvres est obérée environ de deux cent livres de gros.

Il y a dans la même paroisse une fondation se disant chapitre, le curé s'en qualifie le doyen, et en est en même tems receveur, il y a plus de vingt ans qu'il n'a rendu compte à qui que ce soit, pas même à ceux qui y sont pauvres de benefice, lesquels en ont porté plusieurs fois leurs justes plaintes au remontrant.

Dans la paroisse de Wyngene les comptes de la fabryque sont arriérés de onze ans, et ceux de la table des pauvres de seize; quelques petits revenus de l'église y ont été confondus avec ceux du seigneur de la paroisse et glissés dans ses comptes pendant environ trente ans : ce seigneur ne scachant au juste à combien cela pouvait monter a ordonne qu'on fit une restitution de vingt livres de gros à lad. fabrique, il y a lieu de croire que le susd. abus a été commis à son inscu, mais lorsque l'eveque n'intervient pas à un compte ou personne de sa part, ce n'est que par cas fortuit qu'il peut decouvrir pareils inconveniens, et tout ce que l'on peut dire en general, c'est que dans presque toutes les paroisses susmentionnées les comptes et autres document apartenant aux eglises et aux tables des pauvres ne sont pas enfermés dans les archives comme il est ordonné par l'art. jj de l'ordonnance de 1650 que les comptes y sont beaucoup en arriere, et que l'expérience a fait voir qu'il arrive souvent en pareils cas, que les receveurs portent en mises tous leurs exposés sans distinction et ne se chargent d'autre recette que de celle precissement des années dont ils comptent, ils forment par ce moyen des clotures onereuses dont il prétendent l'interet tandis cependant que la somme qu'ils ont exposée ne surpasse point celles qu'ils ont reellement recue.

Avant le synode provincial de Malines, ce mal etoit presque devenu universel et le seroit encore si les archiducs n'y eussent interposé leur autorité par le placcard de 1608, il seroit bien disgracieux pour le remontrant d'être obligé de soutenir un procès pour chaque paroisse où le susd. placcard ne s'observe pas, et cela uniquement pour pouvoir s'acquitter de son devoir et pour vaquer à des comptes, sans autre emolument ou profite que le maintien d'une exacte administration.

Au reste on ne pretend pas d'en exclure les seigneurs des lieux qui ont droit d'y intervenir, ou ceux qui y ont vaqué jusqu'à present de leur part : leur droit d'ailleurs ne sera pas plus lezé par l'intervention de l'eveque ou de son deputé que ne l'est celuy de sa majte meme dans les paroisses ou les députés y vaquent en son nom.

A ces causes le remontrant prend son respectueux recours vers votre altesse royale.

La suppliant tres humblement de declarer, que le placcard du 31 août 1608 doit etre observé dans toute l'etendue du diocese de Bruges de la domination de sa majte selon sa forme et teneur, nonobstant toute pretention ou possession contraire avec ordonnance tant auxd. onz paroisses qu'a tous autres qu'il appartiendra de s'y conformer.

C'est la grace signé, S. R.
eveque de Bruges.

Recepta 27bre 1761.
Ins. 22 7bre 1761.
toorconden als geauthoriseerden over den deurwaerder Vandercapt. Oodt. p. Barot.

L'impce Reine.

Tres cher, chers et Feaux nous vous remettons cy joint une reqte de l'eveque de Bruges afin que vous en examiniez le contenu et que vous nous y rendiez votre avis ouis les consrs fiscaux et autres qu'il peut appartenir a tous cher et chers et feaux Dieu vous ait en sa S^{te} garde. Bruxelles le 17 Août 1761.

Par ord. de sa maj^{te} signé C. Maria.

Algesien al' eer aen de magt te rescriberen by dese met de annexe regte getoont aen de respectieve heeren of te hunne gedeputeerde auditeurs der reh^e van elx prorhien by de selve regte vermelt , ten eynde van daer tegens de seggen voor den raedts heer Rooman volgens het decreet van 17 April 1758 op den negenthienden Octobre toecomende ten seven urn s' morgens op peyne van absoluyte verstek' en rescriptie en de sy t' eynden dies valles geleyt in handen van de raden fiscaelen om 't hof nopende de materie te dienen van hun advys. —

Actum den 10 7bre 1761 ond^r S. P. J. Soetaert.

———

FONTS BAPTISMAUX DE STEENOCKERSEEL.

Dans son utile *Histoire des environs de Bruxelles*, (1855, 3 vol. in-8º). M. ALPHONSE WAUTERS a dû évidemment se fier souvent à des correspondants légèrement myopes ou mal renseignés. Il est donc important de constater les lacunes et les erreurs qu'on peut découvrir dans cette intéressante *polygraphie*.

Au tom. III, p. 143, on trouve un dessin de la curieuse construction qui existe à Humelghem et qui est connue sous le nom de *'t Duifhuys*, *le Colombier*. Malheureusement cette vue est incomplète et reproduit la façade du côté opposé à la charmante tourelle accolée à son angle oriental. Cette tourelle qui est évidemment de la même date que l'édifice, puisqu'elle est construite à l'aide des mêmes matériaux, s'élève jusqu'au toit et contient un escalier en colimaçon conduisant à la salle du premier étage.

Cette salle doit n'avoir jamais été visitée par M. Wauters, car il eût fait observer qu'on y remarque, outre une cheminée antique et des niches du style ogival creusées çà et là dans les murs, une crédence d'un excellent caractère gothique qui semble assigner à cette salle une destination religieuse.

En se rendant d'Humelghem à Steenockerseel, on trouve dans l'église de ce village, récemment agrandie avec intelligence, des fonts baptismaux d'une forme rare en Belgique. M. Wauters les signale en ces termes, p. 141 : *de ce côté se trouve le baptistère, beau bloc de* MARBRE, *qui est enfermé dans une chapelle à jour, construite en bois,* etc.

Je ne sais si l'on peut appeler *chapelle* l'espèce de pavillon à jour qui renferme ces fonts baptismaux, mais dire qu'ils constituent un *beau bloc* et de *marbre* encore, c'est commettre une bien singulière erreur. Ils se composent de plusieurs pièces, savoir : un pédicule central et cylindrique, surmonté de la cuve et entouré de quatre piliers, le tout en pierre blanche [1], celle probablement qui est si commune dans ce canton. Il ne s'agit donc aucunement d'un monolithe.

Quant à la forme, elle rappelle les fonts baptismaux de Termonde et de Zedelghem qu'on croyait seuls de leur espèce en Belgique, mais M. Le Grand de Reulandt en a signalé de pareils à Lichtervelde. D'autres savants ont également fait connaître l'existence de fonts baptismaux du style roman mais à un seul pédicule dans les communes de Limmel, Lixhe, Munster-Bilsen, Hoesselt, Herckenrode, Zillebeke, etc.

Voici les dimensions exactes des fonts de Steenockerseel :

Hauteur totale...........centimètres	0—96
Hauteur de la base......... »	0—20
Largeur id. .... »	0—65
Hauteur de la cuve......... »	0—37

[1] Ces fonts ont été grossièrement peinturés par un artiste de village, qui a voulu imiter un marbre rouge du pays. Ils sont dépourvus de toute sculpture ou inscription. Dans leur caractère général, ils rappellent le style roman; mais sont-ils bien du XIe siècle, époque à laquelle on fait remonter ceux de Zedelghem, *à cause de la simplicité de leur ornementation ?*

Largeur de la cuve . . . . centimètres 0—72
Circonférence du pédicule central   »   1—08
Circonférence des **4** pédicules
. placés aux angles . . . .   »   0—39
Profondeur de la cuve . . . .   »   0—31
Diamètre de l'orifice de la cuve .   »   0—56

On peut consulter sur ce qui précède :

SCHAYES, *Histoire de l'architecture en Belgique*.

A. SCHAEPKENS, *Messager des sciences historiques*, *Annales de l'académie d'archéologie de Belgique et Trésor de l'art ancien*.

P. VAN DUYSE, *Messager des sciences historiques de Belgique*.

J. O. ANDRIES, *Bulletin du comité archéologique du diocèse de Bruges*.

WOILLET, *Mémoires de la société des antiquaires de la Morinie*, T. III.

MILNER, *The history of the antiquities of Winchester*.

LE GRAND DE REULANDT, *Notice sur les tours des églises de Thourout et de Lichtervelde*, insérée dans le *Messager des sciences historiques de Belgique*, année 1857.

CRÉPIN, *Annales de la société archéologique de Namur*.

H.-W.

membre honoraire.

DESCRIPTION

DES

CARTES DE LA PROVINCE D'ANVERS

ET DES

PLANS DE LA VILLE

PAR

M. A. DEJARDIN,

Capitaine de génie, membre correspondant de l'Académie.

(Suite, voir Tome XX, page 440.)

1863.

Nº 361. Plan intitulé : *Question anversoise. Plan publié par ordre de l'administration communale.*
Établissement géographique de Bruxelles fondé par Ph. Van der Maelen. 425.

Échelle de 1 à 20,000.

Avec une échelle et une légende pour les couleurs employées pour distinguer l'enceinte actuelle, la nouvelle enceinte, les huit forts détachés, la citadelle du nord, la citadelle du sud, le fort de la Tête de Flandre, le terrain inondable et les terrains frappés de servitudes nouvelles.

Ce plan a les mêmes limites que celui décrit au nº 349; mais il ne donne pas toutes les rues : il n'indique que les principaux édifices de la ville. Il donne le nombre d'habitants de la ville et des villages, et la superficie des différentes parties de la ville ainsi que la distance des huit forts à la bourse. La citadelle du nord est intitulée : *Grande citadelle du Nord de 132 hectares construite illégalement.* En dehors du cadre, à droite, est une liste de documents publiés dans le but de prouver l'illégalité de la construction de la citadelle du Nord.

Larg. 0^m655, haut. 0^m555.

Ce plan a été adressé aux membres du Sénat belge dans la séance du 11 novembre 1863, par MM. les bourgmestre et échevins de la ville d'Anvers.

Ce plan a reçu plus tard une papillote sur la citadelle du nord, « ayant
» pour but, comme le dit une légende supplémentaire, de préciser, par le
» tracé des ouvrages de défense de la citadelle du nord, qu'une des batte-
» ries les plus formidables de cette citadelle est bienréellement dirigée
» contre la ville, qui est menacée par conséquent d'une destruction certaine
» en cas de siège. » On a donné aussi une suite à la légende pour expliquer les endroits battus par la citadelle du nord.

On a aussi ajouté sur ce plan un fort sur la rive gauche, vis-à-vis de la citadelle du nord.

Ce plan a été distribué aux membres de la Chambre des représentants dans la séance du 16 décembre 1863.

Dans quelques exemplaires la liste de documents qui se trouve en dehors du cadre est traduite en flamand.

1863.

Nº 362. Plan intitulé : *Plan de la ville d'Anvers et de son agrandisse- ment général dressé et gravé par J. Van de Kerckhove dessinateur et graveur de plans, 7, rue des Aveugles, 7.*

Cromolithographié et publié par Bizolier et Van de Kerckhove à l'impri- merie de l'académie royale des beaux-arts à Anvers. 1863. Déposé aux termes de la loi.

Échelle de 1 à 12,500.

Avec une échelle, une rose des vents, une légende pour les monuments de 72 numéros et une autre pour les places publiques, rues, etc., des quatre sections intra-muros qui ne sont pas inscrites sur le plan, faisant suite à la première, et allant jusqu'au nº 142. Les armoiries de la ville d'Anvers sont au-dessus du titre.

Ce plan s'étend au-delà de la nouvelle enceinte qui y est représentée par la limite des terrains expropriés. Le détournement des routes à travers les terrains des fortifications y est indiqué.

Dans un coin de ce plan est une carte intitulée : *Agrandissement général.* (N° 141 des cartes).

Dans la largeur du cadre sont comprises seize vues de monuments de la ville d'Anvers.

Larg. 0m60, haut. 0m445.

Est dans le commerce.

TROISIÈME PARTIE.

Plans des forts sur l'Escaut.

J'ai compris dans la troisième partie, outre les plans des forts situés dans la province d'Anvers, sur la rive droite de l'Escaut, ceux des forts compris dans la province de Flandre orientale, sur la rive gauche. Il y a en effet une trop grande corrélation entre les forts placés sur l'une et l'autre rive pour pouvoir les séparer ; ils concourent en même temps à la défense et leur construction s'est faite en même temps. Il n'y a pas lieu pour ces plans de faire plusieurs catégories, vu leur petit nombre. Ils appartiennent presque tous d'ailleurs seulement à deux dates différentes. Ainsi les plus anciens se rapportent à l'investissement de la ville par Alexandre Farnèse, en 1585, et à la construction de son pont, à jamais mémorable, sur l'Escaut, pont qu'il protégea par la construction des deux forts qui lui durent leur naissance [1]. Ce sont donc pour ainsi dire des plans ou vues du pont avec les forts Ste-Marie et Philippe : ils sont au nombre de 19. Il y a, en outre, de la même époque les plans d'un grand nombre de petits forts ; ils sont fort insignifiants et je ne les renseigne que pour mémoire. Les autres plans ont été publiés dans le *Novum ac magnum theatrum* de Blaeu et sont de 1649. Il y en a cinq.

[1] Cette affaire se trouve aussi représentée sur d'autres gravures que j'ai rangées dans la première partie (Cartes), parce qu'elles représentaient en même temps le pays à une assez grande distance.

Les forts situés tant sur les bords de l'Escaut que dans l'intérieur des terres aux environs d'Anvers, sont en très grand nombre. Ils ont presque tous été construits par les confédérés ou par les Espagnols de 1583 à 1585. Ceux qui ont le plus de plans sont ceux de St.-Marie, de Philippe et de Lillo. Je ferai donc un chapitre à part pour les deux premiers qui sont l'un vis-à-vis de l'autre sur les deux rives opposées de l'Escaut et qui étaient reliés par le pont construit par le prince de Parme, et un chapitre pour le troisième. Tous les autres plans de forts seront énumérés dans un troisième chapitre.

Le CHAPITRE I, comprenant les forts Ste-Marie et Philippe, compte 29 numéros, tous de l'année 1585. Les neufs premiers pour la construction du pont par Alexandre Farnèse, prince de Parme : le n° 10 pour l'attaque des forts aux environs de ce pont : les sept suivants (n° 11 à 17) pour la destruction du pont : le n° 18 pour l'attaque de la digue de Coewestein et le n° 19 pour les événements après la victoire des Espagnols.

Le CHAPITRE II compte trois plans du fort Lillo à trois époques différentes : 1585, 1649 et 1674. (N° 20, 21 et 22.)

Le CHAPITRE III énumère les plans des autres forts à deux époques différentes : 1585 et 1649 ; il y en a 24 de la première date, sous le n° 23, et quatre de la seconde, sous les n° 24, 25, 26 et 27.

CHAPITRE I.

FORTS STE-MARIE ET PHILIPPE.

1585.

N° 1. Plan intitulé : *Aigentliche contrafactur des Bruggen und sterckte welche der Prins von Parma gelacht hat vher den Schelt, welche brugk auf dem end von Brabant, schenst auff das Blockhauss von Oordam, und met dem andern ende auf das Blockhaus von Callo gelegen in Flanderen*, etc. 82.

Avec une légende de A à F.

Le fort d'Oordam (fort Philippe) est sur la rive droite de l'Escaut et le fort de Calloo (fort Ste-Marie) sur la rive gauche : ils sont reliés par le pont jeté par le prince de Parme ; l'un et l'autre viennent d'être construits.

Quelques inscriptions expliquent ce qui se trouve sur ce plan. Dans un coin est une carte des environs du pont (N° 10 des cartes).

Larg. 0m30 , haut. 0m21.

Se trouve dans l'ouvrage intitulé : *De leone Belgico*, etc. par Michel Aitsinger. Pag. 369.

1585.

N° 2. Plan intitulé : *Prospect der langen Schiff*, etc. Avec un autre titre en-dessous.

C'est une copie du plan précédent.

Larg. 0m29, haut. 0m20.

Se trouve à la Bibliothèque royale, à Bruxelles.

1585.

N° 3. Plan avec le second des titres du plan précédent, et qui en est une copie.

Larg. 0m295, haut. 0m21.

Se trouve à la Bibliothèque royale , à Bruxelles.

1585.

N° 4. Plan sans titre (*n*° 165) du pont de Farnèse.

Avec quatre vers latins au bas. C'est une réduction du n° 1. La légende est en blanc.

Dans un coin de ce plan est aussi une carte des environs du pont. (N° 11 des cartes).

Larg. 0m16 , haut. 0m125.

Se trouve dans l'ouvrage intitulé : *Nederlantsche oorloghen*, etc. par Pierre Bor. 1621 à 1631. Tom. III. (20° partie). Pag. 32.

1585.

N° 5. Plan intitulé : *Stacada ou pont faict par le prince de Parma devant la ville d'Anvers.*

Avec une légende de A à F pour les forts.

On voit les forts Ste-Marie et Philippe et le fort d'Oordam.

Larg. 0m275, haut. 0m195.

Se trouve dans l'ouvrage intitulé : *Histoire générale de la guerre de Flandre. Divisée en deux parties ,* etc. par Gabriel Chappuys. Paris 1635. Deux volumes in folio. Tom. I.

1585.

N° 6. Plan du pont Farnèse avec les forts Ste-Marie et Philippe aux deux extrémités.

Avec une échelle.

Larg. 0m165, haut. 0m055

Ce plan se trouve sur la carte intitulée : *Obsessio Antverpiæ Alexandro imperante.* 1585, (N° 8 des cartes) qui se trouve aux Archives générales du royaume et à la Bibliothèque de Bourgogne.

1585.

N° 7. Vue intitulée : *De schipbrug van Farneze.*
J. *Linnig sc.* 1850. V° *D. Bladz* 219.

On y voit le pont et les deux forts aux extrémités en entier.

Le dessin de cette planche a été fait par M. Linnig lui-même d'après les descriptions du pont données par les auteurs et d'après les plans existants.

Larg. 0m45, haut. 0m135.

Se trouve dans l'ouvrage intitulé : *Geschiedenis van Antwerpen,* etc., par Mertens et Torfs. Anvers, 1846. Tom. 5, pag. 219.

1585.

N° 8. Plan intitulé : *Palatio vulgo steccata pontis Antverpiam pars.*
A. L. *del. et fc. Viennæ.*
Dec. 2. pag. 173.

Avec une légende de A à R pour les détails de construction du pont.

Il ne se trouve sur cette planche que la partie fixe du pont appuyée au fort Ste-Marie et le plan de ce dernier fort.

Larg. 0m35, haut. 0m22.

Se trouve dans l'ouvrage intitulé : *Famiani Stradæ Romani e societate Jesu de bello* |*Belgico decas prima,* etc. *et decas secunda ,* etc. 1751. *Prostant Pestini , apud Johannem Gerardum Mauss.* Un volume in-folio. Pag. 173.

1585.

N° 9. Plan intitulé : *Pont Antverpianus Scaldi fluv. impositus.* dec. 2. pag. 178.

Antonius Lemel sc. Viennæ.

Avec une légende de A à N pour les diverses parties du pont, et une de 9 numéros pour les détails de construction des deux navires incendiaires. On y voit le pont en entier avec les forts Ste-Marie et Philippe aux deux extrémités ; les brûlots l'*Espérance* et la *Fortune* s'avancent contre le pont.

Larg. 0ᵐ35, haut. 0ᵐ21.

Se trouve dans le même ouvrage que le précédent.

1585.

N° 10. Vue intitulée : *Ponte d'Alessandro Farnese duca di Parma su la Scelda.*

Cette vue n'a rien d'exact : l'Escaut est rétréci à tel point que le pont se compose seulement de six bateaux : le pont est défendu par quatre redoutes qui n'ont jamais existé. Un combat se livre sur une digue qui aboutit au pont entre les Espagnols et des troupes sur des navires : on a probablement voulu représenter l'attaque des forts St-Antoine, etc. Dans le lointain on voit la ville d'Anvers.

Larg. 0ᵐ275, haut. 0ᵐ14.

Fait partie de la collection de M. J.-J.-P. Vanden Bemden, à Anvers.

1585.

N° 11. Plan sans titre des forts Philippe et Lillo sur la rive droite de l'Escaut et des forts Ste-Marie et Liefkenshoek sur la rive gauche. Le pont de Farnèse est détruit par le brûlot l'*Espérance*, tandis que la *Fortune* éclate contre la rive gauche, le 4 avril 1585. On voit aussi la prise du fort de Liefkenshoek et de St-Antoine qui eut lieu le même jour par la flotte zélandaise sous les ordres de Justin de Nassau.

Quelques inscriptions en allemand rendent ce plan plus intelligible.

Larg. 0ᵐ265, haut. 0,195.

Se trouve dans l'ouvrage intitulé : *De leone Belgico*, etc., par Michel Aitsinger. Pag. 371.

1585.

N° 12. Plan sans titre représentant la destruction du pont de Farnèse (*N° 166*) avec 4 vers latins au bas.

C'est une réduction du plan précédent.

Larg. 0ᵐ16, haut. 0ᵐ125.

Se trouve dans l'ouvrage intitulé : *Nederlantsche oorloghen*, etc. , par Pierre Bor. Tom. III. (20ᵉ partie). Pag. 33.

1585.

N° 13. Vue sans titre représentant la destruction du pont Farnèse. *Tome I. N° 22. C. Decker fc.*

C'est une vue à vol d'oiseau qui représente une partie du pont et le fort Ste-Marie. Le brûlot la *Fortune* éclate contre la rive gauche tandis que le brûlot l'*Espérance* éclate contre le pont et le détruit ; ceci eut lieu le 4 avril 1585.

A la partie supérieure de cette vue se trouve un plan intitulé : *Parmaas schipbrugh over de Schelde.*

Avec une légende de 9 numéros pour ce plan et pour la vue qui est en-dessous.

Dans ce plan on voit le pont en entier et une partie des forts Ste-Marie et Philippe.

Larg. 0ᵐ345, haut. 0ᵐ265.

Se trouve dans l'ouvrage intitulé : *Nederlantsche oorloghen* , etc. , par Pierre Bor. Tom. 7.

Et dans celui intitulé : *Geschiedenissen der vereenigde Nederlanden*, etc., par Jean Leclerc. Tom. I.

1585.

N° 14. Vue intitulée : *Naarder afbeelding der werking van Gianibellies brandtscheepen tegens de schipbrug der Prinsen van Parma over de Schelde. C. Decker in. et fec.*

Avec une légende de 5 numéros.

Cette vue est une variante de la précédente ; mais le plan du pont ne se trouve pas à la partie supérieure. On ne voit que le fort Ste-Marie et la partie du pont qui est auprès ; l'échelle est plus petite. Les dégâts causés par l'explosion de la *Fortune* paraissent plus grands.

Larg. 0ᵐ335, haut. 0ᵐ255.

Se trouve dans l'ouvrage intitulé : *Nederlantsche oorloghen* , etc. , par Pierre Bor. Tom. 7.

Et dans celui intitulé : *Geschiedenissen der vereenigde Nederlanden*, etc., par Jean Leclerc. Tom. I.

1585.

N° 15. Vue intitulée : *Déroute du pont Farnèse , où Alexandre de Parme manqua de périr. Tom. 4. Pag.* 57.

La vue est prise du fort Ste-Marie, d'où on voit le pont dans sa longueur. Le prince de Parme est renversé ; les guerriers qui l'entourent sont tués.

Larg. 0^m16, haut. 0^m115.

Se trouve dans l'ouvrage intitulé : *Histoire de la guerre des Pays-Bas du R. P. Famien Strada*, etc. Tom. 4. Pag. 57.

Ainsi que dans celui intitulé : *Histoire des révolutions des Païs-Bas*, etc.

1585.

N° 16. Plan sans titre des forts Philippe et Lillo sur la rive droite de l Escaut et des forts Ste-Marie et Liefkensboek , sur la rive gauche. *Fol.* 424. On y voit aussi la destruction du pont de Farnèse.

C'est une copie du plan précédent : les inscriptions cependant ne sont pas les mêmes.

Larg. 0^m18, haut. 0^m135.

Fait partie de la collection de M. Linnig , artiste graveur, à Anvers.

1585.

N° 17. Plan sans titre des forts St-Marie et Philippe et du pont jeté par le prince de Parme entre ces deux forts. *Anno Dⁿⁱ* 1585, *Apr.*

Le pont est détruit par le brûlot l'*Espérance*, tandis que la *Fortune* éclate contre la rive gauche.

En dessous se trouvent douze vers en allemand expliquant ce fait.

Larg. 0^m26, haut. 0^m195.

Fait partie de la collection de M. A. Le Roy, professeur à l'université de Liége.

1585.

Nº 18. Plan sans titre de la bataille sur la digue de Cowenstein. *Anno Dᵐⁱ 1585. Am. 26 May.*

En dessous se trouvent douze vers en allemand qui expliquent cette affaire.

Larg. 0ᵐ26 , haut. 0ᵐ195.

Fait partie aussi de la collection de M. Le Roy.

1585.

Nº 19. Vue sans titre du fort Ste—Marie, à l'intérieur, avec une partie du pont de Farnèse. C'est le moment où le comte de Mansfeldt remet au prince de Parme le collier de l'ordre de la toison d'or qui lui fut envoyé par le roi d'Espagne, le 11 août 1585.

Larg. 0ᵐ275, haut. 0ᵐ19.

Se trouve dans l'ouvrage intitulé : *De leone Belgico*, etc., par Michel Aitsinger. Pag. 385.

CHAPITRE II.

FORT LILLO.

1585.

Nº 20. Plan du fort Lillo (Nº 38).

Ce plan est petit et peu important.

Se trouve sur la carte intitulée : *Obsessio Antverpiæ Alexandro imperante.* 1585. (Nº 8 des cartes).

1649.

Nº 21. Plan intitulé : *Lillo.*

Avec une rose des vents.

Larg. 0ᵐ305, haut. 0ᵐ185.

Se trouve dans l'ouvrage intitulé : *Novum ac magnum theatrum urbium*

Belgicæ regiæ ad præsentis temporis faciem expressum a Joanne Blaeu. Amstelædamensi. 1649. Deux volumes grand in-folio [1].

1674.

Nº 22. Vue intitulée : *Lillo.*

Joannes Peeters delineavit. Gasper Bouttats fecit aqua forti et exeudit Antverpiæ. Cum privilegio. 1674.

Cette vue est prise du milieu de l'Escant : le fort Lillo est à gauche. La ville d'Anvers apparaît dans le lointain. Plusieurs navires couvrent le fleuve.

Larg. 0^m245, haut. 0^m135.

Se trouve dans l'ouvrage intitulé : *Théâtre des villes et forteresses des Provinces-Unies et frontières tant en Brabrant, Flandre, qu'au Rhin et autres parts, conquestées par les armes des Srs Estats Généreaux soubs le conduit des très-nobles et très-illustres princes d'Orange.* Anvers. 1674. Un volume in-4º oblong.

CHAPITRE III.

FORTS DIVERS.

1585.

Nº 23. Les plans suivants des forts sur les rives de l'Escaut se trouvent sur la carte intitulée: *Obsessio Antverpiæ Alexandro imperante. 1585* , (Nº 8 des cartes) avec le titre général : *Propugnaculorum major forma ut melius cognosci possint.*

Vu leur peu d'importance je me bornerai à en donner la nomenclature.

Plan du fort la Perle (nº 2).

Plan du fort Spei (nº 3).

Plan du fort St-Antoine (nº 4).

Plan du fort Liefkenshoek (nº 5).

Plan du fort St-Antoine (nº 6).

Plan du fort de Tervent (nº 7).

---

[1] Voir la note à la page 72 de ce volume.

Plan du fort du Nord (n° 8).
Plan du fort St-Sébastien (n° 9).
Plan du fort St-François (n° 10).
Plan du fort de Borcht (n° 12).
Plan du fort de Téligny (n° 13).
Plan du fort Melkhuis (n° 14).
Plan du fort de la Tête de Flandre (n° 15).
Plan du fort de Toulouse (n° 16).
        id.   id.   (n° 17).
Plan du fort des Paysannes (n° 18).
Plan du fort St-Pierre (n° 22).
Plan du fort des Paysans (n° 23).
Plan du fort Ste-Barbe (n° 24).
Plan du fort St-André (n° 25).
Plan du fort la Croix (n° 26).
Plan du fort de la Trinité (n° 35).
        id.   id.   (n° 36).
        id.   id.   (n° 37).

1649.

N° 24. Plan intitulé : '*T Fort S. Ambrosius ofte Stoofgadt.*
Avec une échelle et une rose des vents.

Larg. 0m10 , haut. 0m10.

Se trouve dans l'ouvrage intitulé : *Novum ac magnum theatrum urbium Belgicæ regiæ ad præsentis temporis faciem expressum à Joanne Blaeu. Amstelædamensi.* 1649. Deux volumes grand in-folio [1].

1649.

N° 25. Plan intitulé : *Kruys-schants. Fort de la croix.*
Avec une échelle et une rose des vents.

Larg. 0m10 , haut. 0m135.

Se trouve dans le même ouvrage que le précédent.

---

[1] Voir la note à la page 72.

1649.

Nº 26. Plan intitulé : *De situatie van de forten S. Jacob, Stabroeck en Peckgat.*

Avec une échelle et une rose des vents.

Larg. 0m10 , haut. 0m135.

Se trouve dans le même ouvrage que les deux précédents.

1649.

Nº 27. Plan intitulé : *Liefkenshoek.*

Larg. 0m25 , haut. 0m195.

Se trouve dans le même ouvrage que les trois précédents.

SUPPLÉMENT.

Quoique pendant l'impression de l'ouvrage j'aie introduit toutes les nouvelles découvertes que j'ai faites au moyen de numéros bis, ter, etc., il y en a encore qui n'ont pu être intercalées, de sorte que je les donne ici en supplément au moyen de numéros qui serviront à les mettre à leur place dans le recueil. Il y a donc 22 cartes et 23 plans qui devront être ajoutés aux 132 cartes et aux 382 plans de la ville, de sorte que le nombre monte maintenant à 154 cartes et 405 plans. J'espère ne pas en rester là, et avec l'assistance des amateurs en augmenter encore le nombre et faire paraître un second supplément dans quelque temps.

La table qui viendra à la fin de mon ouvrage contiendra l'énumération de tous les numéros, y compris ceux du supplément.

CARTES.

1585.

Nº 13bis. Carte intitulée : *Antverpia.*

S'étendant depuis le pont jeté par Farnèse, jusqu'à la ville d'Anvers.

C'est une vue perspective où le pont occupe le premier plan et la ville le dernier.

Larg. 0m155, haut. 0m125.

Se trouve dans l'ouvrage intitulé : *Nassauwe oorloghen*.

1585.

N° 20bis. Planche sans titre représentant trois choses différentes. *Antonius Lemel sc. Viennœ. dec. 2. pag. 176.*

Avec une légende de 1 à L pour les explications de la première carte, et une de 8 numéros pour celles de la seconde carte, dans laquelle le n° 6 se rapporte au troisième objet.

La première carte donne le cours de l'Escaut depuis l'amont de la ville d'Anvers vers Burcht jusqu'au pont jeté entre les forts Ste-Marie et Philippe. La digue est percée en ces deux endroits et les vaisseaux naviguent dans l'inondation d'un point à l'autre. La ville d'Anvers est au premier plan : le pont du prince de Parme est détruit.

La deuxième carte représente le canal creusé par le prince de Parme depuis Stekene jusqu'à l'Escaut près de Calloo, pour remplacer le premier. Son camp est à Beveren.

Le troisième objet représenté sur cette planche est la manière dont les bateaux étaient attachés pour remplir le vide entre les deux estacades du pont.

Larg. 0m35, haut. 0m22.

Se trouve dans l'ouvrage intitulé : *Famiani Stradæ*, etc., *de bello Belgico*, etc., 1731. Un volume in-folio. Pag. 176.

1605.

N° 22bis. Carte sans titre du cours de l'Escaut depuis Hoboken en amont jusqu'au fort Lillo en aval. Avec une légende de 16 numéros pour les événements qui ont eu lieu le 17 mai 1605 à l'occasion du siége de la ville par le comte Maurice de Nassau. Il y a un pont sur l'Escaut vis-à-vis de la ville. On voit aussi les navires qui attaquent celle-ci.

Larg. 0m26, haut. 0m17.

Fait partie de la collection de M. le chevalier Gust. Van Havre, à Anvers.

1617.

N° 24bis. Carte intitulée : *Machliniæ urbis dominium*.

Cette carte donne la topographie de la seigneurie de Malines.
Le nord est à gauche.

Larg. 0m075, haut. 0m045.

Se trouve sur la carte intitulée : *Brabantia ducatus*, qui fait partie de l'ouvrage mentionné dans le numéro suivant.

1632.

N° 27bis. Carte intitulée ; *Mechlinia dominium.*
Petrus Kœrius cœlavit.
Avec une échelle. Le nord est à droite.
Cette carte s'étend jusqu'à Anvers, Bruxelles et Aerschot.

Larg. 0m235, haut. 0m165.

Se trouve dans l'ouvrage intitulé : *Gerardi Mercatoris atlas sive cosmo-graphicæ meditationes de fabrica mundi et fabricati figura. De novo multis in locis emendatus novisq. tabulis auctus studio Judoci Hondy. Amsterodami sumptibus Johannis Cloppenburgy. Anno 1632.*
Un volume in quarto–oblong. Page 389.

1666 ?

N° 37bis. Carte intitulée : *Marchionatus sacri imperii et dominii Mechelini tabula auctore F. de Wit.*
Gedruckt tot Amsterdam by Frederick de Wit inde Kalverstraet inde witte Paskaert.
Avec deux échelles, une rose des vents et les armoiries du marquisat et de la seigneurie de Malines.
Cette carte comprend les villes de Bruxelles, de Louvain, de Malines, d'Anvers, etc. Le nord est à droite.

Larg. 0m565, haut. 0m475.

Se trouve dans l'atlas intitulé : *F. de Wit Germania inferior, sive XVII provinciarum geographicæ generales ut et particulares tabulæ.*
Nieut kaert–boeck van de XVII Nederlandtsche provincien begrypende mede de aengrensende landen perfecter als oyt voor desen tot Amsterdam int licht gebracht door Frederick de Wit inde Kalverstraet inde witte Pascaert. Carte X. Un volume in-folio.

Elle se trouve aussi dans l'atlas intitulé : *Mapas o geographia compendioça , que muestra el orbe de la tierra sacadas las mas nuevas tabulas. En Amsterdam, en la tienda de Fredericq de Wit , en la calle que llaman Kalverstraat.* Un volume in-folio. N° 124.

Cet atlas a un faux-titre qui parait être gravé par Gérard de Lairesse.

1695?

N° 42bis. Carte intitulée : *Mechlinia dominium et Aerschot ducatus auctore Nicolao Visscher. Cum privil: ordin: general : Belgii Fœderati.*

Avec deux échelles , une rose des vents et les armoiries de la seigneurie de Malines et du duché d'Aerschot. Cette carte comprend les villes de Bruxelles , de Louvain , de Malines , d'Anvers , de Breda , de Bergen-op-Zoom , etc.

Le nord est à droite.

Larg. 0m545, haut. 0m445.

Se trouve dans l'atlas intitulé : *Atlas minor sive geographia compendiosa, qua orbis terrarum per paucas attamen novissimas tabulas ostenditur Amstelædami ex. officina Nicolai Visscher.* Un volume in-folio. N° 44.

Cet atlas a le faux-titre suivant : *Atlas minor sive totius orbis terrarum contracta delinea..,. ex conatibus Nico.... Visscher. Amst: Bat:*

Amstelædami apud Nicolaum Visscher cum privil: ordin: general: Belgii Fœderati.

Ger. de Lairesse delin: et sculp:

1710?

N° 49bis. Carte intitulée : *Plan der stadt Antwerpen an der Schelde in Œstreichischen Niederlanden. Aus den besten und neuesten Carten zusammen getragen und in kupfer gestochen durch Max. Crimm.*

Se vend chez Martin Will à Augsbourg.

Avec une légende de *a* à *w*, une échelle et une rose des vents.

Donne le cours de l'Escaut depuis le fort Ferdinand en amont de la ville d'Anvers jusqu'au fort Frédéric-Henri en aval. Il y a un pont sur l'Escaut vis-à-vis d'Anvers. La place des combats livrés en 1703 s'y trouve.

Larg. 0m28 , haut 0m23.

Fait partie de la collection de M. le chevalier Gust. Van Havre.

1809.

N° 64bis. Carte intitulée : *Schilderachtig plan van de groote expeditie, op de wester-Schelde, in Augustus 1809. Aantoonende de moeilykheid van het naderen tot Antwerpen.*

Capt Cochburn del. A. Lutz. aqua tinta.

Il y a des numéros de 1 à 26 sur les bateaux et les forts.

C'est un panorama du cours de l'Escaut depuis le fort de Bath jusqu'à Anvers. Ce fort occupe le bas de la carte et la vue de la ville se trouve à la partie supérieure. L'Escaut se déroule d'un bout à l'autre et est chargé de vaisseaux anglais qui viennent pour s'emparer de la ville.

Larg. 0^m215, haut. 0^m28.

Fait partie de la collection de M. J. Linnig, à Anvers.

1832.

N° 87bis. Carte intitulée : *Carte de la ville, citadelle et des environs d'Anvers ainsi que des forts situés sur l'Escaut. 1832.*

A Bruxelles, chez F. Charles, lithographe et éditeur, rue du Grand Hospice, n° 21, près le canal.

Avec deux échelles et une explication des signes employés.

Cette carte s'étend jusqu'au fort Lillo au nord, Schelle au sud, Beveren à l'ouest et Lierre à l'est.

Sur cette carte, dans l'intérieur du cadre, se trouve un petit plan de la ville d'Anvers, renseigné au n° 234bis des plans, et hors du cadre, à droite, un plan des attaques de la citadelle, qui figure au n° 234ter des plans.

Larg. 0^m26, haut. 0^m24.

Fait partie de la collection de M. le chevalier Gustave Van Havre, à Anvers.

1832.

N° 91bis. Vue intitulée : *De Schelde van Antwerpen tot Bath.*

Te Amsterdam by Frans Buffa et zonen, Kalverstraat, hoek van de Guperst. N° 221. Steendr. v. C. Magnenat. Gedeponeerd.

Avec une rose des vents et les noms des villages et des forts en regard, hors du cadre. L'Escaut se développe depuis Anvers, qui est dans le bas , jusqu'au fort Bath qui occupe le haut de la planche.

Larg. 0m18, haut. 0m34.

Fait partie de la collection de M. J. Linnig, à Anvers.

1832.

No 91ter. Vue intitulée : *Panorama der Schelde.*

Uitg. ter steend. van A. Collings et v. d. Hout. Te bekomen by W. van Oosterzee. Rotterdam. Gedeponeerd.

Avec une légende de 23 numéros en hollandais.

Le fort Bath est au premier plan et on voit le cours de l'Escaut jusqu'à Anvers. Le fleuve est couvert de navires hollandais, et les rives sont fortifiées. La ville d'Anvers occupe le haut du plan : les bombes éclatent au-dessus de la citadelle.

Larg. 0m23, haut. 0m39.

Fait partie de la collection de M. J. Linnig.

1839.

No 104bis. Carte intitulée : *Plan de l'Escaut et des forts, depuis Anvers jusqu'à Lillo.*

Échelle de 1 à 125,000.

Avec deux échelles.

On y voit le pavé hors de la porte de Malines : il donne, en outre, l'indication des polders qui se trouvent sur les bords du fleuve.

Cette carte a été reproduite en 1844 et en 1846 sur les plans nos 276 et 284.

Larg. 0m045, haut. 0m16.

Se trouve sur le plan intitulé : *Plan de la ville d'Anvers, publié par la librairie anglaise et française*, etc. 1839. (No 268bis des plans).

1862.

No 134. Carte intitulée : *Carte géologique du sous sol des environs d'Anvers.*

A. Dejardin fec. Chromolith. G. Severeyns , lith. de l'Acad.
Bull. de l'Acad. Roy. Tom. XIII. 2ᵐᵉ série , page 484. Pl. I.

Echelle de 1 à 66,666.

Cette carte s'étend jusqu'à Wyneghem , Wommelghem , Vremde , Bouchout , Edeghem , Hoboken et Zwyndrecht. Les nouvelles fortifications de la ville s'y trouvent ainsi que les forts détachés. On y a indiqué par des teintes la nature du terrain immédiatement en dessous de la terre végétale, d'après les cartes d'A. Dumont.

Larg. 0ᵐ225, haut. 0ᵐ17.

Se trouve dans l'ouvrage intitulé : *Description de deux coupes faites à travers les couches des systèmes scaldisien et diestien , ainsi que les couches supérieures , près de la ville d'Anvers ; par M. Adolphe Dejardin, capitaine en premier du génie.* Bruxelles. Hayez. 1862. Un volume in-8°.

1862.

Nº 135. Carte intitulée : *Agrandissement général de la ville d'Anvers.*

Echelle de 1 à 80,000.

S'étend à peu près dans les mêmes limites que la carte précédente , et représente aussi les nouvelles fortifications et les forts détachés.

Larg. 0ᵐ15 , haut. 0ᵐ135.

Se trouve sur le plan intitulé : *Plan de la ville d'Anvers , ses environs et son agrandissement dressé et gravé par J. B. Van de Kerckhove.* 1862. (Nº 360 des plans).

1863.

Nº 136. Carte intitulée : *Hulst. (Bergen-op-Zoom).* 55.
Ministerie van oorlog. Verkend in 1856. Gegraveerd top. bureau 1863.

Échelle de 1 à 50,000.

Avec une échelle en mètres et une en milles hollandais, les degrés de longitude et de latitude.

La ville d'Anvers avec ses nouvelles fortifications se trouve à peu près au centre de cette carte : elle s'étend au nord jusqu'à Santvliet, au sud jusqu'à Hemixem, à l'est jusqu'à St-Job in 't Goor et Oeleghem et à l'ouest jusqu'à Stekene. Elle comprend en outre les villes de Hulst et de St-Nicolas.

Tous les chemins sont indiqués avec beaucoup d'exactitude, ainsi que les villages, les châteaux, etc. Il y a un assez grand nombre de points de nivellement.

L'exécution de cette carte est très soignée. Les indications y sont en français.

Larg. 0m795, haut. 0m495.

C'est une feuille de la carte publiée par le dépôt topographique du royaume des Pays-Bas, intitulée : *Topographische kaart van het koningrijk der Nederlanden, vervaardigd door de Officieren van den Generaalstaf.* La Haye. 1863.

1863.

N° 137. Carte intitulée : *Fortifications d'Anvers, telles qu'elles ont été votées par les chambres. Pl. I.*
Échelle de 1 à 133,333.

Avec une échelle et une rose des vents.

Cette carte s'étend depuis Hoboken en amont jusqu'au fort Liefkenshoek en aval : elle va jusqu'à Wyneghem à l'est et jusqu'à Beveren à l'Ouest. On y voit le tracé de la nouvelle enceinte et la ligne des huit forts détachés. Les noms des villages s'y trouvent, mais pas ceux des routes.

Larg. 0m125, haut. 0,19.

Se trouve dans l'ouvrage intitulé : *Coup d'œil sur les nouvelles fortifications d'Anvers ou la vérité sur la question Anversoise (avec planches) par Mangonneau, ancien ingénieur.* Bruxelles. 1863. Une brochure in-8°.

1863.

N° 138. Carte intitulée : *Fortifications d'Anvers, telles qu'elles sont exécutées. Pl. II.*
Échelle de 1 à 133,333.

Avec une échelle.

Cette carte a les mêmes limites que la précédente : la citadelle du Nord est tracée ainsi que trois nouveaux forts sur la rive gauche.

Les noms des routes s'y trouvent mais pas ceux des villages.

Larg. 0m125, haut. 0m19.

Se trouve dans le même ouvrage que la précédente.

1863.

N° 139. Carte sans titre du cours de l'Escaut entre la ville d'Anvers et le fort Ste-Marie.

La passe est indiquée en traits interrompus.

Échelle de 1 à 44,444.

Avec une échelle et une rose des vents.

Dans cette carte on voit la citadelle du Nord et les autres forts sur les deux rives de l'Escaut.

Larg. 0m12, haut. 0m195.

Se trouve dans l'ouvrage intitulé : *Deuxième coup-d'œil sur les fortifications d'Anvers. Réponse de Mangonneau, ancien ingénieur, à Chape de la caponnière, ingénieur nouveau (avec planche)*. Bruxelles. Beauvais, 1863. Une brochure in-8°.

1863.

N° 140. Carte intitulée : *Situation de la ville d'Anvers avec son agrandissement.*

J. Van de Kerckhove fecit. Déposé.

Échelle de 1 à 250,000.

Avec une échelle, une rose des vents et les armoiries de la ville d'Anvers.

Cette carte ne s'étend pas plus loin que la ligne des forts du camp retranché : à l'est elle va jusqu'à Zwyndrecht. Tous les nouveaux travaux pour l'agrandissement de la ville y sont indiqués.

Larg. 0m55 , haut. 0m75.

Se trouve derrière la carte d'adresse de F. Bizolier et Cᵉ, imprimeur en taille douce et lithographe.

1863.

N° 141. Carte intitulée : *Agrandissement général.*

Échelle de 1 à 100,000.

Avec une échelle.

Cette carte est une copie des n°ˢ 135 et 140, du même auteur.

Larg. 0ᵐ105, haut. 0ᵐ13.

Se trouve sur le plan intitulé : *Plan de la ville d'Anvers et de son agrandissement général*, etc. de J. Van de Kerckhove. (N° 362 des plans).

PLANS.

1557.

N° 19ᵇⁱˢ. Plan intitulé : *Antverpia*.

H. Cock fecit. 1557.

Avec les armoiries d'Espagne à la partie supérieure au centre, ayant celles de Brabant à gauche et celles du marquisat à droite.

C'est un plan à vol d'oiseau où on voit toutes les maisons en élévation : la vue est prise en avant de la porte de Borgerhout.

La rive gauche de l'Escaut et la Tête de Flandre se voient aussi à la partie supérieure du plan.

Larg. 0ᵐ45, haut. 0ᵐ365.

Fait partie de la collection de M. le chevalier Gust. Van Havre, à Anvers.

1569.

N° 36ᵇⁱˢ. Plan intitulé : *Antverpia*.

Petrus APE a Merica fecit. 1569.

La partie supérieure de ce plan est occupée de la manière suivante : au milieu les armoiries d'Albert et Isabelle aux deux côtés desquelles se trouve le titre : *Antverpia* ; à l'extrême droite les armoiries de la ville et à l'extrême gauche les armoiries de l'empire.

A la partie inférieure à gauche est un piédestal supportant l'Escaut. Sur la face de ce piédestal se trouve l'inscription suivante : *Clariss : prudentiss : que senatui Antverpiensi Joannes Liefrinc devot : dedica.*

A la partie inférieure à droite est un autre piédestal supportant la statue de Mercure personnifiant le commerce et les arts, sur lequel se trouve cette inscription : *Lambertus a Noort pictor ingeniosiss. effigiebat. Johannes Liefrinck suis impensis excudebat. An° 1569. H. O. L.*

Avec une légende de 24 numéros en latin, plus une autre pour *Les noms des bouleverts et rapars*, de A à E, donnant les noms des bastions de la citadelle en espagnol.

Dans ce plan les édifices et les maisons sont vus en élévation : la vue est prise un peu à droite de la citadelle. Les environs de la ville y sont représentés à une assez grande distance. Ainsi, en aval de la ville, on voit : *Saftingengat*, les forts *Lillo* et *Liefkenshoek*, etc. en amont il ne va pas plus loin que la citadelle. D'un autre côté il s'étend jusqu'à *Merxem*. La Tête de Flandre s'appelle : *Over het veer*.

En quatre feuilles.

Ce plan a été reproduit avec des additions en 1605, 1628 et 1648. Voir le n° 96.

Larg. 0ᵐ95, haut. 0ᵐ70.

Fait partie de la collection de M. le chevalier Gustave Van Havre, à Anvers.

1581.

N° 71ᵇⁱˢ. Plan intitulé : *Antverpia*.

Avec un second titre ainsi conçu : *Antwerpiæ celeberrimi et nobilissimi totius orbis terrarum emporii cum suis propugnaculis vallis et munitionibus arboribus per mœnia consitis ut sese hodie habet, verissima delineatio ædita per Philippum Galleum. Anno* 1581.

Avec les armoiries de Brabant à la partie supérieure à gauche et celles du Marquisat à droite.

Dans le bas se trouve une légende pour les inscriptions des quatre stations militaires, qui étaient : la Grand' Place, le pont de Meir, la place de la Monnaie, et la porte St-Georges.

C'est une vue à vol d'oiseau, prise en avant de la porte de Borgerhout.

Larg. 0ᵐ 50, haut. 0ᵐ375.

Fait partie de la collection de M. le chevalier Gust. Van Havre, à Anvers.

1600.

91ᵗᵉʳ. Plan sans titre d'une partie de la ville d'Anvers, avec la citadelle en bas. L'Escaut est à gauche avec la flotte espagnole, près de laquelle se voit l'inscription suivante : *Ghehaelt den admiraell von Andwerpen den 30 November anno 1600*.

Larg. 0ᵐ15, haut. 0ᵐ095.

Fait partie de la collection de M. le chanoine Henrotte, à Liége.

1620?

N° 103bis. Plan intitulé : *Citta d'Anversa.*

Avec une légende de 49 numéros en français.

Les édifices sont vus en élévation : l'Escaut se trouve à la partie supérieure du plan.

Larg. 0m42, haut. 0m205.

Fait partie de la collection de M. le chanoine Henrotte, à Liége.

1635.

N° 119bis. Plan intitulé : *Antwerpen.*

Avec les armoiries du marquisat. Le nord est à droite. Il y a deux places en blanc pour les légendes : le plan ne porte ni lettres ni chiffres.

Ce plan s'arrête aux fortifications de la ville : sur la rive gauche on voit le fort de la Tête de Flandre et le fort Isabelle. Les édifices et les maisons sont représentés en élévation : la vue est prise entre les chaussées de Borgerhout et de Berchem.

Larg. 0m135, haut. 0m11.

Se trouve dans l'ouvrage intitulé : *Belgicæ, sive inferioris Germaniæ descriptio : auctore Ludovico Guicciardino.* Amsterdam. G. Blaeu. 1635. Trois parties en deux volumes petit in–12°. Tom I.

1650?

N° 124bis. Vue intitulée : *Antwerpiæ.*

Cette vue est prise de la Tête de Flandre: on y voit les quais dans leur longueur.

Larg. 0m09, haut. 0m07.

Fait partie de la collection de M. le chanoine Henrotte, à Liége.

1650?

N° 124ter. Plan intitulé : *Antwerpiæ.*

Les édifices y sont vus en élévation. Le sud est en bas.

Larg. 0m09, haut. 0m07.

Fait partie de la collection de M. le chanoine Henrotte, à Liége.

1650?

N° 129bis. Vue intitulée : *Antwerpiæ civitatis belgiæ toto orbe cogniti et celebrati emporii simulacrum.*
Romæ, Claudii Duchetti formis.
Avec les armoiries d'Angleterre à la partie supérieure.
C'est une vue à vol d'oiseau, prise en avant de la porte de Malines, avec l'Escaut à la partie supérieure.

Larg. 0ᵐ43 , haut. 0ᵐ325.

Fait partie de la collection de M. le chanoine Henrotte, à Liége.

1650?

N° 129ter. Vue intitulée : *Antorff.*
Avec les armoiries de la ville d'Anvers dans le coin supérieur à gauche.
Cette vue est prise de la Tête de Flandre, et représente les quais de la rive droite.
Au premier plan de cette gravure est une figure allégorique dont on ne peut pas bien trouver l'explication : c'est une femme avec un aigle sur la tête, représentant probablement l'empire : elle renverse une corne d'abondance qu'elle tient en main. A sa droite est un cheval et à sa gauche un âne.

Larg. 0ᵐ14, haut. 0ᵐ07.

Cette vue fait partie d'un ouvrage ou d'une collection de vues.
Se trouve dans la collection de M. le chanoine Henrotte, à Liége.

1652.

N° 130. A ajouter : C'est une copie du n° 119bis avec quelques ouvrages extérieurs en plus, entr'autres à la citadelle, et un pont de bateaux sur l'Escaut vis-à-vis du Werf.

1692.

N° 147ter. Plan intitulé : *Anvers. De stad Antwerpen. C. N° 1.*
Tome III, p. 8. N° 1.
C'est une copie du plan précédent.

Larg. 0ᵐ18, haut. 0ᵐ14.

Se trouve dans l'ouvrage intitulé : *Vermakelykheden van Brabant, en deszelfs onderhoorige landen*, etc. par De Cantillon. Amsterdam. David Wiege. 1770. Quatre volumes in-8°. Tom. III. Pag. 8.

1694.

N° 152bis. Plan intitulé : *La citadelle d'Anvers batie par le duc d'Albe l'an MDLXVII. Kasteel van Antwerpen. C. N° 4. Tom. III. p. 47.*

C'est une copie du plan précédent.

Larg. 0m17, haut. 0m135.

Se trouve dans l'ouvrage intitulé : *Vermakelykheden van Brabant*, etc., par De Cantillon, Tom. III, pag. 16.

1705.

N° 176bis. Plan intitulé : *Anvers.*

Le marquisat de St. Empire consistant en la seule ville d'Anvers, et son territoire qui fait une des provinces des Pais Bas, au Roy d'Espagne.

A Paris. Chez le Sr de Fer, dans l'Isle du Palais a la Sphère Royale. Avec privilège du Roy. 1705. Gravé par P. Starck-man.

Avec une échelle, une rose des vents, et une légende de A à Z et de 1 à 8 et un signe particulier pour la place de Meir.

Ce plan comprend le marquisat du St-Empire : toutes les bornes y sont indiquées.

Il y a un pont de bateaux sur l'Escaut, vis-à-vis du Werf, et un fort appelé le fort Pervyra à peu près à l'emplacement où est maintenant le fort Carnot.

Larg. 0m335, haut. 0m24.

Se trouve dans l'ouvrage intitulé : *L'atlas curieux ou le monde représenté dans des cartes générales et particulières du ciel et de la terre divisé tant en ses quatre principales parties que par états et provinces, et orné par des plans et descriptions des villes capitales et principales, et des plus superbes édifices qui les embellissent : comme sont les églises, les palais, les maisons de plaisance, les jardins, les fontaines, etc., par N. de Fer, géografe de Monseigneur le dauphin.* Paris. 1705. Un volume in-quarto oblong. Seconde partie, N° 11.

43   XX   49

1748.

No 193ter. Vue intitulée : VERA EXHIBITIO CARTHUSIÆ ANTWERPIENSIS SIVE DOMUS SANCTÆ SOPHIÆ. *C. J. D'Heur delineavit. P. B. Bouttats sculpsit* 1748.

C'est une vue à vol d'oiseau comprenant la vue générale du couvent des Chartreux [1] dans la rue St-Roch, et les édifices de la ville en arrière du couvent. La façade du couvent se trouve au premier plan.

Larg. 0m635, haut. 0m48.

Fait partie de la collection de M. le chevalier Gust. Van Havre, à Anvers.

1813?

No 201bis. Plan intitulé : *A. Arsenal maritime d'Anvers en Belgique. Programme ou résumé des leçons d'un cours de construction. Cinquième partie. (Navigation maritime). Pl. 107. Figure 570. (page 266 du texte).*

Échelle de 1 à 10,000.

Ce plan s'étend depuis le Melkhuys jusqu'au canal St-Jean sur la rive droite de l'Escaut et comprend la citadelle et tous les établissements maritimes décrétés par Napoléon, savoir : les cales, tout le long de l'Escaut, les forges, les corderies, le parc d'artillerie à l'ancienne église St-Michel, et le parc aux bois où est maintenant l'esplanade.

On voit également une partie de la rive gauche de l'Escaut avec la Tête de Flandre.

Larg. 0m13, haut. 0m16.

Se trouve dans l'ouvrage intitulé : *Programme ou résumé des leçons d'un cours de constructions, avec des applications tirées spécialement de l'art de l'ingénieur des ponts et chaussées ; ouvrage de feu M. J. Sganzin,* etc. *Cinquième édition, enrichie,* etc. *par M. Reibell. Liége. Avanzo.* 1840. Trois volumes in–4o, avec atlas.

---

[1] Aujourd'hui la chapelle des Capucins.

1813?

N° 201 ter. Plan intitulé : *A. Plan général des deux bassins de flot d'Anvers.*

Programme, etc. (Fait partie de la même figure que le plan précédent).
Échelle de 1 à 10,000.

Ce plan comprend les anciens bassins avec les rues environnantes. Les bassins sont entourés de constructions pour l'armement et le désarmement, les service des vaisseaux, des frégates, etc. Il y a deux formes en construction à l'emplacement où est maintenant l'entrepôt. La place des vaisseaux et des frégates est indiquée dans les bassins.

Larg. 0m045, haut. 0m095.

Se trouve dans le même ouvrage que le précédent.

1830.

N° 208 ter. Vue intitulée : *Gezigt op de stad Antwerpen, den dag na het bombardement, op den* **28** *october* 1830

J. Schouman, pinxt. Steendr. van H. J. Backer. Gedeponeerd.

J. Schouman. 1832.

Au premier plan on voit l'intérieur de la citadelle, occupé par un grand nombre de personnages parmi lesquels on distingue le général Chassé et son état-major. Au fond à gauche on voit la Tête de Flandre, puis l'entrepôt, la cathédrale et enfin l'esplanade à droite.

Une copie au trait et réduite de la vue précédente donne dans une légende de 30 numéros, les noms des personnages, etc.

Larg. 0m545, haut. 0m385.

Fait partie de la collection de M. le chevalier Gustave Van Havre, à Anvers.

1831.

N° 218 bis. Plan intitulé : *Platte grond van het kasteel.*

Ne comprend que la citadelle et les rues avoisinantes jusqu'à la rue des Prédicateurs.

Larg. 0m20, haut. 0m105.

Se trouve dans l'ouvrage intitulé : *Over 't kasteel van Antwerpen door Adam Simons.* Utrecht. Altheer. 1831. Un volume in-8°.

1832?

N° 240bis. Plan intitulé : *Ville et citadelle d'Anvers, et opérations du siège par les Français en Décembre 1832.*

Dessiné sur pierre par Duhem cadet architecte. Écrit par Ernest. Lille. Lithographie de Le Danel.

Avec une légende de 7 numéros pour la citadelle, une de 39 pour la ville, et une troisième pour la composition des batteries. Ces légendes et le titre sont en dehors du cadre.

Ce plan se borne à la ville et à la citadelle.

Larg. 0m125, haut. 0m09.

Fait partie de la collection de M. le chevalier Gust. van Havre, à Anvers.

1831.

N° 234bis Plan sans titre de la ville d'Anvers, avec une légende de 30 numéros.

Larg. 0m065, haut. 0m095.

Ce plan se trouve sur la carte intitulée : *Carte de la ville, citadelle et des environs d'Anvers*, etc. (N° 87bis des cartes).

1832.

N° 234ter. Plan intitulé : *Plan et opérations du siège de la citadelle d'Anvers.*

Avec une légende de 7 numéros pour les ouvrages de la citadelle, et une de A à D pour les bateaux hollandais. Il y a en outre un tableau de la composition des batteries.

Ce plan ne donne que la citadelle et les batteries dirigées contre elle.

Larg. 0m24, haut. 0m09.

Ce plan se trouve sur la même carte que le précédent.

1839?

N° 268bis. Plan intitulé : *Plan de la ville d'Anvers, publié par la librairie anglaise et française, Marché aux Souliers, 702. 1839.*

Plan of the city of Antwerp, published at the english library, Marché aux Souliers, 702.

Lith. Heger, Place du palais de justice, Bruxelles. Publié par Edm. Le Poittevin De Lacroix. Déposé.

En dehors du cadre, à la partie supérieure, sont les armoiries de la ville d'Anvers, ayant à gauche le titre : *Plan de la ville d'Anvers* et à droite celui : *Plan of the city of Antwerp*, et en dessous : *Population 78,000 âmes.*

Échelle de 1 à 11,111.

Avec deux échelles, l'orientation, l'indication de la longitude, une liste de renvois pour les églises, les établissements et les hôtels, de 27 numéros, et une note donnant la traduction de quelques mots français en anglais.

Ce plan, contrairement à tous les autres de cette époque, a l'Escaut à la partie supérieure.

Il contient en outre une petite carte intitulée : *Plan de l'Escaut et des forts depuis Anvers jusqu'à Lillo*. (N° 104bis des cartes). Ce plan est une copie réduite de celui de 1828 (n° 204). Il a été reproduit en 1846 (n° 284) par Granello, avec quelques additions.

Larg. 0m385, haut. 0,27.

Fait partie de la collection de M. le chevalier Gustave Van Havre, à Anvers.

EXTRAIT

DE LA

CORRESPONDANCE DE L'ACADÉMIE.

La société archéologique du duché de Limbourg, récemment fondée à Maestricht, exprime le désir d'entrer en relation avec l'académie par l'échange de leurs publications. La compagnie a décidé d'accepter cette proposition.

MM. Léopold Devillers, G. Hagemans et L. Galesloot, membres correspondants, transmettent leurs remercîments pour leur promotion dans la classe des membres titulaires.

M. F.-J. Delcourt de Mahieu, capitaine-commandant d'artillerie à Anvers, élu récemment membre correspondant, adresse à l'académie l'expression de sa gratitude pour sa nomination et annonce son active collaboration dans la publication des annales.

M. le secrétaire perpétuel annonce la mort de M. docteur Le Glay, membre correspondant à Lille. M. Le Glay était conservateur des archives du département du nord, membre de l'institut de France, des académies royales de Belgique et de Turin, chevalier des ordres de Léopold et de la Légion d'honneur. Pendant sa longue carrière, il a rendu de nombreux et importants services aux sciences historiques et archéologiques.

M. le secrétaire perpétuel annonce également la mort de M. le docteur J. Carolus, membre correspondant à Bruxelles, décédé récemment à Paris. M. Carolus s'est distingué pendant sa vie par un inaltérable amour de la science à laquelle il a sacrifié tous ses intérêts personnels. C'est à lui principalement que l'on doit la publication des travaux de Jehan Yperman, chirurgien belge du XIVᵉ siècle, que l'on peut à juste titre appeler le père de la médecine belge.

M. le secrétaire perpétuel communique à l'académie la nouvelle du décès de **M. Raymond de Bertrand**, membre correspondant à Dunkerque, qui a publié différents travaux estimés sur l'histoire et l'archéologie du département du nord.

La compagnie a reçu les programmes des concours de l'académie des sciences, des lettres et des beaux-arts de Belgique, de la société libre d'émulation de Liége, de la société dunkerquoise pour l'encouragement des sciences, des lettres et des arts, de la société des sciences, des arts et des lettres du Hainaut et de la société des antiquaires de Picardie.

L'académie a reçu les envois suivants :

1. De M. G. Hagemans, membre titulaire, *Un cabinet d'amateur*, notices archéologiques et description raisonnée de quelques monuments de haute antiquité (avec 16 planches représentant 248 figures). Liége, 1863, in-8º.

2. De la société des sciences, des arts et des lettres du Hainaut, ses *Mémoires*, 2ᵉ série, tome VIII. Mons, 1863, in-8º.

3. De l'académie impériale des sciences de Rouen, *Précis analytique de ses travaux*. année 1861-1862. Rouen, 1862, in-8º.

4. Du cercle archéologique du Pays de Waes, *Rapport sur ses travaux*. St-Nicolas, 1863, in-8º.

5. De l'académie royale de médecine de Belgique, son *Bulletin*, tom XVII, nº 1 et 2. Bruxelles, 1863, in-8º.

6. De M. Gustave Oppelt, *Unité allemande. Le duc de Gotha et son peuple* (traduction). Paris, 1861, in-8º.

7. De M. Léopold Van Hollebeke, *Lisseweghe*, son église et son abbaye, (monographie), les 3 premières livraisons. Bruges, 1863, in-4º.

8. De l'institut archéologique de Liége, son *Bulletin*, tom VI. Liége, 1863, n-8º.

9. De l'institut royal de Lombardie. *Atti dell' J. R. instituto Lombardo di scienze, lettere ed arti* :

Vol. 1. — Fasc. XI, XII, XIII, XIV, XV, XVI, XVII, XVIII, XIX, XX.
Vol. 3. — Fasc. XI, XII, XIII, XIV, XV, XVI.
Vol. 7. — Fasc. VII, VIII.
Vol. 8. — Fasc. I.
Vol. 9. — Fasc. III, IV.

10. Du Cercle archéologique de Mons, ses *Annales*, tom IV. Mons, 1863, in-8°.

11. De M. le général Guillaume, membre correspondant, chef du personnel au ministère de la guerre, *Une rectification historique*, lettre à M. Louis Blanc. Bruxelles 1863, in-8°.

12. Du révérend M. E. Terwecoren, *Collection de précis historiques*, 285e livraison. Bruxelles, in-8°.

13. De M. E. Dognée, membre correspondant, *L'art et l'industrie, étude contemporaine*. Liége, in-8°.

14. De M. A. Dejardin, membre correspondant, capitaine du génie, *Description de deux coupes faites à travers les couches des systèmes scaldisien et diestien, ainsi que les couches supérieures près de la ville d'Anvers* (notice géologique). Bruxelles, 1862, in-8°.

15. De M. G. Dewalque, *Sur quelques fossiles trouvés dans le dépôt de transport de la Meuse et de ses affluents*. Bruxelles, 1863, in-8°.

16. De M. Th. Lejeune, membre correspondant, *Notice historique sur le village de Familleureux*. Mons, 1863, in-8°.

17. Du même, *Sur quelques découvertes d'antiquités*. Mons, 1863, in-8°.

18. *Le journal de l'imprimerie et de la librairie en Belgique, les tables de l'année 1862*. Bruxelles, 1862, in-8°.

19. De la société : *L'union des artistes liégeois*, ses *Annales*, tome Ier. Liége 1863, in-8°.

20. De la société des antiquaires de l'Ouest, ses *Mémoires* tome XXVII, année 1862. Poitiers, 1863, in-8°.

21. De M. le docteur Broeckx, bibliothécaire-archiviste de l'académie, *Nécrologie du docteur J.-M.-F. Carolus*. Anvers, 1863, in-8°.

22. De la société historique et littéraire de Tournai, ses *Mémoires*, tome VIII. Tournai, 1863, in-8°.

23. De la même, son *Bulletin*, tome IX. Tournai, in-8°.

24. De la commission royale pour la publication des anciennes lois et ordonnances de la Belgique. *Procès-verbaux de ses séances*, tome V, 2e cahier. Bruxelles, 1863, in-8°.

25. De la société d'agriculture, sciences, arts et belles lettres de l'Eure, son *Recueil de travaux*, 3e série, tome VII. Evreux, 1863, in-8°.

26. De M. le docteur A. Bastings, *Études médicales; de la phthisie pulmonaire.* Bruxelles, 1863, in-8°.

27. Des commissions royales d'art et d'archéologie, leur *Bulletin*, 1ro année, livraisons de novembre et décembre 1862. Bruxelles, 1862, in-8°.

28. Des mêmes, leur *Bulletin*, 2e année, les livraisons de janvier, février, mars, avril et mai 1863. Bruxelles, 1863, in-8°.

29. Le *Journal de médecine de Bruxelles*. Livraison de septembre et décembre 1863. Bruxelles 1863, in-8°.

30. Le *Journal de l'imprimerie et de la librairie de Belgique*, les N° 7, 8, 9 et 10 de 1863.

31. De M. B. Van Bauwel, *Notice sur le pharmacien Charles-Jacques Franck*. Anvers, 1863, in-8°.

32. De M. le chevalier de Schoutheete de Tervarent, membre correspondant, *Notice historique et généalogique sur la maison de ou van Gameren*. St.-Nicolas, 1863, in-8°.

33. De M. le docteur Broeckx, bibliothécaire-archiviste de l'académie, *Notice bibliographique sur une publication de M. Pétrequin intitulée : Chirurgie d'Hippocrate, recherches historiques sur l'origine du traité du médecin* ΠΕΡΙ ΙΗΤΡΟΥ, Anvers, 1863, in-8°.

34. De la société historique de la Haute-Bavière : *Oberbayerisches Archiv für Vaterländische Geschichte :*

> Band XIX, Heft 3,
> » XX, Heft 3,
> » XXI, Heft 3,
> » XXII, Heft 1, 2, 3,
> » XXIV.

Munich, 1858, 1859, 1860, 1861, 1862, 1863, in-8.°

35. De la même société, *22 und 23ter Jaresbericht des historischen Vereines von und für Oberbayern für 1859 und 1860*. Munich, 1860, 1861, in-8°.

36. De M. A. d'Otreppe de Bouvette, membre honoraire, président de l'Institut archéologique de Liége, *Essai de tablettes liégeoises*, 41° livraison. Liége, 1864, in-16°.

37. De M. C. de la Roiere, membre de l'institut des provinces, à Bergues, *Nécessité de maintenir l'enseignement de la langue flamande dans les arrondissements de Dunkerque et d'Hazebrouck*. Lille, in-8°.

38. De l'académie de Stanislas, ses *Mémoires* de l'année 1862. Nancy, 1863, in-8°.

39. De la même, *Documents pour servir à la description scientifique de la Lorraine*. Rancy, 1862, in-8°.

40. De la société historique, archéologique et littéraire de la ville d'Ypres et

de l'ancienne West-Flandre, ses *Annales*, tom II, 3e et 4e livraisons. Ypres, 1863, in-8°.

41. De M. le docteur Andrea Verga, président de l'institut royal des sciences, lettres et arts de Lombardie, membre honoraire de l'académie, *Rendiconto della beneficenza dell'ospitale maggiore e degli annessi pii instituti in Milano per li anni solari 1856-1857*, Milan, 1859, in-4°.

42. Du même, la même publication pour les années 1858, 1859 et 1860, Milan, 1862, in-4°.

43. Du même, *Sulla nuova fonte dell'aqua salso-iodica di miradolo, memoria. Letta nella tornata del 9 novembre 1858 di esso instituto*. Milan, in-4°.

44. De la société archéologique de Namur, ses *Annales*, tome VIII, 1re livraison. Namur, 1863, in-8°.

45. De la même, *Rapport sur la situation de la société en 1862*, in-8°.

46. Du comité flamand de France, son *Bulletin*, tome III, n° 2, 3, 4 et 5. Lille, 1863, in-8°.

47. De la société havraise d'études diverses, son *Recueil de publications*. 29e année. Havre, 1863, in-8°.

48. De l'académie royale des sciences, des lettres et des arts de Belgique, son *Bulletin*, 32e année n° 6, 7, 8, 9, 10 et 11. Bruxelles, 1863, in-8°.

49. De la société impériale des antiquaires de la Morinie, son *Bulletin*, 43, 44, 45 et 46 livraisons. St-Omer, 1863, in-8°.

50. De M. l'abbé Corblet, membre correspondant, *Revue de l'art chrétien*, tome VII. 5, 6, 7, 8, 9, 10, 11 et 12e livraisons. Paris, 1863, in-8°.

51. De la société pour la recherche et la conservation des monuments historiques dans le grand-duché de Luxembourg, ses *Publications*, tome XVII, Luxembourg, 1862, in-4°.

52. De M. P.-F. De Wachter, *Notice sur la chirurgie de Jehan Yperman*. Anvers, 1863, in-8°.

53. De l'académie impériale des sciences de Toulouse, ses *Mémoires*, 6e série, tome Ier. Toulouse, 1863, in-8°.

54. De la société des sciences et belles lettres de Batavia, *Tydschrift voor Indische taal, land en volkenkunde*. 4e série, tome II. 1, 2, 3, 4, 5 et 6es livraisons; tome III, 1, 2, 3, 4, 5 et 6es livraisons. Batavia, 1861-1862, in-8°.

55. De M. Jonathan Rigg, *A dictionary of the sunda language of Java*. Batavia, 1862, in-4°.

56. De M. C.-P. Serrure, membre correspondant, professeur à l'université de Gand, *Vaderlandsch museum voor nederduitsche letterkunde, oudheid en geschiedenis*, tome V, 3e et 4e livraisons. Gand, 1863, in-8°.

57. De la société paléontologique et archéologique de Charleroi, ses *Statuts*. Charleroi, 1863, in-8°.

58. De M. Edmond Vander Straeten, membre correspondant à Bruxelles, *Notice sur le docteur D.-J. Van der Meersch.* Gand, 1863, in-8°.

59. De M. Aug. Scheler, bibliothécaire du roi, membre correspondant à Bruxelles, *Bulletin du bibliophile belge*, tome XIX, 6ᵉ cahier. Bruxelles, 1863, in-8°.

60. De la société des antiquaires de Picardie, son *Bulletin*, année 1863, n° 3. Amiens, 1863, in-8°.

61. De la société de médecine d'Anvers, ses *Annales*, XXIVᵉ année, livraison de novembre et décembre 1863. Anvers, in-8°.

62. *Le Messager des sciences historiques*, année 1863, 3ᵉ livraison. Gand, 1863, in-8°.

63. *Mittheilungen der Geschichts und Alterthums forschenden Gesellschaft*, 5er Band. Altenburg, 1862, in-8°.

SUITE AU TABLEAU GÉNÉRAL

MEMBRES DE L'ACADÉMIE.

MEMBRES EFFECTIFS.

MM.

DEVILLERS (Léopold), conservateur adjoint des archives de l'État dans le Hainaut ; bibliothécaire-archiviste de la société des sciences, des arts et des lettres du Hainaut ; conservateur-bibliothécaire du cercle archéologique de Mons ; membre correspondant des sociétés savantes d'Avesnes, de Gand, du Limbourg, du Luxembourg, de Tournai, de Cherbourg, d'Ypres, etc. à Mons.

GALESLOOT (Louis), archiviste de la commission royale pour la publication des anciennes lois et ordonnances du royaume, etc. à Bruxelles.

HAGEMANS (Gustave), archéologue, membre de plusieurs sociétés savantes, etc. à Bruxelles.

VAN DE VELDE (Hyppolite), procureur du roi, membre de la société d'émulation pour l'histoire et les antiquités de la Flandre occidentale, chevalier de l'ordre de Léopold, à Anvers.

MEMBRE CORRESPONDANT.

DELCOURT DE MAHIEU (François–Jules), capitaine-commandant d'artillerie, décoré de la croix commémorative, à Anvers.

TABLE GÉNÉRALE DES MATIÈRES

contenues dans le 20e volume.

Check Out More Titles From HardPress Classics Series In this collection we are offering thousands of classic and hard to find books. This series spans a vast array of subjects — so you are bound to find something of interest to enjoy reading and learning about.

Subjects:
Architecture
Art
Biography & Autobiography
Body, Mind &Spirit
Children & Young Adult
Dramas
Education
Fiction
History
Language Arts & Disciplines
Law
Literary Collections
Music
Poetry
Psychology
Science
…and many more.

Visit us at www.hardpress.net